ESPANHOL
DICIONÁRIO ESCOLAR

valedasletras
editora

COPYRIGHT © 2023 – EDITORA VALE DAS LETRAS

Todos os direitos reservados à:

Editora Vale das Letras Ltda.

Todos os direitos reservados e protegidos pela lei 9.610/1998. Nenhuma parte deste livro, sem autorização prévia por escrito da editora, poderá ser reproduzida ou transmitida, sejam quais forem os meios empregados: eletrônicos, mecânicos, fotográficos, gravações ou quaisquer outros.

DIREÇÃO EDITORIAL
Eureka Soluções Pedagógicas

COORDENAÇÃO EDITORIAL
Rodrigo Lopes

ASSESSORIA EDITORIAL
Mônica Machado

REVISÃO
Fabiana Rangel

ASSESSORIA PEDAGÓGICA
Eureka Soluções Pedagógicas

CAPA
Editora Vale das Letras

AUTORIA E PRODUÇÃO
Larissa Lima
Gabriela Gil Alarcão
Mônica Machado
Nágila Santos
Mariama de Lourdes Alves

PROJETO, ARTE E DIAGRAMAÇÃO
Eureka Soluções Pedagógicas

DIAGRAMAÇÃO FINAL
Fabiana Rangel

```
       Dados  Internacionais  de  Catalogação  na  Publicação  (CIP)
                    Angélica Ilacqua CRB-8/7057

    Espanhol : dicionário escolar / [Mariama de Lourdes Alves ;
   [coordenado por Rodrigo Lopes]. - 2. ed. - Blumenau : Vale das
   Letras, 2023.
      480 p. (Dicionário Escolar)

   Português-espanhol e espanhol-português
   ISBN 978-85-7661-838-6

   1. Língua espanhola - Dicionários - Português I. Alves, Mariama
   de Lourdes II. Lopes, Rodrigues II. Série
   23-2498                                        CDD 463.69

               1. Língua espanhola - Dicionários
```

Rua Bahia, 5115 - Salto Weissbach - CEP: 89032-001 - Blumenau/SC
CNPJ: 05.167.347/0001-47 - SAC: +55 (47) 3340-7045
editora@valedasletras.com.br / www.valedasletras.com.br

A LÍNGUA ESPANHOLA NO MUNDO

Espanhol (em espanhol: español ou castellano) é uma língua de raiz românica (latim vulgar) do grupo Ibero-Românico originada no norte da Espanha, que gradualmente se espalhou pelo Reino de Castela, evoluindo para a língua principal de governo e de comércio na Península Ibérica. O idioma foi levado especialmente para as Américas, África e Ásia-Pacífico com a expansão do Império Espanhol entre os séculos XV e XIX.

Atualmente, cerca de 400 milhões de pessoas falam espanhol como idioma nativo. É a segunda língua mais falada no mundo em termos de falantes nativos, depois do Mandarim Chinês. O México contém a maior população de falantes de espanhol. O espanhol é uma das seis línguas oficiais das Nações Unidas.

Países em que o espanhol é a primeira língua de uma grande parte da população

NAÇÕES QUE TÊM O ESPANHOL COMO LÍNGUA OFICIAL

ARGENTINA
Área: 2 780 400 km²
Idioma: espanhol
Capital: Buenos Aires
Cidade mais populosa: Buenos Aires
Moeda: peso argentino
Gentílico: argentino

BOLÍVIA
Área: 1,098,581 km²
Idioma: espanhol, quíchua e aimará
Capital: Sucre (constitucional, judicial), La Paz (administrativa)
Cidade mais populosa: Santa Cruz de la Sierra
Moeda: boliviano
Gentílico: boliviano

CHILE
Área: 756.950 km²
Idioma: espanhol
Capital: Santiago
Cidade mais populosa: Santiago
Moeda: peso chileno
Gentílico: chileno

COLÔMBIA
Área: 1.138.914 km²²
Idioma: espanhol
Capital: Bogotá
Cidade mais populosa: Bogotá
Moeda: peso colombiano
Gentílico: colombiano

COSTA RICA
Área: 51.100 km²
Idioma: espanhol
Capital: San José
Cidade mais populosa: San José
Moeda: colón costa-riquenho
Gentílico: costarriquenho

CUBA
Área: 110.861 km²
Idioma: espanhol
Capital: Havana
Cidade mais populosa: Havana
Moeda: peso cubano
Gentílico: cubano

EQUADOR
Área: 256.370 km²
Idioma: espanhol
Capital: Quito
Cidade mais populosa: Guayaquil
Moeda: dólar americano
Gentílico: equatoriano

EL SALVADOR
Área: 21.041 km²
Idioma: espanhol
Capital: San Salvador
Cidade mais populosa: San Salvador
Moeda: dólar americano
Gentílico: salvadorenho

ESPANHA
Área: 504.030 km²
Idioma: espanhol
Capital: Madrid
Cidade mais populosa: Madrid
Moeda: euro
Gentílico: espanhol

GUATEMALA
Área: 108.890 km²
Idioma: espanhol
Capital: Cidade da Guatemala
Cidade mais populosa: Cidade da Guatemala
Moeda: quetzal
Gentílico: guatemalteco

GUINÉ EQUATORIAL
Área: 28.051 km²
Idioma: espanhol
Capital: Malabo
Cidade mais populosa: Malabo
Moeda: franco CFA
Gentílico: guineense, guinéu-equatoriano

HONDURAS
Área: 112.492 km²
Idioma: espanhol
Capital: Tegucigalpa
Cidade mais populosa: Tegucigalpa
Moeda: lempira
Gentílico: hondurenho

MÉXICO
Área: 1.972.550 km²
Idioma: espanhol
Capital: Cidade do México
Cidade mais populosa: Cidade do México
Moeda: peso mexicano
Gentílico: mexicano

NICARÁGUA
Área: 129.494 km²
Idioma: espanhol
Capital: Manágua
Cidade mais populosa: Manágua
Moeda: córdoba
Gentílico: nicaraguense

PANAMÁ
Área: 75.517 km²
Idioma: espanhol
Capital: Panamá
Cidade mais populosa: Panamá
Moeda: balboa panamenha e dólar americano
Gentílico: panamenho

PARAGUAI
Área: 406.750 km²
Idioma: espanhol e guarani
Capital: Assunção
Cidade mais populosa: Assunção
Moeda: guarani
Gentílico: paraguaio

PERU
Área: 1.285.220 km²
Idioma: espanhol, quíchua
Capital: Lima
Cidade mais populosa: Lima
Moeda: nuevo sol
Gentílico: peruano

PORTO RICO
Área: 9.104 km²
Idioma: espanhol e inglês
Capital: San Juan
Cidade mais populosa: San Juan
Moeda: dólar americano
Gentílico: porto-riquenho

REPÚBLICA DOMINICANA
Área: 48.442 km²
Idioma: espanhol
Capital: Santo Domingo
Cidade mais populosa: Santo Domingo
Moeda: peso dominicano
Gentílico: dominicano

URUGUAI
Área: 176,215 km²
Idioma: espanhol
Capital: Montevidéu
Cidade mais populosa: Montevidéu
Moeda: peso uruguaio
Gentílico: uruguaio

VENEZUELA
Área: 916.445 km²
Idioma: espanhol
Capital: Caracas
Cidade mais populosa: Caracas
Moeda: bolívar soberano
Gentílico: venezuelano

Bandeira em espanhol

O Mercosul (em espanhol: Mercosur), um acordo comercial estabelecido entre países da América do Sul, foi originalmente constituído entre Argentina, Brasil, Paraguai e Uruguai, dos quais o Brasil se tornou o principal líder. Estes quatro países tornaram-se participantes do Tratado de Assunção, assinado em 26 de março de 1991, que estabelecia o Mercado Comum do Sul, uma zona de livre comércio.

Os países participantes buscariam a ampliação das dimensões de seus mercados nacionais por meio da integração, que é uma condição essencial para acelerar seus processos de desenvolvimento econômico. Eles não teriam que pagar impostos sobre produtos de importação e se comprometeriam a não limitar as importações um do outro. Assim, tornariam mais dinâmica a economia regional, através do livre acesso para a movimentação de mercadorias, pessoas e capitais. A livre circulação significaria a extinção de todas as barreiras devidas a nacionalidade, e a instituição de uma verdadeira condição de igualdade de direitos em relação aos nacionais de um país. Já o capital, implicaria na adoção de critérios regionais que evitassem restrições nos movimentos de capital em função de critérios devidos a nacionalidade. Em tais situações, o capital de empresas que fossem de outros países do Mercado Comum não poderia ser tratado como "estrangeiro" no momento da divisão de despesas e lucros.

Outros países da América Latina manifestaram interesse em entrar para o grupo desta organização internacional.

A Venezuela aderiu ao MERCOSUL em 2012, mas está suspensa por tempo indeterminado, desde dezembro de 2016, por descumprimento de seu Protocolo de Adesão. Em agosto de 2017, aplicou-se à Venezuela a Cláusula Democrática do Protocolo de Ushuaia.

Há sete países que estão na condição de Estados Associados: Bolívia (se encontra atualmente em processo de adesão como Estados Partes), Chile, Colômbia, Equador, Peru, Guiana e Suriname, além do México e Nova Zelândia que estão na condição de países observadores.

Os países que constituem o Mercosul partilham valores comuns de suas sociedades democráticas, que são defensoras das liberdades fundamentais, dos direitos humanos, da proteção do meio ambiente e do desenvolvimento sustentável. Eles também são compromissados com o fortalecimento da democracia, com a segurança jurídica, com o combate à pobreza e com o desenvolvimento econômico e social de forma justa e igualitária.

A maior economia mundial, os Estados Unidos, tem um grande poder de influência na região, mas alguns sul-americanos acreditam que o Mercosul seja uma poderosa arma contra esta influência. Uma demonstração disto foi a derrubada da ALCA (Área de Livre Comércio das Américas), que favorecia os países norte-americanos em seus tratados comerciais.

O MERCOSUL atravessa um processo de fortalecimento econômico, comercial e institucional. Os Estados Partes consolidaram um modelo de integração pragmático, voltado para resultados concretos no curto prazo. O sentido da integração do MERCOSUL atual é a busca da prosperidade econômica com democracia, estabilidade política e respeito aos direitos humanos e liberdades fundamentais.

Os resultados desse novo momento do MERCOSUL já começaram a aparecer. Entre os muitos avanços recentes, destacam-se:

• Aprovação do Protocolo de Cooperação e Facilitação de Investimentos, que amplia a segurança jurídica e aprimora o ambiente para atração de novos investimentos na região;

• Conclusão do acordo do Protocolo de Contratações Públicas do MERCOSUL, que cria oportunidades de negócios para as nossas empresas, amplia o universo de fornecedores dos nossos órgãos públicos e reduz custos para o governo;

• modernização no tratamento de questões regulatórias, com a reforma dos procedimentos de elaboração e de revisão de regulamentos técnicos, o que permitirá atualizá-los à luz de referências internacionais mais recentes, e com a retomada do dinamismo dos órgãos técnicos regulatórios.

AMÉRICA DO SUL

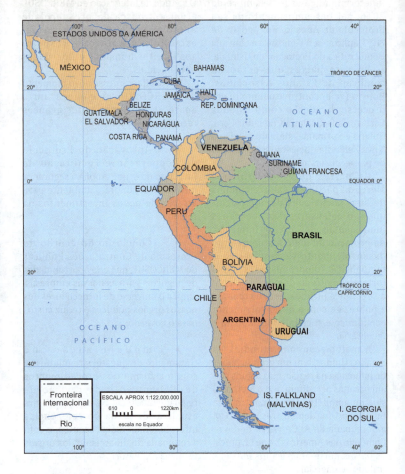

Mesmo fora da América do Sul, o México e a Nova Zelândia participam do Mercosul como países observadores (apenas comparecem nas reuniões como país convidado). O México aguarda na expectativa de se tornar membro associado desde 2006.

ESTAÇÕES DO ANO (HEMISFÉRIO NORTE)

Primavera (Primavera): No Hemisfério Norte, a primavera começa oficialmente em 21 de março e termina em 21 de junho. Os dias se tornam mais longos, as noites mais curtas e há aumento das chuvas, embora o sol continue a brilhar. A principal característica da primavera é o reflorecimento da flora e da fauna.

Verano (Verão): O verão começa após a primavera, no dia 21 de junho, e termina no dia 23 de setembro. A temperatura aumenta e os dias, em geral, são ensolarados e mais longos, podendo também ser chuvosos. Em boa parte dos países de língua inglesa, é o período reservado para as férias de verão.

Otoño (Outono): Começa no dia 23 de setembro e vai até o dia 21 de dezembro. Nessa estação, as folhas das árvores começam a cair e as frutas já estão maduras. Os jardins e os parques ficam cobertos de folhas de todas as cores. Os dias são menores e mais frios devido à aproximação do inverno.

Invierno (Inverno): O inverno começa no dia 21 de dezembro e termina no dia 21 de março. A principal característica é a queda da temperatura, que em muitos países do hemisfério norte pode chegar abaixo de 0°, ocorrendo a queda de neve.

Primavera

Otoño

Verano

Invierno

DIAS DA SEMANA/ MESES/NÚMEROS

DIAS DA SEMANA

DOMINGO	LUNES	MARTES	MIÉRCOLES	JUEVES	VIERNES	SÁBADO
Domingo	Segunda	Terça	Quarta	Quinta	Sexta	Sábado

MESES

ENERO	FEBRERO	MARZO	ABRIL	MAYO	JUNÍO
Janeiro	Fevereiro	Março	Abril	Maio	Junho
JULIO	AGOSTO	SEPTIEMBRE	OCTUBRE	NOVIEMBRE	DICIEMBRE
Julho	Agosto	Setembro	Outubro	Novembro	Dezembro

NÚMEROS

	CARDINALES		ORDINALES
0	cero		
1	uno	1º	primero / primer
2	dos	2º	segundo
3	tres	3º	tercero
4	cuatro	4º	cuarto
5	cinco	5º	quinto
6	seis	6º	sexto
7	siete	7º	séptmo
8	ocho	8º	octavo
9	nueve	9º	noveno, nono
10	diez	10º	décimo
11	once	11º	undécimo
12	doce	12º	duodécimo
13	trece	13º	decimotercero

14	catorce	14º	decimocuarto
15	quince	15º	decimoquinto
16	dieciséis	16º	decimosexto
17	diecisiete	17º	decimoséptimo
18	dieciocho	18º	decimoctavo
19	diecinueve	19º	decimonoveno
20	veinte	20º	vigésimo
21	veintiuno	21º	vigésimo primero
30	treinta	30º	trigésimo
40	cuarenta	40º	cuadragésimo
50	cincuenta	50º	quincuagésimo
60	sesenta	60º	sexagésimo
70	setenta	70º	septuagésimo
80	ochenta	80º	octagésimo
90	noventa	90º	nonagésimo
100	ciento/ cien	100º	centésimo
101	ciento uno	101º	centésimo primero
200	doscientos	200º	duocentésimo
300	trescientos	300º	tricentésimo
400	cuatrocientos	400º	cuadringentésimo
500	quinientos	500º	quingentésimo
600	seiscientos	600º	sexcentésimo
700	setecientos	700º	septingésimo
800	ochocientos	800º	octingentésimo
900	novecientos	900º	noningentésimo
1.000	mil	1.000º	milésimo
1.001	mil uno	1.001º	milésimo uno
100.000	cien mil	100.000º	cien milésimo
1.000.000	un millón	1.000.000º	millonésimo

QUE HORAS SÃO?/¿QUÉ HORA ES?

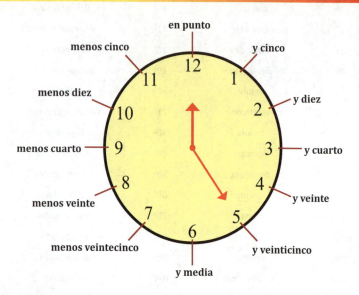

Son las siete y trece
7:13 Sete e treze

Son las tres y quince/ Son las tres y cuarto
3:15 Três e quinze

Son las once y treinta (raro)
11:30 Onze e trinta

Son las once y media
11:30 Onze e meia

Es la una cuarenta y cinco (raro)
1:45 Uma e quarenta e cinco

Un cuarto para las dos/ Las dos menos cuarto.
1:45 Quinze para as duas

1:00 Es la una
1:40 Son las dos menos veinte
2:00 Son las dos
2:30 Son las dos y media
3:00 Son las tres
4:00 Son las cuatro
4:15 Son las cuatro y cuarto
5:00 Son las cinco
6:00 Son las seis
6:55 Son las seis menos cinco
7:00 Son las siete
8:00 Son las ocho
9:00 Son las nueve
9:25 Son las nueve y veinticinco
10:00 Son las diez
11:00 Son las once
12:00 Son las doce
12:45 Es la una menos un cuarto

CORES

DICAS DE GRAMÁTICA ESPANHOLA

Para interpretar textos de outras línguas é preciso conhecer um pouco da gramática da nova língua. As principais dicas para interpretar textos de Espanhol são:

1) Leitura completa do texto
2) Analisar o texto / compreender o assunto do texto / O que é que o texto diz?
3) Identificar as palavras-chave do texto, os termos técnicos utilizados

Artigos definidos:

- - el = o
- - la = a
- - lo = o/a (artigo neutro)
- - las = as
- - los = os

Artigos indefinidos:

- - un/uno = um
- - una = uma
- - unos = uns
- - unas = umas

al (a +el) = ao / contração da preposição a + o artigo el
del (de + el) = do/contração da preposição de + o artigo el

Os substantivos femininos em espanhol que começam pela letra 'a' ou 'ha' tônicas, como aula, agua, ala, hada, levam o artigo 'el' ou 'un'.

Pronomes pessoais

Singular	Plural
Yo	**Nosotros/as**
Eu	Nós*
Tú	**Vosotros/as**
Você	Vocês**
El/Ella	**Ellos/as**
Ele/ela	Eles/elas
Usted	**Ustedes**
Senhor(a)	Senhores(as)

Em espanhol há uma diferenciação entre feminino e masculino dos pronomes pessoais: ***nós** e ****vocês**.

VERBOS MAIS USADOS EM ESPANHOL

Alguns dos verbos mais usados em espanhol:

Haber (ter) é um verbo auxiliar nos tempos compostos em espanhol.
Exemplo: Hemos estudiado mucho.
> Temos estudado muito.

Na terceira pessoa do singular tem sentido de existência.
Exemplo: ¿Hay algún diccionario de español en esta librería?
> Tem algum dicionário de espanhol nesta livraria?

Tener (ter) é um verbo que expressa posse.
Exemplo: Tengo muchos libros de Derecho.
> Tenho muitos livros de Direito.

A expressão verbal 'tener que' significa dar conselhos a pessoas concretas.
Exemplo: María, tienes que estudiar mucho para la prueba de español.
> Maria, você tem que estudar muito para a prova de Espanhol.

Ser (ser) é um verbo empregado geralmente como em Português.
Exemplo: Soy estudiante del curso EuvouPassar.
> Sou estudante do curso EuvouPassar.

Ser (estar): o verbo estar expressa a localização de alguma coisa ou de alguém no espaço.
Exemplo: El aula 24 está al final de la lista.
> A aula 24 está no fim da lista.

Assim como na língua portuguesa, no espanhol há três conjugações verbais, as quais se definem pelas terminações dos verbos no infinitivo ar, er e ir.

Exemplos:

- -ar = hablar, cantar
- -er = vender, temer
- -ir = escribir, partir

hablar: falar
escuchar: escutar
oír: ouvir
llamar: chamar
preguntar: perguntar
comer: comer, alimentar
beber: beber
dormir: dormir
hacer: fazer
trabajar: trabalhar
mirar: olhar, observar
vivir: viver

PREPOSIÇÕES

a: a
ante: perante
bajo: sob
contra: contra
hasta: até
hacia: (direção)
según: segundo, de acordo com
sim: sem
trás: após

CONJUNÇÕES

y: e
ni: nem
o: ou
pero: mas
sino: senão
si: se
aunque: embora, ainda que
siquiera: sequer
sin embargo: no entanto
en cambio: ao contrário
luego: logo
por consiguiente: portanto

ADVÉRBIOS

acá: aqui
adrede: intencionalmente
allá: lá
anteayer: anteontem
aún: ainda
aun: inclusive, até mesmo
ayer: ontem
cerca: perto
despacio: devagar
hoy: hoje
lejos: longe

listo: pronto
luego: logo
mañana: amanhã
mientras: enquanto
passado mañana: depois de amanhã
presto: logo
pronto: logo
quizá (s): talvez
temprano: cedo
todavia: ainda
a lo mejor: talvez, possivelmente
de um tirón: de vez, sem intervalo
en efecto: realmente
por si acaso: por precaução
contra viento y marea: sentido contrário
de pronto: de repente
por lo pronto: no momento
a menudo: frequentemente
por supuesto: certamente
a hurtadillas: às escondidas
a tontas y locas: de qualquer jeito
al revés: ao contrário
de hecho: de fato
mientras tanto: enquanto isso
tan pronto: assim que
de veras: é mesmo

ANIMAIS

cerdo, chancho: porco
perro: cachorro
zorro: raposa
zorrillo: gambá
oso: urso
ciervo: veado
pollo: frango
boa: jiboia
chicharra: cigarra
delfin: golfinho
rana: rã
armadillo: tatu

ROUPAS

zapatillas: tênis
corbata: gravata
bufanda: cachecol
falda: saia
guante: luva
pantalón: calça
cinturón: cinto
jardinera: macacão
pulóver: blusa de frio
sombrero: chapéu
sostén: sutiã
calcetines: meias

PROFISSÕES

albañil: pedreiro
ambulante: camelô
azafata: aeromoça
mayorista: atacadista
minorista: varejista
obrero: operário
sastre: costureiro
fontanero, gásfiter, plomero: encanador
bombero: bombeiro
carpinteiro, ebanista: marceneiro
carnicero: açougueiro
maestro: professor

CIDADE

acera, vereda: calçada
embotellamiento: engarrafamento
calle: rua
carretera: estrada
colectivo: ônibus
contaminación: poluição
desecho: lixo
peatón: pedestre
población: população

FALSOS COGNATOS

presunta: suposta, presumível
regalo: presente
pimpollos: botões de rosa
rojos: vermelhos
carpa: barraca de camping
cachorros: filhotes
latir: bater, pulsar
sítio: lugar
pastel: bolo
hueso: osso
mostrador: balcão
empanada: pastel
almohada: travesseiro
billón: trilhão
um rato: um momento
berro: agrião
bolsillo: bolso
estofado: ensopado, cozido
ciruelas: ameixas
pelado: careca, calvo
saco: paletó
polvo: pó
cena: janta
apellido: sobrenome
salsa: molho
exquisita: deliciosa, gostosa
salada: salgada
vaso: copo
se enderezó: ficou de pé
mareada: tonta
aceitar: cobrir de óleo
borracha: bêbada
largo: longo
pelo: cabelo
huellas: pegadas
zorro: raposa
sótano: porão
borrando: apagando

agasajar: presentear, fazer favores
escoba: vassoura
muela: molar (dente)
desquitarse: vingar-se
tenazas: alicates
cerrojo: fechadura
bolsa: sacola
brincar: pular
chapa: lataria
estante: prateleira
flaco: magro
copos: flocos
corrida: tourada
ano: ânus
camarero: garçom
cita: encontro, reunião
comedor: sala de jantar
funda: fronha
cola: fila
oficina: escritório
taller: oficina
zurdo: canhoto
tirar: puxar, lançar
jugo: suco
cuello: pescoço
camelar: amar/desejar
globo: balão
bromear/jugar: brincar
pendiente: brinco
crianza: criação
engrasado: lubrificado
dibujo: desenho
graciso: engraçado
despierto: esperto
experto: perito
escritorio: escrivaninha
diseño: desenho
cepillo: escova

GUIA RÁPIDO DE CONVERSAÇÃO

FRASES BÁSICAS

Por favor.
Por favor.

¡Gracias!
Obrigado(a)!

¡Muchas gracias!
Muito obrigado(a)!

En absoluto. No hay de qué.
Por nada. Não tem de que.

Discúlpame.
Desculpe-me.

Permiso.
Com licença.

Buenos días.
Bom dia.

Buenas tardes.
Boa tarde.

Buenas noches.
Boa noite.

Buena suerte.
Boa sorte.

De nada.
De nada.

No sé.
Eu não sei.

Está bien.
Está bom.

¡Hola!
Olá!

Sí.
Sim.

No.
Não.

Adiós.
Tchau/Adeus.

¡Cuidado!
Cuidado!

¡Sin duda!
Sem dúvida!

Entrada prohibida.
Proibida a entrada.

Yo también.
Eu também.

Sí, está bien.
Sim, tudo bem.

¿Te molesto?
Estou incomodando?

Lindo día, ¿no?
Lindo dia, não?'

¿Qué ha dicho?
O que ele disse?

¡Exactamente como dijiste!
É exatamente como você falou!

Sólo un momento por favor.
Só um momento, por favor.

¿Dónde queda el baño?
Onde é/fica o banheiro?

¿Qué pasa?
Qual é o problema?

¡Buena idea!
Boa ideia!

¿Qué lenguas habla?
Que idiomas você fala?

Hablo portugués y español.
Eu falo português e espanhol.

Fue un equívoco.
Foi um engano.

Prohibido fumar.
Proibido fumar.

Siéntese.
Sente-se.

Levántese.
Levante-se.

Escúcheme.
Escute-me.

Sígame.
Siga-me.

¡Adelante!
Prossiga!

¡Continue!
Vá em frente!

CONHECENDO ALGUÉM

¿Cómo te llamas?
Qual é o seu nome?

Mi nombre es_____.
Meu nome é _____.

Encantado de conocerte.
Prazer em conhecê-lo.

El placer es mío.
O prazer é meu.

¿De dónde eres?
De onde você é?

Soy de _____.
Eu sou de _____.

¿Cuántos años tienes?
Quantos anos você tem?

Tengo_____años.
Eu tenho_____anos.

¿Estás casado/a o soltero/a?
Você é casado (a) ou solteiro(a)?

Estoy soltero/a.
Eu sou solteiro(a).

Estoy casado/a.
Eu sou casado(a).

¿Tienes hermanos?
Você tem irmãos?

Sí, tengo./No tengo.
Sim, tenho/Não tenho.

Me tengo que ir ahora.
Eu tenho que ir embora agora.

Hasta luego.
Até logo.

¿Hablas español?
Você fala espanhol?

No entiendo.
Eu não entendo.

¿Cómo estás?
Como você está?

Bien, gracias.
Bem, obrigado/obrigada.

Nos vemos después.
Nos vemos depois.

TURISMO

¿Podrías ayudarme?
Você poderia me ajudar?

¿Puedes recomendarme un hotel que no sea caro?
Você pode me recomendar um hotel que não seja caro?

¿Dónde está en el mapa?
Onde fica no mapa?

Si posible no demasiado lejos.
Se possível não muito longe.

¿Puedes darme el nombre de un hotel de precio normal?
Você pode me dar o nome de um hotel de preço normal?

¿Está incluido el desayuno?
Inclui o café da manhã?

¿Cuándo tengo que salir?
Quando tenho de sair?

¿Cuándo?
Quando?

Sólo para una noche.
Só para uma noite.

¿Puedes repetirme eso?
Pode repetir isso?

Quisiera ver el casco antiguo.
Gostaria de ver a parte antiga.

Tengo hambre.
Eu estou com fome.

¿Hay visitas guiadas?
Há visitas guiadas?

Tengo sed.
Eu estou com sede.

¿Cuánto cuesta un billete a _____?
Quanto é o ingresso para _____?

Estoy cansado/a.
Eu estou cansado(a).

¿A dónde va este autobús/tren?
Para onde este ônibus/trem vai?

Estoy perdido/a
Eu estou perdido(a).

¿Este autobús/tren se detiene en _____?
Este ônibus/trem para em _____?

Eu preciso ir para ___.
Eu preciso ir para ___.

Quiero hacer el registro de salida.
Quero fazer o registro de saída.

Lleve me al ___.
Leve-me para ___.

ONDE FICA...?

el centro de la ciudad?
o centro da cidade?

la estación de tren?
a estação de trem?

el aeropuerto?
o aeroporto?

el banco?
o banco?

el hotel?
o hotel?

¿Dónde está ___?
Onde fica___?

la estación de policía?
a delegacia?

la embajada?
a embaixada?

el hospital?
o hospital?

Quisiera alquilar un coche.
Eu gostaria de alugar um carro.

ALUGUEL DE CARROS

¿Cuánto es?
Quanto custa?

¿Es sin límite de kilómetros?
A quilometragem é ilimitada?

Límite de velocidad.
Limite de velocidade.

¿Está incluido el seguro?
O seguro está incluído?

¿Puedo echar sólo un vistazo?
Posso dar só uma olhada?

COMPRAS

No estoy interesado.
Não estou interessado.

Hay en mi talla?
Tem isto no meu tamanho?

¿Qué quieres?
O que você deseja?

Me lo llevo.
Vou levar.

¿Cuánto es esto?
Quanto custa isto?

Envia para otros paises?
Envia para outros países?

Es muy caro.
Está muito caro.

No tengo dinero suficiente.
Não tenho dinheiro suficiente.

Vendedora. ¿Podría mostrarme algo más?
Vendedora, você poderia mostrar mais alguma coisa?

¿Cuáles son las formas de pago?
Quais são as formas de pagamento?

¿Puede mostrarme algunas sugerencias de regalos?
Você pode me mostrar algumas sugestões de presentes?

Necesito ayuda para escoger una blusa.
Preciso de ajuda para escolher uma blusa.

¿Puede escribírmelo?
Você pode escrever isso?

¿Puedo pagar con tarjeta de crédito?
Posso pagar com cartão de crédito?

¿Dónde hay un centro comercial en esta ciudad?
Onde posso encontrar um shopping nessa cidade?

¿Tienes computadora?
Você tem um computador?

RESTAURANTE

¿Dónde hay un restaurante?
Onde tem um restaurante?

¿Cuál es el mejor restaurante de la ciudad?
Qual é o melhor restaurante da cidade?

Una mesa para dos personas, por favor.
Uma mesa para duas pessoas, por favor.

Puedo ver el menú, por favor?
Posso ver o menu, por favor?

Hay alguna especialidad local?
Há uma especialidade local?

¿Puede hacerlo más suave, por favor?
Pode fazê-lo mais suave, por favor?

¿Qué plato es ese?
Que prato é esse?

¿Hay alguna especialidad de la casa?
Há uma especialidade da casa?

¡Camarero!
Garçom!

Quiero un plato de___.
Quero um prato de ___.

Quiero un vaso de ___.
Quero um copo de ___?

Quisiera pedir _____.
Gostaria de pedir _____.

Queremos una cerveza y dos zumos de naranja.
Queremos uma cerveja e dois sucos de laranja.

Me trae un cuchillo/tenedor/ cuchara, por favor.
Traga-me uma faca (garfo, colher), por favor.

¿Qué tomarán de postre?
O que vocês desejam de sobremesa?

Quisiera un trozo de pastel.
Eu quero um pedaço de bolo.

Un/una más, por favor.
Mais um/uma, por favor.

¿A qué hora cierran?
A que horas fecham?

¡La cuenta, por favor!
A conta, por favor!

BANCOS

¿Dónde puedo cambiar dinero?
Onde posso trocar dinheiro?

El cambio en efectivo.
Troco em dinheiro.

¿Cuál es la tasa de cambio?
Qual é a taxa de câmbio?

¿Puede cambiarme esto a euros?
Poderia trocar por euros?

Billetes pequeños.
Notas pequenas.

¿Donde hay un cajero automatico?
Onde tem um caixa eletrônico?

Puedes cambiarme un cheque viajero?
Você pode trocar um cheque de viagem para mim?

Quisiera una cuenta corriente.
Quero uma conta corrente.

INTERNET

¿Tienes conección a internet?
Você tem conexão com a internet?

¿Puedo enviar emails desde aquí?
Posso mandar e-mails por aqui?

Cuál es tu correo electrónico?
Qual é o seu e-mail?

¿Dónde está la arroba en el teclado?
Onde é a arroba no teclado?

¿Puedo imprimir algo?
Posso imprimir uma coisa?

Mi computadora se trabó.
Meu computador travou.

¿Me puedes ayudar a conectarme?
Pode me ajudar a conectar?

Voy a navegar en Internet.
Vou navegar na Internet.

EMERGÊNCIAS

Es una emergencia.
É uma emergência.

Necesito tu ayuda.
Preciso da sua ajuda.

¿Puedes ayudarme?
Você pode me ajudar?

Me han robado.
Fui roubado.

Voy a llamar a la policía.
Vou chamar a polícia.

Estoy herido/a.
Estou ferido(a).

¡Ayúdame!
Socorro!

EXPRESSÕES IDIOMÁTICAS COMUNS

hacer la vista gorda: ignorar, fazer que não está vendo (fazer vista grossa)
como quien oye llover: sem fazer caso
con pelos y señales: em todos os detalhes
dejar plantado: deixar plantado (esperando)
andar por las ramas: desviar do assunto
contar faroles: contar mentiras
muñecas parlantes: falar demais
acantar las cuarenta: dizer o que pensa
meter la pata: estragar, cometer um erro
ver y creer: ver para crer
mandar un emilio: mandar um e-mail
pasar un buen rato: ter um bom momento
qué mala cara: estar com cara de irado
retomar el hilo: retomar o fio da conversa
soy chiflado: estar louco (eu estou maluco)
vaya, qué lata: achar algo/alguém uma chatice (que saco)
estar hecho polvo: estar cansado
más vale tarde que nunca: melhor tarde do que nunca
¡pierde cuidado!: aviso para não se preocupar
dicho y hecho: falar e fazer
menudo pájaro es ese: algo/alguém que não se pode confiar
hablar por los codos: falar demais (pelos cotovelos)
echar una mano: ajudar (dar uma mão)
subir la sangre a la cabeza: ficar nervoso, irar-se (subir o sangue)
no caber en la cabeza: não entender
abrir a alguien los ojos: dar um aviso de cuidado (abrir os olhos de alguém)
en un abrir y cerrar de ojos: acontecer algo de forma muito rápida
tomar el pelo: rir/zombar de alguém
al pie de la letra: falar/representar exatamente o que se quer dizer (ao pé da letra)
no dar pie con bola: não acertar (pisar na bola)
mirar por encima del hombro: ter uma atitude arrogante
tener mala cabeza: esquecer-se
costar un ojo de la cara: custar caro (o olho da cara)
estar hasta las narices: estar farto/cansado
estar como una cabra: estar bravo/irritado
perro viejo: pessoa experiente (gato velho)
pez gordo: pessoa importante

SITES ÚTEIS PARA ESTUDAR ESPANHOL

http://www.soespanhol.com.br/
Site que possui inúmeras páginas com vocabulário, exercícios, curiosidades, jogos online, entretenimento e outros conteúdos.

http://pt.bab.la/dicionario/portugues-espanhol/
Dicionário online com recurso de pesquisa simultânea, funciona em Português e Espanhol automaticamente. Possui um eficiente sistema de filtros para os resultados das pesquisas e um fórum onde dúvidas e sugestões de tradução podem ser discutidas.

http://www.wordreference.com/ptes/
Dicionário online com recurso de pronúncia de palavras.

http://www.dicasdeespanhol.com.br/
Blog de apoio ao estudante autodidata que conta com a ajuda de vários colaboradores, possui um movimentado fórum onde dúvidas podem ser discutidas.

http://www.espanholgratis.net/
Site que disponibiliza uma grande variedade de lições, estudos de gramática, frases úteis em Espanhol, dicas para o estudante, textos, diálogos e áudios para praticar a pronúncia correta do idioma.

http://www.internetpolyglot.com/portuguese/lessons-pt-es
Site com inúmeras lições de português-espanhol.

http://maisespanha.blogspot.com/
Blog sobre curiosidades, cultura, lendas e fatos referentes a Espanha.

APRESENTAÇÃO

Um dicionário é a imagem da língua de uma nação. Retrata a cultura, a história de um povo, por meio do registro dos termos utilizados atualmente e também em outras épocas – afinal, a língua é viva, dinâmica e se modifica diariamente, enriquecendo-se tanto por neologismos (novas palavras formadas, novos significados adotados) quanto pela incorporação de termos vindos de outros idiomas.

Para utilizar um dicionário aproveitando todo o seu conteúdo, faz-se necessário conhecer os detalhes que nortearam sua composição. Assim, apresentamos a seguir os elementos que constituíram a base para a elaboração desta obra, destinada a você, leitor, que busca aprimorar seus conhecimentos. Boa leitura, boa pesquisa!

Equipe Editorial

UTILIZANDO ESTE DICIONÁRIO

Apresentamos alguns verbetes com os elementos que os compõem, para orientar a pesquisa em toda a obra:

autonomía / *autonom'ia* / *sf.* **1** autonomia, independência **2** soberania **3** liberdade ■ **autonomía para escoger** autonomia para escolher

✓ **autonomía – ENTRADA DO VERBETE –** palavra, sigla ou elemento de composição que abre o verbete e sobre o qual há o significado ou significados logo a seguir. Vem em minúsculas, exceto quando sigla, símbolo ou nome próprio; em negrito e com as sílabas separadas. Se estiver em itálico, indica uma palavra estrangeira.

✓ / *autonom'ia* / - **DESCRIÇÃO FONÉTICA** - este dicionário apresenta a descrição fonética padrão da língua portuguesa, com indicações sobre o timbre aberto ou fechado da vogal tônica da palavra em foco. Aparece entre barras invertidas, logo depois da entrada do verbete.

✓ *sf.* **CLASSIFICAÇÃO GRAMATICAL –** apresentada abreviadamente, de acordo com tabela apresentada a seguir. Vem em fonte normal e em tipo itálico. Pode haver mais de um tipo de classificação gramatical para uma mesma entrada. Nesses casos, utilizamos dois símbolos ao longo do verbete, para indicar tal alteração: ⃝ este aparece quando há mudança do qualificativo dentro da classe gramatical citada. E o símbolo · aparece quando há mudança da classe gramatical nas diversas acepções apresentadas para a entrada do verbete.

✓ **1, 2, 3** etc. – **NUMERAIS** - separam os diversos significados apresentados em um mesmo verbete. Vêm em negrito para facilitar a leitura.

✓ BOT, RELIG, CUL, ZOOL – **RUBRICAS TEMÁTICAS** - indicam atividades ou áreas do conhecimento, vindo sempre em maiúsculas e sem ponto final. A lista de rubricas temáticas é apresentada logo após estas considerações iniciais.

✓ **• autonomía para escoger – EXPRESSÕES E LOCUÇÕES –** o símbolo ■ aparece quando, enriquecendo o verbete, são apresentadas locuções e expressões contendo a palavra da entrada do mesmo.

✓ **¹a , ²a – HOMÓGRAFOS HOMÓFONOS –** entradas diferenciadas de homógrafas e homófonas recebem numerações, a fim de deixar mais claro o conteúdo como um todo; ou ainda, são apresentadas entradas variadas quando temos palavras de origens diferentes e/ou símbolos de elementos ou de unidades matemáticas, físicas, que vêm expressos em letras maiúsculas.

SÍMBOLOS E ABREVIAÇÕES QUE APARECEM NESTA OBRA

.	utilizado quando há mudança da classe gramatical nas diversas acepções apresentadas para a palavra que é a entrada do verbete
■	utilizado quando é introduzida uma expressão na qual há a entrada do verbete
♦	utilizado para indicar substantivo coletivo
//	utilizadas para indicar a pronúncia fonética das palavras

abbr. abreviação

adj. adjetivo

adv. advérbio

conj. conjunção

interj. interjeição

num. numeral

pl. plural

prep. preposição

pron. pronome

PSICOL psicologia

QUÍM química

RELIG religião

s. substantivo

v. verbo

A IMPORTÂNCIA DA TRANSCRIÇÃO FONÉTICA

Uma transcrição fonética é um método formalizado de transcrever o som das palavras de uma ou mais língua. Cada letra é a representação de um fonema, mas pode possuir diferentes pronúncias. A letra s, por exemplo, pode possuir diversos tipos de som. Para isto, criou-se diversos modos de expressar o fonema de cada letra e, a isto, nomeia-se transcrição fonética.

O alfabeto fonético internacional (referenciado pela sigla AFI e pela sigla em inglês IPA, de International Phonetic Alphabet) é um sistema de notação fonética baseado no alfabeto latino, criado pela Associação Fonética Internacional como uma forma de representação padronizada dos sons do idioma falado. O AFI é utilizado por linguistas, fonoaudiólogos, professores e estudantes de idiomas estrangeiros, cantores, atores, lexicógrafos e tradutores.

O AFI foi projetado para representar apenas aquelas características da fala que podem ser distinguidas no idioma falado: fonemas, entonação, e a separação de palavras e sílabas. Para representar características adicionais da fala, como o ranger dos dentes, língua presa e sons feitos com lábios leporinos, utiliza-se de um conjunto ampliado de símbolos, chamados de extensões ao AFI.

Ocasionalmente outros símbolos também foram adicionados, removidos ou modificados pela Associação Fonética Internacional. Em 2008 o AFI possui 107 letras distintas, 52 diacríticos e 4 marcas de prosódia.

Os símbolos do alfabeto fonético internacional são divididos em três categorias: letras (que indicam os sons básicos), diacríticos (que especificam mais esses sons básicos) e supra-segmentais (que indicam características, como velocidade, tom e acento tônico). Essas categorias são divididas em seções menores: as letras podem ser vogais ou consoantes e os diacríticos e supra-segmentais são classificados de acordo com o que indicam: articulação, fonação, tom, entonação ou acentuação tônica. De tempos em tempos, símbolos são adicionados, removidos ou modificados pela Associação Fonética Internacional.

Símbolo Fonético	Vogais / Explicação	Exemplo em espanhol
ɑ	Tem um som semelhante do /a/ de fato	casa /ˈkasa/
e	Tem um som semelhante ao do /e/ de mesa	abeja /abˈeha/
i	Tem um som semelhante ao do /i/ de disco	disco /ˈdisko/
o	Tem um som semelhante ao do /o/ de luminoso	luminoso /lumiˈnoso/
u	Tem um som semelhante ao do /u/ de uniforme	madrugada /maðruˈɣaða/

Semivogais		
Símbolo Fonético	**Explicação**	**Exemplo em espanhol**
ʒi	Tem um som semelhante ao /i/ de faculdade	desacomodar /dʒizakomoˈdaR/
aj	Tem um som semelhante ao do /ai/ de pai	Pai /paj/
w	Tem um som semelhante ao do /u/ de quarto e água	quarto /ˈkwaRtu/

Consoantes		
Símbolo Fonético	**Explicação**	**Exemplo em espanhol**
p	Tem um som semelhante ao do /p/ de parto	parto /ˈpaRtu/
b	Tem um som semelhante ao do /b/ ou do /v/, como vacío e hombre	hombre [ˈombre]
β	Tem um som semelhante ao do /b/ ou do /v/, como em objeto	objeto /oβˈxeto/
m	Tem um som semelhante ao do /m/ ou do /n/, como em conviver e amar	Amar /aˈmaR/
ŋ	Tem um som semelhante ao do /m/, sempre utilizado para anteceder a letra f	enfermo, -a /emˈfermo/
n	Tem o som do n	nadar /naˈðar/
ɲ	Tem um som semelhante ao do /nh/, como em amanhã	viña /ˈbiɲa/

f	Tem um som semelhante ao do /f/, como em café	café /ˈkaˈfe/
k	Tem um som semelhante ao do /c/, como em casa	casa /ˈkasa/
g	Tem um som semelhante ao do /g/, como nas palavras garra e guerra	gancho /ˈɡantʃo/
x	Tem um som semelhante ao do /j/ e do /g/	Rojo /ˈroxo/
t	Tem um som semelhante ao do /t/ das palavras letra e tio	tío /ˈtio/
d	Tem um som semelhante ao do /d/ da palavra deus	dios /ˈdjos/
ð	Tem o som semelhante ao do /d/ da palavra cadencia	cadencia /kaˈðeŋθja/
θ	Tem o som semelhante ao do /z/ como das palavras zero e cruz	cero /ˈθero/
l	Tem o som semelhante ao do /l/ das palavras livro e lima	blocar [bloˈkar]
ʎ	Tem o som semelhante ao do /lh/ da palavra molhar	llover /ʎoβer/
s	Tem o som semelhante ao do /s/, como na palavra coser	coser /koˈser/
r	Tem o som semelhante ao do /r/ como nas palavras caro e prisão	caro, a /ˈkaro, a/
rr	Tem o som semelhante ao do /rr/, como nas palavras roca e honra	honra /ˈonra/
ʧ	Tem o som semelhante ao do /ch/, como na palavra chino	cochino /koˈtʃino/
j	Tem o som semelhante ao do /y/, como na palavra jet	jet /ˈjet/
ʃ	Tem o som semelhante ao do /sh/, como na palavra show	show /ˈʃow/

• O sinal /ˈ/ indica que a sílaba seguinte é acentuada, tendo uma pronúncia mais forte;

• O sinal /:/ indica sua prolongação

ESPANHOL
DICIONÁRIO ESCOLAR

ESPANHOL - PORTUGUÊS

A

a /a/ *sf.* a, primeira letra do alfabeto espanhol • *prep.* a, para, com, em até ▪ **voy a Argentina** vou à Argentina ▪ **pollo a las finas hierbas** frango às finas ervas ▪ **me levanto a las ocho** me levanto às oito

ábaco /'abako/ *sm.* **1** ábaco **2** tabuleiro (parte superior que coroa o capitel) ▪ **aprendió a sumar y restar con un ábaco** aprendeu a somar e subtrair com um ábaco ▪ **el ábaco de esta columna está muy deteriorado** o ábaco desta coluna está muito deteriorado

abad /ab'ad/ *sm.* abade, cura, pároco ▪ **es abad de la orden benedictina** é abade da ordem benedita ▪ **ofició la misa el abad de la colegiata de mi pueblo** celebrou a missa o abade da colegiada do meu povo

abadejo /abad'eho/ *sm.* badejo, abadejo ▪ **el abadejo fresco es un pescado barato** o abadejo fresco é um peixe barato

abadía /abad'ia/ *sf.* abadia, mosteiro ▪ **abadía de Ripoll** abadia de Ripoll

abajeño, -a /abah'eño/ *adj.* + *sm. AL* habitante da costa ou das terras baixas ▪ **proviene de tierras abajeñas** provém de terras baixas

abajo /ab'aho/ *adv.* embaixo, abaixo ▪ **echar abajo** destruir ▪ **hacia abajo** para baixo ▪ **nuestro sueño se ha venido abajo** nosso sonho se frustrou

abalanzarse /abalanΘ'arse/ *vpr.* arremessar-se, atirar-se, arrojar-se, lançar-se ▪ **abalanzarse sobre el enemigo** atirar-se sobre o inimigo

abanderado, -a /abander'ado/ *s.* porta-bandeira ▪ **Felipe fue el abanderado del equipo olímpico español en 1996** Felipe foi o porta-bandeira da equipe olímpica espanhola em 1996

abandonar /abandon'ar/ *vt.* **1** abandonar, desamparar **2** deixar-se levar; entregar-se (a uma emoção) ▪ **abandonar una idea** desistir de uma ideia

abanico /aban'iko/ *sm.* **1** leque **2** sinalização em ferrovia ▪ **mi madre mueve el abanico con gracia** minha mãe move o leque com graça

abaratar /abarat'ar/ *vt.* baratear, baixar, diminuir o preço; o valor ▪ **se ha abaratado el pan** o pão está mais barato

abarcar /abark'ar/ *vt.* abarcar, cingir, abranger ▪ **abarcar el tronco de un árbol** cingir o tronco de uma árvore ▪ **abarcar todo el saber** compreender todo o saber ▪ **no podrás abarcar tantos proyectos** não poderá ocupar-se de tantos projetos ▪ **quien mucho abarca, poco aprieta** quem tudo quer nada tem

abarrotar /abarrot'ar/ *vt.* abarrotar, encher completamente ▪ **los más jóvenes abarrotaron el local** os mais jovens encheram o local

abarrote /abarrot'e/ *sm.* **1** pacote, embrulho **2** abarrotes, comestíveis, artigos de mercearia ▪ **tienda de abarrotes** loja de comestíveis

abastecer /abasteΘ'er/ *vt.* **1** abastecer, prover **2** fornecer ¦ *vpr.* **3** prover-se ▪ **la vaca abastece de leche a toda la familia** a vaca fornece o leite para toda a família

abastecimiento /abastΘim'jento/ *sm.* **1** abastecimento, aprovisionamento ▪ **la sequía en aquella zona obliga al abastecimiento de agua en camiones cisterna** a seca naquela zona obriga o abastecimento de água em caminhões cisterna

abasto /ab'asto/ *sm.* **1** provisão de mantimentos **2** açougue ▪ **mercado de abastos** mercado de mantimentos

abatatado, -a /abatat'ado/ *adj.* perturbado, envergonhado, intimidado ▪ **Lupita está triste y abatatada** Lupita está triste e envergonhada

abatatar /abatat'ar/ *vt. Arg.* perturbar, envergonhar, intimidar ▪ **el estudiante se abatató** o estudante se intimidou

abatimiento /abatim'jento/ *sm.* **1** abatimento, fraqueza **2** desalento, desânimo **3** humilhação ▪ **debes superar tu abatimiento** você deve superar sua falta de ânimo

abatir /abat'ir/ *vt.* **1** abater, derrubar, baixar ¦ *vpr.* **2** abater-se, desiludir-se **3** desanimar ▪ **abatir una fortaleza** derrubar uma fortaleza

abdicar /abdik'ar/ *vt.+vi.* **1** abdicar, renunciar ▪ **abdicó el reino en su hijo** renunciou o reino em favor de seu filho

abdomen /abd'omen/ *sm.* **1** abdome, ventre, barriga ▪ **el estómago y los intestinos están situados en el abdomen** o estômago e os intestinos estão situados no abdômen

abdominal /abddomin'a/ *adj.* abdominal ▪ **región abdominal** região abdominal

abecé /abeΘ'e/ *sm.* **1** abecedário **2** rudimentos de uma ciência ▪ **aprender el abecé** aprender o abecedário ▪ **no saber el abecé** não saber nada, ser muito ignorante

abecedario /abeΘed'arjo/ *sm.* **1** alfabeto **2** cartilha **3** lista em ordem alfabética ▪ **abecedario español** abecedário espanhol

abeja /ab'eha/ *sf.* **1** abelha ▪ **las abejas viven en colonias** as abelhas vivem em colônias ▪ **abeja obrera** abelha operária

abejorro /abeh'orro/ *sm.* **1** besouro **2** abelhudo ▪ **el abejorro vive en enjambres poco numerosos** o besouro vive em enxames pouco numerosos ▪ **tu amigo se enrolla mucho, es un abejorro** seu amigo conversa muito, é um abelhudo

aberración /aberraΘjon/ *sf.* **1** aberração **2** desvio **3** dispersão da luz ▪ **el protagonista debe enfrentar monstruos y todo tipo de aberración** o protagonista deve enfrentar monstros e todo tipo de aberração

abertura /abert'ura/ *sf* **1** abertura, fenda, orifício **2** franqueza ▪ **abertura de una herida** abertura de uma ferida

abierto, -a /ab'jerto/ *adj.* **1** aberto **2** sincero, ingênuo ▪ **abierto al público** aberto ao público

abigarrado

abigarrado, -a /abigarr'ado/ *adj.* **1** mesclado, em cores mal combinadas **2** heterogêneo ■ **decoración abigarrada** decoração mal combinada

abismo /ab'ismo/ *sm.* **1** abismo, precipício, despenhadeiro **2** ruína **3** inferno ■ **haber un abismo** haver uma grande diferença

abjurar /abhur'ar/ *vt+ vi* **1** abjurar **2** renunciar ■ **abjuró la promesa** renunciou a promessa

ablación /ablaθ'jon/ *sf.* **1** ablação, amputação, extirpação ■ **le han practicado una ablación de útero y anexos** lhe fizeram uma extirpação de útero e anexos

ablandar /abland'ar/ *vt.* **1** abrandar, amolecer, suavizar **2** moderar **3** aplacar *vpr.* **4** abrandar-se ■ **la cera se ablanda con el calor** a cera se amolece com o calor ■ **se ablandó con nuestros ruegos** se abrandou com nossos rogos

ablución /ablun θ'jon/ *sf.* **1** ablução, lavagem ■ **las abluciones son características de la religión mahometana** as lavagens são características da religião maometana

abnegarse /abneg'arse/ *vt* **1** abnegar-se, sacrificar-se, renunciar ■ **abnegarse por ayudar a los más necesitados** se sacrificar para ajudar os mais necessitados

abocado, -a /abok'ado/ *adj.* **1** agradável, delicado (diz-se do vinho) **2** próximo **3** exposto, ameaçado ■ **tu relación está abocada al fracaso** sua relação está exposta ao fracasso

abocar /abok'ar/ *vt.* **1** abocar, apanhar com a boca **2** embocar **3** aproximar ■ **abocar las tropas** aproximar as tropas

abofetado, -a /abofet'ado/ *adj.* inchado ■ **aquel hombre está abofetado** aquele homem está inchado

abofetear /abofete'ear/ *vt.* **1** esbofetear, esmurrar **2** ofender, humilhar ■ **el que ahora te alaba, antes te abofeteaba** o que agora te exalta, antes te humilhava

abogacía /abðik'ar/ *sf.* advocacia ■ **se acaba de jubilar, tras cuarenta años de ejercicio de la abogacía** acabou de se aposentar, após quarenta anos de exercício da advocacia

abogado, -a /abog'ado/ *sm.* **1** advogado **2** magistrado **3** intercessor **4** protetor ■ **abogado del diablo** advogado do diabo

abolición /aboliθ'jon/ *sf.* abolição, anulação, extinção ■ **defendió en el parlamento la abolición de la pena de muerte** defendeu no parlamento a abolição da pena de morte

abolir /abol'ir/ *vt.* abolir, revogar, suprimir, anular, cessar, proscrever ■ **abolir la pena de muerte** abolir a pena de morte

abollar /abðik'ar/ amolgar, amassar ■ **me han abollado el coche** amassaram meu carro

abominar /abomin'ar/ *vt* abominar, condenar, maldizer ■ **abomina la mentira** abomina a mentira

abonar /abon'ar/ *vt.* **1** abonar, afiançar, garantir **2** aprovar **3** adubar **4** creditar, lançar ■ **abonar en cuenta corriente** lançar em conta corrente **5** assinar ■ **abonarse a un periódico** assinar um jornal

abono /ab'ono/ *sm.* **1** abono, subscrição, assinatura (de jornal, revista), mensalidade ■ **abono escolar** mensalidade escolar **2** adubo, fertilizante **3** prestação, parte de um pagamento

abordar /abord'ar/ *vt* **1** abordar, aproximar-se **2** empreender algo difícil ■ **los periodistas abordaron a la modelo** os jornalistas abordaram a modelo

aborrecer /aborreθ'er/ *vt.* **1** aborrecer, detestar, odiar, ter aversão **2** desgostar, desagradar **3** entristecer **4** incomodar ■ **nos hicimos cargo del cachorro porque su madre lo aborreció** cuidamos do filhote porque sua mãe o abandonou

abortar /abort'ar/ *v.* **1** abortar **2** falhar, fracassar ¦ *vpr.* **3** suspender, interromper, parar **4** malograr-se ■ **abortar un proyecto** interromper um projeto

aborto /ab'orto/ *sm.* **1** aborto **2** coisa feia, grosseira, abominável **3** frustração ■ **tener un aborto** ter um aborto

abotonar /aboton'ar/ *vt.* **1** abotoar **2** abotoar-se ■ **abotonar una blusa** abotoar uma blusa

abrasador, -a /abrasad'or/ *adj.* abrasador, ardente, candente ■ **pasión abrasadora** paixão abrasadora

abrasar /abras'ar/ *vt.* **1** abrasar, queimar, incendiar, arder ¦ *vpr.* **2** abrasar-se ■ **el sol abrasa la arena** o sol esquenta a areia

abrasivo, -a /abras'ibo/ *adj.* abrasivo ■ **hay abrasivos naturales y artificiales** existem abrasivos naturais e artificiais

abrazadera /abraθad'era/ *sf.* **1** braçadeira **2** argola ■ **abrazadera del fusil** braçadeira do fuzil

abrazar /abraθ'ar/ *vt.* **1** abraçar, cingir **2** cercar **3** admitir, adotar uma doutrina, uma causa ■ **se abrazaron con cariño** se abraçaram com carinho

abrazo /abr'aθo/ *sm.* **1** abraço ■ **se dieron un fuerte abrazo** deram um forte abraço

abrelatas /abrel'atas/ *sm.* **1** abridor de latas ■ **fuimos de excursión y nos olvidamos el abrelatas en casa** fomos de excursão e esquecemos o abridor de latas em casa

abreviar /abreb'jar/ *v.* abreviar, encurtar, resumir, acelerar, apressar ■ **abreviar el camino** encurtar o caminho ■ **abrevia, que es tarde** acelere, que é tarde

abreviatura /abrebjat'ura/ *sf.* abreviatura ■ **"sra." es la abreviatura de "señora"** "sra." é a abreviatura de senhora

abridor, -a /abrið'or/ *adj., sm* abridor ■ **el camarero llevaba colgando un abridor** o garçom levava pendurado um abridor

abrigar /abrig'ar/ *vt.* **1** abrigar, resguardar, proteger, amparar **2** recolher **3** defender **4** abrigar-se ■ **abrigarse del viento** abrigar-se do vento

abrigo /abr'igo/ *sm.* **1** abrigo **2** agasalho **3** amparo, asilo **4** acolhida ■ **el mendigo utilizaba los cartones como abrigo** o mendigo utilizava os papelões como abrigo

abril /abr'il/ *sm.* **1** abril ■ **mi cumpleaños es el doce de abril y soy Aries** meu aniversário é dia 12 de abril e sou de Áries

abrillantar /abriλant'ar/ *vt.* **1** abrilhantar, dar brilho **2** lapidar **3** lustrar ■ **abrillantar el suelo** lustrar o chão

abrir /abr'ir/ *vt* **1** abrir **2** destampar **3** girar a chave na fechadura **4** desdobrar **5** desenrolar ¦ *vpr.* **6** abrir-se **7** comunicar-se **8** desabrochar ■ **abrir una caja** abrir uma caixa ■ **abrir acción** abrir demanda

abrojo /abr'oho/ *sm.* abrolho ■ **el abrojo es considerado una mala hierba** o abrolho é considerada uma má erva

abrumar /abrum'ar/ *vt.* **1** afligir, oprimir **2** angustiar **3** incomodar **4** aborrecer ■ **el cargo de decano me abruma** o cargo de decano me aborrece

abrupto, -a /abr'upto/ *adj.* **1** abrupto, escarpado, íngreme **2** inacessível **3** áspero, violento ■ **paisaje abrupto** paisagem íngreme

absceso /absθ'eso/ *sm.* abscesso ■ **absceso mamario** abscesso mamário

absentismo /absent'ismo/ *sm.* absentismo, absenteísmo ■ **absentismo laboral** absentismo laboral

absolución /absoluθ'jon/ *sf.* absolvição (de pena, pecado) ■ **solicitar la absolución de un acusado** solicitar a absolvição de um acusado

absolutismo /absolut'ismo/ *sm.* absolutismo ■ **históricamente, el absolutismo es el régimen que predominó en Europa** historicamente, o absolutismo é o regime que predominou na Europa

absoluto, -a /absol'uto/ *adj.* **1** absoluto **2** independente **3** incondicional **4** único **5** despótico, autoritário ■ **el rey tenía poder absoluto** o rei tinha poder absoluto

acceder

absolver /absolb'er/ *vt.* absolver, perdoar, indultar, anistiar, isentar de castigo ■ **absolver de una culpa** perdoar um erro

absorbente /absorb'ente/ *adj.* absorvente ■ **esponja absorbente** esponja absorvente

absorber /absorb'er/ *vt.* **1** absorver, aspirar, sorver **2** tragar, engolir ¦ *vpr.* **3** absorver-se, extasiar-se, entrar em estado de meditação profunda ■ **las plantas absorben los elementos minerales del suelo** as plantas absorvem os elementos minerais do solo

absorción /absorΘ'jon/ *sf.* **1** absorção **2** impregnação **3** incorporação ■ **absorción de agua** absorção de água

absorto, -a /abs'orto/ *adj.* **1** absorto, abstraído, alheado, fora da realidade **2** enlevado **3** distraído **4** contemplativo ■ **se quedó absorto ante su belleza** ficou admirado ante a sua beleza

abstención /abstenΘ'jon/ *sf.* **1** abstenção, abstinência, privação **2** isenção ■ **abstención electoral** abstenção eleitoral

abstenerse /absten'erse/ *vpr.* abster-se, privar-se ■ **abstenerse de fumar** abster-se de fumar

abstracto, -a /abstr'akto/ *adj.* abstrato ■ **ideas abstractas** ideias abstratas

abstraer /abstra'er/ *vt.* **1** abstrair **2** separar ¦ *vi.* **3** omitir **4** abstrair-se, concentrar-se **5** alhear-se, ausentar-se ■ **supo abstraer el verdadero significado del cuadro** soube abstrair o verdadeiro significado do quadro

abstraído, -a /abstra'ido/ *adj.* absorto, alheado, fora da realidade, ausente ■ **siempre está tan abstraído en sus cosas que se olvida de los demás** está sempre tão absorto em suas coisas que se esquece dos demais

absurdo, -a /abs'urdo/ *adj.* **1** absurdo, disparatado, fantástico, incrível ¦ *sm.* **2** contra-senso, disparate, despropósito ■ **teoría absurda** teoria absurda

abuchear /abutʃe'ar/ *vt.* **1** assobiar, apitar, silvar ■ **abuchear a un cantante** vaiar a um cantor

abuelo, -a /ab'welo/ *sm.* **1** avô **2** ancião, velho ■ **las enfermeras del hospital cuidan muy bien a los abuelos de la planta geriátrica** as enfermeiras do hospital cuidam muito bem dos avós da planta geriátrica.

abúlico, -a /ab'uliko/ *adj.* abúlico, apático ■ **temperamento abúlico** temperamento abúlico

abultar /abult'ar/ *vt.* **1** avultar, avolumar, aumentar **2** engrossar ¦ *vi.* **3** sobressair **4** exagerar ■ **el periodista abultó la noticia** o jornalista aumentou a notícia

abundancia /abund'anΘ ja/ *sf.* **1** abundância, fartura, abastança **2** opulência ■ **suele comer en abundancia** costuma comer em abundância

abundante /abund'ante/ *adj.* **1** abundante, farto, copioso **2** opulento ■ **región abundante en recursos naturales** região abundante em recursos naturais

aburguesarse /aburges'arse/ *vpr.* aburguesar-se ■ **se han convertido en unos burgueses** se converteram em uns burgueses

aburrido, -a /aburr'ido/ *adj.* aborrecido, enfadonho, chato, tedioso ■ **una película aburrida** um filme chato, aborrecido

aburrir /aburr'ir/ *vt.* **1** aborrecer, cansar, enfastiar **2** importunar **3** molestar ■ **me aburrí de esperar el autobús** cansei-me de esperar o ônibus

abusar /abus'ar/ *vt.* **1** abusar **2** estuprar, violentar sexualmente ■ **abusar de la bebida** abusar da bebida

abuso /ab'uso/ *sm.* **1** abuso, violência **2** desordem **3** excesso **4** destempero **5** desmando ■ **abuso de poder** abuso de poder

abyecto, -a /aby'ekto/ *adj.* abjeto, vil, desprezível, abominável, indigno ■ **es un ser maligno y abyecto** é um ser maligno e desprezível

acá /ak'a / *adv.* **1** aqui, cá, neste lugar, nesta região ■ **acá hace más frío que allá** aqui faz frio mais frio que lá ■ **de ayer para acá** de ontem para hoje

acabado, -a /akab'ado/ *adj.* **1** acabado, concluído, terminado **2** perfeito, completo **3** aniquilado, arrasado, destruído ■ **ha acabado el mate** acabou o mate ■ **este hombre está acabado** este homem está acabado

acabar /akab'ar/ *vt.* **1** acabar, concluir, terminar **2** destruir **3** consumir **4** gastar ¦ *vi.* **5** arrematar ¦ *vpr.* **6** consumir-se, aniquilar-se ■ **estoy a punto de acabar la tesis doctoral** estou a ponto de concluir a tese doutoral

acabose /akab'ose/ *sm.* final violento e trágico ■ **si llega tarde hoy será el acabose** se chegar tarde hoje será a gota d'água

academia /akad'emia/ *sf.* academia, sociedade artística, científica ou literária ■ **todos los jueves hay reunión de la Academia** todas as quintas-feiras há reunião da Academia

académico, -a /akad'emiko/ *adj.* acadêmico ■ **estilo académico** estilo acadêmico

acaecer /akaeΘ'er/ *vi.* acontecer, suceder, ocorrer ■ **acaeció que empezó a llover y tuvieron que suspender la excursión al campo** sucedeu que começou a chover e tiveram que suspender a excursão ao campo

acalorado, -a /akalor'ado/ *adj.* acalorado, ardente, vivo ■ **discusión acalorada** discussão enérgica

acalorar /akalor'ar/ *vt.* **1** acalorar, aquecer, animar, excitar, inflamar ¦ *vpr.***2** exaltar-se ■ **la comida caliente em verano me acalora** a comida quente no verão me aquece

acallar /akaλ'ar/ *vt.* **1** aplacar, sossegar **2** fazer calar ■ **el profesor acalló el griterío de los niños con sus palabras** o professor calou a gritaria das crianças com suas palavras

acampar /akamp'ar/ *vi.* acampar ■ **decidieron acampar cerca de la laguna Negra** decidiram acampar perto da lagoa Negra

acantonar /akanton'ar/ *vt.* **1** acantonar, alojar **2** encerrar-se em suas próprias ideias ■ **los soldados se acantonaron cerca del valle** os soldados alojaram-se perto do vale

acaparar /akapar'ar/ *vt.* açambarcar, monopolizar ■ **acaparar el poder** monopolizar o poder

acariciar /akariΘ'jar/ *vt.* acariciar, afagar, agradar, mimar ■ **suele acariciarme el pelo** costuma me acariciar o cabelo

acarrear /akarre'ar/ *vt.***1** conduzir, transportar **2** acarretar, causar, produzir danos e males ■ **acarrear libros** transportar livros ■ **este cargo solo me acarrea problemas** este cargo só me causa problemas

acaso /ak'aso/ *sm.* acaso, casualidade ■ **si acaso cambiaras de idea, llámame por teléfono** se por acaso você mudar de ideia, me telefone

acatar /akat'ar/ *vt.* **1** acatar, respeitar **2** aguardar ■ **acatar órdenes** obedecer ordens

acatarrarse /akatarr'arse/ *vpr.* resfriar-se ■ **se duchó con agua fría y se ha acatarrado** tomou banho com água fria e se resfriou

acaudalado, -a /akaudal'ado/ *adj.* rico, opulento ■ **familia acaudalada** família rica

acceder /akΘed'er/ *vi.***1** aceder, consentir, anuir, assentir, concordar ■ **accedió a hablar en su nombre** concordou em falar em seu nome

accesible

accesible /akθes'ible/ *adj.* **1** acessível **2** comunicativo ■ **es una ruta accesible** é uma rota acessível ■ **es una persona bastante accesible** é uma pessoa bastante comunicativa

acceso /akθ'eso/ *sm.* **1** acesso, entrada **2** passagem, caminho **3** ingresso **4** ataque súbito, impulso ■ **vías de acceso** vias de acesso ■ **acceso de celos** ataque de ciúmes

accesorio, -a /akθes'orjo/ *adj., sm.* **1** acessório, secundário **2** utensílio ■ **accesorios de automóvil** acessórios de automóvel

accidentado, -a /akθiðent'aðo/ *adj.* **1** acidentado **2** abrupto, áspero, desigual ■ **se llevaron al accidentado en ambulancia** levaram o acidentado na ambulância

accidentar /akθiðent'ar/ *vt.* **1** acidentar ¦ *vpr.* **2** acidentar-se, desmaiar ■ **el defensa accidentó involuntariamente al portero** o zagueiro acidentou involuntariamente o goleiro

accidente /akið'ente/ *sm.* **1** acidente **2** incidente **3** casualidade **4** peripécia, · *loc adv* por acidente; por acaso; acidentalmente ■ **accidente de tráfico** acidente de trânsito

acción /akθ'jon/ *sf.* **1** ação, ato, feito, atitude **2** movimento **3** demanda, processo ■ **destaca por sus buenas acciones** destaca por suas boas ações

accionista /akθjon'ista/ *s.* acionista ■ **accionista mayoritario** acionista majoritário ■ **accionista minoritario** acionista minoritário

acechar /aθetʃ'ar/ *vt.* **1** espreitar, observar, espiar ■ **la fiera acechaba a su presa** a fera observava a sua presa

acecho /aθ'etʃo/ *sm.* **1** espreita, observação ■ **sufrir el acecho de los periodistas** sofrer a observação dos jornalistas

aceite /aθ'eite/ *sm.* azeite, óleo ■ **aceite de hígado de bacalao** óleo de fígado de bacalhau ■ **aceite de ricino** óleo de rícino ■ **aceite de soja, de maíz** óleo de soja, de milho ■ **aceite secante** óleo secante

aceituna /aθeit'una/ *sf.* azeitona ■ **las aceitunas se toman como aperitivo y en ensaladas** se comem azeitonas como aperitivo e em saladas

aceitunado, -a /aθeitun'aðo/ *adj.* **1** azeitonado, cor de azeitona verde, verde-oliva **2** algo que contenha ou guarde alguma semelhança com azeitona ■ **piel aceitunada** pele azeitonada

acelerador, -a /aθelerað'or/ *adj., sm.* **1** acelerador ■ **mecanismo acelerador** mecanismo acelerador

acelerar /aθeler'ar/ *vt.* **1** acelerar, apressar **2** antecipar **3** ativar ¦ *vpr.* **4** precipitar-se ■ **nuestro viaje de regreso se aceleró a causa del mal tiempo** nossa viagem de volta se antecipou por causa do mau tempo ■ **acelerar el paso** acelerar o passo

acelga /aθ'elga/ *sf.* **1** acelga ■ **he comido acelgas con patatas** comi acelgas com batatas

acento /aθ'ento/ *sm* **1** acento **2** tom de voz, entonação, timbre **3** sotaque, pronúncia ■ **acento ortográfico** acento ortográfico

acentuar /aθentu'ar/ *vt.* **1** acentuar, realçar, salientar ¦ *vpr.* **2** acentuar-se **3** piorar ■ **ayer se acentuó su enfermedad** ontem sua doença piorou

acepción /aθepθ'jon/ *sf.* **1** acepção, significado, sentido **2** interpretação ■ **el verbo "abrir" tiene muchas acepciones** o verbo "abrir" tem muitos significados

aceptable /aθept'able/ *adj.***1** aceitável, admissível ■ **sus argumentos me parecen muy aceptables** seus argumentos parecem a mim muitos aceitáveis

aceptar /aθept'ar/ *vt.* **1** aceitar, receber, admitir ■ **aceptar una herencia** receber uma herança **2** aprovar

acera /aθ'era/ *sf.* passeio, calçada destinada a pedestres ■ **se bajó de la acera y casi le atropella un coche** desceu da calçada e quase um carro lhe atropela

acerado, -a /aθer'aðo/ *adj.* **1** de aço **2** forte, resistente ■ **ánimo acerado** ânimo forte

acercar /aθerk'ar/ *vt.* acercar, aproximar, chegar perto ■ **se acercan las vacaciones de verano** se aproximam as férias de verão

acero /aθ'ero/ *sm.* **1** aço ■ **acero inoxidable** aço inoxidável **2** ânimo ■ **brazos de acero** braços robustos ■ **comer con buenos aceros** comer com apetite

acérrimo, -a /aθ'errimo/ *adj.* **1** acérrimo (superlativo absoluto de acre) **2** sabor muito ácido ou amargo **3** aroma forte e ácido **4** muito áspero, ríspido ■ **es su acérrimo defensor** é seu ríspido defensor

acertar /aθert'ar/ *vt.* **1** acertar, igualar **2** atinar **3** combinar **4** achar, encontrar ■ **acertar el enigma** acertar o enigma

acertijo /aθert'iho/ *sm.* adivinhação, enigma ■ **resolver un acertijo** resolver um enigma

acético, -a /aθ'etiko/ *adj.* acético ■ **ácido acético** ácido acético

acetileno /aθetil'eno/ *sm.* acetileno ■ **el acetileno se emplea como combustible para dar luz** o acetileno se emprega como combustível para dar luz

acetona /aθet'ona/ *sf.***1** acetona ■ **la acetona se emplea domésticamente para disolver el esmalte de uñas** a acetona é usada domesticamente para dissolver o esmalte das unhas

acicate /aθik'ate/ *sm.* incentivo, estímulo, impulso ■ **el dinero es un buen acicate** o dinheiro é um bom incentivo

acidez /aθið'eθ/ *sf.* acidez, azedume, azia ■ **acidez de un limón** acidez de um limão

ácido, -a /'aθiðo/ *adj.* **1** ácido, azedo, acre **2** mordaz ■ **la naranja está muy ácida** a laranja está muito ácida

acierto /a θ'jerto/ *sm* **1** acerto, ajuste **2** prudência, tino ■ **ha tenido diez aciertos en el test** teve dez acertos no teste

ácimo /'aθimo/ *adj.* ázimo ■ **pán ácimo** pão ázimo

acitrón /aθitr'on/ *sm.* doce de cidra ■ **¿cómo se elabora el acitrón?** como se faz o doce de cidra?

aclamación /aklamaθ'jon/ *sm.* aclamação, aplauso, glorificação ■ **por aclamación** por aclamação ou unanimidade

aclarar /aklar'ar/ *v.* **1** aclarar, esclarecer, explicar **2** evidenciar **3** purificar **4** desanuviar **5** enxaguar ■ **voy a aclarar la ropa** vou enxaguar a roupa ¦ *vpr.* **6** clarear-se, desanuviar-se ■ **aclarar las ideas** clarear as ideias

aclimatar /aklimat'ar/ *vt.* **1** aclimatar **2** climatizar ■ **aclimatar una planta** aclimatar uma planta

acné /akn'e/ *sm. ou sf.***1** acne **2** espinha ■ **la acné es una enfermedad de la piel típica de la adolescencia** a acne é uma doença da pele típica da adolescência

acobardar /acobard'ar/ *vt.* **1** acovardar, amedrontar, assustar, atemorizar **2** intimidar ■ **sus amenazas acobardaron al muchacho** suas ameaças acovardaram o garoto

acoger /akoh'er/ *vt.* **1** acolher, hospedar, receber, aceitar **2** proteger ¦ *vpr.* **3** refugiar-se ■ **hemos acogido a un niño en casa** estamos acolhendo um menino em casa

acogida /akoh'iða/ *sf.* **1** acolhida, recepção **2** asilo ■ **tuvimos una calurosa acogida** tivemos uma calorosa recepção

acolchado /akoltʃ'aðo/ *sm.* colchão, acolchoado ■ **tuviste una buena idea al colocar este acolchado en la cuna** teve uma boa ideia em colocar este acolchoado no berço

acolchar /akoltʃ'ar/ *vt.* acolchoar, estofar ■ **acolché unas hombreras para mi blusa** acolchoei umas ombreiras para a minha blusa

acometer /akomet'er/ *vt.* **1** acometer, atacar, invadir **2** assaltar **3** agredir ¦ *vpr.* **4** atracar-se ■ **acometer al enemigo** atacar o inimigo

acuático

acomodar /akomod'ar/ *vt.* **1** acomodar **2** adaptar, ajustar, adequar **3** dispor, ordenar **4** habituar **5** sossegar, aquietar ¦ *vpr.* **6** conformar-se ■ **acomodar los muebles en la sala** dispor os móveis na sala

acompañamiento /akompañam'jento/ *sm.* **1** acompanhamento, cortejo, séquito **2** comitiva ■ **el cantante llevaba el acompañamiento de siempre** o cantor levou o acompanhamento de sempre

acompañar /akompañ'ar/ *vt.* acompanhar, seguir, escoltar ■ **siempre acompañaba a los niños al colegio** sempre acompanhava os filhos ao colégio

acompasado, -a /akompas'ado/ *adj.* **1** compassado, pausado **2** monótono ■ **tiene un modo de hablar acompasado** tem um modo de falar vagaroso

acondicionar /akondiθjon'ar/ *vt.***1** acondicionar, condicionar, embalar, arrumar ■ **han acondicionado el local para la fiesta** arrumaram o local para a festa

acongojar /akongoh'ar/ *vt.* angustiar, afligir, inquietar, oprimir, entristecer ■ **el sufrimiento del niño acongoja a la madre** o sofrimento do menino aflige a mãe

aconsejar /akonseh'jar/ *vt.* **1** aconselhar, guiar **2** recomendar **3** persuadir **4** insinuar **5** advertir **6** indicar ¦ *vpr.* **7** aconselhar-se ■ **te aconsejo que vuelvas con él** te aconselho que voltes com ele

acontecer /akonteθ'er/ *vi.* acontecer, suceder, ocorrer ■ **en aquel tiempo aconteció una desgracia** naquele tempo aconteceu uma desgraça

acontecimiento /akonteθim'jento/ *sm.* **1** acontecimento **2** fato, ocorrência, evento ■ **su boda fue todo un acontecimiento** seu casamento foi um acontecimento

acopiar /akop'jar/ *vt.* **1** aprovisionar **2** ajuntar **3** monopolizar ■ **acopiar granos** ajuntar grãosz

acoplar /akop'lar/ *vt.* **1** acoplar, juntar, unir ¦ *vpr.* **2** convir, unir-se **3** acasalar (animais) ■ **las piezas del mueble se acoplan muy bien** as peças do móvel se unem muito bem

acorazado, -a /akora θ'ado/ *adj.* **1** couraçado, blindado *sm.* **2** encouraçado ■ **cámara acorazada** câmara blindada

acorazar /akora θ'ar/ *vt.* **1** encouraçar, blindar ■ **acorazar una muralla** encouraçar uma muralha

acordar /akord'ar/ *vt.* **1** concordar, conciliar, acordar **2** recordar **3** corresponder **4** convir ¦ *vpr.* **5** recordar-se, lembrar-se ■ **te acordarás de mí, no lo dudes** te lembrarás de mim, não duvides

acorde /ak'orde/ *adj., sm.* **1** acordo, conforme **2** acorde ■ **medidas acordes con la actual política del gobierno** medidas de acordo com a atual política do governo

acordeón /akorde'on/ *sm.* acordeão, sanfona ■ **colgó el acordeón en los hombros** pendurou o acordeão nos ombros

acorralar /akorral'ar/ *vt.* **1** encurralar, cercar **2** aprisionar ¦ *vpr.* **3** acovardar-se ■ **se vio acorralado y no tuvo más remedio que concederle todo lo que le pedía** se viu encurralado e não teve alternativa a não ser conceder tudo o que lhe pedia

acortar /akort'ar/ *vt.* **1** encurtar, cortar **2** reduzir, encolher, estreitar **3** abreviar ■ **tengo que acortar el artículo para su publicación** tenho que cortar o artigo para sua publicação

acosar /akos'ar/ *vt.* **1** acossar, perseguir **2** maltratar, importunar ■ **no me acoses más** não me persigas mais

acostar /akost'ar/ *vt.* **1** deitar **2** encostar **3** atracar ¦ *vpr.* **4** deitar-se ¦ *vpr.* **5** inclinar-se ■ **estoy cansada, voy acostarme** estou cansada, vou me deitar

acostumbrar /akostumbr'ar/ *vt.* **1** acostumar, habituar, aclimatar, familiarizar ¦ *vpr.***2** ajeitar-se ■ **estoy acostumbrada con tu actitud** estou acostumada com a sua atitude

acotar /akot'ar/ *vt.* **1** cotar **2** demarcar **3** delimitar **4** cotejar ¦ *vpr.* **5** refugiar-se ■ **están acotando este terreno** estão delimitando este terreno

acre /'akre/ *sm.* **1** acre, medida agrária *adj.* **2** acre, ácido, azedo *adj.* **3** picante ■ **mi hacienda tiene 4000 acres** minha fazenda tem 4000 acres.

acrecentar /akreθent'ar/ *vt.* acrescentar, aumentar, adicionar, somar, juntar, incrementar, ampliar ■ **acrecenté más cinco panes** adicionei mais cinco pães

acreditado, -a /akredit'ado/ *adj.* acreditado, que tem crédito ■ **mi jefe es un profesional acreditado** meu chefe é um profissional reconhecido

acreditar /akredit'ar/ *vt.* acreditar, credenciar, habilitar **2** creditar, abonar ■ **no acreditaron el cheque** o cheque não foi creditado

acreedor, -a /akre(e)d'or/ **1** credor **2** merecedor ■ **Soy una persona acreedora** sou uma pessoa merecedora

acrobacia /akrob'aθja/ *sf.* **1** acrobacia **2** habilidade ■ **el Circo del Sol mostra un despliegue de acrobacia** o Circo do Sol mostra um espetáculo de acrobacias

acromático, -a /akrom'atico/ *adj.* acromático, que não tem cor ■ **el agua y el aire son acromáticos** a água e o ar são acromáticos

acta /ak'ta/ *sf.* **1** ata, registro (de sessão) **2** resumo escrito **3** protocolo ■ **tienes que hacer la acta de la reunión** tem que fazer a ata da reunião

actitud /akit'ud/ *sf.* **1** atitude **2** postura **3** pose ■ **su actitud fue muy conservadora** sua atitude foi muito conservada

activar /aktib'ar/ *v.* **1** ativar **2** impulsionar **3** despertar **4** excitar ■ **debe activar su habilidade** deve despertar sua habilidade

actividad /aktibid'ad/ *vt.* **1** atividade **2** dinamismo **3** vivacidade **4** prontidão para a ação **5** eficácia **6** agilidade ■ **esta actividad es muy difícil** esta atividade é muito difícil

activo, -a /akt'ibo/ *adj.***1** ativo, ágil, diligente **2** animado **3** enérgico, forte, despachado **4** incansável **5** empreendedor **6** eficiente ■ **mi hijo es un niño muy activo** meu filho é uma criança muito ativa

actor /akt'or/ *sm.* ator ■ **el mejor actor para ellas es Brad Pitt** o melhor ator para elas é Brad Pitt

actriz /aktr'iθ/ *sf.* atriz ■ **la mejor actriz de este año es Sandra Bullock** a melhor atriz deste ano é Sandra Bullock

actuación /aktwaθ'jon/ *sf.* atuação, funcionamento ■ **esta empresa tiene una actuación excelente** esta empresa tem uma atuação excelente

actual /aktu'al/ *adj.* atual, efetivo, real, corrente, presente ■ **en el mes actual** no corrente mês

actualizar /aktwaliθ'ar/ *vt.* **1** atualizar **2** modernizar ■ **para estar a la moda es necesário siempre actualizarse** para estar na moda é necessário sempre se atualizar

actuar /aktu'ar/ *vi.* **1** atuar, agir **2** exercer uma função **3** defender seu nas universidades **4** assimilar, entender ■ **tengo que actuar bien para tener este trabajo** tenho que agir bem para ter este trabalho

acuarela /akwar'ela/ *sf.* aquarela ■ **para pintar es necesario tener acuarela** para pintar é necessário ter aquarela

acuario /akw'arjo/ *sm.* **1** aquário **2** Aquário (signo) **3** aquariano ■ **los peces del acuario son de varios tipos** os peixes do aquário são de vários tipos

acuartelar /akwartel'ar/ *vt.* aquartelar, alojar ■ **busco familias que deseen acuartelar extranjeros** busco famílias que desejam alojar estrangeiros

acuático, -a /ak'watico/ *adj.* aquático ■ **los parques acuáticos son muy divertidos** os parques aquáticos são muito divertidos

45

acuciar

acuciar /akuθ'jar/ *vt.* aguçar, estimular, induzir, incentivar ■ **es necesario acuciar el interés por los estudios** é necessário estimular o interesse pelos estudos

acuchillar /akutʃiʎ'ar/ *vt.* **1** acutilar, dar cutiladas, esfaquear ¦ *vpr.* **2** duelar (com espada) ■ **este hombre es acusado de acuchillar una mujer** este homem é acusado de esfaquear uma mulher

acudir /akud'ir/ *vi.* **1** acudir, socorrer alguém **2** atender a um chamado, recorrer a alguém **3** ir, chegar a algum lugar, comparecer, frequentar ■ **los bomberos fueron acudir un niño esta noche** os bombeiros foram socorrer uma criança esta noite

acueducto /akwed'ukto/ *sm.* aqueduto, adutora ■ **tenemos problemas en el acueducto** temos problemas no aqueduto

acuerdo /ak'werdo/ *sm.***1** acordo, contrato, ajuste **2** convênio **3** decisão **4** assentamento **5** consentimento **6** adesão **7** trato **8** conciliação **9** recordação, lembrança ■ **hicieron un acuerdo con los propietarios de la tierra** fizeram um acordo com os proprietários da terra

acumulador, -a /akumulad'or/ *adj.* que acumula, acumulador ■ **soy un acumulador de trabajos** sou um acumulador de trabalhos

acumular /akumul'ar/ *vt.* **1** acumular, reunir, juntar **2** aglomerar **3** entulhar, acumular, economizar ■ **tengo que acumular dinero para viajar** tenho que juntar dinheiro para viajar

acunar /akun'ar/ *vt.* **1** embalar (berço) **2** ninar uma criança nos braços ou no berço ■ **acunar un niño** embalar uma criança

acuñación /akuɲaθ'jon/ *sf.* cunhagem ■ **el proceso de acuñación es lento** o processo de cunhagem é lento

acuñar /akuɲ'ar/ *vt.* **1** cunhar **2** pôr cunhas em ■ **tienen que acuñar las monedas** tem que cunhar as moedas

acuoso, -a /ak'woso/ *adj.* aquoso, suculento (fruta) ■ **el kiwi es una fruta acuosa** o kiwi é uma fruta suculenta

acupuntura /akupunt'ura/ *sf.* **1** acupuntura ■ **sesión de acupuntura** sessão de acupuntura

acusación /akusaθ'jon/ *sf.* **1** acusação, incriminação, denúncia **2** recriminação **3** delação **4** crítica ■ **acusación de asesinato** acusação de assassinato

acusado, -a /akus'ado/ *adj.* **1** acusado **2** réu ■ **acusado de robo** acusado de roubo

acusar /akus'ar/ *vt.* **1** acusar, culpar, inculpar, denunciar, incriminar, delatar **2** censurar ■ **vamos acusar aquellos hombres de robo** vamos acusar aqueles homens de roubo

acústica /ak'ustika/ *sf.* acústica ■ **música acústica** música acústica

achacar /atʃak'ar/ *vt.* achacar, atribuir, imputar, inculpar ¦ *vi.* adoecer ■ **pare de achacar** pare de achacar

achaque /atʃ'ake/ *sm.* **1** achaque, indisposição **2** doença **3** menstruação **4** pretexto ■ **estoy con achaques** estou com indisposições

achatar /atʃat'ar/ *vt.* **1** achatar, amassar ■ **él va achatar mi ropa** ele vai amassar minha roupa

achicar /atʃik'ar/ *vt.* **1** diminuir, encurtar, reduzir **2** encolher **3** atenuar ■ **tengo que achicar mis costos** tenho que diminuir meus custos

achicoria /atʃiˈkɔrjar/ *sf.* chicória ■ **A mi me gusta la achicoria** eu gosto de chicória

achicharrar /atʃik'ar/ *vt.* **1** torrar, tostar **2** importunar, molestar ■ **pare de achicharrarme** pare de me importunar

achuchar /atʃutʃ'ar/ *vt.***1** apertar, esmagar **2** incitar **3** empurrar *AL* **4** ser acometido por febre intermitente ■ **la ropa esta achuchándome** a roupa está me apertando

achulado, -a /atʃul'ado/ *adj.* vulgar, chulo ■ **tú eres una chica achulada** você é uma garota vulgar

adagio /ad'ahjo/ *sm.***1** adágio, ditado, sentença, aforismo ■ **vivimos adagios del destino** vivemos adágios do destino

adaptar /adapt'ar/ *vt.* **1** adaptar, ajustar uma coisa a outra **2** ajeitar, adequar **3** modificar uma obra (literária, científica) ■ **tengo que adaptarme a esta realidad** tenho que me adaptar a esta realidade

adecentar /adeθent'ar/ *vt.* **1** arrumar, assear, adornar ■ **vamos adecentar nuestra casa** vamos arrumar a casa

adecuado, -a /adek'wado/ *adj.* adequado, conveniente, apropriado, correspondente ■ **el documento está adecuado** o documento está apropriado

adecuar /adek'war/ *vt.* adequar, ajustar, igualar, convir, corresponder, adaptar ■ **es necesario adecuar mis actividades** é necessário ajustar minhas atividades

adelantado, -a /adelant'ado/ *adj.* **1** adiantado, antecipado **2** acelerado **3** precoce **4** atrevido **5** imprudente ■ **tu hijo es más adelantado que el mío** seu filho é mais adiantado que o meu

adelantar /adelant'ar/ *vt.* **1** adiantar, acelerar **2** melhorar **3** emprestar **4** civilizar **5** progredir **6** abreviar ■ **vamos adelantar las tareas** vamos adiantar as tarefas

adelante /adel'ante/*adv.* adiante ■ **seguir adelante** seguir adiante

adelanto /adel'anto/ *sm.* adiantamento, melhoria ■ **necesito de un adelanto** preciso de um adiantamento

adelgazar /adelgaθ'ar/ *vt.* emagrecer, adelgaçar ■ **necesito adelgazar** preciso emagrecer

ademán /adem'an/ *sm.* **1** gesto, trejeito **2** modo afetado ■ **simple ademán** simples gesto

además /adem'as/ *adv.* além de, além disso, afinal ■ **somos grandes, además fuertes** somos grandes, além de fortes

adentrarse /adentr'arse/ *vpr.* **1** adentrar, entrar **2** concentrar-se ■ **necesito adentrarme** preciso me concentrar

adentro /adentr'o/*adv.* **1** adentro, dentro **2** interiormente ■ **ellos están aquí adentro** eles estão aqui dentro

adepto, -a /ad'epto/ *adj.* adepto, partidário, sectário, sequaz, seguidor ■ **somos adeptos de la paz** somos adeptos da paz

aderezar /adereθ'ar/ *vt.* **1** aderençar, enfeitar, decorar, compor **2** preparar **3** condimentar, temperar **4** endereçar, encaminhar ■ **tenemos que aderezar el salón de fiestas** temos que enfeitar o salão de festas

aderezo /ader'eθo/ *sm.* **1** adereço, enfeite **2** aparelho **3** tempero, condimento **4** preparo **5** disposição ■ **aderezo para el pelo** enfeite para o cabelo

adeudar /adeud'ar/ *vt.* **1** endividar, dever ¦ *vpr* **2** endividar-se ■ **no es bueno adeudarse** não é bom endividar-se

adherencia /aderenθja/ *sf.* **1** aderência **2** ligação **3** vínculo **4** apego **5** conexão ■ **los neumáticos tienen buena adherencia** os pneus têm boa aderência

adherente /ader'ente/ *adj.* aderente, anexo, ligado, apegado ■ **estos documentos están adherentes** estes documentos estão em anexo

adherir /ader'ir/ *vt.* **1** aderir, anuir **2** vincular, ligar **3** aceder, concordar, consentir ■ **tengo que adherir mis trabajos** eu tenho que acrescentar meus trabalhos

adhesión /ades'jon/ *sf.* **1** adesão, acordo **2** união, ligação ■ **promoción de adhesión en el teléfono móvil** promoção de adesão no celular

aeropuerto

adición /adiΘ'jon/ sf. **1** adição, acréscimo **2** aditamento **3** aumento **4** apêndice **5** operação de somar ■ **adición de derechos** aumento dc direitos

adiestrar /adjestr'ar/ vt. **1** adestrar, treinar, exercitar **2** disciplinar **3** amestrar **4** habilitar ■ **adiestrar el perro** adestrar o cachorro

aditamento /aditam'jento/ sm. **1** aditamento, acréscimo, suplemento ■ **aditamento de sueldo** acréscimo de salário

adivinar /adibin'ar/ vt. **1** adivinhar **2** predizer **3** profetizar, pressagiar **4** agourar ■ **quiero adivinar lo que piensas** quero adivinhar o que você pensa

adjuntar /adhunt'ar/ vt. **1** juntar, unir, agregar, associar, anexar ■ **adjuntar mis proyectos con los tuyos** juntar os meus projetos com os seus

administración /administraΘ'jon/ sf. administração, gerência ■ **administración de empresas** administração de empresas ■ **administración pública** administração pública

administrar /administr'ar/ vt. **1** administrar **2** gerenciar **3** conduzir **4** conferir **5** ministrar ■ **administrar una empresa** administrar uma empresa

admiración /admiraΘ'jon/ sf. **1** admiração, entusiasmo, arroubo **2** espanto, assombro ■ **admiración por mi padre** admiração pelo meu pai

admirador, -a /admirad'or/ sm. **1** admirador, entusiasta **2** apaixonado **3** fanático ■ **admirador secreto** admirador secreto

admirar /admir'ar/ vt. **1** admirar, contemplar, apreciar **2** espantar-se, assombrar-se **3** estranhar ■ **admirar sus ojos** apreciar seus olhos

admisible /admis'ible/ adj. admissível, aceitável, tolerável ■ **su propuesta es admisible** sua proposta é admissível

admisión /admis'jon/ sf. **1** admissão, ingresso **2** iniciação **3** entrada **4** acolhida **5** recepção ■ **quiero una buena admisión** quero uma boa recepção

admitir /admit'ir/ vt. **1** admitir, receber **2** consentir, concordar, permitir **3** aceitar, aprovar **4** acreditar ■ **no voy admitir errores** não vou admitir erros

adobar /adob'ar/ vt. **1** temperar, condimentar **2** adubar **3** preparar **4** aprontar ■ **adobar el pollo** temperar o frango

adobo /ad'obo/ sm. **1** adobo, tempero **2** adubo **3** reparo ■ **adobo fuerte** tempero forte

adolecer /adoleΘ'er/ vt. **1** adoecer **2** sofrer por uma paixão, um vício **3** crescer ■ **no puedo adolecer, tengo examen** não posso adoecer, tenho prova

adolescencia /adolesΘenΘ'ja/ sf. **1** adolescência ■ **la adolescencia es complicada** a adolescência é complicada

adolescente /adolesΘ'ente/ adj., s. adolescente ■ **mi hijo es un adolescente** meu filho é um adolescente

adondequiera /adondek'jera/ adv. em qualquer lugar, aonde quer que ■ **voy adondequiera** vou a qualquer lugar

adoptar /adopt'ar/ vt. **1** adotar **2** aceitar, abraçar **3** perfilhar, receber como filho ■ **quiero adoptar un niño** quero adotar uma criança

adoptivo, -a /adopt'ibo/ adj. adotivo, adotado ■ **hijo adoptivo** filho adotivo

adorable /ador'able/ adj. adorável, encantador, estimável ■ **profesor adorable** professor adorável

adorar /ador'ar/ vt. **1** adorar, prestar culto a **2** amar apaixonadamente **3** reverenciar ■ **adorar a Dios** adorar a Deus

adormecer /adormeΘ'er/ vt. + vi. **1** adormecer **2** acalentar **3** entorpecer **4** insensibilizar **5** acalmar, sossegar ■ **quiero adormecer a tu lado** quero adormecer ao seu lado

adormecimiento /adormeΘim'jento/ sm. **1** adormecimento **2** torpor **3** insensibilidade ■ **fuerte adormecimiento** forte adormecimento

adormilarse /adormil'arse/ vpr.**1** dormitar, cochilar ■ **quiero adormilarme después del almuerzo** quero cochilar depois do almoço

adorno /ad'orno/ sm. **1** adorno, enfeite, ornamento **2** gala **3** decoração **4** embelezamento ■ **estar de adorno** não ter função, utilidade ■ **adorno de casamiento** enfeite de casamento

adquirir /adkir'ir/ v. **1** adquirir, comprar, obter, conseguir **2** angariar ■ **adquirir un pantalón** comprar uma calça

adquisitivo, -a /adkisit'ibo/ adj. aquisitivo ■ **producto adquisitivo** produto aquisitivo

adrenalina /adrenal'ina/ sf. adrenalina ■ **deportes radicales son llenos de adrenalina** esportes radicais são cheios de adrenalina

aduana /adu'ana/ sf. aduana, alfândega ■ **pasar por la aduana** passar pela alfândega

aducir /aduΘ'ir/ vt. **1** aduzir, alegar, apresentar **2** juntar, acrescentar **3** aumentar ■ **aducir los documentos personales** apresentar os documentos pessoais

adueñarse /adweñ'arse/ vpr. **1** apossar-se, apoderar-se, apropriar-se ■ **adueñarse de algo** apropriar-se de algo

adulador /adulad'or/ adj., sm. **1** adulador **2** puxa-saco, bajulador, badalador ■ **adulador de mujer** bajulador de mulher

adular /adul'ar/ vt. adular, lisonjear, bajular, enganar ■ **adular su hijo** bajular seu filho

adulteración /adulteraΘ'jon/ sf.**1** adulteração, falsificação **2** corrupção ■ **adulteración de documentos** falsificação de documentos

adulterar /adulter'ar/ vt. adulterar, falsificar, corromper ■ **adulterar el examen** falsificar a prova

adulterio /adult'erjo/ sm. adultério, infidelidade ■ **acusado de adulterio** acusado de adultério

adúltero, -a /ad'ultero/ adj., sm. adúltero ■ **hombre adúltero** homem adúltero

adulto, -a /ad'ulto/ adj., sm. **1** adulto, crescido **2** maduro ■ **mi hijo ahora es un adulto** meu filho agora é um adulto

advenimiento /adbenim'jento/ sm. advento, vinda, chegada ■ **advenimiento de la primavera** chegada da primavera

adverbio /ab'erbjo/ sm. advérbio ■ **adverbio de lugar** advérbio de lugar

adversario, -a /abers'arjo/ sm. adversário, oponente, antagonista, inimigo, rival ■ **adversário de competición** adversário de competição

adviento /adb'jento/ sm. **1** advento **2** vinda, chegada ■ **tiempo del adviento** tempo do advento

aéreo, -a /a'ereo/ adj. aéreo, correio aéreo, via aérea ■ **compañía aérea** companhia aérea

aeroespacial /aero(e)spaΘ'jal/ adj. aeroespacial ■ **misión aeroespacial** missão aeroespacial

aerograma /aerogr'ama/ sm. aerograma ■ **recibí un aerograma** recebeu um aerograma

aeronáutica /aeron'autika/ sf. aeronáutica ■ **servicios de aeronáutica** serviços de aeronáutica

aeronave /aeron'abe/ sf. aeronave ■ **vamos en la aeronave** vamos na aeronave

aeroplano /aeropl'ano/ sm. aeroplano, avião ■ **tengo miedo de aeroplano** tenho medo de avião

aeropuerto /aerop'werto/ sm. aeroporto ■ **aeropuerto de Congonhas** aeroporto de Congonhas

47

aerovía

aerovía /aerob'ia/ *sf.* aerovia ■ **la aerovía es peligrosa** a aerovia é perigosa

afabilidad /afabilid'ad/ *sf.* afabilidade, amabilidade, benevolência ■ **trato mi compañero con afabilidad** trato meu companheiro com amabilidade

afable /af'able/ *adj.* **1** afável, benevolente, cortês, meigo, delicado **2** atencioso **3** expansivo ■ **tu hijo es muy afable** seu filho é muito atencioso

afán /af'an/ *sm.***1** afã, esforço, trabalho **2** empenho ■ **es un hombre con afán** é um homem com empenho

afanar /afan'ar/ *vt.* **1** trabalhar em excesso **2** trabalhar em atividades braçais **3** furtar ¦ *vpr.* **4** fatigar-se ■ **está cansada de tanto afanar** está cansada de tanto trabalhar em excesso

afección /afekӨ'jon/ *sf.* **1** afecção, enfermidade **2** afeição, apego, dedicação, inclinação ■ **tengo afección por todos** tenho afeição por todos

afectado, -a /afekt'ado/ *adj.* **1** afetado, amaneirado, fingido, falso **2** presunçoso, presumido, pretensioso ■ **sus elecciones fueron afectadas** suas escolhas foram afetadas

afectar /afekt'ar/ *vt.***1** afetar, fingir, simular **2** dissimular **3** imitar ■ **Afectar mi decisión** afetar minha decisão

afectividad /afektibd'ad/ *sf.* **1** afetividade, emotividade ■ **afectividad por perros** afetividade por cachorros

afecto, -a /af'ekto/ *sm.* **1** afeto, afeição, amor, carinho, dedicação, inclinação, benevolência · *adj.* **2** afeiçoado, afeito, amigo, devotado ■ **afecto compartido** afeto partilhado

afectuoso, -a /afekt'woso/ *adj.* **1** afetuoso, carinhoso, afável, cordial, meigo, dedicado ■ **chica afectuosa** menina carinhosa

afeitar /afeit'ar/ **1** barbear, fazer a barba **2** barbear-se ■ **hoja de afeitar** lâmina de barbear

afición /afiӨ'jon/ *sf.* **1** afeição, afeto **2** predileção, hobby ■ **afición por los dibujos** afeição pelos desenhos

afín /af'in/ *adj.***1** afim, com afinidade **2** próximo **3** semelhante **4** parente por afinidade ■ **la amistad nos hace afines** a amizade nos faz afins

afinar /afin'ar/ *vt.* **1** afinar, aperfeiçoar **2** apurar **3** educar **4** purificar, depurar (metal) ¦ *vpr.* **5** refinar-se ■ **afinar la voz** afinar a voz

afinidad /afinid'ad/ *sf.* **1** afinidade, analogia **2** parentesco **3** semelhança ■ **afinidad con las personas** afinidade com as pessoas

afirmación /afirmaӨ'jon/ *sf.* **1** afirmação, confirmação, afirmativa, declaração **2** advérbio de afirmação ■ **su afirmación es compleja** sua afirmação é complexa

afirmar /afirm'ar/ *vt.* **1** afirmar, garantir, certificar, assegurar, atestar **2** corroborar ■ **puede afirmar que no fue** pode assegurar que não foi

afirmativo, -a /afirmat'ibo/ *adj.* **1** afirmativo **2** declaração, afirmação ■ **frase afirmativa** frase afirmativa

aflicción /aflikӨ'jon/ *sf.* aflição, sentimento, amargura, angústia, ansiedade, inquietação, mágoa, opressão, padecimento, pena, desolação, ânsia ■ **aflicción de las películas de terror** aflição dos filmes de terror

afluencia /aflu'entӨja/ *sf.* **1** afluência, abundância **2** concorrência (de pessoas num local) ■ **afluencia de oportunidad de trabajo** afluência de oportunidades de trabalho

afluente /aflu'ente/ *adj, sm.* **1** afluente **2** que corre ■ **afluente del río San Pedro** afluente do rio São Pedro

afortunado, -a /afortun'ado/ *adj.* **1** afortunado, feliz, ditoso, bem-aventurado, favorecido ■ **hombre afortunado** homem feliz

afrancesado, -a /afranӨes'ado/ *adj.* **1** afrancesado ■ **persona afrancesada** pessoa afrancesada

afrentar /afrent'ar/ *vt.* **1** afrontar, insultar, ofender, injuriar **2** desprezar **3** aviltar ¦ *vpr.* **4** envergonhar-se ■ **coraje de afrentar sus padres** coragem de afrontar seus pais

africano, -a /afrik'ano/ *adj., sm.* africano ■ **hombre africano** homem africano

afrontar /afront'ar/ *vt.* enfrentar, encarar, confrontar, arrostar, acarear ■ **afrontar los problemas de la vida** enfrentar os problemas da vida

afuera /af'wera/ *adv.***1** fora **2** por fora ■ **afuera de casa** fora de casa

agachar /agaʧ'ar/ *vt.* **1** agachar **2** esconder, encobrir, ocultar ¦ *vpr.* **3** abaixar-se ■ **agachar por debajo de la mesa** agachar debaixo da mesa

agarrada /agarr'ada/ *sf.* arranca-rabo, bate-boca, briga ■ **las chicas estaban en una agarrada** as meninas estavam em uma briga

agarradero /agarrad'ero/ *sm.* cabo, asa (de objetos) ■ **agarradero de olla** cabo de panela

agarrado, -a /agarr'ado/ *adj.* **1** agarrado **2** avarento, avaro, mesquinho, sovina ■ **chico agarrado** menino mesquinho

agasajar /agasah'ar/ *vt.* **1** tratar com atenção **2** obsequiar **3** homenagear **4** hospedar ■ **tienes que agasajar las visitas** tem que tratar com atenção as visitas

agasajo /agas'aho/ *sm.* **1** presente **2** afeto **3** carinho **4** acolhida **5** festejo ■ **lindo agasajo** lindo presente

ágata /'agata/ *sf.* **1** ágata ■ **gané un ágata** ganhei uma ágata

agazapar /agaӨap'ar/ *vt.* **1** agarrar **2** esconder ¦ *vpr.* **3** esconder-se, ocultar-se **4** agachar-se ■ **no puedes agazapar mis cosas** não pode esconder minhas coisas

agencia /ah'enӨja/ *sf.* **1** agência **2** filial (de um estabelecimento) **3** casa de penhores ■ **agencia de modelos** agência de modelos

agenciar /ahenӨ'jar/ *vt.* **1** agenciar, negociar **2** solicitar **3** diligenciar **4** administrar ■ **agenciar un viaje** negociar uma viagem

agenda /ah'enda/ *sf.* **1** agenda **2** apontamento ■ **agenda de compromisos** agenda de compromissos

agente /ah'ente/ *sm.* **1** agente **2** corretor **3** causa **4** instrumento ■ **agente de policía** guarda-civil ■ **agente de seguros** agente de seguros

ágil /'ahil/ *adj.***1** ágil **2** rápido, ligeiro **3** vivo, desembaraçado ■ **trabajo ágil** trabalho ágil

agio /'ahjo/ *adj.***1** ágio, usura, especulação ■ **combatir el agio** combater o ágio

agitación /ahitaӨ'jon/ *sf.* **1** agitação, perturbação, alvoroço, desassossego **2** efervescência, excitação ■ **la agitación de los niños** a agitação das crianças

aglomerado, -a /aglomer'ado/ *adj, sm.* **1** aglomerado ■ **el concierto estaba aglomerado** o show estava aglomerado

aglutinar /aglutin'ar/ *vt.* **1** aglutinar, unir, reunir, **2** consolidar ■ **aglutinar la familia** reunir a família

agnóstico, -a /agn'ostiko/ *adj.* agnóstico ■ **yo soy un agnóstico** eu sou um agnóstico

agolpamiento /agolpam'jento/ *sm.* **1** acumulação, aglomeração ■ **agolpamiento de tareas** acumulação de tarefas

agolpar /agolp'ar/ *vt.* **1** amontoar, empilhar **2** concorrer ¦ *vpr.***3** agrupar-se, juntar-se ■ **agolpar mis cosas** amontoar minhas coisas

agonía /agon'ia/ *sf.* **1** agonia, angústia, aflição **2** ansiedade **3** transe **4** estertor ■ **agonía de insectos** agonia de insetos

ajo

agonizar /agoniΘ'ar/ *vt.* **1** agonizar **2** agoniar, afligir **3** estertorar ¦ *vi.* **4** acabar-se, findar ∎ **su imperio comenzó a agonizar** seu império começou a agonizar

agosto /ag'osto/ *sm.* agosto ∎ **mi cumpleaños es en agosto** meu aniversário é em agosto

agraciado, -a /agraΘ'jado/ *adj.* **1** agraciado **2** felizardo, sortudo **3** gracioso ∎ **soy una persona agraciada** sou uma pessoa felizarda

agradable /agrad'able/ *adj.***1** agradável, aprazível, ameno, suave **2** amável, atraente **3** apetitoso ∎ **Maria es una chica agradable** Maria é uma menina agradável

agradar /agrad'ar/ *vt.* **1** agradar **2** amenizar, suavizar **3** atrair **4** deleitar, aprazer ∎ **agradar a mis hijos** agradar a meus filhos

agradecer /agradeΘ'er/ *vt.* **1** agradecer ¦ *vi.* **2** render graças ∎ **agradecer su llegada** agradecer sua chegada

agradecimiento /agradeΘim'jento/ *sm.* **1** agradecimento, gratidão **2** recompensa ∎ **agradecimiento por la fiesta de recepción** gratidão pela festa de recepção

agrado /agr'ado/ *sm.* **1** agrado, gosto, deleite **2** prazer, afabilidade, doçura ∎ **ver con agrado** ver com satisfação

agredir /agred'ir/ *vt.* **1** agredir, atacar, ir de encontro a, assaltar **2** insultar, ferir ∎ **agredir mis sentimientos** insultar meus sentimentos

agregado, -a /agreg'ado/ *adj.,sm.* **1** agregado, adido, anexo **2** conjunto, reunião ∎ **este documento está agregado con el otro** este documento está em anexo com o outro

agresión /agres'jon/ *sf.* agressão, ataque, assalto, embate ∎ **acusado de agresión** acusado de agressão

agresividad /agresibid'ad/ *sf.* **1** agressividade, combatividade **2** violência ∎ **eres una persona con agresividad** é uma pessoa com agressividade

agridulce /agrid'ulΘe/ *adj.* agridoce ∎ **comida agridulce** comida agridoce

agronomía /agronom'ia/ *sf.* agronomia ∎ **yo estudio agronomía** eu estudo agronomia

agrupamiento /agrupam'jento/ *sm.* **1** agrupamento, ajuntamento **2** ação ou efeito de agrupar ∎ **agrupamiento de personas** agrupamento de pessoas

agua /'agwa/ *sf.* **1** água **2** líquido ∎ **tengo sede, quiero agua** estou com sede, quero água

aguacate /agwak'ate/ *sm.***1** abacate ∎ **el aguacate es delicioso** o abacate é delicioso

aguacero /agwaΘ'ero/ *sm.* **1** aguaceiro, chuva forte, tempestade **2** contratempo ∎ **ayer huvo un aguacero** ontem teve um aguaceiro

aguardar /agward'ar/ *vt.* aguardar, esperar ∎ **tengo que aguardar el siguiente** tenho que esperar o próximo

aguardiente /agward'jente/ *sm.* aguardente, cachaça ∎ **no tomo aguardiente** não bebo aguardente

agudo, -a /ag'udo/ *adj.* **1** agudo, grave, penetrante **2** aguçado **3** cortante **4** sutil **5** tenso **6** excessivo ∎ **voz aguda** voz aguda

aguerrido, -a /agerr'ido/ *adj.* **1** aguerrido, valente, belicoso ∎ **una persona aguerrida** uma pessoa valente

aguijón /agih'on/ *sm.* **1** aguilhão, ferrão **2** dardo **3** espinho ∎ **el aguijón es peligroso** o ferrão é perigoso

águila /'agila/ *sf.* **1** águia **2** pessoa esperta, inteligente ∎ **el águila es un bicho bien experto** a águia é um bicho bem esperto

aguja /ag'uha/ *sf.* **1** agulha **2** bússola **3** ponteiro (de relógio) **4** pico (de montanha) ∎ **línea y aguja** linha e agulha

agujero /aguh'ero/ *sm.* **1** agulheiro **2** buraco, furo, perfuração ∎ **ponga la aguja en el agujero** coloque a agulha no agulheiro

aguzar /aguΘ'ar/ *vt.* **1** aguçar, estimular **2** avivar **3** incitar ∎ **aguzar los dientes** abrir o apetite

aherrojar /aerroh'ar/ *vt.* **1** aferrolhar **2** algemar **3** trancar **4** oprimir ∎ **aherrojar el prisionero** algemar o prisioneiro

ahí /a'i/ *adv.***1** aí, nesse lugar ∎ **estábamos ahí ahora** estávamos nesse lugar agora

ahijado, -a /aih'ado/ *adj.+sm.* **1** afilhado **2** protegido ∎ **ahijado y madrina de bautismo** afilhado e madrinha de batismo

ahijar /aih'ar/ *vt.***1** adotar, perfilhar **2** proteger ∎ **ahijar este niño** adotar essa criança

ahínco /a'inko/ *sm.* **1** afinco, persistência, empenho **2** apego **3** esforço ∎ **trabajar con ahínco** trabalhar com afinco

ahíto, -a /a'ito/ *adj.***1** farto, fatigado **2** abarrotado, atulhado **3** desgostoso, aborrecido ∎ **persona ahíta** pessoa atulhada

ahogado, -a /aog'ado/ *sm.+adj.***1** afogado, sufocado **2** comprometido ∎ **estar ahogado** estar sufocado

ahogo /a'ogo/ *sm.* **1** sufoco, aflição **2** pressão **3** aperto **4** dificuldade ∎ **pasar por un ahogo** passar por um sufoco

ahondar /aond'ar/ *vt.* **1** afundar, penetrar **2** examinar **3** aprofundar, cavar ∎ **ahondar en el mar** afundar no mar

ahora /a'ora/ *adv.***1** agora, neste instante · *loc.adv.* ∎ **ahora mismo** agora mesmo, há pouco tempo

ahorcado, -a /aorK'ado/ *adj.,sm.* enforcado ∎ **fue muerto ahorcado** foi morto enforcado

ahorrar /aorr'ar/ *vt.* **1** economizar, poupar **2** alforriar ∎ **ahorrar es necesario** economizar é necessário

ahorro /a'orro/ *sm.* **1** economia, poupança ∎ **caja de ahorros** caixa econômica

ahuecar /awek'ar/ *vt.* **1** cavar, escavar, tornar oco **2** afofar **3** inflar-se, envaidecer-se ∎ **ahuecar una tumba** cavar uma tumba

ahulado /aul'ado/ *sm.* oleado, tecido impermeável ∎ **ropa con ahulado** roupa com tecido impermeável

ahumar /aum'ar/ *vt.* **1** defumar **2** fumegar **3** enfumaçar ∎ **chorizo para ahumar** linguiça para defumar

ahuyentar /auyent'ar/ *vt.* **1** afugentar, espantar **2** afastar **3** fugir ∎ **ahuyentar los miedos** afugentar os medos

airado, -a /air'ado/ *adj.* irado, colérico, irritado ∎ **una persona airada** uma pessoa irritada

aire /'aire/ *sm.* **1** ar, vento, atmosfera **2** clima ∎ **aire libre** ar livre

airear /aire'ar/ *vt.* **1** arejar, aerar, desabafar, ventilar ¦ *vpr.* **2** refrescar-se ∎ **airear la casa** arejar a casa

airoso, -a /air'oso/ *adj.* **1** arejado **2** airoso, garboso ∎ **salir airoso** vencer com brilho

aislado, -a /aisl'ado/ *adj.* **1** isolado **2** avulso, desacompanhado, solitário ∎ **un chico aislado** um menino isolado

aislar /aisl'ar/ *vt.* isolar, separar, tornar incomunicável ∎ **aislar los pensamientos malos** isolar os maus pensamentos

ajar /ah'ar/ *vt.* **1** estragar, maltratar, amarfanhar **2** injuriar **3** desacreditar **4** deturpar ∎ **no puede ajar la ropa** não pode estragar a roupa

ajedrez /ahedr'eΘ/ *sm.* **1** xadrez (jogo) ∎ **vamos jugar ajedrez** vamos jogar xadrez

ajeno, -a /ah'eno/ *adj.* **1** alheio **2** alheado **3** distante **4** isento **5** distraído ∎ **no seas ajeno** não seja alheio

ají /ah'i/ *sm.* **1** pimentão miúdo, picante, usado como tempero ∎ **comida con ají** comida com picante

ajo /'aho/ **1** alho ∎ **estar en el ajo** estar envolvido em, saber bem (um assunto) ∎ **pasta con ajo y aceite** macarrão com alho e óleo

ajorca

ajorca /ah'orca/ sf. pulseira, bracelete ∎ **gané una ajorca** ganhei uma pulseira

ajustado, -a /ahust'ado/ adj. 1 ajustado, aparelhado 2 falado, combinado ∎ **ajustado a mis necesidades** ajustado a minhas necessidades

ajustar /ahust'ar/ vt. 1 ajustar, adaptar 2 estipular 3 reconciliar 4 combinar (preços, prazos) 5 assentar 6 contratar 7 ajeitar 8 harmonizar ∎ **ajustar mis cuentas** ajustar minhas contas

ajuste /ah'uste/ sm. ajuste, trato, pacto, acordo, ajustamento ∎ **ajuste de cuentas** ajuste de contas

ajusticiar /ahustiθ'jar/ vt. justiçar, executar ∎ **ajusticiar mis derechos** executar meus direitos

ala /'ala/ sf. 1 asa (ave, inseto, avião, anjo) 2 aba (chapéu) 3 ala ∎ **ala del pájaro** asa do pássaro

alabanza /alab'anθa/ sf. 1 elogio, louvor, louvação 2 aplauso 3 encarecimento ∎ **hacer una alabanza** fazer um elogio

alacena /alaθ'ena/ sf. 1 armário embutido 2 aparador ∎ **en la cocina hay una alacena** na cozinha tem um armário embutido

alaco /al'ako/ sm. farrapo, andrajo ∎ **parece un alaco** parece um farrapo

alado, -a /al'ado/ adj. 1 alado, com asas 2 ligeiro, veloz ∎ **hormigas aladas** formigas com asas

alameda /alam'eda/ sf. 1 alameda 2 rua com árvores 3 avenida ∎ **vivo en una alameda** vivo em uma alameda

alarde /al'arde/ sm. 1 alarde, ostentação 2 orgulho, vaidade, jactância 3 revista militar ∎ **no necesita de alarde** não precisa de alarde

alardear /alade'ar/ vt. 1 alardear, propalar, propagar, divulgar 2 gabar-se, envaidecer-se ∎ **alardearse por algo** se gabar por algo

alargar /alarg'ar/ vt. 1 alongar, encompridar, estender, dilatar, prolongar, esticar, estirar ∎ **alargar mis proyectos** alongar meus projetos

alarma /al'arma/ sf. 1 alarme ou alarma, aviso ou sinal de perigo 2 aparelho, geralmente sonoro, que avisa sobre perigo 3 rebate 4 susto, apreensão 5 desassossego ∎ **alarma de la casa** alarme da casa

alazán, -ana /alaθ'an/ adj. alazão ∎ **caer del alazán** caiu do alazão

albañil /albañ'il/ sm. 1 pedreiro, trabalhador da construção civil ∎ **necesito de un albañil** preciso de um pedreiro

albarán /albar'an/ sm. 1 tabuleta, rótulo 2 placa com letreiro ∎ **leer el albarán** ler o rótulo

albaricoque /albarik'oke/ sm. 1 damasco, abricó ∎ **comer albaricoque en la navidad** comer damasco no natal

albergue /alb'erge/ sm. albergue, estalagem, hospedaria, pensão, pousada ∎ **esta noche dormí en un albergue** esta noite dormi em um albergue

albino, -a /alb'ino/ adj. albino ∎ **personas albinas** pessoas albinas

albóndiga /alb'ondiga/ sf. almôndega ∎ **tenemos albóndiga en el almuerzo** temos almôndega no almoço

albufera /albuf'era/ sf. 1 lagoa 2 restinga ∎ **hace frío cerca de la albufera** faz frio perto da lagoa

álbum /'album/ sm. 1 álbum 2 livro ∎ **álbum de fotos** álbum de fotos

alcance /alk'anθe/ sm. 1 alcance 2 perseguição, encalço 3 perspicácia 4 capacidade, talento ∎ **este vestido no está a mi alcance** este vestido não está ao meu alcance

alcatifa /alkat'ifa/ sf. 1 almofada 2 tapeçaria ∎ **ponga la alcatifa en el sofá** coloque a almofada no sofá

alcaucil 1 alcachofra 2 cáften, caftina, pessoa alcoviteira, que encobre ou favorece contatos ilícitos entre homem e mulher 3 fofoqueiro, delator, denunciante ∎ **comer alcaucil** comer alcachofra

alcázar /alk'aθar/ vt.1 fortaleza, castelo ∎ **vivo en un alcázar** vivo em uma fortaleza

alcoba /alk'oba/ sf.1 alcova, quarto de dormir ∎ **voy para mi alcoba** vou para o meu quarto de dormir

alcohol /alk(o)'ol/ sm.1 álcool ∎ **alcohol es peligroso** álcool é perigoso

alcoholismo /alk(o)ol'ismo/ sm. 1 alcoolismo, excesso de álcool ∎ **el alcoholismo es una enfermedad** o alcoolismo é uma doença

alcurnia /alk'urnja/ sf.1 família 2 linhagem, estirpe ∎ **soy de la alcurnia Alcántara** sou da linhagem Alcântara

aldea /ald'ea/ sf. aldeia, vila, vilarejo, povoado ∎ **voy para una aldea en mis vacaciones** vou para uma aldeia nas férias

aleatorio, -a /aleat'orjo/ aleatório 2 eventual, casual, fortuito, ao acaso ∎ **voto aleatório** voto aleatório

aledaño, -a /aled'año/ adj. divisório, limítrofe, limite, fronteira ∎ **parque aledaño a la escuela** parque ao lado da escola

alegato /aleg'ato/ 1 alegação por escrito 2 questão, briga ∎ **necesito de un alegato** preciso de uma alegação por escrito

alegórico /aleg'oriko/ adj. 1 alegórico, simbólico, metafórico ∎ **coche alegórico** carro alegórico

alegrar /alegr'ar/ vt. 1 alegrar, divertir, entreter 2 brincar 3 exultar ¦ vpr. 4 alegrar-se ∎ **alegrar con un regalo** alegrar-se com um presente

alegría /alegr'ia/ sf.1 alegria, contentamento, animação 2 brincadeira ∎ **un día lleno de alegría** um dia cheio de alegria

aleluya /alel'uya/ sf. aleluia ∎ **hermanos, aleluya!** irmãos, aleluia!

alemán, - ana /alem'an/ sm.,adj. alemão, germânico ∎ **mi novio es alemán** meu namorado é alemão

alentada /alent'ada/ sf. 1 arrancada 2 respiração ininterrupta ∎ **leer de una alentada** ler de um fôlego só

alergia /al'erhja/ sf. 1 alergia 2 antipatia, aversão ∎ **alergia a insectos** alergia a insetos

alerta /al'erta/ sm.1 alerta 2 com vigilância ∎ **quede en alerta** fique alerta

alfabético, -a /alfab'etiko/ alfabético ∎ **los nombres están en orden alfabético** os nomes estão em ordem alfabética

alfabetizar /alfabetiθ'ar/ vt. alfabetizar ∎ **alfabetizar los niños** alfabetizar as crianças

alfiletero /alfilet'ero/ sm. agulheiro ∎ **ponga la aguja en el alfiletero** ponha a agulha no agulheiro

alfombra /alf'ombra/ sf. tapete ∎ **alfombra en la entrada de la casa** tapete na entrada da casa

alga /'alga/ sf. alga, sargaço ∎ **no como alga** não como alga

algo /'algo/ pron. algo, alguma coisa ∎ **necesito de algo** preciso de algo

algodón /algod'on/ sm. 1 algodão (fio, tecido) 2 algodoeiro ∎ **entre algodones** com mimo e delicadeza

alguien /'algien/ pron. 1 alguém, alguma pessoa 2 pessoa importante, figurão ∎ **alguien me llama todas las noches** alguém me liga todas as noites

algún /alg'un/ pron. 1 algum 2 um tanto ∎ **algún lugar** algum lugar

alusión

alguno, -a /alg'uno/ *pron.* **1** algum, um entre vários **2** qualquer, alguém, nenhum ■ **alguno chico me ayude** algum menino me ajude

alhaja /al'aha/ *sf.* **1** joia, adorno **2** baixela ■ **di uma alhaja** dei uma joia

aliado, -a /al'jado/ *adj.***1** aliado, coligado **2** confederado ■ **mi mejor amigo es mi aliado también** meu melhor amigo é meu aliado também

alianza /ali'anΘa/ *sf.* **1** aliança **2** liga, coligação **3** fusão **4** consórcio **5** casamento, matrimônio **6** anel de casamento ■ **el matrimonio es una alianza** o casamento é uma aliança

aliar /ali'ar/ *vt.* **1** aliar, unir, harmonizar **2** incorporar, juntar **3** casar **4** coligar-se, associar-se ■ **aliar a su partido** aliar ao seu partido

alias /'aljas/ *adv.* **1** aliás, de outro modo, além disso **2** alcunha, apodo, cognome ■ **no tengo alias** não tenho apelido

alienación /aljenaΘ'jon/ *sf.* **1** alienação, demência **2** separação, cessão ■ **alienación con el mundo** alienação com o mundo

alijo /al'iho/ *sm.* **1** muamba **2** contrabando ■ **alijo es prohibido** contrabando é proibido

alimentación /alimentaΘ'jon/ *sf.* **1** alimentação, nutrição, sustento ■ **alimentación saludable** alimentação saudável

alimentar /aliment'ar/ *vt.* **1** alimentar, nutrir, sustentar **2** entreter, cultivar ■ **alimentar bien es necesario** alimentar bem é preciso

alimento /alim'ento/ *sm.* **1** alimento, comida, sustento **2** matéria, assunto **3** estímulo ■ **hay mucho alimento** há muita comida

alinear /aline'ar/ *vt.* **1** alinhar **2** enfileirar **3** aderir ■ **alinear las personas en la fila** alinhar as pessoas na fila

aliñar /aliñ'ar/ *vt.* **1** alinhar, enfeitar **2** compor **3** preparar **4** condimentar, temperar ■ **aliñar la comida** condimentar a comida

alisar /alis'ar/ *vt.* **1** alisar, amaciar **2** desgastar **3** igualar **4** polir ■ **alisar la ropa** amaciar a roupa

alistar /alist'ar/ *vt.* **1** alistar, catalogar **2** dispor, preparar ■ **alistar los participantes** alistar os participantes

aliviar /alib'jar/ *vt.* **1** aliviar, moderar, suavizar **2** consolar **3** entreter **4** desafogar **5** isentar ■ **aliviar el castigo** suavizar o castigo

alma /'alma/ *sf.* **1** alma, espírito **2** pessoa **3** âmago ■ **persona con el alma buena** pessoa com a alma boa

almacén /almaΘ'en/ *sm.***1** armazém, loja **2** almoxarifado, depósito ■ **comprar en el almacén** comprar no armazém

almacenar /almaΘen'ar/ *vt.* **1** armazenar, conservar, depositar **2** reunir ■ **almacenar las compras** armazenar as compras

almanaque /alman'ake/ *sm.* almanaque ■ **almanaque de dibujos** almanaque de desenhos

almeja /alm'eha/ *sf.* amêijoa, molusco, marisco ■ **la almeja es deliciosa** marisco é delicioso

almendrado, -a /almendr'ado/ *adj.* **1** amendoado *sf.* **2** sorvete ou doce de amêndoa ■ **pastel almendrado** bolo amendoado

almidón /almid'on/ *sm.* **1** amido **2** fécula ■ **almidón de choclo** amido de milho

almohada /almo'ada/ *sf.* travesseiro, almofada ■ **consultar con la almohada** falar com seus botões, meditar com calma

almoneda /almo'eda/ *sf.* leilão ■ **almoneda de lienzos** leilão de telas

almorrana /almorr'ana/ *sf.* hemorroida ■ **problemas de almorrana** problemas de hemorroida

almorzar /almorΘ'ar/ *vt.* almoçar, comer ■ **almorzar a las 12hs.** almoçar às 12h

almuerzo /alm'werΘo/ *sm.***1** almoço, refeição ■ **almuerzo todos los dias a las 12hs.** almoço todos os dias às 12h

alocado, -a /alok'ado/ *adj.* **1** amalucado, doido **2** estabanado **3** avoado **4** imprudente ■ **mi hermano es alocado** meu irmão é doido

alojamiento /aloham'jento/ *sm.* **1** alojamento **2** aposento **3** acomodação ■ **alojamiento solo de chicas** alojamento só de meninas

alojar /aloh'ar/ *vt.* **1** alojar, hospedar, acomodar, recolher **2** hospedar-se ■ **alojar en un hotel** hospedar no hotel

alondra /al'ondra/ *sf.* cotovia ■ **tengo una alondra** tenho uma cotovia

alquería /alker'ia/ *sf.* **1** casa de campo, sítio, granja ■ **compré una alquería** comprei um sítio

alquilar /alkil'ar/ *vt.* **1** alugar, arrendar **2** ceder temporariamente ■ **voy alquilar esta casa** vou alugar esta casa

alquiler /alkil'er/ *sm.* **1** aluguel **2** arrendamento ■ **el alquiler está muy caro** o aluguel está muito caro

alrededor /alred'or/ ao redor, em torno, em volta, mais ou menos, aproximadamente ■ **estoy alrededor de su casa** estou ao redor da sua casa

alta /'alta/ *sf.* **1** alta, licença para sair do hospital ■ **tuve alta ayer** tive alta ontem

altar /alt'ar/ *sm.* **1** altar, ara, mesa de sacrifício ■ **altar de la iglesia** altar da igreja

alteración /alteraΘ'jon/ *sf.* **1** alteração, inquietação **2** desordem **3** perturbação **4** altercação **5** mudança, mutação **6** desfiguração **7** irritação ■ **alteración del orden público** alteração da ordem pública

alternar /altern'ar/ *vt.* **1** alternar, revezar, variar **2** conviver **3** entremear ■ **alternar las vozes** alternar as vozes

alternativa /alternat'iba/ *sf.* **1** alternativa, opção, escolha **2** eleição **3** alternativas ■ **tengo dos alternativas** tenho duas alternativas

alteza /alt'eΘa/ *sf.* alteza, excelência, nobreza ■ **bienvenida alteza** bem vinda alteza

altibajo /altib'aho/ *sm.* **1** desigual **2** irregular **3** altos e baixos, vicissitudes ■ **situación está en altibajo** situação está irregular

altitud /altit'ud/ *sf.* **1** altitude **2** altura **3** elevação **4** estatura ■ **altitud hace daño para algunas personas** altitude faz mal para algumas pessoas

alto, -a /'alto/ *adj.* **1** alto, eminente **2** caro **3** elevado **4** erguido **5** exagerado **6** soberbo **7** importante, principal **8** cume, pico, auge ■ **chico alto** menino alto

altruista /altru'ista/ *adj.,s.* **1** altruísta, generoso ■ **persona altruista** pessoa generosa

altura /alt'ura/ *sf.* **1** altura, elevação **2** superioridade **3** importância ■ **altura mediana** altura média

alucinante /aluΘin'ante/ *adj.* **1** alucinante, delirante **2** impressionante, assombroso ■ **situación alucinante** situação impressionante

alucinar /aluΘin'ar/ *vt.* **1** alucinar **2** delirar **3** fascinar, ofuscar, deslumbrar **4** equivocar-se ■ **alucinar con los trucos de magia** alucinar com os passes de mágica

alumbrar /alumbr'ar/ *vt.* **1** iluminar, alumiar **2** ilustrar, aclarar **3** dar à luz **4** instruir **5** embebedar-se ■ **alumbrar mi vida** iluminar mina vida

aluminio /alum'injo/ *sm.* **1** alumínio ■ **vaso de aluminio** copo de alumínio

alumno, -a /al'mno/ *sm.* **1** aluno, discípulo, estudante, colegial **2** aprendiz ■ **alumno de la facultad** aluno da faculdade

alusión /alus'jon/ *sf.***1** alusão, menção, citação **2** indireta ■ **alusión a este problema** menção a este problema

51

alza

alza /'alƟa/ *sf.***1** alta (de preços) **2** alça ■ **estar en alza** estar em alta, prosperar, melhorar

allá /aλ'a/ *adv.* **1** lá, 1além ■ **el más allá** o além, o outro mundo

allanamiento /aλanam'jento/ *sm.* **1** aplainamento **2** afabilidade ■ **allanamiento de morada** invasão de propriedade

allanar /aλan'ar/ *vt.***1** aplainar **2** igualar **3** pacificar **4** arranjar, organizar **5** vencer dificuldades ¦ *vpr.* **6** sujeitar-se ■ **allanar a los otros** igualar aos outros

allende /aλ'ende/ *adv.***1** além de, além disso ■ **estoy cansada allende estar con sueño** estou cansada além de estar com sono

allí /aλ'i/ *adv.***1** ali, então, naquela época ■ **tengo amigos allí, en aquella casa** tenho amigos ali, naquela casa

ama /'ama/ *sf.* **1** ama, dona de casa **2** senhora **3** governanta **4** patroa ■ **contrate una ama** contrate uma governanta

amable /am'able/ *adj.***1** amável, cortês, delicado, atencioso ■ **persona amable** pessoa amável

amagar /amag'ar/ *vt.* **1** ameaçar ¦ *vpr.* **2** esconder-se **3** sumir ■ **amagar una persona** ameaçar uma pessoa

amago /am'ago/ *sm.* **1** ameaça **2** sintoma, sinal, indício ■ **tuve un amago** tive uma ameaça

amamantar /amamant'ar/ *vt.* amamentar ■ **amamantar el hijo** amamentar o filho

amanecer /amaneƟ'er/ *sm.+vi.* **1** amanhecer **2** começar, principiar ■ **despertar con un lindo amanecer** acordar com um lindo amanhecer

amante /am'ante/ *adj.+s.* **1** amante, companheiro **2** amigo **3** namorado **4** apaixonado **5** fã ■ **es un amante del cine** é um amante do cinema

amañar /amaɲ'ar/ *vt.* **1** amanhar, lavrar **2** ajeitar, preparar ■ **amañar la tierra** preparar a terra

amar /am'ar/ *vt.* **1** amar **2** estimar **3** apreciar **4** querer **5** gostar **6** enamorar-se **7** desejar ■ **amar al próximo** amar ao próximo

amargar /amarg'ar/ *vt.* **1** amargar **2** amargurar-se **3** afligir, afligir-se **4** ressentir-se **5** frustrar-se ■ **amargar la comida** amargar a comida

amargo, -a /am'argo/ *adj.***1** amargo, acre *Fig.***2** desagradável ■ **el jiló es amargo** o jiló é amargo

amariconado /amaricon'ado/ *adj.* efeminado, afeminado, homossexual ■ **este hombre es amariconado** este homem é afeminado

amarillear /amariλe'ar/ *vi.* amarelar, empalidecer ■ **amarillear es un síntoma de la fiebre amarilla** amarelar é um síntoma da febre amarela

amarillo, -a /amar'iλo/ *adj.***1** amarelo **2** cor-de-ouro ■ **coche amarillo** carro amarelo

amarrar /amarr'ar/ *vt.***1** amarrar **2** prender **3** atracar **4** ligar ■ **amarrar los cordones** amarrrar os cadarços

amasar /amas'ar/ *vt.* **1** amassar **2** misturar **3** dispor **4** acumular (dinheiro, bens) ■ **amasar la ropa** amassar a roupa

amazona /amaƟ'ona/ *sf.* **1** amazona **2** traje de amazona ■ **disfraz de amazona** fantasia de amazona

ambición /ambiƟ'jon/ *sf.* **1** ambição, cobiça, ganância **2** desejo veemente **3** apetite ■ **ambición con el dinero** ambição com dinheiro

ambientar /ambjent'ar/ *vt.* **1** ambientar, criar ambiente ¦ *vpr.* **2** adaptar-se, entrosar-se ■ **ambientarse a determinado lugar** adaptar-se a determinado lugar

ambiente /amb'jente/ *sm.* **1** ambiente, sociedade, meio **2** atmosfera ■ **medio ambiente** meio ambiente ■ **ambiente agradable** ambiente agradável

ambulancia /ambul'anƟja/ *sf.***1** ambulância ■ **ambulancia del hospital** ambulância do hospital

amenaza /amen'aƟa/ *sf.* ameaça, intimidação ■ **amenaza contra el presidente** ameaça contra o presidente

ameno /am'eno/ *adj.* ameno, aprazível, suave, delicado ■ **tiempo está ameno** tempo está ameno

amigo, -a /am'igo/ *adj., sm.* **1** amigo, companheiro, camarada, colega **2** namorado **3** amante **4** partidário **5** propício ■ **mejor amigo** melhor amigo

amistad /amist'ad/ *sf.* **1** amizade, dedicação **2** benevolência **3** afeição **4** simpatia **5** agrado **6** intimidade ■ **la amistad es un sentimiento lindo** a amizade é um sentimento lindo

amistoso /amist'oso/ *adj.* **1** amistoso, amigável, dedicado, amável, gentil, cordial, afetuoso **2** simpático■ **soy amistoso** sou amigável

amo, -a /'amo/ *sm.* **1** amo **2** dono de casa, proprietário **3** patrão **4** locatário **5** senhor ■ **el amo de la imaginación** o amo da imaginação

amolar /amol'ar/ *vt.* **1** amolar, afiar, aguçar, tornar cortante **2** chatear, incomodar, aborrecer **3** aporrinhar, encher o saco ■ **amolar el cuchillo** amolar a faca

amonestación /amosnestaƟ'jon/ *sf.* **1** admoestação, repreensão **2** parecer **3** conselho **4** aviso **5** exortação ■ **correr las amonestaciones** publicar os proclamas de casamento

amontonar /amonton'ar/ *vt.* **1** amontoar, aglomerar, empilhar **2** ajuntar, juntar, acumular ■ **amontonar papeles** amontoar papéis

amor /am'or/ *sm.* **1** amor, afeto, afeição, carinho, paixão **2** ternura, zelo ■ **canciones de amor** canções de amor

amoroso, -a /amor'oso/ *adj.* **1** amoroso, carinhoso, afetuoso, meigo **2** brando, suave ■ **persona amorosa** pessoa amorosa

amortiguar /amortig'war/ *vt.* **1** amortecer **2** diminuir, moderar ■ **amortiguar el impacto** amortecer o impacto

amparar /ampar'ar/ *vt.* **1** amparar, proteger, segurar (alguém), socorrer, defender, abrigar ¦ *vpr.* **2** valer-se, apoiar-se (em alguém) ■ **amparar a alguien** amparar alguém

ampliar /ampli'ar/ *vt.* **1** ampliar, amplificar, aumentar, estender **2** propagar ¦ *vpr.* **3** ramificar-se ■ **ampliar mis negocios** ampliar meus negócios

amplio, -a /'ampljo/ *adj.* **1** amplo, espaçoso, extenso, vasto, cômodo, amplia sonrisa, sorriso franco ■ **medicina es una profesión amplia** medicina é uma profissão extensa

ampolla /amp'oλa/ *sf.* **1** ampola, bolha, bexiga **2** redoma de vidro ■ **ampolla de vidrio** ampola de vidro

amuchar /amut'ʃar/ *vt.* **1** aumentar **2** tomar um pilequinho, embriagar-se levemente ■ **amuchar mi trabajo** aumentar meu trabalho

anal /an'al/ *adj.***1** anal ■ **examen anal** exame anal

analfabetismo /analfabet'ismo/ *sm.* analfabetismo ■ **disminuir el analfabetismo en Brasil** dimimuir o analfabetismo no Brasil

analfabeto, -a /analfab'eto/ *adj.* **1** analfabeto, iletrado **2** ignorante ■ **muchos adultos son analfabetos todavía** muitos adultos ainda são analfabetos

analgésico, -a /abal:h'esiko/ *adj.* analgésico ■ **deme un analgésico, estoy con dolor** dê-me um analgésico, estou com dor

análisis /na'alisis/ *sm.* **1** análise, apreciação **2** estudo, exame ■ **análisis de la situación** análise da situação

analista /anal'ista/ *s.* **1** analista **2** pesquisador ■ **analista de sistemas** analista de sistemas

analogía /analoh'ia/ *sf.* **1** analogia, semelhança, similaridade **2** correlação **3** afinidade ■ **analogía a animales** analogia a animais

anormal

ananá /anan'a/ *sm.* ananás, abacaxi ■ **jugo de ananá** suco de abacaxi

anaranjado, -a /anaran:h'ado/ *adj.* alaranjado, cor-de-laranja ■ **esmalte anaranjado** esmalte alaranjado

anarquía /anark'ia/ *sf.* 1 anarquia, ausência de governo 2 desordem, confusão, barulho ■ **esta clase esta una anarquía** esta sala está uma confusão

anárquico, -a /an'arkiko/ *adj.* 1 anárquico 2 confuso, desordenado ■ **gobierno anárquico** governo confuso

anatomía /anatom'ia/ *sf.* 1 anatomia 2 exame minucioso ■ **estudiar anatomía** estudar anatomia

anca /'anka/ *sf.* anca, quadril ■ **a las ancas** na garupa

ancestral /aθestr'al/ *adj.* ancestral, antigo, remoto ■ **escuche el ancestral del pueblo** escute o ancestral do povoado

anciano, -a /anθ'jano/ *adj.+sm.* ancião, idoso ■ **mi abuelo es anciano** meu avô é idoso

ancla /'ankla/ *sf.* âncora ■ **echar ancla** lançar âncora

ancho, -a /'antʃo/ *adj.* 1 largo, amplo 2 extenso, espaçoso ■ **sitio ancho** sítio extenso

anchoa /antʃ'oa/ *sf.* anchova, enchova ■ **quiero anchoa** quero anchova

anchura /antʃ'ura/ *sf.* 1 largura 2 extensão 3 liberdade, sem-cerimônia, atrevimento ■ **anchura en metros** largura em metros

andante /and'ante/ *adj.* 1 andante ■ **persona andante** pessoa andante

andanza /and'anθa/ *sf.* 1 andança 2 sucesso 3 acontecimento 4 destino ■ **andanza por el mundo** andança pelo mundo

andar /and'ar/ *vi.* 1 andar, caminhar, ir 2 estar, existir 3 passar 4 percorrer 5 progredir, avançar 6 funcionar, ¦ *vpr.* comportar-se ■ **andar es bueno para la salud** andar é bom para a saúde

andariego, -a /andar'jego/ *adj.* 1 andarilho, errante, andejo ■ **en las autopistas hay muchos andariegos** nas rodovias têm muitos andarilhos

andas /'andas/ *sf.* 1 padiola, liteira ■ **pasillo con andas** corredor com padiola

andén /and'en/ *sm.* 1 calçada, plataforma (de estação de trem, metrô, ônibus) 2 caminho, cais ■ **caminar sobre el andén** caminhar sobre a plataforma

andrógino, -a /andr'ohino/ *adj.* 1 andrógino, hermafrodita ■ **animal andrógino** animal andrógino

androide /andr'oide/ *sm.* 1 androide, robô, autômato parecido com o ser humano ■ **quiero ser un andróide** quero ser um androide

anejo, -a /an'eho/ *adj.* 1 anexo, incorporado 2 junto, ligado 2 anexo (cômodo, dependência) ■ **documento anejo** documento anexo

anemia /an'emja/ *sf.* 1 anemia 2 fraqueza, enfraquecimento ■ **está enfermo, con anemia** está doente, com anemia

anestesia /anest'esja/ *sf.* 1 anestesia 2 insensibilidade ■ **necesito de anestesia para la cirugía** preciso de anestesia para a cirurgia

anexionar /ane(k)sjon'ar/ *vt.* anexar, juntar, incorporar ■ **anexionar a mis proyectos** anexar a meus projetos

anexo, -a /na'e(k)so/ *adj.+sm.* 1 anexo, ligado 2 incorporado 3 unido 4 aposto, apenso 5 acessório ■ **el documento está en anexo** o documento está em anexo

anfibio /anf'ibjo/ *adj.* 1 anfíbio 2 equivocado, ambíguo ■ **el sapo es un anfibio** o sapo é um anfíbio

anfiteatro /anfite'atro/ *sm.* 1 anfiteatro ■ **la presentación será en el anfiteatro** a apresentação será no anfiteatro

ángel /'an:hel/ *sm.* 1 anjo 2 pessoa bondosa 3 mulher bonita ■ **ángel de la guarda** anjo da guarda

angosto, -a /ang'osto/ *adj.* 1 estreito, apertado 2 reduzido, limitado 3 triste ■ **recurso angosto** recurso limitado

anguila /ang'ila/ *sf.* enguia ■ **nunca había visto una anguila** nunca tinha visto uma enguia

ángulo /'angulo/ *sm.* 1 ângulo, aresta 2 esquina 3 canto 4 ponto de vista, perspectiva ■ **ángulo recto, 90º** ângulo reto, 90º

angustia /ang'ustja/ *sf.* 1 angústia, aflição, opressão 2 ansiedade 3 agonia 4 tristeza ■ **tengo angustia** tenho angústia

angustiado, -a /angust'jado/ *adj.* 1 angustiado, amargurado, oprimido 2 triste 3 ansioso ■ **estoy angustiado** estou angustiado

angustiar /angust'jar/ *vt.* 1 angustiar, afligir, amargurar, entristecer ■ **no necesita angustiarse** não precisa se angustiar

anhelar /anel'ar/ *vt.* 1 desejar, anelar, aspirar, ansiar 2 respirar com dificuldade, arquejar ■ **anhelar algo** desejar algo

anilla /an'iʎa/ *sf.* argola, aro de metal, anel ■ **regalar una anilla** dar de presente um anel

anillo /anil'ino/ *sf.* anel, aro pequeno ■ **anillo de casado** aliança de casamento

ánima /'anima/ *sf.* alma ■ **rendir el ánima** entregar a alma, morrer

animación /animaθ'jon/ *sf.* 1 animação, entusiasmo, alegria, vivacidade 2 movimento ■ **animación en las fiestas** animação nas festas

animador, -a /animad'or/ *adj., sm.* 1 animador 2 entusiasta, apresentador de programas de rádio e tevê ■ **animador de fiestas** animador de festas

animal /anim'al/ *adj., sm.* 1 animal, besta, fera 2 pessoa ignorante ■ **animal peligroso** animal perigoso

ánimo /'animo/ *sm.* 1 ânimo, alma, espírito, valor, energia, coragem , animação 2 alento 3 encorajamento ■ **tener ánimo** ter ânimo

animosidad /animosid'ad/ *sf.* animosidade, antipatia, aversão, horror, inimizade ■ **tener animosidad** ter animosidade

animoso, -a /anim'oso/ *adj.* 1 animoso, animado 2 corajoso, resoluto, audaz ■ **persona animosa** pessoa animada

aniquilación /anikilaθ'jon/ *sf.* 1 aniquilação 2 extermínio ■ **aniquilación de los problemas** aniquilação dos problemas

aniquilamiento /anikilam'jento/ *sm.* 1 aniquilamento 2 extermínio ■ **aniquilamiento de una plaga** extermínio de uma praga

aniquilar /aikil'ar/ *vt.* 1 aniquilar, exterminar, destruir, acabar, devastar ¦ *vpr.* 2 destruir-se totalmente ■ **aniquilar el enemigo** destruir o inimigo

aniversario /anibers'arjo/ *sm.* aniversário ■ **hoy es mi aniversario** hoje é o meu aniversário

ano /'ano/ *sm.* ânus ■ **¿hay un animal que no tiene ano?** tem um animal que não tem ânus?

anoche /an'otʃe/ *adv.* ontem à noite ■ **anoche salimos** ontem à noite saimos

anomalía /anomal'ia/ *sf.* anomalia, anormalidade, irregularidade ■ **persona con anomalía** pessoa com anomalia

anonadar /anonad'ar/ *vt.* 1 reduzir a nada, aniquilar 2 humilhar, apagar 3 deslumbrar, estontear ■ **nos dejó anonados con la noticia** nos deixou desconcertados com a notícia

anónimo, -a /an'onimo/ *adj.* anônimo, incógnito ■ **el autor es anónimo** o autor é anônimo

anormal /anorm'al/ *adj.* anormal, extraordinário, irregular, estranho, extravagante ■ **persona anormal** pessoa anormal

anotar

anotar /anot'ar/ vt. **1** anotar, tomar notas, assentar, **2** explicar **3** lançar (contabilidade) ■ **anotar los nombres** anotar os nomes

ánsar /'ansar/ sm. ganso ■ **tengo miedo de ánsar** tenho medo de ganso

ansia /'ansja/ sf. **1** ânsia, angústia **2** desejo **3** tormento **4** agonia **5** anseio **6** estertor ■ **tengo ansia** tenho ânsia

anta /'anta/ sf. anta ■ **el anta es un animal calmo** a anta é um animal calmo

antagónico, -a /antag'oniko/ adj. **1** antagônico, oposto, contrário, antípoda **2** rival ■ **es antagónico a todos** é o contrário a todos

antártico, -a /ant'artiko/ adj. antártico ■ **en el polo antártico hace frío** no pólo antártico faz frio

anteanoche /antean'ot∫e/ adv. anteontem à noite ■ **salimos anteanoche** saímos anteontem à noite

anteayer /anteay'er/ adv. anteontem ■ **cambié de casa anteayer** mudei de casa anteontem

antebrazo /antebr'aθo/ sm. antebraço ■ **me rompí el antebrazo** rompi meu antebraço

antecedente /anteθed'ente/ sm. **1** antecedente, fato anterior **2** adiantado, anterior ■ **situación antecedente** situação anterior

antedicho, -a /anted'it∫o/ adj. **1** expresso, dito anteriormente ■ **esto ya fue antedicho** isso já foi dito anteriormente

antena /ant'ena/ sf. **1** antena **2** orelhas ■ **antena direccional** antena direcional ■ **antena emisora** antena emissora

anteojo /ante'ojo/ sm. **1** lente, óculos, luneta ■ **anteojo de larga vista** binóculo

antepasado, -a /antepas'ado/ adj.,sm. **1** antepassado, ancestral, ascendente ■ **historias del antepasado** histórias de ancestral

antepecho /antep'et∫o/ sm. **1** parapeito, peitoril ■ **antepecho de la casa** parapeito da casa

antepenúltimo, -a /antepen'ultimo/ adj. **1** antepenúltimo ■ **soy el antepenúltimo para hacer la entrevista** sou o antepenúltimo para fazer a entrevista

anterior /anter'jor/ adj. **1** anterior, precedente, prévio, primeiro, antecessor ■ **conocimiento anterior** conhecimento prévio

antialcoholismo /antialko(o)l'ismo/ sm. antialcoolismo ■ **movimiento antialcoholismo** movimento antialcoolismo

antibiótico, -a /antibi'otiko/ adj.,sm. antibiótico. ■ **tomar antibiótico de 8 en 8hs.** tomar antibiótico de 8 em 8hs.

anticipar /antiçip'ar/ vt. **1** antecipar, avançar, adiantar **2** prevenir **3** emprestar ¦ vpr. **4** adiantar-se ■ **no puedes anticiparte, espere los otros** não pode avançar, espere os outros

anticomunista /antikomun'ista/ adj.+sm. **1** anticomunista ■ **movimiento anticomunista** movimento anticomunista

anticonceptivo /antikonθept'ibo/ adj.,sm. **1** contraceptivo, anticoncepcional ■ **anticonceptivo para no embarazar** anticoncepcional para não engravidar

anticuado, -a /antik'wado/ adj. antiquado, velho, obsoleto, ultrapassado ■ **muebles anticuados** móveis antiquados

anticuerpo /antik'werpo/ sm. **1** anticorpo ■ **los anticuerpos son del sistema inmunológico** os anticorpos são do sistema imunológico

antídoto /ant'idoto/ sm. **1** antídoto, contraveneno ■ **antídoto contra la picadura de la cobra** antídoto contra a picada da cobra

antifaz /antif'aθ/ sm. **1** máscara **2** carapuça ■ **antifaz de carnaval** máscara de carnaval

antigüedad /antigwed'ad/ sf. **1** antiguidade **2** velhice ■ **museo es lleno de antigüedades** museu é cheio de antiguidades

antinomia /antin'omja/ sf. **1** antinomia, contradição **2** oposição recíproca ■ **siempre haces antinomia sobre lo que digo** sempre faz contradição sobre o que falo

antiparras /antip'arras/ sf. **1** óculos **2** quatro-olhos ■ **necesito de mis antiparras** preciso dos meus óculos

antipatía /antipat'ia/ sf. antipatia, aversão, repugnância, repulsa, birra ■ **antipatía a una persona** antipatia a uma pessoa

antiséptico, -a /antis'eptiko/ adj+sm. antisséptico ■ **antiséptico bucal** antisséptico bucal

antítesis /ant'itesis/ sf. inv.**1** tocha, antítese, oposição **2** contraste ■ **calor y frío son antítesis** calor e frio são oposições

antojo /antoh'o/ sm. desejo, capricho, fantasia ■ **hacer un antojo** fazer um capricho

antología /anotoloh'ia/ sf. antologia, coletânea, seleta, seleção de textos ■ **antología de discos** coletânea de discos

antónimo /ant'onimo/ sm. antônimo, palavra de significado contrário ■ **abrir es antónimo de cerrar** abrir é antônimo de fechar

antorcha /ant'ort∫a/ sf.**1** tocha, facho, farol **2** luz ■ **antorcha de las olimpíadas** tocha das olimpíadas

antropofagia /antropof'ahia/ sf. antropofagia, canibalismo ■ **indígenas que tienen el costumbre de la antropofagia** índios que têm o costume do canibalismo

antropoide /antrop'ojde/ adj.+sm. antropoide ■ **el hombre es un antropoide** o homem é um antropoide

antropología /antropoloh'ia/ sf. antropologia ■ **estudiar antropología** estudar antropologia

anual /an'wal/ adj.**1** anual ■ **el curso es anual** o curso é anual

anualidad /anwalid'ad/ sf. anualidade, anuidade ■ **solo R$ 50,00 en la anualidad** somente R$ 50,00 de anualidade

anuario /an'warjo/ sm. anuário ■ **anuario de publicaciones** anuário de publicações

anubarrado, -a /anubarr'ado/ adj. nublado, anuviado, enevoado ■ **el tiempo está anubarrado** o tempo está nublado

anulación /anula'θjon/ sf. anulação, revogação, extinção, supressão ■ **anulación de la votación** anulação da votação

anunciación /anunθjaθ'jon/ sf. **1** anunciação **2** manifestação **3** notícia, publicação ■ **anunciación contra la dictadura** manifestação contra a ditadura

anuncio /an'unθjo/ sm. **1** anúncio, aviso **2** convocação **3** indício, sinal ■ **anuncio de periódico** anúncio de jornal

anverso /anb'erso/ sm. anverso, verso, a outra face, o outro lado ■ **impresión en anverso** impresso no verso

anzuelo /anθ'welo/ sm. **1** anzol **2** isca, atrativo, engodo ■ **caer en el anzuelo** morder a isca ■ **echar el anzuelo** atrair com artifícios e enganos

añadir /añad'ir/ vt. **1** agregar, acrescentar, adicionar, somar, unir, juntar, aumentar, incorporar ■ **añadir este trabajo a los otros** acrescentar este trabalho aos outros

añejo, -a /añ'eho/ adj. antigo, velho, ancestral, antiquado ■ **el ordenador ya está añejo** o computador já esta velho

añicos /añi'ikos/ sm. pl. pedaços, fragmentos, cacos ■ **hacerse añicos** espatifar-se

añil /añ'il/ sm.**1** anil ■ **cielo de añil** céu de anil

año /'año/ sm.**1** ano ■ **año de 1990** ano de 1990

añorar /anor'ak/ sm. **1** ter saudades, sentir falta **2** desejar ■ **añorar mis padres** sentir falta dos meus pais

aplauso

apabullar /apabuʎ'ar/ vt. esmagar, achatar, intimidar, perturbar ■ **apabullar alguien** esmagar alguém

apacentar /apaⲐent'ar/ vt. **1** apascentar, pastorear **2** instruir, doutrinar, ensinar ■ **apacentar los animales** pastorear os animais

apaciguar /apaⲐig'war/ vt. **1** apaziguar, desarmar, sossegar, pacificar ¦ vpr. **2** reconciliar-se, tranquilizar-se ■ **apaciguar una pelea** apaziguar uma briga

apadrinar /apadrin'ar/ vt. **1** apadrinhar **2** proteger, defender ¦ vpr. **3** amparar-se em alguém ■ **apadrinar mi ahijado** proteger meu afilhado

apagado, -a /apag'ado/ adj. **1** apagado, gasto, extinto **2** tímido, acanhado, amortecido, triste, deprimido ■ **una persona apagada** uma pessoa tímida

apagar /apag'ar/ vt. **1** apagar, extinguir (luz, fogo), aplacar, abater, dissipar, fazer sumir, abafar ¦ vpr. **2** extinguir-se ■ **apagar el fuego** apagar o fogo

apagón /apag'on/ sm. blecaute, apagão ■ **ocurrió un apagón en la ciudad** ocorreu um apagão na cidade

apalear /apale'ar/ vt. **1** espancar, bater, golpear **2** juntar com pá (riqueza) ■ **apalear dinero** nadar em dinheiro

apañar /apañ'ar/ vt. **1** apanhar, colher **2** furtar **3** enfeitar **4** abrigar ¦ vpr. **5** submeter-se ■ **apañar la fruta** colher a fruta

aparador /aparad'or/ sm. **1** aparador **2** refresco ■ **aparador de pelo** aparador de pelo

aparar /apar'ar/ vt. **1** aparar, cortar, desbastar **2** alisar **3** dispor, arrumar, preparar ■ **aparar el cabello** cortar o cabelo

aparato /apar'ato/ sm. **1** aparato, aparelho, máquina **2** ostentação, pompa, grandeza **3** preparação **4** telefone ■ **aparato para los dientes** aparelho para os dentes

aparcamiento /aparkam'jento/ sm. **1** estacionamento ■ **aparcamiento solo para motos** estacionamento só para motos

aparcar /apark'ar/ vt. **1** estacionar, parar ■ **prohibido aparcar** proibido estacionar

aparear /apare'ar/ vt.**1** emparelhar, igualar **2** juntar **3** acasalar (animais) ■ **aparear los animales** emparelhar os animais

aparecer /apareⲐ'er/ vt. **1** aparecer, comparecer **2** surgir, despontar ¦ vpr. **3** exibir-se ■ **aparecer de repente** aparecer de repente

apariencia /apar'jenⲐja/ sf.**1** aparência, aspecto **2** forma **3** fingimento ■ **en apariencia** aparentemente ■ **guardar las apariencias** manter as aparências

apartado, -a /apart'ado/ sm. **1** compartimento · adj. **2** separado, afastado, desviado do caminho, longínquo, distante ■ **estoy apartado de mi novia** estou separado da minha namorada

apartamento /apartam'ento/ sm. apartamento, compartimento, aposento ■ **vivo en un apartamento** vivo em um apartamento

apartamiento /apartam'jento/ sm. **1** lugar retirado **2** afastamento **3** separação ■ **apartamiento de pareja** separação de casal

apartar /apart'ar/ vt. **1** apartar, separar, afastar **2** abdicar **3** dissuadir ¦ vpr. **4** apartar-se, divorciar-se ■ **apartarse del buen camino** afastar-se do bom caminho

apasionado, -a /apasjon'ado/ adj. **1** apaixonado, enamorado **2** fanático ■ **apasionado por la novia** apaixonado pela namorada

apatía /apat'ia/ sf. apatia, indiferença, indolência, insensibilidade, torpor ■ **apatía sobre determinado asunto** indiferença sobre determinado assunto

apear /ape'ar/ vt.**1** apear **2** delimitar, demarcar **3** escorar **4** dissuadir **5** desmontar ■ **apear la tierra** delimitar a terra

apedreamiento /apedream'jento/ sm. **1** apedrejamento ■ **apedreamiento a las mujeres musulmanas** apedrejamento as mulheres muçulmanas

apedrear /apedre'ar/ vt. **1** apedrejar, lapidar ¦ vi. **2** chover granizo **2** insultar ■ **apedrear alguien** apedrejar alguém

apegarse /apeg'arse/ vpr. **1** apegar-se, agarrar-se ■ **apegarse a alguien** apegar-se a alguém

apego /ap'ego/ sm. **1** apego, afeição, afeto **2** adesão **3** insistência ■ **apego a los bichos** apego aos bichos

apelación /apelaⲐ'jon/ **1** apelação **2** recurso dirigido a um tribunal superior ■ **sin apelación** sem discussão, sem remédio

apelar /apel'ar/ vt. **1** apelar, recorrer, invocar, chamar ¦ vpr. **2** referir-se a ■ **apelar su presencia** apelar sua presença

apelmazar /apelmaⲐ'ar/ vt. **1** condensar, comprimir **2** afligir, atormentar ■ **apelmazar la leche** condensar o leite

apellidar /apeʎid'ar/ vt. **1** apelidar, cognominar, nomear **2** convocar ¦ vpr. **3** apelidar-se ■ **apellidar mi hijo** apelidar meu filho

apellido /apeʎ'ido/ sm. sobrenome, nome de família ■ **mi apellido es Silva** meu sobrenome é Silva

apenar /apen'ar/ vt. **1** causar pena **2** afligir **3** desgostar **4** sentir pena de si mesmo ■ **apenar por algo** afligir por algo

apenas /ap'enas/ adv. **1** apenas, unicamente, só, somente **2** quase não, mal, escassamente ■ **quiero apenas tu amor** quero somente seu amor

apéndice /ap'endice/ sm. **1** apêndice **2** anexo, suplemento ■ **cirugía en el apéndice** cirurgia no apêndice

apercibir /aperⲐib'ir/ vt. **1** aperceber, perceber **2** dispor **3** avisar **4** notar ¦ vpr. **5** aperceber-se, dar-se conta ■ **tienes que apercibir que te quiero** tem que perceber que eu te amo

aperitivo /aperit'ibo/ sm. **1** aperitivo, antepasto ■ **aperitivo de jamón** aperitivo de presunto

apertura /apert'ura/ sf. **1** abertura, entrada, inauguração ■ **la apertura del concierto fue linda** a abertura do show foi linda

apestar /apest'ar/ vt.**1** cheirar mal **2** apodrecer, Fig.corromper **3** cansar, aborrecer, enfastiar ■ **la comida puede apestar** a comida pode apodrecer

apestillar /apestiʎ'ar/ vt. AL.**1** prender fortemente uma coisa em outra ■ **apestillar dos personas** prender fortemente duas pessoas

apestoso, -a /apest'oso/ adj . **1** empestado, pestilento, fétido ■ **una persona apestosa** uma pessoa empestada

apetecer /apeteⲐ'er/ vt. **1** apetecer, ter vontade, desejo **2** pretender, gostar ■ **apetecer ganar un regalo** ter vontade de ganhar um presente

apetencia /apet'enⲐja/ sf.**1** apetência, apetite, desejo ■ **apetencia de pasta** apetite de macarrão

apetito /apet'ito/ sm.**1** apetite **2** estímulo **3** desejo **4** ambição ■ **estoy con apetito** estou com apetite

ápice /'apiⲐe/ sm.**1** ápice, auge, cume, vértice ■ **ápice de la montaña** cume da montanha

apicultor, -a /apikult'or/ sm.**1** apicultor ■ **apicultor cuida de las abejas** apicultor cuida das abelhas

aplacar /aplak'ar/ vt.**1** aplacar, acalmar, tranquilizar, pacificar, amansar **2** desarmar ■ **aplacar las personas nerviosas** acalmar as pessoas nervosas

aplaudir /aplaud'ir/ vt.**1** aplaudir **2** louvar ■ **aplaudir la presentación** aplaudir a apresentação

aplauso /apl'auso/ sm. aplauso, aclamação, louvor, aprovação ■ **fuerte aplauso** forte aplauso

55

aplazamiento

aplazamiento /aplaΘam'jento/ *sm.* 1 aprazamento, agendamento de um compromisso 2 convocação 3 adiamento, prorrogação ■ **aplazamiento de la reunión** adiantamento da reunião

aplicación /aplikaΘ'jon/ *sf.* 1 aplicação, dedicação, cumprimento de obrigações, adaptação às situações 2 atenção, assiduidade ■ **aplicación de tareas** aplicação de tarefas

aplicado, -a /aplik'ado/ *adj.* aplicado, estudioso, atento, assíduo, dedicado ■ **alumno aplicado** aluno aplicado

aplicar /aplik'ar/ *vt.* 1 usar, empregar, grudar, sobrepor, destinar ¦ *vpr.* 2 aplicar-se, adaptar-se, adequar-se, dedicar-se ■ **aplicar al trabajo** aplicar-se ao trabalho

aplomo /apl'omo/ *sm.* 1 aprumo, verticalidade 2 altivez, vitalidade 3 serenidade, tranquilidade ■ **tener aplomo** ter aprumo

apocalipsis /apokal'ipisis/ *sm.* 1 apocalipse 2 catástrofe, desastre 3 fim do mundo ■ **lectura del apocalipsis** leitura do apocalipse

apocar /apok'ar/ *vt.* 1 apoucar, diminuir, minguar, reduzir, restringir 2 humilhar ■ **apocar la comida** diminuir a comida

apoderar /apoder'ar/ *vt.* 1 apoderar, dar procuração 2 autorizar ■ encarregar ¦ *vpr.* 4 apoderar-se, tomar posse ■ **apoderarse de alguien** apoderar-se de alguém

apogeo /apoh'eo/ *sm.* 1 apogeu, auge, culminância ■ **el presidente está en el apogeo de su gobierno** o presidente está no auge do seu governo

apología /apoloh'ia/ *sf.* 1 apologia, defesa, elogio 2 justificação ■ **apología a ecología** defesa à ecologia

aportar /aport'ar/ *vt.* 1 integrar ações, cotas, capital 2 contribuir 3 ocasionar, aduzir ■ **aportar con el gobierno** contribuir com o governo

aposentamiento /aposentam'jento/ *sm.* 1 hospedagem, alojamento, ação de hospedar, alojar ■ **casa solo de aposentamiento** casa só de hospedagem

aposentar /aposent'ar/ *vt.* 1 hospedar, alojar ¦ *vpr.* 2 instalar-se, estabelecer-se ■ **aposentar en un hotel** hospedar em um hotel

aposento /apos'ento/ *sm.* 1 aposento, casa, moradia, quarto ■ **duermo en un gran aposento** durmo em um quarto grande

apostar /apost'ar/ *vt.* 1 apostar, competir, arriscar 2 embelezar, adornar ■ **apostar en competiciones** apostar em competições

apostilla /apost'iᴧa/ *sf.* 1 apostila, comentário 2 anotação, aditamento ■ **apostilla del colegio** apostila do colégio

apóstol /ap'ostol/ *sm.* 1 apóstolo 2 missionário 3 propagador de uma doutrina ■ **apóstol de Jesús** apóstolo de Jesus

apostólico, -a /apost'oliko/ *adj.* apostólico ■ **católico apostólico romano** católico apostólico romano

apoyar /apoy'ar/ *vt.* 1 apoiar, dar suporte, sustentar, colaborar, amparar 2 servir de base, de fundação 3 favorecer, ajudar 4 confirmar, sustentar uma opinião 5 apadrinhar ¦ *vpr.* 6 apoiar-se, firmar-se ■ **apoyar los amigos** apoiar os amigos

apoyo /ap'oyo/ *sm.* 1 apoio, arrimo, amparo, ajuda, colaboração, favor 2 base, fundamento 3 descanso 4 encosto ■ **apoyo para caminar** apoio para caminhar

apreciación /apreΘjaΘ'jon/ *sf.* 1 apreciação, admiração, estima 2 ação de pôr preço 3 avaliação de pessoas e coisas, julgamento, conceituação ■ **apreciación por personas solidarias** apreciação por pessoas solidárias

apreciar /apreΘ'jar/ *vt.* 1 apreciar, avaliar, julgar 2 estimar 3 apreçar ■ **apreciar una buena comida** apreciar uma boa comida

aprecio /apr'eΘjo/ *sm.* 1 apreço, consideração 2 estima, admiração ■ **tengo un gran aprecio por ella** tenho uma grande consideração por ela

aprehender /apr(e)end'er/ *vt.* 1 apreender, assimilar, compreender 2 segurar, agarrar, prender 3 confiscar, apropriar-se judicialmente de algo ■ **aprehender los documentos** apreender os documentos

aprehensión /apr(e)ens'jon/ *sf.* 1 apreensão, compreensão, percepção 2 arresto, confisco ■ **aprehensión del coche** apreensão do carro

apremiar /aprem'jar/ *vt.* 1 apressar, acelerar 2 taxar, multar, corrigir impostos por atraso no pagamento ■ **apremiar las actividades** apressar as atividades

aprendiz, -a /aprend'iΘ/ *sm.,adj.* aprendiz, estagiário, principiante, novato, calouro ■ **aprendiz de maestro** estagiário de professor

apresamiento /apresam'jento/ *sm.* captura, detenção, prisão, apreensão ■ **apresamiento de animales** captura de animais

apresar /apres'ar/ *vt.* 1 capturar, deter, prender, agarrar, apreender 2 confiscar, arrestar ■ **apresar el ladrón** capturar o ladrão

apresurar /apresur'ar/ *vt.* 1 apressar, acelerar, ativar 2 precipitar 3 avançar ■ **apresurar los estudios** apressar os estudos

apretado, -a /apret'ado/ *adj.* 1 apertado 2 estreito 3 mesquinho ■ **pantalón apretado** calça apertada

apretar /apret'ar/ *vt.* 1 apertar, amarrar 2 estreitar, reduzir 3 perseguir 4 apertar-se ■ **apretar la falda** apertar a saia

apretón /apret'on/ *sm.* 1 apertão 2 aflição 3 aperto (necessidade repentina de evacuar) ■ **apretón en el corazón** aflição no coração

aprisa /apr'isa/ *adv.* 1 às pressas, velozmente, depressa ■ **salir aprisa** sair às pressas

aprobación /aprobaΘ'jon/ *sf.* 1 aprovação 2 permissão, adesão, aquiescência 3 deferimento ■ **aprobación de los padres** permissão dos pais

aprobar /aprob'ar/ *vt.* 1 aprovar 2 admitir 3 autorizar 4 habilitar 5 concordar 6 aplaudir 7 ratificar ■ **aprobar la salida de los hijos** autorizar a saída dos filhos

apropiación /apropjaΘ'jon/ *sf.* 1 apropriação 2 assimilação ■ **apropiación de tierra** apropriação de terra

apropiar /aprop'jar/ *vt.* 1 apropriar, acomodar 2 atribuir 3 dispor ¦ *vpr.* 4 apoderar-se, apropriar-se ■ **apropiar un objeto** apoderar-se de um objeto

aprovechable /aprobetʃ'able/ *adj.* 1 aproveitável, útil, utilizável 2 vantajoso ■ **estudiar es aprovechable** estudar é vantajoso

aprovechar /aprobetʃ'ar/ *vt.* 1 aproveitar, ganhar, lucrar, tirar proveito de alguém ou alguma coisa 2 utilizar ¦ *vpr.* 3 aproveitar-se, valer-se, servir-se de ■ **aprovechar la oportunidad** aproveitar a oportunidade

aprovisionamiento /aprobisjonam'jento/ *sm.* aprovisionamento, abastecimento ■ **aprovisionamiento del coche** abastecimento do carro

aproximación /apro(k)simaΘ'jon/ *sf.* aproximação, proximidade, aconchego ■ **aproximación de la tierra con el sol** aproximação da terra com o sol

aproximado, -a /apro(k)sim'ado/ *adj.* 1 aproximado 2 próximo, chegado, parecido ■ **valor aproximado** valor aproximado

aproximar /apro(k)sim'ar/ *vt.* 1 aproximar 2 encostar 3 comparar 4 avizinhar, acercar ■ **aproximar de alguien** aproximar de alguém

arista

aproximativo, -a /apro(k)simat'ibo/ adj. **1** aproximativo ▪ **resumen aproximativo de lo que se busca** resumo aproximativo do que se procura

aptitud /aptit'ud/ sf. **1** aptidão, habilidade, jeito, queda, propensão, talento, capacidade ▪ **aptitud en dar clases** aptidão em dar aulas

apto, -a /'apto/ adj. **1** apto, hábil, conveniente, capaz, jeitoso, adequado, apropriado, idôneo ▪ **apto para el trabajo** adequado para o trabalho

apuesta /ap'westa/ sf. aposta ▪ **apuesta en el póker** aposta no pôquer

apuntador, -a /apuntad'or/ adj.+sm. **1** apontador **2** ponto (no teatro) ▪ **apuntador de lápiz** apontador de lápis

apuntamiento /apuntam'jento/ sm. apontamento, anotação ▪ **apuntamiento de actividades** apontamento de atividades

apuntar /ap'unte/ vt. **1** apontar, anotar **2** aguçar, fazer ponta **3** indicar **4** fazer pontaria ▪ **apuntar y no dar** oferecer e não dar

apunte /ap'unte/ sm. **1** apontamento, nota, anotação ▪ **apuntes sobre la película** anotação sobre o filme

apurado, -a /apur'ado/ adj. **1** apurado, escasso, dificultoso, angustiado, apressado, esmerado **2** pobre ▪ **estar apurado de fondos** estar sem dinheiro

apurar /apur'ar/ vt. **1** apurar, purificar **2** esgotar, ir até o fim **3** sofrer muito **4** afligir-se, inquietar-se, apressar-se **5** investigar, verificar a fundo alguma coisa ▪ **apurar el resultado** apurar o resultado

apuro /ap'uro/ sm. **1** apuro, aperto, grande escassez **2** aflição **3** soma das quantias apuradas ▪ **estar en apuro** estar em apuro

apurón /apur'on/ sm. **1** transe, momento crítico **2** muita pressa ▪ **estoy en un apurón** estou em um momento crítico

aquejar /akeh'ar/ vt. **1** afligir, magoar **2** incomodar ▪ **aquejarse con alguien** magoar-se com alguém

aquel, -la /ak'el/ pron. m. aquele, aquela ▪ **aquel día estaba con sueño** aquele dia estava com sono

aquello /ak'eλo/ pron. neutro aquilo ▪ **aquello no es bueno** aquilo não é bom

aquí /ak'i/ aqui, neste lugar, nesta ocasião ▪ **espero aquí su llegada** espero aqui sua chegada

aquiescencia /akjesΘ'enΘja/ aquiescência, anuência, concordância, permissão ▪ **con aquiescencia para salir** com permissão para sair

aquietar /ak'jetar/ vt. **1** aquietar, sossegar, acomodar, tranquilizar, pacificar ▪ **aquietar para dormir** acomodar para dormir

ara /'ara/ sf. ara, altar, lugar sagrado ▪ **vamos a la ara rezar** vamos a ara rezar

árabe /'arabe/ adj+s. árabe ▪ **conocí un árabe** conheci um árabe

arado, -a /ar'ado/ sm. arado, lavrado ▪ **arado de la tierra** arado da terra

arancel /aranΘ'el/ sm. **1** imposto **2** custas judiciais, tarifas alfandegárias ▪ **el arancel está muy caro** o imposto está muito caro

arandela /arand'ela/ sf. **1** arandela, iluminação de parede **2** arruela ▪ **la arandela de la cocina se apagó** a arandela da cozinha se apagou

araña /ar'aña/ sf. **1** aranha **2** lustre, candelabro *Coloq.* **3** mão-de-vaca, pão-duro **tela de araña** teia de aranha ▪ **la araña tiene ocho piernas** a aranha tem oito pernas

arañazo /arañ'aΘo/ sm. arranhão ▪ **caí y tuve un arañazo** cai e tive um arranhão

arbitraje /arbitr'ahe/ sm. **1** arbitragem, arbitramento **2** julgamento ▪ **arbitraje del juez** arbitragem do juiz

árbitro /'arbitro/ sm. **1** árbitro, juiz ▪ **árbitro de fútbol** árbitro de futebol

árbol /'arbol/ sm. árvore ▪ **preservar los árboles** preservar as árvores

arbusto /arb'usto/ sm. arbusto ▪ **cortar el arbusto** cortar o arbusto

arca /'arka/ sf. **1** arca, baú **2** cofre **3** tesouro ▪ **arca de Noé** arca de Noé

arcada /ark'ada/ sf. **1** arcada, série de arcos **2** náusea ▪ **arcada dentaria** arcada dentária

arcaico, -a /ark'aiko/ adj. arcaico, antiquado, antigo ▪ **portugués arcaico** português arcaico

arco /'arko/ sm. **1** arco, porção de círculo **2** curva *AL.* **3** arco, trave de futebol ▪ **arco de triunfo** arco do triunfo

archipiélago /artʃip'jelago/ sm. arquipélago ▪ **Archipiélago de los Galápagos** Arquipélago de los Galápagos

archivador /artʃibad'or/ sm. **1** arquivista, classificador, arquivo ▪ **archivador de reportaje** arquivo de reportagem

archivo /artʃ'ibo/ sm. **1** arquivo **2** depósito **3** cartório ▪ **archivo muerto** arquivo morto

arder /ard'er/ vt. **1** arder, queimar, incendiar-se **2** exaltar-se **3** arder (de amor, de ódio) ▪ **la herida no para de arder** a ferida não para de arder

ardiente /ard'jente/ adj. **1** ardente, tórrido, abrasador **2** vivo **3** enérgico **4** veemente **5** fogoso, ativo ▪ **deseo ardiente** desejo ardente

ardilla /ard'iλa/ sf. esquilo ▪ **la ardilla gusta de castaña** o esquilo gosta de castanha

ardor /ard'or/ sm. **1** ardor, calor **2** afã **3** paixão **4** vivacidade **5** veemência **6** desejo, ânsia ▪ **ardor de la pasión** calor da paixão

arduo, -a /'ardwo/ adj. árduo, difícil, penoso, trabalhoso ▪ **trabajo arduo** trabalho árduo

área /'area/ sf. área, espaço, superfície, zona, campo ▪ **área protegida** zona protegida

arena /ar'ena/ sf. **1** areia **2** pó ▪ **arenas movedizas** areia movediça ▪ **arena de la playa** areia da praia

arenque /ar'enke/ sm. arenque ▪ **arenque ahumado** arenque defumado

argelino, -a /arhel'ino/ adj+sm. argelino ▪ **mi amigo es argelino** meu amigo é argelino

argolla /arg'oλa/ sf. argola, aro, elo ▪ **aretes de argolla** brincos de argola

argot /arg'ot/ sm. gíria, jargão ▪ **los adolescentes usan mucho argot** os adolescentes usam muita gíria

argucia /arg'uΘja/ sf. argúcia, perspicácia, sutileza, sofisma ▪ **argucia psicológica** argúcia psicológica

argüir /arg'wir/ vt. **1** arguir, deduzir **2** provar **3** acusar, censurar *vi.* **4** argumentar, contradizer ▪ **arguir el inocente** acusar o inocente

argumentación /argumentaΘ'jon/ sf. **1** argumentação, alegação **2** arrazoado ▪ **argumentación de buena calidad** argumentação de boa qualidade

aridez /arid'eΘ/ sf. **1** aridez, secura, esterilidade ▪ **el cerrado es característico por su aridez** o cerrado é característico pela sua aridez

árido, -a /'arido/ adj. **1** árido, seco, estéril **2** aborrecido, pesado ▪ **desierto es árido** deserto é árido

arisco, -a /ar'isko/ adj. **1** arisco, esquivo **2** áspero **3** intratável *al.* **4** receoso ▪ **mi perro es arisco** meu cachorro é arisco

arista /ar'ista/ sf. **1** aresta **2** problemas, objeções ▪ **arista de un polígono** aresta de um polígono

57

aristocracia

aristocracia /aristokr'aӨja/ *sf.* aristocracia, nobreza ▪ **la aristocracia no es obrera** a nobreza não é operária

aristócrata /arist'okrata/ *s* aristocrata, nobre, fidalgo ▪ **no hay muchos aristócratas** não tem muitos aristocratas

aritmética /aritm'etika/ *sf.* aritmética ▪ **no soy buena en artimética** não sou boa em aritmética

arma /'arma/ *sf.* 1 arma 2 instrumento de agressão 3 coragem ▪ **arma de la policía** arma da polícia

armada /arm'ada/ *sf.* 1 armada, esquadra, marinha *al.* 2 armadilha com laço ▪ **armada británica** armada britânica

armadillo /armad'iʎo/ *sm.* tatu ▪ **armadillo está en extinción** tatu está em extinção

armadura /armad'ura/ *sf.* 1 armadura 2 armação, esqueleto ▪ **armadura de hierro** armadura de ferro

armamento /armam'ento/ *sm.* 1 armamento 2 arsenal ▪ **fuerte armamento para la guerra** forte armamento para a guerra

armario /arm'arjo/ *sm.* armário, móvel ▪ **armario empotrado** armário embutido ▪ **se rompió mi armario** quebrou o meu armário

armazón /armaӨ'on/ *s.* armação, esqueleto ▪ **armazón flaca** armação fraca

armiño /arm'iño/ *sm.* 1 arminho 2 a pele desse animal ▪ **bicho llamado armiño** bicho chamado arminho

armonía /armon'ia/ *sf.* 1 harmonia, acordo 2 fraternidade, convivência, união ▪ **armonía entre las personas** harmonia entre as pessoas

armónica /arm'onika/ *sf.* 1 harmônica ▪ **la musica es armónica** a música é harmônica

armonioso, -a /armon'joso/ *adj.* harmonioso, equilibrado, sonoro, agradável ▪ **sonido armonioso** som agradável

armonizar /armoniӨ'ar/ *v.* harmonizar, acordar, assentar 2 equilibrar ▪ **armonizar el ambiente** harmonizar o ambiente

árnica /'arnika/ *sf.* arnica ▪ **árnica es buena para picadas de insectos** arnica é boa para picadas de insetos

aro /'aro/ *sm.* aro, argola, brinco ▪ **perdí mis aros** perdi meus brincos

aroma /ar'oma/ *sm.* aroma, perfume, cheiro, odor, fragrância ▪ **aroma agradable** perfume agradável

aromatizar /aromatiӨ'ar/ *vt.* 1 aromatizar, perfumar ¦ *vpr.* 2 perfumar-se ▪ **aromatizar el cuarto** aromatizar o quarto

arpa /'arpa/ *sf.* harpa ▪ **tocar arpa** tocar harpa

arpón /arp'on/ *sm.* arpão, instrumento de pesca ▪ **arpón para la pesca** arpão para a pesca

arqueología /arkeoloh'ia/ *sf.* arqueologia ▪ **estudo arqueología** estudo arqueologia

arqueólogo, -a /arke'ologo/ *sm.* arqueólogo ▪ **mi profesión es arqueólogo** minha profissão é arqueólogo

arquero /ark'ero/ *sm.* 1 arqueiro 2 goleiro ▪ **arquero del equipo de fútbol** goleiro do time de futebol

arquitecto, -a /arkit'ekto/ *sm.* 1 arquiteto ▪ **contratar un arquitecto** contratar um arquiteto

arquitectura /arkitekt'ura/ *sf.* arquitetura, estrutura ▪ **graduación en arquitectura** graduação em arquitetura

arrancar /arrank'ar/ *vt.* 1 arrancar, extirpar, extrair 2 extorquir 3 separar 4 agonizar ▪ **arrancarse los pelos** arrancar os cabelos, descabelar-se

arranque /arr'anke/ *sm.* 1 arranque, arrancada 2 ímpeto 3 partida (de veículos) ▪ **arranque del coche** arranque do carro

arras /'arras/ *sf.* 1 penhor, sinal 2 doação ▪ **arras de perros** doação de cachorros

arrasar /arras'ar/ *vt.* 1 arrasar, aplastar, nivelar 2 demolir, derrubar, desmantelar 3 estragar 4 arrasar, vencer ▪ **arrasar una casa** demolir uma casa

arrebañar /arrebañ'ar/ *vt.* 1 arrebanhar, recolher ▪ **arrebañar las ovejas** arrebanhar as ovelhas

arrebatar /arrebat'ar/ *vt.* 1 arrebatar, arrancar, precipitar 2 irritar *fig.* 3 enlevar, extasiar 4 arrebatar-se ¦ *vpr.* 5 encolerizar-se ▪ **arrebatar el hermano** irritar o irmão

arreciar /arreӨ'jar/ *vt.* 1 dar força e vigor *vi.* 2 recuperar as forças 3 fortalecer-se, recuperar-se ▪ **arreciar para luchar** recuperar-se para lutar

arrecife /arreӨ'ife/ *sm.* 1 recife, banco de areia 2 caminho pavimentado ▪ **arrecife en la playa del río es bello** recife na praia do rio é lindo

arreglar /arregl'ar/ *vt.* 1 arrumar, ordenar, reparar, adornar, compor, combinar, acertar ¦ *vpr.* 2 acomodar-se 3 conformar-se ▪ **arreglar cuentas** ajustar as contas

arreglo /arr'eglo/ *sm.* 1 conserto, ordem, arranjo 2 regra 3 conciliação 4 coordenação ▪ **arreglo musical** arranjo musical **con arreglo a** conforme, segundo ▪ **arreglo ordenadores** conserto computadores

arremangar /arremang'ar/ *vt.* 1 enrolar as mangas da camisa 2 arregaçar as mangas 3 pôr mãos à obra ▪ **vamos arremangar y empezar de nuevo** vamos arregaçar as mangas e começar de novo

arremeter /arremet'er/ *vi.* 1 arremeter, investir furiosamente 2 ir de encontro a 3 atacar 4 ofender, chocar ▪ **arremeter una persona** ofender uma pessoa

arrendamiento /arrendam'jento/ *sm.* 1 arrendamento, locação ▪ **arrendamiento de tierra** arrendamento de terra

arrendar /arrend'ar/ *vt.* arrendar, alugar ▪ **arrendar un sitio** arrendar uma fazenda

arrendatario, -a /arrendat'arjo/ *sm.,adj.* arrendatário ▪ **arrendatario de casas** arrendatário de casas

arrepentimiento /arrepentim'jento/ *sm.* arrependimento, contrição, pesar, remorso ▪ **arrepentimiento por hacer algo malo** arrependimento por fazer algo ruim

arritmia /arr'itmja/ *sf.* arritmia ▪ **arritmia cardíaca** arritmia cardíaca

arroba /arrob'ar/ *vt.* arroba ▪ **echar por arrobas** exagerar

arrodillar /arrodiʎar/ *vt,vi.* ajoelhar ▪ **arrodillar en la iglesia** ajoelhar na igreja

arrogancia /arrog'anӨja/ *sf.* 1 arrogância, presunção, pretensão, insolência, altivez ▪ **no soporto arrogancia** não suporto arrogância

arrogante /arrog'ante/ *adj.* 1 arrogante, pretensioso, insolente, altivo ▪ **persona arrogante** pessoa arrogante

arrojo /arr'oho/ *sm.* 1 arrojo, ímpeto 2 ousadia 3 atrevimento ▪ **los niños tienen arrojo** as crianças têm atrevimento

arropar /arrop'ar/ *vt.* 1 agasalhar 2 abafar ▪ **arropar en el frío** agasalhar no frio

arrope /arr'ope/sm. 1 xarope, suco concentrado 2 doce de frutas ▪ **tomar arrope para la gripe** tomar xarope para a gripe

arroyo /arr'oyo/sm. arroio, riacho, regato, ribeiro, córrego ▪ **el arroyo está poluído** o riacho está poluído

arroz /arr'oӨ/sm. arroz ▪ **arroz con leche** arroz-doce

arruga /arr'uga/sf. 1 ruga, dobra, prega de roupa 2 franzimento ▪ **arruga en la ropa** dobra na roupa

arruinar /arrwin'ar/ *vt.* 1 arruinar, destruir, estragar, aniquilar 2 empobrecer, desolar 3 desacreditar ▪ **arruinar una profesión** arruinar uma profissão

asimilación

arrullar /arruʎ'ar/ vt. **1** arrulhar **2** sussurrar ▪ **arrullar un secreto** sussurrar um segredo

arrullo /ar'uʎo/sm. **1** arrulho **2** sussurro ▪ **fue un arrullo** foi um sussurro

arsenal /arsen'al/sm. **1** arsenal, depósito ▪ **arsenal de botellas de vino** depósito de garrafas de vinho

arsénico /ars'eniko/sm. **1** arsênico ▪ **el arsénico es tóxico** o arsênico é tóxico

arte /'arte/sm. **1** arte **2** cautela, astúcia **3** método **4** habilidade **5** modo de agir **6** artimanha, destreza *fig.* **7** maldade ▪ **estudiar arte** estudar arte

arteria /art'erja/ *sf. anat.* **1** artéria **2** rua principal, via pública ▪ **arteria pulmonar** artéria pulmonar

artesanía /artesan'ia/ *sf.* artesanato ▪ **alfombra es un producto de artesanía** tapete é um produto de artesanato

articulación /artikulaθ'jon/ **1** articulação **2** junção (de duas peças) ▪ **hacer gimnasia es bueno para la articulación** fazer ginástica é bom para a articulação

artículo /art'ikulo/ *sm. gram.* **1** artigo (de jornal, de lei) **2** parte de um escrito **3** cláusula ▪ **artículo del periódico** artigo de jornal

artífice /art'ifiθe/ **1** artífice, artesão, artista **2** autor **3** pessoa engenhosa ▪ **artesanías hechas por un artífice** artesanato feito por um artesão

artificial /artifiθ'jal/ adj. **1** artificial **2** falso **3** fingido ▪ **fuegos artificiales** fogos de artifício

artificio /artif'iθjo/ sm. **1** artifício **2** produto de arte **3** trabalho pirotécnico **4** astúcia, ardil ▪ **hacer con artificio, con arte** fazer com artifício, com arte

artillería /artiʎer'ia/ *sf.* **1** artilharia **2** preparativo para uma discussão ▪ **artillería pesada** artilharia pesada

artillero, -a /artiʎ'ero/ sm. **1** artilheiro **2** atacante ▪ **artillero del Real Madrid** artilheiro do Real Madrid

artista /art'ista/ s. **1** engenhoso, artístico **2** artista **3** artífice ▪ **los músicos son artistas** os músicos são artistas

as /'as/ sm. **1** ás **2** carta de baralho **3** pessoa que se destaca ▪ **tenía un as en la manga** tinha um ás na manga

asa /'asa/ *sf.* **1** asa (de utensílio) **2** pretexto ▪ **asa del pollo** asa do frango

asalariado, -a /asalar'jado/ adj,sm. **1** assalariado, trabalhador que recebe um salário ▪ **trabajador asalariado** trabalhador assalariado

asaltar /asalt'ar/ vt. **1** assaltar, atacar com violência, acometer **2** avançar **3** sobrevir, invadir ▪ **asaltar un banco** assaltar um banco

asalto /as'alto/ sm. **1** assalto **2** investida **3** avanço ▪ **asalto con armas de fuego** assalto com armas de fogo

asamblea /asambl'ea/ *sf.* **1** assembleia, reunião, **2** congresso ▪ **asamblea constituyente** assembleia constituinte

asar /as'ar/ vt. **1** assar, churrasquear ¦ vpr. **2** abrasar-se **3** torrar, arder ▪ **asar una carne** assar uma carne

ascendencia /asθend'enθja/ *sf.* **1** ascendência **2** família **3** linhagem **4** influência, superioridade ▪ **ascendencia predominante** ascendência predominante

ascender /asθend'er/ vt. **1** ascender, subir, elevar-se **2** adiantar **3** ser promovido ▪ **ascender el cargo** subir do cargo

ascendiente /asθend'jente/ s. **1** ascendente, antecedente, predominante, influente ▪ **mi abuelo paterno es el ascendiente de mi padre** meu avô paterno é o antecedente do meu pai

ascensión /asθens'jon/ *sf.* ascensão, subida, elevação, promoção ▪ **ascensión en el trabajo** promoção no trabalho

aseado, -a /ase'ado/ adj. **1** asseado, limpo **2** decente ▪ **casa aseada** casa limpa

asediar /ased'jar/ vt. **1** assediar, sitiar **2** bloquear **3** importunar sem descanso ▪ **asediar el pasillo** bloquear o corredor

asegurado, -a /asegur'ado/ adj. **1** assegurado, garantido **2** segurado, firme, sólido ▪ **asegurado por el plan de salud** assegurado pelo plano de saúde

asentaderas /asentad'eras/ *sf.* nádegas ▪ **dolor en las asentaderas** dor nas nádegas

asentado, -a /asent'ado/ adj. **1** sentado **2** situado **3** estável **4** tranquilo ▪ **viajar asentado es exhaustivo** viajar sentado é exaustivo

asepsia /as'epsja/ *sf.* **1** assepsia **2** esterilização ▪ **asepsia de la mamadera** esterilização da mamadeira

asequible /asek'ible/ adj. **1** acessível **2** exequível **3** fácil ▪ **compras asequibles** compras acessíveis

aserción /aserθ'jon/ *sf.* **1** asserção, afirmação **2** enunciado **3** proposição ▪ **aserción de una propuesta** afirmação de uma proposta

aserrar /aserr'ar/ vt. serrar, cortar com serra ▪ **aserrar una planta** serrar uma planta

asesinar /asesin'ar/ **1** assassinar, matar **2** eliminar **3** trucidar *coloq.* **4** despachar ▪ **asesinar una persona** assassinar uma pessoa

asesino, -a /ases'ino/ sm. assassino, homicida, matador ▪ **asesino en serie** assassino em série

asesoramiento /asesoram'jento/ sm. **1** assessoramento, assessoria **2** conselho, orientação ▪ **asesoramiento a los más necesitados** assessoramento aos mais necessitados

asesoría /asesor'ia/ *sf.* assessoria, cargo de assessor, consultoria ▪ **asesoría es donde trabajo** assessoria é onde trabalho

asexuado, -a /ase(k)s'wado/ adj. assexuado ▪ **persona asexuada** pessoa assexuada

asfaltado /asfalt'ado/ adj. sm. pavimento coberto com asfalto ▪ **camino asfaltado** caminho asfaltado

asfalto /asf'alto/ sm. asfalto ▪ **calle con asfalto** rua com asfalto

asfixiar /asfi(k)s'jar/ vt. asfixiar, sufocar, estrangular ▪ **asfixiar una persona** asfixiar uma pessoa

así /as'i/ adv. assim, do mesmo modo, desta maneira ▪ **así, salimos más temprano** assim, saímos mais cedo

asiático /as'jatiko/ s.m,adj. asiático ▪ **comida asiática** comida asiática

asiduidad /asidwid'ad/ *sf.* **1** assiduidade, frequência **2** empenho **3** pontualidade, constância ▪ **visitar los enfermos con asiduidad** visitar os doentes com frequência

asiento /as'jento/ sm. **1** assento, cadeira, banco **2** domicílio **3** pedestal **4** nota, apontamento ▪ **asiento del coche** banco do carro

asignación /asignaθ'jon/ *sf.* **1** vencimento **2** consignação **3** destinação **4** concessão **5** dotação, salário, gratificação, pagamento ▪ **asignación de la cuenta** pagamento da conta

asignatura /asignat'ura/ *sf.* cadeira, disciplina, matéria, programa de um curso universitário ▪ **asignatura de la facultad** disciplina da faculdade

asilo /as'ilo/ sm. **1** asilo, albergue, abrigo **2** recolhimento, refúgio ▪ **los viejos viven en el asilo** os velhos vivem no asilo

asimilación /asimilaθ'jon/ *sf.* **1** assimilação, semelhança **2** analogia ▪ **asimilación entre padres e hijos** semelhança entre pais e filhos

59

asistencia

asistencia /asist'enΘja/ *sf.* **1** assistência, auxílio, ajuda **2** assistências para alimentos ■ **asistencia social** assistência social

asistenta /asist'enta/ *sf.* criada, empregada doméstica, diarista ■ **asistenta de la casa** diarista da casa

asma /'asma/ *sf.* asma ■ **asma puede ser emocional** asma pode ser emocional

asociación /asoΘjaΘ'jon/ *sf.* **1** associação, sociedade **2** incorporação **3** consórcio **asociación de ideas** associação de ideias ■ **asociación de las mujeres** associação das mulheres

asociar /asoΘ'jar/ *vt.* **1** associar **2** agregar **3** aliar ¦ *vpr.* **4** juntar-se, coligar-se ■ **asociar a una empresa** associar a uma empresa

asombrar /asombr'ar/ *vt.* **1** assombrar, maravilhar, espantar, admirar **2** estontear **3** entusiasmar **4** surpreender ■ **asombrar con la situación** assombrar com a situação

asombro /as'ombro/ *sm.* **1** susto, assombro, espanto, admiração **2** estranheza **3** surpresa ■ **esta casa es un asombro** esta casa é um espanto

aspereza /asper'eΘa/ *sf.* **1** aspereza, rudeza **2** severidade, rigidez, rigor ■ **agir con aspereza** agir com severidade

áspero, -a /'aspero/ *adj.* áspero, rugoso, duro **2** violento, severo ■ **hombre áspero** homem severo

aspersión /aspers'jon/ *sf.* **1** aspersão ■ **aspersión del agua** aspersão da água

aspiración /aspiraΘ'jon/ *sf.* **1** aspiração, desejo, anseio, anelo **2** ambição ■ **aspiración de mudanzas** anseio de mudanças

aspirador, -a /aspirad'or/ *sm.,adj.* aspirador ■ **aspirador de polvo** aspirador de pó

asqueroso, -a /asker'oro/ *adj.* **1** asqueroso, repugnante, repelente **2** sórdido ■ **persona asquerosa** pessoa asquerosa

asta /'asta/ *sf.* **1** chifre, lança, haste, mastro (bandera) ■ **asta de la bandera** mastro da bandeira

astenia /ast'enja/ *sf.* **1** astenia, fraqueza, debilidade ■ **estar con astenia** estar com fraqueza

astilla /ast'iʎa/ *sf.* **1** lasca, estilhaço, fragmento ■ **astilla de madeira** lasca da madeira

astillero /astiʎ'ero/ *sm.* **1** estaleiro **2** depósito de madeira ■ **guarde en el astillero** guarde no estaleiro

astral /astr'all/ *adj.* astral, sideral ■ **en el cielo hay astral** no céu tem astral

astringente /astrin:h'ente/ *adj.* adstringente ■ **utilizar astringente** usar adstringente

astro /'astro/ *sm.* **1** astro, corpo celeste **2** pessoa notável ■ **quiero ser un astro del rock** quero ser um astro do rock

astrología /astroloh'ia/ *sf.* astrologia ■ **estudiar astrología** estudar astrologia

astronauta /astron'awta/ *s.* astronauta ■ **profesión de astronauta** profissão de astronauta

astronomía /astronom'ia/ *sf.* astronomia ■ **la astronomía estudia los astros** a astronomia estuda os astros

astronómico, -a /astron'omiko/ *adj.* **1** astronômico **2** exagerado ■ **cifras astronómicas** cifras elevadas

astroso, -a /astr'oso/ *adj.* **1** desastrado **2** desgraçado *fig.* **3** vil, desprezível ■ **chico astroso** menino desastrado

astucia /ast'uΘja/ *sf.* astúcia, sagacidade, esperteza **2** manha, enganação ■ **astucia para hacer las actividades** esperteza para fazer as atividades

asueto /as'weto/ *sm.* **1** feriado escolar **2** ponto facultativo ■ **esta semana tiene asueto** esta semana tem feriado escolar

asumir /asum'ir/ *vt.* **1** assumir **2** atribuir-se, encarregar-se, responsabilizar-se, admitir **3** avocar ■ **asumir la culpa** assumir a culpa

asunto /as'unto/ *sm.* **1** assunto **2** tema **3** motivo **4** argumento de uma obra **5** negócio ■ **tengo un asunto serio para hablar** tenho um assunto sério para falar

asustado, -a /asust'ado/ *adj.* **1** assustado, inquieto **2** intimidado, amedrontado **3** alarmado ■ **asustado con fantasmas** assustado com fantasmas

atacante /atak'ante/ *adj+s.* **1** atacante, agressor ■ **atacante del fútbol** atacante de futebol

atadero /atad'ero/ *sm.* **1** atadura **2** vínculo **3** prisão ■ **atadero en la herida** atadura na ferida

atadijo /atad'iho/ *sm.* **1** pacote malfeito, embrulho ■ **el regalo está en un atadijo** o presente está em um embrulho

atadura /atad'ura/ *sf.* **1** atadura ■ **atadura del médico** atadura do médico

atajo /at'aho/ *sm.* **1** atalho, vereda, divisão, separação **2** meio rápido (de se obter algo) **echar por el atajo** abreviar, cortar **salir al atajo** interromper alguém ■ **atajo para llegar más temprano** atalho para chegar mais cedo

atalayar /atalay'ar/ *vt.* **1** vigiar, espreitar, guardar ■ **atalayar una persona** vigiar uma pessoa

atañer /atañ'er/ *vi.* **1** tanger, tocar, pertencer **2** referir-se ■ **eso no te atañe** isso não te corresponde

ataque /at'ake/ *sm.* **1** ataque, assalto, investida, agressão, arremesso **2** acesso, surto **3** disputa ■ **ataque del inimigo** ataque do inimigo

ataúd /ata'ud/ *sm.* ataúde, esquife, caixão de defunto ■ **poner en el ataúd** colocar no caixão de defunto

atemperar /atemper'ur/ *vt.* moderar, adequar, amornar ■ **atemperar el agua** amornar a água

atención /atenΘ'jon/ *sf.* atenção, cortesia, consideração, deferência, gentileza, cuidado, desvelo ■ **atención en el tránsito** atenção no trânsito

atender /atend'er/ *vt.* **1** atender **2** considerar **3** observar, notar **4** deferir, acolher favoravelmente, cuidar, assistir, aguardar ■ **atender un pedido** atender um pedido

atenerse /aten'erse/ *vpr.* **1** ater-se, restringir-se **2** ajustar-se **3** aderir ■ **atenerse a una exigencia** restringir-se a uma exigência

atentar /atent'ar/ *vt.* **1** contrariar a ordem estabelecida, as leis **2** tentar, cometer um atentado **3** tentar contra alguém ou alguma coisa ¦ *vpr.* **4** prestar atenção, ter cuidado ■ **atentar con el peligro en las calles** ter cuidado com o perigo nas ruas

atento, -a /at'ento/ *adj.* **1** atento **2** cortês, atencioso, educado ■ **persona atenta** pessoa educada

atenuación /atenwaΘ'jon/ *sf.* **1** atenuação, suavização ■ **atenuación de la voz** suavização da voz

ateo, -a /at'eo/ *sm.+adj.* **1** ateu **2** ímpio ■ **hombre ateo** homem ateu

aterrar /aterr'ar/ *vt.* **1** espantar, apavorar, causar medo, aterrorizar ¦ *vpr.* **2** abater-se **3** apavorar-se ■ **aterrar con animales** espantar com animais

aterrizaje /aterriΘ'ahe/ *sm.* aterrissagem, pouso ■ **aterrizaje tranquila** aterrissagem tranquila

aterrizar /aterriΘ'ar/ *vi.* aterrissar, pousar ■ **aterrizar el avión** aterrissar o avião

aterrorizar /aterroriΘ'ar/ *vt.* aterrorizar, aterrar, apavorar, assustar ■ **aterrorizar personas** aterrorizar pessoas

atestado, -a /atest'ado/ *sm. adj.* **1** teimoso **2** abarrotado **3** atestado, declaração ■ **atestado médico** atestado médico

austral

atestiguar /atestig'war/ *vt.* testemunhar, atestar, certificar ∎ **atestiguar en un caso** testemunhar em um caso

atildar /atild'ar/ *vt.* **1** pontuar, acentuar **2** pôr o til nas letras ¦ *vpr.* **3** enfeitar-se ∎ **atildar la letra** pontuar a letra

atípico, -a /at'ipiko/ *adj.* **1** atípico **2** irregular ∎ **momento atípico** momento atípico

Atlántico, -a /atl'antiko/ *adj.* Atlântico ∎ **océano Atlántico** oceano Atlântico

atleta /atl'eta/ *s.* **1** atleta, desportista **2** homem forte, musculoso ∎ **atleta de la olimpíada** atleta da olimpíada

atmósfera /atm'osfera/ *sf.* **1** atmosfera, ar **2** ambiente ∎ **atmósfera contaminada** atmosfera poluída

atómico, -a /at'omiko/ *adj.* atômico ∎ **números atómicos** números atômicos

átomo /'atomo/ *sm.* átomo ∎ **átomo es muy pequeño** átomo é muito pequeno

atontamiento /atontam'jento/ *sm.* atordoamento, espanto ∎ **atontamiento de tantos problemas** atordoamento de tantos problemas

atormentar /atorment'ar/ *vt.* atormentar, torturar, afligir, importunar, mortificar ¦ *vpr.* **2** angustiar-se ∎ **atormentar con algo** atormentar com algo

atracadero /atrakad'ero/ *sm.* atracadouro, local onde se amarram barcos ∎ **ponga el barco en el atracadero** coloque o barco no atracadouro

atracar /atrak'ar/ *v.* **1** atracar **2** aproximar **3** abordar ¦ *vpr.* **4** empanturrar-se **5** bater, surrar ∎ **atracar con una persona** atracar com uma pessoa

atracción /atra(k)θ'jon/ *sf.* **1** atração *fig.* **2** simpatia ∎ **atracción por el sexo opuesto** atração pelo sexo oposto

atraco /a'trako/ *sf.* **1** assalto ∎ **atraco en el banco** assalto no banco

atractivo,-a /atra(k)tibo/ *adj.* **1** atraente **2** encantador **3** simpático **4** atrativo, encanto ∎ **material atractivo** material atrativo

atragantar /atragant'ar/ *vt.* **1** engasgar, afogar **2** aborrecer, indignar **3** engasgar, perder a fala ∎ **atragantar con el hueso** engasgar com o osso

atrás /atr'as/ *adv.* **1** atrás, detrás **2** anteriormente ∎ **atrás de él hay un buen corazón** atrás dele tem um bom coração

atraso /atr'aso/ *sm.* atraso, demora, retardo ∎ **atraso para la clase** atraso para a aula

atravesar /atrabes'ar/ *vt.* **1** atravessar, cruzar **2** trespassar **3** interromper ¦ *vpr.* **4** opor-se **5** suportar, sofrer ∎ **atravesar la calle** atravessar a rua

atrayente /atray'ente/ *adj.* **1** atraente, magnético ∎ **hombre atrayente** homem atraente

atreverse /atreb'erse/ *vpr.* **1** atrever-se, ousar **2** arriscar-se **3** animar-se ∎ **atreverse a salir de casa** ousar sair de casa

atrevido, -a /atreb'ido/ *adv.* **1** atrevido, audacioso, petulante, ousado, descomedido **2** intrometido **3** descarado ∎ **hombre atrevido** homem atrevido

atribución /atribuθ'jon/ *sf.* **1** atribuição, competência **2** direito **3** autoridade ∎ **atribuición por un buen trabajo** competencia por um bom trabalho

atrocidad /atroθid'ad/ *sf.* **1** atrocidade, crueldade, ferocidade **2** crime **3** insulto, ofensa ∎ **cometer una atrocidad** cometer uma atrocidade

atrofiar /atrof'jar/ *vt.* **1** atrofiar, enfraquecer, tolher **2** atrofiar-se ∎ **atrofiar el músculo** atrofiar o músculo

atronar /atron'ar/ *vt.* **1** atordoar **2** abalar *vi.* **3** troar, retumbar ∎ **atronar toda la noche** abalar toda a noite

atropellar /atrope入'ar/ *vt.* **1** atropelar **2** derrubar, empurrar **3** desprezar, ofender. agir precipitadamente **4** precipitar-se ∎ **atropellar en el tránsito** atropelar no trânsito

atún /at'un/ *sm.* **1** atum **2** pessoa rude, casca grossa ∎ **no me gusta comer atún** não gosto de comer atum

aturar /atur'ar/ *vi.* **1** aturar, aguentar, suportar, tolerar ∎ **aturar alguien insoportable** aturar alguém insuportável

aturdido, -a /aturd'ido/ *adv.* **1** aturdido, atordoado, perturbado ∎ **persona aturdida** pessoa atordoada

aturdir /aturd'ir/ *vt.* **1** aturdir, atordoar, perturbar **2** espantar **3** intimidar ∎ **aturdir a alguien** atordoar a alguém

aturullar /aturu入'ar/ *vt.* **1** aturdir, confundir, perturbar (por fazer as coisas com muita pressa) ∎ **aturullar el trabajo** confundir o trabalho

audacia /aud'aθja/ *sf.* **1** audácia, ousadia, atrevimento **2** arrojo ∎ **audacia de salir sin pedir permiso** audácia de sair sem pedir permissão

audaz /aud'aθ/ *adj.* audaz, corajoso, atrevido, arrojado, temerário, destemido, insolente ∎ **persona audaz** pessoa corajosa

audición /audiθ'jon/ *sf.* **1** audição **2** concerto, recital, audição ∎ **audición para la selección** audição para a seleção

audiencia /aud'jenθja/ *sf.* **1** audiência **2** sessão de um tribunal **3** auditório ∎ **audiencia fue adelantada** audiência foi adiada

auditor /audit'or/ *sm.* **1** auditor, ouvinte **2** magistrado, juiz ∎ **auditor del proceso** auditor do processo

auditoría /auditor'ía/ *sf.* auditoria ∎ **auditoría en el foro** auditoria no fórum

auge /'auhe/ *sm.* auge, apogeu, ápice ∎ **auge del suceso** auge do sucesso

augusto, -a /aug'usto/ *adj.* augusto, majestoso, imponente ∎ **persona augusta** pessoa imponente

aula /'aula/ *sf.* sala de aula, sala de estudo, classe ∎ **aula de laboratorio** sala de laboratório

aullar /au入'ar/ *vt.* uivar, ulular ∎ **el lobo quiere aullar** o lobo quer uivar

aullido /au入'ido/ *sm.* uivo, grunhido, guincho ∎ **aullido del lobo** uivo do lobo

aumentar /aument'ar/ *vt.* **1** aumentar, ampliar, acrescentar, alargar, estender **2** crescer, progredir ∎ **aumentar las deudas** aumentar as dívidas

aún /a'un/ *adj.* ainda, todavia ∎ **aún así** ainda assim

aun /a'un/ *adj.* **1** até, inclusive, também ∎ **tengo miedo aun de los insectos** tenho medo até dos insetos

autodeterminación /autodeterminaθ'jon/ *sf.* autodeterminação ∎ **autodeterminación es esencial en el trabajo** autodeterminação é essencial no trabalho

aura /'aura/ *sf.* aura, halo, sopro, brisa ∎ **aura leve** aura leve

auricular /aurikul'ar/ *adj.* auricular ∎ **problema auricular** problema auricular

aurora /aur'ora/ *sf.* **1** aurora, amanhecer, madrugada *fig.* **2** começo, juventude ∎ **aurora del día** começo do dia

auscultar /auskult'ar/ *vt.* **1** auscultar, examinar **2** explorar **3** sondar o pensamento de uma pessoa ∎ **auscultar la situación** examinar a situação

ausencia /aus'ente/ *adj.* **1** ausência, falta **2** inexistência **3** retiro, afastamento ∎ **ausencia de una persona** ausência de uma pessoa

auspicio /ausp'iθjo/ *sm.* auspício, presságio, agouro, prognóstico ∎ **tuve un auspicio** tive um presságio

austral /austr'al/ *adj.* **1** austral, meridional ∎ **austral del universo** austral do universo

autenticar

autenticar /autentik'ar/ *vt.* **1** autenticar, legalizar **2** autorizar **3** reconhecer firma ■ **autenticar un documento** autenticar um documento

auto /'auto/ *sm.* **1** auto **2** decreto **3** despacho, sentença **4** composição dramática **5** automóvel ■ **estar en autos** estar ciente de alguma coisa

autobiografía /autobjograf'ia/ *sf.* autobiografia ■ **libro de autobiografía** libro de autobiografia

autobús /autob'us/ *sm.* **1** ônibus **2** lotação ■ **viajar de autobús** viajar de lotação

autocar /autok'ar/ *sm.* ônibus ■ **viajar de autocar** viajar de ônibus

autodefensa /autodef'ensa/ *sf.* autodefesa ■ **clases de autodefensa** aulas de autodefesa

autoescuela /autoesk'wela/ *sf.* autoescola ■ **en la autoescuela es obligatório 45hs de teoría** na autoescola é obrigatório 45hs de teoria

autogiro /autoh'iro/ *sm.* **1** helicóptero ■ **paseo de autogiro** passeio de helicóptero

autógrafo /aut'ografo/ *sm.* autógrafo ■ **autógrafo de un cantante** autógrafo de um músico

automático, -a /autom'atiko/ *adj.* **1** automático **2** mecânico ■ **cambio automático** cambio automático

automóvil /autom'obil/ *sm.* **1** automóvel ■ **automóvil veloz** automóvel veloz

autonomía /autonom'ia/ *sf.* **1** autonomia, independência **2** soberania **3** liberdade ■ **autonomía para escoger** autonomia para escolher

autónomo, -a /aut'onomo/ *adj.* **1** autônomo, independente **2** soberano **3** livre ■ **estudio autónomo** estudo autônomo

autopista /autop'ista/ *sf.* **1** estrada, rodovia de circulação rápida, via expressa ■ **peligro en la autopista** perigo na estrada

autopropulsión /autopropuls'jon/ *sf.* **1** autopropulsão ■ **autopropulsión en algún aparato** autopropulsão em algum aparelho

autor, -a /aut'or/ *sm.* **1** autor **2** criador, produtor **3** escritor, literato ■ **autor de libro** autor de livro

autoridad /autorid'ad/ *sf.* **1** autoridade, domínio, mando **2** influência **3** controle, poder ■ **el profesor tiene autoridad en la clase** o professor tem autoridade na sala

autorretrato /autorretr'ato/ *sm.* **1** autorretrato ■ **gané un autorretrato de regalo** ganhei um autorretrato de presente

autostop /autost'o(p)/ *sm.* carona ■ **pedir autostop** pedir carona

autovía /autob'ia/ *sf.* rodovia, estrada com cruzamentos no mesmo nível ■ **accidente en la autovía** acidente na rodovia

auxiliar /au(k)sil'jar/ *vt.* **1** auxiliar, ajudar, socorrer, contribuir, colaborar *adj+sm.* **1** ajudante **2** subalterno auxiliar de vuelo comissário de bordo ■ **auxiliar el próximo** ajudar o próximo

auxilio /au(k)s'iljo/ *sm.* auxílio, ajuda, esmola, colaboração, contribuição ■ **auxilio a las personas necesitadas** ajuda a pessoas necessitadas

aval /ab'al/*sm.* **1** aval, garantia, caução ■ **aval del producto** garantia do produto

avalancha /abal'antʃa/ *sf.* **1** avalancha ■ **avalancha en el polo sur** avalancha no pólo sul

avance /ab'anθe/ *sm.* avanço, ataque ■ **avance al inimigo** ataque o inimigo

avanzado, -a 1 /ab'anθo/ *sm.* **1** avançado **2** muito liberal **3** saliente, atrevido ■ **nivel avanzado** nível avançado

avariento, -a /abar'jento/ *adj+sm.* **1** avarento, ganancioso ■ **persona avarienta** pessoa avarenta

avasallador, -a /abasaʎad'or/ *adj.* **1** avassalador **2** dominador, despótico ■ **hombre avasallador** homem avassalador

avasallar /abasaʎ'ar/ *vt.* avassalar, dominar, subjugar ■ **avasallar el mundo** dominar o mundo

avatar /abat'ar/ *sm.* **1** avatar (reencarnação de um deus) **2** transformação, metamorfose ■ **sufrir avatar** sofrer transformação

ave /'abe/ *sf.* **1** ave **2** pássaro ■ **la arara es una ave brasileña** a arara é um pássaro brasileiro

avellana /abeʎ'ana/ *sf.* avelã ■ **chocolate con avellana** chocolate com avelã

avena /ab'ena/ *sf.* aveia ■ **galleta de avena y miel** bolacha de aveia e mel

avenida /aben'ida/ *sf.* **1** avenida **2** alameda **3** enchente, inundação ■ **la fiesta será en la avenida** a festa será na avenida

avenir /aben'ir/ *vt.* **1** advir **2** concordar **3** acontecer, suceder ¦ *vpr.* **4** entender-se, compor-se ■ **avenir con su opinión** concordar com sua opinião

aventajar /abenta'har/ *vt.* **1** avantajar, adiantar **2** progredir **3** exceder ■ **aventajar en relación a los otros** adiantar em relação aos outros

aventar /abent'ar/ *vt.* **1** aventar, ventilar **2** arejar **3** abanar ¦ *vpr.* **4** aventurar-se **5** escapar, fugir ■ **aventar la casa** arejar a casa

aventura /abent'ura/ *sf.* **1** aventura, proeza **2** lance **3** feito extraordinário, acontecimento ■ **hacer un intercambio es lleno de aventura** fazer um intercambio é cheio de aventura

avergonzado, -a /abergonθ'ado/ *adj.* envergonhado, encabulado ■ **quedar avergonzado** ficar envergonhado

avergonzar /abergonθ'ar/ *vt.* **1** envergonhar, encabular ¦ *vpr.* **2** embaraçar-se, acanhar-se ■ **avergonzar en presentaciones** envergonhar em apresentações

averiguación /aberigwaθ'jon/ *sf.* **1** averiguação, investigação **2** exploração **3** inquérito ■ **averiguación del crime** investigação do crime

aversión /abers'jon/ *sf.* **1** aversão, antipatia **2** oposição, inimizade **3** desgosto **4** repulsa ■ **tengo aversión a personas maleducadas** tenho aversão a pessoas mal-educadas

avestruz /abestr'uθ/ *sm.* avestruz ■ **vi una avestruz en el zoológico** vi uma avestruz no zoológico

aviación /abjaθ'jon/ *sf.* aviação, aeronáutica **aviación comercial** aviação comercial ■ **estudiar aviación es difícil** estudar aviação é difícil

aviador, -a /abi'ado/ *adj.* aviador, piloto ou tripulante de avião ■ **sueño ser aviador** sonho ser piloto

aviejar /abjeh'ar/ *vt.* envelhecer ■ **aviejar a tu lado** envelhecer ao seu lado

avío /ab'io/ *sm.* **1** aviamento **2** preparo **3** empréstimo **4** avíos para las miudezas ■ **avío de ropa** empréstimo de roupa

avión /abi'on/ *sm.* **1** avião, aeronave ■ **tengo miedo de avión** tenho medo de avião

avisado, -a /abis'ado/ *adj* **1** avisado **2** prudente **3** experiente **4** discreto **mal avisado** imprudente ■ **el evento fue avisado** o evento foi avisado

aviso /ab'iso/ *sm.* **1** aviso, advertência **2** informe **3** conselho **4** anúncio ■ **avisos clasificados** anúncios classificados ■ **estar sobre aviso** estar prevenido

avispa /ab'ispa/ *sf.* **1** vespa, marimbondo ■ **picada de avispa** picada de marimbondo

avistar /abist'ar/ *vt.* avistar ¦ *vpr.* **2** encontrar-se, reunir-se ■ **avistar una persona** avistar uma pessoa

azulejo

avivar /*abib'ar*/ *vt.* **1** avivar, animar **2** despertar ¦ *vpr.* **3** entusiasmar-se ■ **tiene que avivarse** tem que se animar

axial /*a(k)s'jal*/ *adj.* axial ■ **axial se relaciona con eixo** axial relaciona-se com eixo

axila /*a(k)s'ila*/ *sf.* **1** axila **2** sovaco ■ **cosquillas en la axila** côcegas na axila

axioma /*a(k)s'joma*/ *sm.* **1** axioma, máxima ■ **hacer um axioma** fazer um axioma

ayer /ay'er/ *adj* **1** ontem *fig* **2** ultimamente ■ **de ayer a hoy** de ontem pra hoje

ayuda /*ay'uda*/ *sf.* **1** ajuda, auxílio, socorro ■ **necesito de ayuda** preciso de ajuda

ayudante, -a /*ayud'ante*/ *s.* **1** ajudante, auxiliar **2** assistente ■ **ayudante de la cocinera** ajudante da cozinheira

ayudar /*ayud'ar*/ *vt.***1** ajudar, auxiliar, socorrer **2** favorecer ■ **ayuda a quien necesita** ajudar a quem precisa

ayunar /*ayun'ar*/ *vi.***1** jejuar **2** privar-se ■ **ayunar en la cuaresma** jejuar na quaresma

ayuno /*ay'uno*/ *sm.* **1** jejum, abstinência ■ **quedarse en ayunas** ficar em jejum **2** ficar por fora, não saber de nada

ayuntamiento /*ayuntam'jento*/ *sm.* **1** prefeitura, câmara municipal **2** sede da prefeitura ou da câmara municipal ■ **el ayuntamiento queda en el centro de la ciudad** a prefeitura fica no centro da cidade

azabache /*aΘab'atʃe*/ *sm.* **1** azeviche ■ **artesanía de azabache** artesanato de azeviche

azada /*aΘ'ada*/ *sf.* **1** enxada ■ **azada es usada para preparar la tierra** enxada é usada para preparar a terra

azafata /*aΘaf'ata*/ *sf.* **1** aeromoça ■ **la azafata no puede tener miedo de altura** a aeromoça não pode ter medo de altura

azar /*aΘ'ar*/ *sm.* **1** azar, acaso, casualidade, **2** imprevisto **3** desventura **al azar** ao acaso, sem previsão ■ **juego de azar** jogos de azar

azotar /*aΘ'ote*/ *sm.* **1** açoitar, chicotear, fustigar ■ **azotar el caballo** chicotear o cavalo

azteca /*aΘt'eka*/ *adj+s* **1** asteca ■ **pueblo azteca** povo asteca

azúcar /*aΘ'ukar*/ *sm.* **1** açúcar ■ **azúcar negro** açúcar mascavo

azucarero /*aΘukar'ero*/ *adj+ sm.* **1** açucareiro ■ **rompió el azucarero** quebrou o açucareiro

azufre /*aΘ'ufre*/ *sm.* **1** enxofre ■ **el olor del azufre es muy malo** o cheiro do enxofre é muito ruim

azul /*aΘ'ul*/ *sm.* **1** azul *fig* **2** céu ■ **azul de metileno** azul de metileno ■ **azul marino** azul-marinho

azulejo /*aΘul'eho*/ *sm.* **1** azulejo **2** ladrilho ■ **azulejo en el suelo** azulejo no chão

B

ABCDEFGHIJKLMNOPQRSTUVWXYZ

b /b/ *sf.* segunda letra do alfabeto español ■ **b de bonito** b de bonito

baba /b'aba/ *sf.* baba, saliva ■ **se le cae la baba** está babando de satisfação

babear /babe'ar/ *v.* **1** babar **2** babar (por alguém), arrastar a asa ■ **está babeando por ella** está babando por ela

babel /bab'el/ *sf.* babel, grande confusão, zona ■ **la reunión se convirtió en una babel** a reunião tornou-se uma confusão

babero /bab'ero/ *sm.* babador ■ **babero del niño** babador de criança

babieca /bab'jeka/ *adj.+ sm.***1** bobo, tonto ■ **es un babieca** é um bobo

babosear /babose'ar/ *v.***1** babar **2** tirar sarro de alguém ■ **no me babosees** não tire sarro de mim

baboso, -a /bab'oso/ *adj.,sm.* **1** baboso, babão **2** gosmento ■ **no sé cómo puedes tocar esos animales tan babosos** não sei como você toca nesses animais tão gosmentos **3** adulador, pegajoso **4** molusco, lesma

babucha /bab'utʃa/ *sf.* chinela, chinelo ■ **estuve en Marruecos y me compré unas babuchas** eu estive no Marrocos e comprei uns chinelos

baca /b'aka/ *sf.* bagageiro ■ **no es normal ahora ver coches con baca** não é normal ver os carros agora com bagageiro de teto

bacalada /bakal'ada/ *sf.* bacalhau seco ■ **ha comprado dos bacaladas estupendas** adquiriu dois bacalhaus secos maravilhosos

bacalao /bakal'ao/ *sm.* bacalhau ■ **el bacalao fresco es un pescado barato** o bacalhau fresco é um peixe barato

bacanal /bacan'al/ *sf.* bacanal, orgia ■ **en las bacanales romanas se cometían grandes excesos** nos bacanais romanos cometia-se grandes excessos

bacía /baθ'ia/ *sf.* bacia, vasilha ■ **bacía con agua** bacía com água

baciliforme /baθilif'orme/ *adj.* baciliforme ■ **la bacteria tiene la forma de baciliforme** a bactéria tem o formato baciliforme

bacilo /baθ'ilo/ *sm.* bacilo ■ **el bacilo de Koch produce la tuberculosis** o bacilo de Koch causa a tuberculose

bacín /baθ'in/ *sm.* urinol, penico ■ **antes era normal tener un bacín debajo de la cama** antes era normal ter um penico embaixo da cama

bacteria /bakt'erja/ *sf.***1** bactéria ■ **las bacterias se reproducen por bipartición** as bactérias se reproduzem por bipartição

bacteriano, -a /bakter'jano/ *adj.* bacteriano ■ **enfermedad bacteriana** doença bacteriana

bactericida /bakteriθ'ida/ *adj.+sm.* bactericida ■ **suero bactericida** soro bactericida

bacteriología /bakterjoloh'ia/ *sf.* bacteriologia ■ **los primeros trabajos sobre bacteriología aparecieron en 1850** os primeiros trabalhos sobre bacteriologia apareceram em 1850

báculo /b'akulo/ *sm.***1** bastão, cajado **2** apoio ■ **este nieto es el báculo de mi vejez** esse neto é o apoio da minha velhice

bache /b'atʃe/ *sm.* **1** cova, buraco **2** desnível no asfalto ■ **no vi ese bache** não vi esse buraco

bachear /batʃe'ar/ *vt.* **1** consertar **2** tapar (buracos de ruas), recapear ■ **aquel camino se ha bacheado mucho** aquela estrada foi muito recapeada

bachiller /batʃiʎ'er/ **1** bacharel **2** tagarela ■ **es bachiller en Derecho** é bacharel em Direito

bachillerato /batʃiʎer'ato/ *sm.* bacharelado, estudos de nível secundário ■ **necesitamos contratar a alguien que tenga por lo menos el bachillerato** precisamos contratar alguém com pelo menos o ensino médio

badajo /bad'aho/ *sm.* badalo, chocalho ■ **esa campana se ha quedado sin el badajo** esse sino ficou sem o badalo

badana /bad'ana/ *sf.* pele curtida de animal ■ **badana de tocino** manta de toucinho

bagaje /bag'ahe/ *sm.***1** bagagem **2** equipamento militar ■ **huir con armas y bagajes** fugir levando tudo

bagatela /bagat'ela/ *sf.***1** bagatela, ninharia **2** farelo ■ **solo sabes comprar bagatelas** só sabe comprar bugigangas

bahía /ba'ia/ *sf.* baía, enseada, angra ■ **la bahía de Cádiz** a baía de Cádiz

bailable /baiʎ'able/ *adj.* **1** dançante, bailado **2** dança executada em peças de teatro, óperas ■ **me gustan los bailables de ese autor** eu gosto das músicas dançantes desse autor

bailar /baiʎ'ar/ *vt.,vi.* **1** dançar, bailar **2** girar **3** oscilar ■ **bailar en la cuerda floja** dançar na corda bamba

bailarín, - ina /baiʎar'in/ *adj.,sm.* **1** bailarino, dançarino ■ **un niño bailarín** um garoto dançarino

baile /b'aiʎe/ *sm.* **1** baile, dança **2** arrasta-pé, gafieira ■ **entrar en el baile** entrar na dança

baja /b'aha/ *sf.* **1** baixa, diminuição de preço **2** nos combates, morto ou ferido ■ **ha causado baja en esta empresa** pediu demissão da empresa

bajada /bah'ada/ *sf.* **1** baixada, declive, ladeira ■ **todavía no se ha producido la esperada bajada de los precios** ainda não se produziu a esperada queda nos preços

bajamar /baham'ar/ *sf.* baixamar, maré baixa ■ **la bajamar se produce a las seis de la tarde** a maré baixa ocorre às seis da tarde

bajar /bah'ar/ *vt.***1** baixar, abaixar, diminuir, reduzir **2** desabar **3** abater **4** descer, inclinar ¦ *vpr.* **5** humilhar-se ■ **bajar a la planta primera** descer até o primeiro andar

bandeja

bajeza /bah'eθa/ *sf.* 1 baixeza, ação indigna ■ **has actuado con tanta bajeza que me avergüenzo de ti** tem agido com baixeza de tal forma que tenho vergonha de você

bajío /bah'io/ *sm.* 1 baixio, banco de areia 2 terreno baixo ■ **la barcaza quedó encallada en ese bajío** a barca estava encalhada em águas rasas

bajista /bah'ista/ *s.* 1 jogador, especulador (na bolsa de valores) ■ **tendencia bajista** tendência de baixa 2 músico que toca baixo

bajo, -a /b'aho/ *sm.* 1 voz grave, instrumento grave 2 andar inferior de uma casa 3 roupas de baixo · *adj.* 4 baixo, inferior, humilde 5 desprezível ■ **altos y bajos** altos e baixos

bala /b'ala/ *sf.* 1 bala, projétil de arma de fogo 2 confeito de açúcar 3 fardo **como una bala** rapidamente ■ **mostró una bala incrustada en el muro** mostrou uma bala alojada na parede

balacera /balaθ'era/ *sf.* tiroteio ■ **hay una balacera en la calle** há um tiroteio na rua

balada /bal'ada/ *sf.* balada ■ **me gusta escuchar baladas** eu gosto de ouvir baladas

baladí /balad'i/ *adj.* fútil, superficial, insignificante ■ **un asunto baladí** um assunto insignificante

baladronada /baladron'ada/ *sf.* bravata ■ **baladronada política** bravata política

balance /bal'anθe/ *sm.* balanço, movimento do corpo ■ **tiene que cuadrar el balance** tem de equilibrar o balanço

balancear /balanθe'ar/ *vt.+vi.* 1 balançar 2 agitar, mexer 3 equilibrar ■ **el coche se balanceaba mucho** o carro estava balançando muito

balandro /bal'andro/ *sm.* barco pequeno, barco pesqueiro ■ **el balandro está roto** o barco está quebrado

bálano /b'alano/ *sm.* 1 balano 2 glande ■ **él está enfermo en el bálano** ele está doente na glande

balanza /bal'anθa/ *sf.* 1 balança 2 Libra (signo) 3 equilíbrio ■ **poner las manzanas en la balanza** colocar as maçãs na balança

balar /bal'ar/ *vi.* balir ■ **balar de las ovejas** balido das ovelhas

balaústre /bala'ustre/ *sm.* balaústre ■ **los balaústres eran de piedra blanca** os balaústres eram de pedra branca

balazo /bal'aθo/ *sm.* tiro ■ **sacar a balazos** atirar

balbucear /balbuθe'ar/ *vt.* 1 balbuciar 2 gaguejar **balbuceaba unas pocas palabras** murmurou algumas palavras

balcón /balk'on/ *sm.* 1 balcão, sacada, varanda 2 mirante ■ **el piso en que vivo tiene tres balcones** o piso onde eu moro tem três varandas

baldar /bald'ar/ *vt.* 1 baldar, frustrar 2 inutilizar 3 esgotar ■ **los niños me baldan** as crianças me cansam

balde /b'alde/ *sm.* balde ■ **acarreaba dos baldes en cada viaje** carregava dois baldes em cada viagem

baldear /balde'ar/ *vt.* 1 baldear, fazer baldeação 2 regar planta ■ **baldear el patio** lavar o quintal

baldío, -a /bald'io/ *adj.* 1 baldio (terreno) ■ **terreno baldío** terreno baldio 2 inútil, vadio, vagabundo

baldón /bald'on/ *sm.* mágoa, afronta, injúria ■ **que lo metieran en la cárcel supuso un gran baldón para toda la familia** que o colocaram na prisão foi uma grande afronta para toda a família

baldosa /bald'osa/ *sf.* ladrilho ■ **compré unas baldosas muy grandes** eu comprei azulejos muito grandes

balear /bale'ar/ *v.* 1 balear alguém ou algo ■ **Juan recibió un disparo** Juan foi baleado · *adj.* 2 pertencente ou relativo às ilhas Baleares

balístico, -a /bal'istiko/ *adj.* 1 balístico 2 balística (ciência) ■ **método balístico** método balístico

baliza /bal'iθa/ *sf.* 1 baliza, boia 2 meta ■ **el piloto no veía las balizas por culpa de la niebla** o piloto não viu as balizas por causa da neblina

balizar /baliθ'ar/ *vt.* balizar, limitar, demarcar ■ **balizo la tabla** balizou a mesa

balneario, -a /balne'arjo/ *sm.* 1 balneário, referente a banhos (medicinais) 2 balneário ■ **ahora hay muchos balnearios nuevos** agora há muitos balneários novos

balompié /balomp'je/ *sm.* futebol ■ **me encanta el balompié** eu amo o futebol

balón /bal'on/ *sm.* 1 bola para jogar, balão ■ **balón pegado** bola furada 2 futebol

baloncesto /balonθ'esto/ *sm.* basquete, bola ao cesto ■ **el baloncesto es rápido** basquete é um esporte rápido

balonmano /balonm'ano/ *sm.* handebol ■ **balonmano es dinámico** handebol é dinâmico

balonvolea /balonvol'ea/ *sm.* vôlei ■ **balonvolea es un deporte de equipo** vôlei é um esporte de equipe

balotaje 1 *sf.* cédula de votação ■ **balotaje nulo** voto nulo

bálsamo /b'alsamo/ *sm.* 1 bálsamo 2 alívio ■ **has sido para mí como un bálsamo** tem sido para mim como um bálsamo

ballena /baλ'ena/ *sf.* 1 baleia 2 gordura, óleo de baleia 3 mulher muito gorda ■ **ballenas del Océano Pacífico** baleias do Oceano Pacífico

ballenero, -a /baλen'ero/ *adj.* 1 baleeiro 2 barco para pesca de baleias 3 pescador de baleias ■ **industria ballenera** indústria baleeira

ballet /baλ'et/ *sm.* balé ■ **Tchaikovski compuso algunos de los ballets clásicos más famosos** Tchaikovski compôs alguns dos mais famosos balés

bambolear /bambole'ar/ *vt.* bambolear, oscilar, vacilar, cambalear ■ **las cortinas se bambolean con el viento** cortinas balançando ao vento

banal /ban'al/ *adj.* banal, trivial, vulgar ■ **su conversación es banal** sua conversa é banal

banalidad /banalid'ad/ *sf.* banalidade ■ **la banalidad de sus comentarios me sacaba de quicio** a banalidade de seus comentários me enfureceu

banana /ban'ana/ *sf.* 1 banana ■ **cocinado banana** banana cozida 2 bananeira 3 pessoa astuta, esperta

banano /ban'ano/ *sm.* bananeira ■ **en la entrada del jardín puso dos bananeros preciosos.** na entrada do jardim, colocou duas bonitas bananeiras

banca /b'anka/ *sf.* 1 banco, assento 2 banca, conjunto de instituições bancárias e atividades financeiras ■ **la banca ha tenido muy buenos resultados este año** os bancos têm tido muito bons resultados este ano 3 nos jogos de azar, pessoa que representa a casa contra as apostas dos jogadores 4 mesa de mercados públicos 5 bancada (de deputados)

bancario, -a /bank'arjo/ *adj.* bancário, relativo a banco ■ **trámite bancario** trâmite bancário

banco /b'anko/ *sm.* banco, assento ■ **pintaré los bancos de verde** pintarei os bancos de verde

banda /b'anda/ *sf.* 1 banda, faixa, fita 2 bando, grupo de gente armada 3 banda, conjunto de instrumentos musicais ■ **la banda de rock** a banda de rock

bandeja /band'eha/ *sf.* 1 bandeja 2 travessa de louça ■ **compré una bandeja de pasteles** comprei uma bandeja de pastéis

bandera

bandera /band'era/ *sf.* **1** bandeira **2** símbolo de um país **3** abertamente, com toda a liberdade ■ **bandera blanca** bandeira branca

banderín /bander'in/ *sm.* bandeirola, flâmula ■ **se colocó un pequeño banderín en la bicicleta** colocou uma pequena bandeira na bicicleta

bandido, -a /band'ido/ *sm.,adj.* bandido, ladrão ■ **es una bandida** é uma bandida

bando /b'ando/ *sm.* **1** bando, grupo, partido **2** edito, proclamação pública ■ **echar bando** publicar uma lei

banquero, -a /bank'ero/ *sm.* **1** banqueiro **2** cambista ■ **aquel banquero vive en una casa increíble** aquele banqueiro vive numa casa incrível

banqueta /bank'eta/ *sf.* banqueta, banquinho ■ **se subió a la banqueta del baño** subiu ao banquinho do banho

banquete /bank'ete/ *sm.* banquete ■ **banquete de bodas** banquete de bodas

banquillo /bank'iʎo/ *sm.***1** banquinho **2** banco dos réus ■ **los secuestradores se sentaron en el banquillo** os sequestradores sentaram no banco dos réus

bañadera /baɲaðera/ **1** banheira **2** ônibus velho de excursão ■ **regresó de bañadera** voltaram de ônibus velho

bañado /baɲ'ado/ *sm.* banhado, brejo ■ **los ojos bañados en lágrimas** os olhos cheios de lágrimas

bañador /baɲad'or/ *s.* **1** traje de banho, maiô **2** banhista ■ **me he comprado un bañador naranja** eu comprei um maiô laranja

bañar /baɲ'ar/ *vt.* **1** banhar **2** molhar ■ **bañarse en una piscina** nadar em uma piscina

bañera /baɲ'era/ *sf.* banheira, tina ou bacia para banho ■ **ella está en la bañera** ela está na banheira

bañista /baɲ'ista/ *s.* banhista ■ **los bañistas disfrutaban del primer día de calor** nadadores apreciaram o primeiro dia quente

baño /b'aɲo/ *sm.* **1** banho **2** banheiro **3** balneário **4** demão (camada de tinta sobre qualquer superfície) ■ **baño de María** banho-maria

bar /bar/ *sm.* **1** bar **2** cantina **3** botequim ■ **quedamos normalmente en el bar de la esquina** costumamos ficar no bar da esquina

barahúnda /bara'unda/ *sf.* barafunda, confusão, desorden ■ **con tu madre llegó la barahúnda** com sua mãe chegou a confusão

baraja /bara'aha/ *sf.* baralho ■ **jugar con dos barajas** jogar nos dois times, ficar em cima do muro

barajar /barah'ar/ *vt.* **1** baralhar, embaralhar, misturar, revolver **2** manipular **3** impedir **4** incomodar ■ **barajar los naipes** embaralhar as cartas

baranda /bar'anda/ *sf.* **1** corrimão **2** grade de terraço ■ **tenía la baranda de bronce** tinha o corrimão de bronze

barandilla /barand'iʎa/ *sf.* **1** varanda **2** galeria ■ **si te subes a la barandilla puedes caerte** se você subir na varanda pode cair

baratija /barat'iha/ *sf.* **1** bagatela, ninharia ■ **en esta tienda solo encuentras baratijas** apenas encontra ninharias nesta loja

baratillo /barat'iʎo/ *sm.* **1** lugar onde se vendem mercadorias baratas ■ **compré unas camisetas en baratillo** eu comprei algumas camisas na feira

barato, -a /bar'ato/ *adj.* **1** barato, de baixo preço, económico **2** troca, câmbio **3** desordem ■ **venda a preços baixos, liquidação** ■ **lo barato sale caro** o barato sai caro

barba /b'arba/ *sf.* barba ■ **poner las barbas a remojar** pôr as barbas de molho

barbacoa /barbac'oa/ *sf.* grelha ou grade de assar carne, churrasco ■ **he puesto ya la carne en la barbacoa** já coloquei a carne na churrasqueira

barbado, -a /barb'ado/ *adj.* barbado ■ **un animal barbado** um animal barbado

barbaridad /barbarid'ad/ *sf.* barbaridade, crueldade, atrocidade ■ **eso que has hecho es una barbaridad** o que você fez é uma barbaridade

barbarie /barb'arje/ *sf.* **1** barbárie **2** ignorância **3** crueldade ■ **la barbarie de esos grupos urbanos es increíble** a barbárie desses grupos urbanos é incrível

bárbaro, -a /b'arbaro/ *sm.,adj.* bárbaro, rude, grosseiro ■ **un frío bárbaro** um frío de barbar

barbero, -a /barb'ero/ *sm.* **1** barbeiro ■ **navaja del barbero** navalha do barbeiro

barbilla /barb'iʎa/ *sf.* **1** queixo **2** barbicha ■ **fue un golpe en la barbilla** foi um golpe no queixo

barbotar /barbot'ar/ *vt.* resmungar ■ **estaba tan furioso que barbotaba amenazas** ficou furioso resmungando ameaças

barca /b'arka/ *sf.* barca, embarcação pequena ■ **salieron en la barca** saíram no barco

barco /b'arko/ *sm.* barco, navio, embarcação ■ **cogemos el barco a las cinco** tomamos o barco às cinco

barniz /barn'iθ/ *sm.* **1** verniz **2** polimento **3** esmalte de unha **4** conhecimento superficial ■ **voy a dar un poco de barniz para que brille** vou dar um pouco de verniz para brilhar

barnizar /barniθ'ar/ *vt.* envernizar ■ **tenemos que barnizar las puertas** temos que envernizar as portas

barómetro /bar'ometro/ *sm.* barômetro ■ **el sector de la construcción es un buen barómetro del estado de la economía de un país** o sector da construção é um bom barômetro para a economia de um país

barón, -onesa /bar'on/ *sm.* barão, baronesa ■ **la baronesa llegó a la recepción** a baronesa chegou à recepção

barquero, -a /bark'ero/ *sm.* barqueiro ■ **le preguntaremos al barquero cuánto dura el paseo** perguntaremos ao barqueiro quanto tempo dura o passeio

barquillo /bark'iʎo/ *sm.* barquete (doce) ■ **quiero un barquillo de chocolate** quero um doce de chocolate

barra /b'arra/ *sf.* barra ■ **los pantalones de barras** barra da calça

barraca /barr'aka/ *sf.* barraco, choupana ■ **vivían en una barraca que se construyeron ellos mismos** viviam em uma cabana que eles construíram

barracón /barrak'on/ *sm.* **1** barracão **2** alpendre ■ **se encargaba de limpiar los barracones de los soldados** foi responsável pela limpeza do quartel dos soldados

barranco /barr'anko/ *sm.* **1** barranco **2** obstáculo, despenhadeiro **3** dificuldade ■ **Luis, no te acerques tanto a ese barranco** Luis, não fique muito perto do barranco

barrena /barr'ena/ *sf.* verruma, broca ■ **entrar en barrena** entrar em parafuso (avião)

barrenar /barren'ar/ *vt.* **1** verrumar, furar com verruma **2** estragar os planos de alguém ■ **tienen que barrenar toda esa pared** têm que perfurar toda a parede

barrendero, -a /barrend'ero/ *sm.* varredor, gari ■ **la cuadrilla de barrenderos pasaba una vez acabado el mercado** o grupo de garis passava após o término de mercado

barreño /barr'eño/ *sm.* terrina, recipiente ■ **encontró el barreño en la cocina** acharam a terrina na cozinha

becario

barrer /barr'er/ *vt.* **1** varrer **2** levar embora todas as coisas de um lugar ■ **no he acabado de barrer la cocina** eu não terminei de varrer a cozinha

barrera /barr'era/ *sf.* **1** barreira **2** tapume **3** cancela **4** obstáculo ■ **barrera aduanera** tarifa alfandegária

barrica /barr'ika/ *sf.* barrica, tonel ■ **el camión transportaba barricas de madera** o caminhão transportava barris de madeira

barricada /barrik'ada/ *sf.* barricada, trincheira (feita com pedras, traves) ■ **los manifestantes se parapetaron tras las barricadas** manifestantes ficaram atrás de barricadas

barriga /barr'iga/ *sf.* barriga, abdome, ventre ■ **tiene muy morena la barriga** tem uma barriga morena

barril /barr'il/ *sm.* barril, tonel ■ **barril de pólvora** barril de pólvora

barrilete /barril'ete/ *sm.* **1** barril pequeno **2** barrica **3** tambor (de revólver, de relógio) ■ **hizo girar el barrilete** girou o barril **4** brinquedo infantil feito de papel de seda e armação de madeira que tem vários nomes: pipa, papagaio, pandorga (no sul)

barrio /b'arrjo/ *sm.* bairro, arrabalde ■ **se ha comprado una casa en un buen barrio** comprou uma casa em um bairro agradável

barrizal /barriθ'al/ *sm.* **1** lamaçal, lodaçal ■ **metimos el coche en un barrizal** peguei o carro em um atoleiro

barro /b'arro/ *sm.* **1** barro, lama, lodo, argila ■ **ha llovido y están las calles llenas de barro** choveu e as ruas estão enlameadas **2** acne, espinha

barroco, -a /barroko/ *adj.+sm.* barroco ■ **el barroco español es de gran importancia** o barroco espanhol é de grande importância

barrote /barr'ote/ *sm.* **1** barrote **2** travessa **3** tranca (de ferro) ■ **barrotes de una cuna** barras de um berço

bártulos /b'artulos/ *sm.* **1** objetos de uso pessoal **2** bens, negócios ■ **liar los bártulos** arrumar a trouxa

barullo /bar'uλo/ *sm.* barulho, desordem ■ **armar barullo** arrumar confusão

basar /bas'ar/ *vt.* **1** assentar algo sobre uma base, embasar | *vpr* **2** fundamentar-se, basear-se, embasar-se **¿en qué te basas para afirmar eso?** baseado em quê você diz isto?

basca /b'aska/ *sf.* **1** náusea, ânsia, fúria **2** angústia ■ **sintió unas bascas incontrolables** sentiu uma incontrolável náusea

báscula /b'askula/ *sf.* **1** balança ■ **báscula roto** balança quebrada

base /b'ase/ *sf.* **1** base, apoio **2** alicerce ■ **sin base** sem fundamento

básico, -a /b'asiko/ *adj.* básico, essencial, fundamental ■ **una teoría básica para el desarrollo de la física actual** uma teoria básica para o desenvolvimento da física moderna

bastante /bas'tațe/ *adj.* bastante, suficiente, muito ■ **hay bastantes motivos para dudar de él** há bastantes motivos para duvidar dele

bastar /bas'tar/ *vi.* bastar, ser suficiente ■ **basta con decírmelo** basta me dizer;

bastardilla /bastar'ðiλa/ *sf.* **1** itálico (tipo de letra) **2** letra cursiva, grifo, itálico ■ **escribe en bastardilla** escreve em itálico

bastardo, -a /bas'tarðo, a/ *adj.* bastardo ■ **hijo bastardo** filho bastardo

bastidor /basti'ðor/ *sm.* **1** bastidor, caixilho ■ **entre bastidores** nos bastidores **2** chassi (de automóvel, ônibus, caminhão) **3** colchão metálico **entre bastidores** em segredo

basto, -a /b'asto, a/ *adj.* **1** basto, denso **2** bruto **3** inculto ■ **madera basta** madeira bruta

basura /ba'sura/ *sf.* lixo, sujeira, imundície ■ **recogida de basuras** coleta de lixo

basurero, -a /basu'rero/ *s.* lixeiro ■ **basurera limpia** lixeira limpa

bata /b'ata/ *sf.* bata, roupão, avental ■ **bata blanca** roupão branco

batalla /ba'taλa/ *sf.* **1** batalha, combate **2** agitação **3** inquietação espiritual ■ **ropa de batalla** roupa de briga

batallar /bata'λar/ *vi.* batalhar, guerrear, combater ■ **ejércitos batallaron** exércitos lutaram

batata /bata'λa/ *vi.* **1** batata-doce **2** timidez ■ **quiero asar las batatas** eu quero assar as batatas-doces

bate /'bate/ *sm.* bastão ■ **bate béisbol** bastão de beisebol

batería /bate'ria/ *sf.* **1** bateria, conjunto de instrumentos **2** unidade de artilharia ■ **batería de cocina** jogo de panela

batida /ba'tiða/ *sf.* batida policial ■ **dieron una batida por el barrio** fizeram uma varredura pelo bairro

batido, -a /ba'tiðo, a/ *adj.* **1** batido, trilhado **2** vitamina, suco batido com outros ingredientes ■ **batido de leche con fruta** batida de leite com frutas

batidor, -a /bati'ðor, a/ *adj.* **1** batedor **2** explorador **3** batedeira (de bolo) **4** chocolateira ■ **batidor roto** batedor quebrado

batiente /ba'tjețe/ *sm.* batente, ombreira onde a porta ou a janela se encaixam ■ **aquella puerta estuvo golpeando el batiente toda la noche** aquela porta ficou batendo o batente toda a noite

batir /ba'tir/ *vt.* **1** bater (líquidos, recordes, adversários) **2** explorar um local **3** sacudir, mexer ■ **las olas del mar baten la costa** as ondas do mar batem na costa

baúl /ba'ul/ *sm.* baú, cofre, arca

bautismo /baw'tismo/ *sm.* batismo ■ **bautismo de fuego** batismo de fogo

bautizar /bawti'θar/ *vt.* **1** batizar, dar nome **2** colocar água no vinho ■ **bautizar el vino** batizar o vinho

bazar /ba'θar/ *sm.* bazar, loja ■ **el bazar fue asaltado** o bazar foi assaltado

bazo, -a /'baθo/ *sm.* baço ■ **cirugía en el bazo** cirurgia no baço

be /'be/ **1** nome da letra b **2** balido (voz do carneiro)

beatificar /beatifi'kar/ *vt.* beatificar ■ **Juan Pablo II será beatificado** João Paulo II será beatificado

beato, -a /be'atu, ta/ *adj., sf.* beato, pessoa santificada, devota, religiosa ■ **María, la vecina, es una beata** Maria, a vizinha, é uma beata

bebé /be'be/ *sm.* bebê, nenê ■ **es sólo un bebé** é apenas um bebê

bebedero /beβe'ðero/ *sm.* bebedouro ■ **el bebedero está seco** o bebedouro está seco

beber /be'βer/ *v.* **1** beber, ingerir, engolir **2** absorver **3** embriagar-se ■ **bebió todo** bebeu todos

bebible /be'βiβle/ *adj.* potável, bebível ■ **quiero agua bebible** quero água potável

bebida /be'βiða/ *sf.* bebida ■ **bebidas alcohólicas** bebidas alcoólicas

bebido, -a /be'βiðo, a/ *adj.* **1** embriagado, bêbado **2** bebida ■ **han bebido demasiado** têm bebido muito

beca /'beka/ *sf.* bolsa de estudos ■ **ganó una beca** ganhou uma bolsa de estudos

becario, -a /be'karjo/ *s.* bolsista ■ **él es un becario** ele é um bolsista

67

becerro

becerro /be'θero/ *sm.* bezerro ■ **un becerro hermoso** um belo bezerro

beduino, -a /be'ðwino, a/ beduíno ■ **beduinos mono** macaco beduíno

beige /'beʒi/ *adj.* bege ■ **él odia beige** ele odeia bege

béisbol /'bejsβol/ *sm.* beisebol ■ **él juega béisbol** ele joga beisebol

beldad /bel'ðað/ *sf.* beldade, formosura ■ **ella es una beldad** ela é uma beldade

belén /be'len/ *sm.* **1** presépio **2** confusão, distúrbio ■ **un belén hermoso** um belo presépio

bélico, -a /'beliko, a/ *s.* bélico ■ **arsenal bélico** arsenal bélico

belicoso, -a /beli'koso, a/ *adj.* belicoso, guerreiro, agressivo ■ **tiene un alma belicosa** ela tem uma alma agressiva

beligerancia /belixe'ranθja/ *sf.* beligerância ■ **había beligerancia** havia beligerância

bellaco, -a /be'ʎako, a/ *adj., s.* velhaco, astuto, malvado ■ **fue bellaco para decidir** foi astuto para decidir

bellaquería /baʎake'ria/ *sf.* velhacaria, baixeza ■ **fue mucha bellaquería de su parte** foi muita baixeza de sua parte

belleza /be'ʎeθa/ *sf.* **1** beleza, formosura **2** beldade **3** mulher formosa ■ **ella tiene una belleza exótica** ela tem uma beleza exótica

bello, -a /'beʎo, a/ *adj.* **1** belo, formoso, lindo **2** distinto, agradável ■ **no hay nada bello en sus palabras** não há nada de belo em suas palavras

benceno /ben'θeno/ *sm.* benzeno ■ **benceno es una sustancia química** benzeno é uma substância química

bendecir /bende'θir/ *v.* benzer, abençoar, bendizer, louvar ■ **bendecimos a los niños** vamos abençoar as crianças

bendición /bendi'θjon/ *sf.* bênção ■ **echar la bendición** dar a bênção

bendito, -a /ben'dito, a/ *adj.* **1** bendito, bento **2** santo ■ **es un bendito** é um santo

benefactor, -a /benefak'tor, a/ *adj.* benfeitor ■ **el mundo carece de benefactores** o mundo carece de benfeitores

beneficencia /benefi'θenθja/ *sf.* beneficência, caridade ■ **se dedica a la beneficencia** é dedicada à caridade

beneficiar /benefi'θjar/ *v.* **1** beneficiar, favorecer **2** melhorar **3** lucrar ■ **no se beneficiaron** não se beneficiaram

beneficiario, -a /benefi'θjarjo/ *adj.* beneficiário ■ **el beneficiario de un seguro** o beneficiário do seguro

beneficio /bene'fiθjo/ *sm.* **1** benefício, proveito **2** privilégio **3** benfeitoria ■ **tus consejos son un beneficio** seu conselho é um benefício

benemérito, -a /bene'merito, a/ *adj.* benemérito ■ **una actitud benemérita** atitude louvável

benevolencia /beneβo'lenθja/ *sf.* **1** benevolência, bondade, boa-vontade ■ **era conocido por su benevolencia** era conhecido por sua benevolência

bengala /ben'gala/ *sf.* fósforo de cor (fogos de artifício) ■ **repartieron bengalas entre el público** dividiram fogos de artifício entre o público

benignidad /beniɣni'ðað/ *sf.* benignidade, bondade, doçura, clemência ■ **él tuvo benignidad** ele teve benignidade

benigno, -a /be'niɣno, a/ *adj.* **1** benigno **2** ameno **3** agradável **4** benigno (tumor), sem gravidade ■ **clima benigno** clima benigno

benjamín /benxa'min, iná/ *s.* **1** benjamim, filho mais novo, caçula **2** criança mimada ■ **mi hija es todavía benjamín imatura** minha filha mais nova ainda é imatura

benzol /ben'θol/ *sm.* benzol, benzeno ■ **benzol es una sustancia química** benzol é um produto químico

beodo, -a /be'oðo, a/ *adj.* bêbado, ébrio, embriagado ■ **estás beoda, deja de beber** está bêbado, pare de beber

berbiquí /berβi'ki/ *sm.* berbequim, furador ■ **he perdido el berbiquí y no puedo colgar el cuadro** eu perdi a minha furadeira e não posso colocar o quadro

berenjena /beren'xena/ *sf.* berinjela ■ **no me gusta la berenjena** eu odeio berinjela

berlina /ber'lina/ *sf.* berlinda, tipo de carruagem ■ **se ha comprado una berlina enorme** comprou uma grande carruagem

bermejo, -a /ber'mexo, a/ *adj.* vermelho-rubro ■ **barba bermeja** barba ruiva

bermellón /berme'ʎon/ *sm.* **1** cinabre em pó **2** vermelho-vivo ■ **limpió el piso con bermellón** limpou o chão com vermelhão

bermudas /ber'muðas/ *sm.* bermuda ■ **he comprado unas bermudas para la playa** comprei uns calções para a praia

berrido /be'riðo/ *sm.* **1** berro, mugido **2** grito ■ **berridos de dolor** gritos de dor

berrinche /be'rintʃe/ *sm.* **1** rabugem **2** despeito **3** cólera **4** manha de criança ■ **su hijo le ha dado un gran berrinche** seu filho deu uma grande birra

berro /'bero/ *sm.* agrião ■ **ya resulta fácil ver berro en las fruterías** é fácil ver agrião em feiras

berza /'berθa/ *sf.* **1** espécie de couve **2** bebedeira ■ **he comprado berzas para comer** eu comprei couve para comer

berzotas /ber'θotas/ *s.* homem rude e parvo ■ **eres un berzotas** é um rude

besamanos /besa'manos/ *sm.* beija-mão ■ **besamanos entre nobles** beija-mão entre nobres

besamel /besa'mel/ *sf.* bechamel, molho branco ■ **las croquetas se hacen con besamel** croquetes são feitos com bechamel

besar /be'sar/ *v.* beijar ■ **besar es bueno para el alma** beijar faz bem para a alma

beso /'beso/ *sm.* beijo ■ **el beso es saludable** beijar é saudável

bestia /'bestja/ *sf.* **1** besta, idiota **2** besta, animal **3** quadrúpede **4** pessoa rude ■ **encerraban a las bestias en la cuadra** manteve os animais no estábulo

bestial /bes'tjal/ *adj.* **1** bestial, brutal **2** muito grande, extraordinário ■ **un apetito bestial** apetite bestial

besucón, -ona /besu'kon, ona/ *adj.* beijoqueiro ■ **mi hijo es muy besucón** meu filho é muito beijoqueiro

besuquear /besuke'ar/ *v.* beijocar, dar beijocas ■ **besuquear entre los amantes** beijocas entre os namorados

betún /be'tun/ *sm.* **1** betume **2** graxa para calçados **3** suspiro (doce) ■ **le he dado betún a todos los zapatos** eu tenho engraxado os sapatos

biberón /beβe'ron/ *sm.* mamadeira ■ **el niño quiere el biberón** a criança quer mamadeira

biblia /'biβlja/ *sf.* bíblia ■ **leer la biblia** ler a bíblia

bíblico, -a /'biβliko, a/ *adj.* bíblico ■ **libros bíblicos** livros bíblicos

bibliografía /biβljovra'fia/ *sf.* bibliografia ■ **extensa bibliografía** bibliografia extensa

biblioteca /baβljo'teka/ *sf.* **1** biblioteca **2** livraria ■ **biblioteca circulante** biblioteca circulante

bibliotecario /biβljote'karjo, a/ *adj.* bibliotecário ■ **bibliotecario eficiente** bibliotecário eficiente

bisoño

bicarbonato /bikaɾβo'nato/ *sm.* **1** bicarbonato de sódio **2** sal de frutas ▪ **bicarbonato con agua** bicarbonato com água

bíceps /'biθeps/ *sm.* bíceps ▪ **ejercicios para el bíceps** exercícios para o bíceps

bici /'biθi/ *sf.* bicicleta ▪ **paseo en bici** passeio de bicicleta

bicoca /bi'koka/ *sf.* ninharia ▪ **no vale bicoca** não vale ninharia

bicolor /biko'loɾ/ *adj.* bicolor ▪ **tenía la camisa bicolor** a camisa era bicolor

bicho /'bitʃo/ *sm.* **1** bicho, animal **2** pessoa intratável ▪ **bichos salvajes** animais selvagens

bidé /bi'ðe/ *sm.* bidê ▪ **había un bidé** havia um bidê

bidón /bi'ðon/ *sm.* vasilha de lata para transporte de líquidos ▪ **se lo llevó todo en un bidón** levou tudo em uma vasilha

bien /'bjen/ *sm.* **1** bem, bem-estar, felicidade, benefício, virtude **2** pessoa amada ▪ **me haces bien** você me faz bem

bienaventuranza /bjenaβentu'ɾanθa/ *sf.* **1** bem-aventurança, felicidade, prosperidade ▪ **trajo la bienaventuranza a todos** trago felicidade a todos

bienestar /bjenes'taɾ/ *sm.* bem-estar, conforto, comodidade, satisfação, paz ▪ **no trajo el bienestar** não trouxe bem-estar

bienhechor, -a /bjene'tʃoɾ, a/ **1** benfeitor **2** padrinho ▪ **fue un bienhechor** foi um benfeitor

bienio /'bjenjo/ *sm.* biênio ▪ **bienal del libro es fantástica** a bienal do livro é fantástica

bienvenida /bjenbe'niða/ *sf.* boas-vindas ▪ **bienvenida** seja bem-vinda

biés /'bies/ *sm.* viés ▪ **el biés de la vida** o viés da vida

bife /'bife/*sm.* bife, posta de carne grelhada ou frita ▪ **bife de vaca** bife de vaca

bifurcación /bifuɾka'θjon/ *sf.* **1** bifurcação **2** vértice ▪ **la bifurcación en la carretera** a bifurcação da estrada

bifurcarse /bifuɾ'kaɾse/ *v.* bifurcar-se, dividir-se em dois ▪ **el camino se bifurcó** a estrada se dividiu

bígamo, -a /'biɣamo, a/ *adj.* bígamo ▪ **él era un bígamo** ele era um bígamo

bigote /bi'ɣote/ *sm.* bigode ▪ **afeitó el bigote** raspou o bigode

bigotudo, -a /biɣo'tuðo, a/ *adj.* bigodudo, que tem bigode farto ▪ **hombre bigotudo** homem bigodudo

bikini /bi'kini/ *sm.* biquíni ▪ **compró un nuevo bikini** comprou um novo biquíni

bilateral /bilate'ɾal/ *adj.* bilateral ▪ **efecto bilateral** efeito bilateral

biliar /bi'ljaɾ/ *adj.* biliar, referente a bile ▪ **la vesícula biliar** vesícula biliar

bilingüe /bi'lingwe/ *adj.* bilíngue ▪ **es bilingüe** ele é bilíngue

bilis /'bilis/ *sf.* bílis, bile ▪ **la bilis está en el sistema digestivo** a bílis está no sistema digestório

billar /bi'ʎaɾ/ *sm.* bilhar ▪ **juego de billar** jogo de bilhar

billete /bi'ʎete/ *sm.* **1** bilhete, escrito breve **2** comprovante para entrada ou ingresso ▪ **perdió los billetes** perdeu os bilhetes

billetera /biʎe'teɾa/ *sf.* **1** carteira para levar dinheiro (no bolso ou na bolsa) **2** bilheteria ▪ **la billetera está llena** a bilheteria está cheia

billetero, -a /biʎe'teɾo/ *sm.* **1** bilheteiro **2** vendedor de loteria ▪ **el billetero está sin boletos** o bilheteiro está sem ingressos

billón /bi'ʎon/ *sm.* trilhão ▪ **hay un billón de estrellas en el cielo** há um trilhão de estrelas no céu

bimba /'bi¦'ba/ *sf.* **1** chapéu alto de homem **2** pessoa alta ▪ **es bimba** ele é alto

bimotor /bimo'toɾ/ *sm.* bimotor ▪ **avión bimotor** avião bimotor

binario, -a /bi'naɾjo, ɾja/ *adj.* binário ▪ **código binario** código binário

binóculo /bi'nɔkulu/ *sm.* binóculo ▪ **binóculo roto** binóculo quebrado

biodegradable /bioðexɾa'ðaβle/ *adj.* biodegradável ▪ **jabón biodegradable** sabão biodegradável

biografía /bioxɾa'fia/ *sf.* biografia ▪ **biografía de Martin Luther King** biografia de Martin Luther King

biología /biolo'xia/ *sf.* biologia ▪ **la biología es un campo difícil** biologia é uma matéria difícil

biólogo /bi'olovo, a/ *sm.* biólogo ▪ **es un buen biólogo** é um bom biólogo

biombo /'bjombo/ *sm.* biombo, anteparo ▪ **nuevo biombo** novo biombo

biopsia /bi'opsja/ *sf.* biópsia ou biopsia ▪ **se realizó la biopsia** foi feito uma biopsia

biosfera /bios'feɾa/ *sf.* biosfera ▪ **la biosfera del planeta es atacada a diario** a biosfera do planeta é agredida diariamente

bióxido /bi'oksiðo/ *sm.* dióxido ▪ **elemento bióxido** elemento dióxido

bípede /'bipedʒi/ *adj.* bípede ▪ **animales bípedes** animais bípedes

biplano /bi'planu/ *sm.* biplano ▪ **avión biplano** avião biplano

bipolaridad /bipolari'ðað/ *sf.* bipolaridade ▪ **personalidad bipolar** personalidade bipolar

birlar /biɾ'laɾ/ *v.* **1** derrubar **2** subtrair, tirar, tomar algo de alguém ▪ **no será fácil birlarlo** não será fácil derrubá-lo

birome /bi'rome/ *sf.* **1** lapiseira **2** caneta esferográfica ▪ **he comprado una birome** comprei uma lapiseira

birrete /bi'rete/ *sm.* barrete, boné, gorro ▪ **está de birrete rojo** está de gorro vermelho

bis /'bis/ *sm.* bis, duas vezes ▪ **la multitud exclamó bis** a plateia pediu bis

bisabuelo, -a /bisab'welo/ *sm.* bisavô ▪ **bisabuelo ingrato** bisavô ingrato

bisagra /bis'agra/ *sf.* dobradiça, gonzo ▪ **bisagra chirriante** bisagra rangendo

bisbiseo /bisbis'eo/ *sm.* murmuração, murmúrio, cochicho ▪ **hubo un bisbiseo cuando llegó** houve um murmúrio quando ele chegou

bisección /bise(k)'θjon/ *sf.* bissecção, bipartição ▪ **la partición de los moluscos** a partição dos moluscos

bisector /bisekt'oɾ/ *s.* bissetor ▪ **plano bisector** plano bissetor

bisectriz /bisektɾ'iθ/ *s.* bissetriz ▪ **recta bisectriz** reta bissetriz

bisel /bis'el/ *sm.* corte oblíquo, chanfradura ▪ **se hizo un bisel** foi feito um corte oblíquo

biselar /bisel'aɾ/ *vt.* chanfrar, recortar em forma de meia-lua ▪ **corte en bisel** corte biselar

bisexual /bise(k)s'wal/ *adj.* bissexual ▪ **la Iglesia está contra los bisexuales** a Igreja é contra os bissexuais

bisiesto /bis'jesto/ *adj.* bissexto ▪ **año bisiesto** ano bissexto

bisílabo, -a /bis'ilado/ *adj+sm.* dissílabo ▪ **gato es una palabra bisílaba** gato é uma palavra dissílaba

bismuto /bism'uto/ *sm.* bismuto ▪ **bismuto se utiliza en los extintores de incendios** o bismuto é usado em extintores

bisoñé /bisoñ'e/ *sm.* peruca ▪ **con un bisoñé** usando peruca

bisoño, -a /bis'oño/ *adj.* **1** acanhado, inexperiente, inábil **2** recruta, soldado novo ▪ **niño bisoño** rapaz acanhado

bisté

bisté /bist'e/ sm. bife, bisteca ■ **me encanta bisté** adoro bife

bisturí /bistur'i/ sm. bisturi **bisturí estéril** ■ bisturi esterilizado

bisutería /bisuter'ia/ sf. bijuteria, quinquilharia ■ **artículos de bisutería** artigos de bijuteria

bit /b'it/ sm. bit, dígito binário, unidade de medida em informática ■ **equipo con muchos bits** computador com muitos bits

bituminoso /bitumin'oso/ adj. betuminoso ■ **elemento bituminoso** elemento betuminoso

bizantino, -a /biθant'ino/ adj. bizantino ■ **mujer bizantina** mulher bizantina

bizarría /biθarr'ia/ sf. 1 bizarria, extravagância 2 graça, capricho 3 arrogância ■ **sin bizarría** sem extravagância

bizco, -a /b'iθko/ adj. vesgo, estrábico ■ **niña bizca** criança vesga

bizcocho /biθk'otʃo/ sm. 1 biscoito, bolacha 2 peça de cerâmica antes de ser esmaltada ■ **bizcocho de coco** biscoito de côco

biznieto, -a /biθn'jeto/ sm. bisneto ■ **bisnieto de alemanes** bisneto de alemães

blanco, -a /bl'anko/ adj. 1 branco, alvo 2 honesto 3 lívido ■ **muslos blancos** coxas brancas

blandengue /bland'enge/ adj. brando, suave ■ **voz blandengue** voz suave

blandir /bland'ir/ vt. 1 brandir vi. 2 oscilar ■ **blandir entre la desesperación y la razón** oscilou entre o desespero e a razão

blando, -a /bl'ando/ adj. 1 brando, suave, macio 2 fraco, vagaroso, lento 3 moderado ■ **manos blandas** mãos suaves

blandura /bland'ura/ sf. 1 brandura, doçura 2 inconsistência **la blandura de sus modales** a brandura dos seus gestos

blanquear /blanke'ar/ vt. 1 branquear 2 caiar 3 alvejar, desencardir ■ **fue difícil blanquear la ropa** foi difícil desencardir a roupa

blanquecino, -a /blankeθ'ino/ adj. alvacento, esbranquiçado ■ **niño blanquecino** garoto esbranquiçado

blanqueo /blank'eo/ sm. branqueamento ■ **blanqueo de los dientes** branqueamento dos dentes

blasfemar /blasfem'ar/ vt. 1 blasfemar 2 ultrajar 3 maldizer ■ **blasfemar es pecado** blasfemar é pecado

blasfemo, -a /blasf'emo/ adj. blasfemo, ímpio ■ **él es un blasfemo** ele é um blasfemo

blasón /blas'on/ sm. 1 brasão, escudo de armas 2 fama ■ **blasón nacional** brasão nacional

blenda /bl'enda/ sf. blenda, sulfeto de zinco ■ **blenda es sulfuro de zinc** blenda é sulfeto de zinco

blenorragia /blenorr'ahja/ sf. blenorragia, gonorreia ■ **sufre de la blenorragia** sofre com a gonorreia

blenorrea /blenorr'ae/ sf. blenorragia, inflamação das membranas mucosas ■ **sufre con la blenorrea** sofre com a blenorragia

blindado /blind'ado/ adj. 1 blindado, couraçado 2 carro-forte ■ **coche blindado** carro blindado

blindaje /blind'ahe/ sf. blindagem ■ **blindaje especial** blindagem especial

blindar /blind'ar/ vt. 1 blindar, proteger com blindagem 2 couraçar, fortificar ■ **blindar de hierro** blindar com ferro

bloc /bl'ok/ sm. bloco de folhas de papel ■ **bloc de hojas de papel verde** bloco de folhas de papel verde

bloque /bl'oke/ sm. 1 bloco (de pedra, de papel, de partidos políticos) 2 edifício ■ **vive en el bloque a** mora no bloco a

bloquear /bloke'ar/ vt. bloquear, sitiar ■ **bloquearon la carretera** bloquearam a estrada

bloqueo /blok'eo/ sm. 1 bloqueio 2 cerco ■ **el bloqueo de la calle** o bloqueio da rua

blusa /bl'usa/ sf. blusa ■ **vestía blusa roja** usava blusa vermelha

boa /b'oa/ sf. 1 boa, jiboia 2 echarpe feita de penas ou pele ■ **ataque de una boa** ataque de jiboia

boato /bo'ato/ sm. 1 exibição em termos de aparência, pompa, luxo 2 gritaria ■ **boato en la plaza pública** gritaria em praça pública

bobina /bob'ina/ sf. 1 bobina 2 carretel conjunto de bobinas bobinagem ■ **no tenemos más bobina** não temos mais bobina

bobinar /bobin'ar/ vt. bobinar, enrolar em bobinas ■ **bobinar el papel** bobinar o papel

bobo, -a /'boβo, a/ adj. 1 bobo, tonto, tolo, bobalhão 2 certo jogo de cartas ■ **bobo de la corte** bobo da corte

boca /b'oka/ sf. 1 boca, entrada 2 abertura 3 lábios 4 foz de um rio ■ **beso en la boca** beijo na boca

bocacalle /bokak'aλe/ sf. 1 embocadura, entrada de rua 2 cruzamento ■ **accidente en la bocacalle** acidente no cruzamento

bocadillo /bokad'iλo/ sf. sanduíche, refeição ligeira ■ **hizo una bocadillo** fez uma refeição rápida

bocado /bok'ado/ sm. bocado, porção de alimento ■ **sirve un bocado** serviu uma porção

bocanada /bokan'ada/ sf. 1 gole 2 bochechada 3 baforada ■ **dame una bocanada** dê-me um gole

bocina /boθ'ina/ sf. 1 buzina, trombeta 2 megafone ■ **no toque la bocina** não toque a buzina

bocha /b'otʃa/ sf. bola de madeira usada em alguns jogos, como a bocha ■ **la bocha se rompió** a bocha quebrou

bochorno /botʃ'orno/ sm. 1 ar abafadiço, calor sufocante 2 rubor no rosto, vergonha ■ **se bochornó** se envergonhou

boda /b'oda/ sf. boda, casamento ■ **celebración de la boda** celebração do casamento

bodega /bod'ega/ sf. 1 bodega 2 armazém 3 adega 4 taverna ■ **cerró la bodega** fechou a bodega

bodoque /bod'oke/ sm. bordado redondo em relevo ■ **bodoque de plata** bordado de prata

bodrio /b'odrjo/ sm. 1 sopa que se costumava servir aos pobres nos portões dos conventos 2 coisa que se considera mal feita ou de mau gosto ■ **trabajo bodrio** trabalho mal feito

bofetada /bofet'ada/ s. 1 bofetada, bofetão, sopapo 2 insulto, desprezo ■ **tomó una bofetada** levou uma bofetada

bofetón /bofet'on/ s. bofetada ■ **bofetón en la cara** bofetada no rosto

boga /b'oga/ sf. 1 voga 2 boa aceitação ■ **estar en boga** ter uma boa aceitação

bogar /bog'ar/ vt. vogar, remar ■ **bogar fortalece los músculos** remar fortalece os músculos

bohemio, -a /bo'emjo/ adj., sm. 1 boêmio 2 cigano ■ **vida bohemia** vida boêmia

boicot /boik'ot/ sm. boicote ■ **boicot a los productos importados** boicote aos produtos importados

boina /b'oina/ sf. boina ■ **llevaba boina roja** usava boina vermelha

bola /b'ola/ sf. 1 bola, esfera 2 rixa, tumulto 3 mentira ■ **en forma de bola** formato de bola

bolchevismo /boltʃeb'ismo/ sm. bolchevismo ■ **partido bolchevique** partido bolchevique

70

bornear

bolear /bole'ar/ *vi.* jogar bola ■ **vamos a bolear** vamos jogar bola

bolero /bol'ero/ *adj., sm.* **1** bolero **2** mentiroso ■ **es un bolero** é um mentiroso

boletería /bolete'ria/ *sf.* bilheteria, guichê para venda de bilhetes, passagens ■ **la boletería está cerrada** a bilheteria está fechada

boletín /bolet'in/ *sm.* **1** boletim **2** vale **3** publicação periódica ■ **boletín meteorológico predice la lluvia** o boletim meteorológico prevê chuva

boleto, -a /bol'eto/ *sm.* **1** bilhete de entrada **2** cédula eleitoral **3** entrada de teatro, passagem de trem ■ **perdió el boleto** perdeu o bilhete de entrada

boliche /bol'itʃe/ *sm.* **1** boliche **2** espécie de brinquedo **3** armazém muito pobre ■ **jugador de boliche** jogador de boliche

bolígrafo /bo'liɣrafo/ *sm.* caneta esferográfica ■ **el bolígrafo no funciona** a caneta não funciona

boliviano /bolib'jano/ *adj.* boliviano ■ **cantantes bolivianos** cantores bolivianos

bolo, -a /b'olo/ *sm.* **1** ignorante **2** baliza **3** jogo de boliche **4** pílula grande **5** bolo alimentar ■ **el juego de bolos se suspende** o jogo de boliche está suspenso

bolsa /b'olsa/ *sf.* **1** saco **2** sacola **3** moedeiro **4** bolsa de valores ■ **se rompió la bolsa** a bolsa rasgou

bolsillo /bols'iʎo/ *sm.* **1** bolso, algibeira, porta-níquel **2** dinheiro ■ **bolsillo vacío** bolso vazio

bolso /b'olso/ *sm.* bolsa de mão, maleta de viagem ■ **el bolso se ha quedado atascado** a bolsa de mão está emperrada

bollería /boʎer'ia/ *sf.* confeitaria ■ **hay tortas maravillosas en la bollería** há bolos maravilhosos naquela confeitaria

bomba /b'omba/ *sf.* **1** bomba (de avião, incendiária, atômica) **2** máquina **3** acontecimento imprevisto, desgraça ■ **bomba atómica se debe prohibir** bomba atômica deve ser banida

bombardeo /bombar'ðeo/ *sm.* bombardeio ■ **terrible bombardeo** terrível bombardeio

bombardero /bombar'ðero, a/ *adj.* bombardeiro ■ **un bombardero pasó durante la noche** um bombardeiro passou durante a noite

bombear /bombe'ar/ *vt.* **1** bombear, extrair água **2** atacar com bombas, bombardear ■ **máquina de bombear** máquina de bombear

bombero, -a /bomb'ero/ *sm.* bombeiro ■ **bombero es un héroe** bombeiro é um heroi

bombilla /bomb'iʎa/ *sf.* **1** lâmpada elétrica **2** bomba ou canudo metálico para tomar mate ■ **la bombilla está obstruida** o canudo do mate está entupido

bombo /b'ombo/ *sm.* bombo, zabumba ■ **el sonido del bombo** o som do bombo

bombón /bomb'on/ *sm.* bombom ■ **bombón del chocolate** bombom de chocolate

bombona /bom'bona/ *sf.* tambor de gás de cozinha ■ **la bombona explotó** o tambor de gás explodiu

bombonería /bomboner'ia/ *sf.* confeitaria ■ **dulces de bombonería** doces da confeitaria

bonachón, -a /bonat'ʃon/ *adj.* bonachão, bondoso, crédulo ■ **político bonachón** político bonachão

bonanza /bon'anθa/ *sf.* **1** bonança, calma, sossego **2** prosperidade ■ **después de la tormenta, viene la bonanza** depois da tempestade, vem a bonança

bondad /bond'ad/ *sf.* bondade, benevolência ■ **hubo bondad en su decisión** havia bondade em sua decisão

bondadoso /bondad'oso/ *adj.* bondoso, bom, clemente ■ **ella es muy bondadosa** ela é muito bondosa

bonete /bon'ete/ *sm.* boné ■ **bonete azul** boné azul

boniato /bon'jato/ *sm.* batata-doce ■ **comió boniato** comeu batata-doce

bonificación /bonifikaθ'jon/ *sf.* abatimento, desconto, benefício, melhoria ■ **no ha ganado ninguna bonificación** não ganhou nenhuma bonificação

bonificar /bonifik'ar/ *vt.* bonificar, dar desconto, melhorar ■ **bonificar los trabajadores** bonificar os trabalhadores

bonito, -a /bon'ito/ *adj. sm.* **1** bonito, lindo, formoso **2** engraçado ■ **cree que es muy bonito** acredita que é muito bonito

bono /b'ono/ *sm.* bônus, título de crédito ■ **bono de prepago** bônus pré-pago

boñiga /boñ'iga/ *sf.* bosta, esterco, excremento de animais ■ **la boñiga se utiliza como fertilizante** o esterco é usado na adubação

boquear /boke'ar/ *vi.* **1** boquear, bocejar **2** expirar **3** estar no fim ■ **boquear de sueño** bocejo de sono

boquerón /boker'on/ *sm.* **1** precipício, abertura grande **2** anchova ■ **el coche cayó por el boquerón** o carro caiu no precipício

boquiabierto /bokjab'jerto/ *adj.* **1** boquiaberto **2** admirado, extasiado ■ **el público quedó boquiabierto** o público ficou boquiaberto

boquilla /bok'iʎa/ *sf.* **1** boquilha, piteira, filtro de cigarro **2** bocal de instrumento de sopro **3** abertura inferior nas pernas das calças ■ **echó una boquilla** jogou a piteira fora

borbollar /borboʎ'ar/ *vi.* borbulhar ■ **el agua debe borbollar** a água deve borbulhar

borbollón /borboʎ'on/ *sm.* borbulhão, bolha grande ■ **la herida ha creado un gran borbollón** a ferida gerou uma grande bolha

borbotón /borbot'on/ *sm.* borbotão, jato forte ■ **el agua salió con un borbotón** a água saiu num forte jato

borda /b'orda/ *sf.* **1** cabana **2** borda, amurada ■ **la borda cayó** a cabana caiu

bordado, -a /bord'ado/ *sm.* bordado ■ **bordados de la abuela** bordado da avó

bordar /bor'ðar/ **1** bordar **2** ornar, guarnecer **3** enfeitar **4** fazer algo com perfeição ■ **a él le gusta bordar** ele gosta de bordar

borde /b'orde/ *sm.* borda, margem, beira, orla ■ **el borde de la página** a margem da página

bordear /borde'ar/ *vt.* **1** bordear, margear, beirar **2** costear, fronteira **3** torcer ■ **bordear la playa** beirar a praia

bordillo /borð'iʎo/ *sm.* guia, meio-fio ■ **golpeó el bordillo** bateu no meio-fio

bordo /b'orðo/ *sm.* **1** bordo, costado, lateral de navio **2** margem, orla, beira ■ **bordo es uno de los lados del buque** bordo é um dos lados do navio

boreal /bore'al/ *adj.* **1** boreal, setentrional **2** aurora boreal ■ **la aurora boreal es un fenómeno hermoso** a aurora boreal é um lindo fenômeno

boricado, -a /borik'ado/ *adj.* boricado, com ácido bórico ■ **agua boricada** água boricada (ácido bórico)

bórico /b'oriko/ *adj.* bórico ■ **ácido bórico** ácido bórico

borne /b'orne/ *sm.* extremidade ■ **el borne de la razón** o limite da razão

bornear /borne'ar/ *v.* **1** girar, torcer ou curvar para um lado **2** torcer-se **3** empenar (a madeira) ■ **borneó la manguera** girou a mangueira

boro

boro /b'oro/ *sm.* boro ■ **boro es un elemento químico** boro é um elemento químico

borona /bor'ona/ *sf.* pão de milho, broa, milho ■ **no me gusta borona** não gosto de broa

borra /b'orra/ *sf.* **1** pele de cabra (para encher colchões, bolas) **2** parte rústica da lã e do cânhamo **3** borra, sedimentos espessos ■ **borra de café** borra de café **4** coisa inútil, sem substância

borrachera /borrat∫'era/ bebedeira, embriaguez ■ **borrachera incurable** bebedeira incurável

borracho /borr'at∫o/ *adj.* bêbado, embriagado, beberrão ■ **está borracho** ele está bêbado

borrador /borrad'or/ *sm.* **1** borracha usada para apagar **2** apagador de lousa **3** rascunho, esboço ■ **presté mi borrador** emprestei meu apagador

borrar /borr'ar/ *vt.* **1** borrar, riscar, apagar, rasurar **2** esquecer-se, apagar-se ■ **borrado de la memoria** apagado da memória

borrasca /borr'aska/ *sf.* **1** borrasca, tempestade **2** perigo ■ **una borrasca tormenta** uma tempestade perigosa

borrico /borr'iko/ *sm.* **1** burrico, burro, jumento, asno **2** ignorante ■ **vendió el borrico** vendeu o burro

borrón /borr'on/ *sm.* **1** borrão, nódoa de tinta **2** desonra ■ **que borrón terrible** que borrão terrível

borronear /borrone'ar/ *vt.* rabiscar ■ **borronear sus ideas** rabiscou suas ideias

borroso /borr'oso/ *adj.* impreciso, confuso ■ **fue borroso en su discurso** foi impreciso em seu discurso

bosque /b'oske/ *sm.* bosque, mata, selva ■ **bosque con plantas nativas** bosque com plantas nativas

bosquejo /bosk'exo/ *sm.* bosquejo, esboço, rascunho ■ **bosquejo de un diseño hermoso** rascunho de um belo desenho

bosta /b'osta/ *sf.* bosta, excremento de gado bovino ■ **bosta se utiliza como fertilizante** o excremento bovino é usado como adubo

bostezo /bost'eθo/ *sm.* bocejo ■ **bostezo es contagioso** bocejo é contagioso

bota /b'ota/ **1** bota, botina, calçado **2** pipa de madeira **3** saco, geralmente de couro, com uma boquilha por onde se bebe vinho ■ **bota nueva** bota nova

botánica /bot'anika/ *sf.* botânica ■ **botánica es una disciplina en auge** botânica é uma disciplina em alta

botánico /bot'aniko/ *adj.sm.* **1** botânico **2** jardim botânico ■ **su sueño es ser botánico** seu sonho é ser botânico

botar /bot'ar/ *vt.* **1** botar, lançar, atirar, arremessar **2** expelir *vi.* **4** pular ¦ *vpr.* **5** desbotar **6** jogar fora ■ **botar la basura** jogar o lixo

botarate /botar'ate/ *s.* **1** extravagante, distraído **2** esbanjador, pródigo ■ **botarate de dinero** esbanjador de dinheiro

bote /b'ote/ *sm.* **1** lata de conservas **2** caixinha para gorjetas **3** salto, rebote ■ **ponga en el bote** coloque na caixinha

botella /bot'eλa/ *sf.* botelha, garrafa ■ **botella de vino** garrafa de vinho

botica /bot'ika/ *sf.* botica, farmácia ■ **vender medicina en la botica** vender remédio na farmácia

botija /bot'iha/ *sf.* **1** vasilha de barro, moringa **2** jarra de barro ■ **botija llena de agua** jarra de barro cheia de água

botijo /bot'iho/ *sm.* botija ■ **botijo de guardar comida** botija de guardar comida

botín /bot'in/ *sm.* **1** botina, bota de cano curto **2** polaina **3** butim, produto de roubo ■ **compré un botín** comprei uma botina

botiquín /botik'in/ *sm.* **1** caixa de primeiros socorros **2** drogaria **3** boteqim, bar ■ **para viajar tienes que llevar el botiquín** para viajar tem que levar a caixa de primeiros socorros

boto, -a /b'oto/ *sm.* **1** bota de cano alto (para montaria) **2** saco, geralmente de couro, que sé enche com vino ■ **boto para montar en el caballo** bota para montar no cavalo

botón /bot'in/ *sm.* **1** botão, rebento **2** botão de roupa, de aparelho elétrico ■ **el botón de mi abrigo salió** o botão do meu abrigo saiu

botonadura /botonad'ura/ *sf.* abotoadura ■ **trabajo con botonadura** trabalho com abotoadura

bouquet /buk'e/ *sm.* **1** buquê, ramalhete **2** aroma ■ **bouquet de flores** buquê de flores

bovino, -a /bob'ino/ *adj.* bovino ■ **carne bovina** carne bovina

boxeador /bo(k)sead'or/ *sm.* boxeador, pugilista ■ **el boxeador rompió la mano** o boxeador quebrou a mão

boxeo /bo(k)s'eo/ *sm.* boxe, pugilismo ■ **lucha de boxeo** luta de boxe

boya /b'oya/ *sf.* boia ■ **boya para nadar** boia para nadar

boyero /boy'ero/ *sm.* **1** boiadeiro **2** pássaros que acompanham o gado no pasto ■ **boyero cuida de las vacas** boiadeiro cuida das vacas

bozo /b'oθo/ *sm.* buço, bigode incipiente, bigodinho ■ **sacó el bozo** tirou o bigode

bracear /braθe'ar/ *vi.* **1** bracejar **2** nadar ■ **bracear con fuerza** nadar com força

bracero /braθ'ero/ *adj.sm.* trabalhador braçal ■ **no trabajo más como bracero** não trabalho mais como trabalhador braçal

bracmán /bra(k)m'an/ *sm.* brahmán ■ **conocí un bracmán** conheci um brahmán

braga /br'aga/ *sf.* fralda de criança ■ **cambiar la braga** mudar a fralda

bragado /brag'ado/ *adj.* pessoa enérgica, de má intenção ■ **persona bragada** pessoa de má intenção

bragueta /hrag'eta/ *sf.* braguilha ■ **saque un botón de la bragueta** tire um botão da braguilha

brahmán /bra(k)m'an/ *sm.* brâmane, indivíduo da mais alta casta da população da índia, a dos homens livres ■ **mi suegro es un brahmán** meu sogro é um brâmane

brahmanismo /braman'ismo/ *sm.* bramanismo ■ **los chicos son de brahmanismo** os meninos são de bramanismo

brama /br'ama/ *sf.* época do cio (dos animais) ■ **la perra está en el brama** a cadela está no cio

bramante /bram'ante/ *sm.* barbante, cordel ■ **cortar el bramante** cortar o barbante

bramido /bram'ido/ *sm.* **1** bramido, rugido **2** grito colérico ■ **bramido de un bicho** rugido de um bicho

branquia /br'ankja/ *sf.* brânquia ■ **los peces tienen branquias** os peixes têm brânquias

braquicéfalo /braki⊖'efalo/ *adj.* braquicéfalo ■ **los hombres son braquicéfalos** os homens são braquicéfalos

brasa /br'asa/ *sf.* **1** brasa, carvão incandescente **2** ardência, queimor **3** ardor, paixão ■ **estar en brasas** estar inquieto ou com dificuldades

brasero /bras'ero/ *sm.* **1** braseiro **2** fogareiro **3** lareira ■ **comida hecha en el brasero** comida feita no fogareiro

brasileño, -a /brasil'eño/ *adj.+sm.* brasileiro ■ **soy brasileño y no desisto nunca** sou brasileiro e não desisto nunca

bravata /brab'ata/ *sf.* bravata, fanfarronice ■ **hacer una bravata** fazer uma bravata

bravío, -a /brab'io/ *adj.* **1** bravio **2** silvestre, selvagem ■ **animal bravío** animal selvagem

bravo, -a /br'abo/ *adj.* **1** bravo, valente, destemido **2** feroz ■ **bravo con los hijos** bravo com os filhos

bu

bravucón /brabuk'on/ *adj.* fanfarrão, valentão ■ **hombre bravucón** homem valentão

bravura /brab'ura/ *sf.* bravura, coragem, valentia ■ **tiene mucha bravura en su corazón** tem muita bravura no seu coração

braza /br'aθa/ *sf.* braça, medida de comprimento ■ **vamos medir con braza** vamos medir com braça

brazalete /braθal'ete/ *sm.* bracelete, pulseira ■ **rompió el brazalete** quebrou o bracelete

brazo /br'aθo/ *sm.* **1** braço **2** braço de rio **3** ramo de árvore **4** patas dianteiras **5** valor, esforço ■ **con los brazos abiertos** de braços abertos ■ **dar el brazo a torcer** dar o braço a torcer, ceder

brea /br'ae/ *sf.* breu ■ **esta noche está una brea** esta noite está um breu

brebaje /bred'ahe/ *sm.* beberagem, poção ■ **tomar el brebaje** tomar a poção

brecha /br'etʃa/ *sf.* **1** brecha, abertura, fenda **2** estrago ■ **abrir brecha** abrir uma brecha, iniciar algo

brega /br'ega/ *sf.* **1** briga, luta **2** trabalho árduo ■ **andar a la brega** ir à luta

bregar /breg'ar/ *sf.* **1** brigar, lutar **2** trabalhar muito ■ **bregar no es bueno** brigar não é bom

breña /br'eña/ *sf.* **1** brenha, matagal ■ **caminar en la breña** caminhar no matagal

brete /br'ete/ *sm.* **1** grilhão **2** aperto, apuro **3** prisão ■ **estar en un brete** estar em maus lençóis

bretón, -ona /bret'on/ *adj+sm.* bretão ■ **conocí um bretón** conheci um bretão

breve /br'ebe/ *adj.* breve, curto, lacônico ■ **en breve** em breve, logo, brevemente

brevedad /brebed'ad/ *sf.* brevidade, efemeridade ■ **brevedad del tiempo** brevidade do tempo

bribón, -ona /brib'on/ *adj+sm.* preguiçoso, velhaco ■ **no seas bribón** não seja preguiçoso

bricolaje /brikol'ahe/ *sm.* bricolagem ■ **trabajo con bricolaje** trabalho com bricolagem

brida /br'ida/ *sf.* brida, conjunto de rédeas e freio ■ **no tengo brida para el caballo** não tenho brida para o cavalo

brigada /brig'ada/ *sf.* brigada ■ **participar de una brigada** participar de uma brigada

brigadier /brigad'jer/ *sm.* brigadeiro ■ **es un brigadier** é o general-de-brigada

brillante /briʎ'ante/ *adj.* brilhante, fulgurante, reluzente ■ **estrella brillante** estrela brilhante

brillantina /briʎant'ina/ *sf.* brilhantina ■ **tiempos de la brillantina** tempo da brilhantina

brillar /briʎ'ar/ *vt.* **1** brilhar, reluzir, cintilar **2** destacar-se, sobressair ■ **brillar en el concierto** brilhar no show

brillo /br'iʎo/ *sm.* **1** brilho, esplendor, claridade **2** glória ■ **brillo en los ojos** brilhos nos olhos

brincar /brink'ar/ *vt.* saltar, pular ■ **al ver sus buenas notas, brincó de alegría** ao ver suas boas notas, pulou de alegria

brindar /brind'ar/ *vi.* **1** brindar, presentear **2** oferecer-se ■ **brindar con un ordenador** presentear com um computador

brindis /br'indis/ *sm.* brinde, saudação ■ **hacer un brindis** fazer um brinde, brindar

brío /br'io/ *sm.* brio, valor, coragem ■ **el brío es una buena calidad** o brio é uma boa qualidade

brisa /br'isa/ *sf.* **1** brisa, aragem **2** apetite **3** garoa ■ **brisa leve** brisa leve

británico, -a /brit'aniko/ britânico ■ **los británicos no sienten mucho frío** os britânicos não sentem muito frio

brizna /br'iθna/ *sf.* **1** fibra **2** fio delgado, fiapo ■ **brizna de la ropa** fibra da roupa

broca /br'oka/ *sf.* **1** broca, furadeira ■ **utilizar la broca para hacer un hueco** usar a broca para fazer um buraco

brocado /brok'ado/ *sm.* **1** brocado, tecido de seda bordado ou estampado ■ **vestido de brocado** vestido de tecido de seda bordado

brocha /br'otʃa/ *sf.* **1** broxa **2** pincel de brocha **3** gorda **4** mau pintor **5** pintor de paredes ■ **brocha para la pintura** broxa para a pintura

broche /br'otʃe/ *sm.* **1** broche **2** abotoadura **3** fecho de metal ■ **regalé un broche** presenteei um broche

broma /br'oma/ *sf.* **1** brincadeira, diversão ■ **broma pesada** brincadeira de mau gosto

bromear /brome'ar/ *vi.* caçoar, gracejar ■ **bromear de alguien** caçoar de alguém

bromista /brom'ista/ *s.* brincalhão ■ **hombre bromista** homem brincalhão

bromo /br'omo/ *sm.* bromo ■ **el bromo es un elemento químico** o bromo é um elemento químico

bronca /br'onka/ *sf.* bronca, briga, rixa ■ **bronca con los niños** bronca com as crianças

bronce /br'onθe/ *sm.* **1** bronze **2** estátua ou escultura de bronze ■ **arete de bronce** brinco de bronze

bronceado /bronθe'ado/ *sm.* **1** bronzeamento • *adj.* **2** bronzeado ■ **bronceado en la playa** bronzeado na praia

bronceador /bronθead'or/ *sm.* bronzeador ■ **prestame el bronceador** me empresta o bronzeador

broncear /bronθe'ar/ *vt.* **1** bronzear **2** bronzear-se ■ **broncear con el sol fuerte** bronzear com sol forte

bronco, -a /br'onko/ *adj.* **1** bronco, rude, estúpido, áspero **2** desagradável ■ **no seas bronco** não seja rude

bronquio /br'onkio/ *sm.* brônquio ■ **problema en los bronquios** problema nos brônquios

bronquitis /bronk'itis/ *sf.* bronquite ■ **medicina para bronquitis** remédio para bronquite

brotar /brot'ar/ *vi.* **1** brotar, surgir, aparecer, nascer, aflorar **2** começar a se manifestar-se ■ **brotar plantas** brotar plantas

brote /br'ote/ *sm.* **1** broto, rebento, renovo **2** início de alguma coisa ■ **broto de maracuyá** broto de maracujá

brujería /bruher'ia/ *sf.* bruxaria, magia, feitiçaria, feitiço ■ **tengo miedo de brujería** tenho medo de bruxaria

brujo, -a /br'uho/ *sm.* **1** encantador, muito atraente **2** bruxo, mago ■ **Harry Potter es un brujo** Harry Potter é um bruxo

brújula /br'uhula/ *sf.* bússola ■ **brújula para no perderse** bússola para não se perder

bruma /br'uma/ *sf.* bruma, nevoeiro ■ **está una bruma hoy** está uma bruma hoje

bruñir /bruñ'ir/ *vt.* **1** brunir, polir, lustrar ■ **bruñir el mueble** polir o móvel

brusco, -a /br'usko/ *adj.* **1** brusco **2** desagradável **3** imprevisto, repentino ■ **persona brusca** pessoa desagradável

brutal /brut'al/ *adj.* **1** brutal, violento, grosseiro, rude **2** enorme, magnífico, maravilhoso ■ **hombre brutal** homem violento

bruto, -a /br'uto/ *adj.,sm.* bruto, estúpido, violento ■ **no seas bruto** não seja bruto

bu /b'u/ *sm.* papão, bicho-papão ■ **miedo del bu** medo do bicho-papão

73

bucear

bucear /buΘe'ar/ vt. 1 mergulhar, permanecer sob a água sem respirar 2 investigar algum assunto ■ **bucear en el mar** mergulhar no mar

bucle /b'ukle/ sm. anel ou caracol de cabelo ■ **el bucle se rompió** o anel quebrou

bucólico, -a /buk'oliko/ adj. bucólico, campestre ■ **persona bucólica** pessoa bucólica

buche /b'ut∫e/ sm. 1 bucho (em quadrúpedes) 2 papo (em aves) 3 bochecho 4 estômago (no homem) ■ **buche lleno** estômago cheio

budín /bu'ðin/ sm. 1 pudim ■ **deseo de comer budín** desejo de comer pudim

budismo /bud'ismo/ sm. 1 budismo ■ **creo en el budismo** acredito no budismo

buen /'bwen/ adj. bom ■ **¡buen día!** bom dia!

buenaventura /bwenabent'ura/ sf. 1 boa sorte 2 leitura da sorte ■ **buenabentura en su viaje** boa sorte na sua viagem

bueno, -a /b'weno/ adj. 1 bom 2 útil 3 agradável 4 divertido 5 simples ¦ vpr. 6 suficiente 7 bondoso ■ **tener buena suerte** ter boa sorte

buey /b'wei/ sm. 1 boi, touro castrado ■ **montar en el buey** montar no boi

búfalo, -a /b'ufalo/ sm. 1 búfalo ■ **búfalo es un animal silvestre** búfalo é um animal selvagem

bufanda /buf'anda/ sm. 1 cachecol, faixa de tecido ou lã destinada a proteger especialmente a garganta e o peito ■ **gané una bufanda para el frío** ganhei um cachecol para o frio

bufar /buf'ar/ vi. 1 bufar, resfolegar ■ **el caballo no para de bufar** o cavalo não para de bufar

bufete /buf'ete/ sm. 1 mesa com gavetas, escrivaninha 2 escritório de advogado ■ **abrir bufete** começar a exercer a advocacia

bufón, -ona /buf'on/ sm. 1 bufão, bobo-da-corte ■ **bufón es muy cómico** bobo-da-corte é muito engraçado

buganvilla /buganb'iλa/ sf. 1 buganvília ■ **planta buganvilla** planta buganvília

búho /b'uo/ sm. 1 mocho 2 pessoa esquiva 3 dedo-duro, delator ■ **búho es una ave nocturna** mocho é uma ave noturna

buhonero, -a /buon'ero/ sm. 1 vendedor de quinquilharias 2 trambiqueiro, camelô ■ **en el buhonero hay buenos precios** no camelô tem bons preços

buitre /b'witre/ sm. 1 abutre ■ **buitre es una ave** abutre é uma ave

bujía /buh'ia/ sf. 1 vela de cera 2 castiçal 3 vela de motor ■ **quemar la bujía** queimar a vela de cera

bula /b'ula/ sf. 1 bula ■ **solicitar una bula** solicitar uma bula

bulevar /buleb'ar/ sm. bulevar, alameda, avenida larga ■ **vivo en un bulevar** vivo em uma alameda

búlgaro, -a /b'ulgaro/ adj+ sm. 1 búlgaro ■ **mi amigo es búlgaro** meu amigo é búlgaro

bulo /b'ulo/ sm. 1 mentira, boato ■ **no hables bulo** não fale mentira

bulla /b'uλa/ sf. 1 bulha, barulho, confusão, desordem, gritaria ■ **meter o armar bulla** arrumar grande confusão

bullicio /buλ'iΘjo/ sm. 1 bulício, confusão 2 motim, tumulto ■ **no me gusta bullicio** não gosto de confusão

bullir /buλ'ir/ vi. 1 bulir 2 ferver um líquido 3 tocar, vt. mexer, movimentar de leve 4 agitar 5 mover-se 6 ocorrer várias vezes, repetir-se ■ **bullir el agua** ferver a água

buñuelo /buɲ'welo/ sm. 1 filhó, bolinho ou biscoito feito com farinha e ovos ■ **comer buñuelo** comer bolinho

buque /b'uke/ sm. 1 espaço, capacidade 2 caixa acústica de um instrumento ■ **el buque está con problemas** a caixa acústica esta com problemas

burbuja /burb'uha/ sf. borbulha, bolha ■ **burbuja de amor** borbulha de amor

burbujear /burbuhe'ar/ vi. borbulhar ■ **burbujear el agua** borbulhar a água

burdel /burd'el/ sm. bordel ■ **mujeres bailan en el burdel** mulheres dançam no bordel

burgués, -esa /burg'es/ adj+ sm. 1 burguês 2 indivíduo conformista, carente de ideais ■ **hombre burgués** homem burguês

burguesía /burges'ia/ sf. burguesia ■ **la burguesía no quiere trabajo** a burguesia não quer trabalho

buril /bur'il/ sm. buril, cinzel ■ **buril para hacer el dibujo** buril para fazer o desenho

burla /b'urla/ sf. 1 burla, engano, trapaça 2 gozação, zombaria ■ **hacer una burla** fazer uma trapaça

burlar /burl'ar/ vt. 1 burlar, enganar, trapacear 2 zombar ■ **burlar la población** enganar a população

burlón, -ona /burl'on/ adj+sm. 1 zombador, gozador 2 trapaceiro ■ **persona burlona** pessoa trapaceira

burocracia /burokr'aΘja/ sf. burocracia ■ **sistema lleno de burocracia** sistema cheio de burocracia

burócrata /bur'okrata/ s. burocrata, funcionário público ■ **profesión de burócrata** profissão de burocrata

burrada /burr'ada/ sf. burrada, asneira ■ **hacer una burrada** fazer uma burrada

burro, -a /b'urro/ sm. burro, asno, jumento ■ **andar en un burro** andar em um burro

bus /b'us/ sm. ônibus ■ **el bus está lleno** o ônibus está cheio

busca /b'uska/ sf. busca, pesquisa ■ **busca de empleo** busca de emprego

buscapiés /buskap'jes/ sm. buscapé ■ **buscapiés es peligroso** buscapé é perigoso

buscar /busk'ar/ vt. 1 buscar, procurar, pesquisar, averiguar 2 chamar ou perguntar por alguém ■ **buscar el significado** buscar o significado

busto /b'usto/ sm. 1 busto, tórax, peito 2 efígie ■ **depilar el busto** depilar o busto

butaca /but'aka/ sf. poltrona, cadeira com braços ■ **sentarse en la butaca** sentar na poltrona

butano /but'ano/ sm. butano ■ **butano es un elemento químico** butano é um elemento químico

butifarra /butif'arra/ sf. 1 espécie de chouriço ou linguiça 2 pão com presunto 3 calças ou meias frouxas ■ **comer butifarra** comer pão com presunto

buzo /b'uΘo/ sm. mergulhador ■ **profisión de buzo** profissão de mergulhador

buzón /bu'Θon/ sm. 1 tampa, rolha 2 caixa de correio 3 boca muito grande ■ **buzón de voz** caixa de correio de voz

buzonero /buΘon'ero/ sm. carteiro ■ **el buzonero vino en mi casa** o carteiro veio na minha casa

byte /'bajt/ sm. byte, unidade de memória composta por oito bits ■ **compuesto por 50 bytes** composto por 50 bytes

C

ABCDEFGHIJKLMNOPQRSTUVWXYZ

c /'θe/ *sf* **1** terceira letra do alfabeto espanhol **2** C cem na numeração romana **3** C indicação de graus centígrados ■ **c de cachorro** c de cachorro

cesar/, parar, acabar, suspender **2** deixar, abandonar ■ **cesar de trabajar** parar de trabalhar

cabal /ka'βal/ *adj* **1** cabal, completo, perfeito, justo, exato, íntegro **2** ajustado (pesos e medidas) no estar en sus cabales estar louco, perturbado ■ **fuera de los cabales** fora dos cabales

cábala /'kaβala/ *sf* **1** cabala **2** ciência oculta **3** tramoia, negociata, intriga ■ **practicar la cábala** praticar a cabala

cabalgar /kaβal'ɣar/ *v* **1** cavalgar, montar **2** cavalgar **3** cobrir a égua ■ **cabalgar en el campo** cavalgar no campo

caballa /ka'βaʎa/ *sf* cavala (peixe) ■ **caballa frita** cavala frita

caballería /kaβaʎe'ria/ *sf* **1** cavalaria **2** cavalgadura, animal de montaria **3** gentileza ■ **haciendo con caballería** fazendo com cavalaria

caballero, -a /kaβa'ʎero/ *sm* **1** cavaleiro **2** cavalheiro, gentil, nobre **3** militar de cavalaria **4** caballero andante, aventureiro ■ **todo un caballero** todo um cavaleiro

caballete /kaβa'ʎete/ *sm* **1** cavalete, armação de madeira para sustentação de uma prancha **2** parte curva e elevada do nariz nariz de caballete nariz adunco ■ **caballete para pintar** cavalete para pintar

caballo /ka'βaʎo/ *sm* **1** cavalo **2** peça de xadrez **3** figura do baralho espanhol **4** bancada de trabalho **5** aparelho de ginástica ■ **caballo de raza** cavalo de raça

cabaña /ka'βaɲa/ *sf* **1** cabana, choupana **2** manada, rebanho ■ **cabaña amueblada** cabana mobiliada

cabaret /kaβa'ret/ *sm* cabaré ■ **trabajar en un cabaret** trabalhar em um cabaré

cabecear /kaβeθe'ar/ *v* cabecear, menear a cabeça, deixar pender a cabeça, ao dormir em posição sentada, negar com movimentos de cabeça para um lado e outro ■ **cabecear durante el viaje** cabecear durante a viagem

cabecera /kaβe'θera/ *sf* **1** cabeceira (de cama, mesa) **2** (de rio) lugar onde nasce um rio **3** cabeça, chefe, comandante médico de cabecera médico de família ■ **cabecera de la mesa** cabeceira da mesa

cabellera /kaβe'ʎera/ *sf* **1** peruca **2** cauda de um cometa ■ **cabellera grande** cabeleira grande

cabello /ka'βeʎo/ *sm* **1** cabelo **2** pelo ■ **cabello rubio** cabelo loiro

cabelludo, -a /kaβe'ʎudo, a/ *adj* **1** cabeludo **2** fibroso (fruta) ■ **cuero cabelludo** couro cabeludo

caber /ka'βer/ *v* **1** caber **2** pertencer **3** corresponder **4** conter, ter capacidade no caber uno en sí não caber em si, estar orgulhoso ■ **caber dentro de la bolsa** caber dentro da bolsa

cabestro /ka'βestro/ *sm* cabresto, boi manso que guia as reses bravas ■ **cabestro en el caballo** cabresto no cavalo

cabeza /ka'βeθa/ *sf* **1** cabeça **2** princípio ou parte superior de alguma coisa **3** juízo, inteligência **4** origem, fonte, chefe ■ **dolor de cabeza** dor de cabeça

cabezada /kaβe'θaða/ *sf* cabeçada ■ **cabezada en la pared** cabeçada na parede

cabida /ka'βiða/ *sf* **1** cabimento, capacidade **2** entrada **3** extensão (de um terreno) ■ **hay cabida** ter cabimento

cabina /ka'βina/ *sf* **1** cabina, camarote, cabine ■ **cabina cerrada** cabina fechada

cabizbajo, -a /kaβiθ'βaxo, a/ *adj* **1** cabisbaixo, abatido ■ **mostrarse cabizbajo** mostrar-se cabisbaixo

cable /'kaβle/ *sm* **1** cabo, forma apocopada de cablegrama **2** telegrama **enviar un cable** enviar um telegrama **3** corda grossa **4** cabo elétrico **cable submarino** cabo submarino **echar un cable** ajudar quem está em apuro ■ **cable telefónico** cabo telefônico

cabo /'kabu/ *sm* **1** cabo, extremidade, fim, ponta de qualquer coisa (utensílio, ferramenta) **2** patente na hierarquia militar ■ **ir atando cabos** ir encontrando pistas para descubrir algo)

cabotaje /kaβo'taxe/ *sm* cabotagem ■ **cabotaje peligrosa** cabotagem perigosa

cabra /'kaβra/ *v* cabra ■ **leche de cabra** leite de cabra

cabrear /kaβe'ar/ *v* **1** brincar de saltar **2** desconfiar **3** enfadar-se, zangar-se **4** irritar-se ■ **cabrearse** ficar zangado

cabria /'kaβria/ *v* guindaste ■ **cabria de barco** guindaste de barco

cabrito, -a /ka'βrito/ *sm* **1** filhote de cabra **2** mau-caráter ■ **corral de cabrito** curral de filhote de cabra

cabrón, -a /ka'βron, ona/ *s* **1** bode **2** marido traído **3** mau-caráter **4** corno ■ **hombre cabrón** homem mau-caráter

caca /'kaka/ *sf* **1** caca, cocô, excremento humano **2** imundície **3** vício ■ **caca apestosa** cocô fedido

cacahuete /kaka'wete/ *sm* amendoim ■ **dulce de cacahuete** doce de amendoim

cacao /ka'kao/ *sm* cacau ■ **árbol de cacao** árvore de cacau

cacarear /kakare'ar/ *v* **1** cacarejar **2** gaguejar ■ **cacareos en la granja** cacarejar na granja

cacerola /kaθe'rola/ *sf* caçarola ■ **cacerola de acero inoxidable** caçarola em aço inox

cacique /ka'θike/ *sm* **1** cacique **2** pai, manda-chuva ■ **cacique de la tribu** cacique da tribo

caco /'kako/ *sm* ladrão esperto ■ **caco de joyas** ladrão de joias

cacofonía /kakofo'nia/ *sf* cacofonia ■ **escuchar cacofonia** escutar cacofonia

cacto /'kakto/ *sm* cacto ■ **cacto de maceta** cacto de maceta

cactus

cactus /'kaktus/ *sm* cacto ■ **cactus de maceta** cacto de maceta

cacha /'katʃa/ *sf* **1** cada uma das peças que formam o cabo de uma navalha **2** chifre dos animais **3** nádega ■ **hasta las cachas** até as tampas, farto ■ **cachas rota** chifre de animal quebrado

cacharro /ka'tʃaro/ *sm* **1** vasilha ordinária **2** louça quebrada, cacos **3** máquina que funciona mal, geringonça, objeto sem utilidade ■ **depósito de cacharros** depósito de louça quebrada

cachaza /ka'tʃaθa/ *sf* **1** lentidão, despreocupação **2** sossego **3** cachaça, aguardente ■ **vender cachaza** vender cachaça

cachear /katʃe'ar/ *v* **1** revistar ■ **negarse a ser cacheado** negar-se a ser revistado

cachete /ka'tʃete/ *sm* **1** soco, murro **2** bochecha ■ **cachetes sonrojados** bochechas coradas

cachimbo /ka'tʃimbo/ *sm* cachimbo ■ **chupar cachimbo** fumar cachimbo

cachiporra /katʃi'pora/ *sf* **1** clava, maça, cassetete ■ **títeres de cachiporra** fantochada de clava

cacho /'katʃo/ *sm* **1** pedaço, porção, talhada **2** cacho (de banana) **3** brincadeira ■ **cacho de pastel** pedaço de bolo

cachondo, -a /ka'tʃondo, a/ *adj* brincalhão ■ **broma cachonda** brincadeira desagradável

cachorro, -a /ka'tʃoro, a/ *s* filhote de cão ou de outro mamífero ■ **tienda de cachorros** loja de filhotes

cadáver /ka'ðaβer/ *sm* cadáver, defunto ■ **levantamiento del cadáver** levantamento de cadáver

cadavérico, -a /kaða'βeriko, a/ *adj* **1** cadavérico **2** pálido ■ **cuerpo cadavérico** corpo cadavérico

cadena /ka'ðena/ *sf* **1** corrente, cadeia, série, rede de emissoras (de rádio, televisão), rede de lojas ■ **cadena televisora** rede de televisão

cadencia /ka'ðenθja/ *sf* cadência, ritmo ■ **cadencia de un poema** cadência de um poema

cadera /ka'ðera/ *sf* cadeira, quadril, anca ■ **mover las caderas** mover as cadeiras

cadmio /'kaðmjo/ *sm* cádmio ■ **experimento con cadmio** experimento com cádmio

caducar /kaðu'kar/ *v* **1** caducar, declinar **2** envelhecer **3** arruinar-se ■ **producto caducado** produto caducado

caer /ka'er/ *v* **1** cair, desabar tombar **2** diminuir **3** morrer, sucumbir **4** fracassar ■ **caer enfermo** ficar doente ■ **caer en gracia** conquistar simpatias (de alguém) ■ **caer en la cuenta** dar-se conta ■ **caer de sueño** cair de sono

café /ka'fe/ *sm* café ■ **café con leche** café com leite

cafeína /kafe'ina/ *sf* cafeína ■ **contener cafeína** contém cafeína

cafetería /kafete'ria/ *sf* cafeteria, bar ■ **comprar en la cafetería** comprar na cafeteria

cagada /ka'ɣaða/ *sf* **1** cagada, dejeto eliminado do corpo cada vez que se evacua **2** coisa malfeita ■ **hacer una cagada** fazer uma cagada

cagalera /kaɣa'lera/ *sf* **1** caganeira, diarreia **2** cagaço, medo ■ **medicina para cagalera** remédio para diarreia

cagar /ka'ɣar/ *v* **1** cagar, defecar **2** sujar, atemorizar-se, acovardar-se ■ **cagar mucho** cagar muito

cagón, -a /ka'ɣon, ona/ *adj, s* cagão, medroso, covarde ■ **hombre cagón** homem cagão

caída /ka'iða/ *sf* **1** queda **2** ruína **3** declive ■ **sufrir una caída** sofrer uma caída

caja /'kaxa/ *sf* **1** caixa, arca, cofre ■ **caja de ahorros** caixa econômica ■ **caja de crédito** caixa de crédito ■ **caja fuerte** caixa-forte **2** função de caixa ■ **caja municipal** caixa municipal

cajero, -a /ka'xero, a/ *s* pessoa que recebe pagamentos ■ **cajero automático** caixa automática

cajetilla /ka'xero, a/ *s* maço de cigarros ■ **cajetilla de cigarros** maço de cigarros

cajón /ka'xon/ *sm* **1** gaveta **2** caixa grande **3** caixão **4** esquife ■ **cajón de ropa** gaveta de roupa

cajonera /kaxo'ne a/ *sf* **1** gaveteiro **2** vendedora ambulante ■ **cajonera grande** gaveteiro grande

cal /'kal/ *sf* cal ■ **rocas de cal** rochas de cal

calabaza /kala'βaθa/ *sf* **1** abóbora **2** cabaça **3** pessoa ignorante ■ **adorno de calabaza** enfeite de abóbora

calabozo /kala'βoθo/ *sm* **1** calabouço, cárcere, prisão, masmorra ■ **entrar al calabozo** entrar no calabouço

calado, -a /ka'laɾ/ *v* **1** bordado **2** entalhe **3** calado (de navio) molhado, empapado ■ **quedar calado** ficar empapado

calamar /kala'mar/ *s* calamar, lula ■ **calamar gigante** calamar gigante

calamidad /kalami'ðað/ *sf* calamidade, desgraça, desastre, infortúnio ■ **sufrir una calamidad** sofrer uma calamidade

calaña /ka'laɲa/ *sf* **1** amostra, modelo, padrão **2** índole, qualidade de uma pessoa ou coisa ■ **ser de una calaña** ser de um nível

calar /ka'lar/ *v* **1** calar, impregnar **2** trespassar, atravessar **3** molhar-se muito, encharcar-se ■ **calar el olor** calar o cheiro

calavera /kala'βera/ *sf* **1** caveira, caixa craniana **2** mariposa ■ **calavera mariposa** caveira mariposa

calcar /kal'kar/ *v* **1** calcar, comprimir, pisar **2** imitar, copiar ■ **calcar una imagen** imitar uma imagem

calceta /kal'θeta/ *sf* **1** meia-calça ■ **nuevas calcetas** novas meia-calças

calcetín /kalθe'tin/ *sm* meia três-quartos, meia soquete ■ **calcetines oscuros** meias soquete escuras

calcificación /kalθifika'θjon/ *sf* calcificação ■ **proceso de calcificación** processo de calcificação

calcificar /kalθifi'kar/ *v* calcificar ■ **calcificar los huesos** calcificar os ossos

calcinar /kalθi'nar/ *v* calcinar, carbonizar ■ **calcinar el cuerpo** calcinar o corpo

calcio /'kalθjo/ *sm* cálcio ■ **alimentos con calcio** alimentos com cálcio

calculador, -a /kalkula'ðor, a/ *adj* **1** calculador **2** calculadora, máquina de calcular **3** pessoa calculista, egoísta ■ **usar un calculador** usar um calculador

calcular /kalku'lar/ *v* **1** calcular, computar, contar **2** fazer ideia, estimar, avaliar, supor ■ **calcular mentalmente** calcular mentalmente

calculista /kawku'liʃta/ *adj, s* **1** calculista **2** projetista ■ **calculista profesional** calculista profissional

cálculo /'kawkulo/ *sm* **1** cálculo, avaliação, suposição, conjetura **2** cálculo, formação mineral ou orgânica anormal que pode ocorrer em algumas partes do corpo humano (cálculo biliar, renal) ■ **análisis de cálculo** análise de cálculo

caldear /kawdʒi'aR/ *v* **1** escaldar **2** tornar incandescente, pôr em brasa (o ferro) **3** apaixonar-se, exaltar-se ■ **caldear la habitación** escaldar a habitação

caldera /kaľdera/ *sf* caldeira, reservatório ■ **caldera de carbón** caldeira de carvão

caldereta /kalde'reta/ *sf* caldeirada, ensopado ■ **plato de caldereta** prato de ensopado

caldero /kaľdero/ *sm* caldeirão ■ **hervir en el caldero** ferver no caldeirão

camelo

caldo /'kaldo/ *sm* **1** caldo **2** sopa **3** molho **4** tempero ■ **caldo de gallina** caldo de galinha

calefacción /kalefak'θjon/ *sf* calefação **calefacción central** sistema de aquecimento central ■ **encender la calefacción** acender a calefação

calefactor, -a /kalefak'tor/ *sm* **1** calefator (operário) **2** aquecedor ■ **arreglar el calefactor** arrumar o calefator

calendario /kalen'darjo/ *sm* **1** calendário, almanaque, folhinha ■ **calendario escolar** calendário escolar

calentador, -a /kalenta'ðor, a/ *adj* aquecedor ■ **usar calentadores** usar aquecedores

calentar /kalen̪tar/ *v* **1** aquecer, esquentar **2** excitar **3** aquecer-se **4** estar no cio (animais) **5** açoitar ■ **calentar el agua** esquentar a água

calentura /kalen̪'tura/ *sf* **1** febre **2** agitação ■ **tener calentura** ter febre

calibre /ka'liβre/ *sm* **1** calibre, diâmetro **2** tamanho, volume, dimensão ■ **pistola de calibre pequeño** pistola de calibre pequeno

calidad /kali'ðað/ *sf* **1** qualidade **2** nobreza, excelência **3** caráter, índole ■ **producto de calidad** produto de qualidade

cálido, -a /'kaliðo, a/ *adj* **1** cálido, quente **2** cor quente (em pintura) **3** afetuoso ■ **día cálido** dia quente

caleidoscopio /kaleidoʃ'kɔpju/ *sm* **1** caleidoscópio ■ **caleidoscopio grande** caleidoscópio grande

caliente /ka'ljen̪te/ *adj* **1** quente, acalorado **2** vivo, ardente, apaixonado ■ **comida caliente** comida quente

calificación /kalifika'θjon/ *sf* **1** qualificação **2** juízo, apreciação, avaliação **3** competência ■ **calificación alta** qualificação alta

calificar /kalifi'kar/ *v* **1** qualificar **2** aprovar **3** autorizar **4** distinguir, enobrecer **5** qualificar-se ■ **calificar pruebas** qualificar provas

caligrafía /kaliɣra'fia/ *sf* caligrafia ■ **excelente caligrafía** excelente caligrafia

cáliz /'kaliθ/ *sm* cálice ■ **levantar el cáliz** levantar o cálice

calma /'kalma/ *sf* calma, tranquilidade, calmaria, bonança, serenidade, sobriedade ■ **tomarlo con calma** ter paciência

calmante /kal'man̪te/ *adj*, *sm* **1** calmante, sedativo ■ **tomar un calmante** tomar um calmante

calmar /kal'mar/ *v* **1** acalmar, aplacar, pacificar, tranquilizar, amortecer **2** acalmar-se, sossegar ■ **calmar el niño** acalmar a criança

calmo, -a /'kawmu, ma/ *adj* calmo, sossegado, tranquilo ■ **mar calmo** mar calmo

caló /ka'lo/ *sm* **1** calão **2** linguagem dos ciganos **3** gíria ■ **hijo de un caló** filho de um calão

calor /ka'lor/ *sm* **1** calor **2** animação, entusiasmo, ardor, vivacidade, afetividade, aconchego ■ **calor humano** calor humano

caloría /kalo'ria/ *sf* caloria ■ **quemar calorías** queimar calorias

calumnia /ka'lumnja/ *sf* calúnia, difamação ■ **levantar calumnias** levantar calúnias

calumniar /kalum'njar/ *v* caluniar, difamar ■ **calumniar a un personaje** caluniar um personagem

calvario /kal'βarjo/ *sm* **1** calvário **2** sofrimento, martírio ■ **pasar por un calvario** passar por um calvário

calvicie /kal'βiθje/ *sf* calvície ■ **sufrir de calvicie** sofrer de calvície

calvinismo /kawvi'niʒmu/ *sm* calvinismo ■ **practicar el calvinismo** praticar o calvinismo

calvo, -a /'kawvo, va/ *adj* calvo, careca, calva, entrada nas têmporas ■ **quedarse calvo** ficar calvo

calzada /kal'θaða/ *sf* **1** leito carroçável de uma rua, estrada reservada para veículos ■ **calzada romana** caminhos pavimentados pelos romanos

calzado, -a /kal'θaðo, a/ *adj* calçado, sapato ■ **calzado importado** calçado importado

calzo /'kalθo/ *sm* calço, cunha ■ **calzo bajo la alacena** calço baixo o armário

calzonazos /kalθo'naθos/ *sm* homem frouxo, banana, bunda-mole ■ **esposo calzonazos** esposo banana

calzoncillo /kalθon̪'θiʎo/ *sm* cueca, ceroula ■ **lavar los calzoncillos** lavar as cuecas

callado, -a /ka'ʎaðo, a/ *adj* calado, quieto, silencioso ■ **hombre callado** homem calado

callar /ka'ʎar/ *v* **1** calar, emudecer **2** dissimular, omitir **3** calar-se ■ **quien calla otorga** quem cala consente

calle /'kaʎe/ *sf* **1** rua **2** via **3** estrada **4** acesso ■ **echar a la calle** pôr na rua

callejear /kaʎexe'ar/ *v* vadiar, andar à toa ■ **callejear sin rumbo** vadiar sim rumo

callejero, -a /kaʎe'xero, a/ *adj* **1** roteiro, guia das ruas de uma cidade **2** rueiro, andarilho ■ **buscar en el callejero** buscar no roteiro

callejón /kaʎe'xon/ *sm* beco, passagem estreita ■ **callejón sin salida** beco sem saída

callo /'kaʎo/ *sm* calo ■ **callos en los dedos** calos nos dedos

cama /'kama/ *sf* cama, leito ■ **caer en cama** cair de cama, adoecer **cama de matrimonio** cama de casal

camada /ka'maða/ *sf* **1** camada **2** ninhada **3** cambada, bando de ladrões ■ **camada de leones** ninhada de leões

camaleón /kamale'on/ *sm* **1** camaleão **2** bajulador, volúvel ■ **camaleón en el árbol** camaleão na árvore

cámara /'kamara/ *sf* **1** sala, aposento principal de uma casa **2** corporação, junta ■ **cámara de comercio** câmara de comércio ■ **cámara legislativa** câmara legislativa **3** tambor (armas de fogo) ■ **cámara de aire** câmara-de-ar ■ **cámara fotográfica** máquina fotográfica

camarada /kama'raða/ *s* camarada, colega, companheiro ■ **camarada de guerrilla** camarada de guerrilha

camaradería /kama aðe' ia/ *sf* camaradagem, companheirismo ■ **mostrar camaradería** mostrar camaradagem

camarero /kama' e o, a/ *s* camareiro, criado ■ **llamar al camarero** chamar o camareiro

camarín /kama' in/ *sm* camarim ■ **camarín privado** camarim privado

camarón /kama' on/ *sm* **1** camarão **2** gorjeta, gratificação ■ **camarones frescos** camarão fresco

camarote /kama' ote/ *sm* camarote ■ **camarote de madera** camarote de madeira

cambalache /kamba'la ʃe/ *sm* cambalacho ■ **hacer un cambalache** fazer um cambalacho

cambiar /kam'bja / *v* modificar, alterar, converter, trocar, mudar, substituir ■ **cambiar de forma de ser** mudar a forma de ser ■ **cambiarse para salir** trocar para sair ■ **cambiar al mundo** mudar o mundo

cambista /kam'bista/ *adj*, *s* cambista ■ **cambista de dólares** cambista de dólares

camelo /ka'melo/ *sm* engano, sarro, gozação ■ **publicidad de camelo** publicidade enganosa

camello

camello /ka'meʎo, a/ *s* **1** camelo **2** traficante de drogas ■ **montar en camello** montar no camelo

camerino /keme'rino/ *sm* camarim (de teatro) ■ **camerino general** camarim geral

camilla /ka'miʎa/ *sf* **1** maca **2** mesa com braseiro ■ **camilla de emergencias** maca de emergências

caminar /kami'nar/ *v* caminhar, andar ■ **caminar derecho** agir corretamente

caminata /kami'nata/ *sf* **1** caminhada **2** passeio longo e cansativo ■ **hacer una caminata** fazer uma caminhada

camino /ka'mino/ *sm* **1** caminho, estrada, senda **2** direção, rota **3** distância ■ **asfaltar el camino** asfaltar o caminho

camión /ka'mjon/ *sm* caminhão ■ **estar como un camión** ser fisicamente atraente

camionero, -a /kamjo'nero, a/ *adj, s* caminhoneiro ■ **almuerzo de camionero** almoço de caminhoneiro

camioneta /kamjo'neta/ *sf* caminhonete, furgão, perua ■ **camioneta moderna** caminhonete moderna

camisa /ka'misa/ *sf* **1** camisa, peça de vestuário **2** reboco ■ **cambiar de camisa** mudar de opinião ou partido ■ **camisa de fuerza** camisa-de-força

camiseta /kami'misa/ *sf* camiseta ■ **camiseta del equipo** camiseta da equipe

camisón /kami'son/ *sm* **1** camisão **2** camisola **3** vestido, blusa ■ **camisón para dormir** camisola para dormir

camomila /kamo'mila/ *sf* camomila ■ **infusión de camomila** infusão de camomila

camote /ka'mote/ *sm* **1** batata-doce **2** amante, namoro ■ **camote frito** batata-doce frita

campamento /kampa'mento/ *sm* acampamento ■ **campamento de fin de semana** acampamento de fim de semana

campana /kam'pana/ *sf* **1** sino **2** campainha **3** igreja, paróquia ■ **tocar la campana** tocar a campainha

campanilla /kampa'niʎa/ *sf* **1** campainha, sineta **2** úvula ■ **ver hasta la campanilla** ver até a sineta

campante /kam'pante/ *adj* alegre, tranquilo, satisfeito ■ **salir campante** sair alegre

campaña /kam'pana/ *sf* campo, campina, campanha ■ **campaña electoral** campanha eleitoral

campear /kampe'ar/ *v* **1** pastar, fazer campanha **2** campear, sobressair **3** verdejar **4** procurar ■ **campear la bandera** pastar a bandeira

campechano, -a /kampe'tʃano, a/ *adj* afável, franco ■ **tener trato campechano** ter trato afável

campeón, -ona /kampe'on, ona/ *s* **1** campeão **2** herói ■ **campeón mundial** campeão mundial

campeonato /kampeo'nato/ *sm* campeonato ■ **televisar el campeonato** televisionar o campeonato

campera /kam'pera/ *sf* **1** jaqueta **2** agasalho, abrigo mais confortável que a jaqueta ■ **llevar una campera** levar uma jaqueta

campestre /kam'pestre/ *adj* **1** campestre ■ **club campestre** clube campestre

camping /'kampiŋ/ *sm* **1** acampamento **2** terreno para acampar ■ **ir de camping** ir de acampamento

campista /kaˀ'piʃta/ *s* **1** campista **2** arrendatário (de minas) ■ **campistas asíduos** campista assíduo

campo /'kaˀpu/ *sm* **1** campo, planície **2** extensão **3** assunto, matéria **4** partido ■ **campo santo** campo-santo, cemitério

campus /'kampus/ *sm* **1** campus, espaço universitário ■ **vivir en el campus** viver no campus

camuflaje /kamu'flaxe/ *sm* **1** camuflagem, disfarce **2** fingimento, dissimulação ■ **camuflaje militar** camuflagem militar

camuflar /kamu'flar/ *v* **1** camuflar, disfarçar **2** ocultar ■ **camuflarse entre los arbustos** camuflar entre os arbustos

cana /'kana/ *sf* cã, cabelos brancos ■ **crecer canas** crescer cabelos brancos

canadiense /kana'ðjense/ *adj, s* canadense ■ **turista canadiense** turista canadense

canal /ka'nal/ *sm* **1** canal **2** cano **3** faixa de frequência de sintonização de televisão **4** calha ■ **canal de televisión** canal de televisão

canalizar /kanali'θar/ *v* **1** canalizar **2** orientar, dirigir, canalizar para um objetivo ■ **canalizar los objetivos** canalizar os objetivos

canalón /kana'lon/ *s* calha ■ **canalones llenos de agua** calha cheia de água

canalla /ka'naʎa/ *adj, s* canalha, safado, sem-vergonha ■ **atrapar al canalla** pegar o canalha

canario /ka'narjo, a/ *adj* canário ■ **canario cantarín** canário cantador

canasta /ka'nasta/ *sf* **1** cesta, baú com alça **2** cesta aonde se lança a bola no basquete ■ **canasta de ropa sucia** cesta de roupa suja

cancela /kan'θela/ *sf* **1** cancela **2** portão de ferro ■ **cerrar la cancela** fechar a cancela

cancelar /kanθe'lar/ *v* **1** cancelar, anular, apagar, saldar dívida ■ **cancelar la cita** cancelar o encontro

cáncer /'kanθer/ *sm* **1** câncer, cancro, tumor maligno **2** Câncer (signo) canceriano ■ **lucha contra el cáncer** lutar contra o câncer

cancerígeno, -a /kanθe'rixeno, a/ *adj* cancerígeno ■ **tumor cancerígeno** tumor cancerígeno

canciller /kanθi'ʎer/ *sm* chanceler ■ **canciller de Francia** chanceler da França

cancillería /kanθiʎe'ria/ *sf* chancelaria ■ **visitar la cancillería** visitar a chancelaria

canción /kan'θjon/ *sf* canção, cantiga ■ **dedicar una canción** dedicar uma canção

cancha /'kantʃa/ *sf* **1** cancha, campo destinado a jogos **2** terreno espaçoso ■ **dar cancha a alguien** conceder vantagem

candado /kan'daðo/ *sm* **1** cadeado **2** brincos ■ **cerrar con candado** fechar com cadeado

candelabro /kande'laβro/ *sm* candelabro, castiçal, lustre ■ **candelabro de plata** candelabro de prata

candelero /kande'lero/ *sm* castiçal ■ **candelero de la iglesia** castiçal da igreja

candente /kan'dente/ *adj* **1** candente, incandescente **2** brilhante ■ **escenas candentes** cenas candentes

candidato, -a /kandi'ðato, a/ *s* candidato ■ **candidato a la presidencia** candidato à presidência

cándido, -a /'kandiðo, a/ *adj* **1** cândido, simples **2** sincero, puro ■ **alma cándida** alma cândida

candor /kan'dor/ *sm* **1** candura **2** alvura **3** sinceridade ■ **candor de infancia** candura de infância

canela /ka'nela/ *sf* canela (especiaria) ■ **espolvorear canela** polvilhar a canela

canesú /kane'su/ *sm* **1** corpete de vestido **2** parte superior da camisa ■ **canesú de mujer** corpete da mulher

caprichoso

cangrejo /kaŋ'grexo/ *sm* caranguejo ■ **cangrejo de agua dulce** caranguejo de água doce

canguelo /kaŋ'gelo/ *sm* medo, temor ■ **sentir canguelo** sentir medo

canguro /kaŋ'guro/ *s* canguru ■ **canguro de circo** canguru de circo

caníbal /ka'niβal/ *adj, s* **1** canibal, antropófago **2** feroz, cruel ■ **tribu de caníbales** tribo de canibais

canicas /ka'nika/ *sf* jogo de bolas de gude ■ **jugar a las canicas** jogar bola de gude

canijo, -a /ka'nixo, a/ *adj* débil, fraco, enfermo ■ **canijo para los deportes** fraco para os esportes

canilla /ka'niʎa/ *sf* **1** tíbia, canela **2** bobina **3** torneira jogo de dados ■ **patear en la canilla** bater na canela

canino, -a /ka'nino, a/ *adj* **1** canino, relativo ao cão **raza canina** raça canina **2** canino (dente) ■ **dientes caninos** dentes caninos

canje /'kaŋxe/ *sm* troca, permuta ■ **canje rápido** troca rápida

canjear /kaŋxe'a / *v* trocar, permutar ■ **canjear por el premio** trocar pelo prêmio

cano, -a /'kano, a/ *adj* **1** grisalho **2** pelo, barba e cabelo brancos **3** prisão, cana ■ **cabello cano** cabelo grisalho

canoa /ka'noa/ *sf* **1** canoa **2** calha ■ **caer de la canoa** cair da canoa

canon /'kanon/ *sm* cânon, cânone, regra, preceito ■ **canon de iglesia** cânon de igreja

canónico, -a /ka'noniko, a/ *adj* **1** canônico **2** membro de uma comunidade eclesiástica ■ **vino canónico** vinho canônico

canonizar /kanoni'θa / *v* **1** canonizar **2** elogiar, louvar demais, aplaudir ■ **ser canonizado** ser canonizado

cansado, -a /kan'sado, a/ *adj* cansado, fatigado, enfraquecido ■ **sentirse cansado** sentir-se cansado

cansancio /kan'sanθjo/ *sm* cansaço, fadiga, canseira ■ **morir de cansancio** morrer de cansaço

cansar /kan'sa / *v* **1** cansar, fatigar, importunar, aborrecer **2** enjoar, molestar ■ **cansarse de escuchar** cansar de escutar

cantante /kan'tante/ *s* **1** cantante, que canta **2** cantor profissional ■ **cantante de blues** cantor de blues

cántaro /'kantaro/ *sm* cântaro ■ **cántaro de vidrio** cântaro de vidro

cantata /kan'tata/ *sf* **1** cantata **2** serenata ■ **cantata de cumpleaños** cantata de aniversário

cantero, -a /kan'tero/ *sm* **1** canto, cantoria **2** porção de terreno **2** pessoa que trabalha em cantaria ■ **maestro cantero** mestre canteiro

cantidad /kanti'dad/ *sf* **1** quantidade, quantia, porção **2** abundância, número **en cantidad** em abundância ■ **cantidad de dinero** quantia de dinheiro

cantilena /kanti'lena/ *sf* **1** cantilena **2** chatice, ladainha ■ **la misma cantilena** a mesma cantilena

cantina /kan'tina/ *sf* cantina, adega, lanchonete ■ **cantina de la escuela** cantina da escola

canto /'kanto/ *sm* **1** canto, cantoria **2** hino **3** extremidade, ponta **4** ângulo **al canto del gallo** ao canto do galo, ao amanhecer **de canto** de lado ■ **canto lírico** canto lírico

cantón /kan'ton/ *sm* **1** cantão, distrito **2** esquina, canto ■ **sentarse en un cantón** sentar no canto

cantor, -a /kan'tor, a/ *adj, s* cantor ■ **ave cantora** ave cantora

canuto /ka'nuto/ *sm* **1** canudo, tubo **2** sorvete **3** cigarro de maconha ou haxixe ■ **pedir un canuto** pedir um canudo

caña /'kaɲa/ *sf* **1** cana, talo, pé (de milho, cana) **2** junco **3** vara de pescar **4** caneca (de cerveja), chope **5** tíbia, canela ■ **caña de azúcar** cana de açúcar

cáñamo /'kaɲamo/ *sm* cânhamo ■ **agua de cáñamo** água de cânhamo

cañaveral /kaɲaβe'ral/ *sm* canavial ■ **ranas de cañaveral** rãs de canavial

cañería /kaɲe'ria/ *sf* encanamento, aqueduto ■ **cañería dañada** encanamento danado

cañizo /ka'ɲiθo/ *sm* caniço ■ **techado de cañizo** telhado de caniço

caño /'kano, a/ *adj* **1** cano, canudo, tubo **2** esgoto ■ **abrir el caño** abrir o cano

cañón /ka'ɲon/ *sm* **1** tubo **2** cilindro **3** canhão **4** desfiladeiro **5** tronco de árvore ■ **cañón multimedia** retroprojetor

caos /'kaos/ *sm* caos, desordem, confusão ■ **caos virtual** caos virtual

caótico, -a /ka'otiko, a/ *adj* caótico ■ **mundo caótico** mundo caótico

capacidad /kapaθi'ðað/ *sf* **1** capacidade, extensão, espaço **2** volume **3** inteligência, aptidão, habilidade ■ **capacidad del apartamento** capacidade do apartamento

capacitar /kapaθi'tar/ *v* capacitar, qualificar, habilitar ■ **capacitar al personal** capacitar ao pessoal

capar /ka'par/ *v* capar, castrar ■ **capar a los cerdos machos** capar os porcos machos

capataz, -a /kapa'taθ, a/ *s* **1** capataz, feitor **2** caseiro ■ **salario del capataz** salário do capataz

capaz /ka'paθ/ *adj* **1** capaz, apto **2** digno **3** inteligente ■ **ser capaz de todo** ser capaz de tudo

capcioso, -a /kap'θjoso, a/ *adj* **1** capcioso **2** enganoso, dissimulado ■ **pregunta capciosa** pergunta capciosa

caperuza /kape'ruθa/ *sf* carapuça, capuz ■ **la caperuza sirvió** a carapuça serviu

capilar /kapi'lar/ *adj, sm* capilar ■ **área capilar** área capilar

capilla /ka'piʎa/ *sf* **1** capuz **2** capela **3** cápsula **capilla ardiente** câmara ardente ■ **casarse en una capilla** casar em uma capela

capital /kapi'tal/ *adj* capital ■ **capital metropolitana** capital metropolitana

capitalismo /kapita'lismo/ *sm* capitalismo ■ **efectos del capitalismo** efeitos do capitalismo

capitalizar /kapitali'θar/ *v* capitalizar ■ **capitalizar proyectos** capitalizar projetos

capitán, -a /kapi'tan, ana/ *s* capitão ■ **capitán de la tripulación** capitão da tripulação

capitular /kapitu'lar/ *adj, s* capitular, render-se ■ **capitular ante el pedido** capitular diante do pedido

capítulo /ka'pitulo/ *sm* **1** capítulo **2** assembleia **3** cláusula ■ **últimos capítulos** últimos capítulos

capó /ka'po/ *sm* capô (de automóvel) ■ **levantar el capó** levantar o capô

capón, ona/ /ka'pon, ona/ *adj* **1** capão, castrado **2** piparote ■ **capón negro** capão preto

capotar /kapo'tar/ *v* **1** capotar ■ **capotar el coche** capotar o carro

capote /ka'pote/ *sm* **1** capote, capa grande **2** carranca ■ **disfraz con capote** disfarce com capa

capricornio /kapri'kornjo/ *sm* capricórnio (signo) capricorniano ■ **signo capricornio** signo capricórnio

capricho /ka'priʧo/ *sm* capricho, fantasia, prazer, inconstância, frescura ■ **capricho personal** capricho pessoal

caprichoso, -a /kapri'ʧoso, a/ *adj, s* caprichoso, voluntarioso ■ **niño caprichoso** criança caprichosa

cápsula

cápsula /'kapsula/ *sf* cápsula ∎ **cápsula del tiempo** cápsula do tempo

captación /kapta'θjon/ *sf* **1** captação **2** conquista ∎ **captación de clientes** captação de clientes

captar /kap'tar/ *v* **1** captar **2** atrair **3** interceptar, detectar, cativar, assimilar ∎ **captar la idea** captar a ideia

captura /kap'tura/ *sf* **1** captura, ação de capturar ∎ **planear la captura** planejar a captura

capturar /kaptu'rar/ *v* capturar, prender ∎ **capturar a los sospechosos** capturar os suspeitos

capucha /ka'putʃa/ *sf* **1** capuz **2** acento circunflexo ∎ **ponerse la capucha** pôr o capuz

capuchón /kapu'tʃon/ *sm* **1** manto com capuz, tampa de caneta esferográfica ∎ **capuchón de felpa** manto com capuz de felpo

capullo /ka'puʎo, a/ *adj, s* **1** casulo **2** botão de flor **3** prepúcio ∎ **capullo de rosa** casulo de rosa

caqui /'kaki/ *adj* caqui ∎ **pantalones caqui** calça caqui

cara /'kara/ *sf* **1** cara, rosto, frente, face, lado, semblante, fisionomia ∎ **cara alargada** cara alargada

carabela /kara'βela/ *sf* caravela ∎ **carabelas de Colón** caravelas de Colombo

carabina /kara'βina/ *sf* **1** carabina, espingarda ∎ **ir con carabina** ir com carabina

caracol /kara'kol/ *sm* **1** caracol, caramujo, concha **2** cacho de cabelo enrolado ∎ **escaleras de caracol** escadas de caracol

carácter /ka'rakter/ *sm* **1** caráter, índole, marca, impressão **2** dignidade **3** firmeza **4** missão **5** disposição ∎ **de carácter importante** de caráter importante

característico, -a /karakte'ristiko, a/ *adj* **1** característico **2** característica, peculiaridade ∎ **un andar característico** um andar característico

caradura /kara'ðura/ *s* **1** sem-vergonha, descarado, cara-de-pau ∎ **ser un caradura** sem um sem-vergonha

carambola /karam'bola/ *sf* **1** carambola (fruta) **2** lance de jogo de bilhar **3** trapaça ∎ **jugo de carambola** suco de carambola

caramelo /kara'melo/ *sm* **1** caramelo, bala ∎ **ofrecer caramelos** oferecer balas

carbón /kar'βon/ *sm* **1** carvão, brasa apagada **2** mancha ∎ **lápiz de carbón** lápis de carvão

carbonero, -a /karβo'nero, a/ *adj, s* **1** carbonífero **2** carvoeiro ∎ **producción carbonera** produção carbonífera

carbónico, -a /kar'βoniku, ka/ *adj* carbônico ∎ **ácido carbónico** ácido carbônico

carbonizar /karβoni'zaR/ *v* carbonizar ∎ **carbonizar en el incendio** carbonizar no incêndio

carbono /kar'βono/ *sm* carbono ∎ **prueba de carbono** prova de carbono

carburador /karβu a'doR/ *sm* carburador ∎ **quemar el carburador** queimar o carburador

carburante /karβu'rãˈ ʃ i/ *adj, sm* carburante ∎ **necesitar carburante** necessitar carburante

carcajada /kar ka'xaða/ *sf* gargalhada, risada ∎ **soltar una carcajada** soltar uma gargalhada

cárcel /'kar θel/ *sf* cárcere, prisão, cadeia ∎ **entrar en la cárcel** entrar na prisão

carcinógeno, -a /ka sin ɔ enu, na/ *adj* cancerígeno ∎ **enfermedad carcinógena** doença cancerígena

carcinoma /karsi'noma/ *sm* carcinoma ∎ **formar un carcinoma** formar um carcinoma

carcomer /karko'meR/ *v* **1** carcomer, roer **2** destruir ∎ **el odio la carcome** o ódio a destrói

cardar /kaR'daR/ *v* **1** cardar, pentear a lã **2** repreender ∎ **cardar el cabello** cardar o cabelo

cardenal /ka de'nal/ *sm* **1** cardeal, prelado **2** um pássaro **3** hematoma, equimose, contusão ∎ **elegir a los cardenales** escolher os cardeais

cárdeno, -a /'ka ðeno, a/ *adj* **1** azul-violáceo **2** touro preto e branco ∎ **tomar tono cárdeno** tomar tom de azul-violáceo

cardíaco, -a /ka 'ðiako, a/ *adj* cardíaco ∎ **ataque cardíaco** ataque cardíaco

cardinal /karði'nal/ *adj* **1** cardeal, principal, fundamental **2** numeral cardinal ∎ **punto cardinal** ponto cardeal

cardiología /karðjolo'xia/ *sf* cardiologia ∎ **área de cardiología** área de cardiologia

cardiólogo, -a /kar'ðjoloʝo, a/ *s* cardiologista ∎ **médico cardiólogo** médico cardiologista

cardo /'karðo/ *sm* cardo, cacto ∎ **cardo grande** cacto grande

carecer /kere'θer/ *v* carecer, faltar ∎ **carecer de afecto** carecer de afeto

carencia /ka'renθja/ *sf* carência, necessidade, privação ∎ **sufrir carencias** sofrer carências

carente /ka'rẽnte/ *adj* carente, necessitado ∎ **ayuda a los carentes** ajuda aos carentes

careo /ka'reo/ *sm* acareação, confronto ∎ **pasar por careo** passar por um confronto

carestía /kares'tia/ *sf* carestia, escassez, falta ∎ **carestía de dinero** falta de dinheiro

careta /ka'reta/ *sf* máscara ∎ **quitar la careta** tirar a máscara, desmascarar

carey /ka'rej/ *sm* tartaruga marinha ∎ **carey de zoológico** tartaruga marinha do zoológico

carga /'karɣa/ *sf* **1** carga, carregamento **2** peso **3** munição **4** imposto ∎ **ser una carga para alguien** ser uma carga para alguém

cargador, -a /kar a'ðor, a/ *adj* carregador ∎ **cargador de laptop** carregador do laptop

cargamento /karɣa'mento/ *sm* carregamento, carga ∎ **subir el cargamento** subir o carregamento

cargar /kar'rar/ *v* **1** carregar, embarcar mercadorias **2** sobrecarregar **3** aumentar **4** aborrecer **5** inclinar-se ∎ **cargar demasiado** beber demais **cargar en cuenta** debitar

cargo /'karɣo/ *sm* **1** posto, posição, emprego **alto cargo** emprego de muita responsabilidade **2** obrigação, cuidado, encargos ∎ **cargo de conciencia** peso na consciência ∎ **hacerse cargo** tomar conta, encarregar-se

carguero, -a /kar'ɣero, a/ *adj* **1** cargueiro, barco, trem e outros veículos que transportam mercadorias ∎ **recoger del carguero** pegar do barco

caricatura /karika'tura/ *sf* caricatura ∎ **dibujar una caricatura** desenhar uma caricatura

caricia /ka'riθja/ *sf* carícia, carinho, afago ∎ **dar una caricia** fazer um carinho

caridad /kari'ðað/ *sf* **1** caridade, benevolência, benefício **2** socorro, auxílio ∎ **practicar la caridad** praticar a caridade

caries /ka'rjar/ *v* cárie ∎ **curar las caries** curar as cáries

cariño /ka'riɲo/ *sm* **1** carinho, amor, afago **2** simpatia, estima ∎ **sentir cariño por alguien** sentir carinho por alguém

carisma /ka'risma/ *sm* carisma ∎ **animadora con carisma** animadora com carisma

cariz /ka'riθ/ *sm* aparência, semblante, aspecto ∎ **cariz buena** aparência boa

cascanueces

carmesí /karme'si/ *adj, sm* carmesim, vermelho ■ **coche carmesí** carro vermelho

carnada /kar'naða/ *sf* isca de carne (para caça ou pesca) ■ **usar como carnada** usar como isca

carnal /kar'nal/ *adj* carnal, lascivo, luxurioso ■ **deseo carnal** desejo carnal

carnaval /karna'βal/ *sm* 1 carnaval 2 orgia ■ **época de carnaval** época de carnaval

carnaza /kar'naθa/ *sf* sebo ■ **carnaza de cerdo** sebo de porco

carne /'karne/ *sf* 1 carne, tecido muscular (humano e animal) 2 corpo, matéria 3 polpa dos frutos ■ **carne fresca** carne fresca

carnero /kar'nero/ *sm* carneiro ■ **comer carnero** comer carneiro

carnicería /karniθe'ria/ *sf* 1 açougue 2 carnificina, matança, chacina 3 matadouro ■ **comprar en la carnicería** comprar no açougue

carnicero, -a /karni'θero, a/ *s* 1 açougueiro 2 cruel, desumano ■ **cuchillo de carnicero** faca de açougueiro

carnívoro, -a /kar'niβoro, a/ *adj* carnívoro ■ **animales carnívoros** animais carnívoros

carnoso, -a /kar'noso, a/ *adj* carnudo, cheio ■ **labios carnosos** lábios carnudos

caro, -a /'karo, a/ *adj* 1 caro, de preço elevado 2 querido, estimado ■ **ropa cara** roupa cara

carótida /ka'rotiða/ *sf* carótida ■ **arteria carótida** artéria carótida

carozo /ka'roθo/ *sm* 1 caroço de azeitona 2 caroço de qualquer fruta ■ **carozo de la fruta** caroço da fruta

carpa /'karpa/ *sf* 1 carpa 2 toldo 3 barraca, tenda ■ **armar una carpa** armar uma carpa

carpeta /kar'peta/ *sf* 1 pasta para guardar papéis 2 caminho, toalha de mesa ■ **carpeta de documentos** pasta de documentos

carpintero, -a /karpin'tero, a/ *adj, s* carpinteiro ■ **llamar al carpintero** chamar o carpinteiro

carraca /ka'raka/ *sf* matraca ■ **carraca insoportable** matraca insuportável

carraspear /karaspe'ar/ *v* pigarrear ■ **carraspear en la calle** pigarrear na rua

carrera /ka'rera/ *sf* 1 carreira, corrida de velocidade 2 percurso 3 estrada, rua 4 trilha 5 itinerário ■ **ganar la carrera** ganhar a corrida

carreta /ka'reta/ *sf* carreta ■ **carreta grande** carreta grande

carrete /ka'rete/ *sm* carretel, rolo de filme fotográfico ■ **malograr el carrete** malograr o carretel

carretera /kare'tera/ *sf* estrada ■ **manejar en la carretera** dirigir na estrada

carretilla /kare'tiʎa/ *sf* 1 carriola, carrinho de mão 2 andador (de criança) 3 buscapé, foguete ■ **carretilla de albañil** carrinho de mão de pedreiro

carricoche /kari'kotʃe/ *sm* 1 carro 2 calhambeque ■ **carricoche para paseo** carro para passeio

carril /ka'ril/ *sm* 1 pista, faixa de via pública destinada ao tráfego de veículos 2 sulco, marcas de roda, trilho 3 cada uma das barras de ferro das linhas de trem ■ **respetar el carril** respeitar a pista

carrillo /ka'riʎo/ *sm* bochecha ■ **comer a dos carrillos** comer com voracidade, devorar

carro /'karo/ *sm* 1 carro, veículo para transporte de carga 2 automóvel ■ **carro último modelo** carro último modelo

carrocería /karoθe'ria/ *sf* 1 carroceria 2 oficina mecânica ■ **llevar el auto a la carrocería** levar o carro até a oficina mecânica

carroña /ka'roɲa/ *sf* 1 carniça 2 pessoa desprezível ■ **ave carroñera** ave carniceira

carta /'karta/ *sf* 1 carta, missiva 2 carta de baralho 3 cardápio 4 mapa **carta astral** mapa astral ■ **echar las cartas** pôr cartas, predizer o futuro ■ **tener carta blanca** ter carta branca

cartabón /karta'βon/ *sm* 1 esquadro, régua ■ **cartabón de madera** régua de madeira

cartapacio /karta'paθjo/ *sm* 1 pasta escolar 2 caderno de apontamentos ■ **cartapacio de cuero** pasta escolar de couro

cartel /kar'tel/ *sm* cartaz, anúncio, mural **en cartel** em cartaz **tener cartel** ter cartaz, ser famoso ■ **cartel luminoso** cartaz luminoso

cártel /'kartel/ *sm* cartel, consórcio de empresas ■ **cártel llamativo** cartel chamativo

cartelera /karte'lera/ *sf* 1 armação, estrutura para colocação de cartazes 2 anúncios de cinema e teatro (no jornal) ■ **salir de cartelera** sair de cena

cárter /'karter/ *sm* cárter, caixa do motor ■ **arreglar el cárter** arrumar o cárter

cartera /kar'tera/ *sf* carteira, bolsa, pasta ■ **cartera elegante** bolsa elegante

carterista /karte'rista/ *s* ladrão de carteiras, batedor de carteira ■ **carterista peligroso** ladrão de carteiras perigoso

cartero /kar'tero, a/ *s* carteiro ■ **agencia de carteros** agência de carteiros

cartilaginoso, -a /kartilaxi'noso, a/ *adj* cartilaginoso ■ **tejido cartilaginoso** tecido cartilaginoso

cartílago /ka'tila o/ *sm* cartilagem ■ **cortar el cartílago** cortar a cartilagem

cartilla /ka'ti a/ *sf* cartilha, breviário ■ **revisar la cartilla** revisar a cartilha

cartografía /ka to a'fia/ *sf* cartografia ■ **hacer cartografía** fazer cartografia

cartón /ka'ton/ *sm* cartão, papelão ■ **caja de cartón** caixa de papelão

cartucho /ka'tu ʃo/ *sm* cartucho ■ **quemar el último cartucho** queimar até o último cartucho, tentar até o fim

cartulina /ka tu'lina/ *sf* cartolina ■ **cartulina orgánica** cartolina orgânica

casa /'kasa/ *sf* 1 casa, moradia, habitação 2 edifício 3 família 4 raça 5 propriedades, bens ■ **llegar a casa, sentirse como en casa** chegar na casa, sentir-se em casa

casaca /ka'saka/ *sf* casaca ■ **cambiar la casaca** virar casaca

casado, -a /ka'saðo, a/ *adj* casado ■ **vida de casado** vida de casado

casamiento /kasa'mjento/ *sm* casamento, enlace, matrimônio, união ■ **invitar al casamiento** convidar para o casamento

casar /ka'sar/ *v* 1 casar, contrair matrimônio 2 unir 3 emparelhar 4 combinar ■ **querer casarse** querer se casar

casca /kas'kar/ *v* 1 casca 2 bagaço da uva (depois de pisada, na produção de vinho) ■ **casca del plátano** casca da banana

cascabel /kaska'βel/ *sm* 1 guizo, chocalho, cascavel **poner el cascabel al gato** pôr o guizo no pescoço do gato ■ **serpiente cascabel** serpente cascavel

cascajo /kas'kaxo/ *sm* 1 cascalho, fragmento 2 traste ■ **caer cascajos** cair cascalho

cascanueces /kaska'nweθes/ *sm* 1 quebra-nozes ■ **ardilla cascanueces** esquilo quebra-nozes

81

cascar

cascar /kas'kar/ *v* **1** quebrar, partir, rachar **2** bater em alguém, golpear ■ **cascar el tronco** quebrar o tronco

cascarón /kaska'ron/ *sm* casca de ovo ■ **salir del cascarón** sair da casca do ovo

casco /'kasko/ *sm* **1** casco, vasilha **2** capacete **3** crânio **4** casca de cebola ■ **usar casco de motocicleta** usar capacete de moto

cascote /kas'kote/ *sm* **1** cascalho **2** entulho ■ **cascote en casa** entulho na casa

casero, -a /ka'sero, a/ *adj* **1** caseiro, familiar **2** caseiro **3** inquilino **4** senhorio ■ **almuerzo casero** almoço caseiro

caserón /kase'ron/ *sm* **1** casarão ■ **alquilar un caserón** alugar um casarão

casi /'kasi/ *adv* **1** quase, por pouco, aproximadamente ■ **casi llegamos** quase chegamos

casilla /ka'siʎa/ *sf* **1** casinha **2** bilheteria **3** casa (de tabuleiro) **4** compartimento **5** latrina ■ **entrar en la casilla** entrar na casinha

casillero /kasi'ʎero/ *sm* fichário, arquivo ■ **guardar en el casillero** guardar no arquivo

casino /ka'sino/ *sm* cassino, clube ■ **jugar en un casino** jogar no cassino

caso /'kaso/ *sm* **1** caso, acontecimento **2** acaso **3** circunstância **poner por caso** dar como exemplo ■ **hacer caso omiso** fazer caso omisso, não levar em conta

caspa /'kaspa/ *sf* caspa ■ **tener caspa** ter caspa

casta /'kasta/ *adj* casta, raça, linhagem **2** qualidade ■ **mujer casta** mulher casta

castaña /kas'taɲa/ *sf* **1** castanha **2** pancada, golpe **3** bofetada **4** bebedeira ■ **alergia a las castañas** alergia a castanhas

castañetear /kastaɲete'ar/ *v* **1** tocar castanholas **2** bater os dentes ■ **castañetear con el flamenco** tocar castanholas com flamenco

castaño, -a /kas'taɲo, a/ *adj* castanho ■ **cabello castaño** cabelo castanho

castañuela /kasta'ɲwela/ *sf* castanhola ■ **estar como unas castañuelas** rir de orelha a orelha

castellano, -a /kaste'ʎano, a/ *adj* castelhano ■ **hablar castellano** falar castelhano

castidad /kasti'ðað/ *sf* castidade, pureza ■ **conservar la castidad** conservar a castidade

castigar /kasti'rar/ *v* castigar, punir, fazer sofrer ■ **castigar a su hijo** castigar seu filho

castigo /kas'tiro/ *sm* castigo, punição ■ **castigo eterno** castigo eterno

castillo /kas'tiʎo/ *sm* castelo, fortaleza **hacer castillos en el aire** fazer castelos no ar, ficar sonhando ■ **castillo de arena** castelo de areia

casto, -a /'kasto, a/ *adj* casto, puro ■ **persona casta** pessoa casta

castor /kas'tor/ *sm* castor ■ **dientes de castor** dentes de castor

castrar /kas'trar/ *v* **1** castrar, capar, esterilizar **2** debilitar, podar ■ **castrar a los caballos** castrar os cavalos

casual /ka'swal/ *adj* casual, eventual, fortuito ■ **vestimenta casual** vestimenta casual

casualidad /kaswali'ðað/ *sf* casualidade, eventualidade, acaso **por casualidad** por acaso ■ **¡fue de casualidad!** foi de casualidade!

cata /'kata/ *sf* **1** prova, degustação **2** coisa oculta ■ **cata de comida** prova de comida

cataclismo /kata'klismo/ *sm* **1** cataclismo, desastre **2** grande transtorno social ou político ■ **estragos del cataclismo** estragos do cataclismo

catalán, -a /kata'lan, ana/ *adj, s* catalão ■ **cultura catalán** cultura catalana

catalejo /kata'lexo/ *sm* binóculo ■ **catalejo para ver mejor** binóculo para ver melhor

catálisis /ka'talisis/ *sf* catálise ■ **sistema de catálisis** sistema de catálise

catalizador /kataliθa'ðor, a/ *adj* catalisador ■ **catalizador en la casa** catalizador na casa

catalogar /katalo'rar/ *v* **1** catalogar, apontar, registrar, inscrever **2** rotular, tachar (alguém) ■ **catalogar como eficiente** catalogar como eficiente

catálogo /ka'talovo/ *sm* **1** catálogo **2** índice **3** minuta **4** inventário ■ **hacer pedido del catálogo** fazer pedido do catálogo

catar /ka'tar/ *v* **1** catar, provar, ensaiar **2** ver, examinar, buscar, pesquisar ■ **catador de vino** catador de vinho

catarata /kata'rata/ *sf* **1** catarata, cascata, cachoeira ■ **cataratas turísticas** cataratas turísticas

catarro /ka'taro/ *sm* **1** catarro **2** resfriado **3** gripe ■ **estar con catarro** estar com gripe

catastro /ka'tastro/ *sm* cadastro, censo estatístico ■ **catastro confiable** censo estatístico confiável

catástrofe /ka'tastrofe/ *sf* catástrofe, grande desgraça ■ **ocurrir una catástrofe** ocorrer uma catástrofe

catear /kate'ar/ *v* buscar, procurar algo **2** pesquisar **3** reprovar aluno **4** procurar minérios ■ **catear alguien** buscar alguém

cátedra /'kateðra/ *sf* **1** cátedra, cadeira, classe ■ **hablar en cátedra** falar de cátedra, com autoridade

catedral /kate'ðral/ *adj* **1** catedral ■ **matrimonio en la catedral** casamento na catedral

catedrático, -a /kate'ðratiko, a/ *sm* **1** catedrático, professor universitário ■ **salario de catedrático** salário de catedrático

categoría /katevo'ria/ *sf* **1** categoria, classe, graduação, ordem **2** caráter **3** condição ■ **categoría gramatical** categoria gramatical

catequesis /kate'kesis/ *sf* catequese ■ **hacer catequesis** fazer catequese

caterva /ka'terβa/ *sf* caterva, multidão ■ **caterva de personas** multidão de pessoas

catéter /ka'teter/ *sm* cateter ■ **catéter en el cuerpo** cateter no corpo

cateterismo /katete'rismo/ *sm* cateterismo ■ **hacer un cateterismo** fazer um cateterismo

catolicismo /katoli'θismo/ *sm* catolicismo ■ **catolicismo disminuye** catolicismo diminui

católico, -a /a'toliko, a/ *adj* católico, universal ■ **católico fiel** católico fiel

caución /kaw'θjon/ *sf* caução, precaução, cautela ■ **caución para nadar** caução para nadar

caucho /'kawtʃo/ *sm* caucho, borracha ■ **caucho fuerte** caucho forte

caudal /kaw'ðal/ *adj* **1** caudal, torrente **2** bens, posses, dinheiro **3** abundância ■ **caudal fuerte** torrente forte

caudillo /kaw'ðiʎo/ *sm* caudilho, chefe militar ■ **miedo del caudillo** medo do chefe militar

causa /'kawsa/ *sf* causa, origem, razão ■ **causa de la pelea** causa da briga

causalidad /kawsali'ðað/ *sf* causalidade, origem ■ **causalidad de la vida** causalidade da vida

censar

causar /kaw'saɾ/ v 1 causar, acarretar, originar, produzir, motivar 2 dar 3 produzir-se, originar-se ■ **causar problemas** causar problemas

cáustico, -a /'kawstiko, a/ adj 1 cáustico 2 irônico ■ **persona cáustica** pessoa irônica

cautela /kaw'tela/ sf cautela, precaução, prevenção, prudência ■ **tener cautela** ter cautela

cauterización /kawte iθa'θjon/ sf cauterização ■ **hacer una cauterización** fazer uma cauterização

cautivar /kawti'βaɾ/ v 1 cativar, seduzir, enamorar, encantar ■ **cautivar las personas** cativar as pessoas

cautiverio /kawti'βe jo/ sm cativeiro, prisão, cárcere ■ **cautiverio de animales** cativeiro de animais

cautivo, -a /kaw'tiβo, a/ adj cativo, prisioneiro, seduzido ■ **pájaro cautivo** pássaro prisioneiro

cava /'kaβa/ sf 1 cava, fosso 2 cava ■ **cava fonda** cava funda

cavar /ka'βa /v 1 cavar, escavar 2 aprofundar, meditar, refletir ■ **cavar mucho** cavar muito

caverna /ka'βe na/ sf caverna, gruta, antro ■ **caverna oscura** caverna escura

cavidad /kaβi'ðað/ sf cavidade, depressão, cova ■ **cavidad en la tierra** cavidade na terra

cavilar /kaβi'la /v matutar, pensar, cismar ■ **cavilar mucho** pensar muito

cayado /ka' aðo/ sm cajado, bordão, bastão de apoio ■ **cayado de madera** cajado de madeira

caza /'kaθa/ sf 1 caça, caçada 2 animais caçados 3 investigação, procura ■ **caza de animales** caça de animais

cazador, -a /kaθa'ðoɾ, a/ adj caçador ■ **cazador en la floresta** caçador na floresta

cazadora /kaθa'ðoɾ, a/ adj jaqueta esportiva ■ **cazadora negra** jaqueta esportiva preta

cazar /ka'θaɾ/ v caçar, procurar, perseguir ■ **cazar un conejo** caçar um coelho

cazo /'kaθo/ sm caçarola, frigideira, concha ■ **cazo de hierro** caçarola de ferro

cazuela /ka'θwela/ sf 1 caçarola 2 guisado, cozido 3 galeria (de teatro) ■ **cazuela grande** caçarola grande

cazurro, -a /ka'θuro, a/ adj, s casmurro, carrancudo ■ **hombre cazurro** homem carrancudo

ce /'θe/ sf nome da letra c ■ **ce de cebolla** ce de cebola

cebada /θe'βaða/ sf cevada ■ **comer cebada** comer cevada

cebar /θe'βaɾ/ v cevar, fazer engordar, nutrir ■ **cebar el cuerpo** nutrir o corpo

cebo /'θeβo/ sm ceva, isca, engodo ■ **cebo de pescado** isca de peixe

cebolla /θe'βoʎa/ sf cebola ■ **cebolla y ajo** cebola e alho

cebolleta /θeβo'ʎeta/ sf cebolinha ■ **cebolleta en el poroto** cebolinha no feijão

cebollino /θeβo'ʎino/ sm 1 semente de cebola 2 tonto, bobo ■ **hombre cebollino** homem bobo

cebra /'θeβɾa/ sf zebra ■ **paso de cebra** faixa de pedestres

ceca /'θeka/ sf casa onde se cunha moeda ■ **ceca grande** casa grande onde se cunha moeda

cedazo /θe'ðaθo/ sm 1 peneira 2 crivo ■ **cedazo de madera** peneira de madeira

ceder /θe'ðeɾ/ v 1 ceder, transferir 2 renunciar 3 deixar 4 sujeitar-se 5 render-se ■ **ceder el dinero** transferir o dinheiro

cedilla /θe'ðiʎa/ sf cedilha ■ **cedilla grande** cedilha grande

cédula /'θeðula/ sf 1 cédula 2 documento, título de crédito

cédula personal carteira de identidade ■ **cédula sucia** cédula suja

cegar /θe'xaɾ/ v 1 cegar, tirar a visão 2 ofuscar, iludir ■ **cegar la visión** cegar a visão

cegato, -a /θe'ɾato, a/ adj, s míope, cegueta ■ **persona cegata** pessoa míope

ceguera /θe'ɾeɾa/ sf 1 cegueira 2 obsessão ■ **ceguera irreversible** cegueira irreversível

ceja /'θexa/ sf 1 sobrancelha, supercílio 2 cílio ■ **ceja grande** sobrancelha grande

cejar /θe'xaɾ/ v retroceder, recuar ■ **cejar la decisión** recuar retroceder a decisão

celador, -a /θela'ðoɾ, a/ s zelador, vigilante ■ **celador de la casa** zelador da casa

celar /θe'laɾ/ v 1 zelar, cuidar, vigiar 2 ocultar-se, disfarçar-se ■ **celar de los hijos** zelar dos filhos

celda /'θelda/ sf 1 cela 2 célula, cavidade pequena, cubículo ■ **celda de la prisión** cela da prisão

celdilla /θel'diʎa/ sf célula, nicho ■ **cedilla del organismo** célula do organismo

celebrar /θele'βɾaɾ/ v 1 celebrar, louvar, festejar, comemorar, exaltar 2 celebrar-se, realizar-se ■ **celebrar la vida** celebrar a vida

célebre /'θeleβɾe/ adj célebre, famoso, extravagante ■ **persona célebre** pessoa célebre

celebridad /θeleβɾi'ðað/ sf celebridade, fama ■ **celebridad del cine** celebridade do cinema

celestial /θeles'tjal/ adj 1 celestial 2 divino, perfeito, encantador ■ **vida celestial** vida celestial

célibe /'θeliβe/ adj, s celibatário, solteiro ■ **hombre célibe** homem solteiro

celo /'θelo/ sm 1 zelo, cuidado 2 cio 3 anseio **tener celos de alguien** ter ciúmes ■ **celo por los hijos** zelo pelos filhos

celofán /θelo'fan/ sm celofane ■ **papel celofán** papel cefolane

celoso, -a /θe'loso, a/ adj 1 zeloso 2 ciumento ■ **hombre celoso** homem ciumento

célula /'θelula/ sf 1 célula 2 ajuntamento de pessoas do mesmo grupo político ■ **célula fotoeléctrica** célula fotoelétrica

celular /θelu'laɾ/ adj celular ■ **teléfono celular** telefone celular

celulosa /θelu'losa/ sf celulose ■ **celulosa de las plantas** celulose das plantas

cementerio /θemen'teɾjo/ sm 1 cemitério 2 lugar isolado, pouco animado ■ **miedo de cementerio** medo de cemitério

cemento /θe'mento/ sm cimento ■ **cemento en la pared** cimento na parede

cena /'θena/ sf jantar, ceia ■ **cena temprana** jantar cedo

cenagal /θena'ɾal/ sm atoleiro, lamaçal ■ **coche en el cenagal** carro no lamaçal

cenagoso, -a /θena'ɾoso, a/ adj lamacento ■ **lugar cenagoso** lugar lamacento

cenar /θe'naɾ/ v jantar, cear ■ **cenar mucho** jantar muito

cenefa /θe'nefa/ sf 1 sanefa 2 grinalda ■ **novia de cenefa** noiva de grinalda

cenicero /θeni'θeɾo/ sm cinzeiro ■ **cenicero en la mesa** cinzeiro na mesa

cenizo, -a /θe'niθo, a/ adj 1 cinzento, cinza, pó, resíduo de combustão ■ **tiempo cenizo** tempo cinzento

censar /θen'saɾ/ v recensear ■ **censar mucho** recensear muito

83

censo

censo /ˈθenso/ *sm* censo, recenseamento ■ **censo en la escuela** censo na escola

censura /θenˈsura/ *sf* censura, crítica, exame de obras artísticas e literárias, repreensão ■ **censura de opiniones** censura de opiniões

censurar /θensuˈrar/ *v* censurar, julgar, criticar, desaprovar, condenar ■ **censurar las personas** censurar as pessoas

centavo /θenˈtaβo/ *sm* centavo ■ **cincuenta centavos** cinquenta centavos

centella /θenˈteʎa/ *sf* **1** centelha, faísca, raio **2** recordação ■ **centella peligrosa** raio perigoso

centenario, -a /θenteˈnarjo/ *adj* centenário, século ■ **conmemorar el centenario** comemorar o centenário

centeno, -a /θenˈteno/ *sm* **1** centésimo, centena **2** centeio (cereal) ■ **pan de centeno** pão de centeio

centígrado, -a /θenˈtiɣraðo/ *a/ adj* centígrado ■ **temperatura en centígrado** temperatura em centígrado

centímetro /θenˈtimetro/ *sm* centímetro ■ **pocos centímetros** poucos centímetros

céntimo, -a /ˈθentimo/ *a/ adj* centésimo ■ **céntimo pedido** centésimo pedido

centinela /θentiˈnela/ *s* sentinela, vigia ■ **centinela de la casa** sentinela da casa

central /θenˈtral/ *adj* **1** central **2** repartição pública ou agência ■ **central de correos y telégrafos** central de correios e telégrafos

centralita /θentraˈlita/ *sf* posto telefônico ■ **centralita queda lejos** posto telefônico fica longe

centralizar /θentraˈliθar/ *v* centralizar, centrar ■ **centralizar los problemas** centralizar os problemas

centrar /θenˈtrar/ *v* **1** centrar, centralizar, determinar o centro **2** concentrar-se ■ **centrar en los estudios** centrar nos estudos

centrifugar /θentrifuˈɣar/ *v* centrifugar ■ **centrifugar la ropa** centrifugar a roupa

centrífugo, -a /θenˈtrifuɣo/ *a/ adj* **1** centrífugo **2** centrífuga ■ **aparato centrífugo** aparelho centrífugo

centro /ˈθentro/ *sm* **1** centro, meio **2** assembleia **3** ponto mais concorrido de uma vila ou cidade **4** centro comercial, industrial ■ **centro de la ciudad** centro da cidade

centuplicar /θentupliˈkar/ *v* centuplicar ■ **centuplicar las ventajas** centuplicar as vantagens

ceñir /θeˈɲir/ *v* **1** cingir, rodear **2** abraçar-se **3** reduzir os gastos ■ **ceñir las personas** rodear as pessoas

cepa /ˈθepa/ *sf* **1** cepa, tronco **2** linhagem, família ■ **cepa grande** tronco grande

cepillar /θepiˈʎar/ *v* **1** escovar, aplainar, alisar **2** polir ■ **cepillar los dientes** escovar os dentes

cepillo /θeˈpiʎo/ *sm* **1** escova de dentes **2** plaina **3** urna, cofre de igreja ■ **cepillo para el pelo** escova de cabelo

cepo /ˈθepo/ *sm* **1** armadilha para pegar animais **2** urna em que se depositam esmolas nas igrejas ■ **cepo en la selva** armadilha na floresta

cera /ˈθepo/ *sm* **1** cera, secreção das abelhas **2** pessoa de temperamento dócil ■ **cera de las abejas** cera das abelhas

cerámica /θeˈramika/ *sf* cerâmica ■ **suelo de cerámica** chão de cerâmica

cerca /ˈθerka/ *sf* **1** cerca, muro **2** quase, perto, próximo **cerca de aproximadamente** por volta de ■ **cerca de casa** perto de casa

cercanía /θerkaˈnia/ *sf* **1** cercania, proximidade **2** cercania ■ **cercanía del camino correcto** cercania do caminho certo

cercano, -a /θerˈkano/ *a/ adj* próximo, vizinho ■ **ciudad cercana** cidade vizinha

cercar /θerˈkar/ *v* cercar, sitiar, rodear, circular ■ **cercar por la ciudad** circular pela cidade

cercenar /θerθeˈnar/ *v* **1** cercear, cortar rente **2** mutilar **3** diminuir ■ **cercenar el dinero** diminuir o dinheiro

cerciorar /θerθjoˈrarse/ *v* certificar, afirmar, afiançar, assegurar ■ **cerciorar la presencia** certificar a presença

cerco /ˈθerko/ *sm* **1** cerco, sítio **2** circuito **3** recinto **4** movimento circular ■ **cerco lejos** sítio longe

cerdo, -a /ˈθerðo/ *a/ s* porco, suíno ■ **comer cerdo** comer porco

cereal /θereˈal/ *adj* **1** cereal **2** pessoa suja, grosseira, sem compostura ou escrúpulos ■ **cereal en el desayuno** cereal no café da manhã

cerebelo /θereˈβelo/ *sm* cerebelo ■ **cáncer en el cerebelo** câncer no cerebelo

cerebral /θereˈβral/ *adj* cerebral, racional, intelectual ■ **problema cerebral** problema cerebral

cerebro /θeˈreβro/ *sm* **1** cérebro **2** talento ■ **cerebro grande** cérebro grande

ceremonia /θereˈmonja/ *sf* **1** cerimônia, formalidade, etiqueta **2** ritual ■ **ceremonia en la iglesia** cerimônia na igreja

ceremonial /θeremoˈnjal/ *adj* **1** cerimonioso **2** cerimonial ■ **participar del ceremonial** participar do cerimonial

cereza /θeˈreθa/ *sf* cereja ■ **cereza en el pastel** cereja no bolo

cerilla /θeˈriʎa/ *sf* **1** fósforo **2** pavio **3** cerúmen ■ **caja de cerillas** caixa de fósforos

cerner /θerˈner/ *v* **1** peneirar **2** crivar **3** examinar ■ **cerner el maní** peneirar o amendoim

cero /ˈθero/ *adj, sm* zero ■ **ser un cero a la izquierda** ser um zero à esquerda

cerrado, -a /θeˈrar/ *v* **1** fechado **2** oculto ■ **puerta cerrada** porta fechada

cerradura /θeraˈðura/ *sf* fechadura ■ **mirar por la cerradura** olhar pela fechadura

cerrajero /θeraˈxero/ *a/ adj* serralheiro ■ **llamar el cerrajero** chamar o serralheiro

cerrar /θeˈrar/ *v* **1** cerrar, fechar, trancar, encerrar ■ **cerrar la boca** fechar a boca, ficar em silêncio ■ **cerrar los oídos** fechar os ouvidos, não querer ouvir **2** saldar **3** vedar

cerrazón /θeraˈθon/ *sf* cerração, nevoeiro ■ **cerrazón en la montaña** nevoeiro na montanha

cerro /ˈθero/ *sm* **1** cerro, colina, outeiro **2** pescoço (de animal) **3** espinhaço, lombo ■ **cerro alto** colina alta

cerrojo /θeˈroxo/ *sm* ferrolho ■ **cerrojo grande** ferrolho grande

certamen /θerˈtamen/ *sm* **1** desafio, duelo **2** competição ■ **certamen en la escuela** desafio na escola

certero, -a /θerˈtero/ *a/ adj* certeiro, seguro ■ **golpe certero** golpe certeiro

certeza /θerˈteθa/ *sf* certeza, segurança, convicção ■ **certeza de la respuesta** certeza da resposta

certificación /θertifikaˈθjon/ *sf* **1** certificação **2** certidão ■ **certificación del trabajo** certificação do trabalho

certificado, -a /θertifiˈkar/ *v* **1** registrado (carta, volume) **2** certificado, atestado ■ **empleado certificado** empregado registrado

certificar /θertifiˈkar/ *v* **1** certificar, assegurar, afirmar **2** assegurar-se ■ **certificar el trabajo** certificar o trabalho

citología

cerumen /θe'rumen/ *sm* cerume, cera de ouvido ■ **cerumen en el oído** cerume no ouvido

cervecería /θerβeθe'ria/ *sf* cervejaria ■ **cervecería famosa** cervejaria famosa

cerveza /θer'βeθa/ *sf* cerveja ■ **tomar cerveza** tomar cerveja

cesar /θe'sar/ *v* **1** cesante **2** cessante, parado ■ **estar cesante** estar sem trabalho

cese /'θese/ *sm* cessação, suspensão ■ **cese del derecho** suspensão do direito

cesión /θe'sjon/ *sf* **1** cessão, transferência **2** abandono **3** renúncia ■ **cesión del cargo** abandono do cargo

cesionista /θesjo'nista/ *s* cedente ■ **buen cesionista** bom cedente

césped /'θespeð/ *sm* gramado, relva ■ **césped verde** gramado verde

cesto, -a /'θesto/ *sm* cesto ■ **cesto de ropa** cesto de roupa

cesura /θe'sura/ *sf* cesura, corte, pausa ■ **cesura de ropa** corte de roupa

cetro /'θetro/ *sm* cetro, bastão **2** reinado ■ **cetro del rey** cetro do rei

cibernética /θiβer'netika/ *sf* cibernética ■ **actualización cibernética** atualização cibernética

cicatería /θikate'ria/ *sf* mesquinharia, avareza, ruindade ■ **cicatería de las personas** avareza das pessoas

cicatero, -a /θika'tero, a/ *adj, s* avaro, sovina, mesquinho ■ **hombre cicatero** homem mesquinho

cicatriz /θika'triθ/ *sf* **1** cicatriz **2** estigma ■ **cicatriz en la pierna** cicatriz na perna

cíclico, -a /'θikliko, a/ *adj* cíclico ■ **relacionamiento cíclico** relacionamento cíclico

ciclismo /θi'klismo/ *sm* ciclismo ■ **hacer ciclismo** fazer ciclismo

ciclo /'θiklo/ *sm* ciclo, período cronológico ■ **ciclo de la vida** ciclo da vida

ciclón /θi'klon/ *sm* **1** ciclone, furação **2** pessoa intempestiva ■ **ciclón peligroso** ciclone perigoso

cicuta /θi'kuta/ *sf* cicuta, veneno ■ **tomar cicuta** tomar veneno

ciego, -a /θe'var/ *v* **1** cego **2** ofuscado, alucinado ■ **ciego por la luz** cego pela luz

cielo /'θjelo/ *sm* **1** céu, firmamento **2** atmosfera **3** paraíso **bajado del cielo** caído do céu, prodigioso ■ **cielo azul** céu azul

ciempiés /θjem'pjes/ *sm* centopeia ■ **ciempiés en la grama** centopeia na grama

cien /'θjen/ *adj, sm* cem ■ **al cien por cien** estar cem por cento

ciénaga /'θjenava/ *sf* lamaçal, lameiro, pântano ■ **ciénaga en la hacienda** lamaçal na fazenda

ciencia /'θjenθja/ *sf* **1** ciência **2** conhecimento **3** sabedoria **4** habilidade ■ **ciencia de la vida** ciência da vida

cieno /'θjeno/ *sm* lodo, lama, barro ■ **mucho cieno** muito lodo

científico, -a /θjen'tifiko, a/ *adj* científico, cientista ■ **científico famoso** científico famoso

ciento /'θjento/ *adj, sm* cento, ■ **cien por ciento** cem por cento

ciervo, -a /'θjerβo, a/ *s* cervo, veado ■ **ciervo de la selva** veado da floresta

cifra /'θifra/ *sf* **1** cifra, algarismo, código, abreviatura, monograma, emblema **2** soma ■ **cifra de la canción** cifra da música

cigarrillo /θixa'riλo/ *sm* cigarro, cigarrilha ■ **fumar un cigarrillo** fumar um cigarro

cigarro /θi'raro/ *sm* charuto, puro ■ **puro cubano** charuto cubano

cigüeña /θi'rweɲa/ *sf* cegonha ■ **cigüeña blanca** cegonha branca

cilindrada /θilin'draða/ *sf* cilindrada ■ **muchas cilindradas** muitas cilindradas

cilindro /θi'lindro/ *sm* **1** cilindro **2** rolo **cilindro compresor** rolo compressor ■ **cilindro grande** cilindo grande

cima /'θima/ *sf* **1** cimo, cume, topo **2** fim ■ **cima de la montaña** cume da montanha

cimentar /θimen'ta / *v* **1** cimentar **2** alicerçar, construir, assentar, consolidar princípios ■ **cimentar el pasillo** cimentar a calçada

cincuentenario /θinkwen_te'narjo, a/ *adj, s* cinquentenário ■ **fiesta de cincuentenario** festa de cinquentenário

cincho /'θinʃ o/ *sm* **1** cinto, faixa larga ■ **cincho negro** cinto preto

cine /'θine/ *sm* **1** cine, cinema ■ **ir al cine** ir ao cinema

cineasta /θine'asta/ *s* cineasta ■ **cineasta famoso** cineasta famoso

cínico, -a /'θiniko/ *adj, s* **1** cínico **2** falacioso ■ **persona cínica** pessoa cínica

cinta /'θin_ta/ *sf* **1** cinta, faixa, tira, fita **2** cinto, correia **3** cintura ■ **cinta aisladora** cinta aislante

cintura /θin'tura/ *sf* cintura ■ **cintura grande** cintura grande

cinturón /θintu'ron/ *sm* cinturão, cinto ■ **cinturón de seguridad** cinto de segurança

ciprés /θi'pres/ *sm* cipreste ■ **ciprés grande** cipreste grande

circo /'θirko/ *sm* **1** circo **2** anfiteatro **3** círculo ■ **payaso de circo** palhaço de circo

circuito /θir'kwito/ *sm* **1** circuito, contorno, trajeto, percurso **2** série de condutores ■ **cortocircuito** curto-circuito

circulación /θirkula'θjon/ *sf* **1** circulação **2** giro **3** trânsito ■ **circulación de la sangre** circulação do sangue

circular /θirku'lar/ *adj, f* **1** circular, redondo ■ **circular por la calle** circular pela rua

círculo /'θirkulo/ *sm* **1** círculo **2** circuito **3** distrito **4** clube, grêmio **5** aro **6** giro **7** limite ■ **círculo perfecto** círculo perfeito

circunflejo /θirku'flexo, a/ *adj* **1** circunflexo ■ **formato circunflejo** formato circunflexo

circunstancia /θirkuns'tanθja/ *sf* **1** circunstância **2** qualidade, requisito **3** valor **4** circunstância agravante, atenuante ■ **circunstancia de la vida** circunstância da vida

ciruela /θi'rwela/ *sf* ameixa ■ **comer ciruela** comer ameixa

cirugía /θiru'xia/ *sf* cirurgia ■ **hacer una cirugía** fazer uma cirurgia

cirujano, -a /θiru'xano, a/ *s* cirurgião ■ **cirujano plástico** cirurgião plástico

cisco /'θisko/ *sm* **1** cisco, pó de carvão **2** briga, alvoroço ■ **cisco en el ojo** cisco no olho

cisne /'θisne/ *sm* cisne ■ **cisne blanco** cisne branco

cisterna /θis'terna/ *sf* cisterna, poço ■ **cisterna de la casa** cisterna da casa

cisura /θi'sura/ *sf* fenda, fissura ■ **cisura grande** fenda grande

citar /θi'tar/ *v* **1** citar, apontar, referir, mencionar **2** avisar **3** intimar, notificar **4** marcar encontro ■ **citar una frase** citar uma frase

citología /θitolo'xia/ *sf* citologia ■ **área de citología** área de citologia

C

85

citoplasma

citoplasma /θito'plasma/ *sm* citoplasma ■ **citoplasma grande** citoplasma grande

cítrico, -a /'θitriko, a/ *adj, sm* cítrico, fruto cítrico ■ **fruta cítrica** fruta cítrica

ciudad /θju'ðað/ *sf* cidade, povoação urbana ■ **ciudad satélite** cidade satélite

ciudadano, -a /θjuða'ðano, a/ *adj, s* citadino, cidadão ■ **ciudadano responsable** cidadão responsável

civilización /θiβiliθa'θjon/ *sf* 1 civilização 2 progresso, cultura ■ **civilización antigua** civilização antiga

cizalla /θi'θaʎa/ *sf* tesoura mecânica 2 fórceps ■ **cizalla buena** tesoura mecânica boa

clamar /kla'mar/ *v* clamar, vociferar, bradar, gritar ■ **clamar a los dioses** clamar aos deuses

clan /'klan/ *sm* clã, tribo, família ■ **clan de animales** tribo de animais

clandestino, -a /klandes'tino, a/ *adj, s* clandestino, oculto, ilegal ■ **clandestino en la ciudad** clandestino na cidade

clara /'klara/ *sf* clara (de ovo) ■ **a las claras** às claras

claraboya /klara'βoja/ *sf* clarabóia ■ **claraboya de la casa** clarabóia da casa

clarear /klare'ar/ *v* 1 clarear, esclarecer, aclarar 2 clarear, amanhecer, limpar o tempo 3 tornar-se transparente ■ **clarear las ideas** clarear as ideias

clarinete /klari'nete/ *sm* clarinete, clarinetista ■ **tocar clarinete** tocar clarinete

clarividencia /klariβi'ðenθja/ *sf* clarividência, perspicácia ■ **tener clarividencia del asunto** ter clarividência do assunto

claro, -a /'klaro, a/ *adj, sm* 1 claro, iluminado 2 limpo, despojado 3 transparente, evidente, compreensível 4 pálido 5 ilustre ■ **pensamiento claro** pensamento claro

clase /'klase/ *sf* 1 classe, ordem, categoria, grupo 2 sala de aula ■ **clase grande** sala de aula grande

clásico, -a /'klasiko, a/ *adj, s* clássico ■ **música clásica** música clássica

clasificación /klasifika'θjon/ *sf* classificação ■ **clasificación de la competición** classificação da competição

claudicar /klawði'kar/ *v* ceder, render-se, transigir, falhar ■ **claudicar el lugar** ceder o lugar

claustro /'klawstro/ *sm* claustro ■ **claustro de profesores** corpo docente

claustrofobia /klawstro'foβja/ *sf* claustrofobia ■ **tener claustrofobia** ter claustrofobia

cláusula /'klawsula/ *sf* cláusula ■ **última cláusula** última cláusula

clausura /klaw'sura/ *sf* clausura, encerramento ■ **clausura del proceso** clausura do processo

clavar /kla'βar/ *v* 1 cravar, pregar, fixar, firmar 2 engastar pedras 3 encravar-se ■ **clavar la uña** cravar a unha

clave /'klaβe/ *sf* chave, código, explicação ■ **clave de acceso** código de acesso

clavel /kla'βel/ *sm* cravo ■ **clavel en el jardín** cravo no jardim

clavícula /kla'βikula/ *sf* clavícula ■ **dolor en la clavícula** dor na clavícula

clavo /'klaβo/ *sm* 1 cravo, prego 2 cravo-da-índia (especiaria) 3 angústia ■ **dar en el clavo** acertar em cheio

claxon /'klakson/ *s* buzina ■ **claxon del coche** buzina do carro

clemencia /kle'menθja/ *sf* clemência, bondade, indulgência ■ **pedir clemencia** pedir clemência

clero /'klero/ *sm* clero ■ **decisión del clero** decisão do clero

cliché /kli'tʃe/ *sm* 1 clichê, matriz onde se grava um impresso 2 frase estereotipada ■ **hablar un cliché** falar um clichê

cliente, -a /'kljente/ *s* cliente, freguês ■ **cliente antiguo** cliente antigo

clientela /kljen'tela/ *sf* clientela ■ **clientela del restaurante** clientela do restaurante

clima /'klima/ *sm* clima, temperatura ■ **clima artificial** ambiente com ar-condicionado

clímax /'klimaks/ *sm* clímax, auge, etapa final ■ **clímax de la historia** clímax da historia

clínico, -a /'kliniko, a/ *s* clínico ■ **ojo clínico** olho clínico

clip /'klip/ *sm* clipe, grampo ■ **clip en las hojas** clipe nas folhas

clítoris /'klitoris/ *sm* clítóris ■ **sacar el clítoris** tirar o clítóris

cloro /'kloro/ *sm* cloro ■ **cloro en el água** cloro na água

clorofila /kloro'fila/ *sf* clorofila ■ **clorofila de la planta** clorofina da planta

club /'kluβ/ *sm* clube, grêmio, associação, bar noturno ■ **club con sol** clube com sol

coacción /koak'θjon/ *sf* coação, imposição ■ **coacción fuerte** coação forte

coadyuvar /koaðju'βar/ *v* coadjuvar, ajudar, auxiliar, colaborar ■ **coadyuvar en la película** coadjuvar no filme

coagulación /koarula'θjon/ *sf* coagulação ■ **coagulación de sangre** coagulação de sangue

coágulo /ko'arulo/ *sm* coágulo ■ **tener un coágulo** ter um coágulo

coalición /koali'θjon/ *sf* coalizão, liga ■ **coalición de personas** coalizão de pessoas

cobalto /ko'βalto/ *adj* cobalto ■ **azul cobalto** azul cobalto

cobarde /ko'βarðe/ *adj, s* 1 covarde, medroso, fraco 2 indigno ■ **hombre cobarde** homem covarde

cobardía /koβar'ðia/ *sf* covardia, medo, fraqueza 2 indignidade ■ **cobardía de las personas** covardia das pessoas

cobaya /ko'βaja/ *sm* cobaia, porquinho-da-índia, preá ■ **cobaya de la mujer** cobaia da mulher

cobertura /koβer'tura/ *sf* coberta, cobertor, cobertura (jornalística), garantia ■ **cobertura periódica** cobertura jornalística

cobijar /koβi'xar/ *v* cobrir, tapar 2 abrigar, proteger ■ **cobijar el hijo** proteger o filho

cobra /'koβra/ *sf* cobra, serpente venenosa ■ **cobra de mujer** cobra de mulher

cobrar /ko'βrar/ *v* 1 cobrar 2 receber (uma dívida, salário) 3 recuperar (ânimo, gosto) 4 adquirir, ganhar (fama) 5 recobrar-se, restabelecer-se ■ **cobrar el cliente** cobrar o cliente

cobre /'koβre/ *adj* 1 cobre 2 troco, dinheiro miúdo 3 instrumentos de metal **no tener un cobre** não ter um tostão, estar duro ■ **color cobre** cor cobre

coca /'koka/ *sf* 1 coca, planta narcótica 2 cada porção de cabelo da maria-chiquinha 3 cuca, cabeça ■ **mascar coca** mascar coca

cocaína /koka'ina/ *sf* cocaína ■ **negar cocaína** recusar cocaína

cocer /ko'θer/ *v* 1 cozer, cozinhar 2 ferver um líquido 3 consumir-se, padecer ou suportar por longo tempo uma dor, um sofrimento ■ **cocer la comida** cozinhar a comida

cociente /ko'θjente/ *sm* quociente ■ **cociente de números** quociente de números

cocina /ko'θina/ *sf* cozinha, fogão, gastronomia ■ **cocina grande** cozinha grande

cocinero /koθi'nero, a/ *adj, sm* cozinheiro, mestre-cuca ■ **buen cocinero** bom cozinheiro

colombiano

coco /'koko/ *sm* coco **dulce de coco** cocada **2** bactéria **3** cabeça, bicho-papão ■ **coco con chocolate** coco com chocolate

cocodrilo /koko'ðrilo/ *sm* crocodilo ■ **cocodrilo en el lago** crocodilo no lago

cóctel /'koktel/ *sm* coquetel (reunião) **2** mistura de bebidas ■ **tomar cóctel** tomar coquetel

coctelera /kokte'lera/ *sf* coqueteleira ■ **coctelera de vidrio** coqueteleira de vidro

cochambre /ko'tʃambre/ *s* sujeira, porcaria, imundície ■ **cochambre en la casa** sujeira na casa

cochambroso, -sa /kotʃam'broso, a/ *adj* sujo, porco, imundo ■ **lugar cochambroso** lugar sujo

coche /'kotʃe/ *sm* **1** coche, carro, **2** vagão de trem para passageiros ■ **coche blindado** carro blindado

cochinillo, -a /kotʃi'niʎo/ *sm* leitão novo ■ **cochinillo en la hacienda** leitão novo na fazenda

cochino /ko'tʃino, a/ *adj, s* **1** porco, suíno **2** sujo, imundo ■ **cochino grande** porco grande

codicia /ko'ðiθja/ *sf* cobiça, avidez, ambição, ganância ■ **codicia de la vida** cobiça da vida

código /'koðiɣo/ *sm* **1** código **2** conjunto de leis, regras ou preceitos ■ **código de señales** código de sinais

codo /'koðo/ *sm* cotovelo ■ **hablar por los codos** falar pelos cotovelos

coeficiente /koefi'θjente/ *sm* coeficiente ■ **coeficiente del número** coeficiente do número

coexistencia /koeksis'tenθja/ *sf* coexistência ■ **coexistencia de la verdad** coexistência da verdade

cofia /'kofja/ *sf* coifa, touca de cabelo ■ **cofia negra** touca de cabelo preta

cofre /'kofre/ *sm* cofre, baú, arca ■ **cofre del tesoro** cofre do tesouro

coger /ko'xeɾ/ *v* **1** pegar, apreender, agarrar, tomar, receber, colher **2** surpreender **3** encontrar **4** obter, adquirir **5** entender, compreender, captar ■ **coger el material** pegar o material

cohabitar /koaβi'taɾ/ *v* coabitar, viver em comum ■ **cohabitar la ciudad** coabitar a cidade

cohesión /koe'sjon/ *sf* coesão, aderência, adesão, harmonia ■ **cohesión en el texto** coesão no texto

cohete /ko'ete/ *sm* foguete ■ **cohete peligroso** foguete perigoso

cohibir /koj'βiɾ/ *v* **1** coibir, reprimir, intimidar **2** privar-se ■ **cohibir las personas** reprimir as pessoas

coincidencia /kojnθi'ðenθja/ *sf* **1** coincidência **2** casualidade ■ **coincidencia en la vida** coincidência na vida

coincidir /kojnθi'ðiɾ/ *v* **1** coincidir, vir a calhar **2** concordar ■ **coincidir los datos** coincidir os dados

coito /'kojto/ *sm* coito, relação sexual, cópula ■ **coito con alguien** relação sexual com alguém

cojinete /koxi'nete/ *sm* **1** pequena almofada **2** mancal, rolamento ■ **cojinete para la cabeza** pequena almofada para a cabeça

cojo, -a /'koxo, a/ *s* coxo, manco ■ **hombre cojo** homem manco

cojón /ko'xon/ *sm* testículo ■ **dos cojones** dois testículos

cojonudo /koxo'nuðo, a/ *adj* excelente, incrível, magnífico ■ **trabajo cojonudo** trabalho excelente

col /'kol/ *sf* couve ■ **col en la ensalada** couve na salada

cola /'kola/ *sf* **1** rabo, cauda (de animal, de vestido, de cometa) **2** fila, apêndice **3** traseiro, bumbum **4** cola (substância para colar materiais) **5** refresco ■ **cola grande** rabo grande

colaboración /kolaβora'θjon/ *sf* **1** colaboração, cooperação, ajuda ■ **colaboración de las personas** colaboração das pessoas

colación /kola'θjon/ *sf* **1** colação, refeição leve **2** nomeação **3** cotejo ■ **colación al día** colação ao dia

colada /ko'laða/ *sf* **1** filtragem **2** ação de coar, colagem **3** desfiladeiro ■ **colada del aire** filtragem do ar

coladero /kola'ðero/ *sm* **1** corredor, passagem estreita **2** filtro ■ **coladero grande** corredor grande

colado, -a /ko'lar/ *v* apaixonado, amarrado em alguém ■ **colado en ti** apaixonado por você

colar /ko'lar/ *v* **1** coar, peneirar (líquidos) **2** convencer, colar, passar (por lugar apertado) **3** entrar às escondidas em algum lugar, usando artifícios **4** dizer inconveniências, mentir ■ **colar líquido** coar líquidos

colateral /kolate'ral/ *adj* **1** colateral **2** parente indireto ■ **colateral del coche** colateral do carro

colcha /k'oltʃa/ *sf* colcha ■ **colcha roja** colcha vermelha

colchón /kol'tʃon/ *sm* colchão ■ **colchón de viento** colchão de ar

colección /kolek'θjon/ *sf* coleção, conjunto, série ■ **colección de películas** coleção de filmes

colecta /ko'lekta/ *sf* coleta, contribuição ■ **colecta de datos** coleta de dados

colega /ko'leɣa/ *s* colega, companheiro ■ **colega de clase** colega de sala

colegiado /kole'xjaðo, a/ *adj* colegiado, corporação **2** membro de um colegiado ■ **reunión del colegiado** reunião do colegiado

colegio /ko'lexjo/ *sm* **1** colégio, escola **2** corporação, associação, comunidade religiosa **colegio mayor** residência universitária ■ **colegio lleno de alumnos** colégio cheio de alunos

colesterol /koleste'rol/ *sm* colesterol ■ **colesterol en el cuerpo** colesterol no corpo

coleta /ko'leta/ *sf* rabo-de-cavalo, trança ■ **coleta grande** rabo-de-cavalo grande

colgador /kolɣa'ðor, a/ *sm* gancho, cabide para pendurar roupa ■ **colgador de madera** cabide de madeira

colgar /kol'ɣar/ *v* **1** pendurar, dependurar, suspender **2** enforcar **3** desligar (o telefone) **4** abandonar uma profissão **5** imputar ■ **colgar la ropa** pendurar a roupa

colibrí /koli'βri/ *sm* colibri, beija-flor ■ **colibrí en el árbol** beija-flor na árvore

cólico /'koliko/ *sm* cólica, dor abdominal ■ **cólico fuerte** cólica forte

coliflor /koli'flor/ *sf* couve-flor ■ **comer coliflor** comer couve-flor

colina /ko'lin, ina/ *adj* colina, morro ■ **vivir en la colina** morar na colina

colirio /ko'lirjo/ *sm* colírio ■ **colirio para los ojos** colírio para os olhos

colisión /koli'sjon/ *sf* **1** colisão, choque **2** oposição ■ **colisión en la calle** colisão na rua

colisionar /ko'lisjo'nar/ *v* **1** colidir, chocar **2** opor-se ■ **colisionar el coche** colidir o carro

colmena /kol'mena/ *sf* colmeia ■ **colmena de abeja** colmeia de abelha

colmo /'kolmo/ *sm* **1** cúmulo, exagero, excesso **2** cheio, abarrotado ■ **colmo del exagero** cúmulo do exagero

colocar /kolo'kar/ *v* **1** colocar, pôr, acomodar, situar, arranjar **2** empregar-se ■ **colocar el pie** colocar o pé

colombiano, -a /kolom'bjano, a/ *adj, s* colombiano ■ **cultura colombiana** cultura colombiana

87

colonia

colonia /ko'lonja/ *sf* **1** colônia, povoação **2** água de colônia **3** fita estreita de seda ■ **colonia en el niño** colônia na criança

colonial /kolo'njal/ *adj* colonial ■ **sistema colonial** sistema colonial

colonización /koloniθa'θjon/ *sf* colonização ■ **colonización tardía** colonização tardia

colono /ko'lono/ *sm* **1** colono, colonizador ■ **colono del país** colono do país

color /ko'lo /*sm* **1** cor, coloração **2** pigmento, tinta, substância com que se pinta **3** pintura para o rosto e lábios ■ **color roja** cor vermelha

colorante /kolo' an te/ *adj, m* corante ■ **colorante en la comida** corante na comida

colorido /kolo' iðo, a/ *adj, sm* colorido, corado ■ **dibujo colorido** desenho colorido

columna /ko'lumna/ *sf* coluna, pilar, apoio ■ **columna vertebral** coluna vertebral ■ **columna fuerte** coluna forte

columpio /ko'lumpjo/ *sm* balanço, rebolado, requebro ■ **columpio de las mujeres** balanço das mulheres

collar /ko' a /*sm* **1** colar, enfeite de pescoço **2** gola **3** coleira ■ **collar de plata** colar de prata

collarín /ko a' in/ *sm* colarinho, gola estreita ■ **recorrer el collarín** pegar o colarinho

coma /'koma/ *sf* **1** vírgula, sinal gráfico **2** coma, sono profundo ■ **coma en la frase** vírgula na frase

comadre /ko'maðre/ *sf* **1** comadre, madrinha de batismo **2** parteira **3** amiga íntima ■ **comadre tranquila** comadre tranquila

comadreja /koma'ðrexa/ *sf* doninha ■ **comadreja aburrida** doninha chata

comandante /koman'dante/ *s* comandante, chefe ■ **autorización del comandante** autorização do comandante

combar /kom'bar/ *v* curvar, empenar ■ **combar el coche** curvar o carro

combate /kom'bate/ *sm* combate, luta, batalha ■ **combate peligroso** combate perigoso

combatiente /komba'tjente/ *adj, s* combatente ■ **combatiente fuerte** combatente forte

combinación /kombina'θjon/ *sf* **1** combinação, ajuste, pacto **2** peça do vestuário feminino **3** combinação, composto ■ **buena combinación** boa combinação

combustible /kombus'tiβle/ *adj, sm* combustível, substância sujeita a pegar fogo ou que tem a propriedade de queimar ■ **combustible del coche** combustível do carro

combustión /kombus'tjon/ *sf* combustão, efervescência, fogo ■ **combustión de la solución** combustão da solução

comedero, -a /kome'ðero, a/ *adj* **1** comestível, comedouro (cocho ou vasilha onde os animais comem) ■ **flor comedera** flor comestível

comedia /ko'meðja/ *sf* **1** comédia **2** farsa **3** fingimento **hacer uno la comedia** fazer uma palhaçada, representar ■ **comedia romántica** comédia romântica

comediante, -a /kome'ðjante, a/ *adj, s* **1** comediante, ator cômico **2** pessoa fingida, dissimulada, farsante ■ **presentación del comediante** apresentação do comediante

comedor, -a /kome'ðor, a/ *adj* **1** comilão **2** sala de jantar, mobília da sala de jantar, restaurante simples, cantina ■ **comedor grande** sala de jantar grande

comentar /komen'tar/ *v* **1** comentar, explicar, esclarecer, criticar ■ **comentar con las personas** comentar com as pessoas

comentario /komen'tarjo/ *sm* comentário, análise, crítica ■ **comentario del juego** comentário do jogo

comenzar /komen'θar/ *v* **1** começar, iniciar, principiar, abrir, estrear, empreender ■ **comenzar la presentación** começar a apresentação

comer /ko'mer/ *v* **1** comer, alimentar-se, almoçar, jantar **2** dissipar, consumir **3** omitir (engolir) ■ **comer mucho** comer muito

comercial /komer'θjal/ *adj* comercial, mercantil ■ **hacer un comercial** fazer um comercial

comerciante /komer'θjante/ *adj, s* comerciante, negociante ■ **buen comerciante** bom comerciante

comercio /ko'merθjo/ *sm* **1** comércio, negócio, conjunto de estabelecimentos comerciais **2** relações ilícitas **3** mercado **4** correspondência ■ **comercio peligroso** comércio perigoso

comestible /komes'tiβle/ *adj* comestível ■ **flor comestible** flor comestível

cometa /ko'meta/ *sm* **1** cometa **2** papagaio, pipa ■ **cometa rojo** cometa vermelho

cometer /kome'ter/ *v* cometer, praticar falta ou delito ■ **cometer un error** cometer um erro

cómic /'komik/ *sm* história em quadrinhos, gibi ■ **leer cómic** ler gibi

comida /ko'miða/ *sf* comida, alimento, refeição ■ **cambiar la comida** vomitar

comidilla /komi'ðiʎa/ *sf* assunto para comentários, fofoca ■ **comidilla de las mujeres** fofoca das mulheres

comisaría /komi'sarjo, a/ *s* delegacia de polícia ■ **comisaría violenta** delegacia de polícia violenta

comisario, -a /komi'sarjo, a/ *s* **1** delegado, comissário ■ **comisario de bordo** comissário de bordo

comisión /komi'sjon/ *sf* **1** comissão, incumbência, encargo **2** gratificação por um trabalho **3** delegação ■ **comisión organizadora** comissão organizadora

comité /komi'te/ *sm* comitê, junta ■ **comité organizador** comitê organizador

comitiva /komi'tiβa/ *sf* comitiva, acompanhamento, séquito ■ **comitiva delante** comitiva de frente

comodidad /komoði'ðað/ *sf* **1** comodidade, bem-estar, conforto **2** oportunidade ■ **tener comodidad** ter comodidade

comodín /komo'ðin/ *sm* curinga ■ **comodín del juego** curinga do jogo

cómodo, -a /'komoðo, a/ *adj* **1** cômodo, conveniente, oportuno, confortável **2** cômoda (móvel) ■ **situación cómoda** situação cômoda

comoquiera /'komo'kjera/ *adv* **1** de qualquer maneira, modo ou forma ■ **comoquiera la presentación** de qualquer forma a apresentação

compadecer /kompaðe'θer/ *v* **1** compadecer, tolerar, conciliar, lastimar **2** compatibilizar coisas **3** condoer-se, solidarizar-se com a dor alheia ■ **compadecer con el otro** conciliar com o outro

compadre /kom'paðre/ *sm* **1** compadre, padrinho de batismo **2** amigo, companheiro ■ **extrañando al compadre** sentindo saudade do compadre

compañero, -a /compa'ɲero, a/ *s* **1** companheiro, camarada, parceiro, colega, cônjuge, consorte ■ **buen compañero** bom companheiro

comparación /kompara'θjon/ *sf* comparação, paralelo ■ **grados de comparación** graus de comparação

concentración

comparecencia /kompaɾeˈθeɲθja/ *sf* comparecimento ■ **comparecencia de los invitados** comparecimento dos convidados

comparsa /komˈpaɾsa/ *s* **1** comparsa, coadjuvante, ator secundário em espetáculos de teatro **2** pessoa que tem papel desimportante num negócio **3** colega, parceiro, companheiro ■ **comparsa del trabajo** colega do trabalho

compartimento /kompaɾtiˈmento/ *sm* **1** compartimento, quarto, aposento **2** departamento ■ **compartimento grande** compartimento grande

compás /komˈpas/ *sm* **1** compasso, regra, princípio **2** compasso, ritmo, cadência ■ **compás de la vida** princípio da vida

compasión /kompaˈsjon/ *sf* compaixão, piedade, dó ■ **compasión por el próximo** compaixão pelo próximo

compatibilidad /kompatiβiliˈðað/ *sf* compatibilidade ■ **tener compatibilidad** ter compatibilidade

compatible /kompaˈtiβle/ *adj* compatível ■ **ser compatible** ser compatível

compenetrarse /kompeneˈtɾaɾse/ *v* compenetrar-se, convencer-se ■ **compenetrarse en los estudios** compenetrar-se nos estudos

compensación /kompensaˈθjon/ *sf* **1** compensação, indenização, abono **2** intercâmbio ■ **compensación del trabajo** compensação do trabalho

compensar /kompenˈsaɾ/ *v* **1** compensar, contrabalançar, remunerar uma perda **2** equilibrar ■ **compensar el trabajo** compensar o trabalho

competente /kompeˈtente/ *adj* competente, adequado, apto, capaz ■ **persona competente** pessoa competente

competidor, -a /kompetiˈðoɾ, a/ *adj, s* competidor, adversário ■ **buen competidor** bom competidor

compilar /kompiˈlaɾ/ *v* compilar, coligir ■ **compilar el material** compilar o material

complacencia /komplaˈθeɲθja/ *sf* **1** complacência, benevolência **2** satisfação ■ **tener complacencia** ter complacência

complejo, -a /komˈplexo, a/ *adj* complexo, emaranhado, complicado ■ **situación compleja** situação complexa

complementar /komplemenˈtaɾ/ *v* complementar, completar, finalizar, acabar, rematar ■ **complementar bien** complementar bem

complemento /kompleˈmento/ *sm* **1** complemento, acréscimo **2** palavra ou expressão que completa um sentido ■ **complemento de frase** complemento de frase

completar /kompleˈtaɾ/ *v* completar, integrar, concluir, acabar ■ **completar los huecos vacíos** completer os espaços em branco

completo, -a /komˈpleto, a/ *adj* completo, pleno, total, perfeito, íntegro, inteiro, cheio ■ **trabajo completo** trabalho completo

complicación /komplikaˈθjon/ *sf* complicação, concorrência, enredo, embaraço, dificuldade ■ **complicación en la vida** complicação na vida

cómplice /ˈkompliθe/ *adj, s* cúmplice, conivente ■ **cómplice del ladrón** cúmplice do ladrão

componente /kompoˈnente/ *adj, s* **1** componente, elemento ■ **componente esencial** componente essencial

comportamiento /kompoɾtaˈmjento/ *sm* comportamento, conduta ■ **buen comportamiento** bom comportamento

composición /komposiˈθjon/ *sf* composição, arranjo, acordo, organização ■ **bella composición** bela composição

compositor, -a /komposiˈtoɾ, a/ *s* compositor, autor ■ **compositor de músicas** compositor de músicas

compota /komˈpota/ *sf* compota ■ **compota helada** compota gelada

compra /ˈkompɾa/ *sf* **1** compra, aquisição **2** suborno ■ **hacer una compra** fazer uma compra

comprender /kompɾenˈdeɾ/ *v* **1** compreender, abranger, incluir, conter, entender ■ **comprender la presentación** compreender a apresentação

comprensión /kompɾenˈsjon/ *sf* compreensão, percepção, assimilação ■ **comprensión del texto** compreensão do texto

compresa /komˈpɾesa/ *sf* **1** compressa **2** absorvente higiênico ■ **compresa de hielo** compressa de gelo

comprimido /kompɾiˈmi/ *v* **1** comprimido, apertado ■ **estado comprimido** estado comprimido

comprobante /kompɾoˈβante/ *adj, sm* **1** comprovante **2** com recibo, protocolo ■ **comprobante de la compra** comprovante da compra

comprobar /kompɾoˈβaɾ/ *v* comprovar, confirmar, verificar, constatar ■ **comprobar el resultado** comprovar o resultado

compromiso /kompɾoˈmiso/ *sm* **1** compromisso, obrigação, acordo **2** promessa mútua **3** convenção **poner en un compromiso** pôr em situação difícil, comprometer ■ **tener un compromiso** ter um compromisso

compulsar /kompulˈsaɾ/ *v* **1** compulsar, constatar, apurar **2** cotejar ■ **compulsar mucho** compulsar muito

compulsión /kompulˈsjon/ *sf* compulsão, impulso ■ **tener compulsión** ter compulsão

compunción /kompunˈθjon/ *sf* compunção, pesar ■ **buena compunción** boa compunção

computable /kompuˈtaβle/ *adj* computável, calculável ■ **resultado computable** resultado computável

computador, -a /kompuˈtaðoɾ/ *sm* **1** computador **2** calculador ou calculadora, máquina de calcular ■ **computador rápido** computador rápido

computar /kompuˈtaɾ/ *v* computar, contar, calcular ■ **computar los números** calcular os números

común /koˈmun/ *adj* **1** comum, geral, público **2** vulgar, usual, trivial, habitual **3** insignificante ■ **costumbres comunes** costumes comuns

comunicación /komunikaˈθjon/ *sf* **1** comunicação, informação, aviso, participação **2** comunicaciones ■ **buena comunicación** boa comunicação

comunidad /komuniˈðað/ *sf* comunidade ■ **comunidad pobre** comunidade pobre

comunismo /komuˈnismo/ *sm* comunismo ■ **estudiar el comunismo** estudar o comunismo

comunitario, -a /komuniˈtaɾjo, a/ *adj, s* comunitário ■ **trabajo comunitario** trabalho comunitário

conato /koˈnato/ *sm* esforço, empenho, intento ■ **conato en los estudios** esforço nos estudos

cóncavo, -a /ˈkoŋkaβo, a/ *adj* côncavo, concavidade ■ **ángulo cóncavo** ângulo côncavo

concebir /konθeˈβiɾ/ *v* conceber, gerar, inventar, elaborar, entender ■ **concebir un hijo** gerar um filho

conceder /konθeˈðeɾ/ *v* conceder, dar, ceder, permitir, deferir ■ **conceder el viaje** permitir a viagem

concejo /konˈθexo/ *sm* conselho, distrito municipal, prefeitura, sessão realizada por um conselho municipal ■ **consejo amoroso** conselho amoroso

concentración /konθentɾaˈθjon/ *sf* concentração, meditação, convergência para o mesmo ponto ■ **concentración en los estudios** concentração nos estudos

concentrado

concentrado, -a /konθen'trar/ *v* **1** concentrado **2** produto do qual se retira parte ou toda a água, conservando-se a essência (concentrado de tomate, de carne) ■ **alumno concentrado** aluno concentrado

concepción /konθep'θjon/ *sf* **1** concepção, geração **2** percepção, perspicácia ■ **tener una concepción** ter uma concepção

concepto /kon'θepto/ *sm* **1** conceito, ideia, opinião **2** pensamento **3** reputação ■ **concepto de la palabra** conceito da palavra

concertar /konθer'tar/ *v* **1** consertar, ajustar, combinar **2** comparar **3** concordar **4** preparar-se, enfeitar-se ■ **concertar el coche** consertar o carro

concesión /konθe'sjon/ *sf* concessão, permissão, licença, favor ■ **concesión para la salida** permissão para a saída

conciencia /kon'θjenθja/ *sf* consciência, conhecimento, convicção ■ **tener conciencia** ter consciência

concierto /kon'θjerto/ *sm* **1** concerto **2** arranjo, acordo combinação ■ **de concierto** de comum acordo

conciliación /konθilja'θjon/ *sf* conciliação, acordo, arranjo, acomodação ■ **acto de conciliación** entrar em acordo

concisión /konθi'sjon/ *sf* concisão, brevidade, síntese ■ **hacer una concisión** fazer uma concisão

concluir /konˈklwir/ *v* concluir, terminar, acabar, arrematar, deduzir ■ **concluir un negocio** fechar um negócio

conclusión /konklu'sjon/ *sf* **1** conclusão, dedução **2** consequência **3** fim, desfecho ■ **sacar en conclusión** tirar conclusão

concordancia /konkor'ðanθja/ *sf* concordância, conformidade, consonância ■ **concordancia de las palabras** concordância das palavras

concretar /konkre'tar/ *v* **1** concretizar **2** combinar **3** determinar **4** restringir-se ■ **concretar el deseo** concretizar o desejo

concubina /konku'βina, a/ *s* concubina, amante ■ **concubina del hombre** amante do homem

concurrencia /konku'renθja/ *sf* **1** concorrência, afluência **2** conspiração ■ **concurrencia fuerte** concorrência forte

concursar /konkur'sar/ *v* **1** concursar, participar de concurso **2** declarar a insolvência de alguém ■ **concursar para la prefectura** concursar para a prefeitura

concha /'kontʃa/ *sf* concha ■ **concha de perla** madrepérola

conde /'konde, sa/ *s* conde ■ **conde rico** conde rico

condenado, -a /konde'nar/ *v* **1** condenado **2** malvado, perverso, nocivo ■ **condenado a prisión** condenado a prisão

condescendencia /kondesθen'denθja/ *sf* condescendência, consentimento, transigência ■ **condescendencia de reglas** condescendência de regras

condición /kondi'θjon/ *sf* **1** condição **2** categoria **3** índole, caráter **4** circunstância ■ **buena condición** boa condição

condicional /kondiθjo'nal/ *adj* **1** condicional **2** modo verbal, oração condicional ■ **libertad condicional** liberdade condicional

condicionar /kondiθjo'nar/ *v* **1** condicionar, regular **2** acondicionar **3** compactuar ■ **condicionar los trabajos** condicionar os trabalhos

condimentación /kondimenta'θjon/ *sf* condimentação, tempero ■ **condimentación picante** tempero apimentado

condimento /kondi'mento/ *sm* condimento, tempero ■ **condimento en la comida** condimento na comida

condominio /kondo'minjo/ *sm* condomínio ■ **condominio grande** condomínio grande

condómino /ko⁀'dominu/ *sm* condômino ■ **condómino aburrido** condômino chato

condón /kon'don/ *sm* preservativo, camisinha ■ **condón seguro** preservativo seguro

condonar /kondo'nar/ *v* perdoar, desobrigar ■ **condonar las personas** perdoar as pessoas

cóndor /'kondor/ *sm* condor ■ **cóndor grande** condor grande

conducción /konduk'θjon/ *sf* **1** condução ou ação de conduzir **2** transporte de líquidos por canos ou dutos **3** ação de guiar, orientar ■ **conducción del coche** condução do carro

conducir /kondu'θir/ *v* **1** conduzir, dirigir (veículos) **2** levar, transportar **3** orientar **4** ajustar (preços) **5** governar, dirigir (nação, povo) **6** comportar-se ■ **conducir con cuidado** dirigir com segurança

conducta /kon'dukta/ *sf* **1** conduta, procedimento, comportamento, maneira de agir **2** condução, direção ■ **tener conducta** ter conduta

conductivo, -a /konduk'tiβo, a/ *adj* condutor ■ **conductivo del ómnibus** condutor do ônibus

conducto /kon'dukto/ *sm* conduto, cano, duto, tubo, via, canal ■ **conducto de la casa** cano da casa

conectar /konek'tar/ *v* conectar, acionar, ligar (aparelho ou máquina) ■ **conectar en la internet** conectar na internet

conejillo /koneh'coelhinho/ ■ **conejillo de pascua** coelhinho de páscoa

conejo /kon'ekso/ *sm* **1** coelho **2** mulher parideira ■ **conejo blanco** coelho branco

conexión /konek(k)s'jon/ *sf* **1** conexão, relação, comunicação, nexo **2** ligação (elétrica, mecânica) ■ **conexión de internet** conexão de internet

conexo, -a /kon'eho/ *adj* conexo, ligado ■ **conexo en ti** ligado em você

confección /konfe(k)θ'jon/ *sf* **1** confecção, fabricação, preparação, realização **2** ofício, local onde se fabricam roupas ■ **confección de ropa** confecção de roupa

confederación /konfederaθ'jon/**1** confederação, liga, coligação **2** pacto ■ **confederación internacional** confederação internacional

conferencia /konfer'enθja/ *sf* conferência, palestra, discurso ■ **conferencia de prensa** entrevista coletiva

confesión /konfes'jon/ *sf* **1** confissão, declaração **2** revelação, credo religioso ■ **confesión al cura** confissão ao padre

confianza /konf'janθa/ *sf* **1** confiança, segurança ■ **persona de confianza** pessoa de confiança **2** crença

confidencia /konfid'ente/ *s* confidência ■ **confidencia minera** confidência mineira

configuración /konfiguraθ'jon/ *sf* configuração, formato ■ **configuración del ordenador** configuração do computador

confirmación /konfirma 'jon/ *sf* **1** confirmação, ratificação de uma verdade **2** certeza **3** crisma (confirmação do batismo) ■ **confirmación de la presencia** confirmação da presença

confiscar /konfisk'ar/ *vt* confiscar, expropriar ■ **confiscar el coche** confiscar o carro

confite /konf'ite/ *sm* confeito, bala, guloseimas ■ **confite en el helado** confeito no sorvete

confitería /konfiter'ia/ *sf* confeitaria, doceria ■ **confitería famosa** confeitaria famosa

conflagración /konflagra 'jon/ *sf* conflagração, guerra, incêndio ■ **conflagración violenta** guerra violenta

conflicto /konf'ikto/ *sm* **1** conflito, luta, embate ■ **conflicto generacional** conflito de gerações **2** confusão, desordem

constreñimiento

confluente /konflu'ente/ adj confluente, convergente ■ **dirección confluente** direção convergente

conformación /konforma'jon/ sf conformação, configuração, constituição ■ **conformación del programa** configuração do programa

conformidad /konformid'ad/ sf conformidade, semelhança, harmonia 2 tolerância ■ **conformidad de la realidad** conformidade da realidade

confort /konf'or/ sm conforto, comodidade ■ **confort en casa** conforto em casa

confraternizar /konfraterniθ'ar/ vt confraternizar ■ **confraternizar con los amigos** confraternizar com os amigos

confundir /konfund'ir/ vt 1 confundir 2 enganar 3 errar, perturbar, desordenar alguma coisa Fig 4 envergonhar, humilhar, encabular, constranger ■ **confundir las personas** confundir as pessoas

confusión /konfus'jon/ sf confusão, trapalhada, perturbação, alteração, barulho, transtorno ■ **confusión en el trabajo** confusão no trabalho

congelación /kon:helaθ'jon/ sf congelamento ■ **congelación del agua** congelamento do água

congeniar /con:henjar/ vi combinar, ter afinidades ■ **congeniar con una persona** combinar com uma pessoa

congénito, -a /kon:h'enito/ adj congênito, inato ■ **persona congénita** pessoa congênita

conglomerar /konglomer'ar/ vt conglomerar, juntar, reunir ■ **conglomerar en la fiesta** reunir na festa

congratulación /kongratula'jon/ sf congratulação, felicitação ■ **congratulación del graduando** congratulação do graduando

congregación /kongregaθ'jon/ sf congregação, assembleia, reunião, confraria ■ **congregación de religiosos** congregação de religiosos

congreso /kongr'eso/ sm congresso, assembleia ■ **congreso internacional** congresso internacional

conjetura /kon:het'ura/ sf conjetura, hipótese, suposição ■ **conjetura de trabajo** conjetura de trabalho

conjugación /kon:hugaθ'jon/ sf 1 conjugação 2 conjugação verbal ■ **conjugación verbal** conjugação verbal

conjunción /kon:hun'θ'jon/ sm 1 conjunção, união, ligação 2 conjunção ■ **conjunción verbal** conjunção verbal

conjunto, -a /kon:h'unto/ sm conjunto, reunião de várias coisas, coleção, equipe ■ **conjunto de personas** conjunto de pessoas

conllevar /konλeb'ar/ vt ser solidário, paciente, partilhar as dificuldades e problemas do outro, tolerar, suportar, relevar ■ **conllevar con las personas** ser solidário com as pessoas

conmemorar /konmemor'ar/ vt recordar, lembrar ■ **conmemorar los buenos momentos** recordar os bons momentos

conmover /konmob'er/ vt 1 comover, perturbar, inquietar 2 emocionar-se ■ **conmover las personas** comover as pessoas

connivencia /konnib'enθ'ja/ sf conivência, cumplicidade, confabulação ■ **connivencia de los amigos** cumplicidade dos amigos

connotación /konnotaθ'jon/ sf conotação ■ **connotación en la frase** conotação na frase

cono /k'ono/ sm 1 cone 2 cone de luz ■ **Cono Sur** Cone Sul

conocimiento /konoθim'jento/ sm 1 conhecimento 2 ciência 3 perícia 4 instrução ■ **poner en conocimiento de** levar ao conhecimento de, informar ■ **venir en conocimiento de alguna cosa** tomar conhecimento de algo

conquista /konk'ista/ sf 1 conquista 2 namoro, namorada ■ **conquista amorosa** conquista amorosa

consagrar /konsagr'ar/ vt 1 consagrar, sagrar, devotar 2 dedicar-se ■ **consagrar el cuerpo** consagrar o corpo

consciente /konsθ'jente/ adj 1 consciente, deliberado, cônscio ■ **persona consciente** pessoa consciente

consecuencia /konsek'wente/ adj 1 consequência, resultado, fruto ■ **consecuencia de las acciones** consequência das ações

consecutivo, -a /konsekut'ibo/ adj 1 consecutivo, subsequente, seguinte ■ **trabajo consecutivo** trabalho consecutivo

conseguir /konseg'ir/ vt conseguir, obter, alcançar, adquirir ■ **conseguir un empleo** conseguir um emprego

consejero, -a /konseh'ero/ adj+sm 1 conselheiro 2 assessor ■ **consejero amoroso** conselheiro amoroso

consejo /kons'eho/ sm 1 conselho 2 parecer, recomendação 3 órgão administrativo ou deliberativo ■ **consejo amoroso** conselho amoroso

consentido, -a /konsent'ido/ adj pessoa muito mimada ■ **persona consentida** pessoa muito mimada

conserjería /konserher'ia/ sf zeladoria, portaria ■ **conserjería del edificio** portaria do prédio

conserva /kons'erba/ sf conserva ■ **conserva de hortalizas** conversa de legumes

conservatorio /konserbat'orjo/ sm conservatório ■ **estudiar en el conservatorio** estudar no conservatório

considerable /konsider'able/ adj 1 considerável, estimável 2 grande 3 importante ■ **decisión considerable** decisão considerável

consideración /konsideraθ'jon/ sf 1 consideração, reflexão, atenção, respeito, apreciação ■ **consideración por los niños** consideração pelas crianças

consignación /konsignaθ'jon/ sf 1 consignação ■ **remitir mercancías en consignación** consignar mercadorías

consiguiente /konsig'jente/ adj 1 conseguinte, consequente ■ **por consiguiente** por consequência

consistencia /konsist'ente/ adj 1 consistência, resistência, solidez, coerência ■ **consistencia de la masa** consistência da massa

consolación /konsolidaθ'jon/ sf 1 consolação, consolo, alívio, conforto ■ **consolación para los hijos** consolação para os filhos

consonancia /konson'anθ'ja/ sf 1 consonância, concordância, afinidade, conformidade ■ **consonancia de la frase** consonância da frase

consonante /konson'ante/ adj 1 consoante ■ **consonante en la palabra** consoante na palavra

consorcio /kons'orθjo/ sm consórcio, associação, união, condomínio ■ **hacer un consorcio** fazer um consórcio

conspiración /konspiraθ'jon/ sf conspiração, conjuração, trama ■ **conspiración de la iglesia** conspiração da igreja

constancia /konst'anθja/ sf constância, assiduidade, firmeza, empenho ■ **constancia de los movimientos** firmeza dos movimentos

constante /konst'ante/ adj 1 constante, firme, assíduo, persistente 2 constante (dados, fatos, princípios) **constantes vitales** dados vitais (do organismo de uma pessoa) ■ **factos constantes** fatos constantes

constelación /konstelaθ'jon/ sf constelação ■ **constelación de estrellas** constelação de estrelas

constitución /konstituθ'jon/ sf 1 constituição (leis de uma nação) 2 compleição física, composição ■ **constitución de las leyes** constituição das leis

constreñimiento /konstreñim'jento/ sm constrangimento, violência, opressão ■ **constreñimiento en el aula** constrangimento na sala

construcción

construcción /konstrukΘ'jon/ *sf* **1** construção, edificação, estrutura ▪ **construcción de una escuela** construção de uma escola

consulado /konsul'ado/ *sm* consulado ▪ **consulado argentino** consulado argentino

consulta /kons'ulta/ *sf* **1** consulta **2** proposta **3** parecer **4** junta (médica, de advogados) **5** consultório ▪ **consulta con el médico** consulta com o médico

consultorio /konsult'orjo/ *sm* **1** consultório, consultório sentimental (revistas, rádio) **2** oficina de assistência técnica ▪ **consultorio médico** consultório médico

consumación /konsumΘ'jon/ *sf* consumação, término, conclusão, final ▪ **consumación de la presentación** consumação da apresentação

consumo /kons'umo/ *sm* **1** consumo **2** despesa ▪ **consumo de comida** consumo de comida

contabilidad /kontbilid'ad/ *sf* **1** contabilidade, cálculos, contas comerciais ▪ **estudiar contabilidad** estudar contabilidade

contacto /kont'akto/ *sm* **1** contato, toque, conexão **2** interruptor **3** relação, comunicação (entre pessoas) **4** contactos ▪ **contacto con los animales** contato com os animais

contagiar /kontah'jar/ *vt* contagiar, propagar, transmitir doença ▪ **contagiar de alegría** contagiar de alegria

contaminación /kontaminaΘ'jon/ *sf* contaminação, contágio, infecção ▪ **contaminación del agua** contaminação da água

contar /kont'ar/ *vt* **1** contar, calcular, computar **2** narrar, dizer, expressar **3** confiar ▪ **contar una historia** contar uma história

contemplación /kontemplaΘ'jon/ *sf* contemplação, consideração ▪ **contemplación por un maestro** consideração por um professor

contener /konten'er/ *vt* **1** conter, encerrar, incluir, abranger, envolver, coagir **2** reprimir-se ▪ **contener los sentimientos** conter os sentimentos

contentar /kontent'ar/ *vt* **1** contentar, satisfazer, agradar **2** contentar-se, conformar-se ▪ **contentar mucho** agradar muito

contento, -a /kont'ento/ *adj* **1** contente, satisfeito, alegre **2** contentamento, alegria a contento **3** a contento, satisfatoriamente ▪ **quedar contento** ficar contente

contestación /kontestaΘ'jon/ *sf* contestação, negação, polêmica ▪ **contestación del profesor** contestação do professor

contexto /kont'e(k)sto/ *sm* contexto, tecido ▪ **contexto es necesario para la comprensión** contexto é necessário para a compreensão

contienda /kont'jenda/ *sf* **1** luta, disputa, debate **2** discussão ▪ **contienda violenta** luta violenta

continente /kontin'ente/ *sm* **1** continente, recipiente **2** pessoa que se contém, se controla, abstêmia **3** aparência, compleição física, aspecto do rosto ▪ **continente occidental** continente ocidental

contingencia /kontin:h'enΘja/ *sf* contingência, risco, eventualidade ▪ **hacer contingencia** fazer contingência

continuación /kontinwaΘ'jon/ *sf* continuação, sequência, prolongamento **a continuación** em seguida, seguidamente ▪ **continuación de la historia** continuação da história

contorcerse /kontorΘ'esre/ *vpr* contorcer-se, dobrar-se ▪ **contorcerse de dolor** contorcer-se de dor

contornar /kontorn'ar/ *vt* contornar ▪ **contornar la situación** contornar a situação

contrabajo /kontrab'aho/ *sm* contrabaixo, contrabaixista ▪ **tocar contrabajo** tocar contrabaixo

contrabando /kontrab'ando/ *sm* **1** contrabando, fraude, muamba **2** ilegal ▪ **contrabando de armas** contrabando de armas

contracción /kontra(k)Θ'jon/ *sf* **1** encolhimento, diminuição, encurtamento **2** retraimento muscular, espasmo **3** contração, crase, sinalefa ▪ **contracción muscular** retraimento muscular

contraconceptivo /kontrakonΘept'ibo/ *adj+sm* **1** contraceptivo, anticoncepcional ▪ **tomar contraceptivo** tomar contraceptivo

contradicción /kontradi(k)Θ'jon/ *sf* contradição, objeção, incoerência ▪ **contradicción del habla** contradição na fala

contramarcha /kontram'artʃa/ *sf* contramarcha, retrocesso, marcha a ré ▪ **contramarcha del coche** marcha a ré do carro

contrapeso /kontrap'eso/ *sm* contrapeso, compensação ▪ **contrapeso en la conversa** contrapeso na conversa

contraposición /kontraposiΘ'jon/ *sf* contraposição, confronto ▪ **contraposición de ideas** contraposição de ideias

contrariedad /kontrarjed'ad/ *sf* contrariedade, obstáculo, desgosto, adversidade ▪ **contrariedad de ideas** contrariedade de ideias

contrario, -a /kontr'arjo/ *adj+sm* contrário, oposto, adverso, desfavorável, incompatível ▪ **posiciones contrarias** posições contrárias

contraste /kontr'aste/ *sm* **1** contraste, oposição de resistência **2** obstáculo **contraste de pesos y medidas** aferição ▪ **contraste de colores** contraste de cor

contratiempo /kontrat'jempo/ *sm* contratempo, acidente, contrariedade ▪ **tener un contratiempo** ter um contratempo

contrato /kontr'ato/ *sm* contrato, ajuste, convenção ▪ **borrador de un contrato** minuta

contribución /kontribuΘ'jon/ *sf* contribuição, tributo, imposto ▪ **contribución para un mundo mejor** contribuição para um mundo melhor

contrición /kontriΘ'jon/ *sf* contrição, arrependimento ▪ **contrición de las personas** arrependimento das pessoas

controversia /kontrob'ersja/ *sf* controvérsia, debate ▪ **controversia de ideas** controvérsia de ideias

contundir /kontund'ir/ *vt* contundir, machucar, bater ▪ **contundir el músculo** contundir o músculo

contusión /kontus'jon/ *sf* contusão ▪ **contusión en la pierna** contusão na perna

convalecer /kombaleΘ'er/ *vt* convalescer, restabelecer-se ▪ **convalecer el respeto** restabelecer o respeito

convencer /kombenΘ'er/ *vt* **1** convencer, persuadir **2** induzir **3** concluir **4** convencer-se ▪ **estar convencido de algo** dar algo como certo

conveniencia /komben'jenΘja/ *sf* conveniência, conformidade, vantagem, interesse, bem-estar ▪ **conveniencia con la empresa** conveniência com a empresa

convenio /komb'enjo/ *sm* convênio, ajuste, arranjo, pacto, acordo ▪ **convenio de salud** convênio de saúde

convento /komb'ento/ *sm* convento, mosteiro ▪ **convento de curas** convento de padres

convergencia /komberh'enΘja/ *sf* convergência ▪ **convergencia a la derecha** convergência à direita

conversación /kombersaΘ'jon/ *sf* conversação, conversa, diálogo, comunicação ▪ **conversación en lengua extranjera** conversação em língua estrangeira

conversar /kombers'ar/ *vi* conversar, falar, dialogar ▪ **conversar tranquilamente** conversar tranquilamente

conversión /kombers'jon/ *sf* conversão, mudança ▪ **conversión del tiempo** conversão do tempo

convicción /kombi(k)Θ'jon/ *sf* convicção, certeza, convencimento ▪ **convicción de lo que dice** convicção do que diz

crápula

convidado, -a /kombid'ado/ *adj, sm* convidado ■ **convidado especial** convidado especial

convincente /kombinθ'ente/ *adj* convincente, eloquente ■ **ser convincente** ser convincente

convite /komb'ite/ *sm* convite ■ **convite gentil** convite gentil

coñac /koñ'ak/ *sm* conhaque ■ **tomar coñac** tomar conhaque

cooperación /ko(o)peraθ'jon/ *sf* cooperação, colaboração, solidariedade ■ **cooperación de las personas** cooperação das pessoas

coquetería /koketer'ia/ *sf* paquera, safadeza ■ **coquetería en la fiesta** paquera na festa

coquetón, -a /koket'on/ *adj* 1 atraente, agradável, paquerador, gracioso ■ **hombre coquetón** homem atraente

corazón /koraθ'on/ *sm* 1 coração 2 sensibilidade, coragem, valor, amor, afeição ■ **corazón de piedra** coração de pedra

cordero /kord'ero/ *sm* 1 cordeiro 2 pessoa bondosa, dócil, pacífica ■ **cordero negro** cordeiro preto

cordialidad /kordjalid'ad/ *sf* cordialidade, sinceridade ■ **cordialidad de las personas** cordialidade das pessoas

cordillera /kordiλ'era/ *sf* cordilheira ■ **cordillera de los Andes** cordilheira dos Andes

cordón /kord'on/ *sm* 1 cordão 2 cabo, corrente 3 barreira de proteção (cordão policial) 4 cadarço (de sapato) ■ **cordón blanco** cordão branco

coreografía /koreograf'ia/ *sf* coreografia ■ **coreografía para la presentación** coreografia para a apresentação

corneta /korn'eta/ *sf* 1 corneta 2 corneteiro ■ **corneta hace mucho ruido** corneta faz muito barulho

cornudo /korn'udo/ *adj* 1 cornudo 2 corno ■ **corno manso** marido traído

corolario /korol'arjo/ *sm* corolário, dedução ■ **corolario de algo** corolário de algo

coronel /koron'el/ *sm* coronel ■ **coronel de la policía** coronel da polícia

corpiño /korp'iño/ *sm* corpinho, corpete, sutiã, espartilho ■ **corpiño negro** corpete preto

corporación /korporaθ'jon/ *sf* corporação, associação, comunidade ■ **corporación de mujeres** corporação de mulheres

corrección /korre(k)θ'jon/ *sf* 1 correção, retificação, emenda, revisão 2 apuro 3 repreensão ■ **corrección de la prueba** correção da prova

correctivo, -a /korrekt'ibo/ *adj+sm* 1 corretivo 2 castigo ■ **correctivo de maquillaje** corretivo de maquiagem

correcto, -a /korrekt'or/ *sm* correto, alinhado, fino, limpo, educado, cortês ■ **persona correcta** pessoa correta

correlación /korrelaθ'jon/ *sf* correlação, relação recíproca entre as coisas ■ **correlación de las personas** correlação das pessoas

correo /korr'eo/ *sm* correio, carteiro, correspondência ■ **buzón de correo** caixa de correio **correo electrónico** correio eletrônico

correspondencia /korrespond'enθja/ *sf* correspondência, troca de cartas ■ **correspondencia en la caja** correspondência na caixa

corrida /korr'ida/ *sf* corrida ■ **corrida de toros** tourada

corrimiento /korrim'jento/ *sm* 1 corrimento 2 deslocamento, deslizamento ■ **corrimiento en la pista** deslizamento na pista

corroborar /korrobor'ar/ *vt* corroborar, fortalecer, ratificar ■ **corroborar la violencia** ratificar a violência

corrosión /korros'jon/ *sf* corrosão ■ **corrosión del hierro** corrosão do ferro

corrupción /korrupθ'jon/ *sf* corrupção, putrefação, desmoralização, degeneração ■ **corrupción en el gobierno** corrupção no governo

cortadera /kortad'era/ *sf* talhadeira ■ **usar la cortadera** usar a talhadeira

cortar /kort'ar/ *vt* 1 cortar, talhar 2 dividir, separar 3 abreviar, 4 interromper 5 perturbar ■ **cortar la mano** cortar a mão

corte /k'orte/ *sm* 1 corte, talho, ablação, supressão 2 interrupção, quebra, poda (árvore) 3 corte (pedaço de tecido) feitio 4 corte, residência real, séquito 5 corte, tribunal ■ **corte de gastos** corte de gastos

cortesía /kortes'ia/ *sf* 1 cortesia, educação, polidez, favor, presente 2 com carência, prazo para pagar ■ **cortesía de la casa** cortesia da casa

cortina /kort'ina/ *sf* 1 cortina 2 véu **cortina de agua** chuva muito densa ■ **cortina roja** cortina vermelha

corzo, -a /k'orθo/ *sm* 1 veado 2 corça ■ **corzo salvaje** veado selvagem

cosecha /kos'etʃa/ *sf* colheita, safra ■ **cosecha en la hacienda** colheita na fazenda

coser /kos'er/ *vt* 1 coser, costurar 2 juntar, prender 3 crivar ■ **coser bien** costurar bem

cosmético, -a /kosm'etiko/ *adj+sm* cosmético ■ **producto cosmético** produto cosmético

cósmico, -a /k'osmiko/ *adj* cósmico ■ **persona cósmica** pessoa cósmica

cosmos /k'osmos/ *sm* cosmos, universo ■ **segredo del cosmos** segredo do cosmos

cosquillas /kosk'iλas/ *sf pl* cócegas ■ **cosquillas en los pies** cócegas nos pés

costar /kost'ar/ *vt* 1 custar, valer 2 causar prejuízo ■ **costar mucho** custar muito

coste /k'oste/ *sm* custo, preço ■ **bajo coste** baixo custo

costeño, -a /kost'eño/ *sm* costeiro ■ **lugar costeño** lugar costeiro

costo /k'osto/ *sm* 1 custo 2 haxixe ■ **a precio de costo** a preço de custo

costoso, -a /kost'oso/ *adj* 1 custoso, caro 2 trabalhoso ■ **ropa costosa** roupa cara

costumbre /kost'umbre/ *sf* costume, hábito ■ **costumbres y usos** usos e costumes

costura /kost'ura/ *sf* costura ■ **alta costura** alta costura

cotejar /koteh'ar/ *vt* cotejar, examinar, confrontar ■ **cotejar el paciente** examinar o paciente

cotidiano, -a /kotid'jano/ *adj* cotidiano, diário, frequente ■ **vida del cotidiano** vida do cotidiano

coto /k'oto/ *sm* 1 couto, terra coutada, privilegiada, 2 limite 3 baliza **poner coto** pôr fim numa situação ■ **coto de tierra** limite de terra

cotorra /kot'orra/ *sf* 1 periquito, maritaca 2 tagarela ■ **cotorra chiquita** periquito pequeno

coyuntura /koyunt'ura/ *sf* 1 conjuntura 2 junta, articulação ■ **problema en la coyuntura** problema na articulação

coz /k'oθ/ *sf* 1 coice 2 grosseria, injúria ■ **coz del caballo** coice do cavalo

cráneo /kr'aneo/ *sm* crânio ■ **hemorragia en el cráneo** hemorragia no crânio

crápula /kr'apula/ *sm sf* 1 bebedeira, embriaguez 2 libertinagem, devassidão ■ **crápula en la fiesta** bebedeira na festa

craso

craso, -a /ˈkraso/ *adj* **1** crasso, grosso, espesso, gordo **2** indesculpável, exorbitante ▪ **objeto craso** objeto espesso

crear /ˈkrear/ *vt* **1** criar, gerar, produzir, compor **2** inventar ▪ **crear una tarea** criar uma tarefa

creatividad /kreatiβiˈdad/ *sf* criatividade, imaginação ▪ **creatividad de los niños** criatividade das crianças

creciente /kreˈΘjento/ *adj* crescente ▪ **edad creciente** idade crescente

crecimiento /kreΘimˈjento/ *sm* crescimento, aumento, desenvolvimento ▪ **crecimiento económico** crescimento econômico

crédito /ˈkredito/ *sm* crédito, confiança, consideração ▪ **hombre de crédito** homem honrado

cremación /kremaˈΘjon/ *sf* cremação, incineração ▪ **cremación del cuerpo** cremação do corpo

crencha /ˈkrentʃa/ *sf* risca (do cabelo) ▪ **crencha del cabello** risca do cabelo

crepúsculo /kreˈpuskulo/ *sm* **1** crepúsculo, ocaso **2** decadência ▪ **crepúsculo de anoche** crepúsculo de ontem à noite

crespo, -a /ˈkrespo/ *adj* **1** crespo, encaracolado **2** arrogante, irritado ▪ **cabello crespo** cabelo crespo

cría /ˈkria/ *sf* **1** cria, criação **2** criança de peito **3** ninhada ▪ **cría de animal** cria de animal

criado, -a /kriˈado/ *sm* **1** criado, empregado **2** empregada doméstica ▪ **animal criado** animal criado

crianza /kriˈanΘa/ *sf* criação, educação ▪ **buena o mala crianza** boa ou má educação

criar /kriˈar/ *vt* **1** criar, produzir, gerar **2** alimentar **3** motivar, originar **4** educar, ensinar ▪ **criar un proyecto** criar um projeto

criatura /kriatˈura/ *sf* criatura, ser, indivíduo ▪ **criatura rara** criatura esquisita

criminalidad /kriminaliˈdad/ *sf* criminalidade ▪ **criminalidad de la ciudad** criminalidade da cidade

crisma /ˈkrisma/ *sm* crisma ▪ **romper la crisma** levar uma pancada (na cabeça)

cristal /krisˈtal/ *sm* **1** cristal, vidro **2** transparência ▪ **piedra de cristal** pedra de cristal

criterio /kriˈterjo/ *sm* critério, norma, regra, opinião, juízo, capacidade, discernimento ▪ **criterio de votación** critério de votação

cronológico, -a /kronoˈlohiko/ *adj* cronológico ▪ **tiempo cronológico** tempo cronológico

cruce /ˈkruΘe/ *sm* cruzamento, encruzilhada, entroncamento, interferência (canais de comunicação) ▪ **cruce en la calle** cruzamento na rua

crucero /kruˈΘero/ *sm* **1** cruzeiro **2** encruzilhada **3** cruzador ▪ **viaje de crucero** viagem de cruzeiro

crucifijo /kruΘiˈfiho/ *sm* crucifixo ▪ **crucifijo de la iglesia** crucifixo da igreja

cruel /kruˈel/ *adj* cruel, desumano, duro, atroz ▪ **persona cruel** pessoa cruel

crueldad /krwelˈdad/ *sf* crueldade, rigor, inclemência (do tempo) ▪ **crueldad contra los animales** crueldade contra os animais

crujir /kruˈhir/ *vi* ranger, estalar, chiar ▪ **crujir los dientes** ranger os dentes

cruz /ˈkruΘ/ *sf* **1** cruz, cruzeiro, símbolo do cristianismo **2** tormento, aflição **3** insígnia, condecoração ▪ **hacer la cruz** fazer a cruz

cruzar /kruˈΘar/ *vt* **1** cruzar, atravessar **2** misturar, cruzar (raças, espécies vegetais), acasalar (animais) **3** passar dois

traços (em cheque) **4** encontrar alguém **5** cruzar-se, interpor-se ▪ **cruzarse los brazos** cruzar os braços

cu /ˈku/ *sf* nome da letra q ▪ **cu es una letra** q é uma letra

cuaderno /kwaˈderno/ *sm* **1** caderno, caderneta **2** baralho de cartas ▪ **cuaderno de dibujo** caderno de desenhos

cuadra /ˈkwadra/ *sf* **1** cocheira, haras **2** quadra, *AL* quarteirão ▪ **andar en la cuadra** andar no quarteirão

cuadrado, -a /kwadˈrado/ *adj+sm* **1** quadrado, quadrante **2** corpulento ▪ **tener la cabeza cuadrada** ser uma pessoa conservadora

cuadrilla /kwadˈriλa/ *sf* quadrilha, bando ▪ **cuadrilla de ladrones** quadrilha de ladrões

cuadro /ˈkwadro/ *sm* **1** quadro, quadrado, moldura, retângulo **2** painel, pintura **3** batente, esquadria **4** gráfico, tabela ▪ **cuadro de fotos** quadro de fotos

cuadrúpedo, -a /kwadrˈupedo/ *adj+sm* quadrúpede ▪ **animal cuadrúpedo** animal quadrúpede

cuajado, -a /kwaˈhado/ *adj* **1** coalhado **2** imóvel, estatelado ▪ **leche cuajado** leite coalhado

cual /ˈkwal/ *pron* qual, que, cada ▪ **por lo cual** pelo qual **cada cual** cada um, cada qual

cuál /ˈkwal/ *pron* qual ▪ **¿cuál es tu nombre?** qual é o seu nome?

cualidad /kwaliˈdad/ *sf* qualidade, índole, natureza ▪ **cualidad del trabajo** qualidade do trabalho

cualquier /kwalˈkjer/ *pron+adj* qualquer, pessoa ou coisa indeterminada, imprecisa ▪ **cualquier día** qualquer dia

cuándo /ˈkwando/ *adv* quando ▪ **¿cuándo vamos a salir?** quando vamos sair?

cuantía /kwantˈia/ *sf* quantia, quantidade, cifra, valor, importância ▪ **cuantía mayor** quantia maior

cuantificar /kwantifiˈkar/ *vt* quantificar ▪ **cuantificar los precios** quantificar os preços

cuánto, -a /ˈkwanto/ *adv* quanto (número, quantidade) ▪ **¿cuánto dinero tienes?** quanto dinheiro você tem?

cuarentón, -ona /kwarenˈton/ *sm* **1** quarentão, homem que está na casa dos quarenta **2** quarentão ▪ **hombre cuarentón** homem quarentão

cuartear /kwarteˈar/ *vt* **1** dividir ou partir em quatro **2** esquartejar **3** rachar-se ▪ **cuartear el cuerpo** esquartejar o corpo

cuartel /kwarˈtel/ *sm* **1** quartel, quarta parte, cada divisão de um escudo ▪ **cuartel general** quartel general

cuarteto /kwarˈteto/ *sm* quarteto ▪ **grupo de cuarteto** grupo de quarteto

cuarto, -a /ˈkwarto/ *adj+sm* **1** quarto, numeral ordinal e fracionário que corresponde ao quatro, quarto lugar ou quarta parte **2** dormitório **3** pouco dinheiro ▪ **cuarto de depósito** quarto de depósito

cuatro /ˈkwatro/ *adj+sm* quatro ▪ **comer por cuatro** comer demais

cuba /ˈkuba/ *sf* cuba, tina, tonel ▪ **estar como una cuba** estar bêbado

cubierta /kubˈjerta/ *adj* **1** coberta, cobertor, colcha de cama **2** tampa, cobertura, telhado **3** capota (de automóvel) ▪ **cubierta de nieve** coberta de neve

cubismo /kubˈismo/ *sm* cubismo ▪ **estudiar el cubismo** estudar o cubismo

cubo /ˈkubo/ *sm* cubo, balde ▪ **cubo de metal** cubo de metal

cucaracha /kukarˈatʃa/ *sf* barata ▪ **cucaracha negra** barata preta

cuzco

cuco, -a /k'uko/ *adj* **1** cuco (ave) **2** peseta **3** bonito, esperto, polido ■ **cuco grande** cuco grande

cuchara /k'ut∫'ara/ *sf* colher ■ **cuchara para comer** colher para comer

cuchichear /kut∫it∫e'ar/ *vi* cochichar ■ **cuchichear mucho** cochichar muito

cuchillo /kut∫'iλo/ *sm* **1** faca **2** violência ■ **cuchillo peligroso** faca perigosa

cuello /k'weλo/ *sm* **1** pescoço, colo **2** gargalo, colarinho, gola ■ **cuello de la matriz** colo do útero **estar con el agua al cuello** estar com água até o pescoço, estar pressionado, apurado

cuento /k'wento/ *sm* **1** conto, narração **2** fábula, mentira **3** disputa ■ **cuento para niños** conto para crianças

cuerpo /k'werpo/ *sm* **1** corpo **2** tronco **3** cadáver ■ **cuerpo del animal** corpo do animal

cuervo /kw'esko/ *sm* **1** corvo ■ **cuervo negro** corvo preto

cuesta /k'westa/ *sf* **1** costa **2** ladeira **3** declive ■ **cuesta de la playa** costa da praia

cuestión /kwest'jon/ *sf* **1** questão, pergunta **2** pendência, disputa **3** incidente ■ **cuestión difícil** questão difícil

cuestionable /kwestjon'able/ *adj* **1** questionável, duvidoso, problemático ■ **situación cuestionable** situação questionável

cueva /k'weba/ *sf* cova, gruta, antro ■ **cueva grande** cova grande

cuidado /kwid'ado/ *sm* **1** cuidado **2** solicitude **3** alerta, ânimo, vigilância ■ **cuidado con el camino** cuidado com o caminho

culebra /kul'ebra/ *sf* **1** cobra **2** vaia, bagunça ■ **culebra en la casa** bagunça na casa

culinario, -a /kulin'arjo/ *adj* culinário ■ **curso de culinária** curso de culinária

culo /k'ula/ *sm* **1** ânus **2** nádegas (pessoas) e anca (animais) **3** fundo, extremidade posterior ■ **culo de botella** fundo de garrafa

culpa /k'ulpa/ *sf* **1** culpa, falta, delito **2** pecado ■ **culpa por los errores** culpa pelos erros

cultivar /kultib'ar/ *vt* **1** cultivar, lavrar (a terra) **2** desenvolver, aperfeiçoar ■ **cultivar el amor** cultivar o amor

culto, -a /k'ulto/ *adj* **1** culto, cultivado **2** instruído ■ **persona culta** pessoa culta

cultura /kult'ura/ *sf* **1** cultura, cultivo, lavoura **2** elegância **3** correção ■ **cultura de las personas** cultura del pueblo

cumbre /k'umbre/ *sf* **1** cume, ápice, auge **2** cúpula, alto escalão **3** reunião de cúpula ■ **cumbre de la montaña** cume da montanha

cumpleaños /kumple'años/ *sm* **1** dia do aniversário ■ **feliz cumpleaños** feliz aniversário

cumplido, -a /kumpl'ido/ *adj* **1** completo **2** longo **3** abundante **4** atencioso, polido ■ **tarea cumplida** tarefa completa

cumplimentar /kumpliment'ar/ *vt* **1** cumprimentar **2** cumprir, executar ■ **cumplimentar las personas** cumprimentar as pessoas

cúmulo /k'umulo/ *sm* **1** acúmulo **2** multidão **3** nuvem ■ **cúmulo de tareas** acúmulo de tarefas

cuñado, -a /kuñ'ado/ *sm* cunhado ■ **cuñado aburrido** cunhado chato

cuño /k'uño/ *sm* cunho, marca ■ **cuño grande** cunho grande

cupo /k'upo/ *sm* cota, parte correspondente a uma pessoa ou grupo ■ **cupo caro** cota cara

cupón /kup'on/ *sm* cupom ■ **cupón para rellenar** cupom para preencher

cúpula /k'upula/ *sf* cúpula, abóbada ■ **cúpula grande** cúpula grande

curiosidad /kurjosid'ad/ *sf* curiosidade, indiscrição **2** esmero, asseio, limpeza ■ **curiosidad de los niños** curiosidade das crianças

curso /k'urso/ *sm* **1** curso, caminho, direção **2** carreira ■ **curso por la noche** curso noturno

custodia /kust'odja/ *sf* custódia, guarda, proteção ■ **custodia de la casa** guarda da casa

cutáneo, -a /kut'aneo/ *adj* cutâneo ■ **problema cutáneo** problema cutâneo

cutis /k'utis/ *sm inv* cútis ■ **buena cutis** boa cútis

cuzco /k'uθko/ *sm AL* cachorrinho ■ **cuzco pequeño** cachorrinho pequeno

C

D

A B C D E F G H I J K L M N O P Q R S T U V W X Y Z

d /'de/ *sm.* **1** quinta letra do alfabeto espanhol **2** D quinhentos na numeração romana ■ **d es una letra** d é uma letra

dactilar /dakti'lar/ *adj.* digital ■ **huella dactilar** impressão digital

dactilografía /daktiloɣra'fia/ *sf.* datilografia ■ **curso de dactilografía** curso de datilografia

dactilógrafo /dakti'loɣrafo, a/ *s.* datilógrafo ■ **buen dactilógrafo** bom datilógrafo

dádiva /'daðiβa/ *sf.* dádiva, donativo, presente. ■ **dádiva de Dios** dádiva de Deus

dador /da'ðor, a/ *s.* doador ■ **soy dador de órganos** sou doador de órgãos

daga /'daɣa/ *sf.* adaga, punhal ■ **daga de plata** punhal de prata

daltonismo /dalto'nismo/ *sm.* daltonismo ■ **daltonismo tiene cura** daltonismo tem cura

dama /'dama/ *sf.* **1** dama, senhora **2** namorada **3** mulher pretendida **4** rainha (no jogo de xadrez) **5** damas (jogo) **6** atriz ■ **dama de honor** dama de honra ■ **primera dama** primeira dama

damajuana /dama'xwana/ *sf.* garrafão, vasilha bojuda de vidro ■ **damajuana con flores** vasilha com flores

damasco /da'masko/ *sm.* damasco ■ **me encantan los dulces de damasco** adoro os doces de damasco

damisela /dami'sela/ *sf.* jovem alegre e bonita ■ **casarse con una damisela** se casar com uma jovem alegre e bonita

damnificado, -a /damnifi'kar/ *v.* danificado ■ **cabello damnificado** cabelo danificado

damnificar /damnifi'kar/ *v.* danificar, avariar ■ **damnificar las uñas** danificar as unhas

dañar /da'ɲar/ *v.* **1** danificar, prejudicar, estragar, avariar **2** arruinar-se, ferir-se, machucar-se ■ **dañar la piel** danificar a pele

dañino, -a /da'ɲino, a/ *adj.* daninho, que causa dano, prejuízo ■ **trabajo dañino** trabalho daninho

daño /'daɲo/ *sm.* dano, prejuízo ■ **daño en la vida** prejuízo na vida

danza /'danθa/ *sf.* **1** dança, baile **2** desordem ■ **meterse en la danza** entrar na dança.

danzar /dan'θar/ *v.* **1** dançar, bailar **2** intrometer-se ■ **danzar toda la noche** dançar toda a noite

danzarín, -a /danθa'rin, ina/ *adj. s.* dançarino, bailarino ■ **danzarín profesional** dançarino profissional

dar /'dar/ *v.* **1** dar, doar, ceder, conferir, outorgar, atribuir (prêmio, título etc.) **2** presentear **3** entregar **4** produzir **5** aplicar **6** bater **7** prescrever **8** ocorrer **9** adquirir **10** conduzir **11** encontrar **12** dar-se, verificar-se, render-se, entregar-se, dedicar-se **13** suceder-se ■ **¡dale que dale!** ¡dale que te

pego! outra vez! de novo! (expressa desgosto pela teimosia, insistência ou burrice de alguém) ■ **dar clases** dar aulas ■ **dárselas de** (algo) dar uma a ■ **darse prisa** apressar-se ■ **me da igual** para mim tanto faz

dársena /'darsena/ *sf.* doca, dique ■ **Pablo trabajaba en las dársenas** Pablo trabalhava nas docas

data /'data/ *sf.* **larga data** longa data

datar /da'tar/ *v.* datar ■ **datar el trabajo** datar o trabalho

dátil /'datil/ *sm.* tâmara ■ **comer dátil** comer tâmara

dato /'dato/ *sm.* **1** dado, indicação, antecedente **2** base **3** documento, testemunho ■ **dato original** dado original

de /'de/ *prep. v. sf.* **1** nome da letra d **2** prep. que indica procedência ■ **llegar de París** chegar de Paris **2** estado ■ **en su calidad de médico** na qualidade de médico **3** mudança ■ **de pobre a millonario** de pobre a milionário **4** matéria ■ **anillo de plata** anel de prata **5** posse ■ **el coche del director** o carro do diretor **6** causa ■ **se muere de miedo** morre de medo

deambular /deambu'lar/ *v.* deambular, vadiar, errar ■ **deambular por la calle** vadiar pela rua

debacle /de'βakle/ *sf.* desastre, caos ■ **debacle en el camino** desastre no caminho

debajo /de'βaxo/ *adv.* embaixo, sob, em posição inferior ■ **debajo de** embaixo, sob, num lugar mais baixo que outro

debate /de'βate/ *sm.* debate, discussão ■ **debate en la escuela** debate na escola

debatir /deβa'tir/ *v.* **1** debater, discutir, altercar, contestar **2** debater-se, agitar-se ■ **debatir sobre el asunto** debater sobre o assunto

debe /'deβe/ *sm.* débito ■ **debe en la cuenta** débito na conta

deber /de'βer/ *sm.* **1** dever, obrigação, incumbência **2** dever, precisar ■ **deber** (obrigação) **Maribel debe estar en la escuela** Maribel deve estar na escola ■ **deber de + infinitivo** (probabilidade) **Maribel debe de estar en la escuela** Maribel provavelmente está na escola

débil /'deβil/ *adj.* **1** débil, fraco ■ **moneda débil** moeda fraca **2** escasso, deficiente

debilidad /deβili'ðað/ *sf.* debilidade, fraqueza ■ **debilidad en las piernas** fraqueza nas pernas

debilitar /deβili'tar/ *v.* debilitar, enfraquecer ■ **debilitar con el tiempo** enfraquecer com o tempo

débito /'deβito/ *sm.* débito, dívida ■ **débito en la cuenta** débito na conta

década /'dekaða/ *sf.* década ■ **década de ochenta** década de oitenta

decadencia /deka'ðenθja/ *sf.* **1** decadência, declínio **2** atraso ■ **decadencia de las personas** decadência das pessoas

defensor

decadente /deka'ðeɲte/ *adj.* *s.* decadente ■ **situación decadente** situação decadente

decaer /deka'er/ *v.* 1 decair, diminuir; declinar 2 abater-se 3 empobrecer ■ **decaer con el tiempo** decair com o tempo

decantar /dekan'tar/ *v.* 1 decantar 2 celebrar, propalar ■ **decantar con una fiesta** celebrar com uma festa

decapitar /dekapi'tar/ *v.* decapitar ■ **decapitar el asesino** decapitar o assassino

decasílabo, -a /deka'silaβo, a/ *adj.* decassílabo ■ **versos decasílabos** versos decassílabos

decena /de'θena/ *sf.* dezena ■ **María compró dos decenas de naranjas para hacer el jugo** Maria comprou duas dezenas de laranjas para fazer o suco

decencia /de'θenθja/ *sf.* 1 decência, honestidade, decoro, modéstia 2 asseio ■ **decencia de las personas** decência das pessoas

decente /de'θeɲte/ *adj.* 1 decente, honesto 2 conveniente 3 asseado ■ **ropa decente** roupa conveniente

decepción /deθepθjon/ *sf.* decepção, desilusão ■ **decepción amorosa** decepção amorosa

decepcionar /deθepθjo'nar/ *v.* decepcionar, desiludir ■ **decepcionar una persona** decepcionar uma pessoa

decibelio /deθi'βeljo/ *sm.* decibel ■ **medida en decibelio** medida em decibel

decidido, -a /deθi'ðir/ *v.* decidido, resoluto, empreendedor ■ **viaje decidido** viagem decidida

decidir /deθi'ðir/ *v.* 1 decidir, resolver, determinar 2 declarar 3 assentar ■ **decidir el destino** decidir o destino

decimal /deθi'mal/ *adj.* decimal ■ **números decimales** números decimais

décimo, -a /'deθimo, a/ *adj.* *s.* 1 décimo 2 décima parte de qualquer coisa ■ **un décimo de un billete de lotería** um décimo de um bilhete de loteria

decir /de'θir/ *sm.* 1 dizer, enunciar, falar 2 assegurar 3 narrar 4 ordenar 5 murmurar 6 corresponder 7 chamar-se, intitular-se, dito, frase ■ **dar que decir** dar o que falar ■ **decir de memoria** dizer de cor ■ **decir por decir** dizer por dizer ■ **¡diga! ¡dígame!** alô (usado ao telefone) ■ **digan lo que digan** digam o que disserem ■ **eso no dice nada al caso** isso não vem ao caso

decisión /deθi'sjon/ *sf.* 1 decisão, sentença, resolução 2 coragem ■ **decisión judicial** decisão judicial

decisivo, -a /deθi'siβo, a/ *adj.* decisivo, definitivo ■ **esta actitud será decisiva para nuestra vida** esta atitude será decisiva para nossa vida

declamación /deklama'θjon/ *sf.* declamação, discurso ■ **declamación de un poema** declamação de um poema

declamar /dekla'mar/ *v.* declamar, recitar ■ **declamar delante de todos** declamar na frente de todos

declaración /deklara'θjon/ *sf.* 1 declaração, manifestação 2 confissão de amor ■ **prestar declaración** depor perante um tribunal

declarar /dekla'rar/ *v.* 1 declarar, manifestar 2 decidir 3 expor 4 declarar-se, abrir-se ■ **declarar en juicio** depor ■ **declarar por escrito** atestar

declinación /deklina'θjon/ *sf.* 1 declinação 2 declínio, queda ■ **declinación del cuerpo** declinação do corpo

declinar /dekli'nar/ *v.* 1 declinar, recusar, decair, pender, inclinar 2 declinar, flexionar ■ **declinar el cuerpo** declinar o corpo

declive /de'kliβe/ *sm.* 1 declive, descida 2 decadência ■ **declive en el camino** declive no caminho

decolorar /dekolo'rar/ *v.* descolorir; descorar, desbotar ■ **decolorar la pared** descolorir a parede

decomisar /dekomi'sar/ *v.* confiscar ■ **decomisar la maleta** confiscar a mala

decorado, -a /deko'rar/ *v.* decorado, ornamentado, enfeitado ■ **casa decorada** casa decorada

decorar /deko'rar/ *v.* decorar, enfeitar; mobiliar ■ **decoró su apartamento con un estilo moderno y funcional** mobiliou seu apartamento num estilo moderno e funcional

decorativo, -a /dekora'tiβo, a/ *adj.* 1 decorativo 2 que só serve de enfeite ■ **tienda decorativa** loja decorativa

decoro /de'koro/ *sm.* decoro, dignidade, decência ■ **guardar el decoro** manter a compostura

decrecer /dekre'θer/ *v.* decrescer; diminuir, reduzir, baixar ■ **decrecer las ventajas** diminuir as vantagens

decrépito, -a /de'krepito, a/ *adj.* decrépito, senil ■ **persona decrépita** pessoa decrépita

decretar /dekre'tar/ *v.* decretar, deliberar, resolver, ordenar ■ **decretar una regla** decretar uma regra

decreto /de'kreto/ *sm.* decreto, decisão, resolução ■ **decreto ley** decreto-lei **por decreto** por decreto

decúbito /de'kubitu/ *sm.* decúbito ■ **decúbito dorsal** decúbito dorsal

decurso /de'kuRso/ *sm.* decurso, transcurso, duração ■ **decurso grande** decurso longo

dedicación /deðika'θjon/ *sf.* dedicação, devotamento, consagração ■ **dedicación total** dedicação total

dedicar /deði'kar/ *v.* 1 dedicar, consagrar, oferecer 2 aplicar-se, entregar-se, devotar-se ■ **dedicar atención al trabajo** dedicar atenção ao trabalho

dedicatoria /deðika'torja/ *sf.* dedicatória ■ **hacer una dedicatoria** fazer uma dedicatória

dedo /'deðo/ *sm.* dedo ■ **dedo anular** dedo auricular, mindinho ■ **dedo cordial** médio ■ **dedo índice** indicador ■ **dedo pulgar** polegar ■ **chuparse los dedos** manifestar satisfação principalmente em relação a comida ■ **no mover un dedo** não mexer uma palha ■ **poner el dedo en la llaga** pôr o dedo na ferida

deducción /deðuk'θjon/ *sf.* 1 dedução 2 desconto, abatimento, redução 3 método de raciocínio lógico que parte do geral para o particular ■ **deducción de un resultado** dedução de um resultado

deducir /deðu'θir/ *v.* deduzir, concluir; diminuir, abater ■ **deducir rápido** deduzir rápido

defecación /defeka'θjon/ *sf.* defecação, dejeção ■ **mucha defecación** muita defecação

defecar /defe'kar/ *v.* defecar, evacuar ■ **defecar en el baño** defecar no banheiro

defección /defek'θjon/ *sf.* defecção, desistência ■ **mucha defección** muita defecção

defectivo, -a /defek'tiβo, a/ *adj.* defectivo, defeituoso, imperfeito ■ **el dedo cordial de Juan es defectivo** o dedo médio de Juan é defeituoso

defecto /de'fekto/ *sm.* defeito, falta, ausência, imperfeição, erro, falha ■ **en su defecto** na falta de

defectuoso, -a /defek'twoso, a/ *adj.* defeituoso, imperfeito ■ **aparato defectuoso** aparelho defeituoso

defender /defen'der/ *v.* 1 defender, proteger, socorrer, amparar 2 vedar ■ **defender los necesitados** defender os necessitados

defensa /de'fensa/ *sf.* 1 defesa, auxílio 2 contestação 3 anteparo 4 abrigo 5 vedação ■ **defensa jurídica** defesa jurídica

defensor, -a /defen'sor, a/ *adj.* defensor, protetor ■ **el señor es defensor de los animales** o senhor é defensor dos animais

97

deferencia

deferencia /defe'reɲθja/ *sf.* deferência, atenção, condescendência ▪ **deferencia de las personas** atenção das pessoas

deferente /defe'rente/ *adj.* deferente, respeitoso ▪ **persona deferente** pessoa respeitosa

deficiencia /defi'θjenθja/ *sf.* deficiência, falta, carência ▪ **deficiencia física** deficiência física

deficiente /defi'θjente/ *adj. & s.* deficiente, imperfeito ▪ **deficiente visual** deficiente visual

déficit /'defisit/ *sm.* déficit ▪ **déficit en la cuenta** déficit na conta

definición /definiθjon'/ *sf.* definição, decisão, descrição, conceito, acepção ▪ **definición de una palabra** definição de uma palavra

definir /defi'nir/ *v.* **1** definir, determinar, enunciar; decidir **2** despachar ▪ **definir la ropa** definir a roupa

definitivo, -a /defini'tiβo, a/ *adj.* definitivo ▪ **en definitiva** definitivamente

deflación /defla'θjon/ *sf.* deflação ▪ **grande deflación** grande deflação

deflagrar /defla'ɣrar/ *v.* deflagrar, desencadear ▪ **deflagrar con el tiempo** deflagrar com o tempo

defoliación /defolja'θjon/ *sf.* desfolhação ▪ **defoliación de la piel** desfolhação da pele

deforestar /defores'tar/ *v.* desflorestar, desmatar ▪ **deforestar la región** desflorestar a região

deformar /defor'mar/ *v.* deformar, empenar (madeira) ▪ **deformar la cara** deformar a cara

defraudar /defraw'ðar/ *v.* defraudar; furtar; despojar ▪ **defraudar la hacienda** sonegar impostos

defunción /defun'θjon/ *sf.* falecimento, morte ▪ **certificado partida de defunción** atestado de óbito

degeneración /dexenera'θjon/ *sf.* degeneração, decadência, aviltamento ▪ **degeneración de las personas** degeneração das pessoas

degenerar /dexene'rar/ *v.* **1** degenerar, decair, declinar **2** degenerar-se, aviltar-se ▪ **degenerar con el tiempo** degenerar com o tempo

deglución /deɣlu'θjon/ *sf.* deglutição, ingestão ▪ **deglución de la comida** ingestão da comida

deglutir /deɣlu'tir/ *v.* deglutir, ingerir, engolir ▪ **deglutir rápido** deglutir rápido

degolladero /deɣoʎa'ðero/ *sm.* matadouro ▪ **degolladero lejos de la ciudad** matadouro longe da cidade

degollar /deɣo'ʎar/ *v.* **1** degolar, decapitar **2** destruir, pôr a perder ▪ **degollar alguien** degolar alguém

degradable /deɣra'ðaβle/ *adj.* degradável ▪ **situación degradable** situação degradável

degradante /deɣra'ðante/ *adj.* degradante, humilhante ▪ **no soporto más esa situación tan degradante** não suporto mais essa situação tão degradante

degradar /deɣra'ðar/ *v.* **1** degradar; humilhar; aviltar, diminuir, rebaixar **2** degradar-se, rebaixar-se ▪ **degradar mucho** degradar muito

degustar /deɣus'tar/ *v.* degustar, saborear ▪ **degustar la comida** degustar a comida

deidad /dej'ðað/ *sf.* deidade, divindade ▪ **deidad de las personas** divindade das pessoas

deificar /deifi'kar/ *v.* deificar, endeusar ▪ **deificar mucho** endeusar muito

dejadez /dexa'ðeθ/ *sf.* preguiça, desleixo, negligência, abandono ▪ **dejadez por el día** preguiça pelo dia

dejado, -a /de'xaðo, a/ *adj. s.* **1** preguiçoso, indolente, negligente, largado, desleixado **2** abatido, melancólico ▪ **hombre dejado** homem preguiçoso

dejar /de'xar/ *v.* **1** deixar, abandonar, largar **2** omitir **3** consentir, tolerar **4** desistir **5** abandonar-se, desocupar-se ▪ **dejar a la suerte** arriscar ▪ **dejar en el aire** deixar no ar ▪ **dejarse coger** deixar-se apanhar

deje /'dexe/ *sm.* **1** sotaque, entoação **2** gosto, sabor **3** prazer ou desgosto depois de um acontecimento ▪ **sentí un deje amargo cuando se despidió** senti um gosto amargo quando se despediu

del /'del/ *contr.* contração da prep "de" com o art "el", do ▪ **vengo del supermercado** venho do supermercado

delación /dela'θjon/ *sf.* delação, denúncia, acusação ▪ **delación en la policía** acusação na polícia

delantal /delan'tal/ *sm.* avental ▪ **delantal rojo** avental vermelho

delantera /delan'tera/ *sf.* **1** dianteira **2** frente, fachada ▪ **ganar la delantera** avançar, adiantar-se ▪ **parte delantera de algo** frente, fachada

delantero, -a /delan'tero, a/ *adj. s.* **1** dianteiro, parte frontal **2** dianteira, frente dianteira parte dianteira

delator, -a /dela'tor, a/ *adj. s.* delator, denunciante, acusador ▪ **delator del crime** delator do crime

delegación /deleɣa'θjon/ *sf.* delegação, missão ▪ **delegación del trabajo** delegação do trabalho

delegado, -a /dele'ɣaðo/ *v.* **1** delegado **2** enviado **3** encarregado ▪ **delegado eficiente** delegado eficiente

delegar /dele'ɣar/ *v.* delegar, incumbir ▪ **delegar una tarea** delegar uma tarefa

deleitar /delej'tar/ *v.* produzir deleite ▪ **deleitar mucho** produzir muito deleite

deleite /de'lejte/ *sm.* **1** deleite, encanto **2** prazer sensual ▪ **deleite de las mujeres** encanto das mulheres

deletrear /deletre'ar/ *v.* **1** soletrar **2** adivinhar ▪ **deletrear la palabra** soletrar a palavra

deleznable /deleθ'naβle/ *adj.* **1** desagregável **2** inconsistente, não durável ▪ **situación deleznable** situação desagradável

delfín /del'fin/ *sm.* golfinho ▪ **los delfines son animales encantadores** os golfinhos são animais encantadores

delgadez /delɣa'ðeθ/ *sf.* magreza ▪ **delgadez de las mujeres** magreza das mulheres

delgado, -a /del'ɣaðo, a/ *adj.* **1** delgado, magro, fino, tênue, delicado **2** palito ▪ **mujer delgada** mulher magra

deliberación /deliβera'θjon/ *sf.* deliberação, decisão ▪ **deliberación oficial** deliberação oficial

deliberar /deliβe'rar/ *v.* deliberar, decidir ▪ **deliberar el resultado** decidir o resultado

delicadeza /delika'ðeθa/ *sf.* delicadeza, suavidade, cortesia, fragilidade ▪ **delicadeza de las mujeres** delicadeza das mulheres

delicado, -a /deli'kaðo, a/ *adj.* delicado, suave, meigo, amável ▪ **él tiene el gusto delicado** ele tem o gosto apurado

delicia /de'liθja/ *sf.* delícia, deleite, encanto ▪ **hacer las delicias** proporcionar prazer

delicioso, -a /deli'θjoso, a/ *adj.* delicioso, excelente ▪ **comida deliciosa** comida deliciosa

delimitar /delimi'tar/ *v.* delimitar, demarcar ▪ **delimitar el terreno** delimitar o terreno

deparar

delincuencia /deliŋ'kwenθja/ *sf.* delinquência, criminalidade ■ **delincuencia de las personas** delinquência das pessoas

delincuente /deliŋ'kwenţe/ *adj. s.* delinquente ■ **persona delincuente** pessoa delinquente

delineante /deline'anţe/ *s.* **1** delineador **2** desenhista projetista ■ **delineante para los ojos** delineador para os olhos

delinear /deline'aɾ/ *v.* delinear, traçar linhas, desenhar ■ **delinear el dibujo** delinear o desenho

delirar /deli'ɾaɾ/ *v.* delirar, devanear, exaltar-se ■ **delirar por amor** delirar por amor

delirio /de'liɾjo/ *sm.* **1** delírio, devaneio **2** desordem **3** paixão **4** loucura **5** entusiasmo ■ **delirio de pasión** delírio de paixão

delito /de'lito/ *sm.* delito, crime, infração. ■ **si ha cometido un delito, debe esperar las consecuencias** se cometeu um delito, deve esperar as consequências ■ **cuerpo del delito** corpo de delito ■ **delito flagrante** pego em flagrante

delta /'delţa/ *s.* **1** ilha triangular entre dois braços de rio **2** quarta letra do alfabeto grego ■ **letra delta** letra delta

demacrarse /dema'kɾaɾse/ *v.* consumir-se, extenuar-se ■ **demacrarse de amor** consumir-se de amor

demagogia /dema'ɾoxja/ *sf.* demagogia ■ **hacer una demagogia** fazer uma demagogia

demagogo, -a /dema'ɾoɣo, a/ *adj. s.* demagogo ■ **hombre demagogo** homem demagogo

demanda /de'manda/ *sf.* **1** demanda **2** petição, requerimento **3** discussão, litígio **4** procura, busca ■ **demandas y respuestas** perguntas e respostas

demandante /deman'danţe/ *v.* demandante, requerente ■ **demandante oficial** demandante oficial

demandar /deman'daɾ/ *v.* **1** demandar, requerer **2** pedir, rogar **3** exigir **4** perguntar **5** procurar ■ **demandar ayuda** demandar ajuda

demarcación /demaɾka'θjon/ *sf.* demarcação, delimitação ■ **demarcación de tierra** demarcação de terra

demarcar /demaɾ'kaɾ/ *v.* demarcar, delimitar, assinalar ■ **demarcar el camino** demarcar o caminho

demás /de'mas/ *adj.* **1** os demais, os outros • *adv.* **2** além disso ■ **por demás** inutilmente ■ **por lo demás** quanto ao mais ■ **María, Julio y demás fueron invitados** Maria, Júlio e os outros foram convidados **3** demasía, excesso **4** atrevimento ■ **en demasía** em excesso

demasiado, -a /dema'sjaðo, a/ *adj.* demasiado, excessivo ■ **ir demasiado lejos** ir longe demais

demencia /de'menθja/ *sf.* demência, loucura ■ **demencia de las personas** loucura das pessoas

demente /de'menţe/ *adj. s.* demente, louco, imbecil ■ **hombre demente** homem demente

democracia /demo'kɾaθja/ *sf.* democracia ■ **democracia del país** democracia do país

demócrata /de'mokɾata/ *adj. s.* democrata ■ **demócrata justo** democrata justo

democratizar /demokɾati'θaɾ/ *v.* democratizar ■ **democratizar el gobierno** democratizar o governo

demografía /demoɾɾa'fia/ *sf.* demografia ■ **estudiar demografía del país** estudar demografia do país

demoler /demo'leɾ/ *v.* demolir, derrubar, desmantelar, destruir, arruinar ■ **demoler el edificio** demolir o prédio

demolición /demoli'θjon/ *sf.* demolição, desmoronamento, destruição ■ **demolición rápida** demolição rápida

demoníaco /demo'niaku, ka/ *adj.* demoníaco ■ **persona demoníaca** pessoa demoníaca

demonio /de'monju/ *sm.* **1** demônio, diabo **2** pestinha, criança travessa **3** pessoa feia e desagradável ■ **¡qué demonio!** que diabo! ■ **tener el demonio dentro del cuerpo** ter o diabo no corpo, ser muito inquieto ■ **¡vete al demonio!** vá para o diabo, vá para o inferno

demora /de'moɾa/ *sf.* demora, atraso ■ **no sé porque tanta demora para salir** não sei porque tanta demora para sair

demorar /demo'ɾaɾ/ *v.* demorar, retardar, atrasar ■ **algo que no se puede demorar** inadiável

demostración /demostɾa'θjon/ *sf.* demonstração, manifestação, ostentação ■ **demostración de la presentación** demonstração da apresentação

demostrar /demos'tɾaɾ/ *v.* **1** demonstrar, declarar, manifestar **2** provar **3** mostrar ■ **demostrar los beneficios** demonstrar os benefícios

demudar /demu'ðaɾ/ *v.* **1** mudar, alterar, desfigurar **2** alterar-se ■ **demudar de ropa** mudar de roupa

denegación /deneɣa'θjon/ *sf.* denegação, negação, recusa ■ **denegación de la libertad** denegação da liberdade

denegar /dene'ɣaɾ/ *v.* denegar, negar, recusar ■ **denegar el pedido** denegar o pedido

dengue /'deŋge/ *sm.* **1**.dengue (doença) **2** dengo, melindre ■ **la chica hace dengue para ganar un regalo** a menina faz dengo para ganhar um presente

denigrar /deni'xɾaɾ/ *v.* denegrir ■ **denigrar la imagen** denegrir a imagem

denodado, -a /deno'ðaðo, a/ *adj.* impetuoso, ousado, valente, atrevido ■ **hombre denodado** homem ousado

denominación /denomina'θjon/ *sf.* denominação, nome ■ **denominación de los objetos** denominação dos objetos

denominar /denomi'naɾ/ *v.* **1** denominar, nomear, chamar **2** distinguir ■ **denominar las cosas** denominar as coisas

denotación /denota'θjon/ *sf.* **1** denotação **2** indicação **3** significação ■ **denotación de las cosas** denotação das coisas

denotar /deno'taɾ/ *v.* **1** denotar **2** anunciar, indicar ■ **denotar las cosas** denotar as coisas

densidad /densi'ðað/ *sf.* densidade, espessura ■ **densidad demográfica** densidade demográfica

denso, -a /'denso, a/ *adj.* **1** denso, espesso, compacto **2** confuso, obscuro, profundo **3** pessoa desagradável, pesada, insuportável ■ **líquido denso** líquido denso

dentado, -a /den'taðo, a/ *adj.* dentado, denteado ■ **niño dentado** menino dentado

dentadura /denta'ðuɾa/ *sf.* dentadura ■ **dentadura de vampiro** dentadura de vampiro

dentellada /dente'ʎaða/ *sf.* dentada, mordida ■ **dentellada dolida** dentada doída

dentista /den'tista/ *s.* dentista ■ **dentista profesional** dentista profissional

dentro /'dentɾo/ *adv.* dentro ■ **dentro de** daqui a, dentro de ■ **por dentro** interiormente ■ **se retiran dentro para descansar** foram para dentro para descansar

denuesto /de'nwesto/ *sm.* afronta; insulto ■ **denuesto a la sociedad** afronta a sociedade

denuncia /de'nunθja/ *sf.* denúncia, delação, acusação ■ **denuncia en la policía** denúncia na polícia

denunciar /denun'θjaɾ/ *v.* **1** denunciar, acusar **2** noticiar, declarar, informar, notificar ■ **denunciar al criminoso** denunciar o criminoso

deparar /depa'ɾaɾ/ *v.* **1** deparar **2** proporcionar, conceder ■ **deparar con el problema** deparar com o problema

departamento

departamento /depar'meɲto/ *sm.* **1** departamento, divisão, compartimento, seção, repartição **2** apartamento ■ **departamento de negocios** departamento de negócios

departir /depar'tir/ *v.* **1** falar, narrar **2** explicar **3** separar-se **4** disputar ■ **departir bien** narrar bem

dependencia /depen'denθja/ *sf.* **1** dependência, cômodo (de casa) **2** subordinação ■ **esta casa tiene muchas dependencias** esta casa tem muitos cômodos

depender /depen'der/ *v.* depender; subordinar-se ■ **depender de los otros** depender dos outros

dependiente, -a /depen'djente, a/ *s.* dependente ■ **joven dependiente** jovem dependente

depilar /depi'lar/ *v.* depilar ■ **depilar las piernas** depilar as pernas

depilatorio /depila'torjo, a/ *adj. sm.* depilatório ■ **depilatorio eficiente** depilatório eficiente

deplorable /deplo'raβle/ *adj.* deplorável, lamentável ■ **cosa deplorable** desgraça

deplorar /deplo'rar/ *v.* deplorar, lamentar, lastimar ■ **deplorar todos los días** deplorar todos os dias

deponer /depo'ner/ *v.* **1** depor; destituir **2** separar **3** afirmar, assegurar **4** derrubar **5** evacuar, defecar ■ **deponer los derechos** assegurar os direitos

deportar /depor'tar/ *v.* deportar, exilar, banir ■ **deportar el extranjero** deportar o estrangeiro

deporte /de'porte/ *sm.* esporte ■ **practicar deportes hace bien a la salud** praticar esportes faz bem a saúde **2** passatempo, recreação ■ **por deporte** por esporte

deportista /depor'tista/ *adj. s.* esportista, desportista ■ **buen deportista** bom esportista

deportivo, -a /depor'tiβo, a/ *adj. sm.* esportivo, desportivo ■ **ropa deportiva** roupa esportiva

deposición /deposi'θjon/ *sf.* **1** deposição, destituição, exoneração **2** evacuação **3** depoimento perante uma autoridade ■ **deposición de dinero** deposição de dinheiro

depositar /deposi'tar/ *v.* **1** depositar, entregar, confiar **2** colocar **3** guarda **4** depor **5** sedimentar-se ■ **depositar dinero** depositar dinheiro

depositario, -a /deposi'tarjo, a/ *s.* depositário, tesoureiro ■ **depositario grande** depositário grande

depósito /de'posito/ *sm.* depósito ■ **depósito de agua** caixa-d'água ■ **gran depósito de mercancías** entreposto

depravado, -a /depra'βaðo, a/ *adj. s.* depravado, viciado, corrompido ■ **hombre depravado** homem depravado

depravar /depra'βar/ *v.* **1** depravar, viciar, corromper **2** degenerar-se ■ **depravar las mujeres** depravar as mulheres

deprecar /depre'kar/ *v.* suplicar, implorar, rogar, pedir ■ **deprecar de rodillas** suplicar de joelhos

depreciación /depreθja'θjon/ *sf.* **1** depreciação, desvalorização **2** descrédito ■ **depreciación de la imagen** depreciação da imagem

depreciar /depre'θjar/ *v.* depreciar, desvalorizar ■ **depreciar la mujer** depreciar a mulher

depredación /depreða'θjon/ *sf.* **1** depredação **2** roubo violento, pilhagem, extorsão ■ **depredación en la ciudad** depredação na cidade

depredador, -a /depreða'ðor, a/ *adj. s.* predador, depredador, predatório ■ **depredador peligroso** predador perigoso

depredar /depre'ðar/ *v.* depredar; saquear ■ **depredar la tienda** depredar a loja

depresión /depre'sjon/ *sf.* **1** depressão **2** abatimento, diminuição, redução **3** crise econômica ■ **tener depresión** ter depressão

depresivo, -a /depre'siβo, a/ *adj. s.* depressivo, deprimente ■ **quedar depresivo** ficar depressivo

deprimir /depri'mir/ *v.* **1** deprimir **2** humilhar, rebaixar **3** desanimar ■ **deprimir mucho** deprimir muito

deprisa /de'prisa/ *adv.* depressa, rapidamente ■ **caminar deprisa** caminhar depressa

depuración /depura'θjon/ *sf.* depuração, purificação ■ **depuración del cuerpo** purificação do corpo

depurar /depu'rar/ *v.* **1** depurar, limpar, purificar **2** refinar, expurgar ■ **depurar la casa** limpar a casa

derecho, -a /de'retʃo, a/ *adj. sm.* **1** direito, reto, igual, justo, legítimo **2** direito, justiça, razão, direito **3** *derechos* (pl) taxa, imposto, honorários **4** direita, mão directa ▪ *adv* **4** direito, diretamente, em frente ■ **a las derechas** da forma correta ■ **¡derecha!** mil direita, volver! ■ **régimen de derecha** regime (político) de direita

derivación /deriβa'θjon/ *sf.* derivação, descendência, procedência ■ **derivación de la familia** descendência da família

derivar /deri'βar/ *v.* **1** derivar, descender, decorrer, proceder **2** derivar-se, desviar-se ■ **derivar de los mayores** derivar dos maiores

dermatología /dermatolo'xia/ *sf.* dermatologia ■ **área de dermatología** área de dermatologia

dermatólogo, -a /derma'tolo͜ɣo, a/ *s.* dermatologista ■ **buen dermatólogo** bom dermatologista

dermis /'dermis/ *sf.* derme ■ **problema en la dermis** problema na derme

derogación /dero͜ɣa'θjon/ *sf.* **1** derrogação, anulação **2** deterioração ■ **derogación del proyecto** anulação do projeto

derogar /dero'ɣar/ *v.* derrogar, anular; destruir, reformar, modificar ■ **derogar el trabajo** anular o trabalho

derramamiento /derama'mjento/ *sm.* derramamento, dispersão ■ **derramamiento gota a gota** destilação

derramar /dera'mar/ *v.* **1** derramar, verter, entornar; transbordar **2** publicar, divulgar ■ **derramar en la ropa** derramar na roupa

derrame /de'rame/ *sm.* **1** derramamento **2** derrame (doença) ■ **derrame peligroso** derrame perigoso

derrapar /dera'par/ *v.* derrapar, deslizar ■ **derrapar de coche** derrapar de carro

derrengar /deren'gar/ *v.* descadeirar, entortar, inclinar para um lado ■ **derrengar cuando mayor** descadeirar quando velho

derretimiento /dereti'mjento/ *sm.* derretimento, descongelamento ■ **derretimiento del hielo** derretimento do gelo

derretir /dere'tir/ *v.* **1** derreter, descongelar **2** esbanjar, gastar **3** apaixonar-se ■ **derretir metales** fundir metais

derribar /deri'βar/ *v.* derrubar, desmantelar, arruinar, abater, demolir ■ **derribar la casa** derrubar a casa

derrocamiento /deroka'mjento/ *sm.* derrocada, derrubada (do poder) ■ **derrocamiento del alcalde** derrubada do prefeito

derrocar /dero'kar/ *v.* **1** derrocar, ruir, despenhar, precipitar **2** destituir, derrubar **3** desabar, cair, despencar ■ **derrocar en la decisión** precipitar na decisão

derrochar /dero'tʃar/ *v.* esbanjar, desperdiçar, dissipar ■ **derrochar dinero** esbanjar dinheiro

derroche /de'rotʃe/ *sm.* esbanjamento, desperdício ■ **derroche de dinero** esbanjamento de dinheiro

desaliento

derrota /de'rrota/ *sf.* **1** derrota **2** rota, trilha, caminho de terra **3** rumo que toma uma embarcação ■ **separarse de su derrota** salir do rumo

derrotar /derro'tar/ *v.* **1** derrotar, vencer **2** destruir propriedades, móveis, vestidos **3** arruinar alguém (na saúde ou nos bens) **4** derivar, perder o rumo **5** desviar-se ■ **derrotar en la competición** derrotar na competição

derrotero /derro'tero/ *sm.* **1** roteiro **2** caminho, via, rumo ■ **derrotero de la película** roteiro do filme

derrotismo /derro'tismo/ *sm.* derrotismo, pessimismo ■ **derrotismo de las personas** derrotismo das pessoas

derrotista /derro'tista/ *adj. s.* derrotista, pessimista ■ **persona derrotista** pessoa pessimista

derruir /de'rrwir/ *v.* derruir, derrubar ■ **derruir las cosas** derrubar as coisas

derrumbar /derrum'bar/ *v.* **1** derrubar, fazer despencar **2** desmoronar ■ **derrumbar todo** derrubar tudo

derrumbe /de'rrumbe/ *sm.* despenhadeiro, precipício ■ **derrumbe grande** despenhadeiro grande

desabastecer /desaβaste'θer/ *v.* desabastecer, desprover ■ **desabastecer de derechos** desabastecer de direitos

desabotonar /desaβoto'nar/ *v.* **1** desabrochar **2** abrir-se, desabrochar ■ **desabotonar para lo nuevo** desabrochar para o novo

desabrido, -a /desa'βrido, a/ *adj.* desabrido, sem graça ■ **quedarse desabrido** ficar sem graça

desabrigado, -a /desaβri'ɣado, a/ *adj.* desabrigado, desamparado ■ **quedarse desabrigado** ficar desabrigado

desabrir /desa'βrir/ *v.* **1** desanimar (alguém) **2** temperar mal (a comida) ■ **desabrir con alguien** desanimar com alguém

desabrochar /desaβro'tʃar/ *v.* desabrochar, soltar broches e botões ■ **desabrochar la camisa** desabrochar a camisa

desacatar /desaka'tar/ *v.* desacatar, desobedecer, afrontar ■ **desacatar a los mayores** desobedecer os mais velhos

desacato /desa'kato/ *sm.* desacato, desobediência, desrespeito ■ **tu actitud es un desacato** sua atitude é um desrespeito

desacelerar /desaθele'rar/ *v.* desacelerar ■ **desacelerar el proceso** desacelerar o processo

desacierto /desa'θjerto/ *sm.* **1** desacerto, erro **2** tolice ■ **desacierto de cuentas** desacerto de contas

desacomodar /dʒizakomo'daR/ *v.* **1** desacomodar, desalojar, deslocar **2** perder o lugar ou o emprego ■ **desacomodar del lugar** desacomodar do lugar

desaconsejar /desakonse'xar/ *v.* desaconselhar, dissuadir ■ **desaconsejar las personas** desaconselhar as pessoas

desacoplar /desako'plar/ *v.* **1** separar, desencaixar **2** desajustar ■ **desacoplar los objetos** separar os objetos

desacordar /desakor'ðar/ *v.* **1** desacordar **2** desafinar, destoar **3** esquecer, desmaiar ■ **desacordar por la noche** desacordar pela noite

desacorde /desa'korðe/ *adj.* desarmônico, destoante, dissonante, discrepante ■ **desacorde musical** destoante musical

desacostumbrar /desakostum'brar/ *v.* **1** desacostumar **2** desacostumar-se ■ **desacostumbrar con la vida** desacostumar com a vida

desacreditar /desakreði'tar/ *v.* **1** desacreditar **2** difamar ■ **desacreditar en el amor** desacreditar no amor

desactivar /desakti'βar/ *v.* desativar ■ **desactivar la señal** desativar o sinal

desacuerdo /desa'kwerðo/ *sm.* desacordo, discórdia, desarranjo ■ **desacuerdo de las personas** desacordo das pessoas

desafiar /desa'fjar/ *v.* desafiar, provocar; excitar, inquietar, competir; afrontar ■ **desafiar el otro** desafiar o outro

desafinar /desafi'nar/ *v.* desafinar, destoar ■ **desafinar en la canción** desafinar na canção

desafío /desa'fio/ *sm.* desafio, provocação, rivalidade ■ **desafío difícil** desafio difícil

desaforar /desafo'rar/ *v.* **1** privar alguém de direitos e privilégios **2** descompor-se, atrever-se, descomedir-se ■ **desaforar alguien** atrever-se com alguém

desafortunado, -a /desafortu'nado, a/ *adj.* desafortunado, desventurado, infeliz ■ **persona desafortunada** pessoa desafortunada

desafuero /desa'fwero/ *sm.* **1** ato que contraria a lei, a justiça **2** transgressão da ordem, dos costumes estabelecidos ■ **hacer un desafuero** fazer um ato que contraria a lei

desagradable /desaɣra'ðaβle/ *adj.* desagradável ■ **situación desagradable** situação desagradável

desagradar /desaɣra'ðar/ *v.* desagradar, desgostar ■ **desagradar la novia** desagradar a namorada

desagradecido, -a /desaɣraðe'θido, a/ *adj. s.* ingrato, mal-agradecido ■ **hombre desagradecido** homem ingrato

desagrado /desa'ɣraðo/ *sm.* desagrado, desgosto, descontentamento ■ **hacer un desagrado** fazer um desagrado

desagraviar /desaɣra'βjar/ *v.* desagravar, reparar uma ofensa ■ **desagraviar la situación** desagravar a situação

desagravio /desa'ɣraβjo/ *sm.* desagravo, reparação ■ **hacer un desagravio** fazer um desagravo

desaguar /desa'ɣwar/ *v.* **1** desaguar, retirar a água, enxugar, deixar escoar a água **2** dissipar ■ **desaguar la casa** retirar a água da casa

desagüe /de'saɣwe/ *sm.* **1** desaguamento **2** conduto, canal, esgoto ■ **desagüe grande** desaguamento grande

desaguisado, -a /desaɣi'saðo/ *sm.* agravo, ofensa, desaforo, desatinado ■ **hacer un desaguisado** fazer uma ofensa

desahogado, -a /desao'ɣar/ *v.* **1** folgado, espaçoso, amplo **2** descarado, atrevido ■ **hombre desahogado** homem folgado

desahogar /desao'ɣar/ *v.* **1** desafogar, aliviar, desabafar **2** recuperar-se, desafogar-se ■ **desahogar un poço** desafogar um pouco

desahogo /desa'oɣo/ *sm.* desafogo, alívio ■ **vivir en desahogo** viver folgadamente, ter bastante dinheiro

desahuciar /desaw'θjar/ *v.* **1** desesperançar alguém **2** desenganar um doente **3** despejar (um inquilino) ■ **desahuciar con el tiempo** desesperançar com o tempo

desahucio /de'sawθjo/ *sm.* despejo (de inquilino) ■ **desahucio de la casa** despejo da casa

desairar /desai'rar/ *v.* desprezar, humilhar ■ **desairar alguien** humilhar alguém

desajustar /desaxus'tar/ *v.* **1** desajustar, desnivelar, desconcertar **2** desajustar-se ■ **desajustar la vida** desajustar a vida

desajuste /desa'xuste/ *sm.* desajuste, desacerto ■ **desajuste en la relación** desajuste na relação

desalentar /desalen'tar/ *v.* desalentar, desanimar, desconsolar ■ **desalentar con el trabajo** desalentar com o trabalho

desaliento /desalen'tar/ *v.* desalento, desânimo ■ **desaliento para trabajar** desânimo para trabalhar

101

desaliñar

desaliñar /desali'ɲar/ *v.* desalinhar, desarranjar, desordenar ■ **desaliñar la vida** desalinhar a vida

desalinear /desaline'ar/ *v.* desalinhar, desarranjar, desordenar ■ **desalinear con el tiempo** desalinhar com o tempo

desaliño /desa'liɲo/ *sm.* desalinho, desordem, desleixo, negligência ■ **desaliño en la casa** desordem na casa

desalmado, -a /desal'maðo, a/ *adj. & s.* desalmado, malvado, cruel ■ **hombre desalmado** homem desalmado

desalojar /desalo'xar/ *v.* desalojar; expulsar ■ **desalojar las personas** desalojar as pessoas

desamarrar /dʒizama'RaR/ *v.* desamarrar, soltar ■ **desamarrar la ropa** desamarrar a roupa

desamortizar /dʒizamoRtʃi'zaR/ *v.* desamortizar ■ **desamortizar las personas** desamortizar as pessoas

desamparar /dezaⁿpa'raR/ *v.* desamparar, abandonar, desacompanhar ■ **desamparar los hijos** abandonar os filhos

desamparo /dezaⁿparu/ *sm.* desamparo, abandono ■ **la dama vive al desamparo** a dama vive no abandono

desandar /dezaⁿdaR/ *v.* retroceder, voltar atrás ■ **desandar el proceso** retroceder o processo

desangrar /desaŋ'grar/ *v.* **1** fazer sangria **2** empobrecer **3** esvair-se em sangue ■ **desangrar mucho** empobrecer muito

desanimado, -a /desani'maðo, a/ *adj.* desanimado, desmoralizado ■ **quedarse desanimado** ficar desanimado

desanimar /desani'mar/ *v.* desanimar, desencorajar, abater ■ **desanimar mucho** desanimar muito

desánimo /de'sanimo/ *sm.* desânimo, desalento, abatimento ■ **no sé por que tanto desánimo en su cumpleaños** não sei porque tanto desânimo no seu aniversário

desaparecer /desapare'θer/ *v.* desaparecer, sumir, ocultar ■ **desaparecer de tu vida** desaparecer da sua vida

desaparición /desapari'θjon/ *sf.* desaparecimento, sumiço ■ **desaparición de personas** desaparecimento de pessoas

desapegar /desape'ɣarse/ *v.* despegar, desgrudar, descolar, desprender-se ■ **desapegar de los materiales** despegar dos materiais

desapego /desa'peɣo/ *sm.* desapego, indiferença ■ **desapego de las personas** desapego das pessoas

desapercibido, -a /desaperθi'βiðo, a/ *adj.* despercebido ■ **llegué atrasada, pero entré despercebida** cheguei atrasada , mas entrei despercebida

desaprobación /desaproβa'θjon/ *sf.* desaprovação, reprovação ■ **desaprobación en el concurso** desaprovação no concurso

desaprobar /desapro'βar/ *v.* desaprovar, reprovar ■ **desaprobar los competidores** desaprovar os competidores

desaprovechar /desaproβe'tʃar/ *v.* desperdiçar, empregar mal ■ **desaprovechar la oportunidad** desperdiçar a oportunidade

desarmar /desar'mar/ *v.* **1** desarmar, desmantelar, desmontar **2** arrefecer, diminuir (a raiva), apaziguar ■ **no me respondió porque la desarmé con mis argumentos** não me respondeu porque a desarmei com meus argumentos

desarraigar /desaraj'ɣar/ *v.* **1** arrancar, desarraigar **2** desterrar, dissuadir ■ **desarraigar malos costumbres** desarraigar maus costumes

desarrapado /desara'paðo, a/ *adj. s.* esfarrapado, maltrapilho ■ **hombre desarrapado** homem maltrapilho

desarreglar /desare'xlar/ *v.* desarrumar, desarranjar, desordenar, desmanchar ■ **desarreglar la cama** desarrumar a cama

desarreglo /desa'rexlo/ *sm.* desordem, desarranjo ■ **desarreglo de la casa** desordem da casa

desarrollar /desaro'ʎar/ *v.* **1** desenvolver **2** estender **3** desdobrar, desenrolar **4** desabrochar, desenvolver-se ■ **desarrollar el proyecto** desenvolver o projeto

desarrollo /desa'roʎo/ *sm.* desenvolvimento, progresso ■ **país en desarrollo** país em desenvolvimento

desarropar /desaro'par/ *v.* despir ■ **desarropar para nadar** despir para nadar

desarticular /desartiku'lar/ *v.* **1** desarticular, deslocar **2** separar (peças de algo), desmantelar (uma organização), desconcertar, confundir ■ **desarticular es un problema** desconcertar é um problema

desasear /desase'ar/ *v.* sujar; encardir ■ **desasear el suelo** sujar o chão

desasir /desa'sir/ *v.* **1** largar, soltar, desprender, desligar **2** renunciar ■ **desasir las cosas** largar as coisas

desasistir /desasis'tir/ *v.* desacompanhar, desamparar ■ **desasistir las mujeres** desacompanhar as mulheres

desasosegar /desasose'xar/ *v.* desassossegar, inquietar ■ **desasosegar con la realidad** desassossegar com a realidade

desasosiego /desaso'sjeɣo/ *sm.* desassossego, inquietação, intranquilidade, angústia ■ **desasosiego en el corazón** desassossego no coração

desastre /de'sastre/ *sm.* desastre, fatalidade, desgraça, catástrofe ■ **desastre fatal** desastre fatal

desastroso, -a /desas'troso, a/ *adj.* desastroso, desajeitado ■ **situación desastrosa** situação desastrosa

desatar /desa'tar/ *v.* desatar, soltar, desamarrar; desligar; rescindir ■ **desatar la lengua** dar com a língua nos dentes, falar demais

desatención /desaten'θjon/ *sf.* desatenção, descortesia, distração ■ **desatención en la clase** desatenção na aula

desatender /desaten'der/ *v.* não atender, não prestar atenção, fazer pouco-caso, desconsiderar, desprezar ■ **desatender los clientes** não atender os clientes

desatento /dʒiza'teⁿtu, ta/ *adj.* desatento, indelicado, distraído, descortês ■ **persona desatenta** pessoa desatenta

desatinar /dʒizatʃi'naR/ *v.* desatinar ■ **desatinar mucho** desatinar muito

desatino /dʒiza'tʃinu/ *sm.* desatino, disparate, loucura ■ **tener un desatino** ter um desatino

desatrancar /desatraŋ'kar/ *v.* destrancar, desobstruir ■ **desatrancar la puerta** destrancar a porta

desautorizar /desawtori'θar/ *v.* desautorizar ■ **desautorizar los maestros** desautorizar os professores

desavenencia /desaβe'nenθja/ *sf.* desavença, discórdia, desentendimento ■ **tener una desavenencia** ter um desavença

desavenir /desaβe'nir/ *v.* discordar; dissentir, indispor ■ **desavenir con el otro** discordar com o outro

desayunar /desaju'nar/ *v.* desjejuar, tomar o café da manhã ■ **desayunar todos los días** tomar o café da manhã todos os dias

desayuno /desa'juno/ *sm.* desjejum, café da manhã ■ **desayuno hace bien para la salud** café da manhã faz bem para a saúde

desazón /desa'θon/ *sf.* **1** falta de tempero e gosto **2** sem graça **3** desgosto, dissabor ■ **esa noticia causa desazón** essa notícia causa desgosto

desbancar /desβaŋ'kar/ *v.* desbancar ■ **desbancar mucho** desbancar muito

desbandarse /desβaŋ'darse/ *v.* debandar, dispersar, desertar ■ **desbandarse para otro lado** debandar para outro lado

desbarajuste /desβara'xuste/ *sm.* desordem, desarranjo, caos ■ **desbarajuste en la ciudad** desordem na cidade

102

descomposición

desbaratar /desβaɾaˈtaɾ/ *v.* desbaratar, arruinar, esbanjar ■ **desbaratar los planes** arruinar os planos

desbarrar /desβaˈrraɾ/ *v.* **1** esbarrar **2** descarrilar ■ **desbarrar en alguien** esbarrar em alguém

desbastar /desβasˈtaɾ/ *v.* desbastar, gastar, diminuir ■ **desbastar el dinero** gastar o dinheiro

desbloquear /desβloke'aɾ/ *v.* **1** suspender o bloqueio de dinheiro ou crédito **2** desbloquear um porto, uma estrada ■ **desbloquear el aparato** desbloquear o aparelho

desbloqueo /desβlo'keo/ *sm.* desbloqueio, desimpedimento ■ **desbloqueo automático** desbloqueio automático

desbordamiento /desβoɾðaˈmjento/ *sm.* transbordamento ■ **desbordamiento de agua** trasbordamento de água

desbordar /desβoɾ'ðaɾ/ *v.* transbordar, desbordar, extravasar ■ **desbordar del vaso** transbordar do copo

desbravar /desβɾaˈβaɾ/ *v.* **1** domar **2** perder a braveza ■ **al cesar el viento, el mar se desbravó** ao parar o vento, o mar se acalmou

desbriznar /desβɾiθ'naɾ/ *v.* desfiar, esmiuçar ■ **desbriznar mucho** desfiar muito

descabellado, -a /deskaβeˈʎaðo, a/ *adj.* **1** descabelado, despenteado **2** desatinado ■ **quedarse descabellado** ficar descabelado

descalabro /deska'laβɾo/ *sm.* descalabro, contratempo, dano ■ **tener un descalabro** ter um contratempo

descalcificar /deskalθifiˈkaɾ/ *v.* descalcificar ■ **descalcificar las personas** descalcificar as pessoas

descalificar /deskalifiˈkaɾ/ *v.* desqualificar, desclassificar, desacreditar ■ **descalificar las personas** desqualificar as pessoas

descalzar /deskalˈθaɾ/ *v.* descalçar ■ **descalzar los pies** descalçar os pés

descalzo, -a /desˈkalθo, a/ *adj.* **1** descalço **2** religioso que faz votos de andar descalço ■ **caminar descalzo** caminhar descalço

descaminado, -a /deskamiˈnaɾ/ *v.* desencaminhado, extraviado ■ **objeto descaminado** objeto desencaminhado

descaminar /deskamiˈnaɾ/ *v.* **1** desencaminhar, extraviar **2** corromper ■ **descaminar los hijos** desencaminhar os filhos

descamisado, -a /deskamiˈsaðo, a/ *adj.* descamisado, muito pobre, miserável ■ **hombre descamisado** homem descamisado

descampado, -a /deskamˈpaðo/ *sm.* descampado ■ **lugar descampado** lugar descampado

descansar /deskanˈsaɾ/ *v.* **1** descansar, dormir, tranquilizar, repousar, sossegar ■ **descansar toda la noche** descansar toda a noite

descanso /desˈkanso/ *sm.* descanso, repouso, quietude, sossego, alívio, folga, intervalo ■ **descanso en la escuela** descanso na escola

descapitalizar /deskapitaliˈθaɾ/ *v.* descapitalizar ■ **descapitalizar la sociedad** descapitalizar a sociedade

descapotable /deskapoˈtaβle/ *adj. & sm.* conversível (automóvel) ■ **buen descapotable** bom conversível

descarado, -a /deskaˈɾaðo, a/ *adj. & s.* descarado, atrevido, insolente ■ **hombre descarado** homem descarado

descarga /desˈkaɾɣa/ *sf.* **1** descarga, descarregamento. ■ **descarga de los materiales** descarga dos materiais

descargar /deskaɾˈɣaɾ/ *v.* **1** descarregar. **2** esvaziar. **3** perder a carga (baterias). **4** demitir-se, defender-se, livrar-se. ■ **descargar rápido** descarregar rápido

descargo /desˈkaɾɣo/ *sm.* descarga, descarregamento, desencargo. ■ **descargo eficiente** descarga eficiente

descaro /desˈkaɾo/ *sm.* descaramento, insolência. ■ **descaro de las personas** descaramento das pessoas

descarozar *v.* tirar o caroço, descaroçar. ■ **descarozar la fruta** tirar o caroço da fruta   FALTA A PRONÚNCIA

descarriar /deska'rjaɾ/ *v.* **1** descarrilar; desencaminhar. **2** extraviar-se, desgarrar-se. ■ **descarriar las personas** desencaminhar as pessoas

descarrilamiento /deskarilaˈmjento/ *sm.* descarrilamento. ■ **descarrilamiento de los jóvenes** descarrilamento dos jovens

descarrilar /deskariˈlaɾ/ *v.* descarrilar, sair do trilho. ■ **descarrilar con velocidad** sair do trilho com velocidade

descartar /deskaɾˈtaɾ/ *v.* **1** descartar, excluir. **2** livrar-se de algo, jogar fora, desfazer-se, eliminar. ■ **descartar esta oportunidad** descartar esta oportunidade

descasar /deskaˈsaɾ/ *v.* descasar; separar-se. ■ **descasar temprano** separar-se cedo

descastado, -a /deskasˈtaðo, a/ *adj.* indiferente. ■ **sentimiento descastado** sentimento indiferente

descendencia /desθenˈdenθja/ *sf.* descendência, linhagem. ■ **descendencia del costumbre** descendência do costume

descendente /desceˈnd̴eˈ̃ʧi/ *adj. & s.* descendente, decrescente. ■ **es una curva descendente** é uma curva descendente

descender /desceˈndeR/ *v.* descender, descer, abaixar. ■ **descender con el tiempo** descender com o tempo

descendiente /desθenˈdjente/ *adj. & s.* descendente, sucessor. ■ **descendiente del reino** descendente do reino

descentralizar /desθentraliˈθaɾ/ *v.* descentralizar, descentrar. ■ **descentralizar la atención** descentralizar a atenção

descentrar /desθenˈtraɾ/ *v.* descentrar, descentralizar. ■ **descentrar el problema** descentrar o problema

descerrajar /desθeraˈxaɾ/ *v.* **1** arrombar. **2** disparar arma de fogo. ■ **descerrajar la casa** arrombar a casa

descifrar /desθiˈfraɾ/ *v.* decifrar. ■ **descifrar el mensaje** decifrar a mensagem

desclavar /desklaˈβaɾ/ *v.* **1** desencravar. **2** despregar, soltar. ■ **desclavar con calma** desencravar com calma

descocado, -a /desko'kaðo, a/ *adj.* descarado, atrevido, ousado. ■ **hombre descocado** homem atrevido

descoco /des'koko/ *sm.* descaramento, desplante. ■ **descoco de él** descaramento dele

descodificar /deskoðifiˈkaɾ/ *v.* decodificar. ■ **descodificar rápido** decodificar rápido

descolocar /deskolo'kaɾ/ *v.* tirar alguém de seu posto. ■ **descolocar en la empresa** tirar alguém do posto na empresa

descolonizar /deskoloniˈθaɾ/ *v.* descolonizar. ■ **descolonizar la región** descolonizar a região

descolorido, -a /deskoloˈɾiðo, a/ *adj.* descolorido, desbotado. ■ **ropa descolorida** roupa desbotada

descombrar /deskomˈβɾaɾ/ *v.* desentulhar, desobstruir um local. ■ **descombrar el cuarto** desentulhar o quarto

descomedido, -a /deskomeˈðiðo, a/ *adj.* descomedido, desproporcional. ■ **persona descomedida** pessoa descomedida

descomedirse /deskomeˈðiɾse/ *v.* exceder-se, desrespeitar. ■ **descomedirse con las personas** exceder-se com as pessoas

descompensar /deskompenˈsaɾ/ *v.* descompassar, desequilibrar. ■ **descompensar mucho** desequilibrar muito

descomponer /deskompo'neɾ/ *v.* **1** decompor, desorganizar, desordenar, desmanchar. **2** apodrecer, corromper-se. ■ **descomponer el lugar** desorganizar o lugar

descomposición /deskomposiˈθjon/ *sf.* **1** decomposição, putrefação. **2** diarreia. ■ **descomposición intestinal** diarreia

103

descompostura

descompostura /deskompos'tura/ *sf.* descompostura, desalinho, desarranjo. ■ **descompostura de las personas** descompostura das pessoas

descompresión /deskompre'sjon/ *sf.* descompressão. ■ **descompresión de la vasija** descompressão da vasilha

descompuesto, -a /deskom'pwesto, a/ *adj.***1** descomposto, desarranjado, desalinhado, estragado. **2** irritado. **3** descortês, atrevido. ■ **hombre descompuesto** homem desalinhado

descomunal /deskomu'nal/ *adj.* descomunal, enorme, colossal. ■ **situación descomunal** situação descomunal

desconcertar /deskonθer'tar/ *v.* desconcertar, desordenar, desarranjar, embaraçar, transtornar. ■ **desconcertar la situación** desconcertar a situação

desconcierto /deskonθer'tar/ *v.* desconcerto, desordem. ■ **desconcierto de la casa** desordem da casa

desconectar /deskonek'tar/ *v.* **1** desconectar, desligar, desvincular. **2** desligar-se, separar-se. ■ **desconectar de la internet** desconectar da internet

desconexión /deskone'ksjon/ *sf.* desconexão. ■ **desconexión automática** desconexão automática

desconfianza /deskoɱ'fjanθa/ *sf.* desconfiança, suspeita. ■ **desconfianza del criminal** desconfiança do criminoso

desconfiar /deskoɱ'fjar/ *v.* desconfiar, suspeitar, recear. ■ **desconfiar de alguien** desconfiar de alguém

descongelación /deskonxela'θjon/ *sf.* descongelamento. ■ **descongelación de carne** descongelamento de carne

descongelar /deskonxe'lar/ *v.* descongelar, desbloquear. ■ **descongelar la comida** descongelar a comida

descongestionar /deskonxestjo'nar/ *v.* descongestionar. ■ **descongestionar el camino** descongestionar o caminho

desconocer /deskono'θer/ *v.* desconhecer, ignorar, estranhar, repudiar, dissimular. ■ **desconocer el asunto** desconhecer o assunto

desconocido, -a /deskono'θer/ *v.* desconhecido, ignorado, incógnito. ■ **asunto desconocido** assunto desconhecido

desconocimiento /deskonoθi'mjento/ *sm.* desconhecimento, falta de correspondência, ignorância. ■ **desconocimiento de esta área** desconhecimento desta área

desconsolar /deskonso'lar/ *v.* desconsolar, desolar, desanimar. ■ **desconsolar alguien** desconsolar alguém

desconsuelo /deskon'swelo/ *sm.* desconsolo, angústia, tristeza. ■ **desconsuelo en la vida** desconsolo na vida

descontaminar /deskonṭami'nar/ *v.* descontaminar. ■ **descontaminar el agua** descontaminar a água

descontar /deskon'tar/ *v.* **1** descontar,abater, deduzir. **2** diminuir os méritos, o valor de alguém. ■ **descontar el precio** descontar o preço

descontentar /defko˜te˜taR/ *v.* descontentar, desagradar. ■ **descontentar alguien** descontentar alguém

descorazonar /deskoraθo'nar/ *v.* **1** desacoroçoar, desalentar, desencorajar. **2** desanimar, abater-se. ■ **descorazonar alguien** desalentar alguém

descorchar /deskor'tʃar/ *v.* tirar a rolha, abrir (garrafa). ■ **descorchar la botella** tirar a rolha da garrafa

descorrer /desko'rer/ *v.* retroceder, retornar. ■ **descorrer el camino** retroceder o caminho

descortezar /deskorte'θar/ *v.* descascar; desbastar. ■ **descortezar las papas** descascar as batatas

descoser /desko'ser/ *v.* descosturar. ■ **no descoser los labios** não dizer uma palavra, não abrir a boca

descosido, -a /desko'ser/ *v.* **1** descosturado. **2** tagarela. ■ **hablar como un descosido** falar pelos cotovelos

descoyuntar /deskojun'tar/ *v.* **1** desconjuntar, deslocar, desarticular. **2** causar, esgotar. ■ **descoyuntar las cosas** desconjuntar as coisas

descrédito /des'kreðito/ *sm.* **1** descrédito, desonra, depreciação. **2** com desabono. ■ **descrédito con alguien** descrédito com alguém

descreído, -a /deskre'iðo, a/ *adj. & s.* descrente, incrédulo. ■ **persona descreída** pessoa descrente

describir /deskri'βir/ *v.* descrever, narrar, explicar. ■ **describir el objeto** descrever o objeto

descripción /deskrip'θjon/ *sf.* descrição. ■ **descripción del camino** descrição do caminho

descriptivo, -a /deskrip'tiβo, a/ *adj.* descritivo.- ■ **texto descriptivo** texto descritivo

descubierta /desku'βjerta/ *sm.* **1** descoberta, descobrimento. **2** revelação. ■ **descubierta de la región** descoberta da região

descubierto, -a /desku'βjerto, a/ *adj.* **1** descoberto, desvelado, destampado **2** déficit na conta bancária, falta de fundos. ■ **estar en descubierto** estar endividado

descubrimiento /deskuβri'mjento/ *sm.* **1** descobrimento, descoberta, achado. **2** desmascaramento. ■ **descubrimiento secreto** descobrimento secreto

descubrir /desku'βrir/ *v.* **1** descobrir, achar, revelar, mostrar, expor. **2** tirar o chapéu, expor-se. ■ **descubrir la verdad** descobrir a verdade

descuento /des'kwento/ *sm.* **1** desconto, abatimento. ■ **descuento del 10% en la tienda** desconto de 10% na loja

descuidado, -a /deskwi'ðar/ *v.* **1** descuidado, desprevenido. **2** abandonado. ■ **padres descuidados** pais descuidados

descuidar /deskwi'ðar/ *v.* **1** descuidar, abandonar, relaxar. **2** desligar-se, despreocupar-se. **3** descuidar-se, esquecer-se. ■ **descuidar de los hijos** abandonar os filhos

descuido /des'kwiðo/ *sm.* descuido, negligência, omissão, deslize, indiferença, esquecimento. ■ **descuido en el trabajo** negligência no trabalho

desde /'deʒd͡ʒi/ *prep.* desde, a partir de, a começar de. ■ **desde ayer no lo he visto** desde ontem não o vejo. **desde luego** certamente, sem dúvida. **desde ya** imediatamente, agora mesmo

desdecir /desðe'θir/ *v.* **1** desdizer, desmentir, negar. **2** arrepender-se. ■ **desdecir delante de todos** desmentir na frente de todos

desdén /des'ðen/ *sm.* desdém, indiferença, menosprezo. ■ **desdén con los otros** desdém com os outros

desdeñar /desðe'ɲar/ *v.* desdenhar, desprezar, fazer pouco-caso. ■ **desdeñar alguien** desdenhar alguém

desdicha /des'ðitʃa/ *sf.* **1** desdita, infortúnio, pobreza, desgraça. **2** pessoa sofredora. ■ **desdicha de la sociedad** pobreza da sociedade

desdichado, -a /desði'tʃaðo, a/ *adj. & s.* desventurado, infeliz, pobre, miserável, desafortunado. ■ **persona desdichada** pessoa infeliz

desdoblamiento /desðoβla'mjento/ *sm.* desdobramento. ■ **desdoblamiento de la personalidad** indivíduo com mais de uma personalidade

desdoblar /desðo'βlar/ *v.* desdobrar, desenrolar, abrir. ■ **desdoblar el papel** desdobrar o papel

desdorar /desðo'rar/ *v.* desdourar, tirar o brilho. ■ **desdorar el color** tirar o brilho da cor

desenvoltura

desdoro /des'ðoɾo/ *sm.* desdouro, mácula, descrédito. ■ **desdoro en la empresa** descrédito na empresa

deseable /dese'aβle/ *adj.* desejável. ■ **mujer deseable** mulher desejável

desear /dese'aɾ/ *v.* desejar, querer, aspirar. ■ **dejar que desear** deixar a desejar

desecar /dese'kaɾ/ *v.* secar, ressecar. ■ **desecar la piel** secar a pele

desechable /dese'tʃaβle/ *adj.* descartável, desprezível. ■ **material desechable** material descartável

desechar /dese'tʃaɾ/ *v.* desprezar, excluir, reprovar, afastar, descartar, menosprezar. ■ **desechar las personas** desprezar as pessoas

desecho /de'setʃo/ *sm.* resíduo, refugo, resto. ■ **desecho para la basura** resíduo para o lixo

desembalar /desemba'laɾ/ *v.* desembalar, desembrulhar. ■ **desembalar el regalo** desembrulhar o presente

desembarazar /desembaɾa'θaɾ/ *v.* **1** desembaraçar; desocupar, livrar, descongestionar. **2** livrar-se. ■ **desembarazar el pelo** desembaraçar o cabelo

desembarazo /desemba'raθo/ *sm.* desembaraço, desenvoltura, agilidade. ■ **desembarazo del problema** desembaraço do problema

desembarcar /desembar'kaɾ/ *v.* **1** desembarcar (de um avião, carro, navio etc.). **2** descarregar (um veículo). ■ **desembarcar por la mañana** desembarcar pela manhã

desembocar /desembo'kaɾ/ *v.* desembocar; entrar; desaguar. ■ **desembocar en una tragedia** desembocar numa tragédia

desembolsar /desembol'saɾ/ *v.* desembolsar, pagar. ■ **desembolsar para los hijos** pagar para os filhos

desembolso /desem'bolso/ *sm.* desembolso, gasto. ■ **desembolso por demasiado** gasto demais

desembragar /desembɾa'ɣaɾ/ *v.* desembrear; soltar a embreagem. ■ **desembragar el coche** desembrear o carro

desembrollar /desembɾo'ʎaɾ/ *v.* desenredar, esclarecer. ■ **desembrollar el problema** esclarecer o problema

desempacar /desempa'kaɾ/ *v.* **1** desempacotar. **2** AL abrir as malas. ■ **desempacar la caja** desempacotar a caixa

desempachar /desempa'tʃaɾ/ *v.* desembaraçar. ■ **desempachar el problema** desembaraçar o problema

desempaquetar /desempake'taɾ/ *v.* desembrulhar. ■ **desempaquetar el regalo** desembrulhar o presente

desempatar /desempa'taɾ/ *v.* desempatar, decidir. ■ **desempatar el juego** desempatar o jogo

desempate /desem'pate/ *sm.* desempate, decisão. ■ **desempate en el partido** desempate no partido

desempeñar /desempe'ɲaɾ/ *v.* **1** desempenhar, atuar, executar, exercitar **2** resgatar (do penhor). ■ **desempeñar un papel teatral** representar

desempeño /desem'peɲo/ *sm.* desempenho, interpretação. ■ **buen desempeño** bom desempenho

desempleado /desemple'aðo, a/ *adj. & s.* desempregado. ■ **persona desempleada** pessoa desempregada

desempleo /desem'pleo/ *sm.* desemprego. ■ **alta tasa de desempleo** alta taxa de desemprego

desempolvar /desempol'βaɾ/ *v.* desempoeirar. ■ **desempolvar la casa** desempoeirar a casa

desencadenar /desenkaðe'naɾ/ *v.* **1** desencadear, desprender. **2** quebrar. **3** desencadear-se. ■ **desencadenar problemas** desencadear problemas

desencajar /desenka'xaɾ/ *v.* **1** desencaixar. **2** Med deslocar. ■ **desencajar el material** desencaixar o material

desencajonar /desenkaxo'naɾ/ *v.* desencaixotar; desembalar. ■ **desencajonar el producto** desencaixotar o produto

desencaminar /desenkaxo'naɾ/ *v.* desencaminhar. ■ **desencaminar las personas** desencaminhar as pessoas

desencanto /desen'kanto/ *sm.* desencanto, desilusão, decepção. ■ **desencanto amoroso** desilusão amorosa

desenchufar /desen'tʃu'faɾ/ *v.* desligar da tomada, desconectar. ■ **desenchufar el aparato** desconectar o aparelho

desencolar /desenko'laɾ/ *v.* descolar, despregar, desgrudar. ■ **desencolar el papel** descolar o papel

desencuadernar /desenkwaðer'naɾ/ *v.* desencadernar. ■ **desencuadernar el material** desencadernar o material

desencuentro /desen'kwentɾo/ *sm.* AL desencontro. ■ **desencuentro amoroso** desencontro amoroso

desenfadar /desemfa'ðaɾ/ *v.* desenfadar, descontrair, distrair, alegrar. ■ **desenfadar con el viaje** distrair com a viagem

desenfocar /desemfo'kaɾ/ *v.* desfocar. ■ **desenfocar el problema** desfocar o problema

desenfrenar /desemfɾe'naɾ/ *v.* **1** desenfrear. **2** exceder-se. ■ **desenfrenar el coche** desenfrear o carro

desenfreno /desem'fɾeno/ *sm.* desenfreamento, devassidão. ■ **desenfreno de tristeza** devassidão de tristeza

desengañar /desenga'ɲaɾ/ *v.* desenganar, desiludir, decepcionar. ■ **desengañar con las personas** desiludir com as pessoas

desenganchar /desengan'tʃaɾ/ *v.* desenganchar, desprender, soltar. ■ **desenganchar el pescado** desprender o peixe

desengaño /desen'gaɲo/ *sm.* desengano, desilusão, decepção. ■ **desengaño amoroso** desilusão amorosa

desengrasar /desengɾa'saɾ/ *v.* **1** desengordurar. **2** emagrecer. ■ **desengrasar la olla** desengordurar a panela

desenlace /desen'laθe/ *sm.* desenlace, desfecho, conclusão. ■ **desenlace de la historia** conclusão da história

desenlazar /desenla'θaɾ/ *v.* **1** desenlaçar. **2** solucionar. ■ **desenlazar el problema** solucionar o problema

desenmascarar /desenmaskar'aɾ/ *v.* desmascarar; desvendar. ■ **desenmascarar las personas** desmascarar as pessoas

desenredar /desenre'ðaɾ/ *v.* **1** desenredar, desembaraçar, esclarecer. **2** desenredar-se, desenrolar-se. ■ **desenredar la historia** desenredar a história

desenrollar /desenro'ʎaɾ/ *v.* desenrolar. ■ **desenrollar la cuerda** desenrolar a corda

desenroscar /desenros'kaɾ/ *v.* desenroscar. ■ **desenroscar la botella** desenroscar a garrafa

desentenderse /desenten'derse/ *v.* desentender-se, desinteressar-se. ■ **desentenderse con alguien** desentender-se com alguém

desenterrar /desente'raɾ/ *v.* desenterrar, exumar. ■ **desenterrar el hueso** desenterrar o osso

desentonar /desento'naɾ/ *v.* **1** desafinar, destoar, humilhar. **2** levantar a voz, descompor-se. ■ **desentonar en la canción** desafinar na canção

desentrañar /desentɾa'ɲaɾ/ *v.* **1** desentranhar. **2** decifrar. ■ **desentrañar rápidamente** desentranhar rápido

desentumecer /desentume'θeɾ/ *v.* desinchar, desentorpecer. ■ **desentumecer los pies** desinchar os pés

desenvoltura /desenbol'tuɾa/ *sf.* desenvoltura, desembaraço, agilidade. ■ **desenvoltura en la empresa** desenvoltura na empresa

desenvolver

desenvolver /desenbol'ber/ v. 1 desembrulhar, desempacotar, tirar o invólucro. 2 decifrar, descobrir ou esclarecer uma coisa. 3 desenvolver, explicar uma teoria. ■ **desenvolver el regalo** desembrulhar o presente

desenvolvimiento /desenbolβi'mjento/ sm. desenvolvimento, ação de desenvolver. ■ **buen desenvolvimiento** bom desenvolvimento

desenvuelto, -a /desenbol'ber/ v. desenvolto, desembaraçado, ágil. ■ **desenvuelto en oro** desenvolto em ouro

deseo /de'seo/ sm. desejo, vontade, apetite, cobiça. ■ **deseo de niños** desejo de crianças

deseoso /dese'oso/ adj. desejoso, ambicioso. ■ **viaje deseoso** viagem desejosa

desequilibrar /desekili'βrar/ v. 1 desequilibrar. 2 desnortear. ■ **desequilibrar en el camino** desequilibrar no caminho

desequilibrio /deseki'liβrjo/ sm. desequilíbrio. ■ **desequilibrio emocional** desequilíbrio emocional

desertar /deser'tar/ v. desertar, abandonar. ■ **desertar alguien** desertar alguém

desertor, -a /deser'tor, a/ adj. & s. desertor. 1 soldado que abandona a luta. 2 pessoa que se afasta de um partido ou uma ideologia. ■ **hombre desertor** homem desertor

desesperación /desespera'θjon/ sf. desespero, raiva, cólera, indignação. ■ **desesperación para el viaje** desespero para a viagem

desesperar /desespe'rar/ v. 1 desesperar. 2 impacientar-se, desesperar-se. ■ **desesperar con el problema** desesperar com o problema

desestimar /desesti'mar/ v. desprezar, menosprezar, desconsiderar. ■ **desestimar las personas** desprezar as pessoas

desfachatado /desfatʃa'taðo, a/ adj. descarado, sem-vergonha. ■ **hombre desfachatado** homem descarado

desfachatez /desfaʃe'teθ/ sf. desfachatez, descaramento, cinismo. ■ **desfachatez de las personas** cinismo das pessoas

desfalcar /desfal'kar/ v. desfalcar; reduzir. ■ **desfalcar mucho** reduzir muito

desfalco /des'falko/ sm. 1 desfalque. 2 AL fraude. ■ **desfalco en la empresa** desfalque na empresa

desfallecer /desfaʎe'θer/ v. desfalecer, desmaiar. ■ **desfallecer en la calle** desmaiar na rua

desfallecimiento /desfaʎeθi'mjento/ sm. 1 desfalecimento, desmaio. 2 fadiga. 3 desconsolo. ■ **desfallecimiento de personas** desmaio de pessoas

desfasar /desfa'sar/ v. 1 defasar. 2 desajustar-se. ■ **desfasar en la vida** desajustar-se na vida

desfase /des'fase/ sm. defasagem. ■ **desfase de objeto** defasagem de objetos

desfavorable /desfaβo'raβle/ adj. 1 desfavorável, desvantajoso. 2 contrário. 3 prejudicial. ■ **situación desfavorable** situação desfavorável

desfigurar /desfiɣu'rar/ v. 1 desfigurar, deformar. 2 dissimular, escamotear. ■ **desfigurar la cara** desfigurar a cara

desfilar /desfi'lar/ v. desfilar. ■ **desfilar en la calle** desfilar na rua

desflorar /desflo'rar/ v. deflorar, desvirginar. ■ **desflorar la mujer** desvirginar a mulher

desfogar /desfo'ɣar/ v. desafogar, desabafar. ■ **desfogar los sentimientos** desafogar os sentimentos

desgajar /desɣa'xar/ v. 1 desgalhar, arrancar um galho, um ramo. 2 romper, despedaçar. ■ **desgajar el árbol** desgalhar a árvore

desgana /des'ɣana/ sf. 1 inapetência, falta de apetite. 2 indiferença, desinteresse, fraqueza, debilidade. ■ **desgana de las personas** indiferença das pessoas

desgañitarse /desɣaɲi'tarse/ v. esganiçar, gritar. ■ **desgañitarse mucho** gritar muito

desgarrar /desɣa'rar/ v. rasgar, dilacerar, esfarrapar. ■ **desgarrar la ropa** rasgar a roupa

desgastar /desɣas'tar/ v. 1 desgastar. 2 perverter, viciar. ■ **desgastar la ropa** desgastar a roupa

desgaste /des'ɣaste/ sm. desgaste, erosão. ■ **desgaste del cuerpo** desgaste do corpo

desglosar /desɣlo'sar/ v. separar ou suprimir folhas de um impresso. ■ **desglosar siempre** sempre separar folhas de um impresso

desglose /des'ɣlose/ sm. supressão, separação, desmembramento, decomposição. ■ **desglose de personas** separação de pessoas

desgracia /des'ɣraθja/ sf. desgraça, infelicidade, desventura, acidente, azar. ■ **desgracias personales** desgraças pessoais

desgraciado, -a /desɣra'θjar/ v. 1 desgraçado, infeliz, desventurado. 2 desprezível. ■ **hombre desgraciado** homem desgraçado

desgraciar /desɣra'θjar/ v. desgraçar, desagradar, descontentar. ■ **desgraciar la vida** desgraçar a vida

desgranar /desɣra'nar/ v. debulhar, descaroçar. ■ **desgranar mucho** debulhar muito

desgrasar /desɣra'sar/ v. desengordurar, desensebar, desengraxar. ■ **desgrasar la olla** desengordurar a panela

desgravar /desɣra'βar/ v. reduzir os impostos. ■ **desgravar de la cuenta** reduzir os impostos da conta

desgreñar /desɣre'par/ v. desgrenhar, despentear, descabelar-se. ■ **desgreñar el pelo** desgrenhar o cabelo

desguace /des'ɣwaθe/ sm. desmantelamento, desmanche. ■ **gran desguace** grande desmantelamento

desguazar /desɣwa'θar/ v. desmantelar. ■ **desguazar mucho** desmantelar muito

deshabitar /desaβi'tar/ v. desabitar, despovoar. ■ **deshabitar el lugar** desabitar o lugar

deshabituar /desaβi'twar/ v. desabituar. ■ **deshabituar el ejercicio** desabituar o exercício

deshacer /desa'θer/ v. 1 desfazer, desmanchar, romper, destruir. 2 desprender-se, dispor de seus bens. ■ **deshacerse en excusas** desmanchar-se em desculpas. **hacer y deshacer** fazer e desfazer

desharrapado, -a /desara'paðo, a/ adj. & s. esfarrapado, andrajoso. ■ **quedarse desharrapado** ficar esfarrapado

deshecho, -a /de'setʃo, a/ adj. 1 desfeito. 2 devastado. 3 furioso, violento (temporal). atalho. ■ **trabajo deshecho** trabalho desfeito

deshelar /dese'lar/ v. degelar, descongelar. ■ **deshelar la carne** descongelar a carne

desheredar /desere'ðar/ v. deserdar. ■ **desheredar el hijo** deserdar o filho

deshidratación /desiðrata'θjon/ sf. desidratação. ■ **deshidratación del cuerpo** desidratação do corpo

deshidratar /desiðra'tar/ v. desidratar. ■ **deshidratar la piel** desidratar a pele

deshielo /dese'lar/ v. degelo, descongelamento. ■ **deshielo de la comida** descongelamento da comida

deshilachar /desila'tʃar/ v. desfiar. ■ **deshilachar mucho** desfiar muito

desmejorar

deshilar /desi'lar/ *v.* desfiar, desfibrar. ■ **deshilar la carne** desfiar a carne

deshinchar /desin'tʃar/ *v.* **1** desinchar, desintumescer, desinflar. **2** desanimar, murchar. ■ **deshinchar los pies** desinchar os pés

deshojar /deso'xar/ *v.* desfolhar. ■ **deshojar mucho** desfolhar muito

deshoje /de'soxe/ *sm.* desfolhamento. ■ **deshoje de la piel** desfolhamento da pele

deshollinar /desoʎi'nar/ *v.* limpar chaminés, tirar fuligem. ■ **deshollinar la casa** limpar chaminés da casa

deshonesto, -a /deso'nesto, a/ *adj & s.* **1** desonesto. **2** indigno. ■ **persona deshonesta** pessoa desonesta

deshonra /de'sonra/ *sf.* **1** desonra. **2** descrédito. **3** aviltamento. **4** indignidade. ■ **deshonra en la vida** desonra na vida

deshonrar /deson'rar/ *v.* **1** desonrar. **2** desacreditar. **3** injuriar, menosprezar, ofender. **4** deflorar, seduzir, estuprar. ■ **deshonrar los padres** desonrar os pais

deshonroso, -a /deson'roso, a/ *adj.* **1** desonroso. **2** indecoroso. **3** vergonhoso. **4** aviltante. ■ **situación deshonrosa** situação desonrosa

deshora /de'sora/ *sf.* momento inoportuno. **a deshoras** fora de hora. ■ **deshora para hablar** momento inoportuno para falar

deshuesar /deswe'sar/ *v.* desossar, descaroçar. ■ **deshuesar el pollo** desossar o frango

deshumanización /desumaniθa'θjon/ *sf.* desumanização, crueldade. ■ **deshumanización de las personas** desumanização das pessoas

desidia /de'siðja/ *sf.* **1** indolência. **2** abandono. **3** negligência. ■ **desidia de los padres** negligência dos pais

desierto, -a /de'sjerto, a/ *adj.* deserto, desabitado, despovoado. *sm* deserto. ■ **desierto de sal** deserto de sal

designación /desixna'θjon/ *sf.* designação, indicação. ■ **designación de tareas** designação de tarefas

designar /desix'nar/ *v.* designar, indicar, apontar, nomear. ■ **designar la tarea** indicar a tarefa

designio /de'sixnjo/ *sm.* desígnio, intuito, plano, propósito. ■ **buen designio** bom plano

desigual /desi'ɣwal/ *adj.* **1** desigual. **2** diferente. **3** variável. **4** árduo, inconstante. ■ **situación desigual** situação desigual

desigualar /desiɣwa'lar/ *v.* **1** desigualar, diferenciar, desnivelar. **2** adiantar-se, avantajar-se. ■ **desigualar las personas** desigualar as pessoas

desigualdad /desiɣwal'dað/ *sf.* desigualdade, diferença. ■ **desigualdad de derechos** desigualdade de direitos

desilusión /desilu'sjon/ *sf.* desilusão, desencanto, desengano. ■ **desilusión amorosa** desilusão amorosa

desilusionar /desilusjo'nar/ *v.* desiludir, desenganar, desencantar, decepcionar. ■ **desilusionar las personas** desiludir as pessoas

desinfectante /desiɱfek'tante/ *adj. & s.* desinfetante. ■ **desinfectante fuerte** desinfetante forte

desinfectar /desiɱfek'tar/ *v.* desinfetar, sanear. ■ **desinfectar la casa** desinfetar a casa

desinflar /desiɱ'flar/ *v.* **1** desinflar, esvaziar. **2** baixar a crista, ser mais humilde. **3** desanimar. **4** desiludir-se. ■ **desinflar mucho** desinflar muito

desintegración /desinteɣra'θjon/ *sf.* **1** desintegração, decomposição. **2** separação. ■ **desintegración de los padres** separação dos pais

desintegrar /desinte'ɣrar/ *v.* desintegrar, decompor. ■ **desintegrar con el tiempo** desintegrar com o tempo

desinterés /desinte'res/ *sm.* **1** desinteresse. **2** generosidade, desprendimento. **3** indiferença. ■ **desinterés por el asunto** desinteresse pelo assunto

desinteresado, -a /desintere'saðo, a/ *adj.* **1** desinteressado. **2** desprendido. **3** indiferente. ■ **alumno desinteresado** aluno desinteressado

desistir /desis'tir/ *v.* **1** desistir. **2** ceder. **3** abandonar, deixar. ■ **desistir de intentar** desistir de tentar

desleal /desle'al/ *adj.* **1** desleal, infiel. **2** ingrato. **3** traidor. ■ **persona desleal** pessoa desleal

deslenguado, -a /deslen'gwaðo, a/ *adj.* desbocado, falador. ■ **hombre deslenguado** homem desbocado

desligar /desli'ɣar/ *v.* **1** desligar, desamarrar, desprender. **2** desobrigar. Desligar não é empregado em referência a aparelho elétrico, luz, tomada nesses casos, em espanhol, emprega-se desenchufar. ■ **desligar una relación** desligar uma relação

deslindar /deslin'dar/ *v.* **1** deslindar, solucionar, resolver. **2** apurar, averiguar. ■ **deslindar un problema** solucionar um problema

desliz /des'liθ/ *sm.* **1** deslize, falta que se comete intencionalmente ou não. **2** escorregão. **3** erro. ■ **cometer un desliz** cometer um deslize

deslizamiento /desliθa'mjento/ *sm.* deslizamento. ■ **deslizamiento de un coche** derrapagem de um carro.

deslizar /desli'θar/ *v.* **1** deslizar, escorregar. **2** escapar, mover-se. ■ **deslizar en la escalera** escorregar nas escadas

deslucimiento /desluθi'mjento/ *sm.* falta de brilho. ■ **deslucimiento en la mirada** falta de brilho no olhar

deslucir /deslu'θir/ *v.* **1** desluzir, deslustrar. **2** ofuscar. **3** empanar. **4** desacreditar. ■ **deslucir el color** ofuscar a cor

deslumbramiento /deslumbra'mjento/ *sm.* **1** deslumbramento. **2** preocupação. ■ **buen deslumbramiento** bom deslumbramento

deslumbrar /deslum'βrar/ *v.* **1** deslumbrar. **2** ofuscar. **3** cegar. **4** estontear. **5** faiscar. **6** impressionar. **7** confundir. ■ **deslumbrar con el suceso** deslumbrar com o sucesso

desmán /des'man/ *sm.* **1** desmando. **2** abuso. **3** excesso. ■ **mucho desmán** muito abuso

desmandarse /desman'darse/ *v.* **1** descomedir-se, exceder-se, abusar. **2** AL debandar (o gado). ■ **desmandarse mucho** descomedir-se muito

desmantelamiento /desmantela'mjento/ *sm.* desmantelamento. ■ **buen desmantelamiento** bom desmantelamento

desmantelar /desmante'lar/ *v.* **1** desmantelar. **2** desbaratar. **3** arrasar. ■ **desmantelar alguien** desmantelar alguém

desmarcarse /desmar'karse/ *v.* Dep **1** driblar a marcação. **2** apagar marcas. ■ **desmarcarse en el juego** driblar a marcação no jogo

desmayar /desma'jar/ *v.* **1** desmaiar, desfalecer. **2** desacordar. **3** deprimir. **4** empalidecer. ■ **desmayar no es bueno** desmaiar não é bom

desmayo /des'majo/ *sm.* **1** desmaio. **2** faniquito. ■ **desmayo de flaqueza** desmaio de fraqueza

desmedido, -a /desme'ðiðo, a/ *adj.* desmedido, desmesurado, excessivo. ■ **persona desmedida** pessoa desmedida

desmedirse /desme'ðirse/ *v.* exceder-se. ■ **desmedirse mucho** exceder-se muito

desmejorar /desmexo'rar/ *v.* piorar. ■ **el paciente desmejoró** o paciente piorou

desmembrar

desmembrar /desmem'brar/ *v.* **1** desmembrar. **2** dividir, separar. ■ **desmembrar una muñeca** desmembrar um boneco

desmentir /desmen'tir/ *v.* **1** desmentir. **2** contradizer. **3** dissimular. **4** retratar-se. ■ **desmentir la noticia** desmentir uma notícia

desmenuzar /desmenu'θar/ *v.* **1** esmiuçar, esmigalhar. ■ **desmenuzar un texto** esmiuçar um texto

desmerecer /desmere'θer/ *v.* desmerecer; depreciar, desprezar. ■ **desmerecer las reglas** desmerecer as regras

desmesurado, -a /desmesu'raðo, a/ *adj.* desmesurado, excessivo. ■ **pasión desmesurada** paixão desmesurada

desmilitarizar /desmilitari'θar/ *v.* desmilitarizar. ■ **desmilitarizar la policía** desmilitarizar a polícia

desmochar /desmo'tʃar/ *v.* **1** cortar os chifres (de um animal). **2** desramar, podar (árvores). **3** eliminar, cortar parte de alguma coisa, mutilar. ■ **desmochar el carnero** desmochar o carneiro

desmontar /desmon'tar/ *v.* **1** desmontar. **2** desarmar. **3** separar. **4** apear (de uma montaria). **5** aplainar (terreno). ■ **desmontar el velocípedo** desmontar o velocípedo

desmoralización /desmoraliθa'θjon/ *sf.* desmoralização. ■ **desmoralización de las medidas legislativas** desmoralização do legislativo

desmoralizar /desmorali'θar/ *v.* **1** desmoralizar, corromper normas, costumes. **2** desanimar-se. **3** avacalhar-se. ■ **desmoralizar al enemigo** desmoralizar o inimigo

desmoronamiento /desmorona'mjento/ *sm.* desmoronamento, demolição. ■ **desmoronamiento de la construcción** desmoronamento do prédio

desmoronar /desmoro'nar/ *v.* fazer desmoronar, pôr abaixo, derrubar, derribar, demolir. ■ **la crisis económica ha desmoronado el país** a crise econômica desmoronou o país

desnatar /desna'tar/ *v.* **1** desnatar. **2** selecionar. ■ **desnatar la leche** desnatar o leite

desnaturalizar /desnaturali'θar/ *v.* desnaturar, falsificar. ■ **desnaturalizar los inmigrantes** desnaturar os imigrantes

desnivel /desni'βel/ *sm.* desnível, desigualdade, desajuste. ■ **desnivel salarial** desnível salarial

desnivelar /desniβe'lar/ *v.* desnivelar, desajustar. ■ **desniveló el asfalto** desnivelou o asfalto

desnuclearización /desnukleariθa'θjon/ *sf.* desnuclearização. ■ **desnuclearización de la ciudad** desnuclearização da cidade

desnudar /desnu'ðar/ *v.* **1** desnudar, despir, despojar. **2** desprender-se, despir-se. ■ **desnudar al bebé** despir o bebê

desnudez /desnu'ðeθ/ *sf.* nudez. ■ **desnudez de la actriz** nudez da atriz

desnudo, -a /des'nuðo, a/ *adj.* **1** nu, desnudo, despido, pelado. **2** pobre. nu (artístico). ■ **al desnudo** à vista de todos, às claras. ■ **mármol desnudo** mármore desnudo

desnutrición /desnutri'θjon/ *sf.* desnutrição. ■ **desnutrición de niños** desnutrição de crianças

desobedecer /desoβeðe'θer/ *v.* desobedecer, desrespeitar. ■ **desobedecer a los padres** desobedecer os pais

desobediencia /desoβe'ðjienθja/ *sf.* desobediência, desrespeito, indisciplina. ■ **desobediencia civil** desobediência civil

desobediente /desoβe'ðjente/ *adj. & s.* desobediente, indisciplinado. ■ **niño desobediente** menino desobediente

desocupado, -a /desoku'paðo, a/ *adj. & s.* desocupado, desempregado, ocioso, inativo, desabitado. ■ **estante desocupado** estante desocupada

desocupar /desoku'par/ *v.* **1** desocupar, deixar livre, desimpedir. **2** abandonar (um lugar que se ocupava). **3** desocupar-se, livrar-se, liberar-se, desembaraçar-se. ■ **desocupar un asiento** desocupar uma cadeira

desodorante /dʒizodo'ra'tʃi/ *adj. & sm.* desodorante. ■ **desodorante masculino** desodorante masculino

desoír /deso'ir/ *v.* desprezar, deixar de ouvir, de atender. ■ **desoír las quejas** deixar de atender as queixas

desolación /desola'θjon/ *sf.* desolação, ruína, destruição. ■ **impresionado por la desolación** impressionado pela desolação

desolar /deso'lar/ *v.* **1** desolar, despovoar. **2** assolar; destruir. **3** desolar-se, angustiar-se, afligir-se. ■ **tragedia desolada** tragédia desolada

desollar /deso'Kar/ *v.* **1** esfolar, despelar. **2** arruinar, causar dano, explorar. ■ **desollar la rodilla** esfolar o joelho

desorbitado, -a /desorβi'taðo, a/ *adj.* exagerado, exorbitante. ■ **sujeto desorbitado** sujeito exagerado

desorbitar /desorβi'tar/ *v.* exagerar, exorbitar. ■ **desorbitar las faltas de los demás** exagerar os defeitos dos outros

desorden /de'sorðen/ *sm.* **1** desordem, confusão, desarranjo, barulho. **2** anarquia. ■ **desorden en el archivo** desordem no arquivo

desordenado, -a /desorðe'naðo, a/ *adj.* **1** desordenado, desarranjado. **2** extravagante, atrapalhado. ■ **escrita desordenada** escritos desordenados

desordenar /desorðe'nar/ *v.* **1** desordenar, desarranjar, desarrumar, confundir, perturbar. **2** sair do normal, exceder-se. ■ **desordenar al enemigo** desordenar o exército inimigo

desorganizar /desorɣani'θar/ *v.* desorganizar, desordenar, perturbar. ■ **desorganizar un archivo** desorganizar um arquivo

desorientar /desorjentar/ *v.* **1** desorientar, desnortear, fazer perder o rumo. **2** confundir, perturbar. **3** desorientar-se, ficar sem rumo. ■ **su mente está desorientada** sua mente desorientou -se

desovar /deso'βar/ *v.* desovar. ■ **los peces vinieron a desovar** os peixes vieram para desovar

despachar /despa'tʃar/ *v.* **1** despachar, expedir. **2** vender; atender. **3** desembaraçar-se, livrar-se. **4** despedir, matar. ■ **despacharse a gusto** fazer ou dizer o que quer. ■ **despachar una orden** despachar uma encomenda

despacho /des'patʃo/ *sm.* **1** despacho. **2** escritório, **3** decisão, resolução. ■ **despacho de la bolsa** despacho de malote

despachurrar /despatʃu'rar/ *v.* pisar, esmagar. ■ **despachurrar frutas** esmagar frutas

despacio /des'paθjo/ *adv.* **1** devagar; lentamente. **2** AL silenciosamente, em voz baixa. devagar! **quien va despacio llega lejos** devagar se vai longe. ■ **corre despacio** ele corre devagar

despampanante /despampa'nante/ *adj.* espantoso, assombroso, que deixa a pessoa atônita. ■ **final despampanante** final espantoso

desparramar /despara'mar/ *v.* **1** esparramar, espalhar. **2** desperdiçar (bens). ■ **desparramar los juguetes** esparramar os brinquedos

despavorido, -a /despaβo'riðo, a/ *adj.* apavorado, espavorido. ■ **huir despavorido** fugir apavorado

despecho /des'petʃo/ *sm.* **1** despeito. **2** irritação. **a despecho de** a despeito de, apesar de. ■ **actuar por despecho** agir por despeito

despedazar /despeða'θar/ *v.* despedaçar, partir. ■ **mi corazón se despedazó** meu coração despedaçou -se

desprendimiento

despedida /despe'ðiða/ *sf.* despedida. ■ **despedida de soltero** despedida de solteiro

despedir /despe'ðir/ *v.* 1 despedir. 2 jogar, lançar. **despedir con fuerza** atirar longe. 3 expulsar. 4 difundir, irradiar. **despedirse de algo** esquecer, deixar de querer algo. ■ **se despidió y se fue a casa** despediu-se e foi para casa

despegar /despe'ɣar/ *v.* 1 descolar, desgrudar. 2 separar. 3 decolar. ■ **avión listo para el despegue** avião pronto para decolar

despegue /des'peɣe/ *sm.* aer decolagem. ■ **despegue del avión** decolagem do avião

despeinar /despej'nar/ *v.* despentear. ■ **despeinar el pelo** despentear o cabelo

despejado, -a /despe'xaðo, a/ *adj.* 1 claro, aberto (tempo). 2 espaçoso. 3 vivo, inteligente, esperto. 4 livre (espaço). ■ **cielo despejado** céu aberto **el comedor está despejado** a sala de jantar está desocupada

despejar /despe'xar/ *v.* 1 desobstruir, desocupar, esvaziar (ambientes). 2 esclarecer. 3 tranquilizar-se, melhorar, abrir, limpar (o tempo). 4 despertar. ■ **despejar la mesa** desocupar a mesa

despellejar /despeʎe'xar/ *v.* 1 esfolar, pelar. 2 escamar (ou descamar), tirar a pele. ■ **despellejar la rodilla** esfolar o joelho

despelotarse /despelo'tarse/ *v.* despir-se. ■ **despelotarse de risa** morrer de rir

despelote /despe'lote/ *sm.* confusão, desordem, alvoroço. ■ **despelote de papeles** confusão de papéis

despeñadero /despeɲa'ðero/ *adj. & sm.* 1 despenhadeiro, precipício. 2 risco ou perigo. ■ **cayó en el despeñadero** caiu no despenhadeiro

despeñar /despe'ɲar/ *v.* despencar, despenhar, precipitar do alto, atirar, derrubar. ■ **camión despeñó desde el puente** caminhão despencou da ponte

despensa /des'pensa/ *sf.* despensa. ■ **despensa de comida** despensa de alimentos

desperdiciar /desperði'θjar/ *v.* desperdiçar, esbanjar. ■ **desperdiciar alimentos** desperdiçar comida

desperdicio /desper'ðiθjo/ *sm.* desperdício, perda, esbanjamento, resíduo, dejeto. **no tener (algo) desperdicio** ser (algo) muito útil ou aproveitável. ■ **desperdicio de alimentos** desperdício de comida

desperdigar /desperði'ɣar/ *v.* esparramar, dispersar, separar, descentralizar. ■ **desperdigar con los años** separar com os anos

desperfecto /desper'fekto/ *sm.* pequeno defeito, imperfeição. ■ **pequeño desperfecto** pequena imperfeição

despersonalizar /despersonali'θar/ *v.* despersonalizar. ■ **despersonalizar al hombre** despersonalizar o homem

despertador, -a /desperta'ðor, a/ *adj. & s.* despertador. ■ **despertador estropeado** despertador estragado

despertar /desper'tar/ *v. & sm.* 1 despertar, acordar, espertar. 2 relembrar, excitar, incitar. 3 inspirar, provocar. **despertar los celos** despertar ciúmes. **despertar sospechas** levantar suspeitas. ■ **despertar tranquilo** despertar tranquilo

despido /des'piðo/ *sm.* demissão, indenização (que se recebe quando ocorre demissão). ■ **despido libre** demissão voluntária

despierto, -a /des'pjerto, a/ *adj.* 1 desperto, acordado, esperto, vivo. 2 alerta. ■ **está despierto** ele está desperto

despilfarrar /despilfa'rar/ *v.* esbanjar, desperdiçar. ■ **despilfarrar el dinero** esbanjar o dinheiro

despilfarro /despil'faro/ *sm.* esbanjamento, dissipação, desgoverno, desordem. ■ **consecuencias del despilfarro** consequências deste esbanjamento

despistar /despis'tar/ *v.* 1 despistar, desorientar, desinformar. 2 extraviar-se, desorientar-se. ■ **nos las arreglamos para despistar** conseguimos despistar

desplante /des'plante/ *sm.* desplante, descaramento. ■ **desplante en la fiesta** desplante na festa

desplazamiento /desplaθa'mjento/ *sm.* deslocamento, transporte. ■ **desplazamiento eléctrico** deslocamento elétrico

desplazar /despla'θar/ *v.* deslocar, mudar, movimentar, locomover. ■ **desplazar un empleado** deslocar um funcionário

desplegar /desple'ɣar/ *v.* 1 despregar, desenrolar, estender. 2 esclarecer, realizar, empenhar. ■ **desplegar el cartel** estender o cartaz

despliegue /des'pljeɣe/ *sm.* desdobramento. ■ **despliegue del escándalo** desdobramentos do escândalo

desplumar /desplu'mar/ *v.* 1 depenar. 2 pelar (alguém), deixar sem dinheiro. ■ **desplumar el animal** depenar o animal

despoblado, -a /despo'βlaðo, a/ *adj.* despovoado, desabitado, deserto. ■ **despoblada de muebles** despovoada de móveis

despoblar /despo'βlar/ *v.* despovoar, desolar, devastar. ■ **muchas aldeas despobladas** muitas aldeias despovoadas

despojar /despo'xar/ *v.* 1 despojar, espoliar, expropriar, tirar, depenar, roubar. 2 despir-se. 3 renunciar, liberar-se, desprender-se. ■ **despojar las ovejas** despojar as ovelhas

despojo /des'poxo/ *sm.* 1 despojo, espólio. 2 miúdos (de aves). 3 resíduos. 4 **despojos** pl restos mortais. ■ **despojo de un banquete** restos

desportillar /desporti'ʎar/ *v.* lascar, fender. ■ **desportillar la taza** lascar a xícara

desposar /despo'sar/ *v.* 1 desposar, casar. 2 casar-se. ■ **desposar la hija** desposar a filha

desposeer /despose'er/ *v.* 1 desempossar, expropriar. 2 despojar-se (de bens materiais). ■ **desposeer las fincas** expropriar fazendas

desposorio /despo'sorjo, a/ *sm.* 1 boda, casamento. 2 **desposorios** pl esponsais. ■ **desposorio de la pareja** casamento do casal

déspota /'despota/ *adj. & s.* déspota, tirano. ■ **emperador déspota** imperador déspota

despreciable /despre'θjaβle/ *adj.* 1 desprezível. 2 vergonhoso. 3 insignificante. ■ **pequeño mundo despreciable** mundozinho desprezível

despreciar /despre'θjar/ *v.* 1 desprezar, menosprezar, descartar. 2 ludibriar. ■ **desprecia a los cobardes** despreza os covardes

despreciativo, -a /despreθja'tiβo, a/ *adj.* 1 depreciativo. 2 ofensivo. ■ **tono despreciativo** tom de desprezo

desprecio /des'preθjo/ *sm.* desprezo, menosprezo, desdém. ■ **subalternos con desprecio** subalternos com desprezo

desprender /despren'der/ *v.* 1 desprender, soltar, desunir, desengatar. 2 soltar-se, desprender-se. ■ **desprender el perro** desprendi o cachorro

desprendido, -a /despren'diðo, a/ *adj.* desprendido, generoso, desinteressado. ■ **era un hombre desprendido** era um homem desprendido

desprendimiento /desprendi'mjento/ *sm.* desprendimento, desapego, generosidade, desinteresse. ■ **la justicia y el desprendimiento** justiça e desprendimento

109

despreocupación

despreocupación /despreokupa'θjon/ *sf.* 1 despreocupação, tranquilidade. 2 desapego. 3 generosidade. ■ **estaba despreocupado** ficou tranquilo

despreocuparse /despreoku'parse/ *v.* despreocupar-se, tranquilizar-se, deixar de lado, desinteressar-se de algo incômodo. ■ **despreocuparse de la situación** desinteressar-se da situação

desprestigiar /despresti'xjar/ *v.* desprestigiar, desacreditar. ■ **desprestigiar el restaurante** desprestigiar o restaurante

desprestigio /despresˈtixjo/ *sm.* desprestígio, descrédito. ■ **desprestigio con las personas** desprestígio com as pessoas

desprevenido, -a /despreβeˈniðo, a/ *adj.* desprevenido, descuidado. ■ **llegó desprevenido** chegou desprevenido

desproporción /despropor'θjon/ *sf.* desproporção. ■ **desproporción de personas** desproporção de pessoas

despropósito /despro'posito/ *sm.* despropósito, disparate. ■ **compraron un despropósito** compraram um despropósito

desproveer /desproβe'er/ *v.* desprover, privar. ■ **desproveer los soldados** desprover os soldados

desprovisto, -a /despro'βisto, a/ *adj.* desprovido, carente. ■ **desprovisto de fuerza** desprovido de força

después /des'pwes/ *adv.* depois, após, atrás. adj seguinte. **el día siguiente** o dia seguinte. **después de** posteriormente a. ■ **después de graduarse** depois de formada

despuntar /despun'tar/ *v.* 1 despontar, gastar a ponta. 2 aparecer, assomar, surgir. 3 sobressair. ■ **despuntar el lápiz** despontar o lápis

desquiciar /deski'θjar/ *v.* 1 desengonçar, desequilibrar, tirar do eixo. 2 desordenar. 3 descompor. ■ **desquiciar alguien** tirar do eixo alguém

desquite /des'kite/ *sm.* desforra, vingança. ■ **el equipo fue a desquite** o time foi à desforra

desratización /desratiβa'θjon/ *sf.* desratização. ■ **desratización del mercado** desratização do mercado

destacar /desta'kar/ *v.* destacar, sobressair. ■ **su hermoso rostro la destacaba** seu belo rosto a destacava

destajo /des'taxo/ *sm.* empreitada. **hablar a destajo** falar pelos cotovelos. ■ **trabajar a destajo** trabalhar a toque de caixa

destapar /desta'par/ *v.* 1 destapar, destampar, descobrir. 2 desvelar. 3 surpreender. 4 desabrigar. ■ **destapar una botella** destapar um frasco

destellar /deste'ʎar/ *v.* cintilar, faiscar. ■ **las estrellas destellan** as estrelas cintilam

destello /des'teʎo/ *sm.* brilho, cintilação, chispa. ■ **el destello de una gema** o brilho de uma gema

destemplar /destem'plar/ *v.* 1 destemperar, perturbar. 2 alterar-se. 3 enfurecer-se. ■ **destemplar el acero** destemperar o aço

desteñir /deste'ɲir/ *v.* desbotar, perder a tinta, manchar. ■ **desteñir la camisa** desbotar a camisa

desternillarse /desterni'ʎarse/ *v.* rir muito e com vontade. ■ **desternillarse con chistes viejos** rir muito das velhas piadas

desterrar /deste'rar/ *v.* desterrar, degredar, exilar. ■ **desterrar problemas** desterrar problemas

destetar /deste'tar/ *v.* 1 desmamar. 2 separar-se dos filhos (quando saem de casa para estudar fora, trabalhar). ■ **tiene que destetar a los terneros** é preciso desmamar os bezerros

destiempo /aðes'tjempo/ *Loc.* fora de tempo. ■ **llegamos a destiempo** chegamos fora de tempo

destierro /des'tjero/ *v.* 1 desterro, exílio. 2 solidão. ■ **gobierno lo envió al destierro** governo o mandara para o exílio

destilación /destila'θjon/ *sf.* destilação. ■ **destilación de licor** destilação de bebida

destilar /destiˈlar/ *v.* 1 destilar, filtrar. 2 gotejar. ■ **tronco destilaba** tronco destilava

destilería /destileˈria/ *sf.* destilaria. ■ **destilería de plantas** fábrica de destilaria

destinar /desti'nar/ *v.* destinar, designar, dedicar, empregar. ■ **destinados a la defensa de los niños** destinados à defesa das crianças

destinatario, -a /destina'tarjo, a/ *adj. & s.* destinatário. ■ **carta al destinatario** carta ao destinatário

destino /des'tino/ *sm.* destino, sorte, fado, fortuna. ■ **destino del dinero se ha establecido** destino do dinheiro foi definido

destitución /destitu'θjon/ *sf.* destituição. ■ **fue destituido** ele foi exonerado do cargo

destituir /desti'twir/ *v.* destituir. ■ **destituir de la dirección** destituir da direção

destornillador /destorniʎa'ðor/ *sm.* chave de fenda. ■ **destornillador eléctrico** chave de fenda elétrica

destornillar /destorni'ʎar/ *v.* 1 desparafusar ou desaparafusar. 2 ficar confuso, dizendo coisas sem nexo. ■ **destornillar el tornillo** desparafusar o parafuso

destreza /des'treθa/ *sf.* destreza, habilidade, jeito. ■ **la destreza del tenista** a destreza do tenista

destronar /destro'nar/ *v.* destronar, depor. ■ **la joven actriz destronó a la antigua** a jovem atriz destronou a antiga

destrozar /destro'θar/ *v.* 1 destroçar, despedaçar, destruir, arruinar, quebrar. 2 estropear. ■ **destrozar el cristal** destroçar o copo

destrozo /des'troθo/ *sm.* 1 destroço. 2 ruína, estrago. 3 desperdício. ■ **los destrozos de la flota** os destroços da armada

destrucción /destruk'θjon/ *sf.* destruição, devastação, ruína. ■ **destrucción de la vida animal** destruição da vida animal

destructor, -a /destruk'tor, a/ *adj. & s.* destruidor. barco de escolta. ■ **mensaje destructora** mensagem destruidora

destruir /des'trwir/ *v.* 1 destruir, arruinar, inutilizar, desfazer. 2 malbaratar um bem. ■ **destruir una ilusión** destruir uma ilusão

desuello /deso'ʎar/ *v.* 1 esfoladura. 2 falta de vergonha, descaramento. ■ **el jugador tenía un desuello en la piel** o jogador tinha uma esfoladura na pele

desunión /desu'njon/ *sf.* 1 desunião. 2 discórdia. ■ **la desunión de la familia** desunião familiar

desunir /desu'nir/ *v.* 1 desunir, separar; desatar. 2 provocar discórdia. ■ **desunir cables** desunir fios

desusado /desu'saðo/ *adj.* desusado, estranho, extraordinário, antiquado. ■ **palabra desusada** palavra desusada

desvaído, -a /desβa'iðo, a/ *adj.* desbotado, esvaído, desvanecido, pálido, apagado, impreciso. ■ **vestido desvaído** vestido desbotado

desvalido, -a /desβa'liðo, a/ *adj. & s.* desvalido, desamparado, desprotegido. ■ **el niño, desvalido, pidió limosnas** o menino, desvalido, pediu esmolas

desvalijar /desβali'xar/ *v.* 1 roubar (o conteúdo de uma valise). 2 depenar, despojar. ■ **desvalijar la casa** roubar a casa

desvalorización /desβaloriθa'θjon/ *sf.* desvalorização, depreciação. ■ **desvalorización de la moneda** desvalorização cambial

desvalorizar /desβalori'θar/ *v.* desvalorizar, depreciar, baixar (o preço, o valor). ■ **oro se desvalorizó** o ouro desvalorizou -se

devoción

desván /des'ßan/ *sm.* desvão, sótão. ■ **el desván es oscuro** o sótão está escuro

desvanecer /desßane'θer/ *v.* 1 desvanecer; evanescer, apagar, dissipar. 2 desmaiar, esvair-se. ■ **el viento desvaneció la tormenta** o vento desvaneceu a tempestade

desvario /desßa'rio/ *sm.* desvario, delírio, despropósito. ■ **el desvario del tio** o desvario do tio

desvelar /desße'lar/ *v.* 1 desvelar, tirar o sono. ■ **los cuidados de los gemelos a veces me desvelan** os cuidados com os gêmeos às vezes me deixam sem dormir. 2 dedicar muita atenção e cuidado a algo que se faça. 3 desvelar-se, cuidar.

desvelo /des'ßelo/ *sm.* desvelo, cuidado, carinho, dedicação. ■ **desvelo en mantener la casa limpia** desvelo em manter a casa limpa

desvencijar /desßeɲɣi'xar/ *v.* desvencilhar, separar. ■ **desvencilhar pulsos de das algemas** desvencilhar os pulsos das algemas

desventaja /desßen'taxa/ *sf.* 1 desvantagem. 2 inferioridade. ■ **estábamos en una situación de desventaja** estávamos em desvantagem

desventura /desßen'tura/ *sf.* desventura, infelicidade, desgraça. ■ **tuvo la desventura de estar asociado** teve a desventura de se associar

desventurado, -a /desßentu'raðo, a/ *adj. & s.* desventurado, infeliz. ■ **corazón desventurado** desventurado coração

desvergonzado, -a /desßerɣon'θaðo, a/ *adj.* 1 desavergonhado, sem-vergonha. 2 desonesto. 3 cínico. ■ **alumno desvergonzado** aluno desavergonhado

desvergüenza /desßer'ɣwenθa/ *sf.* 1 sem-vergonhice, falta de vergonha. 2 cinismo, descaramento. ■ **pura desvergüenza** pura sem-vergonhice

desvestir /desßes'tir/ *v.* despir. ■ **desvestir el modelo** despir o modelo

desviación /desßja'θjon/ *sf.* 1 desvio. 2 separação, ramal. ■ **desviación en la ruta** desvio na rota

desviar /des'ßjar/ *v.* 1 desviar. 2 afastar, apartar. 3 furtar. 4 dissuadir. ■ **desviar la atención** desviar a atenção

desvío /des'ßio/ *sm.* 1 desvio. 2 afastamento. 3 desapego. 4 mudança de trilho (em linha de trem). ■ **desvío en la carretera** desvio na estrada

desvirgar /desßir'ɣar/ *v.* 1 desvirginar, deflorar. 2 desonrar. ■ **desvirgar a la novia** desvirginar a noiva

desvirtuar /desßir'twar/ *v.* desvirtuar, deturpar. ■ **el periodista desvirtuó** o jornalista desvirtuou

desvivirse /desßi'ßirse/ *v.* 1 morrer de amores, consumir-se (de desejo), mostrar muito interesse (por alguém ou algo). ■ **desvivirse por ella** morrer de amores por ela

detallar /deta'ʎar/ *v.* detalhar, esmiuçar. ■ **detallar el evento** detalhar o acontecimento

detalle /de'taʎe/ *sm.* detalhe, minúcia, pormenor. **al detalle** a varejo. ■ **detalle de la fiesta** detalhe da festa

detallista /deta'ʎista/ *adj. & s.* 1 detalhista, minucioso. 2 pessoa que vende a varejo. ■ **persona detallista** pessoa detalhista

detectar /detek'tar/ *v.* detectar, descobrir. ■ **detectar metales** detectar metais

detective /detek'tiße/ *s.* detetive. ■ **detective privado** detetive particular.

detector /detek'tor/ *sm.* Fís detector (de metais, de mentira). ■ **detector de ondas** detector de ondas

detención /deten'θjon/ *sf.* 1 detenção, retenção. 2 Der prisão, apreensão. **detención preventiva** prisão preventiva. ■ **detención del sospechoso** detenção do suspeito

detener /dete'ner/ *v.* 1 deter, prender, reter. 2 impedir. 3 retardar. ■ **detener al ladrón** deter o ladrão

detenido, -a /dete'niðo/ *v.* 1 minucioso. 2 pessoa de pouca ação. 3 detido, preso. 4 escasso. ■ **detenido por robar** preso por roubar

detergente /deter'xente/ *adj. & sm.* detergente. ■ **detergente para la limpieza** detergente para limpeza

deteriorar /deterjo'rar/ *v.* deteriorar, estragar, apodrecer, corromper. ■ **el enfriamiento de la carne se deterioró** refrigeração a carne se deteriorou

deterioro /dete'rjoro/ *sm.* deterioração, estrago, decomposição. ■ **deterioro de las sustancias** deterioração de substâncias

determinación /determina'θjon/ *sf.* determinação, decisão, atrevimento. ■ **determinación del jefe** determinação do chefe

determinado, -a /determi'naðo, a/ *adj.* determinado, definido, preciso, exato. ■ **ocurrió en el día determinado** ocorreu no dia determinado

determinar /determi'nar/ *v.* 1 determinar, estabelecer, definir, decidir. 2 determinar-se, decidir-se. ■ **sólo determinar el tiempo** somente determinar o horário

detestable /detes'taßle/ *adj.* detestável, abominável. ■ **día detestable** dia detestável

detestar /detes'tar/ *v.* 1 detestar, odiar. 2 condenar. 3 repelir. 4 aborrecer. ■ **detesto la injusticia** detesto injustiça

detonación /detona'θjon/ *sf.* detonação, explosão. ■ **detonación de la bomba** detonação da bomba

detonar /deto'nar/ *v.* detonar, estourar, fazer explodir. ■ **detonar la bomba** detonar a bomba

detractor, -a /detrak'tor, a/ *adj. & s.* detrator, difamador, inimigo. ■ **pedir a los detractores** perguntar aos detratores

detrás /de'tras/ *adv.* detrás, atrás. **correr detrás de alguien** correr atrás de alguém. **por detrás** pela parte posterior, pelos fundos, pelas costas. ■ **detrás de la pared** detrás do muro

detrimento /detri'mento/ *sm.* detrimento, prejuízo, dano. ■ **detrimento de los accionistas** detrimento dos sócios

detrito /de'trito/ *sm.* detrito, resíduo. ■ **detrito jovial** resíduo jovial

deuda /dew'ða/ *sf.* 1 dívida, débito. **deuda exterior** dívida externa. **deuda pública** dívida pública. 2 pecado. ■ **tengo una deuda** tenho uma dívida

deudor, -a /dew'dor, a/ *adj. & s.* devedor. ■ **saldo deudor** saldo devedor

deuterio /dew'terjo/ *sm.* Quím deutério. ■ **elemento deutério** elemento deutério

devaluación /deßalwa'θjon/ *sf.* desvalorização. ■ **devaluación del dólar** desvalorização do dólar

devaluar /deßa'lwar/ *v.* desvalorizar, depreciar. ■ **devaluar al enemigo** desvalorizar o inimigo

devanar /deßa'nar/ *v.* enovelar. **devanarse los sesos** cismar. ■ **devanar una madeja** enovelar uma meada

devaneo /deßa'neo/ *sm.* devaneio, sonho, loucura, disparate. ■ **perdida en devaneos** perdida em devaneios

devastación /deßasta'θjon/ *sf.* devastação, ruína. ■ **el bombardeo causó devastación** o bombardeio causou devastação

devastar /deßas'tar/ *v.* devastar, arruinar; assolar, destruir. ■ **devastó los campos de trigo** devastou os trigais

devengar /deßeɲ'ɡar/ *v.* merecer, ter direito a. ■ **devengar mucho dinero** merecer muito dinheiro

devoción /deßo'θjon/ *sf.* 1 devoção, dedicação, zelo. 2 culto. 3 afeto. ■ **devoción a San Jorge** devoção a são Jorge

111

devolución

devolución /deβolu'θjon/ *sf.* devolução, restituição. ■ **devolución de los préstamos** devolução do empréstimo

devolver /deβol'βer/ *v.* 1 devolver, restituir. 2 AL regressar, voltar. ■ **devolver la carga** devolver o encargo

devorar /deβo'rar/ *v.* 1 devorar, comer. 2 consumir. **devorar un libro** ler avidamente. ■ **devorar alimentos** devorar alimentos

devoto, -a /de'βoto, a/ *adj. & s.* devoto, afeiçoado. ■ **hijo devoto** filho devoto

deyección /dejek'θjon/ *sf.* 1 dejeção, defecação. 2 **deyecciones** pl excrementos. ■ **deyección de los planetas** dejeção dos planetas

día /'dia/ *sm.* 1 dia. 2 **días** pl existência, vida. **día festivo** domingo, feriado. **día hábil (laborable)** dia de trabalho. **día lectivo** dia de aula. **día puente** dia comum entre feriados. **a días** de quando em quando. **al día** cada dia. **al otro día** no dia seguinte. **abrir el día** amanhecer. **buenos días** bom dia. ■ **voy a trabajar durante el día** vou trabalhar durante o dia

diabetes /dja'βetes/ *sf.* inv Med diabete ou diabetes. ■ **ancianos con diabetes** idosos com diabete

diabético, -a /dja'βetiko, a/ *adj. & s.* diabético. ■ **anciana diabética** idosa diabética

diablo /di'aβlo/ *s.* 1 diabo, demônio. 2 pessoa muito feia, pessoa de mau gênio ou inquieta. **¡al diablo!** expressão de aborrecimento e impaciência. **pobre diablo** homem bonachão, pobretão. **¡que el diablo te lleve!** / **¡vete al diablo!** vá para o diabo. ■ **corre como el diablo** corre como o diabo

diacrítico, -a /dja'kritiko, a/ *adj.* Gram diacrítico, diferencial. ■ **acento diacrítico** acento diacrítico

diadema /dja'ðema/ *sf.* diadema, tiara, coroa. ■ **bajo el diadema de plumas** sob o diadema de penas

diáfano, -a /di'afano, a/ *adj.* diáfano, transparente, limpo, claro, despojado. ■ **cortina diáfana** cortina diáfana

diafragma /dja'fraɣma/ *sm.* 1 Anat diafragma. 2 Fot dispositivo que regula a quantidade de luz. 3 Med artefato de metal usado com finalidade anticoncepcional. ■ **diafragma de campo** diafragma de campo

diagnosticar /djaɣnosti'kar/ *v.* diagnosticar. ■ **diagnosticar al paciente** diagnosticar o paciente

diagnóstico, -a /djaɣ'nostiko/ *sm.* diagnóstico. diagnosis. ■ **diagnóstico médico** diagnóstico do médico

diagonal /djaɣo'nal/ *adj. & sf.* diagonal. ■ **esta calle va en diagonal** essa rua vai em diagonal

diagrama /dja'ɣrama/ *sm.* diagrama, esquema. ■ **diagrama de flujo** diagrama de fluxo

dial /di'al/ *sm.* 1 dial (de telefone, rádio etc.). 2 escala circular. ■ **ajuste del dial** sintonia do dial

dialéctico, -a /dja'lektiko, a/ *adj. & s.* dialético. ■ **proceso dialéctico** processo dialético

dialecto /dja'lekto/ *sm.* dialeto. ■ **dialecto rústico** dialeto caipira

diálisis /di'alisis/ *sf.* inv Quím diálise. ■ **diálisis peritoneal** diálise peritonial

dialogar /djalo'ɣar/ *v.* 1 dialogar, conversar. 2 escrever em forma de diálogo. ■ **dialogar con el contrario** dialogar com o adversário

diálogo /di'aloɣo/ *sm.* diálogo, conversa, colóquio. ■ **diálogo entre amigos** diálogo entre amigos

diamante /dja'mante/ *sm.* diamante. ■ **mina de diamantes** mina de diamantes

diamantino, -a /djaman'tino, a/ *adj.* diamantino, duro, inquebrável. ■ **carácter diamantino** caráter diamantino

diametral /djame'tral/ *adj.* diametral, transversal. ■ **compresión diametral** compressão diametral

diâmetro /di'ametro/ *sm.* diâmetro. ■ **diámetro de la rueda** diâmetro da roda

diapasón /djapa'son/ *sm.* Mús diapasão. ■ **diapasón de su voz** diapasão da sua voz

diapositiva /djaposi'tiβa/ *sf.* Fot diapositivo, slide, transparência. ■ **diapositiva de color** transparência de cor

diario, -a /di'arjo, a/ *adj. & sm.* diário. 1 jornal ou periódico. 2 diária: despesa diária com a manutenção de uma casa. 3 Com diário, livro de transações diárias. de diário, do dia-a-dia. ■ **prensa diaria** jornal diário

diarrea /dja'rea/ *sf.* diarreia. ■ **diarrea en niños** diarreia em crianças

diáspora /di'aspora/ *sf.* diáspora, dispersão. ■ **diáspora de las tribus** diáspora das tribos

diástole /di'astole/ *sf.* Anat diástole. ■ **diástole del corazón** diástole do coração

dibujante /diβu'xante/ *adj. & s.* desenhista. ■ **dibujante profesional** desenhista profissional

dibujar /diβu'xar/ *v.* 1 desenhar. 2 delinear. 3 descrever (oralmente ou por escrito). 4 revelar algo que se mantinha guardado. ■ **dibujar sobre papel** desenhar no papel

dibujo /di'βuxo/ *sm.* desenho. **dibujos animados** desenhos animados. ■ **dibujo de un árbol** desenho de uma árvore

dicción /dik'θjon/ *sf.* 1 dicção. 2 palavra. 3 expressão. ■ **mejorar su dicción** melhorar sua dicção

diccionario /dikθjo'narjo/ *sm.* dicionário. ■ **diccionario de cine** dicionário de cinema

dicha /'diʧa/ *sf.* fortuna, felicidade, sorte. **por dicha** por sorte. ■ **gran dicha a lo largo de la vida** grande fortuna ao longo da vida

dicharachero, -a /diʧara'ʧero, a/ *adj. & s.* brincalhão. ■ **estado de ánimo dicharachero** de humor brincalhão

dicho, -a /'diʧo, a/ *adj.* 1 dito, conjunto de palavras com um sentido. 2 Der depoimento de testemunha. dicho y hecho dito e feito. lo dicho que está dito, está dito. ■ **se dice por lo no dicho** fica o dito por não dito

dichoso, -a /di'ʧoso, a/ *adj.* ditoso, feliz, bem-aventurado. ■ **dichosa inspiración** feliz inspiração

diciembre /di'θjembre/ *sm.* dezembro. ■ **navidad en diciembre** natal em dezembro

dictado, -a /dik'taðo/ *sm.* 1 ditado. 2 **dictados** pl preceitos, ditames. **al dictado de alguien** inspirado ou influenciado por alguém. ■ **las normas dictadas** as regras ditadas

dictador, -a /dikta'ðor, a/ *s.* ditador; déspota. ■ **dictador romano** ditador romano

dictadura /dikta'ðura/ *sf.* ditadura. ■ **dictadura militar** ditadura militar

dictamen /dik'tamen/ *sm.* ditame, juízo, opinião. ■ **los dictámenes del Código Civil** os ditames do Código Civil

dictar /dik'tar/ *v.* 1 ditar. 2 ordenar, mandar. 3 inspirar, sugerir. ■ **dictar leyes** ditar leis

dictatorial /diktato'rjal/ *adj.* ditatorial, dominante, autoritário. ■ **régimen dictatorial** regime ditatorial

didáctico, -a /di'ðaktiko, a/ *adj.* didático. didática. ■ **libro didáctico** livro didático

diente /'djente/ *sm.* Anat dente. **diente de ajo** dente de alho. **dientes de sierra** dentes de serra. **armado hasta los dientes** armado até os dentes. **dar diente con diente** bater os dentes. ■ **diente con caries** dente com cárie

dinámica

diéresis /'djeresis/ *sf.* inv 1 diérese. 2 Gram trema. 3 Med divisão dos tecidos que formam o corpo. ■ **diéresis sobre la letra u** diérese sobre a letra u

Diéresis, além de significar divisão do ditongo em suas sílabas, é o nome do trema em espanhol, sinal gráfico da letra u nas sílabas gue e gui, para indicar que ela deve ser pronunciada, como em argüir (arguir), degüello (degola), bilíngüe (bilíngue), vergüenza (vergonha).

diesel /'djesel/ *adj.* diesel. ■ **coche diesel** carro a óleo diesel

diestro, -a /'djestro, a/ *adj. & sm.* 1 destro, direito. 2 hábil. 3 esperto. toureiro. **a diestro y siniestro** a torto e a direito. ■ **persona diestra** pessoa destra

dieta /'djeta/ *sf.* 1 dieta, regime alimentar. 2 **dietas** pl diárias. **cada vez que tiene que viajar por motivo de trabajo, su empresa le paga buenas dietas** toda vez que viaja por motivo de trabalho, sua empresa lhe paga boas diárias. ■ **dieta equilibrada** dieta balanceada

dietario /dje'tarjo/ *sm.* agenda. ■ **dietario del año** agenda do ano

dietético, -a /dje'tetiko, a/ *adj. & s.* dietético. dietética. ■ **encuestas dietéticas** pesquisas dietéticas

diez /'djez/ *adj. & sm.* num dez. ■ **camisa diez** camisa dez

diezmo /'djeθmo/ *sm.* 1 décimo. 2 dízimo. ■ **diezmo como tributo** dízimo como tributo

difamación /difama'θjon/ *sf.* difamação, calúnia. ■ **se trataba de una difamación** isso foi uma calunia

difamar /difa'mar/ *v.* 1 difamar, caluniar. 2 desacreditar. 3 menosprezar. ■ **difamar el honor de la clase** difamar a honra da turma

diferencia /dife'renθja/ *sf.* 1 diferença, diversidade. 2 desavença, controvérsia, dissensão, oposição. ■ **hay muchas diferencias sociales** existem muitas diferenças sociais

diferencial /diferen'θjal/ *adj.* diferencial. ■ **diferencial económico** diferencial econômico

diferenciar /diferen'θjar/ *v.* 1 diferenciar, diferir, distinguir. 2 discordar. 3 distinguir-se. ■ **no pudo diferenciar** não conseguia diferenciar

diferente /dife'rente/ *adj. & adv.* diferente, desigual, diverso, distinto. diferentemente. ■ **una clase diferente** uma aula diferente

diferir /dife'rir/ *v.* 1 diferir, retardar, adiar ou suspender alguma coisa. 2 demorar, delongar. 3 divergir, discordar, discrepar. ■ **diferir la fecha** adiar a data

difícil /di'fiθil/ *adj.* 1 difícil, custoso, trabalhoso. 2 arriscado. 3 improvável. 4 intratável. ■ **trabajo difícil** trabalho difícil

dificultad /difikul'tað/ *sf.* dificuldade, embaraço, transtorno. ■ **dificultad de un texto** dificuldade de um texto

dificultar /difikul'tar/ *v.* dificultar. ■ **dificultar la comprensión** dificultar o entendimento

difundir /difun'dir/ *v.* 1 difundir, espalhar, propagar, estender. 2 divulgar. ■ **difundir el folklore** difundir o folclore

difunto, -a /di'funto/ *adj. & s.* defunto, pessoa morta, falecida s cadáver. ■ **palidez del difunto** palidez do defunto

difusión /difu'sjon/ *sf.* difusão, divulgação, propagação. ■ **difusión de partículas** difusão de partículas

difuso, -a /di'fuso, a/ *adj.* difuso, espalhado, impreciso. ■ **fisonomía difusa** fisionomia difusa

digerir /dixe'rir/ *v.* 1 digerir, engolir. 2 suportar. refletir cuidadosamente antes de uma decisão. ■ **digerir mal los alimentos** digere mal os alimentos

digestión /dixes'tjon/ *sf.* digestão. ■ **de fácil digestión** de fácil digestão

digestivo, -a /dixes'tiβo, a/ *adj.* digestivo. ■ **proceso digestivo** processo digestivo

digital /dixi'tal/ *adj. & sf.* digital. ■ **reloj digital** relógio digital. **cámara digital** câmara digital.

dígito /'dixito/ *adj. & sm.* mat dígito. ■ **dígito de control** dígito de controle

dignarse /dix'narse/ *v.* dignar-se, condescender. ■ **dignarse a contestar la petición** dignou a atender o pedido

dignidad /dixni'ðað/ *sf.* 1 dignidade. 2 nobreza. 3 gravidade. ■ **dignidad de rector** dignidade de reitor

dignificar /dixnifi'kar/ *v.* dignificar, honrar, enobrecer. ■ **el amor dignifica al hombre** o amor dignifica o homem

digno, -a /'dixno, a/ *adj.* 1 digno, merecedor. 2 honesto. 3 capaz. ■ **hombre digno** homem digno

digresión /dixre'sjon/ *sf.* digressão. ■ **digresión del tour** digressão de rota

dije /'dixe/ *sm.* 1 pequena joia. 2 penduricalho. ■ **pequeño dije en su muñeca** pequena joia no pulso

dilación /dila'θjon/ *sf.* demora, atraso. ■ **dilación en la atención** demora no atendimento

dilapidar /dilapi'ðar/ *v.* dilapidar, esbanjar, desperdiçar. ■ **ha dilapidado toda la fortuna** dilapidou toda a fortuna

dilatación /dilata'θjon/ *sf.* dilatação, ampliação, aumento. ■ **dilatación del tiempo** dilatação do tempo

dilatar /dila'tar/ *v.* 1 dilatar, ampliar, aumentar, estender, alongar. 2 AL demorar, retardar. ■ **dilataron el inicio de la construcción** dilataram o início das obras

dilema /di'lema/ *sm.* 1 dilema. 2 encruzilhada. ■ **dilema crucial** dilema crucial

diligencia /dili'xenθja/ *sf.* 1 diligência. 2 prontidão. 3 agilidade. 4 pressa. 5 antiga carruagem. 6 Der cumprimento de um mandado judicial. ■ **esta diligencia** a presente diligência

diligenciar /dʒili'ʒe~si'aR/ *v.* 1 diligenciar. 2 apressar. ■ **diligenciar la captura** diligenciar a captura

diligente /dʒili'ʒe~ʃi/ *adj.* 1 diligente. 2 cuidadoso. 3 ativo, ágil, despachado. ■ **trabajador diligente** funcionário diligente

dilucidar /dʒilusi'daR/ *v.* elucidar, esclarecer, aclarar. ■ **dilucidar una cuestión** elucidar uma questão

diluir /dʒilu'iR/ *v.* diluir; dissolver. ■ **diluir el comprimido** dissolver o comprimido

diluvio /dʒi'luvju/ *sm.* 1 dilúvio. 2 chuva abundante. 3 quantidade exagerada de alguma coisa. ■ **diluvio de palabras** dilúvio de palavras

dimensión /dimen'sjon/ *sf.* 1 dimensão, medida, tamanho. 2 importância. 3 **dimensiones** pl proporções. ■ **dimensión del espacio** dimensão do espaço

diminutivo, -a /diminu'tiβo, a/ *adj. & sm.* Gram diminutivo. ■ **diminutivo de análisis** diminutivo analítico

diminuto, -a /dimi'nuto, a/ *adj.* diminuto, pequeno, minúsculo. ■ **jardín diminuto** jardim diminuto

dimisión /dimi'sjon/ *sf.* demissão, exoneração, renúncia. ■ **pidió dimisión** pediu demissão

dimisionario, -a /dimisjo'narjo, a/ *adj. & s.* demissionário. ■ **la compañía dimisionaria** a empresa demissionária

dimitir /dimi'tir/ *v.* demitir, exonerar, renunciar. ■ **empresa dimite todos los años** empresa demite todo ano

dinamarqués, -a /dʒinamaRkeʃ, keza/ *adj. & s.* dinamarquês. ■ **fútbol dinamarqués** futebol dinamarquês

dinámica /dʒi'nɑmika/ *sf.* dinâmica. ■ **economía dinámica** dinâmica da economia

113

dinamismo

dinamismo /dʒina'miʒmu/ *sm.* dinamismo. ■ **dinamismo del nuevo administrador** dinamismo do novo administrador

dinamitar /dʒinami'taR/ *v.* dinamitar. ■ **dinamitar un edificio** dinamitar um prédio

dínamo /'dʒinamu/ *sm.* di.na.mo Fís dínamo. ■ **él es el dínamo del equipo** ele é o dínamo do time

dinastía /dʒinaʃ'tʃia/ *sf.* dinastia. ■ **dinastía de samba** dinastia de sambistas

dineral /dine'ral/ *sm.* dinheirão, um monte de dinheiro. ■ **he pagado un dineral** paguei um dinheirão

dinero /di'nero/ *sm.* 1 dinheiro. 2 riqueza, fortuna. **acometer con dinero** subornar. **dinero ahorrado poco a poco** pé-de-meia. **poner dinero a interés** pôr dinheiro a juros, aplicar dinheiro. ■ **gana un montón de dinero** ganha muito dinheiro

dinosaurio /dino'sawrjo/ *sm.* dinossauro. ■ **estos dinosaurios necesitan jubilarse** esses dinossauros têm de se aposentar

diócesis /di'oθesis/ *sf.* inv Rel diocese. ■ **territorio de la diócesis** território da diocese

dios /'djos/ *sm.* 1 Deus, Senhor, deus; divindade. 2 pessoa ou coisa que se idolatra. 3 **dioses** pl deuses da mitologia. ■ **¡a Dios!** ou **¡adiós!** adeus, até logo! **¡Dios! ¡Dios mío!** ou **¡Dios Santo!** exclamação de surpresa ou medo. **¡Dios lo oiga!** Deus o ouça! **¡Dios me asista!** Deus me ajude! **sea lo que Dios quiera** seja o que Deus quiser. **vaya con Dios** vá com Deus.

diosa /'djosa/ *sf.* 1 deusa. 2 mulher muito bonita. ■ **la actriz es una diosa** a atriz é uma deusa

diploma /di'ploma/ *sm.* diploma. ■ **diploma imperial** diploma imperial

diplomacia /diplo'maθja/ *sf.* 1 diplomacia, habilidade, astúcia. 2 cortesia. ■ **diplomacia abandonada** diplomacia abandonada

diplomático, -a /diplo'matiko, a/ *adj. & s.* 1 diplomático, hábil. 2 astuto, cortês. ■ **respuesta diplomática** resposta diplomática

diptongo /dip'tongo/ *sm.* Gram ditongo. ■ **diptongo creciente** ditongo crescente

diputado, -a /dipu'taðo, a/ *s.* deputado. ■ **diputado del Estado** deputado estadual

dique /'dike/ *sm.* 1 dique, açude. 2 doca. ■ **dique del puerto** dique do porto

dirección /direk'θjon/ *sf.* 1 direção, orientação, guia, endereço, caminho. **dirección postal** endereço postal. 2 domicílio. 3 administração. **dirección general** administração pública central. 4 diretoria. 5 Mec volante, direção. ■ **dirección de la empresa** direção da empresa

directo, -a /di'rekto, a/ *adj. & adv.* direto, reto. golpe direto (no boxe). **en directo** transmissão ao vivo de um acontecimento pelo rádio ou televisão. ■ **falta violenta y directa** chute violento e direto

director, -a /direk'tor, a/ *adj. & s.* diretor. ■ **plan director** plano diretor

directorio /direk'torjo/ *sm.* diretório. ■ **directorio del partido** diretório do partido

directriz /direk'triθ/ *sf. & adj.* 1 diretriz. 2 **directrizes** pl orientações. ■ **directriz del gobierno** diretriz de governo

dirigente /diri'xente/ *adj. & s.* dirigente, chefe. ■ **clase dirigente** classe dirigente

dirigir /diri'xir/ *v.* dirigir; conduzir; governar; endereçar (cartas). ■ **dirigir el negocio** dirigir o negócio Dirigir não tem o sentido de guiar veículos, o que em espanhol é conducir.

discernimiento /disθerni'mjento/ *sm.* discernimento. ■ **envío el contrato para su discernimiento** envio-lhe o contrato para seu discernimento

disciplina /disθi'plina/ *sf.* 1 disciplina. 2 doutrina. 3 observância de leis e preceitos. 4 **disciplinas** pl chicote usado pelos religiosos para se autoflagelar. ■ **es profesor de dos disciplinas** leciona duas disciplinas

disciplinar /disθipli'nar/ *adj.* 1 disciplinar, instruir, educar, orientar. 2 castigar, bater para corrigir, ensinar. ■ **consejo disciplinar** conselho disciplinar

discípulo, -a /dis'θipulo/ *s.* discípulo, aluno. ■ **discípulos de la fe** discípulos da fé

disco /'disko/ *sm.* disco. **disco compacto** compact disc, CD. ■ **disco de arcilla** disco de massinha

discografía /diskoɣra'fia/ *sf.* discografia. ■ **discografía del artista** discografia do artista

díscolo, -a /'diskolo, a/ *adj. & s.* rebelde, indócil, desordeiro, desobediente. ■ **enfermedad díscola** doença rebelde

disconforme /diskoɱ'forme/ *adj. & s.* desconforme, inconformado. ■ **disconforme con el reglamento** desconforme com o regulamento

discontinuidad /diskonţinwi'ðað/ *sf.* descontinuidade. ■ **discontinuidad en el suministro de agua** descontinuidade no fornecimento de água

discontinuo, -a /diskon'tinwo, a/ *adj.* descontínuo, interrompido. ■ **serie discontinua** série descontínua

discordância /diskor'ðaŋθja/ *sf.* discordância, divergência, contradição. ■ **discordância de las personas** discordância das pessoas

discordar /dʒiʃkoR'daR/ *v.* discordar, divergir, dissentir, discrepar. ■ **discordar con el amigo** discordar com o amigo

discordia /dʒiʃ'koRdʒja/ *sf.* discórdia, divergência, dissensão, desavença, oposição. ■ **discordia en el departamento** discórdia no departamento

discoteca /dʒiʃko'tɛka/ *sf.* discoteca. ■ **discoteca de músicas** discoteca de músicas

discreción /diskre'θjon/ *sf.* 1 discrição, reserva. 2 prudência ■ **a discreción** à vontade, com fartura. **entregarse a discreción** Mil render-se

discrepancia /diskre'panθja/ *sf.* discrepância, divergência, contradição, disparidade. ■ **hubo discrepancia considerable** havia enorme discrepância

discrepar /diskre'par/ *v.* discrepar, divergir, dissentir, discordar. ■ **discrepar de la opinión** dissentir da opinião

discreto, -a /dis'kreto, a/ *adj. & s.* discreto, reservado. **a lo discreto** discretamente. ■ **vecino discreto** vizinho discreto

discriminación /diskrimina'θjon/ *sf.* discriminação. ■ **discriminación de precios** discriminação de preços

discriminar /diskrimi'nar/ *v.* 1 discriminar, discernir. 2 AL distinguir, diferenciar, separar. ■ **discriminar el bien del mal** discriminar o certo do errado

disculpa /dis'kulpa/ *sf.* desculpa, explicação, pretexto. ■ **disculpa floja** desculpa esfarrapada

disculpar /diskul'par/ *v.* desculpar, perdoar. ■ **estamos acostumbrados a disculpar** estamos acostumados a desculpar

discurrir /disku'rir/ *v.* 1 discorrer, andar, correr. 2 decorrer (o tempo). 3 percorrer. 4 refletir. 5 inferir, conjeturar, tramar. ■ **discurrir todo el noreste** discorrer todo o nordeste Discurrir não tem o sentido de discursar. Com essa acepção, a palavra em espanhol é discursear.

discurso /dis'kurso/ *sm.* discurso, dissertação, conferência, exposição, relato, fala; sermão. ■ **preparó un discurso** preparou um discurso

discusión /disku'sjon/ *sf.* discussão, debate, polêmica. ■ **discusión de los diputados** discussão dos deputados

dispensar

discutir /disku'tir/ *v.* discutir, debater, analisar. ■ **no quiero discutir** não quero discutir

disecación /diseka'θjon/ *sf.* dissecação. ■ **disecación real** verdadeira dissecação

diseminación /disemina'θjon/ *sf.* disseminação. ■ **diseminación de sus ideales** disseminação de seus ideais

diseñador /diseɲa'ðor, a/ *s.* desenhista. ■ **diseñador industrial** desenhista industrial

diseñar /dese'ɲar/ *v.* desenhar, delinear, traçar. ■ **a los niños le gusta diseñar** toda criança gosta de desenhar

diseño /di'seɲo/ *sm.* desenho. ■ **curso de diseño** curso de desenho

disensión /disen'sjon/ *sf.* 1 dissenso, oposição, contradição. 2 briga. ■ **disensión entre los miembros** dissensão entre os membros

disentería /disente'ria/ *sf.* disenteria, diarréia. ■ **él está con la disentería** ele está com disenteria

disentir /disen'tir/ *v.* dissentir, discrepar, discordar. ■ **disentir de la decisión** dissentir da decisão

disertación /diserta'θjon/ *sf.* dissertação, discurso, tratado. ■ **disertación sobre arte** dissertação sobre arte

disertar /diser'tar/ *v.* dissertar, discorrer. ■ **disertar sobre el tema** dissertar sobre o tema

disfraz /dis'fraθ/ *sm.* 1 disfarce, máscara, fantasia. 2 fingimento. ■ **este sombrero es mi único disfraz** este chapéu será meu único disfarce

disfrazar /disfra'θar/ *v.* 1 disfarçar, fantasiar, esconder, encobrir (o rosto). 2 mentir, dissimular. ■ **disfrazar su aburrimiento** disfarçar seu tédio

disfrutar /disfru'tar/ *v.* desfrutar, aproveitar, gozar, divertir-se, usufruir. ■ **ella disfruta de buen concepto** ela desfruta de bom conceito

disfrute /dis'frute/ *sm.* desfrute, gozo. ■ **momento de disfrute** momento de desfrute

disfunción /disfun'θjon/ *sf.* disfunção. ■ **disfunción de la glándula** disfunção da glándula

disgregar /disɣre'ɣar/ *v.* desagregar, dispersar. ■ **disgregar un indio** desagregar um índio

disgustar /disɣus'tar/ *v.* causar desgosto, aborrecimento, mágoa, zanga. ■ **mi hermano acaba de disgustar a mis padres** meu irmão causou aborrecimento aos meus pais

disgusto /dis'ɣusto/ *sm.* desgosto, aborrecimento. **a disgusto** a contragosto. ■ **gran disgusto causado** causou grande desgosto

disidencia /disi'ðenθja/ *sf.* dissidência. ■ **disidencia de opiniones** dissidência de opiniões

disidir /disi'ðir/ *v.* afastar-se, opor-se. ■ **disidir de la postura** opor-se à postura

disimular /disimu'lar/ *v.* 1 dissimular, escamotear, esconder, encobrir, ocultar, disfarçar. 2 disfarçar, fingir. ■ **no trató de disimular su error** nem tentou dissimular seu erro

disimulo /disi'mulo/ *sm.* 1 dissimulação, fingimento. 2 indulgência, tolerância,. ■ **disimulo de la gente** dissimulação das pessoas

disipación /disipa'θjon/ *sf.* 1 dissipação, desregramento, devassidão. 2 esbanjamento. ■ **disipación de calor** dissipação de calor

disipar /disi'par/ *v.* 1 dissipar, consumir, devorar, esbanjar, desperdiçar. 2 evaporar-se. ■ **disipar su patrimonio** dissipar seu património

dislalia /dis'lalja/ *sf.* dislalia. ■ **sufre de dislalia** ele sofre de dislalia

dislate /dis'late/ *sm.* dislate, disparate. ■ **dislate de respuesta** dislate de resposta

dislexia /dis'leksja/ *sf.* dislexia. ■ **ella tiene dislexia** ela tem dislexia

dislocación /disloka'θjon/ *sf.* 1 deslocamento. 2 Med luxação. ■ **dislocación de la muñeca** deslocamento da munheca

dislocar /dislo'kar/ *v.* deslocar, destroncar, desconjuntar. ■ **dislocar un empleado** deslocar um funcionário

disminución /disminu'θjon/ *sf.* diminuição, depreciação, abaixamento. ■ **disminución del interés** diminuição do interesse

disminuir /dismi'nwir/ *v.* diminuir, reduzir, abater, abaixar, atenuar, abrandar, minguar. ■ **disminuir la altura** diminuir a altura

disociación /disoθja'θjon/ *sf.* dissociação, desagregação. ■ **disociación auriculoventricular** dissociação atrioventricular

disociar /diso'θjar/ *v.* dissociar, separar, desagregar. ■ **no se puede disociar un hecho** não se pode dissociar um fato

disolubilidad /disoluβili'ðað/ *sf.* dissolubilidade, solubilidade. ■ **disolubilidad química** dissolubilidade química

disolución /disolu'θjon/ *sf.* 1 dissolução, desagregação. 2 ruína. 3 devassidão. ■ **disolución de un matrimonio** dissolução de um casamento

disoluto, -a /diso'lβente/ *adj. & sm.* dissoluto, licencioso, devasso, corrompido por vícios. ■ **hombre disoluto** homem dissoluto

disolvente /disol'βente/ *adj & sm.* 1 solvente. 2 corruptor. ■ **sustancia disolvente** substância solvente

disolver /disol'βer/ *v.* dissolver, diluir, desagregar, desunir, separar. ■ **la lluvia disolvió la escultura** a chuva dissolveu a escultura

disonancia /diso'nanθja/ *sf.* dissonância, desarmonia. ■ **hay una disonancia entre las ideas** há uma dissonância entre as ideias

disonar /diso'nar/ *v.* dissonar, destoar, discrepar. ■ **los instrumentos pueden disonar** os intrumentos podem dissonar

dispar /dis'par/ *adj.* díspar, desigual, diferente. ■ **ideas dispares** ideias díspares

disparada /dispa'raðo, a/ *adj.* AL disparada, correria, fuga precipitada. ■ **salió en disparada** saiu em disparada

disparar /dispa'rar/ *v.* 1 disparar, atirar (com arma de fogo), lançar, arremessar. 2 desabafar, explodir. 3 disparar-se, atirar-se, sair em disparada. ■ **disparó un tiro** disparou um tiro

disparate /dispa'rate/ *sm.* 1 disparate, despropósito, desatino, absurdo. 2 atrocidade, coisa exagerada. ■ **dijo un disparate** disse um disparate

disparidad /dispari'ðað/ *sf.* disparidade, desigualdade. ■ **disparidad de criterios** disparidade de critérios

disparo /dis'paro/ *sm.* disparo, tiro. ■ **se hicieron varios disparos** foram vários disparos

dispendio /dis'pendjo/ *sm.* dispêndio, consumo, despesa. ■ **dispendio de tiempo** dispêndio de tempo

dispensa /dis'pensa/ *sf.* dispensa, isenção, privilégio. **dispensa matrimonial** licença especial para casamento entre parentes próximos. ■ **dispensa de servicio** dispensa de serviço

dispensar /dispen'sar/ *v.* dispensar, dar, desculpar, conceder. ■ **dispensar asesoramiento** dispensar seus conselhos

Dispensar não tem o sentido de despedir um empregado. Nesse caso emprega-se em espanhol despedir.

115

dispensario

dispensario /dispen'sarjo/ *sm.* dispensário, ambulatório de previdência social. ■ **hay mucha gente en el dispensario** tem muita gente no ambulatório do hospital

dispersar /disper'sar/ *v.* 1 dispersar, separar, espalhar. 2 Mil desbaratar. ■ **la niebla se ha dispersado** a névoa já se dispersou

dispersión /disper'sjon/ *sf.* dispersão. ■ **la dispersión de la escuela** a dispersão da escola

displicencia /displi'θenθja/ *sf.* displicência. ■ **displicencia en las tareas** displicência nas tarefas

displicente /displi'θente/ *adj.* displicente, mal-humorado, irritado, enfadado. ■ **hombre displicente** homem displicente

disponer /dispo'ner/ *v.* 1 dispor, arrumar, pôr em ordem. 2 coordenar. 3 deliberar. 4 preparar. 5 prevenir. 6 determinar. 7 dispor-se a. 8 ter, possuir. ■ **disponer las mesas en el salón** dispor as mesas no salão

disponibilidad /disponiβili'ðað/ *sf.* disponibilidade. ■ **disponibilidad de tiempo** disponibilidade de tempo

disponible /dispo'niβle/ *adj.* disponível, livre, desimpedido, desembaraçado. ■ **persona disponible** pessoa disponível

disposición /disposi'θjon/ *sf.* disposição, arranjo, organização, normatização, regulamentação. **tener a disposición** ter à disposição. **última disposición** testamento. **a su disposición** à (sua) disposição. ■ **excelente disposición** excelente disposição

dispuesto, -a /dis'pwesto,a/ *adj.* 1 disposto, arrumado, arranjado, organizado de certa maneira. **bien dispuesto** bem disposto. **mal dispuesto** indisposto. 2. inclinado, propenso, dado a. 3 determinado, decidido a. 4 saudável, animado, bem-humorado. ■ **hoy la abuela se despertó dispuesta** vovó acordou disposta hoje

disputa /dis'puta/ *sf.* disputa, luta, contenda, debate. **sin disputa** indubitavelmente. ■ **feroz disputa** disputa feroz

disputar /dipu'tar/ *v.* disputar, lutar, contender, debater. ■ **disputar la posición** disputar a posição

disquete /dis'kete/ *sm.* Inform disquete. ■ **disquete de la computadora** disquete do computador

distancia /dis'tanθja/ *sf.* distância. **a distancia** a distância, ao longe. **guardar las distancias** não permitir intimidade. ■ **distancia de aquí a su casa** distância daqui até sua casa

distanciar /distan'θjar/ *v.* distanciar, separar, afastar. ■ **el trabajo lo ha distanciado de la familia** o trabalho distanciou-o da família

distante /dis'tante/ *adj.* distante, afastado, separado, longínquo, remoto. ■ **barrio distante del centro** bairro distante do centro

distender /disten'der/ *v.* distender, dilatar. ■ **el abogado fue capaz de distender los plazos** o advogado conseguiu distender os prazos

distinción /distin'θjon/ *sf.* 1 distinção, diferenciação, separação. 2 qualidades que permitem distinguir uma pessoa de outra. 3 correção, dignidade. 4 elegância. 5 honraria, privilégio. **sin distinción** indistintamente. ■ **no hacemos ninguna distinción de credo** não fazemos distinção de credo

distinguido, -a /distingu'iðo/ *adj* ilustre, notável, preeminente, que se destaca entre muitos. ■ **pintor distinguido** renomado pintor

distinguir /distin'gir/ *v.* 1 distinguir, diferenciar. 2 visualizar, avistar, ver, vislumbrar. 3 honrar. 4 sobressair, destacar-se. ■ **distinguir un sonido** distinguir um som

distintivo /distin'tiβo, a/ *adj. & sm.*distintivo, característico, insígnia, marca. ■ **los rasgos distintivos de la poesía medieval** as características distintivas da poesia medieval

distinto, -a /dis'tinto/ *adj. & adv.* distinto, que tem características diferentes. ■ **dos estilos distintos** dois estilos distintos

Distinto tem a ver com "distinguir" e significa "diferente", não se referindo a distinção como fineza, boas maneiras etc. **ella es distinta de las demás** ela é diferente das outras

distorsión /distor'sjon/ *sf.* distorção. ■ **distorsión en el sonido** distorção no som

distorsionar /distorsjo'nar/ *v.* distorcer, deformar. ■ **el mago ha distorsionado el cable** o mágico distorceu o cabo

distracción /distrak'θjon/ *sf.* distração, recreação. ■ **la jardinería es una distracción** a jardinagem é uma distração

distraer /distra'er/ *v.* 1 distrair, afastar-se de um caminho, um objetivo. 2 desviar a atenção. 3 divertir, entreter. 4 AL malversação de fundos, desvio de dinheiro. ■ **distraer a las fuerzas enemigas** distrair às forças do inimigo

distraído /distra'iðo/ *adj.* 1 distraído, descuidado. 2 AL roto, malvestido, pouco asseado. ■ **estudiantes distraídos** alunos descuidados

distribución /distriβu'θjon/ *sf.* 1 distribuição, repartição, divisão. 2 organização (de um espaço). 3 entrega (de correspondência, de produtos comerciais). ■ **ella se encargó de la distribución** ela cuidou da distribuição

distribuidor, -a /dʒiβtribui'ðoR, ´ ra/ *adj.* distribuidor. 1 intermediário. 2 cabo elétrico. ■ **distribuidor de bebidas** distribuidor de bebidas

distribuir /dʒiβtribui'iR/ *v.* 1 distribuir, dividir. 2 entregar. 3 aplicar. 4 distribuir-se. ■ **distribuir los libros** distribuir os livros

distrito /dʒiβ'tritu/ *sm.* distrito, circunscrição. ■ **distrito policial** distrito policial

disturbar /dʒiβtuR'baR/ *v.* perturbar, atrapalhar, tumultuar. ■ **disturbar el orden público** perturbar a ordem pública

disturbio /dis'turβjo/ *sm.* distúrbio, desordem, tumulto. ■ **disturbio cardiaco** distúrbio cardíaco

disuadir /diswa'ðir/ *v.* dissuadir, despersuadir, desviar alguém de um propósito. ■ **el padre disuadió a su hijo** o pai dissuadiu o filho

disyunción /disjun'θjon/ *sf.* disjunção, separação, desunião. ■ **disyunción exclusiva** disjunção exclusiva

disyuntor /disjun'tor/ *sm.* disjuntor, interruptor. ■ **disyuntor de energía** disjuntor de energia

diurético, -a /dju'retiko, da/ *adj.* diurético. ■ **medicamento diurético** medicamento diurético

diurno, -a /di'urno/ *adj.* diurno. ■ **atendimiento diurno** atendimento diurno

divagación /diβaxa'θjon/ *sf.* divagação. ■ **divagó por la carretera** ele divagou pela estrada

divagar /diβa'xar/ *v.* 1 divagar, andar sem rumo, vaguear. 2 desconversar, desviar-se de um assunto. 3 criar coisas desconexas, devanear, fantasiar. ■ **comenzó a divagar** começou a divagar

divergencia /diβer'xenθja/ *sf.* divergência, discórdia, discrepância. ■ **muchos años de vivir sin una divergencia** muitos anos de convívio sem uma divergência

divergir /diβer'xir/ *v.* divergir, discordar. ■ **divergir del resultado** discordar do resultado

diversidad /diβersi'ðað/ *sf.* diversidade, diferença, variedade. ■ **diversidad biológica** diversidade biológica

diversificar /diβersifi'kar/ *v.* diversificar, variar, diferenciar. ■ **diversificar las opiniones** diversificar as opiniões

domiciliario

diversión /diβer'sjon/ *sf.* diversão, distração, passatempo, entretenimento. ■ **diversión para mi familia** diversão para minha família

diverso, -a /di'βerso, a/ *adj.* diverso, diferente, distinto. ■ **diversas propuestas** diferentes propostas

divertir /diβer'tir/ *v.* divertir, recrear, alegrar, entreter. ■ **divertir al amigo** divertir o amigo

dividendo /diβi'ðendo/ *sm.* 1 dividendo. 2 Com lucro. 3 mat um dos termos da divisão. ■ **buenos dividendos políticos** bons dividendos políticos

dividir /diβi'ðir/ *v.* 1 dividir, repartir, cortar. 2 apartar, separar. ■ **dividió a los reclutas** dividiu os recrutas

divinizar /diβini'θar/ *v.* 1 divinizar. 2 santificar, exaltar, louvar. ■ **divinizar la belleza** exaltar a beleza

divino, -a /di'βino, a/ *adj.* 1 divino. 2 maravilhoso, excelente, magnífico. ■ **belleza divina** beleza divina

divisa /di'βisa/ *sf.* 1 insígnia, distintivo, lema (de alguns escudos). 2 **divisas** pl dinheiro em moeda estrangeira. ■ **divisa de un escudo** divisa de um escudo

divisar /diβi'sar/ *v.* divisar, visualizar, perceber, entrever. ■ **divisar al enemigo** visualizar o enemigo

división /diβi'sjon/ *sf.* 1 divisão, separação, fragmentação. 2 mat divisão (operação aritmética). 3 discórdia, desunião. 4 Mil divisão (unidade formada por dois ou mais regimentos). ■ **división de la propiedad** divisão de bens

divisor, -a /diβi'sor/ *sm.* divisor. ■ **divisor común** divisor comum

divisoria /diβi'sorjo, a/ *adj.* 1 divisa, divisória. 2 Geogr linha que indica limites entre territórios, cidades, estados e países. 3 tapume, biombo. ■ **línea divisoria** linha divisória

divorciar /d'βor'θjar/ *v.* 1 divorciar. 2 desunir, separar (pessoas ou coisas). ■ **la competencia divorcia amigos** a competição divorcia os amigos

divorcio /di'βorθjo/ *sm.* 1 divórcio. 2 AL presídio feminino. ■ **pedir el divorcio** pedir o divórcio

divulgación /diβulʁa'θjon/ *sf.* divulgação, anúncio, propagação, difusão. ■ **divulgación en la publicidad** divulgação na propaganda

divulgar /diβul'rar/ *v.* divulgar, propagar, expandir, publicar, anunciar. ■ **el periódico divulgó detalles** o jornal divulgou detalhes

do /'do/ *sm.* Mús dó, primeira nota da escala musical. ■ **do mayor** dó maior

dobladillo /doβla'ðiʎo/ *sm.* prega, bainha, franzido (em roupa). ■ **dobladillo del pantalón** bainha da calça

doblado, -a /do'βlar/ *v.* 1 dobrado, duplicado. 2 amarrotado, amassado. 3 dublado. 4 fingido, hipócrita. ■ **hoja doblada** folha de papel dobrada

doblaje /do'βlaxe/ *sm.* dublagem. ■ **doblaje de la película** dublagem do filme

doblar /do'βlar/ *v.* 1 dobrar; duplicar. 2 dublar. 3 mudar de direção. 4 persuadir, convencer. 5 repicar os sinos em sinal de luto pela morte de alguém. 6 dobrar-se, encurvar-se. ■ **doblar las rodillas** dobrar os joelhos

doble /'doβle/ *adj.* & s.num duplo, dobro, de valor duplicado. sm 1 quantidade duas vezes maior, dobro. 2 toque de sinos em sinal de falecimento de alguém. 3 copo duplo (grande). 4 hipócrita, falso. ■ **doble de su edad** dobro da sua idade

doblegar /doβle'rar/ *v.* 1 dobrar, torcer, amolecer. 2 persuadir. 3 submeter ■ **doblegar al enemigo** submeter o inimigo

doblez /do'βleθ/ *s.* 1 dobra, vinco. 2 falsidade, hipocrisia. ■ **doblez del codo** dobra do cotovelo

docena /do'θena/ *sf.* dúzia. **meterse en docena** meter o bedelho. ■ **una docena de votos** uma dúzia de votos

docente /do'θente/ *adj.* & *s.* docente. ■ **calidad del docente** qualidade do docente

dócil /'doθil/ *adj.* 1 dócil, meigo, suave. 2 submisso, obediente. ■ **caballo dócil** cavalo dócil

docilidad /doθili'ðað/ *sf.* docilidade, submissão. ■ **docilidad de las costumbres** docilidade das maneiras

docto,-a /'dokto, a/ *adj.* & *s.* douto, sábio, ilustrado. ■ **docto en la materia** douto na matéria

doctor, -a /dok'tor, a/ *s.* doutor, médico. ■ **él es doctor** ele é doutor

doctrina /dokumenta'θjon/ *sf.* doutrina, preceitos, normas, disciplina. ■ **doctrina marxista** doutrina marxista

documentación documentação. ■ **documentación del proyecto** documentação do projeto

documental /dokumen'tal/ *adj.* documental. documentário (filme). ■ **documental premiado** documentário premiado

documentar /dokumen'tar/ *v.* 1 documentar, fundamentar, comprovar. 2 informar. ■ **documentar una denuncia** documentar uma acusação

documento /doku'mento/ *sm.* 1 documento. 2 prova, confirmação. **documento nacional de identidad** cédula de identidade (na Espanha). ■ **documento de identidad** documento de identidade

dogma /'doxma/ *sm.* dogma. ■ **dogma de la Trinidad** dogma da Santíssima Trindade

dogmático, -a /dox'matiko, a/ *adj.* & *sm.* dogmático, intransigente. ■ **persona dogmática** pessoa dogmática

dólar /'dolar/ *sm.* dólar. ■ **compra de dólares** compra de dólares

dolencia /do'lenθja/ *sf.* doença, enfermidade, indisposição. ■ **dolencia de Alzheimer** doença de Alzheimer

doler /do'ler/ *v.* 1 doer, padecer. **dolerse de sus pecados** arrepender-se de seus pecados. 2 compadecer-se, queixar-se, lamentar-se. ■ **¿cómo no hacer doler a los enfermos?** como não fazer doer aos enfermos?

dolo /'dolo/ *sm.* dolo, fraude, engano. ■ **dolo en contratos** fraude nos contratos

dolor /do'lor/ *sm.* dor, mágoa, pesar. ■ **dolor de cabeza** dor de cabeça

doloroso, -a /dolo'roso, a/ *adj.* doloroso, lamentável. ■ **noticia dolorosa** notícia lamentável

doloso, -a /do'loso, a/ *adj.* doloso, fraudulento. ■ **acción dolosa** ação dolosa

domar /do'mar/ *v.* 1 domar, domesticar. 2 reprimir. **domar pasiones** refrear ímpetos. ■ **domar el potro** domar o potro

domeñar /dome'nar/ *v.* dominar, submeter, reprimir. ■ **un pequeño grupo domeñava toda la empresa** um pequeno grupo dominava toda a empresa

domesticar /domesti'kar/ *v.* domesticar, amansar. ■ **domesticar un caballo** domesticar um cavalo

doméstico, -a /do'mestiko, a/ *adj.* & *s.* doméstico. s empregado. ■ **servicios domésticos** serviços domésticos

domiciliar /domiθi'ljar/ *v.* 1 domiciliar, fixar domicílio. 2 AL endereçar correspondência. ■ **atendimiento domiciliar** atendimento domiciliar

domiciliario /domiθi'ljarjo, a/ *adj.* domiciliar, relativo a domicílio. ■ **arresto domiciliario** arresto domiciliário

117

domicilio

domicilio /domiˈθiljo/ *sm.* domicílio, residência. **a domicilio** em domicílio. ■ **Brasilia es mi domicilio** Brasília é meu domicílio

dominante /domiˈnaɲte/ *adj.* dominante. s autoritário. ■ **las clases dominantes** as classes dominantes

dominar /domiˈnar/ *v.* 1 dominar. 2 sujeitar, subjugar. 3 conquistar. 4 conhecer a fundo um assunto. 5 reprimir-se, conter-se. ■ **el fuego domina todo el edificio** o incêndio domina todo o prédio

domingo /doˈmiŋgo/ *sm.* domingo. **hacer domingo** fazer festa. ■ **domingo de Resurrección** domingo de Páscoa

dominguero, -a /domiŋˈgero, a/ *adj. & s.* domingueiro. 1 domingueiro, coisa que se costuma usar aos domingos e feriados. 2 pessoa que só sai para se divertir nesses dias. 3 aquele que só dirige o carro nos domingos. 4 mau motorista. ■ **gala dominguera** traje domingueiro

dominical /domiˈkal/ *adj.* dominical. ■ **almuerzo dominical** almoço dominical

dominicano, -a /dominikano, a/ *adj. & s.* dominicano (natural da República Dominicana). ■ **barco dominicano** barco dominicano

dominio /doˈminjo/ *sm.* 1 domínio, posse, propriedade. 2 autoridade, superioridade legítima sobre as pessoas. ■ **de dominio público** de domínio público

dominó /domiˈno/ *sm.* dó.mi.no sm dominó. ■ **efecto dominó** efeito dominó

don /ˈdon/ *sm.* dom, dádiva, presente. ■ **don de la ira** dom de irritar

doña /ˈdoɲa/ *sf.* 1 antigamente, tratamento de distinção que hoje se estende a senhoras casadas ou viúvas. 2 dona, proprietária. ■ **doña Maria** dona Maria

donación /donaˈθjon/ *sf.* doação. ■ **su donación a la música** sua doação à música

donaire /doˈnajre/ *sm.* elegância, graça, gentileza. ■ **habla con donaire** fala com elegância

donar /doˈnar/ *v.* doar, presentear. ■ **donar a la gente** presentear as pessoas

donativo /donaˈtiβo, a/ *sm.* donativo, dádiva, oferta, esmola. ■ **muchos donativos** muitos donativos

doncella /donˈθeʎ/ *sf.* 1 jovem, rapaz. 2 donzela, moça virgem. ■ **bella doncella** bela jovem

donde /ˈdonde/ *adv.* 1 onde, em qual lugar, no lugar em que. **¿dónde pusiste el lápiz?** onde você pôs o lápis? **se ocultó dónde no puedes verla** escondeu-se onde você não pode vê-la. 2 equivale a: em que, en el, la e lo que ou qual. **la casa donde vivimos** a casa em que vivemos. ■ **¿dónde está mi paraguas?** onde está meu guarda-chuva?

dondequiera /dondeˈkjera/ *adv.* em qualquer parte, onde quer que. ■ **dondequiera que esté, lo encontraré** esteja onde estiver, eu o encontrarei.

dorado, -a /doˈraðo, a/ *adj.* 1 dourado. 2 AL feliz. dourado (peixe). ■ **pez dorado** peixe dourado

dorar /doˈrar/ *v.* 1 dourar; tostar (alimento). 2 encobrir. 3 adquirir tom dourado. **dorar la píldora** dourar a pílula. **dorarse las cumbres** pegar um bronze. ■ **el sol dora la cosecha** o sol doura a seara

dormilón, -lona /dormiˈlon, a/ *adj. & s.* 1 dorminhoco. 2 preguiçoso. ■ **ese dormilón** aquele sujeito dorminhoco

dormir /dorˈmir/ *v.* 1 dormir, repousar, pernoitar. 2 descuidar-se, desligar-se de um assunto. ■ **el coche se quedó dormido en la calle** o carro dormiu na rua

dormitar /dormiˈtar/ *v.* cochilar. ■ **dormitar un rato** cochilhar um pouquinho

dorso /ˈdorso/ *sm.* Anat dorso, costas. ■ **dorso de la mano** dorso da mão

dos /ˈdos/ *adj. & sm.* dois. en um **dos por tres** prontamente, num instante. ■ **dos asientos** duas cadeiras

dosificar /dosifiˈkar/ *v.* dosar. ■ **dosificar el tiempo** dosar o tempo

dosis /ˈdosis/ *sf. inv* 1 dose, dosagem. **dosis de paciencia** dose de paciência. ■ **dosis efectiva** dose efetiva

dotación /dotaˈθjon/ *sf.* dotação, verba, quadro de funcionários de uma empresa, um escritório. ■ **la dotación de la familia real** a dotação da família real

dotar /doˈtar/ *v.* dotar, prover, equipar, designar. ■ **dotó hermanos y sobrinos** dotou irmãos e sobrinhos

dote /ˈdote/ *sf.* 1 dote, bens e posses que a pessoa leva ao se casar. 2 patrimônio que a religiosa leva para o convento, ao tomar o hábito. 3 **dotes** pl qualidades de uma pessoa. ■ **dotes para el dibujo** dotes para o desenho

draconiano, -a /drakoˈnjano, a/ *adj.* draconiano, severo. ■ **régimen draconian** regime draconiano

dragón /draˈɣon/ *sm.* dragão. ■ **dragón blanco** dragão branco

drama /ˈdrama/ *sm.* 1 drama. 2 desgraça. ■ **pareja es un drama** casal é um drama

dramático, -a /draˈmatiko, a/ *adj.* 1 dramático. 2 comovente. ■ **actriz dramática** atriz dramática

dramatizar /dramatiˈθar/ *v.* 1 dramatizar. 2 exagerar ■ **dramatiza todo lo que sucede** dramatiza tudo que lhe acontece

dramón /draˈmon/ *sm.* dramalhão. ■ **hizo un dramón** fez um dramalhão

drástico, -a /ˈdrastiko, a/ *adj.* drástico, purgante violento. **medida drástica** medida enérgica. ■ **actitud drástica** atitude drástica

drenaje /dreˈnaxe/ *sm.* drenagem. ■ **drenaje linfático manual** drenagem linfática manual

drenar /dreˈnar/ *v.* drenar. ■ **drenar el agua** drenar a água

drogar /droˈɣar/ *v.* drogar, drogar-se. ■ **drogar al animal** drogar o animal

droguería /droɣeˈria/ *sf.* drogaria, farmácia. ■ **droguería de mi barrio** drogaria do meu bairro

ducha /ˈdutʃa/ *sf.* ducha, jato de água, chuveiro, banho. **tomar (darse) una ducha** tomar banho. ■ **recibió una ducha del maestro** recebeu uma ducha do professor

duda /ˈduða/ *sf.* dúvida, incerteza, suspeita. **sin duda** sem dúvida, certamente. ■ **estaba en duda** ficou em dúvida

dudar /duˈðar/ *v.* duvidar, desconfiar, suspeitar, vacilar. ■ **duda que el hermano vuelva** duvida que o irmão volte

dudoso, -a /duˈðoso, a/ *adj.* duvidoso, incerto. ■ **claridad dudosa** claridade duvidosa

duelo /ˈdwelo/ *sm.* 1 duelo. 2 dó, lástima, pena. ■ **fue un duelo increíble** foi um duelo incrível

duende /ˈdwende/ *sm.* duende. **tener duende** possuir encantos e mistérios inexplicáveis. ■ **payasadas de los duendes** travessuras dos duendes

dueño, -a /ˈdweɲo, a/ *s.* dono, proprietário. ■ **dueño de la casa** proprietário da casa

dulce /ˈdulθe/ *adj. & sm.* doce, brando. 1 doce. 2 amável, grato, suave. ■ **este café es demasiado dulce** este café está doce demais

duro

dulcificar /dulˈθifiˈkaɾ/ *v.* 1 adoçar. 2 abrandar. ■ **el camarero dulcificó el jugo** o garçom adoçou o suco

dulzor /dulˈθoɾ/ *sm.* doçura. ■ **dulzor del azúcar** doçura do açúcar

dulzura /dulˈθura/ *sf.* doçura, suavidade, bondade. ■ **ese niño es una dulzura** esse menino é uma doçura

duna /ˈduna/ *sf.* duna. ■ **cubierto de dunas** coberto de dunas

duodeno /duoˈdenu/ *sm.* Anat duodeno. ■ **duodeno del intestino** duodeno do intestino

dupla /ˈdupla/ *sf.* AL dupla, par, conjunto de duas pessoas. ■ **la dupla se formó** a dupla foi formada

dúplex /ˈdupleks/ *adj. & sm.* dúplex, apartamento de dois andares. ■ **dúplex de lujo** dúplex de luxo

duplicado, -a /dupliˈkadu, da/ *adj.* duplicado, duplo. reprodução, cópia, duplicata. ■ **duplicado de un documento** duplicado de um documento

duplicar /dupliˈkaR/ *v.* duplicar, copiar, dobrar. ■ **tengo que duplicar mis ingresos** preciso duplicar minha renda

duplo, -a /ˈduplu, pla/ *adj. & s.* num duplo. s dobro. ■ **duplo de 10** duplo de 10

duque, -esa /ˈduke, esa/ *s.* duque. ■ **duque alemán** duque alemão

duración /duraˈθjon/ *sf.* duração, permanência. ■ **duración del juego** duração do jogo

duradero, -a /duraˈðero, a/ *adj.* duradouro, persistente. ■ **frío duradero** frio persistente

durante /duˈrante/ *prep.* durante. conj enquanto. ■ **bailó durante media hora** dançou durante meia hora

durar /duˈrar/ *v.* durar, persistir, viver, permanecer. ■ **la lluvia puede durar días** a chuva pode durar dias

durazno /duˈraθno/ *sm.* pêssego. (usual na América Latina e, em especial, no Cone Sul. Na Espanha, é mais comum melocotón) ■ **falta durazno para el almuerzo** falta pêssego no lanche

dureza /duˈreθa/ *sf.* 1 dureza, firmeza, solidez. 2 insensibilidade. 3 severo, grave. ■ **la dureza de la guerra** a dureza da guerra

duro /ˈduro, a/ *adj. & s.* 1 duro, firme, sólido, consistente. 2 insensível. 3 enérgico. 4 forte. moeda de cinco pesetas (Espanha). **cara dura** cara dura. **cabeza dura** cabeça dura. **estar a las duras y a las maduras** estar para o que der e vier. ■ **prefiero colchón duro** prefiro colchão duro

E

ABCDEFGHIJKLMNOPQRSTUVWXYZ

e /'e/ *sm* sexta letra do alfabeto espanhol ■ **"e" de elefante** "e" de elefante

ébano /'ebanu/ *sm* ébano ■ **mesa de ébano** mesa de ébano

ebrio, -a /'ebrju, 'ebrja/ *adj, sm, sf* **1** embriagado, bêbado, alcoolizado **2** apaixonado, exaltado ■ **el amor deja ebrio el hombre** o amor deixa o homem apaixonado

ebullición /eβuʎi'θjon/ *sf* **1** ebulição, efervescência **2** agitação ■ **ebullición del agua** ebulição da água

echar /e'tʃaɾ/ *vtr, vi, vpr* jogar, lançar, atirar, arremessar **2** jogar fora **3** exalar **4** pôr **5** expulsar **6** brotar **7** demitir ■ **flores echan olores** flores exalam cheiros

echarpe /e'tʃaɾpe/ *sm* echarpe, xale ■ **echarpe de la abuela** xale da vovó

eclesiástico, -a /ekle'sjastiko, a/ *adj, sm, sf* **1** eclesiástico **2** clérigo ■ **eclesiástico franciscano** padre franciscano

ecléctico, -a /e'klektiko, ka/ *adj, sm, sf* ecléctico, versátil ■ **hombre ecléctico** homem versátil

eclipsar /ekli'psaɾ/ *vtrd* **1** eclipsar **2** obscurecer, escurecer **3** eclipsar-se, ausentar-se **4** sumir do mapa ■ **día eclipsó** dia escureceu

eclipse /e'klipsi/ *sm* **1** eclipse **2** desaparecimento, evasão, ausência ■ **eclipse de la luna** eclipse lunar

eclosión /eklo'sjon/ *sf* **1** eclosão, explosão **2** manifestação repentina ■ **eclosión del volcán** explosão do vulcão

eco /'eko/ *sm, sf* **1** eco **2** repetição, imitação ■ **hacerse eco** fazer eco, difundir algo ■ **vacío hace eco** vazio produz eco

ecología /ekolo'xia/ *sf* ecologia ■ **ecología marina** ecologia marinha

ecológico, -a /eko'loxiko, a/ *adj* ecológico ■ **bolsa ecológica** sacola ecológica

economato /ekono'mato/ *sm* cooperativa de consumo, varejão, armazém que vende a preços baixos ■ **economato de los productores de leche** cooperativa dos produtores de leite

economía /ekono'mia/ *sf* **1** economia **2** moderação **3** boa distribuição (de tempo, objetos) **4** poupança **5** economias ■ **economía del café** economia cafeeira

economista /ekono'mista/ *sm, sf* economista ■ **profesión economista** profissão economista

economizar /ekonomi'θaɾ/ *vtr* economizar, poupar, acumular, juntar, guardar, amealhar ■ **economizar dinero** economizar dinheiro

ecosistema /ekosis'tema/ *sm* ecossistema ■ **ecosistema terrestre** ecossistema terrestre

ecuación /ekwa'θjon/ *sf* equação ■ **ecuación matemática** equação matemática

ecuador /ekwa'ðoɾ/ *sm* equador, círculo maior na esfera terrestre ■ **línea del ecuador** linha do equador

ecuatorial /ekwato'ɾjal/ *adj* equatorial ■ **lluvia ecuatorial** chuva equatorial

ecuestre /e'kwestɾe/ *adj* equestre ■ **actividad ecuestre** atividade equestre

ecumenismo /ekume'nismo/ *sm* ecumenismo ■ **ecumenismo religioso** ecumenismo religioso

edad /e'ðað/ *sf* **1** idade, período, era **2** edad del pavo idade do pavão, adolescência ■ **ser de edad** ser velho ■ **mayor de edad** mais velho

edema /e'ðema/ *sm* edema, inchaço ■ **edema cutáneo** edema na pele

edén /e'ðen/ *sm* **1** éden, paraíso **2** lugar muito agradável ■ **mi edén lejano** paraíso longínquo

edición /eði'θjon/ *sf* **1** edição **2** impressão de obra a ser publicada **3** número total de exemplares de uma publicação ■ **nueva edición** nova edição

edicto /e'ðikto/ *sm* **1** edito **2** edital **3** decreto **4** ordem ■ **edicto del concurso** edital del concurso

edificación /eðifika'θjon/ *sf* **1** edificação, construção **2** estabelecimento ■ **edificación moderna** construção moderna

edificar /eðifi'kaɾ/ *vtrd* **1** edificar, construir **2** moralizar ■ **la religión edifica las actitudes de los hombres** a religião moraliza as atitudes humanas

edificio /eði'fisju/ *sm* **1** edifício, prédio **2** estabelecimento **3** construção ■ **edificio principal** edifício principal

editar /eði'taɾ/ *vtrd* **1** editar, publicar **2** divulgar ■ **editar un libro** publicar um livro

editor, -a /eði'toɾ, a/ *adj, sm, sf* editor, pessoa responsável por uma publicação ■ **editor jefe** editor chefe

editorial /eðito'ɾjal/ *sf, sm* **1** editorial **empresa editorial** firma editorial **2** editora **3** editorial, artigo de jornal ou revista que, em geral, representa a opinião do editor ■ **editorial de obras clásicas** editora de obras clássicas

edredón /eðɾe'ðon/ *sm* edredom, acolchoado ■ **edredón de invierno** edredom de inverno

educación /eðuka'θjon/ *sf* **1** educação, instrução **2** delicadeza **3** polidez **4** ensino ■ **educación para niños** educação infantil

educador, -a /eðuka'ðoɾ, a/ *adj sm, sf* educador, professor ■ **educador de artes** professor de artes

educar /eðu'kaɾ/ *vtr* educar, instruir, orientar, ensinar ■ **educar es un acto de responsabilidad** educar é um ato de responsabilidade

educativo, -a /eðuka'tiβo, a/ *adj* educativo, instrutivo ■ **juegos educativos** jogos educativos

edulcorante /eðulko'ɾante/ *adj, sm* adoçante ■ **sacarina es edulcorante** sacarina é adoçante

elegante

edulcorar /eðulko'rar/ *vtr* adoçar ■ **edulcorar el jugo** adoçar o suco

efectivo, -a /efek'tiβo, a/ *adj* efetivo, de efeito real, verdadeiro, contrapondo-se a algo fantasioso, quimérico, duvidoso **2** permanente, estável, fixo **3** seguro, confiável ■ **pagamento efectivo** pagamento em dinheiro

efectuar /efek'twar/ *vtr* efetuar, realizar, concretizar, executar ■ **efectuar el pago** efetuar o pagamento

efervescencia /eferβes'θenθja/ *sf* **1** efervescência, ebulição **2** agitação, inquietação ■ **efervescencia de la juventud** agitação dos jovens

efervescente /eferβes'θente/ *adj, sm* **1** efervescente **2** agitado, inquieto ■ **comercio efervescente** comércio efervescente

eficacia /efi'kaθja/ *sf* eficácia, capacidade de ação, energia, eficiência ■ **eficacia en estudiar** capacidade de estudar

eficaz /efi'kaθ/ *adj* eficaz, produtivo, eficiente, ativo ■ **persona eficaz** pessoa produtiva

eficiencia /efi'θjenθja/ *sf* eficiência, eficácia ■ **eficiencia de los ejercicios** eficácia dos exercícios

efigie /e'fixje/ *sf* **1** efígie, imagem **2** figura **3** representação, personificação ■ **efigie griega** representação grega

efímero, -a /e'fimero, a/ *adj* efêmero, passageiro ■ **música efímera** música passageira

efusión /efu'sjon/ *sf* **1** efusão, desbordamento **2** transbordamento de emoções, de sentimentos ■ **efusión de alegría** transbordamento de alegria

efusivo, -a /efu'zivu, va/ *adj* efusivo, expansivo, extrovertido ■ **mujer efusiva** mulher extrovertida

egocéntrico, -a /ego'se'triku, ka/ *adj* egocêntrico, egoísta ■ **los niños son egocéntricos** as crianças são egoístas

egoísmo /ego'iʒmu/ *sm* egoísmo, individualismo ■ **el egoísmo es un defecto de algunas personas** o individualismo é um defeito de algumas pessoas

egoísta /ego'ifta/ *adj, sm, sf* egoísta, individualista ■ **la individualidad es una postura egoísta** a individualidade é uma atitude egoísta

eje /'exe/ *sm* **1** eixo **2** pessoa, figura ou ideia central ■ **eje creativo** eixo criativo

ejecución /exeku'θjon/ *sf* **1** execução, realização, aplicação **2** penhora, arresto (de bens) ■ **el banco hizo la ejecución del documento** o banco executou a promissória

ejecutar /exeku'tar/ *vtr* executar, realizar **2** empreender **3** fazer cumprir a pena de morte **4** executar, penhorar ■ **el juez ejecutó la sentencia** o juiz executou a sentença

ejecutivo, -a /exeku'tiβo, a/ *adj* executivo ■ **el alcalde es el ejecutivo en la ciudad** o prefeito representa o poder executivo na cidade

ejemplar /exem'plar/ *adj, sm* **1** exemplar, representativo **2** exemplar (cada um dos livros, jornais, revistas, discos de uma mesma edição) **3** modelo ■ **primer ejemplar de libro Don Quijote** primeiro exemplar do livro Dom Quixote

ejemplo /e'xemplo/ *sm* **1** exemplo, modelo **2** demonstração **dar ejemplo** dar exemplo ■ **los ejemplos ayudan a hacer los ejercicios** os exemplos são modelos para fazer os exercícios

ejercer /exer'θer/ *vtr, vi* **1** exercer **2** praticar, exercitar **3** desempenhar (tarefa, função) ■ **ejercer la función de médico** desempenhar a atividade de médico

ejercicio /exer'θiθjo/ *sm* **1** exercício (parte de prova ou exame) **2** treino **3** manobra militar **4** profissão **5** função ■ **ejercicios de lectura ayudan la expresión oral** exercícios de leitura ajudan na expressão oral

ejercitar /exerθi'tar/ *vtr* **1** exercer (um ofício, uma profissão) **2** exercitar-se, praticar, treinar ■ **ejercitar la memoria** exercitar a memória

ejército /e'xerθito/ *sm* **1** exército **2** conjunto de pessoas com objetivos comuns ■ **ejército de la paz** exército da paz

él /'el/ *art* ele ■ **él es bueno** ele é bom

elaboración /elaβora'θjon/ *sf* elaboração, criação, invenção, fabricação ■ **elaboración de las normas escolares** elaboração das normas escolares

elaborar /elaβo'rar/ *vtr* elaborar, criar, fabricar, produzir, preparar ■ **elaborar el menú** preparar o cardápio

elasticidad /elastiθi'ðaθ/ *sf* elasticidade, maleabilidade, flexibilidade ■ **los contorsionistas tienen elasticidades** os contorcionistas têm elasticidades

elástico, -a /e'lastiko, a/ *adj, sm, sf* **1** elástico, maleável, flexível **2** tira, cordão ou tecido com elasticidade, usado em roupas, cintas, ligas **3** ajustável, flexível ■ **muchas ropas son hechas con elástico** muitas roupas são feitas com elásticos

elección /'ele/ *sf* eleição, votação, escolha ■ **la elección presidencial fue bien disputada** a eleição presidencial foi bem disputada

electo, -a /e'lekto, a/ *adj* eleito, escolhido, nomeado ■ **mi candidato fue electo** meu candidato foi eleito

elector, -a /e'lek'tor, a/ *adj, sm, sf* eleitor ■ **como elector conozco mis derechos** como eleitor conheço meus direitos

electoral /elekto'ral/ *adj* eleitoral **cuerpo electoral** eleitorado ■ **los políticos conocen su electoral** os políticos conhecem seu eleitorado

electricidad /elekto'ral/ *adj* eletricidade ■ **el mundo moderno no vive sin electricidad** o mundo moderno não vive sem eletricidade

electricista /elektri'θista/ *sm, sf* eletricista ■ **electricista trabaja con electricidad** eletricista trabalha com eletricidade

electrificar /elektrifi'kar/ *vtr* **1** eletrificar **2** impressionar, entusiasmar, exaltar ■ **los cantores electrificaron su público** os cantores entusiasmaram seu público

electrizante /elektri'θar/ *vtr* **1** eletrizante **2** impressionante ■ **el rock es electrizante** o rock é electrizante

electrocardiograma /electrokarðjo'rrama/ *sm* eletrocardiograma ■ **electrocardiograma es un examen de diagnóstico cardiaco** eletrocardiograma é um exame de diagnóstico cardíaco

electrodoméstico /elektroðo'mestiko/ *sm* eletrodoméstico ■ **horno eléctrico es un electrodoméstico** forno elétrico é um eletrodoméstico

electrógeno, -a /elek'troxeno, a/ *adj, sm* **1** eletrógeno **2** gerador elétrico ■ **central hidroeléctrica tiene electrógeno** usina hidroelétrica tem gerador elétrico

electroimán /elektroi'man/ *sm* eletro-ímã ■ **objetos de hierro son excelentes conductos de electroimán** objetos de ferro são excelentes condutores de eletro-ímã

electrón /elek'tron/ *sm* elétron ■ **electrón fuente de energía negativa** elétron fonte de energia negativa

elefante /ele'fante/ *sm, sf* elefante ■ **elefante de gran tamaño** elefante de grande tamanho

elegancia /ele'ranθja/ *sf* elegância, distinção, nobreza ■ **realeza posee elegancia** realeza possui elegância

elegante /ele'rante/ *adj, sm, sf* elegante, distinto, nobre, de bom gosto, esbelto ■ **los maniquíes son elegantes** os manequins são elegantes

121

elegido

elegido, -a /ele'ʒidu, da/ *adj* eleito, escolhido ◼ **la muchacha rubia fue elegida como la más guapa** a moça loira foi eleita a mais bonita

elegir /ele'xir/ *vtr* eleger, escolher, nomear ◼ **elegir nuestro representante** eleger nosso representante

elemental /elemen'tal/ *adj* 1 elementar, fundamental, básico 2 necessário 3 principal 4 simples, evidente 5 óbvio ◼ **enseñanza elemental** ensino fundamental

elemento /ele'mento, a/ *sm, sf* 1 elemento 2 essência 3 fundamento 4 matéria 5 elementos ◼ **agua, elemento esencial de la vida** água, elemento fundamental da vida

elenco /e'leŋko/ *sm* elenco, lista, catálogo, grupo (teatral) ◼ **elenco conocido** elenco conhecido

elevación /eleβa'θjon/ *sf* 1 elevação, ascensão 2 promoção (em cargo) 3 auge 4 êxtase ◼ **elevación social** ascensão social

elevador, -a /eleβa'ðor, a/ *adj* elevador ◼ **es obligatorio elevadores en edificios altos** é obrigatório elevadores em edifícios altos

elevar /ele'βar/ *vtr* 1 elevar, exaltar 2 aumentar 3 erguer 4 solicitar (a uma autoridade) 5 enlevar-se, extasiar-se 6 alterar-se 7 engrandecer-se ◼ **elevar el consumo de electricidad** aumentar o consumo de electricidade

eliminación /elimina'θjon/ *sf* 1 eliminação, supressão, exclusão **por eliminación** por exclusão 2 anulação 3 expulsão ◼ **eliminación del equipo** eliminação da equipe

eliminar /elimi'nar/ *vtr* 1 eliminar, suprimir, excluir, tirar, anular 2 separar 3 expulsar 4 matar 5 **expelir** (substância do organismo) ◼ **dos jugadores fueron eliminados** dois jogadores foram eliminados

eliminatorio, -a /elimina'torjo, a/ *adj* 1 eliminatório 2 eliminatória, competição em que se selecionam os finalistas ◼ **la puntuación de la prueba oral fue eliminatoria** a pontuação da prova oral foi eliminatória

elipse /e'lipse/ *sf* elipse, curva ◼ **el coche se rompió en la elipse** o carro quebrou na curva

elipsis /e'lipsis/ *sf* elipse, omissão ◼ **hay elipsis en textos poéticos** há elipsis em textos poéticos

elixir /eli'jiR/ *sm* 1 elixir 2 remédio milagroso ◼ **elixir de la vida** remédio da vida

ella /'eʎa/ *pron pers* ella ◼ **bombones para ellas** bombons para elas ◼ **ella es gran profesora** ela é uma grande professora

elocución /eloku'θjon/ *sf* elocução, fala ◼ **elocución es una herramienta de trabajo para los radialistas** fala é ferramenta de trabalho para os radialistas

elocuencia /elo'kwenθja/ *sf* eloquência ◼ **los abogados usan elocuencia en sus defensas** os advogados usam eloquência em suas defesas

elocuente /elo'kwente/ *adj* 1 eloquente 2 expressivo ◼ **el amor deja todo elocuente** o amor deixa tudo expressivo

elogiar /elo'xjar/ *vtr* 1 elogiar 2 louvar 3 aclamar, aplaudir ◼ **el poeta fue elogiado por diez minutos** o poeta foi aplaudido por dez minutos

elogio /e'loxjo/ *sm* 1 elogio 2 louvor 3 aplauso 4 apologia ◼ **elogio estimula el aprendizaje** elogio estimula a aprendizagem

elogioso, -a /elo'ʒjozo, za/ *adj* elogioso, lisonjeiro ◼ **el padre es elogioso con su hija** o pai é lisonjeiro com a filha

elucubración /elukuβra'θjon/ *sf* 1 elucubração 2 meditação, divagação ◼ **momentos de elucubración** momentos de meditação

eludir /elu'ðir/ *vtr* 1 iludir 2 enganar 3 tapear 4 descartar ◼ **los jugadores de barajas eluden** os jogadores de carta enganam

emanar /ema'nar/ *vi, vtr* 1 emanar, proceder de, derivar de 2 nascer 3 gerar 4 demonstrar (sentimentos, sensações) ◼ **amistad emana de buenas personas** a amizade procede de pessoas boas

emancipación /emanθipa'θjon/ *sf* 1 emancipação 2 libertação ◼ **emancipación de un país** libertação de um país

emancipar /emanθi'par/ *vtr* 1 emancipar 2 libertar 3 emancipar-se 4 livrar-se ◼ **países se emanciparon de las metrópolis** países livraram-se das metrópoles

embajada /emba'xaða/ *sf* 1 embaixada (cargo, residência do embaixador, conjunto de funcionários) 2 comissão ◼ **las embajadas se encuentran en varios países** as embaixadas se encontram em vários países

embajador, -a /embaxa'ðor, a/ *sm, sf* 1 embaixador 2 emissário, mensageiro ◼ **embajador es nuestro representante en el mundo** embaixador é o nosso representante no mundo

embalaje /emba'laxe/ *sm, sf* 1 embalagem, empacotamento 2 cobertura ◼ **el embalaje está roto** a embalagem está rasgada

embalar /emba'lar/ *vtr* 1 embalar, empacotar, embrulhar 2 aumentar a velocidade 3 embalar-se ◼ **embalar los regalos** embrulhar os presentes

embaldosar /embaldo'sar/ *vtr* ladrilhar, pavimentar ◼ **las calles están siendo embaldosadas** as ruas estão sendo pavimentadas

embalsamar /embalsa'mar/ *vtr* embalsamar, mumificar ◼ **los egipcios embalsamaban sus muertos** os egípcios mumificavam seus mortos

embalse /em'balse/ *sm* 1 açude 2 represa, dique, lagoa ◼ **embalse de la hacienda** açude da fazenda

embarazar /embara'θar/ *vtr* 1 embaraçar 2 impedir, atrapalhar 3 entravar 4 deter 5 engravidar 6 embaraçar-se, confundir-se, atrapalhar-se ◼ **mayoría de las mujeres se embarazan** maioria das mulheres engravidam

embarazo /emba'raθo/ *sm* 1 gestação, gravidez 2 estorvo, obstáculo, dificuldade, constrangimento ◼ **embarazo difícil** gravidez arriscada

embarazoso, -a /embara'θoso, a/ *adj* 1 embaraçoso 2 dificultoso 3 incômodo 4 delicado ◼ **situación embarazosa** situação embaraçosa

embarcación /embarka'θjon/ *sf* 1 embarcação 2 embarque ◼ **embarcación frágil** embarcação frágil

embarcar /embar'kar/ *vtr, vi* 1 embarcar 2 entrar em um negócio ◼ **embarcaron en el comercio de pollo** entraram no negócio de frango

embarco /em'barko/ *sm* embarque (de pessoas) ◼ **embarco de una sola persona** embarque de uma pessoa só

embargar /embar'xar/ *vtr* 1 embargar 2 impedir 3 reter 4 reter bens, penhorar ◼ **embargar la nueva construcción** embargar a nova construção

embargo /em'barxo/ *sm* 1 embargo 2 indigestão 3 retenção judicial **sin embargo** todavia, contudo, não obstante ◼ **el juez embargó los negocios ilegales** o juiz embargou os negócios ilegais

embarque /embar'kar/ *vtr, vi* 1 embarque (de mercadorias) ◼ **embarque de las mercancías** embarque das mercadorias

embarrancar /embarraŋ'kar/ *vtr, vi* 1 encalhar 2 atolar 3 enroscar-se (em um negócio) ◼ **coches embarrancados en las calles** carros encalhados nas ruas

embarullar /embaru'ʎar/ *vtr* embaralhar, atrapalhar, confundir, desordenar ◼ **embarulla las barajas** embaralha as cartas

embate /em'bate/ *sm* 1 embate, choque, golpe 2 desastre ◼ **hubo un embate entre motos** ocorreu um choque entre motos

emoción

embaucador, -a /embawka'ðoɾ, a/ *adj, sm, sf* **1** embromador, enrolador **2** sedutor **3** charlatão ▪ **hombre embaucador** homen sedutor

embaucar /embaw'kaɾ/ *vtr* **1** enganar, enrolar, embromar **2** seduzir, iludir ▪ **magos embaucan su platea** os mágicos iludem seu público

embelesar /embele'saɾ/ *vtr* encantar, fascinar, maravilhar ▪ **Veneza embelesa** Veneza encanta

embellecedor, -a /embeʎeθe'ðoɾ, a/ *adj, sm* embelezador ▪ **crema embellecedora** creme embelezador

embellecer /embeʎe'θeɾ/ *vtr, vi* **1** embelezar, ornamentar, enfeitar **2** embelezar-se, alinhar-se ▪ **embellecieron el patio** enfeitaram o pátio

embellecimiento /embeʎeθi'mjento/ *sm* embelezamento, adorno ▪ **embellecimiento del matrimonio** adornos do casamento

embestida /embes'tiða/ *sf* **1** investida, ataque **2** assalto **3** embate ▪ **embestida de toros** ataque de touros

embestir /embes'tiɾ/ *vtr, vi* **1** investir (contra alguém), atacar **2** avançar ▪ **las abejas embestian en la primavera** as abelhas atacaram na primavera

emblanquecer /emblaŋke'θeɾ/ *vtr, vi* embranquecer; branquear ▪ **emblanquecer las vestimentas** branquear as roupas

emblema /em'blema/ *sm* emblema, símbolo, insígnia, divisa ▪ **emblema de la bandera** símbolo da bandeira

embobar /embo'βaɾ/ *vtr* **1** embevecer; enlevar **2** distrair-se ▪ **me embobé con el juego** distraí-me com o jogo

embocadura /emboka'ðuɾa/ *sf* **1** embocadura, foz (de rio) **2** bocal (de instrumento musical) ▪ **embocadura de la flauta** bocal da flauta

embocar /embo'kaɾ/ *vtr* **1** embocar, engolir, penetrar, encestar **2** abocanhar, comer às pressas, devorar ▪ **emboca deprisa** come sempre às pressas

embolar /embo'laɾ/ *vtr* **1** embolar, colocar bolas nos chifres do touro **2** , enganar, mentir ▪ **embolé con las noticias** me enganei com as notícias

embolia /em'bolja/ *sf* embolia ▪ **embolia cerebral** embolia cerebral

émbolo /'embolo/ *sm* êmbolo ▪ **émbolo del motor** cilindro del motor

embolsar /embol'saɾ/ *vtr* **1** embolsar **2** receber, ficar com algum dinheiro ▪ **ladrón embolsó el dinero** ladrão ficou com o dinheiro

emboquillado, -a /emboki'ʎaðo/ *vtr* cigarro com filtro ▪ **emboquillado no resuelve lo malo del cigarro** o filtro não resolve o problema do uso do cigarro

emborrachar /emborra'tʃaɾ/ *vtr* **1** embebedar, embriagar **2** tomar um pileque, um porre ▪ **emborrachar con cerveza** embebedar com cerveja

emborronar /emborro'naɾ/ *vtr* **1** borrar, rabiscar **2** garatujar, escrever depressa e mal ▪ **emborronó el ensayo del artículo** escreveu mal e rápido o ensaio do artigo

emboscada /embos'kaða/ *sf* emboscada, cilada, armadilha ▪ **armaron una emboscada** armaram uma cilada

emboscar /embos'kaɾse/ *vtr* **1** emboscar **2** esconder ▪ **emboscar la verdad** esconder a verdade

embotar /embo'taɾ/ *vtr* **1** embotar, entorpecer **2** perder o fio (instrumentos cortantes) ▪ **embotar las sensaciones** entorpecer as sensações

embotellado, -a /embote'ʎaðo/ *vtr* **1** engarrafado **2** engatilhado (discurso previamente preparado) ▪ **jugo embotellado** suco engarrafado

embotellamiento /embote'ʎa'mjento/ *sm* **1** engarrafamento, ação de engarrafar **2** engarrafamento no trânsito ▪ **embotellamiento en la ciudad** engarrafamento na cidade

embozar /embo'θaɾ/ *vtr* **1** embuçar **2** ocultar **3** dissimular ▪ **emboza la realidad** oculta a realidade

embozo /em'boθo/ *sm* **1** embuço **2** dissimulação, disfarce ▪ **embozo utilizado** disfarce utilizado

embrague /em'braɣe/ *sm* **1** embreagem **2** braçadeira ▪ **embrague del coche** embreagem do carro

embravecer /embraβe'θeɾ/ *vtr* enfurecer, irritar ▪ **madre embravece** mãe enfurece

embriagar /embrja'xaɾ/ *vtr* **1** embriagar, embebedar, inebriar **2** entusiasmar, enlevar ▪ **embriaga todos los sábados** embriaga sempre nos sábados

embriaguez /embrja'reθ/ *sf* embriaguez, bebedeira ▪ **algunas frutas causan embriaguez** algumas frutas causam embriaguez

embrión /em'brjon/ *sm* **1** embrião, feto **2** origem **3** qualquer coisa que esteja no início ▪ **embrión de la pelea** embrião da briga

embrollo /em'broʎo/ *sm* **1** embrulho, rolo, confusão **3** embromação **4** encrenca ▪ **fiesta fue un embrollo** festa foi uma confusão

embrujar /embru'xaɾ/ *vtr* **1** enfeitiçar, encantar **2** magnetizar, fascinar ▪ **mujeres guapas embrujan los hombres** mulheres bonitas encantam os homens

embrutecimiento /embrute'θi'mjento/ *sm* **1** embrutecimento **2** entorpecimento **3** depravação ▪ **momento de embrutecimiento** momento de entorpecimento

embuchado, -a /embu'tʃaðo/ *sm* **1** farto, empanturrado **2** embutido ▪ **embuchado de todo** farto de tudo

embudo /em'buðo/ *sm* **1** funil **2** trapaça, farsa ▪ **sólo hay embudo** só há trapaça

embutido, -a /embu'tiðo/ *sm* **1** encaixado, incrustado **2** embutido ▪ **cajón embutido en la mesa** gaveta embutida na mesa

eme /'eme/ *sf* nome da letra m ▪ **eme de María** eme de Maria

emergencia /emer'xenθja/ *sf* emergência, ocorrência súbita, imprevisto ▪ **timbre de emergencia** campainha de emergencia

emerger /emer'xeɾ/ *vi* **1** emergir **2** subir ▪ **fango emergió en la laguna** lodo emergiu na lagoa

emigración /emiɣra'θjon/ *sf* **1** emigração **2** êxodo ▪ **muchos emigrantes salieron de España** muitos emigrantes saíram da Espanha

emigrar /emi'ɣraɾ/ *vi* emigrar ▪ **emigrar para Londres** emigrar para Londres

eminente /emi'nente/ *adj* eminente, elevado, excelente, superior ▪ **eminente cargo profesional** elevado cargo profissional

emisario, -a /emi'saɾjo, a/ *adj, sm, sf* emissário, mensageiro ▪ **emisario de los correos** mensageiro dos correios

emisión /emi'sjon/ *sf* **1** emissão **2** emanação **3** veiculação, transmissão (de notícias e programas por rádio e televisão) ▪ **emisión de nueva programación** emissão de nova programação

emisor, -a /emi'soɾ, a/ *adj, sm, sf* emissor ▪ **emisor del discurso** emissor do discurso

emitir /emi'tiɾ/ *vtr* **1** emitir **2** lançar **3** expelir **4** pôr em circulação (dinheiro) **5** expedir **6** irradiar, divulgar ▪ **emitieron nueva información** emitiram nova informação

emoción /emo'θjon/ *sf* **1** emoção **2** agitação **3** comoção **4** abalo ▪ **encuentro produce una fuerte emoción** encontro proporciona uma forte emoção

123

emocionante

emocionante /emoθjoˈnaɲte/ *adj* **1** emocionante **2** impressionante **3** comovente ■ **película emocionante** filme emocionante

emocionar /emoθjoˈnaɾ/ *vtr* **1** emocionar **2** comover **3** abalar, impressionar ■ **el nacimiento de un niño emociona la familia** o nascimento de uma criança comove a família

emolumento /emoluˈmeⁿto/ *sm* **1** emolumento **2** lucro **3** retribuição **4** pagamento ■ **el emolumento no previsto** lucro não previsto

emotivo, -a /emoˈtiβo, a/ *adj* **1** emotivo **2** comovente **3** emocionante ■ **viaje emotivo** viagem emocionante

empacar /empaˈkaɾ/ *vtr* **1** empacotar, encaixar **2** obstinar-se **3** emperrar, empacar (um animal) ■ **caballo empacó** cavalo empacou

empachar /empaˈtʃaɾ/ *vtr* **1** fartar-se, sobrecarregar o estômago **2** envergonhar-se **3** perturbar-se ■ **empachó con cacahuete** fartou-se com amendoim

empacho /emˈpatʃo/ *sm* **1** indigestão, embaraço **2** vergonha **3** dificuldade ■ **empacho con paella** indigestão com paelha

empadronamiento /empaðronaˈmjeⁿto/ *sm* **1** recenseamento **2** alistamento ■ **empadronamiento militar** alistamento militar

empadronar /empaðroˈnaɾ/ *vtr* **1** recensear **2** alistar-se ■ **empadronar en último lugar** recensear em último lugar

empalagar /empalaˈɣaɾ/ *vtr, vi* **1** enjoar **2** cansar **3** repugnar ■ **la miel empalaga a mel enjoa**

empalagoso, -a /empalaˈɣoso, a/ *adj, sm, sf* **1** enjoativo **2** fastidioso, pegajoso ■ **viajar en autobús es empalagoso** viajar de ônibus é cansativo

empalmar /empalˈmaɾ/ *vtr, vi* **1** juntar, ligar, emendar **2** suceder (sem interrupção) **3** entroncar (linhas férreas) ■ **líneas del ferrocarril empalman** linhas do trem entroncam

empanada /empaˈnaða/ *sf* **1** empanada, empada, pastel **2** fraude, engano ■ **empanadas andaluces** pastéis andaluzes

empañar /empaˈnaɾ/ *vtr* **1** empanar, denegrir, tirar o brilho **2** enfaixar (criança) **3** trocar fraldas ■ **empañar la imagen** denegrir a imagem

empantanar /empaⁿtaˈnaɾ/ *vtr* **1** alagar **2** deter o andamento de algo, empatar ■ **empantanan la construcción del hospital** empatan a construção do hospital

empapar /empaˈpaɾ/ *vtr* **1** empapar, embeber, encharcar **2** entupir-se, empanturrar-se ■ **empapa de galletas** empanturra-se de bolachas

empapelar /empapeˈlaɾ/ *vtr* **1** empapelar, embrulhar, forrar, revestir (com papel) **2** processar, multar ■ **empapelar la caja** revestir a caixa

empapuzar /empapuˈθaɾ/ *vtr* empapuçar, empanturrar ■ **empapuzar de dulces** empanturrar de doces

empaque /emˈpake/ *sm* **1** semblante **2** mistura de seriedade e afetação ■ **demonstración de empaque** demonstração de semblante

empaquetar /empakeˈtaɾ/ *vtr* **1** empacotar **2** encher, lotar (de pessoas) ■ **convoy empaquetado** trem lotado

emparedado, -a /empareˈðaðo/ *vtr* **1** sanduíche de presunto, queijo, carne ■ **emparedado a la moda del chef** sanduíche à moda do chef

empastar /empasˈtaɾ/ *vtr* **1** empastar **2** encadernar **3** obturar (dentes) ■ **empastan los libros nuevos** encadernam os cadernos novos

empatar /empaˈtaɾ/ *vtr, vi* **1** empatar **2** igualar ■ **juego empató** jogo empatou

empate /emˈpate/ *sm* **1** empate **2** igualdade, equilíbrio ■ **empate entre Flamengo y Fluminense** igualdade entre Flamengo e Fluminense

empecinarse /empeθiˈnarse/ *vpr* obstinar-se, teimar ■ **chicos empecinan con los padres** meninos teimam com os pais

empedrado, -a /empeˈðraɾ/ *vtr* empedrado ■ **autopista empedrada** via asfaltada

empedrar /empeˈðraɾ/ *vtr* **1** calçar **2** pavimentar **3** atravancar ■ **van a empedrar los caminos** vão pavimentar as estradas

empeine /emˈpejne/ *sm* **1** baixo-ventre, púbis **2** peito do pé ■ **empeine descubierto** peito do pé descoberto

empellón /empeˈʎon/ *sm* **1** empurrão **2** impulso violento **3** choque ■ **empellón fuerte** empurrão forte

empeñar /empeˈnaɾ/ *vtr* **1** empenhar **2** endividar ■ **empeñar en las actividades** empenhar nas atividades

empeño /emˈpeno/ *sm* **1** empenho **2** constância ■ **empeño obligatorio** constância necessária

empeorar /empeoˈraɾ/ *vtr, vi* **1** piorar, agravar **2** deteriorar ■ **enfermo empeoró** doente piorou

empequeñecer /empekeneˈθeɾ/ *vtr, vi* **1** diminuir, reduzir, minguar **2** encolher ■ **tejido empequeñece al sol** tecido diminui ao sol

emperador /emperaˈðoɾ, triθ/ *sm, sf* **1** imperador **2** monarca ■ **emperador chino** imperador chinês

emperatriz /emperaˈðoɾ, triθ/ *sm, sf* imperatriz ■ **emperatriz austriaca** imperatriz austríaca

emperrarse /empeˈrarse/ *vpr* obstinar-se, teimar ■ **alumno se emperra con el profesor** aluno teima com o professor

empezar /empeˈθaɾ/ *vtr, vi* **1** começar, principiar, iniciar **2** inaugurar ■ **empezar la semana académica** começar a semana acadêmica

empinar /empiˈnaɾ/ *vtr, vi* **1** endireitar, empinar **2** inclinar ■ **sillón está empinado** sofá está inclinado

empirismo /empiˈrismo/ *sm* **1** empirismo **2** rotina **3** prática **4** experiência ■ **estudio del empirismo** estudo do empirismo

emplastar /emplasˈtaɾ/ *vtr* **1** emplastrar **2** atrapalhar (um negócio) **3** lambuzar-se **4** enfeitar ■ **lluvia emplastó el comercio abierto** chuva atrapalhou o comércio ao ar livre

emplasto /emˈplasto/ *sm* **1** emplastro **2** unguento **3** remendo, tapaburaco **4** emenda malfeita ■ **emplasto de mandioca usado para tratar de forúnculo** unguento de mandioca usado em furúnculos

emplazar /emplaˈθaɾ/ *vtr* **1** aprazar, marcar prazo **2** assinalar um local **3** intimar alguém, marcando prazo ■ **emplazó la fecha de la entrega** marcou a data da entrega

empleado, -a /empleˈaðo, a/ *sm, sf* **1** empregado **2** funcionário ■ **empleado de hogar** empregado doméstico ■ **empleado del hipermercado** funcionário do supermercado

emplear /empleˈaɾ/ *vtr* **1** empregar **2** ocupar ■ **van a emplear más personas** empregarão mais pessoas

empleo /emˈpleo/ *sm* **1** emprego **2** cargo ■ **empleo deseado** emprego desejado

emplomar /emploˈmaɾ/ *vtr* chumbar, soldar ■ **portón fue emplomado** portão foi soldado

emplumar /eˈpluˈmaɾ/ *vi* **1** emplumar **2** pôr de castigo ■ **emplumar el chico** colocar o menino de castigo

empobrecer /eˈpobreˈseɾ/ *vtrd, vi* **1** empobrecer **2** decair **3** esgotar, exaurir ■ **empobrece la tierra** terra empobrece

empobrecimiento /empoβreθiˈmjeⁿto/ *sm* **1** empobrecimento **2** decadência ■ **empobrecimiento de la élite campesina** empobrecimento da elite agrária

124

encargar

empollar /empo'ʎar/ *vtr vi* 1 incubar 2 chocar (ovos) 3 rachar, matar-se (de estudar) ■ **gallina empolla muchos huevos** galinha choca muitos ovos

empolvar /empol'βarse/ *vpr* 1 empoar 2 empoeirar 3 polvilhar 4 empoar-se ■ **empolvar la torta** empoar o bolo

emponzoñar /emponθo'nar/ *vtr* 1 envenenar 2 corromper 3 danificar, estragar ■ **gobernante emponzoña la justicia** governante corrompe a justiça

emporio /em'porjo/ *sm* entreposto, centro comercial ■ **emporio de Manaus** entreposto de Manaus

empotrar /empo'trar/ *vtr* 1 embutir (na parede) 2 encravar 3 encaixar-se ■ **empotra muebles en la cocina** marceneiro embute móveis na cozinha

emprendedor, -a /emprende'ðor, a/ *adj & sm, sf* empreendedor ■ **espíritu emprendedor** postura empreendedora

emprender /empren'der/ *vtr* empreender ■ **emprende nuevas ideas** empreende ideias novas

empresa /em'presa/ *sf* empresa, empreendimento mercantil ■ **empresa en desarrollo** empresa em ascensão

empresario, -a /empre'sarjo, a/ *sm, sf* 1 empresário 2 dirigente, proprietário ■ **empresario experto** empresário experto

empujar /empu'xar/ *vtr* 1 empurrar 2 impelir 3 pressionar 4 incitar, instigar ■ **empuja ladera abajo** empurra montanha abaixo

empuje /em'puxe/ *sm* 1 impulso 2 arrancada 3 pressão ■ **empuje de la victoria** impulso da vitória

empujón /empu'xon/ *sm* empurrão ■ **empujón imprevisto** empurrão inesperado

empuñar /empu'nar/ *vtr* 1 empunhar 2 obter, conseguir (um emprego ou posto) ■ **empuñar empleo** conseguir emprego

emputecer /empute'θer/ *vtr* 1 corromper, viciar 2 enraivecer, irritar ■ **emputece con precio total** irrita com o valor total

émulo, -a /'emulo, a/ *adj & sm, sf* 1 rival, competidor 2 êmulo, estímulo, incentivo ■ **mujer émula** mulher rival

en /'en/ *prep* em ■ **en vivo** ao vivo

enajenación /enaxena'θjon/ *sf,* 1 alienação 2 transferência ■ **enajenación cultural** alienação cultural

enajenar /enaxe'nar/ *vtr* 1 alienar, alhear 2 enlouquecer ■ **enajenó con la noticia** enlouqueceu com a notícia

enaltecer /enalte'θer/ *vtr* enaltecer, exaltar ■ **enaltece con la alabanza** exalta com o elogio

enamorado, -a /enamo'raɾ/ *vtr* enamorado, apaixonado ■ **dúo enamorado** casal apaixonado

enamorar /enamo'raɾ/ *vtr* 1 enamorar, apaixonar, encantar, cortejar 2 apaixonar-se, fascinar-se ■ **enamoré por la película** apaixonei pelo filme

enano, -a /e'nano, a/ *sm, sf* 1 anão 2 , pessoa de baixa estatura, baixinho ■ **enano ayudante de papá Noel** anão ajudante de papai Noel

enardecer /enarde'θer/ *vtr* 1 avivar, excitar 2 inflamar 3 excitar-se 4 encolerizar-se ■ **población enardece con la respuesta** população inflama com a resposta

encabezar /enkaβe'θar/ *vtr* encabeçar, iniciar uma lista 2 liderar ■ **Fidel Castro encabezó la revolución cubana** Fidel Castro liderou a revolução cubana

encadena /enkaðe'nar/ *vtr* 1 encadear 2 acorrentar ■ **encadenar los hechos** encadear os fatos

encajar /enkaβe'θar/ *vtr* 1 encaixar 2 ajustar ■ **encajar la agenda** ajustar o calendário

encaje /en'xaxe/ *sm* 1 encaixe 2 junta ■ **encaje médico** encaixe de consulta médica

encajonar /enkaxo'nar/ *vtr* 1 encaixotar 2 pôr em um lugar estreito 3 encaixar-se ■ **encajonar los objetos personales** encaixotar os objetos pessoais

encalar /enka'lar/ *vtr* caiar, branquear ■ **encalar las aceras** branquear as calçadas

encallar /enka'ʎar/ *vi* 1 encalhar 2 encruar 3 embaraçar-se ■ **encalla en los cables** se embaraça nos cabos

encamar /enka'mar/ *vtr vi* 1 acamar 2 deitar 3 estender 4 adoecer, ficar de cama ■ **resfriado le hizo encamar** a gripe o fez deitar

encaminar /enkami'nar/ *vtr* 1 encaminhar, dirigir para, endereçar 2 enveredar 3 derivar 4 dirigir-se ■ **mensaje encaminado al juez** mensagem dirigida ao juiz

encanar /enka'nar/ *vtr, vi* prender, deter, aprisionar ■ **la policía encana el bandolero** polícia aprisiona o bandido

encañar /enka'nar/ *vtr, vi* 1 encanar 2 drenar 3 colocar estacas ■ **fontanero encaña el riachuelo** encanador drena o riacho

encararse 1 /enka'narse/ *vtr, vi* ficar sem fôlego ■ **el buzo se encañó** o mergulhador ficou sem fôlego

encandilar /enkandi'lar/ *vtr* 1 deslumbrar, ofuscar 2 alucinar 3 assanhar-se ■ **los turistas quedan encandilados con las luces de París** os turistas ficam deslumbrados com as luzes de Paris

encanecer /enkane'θer/ *vtr, vi* 1 encanecer 2 envelhecer 3 mofar ■ **los panes encanecen con el tiempo** pães mofam com o tempo

encañonar /enkano'nar/ *vtr* 1 encanar, canalizar 2 fazer pontaria ■ **encañonó la caza con la carabina** encanou a caça com o rifle

encantado, -a /enkan'tar/ *vtr* 1 encantado 2 distraído, com a cabeça nas nuvens 3 muito contente ■ **encantada en hacer amistad** encantada em fazer amizade

encantador, -a /enkanta'ðor, a/ *adj sm, sf* 1 encantador 2 amável 3 aprazível, mágico ■ **encantador con las personas** encantador com as pessoas

encantamiento /enkanta'mjento/ *sm* encantamento, encanto, feitiço ■ **encantamiento con las tecnologías** encanto com as tecnologias

encantar /enkan'tar/ *vtr* 1 encantar 2 seduzir ■ **su belleza encanta el público** sua beleza encanta o público

encanto /en'kanto/ *sm* 1 encanto, atrativo 2 agrado ■ **son un encanto las aguas hidrotermales** são um atrativo as águas hidrotermais

encapotar /enkapo'tarse/ *vpr* 1 encapotar-se 2 ocultar-se 3 toldar-se (o céu) ■ **encapotó el coche en la carretera** encapotou o carro na estrada

encapricharse /enkapri'tʃarse/ *vpr* teimar, obstinar-se ■ **hijo se encapricha con su padre** filho teima com seu pai

encarar /enka'rar/ *vi* 1 encarar 2 enfrentar 3 apontar ■ **siempre encara los desafíos** sempre enfrenta os desafios

encarcelar /enkarθe'lar/ *vtr* 1 encarcerar, prender 2 aprisionar 3 enclausurar ■ **encarceló el bandido** aprisionou o bandido

encarecer /enkare'θer/ *vtr vi* 1 encarecer 2 exagerar 3 recomendar 4 exaltar ■ **encarecieron alimentos** encareceram alimentos

encarecimiento /enkareθi'mjento/ *sm* 1 encarecimento 2 exagero ■ **encarecimiento de los precios** preços exagerados

encargado, -a /enkar'xar/ *vtr* 1 encarregado 2 gerente ■ **encargado de las compras** encarregado de fazer as compras

encargar /enkar'xar/ *vtr* 1 encarregar alguém de alguma coisa 2 encomendar ■ **encargan los empleados de las tareas** encarregam os funcionários das tarefas

125

encargo

encargo /eŋ'karro/ *sm* **1** encargo **2** encomenda **3** obrigação ▪ **los encargos del ayuntamiento están muy caros** os encargos da prefeitura estão muito caros

encarnar /eŋkar'nar/ *vtr, vi* **1** encarnar **2** personificar, representar ▪ **artista siempre encarna nuevos personajes** artista sempre representa novos personagens

encarnizar /eŋkarni'θarse/ *vpr* **1** encarniçar, enfurecer **2** irritar, enfurecer-se ▪ **encarnizó con el resultado de la prueba** enfureceu-se com o resultado da prova

encarpetar /eŋkarpe'tar/ *vtr* **1** engavetar, guardar papéis ou documentos em pasta ou gaveta **2** não dar curso a um assunto ou investigação ▪ **encarpeta la tesis** engaveta a tese

encarrilar /eŋkari'lar/ *vtr* **1** encarrilhar, pôr nos trilhos **2** encaminhar **3** encarrilhar-se ▪ **los trenes están encarrillados** os trens estão nos trilhos

encasillado, -a /eŋkasi'ʎaðo, a/ *adj, sm* **1** enquadrado **2** classificado, etiquetado ▪ **la cultura quichua es encasillada como representación de los Andes** cultura quíchua é classificada como representação dos Andes

encasillar /eŋkasi'ʎar/ *vtr* **1** enquadrar **2** classificar **3** enquadrar-se ▪ **se encasilla en las nuevas reglas** se enquadra nas novas normas

encasquetar /eŋkaske'tar/ *vtr* **1** colocar gorro ou chapéu **2** encasquetar **3** obstinar-se, teimar ▪ **encasqueta el sombrero en la cabeza** coloca o chapéu na cabeça

encausar /eŋkaw'sar/ *vtr* processar ▪ **niños encausan informaciones con rapidez** crianças processam informações com rapidez

encefalitis /eŋʝefa'litis/ *sf* encefalite ▪ **encefalitis son dolores fuertes en la cabeza** encefalite são dores fortes de cabeça

encéfalo /en'θefalo/ *sm* encéfalo ▪ **encéfalo comprende cerebro y cerebelo** encéfalo é formado pelo cérebro e cerebelo

encelar /enθe'lar/ *vtr* **1** enciumar **2** enciumar-se ▪ **marido encelado** marido enciumado

encenagarse /enθena'rarse/ *vpr* **1** enlamear-se, sujar-se **2** envolver-se em coisa escusa, viciar-se, aviltar-se ▪ **se encenagó en comercio ilegal** se envolveu em negócio ilícito

encendedor, -a /enθende'ðor, a/ *adj, sm* acendedor, encendedor de bolsillo, isqueiro ▪ **colecciono encendedores** coleciono isqueiros

encender /enθen'der/ *vtr* **1** acender, incendiar, queimar **2** estimular, excitar ▪ **encendieron la plantación de café** incendiarão a plantação de café

encendido, -a /enθen'der/ *vtr* aceso, inflamado ▪ **encendido el fuego de la pasión** aceso o fogo da paixão

encerado, -a /enθe'raʝ/ *vtr, vi* **1** encerado **2** oleado **3** quadro-negro, lousa ▪ **el suelo está encerado** o chão está encerado

enceradora /enθera'ðora/ *sf* enceradeira ▪ **pasó la enceradora en la casa** passou a enceradeira na casa

encerar /enθe'rar/ *vtr, vi* **1** encerar **2** tornar-se cor de cera ▪ **pagamos para encerar el coche** pagamos para encerar o carro

encerrar /enθe'rar/ *vtr* **1** encerrar, fechar **2** prender ▪ **encerraron las inscripciones** fecharam as inscrições

encharcar /enʧar'kar/ *vtr* **1** encharcar, empapar **2** encharcar-se **3** enlamear-se ▪ **mis pantalones quedaron encharcados con la lluvia** minhas calças ficaram encharcadas com a chuva

enchilada /enʧi'laða/ *sf* torta apimentada ▪ **comida enchilada** comida apimentada

enchufado, -a /enʧu'faðo, a/ *adj, sm, sf* **1** ligado, conectado **2** protegido ▪ **la televisión está enchufada** a televisão está conectada

enchufar /enʧu'far/ *vtr* **1** conectar **2** combinar **3** ligar (aparelhos elétricos) **4** conseguir um emprego por apadrinhamento ▪ **enchufa empleo por intermedio del jefe** conseguir um emprego por intermédio do chefe

enchufe /en'ʧufe/ *sm* **1** tomada **2** boca (de cano ou tubo) **3** ligação, conexão **4** emprego vantajoso (conseguido geralmente por indicação) ▪ **enchufe universal** tomada modelo universal

encía /en'θia/ *sf* gengiva ▪ **encía infectada** gengiva infeccionada

enciclopedia /enθiklo'peðja/ *sf* enciclopédia ▪ **enciclopedia Larousse** enciclopédia Larousse

encierro /enθe'rar/ *vtr* clausura, reclusão, isolamento, retiro ▪ **encierro religioso** retiro religioso

encima /en'θima/ *adv* **1** em cima **2** ademais, além disso ▪ **encima de la nevera** em cima da geladeira

encinta /en'θinta/ *adj* grávida ▪ **mujer encinta** mulher grávida

enclaustrar /eŋklaws'trar/ *vtr* **1** enclausurar **2** prender **3** esconder, ocultar, isolar ▪ **enclaustró la verdad** escondeu a verdade

enclavar /eŋkla'βar/ *vtr* **1** cravar, pregar **2** encravar **3** tapear, enganar alguém ▪ **enclava con una historia engañosa** tapeia com uma história mentirosa

enclenque /eŋ'kleŋke/ *adj, sm, sf* adoentado, doentio ▪ **el perro está enclenque** o cachorro está doente

encoger /eŋko'xer/ *vtr, vi* encolher, contrair **2** diminuir ▪ **la blusa encogió** a blusa encolheu

encogimiento /eŋkoxi'mjento/ *sm* **1** encolhimento **2** acanhamento, timidez ▪ **encogimiento infantil** timidez infantil

encolar /eŋko'lar/ *vtr* **1** colar, grudar **2** aglutinar **3** clarificar (vinhos) **4** aglutinar-se ▪ **encolar el papel de pared** colar o papel de parede

encolerizar /eŋkoleri'θar/ *vtr* encolerizar, irritar, enfurecer, indignar ▪ **encolerizan con la fila** irritam com a fila

encomendar /eŋkomen'dar/ *vtr* **1** encomendar, incumbir, confiar **2** entregar-se ▪ **encomiendan los regalos** encomendam presentes

encomienda /eŋko'mjenda/ *sf* **1** encomenda, encargo **2** pacote, encomenda postal ▪ **encomiendas fiscales** encargos fiscais

enconar /eŋko'nar/ *vtr* **1** inflamar (ferida) **2** irritar ▪ **enconaron la multitud** inflamarão a multidão

encontrar /eŋkon'trar/ *vtr, vi* **1** encontrar, achar **2** ir de encontro a **3** tropeçar ▪ **encontraron un tesoro** acharam um tesouro

encopetado, -a /eŋkope'taðo, a/ *adj* **1** presunçoso, esnobe **2** metido ▪ **persona encopetada** pessoa esnobe

encorchar /eŋkor'ʧar/ *vtr* arrolhar, tapar com rolha ▪ **encorchar las botellas de vino** arrolhar as garrafas de vinho

encorvar /eŋkor'βar/ *vtr* **1** encurvar, curvar, inclinar **2** curvar-se, inclinar-se **3** humilhar-se ▪ **encorvar sobre la mesa** encurvar sobre a mesa

encrespar /eŋkres'par/ *vtr* **1** encrespar, arrepiar, frisar (cabelos, penas) **2** enredar-se ▪ **encrespan siempre con el profesor** arrepiam sempre com o professor

encrucijada /eŋkruθi'xaða/ *sf* **1** encruzilhada **2** armadilha, cilada ▪ **había una encrucijada** havia uma armadilha

encuadernación /eŋkwaðerna'θjon/ *sf* encadernação ▪ **encuadernación de los materiales didácticos** encadernação dos materiais didáticos

encuadrar /eŋkwa'ðrar/ *vtr* **1** enquadrar, emoldurar **2** limitar **3** enquadrar-se, limitar-se ▪ **encuadran las fotos** emolduram as fotografias

encubierto, -a /eŋku'βjerto, a/ *pp* encoberto, disfarçado, oculto ▪ **la verdad encubierta** a verdade encoberta

engalanar

encubrir /eŋku'βrir/ *vtr* 1 encobrir, ocultar, dissimular 2 abafar ■ **encubrir los errores** ocultar os erros

encuentro /eŋkon'trar/ *vtr, vi* 1 encontro 2 choque ■ **encuentro desastroso** encontro catastrófico

encuesta /eŋ'kwesta/ *sf* 1 enquete, pesquisa 2 averiguação ■ **encuesta de los hechos** enquete dos fatos

encuestador, -a /eŋkwesta'ðor, a/ *sm, sf* pesquisador ■ **encuestador trabaja con encuestas** o pesquisador trabaja com averiguações

encumbrar /eŋkum'brar/ *vtr* 1 elevar 2 louvar, enaltecer, engrandecer ■ **encumbra las buenas acciones** engrandece as boas ações

endeble /en'deβle/ *adj* débil, fraco, frágil ■ **salud endeble** saúde frágil

endémico, -a /en'demiko, a/ *adj* 1 endêmico 2 coisa que se repete com frequência ■ **normas endémicas** normas repetidas com frequência

endemoniado, -a /endemo'njaðo, a/ *adj, sm, sf* 1 endiabrado, infernal 2 perverso ■ **chico endemoniado** menino perverso

endentar /enden'tar/ *vtr* 1 engrenar 2 dentear ■ **endentar según el ejemplo** engrenar de acordo com o modelo

enderezar /endere'θar/ *vtr* 1 endereçar, encaminhar, dirigir 2 endireitar ■ **enderezo la invitación** encaminho o convite

endeudarse /endew'ðarse/ *vpr* endividar-se ■ **se endeudó con la compra del coche** endividou-se com a compra do carro

endibia /en'diβja/ *sf* endívia ■ **endibias son sabrosas escarolas en ensaladas** endívias são folhas gostosas em saladas

endiosar /endjo'sar/ *vtr* 1 endeusar, divinizar 2 extasiar, enlevar 3 vangloriar-se, exaltar-se ■ **endiosa solamente un Dios** endeusa somente um Deus

endocrinología /endokrinolo'xia/ *sf* endocrinologia ■ **endocrinología es una especialidad en la medicina** endocrinologia é uma especialidade da medicina

endogamia /endo'xamja/ *sf* endogamia ■ **endogamia en la tribu azteca** procriação entre os astecas

endosar /endo'sar/ *vtr* 1 endossar 2 passar adiante uma tarefa desagradável ■ **endosar el documento** endossar o documento

endoso /endo'sar/ *vtr* endosso ■ **recibió el premio por medio de endoso** recebeu o prêmio por meio de endosso

endulzar /enduł'θar/ *vtr* 1 adoçar 2 suavizar ■ **endulzar los pasteles** adoçar as tortas

endurecer /endure'θer/ *vtr* 1 endurecer, empedernir 2 fortalecer, robustecer 3 tornar-se desumano ■ **el sufrimiento endurece el corazón** o sofrimento endurece o coração

ene /ene/ *sf* 1 nome da letra n 2 quantidade indeterminada de qualquer coisa ■ **ene de navío** ene de navio

eñe /ene/ *sf* nome da letra ñ no alfabeto espanhol ■ **eñe es solo en español** eñe é só em espanhol

enebro /e'neβro/ *sm* zimbro ■ **sillas hechas de enebro** cadeiras feitas de zimbro

enemigo, -a /ene'miɣo, a/ *adj, sm, sf* 1 inimigo, oponente, adversário 2 contrário, oposto ■ **la pereza es enemiga personal** a preguiça é inimiga íntima

enemistad /enemis'tað/ *sf* 1 inimizade 2 aversão ■ **no es buen tener enemistad** não é bom ter inimizade

enemistar /enemis'tar/ *vtr* brigar, indispor-se ■ **enemistó con el vecino** brigou com o vizinho

energía /ener'xia/ *sf* energia, vigor ■ **frutas ofrecen energía** frutas dão energia

enérgico, -a /e'nerxiko, a/ *adj* 1 enérgico, forte, vigoroso 2 rigoroso, firme ■ **algunos padres son enérgicos con sus hijos** alguns pais são rigorosos com os filhos

energúmeno, -a /ener'xumeno, a/ *sm, sf* 1 energúmeno, imbecil 2 furioso 3 louco manso ■ **actuar como energúmeno** agir como um imbecil

enero /e'nero/ *sm* janeiro ■ **mes de enero** mês de janeiro

enervar /ener'βar/ *vtr* 1 enervar 2 debilitar, enfraquecer ■ **enerva con facilidad** enfraquece com facilidade

enésimo, -a /e'nesimo, a/ *adj* enésimo ■ **hablar el mismo asunto enésimas veces** falar o mesmo assunto enésimas vezes

enfadar /emfa'ðar/ *vtr* 1 enfadar, incomodar, aborrecer, indignar, irritar 2 atormentar 3 indispor-se ■ **enfadar con repeticiones de ejercicios** aborrecer com exercícios repetitivos

enfado /em'faðo/ *sm* 1 enfado, aborrecimento, indignação 2 indisposição ■ **ruidos causan enfado** ruídos causam aborrecimento

énfasis /'emfasis/ *sm* ênfase ■ **énfasis en la destreza lectora** ênfase na habilidade de leitura

enfatizar /emfati'θar/ *vtr, vi* enfatizar, ressaltar ■ **enfatizar el amor en la enseñanza de lengua extranjera** enfatizar o amor no ensino de língua estrangeira

enfermar /emfer'mar/ *vtr, vi* 1 adoecer 2 debilitar ■ **enfermó después de nadar en la piscina** adoeceu depois de nadar na piscina

enfermedad /emferme'ðað/ *sf* 1 enfermidade, doença 2 sofrimento, padecimento ■ **estrés es una enfermedad del momento** estresse é a doença do momento

enfermería /emferme'ria/ *sf* enfermaria ■ **internado en la enfermería** internado na enfermaria

enfermero, -a /emfer'mero, a/ *sm, sf* enfermeiro ■ **enfermeros trabajan directamente con médicos** enfermeiros trabalham diretamente com médicos

enfermo, -a /em'fermo, a/ *adj, sm, sf* enfermo, doente ■ **quedar enfermo** ficar doente

enfilar /emfi'lar/ *vtr, vi* 1 enfiar, introduzir 2 enfileirar, alinhar ■ **enfilar los alumnos** enfileirar os alunos

enflaquecer /emflake'θer/ *vi* 1 enfraquecer, debilitar 2 minguar 3 desmaiar ■ **el dulce de leche enflaqueció** o doce de leite minguou

enfocar /emfo'kar/ *vtr* enfocar, focalizar ■ **enfocaron la vida y obra del escritor** enfocaram a vida e obra do escritor

enfoque /em'foke/ *sm* enfoque ■ **enfoque gramatical** enfoque gramatical

enfrascar /emfras'kar/ *vtr* 1 engarrafar 2 aplicar-se 3 dedicar-se ■ **enfrascan las gaseosas** engarrafam os refrigerantes

enfrentar /emfren'tar/ *vtr* enfrentar, ficar frente a frente, defrontar-se, opor-se ■ **enfrentan muchos problemas** enfrentam muitos problemas

enfrente /em'frente/ *adv* em frente ■ **la tienda está enfrente del correo** a loja está em frente ao correio

enfriamiento /emfrja'mjento/ *sm* 1 esfriamento 2 friagem 3 resfriamento ■ **enfriamiento de alimentos** resfriamento de alimentos

enfriar /emfri'ar/ *vtr, vi* 1 esfriar 2 arrefecer (a temperatura; uma paixão) 3 resfriar-se ■ **enfriar la leche** arrefecer o leite

enfurecer /emfure'θer/ *vtr* enfurecer, irritar ■ **enfurecer con el fin de los descuentos** irritar com o fim dos descontos

engalanar /eŋgala'nar/ *vtr* 1 ornamentar, enfeitar 2 enfeitar-se ■ **engalanar con pendientes de oro** enfeitar-se com brincos de ouro

127

engañar

engañar /eŋgaˈɲar/ *vtr* **1** enganar, iludir, ludibriar **2** mentir ■ **la magia engaña los espectadores** a mágica ilude os espectadores

enganchar /eŋganˈtʃar/ *vtr, vi* enganchar, engatar ■ **enganchan el tráiler al camión** engatam o reboque ao caminhão

engañifa /eŋgaˈɲifa/ *sf* engano, fraude, conto-do-vigário ■ **cayó en la engañifa** caiu no conto-do-vigário

engaño /eŋˈgano/ *sm* **1** engano **2** falsificação **3** fraude **4** farsa, artifício, mentira ■ **engaño bien hecho** falsificação bem feita

engarce /eŋˈgarθe/ *sm* **1** engrenagem **2** conexão **3** encadeamento ■ **el fontanero utiliza engarce para arreglar los tubos de agua** o encanador usa conexão para consertar tubos de água

engarzar /eŋgarˈθar/ *vtr* **1** engastar **2** encadear **3** eriçar, embaraçar os cabelos ■ **el viento engarza los pelos** o vento embaraça os cabelos

engastar /eŋgasˈtar/ *vtr* **1** engastar, embutir (em pedra preciosa ou metal) **2** encravar ■ **engastó un rubí al anillo** embutiu um rubi no anel

engatusar /eŋgatuˈsar/ *vtr* **1** bajular, adular, puxar o saco ■ **empleado engatusa al jefe** o empregado bajula o chefe

engendrar /eŋxenˈdrar/ *vtr* **1** engendrar, gerar **2** produzir **3** causar, provocar ■ **la nueva teoría engendra cambios** a nova teoria causa mudanças

engendro /eŋˈxendro/ *sm* **1** feto, embrião **2** aborto **3** coisa mal planejada ■ **los medicamentos provocaron el engendro** os medicamentos provocaram o aborto

englobar /eŋgloˈβar/ *vtr* **1** englobar **2** incorporar, incluir ■ **la prueba engloba toda disciplina** a prova engloba toda disciplina

engolado, -a /eŋgoˈlaðo, a/ *adj* **1** que possui gola **2** presunçoso, vaidoso ■ **mujer engolada** mulher vaidosa

engomar /eŋgoˈmar/ *vtr* **1** engomar **2** engrossar ■ **engoma la camisa** engoma a camisa

engordar /eŋgorˈðar/ *vtr vi* **1** engordar **2** engrossar, encorpar, cevar **3** enriquecer, montar na grana ■ **engordó con el matrimonio** enriqueceu com o casamento

engorde /eŋˈgorðe/ *sm* engorda ■ **hacen el engorde de los cerdos para las fiestas de navidad** fazem a engorda dos porcos para as festas de natal

engranaje /eŋgraˈnaxe/ *sm* **1** engrenagem **2** encadeamento (de ideias) ■ **el foro tuvo un engranaje de nuevas ideas** o fórum teve encadeamento de novas ideias

engrandecer /eŋgrandeˈθer/ *vtr* **1** engrandecer **2** elevar **3** louvar **4** exagerar ■ **siempre engrandece sus cualidades** sempre eleva suas qualidades

engrandecimiento /eŋgrandeθiˈmjento/ *sm* **1** engrandecimento **2** aumento **3** enobrecimento ■ **engrandecimiento de su papel de actor** enobrecimento do seu papel de ator

engrasado /eŋgraˈsaðo/ *vtr* engordurado, engraxado ■ **zapato está engrasado** sapato está engraxado

engrasar /eŋgraˈsar/ *vtr* **1** engordurar, engraxar, untar, lubrificar **2** enfeitar tecidos com algum adereço ■ **engrasan los aparatos del jardín** untaram os instrumentos do jardim

engrase /eŋˈgrase/ *sm* lubrificação, graxa ■ **bici tiene engrase** bicicleta tem graxa

engreír /eŋgreˈir/ *vtr* **1** envaidecer **2** elevar-se, endeusar-se ■ **engrió con el nuevo cargo** envaideceu com o novo cargo

engrescarse /eŋgresˈkar/ *vtr* **1** incitar, atiçar **2** encrespar ■ **se engresca con la información** atiça com a informação

engrosar /eŋgroˈsar/ *vtr vi* **1** engrossar, encorpar **2** engordar **3** aumentar a quantidade de alguma coisa ■ **engrosaron el jugo con frutas** engrossaram o suco com frutas

engrudo /eŋˈgruðo/ *sm* grude, cola ■ **el niño está con engrudo en su pantalón** o menino está com grude na calça

engullir /eŋguˈʎir/ *vtr* **1** engolir, ingerir **2** deglutir **3** devorar ■ **engulló una moneda** engoliu uma moeda

enhebrar /eneˈβrar/ *vtr* enfiar a linha na agulha ■ **enhebra línea en la aguja de la abuelita** enfia linha na agulha da vovozinha

enigma /eˈnixma/ *sm* enigma, charada, adivinhação ■ **muchos juegos son llenos de enigmas** muitos jogos são cheios de enigmas

enjabonar /eŋxaβoˈnar/ *vtr* **1** ensaboar **2** adular, lisonjear, puxar o saco **3** passar um sabão, repreender, castigar ■ **enjabona todo el cuerpo** ensaboa todo o corpo

enjambre /eŋˈxambre/ *sm* **1** enxame **2** multidão ■ **llegó un enjambre en la fiesta** chegou uma multidão na festa

enjaretar /eŋxareˈtar/ *vtr* **1** passar uma corda (por uma bainha) **2** dispor; incluir ■ **enjareta el cordón en la cortina** passa o cordão na cortina

enjaular /eŋxawˈlar/ *vtr* **1** enjaular; engaiolar **2** encarcerar, meter no xadrez ■ **enjaularon el tucán** enjaularam o tucano

enjuagar /eŋxwaˈsar/ *vtr* **1** enxaguar **2** bochechar ■ **enjuagar la boca con agua** enxaguar a boca com água

enjugar /eŋxuˈsar/ *vtr* **1** enxugar, secar **2** cancelar **3** emagrecer ■ **enjugaron las pruebas** cancelaram as provas

enjuiciar /eŋxwiˈθjar/ *vtr* **1** ajuizar, julgar **2** instruir um processo ■ **enjuiciar las nuevas leyes** ajuizar as novas leis

enjuto, -a /eŋˈxuto, a/ *adj* **1** enxuto, seco **2** magro, delgado ■ **currículo enjuto** currículo enxuto

enlace /enˈlaθe/ *sm, sf* **1** enlace, casamento **2** união, ligação, conexão **3** entroncamento (de trens) **4** parentesco ■ **conmemoración del enlace** comemoração do casamento

enladrillar /enlaðriˈʎar/ *vtr* **1** ladrilhar **2** pavimentar ■ **enladrillar las calles** pavimentar as ruas

enlazar /enlaˈθar/ *vtr* **1** enlaçar **2** laçar (animais) **3** ligar, unir **4** fazer ou ter conexão **5** casar-se, unir-se ■ **enlazan los animales en el rodeo** laçam animais nos rodeios

enloquecer /enlokeˈθer/ *vtr vi* **1** enlouquecer, endoidecer **2** desvairar **3** apaixonar-se ■ **enloquecieron de tristeza** enlouqueceram de tristeza

enlosar /enloˈsar/ *vtr* lajear ■ **enlosaron el patio de la escuela** lajearam o pátio da escola

enlucido /enluˈθiðo, a/ *adj, sm, sf* estuque ■ **las paredes están enlucidas** las paredes estão pintadas

enlucir /enluˈθir/ *vtr* **1** revestir com gesso **2** estucar **3** polir, rebocar (paredes) ■ **enlucen los techos** estucam os tetos

enmarañar /enmaraˈɲar/ *vtr* **1** emaranhar, enredar **2** nublar-se (o céu) **3** fechar (o tempo), enredar-se ■ **enmarañó el cielo** o céu nublou-se

enmarcar /enmarˈkar/ *vtr* **1** emoldurar, enquadrar **2** situar ■ **su libro enmarca en la literatura clásica** seu livro enquadra na literatura clássica

enmascarar /enmaskaˈrar/ *vtr* **1** mascarar, encobrir **2** disfarçar-se **3** dissimular ■ **la sonrisa enmascara la soledad** o sorriso encobre a solidão

enmendar /enmenˈdar/ *vtr* **1** emendar, corrigir **2** retificar um despacho ■ **el médico enmendó el diagnóstico** o médico corrigiu o diagnóstico

entarimado

enmienda /en'mjenda/ *sf* **1** emenda, correção **2** compensação ■ **tomar enmienda** castigar ■ **nueva enmienda en la constitución** nova emenda constitucional

enmohecer /enmoe'θer/ *vtr* **1** embolorar, mofar **2** inutilizar-se **3** enferrujar ■ **el sal enmohece los objetos de hierro** o sal enferruja os objetos de ferro

enmudecer /enmuðe'θer/ *vtr, vi* **1** calar **2** emudecer **3** morrer ■ **enmudeció en razón de faringitis** ficou mudo em razão da faringite

ennegrecer /enneɣre'θer/ *vtr, vi* **1** enegrecer **2** denegrir **3** ofuscar **4** entristecer-se ■ **ennegrecer la verdad** denegrir a verdade

ennoblecer /ennoβle'θer/ *vtr* **1** enobrecer **2** elevar, realçar **3** dignificar **4** enaltecer ■ **ennoblece su profesión** enaltece sua profissão

ennoblecimiento /ennoβleθi'mjento/ *sm* **1** enobrecimento **2** enaltecimento **3** esplendor ■ **ennoblecimiento de los hechos ocurridos** enobrecimento dos fatos ocorridos

enojar /eno'xar/ *vtr* irritar, aborrecer, chatear, zangar, desgostar, indignar, incomodar ■ **enojar con el cambio de casa** aborrecer com a mudança de casa

enorgullecer /enorɣuʎe'θer/ *vtr* **1** orgulhar-se **2** inchar (de orgulho) ■ **se enorgullece con los buenos hijos** orgulha-se com os bons filhos

enorme /e'norme/ *adj* **1** enorme, desmedido, descomunal, colossal, gigantesco **2** incalculável ■ **puente enorme** ponte gigante

enormidad /enormi'ðað/ *sf* **1** enormidade, grandeza **2** exorbitância, excesso, atrocidade ■ **enormidad de platos** excesso de pratos

enrabiar /enra'βjar/ *vtr* irritar, enfurecer, encolerizar ■ **enrabiar con la pésima condición de vida** irritar com a péssima condição de vida

enramada /enra'maða/ *sf* ramagem, copa ■ **la enramada del árbol se encuentra espesa** a ramagem da árvore está espessa

enrarecer /enrare'θer/ *vtr* escassear, rarear ■ **el baño de sol se ha enrarecido en el verano** o banho de sol rareou-se no verão

enrasar /enra'sar/ *vtr, vi* igualar, nivelar, alisar, aplainar ■ **enrasar el vino en los vasos** igualar o vinho nos copos

enredar /enre'ðar/ *vtr, vi* **1** enredar, entrelaçar, emaranhar; envolver **2** confundir; comprometer **3** incomodar, perturbar, distrair, entreter ■ **enredaron con la historia** envolveram com a história

enredo /en'reðo/ *sm* **1** enredo, entrelaçamento **2** intriga **3** trama **4** confusão, complicação **5** engano ■ **enredo del libro** enredo do livro

enrejado, -a /enre'xaðo, a/ *adj, sm* **1** gradeado **2** grade, cerca, rede ■ **el jardín todo enrejado** o jardim está com grade

enrejar /enre'xar/ *vtr* **1** gradear **2** engradar **3** prender ■ **enrejar el hombre en la cárcel** prender o homem na cadeia

enriquecer /enrike'θer/ *vtr, vi* **1** enriquecer alguém **2** prosperar **3** tornar-se rico ■ **enriquecer con el comercio de manzanas** enriquecer com o comércio de maças

enrojecer /enroxe'θer/ *vtr, vi* **1** avermelhar (alguma coisa) **2** ruborizar-se, corar, enrubescer **3** envergonhar-se ■ **enrojece con el regalo** enrubesce com o presente

enrolar /enro'lar/ *vtr* (galicismo) **1** arrolar, alistar, recrutar **2** inscrever-se, alistar-se ■ **enrolar en el ejército** inscrever-se no exército

enrollar /enro'ʎar/ *vtr* **1** enrolar, embrulhar, envolver, embobinar **2** encaracolar **3** enrolar-se, envolver-se (em confusão) ■ **enrollar los pelos** encaracolar os cabelos

enroscar /enros'kar/ *vtr* **1** enroscar, torcer **2** retorcer ■ **enroscar el pie en el mantel** enroscar o pé no forro de mesa

ensalada /ensa'laða/ *sf* **1** salada **2** mistura de coisas desconexas ■ **ensaladas de frutas hacen bien a la salud** saladas de frutas fazem bem para a saúde

ensaladilla /ensala'ðiʎa/ *sf* **1** salada russa **2** salada de frutas ■ **ensaladilla es un plato común en los restaurantes** salada russa é um prato comum nos restaurantes

ensalzar /ensal'θar/ *vtr* elogiar, louvar, gabar, enaltecer ■ **ensalzar al cocinero** elogiar o cozinheiro

ensamblar /ensam'blar/ *vtr* **1** encaixar **2** embutir **3** entalhar ■ **ensamblar los aparatos electrónicos** embutir os aparelhos eletrônicos

ensanchar /ensan'tʃar/ *vtr, vi* **1** alargar, dilatar, ampliar **2** inchar-se **3** desvanecer-se (de orgulho, satisfação) ■ **ensancha con la aprobación** desvanece-se com a aprovação

ensanche /en'santʃe/ *sm* **1** dilatação **2** expansão ■ **ensanche del complejo turístico** expansão do complexo turístico

ensartar /ensar'tar/ *vtr* **1** espetar **2** enfiar (contas num fio) **3** trespassar ■ **ensartar flores secas en hilos** enfiar flores secas em fios

ensayar /ensa'jar/ *vtr* **1** ensaiar, experimentar, treinar **2** exercitar-se, preparar-se ■ **ensayar un discurso** treinar um discurso

ensayo /en'sajo/ *sm* **1** ensaio, dissertação **2** teste **3** treinamento ■ **tubo de ensayo** tubo de ensaio ■ **ensayo de maestría** dissertação do mestrado

enseña /en'seɲa/ *sf* insígnia, divisa, estandarte ■ **enseña de jefe de ejército** divisa de general-de-exército

ensenada /ense'naða/ *sf* enseada, angra ■ **ensenada de Angra dos Reis** enseada de Angra dos Reis

enseñanza /ense'ɲanθa/ *sf* **1** ensino **2** doutrina **enseñanza media** ensino médio ■ **enseñanza de lengua portuguesa** ensino de língua portuguesa

enseñar /ense'ɲar/ *vtr* **1** ensinar, educar, instruir **2** mostrar **3** adestrar **4** iniciar **5** habituar-se, acostumar-se ■ **enseñar los niños a comer con cubiertos** ensinar as crianças a comer com talheres

enseres /en'seres/ *mpl* móveis e utensílios ■ **enseres domésticos** utensílios domésticos

ensombrecer /ensombre'θer/ *vtr* **1** escurecer **2** sombrear **3** entristecer ■ **ensombrecer con la muerte** entristecer com a morte

ensopar /enso'par/ *vtr* ensopar, embeber, encharcar ■ **empapar** ■ **ensopar los zapatos** encharcar os sapatos

ensordecer /ensorðe'θer/ *vtr vi* **1** causar surdez **2** ensurdecer ■ **ensordecer con el grito** ensurdecer com o grito

ensortijar /ensorti'xar/ *vtr* encrespar, frisar ■ **ensortijar el tema** frisar o assunto

ensuciar /ensu'θjar/ *vtr, vi* **1** sujar, manchar **2** macular, desonrar, prejudicar **3** manchar-se, sujar-se **4** defecar na roupa ■ **ensucia su borrador** suja seu rascunho

ensueño /en'sweɲo/ *sm* sonho, ilusão, fantasia ■ **no pasó de ensueño** não passou de ilusão

entablar /enta'βlar/ *vtr, vi* **1** entabular **2** dispor, arrumar, preparar **3** começar, iniciar ■ **entabló otros cuentos** iniciou outros contos

entallar /enta'ʎar/ *vtr* **1** entalhar, esculpir, gravar **2** cair bem (roupa) ■ **te entalla bien la ropa** a roupa te cai bem

entarimado /entari'maðo/ *sm* soalho de tábua, assoalho ■ **entarimado de la casa antigua** soalho de madeira da casa antiga

ente

ente /'ente/ *sm* 1 ente, ser 2 indivíduo ridículo ■ **ente familiar** ente familiar

entender /enten'der/ *sm* 1 entender, compreender, perceber 2 opinar 3 interpretar ■ **entender la pregunta** entender a pergunta

entendido, -a /enten'diðo, a/ *adj sm, sf* entendido ■ **entendido en la materia** entendido no assunto

enterar /ente'rar/ *vtr, vi* 1 informar, instruir alguém 2 completar, inteirar (uma quantia) 3 pagar 4 inteirar-se, informar-se ■ **enterar del chisme** inteirar da fofoca

enternecer /enterne'θer/ *vtr* enternecer, comover ■ **enternecer con sufrimiento de los desabrigados** comover com o sofrimento das pessoas desabrigadas

entero, -a /en'tero, a/ *adj* 1 inteiro 2 íntegro, justo 3 sadio ■ **persona entera** pessoa íntegra

enterrar /ente'rar/ *vtr* 1 enterrar, sepultar 2 esquecer 3 isolar-se ■ **enterró un ente querido** sepultou um ente querido

entibar /enti'βar/ *vtr* 1 escorar 2 represar ■ **entibar el riachuelo** represar o riacho

entibiar /enti'βjar/ *vtr* 1 enfraquecer 2 amornar, arrefecer 3 refrear-se, maneirar, moderar ■ **la madre entibia** a mãe enfraquece

entierro /en'tjero/ *sm* 1 enterro 2 sepulcro ■ **entierro del cantor** enterro do cantor

entoldar /entol'dar/ *vtr* 1 toldar 2 nublar-se (o céu) 3 envaidecer-se ■ **entoldar con el suceso** envaidecer-se com o sucesso

entonar /ento'nar/ *vtr vi* 1 entoar, cantar 2 harmonizar ■ **entonar cantos de ángeles** entoar cantos de anjos

entonces /en'tonθes/ *adv* então ■ **entonces diga lo que desea** então fale o que deseja

entontecer /entonte'θer/ *vtr, vi* 1 estontear alguém 2 ficar tonto, atarantado ■ **entontecer con las informaciones** atarantado com as informações

entornar /entor'nar/ *vtr* 1 entornar, derramar 2 inclinar 3 encostar, deixar entreaberta (porta, janela) 4 inclinar-se ■ **entornar la leche** entornar o leite

entorpecer /entorpe'θer/ *vtr, vi* 1 entorpecer, paralisar 2 perturbar 3 embotar ■ **entorpece el juego** paralisa o jogo

entrada /en'traða/ *sf* 1 entrada 2 ingresso 3 introdução ■ **entrada para el juego de baloncesto** ingresso para o jogo de basquete

entrambos, -as /en'trambos, as/ *adj* ambos, os dois ■ **divide entrambos muchachos** divide ambos rapazes

entraña /en'trana/ *sf* 1 entranha, víscera **no tener entrañas** ser muito cruel, não ter coração ■ **entraña expuesta** víscera exposta

entrañar /entra'nar/ *vtr* 1 entranhar, penetrar 2 dedicar-se 3 unir-se ■ **entraña con sabidora en los estudios** dedica-se aos estudos com sabedoria

entrante /en'trante/ *adj, sm* entrante, que entra ■ **mes entrante** mês que entra

entre /'entre/ *prep* entre, no meio **entre que** enquanto ■ **entre el correo y la tienda** entre o correio e a loja

entreabrir /entrea'βrir/ *vtr* 1 entreabrir 2 desabrochar ■ **las flores entreabren** as flores desabrocham

entrecano, -a /entre'kano, a/ *adj* grisalho ■ **pelo entrecano** cabelo grisalho

entrecomillar /entrekomi'ʎar/ *vtr* aspar, aspear ■ **entrecomillar las frases** colocar as frases entre aspas

entrecortado, -a /entrekor'taðo, a/ *adj* 1 entrecortado 2 intermitente (som, voz) ■ **voz entrecortada** voz entrecortada

entrecruzar /entrekru'θar/ *vtr* 1 entrecruzar 2 cruzar 3 entrelaçar ■ **las carreteras entrecruzan** as rodovias cruzam

entredicho /entre'ðitʃo/ *sm* 1 interdição, proibição 2 dificuldade, objeção ■ **poner en entredicho** pôr em dúvida

entrega /en'treɣa/ *sf* 1 entrega 2 restituição ■ **entrega de los premios** entrega dos prêmios

entregar /entre'ɣar/ *vtr* 1 entregar 2 restituir 3 dar 4 depositar 5 dedicar-se, render-se ■ **entregarse al trabajo** dedicar-se ao trabalho

entrelazar /entrela'θar/ *vtr* 1 entrelaçar, entrançar ■ **entrelazar opiniones** entrelaçar opiniões

entremés /entre'mes/ *sm* 1 aperitivo 2 entremez, peça teatral em um ato ■ **me encanta el jamón como entremés** prefiro o presunto como aperitivo

entremeter /entreme'ter/ *vtr* 1 entremeter, misturar, introduzir 2 intervir, mediar, intrometer 3 intrometer-se 4 envolver-se ■ **entremete en conversas ajenas** intromete em conversas que não faz parte

entrenador, -a /entrena'ðor, a/ *sm, sf* treinador, preparador técnico ■ **entrenador de fútbol** treinador de futebol

entrenar /entre'nar/ *vtr, vi* treinar, preparar, ensaiar ■ **entrenar la presentación** ensaiar a apresentação

entresacar /entresa'kar/ *vtr* 1 escolher 2 desbastar 3 podar ■ **entresacar los árboles** podar as árvores

entresuelo /entre'swelo/ *sm* 1 sobreloja 2 piso intermediário ■ **trabaja en el entresuelo** trabalha na sobreloja

entretanto /entre'tanto/ *adv, sm* 1 enquanto 2 ao mesmo tempo ■ **hablo, entretanto estudio** falo, ao mesmo tempo estudo

entretejer /entrete'xer/ *vtr* 1 entretecer, tecer, entrelaçar 2 tramar, urdir ■ **entretejer una artimaña** tecer uma armadilha

entretener /entrete'ner/ *vtr* 1 entreter, divertir 2 manter 3 suavizar 4 divertir-se, distrair-se ■ **entretener con la película** divertir com o filme

entretenimiento /entreteni'mjento/ *sm* entretenimento, divertimento, distração, lazer ■ **viajar es un entretenimiento** viajar é um lazer

entretiempo /entre'tjempo/ *sm* meia-estação ■ **vestimentas de entretiempo** roupas de meia-estação

entrever /entre'βer/ *vtr* 1 entrever 2 suspeitar 3 desconfiar **dejar entrever** insinuar ■ **entrever una supuesta verdad** insinuar uma suposta verdade

entrevero /entre'βero/ *sm* 1 entrevero, confusão 2 baderna, bagunça, desordem ■ **la fiesta fue un entrevero** a festa foi uma baderna

entrevista /entre'βista/ *sf* entrevista, encontro ■ **entrevista de trabajo** entrevista de trabalho

entrevistar /entreβis'tar/ *vtr* 1 entrevistar 2 perguntar ■ **entrevistar artista famoso** entrevistar artista famoso

entristecer /entriste'θer/ *vtr* 1 entristecer, consternar 2 afligir-se ■ **entristecer de soledad** entristecer de saudade

entrometerse /entrome'terse/ *vpr* intrometer-se ■ **entrometerse en pelea de pareja** intrometer-se em briga de casal

entroncar /entron'kar/ *vtr, vi* 1 entroncar 2 ligar-se por parentesco 3 emparelhar ■ **entroncar por la sangre** entroncar por parentesco

entronizar /entroni'θar/ *vtr* 1 entronizar 2 exaltar, louvar, envaidecer-se ■ **entronizar Afrodita** louvar Afrodite

entubar /entu'βar/ *vtr* 1 entubar 2 fazer a tubulação ■ **entubar el sistema del aire acondicionado** fazer a tubulação do ar condicionado

expuesta

entuerto /enˈtwerto/ *sm* 1 ofensa, agravo 2 cólica pós-parto ■ **la actitud fue un entuerto** a atitude foi uma ofensa

entumecer /entumeˈθerse/ *vpr* 1 intumescer, inchar 2 entorpecer 3 impedir a movimentação 4 embaraçar ■ **entumecer las piernas** inchar as pernas

enturbiar /enturˈβjar/ *vtr* 1 turvar 2 turvar-se 3 perturbar a ordem ■ **enturbiar la reunión** perturbar a organização da reunião

entusiasmar /entusjasˈmar/ *vtr* 1 entusiasmar, animar 2 alvoroçar 3 animar-se 4 influenciar ■ **entusiasmar con el cambio de casa** animar-se com a mudança de casa

entusiasmo /entuˈsjasmo/ *sm* 1 entusiasmo, animação 2 alvoroço ■ **fuerte entusiasmo** animação total

entusiasta /entuˈsjasta/ *adj, sm, sf* 1 entusiasta 2 exaltado, fanático ■ **entusiasta de la cultura griega** fanático pela cultura grega

enumeración /enumeraˈθjon/ *sf* 1 enumeração 2 contagem numérica de coisas 3 descrição, exposição de uma série de coisas ■ **enumeración de los ejercicios** enumeração dos exercícios

enumerar /enumeˈrar/ *vtr* 1 enumerar 2 contar 3 descrever, expor uma série de coisas ■ **enumerar las habitaciones** enumerar os quartos

enunciación /enunθjaˈθjon/ *sf* 1 enunciação 2 expressão 3 declaração ■ **observe la enunciación** observe a enunciação

enunciar /enunˈθjar/ *vtr* enunciar, declarar, expressar ■ **enunciar los deseos** expressar os desejos

envainar /enbajˈnar/ *vtr* embainhar ■ **envainar el cuchillo** embainhar a faca

envalentonar /enbalentoˈnar/ *vtr* 1 alentar, encorajar 2 animar-se ■ **envalentonar los competidores** encorajar os participantes

envanecer /enbaneˈθer/ *vtr* 1 envaidecer, endeusar 2 inchar, enfunar 3 envaidecer-se ■ **envanecer con los elogios** envaidecer com os elogios

envarar /enbaˈrar/ *vtr* 1 entrevar, entesar 2 entorpecer ■ **envarar el brazo** entesar o braço

envasar /enbaˈsar/ *vtr* 1 envasar, envasilhar, engarrafar 2 encaixotar 3 beber, encher a cara ■ **envasar los jugos** engarrafar os sucos

envase /enˈbase/ *sm, sf* vasilha, vasilhame ■ **lavar los envases** lavar os vasilhames

envejecer /enbexeˈθer/ *vtr, vi* 1 envelhecer 2 durar ■ **envejecer con el tiempo** envelhecer com o tempo

envenenamiento /enbenenaˈmjento/ *sm* 1 envenenamento 2 intoxicação ■ **envenenamiento provocado** intoxicação provocada

envenenar /enbeneˈnar/ *vtr* 1 envenenar 2 intoxicar 3 prejudicar 4 deturpar, perverter ■ **envenenar con medicamentos** intoxicar com remédios

envergadura /enberɣaˈðura/ *sf* 1 envergadura 2 porte ■ **envergadura del bastón** envergadura da vara

envés /enˈbes/ *sm* 1 reverso 2 revés 3 avesso 4 costas, lombo ■ **vistió la camisa al envés** vestiu a camisa ao avesso

enviar /enbiˈar/ *vtr* 1 enviar, encaminhar, dirigir, remeter, mandar 2 expedir ■ **enviar cartas de amor** mandar cartas de amor

enviciar /enbiˈθjar/ *vtr* 1 viciar, corromper 2 apegar-se, afeiçoar-se ■ **enviciar a la nueva costumbre** apegar-se ao novo costume

envidia /enˈbiðja/ *sf* 1 inveja 2 rivalidade 3 ciúme ■ **demuestra envidia** demonstra ciúme

envidiar /enbiˈðjar/ *vtr* 1 invejar 2 cobiçar ■ **envidiar el coche** cobiçar o carro

envilecer /enbileˈθer/ *vtr* envilecer, aviltar, degradar ■ **envilecer con el tiempo** degradar com o tempo

envío /enˈbio/ *sm* envio, remessa, expedição ■ **envío de mensajes** envio de mensagens

envite /enˈbite/ *sm* 1 aposta (em jogo de cartas) 2 oferta 3 convite ■ **al primer envite** logo no início

envoltorio /enbolˈtorjo/ *sm* 1 envoltório, invólucro, embalagem 2 confusão, rolo ■ **un bonito envoltorio** uma bonita embalagem

envolver /enbolˈβer/ *vtr* 1 envolver, embrulhar 2 convencer, enrolar 3 cercar ■ **envolver en otras actividades** envolver em outras atividades

enyesar /enjeˈsar/ *vtr* engessar ■ **enyesar la pierna** engessar a perna

enzarzar /enθarˈθar/ *vtr* 1 trançar 2 enredar, instigar ■ **enzarzar a la pareja** instigar o casal

enzima /enˈθima/ *sm* enzima ■ **enzima del estómago** enzima estomacal

épico, -a /ˈepiko, a/ *adj* 1 épico 2 heroico ■ **texto épico** texto heroico

epidemia /epiˈðemja/ *sf* epidemia ■ **epidemia de papera** epidemia de caxumba

epidémico, -a /epiˈðemiko, a/ *adj* 1 epidêmico 2 contagioso ■ **enfermedad epidémica** doença contagiosa

epidérmico, -a /epiˈðermiko, a/ *adj* epidérmico ■ **magulladura epidérmica** machucado epidérmico

epidermis /epiˈðermis/ *sf* epiderme, membrana externa que cobre a pele ■ **epidermis con fisuras** epiderme com fissuras

epilepsia /epiˈlepsja/ *sf* epilepsia ■ **epilepsia es un problema neurológico** epilepsia é um problema neurológico

epiléptico, -a /epiˈleptiko, a/ *adj & sm, sf* epilético ■ **él es epiléptico** ele é epilético

epílogo /eˈpiloɣo/ *sm* 1 epílogo 2 conclusão, arremate, final ■ **epílogo del libro** conclusão do livro

episodio /epiˈsoðjo/ *sm* 1 episódio, fato, evento 2 lance 3 incidente ■ **nuevo episodio** novo fato

epístola /eˈpistola/ *sf* epístola ■ **epístola de Pero Vaz de Caminha** carta de Pero Vaz de Caminha

epitafio /epiˈtafjo/ *sm* epitáfio, inscrição tumular ■ **epitafio en bronce** inscrição tumular em bronze

epíteto /eˈpiteto/ *sm* epíteto, cognome, apelido ■ **es conocido por el epíteto** é conhecido pelo apelido

época /ˈepoka/ *sf* 1 época 2 era 3 estação ■ **época de las fresas** estação dos morangos

equidad /ekiˈðað/ *sf* equidade, retidão ■ **la equidad de opiniones** a imparcialidade de opiniões

equidistante /ekiðisˈtante/ *adj* equidistante ■ **la oficina y nuestra casa son equidistantes al teatro** o escritório e a nossa casa estão à mesma distância do teatro

equilátero, -a /ekiˈlatero, a/ *adj* equilátero ■ **estudio del triángulo equilátero** estudo do triângulo equilátero

equilibrado, -a /ekiliˈβraðo, a/ *adj, sm, sf* 1 equilibrado 2 prudente 3 sensato ■ **persona equilibrada** pessoa sensata

equilibrar /ekiliˈβrar/ *vtr* 1 equilibrar 2 harmonizar 3 compensar 4 contrabalançar ■ **equilibrar los humores** harmonizar os humores

equilibrio /ekiˈliβrjo/ *sm* 1 equilíbrio 2 harmonia ■ **equilibrio en las decisiones** equilíbrio nas decisões

equimosis /ekiˈmosis/ *sf* 1 equimose 2 contusão ■ **equimosis expuesta** contusão exposta

equipaje

equipaje /eki'paxe/ *sm, sf* 1 bagagem 2 tripulação ■ **equipaje pesado** bagagem pesada

equipamiento /ekipa'mjento/ *sm* equipamento ■ **equipamiento de vuelo** equipamento de voo

equipar /eki'par/ *vtr* 1 equipar, prover 2 aparelhar ■ **equipar el coche** equipar o carro

equiparable /ekipa'raβle/ *adj* equiparável, comparável ■ **son objetos equiparables** são objetos comparáveis

equiparar /ekipa'rar/ *vtr* equiparar, igualar ■ **equiparar los borradores** equiparar os resumos

equipo /e'kipo/ *sm* 1 equipe 2 time ■ **equipo de Flamengo** time do Flamengo

equis /'ekis/ *sf* 1 xis, nome da letra x 2 número desconhecido ■ **equis de la cuestión** ponto desconhecido da questão

equitación /ekita'θjon/ *sf* equitação ■ **equitación es un deporte en caballos** equitação é um esporte em cavalos

equivalencia /ekiβa'lenθja/ *sf* equivalência, correspondência ■ **equivalencia de disciplina** equivalência de matéria

equivalente /ekiβa'lente/ *adj sm* 1 equivalente, semelhante 2 correspondente ■ **los precios son equivalentes** os preços são semelhantes

equivaler /ekiβa'ler/ *vi* 1 equivaler, corresponder 2 significar ■ **equivaler a lo que fue dicho** corresponder ao que foi dito

equivocar /ekiβo'kar/ *vtr* 1 errar, confundir 2 equivocar-se, enganar-se ■ **equivocar con la lectura** confundir a leitura

equívoco, -a /e'kiβoko, a/ *adj* 1 equívoco, erro 2 ambíguo ■ **equívoco con el asunto** erro com o assunto

era /'era/ *sf* era, época 2 eira, leira 3 área de construção, canteiro ■ **era de los dinosaurios** era dos dinossauros

erario /e'rarjo/ *sm* erário, tesouro público ■ **pertenece al erario** pertence ao tesouro público

erección /erek'θjon/ *sf* 1 ereção 2 tensão 3 fundação ou instituição ■ **erección de una estatua** fundação de uma estátua

erecto /e'rekto, a/ *adj* 1 rígido, teso 2 levantado ■ **postura erecta** postura levantada

eremita /ere'mita/ *mf* eremita, ermitão ■ **los eremitas viven solos** os eremitas vivem sozinhos

erguir /er'xir/ *vtr* 1 erguer 2 levantar 3 endireitar 4 envaidecer-se ■ **erguir la bandera** levantar a bandeira

erigir /eri'xir/ *vtr* 1 erigir, construir, edificar, erguer 2 fundar, instituir ■ **erigir nuevas viviendas** construir novas mansões

erisipela /erisi'pela/ *sf* erisipela ■ **erisipela es una infección en la epidermis** erisipela é uma infecção na pele

erizar /eri'θar/ *vtr* eriçar, arrepiar, encrespar, levantar ■ **erizar de miedo** arrepiar de medo

ermita /er'mita/ *sf* ermida, capela ■ **ermita árabe** capela estilo árabe

erosión /ero'sjon/ *sf* 1 erosão 2 corrosão ■ **erosión de la tierra** erosão da terra

erótico, -a /e'rotiko, a/ *adj* 1 erótico 2 sensual ■ **danza erótica** dança sensual

erotismo /ero'tismo/ *sm* 1 erotismo 2 sensualidade ■ **erotismo nato** sensualidade nata

erradicación /eraðika'θjon/ *sf* erradicação ■ **erradicación de enfermedades** erradicação de doenças

errante /e'rante/ *adj* 1 errante 2 nômade ■ **decidió ser un errante** decidiu ser um nômade

errar /e'rar/ *vtr, vi* 1 errar 2 faltar 3 equivocar ■ **errar la dirección** errar o endereço

erróneo, -a /e'roneo, a/ *adj* errôneo, equivocado ■ **pensamiento erróneo** pensamento equivocado

error /e'ror/ *sm* 1 erro 2 engano ■ **tuvo un error** teve um erro

eructar /eruk'tar/ *vi* 1 arrotar 2 jactar-se ■ **eructar en la mesa** arrotar na mesa

eructo /e'rukto/ *sm* arroto ■ **las bebidas gaseosas provocan eructos** as bebidas gasosas provocam arrotos

erudición /eruði'θjon/ *sf* erudição, saber, conhecimento, cultura ■ **erudición exagerada** conhecimento exagerado

erudito, -a /eru'ðito, a/ *adj, sm, sf* erudito, sábio ■ **hombre erudito** homem sábio

erupción /erup'θjon/ *sf* 1 erupção 2 explosão ■ **erupción del volcán** erupção do vulcão

esbeltez /esβel'teθ/ *sf* 1 esbeltez 2 elegância ■ **esbeltez de las maniquís** elegância das modelos

esbelto, -a /es'βelto, a/ *adj* 1 esbelto, alto 2 elegante ■ **hombre esbelto** homem elegante

esbozar /esβo'θar/ *vtr* 1 esboçar 2 delinear ■ **esbozar las reglas** esboçar as regras

esbozo /es'βoθar/ *vtr* 1 esboço 2 ensaio 3 anteprojeto 4 resumo, esquema, projeto ■ **exponer el esbozo** expor o anteprojeto

escabeche /eska'βetʃe/ *sm* 1 escabeche 2 conserva de vinagre 3 tintura para cabelos ■ **sardina al escabeche** sardinha na conserva de vinagre

escabel /eska'βel/ *sm* 1 banqueta, banquinho, escabelo 2 ■ **sentarse en el escabel** sentar-se no banquinho

escabroso, -a /eska'βroso, a/ *adj* 1 escabroso, acidentado 2 imoral ■ **fotos escabrosas** fotos imorais

escabullirse /eskaβu'ʎirse/ *vpr* 1 escapar 2 escapulir, sair às escondidas, fugir ■ **animal se escabulló de la jaula** animal fugiu da jaula

escafandra /eska'fandra/ *sf* escafandro ■ **el buzo usa escafandra** o mergulhador usa trajes de mergulho

escala /es'kala/ *sf* escala ■ **escala de trabajo** escala de trabalho

escalafón /eskala'fon/ *sm* 1 lista 2 escalão, quadro de pessoas e cargos numa instituição ■ **escalafón del senado** lista dos funcionários e respectivos cargos no senado

escalar /eska'lar/ *adj, sm* 1 escalar 2 subir, trepar 3 ascender socialmente ■ **escalar profesionalmente** ascender no trabalho

escaldar /eskal'dar/ *vtr* 1 escaldar 2 abrasar 3 queimar-se, escaldar-se 4 humilhar-se ■ **escaldar en el sol** queimar-se no sol

escaleno, -a /eska'leno/ *adj sm* 1 escaleno 2 músculo do pescoço ■ **le duele el escaleno** doe o músculo do pescoço

escalera /eska'lera/ *sf* escada ■ **subir la escalera** subir a escada

escalofrío /eskalo'frio/ *sm* 1 calafrio 2 arrepio ■ **escalofrío de terror** arrepio de terror

escalón /eska'lon/ *sm* 1 degrau 2 escalão ■ **subir varios escalones** subir vários degraus

escalonar /eskalo'nar/ *vtr* 1 escalonar 2 distribuir 3 programar 4 dispor ■ **escalonar las clases** programar as aulas

escalope /eska'lope/ *sm* escalope ■ **escalope de cerdo** bife de porco empanado

escalpelo /eskal'pelo/ *sm* escalpelo, bisturi ■ **médico olvidó su escalpelo** médico esqueceu seu bisturi

escama /es'kama/ *sf* 1 escama 2 receio, desconfiança ■ **está todo en escama** está cheio de desconfianças

escamar /eska'mar/ *vtr* 1 escamar 2 zangar-se 3 desconfiar ■ **escamar de las compras** desconfiar das compras

escamotear /eskamote'ar/ *vtr* 1 escamotear, esconder 2 furtar, ocultar ■ **el bandolero escamoteó una bicicleta** o bandido furtou uma bicicleta

escollo

escamoteo /eskamo'teo/ *sm* escamoteação, ocultação ■ **escamoteo de las pruebas** ocultação das provas

escampar /eskam'par/ *vi* **1** abrir (um espaço) **2** desanuviar (o céu) ■ **escampar el cielo** desanuviar o céu

escandalizar /eskandali'θar/ *vtr, vi* **1** escandalizar **2** tumultuar **3** maltratar **4** ofender-se, irritar-se ■ **escandalizar con el desfile** escandalizar com o desfile

escándalo /es'kandalo/ *sm* **1** escândalo **2** tumulto, alvoroço ■ **escándalo en la procesión** tumulto na procissão

escandaloso, -a /eskanda'loso, a/ *adj* escandaloso, ruidoso, revoltoso, vergonhoso, assombroso ■ **elección escandalosa** eleição vergonhosa

escandinavo /iʃkɑ̃'dʒi'navu, va/ *adj sm, sf* escandinavo ■ **comida escandinava** comida escandinava

escáner /es'kaner/ *sm* escâner ■ **impresora con escáner** impressora com escâner

escapada /eska'paða/ *sf* escapada ■ **en una escapada** às pressas ■ **en la fiesta dio una escapada** deu uma escapada na festa

escapar /eska'par/ *vi* **1** escapar, fugir **2** omitir ■ **escapar de los periodistas** fugir dos jornalistas

escapatoria /eskapa'torja/ *sf* **1** escapatória **2** pretexto, desculpa ■ **no hay escapatoria** não há desculpa

escape /es'kape/ *sm* **1** escape **2** escapamento ■ **el escape del coche está roto** o escapamento do carro está quebrado

escaque /es'kake/ *sm* casa de tabuleiro de jogo ■ **tablero de ajedrez es dividido en escaques de dos colores** tabuleiro de xadrez é dividido em quadrados de dois cores

escarabajo /eskara'βaxo/ *sm* **1** escaravelho **2** rabiscos, garranchos **3** fusca ■ **su escritura es un escarabajo** sua letra é um garrancho

escaramuza /eskara'muθa/ *sf* **1** escaramuça **2** rixa **3** briga **4** desentendimento ■ **escaramuza entre hermanos** desentendimento entre irmãos

escarapela /eskara'pela/ *sf* **1** distintivo **2** emblema **3** briga, disputa ■ **escarapela de policía** distintivo de polícia

escarbar /eskar'βar/ *vtr, vi* escarvar, cavar superficialmente ■ **perros escarban la tierra** os cachorros cavam a terra

escarchar /eskar'tʃar/ *vi, vtr* **1** cristalizar o açúcar (sobre doces) **2** congelar-se o orvalho ■ **escarchar frutas** cristalizar frutas

escarlata /eskar'lata/ *adj, sf* escarlate ■ **bata escarlata** roupão vermelho

escarmentar /eskarmen̩'tar/ *vtr vi* **1** escarmentar, corrigir com severidade **2** aprender (com os próprios erros), emendar-se, corrigir-se ■ **antes escarmentaban los chicos** antes corrigiam os meninos com severidade

escarnecer /iʃkaRne'seR/ *vtrd, vtri* escarnecer, zombar, gozar ■ **los desagradables escarnecen de todo** os desagradáveis zombam de tudo

escarnio /iʃ'kaRnju/ *sm* escárnio, zombaria, gozação ■ **poema de escarnio** poema de gozação

escarola /iʃka'rɔla/ *sf* escarola ■ **la escarola es amarga** a escarola é amarga

escarpa /iʃ'kaRpa/ *sf* escarpa, ladeira ■ **escarpa abajo** ladeira abaixo

escarpín /eskar'pin/ *sm* **1** escarpim **2** sapato de bebê ■ **escarpín de pellica** sapato infantil de pelica

escasear /eskase'ar/ *vtr vi* vi escassear, minguar, diminuir, faltar ■ **escasea el agua** diminui a água

escasez /eska'seθ/ *sf* **1** escassez, falta **2** economia, pobreza, mesquinharia ■ **escasez de azúcar** economia de açúcar

escaso, -a /es'kaso, a/ *adj* **1** escasso, raro **2** limitado **3** reduzido, mesquinho ■ **dinero escaso** dinheiro limitado

escatimar /eskati'mar/ *vtr* regatear, pechinchar ■ **escatimar los regalos de navidad** pechincar as prendas de natal

escayola /eska'jola/ *sf* **1** gesso **2** estuque ■ **los techos de los baños son hechos de escayolas** os tetos dos banheiros são feitos de gesso

escena /es'θena/ *sf* **1** cena **2** palco ■ **escena del teatro** palco do teatro

escenario /esθe'narjo/ *sm* **1** cenário **2** palco ■ **el escenario de la película** o cenário do filme

escenificar /esθenifi'kar/ *vtr* **1** encenar **2** representar ■ **escenificar la reina Elizabeth II** representar a rainha Elizabeth II

escenografía /esθenoxra'fia/ *sf* cenografia ■ **escenografía de calidad** cenografia de qualidade

escepticismo /esθepti'θismo/ *sm* ceticismo, descrença, incredulidade ■ **escepticismo religioso** ceticismo religioso

escéptico, -a /es'θeptiko, a/ *adj, sm, sf* cético, incrédulo ■ **hombre escéptico** homem incrédulo

escindir /esθin̩dir/ *vtr* cindir, cortar, separar ■ **escindir la teoría en varias otras** separar a teoria em varias outras

escisión /esθi'sjon/ *sf* **1** cisão **2** rompimento **3** separação ■ **escisión de los tendones** rompimento dos tendões

esclarecer /esklare'θer/ *vtr* **1** esclarecer **2** iluminar **3** explicar **4** amanhecer ■ **esclarecer los hechos** esclarecer os fatos

esclarecimiento /esklareθi'mjen̩to/ *sm* **1** esclarecimento **2** explicação ■ **esclarecimiento del delito** esclarecimento do crime

esclavitud /esklaβi'tuð/ *sf* escravidão ■ **esclavitud financiera** escravidão financeira

esclavizar /esklaβi'θar/ *vtr* **1** escravizar **2** tiranizar, sujeitar, dominar ■ **esclavizan mujeres** escravizam mulheres

esclavo, -a /es'klaβo, a/ *adj, sm, sf* **1** escravo **2** cativo **3** apaixonado ■ **ser un esclavo** trabalhar demais ■ **esclavos de los celulares** escravos dos celulares

esclerosis /eskle'rosis/ *sf* esclerose ■ **esclerosis es una enfermedad degenerativa** esclerose é uma doença degenerativa

esclusa /es'klusa/ *sf* eclusa, comporta ■ **esclusa del puerto** eclusa do porto

escoba /es'koβa/ *sf* **1** vassoura **2** palma ■ **escoba para lavar el suelo** vassoura para lavar o chão

escobilla /esko'βiʎa/ *sf* vassourinha ■ **escobilla de baño** vassourinha de banheiro

escobillón /eskoβi'ʎon/ *sm* escovão ■ **escobillón para dar lustre** escovão para dar brilho

escocedura /eskoθe'ðura/ *sf* **1** comichão, coceira **2** ardência ■ **escocedura en la cabeza** coceira na cabeça

escocés, -esa /esko'θes, esa/ *adj, sm, sf* escocês ■ **escocés nativo** escocês nativo

escofina /esko'fina/ *sf* grosa, lima ■ **cualquier herrero tiene escofina** qualquer serralheiro tem lima

escoger /esko'xer/ *vtr* **1** escolher **2** preferir ■ **escoger el curso** escolher o curso

escolar /esko'lar/ *adj, sm, sf* escolar ■ **año escolar** ano letivo ■ **material escolar** material escolar

escollera /esko'ʎera/ *sf* dique, muralha de cais ■ **escollera de la marina** muralha do cais da marina

escollo /es'koʎo/ *sm* **1** escolho **2** obstáculo **3** perigo, risco ■ **escollo adelante** risco a frente

133

escolta

escolta /es'kolta/ *sm, sf* escolta, acompanhamento ■ **escolta armada** acompanhamento armado

escoltar /eskol'tar/ *vtr* 1 escoltar, acompanhar 2 proteger ■ **escoltar al presidente** proteger o presidente

escombro /es'kombro/ *sm* 1 escombro 2 entulho ■ **sobreviviente de los escombros** sobrevivente dos escombros

esconder /eskon'der/ *vtr* 1 esconder, ocultar, tampar, encobrir 2 dissimular, disfarçar ■ **escondieron entre los ramajes de los árboles** esconderam entre as ramas das árvores

escondido, -a /eskon'diðo, a/ *adj* 1 escondido 2 oculto ■ **a escondidas** às escondidas ■ **escondido debajo de la cama** escondido debaixo da cama

escondite /eskon'dite/ *sm* 1 esconderijo 2 esconde-esconde (jogo infantil) ■ **es bueno jugar de escondite** é bom brincar de esconde-esconde

escoplo /es'koplo/ *sm* escopro, cinzel ■ **los escultores utilizan el escoplo** os escultores usam o escopro

escorar /esko'rar/ *vtr, vi* 1 escorar 2 inclinar-se (uma embarcação) ■ **escorar un buque** escorar um barco

escorbuto /eskor'βuto/ *sm* escorbuto ■ **enfermedad que provoca anemia** doença que causa anemia

escorchar /eskor't∫ar/ *vtr* perturbar, amolar, incomodar, irritar alguém, cansar com impertinências ■ **escorchan todo tiempo** perturbam todo tempo

escoria /es'korja/ *sf* 1 escória 2 restos 3 coisa desprezível ■ **escoria de la sociedad** escória da sociedade

escorpión /eskor'pjon/ *sm* escorpião ■ **escorpión es un signo del zodíaco** escorpião é um dos signos do zodíaco

escotar /esko'tar/ *vtr* 1 decotar 2 chanfrar 3 cotizar ■ **escotar el vestido** decotar o vestido

escote /es'kote/ *sm* 1 decote 2 entalhe ■ **escote sensual** decote sensual

escozor /esko'θor/ *sm* 1 ardência 2 pena 3 remorso, ressentimento ■ **escozor por no haber conocido la tía** remorso por não ter conhecido a tia

escribano, -a /eskri'βano, a/ *sm* 1 escrivão 2 tabelião 3 escriturário ■ **escribano trabaja en el registro civil** o escrivão trabalha no cartório de registro civil

escribiente /eskri'βjente/ *sm, sf* escrevente ■ **el escribiente trabaja en la delegación** o escrevente trabalha na delegacia

escribir /eskri'βir/ *vtr, vi* escrever, redigir 2 gravar 3 compor 4 inscrever-se ■ **escribir cartas de amor** escrever cartas de amor

escrito, -a /es'krito, a/ *pp* 1 escrito 2 carta 3 documento, obra científica ou literária ■ **leer el escrito** ler o documento

escritor, -a /eskri'tor, a/ *sm, sf* 1 escritor 2 autor 3 redator ■ **escritor de novelas de ficción** escritor de novelas de ficção

escritorio /eskri'torjo/ *sm* 1 escrivaninha 2 escritório ■ **escritorio del estudiante** escrivaninha do aluno

escritura /eskri'tura/ *sf* 1 escrita 2 escritura ■ **escritura árabe** escrita árabe

escriturar /eskritu'rar/ *vtr* escriturar ■ **escriturar la pose de la hacienda** escriturar a posse da fazenda

escroto /es'kroto/ *sm* escroto ■ **escroto del animal** escroto do animal

escrúpulo /es'krupulo/ *sm* 1 escrúpulo 2 zelo, cuidado 3 repugnância 4 pedra no sapato ■ **tenga escrúpulo con la abuelita** tenha cuidado com a vovozinha

escrupuloso, -a /eskrupu'loso, a/ *adj, sm, sf* escrupuloso, cuidadoso, rigoroso ■ **escrupuloso con los hijos** rigoroso com os filhos

escrutar /eskru'tar/ *vtr* 1 esquadrinhar, perscrutar 2 indagar 3 escrutinar, apurar, computar votos ■ **escrutar la votación** apurar a votação

escrutinio /eskru'tinjo/ *sm* 1 escrutínio, apuração de votos 2 investigação ■ **escrutinio de la propaganda política** investigação da propaganda política

escuadra /es'kwaðra/ *sf* 1 esquadra 2 esquadro ■ **escuadra de buques de combate** esquadra de navios de guerra

escuadrón /eskwa'ðron/ *sm* esquadrão ■ **escuadrón de la fuerza aérea** esquadrão da força aérea

escuálido, -a /es'kwaliðo, a/ *adj* esquálido, fraco, magro ■ **la papera le ha dejado escuálido** a caxumba o deixou fraco

escucha /es'kut∫a/ *sf* 1 escuta 2 espia 3 sentinela 4 ouvinte ■ **trabaja como escucha del ejército** trabalha como sentinela do exército

escudar /esku'ðar/ *vtr* 1 escudar, defender, amparar 2 escudar-se 3 apoiar-se, escorar-se ■ **escudar los amigos** defender os amigos

escudero /esku'ðero/ *sm* escudeiro, pajem, criado ■ **escudero del rey** criado do rei

escudilla /esku'ðiλa/ *sf* tigela, gamela ■ **escudilla de barro** tigela de barro

escudo /es'kuðo/ *sm* 1 escudo (arma, brasão, moeda, emblema) 2 amparo, proteção ■ **escudo real** proteção real

escudriñar /eskuðri'nar/ *vtr* 1 esquadrinhar, pesquisar, investigar, averiguar ■ **escudriñar el tema** pesquisar o assunto

escuela /es'kwela/ *sf* 1 escola (estabelecimento, doutrina, estilo) ■ **escuelas de lenguas extranjeras** escolas de línguas estrangeiras

esculpir /eskul'pir/ *vtr* esculpir, entalhar ■ **esculpir una estatua** esculpir uma estátua

escultor, -a /eskul'tor, a/ *sm, sf* escultor ■ **escultor de obras abstractas** escultor de obras abstratas

escultura /eskul'tura/ *sf* 1 escultura 2 estatuária ■ **escultura de Tiradentes** escultura de Tiradentes

escupir /esku'pir/ *vi, vtr* 1 cuspir 2 lançar **escupir a uno** tirar um sarro de alguém ■ **escupir en los rostros de las personas es una acción fea** cuspir na face das pessoas é uma atitude feia

escurreplatos /eskure'platos/ *sm* escorredor de louça ■ **escurreplatos de aluminio** escorredor de louça de alumínio

escurridor /eskuri'ðor/ *sm* 1 escorredor 2 coador ■ **escurridor de café** coador de café

escurrir /esku'rir/ *vtr* 1 deixar escorrer 2 coar ■ **escurrir la harina** coar a farinha

esdrújulo, -a /es'ðruxulo, a/ *adj, sm* 1 esdrúxulo 2 proparoxítona (palavra) ■ **léxico es una palabra esdrújula** léxico é uma palavra proparoxítona

ese, esa, eso /'ese/ *sf* 1 esse 2 essa 3 isso ■ **ese es un pronombre demostrativo** esse é um pronome demonstrativo

esencia /e'senθja/ *sf* 1 essência, âmago, cerne 2 ser ■ **esencia de la vida** essência da vida

esencial /esen'θjal/ *adj* 1 essencial 2 fundamental ■ **ser amado es esencial para ser feliz** ser amado é essencial para ser feliz

esfera /es'fera/ *sf* 1 esfera 2 bola ■ **boliche juega con esferas** boliche joga com bolas

esférico, -a /es'feriko, a/ *adj, sf* 1 esférico 2 redondo ■ **el planeta tierra es esférico** o planeta terra é redondo

esfinge /es'finxe/ *sf* esfinge ■ **esfinge egipcia** esfinge egípcia

esfínter /es'finter/ *sm* esfíncter ■ **el cuerpo humano tiene 42 esfínteres** o corpo humano de 42 esfíncteres

espera

esforzar /esfoɾ'θaɾse/ *vpr* **1** esforçar **2** fortalecer ■ **esforzar para conseguir una beca** esforçar para conseguir uma bolsa

esfuerzo /es'fweɾθo/ *sm* **1** esforço **2** energia ■ **esfuerzo brusco** esforço repentino

esfumar /esfu'maɾ/ *vtr* **1** esfumar **2** atenuar a cor, sombrear **3** dissipar-se ■ **esfumó el rojo** sombreou o vermelho

esguince /es'ɾinθe/ *sm* entorse ■ **esguince muscular** entorse muscular

eslabón /esla'βon/ *sm* elo, ligação , anel de corrente ■ **amistad es eslabón de la familia** a amizade é elo de ligação da família

eslavo, -a /es'laβo, a/ *adj, sm, sf* eslavo ■ **el ruso es una lengua eslava** o russo é uma língua eslava

esmaltar /esmal'taɾ/ *vtr* **1** esmaltar **2** realçar, abrilhantar ■ **esmaltar las uñas** esmaltar as unhas

esmalte /es'malte/ *sm* **1** esmalte **2** brilho, esplendor ■ **esmalte verde** esmalte verde

esmeralda /esme'ɾalda/ *sf, adj, inv, sm* esmeralda ■ **esmeralda es una piedra preciosa de color verde** esmeralda é uma pedra preciosa de cor verde

esmerar /esme'ɾaɾse/ *vpr* **1** esmerar **2** polir ■ **esmerar la moto** polir a moto

esmero /es'meɾo/ *sm* **1** esmero **2** cuidado, zelo ■ **las madres tienen esmero con los hijos** as mães têm cuidado com os filhos

esnob /es'noβ/ *(pl esnobs) adj, sm, sf* **1** esnobe, presunçoso **2** convencido, afetado ■ **persona esnob** pessoa convencida

eso /'eso/ *pron* isso ■ **eso no es cierto** isso não é certo

esófago /e'sofaɾo/ *sm* esôfago ■ **el esófago empieza después de la faringe** o esôfago começa depois da faringe

esoterismo /esote'rismo/ *sm* esoterismo ■ **estudia esoterismo** estuda esoterismo

espabilar /espaβi'laɾ/ *vtr, vi* animar, avivar, agitar ■**espabilar la fiesta** animar a festa

espaciar /espa'θjaɾ/ *vtr* **1** espaçar **2** espacejar ■ **espaciar las escrituras** espaçar a escrita

espacio /es'paθjo/ *sm* **1** espaço, intervalo, área **2** universo **3** infinito ■ **espacio sideral** cosmos

espacioso /espa'θjoso, a/ *adj* espaçoso, amplo, dilatado, vasto ■ **aeropuerto espacioso** aeroporto amplo

espada /es'paða/ *sf* espada ■ **los caballeros de la edad media llevaban siempre una espada** os cavaleiros da idade média sempre tinham uma espada

espagueti /espa'ɾeti/ *sm* espaguete ■ **espagueti a la boloñesa** espaguete à bolonhesa

espalda /es'palda/ *sf* espádua, costas ■ **sólo vi su espalda** vi somente suas costas

espaldar /espal'daɾ/ *sm* espaldar, costas, encosto (de cadeira) ■ **espaldar en la silla** espaldar na cadeira

español, -a /espa'nol, a/ *adj, sm, sf* espanhol ■ **a la española** à espanhola ■ **español es la lengua de Cervantes** espanhol é a língua de Cervantes

españolizar /espanoli'θaɾ/ *vtr* espanholizar ■ **hablar a la española** falar à maneira espanhola

espantada /espan'taða/ *sf* fuga repentina ■ **dar la espantada** fugir repentinamente

espantar /espan'taɾ/ *vtr* **1** espantar, assustar, amedrontar **2** espantar-se **3** admirar-se ■ **espantar los pájaros** espantar os pássaros

espanto /es'panto/ *sm* **1** espanto, admiração, susto, medo **2** fantasma **de espanto** tremendo, espantoso ■ **espanto de oscuro** medo do escuro

espantoso, -a /espan̩toso, a/ *adj* **1** espantoso **2** extraordinário **3** incrível ■ **momento espantoso** momento extraordinário

esparadrapo /espara'ðrapo/ *sm* esparadrapo ■ **pone esparadrapo en una magulladura** coloca esparadrapo no machucado

esparcir /espaɾ'θiɾ/ *vtr* **1** esparzir, espalhar, dispersar **3** derramar **4** espairecer, divertir ■ **esparcir en la piscina** esparzir na piscina

espárrago /es'paraɾo/ *sm* aspargo ■ **espárrago es sabroso en ensaladas** aspargo é gostoso em saladas

espartano, -a /espar'tano, a/ *adj, sm, sf* espartano ■ **espartano nació en Esparta** espartano nasceu na cidade de Esparta

espasmo /es'pasmo/ *sm* espasmo ■ **calambre es un espasmo** cãimbra é um espasmo

especia /es'peθja/ *sf* especiaria ■ **clavo es una especia** cravo é uma especiaria

especial /espe'θjal/ *adj* especial ■ **día especial** dia especial

especialidad /espeθjali'ðað/ *sf* especialidade, particularidade ■ **en el hospital hay médicos de varias especialidades** no hospital há médicos de várias especialidades

especialista /espeθja'lista/ *sm, sf* especialista ■ **especialista en derecho civil** especialista em direito civil

especie /es'peθje/ *sf* **1** espécie **2** classe **3** lote ■ **hay diversas especies de peces** há várias espécies de peixes

especificar /espeθifi'kaɾ/ *vtr* **1** especificar **2** explicar **3** declarar ■ **especificar el deseo** especificar o desejo

específico, -a /espe'θifiko, a/ *adj* específico ■ **alimentación específica para diabéticos** alimentação específica para diabéticos

espécimen /es'peθimen/ *sm* **1** espécime **2** exemplar **3** modelo ■ **espécimen de orangután** espécime de orangotango

espectacular /espektaku'laɾ/ *adj* espetacular, escandaloso, impressionante ■ **entrada espectacular** entrada impressionante

espectáculo /espek'takulo/ *sm* **1** espetáculo **2** diversão **3** representação teatral ■ **espectáculo de teatro** espetáculo de teatro

espectador, -a /espekta'ðor, a/ *adj, sm, sf* **1** espectador **2** observador ■ **estábamos como espectadores** estávamos como observadores

espectro /es'pektro/ *sm* **1** espectro **2** sombra **3** imagem **4** fantasma ■ **tengo miedo de espectro** tenho medo de fantasma

especulación /espekula'θjon/ *sf* **1** especulação **2** exploração **3** exame ■ **especulación inmobiliaria** exploração imobiliária

especular /espeku'laɾ/ *adj* **1** especular **2** examinar com atenção ■ **especular todo el documento** examinar com atenção o documento

espejismo /espe'xismo/ *sm* **1** miragem **2** ilusão ■ **fue un espejismo** foi uma miragem

espejo /es'pexo/ *sm* **1** espelho **2** modelo ■ **mira todos los días en el espejo** olha todos os dias no espelho

espeleología /espeleolo'xia/ *sf* espeleologia ■ **espeleología estudia la naturaleza subterránea** espeleologia estuda a natureza que existe no subterrâneo

espeluznante /espeluθ'nante/ *adj* horrível, horripilante ■ **escena espeluznante** cena horrível

espeluznar /espeluθ'naɾ/ *vtr* **1** arrepiar **2** horrorizar-se ■ **las cavidades subterráneas me espeluznan** as cavidades subterrâneas me arrepiam

espera /es'pera/ *sf* **1** espera, demora **2** calma, paciência ■ **siempre a la espera de algo mejor** sempre à espera de algo melhor

135

esperanza

esperanza /espe'ranθa/ *sf* **1** esperança **2** confiança ■ **esperanza es estímulo para conquistar los sueños** esperança é estímulo para conquistar os sonhos

esperar /espe'rar/ *vtr, vi* esperar, aguardar ■ **esperar la oportunidad** esperar a oportunidade

esperma es'perma/ *sm, sf* esperma, sêmen ■ **esperma de toro** esperma de touro

espermatozoide /ißpeRmato'zojdʒi/ *sm* espermatozoide ■ **espermatozoide transporta mensaje genética del padre** espermatozoide transporta mensagem genética do pai

esperpento /esper'pento/ *sm* **1** espantalho **2** desatino, absurdo **3** monstro ■ **película llena de esperpentos** filme carregado de coisas ridículas

espesar /espe'sar/ *vtr, vi* espessar, engrossar, condensar ■ **espesar la leche con harina de maíz** engrossar o leite com farinha de milho

espeso, -a /es'peso, a/ *adj* **1** espesso, grosso **2** denso, maciço ■ **pelo espeso** cabelo grosso

espesor /espe'sor/ *sm* **1** espessura, grossura **2** densidade ■ **espesor de la madera** espessura da madeira

espetar /espe'tar/ *vtr* **1** espetar, cravar **2** ofender, insultar ■ **espetar la espada en el corazón** cravar a espada no coração

espetón /espe'ton/ *sm* espeto ■ **espetón con trozos de ternero** espeto com pedaços de bezerro

espía /es'pia/ *sm, sf* **1** espião **2** agente secreto ■ **el espía descubre y resuelve cuestiones de la seguridad mundial** o espião descobre e resolve questões de segurança mundial

espiar /es'pjar/ *vtr, vi* **1** espiar **2** espreitar ■ **espiar las novedades industriales** espiar as novidades industriais

espiga /es'piɣa/ *sf* **1** espiga **2** espoleta (de bomba) ■ **espiga de maíz** espiga de milho

espigar /espi'ɣarse/ *vpr* **1** espigar **2** crescer, desenvolver-se **3** crescer demais ■ **espigó demasiado** cresceu muito

espigón /espi'ɣon/ *sm* **1** espigão **2** ferrão ■ **espigón de abeja** ferrão de abelha

espina /es'pina/ *sf* espinho ■ **espina de rosal** espinho de roseira

espinaca /espi'naka/ *sf* espinafre ■ **espinaca es un vegetal verde oscuro con hojas pequeñas** espinafre é um vegetal verde escuro com folhas pequenas

espinazo /espi'naθo/ *sm* espinhaço, espinha dorsal, coluna vertebral ■ **espinazo de las aves** espinha dorsal das aves

espinilla /espi'niʎa/ *sf* **1** tíbia, canela **2** espinha, acne ■ **los jóvenes quedan con los rostros llenos de espinilla** os jovens ficam com os rostos cheios de espinha

espino /es'pino/ *sm* **1** espinheiro **espino artificial** arame farpado ■ **los hacendados usan vallas de espino para mantener el ganado** os fazendeiros usam cercas de arame farpado para segurar o gado

espinoso, -a /espi'noso, a/ *adj* **1** espinhoso **2** difícil, problemático, delicado ■ **relacionamiento espinoso** relacionamento difícil

espionaje espjo'naxe/ *sm* espionagem ■ **espionaje internacional** espionagem internacional

espiración /espira'θjon/ *sf* expiração ■ **espiración forzada** expiração forçada

espiral /espi'ral/ *adj, sm* espiral ■ **arquitectura espiral** arquitetura espiral

espirar /espi'rar/ *vtr* **1** expirar, expelir o ar aspirado **2** aspirar, tomar fôlego ■ **ejercicios pulmonares de espirar** exercícios pulmonares de expirar

espiritismo /espiri'tismo/ *sm* espiritismo ■ **espiritismo es la doctrina religiosa que acredita en la vida después de la muerte** espiritismo é a doutrina religiosa que acredita na vida depois da morte

espiritoso, -a /espiri'toso, a/ *adj* forte (bebida) ■ **absenta es una bebida espiritosa** absinto é uma bebida forte

espíritu /es'piritu/ *sm* **1** espírito **2** alma ■ **espíritu desarrollado** espírito desenvolvido

espiritualidad /espiritwali'ðað/ *sf* espiritualidade ■ **estudio de la espiritualidad** estudo da espiritualidade

esplendor /esplen'dor/ *sm* **1** esplendor **2** nobreza **3** brilho ■ **persona con gran esplendor** pessoa com grande esplendor

espliego /es'pljeɣo/ *sm* alfazema ■ **aromas de espliego** perfumes de alfazema

espolear /espole'ar/ *vtr* **1** esporear **2** avivar, estimular ■ **espolear el aprendizaje** estimular a aprendizagem

esponja /es'ponxa/ *sf* **1** esponja **2** chupim, aproveitador ■ **ser una esponja** beber muito ■ **esponja marina** esponja marinha

esponjoso, -a /es'ponxa/ *sf* **1** esponjoso, poroso **2** fofo, macio ■ **banquillo esponjoso** banquinho macio

espontaneidad /espontanej'ðað/ *sf* espontaneidade, naturalidade, franqueza ■ **trabaja con espontaneidad** trabalha com franqueza

espontáneo, -a /espon'taneo, a/ *adj, sm, sf* **1** espontâneo, natural **2** voluntário ■ **espontáneo para expresar sus ideas** natural para expor suas ideias

espora /es'pora/ *sf* esporo ■ **espora, plantas que se reproducen sin fecundación** esporos, plantas que se reproduzem sem fecundação

esporádico, -a /espo'raðiko, a/ *adj* esporádico, ocasional ■ **visitas esporádicas** visitas ocasionais

esposar /espo'sar/ *vtr* algemar ■ **la policía esposa el ladrón** a polícia algemou o ladrão

esposas /es'posas/ *sf* algemas ■ **esposas de juguetes** algemas de brinquedo

esposo, -a /es'poso, a/ *sm, sf* esposo, cônjuge ■ **esposo fiel** esposo fiel

espuela /es'pwela/ *sf* **1** espora **2** estímulo, incentivo ■ **la educación es su espuela** a educação é seu estímulo

espuma /es'puma/ *sf* espuma ■ **espuma de cerveza** espuma de cerveja

espumadera /espuma'ðera/ *sf* escumadeira, espumadeira ■ **espumadera usada para freír alimentos** escumadeira usada para fritar alimentos

espumoso, -a /espu'moso, a/ *adj* espumoso, espumante ■ **vino espumoso** vinho espumante

espurio, -a /is'purju, rja/ *adj* **1** espúrio, ilegítimo **2** falso, adulterado ■ **hijo espurio** filho ilegítimo

esputar /ißpu'taR/ *vi* expectorar ■ **esputar con el jarabe** expectorar com o xarope

esputo /iʃ'putu/ *sm* cuspe ■ **esputo sucesivo** cuspe sucessivo

esqueje /es'kexe/ *sm* **1** galho, estaca **2** muda (de planta) ■ **varios esquejes en la tierra** vários galhos no chão

esqueleto /eske'leto/ *sm* **1** esqueleto **2** suporte, armação ■ **esqueleto de seguridad de los árboles** suporte de segurança para as árvores

esquema /es'kema/ *sm* **1** esquema **2** projeto **3** plano ■ **esquema de trabajo** esquema de trabalho

esquí /es'ki/ *sm* esqui ■ **practicar esquí** praticar esqui

esquiador, -a /eskja'ðor, a/ *sm, sf* esquiador ■ **esquiador profesional** esquiador profissional

estómago

esquife /es'kife/ *sm* esquife, ataúde, caixão ■ **utilizaron un esquife para conocer islotes cercanos** usaram um esquife para conhecer ilhotas próximas

esquimal /eski'mal/ *adj, sm, sf* esquimó ■ **esquimal come carne de ballena** esquimó come carne de baleia

esquina /es'kina/ *sf* esquina, canto, quina ■ **mi casa queda en la próxima esquina** minha casa fica na próxima esquina

esquirla /es'kirla/ *sf* lasca, fragmento ■ **esquirlas de vidrio en la cocina** fragmentos de vidro na cozinha

esquirol, -a /eski'rol/ *sm, sf* 1 esquilo 2 fura-greve ■ **esquirol trabaja sustituyendo los colaboradores en paralización** o fura-greve trabalha substituindo os colaboradores paralisados

estabilidad /estaβili'ðað/ *sf* estabilidade, segurança, equilíbrio, firmeza ■ **estabilidad de empleo** estabilidade de emprego

estable /es'taβle/ *adj* 1 estável, firme 2 duradouro ■ **empleo estable** emprego estável

estaca /es'taka/ *sf* estaca ■ **estaca con rédea curta** ■ **marcó el territorio con estacas** marcou o território com estacas

estación /esta'θjon/ *sf* 1 estação 2 período ■ **estación de metro** estação de metrô

estacionamiento /estaθjona'mjento/ *sm* estacionamento ■ **estacionamiento cerrado** estacionamento fechado

estadio /es'taðjo/ *sm* estádio ■ **estadio de fútbol** estádio de futebol

estadístico, -a /esta'ðistiko, a/ *adj, sm, sf* 1 estatístico 2 estatística, levantamento ■ **datos estadísticos** dados estatísticos

estado /es'tar/ *ví* 1 estado 2 condição, situação 3 classe ■ **estado de alegría** estado de alegria

estafa /es'tafa/ *sf* fraude, logro ■ **estafa en los impuestos** fraude nos impostos

estampa /es'tampa/ *sf* 1 estampa, gravura, figura impressa 2 pegada 3 sinal ■ **bella estampa** bela gravura

estampilla /estam'piʎa/ *sf* 1 estampilha 2 carimbo ■ **estampilla con nombre** carimbo com nome

estancar /estaŋ'kar/ *vtr* 1 estancar, fazer parar, deter 2 vedar ■ **estancar la sangre** estancar o sangue

estancia /es'tanθja/ *sf* 1 habitação, moradia 2 estância, fazenda, casa de campo ■ **estancia de vacaciones** casa de campo para férias

estanciero /estan'θjero/ *sm* fazendeiro ■ **estanciero andaluz** fazendeiro andaluz

estanque /es'taŋke/ *sm* tanque, reservatório de água ■ **estanque del ayuntamiento** reservatório de água da prefeitura

estante /es'tante/ *sm* 1 estante, prateleira 2 escora, pontalete ■ **estante de libros** prateleira de livros

estar /es'tar/ *ví* 1 estar 2 ficar, permanecer, manter-se 3 existir 4 julgar ■ **estar aquí** ficar aqui

estático, -a /es'tatiko, a/ *adj* estático, imóvel ■ **estático de dolor** imóvel de dor

estatua /es'tatwa/ *sf* 1 estátua 2 pessoa fria ■ **estatua de la libertad** estátua da liberdade

estatuto /esta'tuto/ *sm* estatuto ■ **estatuto de los derechos de los niños** estatuto dos direitos das crianças

este, -a /'este/ *sm* este, esta ■ **este cuaderno** este caderno

estela /es'tela/ *sf* esteira, sulco, rastro ■ **estela del navío** rastro do navio

estenografía /estenoɾa'fia/ *sf* estenografia, taquigrafia ■ **los correos utilizaban estenografía** os correios utilizavam estenografia

estera /es'tera/ *sf* esteira (de junco ou vime) ■ **en la estera** na esteira

estéreo /es'tereo/ *adj inv, sm* estereofonia, estéreo ■ **sonido estéreo** som estéreo

estereofónico, -a /estereo'foniko, a/ *adj* estereofônico ■ **radio estereofónica** rádio estereofônico

estereoscopio /estereos'kopjo/ *sm,* estereoscópio ■ **estereoscopio es un aparato óptico** estereoscópio é um instrumento óptico

estéril /es'teril/ *adj, sm* 1 estéril, árido 2 impotente ■ **tierra estéril** solo árido

esterilidad /esterili'ðað/ *sf* esterilidade, aridez ■ **esterilidad literaria** esterilidade literária

esteticista /esteti'θista/ *adj & sm, sf* esteticista ■ **la esteticista cuida de la belleza** esteticista cuida da beleza

estético, -a /es'tetiko, a/ *adj* 1 estético 2 belo 3 estética ■ **estética social** estética social

estiaje /esti'axe/ *sm* 1 estiagem, estio 2 seca ■ **intensa estiaje** forte estiagem

estiércol /es'tjerkol/ *sm* esterco, estrume ■ **estiércol del ganado** estrume do gado

estigma /es'tiɣma/ *sm* 1 estigma 2 marca, sinal ■ **estigma de la realeza** sinal da realeza

estilar /esti'larse/ *vpr* 1 usar 2 adotar como costume, prática, moda ■ **estila las ropas de los años 60** adota as roupas dos anos 60

estilete /esti'lete/ *sm* estilete ■ **usa estilete para afilar el lápiz** usa estilete para apontar o lápis

estilístico /esti'listiko, a/ *adj* 1 estilístico 2 estilística ■ **análisis estilística de una obra** análise estilística de uma obra

estilo /es'tilo/ *sm* 1 estilo 2 modo, maneira 3 fórmula ■ **tener estilo** ter classe, bom gosto ■ **camina en gran estilo** caminha em grande estilo

estima /es'tima/ *sf* 1 estima 2 consideração 3 apreço ■ **tiene estima por sus abuelos** tem apreço pelos avós

estimable /esti'maβle/ *adj* 1 estimável 2 considerável 3 apreciável ■ **estimable número de personas** considerável número de pessoas

estimación /estima'θjon/ *sf* 1 estimação 2 estima, apreço, afeto, consideração 3 apego ■ **estimación con los perros** apego com os cães

estimar /esti'mar/ *vtr* 1 estimar, prezar, considerar 2 apreciar 3 avaliar ■ **estimar los objetos antiguos** avaliar os objetos antigos

estimativo, -a /estima'tiβo, a/ *adj* estimativo ■ **estimativa de los precios** estimativa dos preços

estimulante /estimu'lante/ *adj, sm* 1 estimulante 2 impulsivo 3 excitante ■ **las corridas de caballo son estimulantes** as corridas de cavalo são excitantes

estímulo /es'timulo/ *sm* 1 estímulo 2 incentivo 3 excitação ■ **elogio es un estímulo** elogio é um estímulo

estipular /estipu'lar/ *vtr* 1 estipular, estabelecer 2 ajustar ■ **estipular la renta** estabelecer o aluguel

estirpe /es'tirpe/ *sf* 1 estirpe, linhagem 2 descendência ■ **muchacha de buena estirpe** moça de boa descendência

esto /'esto/ *pron dem* isto ■ **esto ahí** isto aí

estoicismo /estoj'θismo/ *sm* estoicismo ■ **estoicismo con nuevos hechos** serenidade com os fatos novos

estómago /es'tomaɾo/ *sm* estômago ■ **revolver el estómago** revirar o estômago

137

estopa

estopa /es'topa/ *sf* estopa, tecido grosseiro ■ **las gasolineras usan estopa para limpiar el aceite de los motores de los coches** nos postos de gasolina usam estopas para limpar o óleo do motor dos carros

estorbar /estor'βar/ *vtr, vi* estorvar, atrapalhar, dificultar, embaraçar, atravancar ■ **estorba con preguntas bien hechas** embaraça com perguntas bem formuladas

estorbo /es'torβo/ *sm* estorvo, embaraço, dificuldade ■ **estorbo para hacer las compras** dificuldades para fazer as compras

estornudar /estornu'ðar/ *vi* espirrar ■ **estornuda mucho** espirra muito

estornudo /estor'nuðo/ *sm* espirro ■ **estornudo repetitivo** espirro repetitivo

estrábico, -a /iʃ'trabiku, ka/ *adj sm, sf* estrábico, vesgo ■ **mirada estrábica** olhar vesgo

estrado /iʃ'traðo/ *sm* 1 estrado 2 sala de visitas ■ **el testigo está sobre el estrado** a testemunha está sobre o estrado

estrago /iʃ'tragu/ *sm* 1 estrago, dano, prejuízo 2 ruína ■ **tuve varios estragos** tive vários prejuízos

estratagema /iʃtrata'ʒema/ *sm* 1 estratagema 2 astúcia, manha ■ **el apostante usa estratagema** o apostador usa astúcia

estratificación /estratifika'θjon/ *sf* 1 estratificação 2 formação de classes sociais ■ **sociedad en estratificación** sociedade dividida em classes sociais

estrato /es'trato/ *sm* 1 estrato 2 camada 3 sedimento ■ **estrato orgánico del suelo** camada orgânica do solo

estraza /des'traθa/ *loc adj* 1 trapo, farrapo 2 frangalho **papel de estraza** papel de embrulho ■ **estaba como estraza** estava como um trapo

estrecho, -a /es'tretʃo, a/ *adj* estreito, fino, delgado ■ **estrecho de Gibraltar** estreito de Gibraltar

estregar /estre'xar/ *vtr* esfregar, friccionar ■ **estregar pomada en la piel** friccionar pomada na pele

estrella /es'treʎa/ *sf* estrela, astro, celebridade ■ **hay millares de estrellas en el cosmos** existem milhares de estrelas no universo

estremecimiento /estreme'θi'mjento/ *sm* 1 estremecimento 2 abalo 3 comoção ■ **estremecimiento sísmico** abalo sísmico

estreñimiento /estreɲi'mjento/ *sm* 1 obstrução, prisão de ventre, constipação intestinal ■ **queso provoca estreñimiento** queijo provoca constipação intestinal

estreno /es'treno/ *sm* 1 estreia, inauguração 2 começo ■ **hoy es el estreno de la película de Almodóvar** hoje é a estreia do filme de Almodóvar

estrépito /es'trepito/ *sm* estrépito, estrondo ■ **estrépito imprevisto** estrondo inesperado

estrés /es'tres/ *sm* estresse ■ **estrés del trabajo** estresse do trabalho

estría /es'tria/ *sf* 1 estria 2 sulco ■ **estrías en todo el cuerpo** estrias por todo o corpo

estribar /estri'βar/ *vi* 1 estribar, apoiar 2 basear-se ■ **estriba en los conceptos marxistas** apoia nos conceitos marxistas

estribo /es'triβo/ *sm* 1 estribo 2 apoio, sustentação ■ **estribo de la mesa** sustentação da mesa

estricto, -a /es'trikto, a/ *adj* 1 estrito 2 restrito 3 apertado, rigoroso ■ **estricto de opiniones** restrito de opiniões

estridente /estri'ðente/ *adj* 1 estridente, agudo 2 violento ■ **voz estridente** voz aguda

estrofa /es'trofa/ *sf* estrofe ■ **estrofa del poema** estrofe do poema

estropajo /estro'paxo/ *sm, sf* 1 bucha 2 esfregão 3 coisa ou pessoa desprezível, verme ■ **estropajos quitan las manchas de las sartenes** buchas tiram as sujeiras das panelas

estropear /estrope'ar/ *vtr* 1 estragar, deformar, deteriorar 2 estragar-se, deteriorar-se ■ **estropearon la muñeca** estragaram a boneca

estropicio /estro'piθjo/ *sm* estropício, destroço ■ **estropicios de los coches** destroços dos carros

estructura /estruk'tura/ *sf* estrutura ■ **estructura de la frase** estrutura da frase

estructurar /estruktu'rar/ *vtr* 1 estruturar 2 organizar 3 compor ■ **estructurar los materiales escolares** organizar os materiais da escola

estruendo /es'twendo/ *sm* 1 estrondo, estrépito 2 confusão ■ **fue un gran estruendo** foi uma grande confusão

estrujar /estru'xar/ *vtr* 1 espremer 2 apertar ■ **estrujar la naranja** espremer a laranja

estuche /es'tutʃe/ *sm* 1 estojo 2 caixa ■ **estuche de lápices** estojo de lápis

estudiante /estu'ðjante/ *sm sf* 1 estudante 2 escolar 3 aluno 4 colegial ■ **estudiante del secundario** estudante secundarista

estudiar /estu'ðjar/ *vtr, vi* 1 estudar, cursar, instruir-se 2 aprender 3 examinar, explorar ■ **estudia derecho** estuda direito

estudio /es'tuðjo/ *sm* estudo ■ **estudio todo los días** estudo todos os dias

estudioso, -a /estu'ðjoso, a/ *adj, sm, sf* 1 estudioso, aplicado 2 interessado ■ **alumno estudioso** aluno estudioso

estufa /es'tufa/ *sf* 1 estufa 2 fogão 3 braseiro ■ **la tortilla está en la estufa** a omelete está na estufa

estupefacción /estupefak'θjon/ *sf* 1 estupefação, espanto, assombro ■ **la novedad causó estupefacción** a novidade causou espanto

estupefacto, -a /estupe'fakto, a/ *adj* estupefato, espantado, assombrado ■ **se quedó estupefacto** ficou espantado

estupendo, -a /estu'pendo/ *adj* 1 estupendo 2 admirável, extraordinário 3 incrível 4 fabuloso ■ **la danza es estupenda** a dança é fabulosa

estúpido, -a /es'tupiðo, a/ *adj, sm, sf* 1 estúpido, que tem dificuldade para compreender as coisas 2 burro, idiota, tonto ■ **persona estúpida** pessoa idiota

estuprar /estu'prar/ *vtr* 1 estuprar, deflorar, violentar ■ **pedófilos estupran niños** pedófilos violentam meninos

etéreo, -a /e'tereo, a/ *adj* 1 etéreo 2 sublime, celestial 3 sutil ■ **música religiosa es etérea** música religiosa é sublime

eternidad /eterni'ðað/ *sf* 1 eternidade 2 durabilidade ■ **muchas personas desean la eternidad** muitas pessoas desejam a eternidade

eterno, -a /e'terno, a/ *adj* 1 eterno, imortal 2 indestrutível 3 infinito, interminável ■ **deseo de ser eterno** desejo de ser imortal

ético, -a /'etiko, a/ *adj sm, sf* ético, moral ■ **principios éticos** princípios éticos

etiología /etjolo'xia/ *sf* etiologia ■ **la etiología del cáncer** o estudo das causas do cancro

etiqueta /eti'keta/ *sf* 1 etiqueta 2 rótulo ■ **vestimentas llevan etiquetas** roupas têm etiquetas

etiquetar /etike'tar/ *vtr* etiquetar, rotular ■ **etiquetar los precios en las mercaderías** rotular o preço nas mercadorias

etnia /'etnja/ *sf* 1 etnia, o que diz respeito à raça, nação ■ **pertenecen a la etnia tupí guaraní** pertencem a etnia tupi-guarani

exclusión

etología /etolo'xia/ *sf* etologia ■ **etología de los hombres** estudo do comportamento humano

eucalipto /ewka'lipto/ *sm* eucalipto ■ **eucalipto es un árbol que exhala buen olor** eucalipto é uma planta que exala cheiro bom

euforia /ew'forja/ *sf* **1** euforia **2** bem-estar **3** alegria, otimismo ■ **euforia con el espectáculo** alegria com o espetáculo

eutanasia /ewta'nasja/ *sf* eutanásia ■ **eutanasia es un procedimiento prohibido** eutanásia é um procedimento proibido

evacuación /eβakwa'θjon/ *sf* **1** evacuação, esvaziamento **2** desocupação **3** excreção ■ **evacuación de la hacienda** desocupação da fazenda

evacuar /eβa'kwar/ *vtr* evacuar, desocupar ■ **evacuar la vivienda** desocupar a casa

evadir /eβa'ðir/ *vtr* **1** evadir, escapar **2** fugir ■ **evadieron de la prisión** fugiram da prisão

evaluación /eβalwa'θjon/ *sf* avaliação, valorização, apreciação, estimativa ■ **evaluación semestral** avaliação por semestre

evangelio /eβaɲ'xeljo/ *sm* **1** evangelho **2** verdade indiscutível ■ **el evangelio según el espiritismo** evangelho segundo o espiritismo

evangelización /eβaɲxeliθa'θjon/ *sf* **1** evangelização, propagação do evangelho ■ **evangelización en la doctrina espiritista** evangelização na doutrina espírita

evaporación /eβapora'θjon/ *sf* **1** evaporação **2** vaporização **3** dissipação ■ **evaporación del agua** evaporação da água

evasión /eβa'sjon/ *sf* evasão, fuga ■ **evasión de la región costera** evasão da região costeira

evasivo, -a /eβa'siβo, a/ *adj* evasivo, vago ■ **discurso evasivo** discurso vago

evento /e'βento/ *sm* **1** evento **2** acontecimento, fato imprevisto **3** episódio ■ **nuevo evento** fato novo

eventual /eβen'twal/ *adj* **1** eventual **2** casual **3** ocasional **4** contingente **5** episódico ■ **visita eventual** visita casual

eventualidad /eβentwali'ðað/ *sf* **1** eventualidade **2** possibilidade ■ **cuenta con la eventualidad** conta com a possibilidade

evidencia /eβi'ðenθja/ *sf* **1** evidência **2** certeza **3** clareza ■ **evidencia de los hechos** clareza dos fatos

evidente /eβi'ðente/ *adj adv* **1** evidente **2** claro **3** indiscutível ■ **historia evidente** história indiscutível

evitar /eβi'tar/ *vtr* **1** evitar **2** impedir **3** eximir-se, livrar-se ■ **evitar el acaso** evitar a casualidade

evocación /eβoka'θjon/ *sf* **1** evocação, lembrança, recordação ■ **las fotos cargan evocación** as fotos carregam recordações

evolución /eβolu'θjon/ *sf* **1** evolução **2** mudança **3** avanço, movimentação de tropas ■ **evolución humana** evolução humana

exacción /eksak'θjon/ *sf* **1** exação, cobrança de impostos, dívidas, multas **2** cobrança injusta ■ **exacciones del ayuntamiento son anuales** cobranças da prefeitura são anuais

exacerbar /eksaθer'βar/ *vtr* **1** exacerbar **2** agravar **3** irritar ■ **exacerba la culpa** agrava a culpa

exactitud /eksakti'tuð/ *sf* **1** exatidão **2** perfeição **3** pontualidade ■ **exactitud en la llegada** pontualidade na chegada

exacto, -a /ek'sakto, a/ *adj, adv* **1** exato **2** perfeito **3** pontual ■ **momento exacto** momento exato

exageración /eksaxera'θjon/ *sf* **1** exagero **2** aumento ■ **exageración de los gastos** aumento das despesas

exagerado, -a /eksaxe'raɾ/ *vtr* **1** exagerado **2** excessivo **3** fabuloso **4** descomunal ■ **comida exagerada** comida em excesso

exagerar /eksaxe'raɾ/ *vtr* **1** exagerar, aumentar, ampliar **2** agravar **3** exorbitar ■ **exagera en los relatos** agrava os comentários

exaltación /eksalta'θjon/ *sf* **1** exaltação **2** glorificação ■ **exaltación religiosa** exaltação religiosa

exaltado, -a /eksal'tar/ *vtr* **1** exaltado **2** frenético ■ **humor exaltado** humor frenético

examen /ek'samen/ *sm*, **1** exame **2** análise ■ **examen médico** análise médica

examinador /eksamina'ðoɾ, a/ *adj, sm, sf* **1** examinador **2** arguidor ■ **examinador de conducción** examinador da prova de condução

exangüe /ek'sangwe/ *adj* **1** exangue, sem sangue **2** débil, fraco, pálido ■ **el enfermo está exangüe** o doente está fraco

exasperación /eksaspera'θjon/ *sf* **1** exasperação **2** irritação ■ **exasperación con los acontecimientos** irritação com os acontecimentos

excavación /ekskaβa'θjon/ *sf* escavação ■ **excavación de galerías subterráneas** escavação de galerias subterrâneas

excedencia /eksθe'ðenθja/ *sf* o que sobra, excesso ■ **excedencia de alimentos** sobra de alimentos

excedente /eksθe'ðente/ *adj, sm* **1** excedente, excesso, sobra **2** superávit **3** funcionário afastado de um cargo temporariamente ■ **horas excedentes** horas a mais

exceder /eksθe'ðeɾ/ *vtr, vi* **1** exceder, superar, ultrapassar, sobrepujar, exagerar **2** avançar ■ **alumno excede lo previsto** aluno ultrapassou o previsto

excelencia /eksθe'lenθja/ *sf* **1** excelência **2** superioridade ■ **excelencia en la enseñanza de lengua extranjera** superioridade no ensino de língua estrangeira

excelente /eksθe'lente/ *adj* **1** excelente **2** perfeito **3** eminente **4** admirável ■ **excelente viaje** viagem perfeita

excentricidad /eksθentriθi'ðað/ *sf* **1** excentricidade **2** extravagância **3** originalidade ■ **excentricidad es una cualidad de los artistas** extravagância é uma qualidade dos artistas

excéntrico, -a /eks'θentriko, a/ *adj, sm, sf* **1** excêntrico **2** extravagante **3** original ■ **Almodóvar es excéntrico** Almodóvar é original

excepción /eksθep'θjon/ *sf* **1** exceção **2** desvio ■ **hay excepciones en las reglas gramaticales** las reglas gramaticales têm exceção

excepcional /eksθepθjo'nal/ *adj* **1** excepcional **2** extraordinário **3** raro ■ **gesto excepcional** postura extraordinária

excepto /eks'θepto/ *adv* **1** exceto, com exceção de **2** afora, fora, menos ■ **haz los ejercicios excepto el número 3** faça os exercícios exceto o número 3

excesivo, -a /eks'θesiβo, a/ *adj* **1** excessivo, demasiado, exagerado, desmedido ■ **equipaje excesivo** bagagem excessiva

exceso /eks'θeso/ *sm* **1** excesso, demasia, exagero **2** descompasso ■ **exceso de gimnasia** exagero de ginástica

excitación /eksθita'θjon/ *sf* **1** excitação **2** exaltação ■ **excitación con la noticia** exaltação com a notícia

exclamación /eksklama'θjon/ *sf* exclamação ■ **las caras evidenciaban exclamación** os rostos mostravam exclamação

excluir /eks'klwir/ *vtr* **1** excluir **2** expulsar ■ **excluyeron un jugador de fútbol** expulsaram um jogador de futebol

exclusión /eksklu'sjon/ *sf* **1** exclusão **2** eliminação **3** desclassificação **4** expulsão ■ **lista de exclusión** lista de eliminação

exclusividad

exclusividad /eksklusiβi'ðað/ *sf* **1** exclusividade **2** monopólio ■ **algunas tiendas poseen exclusividades** algumas lojas possuem exclusividades

excreción /ekskre'θjon/ *sf* excreção, eliminação ■ **mucha excreción de contaminantes** muita eliminação de poluentes

exculpar /ekskul'par/ *vtr* desculpar, escusar, perdoar ■ **madres exculpan sus hijos** mães perdoam seus filhos

excursión /ekskur'sjon/ *sf* excursão, passeio ■ **excursión a Sevilla** excursão para Sevilla

excusa /eks'kusa/ *sf* escusa, desculpa, pretexto ■ **excusa para salir temprano** desculpa para sair mais cedo

excusable /eksku'saβle/ *adj* desculpável ■ **la ignorancia es excusable** a ignorância é desculpável

excusado, -a /eksku'saðo, a/ *adj sf, sm* **1** desculpado **2** desnecessário ■ **el alumno está excusado** o aluno está desculpado

execrable /ekse'kraβle/ *adj* execrável, detestável, odioso, abominável ■ **el homicidio es execrable** o homicídio é abominável

execrar /ekse'krar/ *vtr* execrar, abominar, detestar, odiar ■ **niños execran cepillar los dientes** as crianças odeiam escovar os dentes

exento, -a /ek'sento/ *adj* isento, livre, imune, desobrigado ■ **está exenta de hacer la fila** está isenta de ficar na fila

exfoliación /eksfolja'θjon/ *sf* esfoliação, escamação ■ **exfoliación de la piel** escamação da pele

exhalación /eksala'θjon/ *sf* exalação, cheiro, odor ■ **exhalación de lavanda** exalação de lavanda

exhalar /eksa'lar/ *vtr* exalar, expelir, emanar ■ **exhala felicidad** exala felicidade

exhausto, -a /eks'awsto, a/ *adj* **1** exausto, esgotado, cansado **2** exaurido ■ **exhausto de caminar** cansado de caminhar

exhortación /eksorta'θjon/ *sf* **1** exortação **2** discurso **3** reprimenda ■ **exhortación del clérigo** discurso do padre

exhumar /eksu'mar/ *vtr* **1** exumar, desenterrar **2** reviver, recordar ■ **exhumó el cadáver** desenterrou o cadáver

exigencia /eksi'xenθja/ *sf* exigência, demanda ■ **exigencia del proceso selectivo** exigência do processo seletivo

exigente /eksixente/ *adj, sm, sf* **1** exigente **2** rigoroso ■ **el profesor es exigente** o professor é exigente

exigir /eksi'xir/ *vtr* exigir, necessitar, requerer, reclamar ■ **exijo mis derechos** reclamo os meus direitos

exilado, -a /izi'laðu, da/ *adj sm, sf* **1** exilado **2** banido **3** expulso **4** desterrado ■ **exilado político** exilado político

exilio /i'zilju/ *sm* **1** exílio **2** desterro ■ **Vargas Llosa estuvo en el exilio** Vargas Llosa esteve no exílio

existencia /izij'te~saj/ *sf* existência ■ **existencia de extraterrestre** existência de extraterrestre

éxito /'eksito/ *sm* **1** êxito, sucesso **2** fim, resultado ■ **éxito en los acuerdos** sucesso nos acordos

éxodo /'eksoðo/ *sm* êxodo, emigração ■ **éxodo campesino** êxodo rural

exoneración /eksonera'θjon/ *sf* exoneração, demissão, dispensa, saída ■ **exoneración del cargo** dispensa do cargo

exorcismo /eksor'θismo/ *sm* exorcismo ■ **exorcismo del cuerpo** tirar o demônio do corpo

exótico, -a /ek'sotiko, a/ *adj* exótico, estranho, diferente ■ **pájaros exóticos** pássaros diferentes

expandir /ekspan'dir/ *vtr* **1** expandir, dilatar **2** espalhar, divulgar ■ **expandir el comercio** expandir o negócio

expansión /ekspan'sjon/ *sf* expansão ■ **expansión del complejo turístico** expansão do complexo turístico

expansivo, -a /ekspan'siβo, a/ *adj* expansivo, comunicativo, extrovertido ■ **persona expansiva** pessoa comunicativa

expectación /ekspekta'θjon/ *sf* **1** expectativa, espera **2** interesse, curiosidade ■ **expectación aflige los jóvenes** a expectativa aflige os jovens

expectativa /ekspekta'tiβa/ *sf* expectativa ■ **estar a la expectativa** estar na expectativa ■ **estamos a la expectativa que las cosas van a mejorar** estamos na expectativa de que coisas irão melhorar

expectorar /ekspekto'rar/ *vtr* expectorar, escarrar ■ **expectoró sangre** expectorou sangue

expedición /ekspeði'θjon/ *sf* **1** expedição, envio, remessa, despacho **2** incursão ■ **expedición a los Andes** expedição aos Andes

expediente /ekspe'ðjente/ *sm* expediente, despacho ■ **expediente cerrado** expediente fechado

expedir /ekspe'ðir/ *vtr* expedir, despachar, enviar ■ **expedieron nuevo boletín** enviaram novo boletim

expeler /ekspe'ler/ *vtr* **1** expelir, eliminar, expulsar ■ **organismo expelió cuerpo extraño** organismo eliminou corpo estranho

experiencia /ekspe'rjenθja/ *sf* **1** experiência, vivência **2** prática **3** conhecimento **4** ensaio, tentativa ■ **experiencia con joyas** experiência com joias

experimento /eksperi'mento/ *sm* experimento, ensaio, pesquisa, teste ■ **experimento del coche del futuro** teste do carro do futuro

experto, -a /eks'perto, a/ *adj, sm, sf* experto, capacitado, especialista, perito ■ **los monos son expertos** os macacos são expertos

expiar /ekspi'ar/ *vtr* expiar, reparar, remir ■ **expiar un delito en la cárcel** reparar um delito na prisão

explicación /eksplika'θjon/ *sf* **1** explicação, exposição, esclarecimento, declaração **2** desagravo ■ **explicación del presidente** explicação do presidente

explicativo, -a /eksplika'tiβo, a/ *adj* explicativo ■ **propaganda explicativa** publicidade esclarecedora

explícito, -a /eks'pliθito, a/ *adj* explícito, claro, evidente ■ **mensaje explícito** mensagem clara

exploración /eksplora'θjon/ *sf* exploração, pesquisa, investigação ■ **exploración de la amigdalitis** pesquisa sobre amigdalite

explosión /eksplo'sjon/ *sf* explosão, detonação, eclosão ■ **explosión de humor** explosão de humor

explosivo, -a /eksplo'siβo, a/ *adj, sm* explosivo ■ **persona explosiva** pessoa explosiva

exportación /eksporta'θjon/ *sf* exportação ■ **exportación de calzados** exportação de calçados

exposición /eksposi'θjon/ *sf* **1** exposição, mostra, feira, exibição **2** situação de alguma coisa em relação aos pontos cardeais ■ **exposición de libros** feira de livros

expósito, -a /eks'posito, a/ *adj, sm, sf* menor abandonado em local público ■ **las calles están llenas de expósitos** as ruas estão cheias de menores abandonados

exprés /eks'pres/ *adj, sm* **1** expresso **2** empresa de transportes ■ **café exprés** café expresso

expresión /ekspre'sjon/ *sf* **1** expressão, fisionomia **2** animação ■ **expresión de insatisfacción** fisionomia de insatisfação

expresivo, -a /ekspre'siβo, a/ *adj* expressivo, eloquente ■ **lectura expresiva** leitura expressiva

eyaculación

expreso, -a /eks'preso, a/ *adj, adv* **1** expresso, claro, explícito **2** rápido ■ **solicitación expresa** pedido claro

expropiación /ekspropja'θjon/ *sf* expropriação, desapropriação ■ **expropiación de tierras** desapropriação de terras

expropiar /ekspro'pjar/ *vtr* expropriar, desapropriar, confiscar ■ **la policía expropió las maletas** a polícia confiscou as malas

expuesto, -a /ekspo'ner/ *vtr* **1** exposto, descoberto **2** enjeitado **3** perigoso, arriscado ■ **contusión expuesta** ferida exposta

expulsar /ekspul'sar/ *vtr* **1** expulsar **2** banir **3** enxotar **4** despedir ■ **expulsaron las palomas** expulsaram as pombas

expulsión /ekspul'sjon/ *sf* **1** expulsão **2** banimento ■ **expulsión del alumno** expulsão do aluno

expurgar /ispuR'gaR/ *vtrd, vtrdi* **1** expurgar **2** purificar ■ **expurgar el alma** purificar a alma

exquisito, -a /ekski'sito, a/ *adj* **1** excelente **2** delicado, refinado, delicioso **3** agradável **4** elegante ■ **gusto exquisito** gosto refinado

extasiarse /eksta'sjarse/ *vpr* extasiar-se, enlevar-se ■ **se extasían con la música flamenca** encantam-se com a música flamenca

éxtasis /'ekstasis/ *sm, inv* **1** êxtase, enlevo **2** admiração **3** ecstasy (droga) ■ **los narcóticos provocan éxtasis** as drogas provocam delírio

extensión /eksten'sjon/ *sf* extensão, ampliação, aumento ■ **curso de extensión** curso de extensão

extenso, -a /eks'tenso, a/ *adj* extenso, vasto, espaçoso, amplo ■ **habitación extensa** quarto amplo

exterior /ekste'rjor/ *adj* **1** exterior, externo **2** aparente ■ **viajar al exterior** viajar para o exterior

externo, -a /eks'terno, a/ *adj sm, sf* externo, do exterior, de fora ■ **pared externa** parede externa

extinguir /ekstiŋ'gir/ *vtr* extinguir, acabar, consumir, liquidar, morrer, desaparecer ■ **diversos animales extinguieron de la fauna** vários animais extinguiram da fauna

extintor /ekstiŋ'tor/ *adj, sm* extintor ■ **extintor necesario contra incendio** extintor importante contra incendio

extorsión /ekstor'sjon/ *sf* extorsão, chantagem ■ **protección paga con extorsión financiera** proteção paga com chantagem financeira

extra /'ekstra/ *adj, sm, sf* **1** adicional **2** forma reduzida de extraordinário, ótimo ■ **este pastel está extra** este bolo está ótimo

extracto /eks'trakto/ *sm* **1** extrato **2** essência ■ **en las pastelerías utilizan extracto de vainilla** nas confeitarias usam extrato de baunilha

extraer /ekstra'er/ *vtr* extrair, arrancar, tirar ■ **extraen el azúcar de una planta** extraem açúcar de uma planta

extranjero, -a /ekstraŋ'xero, a/ *adj, sm, sf* estrangeiro ■ **somos extranjeros cuando estamos en otro país** somos estrangeiros quando estamos em outro país

extraño, -a /eks'traɲo, a/ *adj, sm, sf* **1** estranho, diferente, esquisito **2** desconhecido ■ **vestimenta extraña** roupa diferente

extraordinario,-a /ekstraorði'narjo, a/ *adj, sm* **1** extraordinário, fora do comum **2** inacreditável **3** fantástico **4** fabuloso ■ **historia extraordinaria** história fantástica

extravagancia /ekstraβa'ranθja/ *sf* **1** extravagância **2** singularidade **3** excentricidade ■ **lienzos de Salvador Dalí son conocidos por su extravagancia** pinturas de Salvador Dalí são conhecidas pela excentricidade

extremado, -a /ekstre'maðo, a/ *adj* extremado, exagerado ■ **romanticismo extremado** romantismo exagerado

extremidad /ekstremi'ðað/ *sf* **1** extremidade, ponta **2** extremo ■ **extremidad del cuchillo** ponta da faca

extremo, -a /eks'tremo, a/ *adj* último, referindo-se ao limite máximo de qualquer coisa ■ **extremo del planeta** extremo do planeta

extroversión /ekstroβer'sjon/ *sf* extroversão ■ **extroversión con todos** extroversão com todo mundo

exuberancia /eksuβe'ranθja/ *sf* exuberância, abundância, fartura, vigor ■ **atletas demuestran exuberancia de salud** os atletas demonstram abundancia de saúde

eyaculación /ejakula'θjon/ *sf* ejaculação ■ **es común la eyaculación precoz** é comum a ejaculação precoce

E

141

F

f /'efe/ *sf* sétima letra do alfabeto espanhol ■ **'f" de de frijoles** "f" de feijão

fábrica /'faβrika/ *sf* **1** fábrica, **2** edifício **3** construção ■ **fábrica de chocolate** fábrica de chocolate

fábula /'faβula/ *sf* **1** fábula **2** ficção **3** alegoria **4** boato, rumor, mexerico **ser (una cosa) de fábula** coisa fabulosa ■ **leer una fábula** ler uma fábula

fabuloso, -a /faβu'loso, a/ *adj* **1** fabuloso **2** falso ■ **persona fabulosa** pessoa fabulosa

faca /'faka/ *sf* **1** facão **2** punhal ■ **faca de cocina** facão de cozinha

facción /fak'θjon/ *sf* **1** facção **2** feição **3** partido ■ **participar de una facción** participar de um partido

faccioso, -a /fak'θjoso, a/ *adj, sm, sf* **1** parcial **2** faccioso **3** rebelde ■ **hombre faccioso** homem rebelde

facha /'fatʃa/ *adj, sm, sf* **1** cara, fachada **2** aspecto ■ **facha contenta** cara feliz

fachada /fa'tʃada/ *sf* **1** fachada **2** capa (de livro) **3** cara, aspecto, jeito ■ **fachada del libro** capa do livro

fácil /'faθil/ *adj* **1** fácil **2** simples **3** acessível **4** franco **5** dócil **6** elementar **7** condescendente **8** inconstante, volúvel ■ **trabajo fácil** trabalho simples

facilidad /faθili'ðað/ *sf* **1** facilidade **2** ligeireza **3** aptidão **4** oportunidade **5** desembaraço **6** espontaneidade ■ **facilidad con idiomas** facilidade com idiomas

facón /fa'kon/ *sm* facão ■ **facón es peligroso** facão é perigoso

factible /fak'tiβle/ *adj* factível, possível, viável ■ **oportunidad factible** oportunidade possível

factoría /fakto'ria/ *sf* **1** feitoria **2** oficina ■ **buena factoría** boa oficina

facultad /fakul'tað/ *sf* **1** faculdade **2** capacidade, aptidão, habilidade **3** direito de fazer alguma coisa **4** faculdade (curso superior) ■ **facultad de idiomas** faculdade de letras

facultar /fakul'tar/ *vtr* **1** facultar, facilitar, permitir, conceder **2** encarregar ■ **facultar los proyectos** facilitar os projetos

facultativo, -a /fakulta'tiβo, a/ *adj, sm, sf* facultativo ■ **voto facultativo** voto facultativo

faja /'faxa/ *sf* **1** faixa, cinta, tira (de papel ou tecido) ■ **faja de tierra** faixa de terra

fajina /fa'xina/ *sf* **1** conjunto de feixes de galhos, de achas de lenha **2** toque de chamada da tropa para as refeições ■ **meter fajina** tagarelar

falacia /fa'laθja/ *sf* falácia, engano, mentira, fraude ■ **falacia del gobierno** fraude do governo

falda /'falda/ *sf* **1** saia **2** toalha de mesa **3** aba (de chapéu) **4** sopé (de montanha) **5** fraldinha, acém (carne) **6** colo, regaço ■ **falda de la niña** saia da menina

faldero, -a /fal'dero, a/ *adj* mulherengo ■ **hombre faldero** homem mulherengo

falencia /fa'lenθja/ *sf* **1** engano, erro **2** falência, insolvência, quebra ■ **falencia de una empresa** falência de uma empresa

falla /'faʎa/ *sf* **1** falha, defeito **2** falta ■ **falla en el aparato** defeito no aparelho

fallecer /faʎe'θer/ *vi* **1** falecer, morrer, finar **2** acabar **3** necessitar ■ **fallecer una persona** falecer uma pessoa

fallecimiento /faʎeθi'mjento/ *sm* **1** falecimento, morte, óbito **2** desaparecimento ■ **fallecimiento repentino** falecimento repentino

fallido, -a /fa'ʎiðo, a/ *adj* **1** falido **2** fracassado **3** frustrado **4** quebrado ■ **hombre fallido** homem falido

falo /'falo/ *sm* falo, pênis ■ **falo del hombre** falo do homem

falsedad /false'ðað/ *sf* **1** falsidade **2** deslealdade **3** engano, mentira ■ **falsedad de las personas** falsidade das pessoas

falsificación /falsifika'θjon/ *sf* falsificação, fraude, adulteração ■ **falsificación de documentos** falsificação de documentos

falso, -a /'falso, a/ *adj* **1** falso, fingido, dissimulado, adulterado **2** artificial **3** suposto **4** aparente **5** simulado **6** volúvel, inconstante ■ **mujer falsa** mulher falsa

falta /'falta/ *sf* **1** falta, ausência **2** defeito, imperfeição **3** culpa leve **4** infração da lei ■ **echar en falta** sentir falta

fama /'fama/ *sf* fama, reputação, notoriedade, glória, renome, crédito ■ **fama en la vida** fama na vida

familia /fa'milja/ *sf* **1** família **2** raça **3** casa **4** prole ■ **familia grande** família grande

familiaridad /familjari'ðað/ *sf* familiaridade ■ **familiaridad entre las personas** familiaridade entre as pessoas

famoso, -a /fa'moso, a/ *adj, sm, sf* famoso, célebre, notável ■ **hombre famoso** homem famoso

fámulo, -a /'famulo, a/ *sm, sf* criado, servidor, servente, empregado ■ **contratar un fámulo** contratar um empregado

fan /'fan/ *sm, sf* fã, admirador ■ **tener un fan** ter um admirador

fanático, -a /fa'natiko, a/ *adj, sm, sf* **1** fanático **2** exaltado **3** entusiasta **4** apaixonado ■ **fanático por la novia** fanático pela namorada

fanfarria /fam'farja/ *sf* **1** fanfarra, banda de música **2** fanfarrice ■ **fanfarria en la fiesta** fanfarra na festa

fango /'fango/ *sm* **1** lama, lodo **2** descrédito ■ **caer en el fango** cair na lama

fantasear /fantase'ar/ *vtr, vi* **1** fantasiar, inventar, delirar, devanear, imaginar ■ **fantasear con monstruos** fantasiar com monstros

fantasía /fanta'sia/ *sf* **1** fantasia, imaginação, capricho **2** orgulho, vaidade ■ **de fantasía** de enfeite

fantasma /fan'tasma/ *sm, sf* **1** fantasma, visão, aparição, espírito, assombração **2** ilusão, fantasia, coisa inexistente ■ **miedo de fantasma** medo de fantasma

ficha

fantoche /fan'tɔtʃe/ *sm* fantoche, títere, marionete, espantalho ∎ **teatro de fantoche** teatro de fantoche

faraón /fara'on, ona/ *sm* faraó ∎ **faraón de Egipto** faraó do Egito

farda /'farða/ *sf* 1 tributo, contribuição 2 trouxa (de roupa) 3 fardo, embrulho ∎ **farda azul** trouxa azul

fardón, -a /far'ðon, a/ *adj, sm, sf* metido, exibido ∎ **hombre fardón** homem metido

farfullar /farfu'ʎar/ *vtr* 1 falar rápido e de maneira confusa 2 meter os pés pelas mãos, atrapalhar-se ∎ **farfullar con las personas** falar rápido com as pessoas

farmacia /far'maθja/ *sf* farmácia, drogaria ∎ **medicina en la farmacia** remédio na farmácia

farol /fa'rol/ *sm* 1 farol, lanterna (automóvel) 2 vaidade ∎ **farol amarillo** farol amarelo

farola /fa'rola/ *sf* poste de luz, iluminação (de ruas, praças) ∎ **farola alta** poste de luz alto

farra /'fara/ *sf* farra, brincadeira, folia, gandaia ∎ **farra de niños** farra de criança

farsa /'farsa/ *sf* farsa, trapaça, engano, enredo ∎ **farsa de los enemigos** trapaça dos inimigos

fascinación /fasθina'θjon/ *sf* 1 fascinação, encantamento 2 engano, alucinação ∎ **fascinación por las mujeres** fascinação pelas mulheres

fascismo /fas'θismo/ *sm* fascismo ∎ **creer en el fascismo** acreditar no fascismo

fase /'fase/ *sf* fase, ciclo, etapa ∎ **fase de las peleas** fase das brigas

fasto /'fasto, a/ *sf* fausto (ou fasto), luxo, pompa ∎ **ropa de fasto** roupa de luxo

fatal /fa'tal/ *adj, adv* 1 fatal 2 desastroso 3 infeliz 4 inevitável 5 inadiável ∎ **belleza fatal** beleza fatal

fatalidad /fatali'ðað/ *sf* 1 fatalidade 2 tragédia 3 infelicidade 4 destino ∎ **fatalidad de la vida** tragédia da vida

fatiga /fa'tiɣa/ *sf* 1 fadiga, cansaço 2 debilidade 3 sofrimento 4 falta de ar, respiração ofegante ∎ **tener fatiga** ter fadiga

fauna /'fawna/ *sf* fauna ∎ **fauna de la selva** fauna da floresta

favor /fa'voR/ *sm* 1 favor, ajuda, socorro ∎ **tener uno a su favor** ter alguém a seu favor 2 proteção 3 favores

favorable /faβo'raβle/ *adj* favorável, propício, próspero ∎ **situación favorable** situação favorável

favorecer /faβore'θer/ *vtr* favorecer, ajudar, auxiliar, agraciar ∎ **favorecer a alguien** ajudar alguém

favorito, -a /faβo'rito, a/ *adj sm, sf* favorito, preferido, estimado concubina ∎ **trabajo favorito** trabalho favorito

fe /'fe/ *sf* 1 fé, confiança 2 certeza 3 fidelidade ∎ **tener fe** ter fé

fealdad /feal'dað/ *sf* 1 fealdade, feiúra 2 indignidade ∎ **fealdad de las personas** indignidade das pessoas

febrero /fe'βrero/ *sm* fevereiro ∎ **mes de febrero** mês de fevereiro

febril /fe'βril/ *adj* 1 febril 2 ardoroso, exaltado, intenso ∎ **estar febril** estar febril

fecha /'fetʃa/ *sf* 1 data, dia ∎ **fecha de inicio** data de início

fecundar /fekun'dar/ *vtr* fecundar, impregnar, gerar, fertilizar ∎ **fecundar la esperanza** fecundar a esperança

fecundidad /fekundi'ðað/ *sf* 1 fecundidade 2 abundância 3 fertilidade ∎ **fecundidad de las mujeres** fecundidade das mulheres

federación /feðera'θjon/ *sf* federação, liga, confederação ∎ **federación brasileña** federação brasileira

felicidad /feliθi'ðað/ *sf, sm* 1 felicidade 2 satisfação 3 contentamento 4 gosto, alegria 5 sorte ∎ **felicidad en la vida** felicidade na vida

feligrés, -esa /feli'xres, esa/ *adj sm, sf* paroquiano ∎ **hombre feligrés** homem paroquiano

felino, -a /fe'lino, a/ *adj* 1 felino 2 gracioso, flexível ∎ **animal felino** animal felino

feliz /fe'liθ/ *adj* feliz; satisfeito, contente, eufórico, oportuno, acertado ∎ **feliz con la vida** feliz com a vida

felpudo, -a /fel'puðo/ *sm* 1 felpudo 2 capacho ∎ **limpiar los zapatos en el felpudo** limpar os sapatos no capacho

femenino, -a /feme'nino, a/ *adj* feminino ∎ **ropa femenina** roupa feminina

fenecer /fene'θer/ *vi* 1 fenecer 2 falecer, morrer, acabar ∎ **fenecer um primo** morrer um primo

fenicio, -a /fe'niθjo, a/ *adj, sm, sf* fenício ∎ **hombre fenicio** homem fenício

fenómeno /fe'nomeno/ *sm* 1 fenômeno, fato extraordinário e surpreendente, acontecimento 2 pessoa fora do comum ou extraordinária ∎ **fenómeno inolvidable** fenômeno inesquecível

feo, -a /'feo, a/ *adj, sm, sf* 1 feio 2 de aspecto ruim ou desagradável 3 desprezo, grosseria ∎ **hacer feo** fazer feio, ser desagradável

feriante /fe'rjante/ *adj sm, sf* 1 feirante, pessoa que trabalha em feira 2 comerciante ∎ **feriante de la calle** comerciante da rua

fermentar /fermen'tar/ *vtr, vi* 1 fermentar 2 azedar 3 agitar 4 promover 5 excitar ∎ **fermentar la masa** fermentar a massa

ferocidad /feroθi'ðað/ *sf* 1 ferocidade 2 crueldade 3 arrogância ∎ **ferocidad de las personas** crueldade das pessoas

férreo, -a /'fereo, a/ *adj* férreo, tenaz, duro, inflexível ∎ **vía férrea** ferrovia

ferrería /fere'ria/ *sf* ferraria, serralheria ∎ **trabajar en una ferrería** trabalhar numa serralheria

ferrocarril /feroka'ril/ *sm* ferrovia, estrada de ferro ∎ **ferrocarril peligroso** ferrovia perigosa

fértil /'fertil/ *adj* 1 fértil 2 abundante 3 produtivo 4 fecundo 5 rico ∎ **vida fértil** vida fértil

fertilidad /fertili'ðað/ *sf* 1 fertilidade 2 fecundidade 3 abundância 4 riqueza ∎ **fertilidad de la mujer** fertilidade da mulher

ferviente /fer'βjente/ *adj* fervente, fervoroso, ardente ∎ **agua ferviente** água fervente

fervor /fer'βor/ *sm* 1 fervor, ardor 2 dedicação ∎ **conmemorar con fervor** comemorar com fervor

festejar /feste'xar/ *vtr* 1 festejar 2 homenagear 3 saudar 4 chicotear, bater ∎ **festejar con tranquilidad** festejar com tranquilidade

festejo /fes'texo/ *sm* 1 festejo 2 homenagem ∎ **festejo al santo** homenagem ao santo

festival /festi'βal/ *sm* 1 festival, espetáculo artístico ∎ **festival de canciones** festival de músicas

fetal /fe'tal/ *adj* fetal ∎ **problema fetal** problema fetal

feto /'feto/ *sm, sf* feto, embrião ∎ **feto saludable** feto saudável

feudalismo /fewða'lismo/ *sm* feudalismo ∎ **estudiar el feudalismo** estudar o feudalismo

fianza /fi'anθa/ *sf* 1 fiança 2 abono 3 penhor 4 garantia ∎ **bajo fianza** sob fiança

fiasco /fi'anθa/ *sf* fiasco, fracasso ∎ **el show fue un fiasco** o show foi um fiasco

fibra /'fiβra/ *sf* 1 fibra 2 filamento 3 vigor, energia ∎ **fibra de vidrio** fibra de vidro

ficción /fik'θjon/ *sf* 1 ficção 2 fábula 3 simulação 4 invenção 5 imaginação ∎ **ciencia ficción** ficção científica

ficha /'fitʃa/ *sf,* ficha ∎ **ficha antropométrica** ficha policial de identificação

F

143

fichero

fichero /fi'tʃeɾo/ *sm* fichário, arquivo ■ **escribir en el fichero** escrever no fichário

ficticio, -a /fik'tiθjo, a/ *adj* **1** fictício **2** imaginário **3** falso **4** inventado **5** simulado ■ **historia ficticia** história fictícia

fidelidad /fiðeli'ðað/ *sf* **1** fidelidade, lealdade **2** firmeza, exatidão ■ **fidelidad entre las parejas** fidelidade entre os casais

fideo /fi'ðeo/ *sm* **1** macarrão, **2** pessoa muito magra ■ **comer fideo** comer macarrão

fiebre /'fjeβɾe/ *sf* **1** febre **2** agitação ■ **fiebre amarilla** febre amarela

fiel /'fjel/ *adj, sm, sf* **1** fiel **2** leal **3** verídico **4** seguro, exato, preciso **5** fiel, crente, devoto **6** ponteiro (balança) ■ **perro fiel** cachorro fiel

fiera /'fjeɾa/ *sm, sf* **1** fera, bicho **2** animal selvagem **3** pessoa cruel ■ **ser un o una fiera** ser fera (destacar-se)

fiesta /'fjesta/ *sf* **1** festa, solenidade **2** diversão, alegria **3** comemoração ■ **fiesta de bienvenida** festa de boas vindas

fijación /fixa'θjon/ *sf* **1** fixação, obsessão ■ **fijación del ejercicio** fixação do exercício

fijar /fi'xaɾ/ *vtr* **1** fixar, firmar, pregar, colar, prender, segurar **2** imprimir **3** assinalar **4** estabelecer **5** notar, reparar, prestar atenção ■ **fíjate, este es un asunto importante** preste atenção, este é um assunto importante

fijo, -a /'fixo, a/ *adj, adv* **1** fixo, firme, consistente, pregado **2** invariável, permanente ■ **mirada fija** olhar fixo

fila /'fila/ *sf* **1** fila, fileira **2** ordem **3** ala **4** disposição, alinhamento ■ **en fila india** em fila indiana

filantropía /filantɾo'pia/ *sf* **1** filantropia **2** beneficência ■ **filantropía en la vida** filantropia na vida

filatelia /fila'telja/ *sf* filatelia ■ **amantes de la filatelia** amantes da filatelia

filete /fi'lete/ *sm* **1** filé (de carne ou peixe) **2** filete ■ **comer un filete** comer um filé de carne

filfa /'filfa/ *sf* fofoca, mentira, boato, diz-que-diz, falatório ■ **hablar una filfa** falar uma mentira

filiación /filja'θjon/ *sf* **1** filiação **2** origem **3** alistamento ■ **filiación de las personas** filiação das pessoas

film /'film/ *sm* filme, película ■ **ver un film** ver um filme

filmación /filma'θjon/ *sf* filmagem, gravação em filme ■ **buena filmación** boa filmagem

filo /'filu/ *sm* **1** fio, corte, gume ■ **de doble filo** de dois gumes **2** preparar-se (estudando) ■ **darse un filo a la lengua** falar (de alguém) pelas costas

filón /fi'lon/ *sm* **1** filão, veio, fonte **2** negócio rentável ■ **hacer un filón** fazer um negócio rentável

filosofía /filoso'fia/ *sf* **1** filosofia **2** serenidade e firmeza para enfrentar os reveses da vida ■ **filosofía de vida** filosofia de vida

filósofo, -a /fi'losofo, a/ *sm, sf* **1** filósofo **2** pensador ■ **filósofo Sócrates** filósofo Sócrates

filtrador /fiw'tɾa'ʃi/ *adj* filtro, aparelho ou dispositivo próprio para filtrar ■ **filtrador del aire** filtro de ar

final /fi'naw/ *adj, sm, sf* **1** final, desfecho **2** fim, término ■ **final del libro** final do livro

finalidad /finali'ðað/ *sf* finalidade, objetivo, fim ■ **finalidad del proyecto** finalidade do projeto

financiar /finan'θjaɾ/ *vtr* financiar ■ **financiar un coche** financiar um carro

finca /'fiŋka/ *sf* **1** casa de campo **2** sítio, granja, propriedade rural ■ **vivir en una finca** viver em um sítio

fineza /fi'neθa/ *sf* fineza, delicadeza ■ **fineza de la mujer** fineza da mulher

fingimiento /finxi'mjento/ *sm* fingimento, farsa, simulação ■ **fingimiento de las personas** fingimento das pessoas

finito, -a /fi'nito, a/ *adj* **1** finito **2** limitado **3** transitório ■ **el amor es finito** o amor é finito

fino, -a /'fino, a/ *adj, sm, sf* **1** fino, delgado, delicado **2** elegante **3** astuto, hábil **4** liso (superfície) ■ **tejido fino** tecido fino

finura /fi'nura/ *sf* **1** finura, delicadeza **2** astúcia **3** cortesia, educação ■ **finura de la piel** finura da pele

firma /'firma/ *sf* **1** firma, assinatura **2** empresa ■ **firma en blanco** carta branca

firmar /fir'mar/ *vtr, vi* firmar, assinar ■ **firmar en blanco** assinar em branco (prova de confiança)

firme /'firme/ *adj* **1** firme, estável, fixo **2** constante **3** enérgico, duro ■ **relación firme** relação estável

firmeza /fir'meθa/ *sf* **1** firmeza, estabilidade **2** dureza **3** persistência ■ **firmeza en la vida** firmeza na vida

fiscal /fis'kal/ *adj, sm, sf* **1** fiscal **2** interventor eleitoral ■ **fiscal de la prueba** fiscal da prova

fiscalización /fiskaliθa'θjon/ *sf* **1** fiscalização **2** controle ■ **fiscalización electrónica** fiscalização eletrônica

fisco /'fisko/ *sm* fisco, tesouro público ■ **funcionario del fisco** funcionário do tesouro público

fisgón, -a /fis'γon, ona/ *adj, sm, sf* bisbilhoteiro, intrometido, xereta ■ **persona fisgona** pessoa bisbilhoteira

físico, -a /'fisiko, a/ *adj, sm, sf* **1** físico, corpóreo, material **2** corpo, qualidades exteriores do homem **3** profissional da área de Física ■ **maestro de física** professor de física

fisionomía /fizjono'mia/ *sf* fisionomia, aparência, aspecto ■ **fisionomía de las personas** fisionomia das pessoas

fisioterapeuta /fizjoteɾa'pewta/ *sm, sf* fisioterapeuta ■ **profesión de fisioterapeuta** profissão de fisioterapeuta

fisura /fi'sura/ *sf* **1** fissura **2** fenda **3** ulceração ■ **fisura en algo** fissura em algo

flácido, -a /'flaθiðo, a/ *adj* flácido, mole, fraco, débil ■ **músculo flácido** músculo flácido

flaco, -a /'flako, a/ *adj* **1** magro **2** fraco, débil fraco, fraqueza ou defeito moral ■ **punto flaco** /'flako, a/ *adj* ponto fraco, defeito

flagelar /flaxe'lar/ *vtr, vi* **1** flagelar, castigar, punir **2** fustigar, censurar ■ **flagelar una persona** flagelar uma pessoa

flagelo /fla'xelo/ *sm* **1** flagelo **2** chicote **3** castigo, punição **4** calamidade, praga ■ **flagelo de la peste** flagelo da peste

flagrante /fla'xrante/ *adj* flagrante ■ **flagrante de traición** flagrante de traição

flamante /fla'mante/ *adj* **1** flamejante, chamejante, reluzente, resplandecente **2** novo, recente, deslumbrante ■ **ropa flamante** roupa reluzente

flamear /flame'ar/ *vtr, vi* **1** flamejar, chamejar, lançar chamas **2** brilhar, reluzir **3** ondular ■ **flamear al viento** ondular ao vento

flamenco, -a /fla'menko, a/ *adj, sm, sf* **1** flamengo **2** flamenco (dança) **3** flamingo, ave **4** faca, navalha ■ **bailar flamenco** dançar flamenco

flan /'flan/ *sm* flã, pudim de caramelo ■ **comer flan** comer flã

flanco /'flaŋko/ *sm* **1** flanco, cada lado do corpo humano **2** costado (parte lateral de um navio) **3** lado, cada quarto traseiro de um animal ■ **flanco derecho** costado direito

flanera /fla'nera/ *sf* fôrma de pudim ■ **dulce en la flanera** doce na fôrma de pudim

flaquear /flake'ar/ *vi* **1** fraquejar, enfraquecer **2** decair ■ **flaquear el enemigo** fraquejar o inimigo

flaqueza /fla'keθa/ *sf* fraqueza, debilidade, fragilidade ■ **sacar fuerzas de flaqueza** fazer um esforço sobrenatural

144

formativo

flatulencia /flatu'lenθja/ *sf* flatulência ■ **soltar flatulencia** soltar flatulência

flauta /'flawta/ *sm, sf* **1** flauta **2** flautista ■ **sonar la flauta** tocar flauta

flecha /'fletʃa/ *sf* flecha, seta ■ **flecha para la izquierda** seta para a esquerda

fleco /'fleko, a/ *sm* franja (de tecido) ■ **fleco recto** franja reta

flema /'flema/ *sf* **1** escarro **2** flegma, indiferença, lentidão ■ **flema entre las personas** indiferença entre as pessoas

flequillo /fle'kiʎo/ *sm* franja (de cabelos) ■ **flequillo para el lado** franja para o lado

fletar /fle'tar/ *vtr* **1** fretar **2** alugar um veículo ou embarcação ■ **fletar un coche** fretar um carro

flete /'flete/ *sm* **1** frete, preço de transporte de carga por qualquer meio ■ **flete aéreo** frete aéreo **2** cavalo veloz

flexibilidad /fleksiβili'ðaθ/ *sf* flexibilidade, elasticidade, maleabilidade ■ **flexibilidad en la relación** flexibilidade na relação

flexible /flek'siβle/ *adj* **1** flexível, maleável **2** elástico **3** fio condutor elétrico **4** flexível, dócil ■ **ser flexible** ser flexível

flexión /flek'sjon/ *sf* **1** flexão **2** curvatura **3** flexão (das palavras) ■ **flexión de las palabras** flexão das palavras

flexionar /fleksjo'nar/ *vtr* **1** flexionar **2** curvar ■ **flexionar el cuerpo** flexionar o corpo

flirtear /flirte'ar/ *vi* flertar, paquerar, namorar ■ **flirtear una mujer** paquerar uma mulher

flirteo /flir'teo/ *sm* flerte, paquera ■ **flirteo de los novios** paquera dos namorados

flojear /floxe'ar/ *vi* **1** afrouxar **2** fraquejar ■ **flojear la cuerda** afrouxar a corda

flojedad /floxe'ðaθ/ *sf* **1** frouxidão **2** fraqueza, debilidade ■ **flojedad de la vida** frouxidão da vida

flojo, -a /'floxo, a/ *adj, sm, sf* **1** frouxo, mole, brando **2** fraco, débil **3** indolente, preguiçoso ■ **hombre flojo** homem mole

flor /'flor/ *sf* **1** flor **2** elite, nata **3** virgindade ■ **a la flor de agua** à flor d'água

floración /flora'θjon/ *sf* floração ■ **floración en el campo** floração no campo

florecer /flore'θer/ *vi* **1** florescer **2** expandir-se, abrir-se **3** prosperar ■ **florecer en la primavera** florescer na primavera

florecimiento /floreθi'mjento/ *sm* **1** florescimento **2** desenvolvimento, prosperidade, crescimento ■ **florecimiento de las plantas** florescimento das plantas

florero, -a /flo'rero, a/ *sm, sf* **1** vaso, jarro para flores **2** florista, pessoa que vende flores **3** trapaceiro (no jogo), lisonjeiro ■ **comprar un florero** comprar um jarro para flores

florescencia /flores'θenθja/ *sf* **1** florescência **2** brilho, esplendor ■ **florescencia de la vida** brilho da vida

floresta /flo'resta/ *sf* floresta, mata ■ **floresta verde** floresta verde

floricultor, -a /florikul'tor, a/ *sm, sf* floricultor ■ **trabajo de floricultor** trabalho de floricultor

flota /'flota/ *sf* **1** frota **2** multidão **3** fanfarronice ■ **flota de camiones** frota de caminhões

flotador /flota'ðor, a/ *adj* **1** flutuador, flutuante **2** boia ■ **navío flotador** navio flutuador

flotante 1 flutuante, flutuador **2** fanfarrão ■ **objeto flotante** objeto flutuante

flotar /flo'tar/ *vi* **1** flutuar, boiar **2** capacidade para sair de apuros ■ **flotar en el agua** boiar na água

flote /'flote/ *sm* flutuação ■ **a flote** à superfície

fluctuación /fluktwa'θjon/ *sf* oscilação, variação ■ **fluctuación del mar** oscilação do mar

fluidez /flwi'ðeθ/ *sf* fluidez, fluência ■ **hablar con fluidez** falar fluentemente

fluido, -a /'flu'ir/ *vi* **1** fluido, líquido, diluído **2** fluente **3** gás ou líquido, fluxo ■ **linguagem fluido** linguagem fluente

fluir /'flu'ir/ *vi* **1** fluir **2** derivar de **3** brotar ■ **fluir las palabras** fluir as palavras

focal /fo'kal/ *adj* focal ■ **distancia focal** distância focal

foco /'foko/ *sm* **1** foco **2** ponto central, alvo ■ **foco del trabajo** foco do trabalho

fofo, -a /'fofo, a/ *adj* fofo, macio, brando ■ **perrito fofo** cachorrinho fofo

fogata /fo'rata/ *sf* fogueira ■ **hacer una fogata** fazer uma fogueira

fogón /fo'ron/ *sm* **1** fogão **2** lareira **3** fornalha **4** reunião ao redor do fogo ■ **fogón eléctrico** fogão elétrico

fogonazo /foro'naθo/ *sm* **1** chama, labareda ■ **fogonazo de la pasión** chama da paixão

fogosidad /forosi'ðaθ/ *sf* **1** fogosidade **2** impetuosidade **3** vivacidade ■ **fogosidad del amor** fogosidade do amor

foliación /folja'θjon/ *sf* **1** numeração das páginas de um livro **2** folheação, aparecimento de folhas nas plantas ■ **foliación de las plantas** folheação das plantas

folio /'foljo/ *sm* **1** fólio, folha (de livro, de caderno) **2** folha numerada ■ **folio rosa** folha rosa

follaje /fo'ʎaxe/ *sm* **1** folhagem **2** floreado (na escrita) ■ **follaje en el campo** folhagem no campo

folletín /foʎe'tin/ *sm* folhetim, novela (de rádio, de tevê) ■ **ver el folletín** ver a novela

folleto /fo'ʎeto/ *sm* folheto, impresso ■ **leer el folleto** ler o folheto

follón, -ona /fo'ʎon/ *sm* **1** frouxo, mole **2** preguiçoso confusão, baderna, bagunça, folia ■ **hombre follón** homem frouxo

fomentar /fomen'tar/ *vtr* **1** fomentar **2** promover **3** dar calor, propiciar ■ **fomentar los sueños** fomentar os sonhos

fonda /'fonda/ *sf* **1** hospedaria, estalagem **2** taberna ■ **dormir en una fonda** dormir numa hospedaria

fondo /'fondo/ *sm* fundo, que tem profundidade ■ **fondo del alma** funda da alma

fonología /fonolo'xia/ *sf* fonologia ■ **estudiar fonología** estudar fonologia

fontanero, -a /fonta'nero, a/ *sm, sf* encanador ■ **llamar al fontanero** chamar o encanador

forajido, -a /fora'xiðo, a/ *adj, sm, sf* foragido, fugitivo ■ **hombre forajido** homem foragido

forcejear /forse'jaR/ *vtri, vi* **1** lutar, resistir **2** contradizer ■ **forcejear siempre** lutar sempre

forja /'foRʒa/ *sf* forja, ferraria ■ **forja para trabajar** forja para trabalhar

forma /'foRma/ *sf* **1** forma, figura **2** feitio, aparência **3** forma, molde, modelo ■ **forma del dibujo** forma do desenho

formación /forma'θjon/ *sf* **1** formação **2** composição, criação ■ **formación académica** formação acadêmica

formal /for'mal/ *adj* **1** formal **2** sério, grave ■ **ropa formal** roupa formal

formalidad /formali'ðaθ/ *sf* **1** formalidade **2** seriedade **3** compostura **4** atenção **5** cerimônia ■ **formalidad en el trabajo** formalidade no trabalho

formativo /forma'tiβo, a/ *adj* formativo ■ **trabajo formativo** trabalho formativo

145

formato

formato /forˈmato/ *sm* 1 formato, feitio 2 disposição para formalizar os dados de um documento ■ **formato único** formato único

formidable /formiˈðaβle/ *adj* 1 formidável, de tamanho enorme 2 espantoso 3 estupendo, magnífico, muito bom ■ **actitud formidable** atitude formidável

fórmula /ˈformula/ *sf* 1 fórmula 2 regra 3 praxe **por fórmula** só para constar, pro forma ■ **fórmula de la felicidad** fórmula da felicidade

foro /ˈforo/ *sm* foro, fórum ■ **proceso en el foro** processo no fórum

forraje /foˈraxe/ *sm* 1 forragem 2 pasto ■ **forraje del suelo** forragem do chão

fortalecer /fortaleˈθer/ *vtr* 1 fortalecer 2 consolidar ■ **fortalecer el cuerpo** fortalecer o corpo

fortaleza /fortaˈleθa/ *sf* fortaleza, fortificação ■ **fortaleza del corazón** fortaleza do coração

fortificar /fortifiˈkar/ *vtr* 1 fortificar 2 fortalecer 3 fortalecer-se ■ **fortificar los sentimientos** fortificar os sentimentos

fortuna /forˈtuna/ *sf* fortuna, sorte, destino ■ **ganar una fortuna** ganhar uma fortuna

forzado, -a /forˈθaðo, a/ *adj* 1 forçado 2 simulado 3 constrangido ■ **sonrisa forzada** sorriso forçado

forzar /forˈθar/ *vtr* 1 forçar 2 coagir 3 abusar, violentar, estuprar ■ **forzar un sentimiento** forçar um sentimento

fosforescer /fosforesˈθer/ *vi* fosforescer, brilhar ■ **fosforescer los colores** fosforescer as cores

fósil /ˈfosil/ *adj, sm* 1 fóssil 2 velho, antiquado ■ **descobrir un fósil** descobrir um fóssil

foso /ˈfoso/ *sm* 1 fosso, escavação, vala 2 alçapão (no teatro) ■ **hacer un foso** fazer uma escavação

foto /ˈfoto/ *sf* foto, fotografia ■ **sacar foto** tirar foto

fotograbado /fotoɣraˈβaðo/ *sm* fotogravura ■ **hacer fotograbado** fazer fotogravura

fotografía /fotoɣraˈfia/ *sf* 1 fotografia 2 cópia fiel ■ **fotografía de la familia** fotografia da família

fotógrafo, -a /foˈtoɣrafo, a/ *sm, sf* fotógrafo ■ **fotógrafo de la fiesta** fotógrafo da festa

fotonovela /fotonoˈβela/ *sf* fotonovela ■ **ver fotonovela** ver fotonovela

fracaso /fraˈkaso/ *sm* 1 fracasso, estrondo de coisa se arrebentando 2 frustração 3 infortúnio 4 desastre 5 ruína ■ **fracaso en el trabajo** fracasso no trabalho

fracción /frakˈθjon/ *sf* fração, parte, porção ■ **fracción de la cuenta** fração da conta

fragancia /fraˈranθja/ *sf* 1 fragrância, aroma suave, perfume 2 fama, renome ■ **fragancia de la mujer** fragrância da mulher

frágil /ˈfraxil/ *adj* frágil, fraco, inconsistente ■ **mercadoria frágil** mercadoria frágil

fragmento /fraɣˈmento/ *sm* fragmento, parte, porção ■ **fragmento de la canción** fragmento da música

fragor /fraˈɣoR/ *sm* fragor, estrondo, estrépito, estouro, ruído ■ **fragor de la construcción** estrondo da construção

frambuesa /framˈbwesa/ *sf* framboesa ■ **comer frambuesa** comer framboesa

francmasón, -a /fraŋkmaˈson, ona/ *adj* maçom ■ **hombre francmasón** homem maçom

franco, -a /ˈfraŋko/ *adj* 1 franco 2 generoso 3 livre, aberto 4 expansivo 5 franco (moeda francesa, belga e suíça) ■ **persona franca** pessoa franca

franela /fraˈnela/ *sf* flanela ■ **franela para limpiar** flanela para limpar

franja /ˈfraŋxa/ *sf* faixa, galão (de tecido) ■ **franja amarilla** faixa amarela

franqueo /fraŋˈkeo/ *sm* 1 franquia 2 alforria ■ **empresa de franqueo** empresa de franquia

franqueza /fraŋˈkeθa/ *sf* 1 franqueza 2 isenção 3 privilégio 4 sinceridade, confiança ■ **franqueza de las personas** franqueza das pessoas

frase /ˈfrase/ *sf* frase ■ **frase hecha** frase feita

fraternal /fraterˈnal/ *adj* fraternal, fraterno ■ **persona fraternal** pessoa fraternal

fraude /ˈfrawðe/ *sm* fraude, engano, má-fé ■ **fraude del gobierno** fraude do governo

frecuencia /freˈkwenθja/ *sf* frequência, repetição seguida de ação ou fato ■ **frecuencia de la canción** frequência da música

fregar /freˈɣar/ *vtr* 1 esfregar, friccionar 2 incomodar, aborrecer, amolar 3 teimar 4 esfregar-se, passar a mão, bolinar ■ **fregar el suelo** esfregar o chão

frenar /freˈnar/ *vtr, vi* 1 frear 2 refrear 3 brecar 4 oprimir ■ **frenar el coche** frear o carro

frenético, -a /freˈnetiko, a/ *adj* frenético, agitado, raivoso ■ **niño frenético** menino agitado

freno /ˈfreno/ *sm* freio ■ **freno del coche** freio do carro

frente /ˈfrente/ *sf, sm* 1 testa 2 semblante, rosto 3 parte frontal ■ **golpear la frente** bater a testa

fresa /ˈfresa/ *sf* 1 morango 2 fresa, broca ■ **comer fresa** comer morango

frescor /fresˈkor/ *sm* frescor, frescura, viço ■ **frescor de la casa** frescor da casa

frialdad /frialˈdað/ *sf* 1 frieza 2 frigidez 3 indiferença, desinteresse, desânimo ■ **frialdad de las personas** indiferença das pessoas

fricción /frikˈθjon/ *sf* 1 fricção, atrito 2 desavença, desacordo ■ **fricción entre las personas** desavença entre as pessoas

frigorífico, -a /friɣoˈrifiko, a/ *adj, sm, sf* frigorífico, geladeira ■ **carne en el frigorífico** carne no frigorífico

frío, -a /ˈfrio, a/ *adj* 1 frio, gélido 2 frígido, indiferente (ao prazer sexual) 2 indiferente, insensível 3 sem graça ■ **frío en la noche** frio na noite

fritada /friˈtada/ *sf* fritada ■ **fritada de carne** fritada de carne

frito, -a /ˈfrito, a/ *pp* frito, fritada ■ **pollo frito** frango frito

frívolo, -a /ˈfriβolo/ *adj, sm, sf* frívolo, fútil, superficial ■ **persona frívola** pessoa fútil

frontera /fronˈtera/ *sf* 1 fronteira 2 limite 3 fachada ■ **quedar en la frontera** ficar no limite

fructificar /fruktifiˈkar/ *vi* 1 frutificar 2 dar resultados, ser proveitoso ■ **fructificar en el trabajo** dar resultados no trabalho

fruslería /frusleˈria/ *sf* 1 ninharia, futilidade 2 tolice ■ **fruslería en el mundo** futilidade no mundo

frustración /frustraˈθjon/ *sf* frustração ■ **frustación en el trabajo** frustação no trabalho

fruta /ˈfruta/ *sf* fruta, fruto ■ **fruta verde** fruta verde

frutería /fruteˈria/ *sf* banca de frutas, quitanda ■ **comprar en la frutería** comprar na quitanda

frutilla /fruˈtiʎa/ *sf* morango ■ **pastel de frutilla** bolo de morango

fruto /ˈfruto/ *sm* 1 fruto 2 produto 3 resultado ■ **fruto prohibido** fruto proibido

fuego /ˈfweɣo/ *sm* 1 fogo, lume, labareda 2 ardor, paixão, entusiasmo ■ **fuego del amor** fogo do amor

futuro

fuente /'fwente/ *sf* **1** fonte, manancial **2** chafariz **3** travessa (para servir comida) **4** origem, fundamento ■ **fuente del agua** fonte de água

fuera /'ir/ *vi* fora, afora ■ **fuera de casa** fora de casa

fuerte /'fwerte/ *adj, sm* **1** forte, resistente **2** enérgico **3** violento ■ **hombre fuerte** homem forte

fuerza /for'θar/ *vtr* **1** força, resistência **2** eficácia **3** energia **4** solidez ■ **fuerza en el brazo** força no braço

fuga /'fuɣa/ *sf* **1** fuga, escape **2** saída ■ **fuga de la cela** fuga da prisão

fugaz /fu'ɣaθ/ *adj* fugaz, efêmero ■ **persona fugaz** pessoa fugaz

fugitivo, -a /fuxi'tiβo, a/ *adj, sm, sf* **1** fugitivo **2** breve, efêmero ■ **coger el fugitivo** pegar o fugitivo

fulano, -a /fu'lano, a/ *sm, sf* fulano, uma pessoa qualquer ■ **conocer fulano** conhecer fulano

fulgor /ful'ɣor/ *sm* fulgor, esplendor, brilho ■ **fulgor de las personas** brilho das pessoas

fulminar /fulmi'nar/ *vtr* **1** fulminar **2** bombardear **3** aniquilar ■ **fulminar alguien** fulminar alguém

fumar /fu'mar/ *vtr, vi* **1** fumar **2** fumegar **3** desperdiçar, torrar dinheiro, jogar dinheiro pela janela ■ **fumar hace daño a la salud** fumar faz dano para a saúde

fumigar /fumi'rar/ *vtr* **1** fumegar, defumar **2** desinfetar ■ **fumigar la carne** defumar a carne

función /fun'θjon/ *sf* **1** função **2** exercício **3** cargo **4** sessão pública ■ **función de las frases** função das frases

funcionamiento /funθjona'mjento/ *sm* funcionamento ■ **funcionamiento de las máquinas** funcionamento de máquinas

funcionario, -a /funθjo'narjo, a/ *adj* sm, sf funcionário ■ **funcionario público** funcionário público

funda /'funda/ *sf* **1** capa **2** bolsa **3** invólucro, estojo, fronha ■ **funda roja** capa vermelha

fundación /funda'θjon/ *sf* **1** fundação, instituição **2** princípio ■ **fundación teórica** fundação teórica

fundamento /funda'mento/ *sm* **1** fundamento **2** princípio, base ■ **fundamento lingüístico** fundamento linguístico

fundición /fundi'θjon/ *sf* fundição ■ **fundición del motor** fundição do motor

fúnebre /'funeβre/ *adj* **1** fúnebre **2** triste **honras fúnebres** exéquias ■ **día fúnebre** dia fúnebre

funeral /fue'ral/ *adj, sm* **1** funeral **2** velório ■ **funeral de un pariente** funeral de um parente

furgoneta /furɣo'neta/ *sf* caminhonete ■ **tener una furgoneta** ter uma caminhonete

furia /'furja/ *sf* **1** fúria, ira, cólera **2** pressa **3** pessoa muito irritada ■ **a toda furia** a toda a velocidade

furioso, -a /fu'rjoso, a/ *adj* **1** furioso, raivoso **2** violento **3** terrível ■ **quedar furioso** ficar furioso

furor /fu'ror/ *sm* furor, fúria, cólera ■ **furor de las personas** fúria das pessoas

fusil /fu'sil/ *sm* **1** fuzil **2** espingarda ■ **fusil es peligroso** fuzil é perigoso

fusión /fu'sjon/ *sf* **1** fusão **2** fundição **3** liga, mistura ■ **fusión de lenguas** fusão de línguas

fútbol /'futβol/ *sm* futebol ■ **jugar fútbol** jogar futebol

futbolín /futbo'lin/ *sm* pebolim ■ **jugar futbolín** jogar pebolim

fútil /'futil/ *adj* **1** fútil, frívolo, leviano **2** inútil, insignificante ■ **vida fútil** vida fútil

futuro, -a /fu'turo, a/ *adj, sm, sf* futuro, porvir, tempo vindouro ■ **futuro de los niños** futuro das crianças

G

ABCDEFGHIJKLMNOPQRSTUVWXYZ

g /'xe/ *sf, sm* oitava letra do alfabeto espanhol ∎ **g de gabinete** g de gabinete

gabán /ga'βan/ *sm* capote, sobretudo, abrigo ∎ **gabán gris** capote cinza

gabinete /gaβi'nete/ *sm* **1** gabinete **2** camarim ∎ **gabinete del prefecto** gabinete do prefeito

gaceta /ga'θeta/ *sf* **1** gazeta, jornal **2** periódico ∎ **leer la gaceta** ler a gazeta

gacetilla /gaθe'tiʎa/ *sf* **1** notícia curta **2** seção de jornal **3** fofoca ∎ **leer la gacetilla** ler uma fofoca

gacha /'gatʃo, a/ *adj* **1** papinha, massa mole **2** lama, lodo ∎ **gacha del niño** papinha da criança

gacho, -a /'gatʃo, a/ *adj* **1** curvo **2** inclinado ∎ **llevar las orejas gachas** estar abatido

gafa /'gafa/ *sf* gancho ∎ **gafa grande** gancho grande

gaita /'gajta/ *sm, sf* gaita (de fole) ∎ **tocar gaita** tocar gaita

gajo /'gaxo/ *sm* **1** galho, ramo **2** chifre ∎ **gajo grande** galho grande

gala /'gala/ *sf* **1** gala **2** festa **3** ornamento ∎ **ropa de gala** roupa de gala

galán /ga'lan/ *sm* **1** galã, ator principal **2** galante, de boa aparência ∎ **hombre galán** homem galã

galante /ga'lante/ *adj* **1** galante, bonito **2** gentil, educado, cortês ∎ **hombre galante** homem galante

galantear /galante'ar/ *vtr* **1** galantear, cortejar **2** ser amável ∎ **galantear una mujer** galantear uma mulher

galaxia /ga'laksja/ *sf* galáxia ∎ **estrellas de la galaxia** estrelas da galáxia

galera /ga'lera/ *sf* **1** galera (embarcação) **2** cartola **3** chapéu-coco ∎ **galera grande** galera grande

galería /gale'ria/ *sf* **1** galeria (em edifício, mina, teatro) **2** corredor **3** local de exposição de pintura ∎ **galería de fotos** galeria de fotos

gallego, -a /ga'ʎeɣo, a/ *adj, sm, sf* galego ∎ **español gallego** espanhol galego

galleta /ga'ʎeta/ *sf* **1** biscoito, bolacha **2** bofetada **3** porrada ∎ **galleta rellena** bolacha recheada

gallina /ga'ʎina/ *adj, sm, sf* **1** galinha **2** covarde ∎ **mujer gallina** mulher galinha

gallinero, -a /gaʎi'nero, a/ *adj, sm, sf* galinheiro ∎ **gallinero sucio** galinheiro sujo

gallo /'gaʎo/ *sm* **1** galo **2** valentão ∎ **hombre gallo** homem valentão

galo, -a /'galo, a/ *adj, sm, sf* gaulês ∎ **pueblo galo** povo gaulês

galón /ga'lon/ *sm* **1** galão **2** enfeite ∎ **galón de bebida** galão de bebida

galopín /galo'pin/ *sm* **1** garoto **2** gaiato **3** vadio **4** patife ∎ **galopín pequeño** garoto pequeno

galpón /gal'pon/ *sm* galpão, depósito ∎ **galpón de objetos** galpão de objetos

gama /'gama/ *sf* **1** gama **2** escala musical **3** escala de cores ∎ **gama grande** gama grande

gamo /'gamo, a/ *sm, sf* gamo, veado ∎ **gamo en la selva** gamo na selva

gana /'gana/ *sf* gana, vontade, apetite, desejo ∎ **ganas de dormir** vontade de dormir

ganadería /ganaðe'ria/ *sf* **1** criação de gado **2** gado, rebanho ∎ **ganadería en la hacienda** criação de gado na fazenda

ganado, -a /ga'naðo, a/ *adj* sm gado ∎ **ganado en el campo** gado no campo

ganancia /ga'nanθja/ *sf* **1** ganância **2** ganho, lucro **3** utilidade ∎ **ganancia por dinero** ganância por dinheiro

ganancial /ganan'θjal/ *adj* lucrativo, rendoso ∎ **trabajo ganancial** trabalho lucrativo

ganapán /gana'pan/ *sm* **1** boia-fria, pião, trabalhador não especializado **2** ganha-pão **3** homem rude ∎ **trabajo de ganapán** trabalho de boia-fria

ganar /ga'nar/ *vtr, vi* **1** ganhar, vencer **2** conquistar, lucrar ∎ **ganar la competición** ganhar a competição

ganchillo /gan'tʃiʎo/ *sm* **1** agulha de crochê **2** crochê ∎ **ganchillo en el tejido** agulha de crochê no tecido

gancho /'gantʃo/ *sm* **1** gancho **2** engate ∎ **gancho en el asunto** engate no assunto

gandul, -a /gan'dul/ *adj, sm, sf* vagabundo, desocupado, folgado ∎ **hombre gandul** homem vagabundo

gañir /ga'ɲir/ *vi* **1** ganir **2** grasnar (aves) ∎ **gañir mucho** ganir muito

gansada /gan'saða/ *sf* **1** asneira, besteira, babaquice **2** brincadeira, palhaçada ∎ **gansada grande** asneira grande

ganso, -a /'ganso, a/ *adj, sm, sf* ganso ∎ **hacer el ganso, ser un ganso** fazer palhaçadas

garaje /ga'raxe/ *sm* garagem, estacionamento ∎ **garaje grande** garagem grande

garante /ga'rante/ *adj, sm, sf* **1** fiador **2** responsável ∎ **garante por la casa** responsável pela casa

garantía /garan'tia/ *sf* **1** garantia, penhor, fiança, aval **2** empenho ∎ **garantía del trabajo** garantia do trabalho

garduña /gar'ðuɲa/ *sf* fuinha ∎ **garduña en la selva** fuinha na selva

gargajo /gar'raxo/ *sm* **1** escarro **2** pessoa asquerosa ∎ **gargajo de la nariz** escarro do nariz

garganta /gar'ranta/ *sf* **1** garganta **2** desfiladeiro ∎ **dolor en la garganta** dor na garganta

giba

gargantilla /garˈganˈtiʎa/ *sf* gargantilha ∎ **gargantilla de plata** gargantilha de prata

garita /gaˈrita/ *sf* guarita ∎ **garita de la policía** guarita da polícia

garra /ˈgara/ *sf* garra ∎ **garra del animal** garra do animal

garrafa /gaˈrafa/ *sf* 1 garrafão 2 bujão de gás ∎ **garrafa de plástico** garrafão de plástico

garrapata /garaˈpata/ *sf* carrapato ∎ **garrapata en el perro** carrapato no cachorro

garrido, -a /gaˈriðo, a/ *adj* 1 lindo, elegante 2 agradável ∎ **hombre garrido** homem elegante

gárrulo, -a /ˈgarulo, a/ *adj* falador, tagarela ∎ **mujer gárrula** mulher tagarela

garza /ˈgarθa/ *sf* garça ∎ **garza blanca** garça branca

gaseoso, -a /gaseˈoso, a/ *adj* gasoso ∎ **líquido gaseoso** líquido gasoso

gasificar /gasifiˈkar/ *vtr* gaseificar ∎ **gasificar el líquido** gaseificar o líquido

gasolina /gasoˈlina/ *sf* gasolina ∎ **gasolina para el coche** gasolina para o carro

gasolinera /gasoliˈnera/ *sf* 1 posto de gasolina 2 lancha movida a gasolina ∎ **parar en la gasolinera** parar no posto de gasolina

gasómetro /gaˈsometro/ *sm* gasômetro ∎ **gasómetro está roto** gasômetro está quebrado

gastar /gasˈtar/ *vtr* 1 gastar, consumir 2 usar ∎ **gastar dinero** gastar dinheiro

gastronomía /gastronoˈmia/ *sf* gastronomia ∎ **estudiar gastronomía** estudar gastronomia

gatear /gateˈar/ *vi* 1 engatinhar 2 trepar, subir ∎ **gatear por el suelo** engatinhar pelo chão

gatillo /gaˈtiʎo/ *sm* 1 gatilho 2 tenaz ∎ **apretar el gatillo** apertar o gatilho

gato /ˈgato, a/ *sm, sf* gata ∎ **gata blanca** gata branca

gaucho, -a /ˈgawtʃo, a/ *adj, sm, sf* 1 gaúcho 2 bom, generoso ∎ **cultura gaucha** cultura gaúcha

gaveta /gaˈveta/ *sf* gaveta ∎ **gaveta de madera** gaveta de madeira

gavilán /gaβiˈlan/ *sm* gavião ∎ **gavilán volando** gavião voando

gaviota /gaˈβjota/ *sf* gaivota ∎ **gaviota blanca** gaivota branca

gayola /ˈgajo, a/ *sf* 1 gaiola 2 prisão, cárcere ∎ **gayola de hierro** gaiola de ferro

gel /ˈxel/ *sm* gel ∎ **gel en el pelo** gel no cabelo

gelatina /xelaˈtina/ *sf* gelatina ∎ **comer gelatina** comer gelatina

gélido, -a /ˈxeliðo, a/ *adj* gelado, gélido ∎ **comida gélida** comida gelada

gema /ˈxema/ *adj, inv, sf* gema, pedra preciosa ∎ **gema es un mineral** gema é um mineral

gemelo, -a /xeˈmelo, a/ *adj, sm, sf* gêmeo ∎ **hermano gemelo** irmão gêmeo

gemido /xeˈmiðo, a/ *sm* gemido, lamentação ∎ **gemido del animal** gemido do animal

geminado, -a /xemiˈnaðo, a/ *adj, sm, sf* geminado, duplicado, partido, dividido ∎ **trabajo geminado** trabalho geminado

gemir /xeˈmir/ *vi* gemer ∎ **gemir mucho** gemer muito

genealogía /xenealoˈxia/ *sf* 1 genealogia 2 estirpe, linhagem ∎ **genealogía de la cultura** genealogia da cultura

generación /xeneraˈθjon/ *sf* 1 geração 2 sucessão ∎ **generación de valores** geração de valores

general /xeneˈral/ *adj sm, sf* 1 general 2 geral, comum ∎ **situación general** situação geral

generalidad /xeneraliˈðað/ *sf* 1 generalidade 2 maioria ∎ **generalidad del problema** generalidade do problema

generar /xeneˈrar/ *vtr* 1 gerar, engendrar, procriar 2 produzir, causar ∎ **generar dificultad** gerar dificuldades

genérico, -a /xeˈneriko, a/ *adj, sm, sf* 1 genérico 2 vago, indeterminado ∎ **medicina genérica** remédio genérico

género /ˈxenero/ *sm* 1 gênero 2 ordem, classe 3 caráter ∎ **género textual** gênero textual

generosidad /xenerosiˈðað/ *sf* generosidade, desinteresse, desprendimento ∎ **generosidad de las personas** generosidade das pessoas

generoso, -a /xeneˈroso, a/ *adj* 1 generoso, desprendido 2 altruísta 3 nobre ∎ **persona generosa** pessoa generosa

genético, -a /xeˈnetiko, a/ *adj* genético ∎ **problema genético** problema genético

genial /xeˈnjal/ *adj, adv* 1 genial 2 alegre 3 notável, magnífico, extraordinário ∎ **hombre genial** homem genial

genio /ˈxenjo/ *sm* 1 gênio, índole, caráter 2 talento, aptidão ∎ **genio de la informática** gênio da informática

genital /xeniˈtal/ *adj* genital ∎ **problema genital** problema genital

gente /ˈxente/ *sf* gente, população, povo ∎ **gente rica** gente rica

gentil /xenˈtil/ *adj, sm* 1 gentio, pagão 2 gentil, amável, educado ∎ **ser gentil** ser gentil

gentileza /xentiˈleθa/ *sf* gentileza, amabilidade ∎ **gentileza de las personas** gentileza das pessoas

gentío /xenˈtio/ *sm* muita gente, multidão ∎ **gentío en un mismo lugar** muita gente no mesmo lugar

gentuza /xenˈtuθa/ *sf* gentinha, ralé, povão ∎ **gentuza sin cultura** gentinha sem cultura

genuino, -a /xeˈnwino, a/ *adj* 1 genuíno, puro 2 natural 3 legítimo, verdadeiro ∎ **persona genuina** pessoa genuína

geografía /xeoɣraˈfia/ *sf* geografia ∎ **estudiar geografía** estudar geografia

geología /xeoloˈxia/ *sf* geologia ∎ **estudiar geología** estudar geologia

geometría /xeomeˈtria/ *sf* geometria ∎ **estudiar geometría** estudar geometria

geométrico, -a /xeoˈmetriko, a/ *adj* 1 geométrico 2 exato ∎ **formato geométrico** formato geométrico

gerencia /xeˈrenθja/ *sf* 1 gerência (cargo, local, duração) 2 administração ∎ **gerencia de la empresa** gerência da empresa

gerente /xeˈrente/ *sm, sf* 1 gerente 2 administrador 3 empresário 4 supervisor ∎ **gerente de la tienda** gerente da loja

germen /ˈxermen/ *sm* 1 germe, embrião 2 princípio, começo, origem ∎ **germen en el vientre** embrião no ventre

germinar /xermiˈnar/ *vi* 1 germinar, brotar 2 principiar, começar ∎ **germinar la semilla** germinar a semente

gestación /xestaˈθjon/ *sf* 1 gestação, gravidez 2 elaboração 3 incubação ∎ **gestación de 9 meses** gestação de 9 meses

gestar /xesˈtar/ *vtr* 1 gestar 2 incubar ∎ **gestar temprano** gestar cedo

gestión /xesˈtjon/ *sf* 1 gestão 2 administração 3 gerência 4 solicitação, diligência ∎ **nueva gestión** nova gestão

gesto /ˈxesto/ *sm* 1 gesto, aceno, sinal 2 fisionomia, expressão 3 careta, mímica ∎ **gesto simbólico** gesto simbólico

giba /ˈxiβa/ *sf* 1 corcova, corcunda 2 doença, indisposição ∎ **giba grande** corcova grande

G

149

gigante

gigante /xi'ɣante, a/ *sm, sf* **1** gigante **2** coisa enorme, colossal, descomunal ■ **hombre gigante** homem gigante

gigantesco, -a /xiɣan'tesko, a/ *adj* gigantesco ■ **amor gigantesco** amor gigantesco

gigoló /jixo'lo/ *sm* gigolô ■ **ser un gigoló** ser um gigolô

gilipollez /xilipo'ʎeθ/ *sf* estupidez, idiotice, cretinice ■ **gilipollez de las personas** estupidez das pessoas

gimnasio /xim'nasjo/ *sm* **1** ginásio **2** centro de esportes **3** ginástica, exercícios físicos ■ **deportes en el gimnasio** esporte no ginásio

gimnasta /xim'nasta/ *sm, sf* ginasta, atleta ■ **mujer gimnasta** mulher ginasta

gineceo /xine'θeo/ *sm* gineceu ■ **gineceo de la planta** gineceu da planta

ginecología /xinekolo'xia/ *sf* ginecologia ■ **estudiar ginecología** estudar ginecologia

gira /'xira/ *sf* **1** excursão **2** passeio, viagem de lazer ■ **gira por la ciudad** passeio pela cidade

girar /xi'rar/ *vi, vtr* **1** girar, dar voltas **2** percorrer ■ **girar por la cuadra** girar pela quadra

giro /'xiro/ *sm* **1** giro, volta **2** rotação ■ **giro fuerte** giro forte

gitano, -a /xi'tano, a/ *adj, sm, sf* cigano ■ **hombre gitano** homem cigano

glacial /gla'θjal/ *adj* **1** glacial, gelado **2** insensível ■ **era glacial** era glacial

glande /'glande/ *sm* glande ■ **problema en el glande** problema na glande

glándula /'glandula/ *sf* glândula ■ **glándulas del cuerpo** glândulas do corpo

globalizar /gloβali'θar/ *vtr* globalizar ■ **globalizar los problemas** globalizar os problemas

globo /'gloβo/ *sm* **1** globo **2** esfera ■ **globo terrestre** globo terrestre

glóbulo /'gloβulo/ *sm* glóbulo ■ **glóbulo blanco** glóbulo branco

gloria /'glorja/ *sm, sf* glória, fama, renome ■ **gloria en la vida** gloria na vida

glorificar /glorifi'kar/ *vtr* **1** glorificar, enaltecer, exaltar **2** honrar ■ **glorificar a Dios** glorificar a Deus

glorioso, -a /glo'rjoso, a/ *adj* **1** glorioso, famoso **2** memorável **3** ilustre **4** vaidoso ■ **glorioso empleo** glorioso emprego

glosa /'glosa/ *sf* **1** glosa, explicação, comentário, nota (em texto) **2** crítica ■ **glosa grande** glosa grande

glosario /glo'sarjo/ *sm* glossário, vocabulário ■ **glosario del texto** glossário do texto

glotón, -ona /glo'ton, ona/ *adj, sm, sf* glutão, comilão ■ **persona glotona** pessoa comilona

glucemia /glu'θemja/ *sf* glicemia ■ **tener glucemia** ter glicemia

glucosa /glu'kosa/ *sf* **1** glicose **2** dextrose ■ **tener glucosa** ter glicose

gluten /'gluten/ *sm* glúten ■ **comida sin gluten** comida sem glúten

glúteo, -a /'gluteo, a/ *adj* glúteo ■ **problema con el glúteo** problema com o glúteo

gobernador, -a /goβerna'ðor, a/ *adj, sm, sf* governador ■ **gobernador del estado** governador do estado

gobernanta /goβer'nanta/ *sf* **1** governanta **2** mulher mandona, carrasco, megera ■ **contratar una gobernanta** contratar uma governanta

gobernante /goβer'nante/ *adj, sm, sf* governante ■ **gobernante del país** governante do país

gobernar /goβer'nar/ *vtr, vi* **1** governar, administrar **2** dirigir ■ **gobernar bien** governar bem

gobierno /go'βjerno/ *sm* **1** governo, administração **2** ordem, regra **3** autoridade ■ **problema en el gobierno** problema no governo

goce /'goθe/ *sm* **1** gozo, prazer **2** posse **3** proveito ■ **goce de trabajar** prazer em trabalhar

gol /'gol/ *sm* gol ■ **hacer un gol** fazer um gol

gola /'gola/ *sf* **1** garganta **2** gogó **3** gola ■ **gola de la pollera** gola da camiseta

golear /gole'ar/ *vtr* golear ■ **golear el equipo** golear a equipe

golf /'golf/ *sm* golfe ■ **jugar golf** jogar golfe

golfo, -a /'golfo, a/ *adj, sm, sf* golfo ■ **golfo de México** golfo do México

golondrina /golon'drina/ *sf* **1** andorinha **2** filhote da andorinha **3** furúnculo formado na axila ■ **golondrina volando** andorinha voando

golosina /golo'sina/ *sf* guloseima, gulosice ■ **comer golosina** comer guloseima

goloso, -a /go'loso, a/ *adj, sm, sf* guloso, glutão, voraz ■ **niño goloso** menino guloso

golpe /'golpe/ *sm* **1** golpe, pancada **2** choque ■ **golpe del gobierno** golpe do governo

goma /'goma/ *sf* **1** borracha ■ **goma de borrar** borracha de apagar

gordo, -a /'gorðo, a/ *adj, sm, sf* **1** gordo, obeso **2** corpulento ■ **hombre gordo** homem gordo

gordura /gor'ðura/ *sf* gordura, adiposidade ■ **gordura de la comida** gordura da comida

gorila /go'rila/ *sm, sf* **1** gorila **2** guarda-costas ■ **gorila en el zoológico** gorila no zoológico

gorjear /gorxe'ar/ *vi* **1** gorjear, trinar **2** cantar ■ **gorjear bien** cantar bem

gorjeo /gor'xeo/ *sm* gorjeio, trinado ■ **hacer un gorjeo** fazer um gorjeio

gorra /'gora/ *sm* gorro ■ **gorra roja** gorro vermelho

gorrino, -a /go'rino, a/ *adj fig sm, sf* **1** leitão **2** pessoa suja, porca ■ **comer gorrino** comer leitão

gorro /'goro/ *sm* gorro ■ **gorro para la cabeza** gorro para a cabeça

gorrón, -ona /go'ron, ona/ *adj, sm, sf* parasita, aproveitador ■ **persona gorrona** pessoa aproveitadora

gota /'gota/ *sf* gota, pingo ■ **gota de lluvia** gota de chuva

gotear /gote'ar/ *vi* **1** gotejar, pingar **2** destilar ■ **gotear mucho** gotejar muito

gotera /go'tera/ *sf* **1** goteira **2** arredores (de uma casa) ■ **gotera en la casa** goteira na casa

gozar /go'θar/ *vtr, vi* **1** gozar **2** possuir **3** usufruir **4** lucrar ■ **gozar de alguien** gozar de alguém

gozne /'goθne/ *sm* **1** dobradiça **2** gonzo ■ **gozne grande** gonzo grande

gozo /'goθo/ *sm* **1** gozo, usufruto **2** prazer, sastisfação ■ **gozo en trabajar** satisfação em trabalhar

grabado, -a /gra'βaðo/ *vtr* gravado ■ **dejar grabado** deixar gravado

grabador, -a /graβa'ðor, a/ *adj, sm, sf* gravador ■ **grabador de cinta** gravador de fitas

grabar /gra'βar/ *vtr* gravar (imagem ou som), esculpir, cinzelar, entalhar, imprimir, estampar, fixar ■ **grabar un trabajo** gravar um trabalho

grupo

gracejo /graˈseju/ *sm* gracejo, graça, brincadeira ■ **gracejo de niño** brincadeira de criança

gracia /ˈɡɾaθja/ *sf* **1** graça **2** atrativo ■ **libro de gracia** livro de graça

grada /ˈɡɾaða/ *sf* **1** degrau **2** banco **3** arquibancada ■ **grada de madera** degrau de madeira

gradación /graðaˈθjon/ *sf* gradação ■ **gradación del trabajo** gradação do trabalho

grado /ˈɡɾaðo/ *sm* grau ■ **grado siguiente** grau seguinte

graduación /graðwaˈθjon/ *sf* **1** graduação **2** classificação **3** marca, medida, grau militar ■ **graduación alcohólica** graduação alcoólica

gradual /graˈðwal/ *adj*, *sm* gradual, gradativo ■ **proceso gradual** processo gradual

grafía /graˈfia/ *sf* grafia ■ **buena grafía** boa grafia

gráfico, -a /ˈɡɾafiko/ a/ *adj*, *sm* **1** gráfico **2** claro, vivo ■ **problema gráfico** problema gráfico

grafito /graˈfito/ *sm* grafite ■ **grafito del lápiz** grafite do lápis

grafología /grafoloˈxia/ *sf* grafologia ■ **estudiar grafología** estudar grafologia

gragea /graˈxea/ *sf* drágea ■ **gragea eficiente** drágea eficiente

grajo /ˈɡɾaxo/ *sm* gralha ■ **grajo es una ave** gralha é uma ave

grama /ˈɡɾama/ *sm* gramínea rasteira, grama ■ **grama del suelo** grama do chão

gramatical /gramatiˈkal/ *adj* gramatical ■ **problema gramatical** problema gramatical

gramático, -a /graˈmatiko/ a/ *adj*, *sm*, *sf* **1** gramático **2** gramática ■ **gramática normativa** gramática normativa

gramo /ˈɡɾamo/ *sm* grama, unidade de medida de massa ■ **gramo de comida** grama de comida

gramófono /graˈmofono/ *sm* gramofone, fonógrafo ■ **usar el gramófono** usar o gramofone

gran /ˈɡɾan/ *adj* grande ■ **gran show** grande show

grande /ˈɡɾande/ *adj* grande, desenvolvido, vasto, extenso, avantajado ■ **grande amor** grande amor

grandeza /granˈdeθa/ *sf* **1** grandeza **2** extensão **3** importância ■ **grandeza del corazón** grandeza do coração

grandioso, -a /granˈdjoso/ a/ *adj* **1** grandioso, notável **2** imponente **3** colossal ■ **amor grandioso** amor grandioso

granar /graˈnar/ *vi* granar ■ **granar rápido** granar rápido

granito /graˈnito/ *sm* **1** granito **2** rocha, pessoa insensível ■ **lluvia de granito** chuva de granito

granizo /graˈniθo/ *sm* granizo, pedrisco ■ **lluvia de granizo** chuva de granizo

granja /ˈɡɾanxa/ *sf* **1** granja, sítio **2** local de venda de laticínios ■ **granja grande** granja grande

granjear /granxeˈar/ *vtr* **1** granjear **2** adquirir, obter ■ **granjear mucho** granjear muito

granjero, -a /granˈxero/ a/ *sm*, *sf* **1** granjeiro, proprietário ou pessoa que trabalha em sítio **2** agricultor ■ **granjero de hacienda** granjeiro de fazenda

grapa /ˈɡɾapa/ *sf* **1** grampo **2** gancho ■ **grapa de papel** grampo de papel

grapadora /grapaˈðora/ *sf* grampeador ■ **grapadora rota** grampeador quebrado

grapar /graˈpar/ *vtr* **1** grampear, prender, fixar (com grampos) ■ **grapar bien** grampear bem

graso, -a /ˈɡɾaso/ a/ *adj* **1** gorduroso, gordurento **2** gordura, banha, sebo **3** lubrificante ■ **comida grasa** comida gordurosa

gratificar /gratifiˈkar/ *vtr* **1** gratificar, recompensar **2** retribuir ■ **gratificar alguien** gratificar alguém

gratis /ˈɡɾatis/ *adj*, *adv* grátis, gratuitamente ■ **servicio gratis** serviço grátis

grato, -a /ˈɡɾato/ a/ *adj* **1** grato, agradecido **2** reconhecido **3** agradável, aprazível ■ **grato por su acción** grato pela sua ação

grave /ˈɡɾaβe/ *adj* **1** grave, sério **2** pesado ■ **situación grave** situação grave

gravedad /graβeˈðað/ *sf* **1** gravidade **2** importância **3** intensidade **4** solenidade, seriedade ■ **gravedad del problema** gravidade do problema

gravidez /graβiˈðeθ/ *sf* **1** gravidez, estado de gestação ■ **gravidez inesperada** gravidez inesperada

gravitación /graβitaˈθjon/ *sf* gravitação ■ **gravitación de los objetos** gravitação dos objetos

gregario, -a /greˈɣarjo/ a/ *adj* **1** gregário **2** agregado ■ **persona gregaria** pessoa gregária

gremio /ˈɡɾemjo/ *sm* grêmio, agremiação, associação ■ **gremio de los trabajadores** grêmio dos trabalhadores

grieta /ˈɡɾjeta/ *sf* greta, fenda ■ **grieta de la puerta** greta da porta

grifería /grifeˈria/ *sf* **1** conjunto de torneiras **2** loja de material de construção ■ **grifería en el centro** loja de material de construção no centro

grifo, -a /ˈɡɾifo/ *sm* torneira ■ **grifo abierto** torneira aberta

grillo /ˈɡɾiʎo/ *sm* grilo ■ **grillo verde** grilo verde

grima /ˈɡɾima/ *sf* **1** inquietação, estremecimento **2** susto ■ **grima del niño** inquietação da criança

gringo, -a /ˈɡɾinɡo/ a/ *adj*, *sm*, *sf* gringo, estrangeiro ■ **gringo en la ciudad** gringo na cidade

gripe /ˈɡɾipe/ *sf* gripe ■ **gripe todo el día** gripe todo o dia

gris /ˈɡɾis/ *adj*, *sm* cinza (cor) ■ **pared gris** parede cinza

grisáceo, -a /griˈsaθeo/ a/ *adj* cinzento ■ **tiempo grisáceo** tempo cinzento

gritar /griˈtar/ *vtr*, *vi* gritar, bradar, berrar ■ **gritar mucho** gritar muito

griterío /griteˈrio/ *sm* gritaria, algazarra ■ **griterío en la escuela** gritaria na escola

grito /ˈɡɾito/ *sm* grito, brado, berro ■ **dar un grito** dar um grito

grogui /ˈɡɾoɣi/ *adj* grogue, aturdido ■ **quedar grogui** ficar grogue

grosería /groseˈria/ *sf* **1** grosseria **2** vulgaridade ■ **grosería de las personas** grosseria das pessoas

grosero, -a /groˈsero/ a/ *adj*, *sm*, *sf* **1** grosseiro **2** vulgar **3** inculto **4** indecoroso **5** descomedido ■ **persona grosera** pessoa grosseira

grosor /groˈsor/ *sm* grossura, espessura ■ **grosor del árbol** grossura da árvore

grotesco, -a /groˈtesko/ a/ *adj* grotesco, ridículo, extravagante ■ **hombre grotesco** homem grotesco

grúa /ˈɡɾua/ *sf* grua, guindaste, guincho ■ **ayuda de una grúa** ajuda de uma grua

grumo /ˈɡɾumo/ *sm* grumo, coágulo ■ **grumo grande** grumo grande

gruñido /gruˈɲiðo/ *vi* **1** grunhido, voz do porco, do javali **2** voz estridente, desagradável ■ **gruñido del animal** grunhido do animal

gruñir /gruˈɲir/ *vi* grunhir ■ **gruñir fuerte** grunhir forte

grupa /ˈɡɾupa/ *sf* **1** garupa **2** costas ■ **grupa de la moto** garupa da moto

grupo /ˈɡɾupo/ *sm* **1** grupo **2** ajuntamento, conjunto de pessoas ou coisas ■ **grupo de personas** grupo de pessoas

151

gruta

gruta /ˈgruta/ *sf* gruta, caverna ■ **gruta grande** gruta grande

guacamayo /gwakaˈmajo/ *sm* arara ■ **guacamayo volando** arara voando

guadaña /gwaˈðaɲa/ *sf* **1** foice **2** a morte ■ **guadaña peligrosa** foice perigosa

guagua /ˈgwagwa/ *sf* **1** coisa sem valor **2** ônibus ■ **coger el guagua** pegar o ônibus

gualdo, -a /ˈgwaldo, a/ *adj* amarelo dourado ■ **color gualda** cor amarelo dourado

guante /ˈgwante/ *sm* luva ■ **guante de lana** luva de lã

guantera /gwanˈtera/ *sf* porta-luvas ■ **guardar en la guantera** guardar no porta-luvas

guapo, -a /ˈgwapo, a/ *adj, sm* bonito, elegante ■ **hombre guapo** homem bonito

guarda /ˈgwarða/ *sm, sf* **1** guarda, vigilante, sentinela **2** guarda, vigilância ■ **guarda de la calle** guarda da rua

guardameta /gwarðaˈmeta/ *sm, sf* goleiro ■ **buen guardameta** bom goleiro

guardar /gwarˈðar/ *vtr* **1** guardar **2** proteger, defender, vigiar ■ **guardar el material** guardar o material

guardarropa /gwarðaˈropa/ *sm, sf* **1** guarda-roupa, armário **2** chapelaria ■ **guardarropa de madera** guarda-roupa de madeira

guardería /gwarðeˈria/ *sf* creche ■ **niños en la guardería** crianças na cheche

guardia /ˈgwarðja/ *sm, sf* **1** guarda, custódia **2** guarda, soldado ■ **guardia de la casa** guarda da casa

guardián, -ana /gwarˈðjan, ana/ *sm, sf* guardião ■ **guardián de los niños** guardião das crianças

guarida /gwaˈriða/ *sf* **1** guarida, cova, esconderijo **2** refúgio ■ **guarida profunda** cova profunda

guarismo /gwaˈrismo/ *sm* algarismo, número ■ **guarismo romano** algarismo romano

guarnición /gwarniˈθjon/ *sf* guarnição ■ **damas de la guarnición** damas da guarnição

guarrada /gwaˈraða/ *sf* **1** sujeira **2** ação desonesta **3** sacanagem ■ **guarrada en la calle** sujeira na rua

guarro, -a /ˈgwaro, a/ *adj, sm, sf* **1** porco, suíno **2** mau-caráter **3** sacana ■ **hombre guarro** homem sacana

guayaba /gwaˈjaβa/ *sf* **1** goiaba **2** papo, mentira, trote ■ **dulce de guayaba** doce de goiaba

guedeja /geˈðexa/ *sf* juba, cabeleira ■ **guedeja rubia** cabeleira loira

guerra /ˈgera/ *sf* **1** guerra **2** luta **dar guerra** incomodar, amolar ■ **guerra mundial** guerra mundial

guerrero, -a /geˈrero, a/ *adj, sm, sf* **1** guerreiro **2** militar ■ **hombre guerrero** homem guerreiro

guía /ˈgia/ *sm, sf* **1** guia, líder **2** instrutor ■ **guía de viaje** guia de viagem

guija /ˈgixa/ *sf* seixo, pedrinha, pedregulho ■ **guija en el camino** pedregulho no caminho

guillarse /giˈʎarse/ *vpr* **1** fugir, escapar **2** ficar doido, perder o juízo ■ **guillarse de él** fugir dele

guisante /giˈsante/ *sm* ervilha ■ **comer guisante** comer ervilha

guisar /giˈsar/ *vtr* **1** guisar **2** refogar **3** cozinhar ■ **guisar la verdura** refogar a verdura

guiso /ˈgiso/ *sm* **1** guisado, refogado, ensopado ■ **comer un guiso** comer um guisado

guitarra /giˈtara/ *sm, sf* violão ■ **tocar guitarra** tocar violão

gula /ˈgula/ *sf* gula, gulodice ■ **gula es un pecado** gula é um pecado

gurí /guˈri, isa/ *sm, sf* **1** menino, garoto, guri **2** jovem, rapaz, moço ■ **llamar al gurí** chamar o garoto

gurú /guˈru/ *sm* guru ■ **gurú del sexo** guru do sexo

gusanillo /gusaˈniʎo/ *sm* **1** verme **2** lantejoula ■ **gusanillo en el organismo** verme no organismo

gustar /gusˈtar/ *vi* **1** gostar **2** saborear **3** apreciar **4** degustar **5** agradar ■ **gustar de alguien** gostar de alguém

gustazo /gusˈtaθo/ *sm* satisfação, gosto ■ **gustazo por el trabajo** satisfação pelo trabalho

H

ABCDEFG H IJKLMNOPQRSTUVWXYZ

h /'atʃe/ *sf* **1** nona letra do alfabeto espanhol **2** símbolo do hidrogênio ▪ **h de habitación** h de habitação

haba /'aβa/ *sf* fava ▪ **haba grande** fava grande

haber /a'βer/ *sm* **1** haver **2** ter, possuir ▪ **haber dinero** ter dinheiro

hábil /'aβil/ *adj* hábil, apto, capaz ▪ **persona hábil** pessoa apta

habilidad /aβili'ðað/ *sf* habilidade, capacidade, talento, aptidão ▪ **tener habilidad** ter habilidade

habilitación /aβilita'θjon/ *sf* **1** habilitação, aptidão, capacitação **2** participação nos lucros ▪ **habilitación de coche** habilitação do carro

habilitado, -a /aβili'tar/ *vtr* **1** pagador **2** habilitado, capacitado, autorizado ▪ **habilitado para conducir** habilitado para dirigir

habitación /aβita'θjon/ *sf* **1** habitação **2** residência **3** moradia **4** aposento **5** dormitório ▪ **habitación fría** habitação fria

habitante /aβi'tante/ *adj, sm, sf* habitante ▪ **habitante de la ciudad** habitante da cidade

habitar /aβi'tar/ *vtr, vi* habitar, morar, residir, viver ▪ **habitar en la casa** morar na casa

hábitat /'aβitat/ *sm* habitat ▪ **hábitat natural** habitat natural

hábito /'aβito/ *sm* **1** hábito, maneira de ser **2** mania ▪ **buen hábito** bom hábito

habla /'aβla/ *sf* **1** fala **2** língua, idioma ▪ **habla del profesor** fala do professor

hablador, -a /aβla'ðor, a/ *adj, sm, sf* falador, conversador, tagarela ▪ **persona habladora** pessoa faladora

hablante hablante /'aβlante/ *adj, sm, sf* falante ▪ **hablante del idioma** falante do idioma

hablar /a'βlar/ *vi* **1** falar **2** declarar ▪ **hablar mucho** falar muito

hacendado, -a /aθen'daðo, a/ *adj, sm, sf* **1** rico, abastado **2** fazendeiro ▪ **hacendado famoso** fazendeiro famoso

hacendoso, -a /aθen'doso, a/ *adj* **1** trabalhador **2** solícito e diligente no trabalho doméstico ▪ **marido hacendoso** marido diligente

hacer /a'θer/ *vtr* **1** fazer, realizar, executar **2** criar, inventar ▪ **hacer derecho** fazer direito

hacha /'atʃa/ *sf* **1** tocha, archote **2** machado **3** queimada (jogo) ▪ **hacha grande** tocha grande

hache /'atʃe/ *sf* agá, nome da letra h ▪ **hache es una letra** agá é uma letra

hacienda /a'θjenda/ *sf* **1** fazenda, propriedade rural **2** bens, capital ▪ **hacienda pública** fazenda pública

hada /'aða/ *sf* **1** fada **2** benfeitora ▪ **cuento de hadas** conto de fadas

hagiografía /axjoɣra'fia/ *sf* **1** hagiografia (história da vida dos santos) ▪ **oír hagiografía** ouvir hagiografia

halagar /ala'ɣar/ *vtr* **1** afagar, acariciar **2** adular **3** agradar ▪ **halagar el animal** acariciar o animal

halago /a'laɣo/ *sm* **1** afago, carinho **2** adulação ▪ **hacer un halago** fazer um carinho

hálito /'alito/ *sm* **1** hálito **2** alento, fôlego **3** bafo ▪ **buen hálito** bom hálito

hallar /a'ʎar/ *vtr* **1** achar, encontrar **2** inventar ▪ **hallar alguien** achar alguém

hallazgo /a'ʎaθɣo/ *sm* achado, descoberta inesperada e muito conveniente ▪ **hacer un hallazgo** fazer um achado

halo /'alo/ *sm* halo, auréola ▪ **halo grande** auréola grande

hamaca /a'maka/ *sf* **1** maca **2** rede ▪ **hamaca del hospital** maca do hospital

hambre /'ambre/ *sf* **1** fome **2** apetite, desejo ▪ **tener hambre** ter fome

hambriento /am'brjento, a/ *adj* **1** faminto, esfomeado **2** ansioso, miserável, pobre ▪ **niño hambriento** menino faminto

hamburguesa /ambur'ɣesa/ *sf* hambúrguer ▪ **comer hamburguesa** comer hambúrguer

hampa /'ampa/ *sf* **1** malandragem **2** vadiagem **3** gangue ▪ **hampa de los jóvenes** malandragem dos jovens

hangar /an'ɣar/ *sm* hangar ▪ **hangar grande** hangar grande

harapiento, -a /ara'pjento, a/ *adj* esfarrapado, maltrapilho ▪ **hombre harapiento** homem maltrapilho

harapo /a'rapo/ *sm* farrapo, trapo ▪ **harapo de ropa** farrapo de roupa

harén /a're͂/ *sm* harém ▪ **gran harén** grande harém

harina /a'rina/ *sf* **1** farinha **2** pó ▪ **harina de choclo** farinha de milho

harinoso, -a /ari'noso, a/ *adj* farinhento ▪ **comida harinosa** comida farinhenta

harto, -a /'arto, a/ *adj* **1** farto, saciado **2** abundante ▪ **harto de comida** farto de comida

hartura /ar'tura/ *sf* fartura, abundância ▪ **hartura de comida** fartura de comida

hasta /'asta/ *prep* até ▪ **hasta luego** até logo

hastiar /as'tjar/ *vtr* **1** aborrecer **2** enfastiar-se ▪ **hastiar con alguien** aborrecer com alguém

hastío /as'tio/ *sm* fastio, tédio ▪ **tener hastío** ter tédio

hato /'ato/ *sm* **1** roupa de uso diário **2** rebanho, manada ▪ **hato de bueyes** manada de bois

hazaña /a'θaɲa/ *sf* façanha, proeza ▪ **hacer una hazaña** fazer uma façanha

hazmerreír /aθmere'ir/ *sm* **1** bobo, tonto **2** palhaço ▪ **persona hazmerreír** pessoa palhaça

he

he /'e/ *adv* eis, está aqui, cá está ▪ **he aquí el famoso pintor** eis aqui o famoso pintor

hebilla /e'βiʎa/ *sf* fivela ▪ **hebilla del pantalón** fivela da calça

hebra /'eβɾa/ *sf* fibra, fio, filamento ▪ **hebra de la ropa** fio da roupa

hechicero, -a /etʃi'θeɾo, a/ *adj, sm, sf* 1 feiticeiro, mago, bruxo 2 atraente, encantador, sedutor ▪ **película de hechicero** filme de bruxo

hechizar /etʃi'θaɾ/ *vtr* 1 enfeitiçar, encantar 2 atrair, arrebatar, cativar, seduzir ▪ **hechizar alguien** enfeitiçar alguém

hechizo, -a /e'tʃiθo/ *sm* feitiço, encantamento ▪ **hechizo del amor** feitiço do amor

hechura /e'tʃuɾa/ *sf* 1 feitura, execução 2 feitio 3 confecção 4 preço de um trabalho ▪ **hechura del trabajo** feitura do trabalho

hectárea /ek'taɾea/ *sf* hectare ▪ **muchas hectáreas** muito hectares

hedor /e'ðoɾ/ *sm* fedor, mau cheiro ▪ **hedor del agua** fedor da água

hegemonía /exemo'nia/ *sf* 1 hegemonia, supremacia 2 superioridade ▪ **hegemonía del gobierno** hememonia do governo

heladera /ela'ðeɾo, a/ *adj, sm, sf* geladeira ▪ **heladera grande** geladeira grande

heladería /elaðe'ria/ *sf* sorveteria ▪ **vamos a la heladería** vamos na sorveteria

helado, -a /e'laðo, a/ *adj, sm* 1 gelado, congelado 2 sorvete ▪ **comer helado** comer sorvete

helar /e'laɾ/ *vtr, v* 1 gelar 2 congelar ▪ **helar la comida** gelar a comida

helero /e'leɾo/ *sm* geleira ▪ **deshielo del helero** degelo da geleira

hélice /'eliθe/ *sf* hélice ▪ **hélice del helicóptero** hélice do helicóptero

helicóptero /eli'koptero/ *sm* helicóptero ▪ **viajar de helicóptero** viajar de helicóptero

hematoma /ema'toma/ *sm* hematoma, tumor ▪ **tener un hematoma** ter um hematoma

hembra /'embɾa/ *sf* 1 fêmea 2 mulher ▪ **hembra es más dócil** fêmea é mais dócil

hemisferio /emis'feɾjo/ *sm* hemisfério ▪ **hemisferio sur** hemisfério sul

hemoglobina /emoɣlo'βina/ *sf* hemoglobina ▪ **tener hemoglobina** ter hemoglobina

hemorragia /emo'raxja/ *sf* hemorragia ▪ **tener hemorragia** ter hemorragia

hendedura /ende'ðuɾa/ *sf* 1 fenda 2 rachadura 3 incisão ▪ **hendedura en la pared** rachadura na parede

hender /en'deɾ/ *vtr* 1 fender, rachar 2 abrir 3 rachar-se ▪ **hender la pared** rachar a parede

herbario, -a /er'βaɾjo/ *sm* 1 herbário 2 jardim botânico ▪ **visitar el herbario** visitar o jardim botânico

herbicida /erβi'θiða/ *adj, sm* herbicida ▪ **objeto herbicida** objeto herbicida

herbívoro, -a /er'βiβoɾo, a/ *adj, sm, sf* herbívoro ▪ **animal herbívoro** animal herbívoro

heredad /ere'ðað/ *sf* 1 herdade, fazenda, propriedade rural 2 herança 3 bens ▪ **heredad grande** fazenda grande

heredar /ere'ðaɾ/ *vtr* 1 herdar 2 receber 3 suceder 4 constituir como herdeiro ▪ **heredar dinero** herdar dinheiro

heredero, -a /ere'ðeɾo, a/ *adj, sm, sf* 1 herdeiro 2 sucessor ▪ **heredero único** herdeiro único

herejía /ere'xia/ *sf* 1 heresia 2 atrocidade 3 injúria, ofensa ▪ **hablar una herejía** falar uma heresia

herencia /e'renθja/ *sf* 1 herança 2 legado 3 sucessão de bens ▪ **herencia de dinero** herança de dinheiro

herida /e'ɾiða/ *sf* 1 ferida 2 chaga 3 lesão 4 aflição 5 ofensa ▪ **herida grande** ferida grande

hermafrodita /ermafɾo'ðita/ *adj, sm* hermafrodita, bissexual ▪ **persona hermafrodita** pessoa hermafrodita

hermandad /erman'dað/ *sf* 1 irmandade, fraternidade 2 grande amizade ▪ **hermandad fuerte** irmandade forte

hermano, -a /eɾ'mano, a/ *sm, sf* 1 irmão 2 leigo ▪ **querido hermano** querido irmão

hermoso, -a /eɾ'moso, a/ *adj* 1 formoso, belo, bonito 2 esplêndido ▪ **hombre hermoso** homem bonito

héroe /'eɾoe/ *sm* 1 herói 2 protagonista, personagem principal ▪ **héroe de la película** herói do filme

heroína /eɾo'ina/ *sf* 1 heroína (droga) 2 heroína (de um filme) ▪ **tráfico de heroína** tráfico de heroína

herradura /era'ðuɾa/ *sf* ferradura ▪ **herradura del caballo** ferradura do cavalo

herramienta /era'mjenta/ *sf* 1 ferramenta 2 punhal, navalha, faca ▪ **herramienta del mecánico** ferramenta do mecânico

herrar /e'raɾ/ *vtr* 1 ferrar 2 marcar com ferro 3 pôr ferradura ▪ **herrar bien** ferrar bem

herrero, -a /e'rero, a/ *sm, sf* 1 ferreiro 2 forjador ▪ **herrero trabajador** ferreiro trabalhador

hervidero /erβi'ðeɾo/ *sm* 1 fervedouro 2 multidão, ajuntamento ▪ **gran hervidero** grande fervedouro

hervir /er'βiɾ/ *vi, vtr* 1 ferver 2 fervilhar ▪ **hervir el arroz** ferver o arroz

heterogéneo, -a /etero'xeneo, a/ *adj* 1 heterogêneo 2 feito ou composto de coisas diversas ▪ **líquido heterogéneo** líquido heterogêneo

heterosexual /eterosek'swal/ *adj, sm, sf* heterossexual ▪ **gusto heterosexual** gosto heterossexual

hexágono, -a /ek'saɣono/ *sm* hexágono ▪ **objeto hexágono** objeto hexágono

hez /'eθ/ *sf* 1 sedimento 2 borra ▪ **hez de la tierra** sedimento da terra

hiato /'jato/ *sm* hiato ▪ **hiato en la palabra** hiato na palavra

hibernar /iβer'naɾ/ *vi, vtr* hibernar ▪ **hibernar como los osos** hibernar como os ursos

híbrido, -a /'iβɾiðo, a/ *adj* híbrido ▪ **sentido híbrido** sentido híbrido

hidalgo /i'ðalɣo, a/ *adj, sm, sf* 1 fidalgo, nobre, aristocrata 2 generoso ▪ **persona hidalga** pessoa nobre

hidalguía /iðal'xia/ *sf* 1 fidalguia, nobreza, aristocracia 2 generosidade ▪ **hidalguía del reino** nobreza do reino

hidratación /iðrata'θjon/ *sf* 1 hidratação 2 absorção (de líquido) ▪ **hidratación del cabello** hidratação do cabelo

hidráulico, -a /i'ðɾawliko, a/ *adj* hidráulico ▪ **motor hidráulico** motor hidráulico

hidroavión /iðɾoa'βjon/ *sm* hidroavião ▪ **hidroavión pequeño** hidroavião pequeno

hidrofobia /iðɾo'foβja/ *sf* 1 hidrofobia 2 raiva (em animais) ▪ **tener hidrofobia** ter hidrofobia

hidrógeno /i'ðɾoxeno/ *sm* hidrogênio ▪ **gas hidrógeno** gás hidrogênio

hiel /'jel/ *sf* 1 fel 2 bílis, bile 3 adversidade, amargura, rancor ▪ **palabras cargadas de hiel** palavras carregadas de rancor

hombro

hielo /eˈlar/ *vtr, vi* 1 gelo 2 frieza, indiferença ■ **hielo en el jugo** gelo no suco

hiena /ˈjena/ *sf* hiena ■ **hiena en el zoológico** hiena no zoológico

hierático, -a /jeˈratiko, a/ *adj* 1 hierático 2 solene ■ **presentación hierática** apresentação solene

hierba /ˈjerβa/ *sf* 1 erva 2 maconha ■ **hierba peligrosa** erva perigosa

hierbabuena /jerβaˈβwena/ *sf* hortelã, menta ■ **hierbabuena para la garganta** hortelã para garganta

hierro /ˈjero/ *sm* ferro ■ **comida con hierro** comida com ferro

hígado /ˈiɣaðo/ *sm* fígado ■ **hígado de vaca** fígado de vaca

higiene /iˈxjene/ *sf* 1 higiene, limpeza, asseio ■ **higiene del diente** higiene do dente

higo /ˈiɣo/ *sm* figo ■ **dulce de higo** doce de figo

hijastro, -a /iˈxastro, a/ *sm, sf* enteado ■ **problema con el hijastro** problema com o enteado

hijo, -a /ˈixo, a/ *sm, sf* filho ■ **hijo mayor** filho mais velho

hijuela /iˈxwela/ *sf* 1 valeta, canaleta 2 tira ■ **hijuela grande** valeta grande

hilacha /iˈlatʃa/ *sf* 1 fiapo 2 farrapo ■ **hilacha en el pantalón** fiapo na calça

hilarante /ilaˈrante/ *adj* hilariante, cômico, engraçado ■ **persona hilarante** pessoa hilariante

hilaridad /ilariˈðað/ *sf* 1 hilaridade 2 graça 3 algazarra ■ **hilaridad de la historia** graça da história

hilera /iˈlera/ *sf* 1 fileira, fila 2 alinhamento 3 ordem ■ **hacer una hilera** fazer uma fila

hilo /ˈilo/ *sm* 1 fio 2 fibra 3 filamento ■ **hilo de confianza** fio de confiança

himen /ˈimen/ *sm* 1 hímen 2 virgindade ■ **rompió el himen** rompeu o hímen

himno /ˈimno/ *sm* hino, cântico ■ **himno del país** hino do país

hincapié /iŋkaˈpje/ *sm* insistência, empenho ■ **hacer hincapié** teimar, insistir

hincar /iŋˈkar/ *vtr* 1 fincar, cravar 2 cravar-se ■ **hincar la rodilla** ajoelhar-se

hincha /ˈintʃa/ *adj, sm, sf* 1 torcedor, entusiasta 2 ódio, antipatia ■ **hincha de equipo de futbol** torcedor de equipe de futebol

hinchado, -a /inˈtʃaðo, a/ *adj* 1 inchado 2 enfunado 3 fofo 4 vaidoso, presumido torcida, galera ■ **pie hinchado** pé inchado

hinchar /inˈtʃar/ *vtr* 1 inchar, inflar, encher 2 estufar 3 avolumar ■ **hinchar el pie** inchar o pé

hinojo /iˈnoxo/ *sm* 1 funcho 2 erva-doce ■ **té de hinojo** chá de erva-doce

hipar /iˈpar/ *vi* 1 soluçar 2 choramingar 3 arquejar 4 lamentar ■ **hipar mucho** soluçar muito

hipérbola /iˈperβola/ *sf* hipérbole, exagero ■ **hipérbola en la frase** hipérbole na frase

hipertensión /iperten'sjon/ *sf* hipertensão, pressão alta ■ **tener hipertensión** ter hipertensão

hipertrofia /iperˈtrofja/ *sf* 1 hipertrofia 2 desenvolvimento excessivo de algo ■ **hipertrofia del músculo** hipertrofia do músculo

hípico, -a /ˈpiko, a/ *adj* hípico ■ **sociedad hípica** sociedade hípica

hipnotismo /ipnoˈtismo/ *sm* hipnotismo ■ **bueno en hipnotismo** bom em hipnotismo

hipnotizar /ipnotiˈθar/ *vtr* 1 hipnotizar 2 magnetizar 3 fascinar, seduzir, impressionar ■ **hipnotizar una persona** hipnotizar uma pessoa

hipo /ˈipo/ *sm* 1 soluço 2 ânsia, desejo 3 cólera, rancor ■ **tener hipo** ter soluço

hipocondría /ipokonˈdria/ *sf* 1 hipocondria 2 melancolia ■ **tener hipocondría** ter hipocondria

hipocresía /ipokreˈsia/ *sf* 1 hipocrisia, falsidade, fingimento 2 deslealdade ■ **hablar hipocresía** falar hipocrisia

hipodérmico, -a /ipoˈðermiko, a/ *adj* hipodérmico ■ **inyección hipodérmica** injeção hipodérmica

hipódromo /iˈpoðromo/ *sm* 1 hipódromo 2 prado ■ **hipódromo grande** hipódromo grande

hipoteca /ipoˈteka/ *sf* 1 hipoteca 2 penhora ■ **comprar una hipoteca** comprar uma hipoteca

hipotensión /ipotenˈsjon/ *sf* hipotensão ■ **tener hipotensión** ter hipotensão

hipótesis /iˈpotesis/ *sf* hipótese ■ **proponer una hipótesis** propor uma hipótese

histérico, -a /isˈteriko, a/ *adj, sm, sf* 1 histérico 2 nervoso ■ **persona histérica** pessoa histérica

historia /isˈtorja/ *sf* 1 história 2 narração 3 fofoca ■ **historia del Brasil** história do Brasil

historiador, -a /istorjaˈðor, a/ *sm, sf* historiador ■ **trabajo de historiador** trabalho de historiador

historieta /istoˈrjeta/ *sf* 1 historieta, historinha, conto, fábula, anedota ■ **contar una historieta** contar uma historinha

histrión /isˈtrjon/ *sm* palhaço, bobo ■ **hombre histrión** homem bobo

hito /ˈito/ *sm* marco, baliza ■ **hacer un hito** fazer uma baliza

hocicar /oθiˈkar/ *vtr* 1 fossar 2 fuçar 3 esbarrar, tropeçar 4 cair de focinho ■ **hocicar en la tierra** fossar na terra

hocico /oˈθiko/ *sm* focinho ■ **hocico de cerdo** focinho de porco

hogar /oˈɣar/ *sm* lar, casa, domicílio ■ **crear un hogar** constituir família

hogaza /oˈɣaθa/ *sf* fogaça (pão italiano) ■ **comer hogaza** comer fogaça

hoguera /oˈɣera/ *sf* 1 fogueira 2 labareda ■ **hoguera grande** fogueira grande

hoja /ˈoxa/ *sf* 1 folha 2 pétala ■ **hoja blanca** folha branca

hojalata /oxaˈlata/ *sf* lata, folha-de-flandres ■ **hojalata grande** lata grande

hojaldre /oˈxaldre/ *sm* folhado, massa folhada ■ **me gustan los hojaldres** gosto de massa folhada

hojear /oxeˈar/ *vtr* folhear ■ **hojear el periódico** folhear o jornal

¡hola! /ˈola/ *excl fam* olá!, oi!, alô! ■ **¡hola! ¿cómo estas?** oi! tudo bem?

holgado, -a /olˈɣaðo, a/ *adj* 1 folgado 2 desocupado 3 cheio de dinheiro, abonado ■ **persona holgada** pessoa folgada

holgar /olˈɣar/ *vi* 1 folgar 2 descansar 3 estar sobrando ■ **holgar esta noche** folgar esta noite

holgazanear /olɣaθaneˈar/ *vi* 1 vagabundear, vadiar 2 ficar de papo pro ar ■ **holgazanear todo el día** vadiar todo o dia

holgura /olˈɣura/ *sf* 1 folga 2 diversão 3 largura 4 desafogo ■ **holgura del trabajo** folga do trabalho

hollar /oˈʎar/ *vtr* 1 pisar, calcar 2 humilhar 3 desprezar ■ **hollar la persona** humilhar a pessoa

hollín /oˈʎin/ *sm* fuligem ■ **mucho hollín** muita fuligem

holocausto /oloˈkawsto/ *sm* 1 holocausto 2 genocídio, matança, massacre ■ **creer en el holocausto** acreditar no holocausto

hombre /ˈombre/ *sm* 1 homem 2 varão ■ **hombre viejo** homem velho

hombro /ˈombro/ *sm* ombro ■ **hombro grande** ombro grande

155

hombruno

hombruno, -a /omˈbɾuno, a/ *adj* machona, sapatão ∎ **mujer hombruna** mulher machona

homenaje /omeˈnaxe/ *sm* 1 homenagem 2 veneração, submissão 3 favor, obséquio ∎ **homenaje de la escuela** homenagem da escola

homenajear /omenaxeˈar/ *vtr* 1 homenagear 2 venerar ∎ **homenajear alguien** homenagear alguém

homeopatía /omeopaˈtia/ *sf* homeopatia ∎ **tener homeopatía** ter homeopatia

homicidio /omiˈθiðjo/ *sm* homicídio, assassinato ∎ **tasa de homicidio** taxa de homicídio

homogeneizar /omoxeneiˈθar/ *vtr* 1 homogeneizar 2 pasteurizar ∎ **homogeneizar las personas** homogeneizar as pessoas

homogéneo, -a /omoˈxeneo, a/ *adj* 1 homogêneo 2 feito ou composto de coisas iguais ∎ **líquidos homogéneos** líquidos homogêneos

homologar /omoloˈɣar/ *vtr* 1 homologar 2 reconhecer 3 referendar oficialmente ∎ **homologar alguien** reconhecer alguém

homogéneo, -a /omoˈxeneo, a/ *adj* 1 homogêneo 2 feito ou composto de coisas iguais ∎ **líquidos homogéneos** líquidos homogêneos

homologar /omoloˈɣar/ *vtr* 1 homologar 2 reconhecer 3 referendar oficialmente ∎ **homologar alguien** reconhecer alguém

homólogo, -a /oˈmoloɣo, a/ *adj, sm, sf* 1 homólogo 2 similar ∎ **asuntos homólogos** assuntos homólogos

homosexual /omosekˈswal/ *adj, sm, sf* homossexual ∎ **hombre homosexual** homem homossexual

homosexualidad /omosekswaliˈðað/ *sf* homossexualidade ∎ **homosexualidad tiene que ser respetada** homossexualidade tem que ser respeitada

hondo, -a /ˈondo, a/ *adj* fundo, profundo ∎ **lago hondo** lago fundo

hondonada /ondoˈnaða/ *sf* 1 depressão, profundeza 2 terreno baixo ∎ **región hondonada** região baixa

hondura /onˈdura/ *sf* profundidade ∎ **hondura del mar** profundidade do mar

hondureño, -a /onduˈreɲo, a/ *adj, sm, sf* hondurenho ∎ **persona hondureña** pessoa hondurenha

honestidad /onestiˈðað/ *sf* 1 honestidade 2 probidade ∎ **tener honestidad** ter honestidade

honesto, -a /oˈnesto, a/ *adj* 1 honesto 2 íntegro 3 decente 4 sincero ∎ **persona honesta** pessoa honesta

hongo /ˈoŋgo/ *sm* 1 fungo, cogumelo 2 chapéu de feltro ∎ **hongo en la comida** fungo na comida

honor /oˈnor/ *sm* 1 honra, dignidade 2 fama ∎ **honor de las personas** honra das pessoas

honorario, -a /onoˈrarjo, a/ *adj* honorário ∎ **cónsul honorario** cônsul honorário

honra /ˈonra/ *sf* honra, dignidade, respeito ∎ **honra por los padres** honra pelos pais

honradez /onraˈðeθ/ *sf* honradez, probidade, integridade ∎ **tener honradez** ter honradez

honrado, -a /onˈraðo, a/ *adj* honrado, honesto, íntegro ∎ **persona honrada** pessoa honesta

honrar /onˈrar/ *vtr* 1 honrar 2 respeitar 3 enobrecer ∎ **honrar los padres** honrar os pais

honroso, -a /onˈroso, a/ *adj* 1 honroso 2 honrado, digno ∎ **persona honrosa** pessoa digna

hora /ˈora/ *sf* hora ∎ **una hora** uma hora

horadar /oraˈðar/ *vtr* furar, perfurar ∎ **horadar la oreja** furar a orelha

horario, -a /oˈrarjo, a/ *adj, sm* horário ∎ **horario de verano** horário de verão

horca /ˈorka/ *sf* 1 forca 2 forquilha ∎ **muerte en la horca** morte na forca

horda /ˈorða/ *sf* horda, bando ∎ **horda de personas** bando de pessoas

horizonte /oriˈθonte/ *sm* 1 horizonte ∎ **mirar para el horizonte** olhar para o horizonte

horma /ˈorma/ *sf* 1 fôrma, molde 2 vasilha (de barro) ∎ **horma de pastel** fôrma de bolo

hormiga /orˈmiɣa/ *sf* formiga ∎ **ser una hormiga** ser trabalhador, econômico

hormigón /ormiˈɣon/ *sm* concreto ∎ **hormigón armado** concreto armado

hormigonera /ormiɣoˈnera/ *sf* betoneira ∎ **hormigonera grande** betoneira grande

hormiguear /ormiɣeˈar/ *vi* 1 formigar 2 fervilhar, juntar muita gente ∎ **hormiguear mucho** formigar muito

hormigueo /ormiˈɣeo/ *sm* formigamento, comichão ∎ **hormigueo en el pie** formigamento no pé

hormiguero /ormiˈɣero/ *sm* 1 formigueiro 2 aglomeração, multidão, reunião de muita gente ∎ **hormiguero en el jardín** formigueiro no jardim

hornada /orˈnaða/ *sf* fornada ∎ **hornada de pan** fornada de pão

hornillo /orˈniʎo/ *sm* 1 fogão pequeno 2 fogareiro ∎ **hornillo en la cocina** fogão pequeno na cozinha

horno /ˈorno/ *sm* 1 forno 2 fornalha ∎ **horno de pizza** forno de pizza

horóscopo /oˈroskopo/ *sm* horóscopo ∎ **ver el horóscopo** ver o horóscopo

horquilla /orˈkiʎa/ *sf* 1 forquilha 2 grampo (de cabelo) 3 forcado 4 bifurcação ∎ **horquilla para el cabello** grampo para o cabelo

horrendo, -a /oˈrendo, a/ *adj* horrendo, medonho ∎ **cabello horrendo** cabelo medonho

horrible /oˈriβle/ *adj* 1 horrível 2 medonho ∎ **accidente horrible** acidente horrível

horripilar /oripiˈlar/ *vtr* 1 horripilar, apavorar 2 arrepiar ∎ **horripilar con la película** horripilar com o filme

horror /oˈror/ *sm* 1 horror 2 aversão 3 atrocidade ∎ **película de horror** filme de horror

horroroso, -a /oroˈroso, a/ *adj* 1 horroroso 2 medonho, pavoroso 3 muito feio ∎ **cabello horroroso** cabelo horroroso

hortaliza /ortaˈliθa/ *sf* hortaliça, verdura ∎ **comer hortaliza** comer hortaliça

hosco, -a /ˈosko, a/ *adj* 1 fosco 2 áspero, intratável, arisco ∎ **color hosca** cor fosca

hospedaje /ospeˈðaxe/ *sm* 1 hospedagem 2 alojamento ∎ **hospedaje de turistas** hospedagem de turistas

hospedar /ospeˈðar/ *vtr* 1 hospedar 2 alojar-se ∎ **hospedar las personas** hospedar as pessoas

hospicio /osˈpiθjo/ *sm* 1 orfanato 2 albergue, asilo ∎ **hospicio de la ciudad** orfanato da cidade

hospital /ospiˈtal/ *sm* hospital ∎ **hospital municipal** hospital municipal

hospitalario, -a /ospitaˈlarjo, a/ *adj* 1 hospitalar 2 hospitaleiro ∎ **material hospitalario** material hospitalar

hostal /osˈtal/ *sm* hospedaria, pensão, pousada ∎ **hostal para turistas** pousada para turistas

hostelería /osteleˈria/ *sf* hotelaria ∎ **hostelería en la playa** hotelaria na praia

huso

hostia /'ostja/ *sf* hóstia ■ **hostia en la iglesia** hóstia na igreja

hostil /os'til/ *adj* 1 hostil 2 inimigo 3 adversário, oponente, contrário ■ **persona hostil** pessoa hostil

hostilidad /ostili'ðað/ *sf* 1 hostilidade 2 discórdia ■ **hostilidad de las personas** hostilidade das pessoas

hotel /o'tel/ *sm* hotel ■ **hotel de lujo** hotel de luxo

hoy /'oj/ *adv, sm* 1 hoje 2 atualmente ■ **hoy es su cumpleaños** hoje é o seu aniversário

hoyo, -a /'ojo/ *sm* buraco, sepultura, fossa, cova ■ **hoyo en la tierra** buraco na terra

hoz /'oθ/ *sf* 1 foice 2 garganta ■ **hoz grande** foice grande

hucha /'utʃa/ *sf* 1 arca, baú 2 cofre ■ **hucha del tesoro** baú do tesouro

hueco, -a /'weko, a/ *adj, sm* 1 oco, côncavo, vazio ■ **hueco grande** oco grande

huelga /'welɣa/ *sf* 1 greve 2 folga, férias ■ **huelga de hambre** greve de fome

huelgo /'welɣo/ *sm* 1 fôlego 2 alento 3 espaço ■ **mucho huelgo** muito fôlego

huelguista /wel'ɣista/ *sm, sf* grevista ■ **persona huelguista** pessoa grevista

huella /'weʎa/ *sf* 1 pegada 2 pisada ■ **huella de animal** pegada de animal

huérfano, -a /'werfano, a/ *adj, sm, sf* 1 órfão 2 desamparado ■ **huérfano abandonado** órfão abandonado

huerta /'werta/ *sf* horta ■ **huerta de verduras** horta de verduras

hueso /'weso/ *sm, adj* 1 osso 2 caroço (de fruta) ■ **hueso de la pierna** osso da perna

huésped, -a /'wespeð, a/ *sm, sf* 1 hóspede 2 anfitrião ■ **huésped de la casa** hóspede da casa

hueste /'weste/ *sf* 1 hoste 2 tropa ■ **hueste fuerte** tropa forte

huesudo, -a /we'suðo, a/ *adj* ossudo ■ **mujer huesuda** mulher ossuda

huevo /'weβo/ *sm* ovo ■ **comer huevo** comer ovo

huido, -a /u'iðo, a/ *adj* foragido ■ **hombre huido** homem foragido

huir /u'ir/ *vi* 1 fugir 2 retirar-se 3 escapar 4 evadir-se ■ **huir rápido** fugir rápido

hule /'ule/ *sm* oleado, encerado ■ **lugar hule** lugar encerado

hulla /'uʎa/ *sf* hulha, carvão ■ **mucha hulla** muita hulha

humanidad /umani'ðað/ *sf* 1 humanidade 2 caridade ■ **humanidad con problemas** humanidade com problemas

humanismo /uma'nismo/ *sm* humanismo ■ **humanismo es fuerte** humanismo é forte

humanitario, -a /umani'tarjo, a/ *adj* humanitário, bondoso ■ **problemas humanitarios** problemas humanitários

humano, -a /u'mano, a/ *adj, sm, sf* 1 humano 2 afável 3 benigno ■ **ser humano** ser humano

humear /ume'ar/ *vi* 1 fumegar, fumear 2 lançar vapores, exalar ■ **humear mucho** fumegar muito

humedad /ume'ðað/ *sf* umidade ■ **humedad del tiempo** umidade do tempo

húmedo, -a /'umeðo, a/ *adj* úmido ■ **tierra húmeda** terra úmida

humildad /umiɫ'dað/ *sf* humildade, modéstia, submissão ■ **humildad de las personas** humildade das pessoas

humilde /u'milde/ *adj, sm, sf* humilde, modesto, simples ■ **persona humilde** pessoa humilde

humillación /umiʎa'θjon/ *sf* 1 humilhação 2 vexame, degradação, ofensa ■ **humillación de las personas** humilhação das pessoas

humillado /umi'ʎaːo/ *vtr* 1 humilhado, degradado, espezinhado, aviltado ■ **hombre humillado** homem humilhado

humo /'umo/ *sm, adj inv* 1 fumo 2 fumaça ■ **humo fuerte** fumo forte

humor /u'mor/ *sm* 1 humor 2 disposição, gênio 3 temperamento 4 jovialidade ■ **buen humor** bom humor

humus /'umus/ *sm* húmus, terra vegetal ■ **humus de las plantas** húmus das plantas

hundimiento /undi'mjento/ *sm* 1 afundamento, submersão 2 demolição 3 depressão ■ **hundimiento de personas** afundamento de pessoas

hundir /un'dir/ *vtr* 1 afundar, submergir 2 fundir 3 abater, oprimir ■ **hundir en el mar** afundar no mar

huracán /ura'kan/ *sm* 1 furacão 2 tufão ■ **huracán peligroso** furacão perigoso

huraño, -a /u'raɲo, a/ *adj* 1 anti-social 2 intratável ■ **persona huraña** pessoa anti-social

hurgar /ur'ɣar/ *vtr, vi* 1 mexer ou tirar uma coisa do lugar 2 incitar, comover, agitar ■ **hurgar en la casa** mexer na casa

hurón /u'ron, a/ *sm, sf adj fam* 1 furão 2 bisbilhoteiro, xereta, metido ■ **persona hurona** pessoa bisbilhoteira

hurtar /ur'tar/ *vtr* 1 furtar 2 roubar 3 furtar-se, desviar-se ■ **hurtar objetos valiosos** furtar objetos valiosos

hurto /'urto/ *sm* 1 furto 2 produto de um furto ■ **hurto en la calle** furto na rua

husmear /usme'ar/ *vtr* 1 farejar, cheirar 2 intrometer-se, indagar ■ **husmear muy bien** farejar muito bem

huso /'uso/ *sm* fuso ■ **huso horario** fuso horário

H

I

i /'i/*sf* décima letra do alfabeto espanhol ■ **"i" de idioma** "i" de idioma

ibérico, -a/i'beru, ra/*adj, sm, sf* ibero, ibérico ■ **hombre ibérico** homem ibérico

iconoclasta /ikono'klasta/ *adj,sm, sf*iconoclasta ■ **etapa iconoclasta** etapa iconoclasta

ida /'iða/*sf* **1** ida **2** partida **3** viagem **4** ímpeto ■ **ida para lejos** ida para longe

idea /i'ðea/*sf***1** ideia **2** representação **3** fantasia ■ **buena idea** boa ideia

ideal /iðe'al/*adj, sm, adv fam* **1** ideal, imaginário **2** perfeito ■ **trabajo ideal** trabalho perfeito

idealista /iðea'lista/*adj, sm, sf* idealista, sonhador, pouco prático ■ **persona idealista** pessoa idealista

idealizar /iðeali'θar/*vtr***1** idealizar **2** fantasiar **3** elevar ■ **idealizar mis sueños** idealizar meus sonhos

idear/iðe'ar/*vtr***1** idealizar, projetar **2** engendrar, conceber **3** delinear ■ **idear un proyecto** idealizar um projeto

ídem/'iðem/*adv***1** idem, o mesmo **2** igualmente ■ **pienso ídem** penso o mesmo

idéntico, -a/i'ðeŋtiko, a/*adj* idêntico, igual ■ **idéntico al otro** idêntico ao outro

identidad /iðenti'ðað/*sf* **1** identidade **2** semelhança ■ **identidad de la persona** identidade da pessoa

ideología /ideolo'ʒia/*sf*ideologia ■ **ideología de vida** ideologia de vida

ideológico, -a /iðeo'loxiko, a/*adj* ideológico ■ **pensamiento ideológico** pensamento ideológico

idilio /i'ðiljo/*sm* **1** idílio **2**namoro ■ **buen idilio** bom namoro

idioma /i'ðjoma/*sm* idioma ■ **aprender un idioma** aprender um idioma

idiota /i'ðjota/*adj, sm, sf* **1** idiota, imbecil **2** ignorante ■ **hacer el idiota** bancar o bobo

ido, -a /'iɾ/*vi* **1** louco **2** distraído demais, sonhador ■ **persona ida** pessoa distraída

idolatrar /iðola'trar/*vtr* **1** idolatrar, adorar, venerar **2** amar demais ■ **idolatrar una persona** idolatrar uma pessoa

ídolo/'iðolo/*sm* ídolo ■ **ídolo de la canción** ídolo da música

idoneidad /iðonej'ðað/ *sf* **1** idoneidade **2** aptidão, capacidade ■ **idoneidad de las personas** capacidade das pessoas

iglesia /i'ɣlesja/ *sf*igreja ■ **misa en la iglesia** missa na igreja

iglú /i'ɣlu/*sm* iglu ■ **vivir en el iglú** morar no iglu

ígneo, -a /'iɾneo, a/ *adj* **1** ígneo **2** ardente ■ **amor ígneo** amor ardente

ignición /iɣni'θjon/ *sf* **1** ignição **2** combustão ■ **ignición del coche** ignição do carro

ignominia /iɣno'minja/ *sf* **1** ignomínia **2** afronta ■ **ignominia de alguien** afronta de alguém

ignorancia /iɣno'ranθja/ *sf* **1** ignorância, desconhecimento **2** incompetência ■ **ignorancia de las personas** ignorância das pessoas

ignorante /iɣno'raŋte/ *adj, sm, sf* **1** ignorante, inculto **2** estúpido **3** burro ■ **persona ignorante** pessoa ignorante

igual/i'gwal/*adj, sm, sf, adv***1** igual, idêntico, equivalente **2** liso, plano ■ **trabajo igual** trabalho idêntico

iguala /i'gwala/*sf***1** ajuste **2** pacto, convênio ■ **pago de una iguala** pago do convênio

igualar/igwa'lar/*vtr, vi***1** igualar **2** adequar, ajustar, combinar■ **igualar las personas** igualar as pessoas

igualdad /igwal'dað/ *sf* **1** igualdade **2** paridade **3** equilíbrio **4** equivalência ■ **igualdad en el mundo** igualdade no mundo

ijada /i'xaða/ *sf*ilharga, flanco ■ **ijada del animal** flanco do animal

ilación /ila'θjon/*sf*ilação, dedução ■ **ilación de la resolución del problema** dedução da resolução do problema

ilegal /ile'ɣal/ *adj, sm, sf* ilegal, ilícito ■ **quedar ilegal** ficar ilegal

ilegible /ile'xiβle/*adj* ilegível ■ **letra ilegible** letra ilegível

ilegítimo, -a /ile'xitimo, a/ *adj* **1** ilegítimo **2** injusto **3** bastardo ■ **hijo ilegítimo** filho bastardo

iletrado, -a /ile'traðo, a/ *adj,sm, sf*iletrado, analfabeto ■ **hombre iletrado** homem analfabeto

ilícito, -a /i'liθito, a/ *adj* ilícito, ilegal, indevido ■ **droga ilícita** droga ilícita

ilimitado /ilimi'taðo, a/ *adj* **1** ilimitado, infinito **2** incalculável **3** incondicional ■ **ventas ilimitadas** vendas ilimitadas

iluminación /ilumina'θjon/ *sf* iluminação ■ **iluminación de las calles** iluminação das ruas

iluso, -a /i'luso, a/ *adj, sm, sf* **1** iludido **2** enganado **3** com tendência a iludir-se ■ **salir iluso** sair enganado

ilusorio, -a /ilu'sorjo, a/ *adj***1** ilusório **2** enganoso, falso, imaginário ■ **situación ilusoria** situação ilusória

ilustración /ilustra'θjon/ *sf***1** ilustração **2** sabedoria, erudição ■ **ilustración en el papel** ilustração no papel

ilustrado, -a /ilustra'ðjon/ *sf* **1** ilustrado **2** sábio, culto, instruído ■ **persona ilustrada** pessoa ilustrada

ilustrar /ilus'trar/ *vtr* **1** ilustrar **2** esclarecer, iluminar **3** educar **4** instruir, ensinar, proporcionar cultura ■ **ilustrar en el papel** ilustrar no papel

ilustrativo, -a/ilustra'tiβo, a/ *adj* **1** ilustrativo **2** explicativo **3** esclarecedor ■ **dibujo ilustrativo** desenho ilustrativo

ilustre /i'lustre/ *adj* ilustre, célebre, notável ■ **persona ilustre** pessoa ilustre

imagen /i'maxen/*sf* imagem, figura ■ **imagen del cuadro** imagem do quadro

importancia

imaginación /imaxina'θjon/ *sf* **1** imaginação **2** representação **3** fantasia ■ **ni por imaginación** nem por sonho, de maneira nenhuma

imaginar /imaxi'nar/ *vtr* **1** imaginar **2** fantasiar **3** representar ■ **imaginar una persona** imaginar uma pessoa

imaginario, -a /imaxi'narjo, a/ *adj* imaginário, irreal ■ **utilizar el imaginario** usar o imaginário

imán /i'man/ *sm* **1** ímã **2** imã, sacerdote muçulmano ■ **imán de heladera** ímã de geladeira

imbatible /imba'tiβle/ *adj* invencível, imbatível, que não pode ser derrotado ■ **resultado imbatible** resultado imbatível

imbécil/im'beθil/ *adj, sm, sf* imbecil, idiota, tonto, retardado mental ■ **hombre imbécil** homem imbecil

imborrable /imbo'raβle/ *adj* indelével ■ **idea imborrable** ideia indelével

imbricación /imbrika'θjon/ *sf* imbricação, sobreposição, superposição, entrelaçamento ■ **imbricación de trabajos** imbricação de trabalhos

imbuir /im'bwir/ *vtr* **1** imbuir, infundir **2** persuadir ■ **imbuir las personas** persuadir as pessoas

imitación /imita'θjon/ *sf* **1** imitação, cópia, arremedo **2** plágio, paródia, caricatura ■ **imitación de los ídolos** imitação dos ídolos

imitar /imi'tar/ *vtr* **1** imitar, copiar **2** plagiar ■ **imitar los padres** imitar os pais

impaciencia /impa'θjenθja/sf **1** impaciência **2** ansiedade **3** inquietação ■ **impaciencia en el trabajo** impaciência no trabalho

impacientar /impaθjen'tar/ *vtr* **1** impacientar **2** importunar **3** irritar-se, impacientar-se ■ **impacientar con alguna situación** impacientar com alguma situação

impaciente /impa'θjente/ *adj, sm* sf **1** impaciente, ansioso **2** irritado, nervoso ■ **quedar impaciente** ficar impaciente

impactar /impak'tar/ *vi, vtr* **1** causar impacto **2** impressionar **3** chocar ■ **impactar las personas** impressionar as pessoas

impacto/im'pakto/ *sm* **1** impacto **2** choque **3** impressão intensa **4** repercussão (de um acontecimento) ■ **causar impacto** causar impacto

impalpable /impal'paβle/ *adj* impalpável, inatingível ■ **ficción es impalpable** ficção é impalpável

impar /im'par/ *adj, sm* **1** ímpar **2** único ■ **número impar** número ímpar

imparcial /impar'θjal/ *adj* **1** imparcial **2** equilibrado ■ **persona imparcial** pessoa imparcial

impartir /impar'tir/ *vtr* **1** dividir, repartir **2** distribuir, dar **3** comunicar ■ **impartir el dinero** dividir o dinheiro

impasible /impa'siβle/ *adj* **1** impassível, indiferente **2** insensível ■ **persona impasible** pessoa insensível

impecable /impe'kaβle/ *adj* **1** impecável **2** perfeito ■ **trabajo impecable** trabalho impecável

impedido, -a /impe'ðir/ *adj* **1** impedido **2** tolhido **3** vedado ■ **impedido el pasaje** impedida a passagem

impedimento /impeði'mento/ *sm* impedimento, obstáculo, empecilho ■ **impedimento en el fútbol** impedimento no futebol

impedir /impe'ðir /*vtr* **1** impedir **2** impossibilitar **3** obstruir **4** barrar ■ **impedir la pelota** impedir a bola

impeler /impe'ler/ *vtr* **1** impelir, empurrar **2** incitar, estimular ■ **impeler alguien** empurrar alguém

impenetrable /impene'traβle/ *adj* **1** impenetrável **2** hermético **3** indecifrável ■ **pasaje impenetrable** passagem impenetrável

imperar /impe'rar/ *vtr, vi* **1** imperar **2** dominar **3** governar, reger ■ **imperar el reino** dominar o reino

imperativo, -a /impera'tiβo, a/ *adj, sm* **1** imperativo **2** imperativo (modo verbal) ■ **estudiar el imperativo** estudar o imperativo

imperceptible /imperθep'tiβle/ *adj* **1** imperceptível **2** indistinto **3** sorrateiro ■ **persona imperceptible** pessoa imperceptível

imperdible /imper'ðiβle/ *adj, sm* **1** imperdível **2** alfinete de segurança (de gancho) ■ **show imperdible** show imperdível

imperdonable /imperðo'naβle/ *adj* **1** imperdoável **2** condenável ■ **actitud imperdonable** atitude imperdoável

imperfección /imperfek'θjon/ *sf* **1** imperfeição **2** falha **3** deformação ■ **imperfección de la vida** imperfeição da vida

imperfecto, -a /imper'fekto, a/ *adj* **1** imperfeito **2** defeituoso, incompleto, inacabado ■ **tarea imperfecta** tarefa imperfeita

imperialismo /imperja'lismo/ *sm* imperialismo ■ **imperialismo en el Brasil** imperialismo no Brasil

imperio /im'perjo/ *sm* **1** império **2** poder **3** potência **4** altivez ■ **imperio romano** império romano

imperioso, -a /impe'rjoso, a/ *adj* **1** imperioso **2** urgente **3** indispensável ■ **actitud imperiosa** atitude indispensável

impermeabilizar /impermeaβili'θar/ *vtr* **1** impermeabilizar ■ **impermeabilizar las cosas** impermeabilizar as coisas

impermeable /imperme'aβle/ *adj, sm* impermeável ■ **ropa impermeable** roupa impermeável

impersonal /imperso'nal/ *adj* impessoal, neutro, geral ■ **decisión impersonal** decisão impessoal

impertinencia /imperti'nenθja/ *sf* **1** impertinência **2** inconveniência **3** atrevimento, insolência ■ **impertinencia de los hijos** impertinência dos filhos

impertinente /imperti'nente/ *adj, sm, sf* **1** impertinente **2** atrevido, insolente, desaforado **3** audacioso ■ **persona impertinente** pessoa atrevida

ímpetu /'impetu/ *sm* **1** ímpeto **2** força **3** violência ■ **ímpetu de las personas** ímpeto das pessoas

impetuoso, -a /impetu'oso, a/ *adj, sm, sf* **1** impetuoso **2** violento **3** precipitado ■ **hombre impetuoso** homem violento

impío, -a /im'pio, a/ *adj,sm, sf* **1** ímpio **2** cruel **3** ateu ■ **hombre impío** homem cruel

implacable /impla'kaβle/*adj* **1** implacável **2** impiedoso **3** imperdoável ■ **trabajo implacable** trabalho implacável

implantar /implan'tar/ *vtr* **1** implantar, instituir, estabelecer, fixar **2** inserir **3** inaugurar ■ **implantar ideas** implantar ideias

implicación /implika'θjon/ *sf* **1** implicação **2** cumplicidade ■ **implicación del trabajo** implicação do trabalho

implicar /impli'kar/ *vtr, vi* **1** implicar, comprometer **2** envolver **3** incluir, conter ■ **implicar con una persona** implicar com uma pessoa

implícito, -a /im'pliθito, a/ *adj* implícito, subentendido ■ **opinión implícita** opinião implícita

implorar /implo'rar/ *vtr* implorar, suplicar, rogar ■ **implorar ayuda** implorar ajuda

imponente /impo'nente/ *adj* imponente, majestoso ■ **hombre imponente** homem imponente

imponer /impo'ner/ *vtr, vi* impor ■ **imponer ideas** impor ideias

imponible /impo'niβle/ *adj* tributável ■ **situación imponible** situação tributável

importación /importa'θjon/ *sf* importação ■ **importación de animales** importação de animais

importancia /impor'tanθja/ *sf* **1** importância **2** utilidade **3** merecimento **4** autoridade ■ **importancia del estudio** importância do estudo

importante

importante /impor'tan̪te/ *adj* 1 importante 2 considerável ■ **tarea importante** tarefa importante

importar /impor'tar/ *vi, vtr* 1 importar 2 convir, interessar ■ **importar ideas** importar ideias

importe /im'porte/*sm* 1 importância 2 custo, preço ■ **importe total** custo total

importunar /importu'nar/ *vtr* importunar, incomodar ■ **importunar el hermano** importunar o irmão

imposible /impo'sißle/ *adj, sm* 1 impossível ■ **hacer lo imposible** fazer o impossível

imposición /imposi'θjon/ *sf* 1 imposição 2 obrigação ■ **imposición del poder** imposição do poder

impostor, -a /impos'tor, a/ *sm, sf* 1 impostor 2 falso ■ **hombre impostor** homem impostor

impostura /impos'tura/ *sf* 1 impostura 2 falsidade, calúnia, engano ■ **impostura de las personas** falsidade das pessoas

impotencia /impo'ten̪θja/ *sf* 1 impotência 2 incapacidade ■ **impotencia sexual** impotência sexual

impotente /impo'ten̪te/ *adj, sm, sf* 1 impotente 2 incapaz 3 broxa ■ **hombre impotente** homem impotente

impracticable /imprakti'kaßle/ *adj* 1 impraticável 2 intransitável ■ **ejercicio impracticable** exercício impraticável

imprecación /impreka'θjon/ *sf* 1 imprecação 2 praga, maldição ■ **imprecación de algo** imprecação de algo

impreciso, -a /impre'θiso, a/ *adj* 1 impreciso, vago, indeterminado 2 confuso ■ **trabajo impreciso** trabalho impreciso

impregnar /impreɣ'nar/*vtr* 1 impregnar 2 embeber 3 banhar, ensopar ■ **impregnar la casa** impregnar a casa

imprenta /im'pren̪ta/ *sf* 1 imprensa, arte de imprimir ■ **imprenta del periódico** imprensa do periódico

impresión /impre'sjon/ *sf* impressão, efeito ■ **buena impresión** boa impressão

impresionante /impresjo'nan̪te/ *adj* 1 impressionante 2 extraordinário ■ **persona impresionante** pessoa impressionante

impresionar /impresjo'nar/ *vtr* 1 impressionar 2 comover 3 abalar ■ **impresionar la novia** impressionar a namorada

impreso, -a /im'preso, a/ *pp* impresso ■ **material impreso** material impresso

impresor /impre'sor, a/ *adj, sm, sf* impressor, tipógrafo, máquina impressora ■ **impresor de hojas** impressor de folhas

imprevisto, -a /impre'ßisto, a/ *adj, sm* imprevisto, repentino ■ **imprevisto en el trabajo** imprevisto no trabalho

imprimir /impri'mir/ *vtr* 1 imprimir 2 gravar 3 editar, publicar 4 estampar ■ **imprimir el documento** imprimir o documento

improbable /impro'ßaßle/ *adj* improvável, incerto ■ **situación improbable** situação improvável

improcedente /improθe'ðen̪te/ *adj* improcedente, inadequado, ilógico ■ **actitud improcedente** atitude improcedente

improductivo /improðuk'tiβo, a/ *adj* 1 improdutivo 2 estéril ■ **trabajo improductivo** trabalho improdutivo

improvisar /improßi'sar/ *vtr* improvisar ■ **improvisar el discurso** improvisar o discurso

improviso, -a /impro'ßiso/ *loc adv* 1 improvisado 2 repentino, súbito de improviso de improviso ■ **concierto improviso** show improvisado

imprudencia /impru'ðen̪θja/ *sf* 1 imprudência 2 imprevisão, negligência ■ **imprudencia en el tránsito** imprudência no trânsito

imprudente /impru'ðen̪te/ *adj, sm, sf* 1 imprudente 2 imprevidente, indiscreto ■ **imprudente en la calle** imprudente na rua

impuesto, -a/im'pwesto, a/*adj, sm* imposto, tributo, taxa ■ **impuesto sobre la renta** imposto de renda

impugnar /impuɣ'nar/ *vtr* 1 impugnar 2 contestar 3 combater ■ **impugnar las personas** contestar as pessoas

impulsar /impul'sar/ *vtr* 1 impulsionar 2 impelir 3 empurrar, incitar, estimular ■ **impulsar alguien** impulsionar alguém

impulso /im'pulso/ *sm* 1 impulso 2 ímpeto 3 estímulo ■ **gran impulso** grande impulso

impune /im'pune/*adj* impune ■ **quedar impune** ficar impune

impureza /impu'reθa/ *sf* impureza ■ **impureza del agua** impureza da água

impuro, -a /im'puro, a/ *adj* 1 impuro 2 contaminado 3 imundo ■ **persona impura** pessoa impura

inaccesible /inakθe'sißle/ *adj* inacessível ■ **camino inaccesible** caminho inacessível

inactivo, -a /inak'tiβo, a/ *adj* 1 inativo 2 desocupado, inerte ■ **teléfono inactivo** telefone inativo

inadecuado, -a /inaðe'kwaðo, a/ *adj* 1 inadequado, impróprio 2 inconveniente ■ **ropa inadecuada** roupa inadequada

inagotable /inaɣo'taßle/ *adj* 1 inesgotável 2 infinito ■ **trabajo inagotable** trabalho inesgotável

inalienable /inalje'naßle/ *adj* inalienável ■ **persona inalienable** pessoa inalienável

inalterable /inal̪te'raßle/ *adj* 1 inalterável 2 impassível, imutável ■ **opinión inalterable** opinião inalterável

inanición /inani'θjon/ *sf* inanição, fome, carência alimentar ■ **inanición en el mundo** fome no mundo

inapetencia /inape'ten̪θja/ *sf* inapetência, fastio ■ **inapetencia de las personas** inapetência das pessoas

inasequible /inase'kißle/ *adj* 1 inexequível 2 inatingível ■ **ideal inasequible** ideal inatingível

inaugurar /inawɣu'rar/ *vtr* 1 inaugurar 2 estrear ■ **inaugurar un espacio** inaugurar um espaço

inca /'iŋka/ *adj, sm, sf* 1 inca 2 moeda de ouro peruana ■ **pueblo inca** povo inca

incalculable /iŋkalku'laßle/ *adj* incalculável ■ **perjuicio incalculable** prejuízo incalculável

incandescente /iŋkan̪des'θen̪te/ *adj* 1 incandescente 2 exaltado, fogoso ■ **quedar incandescente** ficar exaltado

incapacitar /iŋkapaθi'tar/ *vtr* 1 incapacitar 2 degradar 3 desqualificar ■ **incapacitar las personas** incapacitar as pessoas

incapaz /iŋka'paθ/ *adj, sm, sf* 1 incapaz, inapto 2 incompetente ■ **ser incapaz** ser incapaz

incautarse /iŋkaw'tarse/ *vpr* 1 expropriar 2 tomar posse de algo (o governo) ■ **incautarse de algo** expropriar de algo

incauto, -a /in'kawto, a/ *adj, sm, sf* 1 incauto, desprevenido 2 ingênuo ■ **persona incauta** pessoa incauta

incendiar /inθen̪djar/ *vtr* incendiar, pôr fogo, acender ■ **incendiar la escuela** incendiar a escola

incendio /in'θen̪djo/ *sm* incêndio, fogo ■ **incendio en la casa** incêndio na casa

incentivo /inθen̪'tiβo, a/ *adj, sm* incentivo, estímulo ■ **incentivo fiscal** incentivo fiscal

incertidumbre /inθerti'ðumbre/ *sf* 1 incerteza 2 hesitação ■ **incertidumbre de las ideas** incerteza das ideias

incesante /inθe'san̪te/ *adj* incessante, contínuo, ininterrupto ■ **problema incesante** problema incessante

incesto /in'θesto/*sm* incesto ■ **cometer incesto** cometer incesto

incidente /inθi'ðen̪te/ *adj, sm* incidente ■ **incidente en la calle** incidente na rua

indefinido

incidir /inθi'ðir/ *vi* 1 incidir 2 sobrevir, acontecer ▪ **incidir en algo** incidir em algo

incienso /in'θjenso/ *sm* 1 incenso 2 adulação ▪ **incienso para mejorar el olor de la casa** incenso para melhorar o cheiro da casa

incierto, -a /in'θjerto, a/ *adj* 1 incerto 2 duvidoso, dúbio 3 contestável 4 ignorado ▪ **resultado incierto** resultado incerto

incinerar /inθine'rar/ *vtr* 1 incinerar 2 queimar ▪ **incinerar el cuerpo** incinerar o corpo

incisión /inθi'sjon/ *sf* 1 incisão 2 corte ▪ **incisión en las empresas** incisão nas empresas

incisivo, -a /inθi'siβo, a/ *adj* 1 incisivo 2 cortante 3 mordaz 4 dente incisivo ▪ **persona incisiva** pessoa incisiva

inclemencia /iŋkle'menθja/ *sf* 1 inclemência ▪ **inclemencia de algo** inclemência de algo

inclinación /iŋklina'θjon/ *sf* 1 inclinação 2 reverência 3 propensão ▪ **inclinación a los poderosos** reverência aos poderosos

inclinar /iŋkli'nar/ *vtr* 1 inclinar 2 pender, curvar 3 predispor ▪ **inclinar delante de Dios** inclinar diante de Deus

incluir /iŋ'klwir/ *vtr* 1 incluir 2 abranger 3 conter 4 inserir ▪ **incluir nuevas ideas** incluir novas ideias

inclusa /iŋ'kluso/ *adj, prep* orfanato, asilo ▪ **vivir en la inclusa** viver no asilo

inclusive /iŋklu'siβe/ *adv* inclusive ▪ **todos viajaron inclusive mi novio** todos viajaram inclusive meu namorado

incluso, -a /iŋ'kluso/ *adv, prep* incluído ▪ **persona inclusa en la sociedad** pessoa incluída na sociedade

incoar /iŋko'ar/ *vtr* iniciar, começar ▪ **incoar la presentación** iniciar a apresentação

incógnito, -a /iŋ'koɣnito, a/ *adj, sm* incógnito, desconhecido, anônimo ▪ **persona incógnita** pessoa desconhecida

incoherencia /iŋkoe'renθja/ *sf* 1 incoerência 2 desordem 3 discrepância ▪ **incoherencia en el texto** incoerência no texto

incoloro, -a /iŋko'loro, a/ *adj* incolor ▪ **el agua es incolora** a água é incolor

incomodar /iŋkomo'ðar/ *vtr* 1 incomodar, importunar, molestar 2 irritar-se ▪ **incomodar una persona** incomodar uma pessoa

incómodo, -a /iŋ'komoðo, a/ *adj* 1 incômodo 2 embaraçoso 3 importuno 4 nojento ▪ **situación incómoda** situação incômoda

incomparable /iŋkompa'raβle/ *adj* 1 incomparável 2 único ▪ **presentación incomparable** apresentação incomparável

incompatible /iŋkompa'tiβle/ *adj* 1 incompatível 2 contraditório ▪ **situación incompatible** situação incompatível

incompetencia /iŋkompe'tenθja/ *sf* 1 incompetência 2 incapacidade ▪ **incompetencia de las personas** incompetência das pessoas

incompetente /iŋkompe'tente/ *adj, sm, sf* 1 incompetente 2 impróprio 3 incapaz, inapto ▪ **persona incompetente** pessoa incompetente

incomprensible /iŋkompren'siβle/ *adj* incompreensível ▪ **habla incomprensible** fala incompreensível

inconcebible /iŋkonθe'βiβle/ *adj* 1 inconcebível 2 incrível 3 inexplicável ▪ **pedido inconcebible** pedido inconcebível

incondicional /iŋkondiθjo'nal/ *adj* 1 incondicional 2 irrestrito, absoluto ▪ **opinión incondicional** opinião absoluta

inconexo, -a /iŋko'nekso, a/ *adj* desconexo ▪ **asunto inconexo** assunto desconexo

inconfesable /iŋkomfe'saβle/ *adj* 1 inconfessável 2 vergonhoso ▪ **algo inconfesable** algo inconfessável

inconsciente /iŋkons'θjente/ *adj, sm, sf* 1 inconsciente 2 desmaiado ▪ **voluntad del inconsciente** vontade do inconsciente

inconsistencia /iŋkonsis'tenθja/ *sf* 1 inconsistência 2 inconstância 3 incerteza ▪ **Inconsistencia en la comida** inconsistência na comida

inconstante /iŋkons'tante/ *adj* 1 inconstante 2 variável 3 incerto 4 volúvel 5 infiel ▪ **situación inconstante** situação inconstante

incontinencia /iŋkonti'nenθja/ *sf* 1 incontinência 2 excesso ▪ **incontinencia urinaria** incontinência urinária

inconveniente /iŋkonbe'njente/ *adj, sm* 1 inconveniente 2 impróprio, inoportuno 3 indelicado ▪ **gente inconveniente** gente inconveniente

incordiar /iŋkor'ðjar/ *vtr* 1 aborrecer, chatear 2 encher o saco ▪ **incordiar con la situación** aborrecer com a situação

incorporación /iŋkorpora'θjon/ *sf* 1 incorporação 2 união 3 inclusão ▪ **incorporación de nuevos miembros** incorporação de membros

incorporar /iŋkorpo'rar/ *vtr* 1 incorporar 2 unir, reunir 3 pôr em pé 4 tomar corpo ▪ **incorporar nuevas ideas** incorporar novas ideias

incorregible /iŋkore'xiβle/ *adj* 1 incorrigível 2 indisciplinado 3 indócil, rebelde ▪ **problema incorregible** problema incorrigível

incredulidad /iŋkreðuli'ðað/ *sf* 1 incredulidade, descrença 2 desconfiança ▪ **incredulidad en la vida** descrença na vida

incrédulo, -a /iŋ'kreðulo, a/ *adj,sm, sf* 1 incrédulo, descrente 2 desconfiado ▪ **quedar incrédulo** ficar incrédulo

increíble /iŋkre'iβle/ *adj* 1 incrível, inacreditável 2 fantástico, extraordinário ▪ **situación increíble** situação incrível

incrementar /iŋkremen'tar/ *vtr* 1 incrementar, aumentar, adicionar, acrescentar ▪ **incrementar ideas** incrementar ideias

increpar /iŋkre'par/ *vtr* 1 repreender 2 acusar 3 insultar ▪ **increpar alguien** repreender alguém

incriminar /iŋkrimi'nar/ *vtr* 1 incriminar, inculpar 2 acusar 3 recriminar ▪ **incriminar una persona** incriminar uma pessoa

incrustar /iŋkrus'tar/ *vtr* 1 incrustar 2 encravar 3 inserir ▪ **incrustar en la tierra** incrustar na terra

incubadora /iŋkuβa'ðora/ *sf* 1 incubadora 2 chocadeira ▪ **incubadora de niños** incubadora de crianças

inculto, -a /iŋ'kulto, a/ *adj* 1 inculto, ignorante 2 agreste 3 grosseiro, rude ▪ **persona inculta** pessoa inculta

incumbencia /iŋkum'benθja/ *sf* 1 incumbência, tarefa 2 obrigação ▪ **es de tu incumbencia** é sua obrigação

incurrir /iŋku'rir/ *vi* 1 incorrer 2 incidir ▪ **incurrir algo** incorrer algo

indagación /indaɣa'θjon/ *sf* 1 indagação 2 averiguação, investigação ▪ **hacer una indagación** fazer uma indagação

indagar /inda'ɣar/ *vtr* 1 indagar, perguntar 2 pesquisar, averiguar ▪ **indagar una cuestión** indagar uma questão

indebido, -a /inde'βiðo, a/ *adj* 1 indevido, injustificado 2 inoportuno ▪ **traje indebido** traje indevido

indecencia /inde'θenθja/ *sf* 1 indecência 2 inconveniência 3 safadeza ▪ **hacer una indecencia** fazer uma indecência

indecente /inde'θente/ *adj* 1 indecente 2 indecoroso 3 vergonhoso 4 safado ▪ **persona indecente** pessoa indecente

indeciso, -a /inde'θiso, a/ *adj* 1 indeciso, hesitante 2 duvidoso, dúbio 3 indeterminado ▪ **hombre indeciso** homem indeciso

indecoroso, -a /indeko'roso, a/ *adj* indecoroso, indecente ▪ **hombre indecoroso** homem indecoroso

indefenso, -a /inde'fenso, a/ *adj* indefeso, desarmado ▪ **niño indefenso** criança indefesa

indefinido, -a /indefi'niðo, a/ *adj* indefinido, vago, indeterminado ▪ **resultado indefinido** resultado indefinido

161

indemnización

indemnización /indemniθa'θjon/ *sf* indenização ∎ **indemnización del accidente** indenização do acidente

indemnizar /indemni'θar/ *vtr* 1 indenizar 2 compensar 3 ressarcir 4 pagar ∎ **indemnizar las personas** indenizar as pessoas

independencia /indepen'denθja/ *sf* 1 independência 2 autonomia 3 liberdade 4 emancipação ∎ **independencia de los niños** independência das crianças

independiente /indepen'djente/ *adj* 1 independente 2 livre 3 autônomo ∎ **hombre independiente** homem independente

indeseable /indese'aβle/ *adj, sm, sf* 1 indesejável 2 perigoso 3 chato, desagradável ∎ **mujer indeseable** mulher indesejável

indeterminado, -a /indetermi'naðo, a/ *adj* 1 indeterminado, indefinido 2 irresoluto, indeciso ∎ **resultado indeterminado** resultado indeterminado

indexación /indeksa'θjon/ *sf* indexação, índice ∎ **indexación del libro** índice do livro

indiano, -a /in'djano, a/ *adj, sm, sf* indiano ∎ **hombre indiano** homem indiano

indicar /indi'kar/ *vtr* 1 indicar, sinalizar 2 esclarecer 3 demonstrar 4 prescrever ∎ **indicar un buen libro** indicar um bom livro

índice /'indiθe/ *sm, adj inv* índice ∎ **índice del trabajo** índice do trabalho

indiferencia /indife'renθja/ *sf* 1 indiferença 2 frieza 3 negligência 4 ingratidão ∎ **indiferencia de las personas** indiferença das pessoas

indigente /indi'xente/ *adj, sm, sf* 1 indigente, pobre 2 mendigo 3 descamisado ∎ **indigente en las calles** indigente na rua

indigestarse /indixes'tarse/ *vpr* 1 não digerir 2 antipatizar, não ir com a cara de alguém ∎ **indigestarse con la comida** não digerir a comida

indigesto, -a /indi'xesto, a/ *adj* 1 indigesto 2 pesado 3 rude ∎ **comida indigesta** comida indigesta

indignación /indixna'θjon/ *sf* 1 indignação 2 revolta, raiva ∎ **indignación de las personas** indignação das pessoas

indignar /indix'nar/ *vtr* 1 indignar, revoltar 2 irritar 3 indispor ∎ **indignar por la violencia** indignar pela violência

indignidad /indixni'ðað/ *sf* 1 indignidade 2 baixeza 3 baixaria ∎ **indignidad de las personas** indignidade das pessoas

indirecto, -a /indi'rekto, a/ *adj* indireto ∎ **trabajo indirecto** trabalho indireto

indisciplina /indisθi'plina/ *sf* 1 indisciplina 2 desordem 3 desobediência ∎ **indisciplina de los hijos** indisciplina dos filhos

indiscreto, -a /indis'kreto, a/ *adj* 1 indiscreto 2 imprudente, intrometido ∎ **hombre indiscreto** homem indiscreto

indisoluble /indiso'luβle/ *adj* indissolúvel ∎ **solución indisoluble** solução indissolúvel

indispensable /indispen'saβle/ *adj, sm* 1 indispensável 2 necessário 3 habitual ∎ **información indispensable** informação indispensável

indisponer /indispo'ner/ *vtr* 1 indispor 2 incomodar 3 irritar 4 indispor-se ∎ **indisponer con alguém** indispor com alguém

indispuesto, -a /indispu'esto/ *vtr* 1 indisposto 2 adoentado ∎ **quedar indispuesto** ficar indisposto

indistinto, -a /indis'tinto, a/ *adj* 1 indistinto, vago, indefinido 2 confuso ∎ **opinión indistinta** opinião indistinta

individual /indiβi'ðwal/ *adj, sm* 1 individual 2 particular ∎ **trabajo individual** trabalho individual

individuo, -a /indi'βiðwo, a/ *adj, sm, sf* 1 individual 2 indivíduo ∎ **prender el individuo** prender o indivíduo

índole /'indole/ *sf* 1 índole, natureza 2 temperamento ∎ **buena índole** boa índole

indoloro, -a /indo'loro, a/ *adj* indolor ∎ **medicina indolora** remédio indolor

indomable /indo'maβle/ *adj* indomável ∎ **animal indomable** animal indomável

inducir /indu'θir/ *vtr* 1 induzir 2 instigar, incitar 3 persuadir ∎ **inducir un asunto** induzir um assunto

indudable /indu'ðaβle/ *adj* 1 indubitável 2 incontestável 3 evidente ∎ **situación indudable** situação indubitável

indulgencia /indul'xenθja/ *sf* 1 indulgência 2 clemência 3 piedade, benevolência ∎ **hacer una indulgencia** fazer uma indulgência

indultar /indul'tar/ *vtr* 1 indultar, absolver, anistiar 2 perdoar ∎ **indultar alguien** indultar alguém

industria /in'dustrja/ *sf* 1 indústria 2 estabelecimento ∎ **industria de comida** indústria de comida

industrial /indus'trjal/ *adj, sm, sf* industrial ∎ **comida industrial** comida industrial

inédito, -a /i'neðito, a/ *adj* 1 inédito, novo, original 2 desconhecido ∎ **película inédita** filme inédito

ineficaz /inefi'kaθ/ *adj* 1 ineficaz 2 inútil 3 insuficiente ∎ **trabajo ineficaz** trabalho ineficaz

inequívoco, -a /ine'kiβoko, a/ *adj* 1 inequívoco 2 evidente, óbvio ∎ **cometer un inequívoco** cometer um inequívoco

inercia /i'nerθja/ *sf* 1 inércia 2 falta de energia ∎ **por inercia** por inércia, por hábito

inesperado, -a /inespe'raðo, a/ *adj* inesperado, imprevisto ∎ **situación inesperada** situação inesperada

inestable /ines'taβle/ *adj* 1 instável 2 inconstante, variável ∎ **situación inestable** situação instável

inestimable /inesti'maβle/ *adj* inestimável, incalculável ∎ **inestimable deseo** inestimável desejo

inevitable /ineβi'taβle/ *adj* 1 inevitável 2 infalível ∎ **violencia inevitable** violência inevitável

inexcusable /ineksku'saβle/ *adj* 1 indesculpável, imperdoável 2 imprescindível 3 forçoso ∎ **actitud inexcusable** atitude indesculpável

inexperto, -a /ineks'perto, a/ *adj* 1 inexperiente 2 ingênuo, inocente 3 aprendiz, novato ∎ **persona inexperta** pessoa inexperiente

inexplicable /inekspli'kaβle/ *adj* 1 inexplicável 2 obscuro 3 difícil 4 inconcebível, incrível ∎ **actitud inexplicable** atitude inexplicável

inexpresivo, -a /inekspre'siβo, a/ *adj* inexpressivo ∎ **persona inexpresiva** pessoa inexpressiva

infalible /infa'liβle/ *adj* 1 infalível 2 seguro, certo ∎ **plan infalible** plano infalível

infame /in'fame/ *adj, adv* 1 infame, vil 2 desacreditado 3 asqueroso ∎ **persona infame** pessoa infame

infamia /in'famja/ *sf* 1 infâmia 2 desonra 3 maldade, baixeza ∎ **cometer una infamia** cometer uma infâmia

infantil /infan'til/ *adj* 1 infantil 2 inocente, cândido 3 pueril ∎ **presentación infantil** apresentação infantil

infarto /in'farto/ *sm* infarto, enfarte ∎ **morir de infarto** morrer de infarto

infatigable /infati'raβle/ *adj* infatigável, incansável ∎ **persona infatigable** pessoa incansável

infatuar /infa'twar/ *vtr* 1 enfatuar 2 inflar 3 envaidecer 4 envaidecer-se ∎ **infatuar un asunto** enfatuar um assunto

injusticia

infección /imfek'θjon/ *sf* **1** infecção, contaminação, contágio ■ **infección de la piel** infecção da pele

infeccioso, -a /imfek'θjoso, a/ *adj* infeccioso, contagioso ■ **enfermedad infecciosa** doença infecciosa

infectar /inmfek'tar/*vtr***1** infectar, contaminar **2**corromper ■ **infectar una persona** infectar uma pessoa

infecto, -a/im'fekto, a/*adj* infecto, contaminado, sujo ■ **agua infecta** água contaminada

infeliz /imfe'liθ/ *adj, sm, sf* **1** infeliz **2** desventurado ■ **persona infeliz** pessoa infeliz

inferior /imfe'rjor/ *adj* inferior ■ **cargo inferior** cargo inferior

infernal /imfer'nal/*adj* **1** infernal **2** horrível, medonho **3** muito desagradável **4** tenebroso ■ **sonido infernal** som infernal

infestar /imfes'tar/ *vtr* **1** infestar, contaminar, empestar **2** assolar ■ **infestar de insectos** infestar de insetos

infidelidad /imfiðeli'ðað/ *sf* **1** infidelidade **2** deslealdade **3** traição **4** adultério ■ **infidelidad de novios** infidelidade de namorados

infiel /im'fjel/ *adj, sm, sf* **1** infiel **2** desleal ■ **hombre infiel** homem infiel

infierno /im'fjerno/ *sm* **1** inferno **2** desordem ■ **ir para el infierno** ir para o inferno

infiltración/imfiltra'θjon/*sf***1** infiltração, penetração **2** insinuação ■ **infiltración del agua** infiltração da água

ínfimo, -a /'imfimo, a/ *adj* **1** ínfimo **2** último **3** desprezível ■ **hombre ínfimo** homem desprezível

infinitivo /imfini'tiβo, a/*adj, sm* infinitivo ■ **estudiar el infinitivo** estudar o infinitivo

infinito, -a /imfi'nito, a/*adj, sm, adv* **1** infinito **2** ilimitado ■ **amor es infinito** amor é infinito

inflación /imfla'θjon/ *sf* **1** inflação **2** vaidade ■ **inflación del dólar** inflação do dólar

inflexible /imflek'siβle/ *adj* **1** inflexível **2** rígido **3** firme **4** obstinado ■ **persona inflexible** pessoa obstinada

influencia /im'flwenθja/ *sf* **1** influência **2** ascendência ■ **influencia de los padres** influência dos pais

influxo /'fluk'su/ *sm* **1** influxo, influência **2** maré cheia, preamar ■ **influxo de los mayores** influência dos mais velhos

influyente/imflu'jente/*adj, sm, sf* **1** influente **2** ascendente ■ **influente de la vida** influente da vida

información /imforma'θjon/ *sf* **1** informação **2** esclarecimento ■ **información del periódico** informação do jornal

informal /imfor'mal/ *adj* **1** informal, familiar **2** inconveniente **3** impontual ■ **habla informal** fala informal

informar /imfor'mar/ *vtr, vi* **1** informar **2** avisar ■ **informar una noticia** informar uma notícia

informática /imfor'matika/ *sf* informática ■ **estudiar informática** estudar informática

informativo, -a /imforma'tiβo, a/ *adj sm* informativo ■ **periódico informativo** jornal informativo

infortunio /imfor'tunjo/ *sm* **1** infortúnio, infelicidade **2** adversidade ■ **infortunio en la vida** infelicidade na vida

infracción /imfrak'θjon/ *sf* infração ■ **infracción en el tránsito** infração no trânsito

infractor, -a /imfrak'tor, a/ *adj, sm, sf* infrator, contraventor ■ **infractor de una norma** infrator de uma norma

infraestructura /imfraestruk'tura/ *sf* **1** infra-estrutura **2** meios, condições (para realizar algo) **3** alicerces ■ **buena infraestructura** boa intra-estrutura

infrarrojo, -a /imfra'roxo, a/ *adj* infra-vermelho ■ **luz infrarroja** luz infra-vermelha

infringir /imfrin'xir/ *vtr* infringir, transgredir, violar ■ **infringir las reglas** infringir as regras

infundado, -a /imfun'ðaðo, a/ *adj* infundado, improcedente ■ **acusación infundada** acusação infundada

infusión /imfu'sjon/ *sf* infusão, chá ■ **infusión en el niño** infusão na criança

infuso, -a /im'fuso, a/ *adj* forma irregular de infundir ■ **ciencia infusa** ciência infusa

ingeniero, -a /inxe'njero, a/*sm, sf* engenheiro ■ **profesión de ingeniero** profissão de engenheiro

ingenio /in'xenjo/*sm* **1** engenho, máquina **2** talento, habilidade ■ **ingenio de cana** engenho de cana

ingenioso, -a /inxe'njoso, a/*adj* **1** engenhoso, criativo, inventivo **2** artista ■ **chico ingenioso** menino engenhoso

ingenuidad /inxenwi'ðað/ *sf* **1** ingenuidade **2** inexperiência **3** inocência ■ **ingenuidad de los niños** ingenuidade das crianças

ingenuo, -a /in'xenwo, a/*adj, sm, sf* **1** ingênuo **2** inocente **3** sincero, franco **4** inexperiente ■ **mujer ingenua** mulher ingênua

ingerir /inxe'rir/ *vtr* **1** ingerir, engolir ■ **ingerir vitamina** ingerir vitamina

ingratitud /ingrati'tuð/ *sf* **1** ingratidão **2** coice, ponta-pé ■ **ingratitud de las personas** ingratidão das pessoas

ingrato, -a /in'grato, a/ *adj, sm, sf* **1** ingrato **2** desagradável **3** difícil ■ **hijo ingrato** filho ingrato

ingresar /ingre'sar/*vi, vtr* **1** ingressar **2** entrar ■ **ingresar en la facultad** ingressar na faculdade

ingreso /in'greso/ *sm* **1** ingresso, entrada **2** admissão ■ **ingreso del cine** ingresso do cinema

inhabilitar /inaβili'tar/ *vtr* **1** desabilitar, desqualificar **2** incapacitar-se, impossibilitar-se ■ **inhabilitar una persona** desabilitar uma pessoa

inhalar /ina'lar/ *vtr* **1** inalar, aspirar, cheirar **2** absorver ■ **inhalar el olor** inalar o cheiro

inherente /ine'rente/ *adj* **1** inerente **2** inseparável ■ **aparato inherente** aparelho inerente

inhibir /ini'βir/ *vtr* **1** inibir, suspender, bloquear **2** abster-se **3** inibir-se ■ **inhibir los deseos** inibir os desejos

inhumar /inu'mar/ *vtr* inumar, enterrar, sepultar ■ **inhumar el hueso** enterrar o osso

inicial /ini'θjal/ *adj, sf* **1** inicial **2** inaugural **3** primeira letra de uma palavra ■ **clase inicial** aula inicial

iniciar /ini'θjar/ *vtr* **1** iniciar, começar **2** inaugurar, estrear **3** fundar **4** empreender ■ **iniciar el programa** iniciar o programa

iniciativa /iniθja'tiβa/ *sf* **1** iniciativa **2** expediente ■ **buena iniciativa** boa iniciativa

inicio /i'niθjo/ *sm* início, começo, princípio, origem ■ **inicio del fin** começo do fim

inicuo, -a /i'nikwo, a/ *adj* **1** iníquo **2** injusto, perverso, malvado ■ **algo inicuo** algo iníquo

ininteligible /ininteli'xiβle/ *adj* ininteligível, incompreensível ■ **texto ininteligible** texto ininteligível

injerencia /inxe'renθja/ *sf* ingerência, intervenção, intromissão ■ **injerencia del jefe** intervenção do chefe

injerir /inxe'rir/ *vtr* **1** ingerir **2** inserir **3** intervir **4** imiscuir-se, intrometer-se ■ **injerir comida** ingerir comida

injerto, -a /in'xerto/ *sm* enxerto ■ **injerto en la cara** enxerto no rosto

injuria /in'xurja/ *sf* **1** injúria, ultraje, ofensa **2** insulto **3** dano, estrago ■ **cometer una injuria** cometer uma ofensa

injusticia /inxus'tiθja/ *sf* **1** injustiça **2** iniquidade **3** arbitrariedade ■ **injusticia contra los pobres** injustiça contra os pobres

163

inmaduro

inmaduro /inmaˈðuro, a/ *adj* **1** imaturo **2** infantil ■ **chico inmaduro** menino imaturo

inmediato, -a /inmeˈðjato, a/ *adj* imediato, vizinho ■ **salir de inmediato** sair de imediato

inmensidad /inmensiˈðað/ *sf* imensidade, imensidão, vastidão, amplidão ■ **inmensidad del mundo** imensidade do mundo

inmenso, -a /inˈmenso, a/ *adj* **1** imenso **2** ilimitado **3** vasto **4** descomunal ■ **coche inmenso** carro imenso

inmerso, -a /inˈmerso, a/ *adj* **1** imerso, submerso **2** atolado ■ **inmerso en la cultura** imerso na cultura

inmigración /inmixraˈθjon/ *sf* imigração ■ **inmigración del país** imigração do país

inmigrante /inmiˈɣrante/ *adj, sm, sf* imigrante ■ **inmigrante en EEUU** imigrante nos Estados Unidos

inminente /inmiˈnente/ *adj* **1** iminente **2** pendente ■ **persona inminente** pessoa iminente

inmiscuirse /inmiskuˈirse/ *vpr* imiscuir-se, misturar-se, intrometer-se ■ **inmiscuirse con las personas** misturar-se com as pessoas

inmobiliaria /inmoβiljarja/ *sf* imobiliária ■ **contratar la inmobiliaria** contratar a imobiliária

inmolar /inmoˈlar/ *vtr* imolar, sacrificar ■ **inmolar un animal** sacrificar um animal

inmoral /inmoˈral/ *adj* **1** imoral **2** desonesto **3** indecente ■ **actitud inmoral** atitude imoral

inmoralidad /inmoraliˈðað/ *sf* **1** imoralidade **2** desregramento **3** devassidão **4** indecência ■ **inmoralidad en el gobierno** imoralidade no governo

inmortal /inmorˈtal/ *adj, sm, sf* imortal, eterno ■ **amor inmortal** amor imortal

inmortalidad /inmortaliˈðað/ *sf* **1** imortalidade, eternidade **2** consagração ■ **inmortalidad de los sentimientos** eternidade dos sentimentos

inmóvil /inˈmoβil/ *adj* **1** imóvel, fixo **2** parado **3** paralisado ■ **quedar inmóvil** ficar imóvel

inmovilizado, -a /inmoβiliˈθaðo, a/ *adj/vtr1* imobilizado **2** bens imóveis ■ **pierna inmovilizada** perna imobilizada

inmovilizar /inmoβiliˈθar/ *vtr* **1** imobilizar, paralisar **2** reter, deter ■ **inmovilizar el brazo** imobilizar o braço

inmueble /inˈmweβle/ *adj, sm* imóvel, edifício ■ **comprar un inmueble** comprar um imóvel

inmundo, -a /inˈmundo, a/ *adj* **1** imundo, sujo **2** asqueroso **3** porco ■ **niño inmundo** menino sujo

inmune /inˈmune/ *adj* **1** imune **2** isento ■ **quedar inmune** ficar imune

inmunidad /inmuniˈðað/ *sf* **1** imunidade **2** privilégio **3** segurança **4** isenção ■ **inmunidad del cuerpo** imunidade do corpo

inmunodepresor, - ora /inmunodepreˈsor, a/ *adj* imunodepressor ■ **algo inmunodepresor** algo imunodepressor

inmutable /inmuˈtaβle/ *adj* **1** imutável, inalterável **2** firme ■ **idea inmutable** ideia imutável

inmutar /inmuˈtar/ *vtr* **1** alterar **2** converter **3** transformar **4** impressionar-se, comover-se ■ **inmutar la voz** alterar a voz

innato, -a /inˈnato, a/ *adj* **1** inato **2** inerente **3** congênito ■ **trabajador innato** trabalhador inato

innovación /innoβaˈθjon/ *sf* **1** inovação, novidade **2** renovação **3** mudança ■ **innovación tecnológica** inovação tecnológica

innovar /innoˈβar/ *vtr* **1** inovar **2** inventar **3** mudar **4** renovar ■ **innovar la educación** inovar a educação

innumerable /innumeˈraβle/ *adj* **1** inumerável **2** incontável **3** infinito ■ **amor innumerable** amor infinito

inocencia /inoˈθenθja/ *sf* **1** inocência **2** pureza **3** ingenuidade **4** simplicidade ■ **inocencia de los niños** inocência das crianças

inocente /inoˈθente/ *adj, sm, sf* inocente, puro, ingênuo, inofensivo ■ **gente inocente** gente inocente

inocuo, -a /iˈnokwo, a/ *adj* **1** inócuo **2** inofensivo ■ **hombre inocuo** homem inofensivo

inodoro, -a /inoˈðoro, a/ *adj, sm* inodoro ■ **agua es inodora** água é inodora

inofensivo, -a /inofenˈsiβo, a/ *adj* **1** inofensivo **2** inocente ■ **hombre inofensivo** homem inofensivo

inoperante /inopeˈrante/ *adj* **1** inoperante **2** incompetente ■ **trabajo inoperante** trabalho inoperante

inoportuno, -a /inoporˈtuno, a/ *adj, sm, sf* inoportuno, inconveniente, descabido ■ **situación inoportuna** situação inoportuna

inoxidable /inoksiˈðaβle/ *adj* inoxidável ■ **acero inoxidable** aço inoxidável

inquietar /iŋkjeˈtar/ *vtr* **1** inquietar, perturbar, afligir **2** excitar **3** abalar **4** emocionar ■ **inquietar con los problemas** inquietar com os problemas

inquieto, -a /inˈkjeto, a/ *adj, sm, sf* **1** inquieto, ansioso **2** apreensivo, preocupado **3** excitado ■ **inquieto por la novedad** inquieto pela novidade

inquietud /iŋkjeˈtuð/ *sf* **1** inquietação, agitação, nervosismo **2** preocupação ■ **inquietud de los niños** inquietação das crianças

inquilino, -a /iŋkiˈlino, a/ *sm, sf* **1** inquilino **2** arrendatário, locatário, hospedeiro ■ **inquilino de la casa** inquilino da casa

inquina /iŋˈkina/ *sf* **1** aversão **2** má-vontade ■ **inquina de las personas** má-vontade das pessoas

inquirir /iŋkiˈrir/ *vtr* **1** inquirir, perguntar, indagar **2** investigar ■ **inquirir sobre la historia** perguntar sobre a historia

inquisición /iŋkisiˈθjon/ *sf* **1** inquisição **2** averiguação **3** arguição **4** exame ■ **inquisición de los esclavos** inquisição dos escravos

insaciable /insaˈθjaβle/ *adj* **1** insaciável **2** ávido ■ **hombre insaciable** homem insaciável

insalubre /insaˈluβre/ *adj* insalubre, doentio ■ **comida insalubre** comida insalubre

insano, -a /inˈsano, a/ *adj* insano, louco, demente ■ **hombre insano** homem insano

insatisfecho, -a /insatisˈfetʃo, a/ *adj* insatisfeito ■ **jefe insatisfecho** chefe insatisfeito

inscribir /inskriˈβir/ *vtr* **1** inscrever, registrar **2** gravar, talhar ■ **inscribir para el evento** inscrever para o evento

inscripción /inskripˈθjon/ *sf* inscrição, registro ■ **inscripciones abiertas** inscrições abertas

inscrito, -a /insˈkrito, a/ *pp* **1** inscrito, gravado, registrado **2** matriculado, associado ■ **inscrito para las presentaciones** inscrito para as apresentações

inseguro, -a /inseˈɣuro, a/ *adj, sm, sf* **1** inseguro **2** instável, vacilante ■ **hombre inseguro** homem inseguro

inseminación /inseminaˈθjon/ *sf* **1** inseminação **2** fecundação ■ **inseminación artificial** inseminação artificial

insensatez /insensaˈteθ/ *sf* **1** insensatez **2** loucura ■ **insensatez de los hombres** insensatez dos homens

insensato, -a /insenˈsato, a/ *adj, sm, sf* **1** insensato **2** leviano **3** louco, demente **4** absurdo ■ **actitud insensata** atitude insensata

inseparable /insepaˈraβle/ *adj* inseparável, indivisível ■ **novios inseparables** namorados inseparáveis

insertar /inserˈtar/ *vtr* **1** inserir, incluir **2** entremear, inserir-se, implantar ■ **insertar nuevas ideas** inserir novas ideias

intensidad

insignificante /insiɣnifi'kaɲte/ *adj* insignificante, medíocre, reles ■ **persona insignificante** pessoa insignificante

insinuación/insinwa'θjon/*sf* **1** insinuação **2** sugestão ■ **insinuación de algo** insinuação de algo

insinuar /insinu'ar/ *vtr* insinuar, sugerir ■ **insinuar malas actitudes** insinuar más atitudes

insípido, -a/in'sipiðo, a/*adj* **1** insípido **2**monótono ■ **trabajo insípido** trabalho monótono

insistencia/insis'tenθja/*sf* **1** insistência **2** teimosia **3** perseverança, persistência ■ **insistencia de los niños** insistência das crianças

insistir/insis'tir/*vi* **1** insistir **2** persistir **3** teimar **4** prosseguir ■ **insistir con una persona** insistir com uma pessoa

insociable /inso'θjaβle/ *adj* **1** insociável, anti-social **2** esquivo ■ **persona insociable** pessoa insociável

insolación /insola'θjon/ *sf* insolação ■ **insolación en la playa** insolação na praia

insolente /inso'lente/*adj, sm, sf* **1** insolente, atrevido **2** arrogante **3** grosseiro ■ **niño insolente** menino insolente

insólito, -a /in'solito, a/ *adj* **1** insólito, extraordinário **2** estranho ■ **evento insólito** evento extraordinário

insoluble /inso'luβle/ *adj* insolúvel ■ **algo insoluble** algo insolúvel

insolvente /insol'βente/ *adj* **1** insolvente **2** falido ■ **se declaró insolvente** declarou-se insolvente

insomnio /in'somnjo/ *sm* **1** insônia **2** vigília ■ **tener insomnio** ter insônia

insospechable /insospe'tʃaβle/*adj* **1** insuspeitável **2** imprevisto ■ **algo insospechable** algo insuspeitável

inspección /inspek'θjon/ *sf* **1** inspeção, exame, vistoria **2** reconhecimento **3** setor de inspeção ■ **inspección en la escuela** inspeção na escola

inspeccionar /inspekθjo'nar/ *vtr* inspecionar, examinar, vistoriar ■ **inspeccionar las personas** inspecionar as pessoas

inspector, -a /inspek'tor, a/ *adj, sm, sf* inspetor, fiscal ■ **inspector de la escuela** inspetor da escola

inspiración /inspira'θjon/ *sf* **1** inspiração **2** entusiasmo ■ **inspiración de mis sueños** inspiração dos meus sonhos

inspirar/inspi'rar/*vtr, vi* **1** inspirar, incutir, infundir **2** entusiasmar **3** inspirar-se ■ **inspirar los jóvenes** inspirar os jovens

instalación /instala'θjon/ *sf* **1** instalação, sede **2** organização, estabelecimento ■ **instalación de aparatos** instalação de aparelhos

instalar /insta'lar/ *vtr* **1** instalar **2** estabelecer **3** implantar ■ **instalar aparatos** instalar aparelhos

instancia /ins'tanθja/ *sf* **1** instância **2** requerimento, solicitação ■ **última instancia** última instância

instantáneo, -a /instan'tanea/ *adj* instantâneo, momentâneo ■ **mejora instantánea** melhora instantânea

instante /ins'tante/ *sm* instante, momento ■ **mismo instante** mesmo instante

instar /ins'tar/ *vtr* **1** instar, insistir **2** teimar ■ **instar con alguien** insistir com alguém

instaurar /instaw'rar/ *vtr* **1** instaurar **2** estabelecer, implantar **3** fundar ■ **instaurar proyectos** implantar projetos

instintivo, -a /instin'tiβo, a/ *adj* instintivo, espontâneo ■ **reacción instintiva** reação instintiva

instinto /ins'tinto/ *sm* instinto ■ **instinto animal** instinto animal

institución /institu'θjon/ *sf* instituição, fundação, criação, implantação, estabelecimento ■ **institución pública** instituição pública

instituir /institu'ir/ *vtr* **1** instituir, fundar, criar, implantar, estabelecer **2** constituir **3** nomear ■ **instituir los ideales** instituir os ideais

instituto /insti'tuto/ *sm* instituto ■ **instituto federal** instituto federal

instrucción /instruk'θjon/ *sf* instrução, ensino, educação ■ **instrucción para la prueba** instrução para a prova

instructor, -a /instruk'tor, a/ *adj, sm, sf* instrutor ■ **instructor de danza** instrutor de dança

instrumental /instrumental/ *adj, sm* instrumental ■ **música instrumental** música instrumental

instrumento /instru'mento/ *sm* **1** instrumento, aparelho **2** documento legal ■ **instrumento de viento** instrumento de sopro

insubordinación /insuβorðina'θjon/ *sf* **1** insubordinação, desacato **2** rebeldia **3** indisciplina ■ **insubordinación en la escuela** insubordinação na escola

insubordinar /insuβorði'nar/ *vtr* **1** insubordinar, desacatar, rebelar-se **2** insubordinar-se ■ **insubordinar la policía** desacatar a polícia

insuficiencia /insufi'θjenθja/ *sf* **1** insuficiência **2** escassez **3** deficiência **4** incapacidade ■ **insuficiencia del gobierno** insuficiência do governo

insuflar /insu'flar/ *vtr* **1** insuflar **2** sugerir **3** inspirar ■ **insuflar una idea** sugerir uma ideia

insultar /insul'tar/*vtr* insultar, ultrajar, ofender, xingar ■ **insultar una persona** insultar uma pessoa

insulto /in'sulto/ *sm* insulto, ultraje, injúria ■ **insulto a los padres** insulto aos pais

insuperable /insupe'raβle/ *adj* **1** insuperável **2** invencível ■ **problema insuperable** problema insuperável

insurrección /insurek'θjon/ *sf* insurreição, rebelião ■ **insurrección en la escuela** rebelião na escola

intacto, -a /in'takto, a/ *adj* **1** intacto, inteiro, completo, íntegro **2** ileso **3** puro ■ **proyecto intacto** projeto intacto

integración /inteɣra'θjon/ *sf* **1** integração **2** composição ■ **integración entre las familias** integração entre as famílias

integral /inte'ɣral/ *adj, sf* integral, completo ■ **arroz integral** arroz integral

integrar /inte'ɣrar/ *vtr* **1** integrar **2** participar **3** integrar-se, assimilar-se, incorporar-se ■ **integrar con las personas** integrar com as pessoas

integridad /inteɣri'ðað/ *sf* **1** integridade **2** retidão **3** austeridade ■ **integridad de las personas** integridade das pessoas

intelectual /intelek'twal/ *adj, sm, sf* intelectual ■ **hombre intelectual** homem intelectual

inteligencia /inteli'xenθja/ *sf* **1** inteligência **2** conhecimento ■ **inteligencia artificial** inteligência artificial

inteligente /inteli'xente/ *adj* **1** inteligente, sábio, culto **2** esperto ■ **profesor inteligente** professor inteligente

intempestivo, -a /intempes'tiβo, a/ *adj* **1** intempestivo **2** inoportuno **3** súbito, imprevisto ■ **persona intempestiva** pessoa intempestiva

intención /inten'θjon/ *sf* intenção, intuito ■ **buena intención** boa intenção

intencionado, -a /intenθjo'naðo, a/ *adj* intencionado, deliberado ■ **ser bien o mal intencionado** ser bem ou mal intencionado

intendencia /inten'denθja/ *sf* intendência, gerência, administração ■ **intendencia de la empresa** gerência da empresa

intensidad /intensi'ðað/ *sf* **1** intensidade **2** veemência ■ **intensidad del amor** intensidade do amor

165

intenso

intenso, -a /in'tenso, a/ *adj* 1 intenso 2 enérgico 3 forte ■ **amor intenso** amor intenso

intercambio /inter'kambjo/*sm* 1 intercâmbio 2 troca ■ **intercambio en Europa** intercâmbio na Europa

interceptar /interθep'tar/ *vtr* 1 interceptar 2 interromper ■ **interceptar las personas** interceptar as pessoas

interés /inte'res/ *sm* 1 interesse 2 vantagem, lucro, proveito ■ **interés en viajar** interesse em viajar

interesado, -a /intere'saɾ/ *vtr, vi* 1 interessado 2 empenhado 3 interesseiro 4 egoísta ■ **interesado en mujeres** interessado em mulheres

interesante /intere'sante/ *adj* interessante, atraente ■ **trabajo interesante** trabalho interessante

interfono /inter'fono/ *sm* interfone ■ **llamar el interfono** chamar o interfone

interior /inte'ɾjor/ *adj, sm* 1 interior, que está dentro, interno 2 íntimo ■ **interior de la tienda** interior da loja

interlocutor, -a /interloku'tor, a/ *sm, sf* interlocutor ■ **interlocutor de la radio** interlocutor da rádio

intermediario, -a /interme'ðjarjo, a/*adj, sf, sm* intermediário, mediador ■ **nivel intermediario** nível intermediário

intermedio, -a /inter'meðjo, a/ *adj, sm* 1 mediano 2 intermédio ■ **nivel intermedio** nível intermédio

intermitente /intermi'tente/ *adj, sm* intermitente ■ **persona intermitente** pessoa intermitente

internacional /internaθjo'nal/ *adj* internacional ■ **equipo internacional** equipe internacional

internado, -a /inter'nar/ *vtr* internado ■ **persona internada** pessoa internada

internar /inter'nar/ *vtr* 1 internar, hospitalizar 2 introduzir 3 penetrar ■ **internar un niño** internar um menino

interno, -a /in'terno, a/ *adj, sf, sm* interno, interior ■ **interno de la tienda** interior da loja

interpretación /interpreta'θjon/ *sf* 1 interpretação 2 explicação 3 versão ■ **interpretación del texto** interpretação do texto

interpretar /interpre'tar/ *vtr* 1 interpretar, representar 2 traduzir, esclarecer 3 deduzir ■ **interpretar el texto** interpretar o texto

interrogación /interoɣa'θjon/ *sf* 1 interrogação, pergunta 2 ponto de interrogação ■ **interrogación de la policía** interrogação da polícia

interrogatorio /interoɣa'torjo, a/ *sm* 1 interrogatório, questionário 2 interrogatório, inquérito ■ **hacer un interrogatorio** fazer um interrogatório

interrupción /interup'θjon/ *sf* interrupção, suspensão ■ **sin interrupción** sem interrupção

interruptor, -a /interup'tor, a/ *adj, sm* interruptor, comutador (de luz, de aparelhos elétricos) ■ **interruptor de la casa** interruptor da casa

interurbano, -a /interur'βano, a/ *adj* interurbano ■ **transporte interurbano** transporte interurbano

intervalo /inter'βalo/ *sm* 1 intervalo 2 espaço ■ **hacer un intervalo** fazer um intervalo

intervención /interβen'θjon/ *sf* 1 intervenção 2 intromissão ■ **intervención de los padres** intervenção dos pais

intervenir /interβe'nir/ *vtr, vi* 1 intervir, participar, mediar 2 interferir ■ **intervenir en el trabajo** intervir no trabalho

interventor, -a /interβen'tor, a/*adj, sf, sm* 1 interventor ■ **interventor del gobierno** interventor do governo

intestino /intes'tino, a/ *adj* intestino ■ **intestino delgado** intestino delgado

intimidad /intimi'ðað/ *sf* 1 intimidade 2 familiaridade ■ **intimidad de la familia** intimidade da família

íntimo, -a /'intimo, a/ *adj, sf, sm* 1 íntimo 2 cordial 3 interior, interno ■ **cuarto íntimo** quarto íntimo

intocable /into'kaβle/ *adj, sf, sm* 1 intocável 2 inacessível ■ **persona intocable** pessoa intocável

intolerancia /intole'ranθja/ *sf* 1 intolerância 2 impaciência 3 fanatismo ■ **intolerancia en el tráfico** intolerância no trânsito

intoxicación /intoksika'θjon/ *sf* intoxicação, envenenamento ■ **intoxicación pulmonar** intoxicação pulmonar

intransferible /intransfe'riβle/ *adj* intransferível, inalienável ■ **detenido intransferible** detento intransferível

intransigente /intransi'xente/ *adj* intransigente, intolerante, inflexível ■ **persona intransigente** pessoa intransigente

intratable /intra'taβle/ *adj* 1 intratável, rude, áspero 2 impraticável ■ **situación intratable** situação intratável

intrépido, -a /in'trepiðo, a/ *adj* 1 intrépido, ousado, valente 2 firme ■ **persona intrépida** pessoa intrépida

intriga /in'triɣa/ *sf* 1 intriga 2 enredo 3 mexerico ■ **hacer una intriga** fazer uma intriga

intrigante /intri'ɣante/ *adj, sm* 1 intrigante, bisbilhoteiro 2 fofoqueiro 3 xereta ■ **persona intrigante** pessoa intrigante

intrínseco, -a /in'trinseko, a/ *adj* intrínseco, essencial, íntimo ■ **algo intrínseco** algo intrínseco

introducción /introðuk'θjon/ *sf* 1 introdução 2 apresentação 3 admissão em um lugar ■ **introducción del libro** introdução do livro

introversión /introβer'sjon/ *sf* 1 introversão 2 recolhimento ■ **introversión de las ideas** recolhimento das ideias

introvertido, -a /intro'βer'tiðo, a/ *adj* 1 introvertido 2 introspectivo, fechado, absorto ■ **persona introvertida** pessoa introvertida

intrusión /intru'sjon/ *sf* 1 intrusão, intromissão 2 usurpação, apropriação indevida ■ **intrusión en la vida de los otros** intrusão na vida dos outros

intruso, -a /in'truso, a/ *adj, sm, sf* 1 intruso, intrometido 2 estranho ■ **persona intrusa** pessoa intrusa

intuición /intwi'θjon/ *sf* 1 intuição 2 pressentimento 3 percepção ■ **intuición femenina** intuição feminina

inundación /inunda'θjon/ *sf* 1 inundação 2 alagamento 3 grande quantidade de qualquer coisa ■ **inundación de la ciudad** inundação da cidade

inusitado, -a /inusi'taðo, a/ *adj* inusitado, extraordinário ■ **hecho inusitado** fato inusitado

inútil /in'util/ *adj, sm, sf* 1 inútil, incapaz 2 desnecessário ■ **hombre es inútil** homem é inútil

inutilidad /inutili'ðað/ *sf* inutilidade, incapacidade ■ **inutilidad de los documentos** inutilidade dos documentos

invadir /inba'ðir/ *vtr* 1 invadir, ocupar 2 apoderar-se ■ **invadir la escuela** invadir a escola

inválido, -a /in'baliðo, a/ *adj, sm, sf* 1 inválido 2 doente 3 nulo, desprovido de condições exigidas pela lei ■ **billete inválido** bilhete inválido

invasión /inba'sjon/ *sf* 1 invasão 2 incursão 3 propagação ■ **invasión de privacidad** invasão de privacidade

invención /inben'θjon/ *sf* 1 invenção 2 descobrimento, descoberta 3 engano, mentira ■ **invención de las cosas** invenção das coisas

izquierdo

inventor, -a /inben'tor, a/ *adj, sm, sf* 1 inventor 2 autor 3 descobridor ▪ **inventor de la rueda** inventor da roda

invernada /inber'naða/ *sf* 1 estação de inverno 2 invernada ▪ **invernada difícil** invernada difícil

invernar /inber'nar/ *vi* hibernar ▪ **invernar en el frío** hibernar no frio

inversión /inber'sjon/ *sf* inversão ▪ **inversión de ideas** inversão de ideias

inverso, -a /in'berso, a/ *adj* invertido, trocado ▪ **inverso de la ropa** roupa invertida

invertebrado, -a /inberte'βraðo, a/ *adj, sm, sf* invertebrado ▪ **animal invertebrado** animal invertebrado

invertir /inber'tir/ *vtr* 1 inverter, trocar, alternar, mudar 2 investir ▪ **invertir los lados** inverter os lados

investigación /inbestiɣa'θjon/ *sf* 1 investigação, pesquisa 2 averiguação ▪ **investigación y desarrollo** pesquisa e desenvolvimento

invicto, -a /in'bikto, a/ *adj* 1 invicto 2 vitorioso, invencível ▪ **hombre invicto** homem invicto

invierno /in'bjerno/ *sm* inverno ▪ **invierno hace frío** inverno faz frio

invisible /inbi'siβle/ *adj* invisível, oculto ▪ **hombre invisible** homem invisível

invitación /inbita'θjon/ *sf* 1 convite 2 exortação ▪ **invitación para el matrimonio** convite para o casamento

invitado, -a /inbi'tar/ *vtr* convidado ▪ **invitado de la fiesta** convidado da festa

invocar /inbo'kar/ *vtr* 1 invocar, chamar 2 suplicar ▪ **invocar alguien** invocar alguém

involuntario, -a /inbolun'tarjo, a/ *adj, sm, sf* 1 involuntário 2 inconsciente ▪ **persona involuntaria** pessoa involuntária

inyección /injek'θjon/ *sf* injeção ▪ **inyección en la vena** injeção na veia

inyectar /injek'tar/ *vtr* injetar ▪ **inyectar medicina** injetar remédio

ir /'ir/ *vi* 1 ir 2 andar ▪ **ir despacio** andar devagar

ira /'ira/ *sf* ira, cólera, raiva, rancor ▪ **ira de alguien** raiva de alguém

ironía /iro'nia/ *sf* 1 ironia 2 sarcasmo, zombaria, gozação ▪ **tener ironía** ter ironia

irónico, -a /i'roniko, a/ *adj* 1 irônico 2 sarcástico, gozador ▪ **sonrisa irónica** sorriso irônico

irracional /iraθjo'nal/ *adj, sm, sf* irracional, ilógico ▪ **hombre irracional** homem irracional

irradiación /iraðja'θjon/ *sf* irradiação, difusão, propagação ▪ **irradiación del sol** irradiação do sol

irradiar /ira'ðjar/ *vtr, vi* irradiar, propagar ▪ **irradiar la noticia** propagar a notícia

irreal /ire'al/ *adj* 1 irreal, imaginário 2 fantástico ▪ **hecho irreal** fato irreal

irreconciliable /irekonθi'ljaβle/ *adj* irreconciliável, incompatível ▪ **resultados irreconciliables** resultados incompatíveis

irregular /irevu'lar/ *adj* 1 irregular, desigual 2 disforme 3 anormal ▪ **coche irregular** carro irregular

irreprochable /irepro'tʃaβle/ *adj* irrepreensível, incensurável, impecável ▪ **trabajo irreprochable** trabalho impecável

irresistible /iresis'tiβle/ *adj* 1 irresistível 2 encantador 3 insuperável ▪ **hombre irresistible** homem irresistível

irrespirable /irespi'raβle/ *adj* 1 irrespirável 2 abafado ▪ **lugar irrespirable** lugar abafado

irreverente /ireβe'rente/ *adj* 1 irreverente 2 indecoroso ▪ **persona irreverente** pessoa irreverente

irritación /irita'θjon/ *sf* 1 irritação 2 ira, cólera ▪ **irritación en el trabajo** irritação no trabalho

irrumpir /irum'pir/ *vi* 1 irromper 2 invadir 3 brotar ▪ **irrumpir la casa** invadir a casa

irrupción /irup'θjon/ *sf* 1 irrupção 2 assalto 3 invasão, entrada violenta ▪ **irrupción en la calle** assalto na rua

isla /'isla/ *sf* ilha ▪ **islas Baleares** ilhas Baleares

isleño, -a /is'leno, a/ *adj, sm, sf* 1 ilhéu 2 insular ▪ **hombre isleño** homem do ilhéu

iterativo, -a /itera'tiβo, a/ *adj* iterativo, repetido ▪ **algo iterativo** algo repetido

itinerante /itine'rante/ *adj* itinerante ▪ **viaje itinerante** viagem itinerante

itinerario, -a/ itine'rarjo/ *adj, sm* itinerário, caminho, roteiro, percurso, rota ▪ **itinerario del viaje** itinerário da viagem

izar /i'θar/ *vtr* içar, levantar, erguer ▪ **izar la bandera** içar a bandeira

izquierdo, -a /iθ'kjerðo, a/ *adj* 1 esquerdo 2 canhoto ▪ **mano izquierda** mão esquerda

167

J

J /'xota/ *sf* décima primeira letra do alfabeto espanhol ■ **"j" de jabalí** "j" de javali

jabalí /xaβa'li, ina/ *sm, sf* javali ■ **jabalí en el zoológico** javali no zoo

jabón /xa'βon/ *sm* **1** sabão **2** medo, terror ■ **jabón en polvo** sabão em pó

jabonar /xaβo'nar/ *vtr* **1** ensaboar **2** repreender ■ **jabonar el cuerpo** ensaboar o corpo

jaboncillo /xaβon'θiʎo/ *sm* **1** sabonete **2** giz de alfaiate ■ **jaboncillo para manos** sabonete para mãos

jabonera /xaβo'nera/ *sf* saboneteira ■ **jabonera rosa** saboneteira rosa

jaca /'xaka/ *sf* **1** faca **2** pônei ■ **jaca grande** faca grande

jactancia /xak'tanθja/ *sf* **1** vaidade **2** arrogância ■ **jactancia en las personas** arrogância nas pessoas

jactarse /xak'tarse/ *vpr* **1** jactar-se, vangloriar-se, gabar-se **2** ufanar-se ■ **jactarse por el trabajo** vangloriar-se pelo trabalho

jade /'xaðe/ *sm, adj inv* jade ■ **jade del filme** jade de la película

jadear /xaðe'ar/ *vi* ofegar, arfar, arquejar ■ **jadear mucho** ofegar muito

jaez /xa'eθ/ *sm* **1** jaez **2** caráter, índole ■ **jaez perfecto** caráter perfeito

jaguar /xa'ɣwar/ *sm* **1** jaguar **2** onça-pintada ■ **jaguar en la floresta** jaguar na floresta

jalea /xa'lea/ *sf* geleia ■ **comer jalea** comer geleia

jaleo /xa'leo/ *sm* **1** animação, algazarra **2** tumulto, zona ■ **jaleo es divertido** algazarra é divertida

jalón /xa'lon/ *sm* **1** baliza **2** acontecimento ■ **jalón inolvidable** acontecimento inesquecível

jalonar /xalo'nar/ *vtr* limitar, alinhar, balizar ■ **jalonar la vida** alinhar a vida

jamar /xa'mar/ *vtr* comer, rangar ■ **jamar mucho** comer muito

jamás /xa'mar/ *vtr* jamais, nunca, em tempo algum ■ **jamás diga jamás** nunca diga nunca

jamón /xa'mon/ *sm* **1** presunto, presunto cru, pernil de porco ■ **jamón con pan** presunto com pão

jaque /'xake/ *sm* xeque ■ **jaque mate** xeque-mate

jaqueca /xa'keka/ *sf* enxaqueca ■ **ter jaqueca** tener enxaqueca

jarabe /xa'raβe/ *sm* **1** xarope **2** bebida excessivamente doce ■ **tomar jarabe** tomar xarope

jarana /xa'rana/ *sf* gritaria, algazarra, diversão, tumulto ■ **jarana en la escuela** gritaria na escola

jardín /xar'ðin/ *sm* jardim ■ **jardín lleno de flores** jardim cheio de flores

jardinera /xarði'nera/ *sf* **1** jardineira **2** suporte para vasos e plantas ■ **jardinera grande** jardineira grande

jardinero, -a /xarði'nera/ *adj, sm, sf* jardineiro ■ **trabajo de jardinero** trabalho de jardineiro

jareta /xa'reta/ *sf* bainha (de roupa) ■ **jareta del pantalón** bainha da calça

jarra /'xara/ *sf* jarra ■ **jarra de agua** jarra de água

jarrete /xa'rete/ *sm* **1** jarreta **2** barriga da perna ■ **dolor en el jarrete** dor na barriga da perna

jarro /'xaro/ *sm* jarro ■ **jarro de flor** jarro de flor

jauja /'xawxa/ *sf* nome empregado para dar ideia de coisa próspera, abundante, de fartura ■ **jauja en la vida profesional** fartura na vida profissional

jaula /'xawla/ *sf* **1** jaula **2** gaiola **3** prisão, cárcere ■ **jaula de animales** jaula de animais

jauría /xaw'ria/ *sf* **1** matilha **2** confusão ■ **jauría en la escuela** confusão na escola

jazmín /xaθ'min/ *sm* jasmim ■ **color de jazmín** cor de jasmim

jeep /'jip/ *sm* jipe ■ **andar de jeep** andar de jipe

jefe, -a /'xefe, a/ *sm, sf* **1** chefe, superior **2** líder ■ **jefe de la empresa** chefe da empresa

jengibre /xeŋ'xiβre/ *sm* gengibre ■ **comer jengibre** comer gengibre

jeque /'xeke/ *sm* xeique, jeque ■ **jeque de la comunidad** xeique da comunidade

jerarquía /xerar'kia/ *sf* **1** hierarquia **2** classe **3** ordem ■ **jerarquía en la sociedad** hierarquia na sociedade

jerez /xe'reθ/ *sm* xerez, tipo de vinho ■ **jerez es distinto** xerez é distinto

jerga /'xerɣa/ *sf* **1** jargão **2** gíria **3** linguagem difícil de se entender ■ **jerga de los jóvenes** gíria dos jovens

jerigonza /xeri'ɣonθa/ *sf* **1** gíria **2** linguagem difícil e confusa ■ **jerigonza de los jóvenes** gíria dos jovens

jeringa /xe'riŋga/ *sf* seringa ■ **jeringa del hospital** seringa do hospital

jeroglífico, -a /xero'ɣlifiko, a/ *adj, sm* hieroglífico (escrita) ■ **buen jeroglífico** bom hieroglífico

jesuita /xe'swita/ *adj, sm, sf* jesuíta ■ **hombre jesuita** homem jesuíta

jet /'jet/ *sm* jato ■ **andar de jet** andar de jato

jeta /'xeta/ *sm* **1** beiço saliente **2** focinho de porco ■ **jeta roja** beiço saliente vermelho

jíbaro, -a /'xiβaro, a/ *adj, sm, sf* **1** índio **2** camponês, rústico ■ **jíbaro de la selva** índio da floresta

jícara /'xikara/ *sf* **1** xícara pequena para tomar chocolate **2** cesta de vime ■ **jícara de té** xícara de chá

jinete /xi'nete/ *sm, sf* cavaleiro ■ **jinete de la guerra** cavaleiro da guerra

juzgar

jirón /xi'ron/ *sm* 1 barra, debrum (de roupa) 2 farrapo ■ **jirón para las ropas** debrum para as roupas

jockey /'jokej/ *sm* jóquei ■ **jockey es un atleta** jóquei é um atleta

jocoso, -a /xo'koso, a/ *adj* jocoso, engraçado, divertido ■ **hombre jocoso** homem engraçado

joder /xo'ðer/ *vtr* 1 foder 2 incomodar, encher o saco ■ **joder alguien** incomodar alguém

jolgorio /xol'rorjo/ *sm* folguedo, folgança, brincadeira ■ **jolgorio en la calle** folguedo na rua

jornada /xor'naða/ *sf* 1 jornada, viagem 2 dia de trabalho ■ **jornada de trabajo** jornada de trabalho

jornal /xor'nal/ *sm* salário pago por um dia de trabalho ■ **recibir el jornal** receber um salário por um dia de trabalho

jornalero, -a /xorna'lero, a/ *sm, sf* diarista, pessoa que trabalha por dia ■ **profesión de jornalero** profissão de diarista

jota /'xota/ *sf* 1 nome da letra j 2 coisa mínima ■ **jota de juez** jota de juiz

joven /xo'βen/ *adj, sm, sf* jovem, moço ■ **hijo joven** filho jovem

jovial /xo'βjal/ *adj* 1 jovial 2 alegre 3 brincalhão ■ **madre jovial** mãe jovial

jovialidad /xoβjali'ðað/ *sf* 1 jovialidade 2 alegria ■ **jovialidad de los hijos** jovialidade dos filhos

joya /'xoja/ *sf* 1 joia 2 prêmio, recompensa ■ **ganar una joya** ganhar uma recompensa

joyería /xoje'ria/ *sf* joalheria ■ **ir a la joyería** ir na joalheria

joyero, -a /xo'jero, a/ *adj, sm, sf* 1 joalheiro 2 porta-joias ■ **ganar un joyero** ganhar um porta-joias

juanete /xwa'nete/ *sm* joanete ■ **utilizar un juanete** usar um joanete

jubilación /xuβila'θjon/ *sf* aposentadoria ■ **jubilación cuando viejos** aposentadoria quando velhos

jubilado, -a /xuβi'laðo, a/ *adj, sm, sf* 1 aposentado 2 reformado ■ **hombre jubilado** homem aposentado

jubilar /xuβi'lar/ *vtr* 1 aposentar 2 alegrar-se, regozijar-se ■ **jubilar temprano** aposentar cedo

jubileo /xuβi'leo/ *sm* 1 jubileu 2 bodas de ouro ■ **conmemorar el jubileo** comemorar o jubileu

júbilo /'xuβilo/ *sm* júbilo, alegria ■ **júbilo en la fiesta** alegria na festa

judaísmo /xuða'ismo/ *sm* judaísmo ■ **creer en el judaísmo** acreditar no judaísmo

judas /'xuðas/ *sm* judas, traidor ■ **Judas de la Biblia** Judas da Bíblia

judía /xu'ðia/ *sf* 1 ervilha, vagem 2 feijão ■ **comer judías** comer ervilhas

judicial /xuði'θjal/ *adj* judicial, forense, legal ■ **proceso judicial** processo judicial

judío, -a /xu'ðio, a/ *adj, sm, sf* 1 judeu, hebreu, semita, israelita, israelense 2 avaro, pão-duro, usurário ■ **hombre judío** homem judeu

judo /'juðo/ *sm* judô ■ **jugar judo** jogar judô

juego /'xweɣo/ *sm* 1 jogo 2 diversão 3 brincadeira ■ **juego de pelota** jogo de bola

jueves /'xweβes/ *sn* quinta-feira ■ **fiesta el jueves** festa na quinta-feira

juez, -a /'xweθ, 'xweθa/ *sm, sf* 1 juiz 2 árbitro ■ **juez del juego** juiz do jogo

jugada /xu'raða/ *sf* 1 jogada 2 lance 3 engano ■ **buena jugada** boa jogada

jugo /'xuɣo/ *sm* 1 suco, sumo ■ **jugo gástrico** suco gástrico 2 seiva 3 proveito ■ **sacarle jugo a la situación** tirar proveito da situação

jugoso, -a /xu'ɣoso, a/ *adj* 1 suculento 2 substancioso ■ **comida jugosa** comida suculenta

juguete /xu'ɣete/ *sm* 1 brinquedo 2 joguete, gracejo, gozação ■ **juguete de niño** brinquedo de menino

jugueteo /xuɣe'teo/ *sm* brincadeira, brinquedo ■ **jugueteo de niños** brincadeira de crianças

juguetería /xuɣete'ria/ *sf* loja de brinquedos ■ **comprar en la juguetería** comprar na loja de brinquedos

juguetón, -ona /xuɣe'ton, ona/ *adj* 1 brincalhão 2 jovial ■ **niño juguetón** menino brincalhão

juicio /'xwiθjo/ *sm* 1 juízo 2 prudência ■ **divertirse con juicio** brincar com prudência

julio /'xuljo/ *sm* julho ■ **mes de julio** mês de julho

jumento /ʒu'me'tu, ta/*sm, sf* jumento, asno, burro ■ **jumento es un animal** jumento é um animal

junco /'xuŋko/ *sm* 1 junco 2 bengala ■ **junco para los viejos** bengala para os velhos

junio /'xunjo/ *sm* junho ■ **mes de junio** mês de junho

junta /'xunta/ *sf* 1 junta 2 articulação 3 reunião ■ **dolor en la junta** dor na articulação

jurado, -a /xu'raðo, a/ *adj, sm, sf* 1 jurado 2 júri ■ **jurado del proceso** jurado do processo

juramentar /xuramen'tarse/ *vpr* juramentar ■ **juramentar siempre** juramentar sempre

juramento /xura'mento/ *sm* juramento ■ **juramento de buen comportamiento** juramento de bom comportamento

jurar /xu'rar/ *vtr, vi* 1 jurar 2 declarar ■ **jurar amor eterno** jurar amor eterno

jurídico, -a /xu'riðiko, a/ *adj* jurídico, legal ■ **hombre jurídico** homem jurídico

jurisdicción /xurisðik'θjon/ *sf* 1 jurisdição 2 competência ■ **jurisdicción en el foro** jurisdição no fórum

jurista /xu'rista/ *sf, sm* jurista ■ **profesión de jurista** profissão de jurista

justicia /xus'tiθja/ *sf* 1 justiça 2 direito ■ **justicia en el trabajo** justiça no trabalho

justiciero, -a /xusti'θjero, a/ *adj* 1 justiceiro 2 implacável ■ **hombre justiciero** homem justiceiro

justificación /xustifika'θjon/ *sf* 1 justificação 2 desculpa 3 defesa, álibi ■ **justificación para los problemas** justificação para os problemas

justificar /xustifi'kar/ *vtr* 1 justificar 2 provar, legitimar, defender ■ **justificar los problemas** justificar os problemas

justo, -a /'xusto, a/ *adj, sf, sm, adv* 1 justo, imparcial 2 ajustado ■ **vida justa** vida justa

juvenil /xuβe'nil/ *adj* 1 juvenil 2 atleta júnior ■ **equipo juvenil** equipe juvenil

juventud /xuβen'tuð/ *sf* juventude, mocidade ■ **juventud es valiosa** juventude é valiosa

juzgar /xuθ'rar/ *vtr* 1 julgar, deliberar 2 sentenciar ■ **juzgar alguien** julgar alguém

169

K

k /'ka/ *sf.* décima segunda letra do alfabeto espanhol ■ **K es la abreviatura de kelvin** K é a abreviatura de kelvin

ka /'ka/ *sf.* nome da letra k. ■ **ka es el nombre de k** ka é o nome de k

kárate /'ka'rate/ caratê. ■ **jugar kárate** jogar caratê

kayak /ka'jak/ *sm.* caiaque. ■ **andar de kayak** andar de caiaque

kermés /'kermes/ *sm., inv.* quermesse, feira, festa popular. ■ **ir a la kermés** ir na quermesse

kerosén /kero'sen/ *sm.* querosene. ■ **cuidado con el kerosén** cuidado com o querosene

kilo /'kilo/ *sm.* quilo. ■ **muchos kilos** muitos quilos

kilociclo /kilo'θiklo/ *sm.* quilociclo. ■ **medida en kilociclo** medida em quilociclo

kilogramo /kilo'ɪramo/ *sm.* quilograma, quilo (símbolo: kg) ■ **medida de kilogramo** medida de quilograma

kilometraje /kilome'traxe/ *sm.* quilometragem. ■ **kilometraje del coche** quilometragem do carro

kilométrico, -a /kilo'metriko, a/ *adj.* **1** quilométrico. ■ **distáncia kilométrica** distancia quilométrica

kilómetro /ki'lometro/ *sm.* quilômetro (símbolo: km) ■ **kilómetro cuadrado** quilômetro quadrado (símbolo: km^2)

kilovatio /kilo'βatjo/ *sm.* quilovate (símbolo: kw) ■ **energía en kilovatio** energia em quilovate

kurdo, -a 1 curdo. ■ **ciudadano kurdo** cidadão curdo

L

l /ele/ *sf.* décima terceira letra do alfabeto espanhol ∎ **l es una letra** l é uma letra

la /la/ *sm.* sexta nota musical ∎ **la es una nota musical** la é uma nota musical

lábaro **1** lábaro **2** estandarte **3** bandeira ∎ **lábaro grande** lábaro grande

laberíntico /laβe'riŋtiko, a/ *adj* **1** labiríntico **2** confuso, atrapalhado. ∎ **camino laberíntico** caminho labiríntico

laberinto /laβe'riŋto/ *sm* **1** labirinto **2** confusão. ∎ **laberinto peligroso** labirinto perigoso

labia /'laβja/ *sf* **1** lábia, manha **2** astúcia. ∎ **tener labia** ter lábia

labial /la'βjal/ *adj* labial. ∎ **protector labial** protetor labial

lábil /'laβil/ *adj* **1** lábil, instável **2** escorregadio **3** frágil. ∎ **persona lábil** pessoa instável

labio /'laβjo/ *sm* **1** lábio **2** boca. ∎ **labio hinchado** lábio inchado

labor /la'βor/ *sf* **1** trabalho **2** exercício **3** lavor, bordado. ∎ **mucha labor** muito trabalho

laboratorio /laβora'torjo/ *m* **1** laboratório. ∎ **laboratorio de la facultad** laboratório da faculdade

laborear /laβore'ar/ *v* **1** trabalhar **2** lavrar **3** escavar. ∎ **laborear en los fines de semana** trabalhar nos fins de semana

laborioso /laβo'rjoso, a/ *adj* **1** laborioso, trabalhoso **2** penoso, árduo, difícil. ∎ **proyecto laborioso** projeto trabalhoso

labra /'laβra/ *sf* **1** lavra **2** lavoura **3** produção **4** autoria. ∎ **trabajar en la labra** trabalhar na lavoura

labrador /laβra'ðor, a/ *adj & sm, f* lavrador, agricultor. ∎ **labrador de tierra** lavrador de terra

labranza /la'βraɲθa/ *sf* **1** trabalho **2** lavoura, agricultura. ∎ **mucha labranza** muito trabalho

labrar /la'βrar/ *v* **1** lavrar **2** cultivar, roçar, arar **3** bordar, costurar. ∎ **labrar la tierra** lavrar a terra

laca /'laka/ *sf* **1** laca **2** verniz duro **3** laquê, spray, fixador. ∎ **laca para el cabello** spray para o cabelo

lacayo /la'kajo/ *sm* **1** criado **2** pessoa servil. ∎ **lacayo de la hacienda** criado da fazenda

lacerar /laθe'rar/ *v* padecer, sofrer. ∎ **lacerar mucho** sofrer muito

lacio /'laθjo, a/ *adj* **1** murcho **2** desbotado **3** liso. ∎ **flor lacia** flor murcha

lacra /'lakra/ *sf* **1** marca, cicatriz, sinal **2** vestígio **3** imperfeição. ∎ **lacra en el trabajo** imperfeição no trabalho

lacrar /la'krar/ *v* **1** contagiar **2** causar lesão **3** lacrar, selar com lacre. ∎ **lacrar la caja** lacrar a caixa

lacre /'lakre/ *sm* **1** lacre **2** cor vermelha. ∎ **lacre en la encomienda** lacre na encomenda

lacrimal /lakri'mal/ *adj* lacrimal. ∎ **problema lacrimal** problema lacrimal

lacrimógeno /lakri'moxeno, a/ *adj* lacrimógeno. ∎ **gás lacrimógeno** gás lacrimógeno

lactación /lakta'θjon/ *sf* **1** lactação **2** amamentação. ∎ **mucha lactación** muita lactação

lactancia /lak'taɲθja/ *sf* **1** lactação. ∎ **mucha lactancia** muita lactação

lactar /lak'tar/ *v* **1** amamentar **2** mamar. ∎ **lactar los niños** amamentar as crianças

lácteo /'lakteo, a/ *adj* lácteo, leitoso. ∎ **líquido lácteo** líquido leitoso

lactosa /lak'tosa/ *sf* lactose, açúcar de leite. ∎ **lactosa hace bien para la salud** lactose faz bem para a saúde

ladeado *adj* inclinado, torcido, desviado. ∎ **posición ladeada** posição inclinada

ladear /laðe'ar/ *v* **1** inclinar **2** desviar **3** torcer. ∎ **ladear mucho** inclinar muito

ladera /la'ðera/ *sf* ladeira, encosta, declive. ∎ **bajar la ladera** baixar a ladeira

ladilla /la'ðiʎa/ *sf* chato, parasita da virilha. ∎ **persona ladilla** pessoa chata

ladino /la'ðino, a/ *adj* **1** ladino, esperto **2** manhoso **3** gaiato. ∎ **hombre ladino** homem esperto

lado /'laðo/ *sm* **1** lado **2** costado **3** banda, face **4** partido **5** opinião. ∎ **lado izquierdo** lado esquerdo

ladrar /la'ðrar/ *v* **1** ladrar, latir **2** impugnar **3** repreender **4** ameaçar. ∎ **ladrar fuerte** ladrar forte

ladrillo /la'ðriʎo/ *sm* **1** tijolo **2** estúpido, tonto. ∎ **ladrillo de la casa** tijolo da casa

ladrón /la'ðron, ona/ *adj & sm, f* **1** ladrão **2** gatuno **3** assaltante. ∎ **ladrón de banco** ladrão de banco

ladronzuelo /laðronθ'θwelo, a/ *sm, f* trombadinha, ladrão de galinha, ladrãozinho mixo. ∎ **ladronzuelo de la ciudad** ladrãozinho da cidade

lagarta /la'xarta/ *sf* **1** lagarta **2** mulher esperta. ∎ **dibujo de lagarta** desenho de lagarta

lagartija /laxar'tixa/ *sf* lagartixa. ∎ **miedo de lagartija** medo de lagartixa

lagarto /la'xarto, a/ *sm, f* **1** lagarto **2** músculo do braço. ∎ **lagarto verde** lagarto verde

lago /'laxo/ *sm* **1** lago, lagoa. ∎ **lago profundo** lago profundo

lágrima /'laxrima/ *Sf* **1** lágrima, gota, pingo **2** choro. ∎ **lágrima de cocodrilo** lágrima de crocodilo

lagrimoso /lakri'moso, a/ *adj* **1** lacrimoso, choroso **2** enternecedor. ∎ **niño lagrimoso** criança chorosa

laguna /la'xuna/ *sf* **1** laguna **2** lacuna, vazio **3** interrupção. ∎ **laguna de sentimientos** laguna de sentimentos

laico

laico /ˈlajko, a/ adj laico, leigo, secular. ■ **laico en el asunto** laico no assunto

laja /ˈlaxa/ sf **1** laje **2** banco de pedra **3** corda fina. ■ **laja blanca** laje branca

lama /ˈlama/ sf lama, lodo. ■ **lama en el camino** lama no caminho

lameculos /lameˈkulos/ sm, f puxa-saco, bajulador. ■ **personas lameculos** pessoas bajuladoras

lamentable /lamenˈtaβle/ adj **1** lamentável, deplorável **2** triste. ■ **situación lamentable** situação lamentável

lamentación /lamentaˈθjon/ sf **1** lamentação, lamento **2** queixa **3** choradeira. ■ **lamentación de la vida** lamentação da vida

lamentar /lamenˈtar/ v **1** lamentar, deplorar **2** ter pena **3** lastimar-se **4** queixar-se. ■ **lamentar mucho** lamentar muito

lamento /laˈmento/ sm **1** lamento **2** queixa **3** gemido. ■ **lamento sin razón** lamento sem razão

lamer /laˈmer/ v **1** lamber **2** retocar uma obra **3** roçar **4** alegrar-se. ■ **lamer el plato** lamber o prato

lamido /laˈmiðo, a/ adj **1** gasto, usado **2** polido, bem acabado **3** fraco **4** afeminado. ■ **ropa lamida** roupa usada

lámina /ˈlamina/ sf **1** lâmina **2** chapa **3** estampa **4** prancha gravada. ■ **lámina peligrosa** lâmina perigosa

laminado /lamiˈnaðo, a/ adj **1** laminado **2** chapeado **3** laminação. ■ **acero laminado** aço laminado

laminar /lamiˈnar/ adj **1** laminar **2** chapear **3** laminado. ■ **laminar mucho** laminar muito

lámpara /ˈlampara/ sf **1** lâmpada **2** luminária **3** luz. ■ **lámpara amarilla** lâmpada amarela

lamparón /lampaˈron/ sm mancha de óleo (em tecido). ■ **lamparón no sale** macha de óleo não sai

lampiño /lamˈpiɲo, a/ adj **1** lampinho **2** imberbe. ■ **muchacho lampiño** garoto lampinho

lampión 1 lampião **2** lanterna grande. ■ **lampión en la hacienda** lampião na fazenda

lana /ˈlana/ sf **1** lã **2** ralé, populacho, povão. ■ **ropa de lana** roupa de lã

lance /ˈlanθe/ sm **1** lance, lançamento **2** aventura **3** incidente **4** episódio (em novela) **5** impulso. ■ **lance del libro** lançamento do livro

lanceta /lanˈθeta/ sf lanceta. ■ **usar la lanceta** usar a lanceta

lancha /ˈlantʃa/ sf **1** laje **2** lancha **3** bote, barco. ■ **lancha de la casa** laje da casa

langosta /lanˈgosta/ sf **1** gafanhoto **2** lagosta. ■ **langosta en el almuerzo** lagosta no almoço

languidecer /langiðeˈθer/ v **1** enlanguescer **2** adoecer **3** definhar. ■ **languidecer muy rápido** adoecer muito rápido

languidez /langiˈðeθ/ sf **1** languidez **2** apatia **3** abatimento, cansaço. ■ **tener languidez** ter apatia

lánguido /ˈlangiðo, a/ adj **1** lânguido **2** fraco, débil **3** cansado, abatido. ■ **persona lánguida** pessoa fraca

lanilla /laˈniʎa/ sf **1** felpa **2** lã fina **3** penugem. ■ **ropa hecha de lanilla** roupa feita com lã fina

lanolina /lanoˈlina/ sf lanolina. ■ **crema de lanolina** creme de lanolina

lanza /ˈlanθa/ sf lança. ■ **lanza para pescar** lança para pescar

lanzacohetes lança-foguetes. ■ **lanzacohetes es peligroso** lança-foguetes é perigoso

lanzallamas /lanθaˈʎamas/ sm lança-chamas. ■ **presentación de lanzallamas** apresentação de lança-chamas

lanzamiento /lanθaˈmjento/ sm **1** lançamento **2** arremesso **3** despejo, expropriação. ■ **lanzamiento de la pelota** lançamento da bola

lanzar /lanˈθar/ v lançar, arremessar, atirar. ■ **lanzar lejos** lançar longe

lapidar /lapiˈðar/ v **1** lapidar, talhar, facetar (pedras preciosas) **2** matar a pedradas. ■ **lapidar la piedra** lapidar a pedra

lapidario /lapiˈðarjo, a/ adj **1** referente à pedras preciosas **2** conciso (estilo) **3** joalheiro. ■ **buen lapidario** bom joalheiro

lápide 1 lápide **2** pedra com inscrição. ■ **lápide grande** lápide grande

lapislázuli /lapisˈlaθuli/ sm lápis-lazúli. ■ **lapislázuli para el adorno** lápis-lazúli para o enfeite

lápiz /ˈlapiθ/ sm lápis. ■ **lápiz de color** lápis de cor

lapso /ˈlapso/ sm **1** lapso **2** deslize **3** mancada. ■ **persona lapsa** pessoa lapsa

laqueado /lakeˈaðo, a/ adj laqueado, envernizado com laca. ■ **silla laqueada** cadeira laqueada

lar /ˈlar/ sm **1** lareira **2** lar, casa própria. ■ **lar dulce lar** doce lar

lardo 1 toucinho **2** banha, gordura animal. ■ **comer lardo** comer toucinho

larga /ˈlarɣa/ adj **1** calço **2** taco de bilhar **3** demora. ■ **larga en la fila** demora na fila

largar /larˈɣar/ v **1** largar **2** deixar, soltar. ■ **largar los costumbres antiguos** largar os costumes antigos

largo /ˈlarɣo, a/ adj **1** longo, comprido, extenso **2** espaçoso. ■ **lugar largo** lugar espaçoso

largometraje /larɣomeˈtraxe/ sm longa-metragem (filme). ■ **ver un largometraje** ver um longa-metragem

larguero /larˈɣero/ sm **1** trave lateral (em construção) **2** liberal **3** abundante. ■ **persona larguera** pessoa liberal

largueza /larˈɣeθa/ sf **1** largueza **2** desprendimento, generosidade. ■ **largueza de la calle** largueza da rua

largura /larˈɣura/ sf comprimento, extensão. ■ **largura de la carne** extensão da carne

laringe /laˈrinxe/ sf laringe. ■ **dolor en la laringe** dor na laringe

laringitis /larinˈxitis/ sf laringite. ■ **tener laringitis** ter laringite

laringólogo /larinˈɣoloɣo, a/ sm, f otorrinolaringologista. ■ **profesión de laringólogo** profissão de otorrinolaringologista

larva /ˈlarβa/ sf **1** larva **2** lagarta. ■ **larva en el árbol** larva na árvore

las art as. ■ **las personas** as pessoas

lasca /ˈlaska/ sf lasca, fragmento, estilhaço. ■ **lasca de vidrio** lasca de vidro

lascivo /lasˈθiβo, a/ adj & sm, f lascivo, voluptuoso, sensual **2** erótico. ■ **persona lasciva** pessoa sensual

láser /ˈlaser/ adj laser (aparelho; raio). ■ **láser en la presentación** laser na apresentação

laso /ˈlaso, a/ adj **1** lasso, fatigado, cansado **2** débil, fraco. ■ **quedar laso** ficar cansado

lástima /ˈlastima/ sf **1** lástima, lamento **2** compaixão, pena **3** pessoa inútil, traste. ■ **lástima de la vida** lástima da vida

lastimar /lastiˈmar/ v lastimar, lamentar, deplorar. ■ **lastimar mucho** lastimar muito

lastimoso adj lastimoso, lamentável, deplorável. ■ **estado lastimoso** estado lamentável

lastre /ˈlastre/ sm **1** lastro **2** juízo, maturidade **3** peso **4** empecilho. ■ **tener lastre** ter juízo

lata /ˈlata/ sf lata. ■ **lata de conserva** lata da conserva

legionario

latente /la'teɲte/ *adj* 1 latente, oculto, escondido 2 dissimulado. ■ **sentimiento latente** sentimento latente

lateral l /late'ral/ *adj* 1 lateral 2 indireto. ■ **lateral del coche** lateral do carro

látex /'lateks/ *sm* látex. ■ **material látex** material látex

latido /la'tiðo/ *sm* 1 batimento do coração, batida, pulsação 2 pontada 3 ganido. ■ **latido fuerte** pulsação forte

latifundio /lati'fuɲdjo/ *sm* latifúndio. ■ **trabajo en el latifundio** trabalho no latifúndio

látigo /'latiɣo/ *sm* 1 látego, chicote, açoite 2 castigo. ■ **látigo en los esclavos** chicote nos escravos

latín /la'tin/ *sm* 1 latim 2 coisa difícil de entender ■ **saber mucho latín** ser muito esperto, inteligente.

latinidad *sf* latinidade. ■ **latinidad fuerte** latinidade forte

latino /la'tino/ *a/ adj* latino. ■ **música latina** música latina

latinoamericano /latinoa'merikano,a/ adj & sm, f/ latinoamericano. ■ **pueblo latinoamericano** povo latinoamericano

latir /la'tir/ *v* 1 bater, pulsar, latejar 2 ganir. ■ **latir el corazón** bater o coração

latitud /lati'tuð/ *sf* 1 latitude 2 largura 3 extensão. ■ **latitud de la región** latitude da região

lato /'lato, a/ adj* extenso, amplo, dilatado ■ **sentido lato** sentido geral, amplo (das palavras).

latón /la'ton/ *sm* latão. ■ **latón de hierro** latão de ferro

latoso /la'toso, a/ adj* chato, aborrecido, maçante. ■ **persona latosa** pessoa chata

latrocinio /latro'θinjo/ *sm* 1 latrocínio, roubo 2 furto 3 extorsão. ■ **latrocinio de coches** roubo de carros

laucha *sf, sm, adj* 1 ratazana 2 garotão 3 espertalhão. ■ **miedo de laucha** medo de ratazana

laúd /la'uð/ *sm* alaúde. ■ **laúd grande** alaúde grande

laudar *v* 1 decidir, sentenciar, julgar 2 louvar. ■ **laudar la sentencia** decidir a sentença

laudo /'lawðo/ *sm* laudo, parecer, aprovação. ■ **dar el laudo** dar o laudo

laureado /lawre'aðo, a/ adj & sm, f* laureado, premiado, homenageado. ■ **persona laureada** pessoa homenageada

laurear /lawre'ar/ *v* laurear, premiar, homenagear. ■ **laurear el jefe** premiar o chefe

laurel /law'rel/ *sm* laurel, coroa de louros. ■ **ganar un laurel** ganhar uma coroa de louros

lava /'laβa/ *sf* 1 lava 2 lavagem, banho nos metais. ■ **lava del volcán** lava do vulcão

lavable /la'βaβle/ *adj* lavável. ■ **objeto lavable** objeto lavável

lavabo /la'βaβo/ *sm* 1 lavabo 2 pia (de banheiro) 3 lavatório. ■ **lavabo del baño** lavabo do banheiro

lavacoches /laβa'kotʃes/ *sm, f* lavador de carros. ■ **trabajo de lavacoches** trabalho de lavador de carros

lavadero /laβa'ðero/ *sm* 1 lavadouro 2 tanque 3 local onde se lavam pepitas de ouro. ■ **lavadero de la casa** tanque da casa

lavadora /laβa'ðor, a/ adj & sm, f* lavadora, máquina de lavar roupa. ■ **lavadora de ropas** lavadoras de roupas

lavandería /laβaɲde'ria/ *sf* lavanderia. ■ **ropa en la lavandería** roupa na lavanderia

lavaplatos /laβa'platos/ *sm* lava-louça, máquina de lavar pratos. ■ **lavaplatos en la cocina** lava-louça na cozinha

lavar /la'βar/ *v* 1 lavar 2 banhar 3 limpar. ■ **lavar el suelo** lavar o chão

lavativa /laβa'tiβa/ *sf* 1 clister 2 seringa. ■ **lavativa del hospital** seringa do hospital

lavotear /laβote'ar/ *v* dar uma lavadinha. ■ **lavotear las manos** dar uma lavadinha nas mãos

laxante /lak'saɲte/ *adj & sm* laxante, laxativo. ■ **tomar laxante** tomar laxante

lazada /la'θaða/ *sf* 1 laçada, laço (de fitas) 2 nó corrediço. ■ **lazada en el caballo** laçada no cavalo

lazareto isolamento, hospital de isolamento, de quarentena. ■ **lazareto para enfermos** isolamento para doentes

lazarillo /laθa'riʎo/ *sm, f* 1 guia de cegos 2 companheiro inseparável. ■ **tener un lazarillo** ter um guia de cegos

lazo /'laθo/ *sm* 1 laço, nó 2 armadilha 3 ardil, engano ■ **lazo en el regalo** laço no presente

leal /le'al/ *adj* 1 leal, fiel 2 sincero, franco, honesto. ■ **perro leal** cachorro fiel

lealtad *sf* 1 lealdade 2 sinceridade, franqueza 3 gratidão. ■ **lealtad de los amigos** lealdade dos amigos

lección /lek'θjon/ *sf* lição, aula, exposição ■ **que te sirva de lección** que lhe sirva de lição.

lechada *sf* 1 argamassa 2 emulsão. ■ **usar lechada** usar argamassa

leche /'letʃe/ *sm* leite. ■ **leche con café** leite com café

lechería /letʃe'ria/ *sf* leiteria ■ **lechería grande** leiteria grande

lechero, -a /le'tʃero, a/ adj & sm, f* 1 leiteiro 2 lácteo. ■ **lechero de la hacienda** leiteiro da fazenda

lechigada /letʃi'ɣaða/ *sf* 1 ninhada, cria 2 bando. ■ **lechigada de animales** ninhada de animais

lecho /'letʃo/ *sm* leito, cama. ■ **lecho hecho** leito feito

lechón, -ona /le'tʃon, ona/ sm, f* 1 leitão 2 homem porco, imundo. ■ **lechón de la hacienda** leitão da fazenda

lechoso, -a /le'tʃoso, a/ adj* leitoso, lácteo. ■ **dulce lechoso** doce leitoso

lechuga /le'tʃuɣa/ *sf* alface ■ **lechuga flamenca** alface crespa.

lechuguino /letʃu'ɣino, a/ muda de alface. ■ **comer lechuguino** comer muda de alface

lechuza /le'tʃuθa/ *sf* 1 coruja 2 mulher velha e feia 3 prostituta. ■ **lechuza en el árbol** coruja na árvore

lectivo /lek'tiβo, a/ adj* letivo. ■ **año lectivo** ano letivo

lector /lek'tor, a/ adj & sm, f* leitor. ■ **lector de libros** leito de livros

lectura /lek'tura/ *sf* 1 leitura 2 interpretação 3 matéria, disciplina. ■ **lectura de libros** leitura de livros

leer /le'er/ *v* ler, interpretar. ■ **leer el texto** ler o texto

legación /leɣa'θjon/ *sf* legação, missão diplomática. ■ **legación de los derechos** legação dos direitos

legado /le'raðo, a/ sm* 1 legado, emissário 2 herança. ■ **buen legado** bom legado

legal /le'sal/ *adj* 1 legal, conforme a lei 2 justo. ■ **situación legal** situação legal

legalidad /lesali'ðað/ *sf* 1 legalidade 2 princípios legais. ■ **legalidad de los documentos** legalidade dos documentos

legalizar /lesali'θar/ *v* legalizar, legitimar, validar, autenticar. ■ **legalizar los hijos** legalizar os filhos

legar /le'rar/ *v* 1 legar 2 deixar herança 3 doar, dar 4 transmitir (valores espirituais). ■ **legar la enfermedad** legar a doença

legendario, -a /lexen'darjo, a/ adj* 1 legendário, lendário, famoso 2 livro sobre a vida dos santos ■ **legendario problema** legendário problema

legible /le'xiβle/ *adj* legível. ■ **letra legible** letra legível

legión le'xjon/ *sf* 1 legião 2 multidão. ■ **legión de personas** legião de pessoas

legionario /lexjo'narjo, a/ adj & sm, f* legionário. ■ **trabajador legionario** trabalhador legionário

173

legislación

legislación /lexisla'θjon/ *sf* legislação. ■ **legislación del gobierno** legislação do governo

legislador /lexisla'ðor a/ *adj & sm, f* legislador. ■ **buen legislador** bom legislador

legislar /lexis'lar/ *v* 1 legislar 2 censurar, criticar. ■ **legislar las reglas** legislar as regras

legislativo /lexis'lar/ *v* legislativo. ■ **poder legislativo** poder legislativo

legislatura /lexisla'tura/ *sf* 1 legislatura 2 câmara, conjunto de deputados e senadores. ■ **buena legislatura** boa legislatura

legista /le'xista/ *sm, f* 1 legista 2 jurista. ■ **trabajo de legista** trabalho de legista

legitimación /lexitima'θjon/ *sf* 1 legitimação, reconhecimento 2 habilitação. ■ **pedir legitimación** pedir legitimação

legitimar /lexiti'mar/ *v* 1 legitimar, reconhecer 2 habilitar 3 justificar. ■ **legitimar las reglas** legitimar as regras

legítimo, -a /le'xitimo, a/ *adj* legítimo, autêntico, verdadeiro. ■ **marca legítima** marca legítima

lego, -a /'lexo, a/ *adj* leigo, laico. ■ **lego en el asunto** leigo no assunto

legua /'lexwa/ *sf* légua. ■ **medida en legua** medida em légua

legumbre /le'xumβre/ *sf* 1 legume 2 hortaliça. ■ **comer legumbre** comer legume

leguminoso, -a /lexumi'noso, a/ *adj* leguminoso. ■ **comida leguminosa** comida leguminosa

leído, -a /le'iðo, a/ *adj* 1 lido 2 erudito. ■ **texto leído** texto lido

lejanía /lexa'nia/ *sf* lonjura, distância. ■ **lejanía de las ciudades** distância das cidades

lejía /le'xia/ *sf* 1 lixívia 2 bronca, sabão, repreensão. ■ **dar una lejía** dar uma bronca

lejos /'lexos/ *adv* 1 longe, distante 2 remoto ■ **a lo lejos** ao longe **ir demasiado lejos** ir longe demais.

lema /'lema/ *sm* 1 lema, divisa 2 inscrição. ■ **lema del texto** lema do texto

leña /'leɲa/ *sf* lenha ■ **echar leña al fuego** botar lenha na fogueira, incentivar.

leñador /leɲa'ðor, a/ *sm, f* lenhador. ■ **leñador de la floresta** lenhador da floresta

lencería /lenθe'ria/ *sf* 1 roupa íntima (*lingerie*), roupa-branca 2 rouparia (de colégios, hospitais). ■ **lencería cara** lingerie cara

lengua /'lexwa/ *sf* 1 língua 2 fala. ■ **lengua del buey** língua do boi

lenguado /leŋ'gwaðo/ *sm* linguado. ■ **animal lenguado** animal linguado

lenguaje /leŋ'gwaxe/ *sm* 1 linguagem, língua, idioma 2 fala. ■ **lenguaje difícil** linguagem difícil

lengüeta /leŋ'gweta/ *sf* 1 lingueta 2 fiel da balança. ■ **lengüeta grande** lingueta grande

leño /'leɲo/ *sm* 1 lenho, tora de árvore, madeira. ■ **leño en la cocina** madeira para o fogão

lente /'lente/ *sm* lente. ■ **lente verde** lente verde

lentejuela /lente'xwela/ *sf* lantejoula. ■ **arete de lentejuela** brinco de lantejoula

lentilla /len'tiʎa/ *sf* lente de contato. ■ **lentilla para los ojos** lente de contato para os olhos

lento, -a /'lento, a/ *adj* lento, lerdo, vagaroso, demorado. ■ **coche lento** carro lento

león /le'on/ *sm* leão. ■ **león en el zoo** leão no zoológico

leonino, -a /leo'nino, a/ *adj* leonino. ■ **animal leonino** animal leonino

leopardo /leo'parðo/ *sm* leopardo. ■ **leopardo en la selva** leopardo na floresta

lepra /'lepra/ *sf* 1 lepra 2 um mal que se propaga 3 praga. ■ **enfermedad lepra** doença de lepra

lerdo, -a /'lerðo, a/ *adj & sm, f* lerdo, lento. ■ **proceso lerdo** processo lerdo

les /'les/ *pron pes* lhes, a eles, a elas. ■ **les pertenece** pertence a eles

lesbianismo, -a /lesβja'nismo/ *sm* lesbianismo, homossexualismo feminino. ■ **respeto al lesbianismo** respeito ao lesbianismo

lesión /le'sjon/ *sf* 1 lesão, ferimento 2 qualquer dano ou prejuízo. ■ **lesión en la pierna** lesão na perna

lesionar /lesjo'nar/ *v* 1 lesar 2 prejudicar. ■ **lesionar un músculo** lesar um músculo

leso, -a /'leso, a/ *adj* 1 lesado 2 ferido 3 ofendido 4 perturbado, obcecado. ■ **muy leso** muito ferido

letárgico, -a /le'tarxiko, a/ *adj* 1 letárgico 2 apático. ■ **proceso letárgico** processo letárgico

letargo /le'tarxo/ *sm* 1 letargia 2 torpor 3 indolência. ■ **letargo de las personas** indolência das pessoas

letra /'letra/ *sf* letra. ■ **letra en el cartel** letra no cartaz

letrado, -a /le'traðo, a/ *adj & sm, f* 1 letrado, instruído, erudito, sábio 2 perito em leis. ■ **persona letrada** pessoa letrada

letrero /le'trero/ *sm* 1 letreiro, cartaz 2 legenda (de filme). ■ **letrero de propaganda** cartaz de propaganda

letrina /le'trina/ *sf* privada, latrina, mictório. ■ **letrina del baño** privada do banheiro

leucemia /lew'θemja/ *sf* leucemia. ■ **leucemia tiene tratamiento** leucemia tem tratamento

leucocito /lewko'θito, a/ *sm* leucócito. ■ **número de leucocitos es bajo** número de leucócitos é baixo

leudar *v* levedar, fermentar. ■ **leudar el pan** fermentar o pão

leva /'leβa/ *sf* 1 leva, partida 2 recrutamento, alistamento. ■ **leva del coche** partida do carro

levantar /leβaɲ'tar/ *v* levantar, alçar, erguer. ■ **levantar el niño** levantar a criança

levar /le'βar/ *v* 1 levantar, recolher âncora, zarpar 2 fermentar (a massa). ■ **levar el cuerpo** levantar o corpo

leve /'leβe/ *adj* 1 leve, ligeiro 2 ágil 3 insignificante. ■ **comida leve** comida leve

levitación /leβita'θjon/ *sf* 1 levitação 2 flutuação. ■ **levitación de objetos** levitação de objetos

léxico, -a /'leksiko, a/ *adj* 1 léxico 2 dicionário, glossário, vocabulário. ■ **sentido léxico** sentido léxico

ley /'lej/ *sf* lei, decreto, norma. ■ **ley siendo cumplida** lei sendo cumprida

leyenda /le'jenda/ *sf* 1 legenda, inscrição 2 lenda, novela 3 epígrafe. ■ **leyenda de la película** legenda do filme

lía /'lia/ *sf* 1 corda de sisal trançada 2 fezes, borra. ■ **mucha lía** muita corda

liar /li'ar/ *v* 1 ligar, atar, amarrar 2 embrulhar. ■ **liar el paquete** amarrar o pacote

libar /li'βar/ *v* libar, beber, provar um licor. ■ **libar mucho** beber muito

libelo /li'βelo/ *sm* 1 libelo 2 petição. ■ **libelo para el gobierno** petição para o governo

libélula /li'βelula/ *sf* libélula. ■ **libélula volando** libélula voando

liberación /liβera'θjon/ *sf* 1 liberação 2 quitação (de dívida) 3 libertação. ■ **liberación de prisioneros** liberação de prisioneiros

limpieza

liberal /liβeˈral/ adj liberal, generoso, franco. ■ **padres liberales** pais liberais

liberalismo /liβeraˈlismo/ sm liberalismo. ■ **liberalismo de los jóvenes** liberalismo dos jovens

liberalizar v liberalizar. ■ **liberalizar las ideas** liberalizar as idéias **liberar** /liβeraliˈθar/ v 1 liberar, libertar 2 desobrigar 3 emancipar 4 exonerar. ■ **liberar los niños** liberar as crianças

libertad /liβerˈtað/ sf 1 liberdade 2 prerrogativa 3 ousadia, desembaraço 4 franqueza, sinceridade. ■ **libertad de deseos** liberdade de desejos

libertar /liβerˈtar/ v 1 libertar, livrar, soltar 2 eximir. ■ **libertar de los problemas** libertar dos problemas

libertinaje /liβertiˈnaxe/ sm libertinagem, devassidão, licenciosidade. ■ **hacer libertinaje** fazer libertinagem

libidinoso, -a /liβiðiˈnoso, a/ adj 1 libidinoso, lascivo 2 erótico, luxurioso. ■ **persona libidinosa** pessoa libidinosa

libido /liˈβiðo/ sf libido. ■ **tener libido alta** ter libido alta

libio /ˈliβjo, a/ adj & sm, f libio. ■ **él es libio** ele é líbio

libra /ˈliβra/ sf libra (peso e moeda). ■ **precio en libra** preço em libra

libración /liβraˈθjon/ sf balanço, oscilação. ■ **libración del avión** balanço do avião

librado /liˈβraɾ/ v pessoa contra a qual se emite uma letra de câmbio. ■ **persona librada** pessoa librada

libranza /liˈβɾanθa/ sf ordem de pagamento. ■ **pedir libranza** pedir ordem de pagamento

librar /liˈβɾaɾ/ v 1 liberar, livrar 2 desembaraçar. ■ **librar rápido** liberar rápido

libre /ˈliβɾe/ adj 1 livre 2 independente 3 emancipado. ■ **prisionero libre** prisioneiro livre

librecambio /liβɾeˈkambjo/ sm câmbio livre. ■ **librecambio en el camino** câmbio livre no caminho

librería /liβɾeˈɾia/ sf 1 livraria 2 biblioteca. ■ **trabajo en la librería** trabalho na livraria

libro /ˈliβɾo/ sm livro, obra, volume ■ **ahorcar los libros** abandonar os estudos.

licencia /liˈθenθja/ sf 1 licença, autorização 2 permissão 3 baixa do serviço militar. ■ **sacar licencia** tirar licença

licenciar /liθenˈθjaɾ/ v 1 licenciar, liberar 2 dar baixa do serviço militar 3 licenciar-se (obter o título de licenciatura na universidade). ■ **licenciar en la facultad** licenciar-se na faculdade

licenciatura /liθenθjaˈtuɾa/ sf grau universitário que permite que o licenciado exerça o magistério no nível médio de ensino. ■ **licenciatura en español** licenciatura em espanhol

licencioso, -a /liθenˈθjoso, a/ adj & sm, f licencioso, libertino, dissoluto, atrevido, depravado. ■ **hombre licencioso** homem atrevido

liceo /liˈθeo/ sm liceu, escola, ginásio. ■ **liceo francés** liceu francês

licitación /liθitaˈθjon/ sf licitação, concorrência, tomada de preços. ■ **licitación de trabajos** concorrência de trabalhos

licitar /liθiˈtaɾ/ v oferecer lance em leilão ou hasta pública. ■ **licitar los objetos** oferecer objetos em leilão

lícito, -a /ˈliθito, a/ adj 1 lícito, permitido por lei 2 justo, legal. ■ **reglas lícitas** regras permitidas

licor /liˈkoɾ/ sm licor. ■ **tomar licor** tomar licor

licorera /likoˈɾeɾa/ sf licoreira, jarro (de cristal) para licores. ■ licorera de vidrio licoreira de vidro

licuadora /likwaˈðoɾa/ sf liquidificador. ■ **licuadora para jugos** liquidificador para sucos

licuar /liˈkwaɾ/ v 1 liquidificar, tornar líquido 2 derreter. ■ **licuar la fruta** liquidificar a fruta

lid /lið/ sf lide, lida, luta, peleja. ■ **lid del día** luta do dia

líder /ˈliðeɾ/ sm, f líder, chefe, guia. ■ **líder del equipo** líder da equipe

liderato /liðeˈɾato/ liderança. ■ **tener liderato** ter liderança

lidiar /liˈðjaɾ/ v 1 lutar, batalhar, pelejar 2 tourear. ■ **lidiar mucho** lutar muito

liebre /ˈljeβɾe/ sf lebre. ■ **carne de liebre** carne de lebre

liendre /ˈljendɾe/ sf lêndea. ■ **cascar las liendres** dar uma bronca, repreender.

lienzo /ˈljenθo/ sm 1 tecido de linho, cânhamo ou algodão 2 pintura sobre tela 3 fachada de edifício. ■ **lienzo para vestido** tecido de linho para vestido

liga /ˈliɣa/ sf 1 liga 2 faixa, cinta. ■ **liga de la justicia** liga da justiça

ligado /liˈɣaðo, a/ adj unido. ■ **ligado a los amigos** unido aos amigos

ligar /liˈɣaɾ/ v 1 ligar, atar, unir, amarrar 2 combinar, unir-se 3 formar aliança. ■ **ligar las relaciones** unir as relações

ligazón /liɣaˈθon/ sf 1 ligação, vínculo, união 2 coesão, coerência 3 encadeamento ■ **hacer una ligazón** transar.

ligereza /lixeˈɾeθa/ sf 1 ligeireza, agilidade, rapidez, prontidão 2 palavras levianas. ■ **ligereza de los animales** ligeireza dos animais

ligero, -a /liˈxeɾo, a/ adj 1 ligeiro, veloz, rápido 2 ágil 3 leve. ■ **animal ligero** animal veloz

ligón /liˈɣon/ sm paquerador. ■ **hombre ligón** homem paquerador

lija /ˈlixa/ sf lixa. ■ **lija de uña** lixa de unha

lila /ˈlila/ adj lilás (arbusto, flor e cor). ■ **color lila** cor lilás

lima /ˈlima/ sf lima (ferramenta e fruta). ■ **comer lima** comer lima

limar /liˈmaɾ/ v 1 limar, desbastar ou polir com lima 2 polir uma obra. ■ **limar mucho** limar muito

limbo /ˈlimbo/ sm limbo. ■ **limbo grande** limbo grande

limitación /limitaˈθjon/ sf limitação. ■ **limitación de movimientos** limitação de movimentos

limitar /limiˈtaɾ/ v 1 limitar, demarcar 2 estreitar. ■ **limitar los deseos** limitar os desejos

límite /ˈlimite/ sm limite, fronteira, termo, fim. ■ **límite del otro** limite do outro

limítrofe /liˈmitɾofe/ adj limítrofe, contíguo. ■ **texto limítrofe** texto limítrofe

limo /ˈlimo/ sm limo, lodo. ■ **limo en la roca** limo na rocha

limón /liˈmon/ sm limão. ■ **jugo de limón** suco de limão

limonada /limoˈnaða/ sf limonada. ■ **tomar limonada** tomar limonada

limonero, -a /limoˈneɾo, a/ adj limoeiro. ■ **comercio limonero** comércio limoeiro

limosna /liˈmosna/ sf esmola, óbolo. ■ **pedir limosna** mendigar, pedir esmolas.

limpiabotas /limpjaˈβotas/ sm, f engraxate. ■ **buen limpiabotas** bom engraxate

limpiador, -a /limpjaˈðoɾ, a/ adj &sm, f 1 produto destinado à limpeza 2 faxineiro. ■ **limpiador de vidrio** limpador de vidro

limpiaparabrisas /limpjaparaˈβɾisas/ sm limpador de para-brisas. ■ **limpiaparabrisas de coche** limpador de para-brisas de carro

limpiar /limˈpjaɾ/ v 1 limpar 2 purificar 3 enxugar. ■ **limpiar la casa** limpar a casa

limpieza /limˈpjeθa/ sf limpeza. ■ **hacer limpieza** fazer faxina.

175

limpio

limpio, -a /*limpjo, a*/ adj 1 limpo, asseado 2 transparente 3 claro 4 puro, honrado. ■ **casa limpia** casa limpa

linaje /*li'naxe*/ sm linhagem, estirpe, ascendência. ■ **linaje de tradiciones** linhagem de tradições

linaza /*li'naθa*/ sf linhaça. ■ **comer linaza** comer linhaça

lince /*'linθe*/ sm 1 lince 2 pessoa sagaz, observadora. ■ **persona lince** pessoa lince

linchamiento /*lintʃa'mjento*/ sm linchamento, execução. ■ **buen linchamiento** bom linchamento

linchar /*lin'tʃar*/ v linchar, castigar, justiçar, executar sumariamente. ■ **linchar una persona** linchar uma pessoa

lindar /*lin'dar*/ v confinar, demarcar, limitar. ■ **lindar las personas** confinar as pessoas

linde /*'linde*/ sf limite, fronteira, divisa. ■ **linde de tierra** limite de terra

lindero /*lin'dero, a*/ adj confinante, limítrofe, vizinho. ■ **lindero de la casa** vizinho da casa

lindeza /*lin'deθa*/ sf lindeza, beleza, formosura, perfeição, graça. ■ **lindeza de mujer** lindeza de mulher

línea /*'linea*/ sf 1 linha 2 regra 3 raia. ■ **línea recta** linha reta

linfa /*'limfa*/ sf linfa. ■ **gran linfa** grande linfa

lingote /*lin'gote*/ sm lingote. ■ **lingote de oro** lingote de ouro

lingüística /*lin'gwistika*/ sf linguística. ■ **estudiar lingüística** estudar linguística

linimento /*lini'mento*/ sm linimento, ungüento. ■ **buen linimento** bom linimento

lino /*'lino*/ sm linho (planta, fibra e tecido). ■ **lino de ropa** linho de roupa

linóleo /*li'noleo*/ sm linóleo. ■ **buen linóleo** bom linóleo

linotipia /*lino'tipja*/ sf linotipo. ■ **gran linotipia** grande linotipa

linterna /*lin'terna*/ sf 1 lanterna, lampião 2 farol 3 claraboia. ■ **linterna portátil** lanterna portátil

lío /*'lio*/ sm 1 pacote, embrulho, maço, feixe 2 embrulhada. ■ **lío para entrega** pacote para entrega

lioso, -a /*li'oso, a*/ adj complicado. ■ **situación liosa** situação complicada

lípido /*'lipiðo*/ sm lipídio. ■ **muchos lípidos** muitos lipídios

líquen /*'liken*/ sm líquen. ■ **líquen bello** líquen bonito

liquidación /*likiða'θjon*/ sf 1 liquidação 2 quitação 3 dissolução (de firma). ■ **liquidación en la tienda** liquidação na loja

liquidar /*liki'ðar*/ v 1 liquidar, vender barato 2 pagar, quitar 3 liquefazer 3 liquidar, acabar com alguém. ■ **liquidar las ropas** liquidar as roupas

liquidez /*liki'ðeθ*/ sf liquidez, disponibilidade. ■ **liquidez para el trabajo** disponibilidade para o trabalho

líquido /*'likiðo, a*/ adj líquido, fluido. ■ **mucho líquido** muito líquido

lira /*'lira*/ sf lira, moeda italiana. ■ **lira valiosa** lira valiosa

lirio /*'lirjo*/ sm lírio, açucena. ■ **lirio blanco** lírio branco

lirismo /*li'rismo*/ sm lirismo, poesia. ■ **estudiar lirismo** estudar lirismo

lirón /*li'ron*/ sm espécie de roedor que hiberna. ■ **lirón pequeño** roedor pequeno

lisiado /*li'sjaðo, a*/ adj aleijado, inválido. ■ **persona lisiada** pessoa aleijada

lisiar /*li'sjar*/ v 1 aleijar, mutilar 2 ferir. ■ **lisiar la mano** aleijar a mão

liso /*'liso, a*/ adj 1 liso, plano 2 macio 3 franco, sincero 4 de uma só cor (tecido). ■ **cabello liso** cabelo liso

lisonja /*li'soŋxa*/ sf lisonja, adulação. ■ **hacer lisonja** fazer adulação

lisonjear /*lisoŋxe'ar*/ v lisonjear, adular. ■ **lisonjear una persona** lisonjear uma pessoa

lista /*'lista*/ sf 1 listra, risca 2 tira, faixa 3 relação de nomes. ■ **lista de colores** listra de cores

listado /*lis'taðo, a*/ adj 1 listrado, riscado 2 . ■ **nombre listado** nome listrado

listo /*'listo, a*/ adj 1 rápido, ágil, ligeiro 2 disposto 3 pronto 4 inteligente. ■ **trabajo listo** trabalho pronto

lisura /*li'sura*/ sf 1 lisura 2 franqueza 3 grosseria, insulto. ■ **lisura del hombre** franqueza do homem

litera /*li'tera*/ sf 1 liteira 2 bicama 3 beliche. ■ **litera de madera** beliche de madeira

literal /*lite'ral*/ adj 1 literal 2 textual. ■ **sentido literal** sentido literal

literatura /*litera'tura*/ sf literatura, conjunto de obras. ■ **estudiar literatura** estudar literatura

litigante /*liti'rante*/ adj & sm, f litigante, contestador. ■ **persona litigante** pessoa contestadora

litigar /*liti'rar*/ v 1 litigar, demandar 2 altercar, discutir. ■ **litigar mucho** demandar muito

litigio /*li'tixjo*/ sm 1 litígio 2 disputa 3 demanda. ■ **hacer litigio** fazer litígio

litografía /*litora'fia*/ sf litografia. ■ **estudiar litografía** estudar litografia

litoral /*lito'ral*/ adj 1 litorâneo. ■ **región del litoral** região litorânea

litro /*'litro*/ sm 1 litro, cujo símbolo é l. ■ **litro de agua** litro de água

liturgia /*li'turxja*/ sf 1 liturgia 2 ritual. ■ **liturgia de la palabra** liturgia da palavra

liviandad /*liβjan'daθ*/ sf 1 leviandade, inconstância, volubilidade 2 leveza. ■ **liviandad de las personas** leviandade das pessoas

liviano /*li'βjano, a*/ adj 1 leviano, inconstante, volúvel 2 leve 3 insignificante. ■ **persona liviana** pessoa inconstante

lividez /*liβi'ðeθ*/ sf lividez, palidez extrema. ■ **gran lividez** grande lividez

lívido /*'liβiðo, a*/ adj 1 lívido 2 cadavérico. ■ **persona lívida** pessoa lívida

liza /*'liθo*/ sm liça, campo de batalha. ■ **entrar en liza** participar de uma competição.

lo /*'lo*/ art o, ele. ■ **dámelo** me dá ele

loa /*'loa*/ sf elogio, louvor. ■ **loa a las personas** elogio às pessoas

lobo /*'loβo, a*/ adj lobo. ■ **meterse en la boca del lobo** meter-se na boca do lobo.

lóbrego /*'loβrero, a*/ adj escuro, sombrio, tenebroso. ■ **película lóbrega** filme tenebroso

lóbulo /*'loβulo*/ sm lóbulo. ■ **dolor en el lóbulo** dor no lóbulo

locación /*loka'θjon*/ sf locação, aluguel. ■ **locación de casas** aluguel de casas

local /*lo'kal*/ adj 1 local 2 lugar, sítio. ■ **local de juegos** local de jogos

localidad /*lokali'ðaθ*/ sf 1 localidade 2 povoação 3 ingresso, entrada para um espetáculo. ■ **buena localidad** boa localidade

localismo /*loka'lismo*/ sm bairrismo. ■ **buen localismo** bom bairrismo

localización /*lokaliθa'θjon*/ sf localização, situação. ■ **localización de las personas** localização das pessoas

localizar /*lokali'θar*/ v 1 localizar, situar 2 fixar 3 localizar-se. ■ **localizar el prisionero** localizar o prisioneiro

lustrar

locatario /loka'tarjo, a/ *sm, f* locatário, arrendatário. ■ **tener un locatario** ter um locatário

loción /lo'θjon/ *sf* 1 lavagem, fricção 2 loção, perfume. ■ **loción de hombre** perfume de homem

loco /'loko, a/ *adj* 1 louco, demente, doido 2 entusiasmado 3 excessivo. ■ **loco de pasión** louco de paixão

locomoción /lokomo'θjon/ *sf* locomoção. ■ **locomoción de personas** locomoção de pessoas

locomotor /lokomo'tor, a/ *adj* 1 locomotor 2 locomotiva. ■ **coche locomotor** carro locomotor

locuaz /lo'kwaθ/ *adj* loquaz, falante. ■ **persona locuaz** pessoa falante

locución /loku'θjon/ *sf* 1 locução 2 modo de falar. ■ **locución de radio** locução de rádio

locura /lo'kura/ *sf* 1 loucura, insensatez 2 disparate 3 muito carinho ou entusiasmo. ■ **locura de fiesta** loucura de festa

locutor /loku'tor, a/ *sm, f* locutor. ■ **locutor de radio** locutor de rádio

lodo /'loðo/ *sm* lodo, lama 2 desonra, vergonha. ■ **lodo en las rocas** lodo nas rochas

logaritmo /loɣa'ritmo/ *sm* logaritmo. ■ **estudiar logaritmo** estudar logaritmo

logístico /lo'xiko, a/adj logístico. ■ **trabajo logístico** trabalho logístico

logotipo /loɣo'tipo/ *sm* logotipo, marca. ■ **logotipo de la empresa** logotipo da empresa

logrado /lo'ɣraðo, a/ *adj* obtido, conseguido. ■ **dinero logrado** dinheiro obtido

lograr /lo'ɣrar/ *v* 1 lograr, obter, conseguir 2 alcançar 3 desfrutar, aproveitar. ■ **lograr dinero** obter dinheiro

logro /'loɣro/ *sm* 1 lucro, ganho 2 sucesso, êxito, obtenção 3 posse. ■ **logro en el trabajo** êxito no trabalho

loma /'loma/ *sf* 1 lombada 2 encosta. ■ **loma en el camino** lombada no caminho

lombriz /lom'βriθ/ *sf* 1 lombriga, parasita 2 minhoca. ■ **lombriz en la barriga** lombriga na barriga

lomo /'lomo/ *sm* 1 lombo 2 dorso, espinhaço 3 lombada (de livro). ■ **lomo de cerdo** lombo de porco

lona /'lona/ *sf* 1 lona 2 lona, o piso do ringue (no boxe). ■ **lona azul** lona azul

loncha /'lonʧa/ *sf* 1 fatia, talhada, pedaço 2 edifício da bolsa de comércio 3 mercado municipal. ■ **loncha de carne** fatia de carne

longaniza /loŋɡa'niθa/ *sf* linguiça. ■ **comer longaniza** comer linguiça

longevidad /loŋxeβi'ðað/ *sf* longevidade. ■ **gran longevidad** grande longevidade

longitud /loŋxi'tuð/ *sf* 1 longitude 2 comprimento, extensão. ■ **longitud de la mesa** longitude da mesa

longitudinal /loŋxituði'nal/ *adj* longitudinal. ■ **línea longitudinal** linha longitudinal

loro /'loro/ *sm* louro, papagaio. ■ **loro verde** louro verde

losa /'losa/ *sf* 1 laje, pedra 2 sepulcro. ■ **losa blanca** laje branca

lote /'lote/ *sm* 1 lote, porção, parte 2 conjunto de objetos similares. ■ **vender el lote** vender o lote

lotear /lote'ar/ *v* lotear. ■ **lotear el lugar** lotear o lugar

lotería /lote'ria/ *sf* 1 loteria 2 loto 3 casa lotérica. ■ **ganar en la lotería** ganhar na loteria

loza /'loθa/ *sf* louça. ■ **lavar la loza** lavar a louça

lozanía /loθa'nia/ *sf* 1 viço 2 frescor, vigor. ■ **lozanía en la casa** frescor na casa

lubricante /luβri'kaŋte/ *adj & sm* lubrificante. ■ **lubrificante eficaz** lubrificante eficaz

lubricar /luβri'kar/ *v* 1 lubrificar 2 untar. ■ **lubricar el coche** lubrificar o carro

lúbrico /luβri'kar/ *v* lúbrico, lascivo, libidinoso. ■ **persona lúbrica** pessoa libidinosa

lucero /'uβe/ *sf* 1 luzeiro, astro brilhante 2 olhos. ■ **lucero bueno** luzeiro bom

lucha /'luʧa/ *sf* 1 luta, combate, batalha 2 guerra 3 desentendimento, disputa entre duas tendências. ■ **lucha en la guerra** luta na guerra

luchar /lu'ʧar/ *sf* 1 lutar, combater, pelejar 2 guerrear 3 esforçar-se. ■ **luchar por los derechos** lutar pelos direitos

lucidez /luθi'ðeθ/ *sf* 1 lucidez 2 clareza 3 brilho. ■ **lucidez de los pensamientos** clareza dos pensamentos

luciérnaga /lu'θjernaɣa/ *sf* vaga-lume, pirilampo. ■ **luciérnaga en la noche** vaga-lume à noite

lucir /lu'θir/ *v* 1 luzir, reluzir, brilhar 2 ostentar. ■ **lucir fuerte** luzir forte

lucro /'lukro/ *sm* lucro, proveito, ganho. ■ **lucro en la vida** lucro na vida

lucubración /lukuβra'θjon/ *sf* lucubração, meditação. ■ **lucubración al día** meditação ao dia

luego /'lweɣo/ *adv* 1 logo, em seguida 2 portanto. ■ **salir luego** sair logo

lugar /lu'ɣar/ *sm* 1 lugar, espaço 2 povoado, vila, aldeia 3 emprego, posto. ■ **lugar perfecto** lugar perfeito

lúgubre /'luɣuβre/ *adj* lúgubre, triste, sombrio. ■ **vida lúgubre** vida triste

lujo /'luxo/ *sm* 1 luxo, ostentação 2 pompa, gasto excessivo e supérfluo. ■ **coche de lujo** carro de luxo

lujuria /lu'xurja/ *sf* luxúria, sensualidade 2 excesso. ■ **lujuria es un pecado** luxúria é um pecado

lumbago /lum'baɣo/ *sm* lumbago. ■ **ataque de lumbago** ataque de lumbago

lumbre /'lumbre/ *sf* 1 lume, luz 2 chama 3 brilho, clarão. ■ **lumbre del coche** luz do carro

lumbrera /lum'brera/ *sf* 1 corpo luminoso 2 fogaréu 3 claraboia. ■ **lumbrera en la casa** fogaréu na casa

luminaria /lumi'narja/ *sf* luminária, lustre. ■ **luminaria en el cuarto** lustre no quarto

luminoso /lumi'noso, a/ *adj* luminoso. ■ **maquillaje luminoso** maquiagem luminosa

luna /'luna/ *sf* lua. ■ **luna llena** lua cheia

lunar /lu'nar/ *adj* 1 lunar 2 sinal ou mancha de nascença no corpo 3 pinta. ■ **luz lunar** luz lunar

lunático /lu'natiko, a/ *adj & sm, f* 1 lunático, excêntrico 2 louco. ■ **persona lunática** pessoa lunática

lunch /'lanʧ/ *sm* lanche, merenda. ■ **horario del lunch** horário do lanche

lunes /'lunes/ *sm* segunda-feira. ■ **reunión el lunes** reunião na segunda-feira

luneta /lu'neta/ *sf* 1 lente dos óculos 2 vidro traseiro dos automóveis. ■ **luneta rota** lente dos óculos quebrada

lupa /'lupa/ *sf* lupa, lente de aumento. ■ **usar la lupa** usar a lupa

lúpulo /'lupulo/ *sm* lúpulo. ■ **lúpulo grande** lúpulo grande

lusitano /lusi'tano, a/ *adj & sm, f* lusitano, português. ■ **tradición lusitana** tradição lusitana

lustrar /lus'trar/ *v* 1 lustrar, polir, dar brilho 2 expiar, purificar. ■ **lustrar el mueble** lustrar o móvel

L

lluvia

lustro /ˈlustro/ *sm* lustro, período de cinco anos. ■ **lustro eficiente** lustro eficiente

luterano /luteˈrano, a/ *adj & sm, f* luterano. ■ **persona luterana** pessoa luterana

luto /ˈluto/ *sm* luto, pesar. ■ **estar de luto** estar de luto

luxación /luksaˈθjon/ *sf* 1 luxação 2 deslocamento (de osso). ■ **luxación de la pierna** deslocamento da perna

luz /ˈluθ/ *sf* 1 luz, claridade, iluminação 2 espaço para a luz. ■ **luz amarilla** luz amarela

ll /ˈeʎe/ *sf* décima quarta letra do alfabeto espanhol. ■ **ll no existe en portugués** ll não existe em português

llaga /ˈʎaɣa/ *sf* chaga, úlcera, ferida ■ **poner el dedo en la llaga** pôr o dedo na ferida, ir ao centro da questão.

llama /ˈʎama/ *sf* 1 chama 2 labareda 3 lhama. ■ **llama de la pasión** chama da paixão

llamado /ʎaˈmaðo, a/ *adj* 1 chamada 2 advertência 3 telefonema. ■ **llamada urgente** chamada urgente

llamar /ʎaˈmar/ *v* 1 chamar 2 convocar 3 clamar. ■ **llamar alguien** chamar alguém

llamativo /ʎamaˈtiβo, a/ *adj* chamativo, atraente. ■ **vestido llamativo** vestido chamativo

llameante /ʎameˈar/ *v* 1 chamejante, flamejante 2 reluzente. ■ **color llameante** cor reluzente

llamear /ʎameˈar/ *v* 1 flamejar, arder 2 reluzir. ■ **llamear mucho** flamejar muito

llanero *sm* habitante das planícies. ■ **el llanero cuida del ganado** o habitante das planícies cuida do gado

llaneza /ʎaˈneθa/ *sf* simplicidade, naturalidade. ■ **llaneza de las personas** simplicidade das pessoas

llano /ˈʎano/ *adj* 1 plano, raso, achatado 2 claro. ■ **plato llano** prato raso

llanta /ˈʎanta/ *sf* aro (de roda). ■ **llanta fuerte** aro forte

llantera /ʎanˈtina/ *sf* choradeira, lamentação. ■ **llantera de niños** choradeira de crianças

llave /ˈʎanura/ *sf* chave. ■ **llave de la puerta** chave da porta

llavero /ʎaˈβero/ *sm* 1 chaveiro 2 carcereiro. ■ **llamar el llavero** chamar o chaveiro

llegada /ʎeˈraða/ *sf* 1 chegada, vinda 2 regresso, retorno, volta. ■ **llegada de los invitados** chegada dos convidados

llegar /ʎeˈrar/ *v* 1 chegar, vir, regressar 2 alcançar, obter, conseguir. ■ **llegar temprano** chegar cedo

llenar /ʎeˈnar/ *v* 1 encher 2 fartar 3 satisfazer. ■ **llenar de comida** encher de comida

lleno /ˈʎeno, a/ *adj* 1 pleno, cheio 2 farto 3 coberto. ■ **lugar lleno** lugar cheio

llevar /ʎeˈβar/ *v* levar, conduzir, transportar. ■ **llevar para casa** levar para casa

lloro /ˈʎoro/ *sm* 1 choro, pranto 2 lamentação. ■ **lloro de niño** choro de criança

llover /ʎoˈβer/ *v* 1 chover 2 cair com abundância. ■ **llover mucho** chover muito

llovizna /ʎoˈβiθna/ *sf* chuvisco, chuvisqueiro. ■ **llovizna rápida** chuvisco rápido

lluvia /ˈʎuβja/ *sf* 1 chuva 2 abundância, fartura. ■ **lluvia en el camino** chuva no caminho

M

ABCDEFGHIJKLMNOPQRSTUVWXYZ

m /'eme/ *sf* **1** décima quinta letra do alfabeto espanhol ■ **"m" de macaco** "m" de macaco

maca /'maka/ *adj & sm, f* **1** machucado em fruta **2** nódoa, mancha **3** falha **4** fraude ■ **maca de la fruta** machucado na fruta

macabro, -a /ma'kaβro, a/ *adj* **1** macabro, fúnebre ■ **película macabra** filme macabro

macaco, -a /ma'kako, a/ *sm, f* **1** macaco, mono, símio, primata **2** feio, disforme ■ **macaco negro** macaco preto

macadán /maka'ðan/ *sm* **1** macadame, paralelepípedo ■ **formato de macadán** forma de paralelepípedo

macarrón /maka'ron/ *sm* **1** macarrão **2** massa ■ **comer macarrón** comer macarrão

macarrónico, -a /maka'roniko, a/ *adj* **1** macarrônico, defeituoso ■ **aparato macarrónico** aparelho macarrônico

macedonia /maθe'ðonja/ *sf* **1** salada de frutas ■ **comer macedonia** comer salada de frutas

maceta /ma'θeta/ *sf* **1** vaso de barro (para plantas) **2** maceta (martelo) ■ **maceta de madera** maceta de madeira

machacar /matʃa'kar/ *v* **1** machucar, moer, triturar **2** pisar **3** esmagar ■ **machacar el dedo** machucar o dedo

machete /ma'tʃete/ *sm* **1** machete, sabre, facão ■ **machete grande** facão grande

machismo /ma'tʃismo/ *sm* **1** machismo ■ **machismo de los hombres** machismo dos homens

macho /'matʃo/ *adj* **1** macho, masculino **2** forte ■ **macho peligroso** macho perigoso

machote /ma'tʃote, a/ *adj & sm, f* **1** maço, malho **2** rascunho, minuta **3** machão ■ **machote de papel** rascunho de papel

macizo, -a /ma'θiθo, a/ *adj* **1** maciço, sólido **2** grupo de montanhas **3** canteiro de jardim ■ **material macizo** material maciço

macrobiótico, -a /makroβi'otiko, a/ *adj* macrobiótico ■ **alimento macrobiótico** alimento macrobiótico

madeja /ma'ðexa/ *sf* **1** meada **2** madeixa ■ **madeja bella** madeixa bela

madera /ma'ðera/ *sf* **1** madeira **2** casco de cavalo ■ **madera marrón** madeira marrom

madero /ma'ðero, a/ *sm, f* **1** tronco, viga, trave, lenho, madeiro **2** cruz ■ **madero largo** tronco largo

madrastra /ma'ðrastra/ *sf* **1** madrasta **2** terra árida ■ **madrastra buena** madrasta boa

madre /'maðre/ *sf* **1** mãe **2** útero **3** madre, religiosa professa, freira ■ **buena madre** boa mãe

madreperla /maðre'perla/ *sf* madrepérola ■ **linda madreperla** linda madrepérola

madrina /ma'ðrina/ *sf* **1** madrinha **2** protetora ■ **madrina de bautismo** madrinha de batismo

madrugada /maðru'raða/ *sf* madrugada ■ **quedar despierto toda la madrugada** ficar acordado toda a madrugada

madrugar /maðru'rar/ *v* **1** madrugar **2** antecipar-se, adiantar-se, chegar mais cedo ■ **madrugar todos los días** madrugar todos os dias

maduración /maðura'θjon/ *sf* **1** maturação, amadurecimento ■ **maduración de las frutas** maturação das frutas

madurar /maðu'rar/ *v* **1** amadurecer ■ **madurar la fruta** amadurecer a fruta

maduro, -a /ma'ðuro, a/ *adj* **1** maduro **2** pronto ■ **fruta madura** fruta madura

maestría /maes'tria/ *sf* **1** mestria, maestria **2** habilidade, competência ■ **maestría ejemplar** maestria exemplar

maestro, -a /ma'estro, a/ *sm, f* **1** mestre, professor, educador **2** maestro ■ **buen maestro** bom professor

mafia /'mafja/ *sf* **1** máfia, quadrilha ■ **mafia peligrosa** máfia perigosa

magdalena /mavða'lena/ *sf* **1** madalena (minibolo) ■ **comer magdalena** comer madalena

magia /'maxja/ *sf* **1** magia, encantamento **2** atrativo ■ **magia en la película** magia no filme

mágico, -a /'maxiko, a/ *adj* **1** mágico, maravilhoso **2** encantado, enfeitiçado ■ **momento mágico** momento mágico

magisterio /maxis'terjo/ *sm* **1** magistério **2** cargo de professor ■ **hacer el magisterio** fazer o magistério

magistrado, -a /maxis'traðo, a/ *sm, f* **1** magistrado **2** juiz ■ **magistrado del juego** juiz do jogo

magnánimo, -a /mav'nanimo, a/ *adj* **1** magnânimo, generoso, compreensivo ■ **persona magnánimo** pessoa magnânima

magnate /mav'nate/ *sm* **1** magnata **2** marajá, figurão ■ **hombre magnate** homem magnata

magnesio /mav'nesjo/ *sm* **1** magnésio **2** magnésia ■ **material hecho de magnesio** material feito de magnésio

magnetismo /mavne'tismo/ *sm* **1** magnetismo **2** atração **3** sedução ■ **magnetismo de las piezas** magnetismo das peças

magnetizar /mavneti'θar/ *v* **1** magnetizar **2** hipnotizar **3** deslumbrar **4** eletrizar ■ **magnetizar con fuerza** magnetizar com força

magneto /mav'neto/ *sm* magneto ■ **material de magneto** material de magneto

magnetófono /mavne'tofono, a/ *sm* magnetofone, gravador ■ **gran magnetófono** grande magnetofone

magnificar /mavnifi'kar/ *v* **1** magnificar, engrandecer **2** louvar, glorificar ■ **magnificar alguien** magnificar alguém

magnífico, -a /mav'nifiko, adj/ **1** magnífico, esplêndido **2** excelente **3** grandioso, glorioso ■ **trabajo magnífico** trabalho magnífico

magno

magno, -a /ˈmaɣno, a/ adj **1** magno **2** grande **3** grandioso **4** ilustre ■ **persona magna** pessoa grandiosa

mago, -a /ˈmaɣo, a/ mago, feiticeiro ■ **reyes magos** reis magos

magro, -a /ˈmaɣro, a/ adj **1** magro, delgado **2** enxuto **3** carne de porco magra **4** fatia de presunto ■ **persona magra** pessoa magra

magullar /maɣuˈʎar/ v **1** machucar, contundir, ferir **2** pisar ■ **magullar las personas** machucar as pessoas

mahometano /maomeˈtano, a/ adj maometano ■ **objeto mahometano** objeto maometano

mahonesa /maoˈnesa/ sf maionese ■ **comer mahonesa** comer maionese

maicena /majˈθena/ sf maizena, amido de milho ■ **galleta de maicena** bolacha de maizena

maíz /maˈiθ/ sm milho ■ **comer maíz** comer milho

maizal /majˈθal/ sm milharal, terreno em que cresce milho ■ **gran maizal** grande milharal

majadero, -a /maxaˈðero, a/ adj **1** pateta, tolo **2** inoportuno **3** maça, socador, pilão ■ **hombre majadero** homem tolo

majar /maˈxar/ v **1** socar, esfarelar, triturar **2** amolar, aborrecer, importunar, chatear ■ **majar una persona** amolar uma pessoa

majestad /maxesˈtað/ sf majestade, nobreza, altivez ■ **majestad poderosa** majestade poderosa

majo, -a /ˈmaxar/ adj **1** vistoso, bem-vestido, bonito **2** carinhoso, agradável, legal, gostoso ■ **hombre majo** homem bonito

mal /mal/ sm, adv mal, desgraça ■ **hacer el mal** fazer o mal

malabarista /malaβaˈrista/ adj **1** malabarista **2** prestidigitador **3** ladrão ágil e astucioso, mão leve ■ **malabarista de circo** malabarista de circo

malaventura /malaβenˈtura/ sf **1** desgraça, adversidade **2** azar ■ **malaventura en la vida** desgraça na vida

malayo, -a /maˈlajo, a/ adj **1** malaio ■ **hombre malayo** homem malaio

malbaratar /malβaraˈtar/ v **1** esbanjar **2** desperdiçar **3** dilapidar ■ **malbaratar dinero** esbanjar dinheiro

malcriar /malˈkrjar/ v **1** malcriar, educar mal ■ **malcriar los hijos** educar mal os filhos

maldad /malˈdað/ sf **1** maldade, ruindade **2** infâmia **3** crueldade ■ **maldad en el mundo** maldade no mundo

maldecir /maldeˈθir/ v **1** maldizer **2** falar mal, criticar ■ **maldecir a las personas** falar mal das pessoas

maldición /maldiˈθjon/ sf **1** maldição, praga ■ **maldición de los indígenas** maldição dos índios

maldito, -a /malˈdito, a/ adj **1** maldito **2** mau, perverso, abominável ■ **día maldito** dia maldito

maleable /maleˈaβle/ adj **1** maleável, flexível **2** brando ■ **opinión maleable** opinião maleável

maleante /maleˈante/ **1** malfeitor, marginal, delinquente, meliante ■ **hombre maleante** homem marginal

malear /maleˈar/ v **1** estragar **2** deteriorar **3** corromper, viciar ■ **malear el coche** estragar o carro

maleficio /maleˈfiθjo/ sm **1** malefício, prejuízo **2** maldade **3** feitiço ■ **maleficio para todos** prejuízo para todos

malentendido /malentenˈdiðo/ sm **1** mal-entendido, equívoco ■ **cometer un malentendido** cometer um mal-entendido

malestar /malesˈtar/ sm **1** mal-estar **2** desgosto **3** indisposição, inquietude ■ **tener un malestar** ter um mal-estar

maleta /maˈleta/ sf **1** mala **2** trouxa de roupas ■ **maleta para el viaje** mala para a viagem

maletero, -a /maleˈtero/ sm **1** porta-malas **2** maleiro **3** carregador **4** fabricante de mala ■ **maletero eficiente** porta-malas eficiente

maletín /maleˈtin/ sm maleta, valise ■ **maletín grande** maleta grande

malformación /malformaˈθjon/ sf malformação ou má-formação, defeito congênito, deformação ■ **malformación de niños** malformação de crianças

malgastador /malɣastaˈðor, a/ adj **1** esbanjador **2** perdulário **3** dissipador, dilapidador ■ **hombre malgastador** homem esbanjador

malgastar /malɣasˈtar/ v **1** esbanjar, malbaratar, dissipar **2** desperdiçar ■ **malgastar dinero** esbanjar dinheiro

malhablado, -a /malaˈβlaðo, a/ adj **1** desbocado, atrevido, desavergonhado no falar ■ **persona malhablada** pessoa desbocada

malhechor, -a /maleˈtʃor, a/ **1** malfeitor, criminoso, bandido, facínora ■ **malhechor de la ciudad** criminoso da cidade

malherir /maleˈrir/ v ferir gravemente ■ **malherir las personas** ferir gravemente as pessoas

malhumor /maluˈmor/ sm mau humor, má vontade ■ **malhumor de las personas** mau humor das pessoas

malhumorado, -a /malumoˈraðo, a/ adj **1** mal-humorado, amuado ■ **hombre malhumorado** homem mal-humorado

malicia /maliˈθja/ sf **1** malícia, maldade **2** perversidade ■ **malicia de las personas** malícia das pessoas

malicioso, -a /maliˈθjoso, a/ adj **1** malicioso **2** maligno, mau ■ **hombre malicioso** homem malicioso

maligno, -a /maˈliɣno, a/ adj maligno, maldoso ■ **pensamiento maligno** pensamento maligno

malla /ˈmaʎa/ sf malha ■ **malla resistente** malha resistente

malmirado, -a /malmiˈraðo, a/ adj **1** malvisto, malquisto, desconsiderado **2** descortês, grosseiro ■ **persona malmirada** pessoa malvista

malo, -a /ˈmalo, a/ adj **1** mau, perverso **2** prejudicial, nocivo ■ **persona mala** pessoa perversa

malograr /maloˈɣrar/ v **1** malograr, fracassar **2** frustrar-se **3** gorar ■ **malograr en la vida** fracassar na vida

maloliente /maloˈljente/ adj malcheiroso, fedorento, fedido, fétido ■ **animal maloliente** animal fedorento

malparado, -a /malpaˈraðo, a/ adj **1** maltratado ■ **animal malparado** animal maltratado

malquistar /malkisˈtaR/ v **1** indispor, antipatizar **2** não ir com a cara de alguém ■ **malquistar para el trabajo** indispor para o trabalho

malsano, -a /malˈsano, a/ adj **1** insalubre **2** doentio, enfermo ■ **persona malsana** pessoa doentia

malsonante /malsoˈnante/ adj que soa mal, grosseiro ■ **habla malsonante** fala grosseira

malta /ˈmalta/ sf malte ■ **cerveza de malta** cerveja de malte

maltratar /maltraˈtar/ v **1** maltratar **2** deteriorar **3** estragar ■ **maltratar los animales** maltratar os animais

maltrecho, -a /malˈtreʧo, a/ adj maltratado ■ **animal maltrecho** animal maltratado

malva /ˈmalβa/ sf malva ■ **malva es una planta** malva é uma planta

malvado, -a /malˈβaðo, a/ adj malvado, perverso, vil ■ **hombre malvado** homem malvado

malversación /malβersaˈθjon/ sf **1** malversação **2** extravio **3** esbanjamento ■ **malversación de fondos** desvio de verbas

malversar /malβerˈsar/ v **1** malversar, esbanjar **2** dilapidar **3** desperdiçar ■ **malversar dinero** esbanjar dinheiro

mama /ˈmama/ sf **1** mama, teta ■ **cáncer de mama** câncer de mama

manipulación

mamada /maˈmaða/ *sf* **1** mamada **2** mamata, pechincha, boquinha, vantagem ▪ **mamada del niño** mamada da criança

mamadera /mamaˈðera/ *sf* **1** bico de borracha **2** mamadeira ▪ **mamadera llena de leche** mamadeira cheia de leite

mamado /maˈmaðo, a/ *adj* bêbado, embriagado, ébrio ▪ **hombre mamado** homem bêbado

mamar /maˈmar/ *v* **1** mamar **2** chupar ▪ **mamar mucho** mamar muito

mamífero /maˈmifero, a/ *adj* mamífero ▪ **animal mamífero** animal mamífero

mamón, -ona /maˈmon, ona/ *adj, sf, sm* **1** mamão **2** mamão, que mama **3** bêbado ▪ **comer mamón** comer mamão

mamotreto /mamoˈtreto/ *sm* **1** livro de apontamentos **2** tralha ▪ **tener un mamotreto** ter um livro de apontamentos

mampara /mamˈpara/ *sf* **1** anteparo, biombo **2** trambolho ▪ **tener una mampara** ter um biombo

mamporro /mamˈporo/ *sm* golpe, pancada ▪ **dar un mamporro** dar um golpe

mampostería /mamposteˈria/ *sf* alvenaria (obra e ofício) ▪ **trabajar con mampostería** trabalhar com alvenaria

mampostero /mampoˈstero/ *sm* pedreiro ▪ **trabajo de mampostero** trabalho de pedreiro

mamut /maˈmut/ *sm* mamute, espécie fóssil de elefante ▪ **mamut está vivo** mamute está vivo

maña /ˈmaɲa/ *sf* **1** manha, destreza, habilidade, astúcia **2** mau costume ▪ **maña del niño** manha da criança

manada /maˈnaða/ *sf* **1** manada **2** rebanho ▪ **manada de elefantes** manada de elefantes

manager /ˈmanajer/ *sm* empresário ▪ **manager rico** empresário rico

mañana /maˈɲana/ *adj* manhã ▪ **salir toda la mañana** sair toda a manhã

manantial /mananˈtjal/ *sm* **1** manancial **2** nascente **3** mina ▪ **trabajar en el manantial** trabalhar no manancial

manazas /maˈnaθas/ *adj* desastrado ▪ **es un manazas** é um desastrado

mancar /maɲˈkar/ *v* **1** mutilar **2** estropiar **3** lastimar ▪ **mancar el prisionero** mutilar o prisioneiro

mancebo /maɲˈθeβo/ *sm* **1** mancebo, moço, jovem **2** solteiro ▪ **novio mancebo** namorado jovem

mancha /ˈmanʧa/ *sf* **1** mancha **2** nódoa **3** sinal ▪ **mancha en la ropa** mancha na roupa

manchar /manˈʧar/ *v* **1** manchar, sujar **2** denegrir **3** encardir ▪ **manchar la ropa** manchar a roupa

manco, -a /ˈmaɲko, a/ *adj* **1** maneta **2** defeituoso **3** incompleto ▪ **persona manca** pessoa defeituosa

mancomunar /maɲkomuˈnar/ *v* mancomunar, pactuar, associar-se ▪ **mancomunar con el enemigo** mancomunar com o inimigo

mandado, -a /manˈdaðo, a/ *adj* **1** mandado **2** ordem ▪ **mandado para trabajar** mandado para trabalhar

mandamás /mandaˈmas/ **1** mandão **2** manda-chuva ▪ **hombre mandamás** homem mandão

mandamiento /mandaˈmjento/ *sm* mandamento, preceito ▪ **obedecer los mandamientos** obedecer os mandamentos

mandar /manˈdar/ *v* **1** mandar, ordenar **2** decretar **3** prescrever ▪ **mandar salir** mandar sair

mandarina /mandaˈrina/ *sf* mandarina, tangerina ▪ **tomar jugo de mandarina** tomar suco de tangerina

mandatario, -a /mandaˈtarjo, a/ **1** mandatário, representante **2** governante ▪ **hombre mandatario** homem mandatário

mandato /manˈdato/ *sm* **1** mandato **2** cerimônia do lava-pés ▪ **mandato de prisión** mandato de prisão

mandíbula /manˈdiβula/ *sf* mandíbula, queixada ▪ **dolor en la mandíbula** dor na mandíbula

mando /ˈmando/ *sm* **1** mando, autoridade, comando **2** chefia ▪ **mando en mis hijos** mando nos meus filhos

mandolina /mandoˈlina/ *sf* bandolim ▪ **tocar mandolina** tocar bandolim

mandón, -ona /manˈdon, ona/ *adj* mandão ▪ **jefe mandón** chefe mandão

mandril /manˈdril/ *sm* **1** mandril (animal) **2** mandril ▪ **mandril dócil** mandril dócil

manducar /manduˈkar/ *v* bater um prato, rangar, comer ▪ **manducar en el almuerzo** bater um prato no almoço

manecilla /maneˈθiʎa/ *sf* ponteiro (de relógio ou de instrumentos) ▪ **manecilla se rompió** ponteiro estragou

manejar /maneˈxar/ *v* **1** manejar **2** governar **3** conduzir, dirigir veículo ▪ **manejar la empresa** governar a empresa

manejo /maˈnexo/ *sm* **1** manejo **2** gerência, gestão **3** intriga, engano, tramoia ▪ **buen manejo** bom manejo

manga /ˈmaŋga/ *sf* **1** manga **2** largura de um barco ▪ **manga de la camisa** manga da camisa

manglar /maŋˈglar/ *sm* mangue, manguezal, brejo ▪ **vivir en el manglar** viver no brejo

mango /ˈmaŋgo/ *sm* **1** manga (fruta) **2** cabo, asa (de objetos) ▪ **mango de la olla** cabo da panela

mangonear /maŋgoneˈar/ *v* **1** vadiar **2** meter o bedelho, intrometer-se, manipular ▪ **mangonear por la noche** vadiar pela noite

manguera /maŋˈgera/ *sf* **1** mangueira (de borracha) **2** curral, tubo de ventilação ▪ **gran manguera** grande mangueira

manía /maˈnia/ *sf* mania, ideia fixa, birra, capricho ▪ **tener manía** ter mania

maníaco /maˈniaku, ka/ *adj* maníaco, louco, alucinado ▪ **hombre maníaco** homem maníaco

manicomio /maniˈkomju/ *sm* manicômio, hospício ▪ **internado en el manicomio** internado no manicômio

manicuro /maniˈkuru, ra/ manicure ▪ **ir al manicuro** ir na maincure

manifestación /manifestaˈθjon/ *sf* manifestação, anúncio, declaração, reunião pública ▪ **hacer una manifestación** fazer uma manifestação

manifestante /manifesˈtante/ *adj* manifestante, declarante ▪ **ser un manifestante** ser um manifestante

manifestar /manifesˈtar/ *v* manifestar, exprimir, expor, anunciar ▪ **manifestar la voluntad** manifestar a vontade

manifiesto /maniˈfjesto/ *adj* manifesto, declaração pública ▪ **hacer un manifiesto** fazer um manifesto

manija /maˈnixa/ *sf* cabo, punho (de objetos), braçadeira ▪ **manija resistente** cabo resistente

manilla /maˈniʎa/ *sf* bracelete, pulseira, algema ▪ **tener una manilla** ter uma pulseira

manillar /maniˈʎar/ *sm* guidom (de bicicleta) ▪ **buen manillar** bom guidom

maniobra /maˈnioβra/ *sf* manobra, operação manual, evolução ▪ **hacer una maniobra** fazer uma manobra

maniobrar /manjoˈβrar/ *v* manobrar, movimentar, evoluir ▪ **maniobrar el coche** manobrar o carro

manipulación /manipulaˈθjon/ *sf* manipulação ▪ **manipulación de las personas** manipulação das pessoas

181

manipular

manipular /manipu'lar/ v **1** manipular **2** interferir (nos interesses alheios) ■ **manipular las personas** manipular as pessoas

maniqueísmo /manike'ismo/ sm maniqueísmo ■ **gran maniqueísmo** grande maniqueísmo

maniquí /mani'ki/ sm **1** manequim **2** fantoche, autômato, robô, pessoa manipulável ■ **maniquí perfecto** manequim perfeito

manirroto /mani'roto, a/ adj esbanjador, perdulário ■ **manirroto de dinero** esbanjador de dinheiro

manivela /mani'βela/ sf manivela ■ **manivela rota** manivela quebrada

manjar /maŋ'xar/ sm manjar ■ **manjar de los dioses** manjar dos deuses

mano /'mano/ sf mão ■ **mano de hierro** mão de ferro

manojo /ma'noxo/ sm molho, feixe, maço ■ **manojo de llaves** molho de chaves

manómetro /ma'nometro, a/ sm manômetro ■ **manómetro del coche** manômetro do carro

manosear /manose'ar/ v manusear, apalpar, tatear ■ **manosear la bolsa** manusear a sacola

mañoso /ma'ɲoso, a/ adj manhoso, engenhoso, astucioso ■ **niño mañoso** menino manhoso

manotear /manote'ar/ v gesticular, dar palmadas, estapear ■ **manotear bien** gesticular bem

mansalva /aman'salβa/ adv a salvo, sem risco, impunemente, à vontade, com fartura ■ **mansalva del peligro** a salvo do perigo

mansedumbre /manse'ðumbre/ sf mansidão, paciência ■ **mansedumbre del lugar** mansidão do lugar

mansión /man'sjon/ sf mansão, morada, permanência ■ **mansión de la realeza** mansão da realeza

manso /'manso, a/ adj manso, dócil, paciente, pacato, pacífico, suave, sereno, calmo ■ **perro manso** cachorro manso

manta /'manta/ sf **1** manta, cobertor **2** quantidade ■ **manta caliente** manta quente

manteca /maŋ'teka/ sf **1** manteiga **2** banha (de porco), gordura ■ **manteca de cerdo** banha de porco

mantecado /maŋte'kaðo/ sm amanteigado, espécie de sorvete ■ **comida mantecada** comida amanteigada

mantel /maŋ'tel/ sm toalha ■ **mantel blanco** toalha branca

mantener /maŋte'ner/ v **1** manter, prover, conservar, apoiar, sustentar, agüentar, cumprir **2** manter-se, conservar-se, alimentar-se ■ **mantener bien** manter bem

mantenido /maŋte'niðo, a/ adj **1** mantido, de produção ininterrupta **2** pessoa que vive às custas de outra **3** gigolô, cafetão ■ **mantenido lejos de ti** mantido longe de ti

mantenimiento /maŋteni'mjento/ sm **1** manutenção, conservação, mantimento ■ **buen mantenimiento** boa manutenção

mantilla /maŋ'tiʎa/ sf mantilha ■ **mantilla de niños** mantilha de crianças

mantillo /maŋ'tiʎo/ sm húmus, terra vegetal ■ **mantillo para la tierra** húmus para a terra

manto /'manto/ sm manto, capa ■ **manto del niño** manto da criança

mantón /maŋ'ton/ sm mantô, casaco, xale grande ■ **mantón caliente** casaco quente

manual /ma'nwal/ adj **1** manual, compêndio **2** manual, caseiro, artesanal ■ **manual del aparato** manual do aparelho

manubrio /ma'nuβrjo/ sm cabo, manivela ■ **manubrio duro** cabo duro

manufactura /manufak'tura/ sf manufatura, indústria ■ **manufactura productiva** manufatura produtiva

manufacturar /manufaktu'rar/ v manufaturar, fabricar ■ **manufacturar mucho** fabricar muito

manuscrito /manus'krito, a/ manuscrito ■ **leer el manuscrito** ler o manuscrito

manutención /manuten'θjon/ sf **1** manutenção, conservação, sustento **2** proteção judicial ■ **manutención del aparato** manutenção do aparelho

manzana /maŋ'θana/ sf maçã, pomo ■ **jugo de manzana** suco de maçã

manzanilla /maŋθa'niʎa/ sf camomila, macela ■ **té de manzanilla** chá de camomila

mapa /'mapa/ sm mapa ■ **mapa del oro** mapa do ouro

maqueta /ma'keta/ sf **1** maquete **2** modelo ■ **maqueta de la ciudad** maquete da cidade

maquiavélico /makja'βeliko, a/ adj maquiavélico ■ **persona maquiavélica** pessoa maquiavélica

maquillador /makiʎa'ðor, a/ maquiador ■ **buen maquillador** bom maquiador

maquillaje /maki'ʎaxe/ sm maquiagem, pintura ■ **maquillaje fuerte** maquiagem forte

maquillar /maki'ʎar/ v maquiar, pintar, aplicar cosméticos ■ **maquillar bien** maquiar bem

máquina /'makina/ sf máquina, aparelho ■ **máquina de lavar ropa** máquina de lavar roupa

maquinación /makina'θjon/ sf maquinação, intriga ■ **buena maquinación** boa maquinação

maquinal /maki'nal/ adj **1** maquinal, automático **2** inconsciente, espontâneo ■ **trabajo maquinal** trabalho maquinal

maquinar /maki'nar/ v maquinar, tramar ■ **maquinar bien** maquinar bem

maquinaria /maki'narja/ sf maquinaria, mecanismo ■ **maquinaria agrícola** maquinaria agrícola

maquinilla /maki'niʎa/ sf barbeador elétrico ■ **maquinilla eficiente** barbeador elétrico eficiente

maquinista /maki'nista/ maquinista ■ **buen maquinista** bom maquinista

mar /'mar/ mar ■ **nadar en el mar** nadar no mar

maraña /ma'raɲa/ sf **1** maranha, fios enredados **2** negócio difícil, emaranhado ■ **maraña del trabajo** negócio difícil do trabalho

marasmo /ma'rasmo/ sm **1** marasmo, estagnação, apatia ■ **marasmo de la vida** marasmo da vida

maratón /mara'ton/ maratona ■ **maratón en la calle** maratona na rua

maravilla /mara'βiʎa/ sf maravilha, prodígio ■ **a las mil maravillas** às mil maravilhas

maravillar /maraβi'ʎar/ v maravilhar, admirar, deslumbrar ■ **maravillar con la historia** maravilhar com a história

maravilloso /maraβi'ʎoso, a/ adj **1** maravilhoso, admirável, extraordinário ■ **lugar maravilloso** lugar maravilhoso

marbete /mar'βete/ sm rótulo, etiqueta ■ **marbete del producto** rótulo do produto

marcado /mar'kaðo, a/ adj marcado, determinado ■ **trabajo marcado** trabalho marcado

marcador /marka'ðor, a/ adj marcador ■ **marcador de página** marcador de página

marcaje /mar'kaxe/ sm marcação ■ **buen marcaje** boa marcação

marcapasos /marka'pasos/ sm marca-passo ■ **tener marcapasos** ter marca-passo

marcar /mar'kar/ v marcar, assinalar, apontar, fixar, calcular, observar ■ **marcar el paso** marcar passo

martirizar

marcha /ˈmartʃa/ sf marcha, cadência, velocidade ■ **marcha militar** marcha militar

marchante /marˈtʃante/ 1 marchand 2 traficante 3 cliente, freguês ■ **marchante famoso** marchand famoso

marchar /marˈtʃar/ v 1 marchar, andar, caminhar, funcionar 2 despedir-se, partir, ir embora ■ **marchar muy rápido** marchar muito rápido

marchitar /martʃiˈtar/ v 1 murchar, enfraquecer 2 entristecer-se ■ **marchitar la flor** murchar a flor

marchito /marˈtʃito, a/ adj murcho, pálido ■ **flor marchita** flor murcha

marchoso /marˈtʃoso, a/ adj 1 brincalhão, animado 2 com pique ■ **persona marchosa** pessoa brincalhona

marcial /marˈθjal/ adj marcial, guerreiro ■ **persona marcial** pessoa guerreira

marco /ˈmarko/ 1 marco (moeda, peso, medida) 2 quadro, moldura, caixilho ■ **marco valioso** marco valioso

marea /maˈrea/ sf maré ■ **marea fuerte** maré forte

marear /mareˈar/ v 1 dirigir (embarcação), navegar 2 enjoar, ficar mareado 3 incomodar, amolar, encher a paciência ■ **marear en el mar** enjoar no mar

maremoto /mareˈmoto/ sm maremoto ■ **maremoto violento** maremoto violento

mareo /maˈreo/ sm 1 enjoo, náusea 2 tédio, chateação ■ **mareo en el barco** enjoo no barco

marfil /marˈfil/ sm marfim, dentina ■ **silla de marfil** cadeira de marfim

margarina /marɣaˈrina/ sf margarina ■ **pan con margarina** pão com margarina

margarita /marɣaˈrita/ sf margarida ■ **margarita amarilla** margarida amarela

margen /ˈmarxen/ margem ■ **margen de la página** margem da página

marginado /marxiˈnaðo, a/ adj marginalizado, excluído ■ **mundo marginado** mundo marginalizado

marginal /marxiˈnal/ adj 1 marginal 2 secundário, acessório ■ **persona marginal** pessoa marginal

marginar /marxiˈnar/ v 1 deixar margens (ao escrever), escrever à margem 2 excluir, marginalizar ■ **marginar al colega** marginalizar ao colega

marica /maˈrika/ adj maricas, bicha, entendido ■ **hombre marica** homem marica

maricón /mariˈkon/ sm veado, bicha, bichona, boneca ■ **hombre maricón** homem veado

mariconada /marikoˈnaða/ sf veadagem, bichice ■ **mariconada en la calle** veadagem na rua

marido /maˈriðo, a/ sm marido, cônjuge, esposo ■ **traición del marido** traição do marido

marihuana /mariˈwana/ sf maconha ■ **marihuana es una droga** maconha é uma droga

marimacho /mariˈmatʃo/ sm sapatão, mulher corajosa ■ **mujer marimacho** mulher sapatão

marimorena /mariˈmorena/ sf tumulto, zona ■ **marimorena en la ciudad** tumulto na cidade

marinero /mariˈnero, a/ adj marinheiro, marujo marinho ■ **marinero en el mar** marinheiro no mar

marino /maˈrino, a/ adj marinho, marítimo marinha ■ **caballo marino** cavalo marinho

marioneta /marjoˈneta/ sf 1 marionete, fantoche 2 pessoa sem personalidade ■ **teatro de marioneta** teatro de marionete

mariposa /mariˈposa/ sf mariposa, borboleta, lamparina ■ **vuelo de la mariposa** voo da mariposa

mariposear /mariposeˈar/ v borboletear ■ **mariposear en el ambiente** borboletar no ambiente

mariposón /maripoˈson/ sm paquerador, galanteador, afeminado, bicha ■ **hombre mariposón** homem galanteador

mariquita /mariˈkita/ sf 1 joaninha 2 homem afeminado, bicha ■ **mariquita en la hoja** joaninha na folha

mariscal /marisˈkal/ sm marechal ■ **ser un mariscal** ser um marechal

marisco /maˈrisko, a/ sm marisco (crustáceo ou molusco comestível) ■ **comer marisco** comer marisco

marisma /maˈrisma/ sf restinga, terreno alagadiço à beira-mar ■ **mucha marisma** muita restinga

marítimo /maˈritimo, a/ adj marítimo, marinho ■ **viaje marítima** viagem marítima

marjal /marˈxal/ sm brejo, pântano, terreno pantanoso ■ **sapo del marjal** sapo de brejo

marmita /marˈmita/ sf marmita ■ **comer marmita** comer marmita

mármol /ˈmarmol/ sm 1 mármore 2 obra artística em mármore ■ **mesa de mármol** mesa de mármore

marmota /marˈmota/ sf 1 marmota 2 dorminhoco ■ **eres una marmota** você é um dorminhoco

marqués /marˈkes, esa/sf, sm marquês ■ **marqués de la realeza** marquês da realeza

marquesina /markeˈsina/ sf marquise, toldo, cobertura externa ■ **marquesina blanca** marquise branca

marquetería /marketeˈria/ sf marchetaria, incrustação ■ **gran marquetería** grande marchetaria

marranada /marraˈnaða/ sf porcaria, sujeira 2 baixaria ■ **marranada en la calle** sujeira na rua

marranear /marraneˈar/ v sujar, emporcalhar ■ **marranear el cuarto** emporcalhar o quarto

marrano /maˈrano, a/ adj 1 porco 2 sujo, porcalhão ■ **niño marrano** menino porcalhão

marrar /maˈrar/ v errar, faltar ■ **marrar en el trabajo** errar no trabalho

marroquinería /marokineˈria/ sf indústria dos artigos de couro, peletaria ■ **zapato de la marroquinería** sapato da peletaria

marrulería /maruʎeˈria/ sf engambelação, artimanhas, afagos ■ **marrulería de las personas** artimanhas das pessoas

marrullero /maruˈʎero, a/ adj 1 astucioso, manhoso 2 enrolador ■ **persona marrullero** pessoa manhosa

marsupial /marsuˈpjal/ marsupial ■ **bolsa marsupial** bolsa marsupial

marta /ˈmarta/ sf marta (animal, pele) ■ **marta negra** marta preta

martillazo /martiˈʎaθo, a/ sm martelada, pancada ■ **martillazo en la cabeza** martelada na cabeça

martill(e)ar /martiʎeˈar/ v martelar, bater, malhar ■ **martillear fuerte** martelar forte

martillo /marˈtiʎo/ sm martelo, malho ■ **martillo de hierro** martelo de ferro

mártir /ˈmartir/ mártir, vítima ■ **mártir de la violencia** vítima da violência

martirio /marˈtirjo/ sm 1 martírio, tortura, aflição, sacrifício 2 trabalho muito duro ■ **martirio de la vida** martírio da vida

martirizar /martiriˈθar/ v 1 martirizar, torturar, atormentar, sacrificar 2 afligir ■ **martirizar alguien** martirizar alguém

183

marxismo

marxismo /mark'sismo/ *sm* marxismo ■ **estudiar el marxismo** estudar o marxismo

marxista /mark'sista/ *adj* marxista ■ **sistema marxista** sistema marxista

marzo /'marθo/ março ■ **cumpleaños en marzo** aniversário em março

más /mas/ *adv* **1** mais (soma) **2** mais (comparação) **3** do mais (muito) **de lo más divertido** do mais divertido ■ **pretérito más que perfecto** passado mais que perfeito

masacrar /masa'krar/ *v* **1** massacrar, matar, chacinar ■ **masacrar alguien** massacrar alguém

masacre /ma'sakre/ *sf* **1** massacre, matança, chacina, carnificina ■ **masacre de la película** massacre do filme

masaje /ma'saxe/ *sm* **1** massagem, fricção, compressão ■ **hacer un masaje** fazer uma massagem

masajista /masa'xista/ **1** massagista ■ **contratar el masajista** contratar o massagista

mascar /mas'kar/ *v* **1** mascar, mastigar **2** resmungar, insinuar ■ **mascar el chicle** mascar chiclete

máscara /'maskara/ *sf* **1** máscara, disfarce ■ **máscara de hierro** máscara de ferro

mascota /mas'kota/ *sf* **1** mascote, amuleto ■ **mascota del equipo** mascote da equipe

masculinidad /maskulini'ðað/ *sf* masculinidade, virilidade ■ **masculinidad de los hombres** masculinidade dos homens

masculinizar /maskulini'zaR/ *v* masculinizar, virilizar ■ **masculinizar los niños** masculinizar os meninos

masculino /masku'lino, na/ masculino ■ **artículo masculino** artigo masculino

mascullar /masku'ʎar/ *v* resmungar, falar entre-dentes ■ **mascullar mucho** resmungar muito

masificación /masifika'θjon/ *sf* massificação ■ **masificación de las personas** massificação das pessoas

masificar /masifi'kar/ *v* massificar ■ **masificar el trabajo** massificar o trabalho

masilla /ma'siʎa/ *sf* massa (de vidraceiro, para vedação) ■ **mucha masilla** muita massa

masón /ma'son, ona/ *adj, sf, sm* maçom ■ **persona masón** pessoa maçom

masonería /masone'ria/ *sf* maçonaria ■ **salón de la masonería** salão da maçonaria

masónico /ma'soniko, a/ *adj* maçônico ■ **personas masónicas** pessoas maçônicas

masoquismo /maso'kismo/ *sm* masoquismo, perversão sexual ■ **creer en el masoquismo** acreditar no masoquismo

masticación /mastika'θjon/ *sf* mastigação, trituração ■ **masticación de la comida** mastigação da comida

masticar /masti'kar/ *v* mastigar, mascar, triturar ■ **masticar la comida** mastigar a comida

mástil /'mastil/ *sm* mastro, haste, braço (de violão, guitarra) ■ **mástil grande** mastro grande

mastín /mas'tin/ *sm* mastim, cão de guarda, cão barulhento ■ **mastín aburrido** cão de guarda chato

mastodonte *masto'ðonte/ sm* mastodonte, trambolho ■ **mastodonte grande** trambolho grande

masturbación /mastur'βa'θjon/ *sf* masturbação, auto-erotismo ■ **masturbación masculina** masturbação masculina

masturbar /mastur'βar/ *v* **1** masturbar **2** masturbar-se ■ **masturbar mucho** masturbar muito

mata /'mata/ *sf* **1** mata, arvoredo, floresta **2** **mata de pelo** tufo de cabelos ■ **mata verde** mata verde

matadero /mata'ðero/ *sm* matadouro, abatedouro (de animais) ■ **matadero de animales** matadouro de animais

matador /mata'ðor, a/ *adj, sf, sm* **1** matador, toureiro, assassino **2** mortal, mortífero ■ **hombre matador** homem matador

matamoscas /mata'moskas/ *sm* mata-moscas, inseticida ■ **comprar un matamoscas** comprar um mata-moscas

matanza /ma'tanθa/ *sf* **1** matança, gado para corte **2** mortandade ■ **matanza de animales** matança de animais

matar /ma'tar/ *v* matar, eliminar, extinguir, aniquilar ■ **matar insectos** matar insetos

matarratas /mata'ratas/ *sm* **1** mata-rato, veneno **2** bebida alcoólica forte ■ **matarratas eficiente** mata-rato eficiente

matasanos /mata'sanos/ **1** médico, carniceiro **2** curandeiro ■ **buenos matasanos** bons médicos

matasellos /mata'seʎos/ *sm* carimbo (de correio) ■ **matasellos en la carta** carimbo na carta

mate /'mae/ *adj* apagado, sem brilho ■ **papel mate** papel sem brilho

matemático /mate'matiko, a/ *adj* **1** matemático, rigoroso, preciso **2** exato, indiscutível **3** matemática ■ **matemático famoso** matemático famoso

materia /ma'terja/ *sf* matéria, substância ■ **materia difícil** matéria difícil

material /mate'rjal/ *adj* **1** material **2** ingrediente, apetrechos, objetos **3** tema ■ **material de estudio** material de estudo

materialismo /materja'lismo/ *sm* materialismo ■ **materialismo de las personas** materialismo das pessoas

materialista /materja'lista/ *adj* materialista ■ **persona materialista** pessoa materialista

materialización /materjaliθa'θjon/ *sf* materialização ■ **materialización de las ideas** materialização das ideias

materializar /materjali'θar/ *v* **1** materializar, tornar concreto, real **2** concretizar-se ■ **materializar los sueños** materializar os sonhos

maternal /mater'nal/ *adj* maternal, materno ■ **persona maternal** pessoa maternal

maternidad /materni'ðað/ *sf* maternidade (estado ou condição de mãe, hospital para parturientes) ■ **maternidad de las mujeres** maternidade das mulheres

materno /ma'terno, a/ *adj* **1** materno **2** carinhoso, afetuoso, dedicado ■ **persona materna** pessoa materna

matinal /mati'nal/ *adj* matinal, matutino ■ **curso matinal** curso matinal

matiz /ma'tiθ/ *sm* matiz, gradação (de cor), nuance ■ **matiz grande** gradação grande

matizar /mati'θar/ *v* matizar, combinar (cores), colorir, variar, realçar ■ **matizar la pared** matizar a parede

matón /ma'ton, ona/ *adj* **1** valentão **2** guarda-costas, pistoleiro, assassino profissional ■ **hombre matón** homem valentão

matraca /ma'traka/ *sf* **1** matraca, instrumento de percussão **2** insistência ■ **cerrar la matraca** fechar a matraca

matraz /ma'traθ/ *sm* retorta, balão de vidro ■ **gran matraz** grande balão de vidro

matriarca /ma'trjarka/ *sf* matriarca ■ **matriarca poderoso** matriarca poderoso

matriarcado /matrjar'kaðo/ *sm* matriarcado ■ **gobierno matriarcado** governo matriarcado

matrícula /ma'trikula/ *sf* matrícula, inscrição, lista, identificação, placa ■ **matrícula del curso** matrícula do curso

matricular /matriku'lar/ *v* **1** matricular, registrar, inscrever **2** matricular-se ■ **matricular en el curso** matricular no curso

medir

matrimonio /matri'monjo/ *sm* matrimônio, casamento, união ■ **bello matrimonio** belo matrimônio

matriz /ma'triθ/ *sf* **1** chapa, estêncil, molde, padrão **2** útero **3** matriz ■ **gran matriz** grande chapa

matrona /ma'trona/ *sf* matrona, mãe de família, comadre, parteira ■ **buena matrona** boa comadre

matutino /matu'tino, a/ *adj* matutino, matinal ■ **curso matutino** curso matutino

maullar /maw'ʎar/ *v* miar ■ **maullar fuerte** miar forte

maullido /maw'ʎiðo/ *sm* miado ■ **maullido del gato** miado do gato

mausoleo /mawso'leo/ *sm* mausoléu, túmulo, sepulcro, tumba ■ **vivir en el mausoleo** viver no mausoléu

maxilar /maksi'lar/ *sm* maxilar, mandíbula ■ **dolor en el maxilar** dor no maxilar

máximo /'maksimo, a/ *adj* **1** máximo, maior, melhor, superior **2** máxima, regra ■ **temperatura máxima** temperatura máxima

maya /'maja/ *adj* maia ■ **pueblo maya** povo maia

mayo /'majo/ *sm* maio ■ **mes de mayo** mês de maio

mayonesa /majo'nesa/ *sf* maionese ■ **hamburguesa con mayonesa** hambúrguer com maionese

mayor /ma'jor/ *adj* maior, superior ■ **coche mayor que el mío** carro maior que o meu

mayoral /majo'ral/ *sm* maioral, capataz ■ **mi padre es el mayoral** meu pai é o maioral

mayordomo /major'ðomo, a/ mordomo, administrador ■ **contratar un mayordomo** contratar um mordomo

mayoría /majo'ria/ *sf* maioria, maior parte ■ **mayoría de las personas** maioria das pessoas

mayorista /majo'rista/ *adj* atacadista ■ **venta mayorista** venda atacadista

mayúsculo /ma'juskulo, a/ *adj* **1** maiúsculo, maior, muito grande **2** maiúsculas ■ **letra mayúscula** letra maiúscula

maza /'maθa/ *sf* maça, clava, porrete, bate-estacas ■ **gran maza** grande maça

mazapán /maθa'pan/ *sm* maçapão ■ **gran mazapán** grande maçapão

mazmorra /maθ'mora/ *sf* masmorra, prisão subterrânea ■ **preso en la mazmorra** preso na masmorra

mazo /'maθo/ *sm* martelo de madeira, marreta, maço, molho, feixe ■ **mazo grande** maço grande

mazorca /ma'θorka/ *sf* maçaroca (de milho) ■ **mazorca de choclo** maçaroca de milho

me /'me/ *pron pers* me, mim ■ **a mí me gusta viajar mucho** a mim gosto muito de viajar

meada /me'aða/ *sf* mijada ■ **meada de perro** mijada de cachorro

mear /me'ar/ *v* mijar, urinar ■ **mear en el baño** urinar no banheiro

mecachis /me'katʃis/ *excl* caramba! puxa! ■ **¡mecachis! ¡no sabía de esto!** caramba! não sabia disso!

mecánico /me'kaniko, a/ *adj* **1** mecânico, instintivo **2** mecânico (operário, técnico) **3** mecânica, mecanismo ■ **mecánico de coches** mecânico de carros

mecanismo /meka'nismo/ *sm* **1** mecanismo **2** funcionamento ■ **mecanismo del aparato** mecanismo do aparelho

mecanización /mekaniθa'θjon/ *sf* mecanização ■ **buena mecanización** boa mecanização

mecanizar /mekani'θar/ *v* mecanizar, automatizar ■ **mecanizar el trabajo** mecanizar o trabalho

mecanografía /mekanoɣra'fia/ *sf* mecanografia, datilografia, digitação ■ **hacer mecanografía** fazer datilografia

mecanografiar /mekanoɣra'fjar/ *v* datilografar, digitar ■ **mecanografiar un texto** datilografar um texto

mecanógrafo /meka'noɣrafo, a/ datilógrafo ■ **profesión de mecanógrafo** profissão de datilógrafo

mecedora /meθe'ðora/ *sf* cadeira de balanço ■ **sentar en la mecedora** sentar na cadeira de balanço

mecenas /me'θenas/ mecenas, protetor, patrocinador ■ **mecenas para los artistas** mecenas para os artistas

mecer /me'θer/ *v* **1** balançar, chacoalhar, agitar, mexer **2** balançar-se, embalar-se ■ **mecer mucho** balançar muito

mecha /'metʃa/ *sf* mecha, pavio ■ **mecha grande** mecha grande

mechero /me'tʃero/ *sm* acendedor, isqueiro ■ **mechero de vela** acendedor de vela

medallón /meða'ʎon/ *sm* medalhão ■ **medallón de oro** medalhão de ouro

media /'meðja/ *sf* **1** média, metade, meia hora, meia comprida **2** meia curta, meia soquete ■ **hacer una media** fazer uma média

mediación /meðja'θjon/ *sf* mediação, intervenção ■ **mediación del jefe** mediação do chefe

mediador /meðja'ðor, a/ *adj* mediador, interventor ■ **llamar el mediador** chamar o mediador

medianía /meðja'nia/ *sf* **1** mediania **2** mediocridade ■ **medianía de las personas** mediocridade das pessoas

mediano /me'ðjano, a/ *adj* **1** mediano, médio, medíocre **2** tortinha, pastel (de carne) ■ **estatura mediana** estatura mediana

medianoche /meðja'notʃe/ *sf* meia-noite ■ **llegar a la medianoche** chegar à meia-noite

mediar /me'ðjar/ *v* mediar, intermediar, interceder, advogar ■ **mediar la confusión** mediar a confusão

mediato /me'ðjato, a/ *adj* imediato, próximo ■ **ayuda mediata** ajuda imediata

medicación /meðika'θjon/ *sf* medicação, tratamento ■ **tomar medicación** tomar medicação

medicamento /meðika'mento/ *sm* medicamento, remédio ■ **tomar medicamento** tomar medicamento

medicar /meði'kar/ *v* medicar, tratar, receitar ■ **medicar correctamente** medicar corretamente

medicina /meði'θina/ *sf* medicina ■ **estudiar medicina** estudar medicina

medicinal /meðiθi'nal/ *adj* medicinal ■ **medicamento medicinal** remédio medicinal

medición /meði'θjon/ *sf* medição, medida ■ **medición correcta** medição correta

médico /'meðiko, a/ *adj* **1** medicinal **2** médico ■ **llamar al médico** chamar o médico

medida /me'ðiða/ *sf* medida, grau ■ **medida preventiva** medida preventiva

medieval /meðje'βal/ *adj* medieval ■ **tiempo medieval** tempo medieval

mediocre /me'ðjokre/ *adj* medíocre, fraco, mediano ■ **persona mediocre** pessoa medíocre

mediocridad /meðjokri'ðað/ *sf* mediocridade ■ **mediocridad de las personas** mediocridade das pessoas

mediodía /meðjo'ðja/ *sm* meio-dia ■ **almuerzo al mediodía** almoço ao meio-dia

medir /me'ðir/ *v* **1** medir, avaliar, regular, moderar, considerar **2** conter-se ■ **medir el terreno** medir o terreno

185

meditación

meditación /meðita'θjon/ *sf* meditação ▪ **hacer una meditación** fazer uma meditação

meditar /meði'tar/ *v* meditar, cismar, aprofundar, refletir ▪ **meditar profundamente** meditar profundamente

médium /'meðjum/ médium, espírita ▪ **persona médium** pessoa médium

medrar /me'ðrar/ *v* **1** crescer (plantas) **2** prosperar ▪ **medrar mucho** crescer muito

medroso /me'ðroso, a/ *adj* medroso, receoso, assustado, temeroso ▪ **niño medroso** menino medroso

médula /me'ðula/ *f* **1** medula **2** essência ▪ **médula ósea** medula óssea

megáfono /me'ɣafono/ *sm* megafone ▪ **hablar en el megáfono** falar no megafone

megalomanía /meɣaloma'nia/ *sf* megalomania, mania de grandeza ▪ **persona con megalomanía** pessoa com megalomania

megalómano /meɣa'lomano/ *adj* megalômano ▪ **persona megalómana** pessoa megalômana

mejicano /mexi'kano/ *adj* mexicano ▪ **chico mejicano** rapaz mexicano

mejilla /me'xiʎa/ *sf* bochecha, maçã do rosto ▪ **mejilla roja** bochecha vermelha

mejillón /mexi'ʎon/ *sm* mexilhão ▪ **comer mejillón** comer mexilhão

mejor /me'xor/ *adj* melhor, superior (em qualidade), preferível ▪ **vida mejor** vida melhor

mejora /me'xora/ *sf* melhora, aproveitamento, benefício ▪ **mejora de vida** melhora de vida

mejorar /mexo'rar/ *v* **1** melhorar, aperfeiçoar, beneficiar **2** recuperar-se, progredir ▪ **mejorar de vida** melhorar de vida

mejunje /me'xuṇxe/ *sm* mistura (cosmético ou medicamento) **2** bebida intragável ▪ **mejunje de medicina** mistura de remédio

melancolía /melaŋko'lia/ *sf* **1** melancolia, tristeza, nostalgia ▪ **sentir melancolía** sentir melancolia

melancólico /melaŋ'koliko, a/ *adj* melancólico, triste, nostálgico ▪ **persona melancólica** pessoa melancólica

melar /me'lar/ *v* melar, cozer no caldo da cana-de-açúcar, fabricar mel (a abelha) ▪ **melar la mano** melar a mão

melena /me'lena/ *sf* melena, cabelo comprido, juba ▪ **tener melena** ter cabelo comprido

melifluo /me'lifluo, a/ *adj* melífluo, suave, doce demais ▪ **música meliflua** música suave

melindre /me'lindre/ *sm* **1** melindre (doce) **2** melindres, trejeitos, modos afetados ▪ **melindre bueno** bom melindre

melindroso /melįn'droзu, za/ *adj* melindroso, dengoso, delicado ▪ **persona melindrosa** pessoa melindrosa

mella /me'ʎa/ *sf* falha, ruptura, vão, oco, fenda ▪ **mella en el trabajo** falha no trabalho

mellizo /me'ʎiθo, a/ *adj* gêmeo ▪ **hermano mellizo** irmão gêmeo

melocotón /meloko'ton/ *sm* pêssego ▪ **comer melocotón** comer pêssego

melodía /melo'ðia/ *sf* melodia, composição, suavidade ▪ **oír la melodía** ouvir a melodia

melódico /me'loðiko, a/ *adj* melódico, suave ▪ **sonidos melódicos** sons melódicos

melodioso /melo'ðjoso, a/ *adj* melodioso, harmonioso ▪ **sonido melodioso** som melodioso

melodrama /melo'ðrama/ *sm* melodrama, dramalhão ▪ **teatro de melodrama** teatro de melodrama

melón /me'lon/ *sm* **1** melão **2** tonto ▪ **comer melón** comer melão

meloso /me'loso, a/ *adj* meloso, melado, adocicado ▪ **persona melosa** pessoa melosa

membrana /mem'brana/ *sf* membrana ▪ **membrana de la piel** membrana da pele

membrillo /mem'briʎo/ *sm* marmelo ▪ **gran membrillo** grande marmelo

memez /me'meθ/ *sf* estupidez, burrice ▪ **memez del chico** estupidez do garoto

memo /'memo, a/ *adj* estúpido, bobo, tonto, burro ▪ **chico memo** garoto bobo

memorable /memo'raβle/ *adj* memorável, inesquecível ▪ **profesor memorable** professor memorável

memorándum /memo'randum/ *sm* **1** memorando **2** papel timbrado ▪ **hacer un memorándum** fazer um memorando

memoria /me'morja/ *sf* memória, lembrança ▪ **buena memoria** boa memória

memorización /memoriθa'θjon/ *sf* memorização, recordação ▪ **memorización de la materia** memorização da matéria

memorizar /memori'θar/ *v* **1** memorizar, estudar **2** aprender, decorar ▪ **memorizar el contenido** memorizar o conteúdo

menaje /me'naxe/ *sm* utensílios e objetos ▪ **menaje de la casa** utensílios da casa

mención /meŋ'θjon/ *sf* menção, referência, enunciado ▪ **hacer una mención** fazer uma menção

mencionar /meŋθjo'nar/ *v* mencionar, aludir, indicar, referir ▪ **mencionar una persona** mencionar uma pessoa

mendicante /mendi'kaṇte/ *adj* mendicante, pedinte, mendigo ▪ **persona mendicante** pessoa mendicante

mendigar /mendi'rar/ *v* mendigar, pedir esmola ▪ **mendigar en las calles** mendigar nas ruas

mendigo /men'diɣo, a/ mendigo, pedinte, indigente ▪ **mendigo en la calle** mendigo na rua

menear /mene'ar/ *v* **1** menear, mover (de um lado para o outro) **2** dirigir, manejar **3** mover-se ▪ **menear objetos** menear objetos

meneo /me'neo/ *sm* **1** meneio **2** bronca, repreensão ▪ **meneo en los hijos** bronca nos filhos

menester /menes'ter/ *sm* mister, necessidade, ocupação, exercício ▪ **menester de personas** necessidade de pessoas

menestra /me'nestra/ *sf* **1** minestra (carne com legumes cozidos) **2** legumes secos ▪ **comer menestra** comer minestra

mengano /meŋ'gano, a/ *sf, sm* beltrano ▪ **hablar con mengano** falar com beltrano

mengua /meŋ'gwa/ *sf* **1** míngua, diminuição, redução **2** descrédito ▪ **mengua de ingresos** míngua de ingressos

menguante /meŋ'gwaṇte/ *adj* minguante ▪ **luna menguante** lua minguante

menguar /meŋ'gwar/ *v* minguar, diminuir, decrescer ▪ **minguar de tristeza** minguar de tristeza

menhir /me'nir/ *sm* menir (monumento de pedra) ▪ **menhires forman círculos** menir formam círculos

meningitis /meniŋ'xitis/ *sf* meningite ▪ **tener meningitis** ter meningite

meñique /me'ɲike/ *adj* mindinho (dedo) ▪ **dolor en el meñique** dor no mindinho

menisco /me'nisko/ *sm* menisco ▪ **dolor en el menisco** dor no menisco

menopausia /meno'pawsja/ *sf* menopausa ▪ **mujer con menopausia** mulher com menopausa

menor /me'nor/ *adj* menor ▪ **hermano menor** irmão menor

mesiánico

menos /'menos/ *adv* **1** menos, exceto, salvo **2** sinal matemático ■ **menos dinero** menos dinheiro

menoscabar /menoska'βar/ *v* **1** menosprezar, diminuir **2** depreciar, desprezar ■ **menoscabar las personas** menosprezar as pessoas

menospreciable /menospre'θjaβle/ *adj* desprezível ■ **persona menospreciable** pessoa desprezível

menospreciar /menospre'θjar/ *v* menosprezar, desprezar, desdenhar ■ **menospreciar alguien** menosprezar alguém

menosprecio /menos'preθjo/ *sm* menosprezo, despreço, desdém ■ **menosprecio de las personas** menosprezo das pessoas

mensaje /men'saxe/ *sm* mensagem, recado, notícia ■ **mensaje anónimo** mensagem anônima

mensajero /mensa'xero, a/ *adj* mensageiro, contínuo, portador ■ **mensajero de Dios** mensageiro de Deus

menstruación /menstrwa'θjon/ *sf* menstruação ■ **menstruación mensual** menstruação mensal

menstruar /mens'trwar/ *v* menstruar ■ **menstruar duele mucho** menstruar dói muito

mensual /men'swal/ *adj* mensal ■ **pago mensual** pagamento mensal

mensualidad /menswali'ðað/ *sf* mensalidade, mesada, pagamento, salário mensal ■ **mensualidad del club** mensalidade do clube

menta /'menta/ *sf* menta (planta, essência) ■ **caramelo de menta** bala de menta

mentado /men'taðo, a/ *adj* célebre, famoso, lembrado ■ **persona mentada** pessoa famosa

mental /men'tal/ *adj* mental, intelectual, cerebral ■ **actividad mental** atividade mental

mentalidad /mentali'ðað/ *sf* mentalidade ■ **mentalidad infantil** mentalidade infantil

mentar /men'tar/ *v* memorar, lembrar, indicar, nomear, mencionar ■ **mentar las personas** memorar as pessoas

mente /'mente/ *sf* mente, inteligência, espírito, imaginação, vontade ■ **mente abierta** mente aberta

mentecato /mente'kato, a/ *adj, sf, sm* mentecapto, insensato ■ **persona mentecata** pessoa insensata

mentidero /menti'ðero, a/ *sm* mentideiro, local onde se reúnem ociosos, para conversar ■ **viejos se juntan en el mentidero** velhos se reúnem no mentideiro

mentir /men'tir/ *v* mentir, enganar, falsificar, equivocar, fingir, desdizer ■ **mentir no es bueno** mentir não é bom

mentira /men'tira/ *sf* mentira, engano, trapaça, ilusão ■ **mentira es feo** mentira é feio

mentiroso /menti'roso, a/ *adj* mentiroso, impostor ■ **persona mentirosa** pessoa mentirosa

mentón /men'ton/ *sm* queixo, maxilar ■ **romper el mentón** quebrar o queixo

mentor /men'toR, ra/ *sm* mentor, guia, conselheiro ■ **mentor del plan** mentor do plano

menú /me'nu/ *sm* menu, cardápio, minuta, lista ■ **menú del restaurante** cardápio do restaurante

menudear /menuðe'ar/ *v* **1** amiudar, repetir **2** vender a retalho ■ **menudear la comida** repetir a comida

menudencia /menu'ðenθja/ *sf* minúcia, pequenez, ninharia ■ **menudencia de las respuestas** ninharia das respostas

menudo /me'nuðo, a/ *adj* pequeno, miúdo ■ **detalles menudos** pequenos detalhes

meollo /me'oʎo/ *sm* miolo, migalha ■ **meollo del pan** miolo do pão

meón /me'on, ona/ *adj, sf, sm* mijão ■ **niño meón** menino mijão

mercader /merka'ðer/ *sm* mercador, comerciante ■ **mercader de comida** mercador de comida

mercado /mer'kaðo/ *sm* mercado, praça ■ **mercado de comidas** mercado de comidas

mercancía /merkan'θja/ *sf* mercadoria ■ **mercancía valiosa** mercadoria valiosa

mercante /mer'kante/ *adj* mercante ■ **persona mercante** pessoa mercante

mercantil /merkan'til/ *adj* mercantil, comercial ■ **trabajo mercantil** trabalho mercantil

mercantilismo /merkanti'lismo/ *sm* mercantilismo ■ **estudiar el mercantilismo** estudar o mercantilismo

mercenario /merθe'narjo, a/ *adj* mercenário ■ **hombre mercenario** homem mercenário

mercería /merθe'ria/ *sf* armazém, bazar, armarinho ■ **comprar en la mercería** comprar no armazém

mercurio /mer'kurjo/ *sm* mercúrio (substância, astro) ■ **termómetro de mercurio** termômetro de mercúrio

merecedor /mereðe'ðor, a/ *adj* merecedor, digno ■ **merecedor de la premiación** merecedor da premiação

merecer /mere'θer/ *v* **1** merecer, lograr, obter **2** tornar-se merecedor ■ **merecer la victoria** merecer a vitória

merecido /mere'θer/ *v* **1** merecido, devido **2** castigo merecido ■ **victoria merecida** vitória merecida

merecimiento /mereθi'mjento/ *sm* merecimento, mérito ■ **merecimiento de las personas** merecimento das pessoas

merendar /meren'dar/ *v* merendar, lanchar ■ **merendar por la tarde** merendar pela tarde

merengue /me'renge/ *sm* **1** merengue, doce **2** pessoa delicada ■ **comer merengue** comer merengue

meretriz /mere'triθ/ *sf* meretriz, prostituta ■ **mujer meretriz** mulher prostituta

meridiano /meri'ðjano, a/ *adj* **1** meridiano **2** claríssimo, luminoso **3** meridiano ■ **meridiano del mundo** meridiano do mundo

meridional /meriðjo'nal/ *adj* meridional, austral ■ **línea meridional** linha meridional

merienda /me'rjenda/ *sf* merenda, lanche (da tarde), piquenique ■ **merienda de la tarde** merenda da tarde

mérito /'merito/ *sm* mérito, merecimento, valor ■ **gran mérito** grande mérito

meritorio /meri'torjo, a/ *adj* meritório, louvável ■ **trabajo meritorio** trabalho louvável

merluza /mer'luθa/ *sf* **1** merluza, pescada **2** bebedeira ■ **buena merluza** boa merluza

mermar /mer'mar/ *v* **1** diminuir, minguar **2** consumir-se ■ **mermar los gastos** diminuir os gastos

mermelada /merme'laða/ *sf* marmelada, doce de fruta cozida ■ **mermelada con pan** marmelada com pão

mero /'mero, a/ *adj* mero, puro, simples **2** mero (pássaro) ■ **mero acaso** mero acaso

merodear /meroðe'ar/ *v* vaguear, andar pelo campo, saquear ■ **merodear por las calles** vaguear pelas ruas

mes /'mes/ *sm* mês, mensalidade ■ **un mes de clases** um mês de aulas

mesa /'mesa/ *sf* mesa, meseta ■ **mesa de madera** mesa de madeira

mesiánico /me'sjaniko, a/ *adj* messiânico ■ **hombre mesiánico** homem messiânico

187

mesianismo

mesianismo /mesja'nismo/ *sm* messianismo ▪ **creer en el mesianismo** acreditar no messianismo

mesón /me'son/ *sm* hospedaria, estalagem ▪ **buen mesón** boa hospedaria

mestizaje /mesti'θaxe/ *sm* mestiçagem, cruzamento de raças ▪ **mestizaje de las personas** mestiçagem das pessoas

mestizo /mes'tiθo, a/ *adj* mestiço ▪ **hombre mestizo** homem mestiço

meta /'meta/ *sf* meta, fim (de uma corrida) **2** finalidade, objetivo ▪ **meta cumplida** meta cumprida

metabolismo /metaβo'lismo/ *sm* metabolismo ▪ **metabolismo de los animales** metabolismo dos animais

metafísica /meta'fisika, a/ *adj* **1** metafísico **2** obscuro, difícil **3** metafísica ▪ **estudiar la metafísica** estudar a metafísica

metáfora /me'tafora/ *sf* metáfora, alegoria ▪ **hacer una metáfora** fazer uma metáfora

metal /'metal/ *sm* **1** metal, latão **2** timbre (da voz) ▪ **material de metal** material de metal

metalización /metaliθa'θjon/ *sf* metalização ▪ **metalización de los objetos** metalização dos objetos

metalizar /metali'zaR/ *v* **1** metalizar **2** ficar obcecado por dinheiro ▪ **metalizar demasiado** metalizar muito

metalurgia /metaluR'ʒia/ *sf* metalurgia ▪ **trabajar en la metalurgia** trabalhar na metalurgia

metalúrgico /meta'luRʒiku, ka/ *adj* metalúrgico ▪ **profesión de metalúrgico** profissão de metalúrgico

metamorfosis /metamor'fosis/ *sf* metamorfose, transformação ▪ **metamorfosis de los animales** metamorfose dos animais

metano /me'tano/ *sm* metano, gás metano ▪ **gás metano** gás metano

meteorito /meteo'rito/ *sm* meteorito, aerólito ▪ **meteorito en la tierra** meteorito na terra

meteoro /mete'ɔru/ *sm* meteoro ▪ **meteoro peligroso** meteoro perigoso

meteorología /meteorolo'xia/ *sf* meteorologia ▪ **estudiar meteorología** estudar meteorologia

meteorológico /meteoro'loxiko, a/ *adj* meteorológico ▪ **estudios meteorológicos** estudos meteorológicos

meter /me'teɾ/ *v* meter ▪ **meter en la vida del otro** meter na vida do outro

meticuloso /metiku'loso, a/ *adj* meticuloso, minucioso, cauteloso ▪ **persona meticulosa** pessoa meticulosa

metido /me'teɾ/ *v* metido, intrometido, disposto ▪ **hombre metido** homem metido

metódico /me'toðiko, a/ *adj* metódico, comedido, pontual, meticuloso ▪ **persona metódica** pessoa metódica

método /'metoðo/ *sm* método, ordem, processo, maneira, modo ▪ **buen método** bom método

metodología /metoðolo'xia/ *sf* metodologia ▪ **buena metodología** boa metodologia

metraje /me'traxe/ *sm* metragem (de um filme) ▪ **metraje de una película** metragem de um filme

metralla /me'traʎa/ *sf* metralha, estilhaços de bala ▪ **metralla en la calle** estilhaços de bala na rua

métrico /'metriko, a/ *adj* **1** métrico **2** métrica ▪ **algo métrico** algo métrico

metro /'metro/ *sm* metro ▪ **estoy a dos metros de ti** estou a dois metros de você

metrópoli /me'tropoli/ *sf* metrópole ▪ **vivir en la metrópoli** viver na metrópole

metropolitano /metropoli'tano, a/ *adj* metropolitano ▪ **ciudad metropolitana** cidade metropolitana

mezcla /'meθkla/ *sf* mescla, mistura, fusão ▪ **mezcla de colores** mistura de cores

mezclar /meθ'klaɾ/ *v* mesclar, misturar, embaralhar ▪ **mezclar los colores** mesclar as cores

mezquindad /meθkin'ðað/ *sf* mesquinharia, insignificância ▪ **mezquindad de las personas** mesquinharia das pessoas

mezquino /meθ'kino, a/ *adj* mesquinho, insignificante, avaro, avarento, pobre ▪ **persona mezquina** pessoa mesquinha

mezquita /meθ'kita/ *sf* mesquita ▪ **ir a la mezquita** ir na mesquita

mi /mi/ *adj, pron pes, sm* **1** mim **2** meu, minha **3** mi, nota musical ▪ **tocar un "mi"** tocar um "mi"

micción /mik'θjon/ *sf* micção, urina ▪ **mucha micción** muita micção

mico /'miko/ *sm* **1** mico **2** homem muito feio **3** mica ▪ **mico marrón** mico marrom

microbio /mi'kroβjo/ *sm* micróbio ▪ **tener microbio** ter micróbio

microbiología /mikroβjolo'xia/ *sf* microbiologia ▪ **estudiar microbiología** estudar microbiologia

microfilmar /mikrofil'maɾ/ *v* microfilmar ▪ **microfilmar rápido** microfilmar rápido

microfilm(e) /mikro'filme/ *sm* microfilme ▪ **ver un microfilm** ver um microfilme

micrófono /mi'krofono/ *sm* microfone ▪ **hablar en el micrófono** falar no microfone

microorganismo /mikroorɣa'nismo/ *sm* microorganismo, micróbio ▪ **microorganismo del cuerpo** microorganismo do corpo

microscópico /mikros'kopiko, a/ *adj* microscópico ▪ **cuerpo microscópico** corpo microscópico

microscopio /mikros'kopjo/ *sm* microscópio ▪ **tener un microscopio** ter um microscópio

miedo /'mjeðo/ *sm* medo, terror ▪ **tener miedo** ter medo

miedoso /mje'ðoso, a/ *adj* **1** medroso, covarde, **2** frouxo ▪ **persona miedosa** pessoa medrosa

miel /'mjel/ *sf* **1** mel **2** doçura ▪ **pan con miel** pão com mel

miembro /'mjembro/ *sm* membro ▪ **miembro del grupo** membro do grupo

mientras /'mjentras/ *adv* enquanto, entretanto, durante ▪ **mientras yo estudio, tu trabajas** enquanto eu estudo, você trabalha

miércoles /'mjerkoles/ *sm* quarta-feira ▪ **clase el miércoles** aula na quarta-feira

mierda /'mjeɾða/ *sf* merda, bosta ▪ **hacer mierda** fazer merda

mies /'mjes/ *sf* **1** messe, cereal maduro **2** campos semeados ▪ **comer mies** comer cereal

miga /'miɣa/ *sf* **1** miolo (do pão), migalha **2** essência ▪ **miga del pan** miolo do pão

migaja /mi'ɣaxa/ *sf* migalha, fragmento, restos, sobras ▪ **migaja para el pájaro** migalha para o pássaro

migar /mi'ɣaɾ/ *v* esfarelar, esmigalhar (o pão) ▪ **migar comida** esfarelar comida

migración /miɣra'θjon/ *sf* migração ▪ **migración de personas** migração de pessoas

migraña /mi'ɣraɲa/ *sf* dor de cabeça ▪ **tener migraña** ter dor de cabeça

migratorio /miɣra'torjo, a/ *adj* migratório ▪ **proceso migratorio** processo migratório

mirar

mijo /ˈmixo/ *sm* espécie de milho ■ **mijo amarillo** milho amarelo

mil /ˈmil/ *adj* 1 mil 2 **a miles** aos milhares ■ **mil personas** mil pessoas

milagro /miˈlaɣɾo/ *sm* milagre ■ **milagro de Dios** milagre de Deus

milagroso /milaˈɣɾoso, a/ *adj* milagroso ■ **acto milagroso** ato milagroso

milenario /mileˈnaɾjo, a/ *adj* 1 milenário 2 milênio ■ **tradición milenaria** tradição milenária

milenio /miˈlenjo/ *sm* milênio ■ **milenio de historia** milênio de história

milésimo /miˈlesimo, a/ *adj* milésimo ■ **milésima tentativa** milésima tentativa

mili /ˈmili/ *sf* serviço militar ■ **participar de la mili** participar do serviço militar

milicia /miˈliθja/ *sf* 1 milícia 2 agrupamento de pessoas (em torno de uma causa) ■ **buena milicia** boa milícia

miliciano /miliˈθjano, a/ *adj* miliciano ■ **persona miliciana** pessoa miliciana

miligramo /miliˈɣɾamo/ *sm* miligrama ■ **medida en miligramo** medida em miligrama

milímetro /miˈlimetɾo/ *sm* milímetro ■ **medir en milímetro** medir em milímetro

militante /miliˈtante/ *adj* militante ■ **hombre militante** homem militante

militar /miliˈtaɾ/ *adj, sf, sm, v* 1 militar (do exército) 2 militar, combater 3 militar (pertencer a um grupo) ■ **carrera militar** carreira militar

militarismo /militaˈɾismo/ *sm* militarismo ■ **militarismo rígido** militarismo rígido

militarizar /militaɾiˈθaɾ/ *v* militarizar ■ **militarizar las poblaciones** militarizar as populações

milla /ˈmiʎa/ *sf* milha ■ **medida en milla** medida em milha

millar /miˈʎaɾ/ *sm* milhar ■ **millares de peces** milhares de peixes

millón /miˈʎon/ *sm* 1 milhão 2 em grande quantidade ■ **millón de animales** milhão de animais

millonario /miʎoˈnaɾjo, a/ *adj* milionário ■ **millonario de la ciudad** milionário da cidade

mimar /miˈmaɾ/ *v* 1 mimar, amimar 2 afagar 3 paparicar ■ **mimar el hijo** mimar o filho

mimbrera /mimˈbɾeɾa/ *sf* 1 vimeiro, vime, 2 nome de várias espécies de salgueiro ■ **gran mimbrera** grande vimeiro

mimético /miˈmetiko, a/ *adj* relativo ao mimetismo ■ **algo mimético** algo relativo ao mimetismo

mimetismo /mimeˈtismo/ *sm* mimetismo ■ **buen mimetismo** bom mimetismo

mímica /ˈmimika/ *sf* 1 mímica, pantomima 2 gesticulação, arremedo ■ **hacer mímica** fazer mímica

mímico /ˈmimiko, a/ *adj* 1 mímico, relativo à mímica 2 ator que se utiliza da mímica ■ **buen mímico** bom mímico

mimo /ˈmimo/ *sm* 1 carinho, ternura 2 delicadeza 3 condescendência excessiva 4 presente 5 primor ■ **hacer un mimo** fazer um carinho

mimoso /miˈmoso, a/ *adj* 1 mimoso, delicado, melindroso 2 inclinado a fazer ou receber mimos ■ **animal mimoso** animal mimoso

mina /ˈmina/ *sf* 1 mina, olho-d'água, fonte, nascente 2 sinecura, negócio fácil e rendoso ■ **mina de oro** mina de ouro

minar /miˈnaɾ/ *v* 1 minar (escavar, colocar explosivos) 2 consumir, destruir aos poucos ■ **minar agua** minar água

mineral /mineˈɾal/ *adj* mineral ■ **agua mineral** água mineral

mineralización /mineɾaliˈθajon/ *sf* mineralização ■ **buena mineralización** boa mineralização

mineralogía /mineɾaloˈxia/ *sf* mineralogia ■ **estudiar la mineralogía** estudar a mineralogia

minería /mineˈɾia/ *sf* mineração, exploração de minérios ■ **gran minería** grande mineração

minero /miˈneɾo, a/ *adj* mineiro ■ **ciudad minera** cidade mineira

miniatura /minjaˈtuɾa/ *sf* miniatura ■ **miniatura de la casa** miniatura da casa

miniaturizar /miniatuɾiˈzaɾ/ *v* miniaturizar ■ **miniaturizar las construcciones** miniaturizar as construções

minifalda /miniˈfalda/ *sf* minissaia ■ **usar minifalda** usar minissaia

minifundio /miniˈfundjo/ *sm* minifúndio ■ **minifundio para autoconsumo** minifúndio para autoconsumo

minimizar /minimiˈθaɾ/ *v* minimizar ■ **minimizar los problemas** minimizar os problemas

mínimo /ˈminimo, a/ *adj* mínimo ■ **valor mínimo** valor mínimo

minino /miˈnino, a/ 1 gato 2 bichano ■ **minino guapo** bichano bonito

ministerial /ministeˈɾjal/ *adj* ministerial ■ **trabajo ministerial** trabalho ministerial

ministerio /minisˈteɾjo/ *sm* ministério ■ **ministerio del medio ambiente** ministério do meio ambiente

ministro /miˈnistɾo, a/ ministro ■ **ministro de la iglesia** ministro da igreja

minorar /minoˈɾaɾ/ *v* minorar, diminuir, reduzir ■ **minorar las personas** minorar as pessoas

minoría /minoˈɾia/ *sf* 1 minoria 2 minorias ■ **valorar la minoría** valorizar a minoria

minoritario /minoɾiˈtaɾjo, a/ *adj* 1 minoritário ■ **grupo minoritario** grupo minoritário

minucia /miˈnuθja/ *sf* 1 minúcia, detalhe, bagatela, ninharia ■ **ver las minucias** ver os detalhes

minucioso /minuˈθjoso, a/ *adj* minucioso, pormenorizado, detalhado ■ **persona minuciosa** pessoa detalhada

minúsculo /miˈnuskulo, a/ *adj* 1 minúsculo, miúdo, insignificante 2 letras minúsculas, caixa-baixa ■ **letra minúscula** letra minúscula

minusválido /minusˈβalido, a/ *adj* deficiente, inválido, entrevado ■ **persona minusválida** pessoa deficiente

minusvalorar /minusβaloˈɾaɾ/ *v* 1 menosprezar, desvalorizar 2 depreciar-se ■ **minusvalorar alguien** menosprezar alguém

minuta /miˈnuta/ *sf* minuta, rascunho, apontamento, protocolo, cardápio, conta de honorários (de profissional liberal) ■ **tener una minuta** ter um rascunho

minuto /miˈnuto/ *sm* minuto, instante ■ **tener un minuto** ter um minuto

miope /ˈmjope/ *adj* míope ■ **persona miope** pessoa míope

miopía /mjoˈpia/ *sf* miopia ■ **tener miopía** ter miopia

mira /ˈmiɾa/ *sf* 1 mira 2 alvo, intuito, finalidade ■ **tener en la mira** ter na mira

mirado /miˈɾaðo, a/ *adj* cauteloso, cuidadoso ■ **persona mirada** pessoa cautelosa

mirador /miɾaˈðoɾ/ *sm* mirante ■ **mirador eficiente** mirante eficiente

miramiento /miɾaˈmjento/ *sm* olhada, atenção, concentração ■ **miramiento rápido** olhada rápida

mirar /miˈɾaɾ/ *v* 1 mirar, olhar, encarar, examinar 2 pensar, refletir 3 olhar-se, refletir-se ■ **mirar mucho** olhar muito

mirilla

mirilla /mi'ri.ʎa/ *sf* abertura na porta, postigo, olho mágico ■ **ver por la mirilla** olhar pelo postigo

mirlo /'mirlo/ *sm* melro ■ **mirlo grande** melro grande

mirón /mi'ron, ona/ *adj* observador curioso, espectador (de jogo) ■ **hombre mirón** homem observador

misa /'misa/ *sf* missa ■ **ir a la misa** ir na missa

misantropía /misantro'pia/ *sf* misantropia ■ **misantropía tiene cura** misantropia tem cura

misántropo /mi'santropo/ misantropo ■ **misántropo extravagante** misantropo extravagante

misceláneo /misθe'lanea/ *adj* **1** misto, mesclado, variado **2** miscelânea ■ **colores misceláneas** cores mescladas

miserable /mise'raβle/ *adj* miserável, muito pobre, indigente, mesquinho, infame, sem-vergonha, canalha ■ **persona miserable** pessoa miserável

miseria /mi'serja/ *sf* miséria, pobreza extrema ■ **miseria en el mundo** miséria no mundo

misericordia /miseri'korðja/ *sf* misericórdia, compaixão ■ **tener misericordia** ter misericórdia

misericordioso /mesirikor'ðjoso, a/ *adj* misericordioso ■ **persona misericordiosa** pessoa misericoridiosa

mísero /'misero, a/ *adj* mísero, infeliz, miserável ■ **mísera persona** mísera pessoa

misil /mi'sil/ *sm* míssil ■ **misil teledirigido** míssil teleguiado

misión /mi'sjon/ *sf* missão, encargo, atividade, função temporária, centro missionário ■ **misión secreta** missão secreta

misionero /misjo'nero, a/ *adj* missionário, evangelizador ■ **ser un misionero** ser um missionário

misiva /mi'siβa/ *sf* missiva, mensagem, carta ■ **misiva tranquila** mensagem tranquila

mismo /'mismo, a/ *adj* mesmo, semelhante ■ **mismo trabajo** mesmo trabalho

misterio /mis'terjo/ *sm* mistério, enigma, atividade secreta, dogma ■ **misterio del mundo** mistério da vida

misterioso /miste'rjoso, a/ *adj* misterioso, encoberto, estranho, incógnito ■ **historia misteriosa** história misteriosa

misticismo /misti'θismo/ *sm* misticismo ■ **creer en el misticismo** acreditar no misticismo

místico /'mistiko, a/ *adj* místico, alegórico, misterioso ■ **persona mística** pessoa mística

mistificación /mistifika'θjon/ *sf* mistificação, farsa ■ **mistificación de las personas** farsa das pessoas

mistificar /mistifi'kar/ *v* mistificar, enganar ■ **mistificar los asuntos** mistificar os assuntos

mitad /mi'tað/ *sf* metade ■ **mitad de los números** metade dos números

mítico /'mitiko, a/ *adj* mítico, fabuloso, extraordinário ■ **persona mítica** pessoa mítica

mitificar /mitifi'kar/ *v* mitificar ■ **mitificar algo** mitificar algo

mitigar /miti'γar/ *v* **1** mitigar, moderar, diminuir, suavizar, aliviar **2** acalmar-se ■ **mitigar mucho** moderar muito

mito /'mito/ *sm* mito, fábula ■ **creer en el mito** acreditar no mito

mitología /mitolo'xia/ *sf* mitologia ■ **mitología griega** mitologia grega

mitológico /mito'loxiko, a/ *adj* mitológico ■ **historia mitológica** história mitológica

mitomanía /mitoma'nia/ *sf* mitomania ■ **tener mitomanía** ter mitomania

mixto /'miksto, a/ *adj* **1** misto, misturado, composto **2** mestiço, fósforo, lume ■ **sabores mixtos** sabores mistos

mnemotecnia /nemo'teknja/ *sf* **1** mnemônica, memória ■ **mnemotecnia buena** memória boa

mnemotécnica /nemo'tekniko, a/ *adj* mnemotecnia ■ **curso de memotécnica** curso de mnemotecnia

mobiliario /moβi'ljarjo, a/ *adj* mobiliário, mobília ■ **cambiar el mobiliario** trocar a mobília

mocasín /moka'sin/ *sm* mocassim ■ **usar mocasín** usar mocassim

mocedad /moθe'ðað/ *sf* mocidade, juventude ■ **mocedad de los hombres** juventude dos homens

mochila /mo'tʃila/ *sf* mochila ■ **mochila de viaje** mochila de viagem

mocho /'motʃo, a/ *adj* mocho, sem ponta ■ **lápiz mocho** lápis sem ponta

mochuelo /mo'tʃwelo/ *sm* mocho, coruja ■ **mochuelo grande** mocho grande

moción /mo'θjon/ *sf* moção, movimento, inspiração ■ **moción del coche** moção do carro

moco /'moko/ *sm* muco ■ **moco amarillo** muco amarelo

mocoso /mo'koso, a/ *adj* **1** mucoso, ranhento, desprezível **2** criança pequena, pirralho ■ **es una mocosa** é uma pirralha

moda /'moða/ *sf* moda, maneira de vestir, uso, costume ■ **ropa de moda** roupa de moda

modal /mo'ðal/ *adj* **1** modal **2** gestos, modos habituais, comportamento ■ **trabajo modal** trabalho modal

modalidad /moðali'ðað/ *sf* modalidade, modo de ser ■ **modalidad moderna** modalidade moderna

modelado /moðe'lar/ *v* modelado, moldado ■ **muñeco modelado** boneco moldado

modelar /moðe'lar/ *v* **1** modelar, moldar, contornar **2** modelar-se, amoldar-se ■ **modelar con yeso** modelar com gesso

modelo /mo'ðelo/ *sm* **1** modelo, exemplo, imagem, molde, norma, regra, representação **2** modelo, pessoa que posa, manequim ■ **modelo guapo** modelo bonito

moderación /moðera'θjon/ *sf* moderação, sensatez ■ **tener moderación** ter moderação

moderado /moðe'rar/ *v* **1** moderado, comedido, sensato, prudente ■ **persona moderada** pessoa moderada

moderar /moðe'rar/ *v* **1** moderar, regular, regrar, reprimir, abrandar **2** moderar-se, conter-se ■ **moderar el trabajo** moderar o trabalho

modernismo /moðer'nismo/ *sm* modernismo ■ **estudiar el modernismo** estudar o modernismo

modernista /moðer'nista/ *adj* modernista ■ **modernista brasileño** modernista brasileiro

modernización /moðerniθa'θjon/ *sf* modernização, atualização ■ **modernización de los estudios** modernização dos estudos

modernizar /moðerni'θar/ *v* modernizar, atualizar ■ **modernizar la vida** modernizar a vida

moderno /mo'ðerno, a/ *adj* moderno, recente, atual ■ **ropa moderna** roupa moderna

modestia /mo'ðestja/ *sf* modéstia, humildade, simplicidade ■ **tener modestia** ter modéstia

modesto /mo'ðesto, a/ *adj* modesto, humilde, simples, honesto, decente, tímido ■ **persona modesta** pessoa modesta

módico /'moðiko, a/ *adj* módico, moderado ■ **trabajo módico** trabalho módico

modificación /moðifika'θjon/ *sf* modificação, alteração ■ **modificación en el cabello** modificação no cabelo

modificar /moðifi'kar/ *v* **1** modificar, alterar, ajustar, corrigir **2** modificar-se ■ **modificar el color** modificar a cor

mongolismo

modismo /mo'ðismo/ *sm* modismo (no falar), idiotismo ■ **modismo en el habla** modismo na fala

modo /'moðo/ *sm* modo, maneira de ser ■ **único modo** único modo

modorra /mo'ðora/ *sf* modorra, sonolência pesada, apatia, indolência ■ **modorra durante el día** sonolência durante o dia

modoso /mo'ðoso, a/ *adj* moderado, de boas maneiras, cortês, respeitoso ■ **persona modosa** pessoa moderada

modulación /moðula'θjon/ *sf* modulação, controle, melodia, suavidade, entonação, acento ■ **modulación de la vida** controle da vida

modulador /moðula'ðor, a/ *adj* modulador ■ **persona moduladora** pessoa moduladora

modular /moðu'lar/ *adj / v* modular, passar de um tom a outro, entoar com melodia, modificar ■ **modular la canción** modular a canção

módulo /'moðulo/ *sm* módulo, medida, parte ■ **primer módulo** primeiro módulo

mofa /'mofa/ *sf* mofa, zombaria, escárnio, gozação ■ **mofa de alguien** zombaria de alguém

mofar /mo'far/ *v* mofar, zombar, rir-se, escarnecer ■ **mofar la pared** mofar a parede

moflete /mo'flete/ *sm* bochecha grande e carnuda ■ **moflete roja** bochecha grande vermelha

mogollón /moɣo'λon/ *sm* **1** intrometido, furão **2** montão, grande quantidade, confusão ■ **mogollón en la conversa** intrometido na conversa

mohín /mo'in/ *sm* gesto, careta ■ **mohín para alguien** careta para alguém

mohíno /mo'ino, a/ *adj* mofino, triste, desgostoso ■ **hermano mohíno** irmão triste

moho /'moo/ *sm* mofo, bolor, limo, ferrugem, azinhavre ■ **moho en la comida** mofo na comida

mojar /mo'xar/ *v* **1** molhar, umedecer, empapar, impregnar, encharcar, embeber **2** molhar-se ■ **mojar las manos** molhar as mãos

moje /mo'xar/ *v* molho, tempero ■ **moje en la comida** molho na comida

mojigato /moxi'ɣato/ *adj* dissimulado, hipócrita, fingido, falso beato ■ **persona mojigata** pessoa dissimulada

mojón /mo'xon/ *sm* marco, baliza, limite ■ **mojón indicador** marco indicador

molar /mo'lar/ *adj* agradar ■ **molar las personas** agradar as pessoas

molde /'molde/ *sm* **1** molde, matriz, modelo, forma **2 de molde** de molde, a propósito ■ **hacer un molde** fazer um molde

moldeable /molde'aβle/ *adj* moldável, flexível, maleável ■ **trabajo moldeable** trabalho moldável

moldear /molde'ar/ *v* **1** moldar, dar a forma de um molde **2** adaptar, conformar, configurar-se ■ **moldear bien** moldar bem

moldura /mol'dura/ *sf* moldura, caixilho ■ **buena moldura** boa moldura

mole /'mole/ *sf* **1** mole, corpo maciço e de grandes dimensões **2** quebra-mar ■ **cuerpo mole** corpo mole

molécula /mo'lekula/ *sf* molécula ■ **muchas moléculas** muitas moléculas

molecular /moleku'lar/ *adj* molecular ■ **trabajo molecular** trabalho molecular

moler /mo'ler/ *v* moer, triturar, espremer, reduzir a pó ■ **moler la carne** moer a carne

molestar /moles'tar/ *v* **1** molestar, incomodar, maltratar, ofender, desgostar **2** molestar-se, afligir-se ■ **molestar alguien** molestar alguém

molestia /mo'lestja/ *sf* moléstia, incômodo, fadiga, mal, doença, enfermidade ■ **tener molestia** ter moléstia

molesto /mo'lesto, a/ *adj* molesto, nocivo, importuno, penoso ■ **hombre molesto** homem molesto

molienda /mo'ljenda/ *sf* moenda, moinho ■ **molienda del trigo** moenda do trigo

molinero /moli'nero, a/ *adj* moleiro ■ **hombre molinero** homem moleiro

molinete /moli'nete/ *sm* **1** molinete **2** cata-vento ■ **molinete grande** molinete grande

molino /mo'lino/ *sm* moinho ■ **molino de viento** moinho de vento

molla /'moʎa/ *sf* parte magra da carne, parte sumarenta das frutas, miolo do pão **2** excesso de gordura na cintura, pneus ■ **comer molla** comer miolo do pão

molleja /mo'ʎexa/ *sf* moela ■ **molleja de pollo** moela de frango

mollera /mo'ʎera/ *sf* **1** moleira, parte superior do crânio **2** talento ■ **mollera sensible** moleira sensível

momentáneo /momen'taneo, a/ *adj* **1** momentâneo, instantâneo, breve, transitório, fugaz ■ **felicidad momentánea** felicidade momentânea

momento /mo'mento/ *sm* momento, instante, ocasião oportuna, lance, circunstância ■ **momento especial** momento especial

momia /'momja/ *sf* múmia ■ **momia viva** múmia viva

momificar /momifi'kar/ *v* mumificar, embalsamar ■ **momificar el cuerpo** mumificar o corpo

monacal /mona'kal/ *adj* **1** monacal, monástico ■ **gobierno monacal** governo monástico

monada /mo'naða/ *sf* **1** macacada, macaquice **2** ação imprópria de pessoa séria, futilidade **3** gracinha ■ **monada en el zoológico** macacada no zoológico

monaguillo /mona'ɣiʎo/ *sm* coroinha ■ **monaguillo de la iglesia** coroinha da igreja

monarca /mo'narka/ *sm* monarca, rei ■ **monarca poderoso** monarca poderoso

monarquía /monar'kia/ *sf* **1** monarquia, coroa, reino **2** reinado ■ **monarquía antigua** monarquia antiga

monárquico /mo'narkiko, a/ *adj* monárquico ■ **gobierno monárquico** governo monárquico

monasterio /monas'terjo/ *sm* mosteiro, convento, abadia ■ **vivir en el monasterio** viver no mosteiro

monda /'monda/ *sf* exumação ■ **gran monda** grande exumação

mondadientes /monda'ðjentes/ *sm* palito de dentes ■ **buenos mondadientes** bons palitos de dente

mondar /mon'dar/ *v* limpar, purificar, podar, descascar, cortar o cabelo ■ **mondar la calle** limpar a rua

mondo /'mondo, a/ *adj* limpo, livre de coisas supérfluas ■ **casa monda** casa limpa

moneda /mo'neða/ *sf* moeda ■ **moneda de oro** moeda de ouro

monedero /mone'ðero, a/ *sm* carteira, moedeiro, porta-moedas ■ **tener un monedero** ter um monedero

monetario /mone'tarjo, a/ *adj* monetário ■ **valor monetario** valor monetário

mongólico /moŋ'goliko, a/ *adj* mongol, mongólico, tártaro, mongolóide ■ **niño mongólico** menino mongol

mongolismo /moŋgo'lismo/ *sm* mongolismo, alteração cromossômica congênita ■ **deficiencia de mongolismo** deficiência de mongolismo

191

monigote

monigote /moni'ʁote/ *sm* fantoche, ignorante, leigo, inculto **2** noviço, seminarista ■ **monigote de trapo** fantoche de pano

monitor /moni'tor, a/ monitor ■ **monitor de la escuela** monitor da escola

monja /'moɴʃa/ *sf* monja, freira ■ **monja compenetrada** freira compenetrada

monje /'moɴʃe/ *sm* monge, frade ■ **monje concentrado** monge concentrado

moño /'mono, a/ laço de fitas, rolo de cabelo **2** laço para enfeite, boneca **3** bebedeira, porre ■ **regalo con moño** presente com laço de fitas

monocorde /mono'koɾðe/ *adj* **1** monocórdio, de uma só corda **2** monótono ■ **objeto monocorde** objeto monocórdio

monóculo /mo'nokulo, a/ *adj, sm* monóculo ■ **monóculo antiguo** monóculo antigo

monocultivo /monokul'tiβo/ *sm* monocultura ■ **hacer monocultivo** fazer monocultura

monofásico /mono'fasiko, a/ *adj* monofásico ■ **situación monofásica** situação monofásica

monogamia /mono'ʁamja/ *sf* monogamia ■ **crimen de monogamia** crime de monogamia

monógamo /mo'noʁamo, a/ *adj* monógamo ■ **ser un monógamo** ser um monógamo

monografía /monoʁra'fia/ *sf* monografia, dissertação, estudo exaustivo ■ **monografía larga** monografia longa

monográfico /mono'ʁrafiko, a/ *adj* monográfico, dissertativo ■ **estudio monográfico** estudo monográfico

monolítico /mono'litiko, a/ *adj* monolítico, feito de uma só peça ■ **monumento monolítico** monumento monolítico

monolito /mono'lito/ *sm* monólito, monumento feito de um só bloco de pedra ■ **monolito gigante** monólito gigante

monologar /monolo'ʁar/ *v* monologar, recitar monólogos ■ **monologar bien** monologar bem

monólogo /mo'noloʁo/ *sm* monólogo, solilóquio ■ **ver un monólogo** ver um monólogo

monomanía /monoma'nia/ *sf* monomania, ideia fixa ■ **tener monomanía** ter monomania

monoplano /mono'plano/ *sm* monoplano ■ **tener un monoplano** ter um monoplano

monopolio /mono'poljo/ *sm* monopólio, açambarcamento, exclusividade ■ **monopolio del gobierno** monopólio do governo

monopolizar /monopoli'θar/ *v* monopolizar, açambarcar ■ **monopolizar el gobierno** monopolizar o governo

monosílabo /mono'silaβo, a/ *adj* monossílabo ■ **palabra monosílaba** palavra monossílaba

monoteísmo /monote'ismo/ *sm* monoteísmo ■ **religión de monoteísmo** religião de monoteísmo

monoteísta /monote'ista/ *adj* monoteísta ■ **religión monoteísta** religião monoteísta

monotonía /monoto'nia/ *sf* monotonia, uniformidade ■ **monotonía en la vida** monotonia na vida

monótono /mo'notono/ *adj* monótono, insípido, sem graça ■ **vida monótona** vida monótona

monstruo /'monstɾwo/ *sm* **1** monstro **2** pessoa muito feia e cruel ■ **monstruo cruel** monstro cruel

monstruosidad /monstɾwosi'ðað/ *sf* monstruosidade ■ **monstruosidad de las personas** monstruosidade das pessoas

monstruoso /mons'tɾwoso, a/ *adj* monstruoso, disforme, grande demais, exagerado ■ **trabajo monstruoso** trabalho monstruoso

monta /'monta/ *sf* montante, total, importância, valor ■ **monta oficial** montante oficial

montacargas /monta'karʁas/ *sm* elevador de carga ■ **montacargas eficiente** elevador de carga eficiente

montador /monta'ðor, a/ *adj* montador (de peças em fábrica, de filmes), cavaleiro ■ **buen montador** bom montador

montaje /mon'taxe/ *sm* montagem (de máquina, de filme, de peça teatral) ■ **montaje del mueble** montagem do móvel

montaña /mon'taɲa/ *sf* montanha ■ **montaña rusa** montanha-russa

montañés /monta'ɲes, esa/ *adj, sf, sm* montanhês ■ **lugar montañés** lugar montanhês

montañismo /monta'ɲismo/ *sm* montanhismo, alpinismo ■ **practicar montañismo** praticar montanhismo

montañoso /monta'ɲoso, a/ *adj* montanhoso, acidentado ■ **lugar montañoso** lugar montanhoso

montante /mon'tante/ *sm* **1** suporte, reforço **2** montante, valor, importância ■ **montante eficiente** suporte eficiente

montar /mon'tar/ *v* **1** montar, subir, cavalgar **2** armar (aparelho) **3** encenar (espetáculo) ■ **montar en el caballo** montar no cavalo

monte /'monte/ *sm* monte, montanha ■ **monte verde** monte verde

montepío /monte'pio/ *sm* montepio ■ **cobrar el montepío** receber o montepio

montería /monte'ria/ *sf* montaria, caça ■ **buena montería** boa montaria

montés /mon'tes, esa/ *adj* montês ■ **cabra montesa** cabra-montesa

montón /mon'ton/ *sm* montão, pilha, acumulação desordenada ■ **montón de cosas** montão de coisas

montura /mon'tura/ *sf* arreios, cavalgadura, armação, suporte ■ **montura del caballo** arreios do cavalo

monumental /monumen'tal/ *adj* monumental, grandioso ■ **trabajo monumental** trabalho monumental

monumento /monu'mento/ *sm* monumento, estátua, obra arquitetônica, obra ou documento de valor ■ **monumento tradicional** monumento tradicional

monzón /mon'θon/ *sm* monção ■ **mozón grande** monção grande

moquear /moke'ar/ *v* segregar muco, escorrer (o nariz) ■ **moquear mucho** escorrer muito

moquero /mo'kero/ *sm* lenço (de nariz) ■ **moquero blanco** lenço branco

moqueta /mo'keta/ *sf* carpete, tecido para tapetes e almofadas ■ **moqueta roja** carpete vermelho

mora /'mora/ *sf* amora, demora, atraso ■ **comer mora** comer amora

morado /mo'rar/ *v* roxo, arroxeado ■ **pierna morada** perna arroxeada

moral /mo'ral/ *adj* **1** moral, doutrinal **2** moral, ética ■ **moral de la historia** moral da história

moraleja /mora'lexa/ *sf* moral da história, lição ■ **escuchar la moraleja** escutar a moral da história

moralidad /morali'ðað/ *sf* moralidade, moral ■ **tener moralidad** ter moralidade

moralista /mora'lista/ *adj* moralista, puritano ■ **persona moralista** pessoa moralista

moralizar /morali'θar/ *v* **1** moralizar, corrigir (costumes) **2** fazer reflexões morais ■ **moralizar los costumbres** moralizar os costumes

morar /mo'rar/ *v* **1** morar, residir, habitar ■ **morar lejos** morar longe

moratoria /mora'torja/ *sf* moratória ■ **gran moratoria** grande moratória

moto

morbidez /morβ'ðeθ/ *sf* morbidez, languidez ■ **morbidez del cuerpo** morbidez do corpo

mórbido /'morβiðo, a/ *adj* mórbido, doentio, lânguido, suave, brando ■ **persona mórbida** pessoa mórbida

morcilla /mor'θiʎa/ *sf* morcela, chouriço ■ **tener morcilla** ter morcela

mordacidad /morðaθi'ðað/ *sf* mordacidade, ironia ■ **tener mordacidad** ter mordacidade

mordaz /mor'ðaθ/ *adj* mordaz, irônico, corrosivo ■ **texto mordaz** texto mordaz

mordaza /mor'ðaθa/ *sf* **1** mordaça **2** repressão, cerceamento (à liberdade de falar) ■ **usar mordaza** usar mordaça

mordedura /morðe'ðura/ *sf* mordida, ferida ■ **mordedura dolorida** mordida dolorida

morder /mor'ðer/ *v* morder, abocanhar, corroer, desgastar ■ **morder fuerte** morder forte

mordisco /mor'ðisko/ *sm* dentada, mordida leve, sinal da mordida, pedaço arrancado por mordida ■ **dar un mordisco** dar uma dentada

mordisquear /morðiske'ar/ *v* morder de leve, mordiscar ■ **mordisquear mucho** mordiscar muito

moreno /mo'reno, a/ *adj* moreno, escuro ■ **hombre moreno** homem moreno

morfina /mor'fina/ *sf* morfina ■ **usar morfina** usar morfina

morfología /morfolo'xia/ *sf* morfologia ■ **estudiar morfología** estudar morfologia

morfológico /morfo'loxiko, a/ *adj* morfológico ■ **problema morfológico** problema morfológico

moribundo /mori'βuŋda/ *adj* moribundo ■ **estar moribundo** estar moribundo

morir /mo'rir/ *v* morrer, falecer, acabar, terminar, expirar, padecer de paixão ■ **morir de risa** morrer de rir

moro /'moro, a/ *adj* mouro, muçulmano, maometano ■ **hombre moro** homem muçulmano

morosidad /morosi'ðað/ *sf* morosidade, lentidão ■ **morosidad en el tráfico** lentidão no tráfego

moroso /mo'roso, a/ *adj* **1** moroso, lento, vagaroso **2** caloteiro ■ **película morosa** filme lento

morrada /mo'raða/ *sf* cabeçada, bofetão, murro, porrada ■ **llevar una morrada** levar uma cabeçada

morral /mo'ral/ *sm* embornal, mochila para provisões ■ **morral eficiente** mochila para provisões eficiente

morralla /mo'raʎa/ *sf* **1** quinquilharias **2** gentalha ■ **tener morrallas** ter quinquilharias

morriña /mo'riɲa/ *sf* tristeza, melancolia ■ **sentir morriña** sentir tristeza

morro /'moro/ *sm* morro, monte, rochedo ■ **morro alto** morro alto

morsa /'morsa/ *sf* morsa, leão marinho ■ **morsa en el mar** leão marinho no mar

mortadela /morta'ðela/ *sf* mortadela ■ **comer mortadela** comer mortadela

mortaja /mor'taxa/ *sf* mortalha ■ **tener una mortaja** ter uma mortalha

mortal /mor'tal/ *adj* mortal, fatal ■ **peligro mortal** perigo mortal

mortalidad /mortali'ðað/ *sf* mortalidade ■ **índice de mortalidad** taxa de mortalidade

mortandad /mortaŋ'dað/ *sf* mortandade, extermínio ■ **mortandad del mal** extermínio do mal

mortecino /morte'θino, a/ *adj* mortiço, apagado, fraco, débil ■ **idea mortecina** ideia apagada

mortero /mor'tero/ *sm* **1** morteiro (arma) **2** concreto (para construções) ■ **hecho de mortero** feito de concreto

mortífero /mor'tifero, a/ *adj* mortífero, fatal ■ **situación mortífera** situação fatal

mortificación /mortifika'θjon/ *sf* mortificação, castigo ■ **mortificación de una persona** castigo de uma pessoa

mortificar /mortifi'kar/ *v* mortificar, castigar, provocar doença ■ **mortificar el cuerpo** castigar o corpo

mortuorio /mortu'orjo, a/ *adj* **1** mortuário **2** funeral ■ **casa mortuoria** casa mortuária

mosaico /mo'sajko/ *sm* **1** mosaico, de Moisés **2** mosaico ■ **lindo mosaico** lindo mosaico

mosca /'moska/ *sf* **1** mosca **2** chato, cricri ■ **mosca transmite enfermedad** mosca transmite doença

moscardón /moskar'ðon/ *sm* moscardo, vespão ■ **gran moscardón** grande vespão

moscatel /moska'tel/ *adj* moscatel (uva, vinho) ■ **beber moscatel** beber moscatel

moscón /mos'kon/ *sm* **1** mosquitão **2** pessoa tonta ■ **moscón peligroso** mosquito perigoso

mosqueado /moske'ar/ *v* ofendido, escandalizado, aborrecido, chateado ■ **quedarse mosqueado** ficar ofendido

mosquear /moske'ar/ *v* **1** ofender **2** escandalizar-se ■ **mosquear alguien** ofender alguém

mosquitera /moski'tero/ *sm* mosquiteiro, cortinado ■ **tener una mosquitera** ter um mosquiteiro

mosquito /mos'kito/ *sm* mosquito ■ **mosquito de la dengue** mosquito da dengue

mostaza /mos'taθa/ *sf* mostarda ■ **hamburguesa con mostaza** hambúrguer com mostarda

mostrador /mostra'ðor, a/ *adj* mesa, prateleira, mostruário, gôndola para mercadorias ■ **mostrador de ropas** mostruário de roupas

mostrar /mos'trar/ *v* mostrar, expor, exibir, manifestar, expressar, exteriorizar, demonstrar, aparentar ■ **mostrar la exposición** mostrar a exposição

mostrenco /mos'treŋko, a/ *adj* **1** bens sem dono conhecido, vacante **2** mostrengo, pessoa ignorante, deformado ■ **persona mostrenca** pessoa ignorante

mota /'mota/ *sf* nó (que se forma em tecido), defeito pequeno, elevação, morrinho ■ **mota de la ropa** defeito pequeno na roupa

mote /'mote/ *sm* mote, sentença, apelido ■ **tener un mote** ter um apelido

motejar /mote'xar/ *v* apelidar, zombar ■ **motejar una persona** apelidar uma pessoa

motel /mo'tel/ *sm* hotel (de estrada), motel ■ **ir para el motel** ir para o motel

motín /mo'tin/ *sm* motim, tumulto, arruaça, levante popular ■ **motín en la calle** tumulto na rua

motivación /motiβa'θjon/ *sf* motivação ■ **tener motivación** ter motivação

motivar /moti'βar/ *v* motivar, originar, causar, determinar, fundamentar ■ **motivar los alumnos** motivar os alunos

motivo /mo'tiβo/ *sm* motivo, origem, causa, fundamento, circunstância, assunto, tema principal ■ **motivo de la salida** motivo da saída

moto /'moto/ *sf* moto, motocicleta ■ **andar de moto** andar de moto

193

motocarro

motocarro /moto'karo/ *sm* carro de três rodas, triciclo ■ **tener un motocarro** ter um triciclo

motocicleta /motoθi'kleta/ *sf* moto ■ **tener una motocicleta** ter uma moto

motociclismo /motoθi'klismo/ *sm* motociclismo ■ **hacer motociclismo** fazer motociclismo

motociclista /motoθi'klista/ *adj* motociclista ■ **ser motociclista** ser motociclista

motocross /moto'kros/ *sm* motocross, corrida de motos ■ **hacer motocross** fazer motocross

motonave /moto'naβe/ *sf* motonave, jet-ski ■ **buena motonave** boa motonave

motor /mo'tor, a/ *sm* 1 motor 2 pequena embarcação a motor ■ **motor potente** motor potente

motorista /moto'rista/ *adj* motorista ■ **buen motorista** bom motorista

motorizar /motori'zaR/ *v* motorizar, mecanizar ■ **motorizar la bicicleta** motorizar a bicicleta

motriz /mo'triʃ/ *adj* motriz, motora ■ **fuerza motriz** força motriz

movedizo /moβe'ðiθo/ *adj* movediço, inseguro, inconstante ■ **arena movediza** areia movediça

mover /mo'βer/ *v* mover, movimentar, agitar, mexer, ocasionar, induzir, inspirar ■ **mover mucho** mover muito

movido /mo'βer/ *v* 1 movido, impelido, impulsionado 2 agito, agitação ■ **movido por el amor** movido pelo amor

móvil /'moβil/ *adj* 1 móvel, instável, removível 2 volúvel 3 móvel, causa, motivo ■ **teléfono móvil** telefone móvel

movilidad /moβili'ðað/ *sf* 1 mobilidade 2 inconstância ■ **movilidad de las manos** mobilidade das mãos

movilizar /moβili'θar/ *v* 1 mobilizar ■ **movilizar los brazos** mobilizar os braços

movimiento /moβi'mjento/ *sm* 1 movimento, tendência 2 movimentação, impulso 3 animação 4 circulação 5 alteração ■ **muchos movimientos** muitos movimentos

mozo /'moθo, a/ *adj* 1 moço, jovem 2 garçom, servente 3 criada, empregada doméstica ■ **mozo guapo** moço bonito

mucama /mu'kamo, a/ *sm* empregada, criada ■ **tener una mucama** ter uma empregada

muchacho /mu'tʃatʃo, a/ *sm* 1 rapaz, moço 2 moça, empregada doméstica ■ **muchacho guapo** rapaz bonito

muchedumbre /mutʃe'ðumbre/ *sf* multidão ■ **muchedumbre de personas** multidão de pessoas

mucho /'mutʃo, a/ *adj* muito, numeroso ■ **mucho miedo** muito medo

mucosidad /mukosi'ðað/ *sf* mucosidade ■ **mucosidad en la piel** mucosidade na pele

mucoso /mu'koso, a/ *adj* 1 mucoso 2 mucosa, membrana interna ■ **herida mucosa** ferida mucosa

muda /'muða/ *sf* muda, mudança ■ **época de muda** época de muda

mudable /mu'ðaβle/ *adj* mutável, volúvel, inconstante ■ **situación mudable** situação mutável

mudanza /mu'ðanθa/ *sf* mudança, transformação, variação ■ **hacer una mudanza** fazer uma mudança

mudar /mu'ðar/ *v* mudar, deslocar, remover, transferir, renovar, variar, converter ■ **mudar de casa** mudar de casa

mudez /mu'ðeθ/ *sf* mudez, mudez, mutismo ■ **mudez no es una deficiencia, es una particularidad** mudez não é uma deficiência, é uma particularidade

mudo /'muðo, a/ *adj* mudo, calado, silencioso ■ **personas mudas** pessoas mudas

mueble /'mweβle/ *adj* móvel ■ **mueble nuevo** móvel novo

mueca /'mweka/ *sf* trejeito, gestos ridículos 2 macaquice ■ **mueca graciosa** trejeito engraçado

muela /'mo'ler/ *v* 1 mó 2 molar, dente ■ **muela picada** dente cariado ■ **comer muela** comer mó

muelle /'mwe.ʃe/ *sm* 1 mole, delicado, brando, suave 2 mola (de metal) 3 dique, cais, plataforma ■ **corazón muelle** coração mole

muerte /'mwerte/ *sf* 1 morte, falecimento 2 destruição, ruína ■ **la muerte es triste** a morte é triste

muerto /mo'rir/ *v* morto, extinto, falecido, inanimado, paralisado ■ **hombre muerto** homem morto

muesca /'mweska/ *sf* entalhe, encaixe ■ **buena muesca** bom encaixe

muestra /mos'trar/ *v* amostra, modelo, exemplar ■ **muestra de arte** amostra de arte

muestrario /mwes'trarjo/ *sm* mostruário ■ **buen muestrario** bom mostruário

muestreo /mwes'treo/ *sm* amostragem ■ **buen muestreo** boa amostragem

mugido /mu'xir/ *v* mugido ■ **mugido fuerte** mugido forte

mugir /mu'xir/ *v* mugir ■ **mugir de la vaca** mugir da vaca

mugre /'musre/ *sf* imundície, sujeira ■ **mugre en la casa** imundície na casa

mugriento /mu'srjento, a/ *adj* imundo, sujo, ensebado ■ **niño mugriento** menino sujo

mujer /mu'xer/ *sf* mulher, senhora, esposa, cônjuge ■ **mujer mayor** mulher mais velha

mulato /mu'lato, a/ *adj* mulato, moreno ■ **hombre mulato** homem mulato

muleta /mu'leta/ *sf* 1 muleta 2 apoio, amparo ■ **caminar de muleta** caminhar de muleta

muletón /mule'ton/ *sm* moletom, tecido grosso e felpudo, abrigo ■ **vestir muletón** vestir moletom

mullido /mu'áir/ *v* 1 fofo, esponjoso 2 enchimento, espuma (para encher almofadas) ■ **almohada mullida** travesseiro fofo

mullir /mu'áir/ *v* amaciar, amolecer, abrandar ■ **mullir la carne** amaciar a carne

mulo /'mulo, a/ 1 mulo, mula 2 besta ■ **eres un mulo** é um mulo

multa /'multa/ *sf* multa ■ **multa de contrato** multa contratual

multar /mul'tar/ *v* multar ■ **multar el conductor** multar o condutor

multicolor /multiko'lor/ *adj* multicor, colorido ■ **fotos multicolores** fotos coloridas

multicopista /multiko'pista/ *sf* máquina para tirar cópias ■ **multicopista se rompió** máquina para tirar cópias quebrou

multinacional /multinaθjo'nal/ *adj* multinacional ■ **empresa multinacional** empresa multinacional

múltiple /'multiple/ *adj* múltiplo, complexo, variado ■ **número múltiple** número múltiplo

multiplicación /multiplika'θjon/ *sf* multiplicação ■ **multiplicación de números** multiplicação de números

multiplicador /multiplika'ðor, a/ *adj* multiplicador ■ **factor multiplicador** fator multiplicador

multiplicar /multipli'kar/ *v* 1 multiplicar, aumentar 2 multiplicar-se, reproduzir-se (ser vivo) ■ **multiplicar las decenas** multiplicar as dezenas

multiplicidad /multipliθi'ðað/ *sf* multiplicidade ■ **multiplicidad de los números** multiplicidade dos números

múltiplo /'multiplo, a/ *adj* múltiplo ■ **múltiplos de cinco** múltiplos de cinco

194

muy

multitud /muɬtiˈtuð/ *sf* multidão, afluência, ajuntamento ■ **multitud en el concierto** multidão no show

mundial /munˈdjal/ *adj* mundial ■ **campeonato mundial** campeonato mundial

mundo /ˈmundo/ *sm* mundo ■ **mundo está en peligro** mundo está em perigo

muñeco /muˈɲeko, a/ boneco, fantoche ■**muñeco de trapo** boneco de pano

munición /muniˈθjon/ *sf* munição, carga ■ **munición para la guerra** munição para a guerra

municipal /muniθiˈpal/ *adj* municipal ■ **trabajo municipal** trabalho municipal

municipio /muniˈθipjo/ *sm* município ■ **municipio pequeño** município pequeno

mural /muˈral/ *adj* mural ■ **mural de recados** mural de recados

muralla /muˈraʎa/ *sf* muralha ■ **muralla de la China** muralha da China

murciélago /murˈθjelaɾo, a/ *sm* morcego ■ **miedo de murciélago** medo de morcego

murmullo /murˈmuʎo/ *sm* murmúrio, sussurro ■ **mucho murmullo** muito murmúrio

murmuración /murmuɾaˈθjon/ *sf* murmúrio, falação, maledicência ■ **murmuración muy fuerte** falação muito alta

murmurar /murmuˈɾar/ *v* murmurar, sussurrar, falar entredentes, resmungar, difamar ■ **murmurar de las personas** sussurrar das pessoas

muro /ˈmuro/ *sm* muro, parede ■ **muro fuerte** muro forte

musa /ˈmusa/ *sf* **1** musa **2** inspiração ■ **musa de mi vida** musa da minha vida

musaraña /musaˈraɲa/ *sf* **1** musaranho **2** estar distraído ■ **pensar en musarañas** estar no mundo da lua

muscular /muskuˈlar/ *adj* muscular ■ **dolor muscular** dor muscular

musculatura /muskulaˈtuɾa/ *sf* musculatura ■ **buena musculatura** boa musculatura

músculo /ˈmuskulo/ *sm* **1** músculo **2** musculatura ■ **músculo fuerte** músculo forte

musculoso /muskuˈloso, a/ *adj* musculoso, robusto, forte ■ **hombre musculoso** homem musculoso

muselina /museˈlina/ *sf* musselina ■ **vestido de muselina** vestido de musselina

museo /muˈseo/ *sm* museu ■ **visitar el museo** visitar o museu

musgo /ˈmusro/ *sm* musgo, limo ■ **musgo de la fruta** musgo da fruta

musical /musiˈkal/ *adj* **1** musical **2** suave, harmonioso ■ **presentación musical** apresentação musical

musicalidad /musikaliˈðað/ *sf* musicalidade ■ **musicalidad de la canción** musicalidade da canção

músico /ˈmusiko, a/ *adj* **1** músico, compositor **2** música, melodia ■ **músico famoso** músico famoso

musicología /musikoloˈxia/ *sf* musicologia ■ **estudiar musicología** estudar musicologia

musicólogo /musiˈkoloro/ musicólogo ■ **médico musicólogo** médico musicólogo

muslo /ˈmuslo/ *sm* coxa ■ **dolor en el muslo** dor na coxa

mustio /ˈmustjo, a/ *adj* murcho, melancólico, triste ■ **quedar mustio** ficar triste

musulmán /musulˈman, ana/ *adj* muçulmano ■ **hombre musulmán** homem muçulmano

mutable /muˈtaβle/ *adj* mutável ■ **cuerpo mutable** corpo mutável

mutación /mutaˈθjon/ *sf* mutação, mudança ■ **mutación del cuerpo** mutação do corpo

mutilación /mutilaˈθjon/ *sf* mutilação ■ **prohibición de la mutilación** proibição da mutilação

mutilar /mutiˈlar/ *v* **1** mutilar **2** tirar uma parte importante de algo ■ **mutilar los prisioneros** mutilar os prisioneiros

mutismo /muˈtismo/ *sm* mutismo ■ **mutismo fuerte** mutismo forte

mutualista /mutwaˈlista/ *adj* mutuário, consorciado ■ **trabajo mutualista** trabalho mutuário

mutuo /ˈmutwo, a/ *adj* mútuo, recíproco ■ **sentimiento mutuo** sentimento mútuo

muy /ˈmwi/ *adv* muito, bastante ■ **muy lejos** muito longe

M

N

A B C D E F G H I J K L M N O P Q R S T U V W X Y Z

nacer /na'θeɾ/ v brotar ■ **nacer una planta** brotar uma planta

naciente /na'θjente/ adj nascente, mina ■ **naciente del río** nascente do rio

nacimiento /naθi'mjento/ sm princípio, origem ■ **nacimiento del mundo** princípio do mundo

nacionalizar /naθjonali'θaɾ/ v nacionalizar ■ **nacionalizar en otro país** nacionalizar em outro país

nadar /na'ðaɾ/ v boiar ■ **nadar en el agua** boiar na água

nafta /'nafta/ sf 1 posto de gasolina 2 gasolina ■ **olor de nafta** cheiro de gasolina

naipe /'najpe/ sm naipe ■ **naipe de las cartas** naipe das cartas

nalga /'nalɣa/ sf nádega ■ **nalga grande** nádega grande

nao /'nao/ sf nave ■ **nao espacial** nave espacial

narcisismo /naɾθi'sismo/ sm 1 narcisismo ■ **narcisismo en la escuela** narcisismo na escola

narcotizar /naɾkoti'θaɾ/ v 1 narcotizar 2 anestesiar ■ **narcotizar con cloroformo** narcotizar com clorofórmio

nariz /na'riθ/ sf nariz ■ **nariz rojo** nariz vermelho

narrar /na'raɾ/ v 1 referir ■ **narrar a alguien** referir a alguém

nata /'nata/ sf nata ■ **nata de la sociedad** nata da sociedade

natural /natu'ral/ adj natural, sincero ■ **hombre natural** homem sincero

naturalizar /naturali'θaɾ/ v 1 naturalizar 2 nacionalizar ■ **naturalizar la vida** naturalizar a vida

naufragar /nawfra'ɣaɾ/ v 1 naufragar 2 malograr ■ **naufragar en el río** naufragar no rio

naufragio /naw'fraxjo/ sm naufrágio ■ **naufragio en el mar** naufrágio no mar

náusea /'nawsea/ sf asco ■ **tengo náusea** tenho asco

navaja /na'βaʧa/ sf navalha ■ **cortar con la navaja** cortar com a navalha

nave /'naβe/ sf nave ■ **nave espacial** nave espacial

nebuloso /neβu'loso, a/ adj nebuloso ■ **tiempo nebuloso** tempo nebuloso

necesidad /neθesi'ðað/ sf necessidade, obrigação ■ **necesidad de estudiar** obrigação de estudar

necesitar /neθesi'taɾ/ v solicitar, precisar ■ **necesitar ayuda** precisar ajuda

necio /'neθjo, a/ adj & sm, f tonto ■ **niño necio** menino tonto

necrosis /ne'krosis/ sf gangrena ■ **necrosis en la sociedad** gangrena na sociedade

néctar /'nektaɾ/ sm néctar ■ **néctar de las flores** néctar das flores

negación /neɣa'θjon/ 1 negativo, negação 2 nulo ■ **resultado fue una negación** resultado foi negativo

negar /ne'ɣaɾ/ v 1 negar 2 rejeitar 3 recusar ■ **negar ayuda** negar ajuda

negativo /neɣa'tiβo, a/ adj negativo ■ **saldo negativo** saldo negativo

negociación /neɣoθja'θjon/ sf negociação ■ **negociación complicada** negociação complicada

negociar /neɣo'θjaɾ/ v negociar ■ **negociar el viaje** negociar a viagem

negocio /ne'ɣoθjo/ sm 1 negócio 2 trabalho ■ **buen negocio** bom negócio

negro /'neɣro/ adj 1 negro 2 medonho ■ **cabello negro** cabelo negro

nervio /'neɾβjo/ sm nervo ■ **dolor en el nervio** dor no nervo

neutralizar /newtrali'θaɾ/ v paralisar ■ **neutralizar las piernas** paralisar as pernas

nevera /ne'βera/ sf geladeira ■ **comida en la nevera** comida na geladeira

nexo /'nekso/ sm ligação ■ **nexo con otras personas** ligação com outras pessoas

nicho /'niʧo/ sm nicho ■ **nicho ecológico** nicho ecológico

nido /'niðo/ sm 1 ninho 2 lar ■ **nido de amor** ninho de amor

niebla /'njeβla/ sf bruma ■ **ligera niebla** bruma leve

nieve /'njeβe/ sf neve ■ **nieve en la navidad** neve no natal

niñera /ni'ɲera/ sf ama ■ **pagar la niñera** pagar a ama

niñería /niɲe'ria/ sf ninharia ■ **niñería de pájaros** ninharia de pássaros

ninfa /'nimfa/ sf ninfa ■ **soñé con una ninfa** sonhei com uma ninfa

niño /'niɲo/ sm menino ■ **niño desobediente** menino desobediente

nivel /ni'βel/ sm 1 nível ■ **nivel avanzado** nível avançado

nivelar /niβe'laɾ/ v 1 arrasar 2 medir ■ **nivelar la tierra** arrasar a terra

noble /'noβle/ adj 1 nobre 2 aristocracia ■ **actitud noble** atitude nobre

nobleza /no'βleθa/ sf nobreza ■ **nobleza del castillo** nobreza do castelo

noche /'noʧe/ sf noite ■ **noche inolvidable** noite inesquecível

noción /no'θjon/ sf acepção ■ **noción de conocimiento** acepção de conhecimento

nombrar /nom'braɾ/ v 1 apelidar 2 nomear ■ **nombrar una persona** apelidar uma pessoa

nombre /'nombre/ sm nome ■ **nombre del perro** nome do cachorro

norma /'norma/ sf 1 regulamento 2 princípio 3 teor ■ **norma académica** regulamento acadêmico

ñudo

norteamericano /norteameriˈkano/ *sm* 1 americano ▪ **mi novio es norteamericano** meu namorado é americano

nostálgico /nosˈtalxiko/ *adj* melancólico ▪ **hombre nostálgico** homem melancólico

notable /noˈtaβle/ *adj* 1 notável 2 aristocrata ▪ **cientista notable** cientista notável

notar /noˈtar/ *v* 1 notar 2 perceber 3 reparar 4 advertir ▪ **notar la diferencia** notar a diferença

noticia /noˈtiθja/ *sf* 1 novidade ▪ **noticia en el periódico** novidades no jornal

notificación /notifikaˈθjon/ *sf* notificação ▪ **notificación de la policía** notificação da polícia

notificar /notifiˈkar/ *v* 1 intimar 2 avisar ▪ **notificar a alguien** intimar alguém

novato /noˈβato/ *sm* noviço ▪ **novato con problemas** noviço com problemas

novedad /noβeˈðað/ *sf* 1 novidade 2 safra ▪ **novedad en la família** novidade na família

novela /noˈβela/ *sf* romance ▪ **leer una novela** ler um romance

noviazgo /noˈβjaθɣo/ *sm* namoro ▪ **noviazgo corto** namoro curto

noviciado /noβiˈθjaðo/ *sm* aprendizagem ▪ **noviciado de idiomas** aprendizagem de idiomas

novicio /noˈβiθjo, a/ *sm, f* noviço ▪ **novicio con líos** noviço com problemas

novio /ˈnoβjo, a/ *sm, f* 1 namorado, amado 2 noivo ▪ **tengo un novio** tenho um namorado

nube /ˈnuβe/ *sf* nuvem ▪ **nube en el cielo** nuvem no céu

nublado /nuˈβlaðo/ *adj* nublado, nebuloso ▪ **tiempo nublado** tempo nublado

nublar /nuˈβlar/ *v* nublar ▪ **nublar la vida** nublar a vida

núcleo /ˈnukleo/ *sm* núcleo ▪ **núcleo de la tierra** núcleo da terra

nudillo /nuˈðiʎo/ *sm* articulação ▪ **problemas de nudillo** problemas na articulação

nudo /ˈnuðo/ *sm* 1 nó 2 laço 3 ligação ▪ **nudo marinero** nó de marinheiro

nuncio /ˈnunθjo/ *sm* mensageiro ▪ **llamen un nuncio** chamem um mensageiro

nutrición /nutriˈθjon/ *sf* 1 nutrição, alimentação 2 sustento ▪ **nutrición es importante** alimentação é importante

nutrido /nuˈtriðo/ *adj* nutrido, robusto ▪ **niño nutrido** menino robusto

nutrir /nuˈtrir/ *v* 1 nutrir 2 alimentar 3 sustentar ▪ **nutrir los hijos** nutrir os filhos

Ñ

ñ /ˈene/ *sf* décima letra do alfabeto espanhol ▪ **idioma português no tiene "ñ"** idioma português não tem "ñ"

ñandú /ɲanˈdu/ *sm* avestruz, ema ▪ **correr del ñandú** correr da avestruz

ñame /ˈɲame/ *sm* inhame ▪ **comer ñame** comer inhame

ñaña /ˈnana/ *sf* 1 irmã mais velha 2 babá ▪ **ñaña, cuide del nene** babá, cuide do bebê

ñato /ˈnato/ *adj* pessoa com o nariz chato ▪ **hombre ñato** homem com nariz chato

ñoño /ˈɲoɲo/ *adj & sm* bobo, panaca, tonto ▪ **niño ñoño** menino bobo

ñudo /ˈnuðo/ *sm* pelado ▪ **niño ñudo** menino pelado

o

o /o/ *conj* décima oitava letra do alfabeto espanhol ■ **niño termina con "o"** menino termina com "o"

oasis /o'asis/ *sm* oásis ■ **vamos al oasis** vamos ao oásis

obcecación /oβθeka'θjon/ *sf* 1 obsessão, teimosia, persistência 2 deslumbramento 3 fanatismo ■ **obcecación por zapatos** obsessão por sapatos

obcecar /oβθe'kar/ *v* 1 obcecar 2 teimar, persistir ■ **obcecar por alguien** obcecar por alguém

obedecer /oβeðe'θer/ *v* 1 obedecer, cumprir ordens, submeter-se 2 proceder, sujeitar-se ■ **obedecer los padres** obedecer os pais

obediencia /oβe'ðjenθja/ *sf* 1 obediência 2 submissão ■ **obediencia a los mayores** obediência aos mais velhos

obertura /oβer'tura/ *sf* abertura, introdução musical ■ **obertura del concierto** abertura do show

obesidad /oβesi'ðað/ *sf* 1 obesidade, gordura 2 corpulência ■ **problema de obesidad con los niños** problema de obesidade com as crianças

obeso, -a /o'βeso, a/ *adj & sm, f* 1 obeso, gordo, adiposo 2 corpulento ■ **hombre obeso** homem obeso

óbice /'oβiθe/ *sm* óbice, inconveniência, obstáculo, embaraço ■ **óbice en la calle** óbice na rua

obispado /oβis'paðo, a/ *sm* 1 bispado 2 diocese ■ **obispado de la ciudad** diocese da cidade

obispo /o'βispo/ *sm* bispo ■ **obispo de la iglesia** bispo da igreja

óbito /'oβito/ *sm* óbito, morte, falecimento ■ **óbito de 3 niños** morte de 3 crianças

objeción /oβxe'θjon/ *sf* 1 objeção, óbice, contestação 2 dificuldade 3 embargo 4 impugnação ■ **proclamada la decisión sin ninguna objeción** proclamada a decisão sem nenhuma objeção

objetar /oβxe'tar/ *v* 1 objetar, opor, contestar 2 dificultar 3 embargar 4 impugnar ■ **objetar su decisión** contestar sua decisão

objetivar /oβxeti'βar/ *v* 1 objetivar, tornar objetivo 2 ilustrar ■ **objetivar un viaje** objetivar uma viagem

objetivo, -a /oβxe'tiβo, a/ *adj* 1 objetivo, relativo a objeto 2 desinteressado ■ **dato objetiva** dado obejtivo

objeto /oβ'xeto/ *sm* 1 objeto 2 coisa ■ **objeto inútil** objeto inútil

oblicuo, -a /o'βlikwo, a/ *adj* 1 oblíquo 2 enviesado, inclinado ■ **pronombre oblicuo** pronome oblíquo

obligación /oβliɣa'θjon/ *sf* 1 obrigação, dever 2 imposição 3 exigência ■ **obligación de trabajar** dever de trabalhar

obligar /oβli'ɣar/ *v* 1 obrigar, exigir 2 determinar 3 obrigar-se, comprometer-se ■ **obligar el niño ir a la escuela** obrigar o menino ir para a escola

obligatorio, -a /oβliɣa'torjo, a/ *adj* 1 obrigatório 2 inevitável 3 indispensável 4 necessário ■ **voto obligatorio** voto obrigatório

obnubilar /oβnuβi'lar/ *v* obnubilar, escurecer, ofuscar, cegar ■ **obnubilar la visión** escurecer a visão

obra /'oβra/ *sf* 1 obra, ato, ação 2 produto ■ **obra artística** obra artística

obrar /o'βrar/ *v* 1 realizar, fazer, construir 2 defecar, evacuar ■ **obrar una casa** construir uma casa

obrero, -a /o'βrero, a/ *adj & sm, f* 1 operário 2 trabalhador ■ **contratar el obrero** contratar o operário

obsceno, -a /oβs'θeno, a/ *adj* 1 obsceno, indecente, indecoroso 2 pornográfico ■ **gesto obsceno** gesto obsceno

obsequiar /oβse'kjar/ *v* 1 obsequiar, presentear 2 favorecer ■ **obsequiar alguien** obsequiar alguém

observación /oβserβa'θjon/ *sf* 1 observação 2 atenção 3 estudo, exame 4 reflexão ■ **observación científica** observação científica

observador, -a /oβserβa'ðor, a/ *adj & sm, f* 1 observador, espectador 2 curioso ■ **niño observador** menino observador

observar /oβser'βar/ *v* 1 observar, estudar, examinar 2 olhar, reparar 3 prestar atenção ■ **observar la reacción** observar a reação

obsesión /oβse'sjon/ *sf* 1 obsessão 2 fixação ■ **obsesión por trabajo** obsessão por trabalho

obsesivo, -a /oβse'siβo, a/ *adj* 1 obsessivo 2 persistente ■ **hombre obsesivo** homem obsessivo

obsoleto, -a /oβso'leto, a/ *adj* 1 obsoleto 2 antiquado 3 superado ■ **padre obsoleto** pai antiquado

obstáculo /oβs'takulo/ *sm* 1 obstáculo 2 empecilho 3 contratempo 4 inconveniente ■ **obstáculo en la avenida** obstáculo na avenida

obstante /oβs'tante/ *loc conju* obstante ■ **no obstante** não obstante, no entanto, apesar disso

obstinarse /oβsti'narse/ *v* 1 obstinar-se, teimar 2 persistir 3 perseverar ■ **obstinarse hacer algo** persistir em fazer algo

obstrucción /oβstruk'θjon/ *sf* 1 obstrução 2 entupimento ■ **obstrucción intestinal** obstrução intestinal

obstruir /oβs'trwuir/ *v* 1 obstruir 2 entupir 3 impedir ■ **obstruir el grifo** obstruir a torneira

obtener /oβte'ner/ *v* 1 obter, conseguir 2 adquirir ■ **obtener un coche** obter um carro

obturar /oβtu'rar/ *v* 1 obturar 2 fechar, tampar 3 obstruir ■ **obturar la olla** fechar a panela

obtuso, -a /ob'tuso, a/ *adj* 1 obtuso 2 rude 3 pouco inteligente ■ **hombre obtuso** homem obtuso

obvio, -a /'oββjo, a/ *adj* óbvio, evidente, claro ■ **situación obvia** situação óbvia

oca /'oka/ *sf* ganso ■ **tener una oca** ter um ganso

ocasión /oka'sjon/ *sf* ocasião, oportunidade ■ **aprovechar la ocasión** aproveitar a ocasião

ocasional /okasjo'nal/ *adj* 1 ocasional 2 inesperado, imprevisto 3 eventual ■ **evento ocasional** evento inesperado

olvido

ocasionar /okasjo'nar/ v **1** ocasionar, causar, motivar **2** provocar **3** proporcionar **4** arriscar ■ **ocasionar un lío** causar uma bagunça

ocaso /o'kaso/ sm **1** pôr-do-sol **2** declínio **3** velhice **4** ruína ■ **ver el ocaso** ver o pôr-do-sol

occidente /okθi'ðente/ sm **1** ocidente, oeste **2** poente, ocaso ■ **vivo en el occidente** vivo no ocidente

océano /o'θeano/ sm **1** oceano **2** mar **3** abismo **4** profundeza, imensidão ■ **nadar en el océano** nadar no mar

ocho /'otʃo/ adj & sm oito ■ **ocho años** oito anos

ocio /'oθjo/ sm **1** ócio, preguiça **2** tempo livre, folga **3** lazer ■ **ocio en el fin de semana** folga no fim de semana

ocluir /o'klwir/ v **1** fechar **2** obstruir **3** ocluir **4** obstruir-se ■ **ocluir la tienda** fechar a loja

ocre /'okre/ adj ocre ■ **hecha de ocre** feita de ocre

octogenario, -a /oktoxe'narjo, a/ adj & sm, f octogenário ■ **abuelo octogenario** avô octogenário

octubre /ok'tuβre/ sm outubro ■ **cumpleaños en octubre** aniversário em outubro

ocular /oku'lar/ adj **1** ocular, ótico **2** lente ■ **globo ocular** globo ocular

oculista /oku'lista/ sm, f **1** oculista **2** oftalmologista ■ **ir al oculista** ir ao oculista

ocultar /okul'tar/ v **1** ocultar, esconder **2** calar ■ **ocultar la verdad** ocultar a verdade

oculto, -a /o'kulto, a/ adj **1** oculto, escondido **2** desconhecido **3** desaparecido ■ **amigo oculto** amigo oculto

ocupación /okupa'θjon/ sf **1** ocupação, atividade **2** emprego, trabalho ■ **ocupación para las vacaciones** ocupação para as férias

ocurrencia /oku'renθja/ sf **1** ocorrência, acontecimento e encontro casuais **2** coisa inesperada, ideia súbita ■ **ocurrencia en el trabajo** ocorrência no trabalho

ocurrente /oku'rente/ adj **1** ocorrente **2** convergente **3** engenhoso **4** criativo ■ **hombre ocurrente** homem criativo

ocurrir /oku'rir/ v **1** ocorrer, acontecer, suceder **2** lembrar ■ **ocurrir el encuentro** ocorrer o encontro

odiar /o'ðjar/ v **1** odiar, detestar **2** abominar **3** repelir ■ **odiar personas ignorantes** odiar pessoas ignorantes

odio /'oðjo/ sm **1** ódio, rancor, ira **2** aversão, repulsa ■ **odio es un sentimiento malo** ódio é um sentimento ruim

odioso, -a /o'ðjoso, a/ adj **1** odioso, detestável **2** antipático ■ **hombre odioso** homem odioso

odontología /oðontolo'xia/ sf odontologia ■ **estudio odontología** estudo odontologia

odontólogo /oðon'tolovo, a/ s odontologista, dentista ■ **soy odontólogo** sou dentista

oeste /o'este/ sm **1** oeste, ocidente **2** poente, ocaso ■ **viajar para el oeste del país** viajar para o oeste do país

ofender /ofen'der/ v **1** ofender **2** desagradar **3** injuriar ■ **ofender las personas** ofender as pessoas

ofensa /o'fensa/ sf **1** ofensa, agravo, afronta, injúria **2** agressão ■ **ofensa pública** ofensa pública

ofensivo, -a /ofen'siβo, a/ adj **1** ofensivo **2** agressivo ■ **actitud ofensiva** atitude ofensiva

oferta a /o'ferta/ sf oferta, presente ■ **oferta solo hoy** oferta só hoje

office /'ofis/ sm copa ■ **comer en el office** comer na copa

oficial, -a /ofi'θjal/ adj **1** oficial **2** solene ■ **documento oficial** documento oficial

oficializar /ofiθjali'θar/ v oficializar ■ **oficializar el matrimonio** oficializar o casamento

oficiar /ofi'θjar/ v oficiar ■ **oficiar la misa** oficiar a missa

oficina /ofi'θina/ sf **1** escritório **2** departamento ■ **oficina del empresario** escritório do empresário

oficinista /ofiθi'nista/ sm, f **1** empregado **2** funcionário público ■ **oficinista de la empresa** empregado da empresa

oficio /o'fiθjo/ sm **1** ofício, profissão **2** função, cargo ■ **oficio para entregar** ofício para entregar

oficioso, -a /ofi'θjoso, a/ adj & sm, f **1** oficioso, prestativo, solícito **2** intrometido ■ **persona oficiosa** pessoa prestativa

ofrecer /ofre'θer/ v **1** oferecer, ofertar, dar **2** presentear ■ **ofrecer un regalo** oferecer um presente

ofrenda /o'frenda/ sf **1** oferenda, presente, dádiva **2** contribuição (em dinheiro) ■ **ofrenda para los santos** oferenda para os santos

ofrendar /ofren'dar/ v **1** oferendar, ofertar, oferecer, dar **2** retribuir **3** contribuir (com dinheiro) ■ **ofrendar comida** oferecer comida

oftalmólogo /oftal'molovo, a/ sm, f **1** oftalmologista, oculista ■ **necesito de un oftalmólogo** preciso de um oculista

ofuscar /ofus'kar/ v **1** ofuscar, escurecer **2** obscurecer **3** alucinar **4** turvar (as ideias) ■ **ofuscar la verdad** ofuscar a verdade

oída /o'iða/ sf fato de ouvir ■ **dar una oída** dar uma ouvida

oído /o'iðo/ sm ouvido ■ **dolor en el oído** dor no ouvido

oír /o'ir/ v ouvir, escutar, prestar atenção ■ **oír con atención** ouvir com atenção

ojal /o'xal/ sm **1** casa (de botão) **2** furo, buraco ■ **ponga en el ojal** ponha no buraco

¡ojalá! /oxa'la/ excl **1** oxalá! ■ **¡ojalá consiga hacer el viaje!** oxalá consiga fazer a viagem!

ojear /oxe'ar/ v **1** olhar por alto, dar uma olhada **2** ver **3** afugentar, espantar ■ **ojear la casa** dar uma olhada na casa

ojera /o'xera/ sf olheiras ■ **tengo ojeras** tenho olheiras

ojeriza /oxe'riθa/ sf ojeriza, antipatia, aversão, má-vontade ■ **ojeriza a personas maleducadas** antipatia a pessoas mal-educadas

ojo /'oxo/ sm **1** olho **2** vista, olhada, mirada ■ **ojo verde** olho verde

ola /'ola/ sf **1** onda **2** vaga **3** aparição repentina ■ **ola del mar** onda do mar

oleaginoso, -a /oleaxi'noso, a/ adj oleaginoso, oleoso ■ **comida oleaginosa** comida oleosa

óleo /'oleo/ sm **1** óleo **2** azeite ■ **óleo en la comida** óleo na comida

olfatear /olfa'tear/ v **1** farejar **2** suspeitar **3** perguntar **4** averiguar ■ **olfatear el olor del perfume** farejar o cheiro do perfume

olfato /ol'fato/ sm **1** olfato **2** faro **3** cheiro **4** esperteza ■ **buen olfato** bom faro

olímpico, -a /o'limpiko, a/ adj **1** olímpico **2** soberbo ■ **deporte olímpico** esporte olímpico

oliva /o'liβa/ sf **1** oliva, azeitona ■ **comer oliva** comer azeitona

olla /'o ʎa/ sf **1** panela, caldeirão **2** caldeirada ■ **comida en la olla** comida na panela

olor /o'lor/ sm **1** odor, perfume, olor, cheiro **2** exalação ■ **olor de comida** cheiro de comida

olvidar /olβi'ðar/ v **1** olvidar, esquecer **2** deixar pra lá, perdoar ■ **olvidar los documentos** esquecer os documentos

olvido /ol'βiðo/ sm esquecimento ■ **echar en el olvido** relegar ao esquecimento

199

ombligo

ombligo /om'bliɣo/ *sm* 1 umbigo 2 centro ■ **infección en el ombligo** infecção no umbigo

omisión /omi'sjon/ *sf* 1 omissão 2 falta, lacuna 3 negligência ■ **omisión de participación** falta de participação

omiso, -a /o'miso, a/ *adj* omisso, descuidado ■ **hombre omiso** homem omisso

omitir /omi'tir/ *v* 1 omitir, esconder 2 excluir ■ **omitir la verdad** omitir a verdade

ómnibus /'omniβus/ *sm* 1 ônibus ■ **coger el ómnibus** pegar o ônibus

omnipotente /omnipo'tente/ *adj* onipotente ■ **persona omnipotente** pessoa onipotente

omnipresente /omnipre'sente/ *adj & sm, f* onipresente, ubíquo ■ **persona omnipresente** pessoa onipresente

omnívoro, -a /om'niβoro, a/ *adj* 1 onívoro ■ **animal omnívoro** animal onívoro

onda /'onda/ *sf* 1 onda 2 ondulação ■ **onda peligrosa** onda perigosa

ondear /onde'ar/ *v* 1 ondear, ondular 2 fazer ondas 3 frisar ■ **ondear el cabello** ondular o cabelo

ondulación /ondula'θjon/ *sf* ondulação ■ **ondulación en la calle** ondulação na rua

ondular /ondu'lar/ *v* 1 ondular 2 frisar, encrespar ■ **ondular el pelo** ondular o cabelo

oneroso, -a /one'roso, a/ *adj* 1 oneroso, dispendioso 2 pesado ■ **trabajo oneroso** trabalho oneroso

onomástico, -a /ono'mastiko, a/ *adj* 1 onomástico, onomástica ■ **índice onomástico** índice onomástico

onomatopeya /onomato'peja/ *sf* onomatopeia ■ **onomatopeya en las palabras** onomatopeia nas palavras

ontología /ontolo'xia/ *sf* ontologia ■ **estudiar ontología** estudar ontologia

onza /'onθa/ *sf* 1 onça 2 moeda antiga ■ **onza peligrosa** onça perigosa

opaco, -a /o'pako, a/ *adj* 1 opaco, fosco, sombrio, escuro 2 triste, melancólico ■ **color opaco** cor fosca

opción /op'θjon/ *sf* 1 opção, escolha 2 preferência ■ **opción de curso** opção de curso

ópera /'opera/ *sf* 1 ópera ■ **asistir ópera** assitir ópera

operación /opera'θjon/ *sf* 1 operação 2 execução 3 intervenção cirúrgica ■ **operación cirúrgica** operação cirúrgica

operador, -a /opera'ðor, a/ *adj & sm, f* 1 operador (de máquinas, instrumentos) 2 cirurgião ■ **operador de aparatos** operador de aparelhos

operar /ope'rar/ *v* 1 operar 2 negociar 3 manobrar ■ **operar trabajadores** operar trabalhadores

operario, -a /ope'rarjo, a/ *adj & sm, f* 1 operário 2 trabalhador ■ **operario de la empresa** operário da empresa

opinar /opi'nar/ *v* 1 opinar 2 entender, julgar ■ **opinar sobre determinado tema** opinar sobre determinado tema

opinión /opi'njon/ *sf* opinião ■ **opinión pública** opinião pública

opio /'opjo/ *sm* ópio ■ **tomar opio** tomar ópio

oponente /opo'nente/ *sm, f* oponente, opositor ■ **oponente del trabajo** oponente do trabalho

oponer /opo'ner/ *v* 1 opor 2 contrapor 3 impedir, obstar 3 contradizer ■ **oponer a la violencia** opor a violência

oportunidad /oportuni'ðað/ *sf* 1 oportunidade 2 ocasião 3 conjuntura 4 possibilidade ■ **oportunidad de oro** oportunidade de ouro

oportunista /oportu'nista/ *adj & sm, f* 1 oportunista 2 aproveitador ■ **hombre oportunista** homem oportunista

oportuno, -a /opor'tuno, a/ *adj* 1 oportuno, conveniente, adequado 2 correspondente ■ **situación oportuna** situação oportuna

oposición /oposi'θjon/ *sf* 1 oposição, antagonismo 2 obstáculo 3 aversão 4 ódio 5 resistência ■ **partido de oposición** partido de oposição

opositor, -a /oposi'tor, a/ *adj* opositor, oponente, antagonista ■ **opositor del juego** oponente do jogo

opresión /opre'sjon/ *sf* 1 opressão 2 tirania 3 despotismo ■ **opresión del gobierno** opressão do governo

oprimir /opri'mir/ *v* 1 oprimir 2 reprimir 3 sufocar 4 angustiar-se, condoer-se ■ **oprimir al necesitado** oprimir o necessitado

optar /op'tar/ *v* optar, escolher, eleger, preferir ■ **optar por el mejor** optar pelo melhor

optativo, -a /opta'tiβo, a/ *adj* optativo, facultativo ■ **curso optativo** curso optativo

optimismo /opti'mismo/ *sm* 1 otimismo 2 confiança ■ **optimismo en la vida** otimismo na vida

óptimo, -a /'optimo, a/ *adj* ótimo, excelente, magnífico ■ **óptimo trabajo** ótimo trabalho

opuesto, -a /o'pwesto, a/ *adj* 1 oposto, contrário 2 inimigo, adversário 3 contraposto ■ **opuesto de bueno es malo** oposto do bom é mal

opulencia /opu'lenθja/ *sf* 1 opulência, riqueza, abundância, fartura 2 luxo ■ **opulencia en la sociedad** riqueza na sociedade

opulento, -a /opu'lento, a/ *adj* opulento, farto, abundante ■ **hombre opulento** homem opulento

opúsculo /o'puskulo/ *sm* 1 opúsculo, folheto 2 livrinho ■ **leer un opúsculo** ler um folheto

oración /ora'θjon/ *sf* 1 oração, reza 2 oração ■ **hacer una oración** fazer uma oração

orador, -a /ora'ðor, a/ *sm, f* orador, pregador ■ **orador del grupo** orador da turma

oral /o'ral/ *adj* 1 oral, verbal ■ **conversación oral** conversação oral

orangután /orangu'tan/ *sm* orangotango ■ **orangután en el zoológico** orangotango no zoológico

oratorio, -a /ora'torjo, a/ *adj* oratório, eloquente ■ **oratorio de la facultad** oratório da faculdade

orbe /'orβe/ *sm* mundo, universo ■ **conocer el orbe** conhecer o mundo

órbita /'orβita/ *sf* 1 órbita 2 trajetória 3 esfera, curva ■ **órbita de la tierra** órbita da terra

orden /'orðen/ *sm* 1 ordem 2 regra, norma ■ **orden de las presentaciones** ordem das apresentações

ordenación /orðena'θjon/ *sf* 1 ordenação, disposição, arrumação, classificação 2 regulamento ■ **ordenación de los documentos** classificação dos documentos

ordenado /orðe'nar/ *v* 1 ordenado, organizado, arrumado 2 metódico ■ **aula ordenada** sala organizada

ordenador /orðena'ðor/ *sm* 1 computador 2 ordenador, organizador ■ **enchufar el ordenador** ligar o computador

ordenamiento /orðena'mjento/ *sm* 1 ordenação, coordenação, prescrição 2 regulamento ■ **ordenamiento jurídico** ordenação jurídica

ordinario, -a /orði'narjo, a/ *adj* 1 ordinário, habitual, comum, rotineiro 2 inferior, grosseiro, medíocre ■ **hombre ordinario** homem grosseiro

orear /ore'ar/ *v* arejar, refrescar ■ **orear en la playa** arejar na praia

oprimir

oreja /o'rexa/ *sf* 1 orelha 2 mexeriqueiro, fofoqueiro ■ **bajar las orejas** baixar a crista

orfanato /orfa'nato/ *sm* orfanato ■ **niños del orfanato** crianças do orfanato

ofrendar /ofren'dar/ *v* 1 oferendar, ofertar, oferecer, dar 2 retribuir 3 contribuir (com dinheiro) ■ **ofrendar comida** oferecer comida

oftalmólogo /oftal'moloɣo, a/ *sm, f* 1 oftalmologista, oculista ■ **necesito de un oftalmólogo** preciso de um oculista

ofuscar /ofus'kar/ *v* 1 ofuscar, escurecer 2 obscurecer 3 alucinar 4 turvar (as ideias) ■ **ofuscar la verdad** ofuscar a verdade

oída /o'iða/ *sf* f ato de ouvir ■ **dar una oída** dar uma ouvida

oído /o'iðo/ *sm* ouvido ■ **dolor en el oído** dor no ouvido

oír /o'ir/ *v* ouvir, escutar, prestar atenção ■ **oír con atención** ouvir com atenção

ojal /o'xal/ *sm* 1 casa (de botão) 2 furo, buraco ■ **ponga en el ojal** ponha no buraco

¡ojalá! /oxa'la/ *excl* 1 oxalá! ■ **¡ojalá consiga hacer el viaje!** oxalá consiga fazer a viagem!

ojear /oxe'ar/ *v* 1 olhar por alto, dar uma olhada 2 ver 3 afugentar, espantar ■ **ojear la casa** dar uma olhada na casa

ojera /o'xera/ *sf* olheiras ■ **tengo ojeras** tenho olheiras

ojeriza /oxe'riθa/ *sf* ojeriza, antipatia, aversão, má-vontade ■ **ojeriza a personas maleducadas** antipatia a pessoas mal-educadas

ojete /o'xete/ *sm* 1 ilhós, olhete, buraco 2 ânus ■ **línea en el ojete** linha no ilhós

ojo /'oxo/ *sm* 1 olho 2 vista, olhada, mirada ■ **ojo verde** olho verde

ola /'ola/ *sf* 1 onda 2 vaga 3 aparição repentina ■ **ola del mar** onda do mar

oleaginoso, -a /oleaxi'noso, a/ *adj* oleaginoso, oleoso ■ **comida oleaginosa** comida oleosa

óleo /'oleo/ *sm* 1 óleo 2 azeite ■ **óleo en la comida** óleo na comida

olfatear /olfa'tear/ *v* 1 farejar 2 suspeitar 3 perguntar 4 averiguar ■ **olfatear el olor del perfume** farejar o cheiro do perfume

olfato /ol'fato/ *sm* 1 olfato 2 faro 3 cheiro 4 esperteza ■ **buen olfato** bom faro

olímpico, -a /o'limpiko, a/ *adj* 1 olímpico 2 soberbo ■ **deporte olímpico** esporte olímpico

oliva /o'liβa/ *sf* 1 oliva, azeitona ■ **comer oliva** comer azeitona

olla /'oʎa/ *sf* 1 panela, caldeirão 2 caldeirada ■ **comida en la olla** comida na panela

olor /o'lor/ *sm* 1 odor, perfume, olor, cheiro 2 exalação ■ **olor de comida** cheiro de comida

olvidar /olβi'ðar/ *v* 1 olvidar, esquecer 2 deixar pra lá, perdoar ■ **olvidar los documentos** esquecer os documentos

olvido /ol'βiðo/ *sm* esquecimento ■ **echar en el olvido** relegar ao esquecimento

ombligo /om'bliɣo/ *sm* 1 umbigo 2 centro ■ **infección en el ombligo** infecção no umbigo

omisión /omi'sjon/ *sf* 1 omissão 2 falta, lacuna 3 negligência ■ **omisión de participación** falta de participação

omiso, -a /o'miso, a/ *adj* omisso, descuidado ■ **hombre omiso** homem omisso

omitir /omi'tir/ *v* 1 omitir, esconder 2 excluir ■ **omitir la verdad** omitir a verdade

ómnibus /'omniβus/ *sm* 1 ônibus ■ **coger el ómnibus** pegar o ônibus

omnipotente /omnipo'tente/ *adj* onipotente ■ **persona omnipotente** pessoa onipotente

omnipresente /omnipre'sente/ *adj & sm, f* onipresente, ubíquo ■ **persona omnipresente** pessoa onipresente

omnívoro, -a /om'niβoro, a/ *adj* 1 onívoro ■ **animal omnívoro** animal onívoro

onda /'onda/ *sf* 1 onda 2 ondulação ■ **onda peligrosa** onda perigosa

ondear /onde'ar/ *v* 1 ondear, ondular 2 fazer ondas 3 frisar ■ **ondear el cabello** ondular o cabelo

ondulación /ondula'θjon/ *sf* ondulação ■ **ondulación en la calle** ondulação na rua

ondular /ondu'lar/ *v* 1 ondular 2 frisar, encrespar ■ **ondular el pelo** ondular o cabelo

oneroso, -a /one'roso, a/ *adj* 1 oneroso, dispendioso 2 pesado ■ **trabajo oneroso** trabalho oneroso

onomástico, -a /ono'mastiko, a/ *adj* 1 onomástica, onomástica ■ **índice onomástico** índice onomástico

onomatopeya /onomato'peja/ *sf* onomatopeia ■ **onomatopeya en las palabras** onomatopeia nas palavras

ontología /ontolo'xia/ *sf* ontologia ■ **estudiar ontología** estudar ontologia

onza /'onθa/ *sf* 1 onça 2 moeda antiga ■ **onza peligrosa** onça perigosa

opaco, -a /o'pako, a/ *adj* 1 opaco, fosco, sombrio, escuro 2 triste, melancólico ■ **color opaco** cor fosca

opción /op'θjon/ *sf* 1 opção, escolha 2 preferência ■ **opción de curso** opção de curso

ópera /'opera/ *sf* 1 ópera ■ **asistir ópera** assitir ópera

operación /opera'θjon/ *sf* 1 operação 2 execução 3 intervenção cirúrgica ■ **operación cirúrgica** operação cirúrgica

operador /opera'ðor, a/ *adj & sm, f* 1 operador (de máquinas, instrumentos) 2 cirurgião ■ **operador de aparatos** operador de aparelhos

operar /ope'rar/ *v* 1 operar 2 negociar 3 manobrar ■ **operar trabajadores** operar trabalhadores

operario, -a /ope'rarjo, a/ *adj & sm, f* 1 operário 2 trabalhador ■ **operario de la empresa** operário da empresa

opinar /opi'nar/ *v* 1 opinar 2 entender, julgar ■ **opinar sobre determinado tema** opinar sobre determinado tema

opinión /opi'njon/ *sf* opinião ■ **opinión pública** opinião pública

opio /'opjo/ *sm* ópio ■ **tomar opio** tomar ópio

oponente /opo'nente/ *sm, f* oponente, opositor ■ **oponente del trabajo** oponente do trabalho

oponer /opo'ner/ *v* 1 opor 2 contrapor 3 impedir, obstar 3 contradizer ■ **oponer a la violencia** opor à violência

oportunidad /oportuni'ðað/ *sf* 1 oportunidade 2 ocasião 3 conjuntura 4 possibilidade ■ **oportunidad de oro** oportunidade de ouro

oportunista /oportu'nista/ *adj & sm, f* 1 oportunista 2 aproveitador ■ **hombre oportunista** homem oportunista

oportuno, -a /opor'tuno, a/ *adj* 1 oportuno, conveniente, adequado 2 correspondente ■ **situación oportuna** situação oportuna

oposición /oposi'θjon/ *sf* 1 oposição, antagonismo 2 obstáculo 3 aversão 4 ódio 5 resistência ■ **partido de oposición** partido de oposição

opositor, -a /oposi'tor, a/ *adj* opositor, oponente, antagonista ■ **opositor del juego** oponente do jogo

opresión /opre'sjon/ *sf* 1 opressão 2 tirania 3 despotismo ■ **opresión del gobierno** opressão do governo

oprimir /opri'mir/ *v* 1 oprimir 2 reprimir 3 sufocar 4 angustiar-se, condoer-se ■ **oprimir al necesitado** oprimir o necessitado

optar

optar /op'tar/ v optar, escolher, eleger, preferir ■ **optar por el mejor** optar pelo melhor

optativo, -a /opta'tiβo, a/ adj optativo, facultativo ■ **curso optativo** curso optativo

optimismo /opti'mismo/ sm **1** otimismo **2** confiança ■ **optimismo en la vida** otimismo na vida

óptimo, -a /'optimo, a/ adj ótimo, excelente, magnífico ■ **óptimo trabajo** ótimo trabalho

opuesto, -a /opo'nes/ v **1** oposto, contrário **2** inimigo, adversário **3** contraposto ■ **opuesto de bueno es malo** oposto de bom é mal

opulencia /opu'lenθja/ sf **1** opulência, riqueza, abundância, fartura **2** luxo ■ **opulencia en la sociedad** riqueza na sociedade

opulento, -a /opu'lento, a/ adj opulento, farto, abundante ■ **hombre opulento** homem opulento

opúsculo /o'puskulo/ sm **1** opúsculo, folheto **2** livrinho ■ **leer un opúsculo** ler um folheto

oración /ora'θjon/ sf **1** oração, reza **2** oração ■ **hacer una oración** fazer uma oração

orador, -a /ora'δor, a/ sm, f orador, pregador ■ **orador del grupo** orador da turma

oral /o'ral/ adj **1** oral, verbal ■ **conversación oral** conversação oral

orangután /oraŋgu'tan/ sm orangotango ■ **orangután en el zoológico** orangotango no zoológico

oratorio, -a /ora'torjo, a/ adj oratório, eloquente ■ **oratorio de la facultad** oratório da faculdade

orbe /'orβe/ sm mundo, universo ■ **conocer el orbe** conhecer o mundo

órbita /'orβita/ sf **1** órbita **2** trajetória **3** esfera, curva ■ **órbita de la tierra** órbita da terra

orden /'orδen/ sm **1** ordem **2** regra, norma ■ **orden de las presentaciones** ordem das apresentações

ordenación /orδena'θjon/ sf **1** ordenação, disposição, arrumação, classificação **2** regulamento ■ **ordenación de los documentos** classificação dos documentos

ordenado /orδe'nar/ v **1** ordenado, organizado, arrumado **2** metódico ■ **aula ordenada** sala organizada

ordenador /orδena'δor/ sm **1** computador **2** ordenador, organizador ■ **enchufar el ordenador** ligar o computador

ordenamiento /orδena'mjento/ sm **1** ordenação, coordenação, prescrição **2** regulamento ■ **ordenamiento jurídico** ordenação jurídica

ordinario /orδi'narjo, a/ adj **1** ordinário, habitual, comum, rotineiro **2** inferior, grosseiro, medíocre ■ **hombre ordinario** homem grosseiro

orear /ore'ar/ v arejar, refrescar ■ **orear en la playa** arejar na praia

oreja /o'rexa/ sf **1** orelha **2** mexeriqueiro, fofoqueiro ■ **bajar las orejas** baixar a crista

orfanato /orfa'nato/ sm orfanato ■ **niños del orfanato** crianças do orfanato

P

pabellón /paβe'λon/ sm pavilhão 2 bandeira ■ **pabellón de limpieza** pavilhão de limpeza

paca /'paka/ sf pacote, fardo ■ **paca de comida** pacote de comida

paciente /pa'θjente/ adj paciente ■ **ser paciente** ser paciente

pacificar /paθifi'kar/ v 1 acalmar 2 apaziguar ■ **pacificar las personas** acalmar as pessoas

pactar /pak'tar/ v 1 pactuar 2 negociar ■ **pactar un proyecto** negociar um projeto

pacto /'pakto/ sm 1 aliança 2 ajuste 3 liga ■ **pacto de paz** aliança de paz

padecer /paðe'θer/ v 1 suportar 2 sofrer ■ **padecer al otro** suportar o outro

padre /'paðre/ sm pai ■ **buen padre** bom pai

padrino /pa'ðrino/ sm 1 padrinho 2 protetor ■ **tengo un padrino** tenho um padrinho

padrón /pa'ðron/ sm modelo ■ **padrón de belleza** modelo de beleza

paga /'paɣa/ sf ordenado, pagamento ■ **paga extra** ordenado extra

pagano /pa'ɣano, a/ adj pagão ■ **hombre pagano** homem pagão

pagar /pa'ɣar/ v liquidar ■ **pagar la ropa** liquidar a roupa

pagaré /paɣa're/ sm letra de câmbio ■ **firmó un pagaré** assinou uma nota promissória

página /'paxina/ sf laudo ■ **página del libro** laudo do livro

pago /'paɣo/ sm 1 povoado 2 populoso ■ **pago de la ciudad** povoado da cidade

paisaje /paj'saxe/ sm 1 paisagem 2 panorama ■ **lindo paisaje** linda paisagem

pala /'pala/ sf pá ■ **pala excavadora** pá mecânica

paladar /pala'ðar/ sm paladar ■ **buen paladar** bom paladar

palanca /pa'laŋka/ sf 1 alavanca 2 barra ■ **palanca del aparato** barra do aparelho

palangana /palaŋ'gana/ sf bacia ■ **palangana de agua** bacia de água

paliar /pa'ljar/ v atenuar ■ **paliar algo** atenuar algo

pálido /'paliðo, a/ adj apagado ■ **quedar pálido** ficar apagado

palillo /pa'liλo/ sm palito ■ **palillo de madera** palito de madeira

paliza /pa'liθa/ sf sova, surra ■ **dar una paliza** dar uma sova

palma /'palma/ sf 1 palma 2 glória ■ **palma de la mano** palma da mão

palmera /pal'mera/ sf palmeira ■ **plantar palmera** plantar palmeira

palo /'palo/ sm pau ■ **palo de madera** pau de madeira

palpable /pal'paβle/ adj palpável ■ **algo palpable** algo palpável

palpitación /palpita'θjon/ sf palpitação ■ **palpitación en el brazo** palpitação no braço

palpitar /palpi'tar/ v 1 palpitar 2 bater ■ **palpitar el corazón** palpitar o coração

pálpito /'palpito/ sm palpite, pressentimento ■ **buen pálpito** bom palpite

palta /'palta/ sf abacate ■ **comer palta** comer abacate

pamplina /pam'plina/ sf futilidade ■ **pamplina de mujeres** futilidade de mulheres

pan /'pan/ sm 1 pão 2 alimento 3 trigo ■ **comer pan** comer pão

pandilla /pan'dila/ sf 1 galera 2 bando ■ **pandilla de jóvenes** bando de jovens

panoja /pa'noxa/ sf maçaroca ■ **panoja de personas** maçaroca de pessoas

panolis /pa'noli/ adj tonto, simplório ■ **hombre panolis** homem tonto

panorama /pano'rama/ sm panorama ■ **bonito panorama** bonito panorama

pantera /pan'tera/ sf pantera ■ **pantera rosa** pantera rosa

papa /'papa/ sf batata ■ **comer papa** comer batata

papagayo /papa'ɣajo/ sm arara ■ **papagayo verde** arara verde

papel /pa'pel/ sm 1 papel 2 desempenho ■ **buen papel** bom desempenho

paquete /pa'kete/ sm pacote ■ **paquete amarillo** pacote amarelo

paquetería /pakete'ria/ sf quinquilharia ■ **paquetería en el cuarto** quinquilharia no quarto

paradigma /para'ðiɣma/ sm modelo ■ **paradigma de vida** modelo de vida

paraíso /para'iso/ sm paraíso ■ **paraíso del amor** paraíso do amor

paralizar /parali'θar/ v paralisar ■ **paralizar la mano** paralisar a mão

paraninfo /para'ninfo/ sm paraninfo ■ **creer en el paraninfo** acreditar no paraninfo

parapeto /para'peto/ sm barreira ■ **parapeto de la casa** barreira da casa

parar /pa'rar/ v 1 parar 2 fixar ■ **parar en el semáforo** parar no sinaleiro

parásito /pa'rasito, a/ adj parasita ■ **parásito en el cuerpo** parasita no corpo

parcial /par'θjal/ adj partidário ■ **parcial del gobierno** partidário do governo

parcialidad

parcialidad /parθjali'ðað/ sf bando ■ **parcialidad de personas** bando de pessoas

pardo /'parðo, a/ adj 1 sombrio 2 mulato ■ **persona parda** pessoa mulata

parear /pare'ar/ v 1 emparelhar 2 irmanar ■ **parear con alguien** irmanar com alguém

parecer /pare'θer/ sm 1 parecer 2 semelhar 3 opinião ■ **parecer con alguien** parecer com alguém

parecido /pare'θiðo, a/ adj 1 parecido 2 semelhante 3 parente ■ **hijo parecido con los padres** filho parecido com os pais

pared /pa'reð/ sf muro ■ **pared de la casa** muro da casa

parejo /pa'rexo/ adj semelhante ■ **personas parejas** pessoas semelhantes

parentela /paren'tela/ sf parentela ■ **parentela entre personas** parentela entre pessoas

paridad /pari'ðað/ sf 1 igualdade 2 parente ■ **paridad de personas** igualdade de pessoas

parloteo /parlo'teo/ sm fofoca ■ **hacer parloteo** fazer fofoca

parodia /pa'roðja/ sf gozação ■ **hacer parodia** fazer gozação

párroco /'paroko/ sm sacerdote ■ **creer en el párroco** acreditar no sacerdote

parsimonia /parsi'monja/ sf parcimônia ■ **buena parsimonia** boa parcimônia

parte /'parte/ sm fragmento ■ **parte de la película** fragmento do filme

partera /par'tera/ sf parteira ■ **partera de niños** parteira de crianças

partición /parti'θjon/ sf repartição ■ **partición de la empresa** repartição da empresa

partícula /par'tikula/ sf fragmento ■ **partícula de la tierra** fragmento da terra

particular /partiku'lar/ adj privado ■ **asunto particular** assunto privado

partida /par'tiða/ sf 1 partida 2 morte 3 certidão (de nascimento, de óbito, de casamento) ■ **partida de alguien querido** morte de alguém querido

partidario /parti'ðarjo, a/ adj 1 partidário 2 militante ■ **partidario político** partidário político

partir /par'tir/ v zarpar ■ **partir para otro lugar** zarpar para outro lugar

pasante /pa'sante/ adj assistente ■ **pasante del gerente** assistente do gerente

pasar /pa'sar/ v 1 passar 2 transmitir, transferir 3 suportar ■ **pasar conocimiento** transmitir conhecimento

pascua /'paskwa/ sf páscoa ■ **conejo de la pascua** coelho da páscoa

pasión /pa'sjon/ sf 1 paixão 2 sentimento ■ **pasión por animales** paixão por animais

pasmo /'pasmo/ sm 1 assombro ■ **quedar con pasmo** ficar com assombro

paso /'paso/ sm 1 passo, andamento ■ **paso vagaroso** andamento vagaroso

pasta /'pasta/ sf 1 pasta 2 massa ■ **comer pasta** comer massa

pastar /pas'tar/ v pastar ■ **pastar en el sitio** pastar no sítio

pasto /'pasto/ sm pasto ■ **pasto verde** pasto verde

pastorear /pastore'ar/ v pastorear, apascentar ■ **pastorear todo el dia** apascentar todo o dia

pastoril /pasto'ril/ adj bucólico ■ **persona pastoril** pessoa bucólica

pata /'pata/ sf pata ■ **pata del perro** pata do cachorro

patada /pa'taða/ sf patada ■ **patada del caballo** patada do cavalo

patata /pa'tata/ sf batata ■ **comer patata** comer batata

patentar /paten'tar/ v 1 patentear 2 registrar ■ **patentar el nombre del producto** registrar o nome do produto

patentizar /patenti'θar/ v patentear ■ **patentizar un proyecto** patentear um projeto

patidifuso /patiði'fuso, a/ adj surpreso ■ **quedar patidifuso** ficar surpreso

patio /'patjo/ sm pátio, área ■ **jugar en el patio** jogar na área

patitieso /pati'tjeso, a/ adj 1 atônito 2 paralisado ■ **quedar patitieso** ficar paralisado

pato /'pato/ sm pato ■ **carne de pato** carne de pato

patoso /pa'toso/ adj maçante ■ **algo patoso** algo maçante

patraña /pa'traɲa/ sf mentira ■ **hablar patraña** falar mentira

patria /'patrja/ sf 1 pátria 2 lar 3 berço ■ **orgullo de la patria** orgulho da pátria

patrocinador /patroθina'ðor/ adj patrocinador, mecenas ■ **patrocinador de las camisetas** mecenas das camisetas

patrocinar /patroθi'nar/ v 1 apoiar 2 apadrinhar ■ **patrocinar el evento** apoiar o evento

patrocinio /patro'θinjo/ sm patrocínio, auspício ■ **buen patrocinio** bom auspício

patrón /pa'tron/ sm patrão ■ **patrón de la empresa** patrão da empresa

patrono /pa'trono/ sm 1 padrinho 2 protetor ■ **patrono de baptismo** padrinho de batismo

patrulla /pa'truʎa/ sf patrulha ■ **patrulla de la belleza** patrulha da beleza

pausado /paw'saðo, a/ adj pausado, refletido ■ **vida pausada** vida pausada

pauta /'pawta/ sf 1 pauta 2 guia ■ **pauta de la reunión** pauta da reunião

pautar /paw'tar/ v pautar, regular ■ **pautar las dificultades** regular as dificuldades

pava /'paβa/ sf perua ■ **pava es un animal** perua é um animal

pavo /'paβo/ sm pavão ■ **ala de pavo** asa de pavão

payaso /pa'jaso/ sm palhaço, títere ■ **no seas payaso** não seja palhaço

pecador /peka'ðor/ adj pecador ■ **es un pecador** é um pecador

pecar /pe'kar/ v ofender ■ **pecar contra Dios** ofender contra Deus

pecera /pe'θera/ sf aquário ■ **pecera grande** aquário grande

peculio /pe'kuljo/ sm pecúlio ■ **beneficio del peculio** benefício do pecúlio

pedagogo /peða'roɣo/ sm professor ■ **pedagogo de la escuela** professor da escola

pedazo /pe'ðaθo/ sm 1 peça 2 bocado ■ **pedazo de comida** bocado de comida

pedestre /pe'ðestre/ adj 1 pedestre, a pé 2 rasteiro ■ **caminar pedestre** caminhar rasteiro

pedido /pe'ðir/ v 1 petição 2 tributo ■ **buen pedido** boa petição

pedir /pe'ðir/ v solicitar ■ **pedir ayuda** solicitar ajuda

pedrero /pe'ðrero, a/ adj pedreiro ■ **contratar un pedrero** contratar um pedreiro

persistencia

pegar /pe'ɾaɾ/ v **1** aderir **2** surrar **3** bater ∎ **pegar en el enemigo** bater no inimigo

peinar /pej'naɾ/ v pentear ∎ **peinar el pelo** pentear o cabelo

pelea /pe'lea/ sf **1** briga **2** luta ∎ **pelea en la calle** briga na rua

pelear /pele'aɾ/ v **1** lutar ∎ **pelear con alguien** lutar com alguém

peligro /pe'liɾɾo/ sm **1** aperto **2** perigo, risco ∎ **peligro de vida** risco de vida

pellejo /pe'ʎexo/ sm pele ∎ **salvar el pellejo** salvar a pele (a vida)

pelota /pe'lota/ sf bola ∎ **jugar la pelota** jogar a bola

pelotera /pelo'teɾa/ sf **1** rixa **2** briga ∎ **pelotera peligrosa** briga perigosa

pelotilla /pelo'tiʎa/ sm, f **1** bajulador **2** puxa-saco ∎ **pelotilla del jefe** puxa-saco do chefe

pelotón /pelo'ton/ sm pelotão ∎ **pelotón de la policía** pelotão da polícia

peluquero /pelu'keɾo, a/ adj cabeleireiro, barbeiro ∎ **cortar el pelo en el peluquero** cortar o cabelo no barbeiro

pelusa /pe'lusa/ sf penugem ∎ **pelusa del melocotón** penugem do pêssego

pena /'peɲa/ sf **1** pena **2** arrependimento ∎ **pena de alguien** pena de alguém

penacho /pe'natʃo/ sm penacho ∎ **penacho de indígenas** penacho de índios

penalidad /penali'ðað/ sf sanção ∎ **penalidad máxima** sanção máxima

penalizar /penali'θaɾ/ v penalizar ∎ **penalizar alguien** penalizar alguém

pendejo /peɲ'dexo/ sm pentelho, descarado ∎ **niño pendejo** menino descarado

pendiente /peɲ'djente/ adj **1** pendente sm **2** brinco, penduricalho ∎ **utilizar un pendiente** usar um brinco

pendón /peɲ'don/ adj bandeira ∎ **pendón de Brasil** bandeira do Brasil

pene /'pene/ sm pênis ∎ **el pene es un órgano sexual** o pênis é um órgão sexual

penetración /penetɾa'θjon/ sf penetração ∎ **penetración rápida** penetração rápida

penetrante /pene'tɾante/ adj profundo ∎ **asunto penetrante** assunto profundo

penetrar /pene'tɾaɾ/ v **1** adentrar **2** furar ∎ **penetrar el saco** furar a sacola

penitencia /peni'tenθja/ sf arrependimento ∎ **penitencia pelos actos** arrependimento pelos atos

penitenciaria /penitenθja'ɾja/ adj prisão ∎ **penitenciaria peligrosa** prisão perigosa

pensado /pen'saðo/ adj refletido ∎ **asunto pensado** assunto refletido

pensamiento /pensa'mjento/ sm pensamento ∎ **pensamiento penetrante** pensamento profundo

pensar /pen'saɾ/ v **1** pensar **2** refletir **3** sonhar ∎ **pensar mucho** pensar muito

pensativo /pensa'tiβo, a/ adj absorto ∎ **hombre pensativo** homem absorto

pensionista /pensjo'nista/ sm, f aposentado ∎ **hombre pensionista** homem aposentado

penumbra /pe'numbɾa/ sf **1** penumbra **2** sombra ∎ **quedar en la penumbra** ficar na sombra

peón /pe'on/ sm peão ∎ **peón de albañil** peão de pedreiro

percance /peɾ'kanθe/ sm percalço ∎ **percance de la vida** percalço da vida

percepción /peɾθep'θjon/ sf **1** percepção **2** apreensão ∎ **percepción del color** percepção da cor

percha /'peɾtʃa/ sf cabide, forquilha ∎ **morir en la percha** morrer na forquilha

percibir /peɾθi'βiɾ/ v notar ∎ **percibir el problema** notar o problema

perdición /peɾði'θjon/ sf **1** sarjeta **2** ruína ∎ **perdición en la vida** ruína da vida

pérdida /peɾ'ðiðo, a/ adj prejuízo ∎ **quedar en la pérdida** ficar no prejuízo

perdón /peɾ'ðon/ sm absolvição ∎ **pedir perdón** pedir absolviçâo

perdonar /peɾðo'naɾ/ v redimir ∎ **perdonar los pecados** redimir os pecados

perdurar /peɾðu'ɾaɾ/ v manter ∎ **perdurar las costumbres** manter os costumes

perecer /peɾe'θeɾ/ v morrer ∎ **perecer de tristeza** morrer de tristeza

perfección /peɾfek'θjon/ sf apogeu ∎ **perfección de la vida** apogeu da vida

perfeccionamiento /peɾfekθjona'mjento/ sm aperfeiçoamento ∎ **perfeccionamiento en el trabajo** aperfeiçoamento no trabalho

perfeccionar /peɾfekθjo'naɾ/ v aperfeiçoar ∎ **perfeccionar el proyecto** aperfeiçoar o projeto

perfecto /peɾ'fekto, a/ adj **1** magistral **2** refinado ∎ **quedar perfecto** ficar refinado

perfilar /peɾfi'laɾ/ v perfilar ∎ **perfilar algo** perfilar algo

perforar /peɾfo'ɾaɾ/ v furar ∎ **perforar el corazón** furar o coração

perfumar /peɾfu'maɾ/ v aromatizar ∎ **perfumar la casa** aromatizar a casa

perfume /peɾ'fume/ sm perfume ∎ **buen perfume** bom perfume

periquito /peɾi'kito/ sm louro rubio ∎ **tener un periquito** ter um louro rubio

perjudicar /peɾxuði'kaɾ/ v **1** prejudicar **2** lesar **3** ferrar ∎ **perjudicar alguien** prejudicar alguém

perjuicio /peɾ'xwiθjo/ sm prejuízo ∎ **perjuicio en la vida** prejuízo na vida

permanecer /permane'θeɾ/ v **1** manter **2** ficar ∎ **permanecer tranquillo** ficar tranquilo

permisión /permi'sjon/ sf favor ∎ **solicitar una permisión** pedir um favor

permiso /peɾ'miso/ sm aquiescência ∎ **permiso para algo** aquiescência para algo

permitir /permi'tiɾ/ v autorizar ∎ **permitir el viaje** autorizar a viagem

permuta /peɾ'muta/ sf troca ∎ **permuta de ideas** troca de ideias

perpetuar /peɾpe'twaɾ/ v **1** perpetuar **2** imortalizar ∎ **perpetuar el amor** imortalizar o amor

perplejo /peɾ'plexo, a/ adj perplexo, surpreso ∎ **quedar perplejo** ficar surpreso

perseguir /perse'xiɾ/ v **1** perseguir **2** acossar **3** molestar ∎ **perseguir alguien** perseguir alguém

perseverancia /perseβe'ɾanθja/ sf tenacidade ∎ **perseverancia en la vida** tenacidade na vida

persistencia /persis'tenθja/ sf afinco ∎ **persistencia en el trabajo** afinco no trabalho

205

persona

persona /per'sona/ sf pessoa ∎ **buena persona** boa pessoa

personaje /perso'naxe/ sm personagem, alguém ∎ **conocer un personaje** conhecer alguém

personal /perso'nal/ adj pessoal, privado ∎ **asunto personal** assunto privado

personalizar /personali'θar/ v personificar ∎ **personalizar el proyecto** personalizar o projeto

personificar /personifi'kar/ v personificar ∎ **personificar el aula** personificar a classe

perspicacia /perspi'kaθja/ sf 1 agudeza 2 faro ∎ **perspicacia en la vida** agudeza na vida

perspicaz /perspi'kaθ/ adj sutil ∎ **ser perspicaz** ser sutil

persuadir /perswa'ðir/ v 1 persuadir 2 aconselhar ∎ **persuardir alguien** aconselhar alguém

pertinaz /peri'naθ/ adj obstinado ∎ **persona pertinaz** pessoa obstinada

perturbación /perturβa'θjon/ sf 1 perturbação 2 agitação 3 alteração ∎ **perturbación en la escuela** agitação na escola

perturbado /pertur'βaðo/adj m ansioso ∎ **persona perturbada** pessoa ansiosa

perturbar /pertur'βar/ v 1 perturbar 2 aturdir 3 transtornar ∎ **perturbar una persona** transtornar uma pessoa

perversión /perβer'sjon/ sf 1 perversão 2 podridão ∎ **perversión de la sociedad** perversão da sociedade

perverso /per'βerso, a/ adj perverso ∎ **hombre perverso** homem perverso

pervertir /perβer'tir/ v perverter ∎ **pervertir alguien** perverter alguém

pesadilla /pesa'ðiʎa/ sf pesadelo ∎ **pesadilla por la noche** pesadelo pela noite

pesado /pe'saðo/ adj 1 pesado 2 chato ∎ **persona pesada** pessoa chata **vehículo pesado** veículo pesado

pesadumbre /pesa'ðumbre/ sf pesadume, peso, carga ∎ **mucha pesadumbre** muito peso

pesar /pe'sar/ v aflição ∎ **mucho pesar** muita aflição

pescar /pes'kar/ v pescar ∎ **pescar en el río** pescar no rio

pescuezo /pes'kweθo/ sm 1 pescoço ∎ **dolor en el pescuezo** dor no pescoço

peso /'peso/ sm peso ∎ **peso de la ropa** peso da roupa

peste /'peste/ sf 1 peste 2 praga ∎ **peste negra** peste negra

pestillo /pes'tiʎo/ sm fecho ∎ **pestillo del pantalón** fecho da calça

petición /peti'θjon/ sf petição ∎ **petición para la escuela** petição para a escola

petrificar /petrifi'kar/ v petrificar ∎ **petrificar una persona** petrificar uma pessoa

petulancia /petu'lanθja/ sf atrevimento ∎ **petulancia de los niños** atrevimento das crianças

petulante /petu'lante/ adj atrevido ∎ **niño petulante** menino atrevido

pez /'peθ/ sm peixe ∎ **el tiburón es un pez** o tubarão é um peixe

piar /pi'ar/ v piar ∎ **piar fuerte** piar alto

picada /pi'kaða/ sf aperitivo ∎ **comer una picada** comer um aperitivo

picado /pi'kar/ v furado ∎ **ropa picada** roupa furada

picante /pi'kante/ adj picante ∎ **comida picante** comida picante

picar /pi'kar/ v 1 picar 2 furar 3 ferir ∎ **picar el dedo** furar o dedo

picardía /pikar'ðia/ sf malícia ∎ **picardía de las personas** malícias das pessoas

pícaro /'pikaro, a/ adj pícaro, astuto, picareta ∎ **hombre pícaro** homem astuto

picha /'pitʃa/ sf pau ∎ **picha de madera** pau de madeira

pico /'piko/ sm bico ∎ **pico del pájaro** bico do pássaro

picotear /pikote'ar/ v picar ∎ **picotear la piel** picar a pele

picudo /pi'kuðo, a/ adj fofoqueiro ∎ **hombre picudo** homem fofoqueiro

pie /'pje/ sm 1 planta 2 pata 3 fundamento ∎ **pie de naranja** planta de laranja

piedad /pje'ðað/ sf 1 misericórdia 2 pena ∎ **tener piedad** ter misericórdia

pierna /'pjerna/ sf 1 perna 2 pata ∎ **pierna del jugador** perna do jogador

pieza /'pjeθa/ sf 1 peça 2 joia ∎ **ganar una pieza valiosa** ganhar uma peça valiosa

pigmeo /pix'meo, a/ adj 1 pigmeu 2 anão ∎ **hombre pigmeo** homem pigmeu

pijo /'pixoadj/ sm pau ∎ **pijo de madera** pau de madeira

pila /'pila/ sf 1 monte 2 bateria, pilha ∎ **pila de libros** monte de livros

pileta /pi'leta/ sf piscina ∎ **pileta azul** piscina azul

pillaje /pi'ʎaxe/ sm saque ∎ **pillaje del banco** saque do banco

pillar /pi'ʎar/ v 1 pilhar 2 roubar ∎ **pillar el banco** roubar o banco

pilotar /pilo'tar/ v pilotar ∎ **pilotar un avión** pilotar um avião

piloto /pi'loto/ sm 1 piloto 2 guia ∎ **piloto de coche** piloto de carro

pimpollo /pim'poʎo/ sm broto ∎ **pimpollo de la planta** broto da planta

piña /'pina/ sf 1 patota, punhado 2 abacaxi ∎ **buena piña** boa patota

pincel /pin'θel/ sm pincel ∎ **pincel rojo** pincel vermelho

pinchar /pin'tʃar/ v alfinetar ∎ **pinchar la ropa** alfinetar a roupa

pinchar /pin'tʃar/ v 1 picar 2 furar ∎ **pinchar el dedo** furar o dedo

pincho /'pintʃo, a/ adj aperitivo ∎ **comida de pincho** comida de aperitivo

pinta /'pinta/ sf fisionomia ∎ **buena pinta** boa fisionomia

pintar /pin'tar/ v 1 pintar 2 tingir ∎ **pintar el cabello** tingir o cabelo

piqueta /pi'keta/ sf picareta ∎ **hombre piqueta** homem picareta

piraña /pi'rana/ sf piranha ∎ **piraña en el río** piranha no rio

pirata /pi'rata/ sm, f pirata, ladrão ∎ **hombre pirata** homem ladrão

piratear /pirate'ar/ v roubar ∎ **piratear la música** roubar a música

piratería /pirate'ria/ sf pirataria, saque ∎ **piratería aérea** pirataria aérea

pirotecnia /piro'teknja/ sf foguetório ∎ **pirotecnia en la fiesta** foguetório na festa

pisada /pi'saða/ sf 1 pisada 2 patada ∎ **pisada fuerte** pisada forte

pisar /pi'sar/ v 1 trilhar 2 pisotear ∎ **pisar en alguien** pisotear alguém

poseedor

piscina */pis'θina/ sf* piscina ■ **piscina en el club** piscina no clube

piso */'piso/ sm* **1** apartamento **2** solo, chão ■ **piso del edificio** apartamento do prédio

pisotear */pisote'ar/ v* pisotear ■ **pisotear alguien** pisotear alguém

pisotón */piso'ton/ sm* pisada ■ **pisotón fuerte** pisada forte

pista */'pista/ sf* pista ■ **pista peligrosa** pista perigosa

pitanza */pi'tanθa/ sf* rango ■ **buena pitanza** bom rango

placentero */plaθen'tero, a/ adj* aprazível ■ **algo placentero** algo aprazível

placer */pla'θer/ sm* satisfação ■ **placer en el trabajo** satisfação no trabalho

plaga */'plaɣa/ sf* praga ■ **plaga de insectos** praga de insetos

plagiar */pla'xjar/ v* plagiar ■ **plagiar músicas** plagiar músicas

plan */'plan/ sm* plano, projeto, programa ■ **plan de ataque** plano de ataque

planear */plane'ar/v* planejar ■ **planear el viaje** planejar a viagem

planificar */planifi'kar/ v* planejar ■ **planificar la clase** planejar a aula

planilla */pla'niʎa/ sf* formulário **2** planilha ■ **planilla del curso** planilha do curso

plano */'plano/ adj* **1** plano **2** calmo, monótono *sm* plano **primer plano** primeiro plano ■ **trabajo plano** trabalho monótono

planta */'planta/ sf* planta ■ **planta del jardín** planta de jardim

plantar */plan'tar/ v* **1** plantar **2** semear ■ **plantar árbol** plantar árvore

plantel */plan'tel/ sm* plantel ■ **plantel de abogados** plantel de advogados

plasmar */plas'mar/ v* modelar ■ **plasmar los estudios** modelar os estudos

plataforma */plata'forma/ sf* plataforma ■ **plataforma de informática** plataforma de informática

plátano */'platano/ sm* banana ■ **vitamina de plátano** vitamina de banana

plaza */'plaθa/ sf* praça ■ **plaza de la ciudad** praça da cidade

plebe */'pleβe/ sf* plebe ■ **plebe del pueblo** plebe do povo

plebeyo */ple'βejo/ adj* plebeu, rude ■ **hombre plebeyo** homem rude

plenitud */pleni'tuð/ sf* maturidade ■ **plenitud en la vida** maturidade na vida

plomo */'plomo/ sm* **1** chumbo **2** bala ■ **plomo de fuego** bala de fogo

plumero */plu'mero/ sm* penacho ■ **plumero rojo** penacho vermelho

pluralizar */plurali'θar/ v* multiplicar ■ **pluralizar los números** multiplicar os números

población */poβla'θjon/ sf* povoado ■ **población de los incas** povoado dos incas

poblar */po'βlar/v* povoar ■ **poblar una ciudad** povoar uma cidade

pobre */'poβre/ adj* miserável ■ **situación pobre** situação miserável

pobreza */po'βreθa/ sf* pobreza, magreza ■ **pobreza de las personas** magreza das pessoas

pocilga */po'θilɣa/ sf* pocilga ■ **pocilga de lugar** pocilga de lugar

poder */po'ðer/ sm* **1** potência **2** trono ■ **gran poder** grande potência

poderío */poðe'rio/ sm* riqueza ■ **mucho poderío** muita riqueza

poesía */poe'sia/ sf* poesia ■ **hacer una poesía** fazer uma poesia

poeta */po'eta, isa/ sm, f* poeta ■ **poeta famoso** poeta famoso

poético */po'etiko, a/ adj* **1** poético **2** lírico ■ **texto poético** texto lírico

polemizar */polemi'θar/ v* altercar ■ **polemizar un asunto** altercar um assunto

policía */poli'θia/ sf* polícia ■ **llamar la policía** chamar a polícia

político */po'litiko, a/ adj* político ■ **vida política** vida política

póliza */'poliθa/ sf* apólice ■ **póliza del seguro** apólice de seguro

pollo */'poʎo, a/ sm, f* frango ■ **pollo en el espeto** frango assado

polo */'polo/ sm* pólo ■ **polo sur** pólo sul

polvo */'polβo/ sm* pó ■ **jabón en polvo** sabão em pó

pólvora */'polβora/ sf* pólvora ■ **pólvora en la guerra** pólvora na guerra

pomposo */pom'poso, a/ adj* brilhante ■ **niño pomposo** menino brilhante

poncho */'ponʧo/ sm* manto ■ **vestir el poncho** vestir o manto

ponderar */ponde'rar/v* refletir ■ **ponderar los problemas** refletir os problemas

poner */po'ner/v* pôr ■ **poner una ropa** pôr uma roupa

ponzoña */pon'θoɲa/ sf* peçonha ■ **persona ponzoña** pessoa peçonha

popularizar */populari'θar/ v* popularizar ■ **popularizar un costumbre** popularizar um costume

poquedad */poke'ðað/ sf* acanhamento ■ **poquedad de un niño** acanhamento de uma criança

porción */por'θjon/ sf* porção, parte, quantidade ■ **gran porción** grande quantidade

porfiar */por'fjar/v* altercar ■ **porfiar algo** altercar algo

pornografía */pornoɣra'fia/ sf* obscenidade ■ **pornografía en la internet** obscenidade na internet

pornográfico */porno'ɣrafiko, a/ adj* obsceno ■ **actitud pornográfica** atitude obscena

porquería */porke'ria/ sf* sujeira ■ **porquería en la casa** sujeira na casa

porrazo */po'raθo/ sm* porrada ■ **porrazo en alguien** porrada em alguém

portar */por'tar/ v* portar ■ **portar documentos** portar documentos

porte */'porte/ sm* porte ■ **porte de armas** porte de armas

portear */porte'ar/ v* portar ■ **portear un objeto** portar um objeto

portería */porte'ria/ sf* portaria ■ **portería del edificio** portaria do prédio

portero */por'tero, a/ sm, f* porteiro ■ **portero de la escuela** porteiro da escola

porvenir */porβe'nir/ sm* futuro ■ **creer en el porvenir** acreditar no futuro

posar */po'sar/ v* pousar ■ **posar en el agua** pousar na água

poseedor */posee'ðor, a/ adj & sm, f* amo ■ **trabajo para el poseedor** trabalho para o amo

207

poseer

poseer */pose'er/ v* possuir, ter ■ **poseer un trabajo** ter um trabalho

poseerse */pose'er/ v* reprimir ■ **poseerse una persona** reprimir uma pessoa

posesión */pose'sjon/ sf* posse ■ **posesión de um objeto** posse de um objeto

posesivo */pose'siβo, a/ adj* possessivo ■ **novio posesivo** namorado possessivo

posibilidad */posiβili'ðað/ sf* meio, possibilidade ■ **nueva posibilidad** novo meio

positivo */posi'tiβo, a/ adj* positivo, afirmativo ■ **resultado positivo** resultado positivo

posponer */pospo'ner/ v* preterir ■ **posponer un asunto** preterir um assunto

postergar */poster'rar/ v* adiar ■ **postergar la clase** adiar a aula

postín */pos'tin/ sm* presunção ■ **postín de las personas** presunção das pessoas

postizo */pos'tiβo/ adj* adotivo ■ **hijo postizo** filho adotivo

postración */postra'θjon/ sf* abatimento ■ **postración del niño** abatimento da criança

postrar */pos'trar/ v* prostrar ■ **postrar en el cuarto** prostrar no quarto

postular */postu'lar/ v* solicitar ■ **postular una persona** solicitar uma pessoa

postura */pos'tura/ sf* atitude ■ **buena postura** boa atitude

pote */'pote/ sm* pote ■ **pote de dulce** pote de doce

potencia */po'tenθja/ sf* potência ■ **fuerte potencia** forte potência

potente */po'tente/ adj* forte ■ **hombre potente** homem forte

practicable */prakti'kaβle/ adj* praticável, fácil ■ **actividad practicable** atividade fácil

practicar */prakti'kar/ v* praticar, usar ■ **practicar las herramientas** usar as ferramentas

práctico */'praktiko, a/ adj* objetivo ■ **tarea práctica** tarefa objetiva

prado */'praðo/ sm* prado, gramado ■ **prado verde** gramado verde

preámbulo */pre'ambulo/ sm* 1 preâmbulo 2 delonga, rodeio ■ **sin más preámbulos** sem rodeios

precaver */preka'βer/ v* 1 precaver 2 prevenir ■ **precaver una situación** precaver uma situação

precedencia */preθe'ðenθja/ sf* prioridade ■ **precedencia para mujeres** prioridade para mulheres

precepto */pre'θepto/ sm* ordem ■ **precepto en la ciudad** ordem na cidade

precio */'preθjo/ sm* preço ■ **precio de las ropas** preço das roupas

precioso */pre'θjoso, a/ adj* magnífico ■ **trabajo precioso** trabalho magnífico

precipicio */preθi'piθjo/ sm* abismo ■ **caer en el precipicio** cair no abismo

precipitación */preθipita'θjon/ sf* pressa ■ **precipitación con los compromisos** pressa com os compromissos

precipitar */preθipi'tar/ v* 1 precipitar 2 arrebatar 3 apressar ■ **precipitar actitudes** precipitar atitudes

precisar */preθi'sar/ v* 1 obrigar, forçar 2 necessitar (de) ■ **precisar alguien** obrigar alguém

precisión */preθi'sjon/ sf* precisão ■ **precisión en los trabajos** precisão nos trabalhos

preciso */pre'θiso, a/ adj* preciso ■ **ser preciso** ser preciso

preconcebir */prekonθe'βir/ v* planejar ■ **preconcebir la clase** planejar a aula

preconizar */prekoni'θar/ v* recomendar ■ **preconizar un ejemplo** recomendar um exemplo

precoz */pre'koθ/ adj* precoce ■ **persona precoz** pessoa precoce

precursor */prekur'sar/ adj & sm, f* precursor ■ **precursor de la vida** precursor da vida

predecesor */preðeθe'sor, a/ sm, f* precursor ■ **predecesor de la escuela** precursor da escola

predecir */preðe'θir/ v* 1 augurar 2 adivinhar ■ **preceder el mensaje** adivinhar a mensagem

predicado */preði'kaðo/ sm* predicado ■ **estudiar el predicado** estudar o predicado

predicar */preði'kar/ v* pregar ■ **predicar una frase** pregar uma frase

predilección */preðilek'θjon/ sf* apetite ■ **buena predilección** bom apetite

predominar */preðomi'nar/ v* prevalecer ■ **predominar las mujeres** prevalecer as mulheres

predominio */preðo'minjo/ sm* 1 predomínio, superioridade 2 ascendência ■ **predominio de los jóvenes** superioridade dos jovens

preferencia */prefe'renθja/ sf* prioridade ■ **preferencia a los mayores** prioridade aos mais velhos

pregunta */pre'Yunta/ sf* 1 interrogação 2 pergunta ■ **pregunta difícil** pergunta difícil

preguntar */preYun'tar/ v* perguntar ■ **preguntar al maestro** perguntar ao professor

premeditar */premeði'tar/ v* incubar ■ **premeditar un acontecimiento** incubar um acontecimento

premiar */pre'mjar/ v* 1 bonificar 2 premiar ■ **premiar un actor** premiar um ator

premonición */premoni'θjon/ sf* pressentimento ■ **premonición de algo** pressentimento de algo

prender */pren'der/ v* 1 prender 2 travar 3 apreender ■ **prender alguien** apreender alguém

preñez */pre'ɲeθ/ sf* gravidez ■ **preñez precoce** gravidez precoce

prensa */'prensa/ sf* imprensa ■ **prensa del periódico** imprensa do jornal

preocupación */preokupa'θjon/ sf* preocupação ■ **preocupación con los alumnos** preocupação com os alunos

preocupado */preoku'paðo, a/ adj* 1 tenso 2 preocupado ■ **padres preocupados** pais preocupados

preocupar */preoku'par/ v* preocupar ■ **preocupar con los hijos** preocupar com os filhos

preparación */prepara'θjon/ sf* 1 preparação 2 amanho, arranjo ■ **preparación para la prueba** preparação para a prova

preparar */prepa'rar/ v* aprontar ■ **preparar para salir** aprontar para sair

preponderancia */preponde'ranθja/ sf* força ■ **preponderancia necesaria** força necessária

prerrogativa */preroYa'tiβa/ sf* privilégio ■ **prerrogativa en el trabajo** privilégio no trabalho

presagiar */presa'xjar/ v* anunciar ■ **presagiar un acontecimiento** anunciar um acontecimento

presagio */pre'saxjo/ sm* auspício ■ **tener un presagio** ter um auspício

prescribir */preskri'βir/ v* prescrever ■ **prescribir un receta** prescrever uma receita

208

prodigalidad

prescripción /preskrip'θjon/ sf ordem ▪ **prescripción médica** ordem médica

presencia /pre'senθja/ sf presença ▪ **presencia confirmada** presença confirmada

presenciar /presen'θjar/ v assistir ▪ **presenciar una película** assistir um filme

presentación /presenta'θjon/ sf apresentação ▪ **buena presentación** boa apresentação

presentador /presenta'ðor, a/ adj animador ▪ **presentador de televisión** animador de televisão

presentar /presen'tar/ v apresentar ▪ **presentar el trabajo** apresentar o trabalho

presentimiento /presenti'mjento/ sm pressentimento ▪ **tener un presentimiento** ter um pressentimento

presentir /presen'tir/ v pressentir, farejar ▪ **presentir el peligro** farejar o perigo

preservar /preser'βar/ v resguardar ▪ **preservar sus costumbres** resguardar seus costumes

preservativo /preserβa'tiβo, a/ adj preservativo ▪ **medidas preservativas** medidas preservativas

presidio /pre'siðjo/ sm prisão ▪ **presidio solo de mujeres** prisão só de mulheres

presidir /presi'ðir/ v regular ▪ **presidir una presentación** regular uma apresentação

preso /'preso, a/ adj sm, f preso, agarrado ▪ **quedar preso** ficar preso

prestación /presta'θjon/ sf prestação ▪ **prestación de servicios** prestação de serviços

prestamista /presta'mista/ sm, f agiota ▪ **prestamista peligroso** agiota perigoso

prestidigitación /prestiðixita'θjon/ sf mágica ▪ **prestidigitación rápida** mágica rápida

prestigio /pres'tixjo/ sm **1** prestígio, renome **2** glória, auréola ▪ **bello prestigio** bonita auréola

presto /'presto/ adj pronto ▪ **trabajo presto** trabalho pronto

presumido /presu'miðo/ adj arrogante ▪ **hombre presumido** homem arrogante

presumir /presu'mir/ v suspeitar ▪ **presumir de alguien** suspeitar de alguém

presunción /presun'θjon/ sf presunção ▪ **presunción de las personas** presunção das pessoas

pretender /preten'der/ v solicitar ▪ **pretender algo** solicitar algo

preterir /prete'rir/ v preterir ▪ **preterir alguien** preterir alguém

pretexto /pre'teksto/ sm pretexto ▪ **pretexto para irse** pretexto para ir embora

prevalecer /preβale'θer/ v prevalecer ▪ **prevalecer el amor** prevalecer o amor

prevención /preβen'θjon/ sf prevenção ▪ **tener prevención** ter prevenção

preventivo /preβen'tiβo, a/ adj preventivo, preservativo ▪ **utilizar preventivo** usar preservativo

prever /pre'βer/ v prever, aventar ▪ **prever algo** aventar algo

prima /'prima/ sf gratificação ▪ **prima por el buen trabajo** gratificação pelo bom trabalho

primar /pri'mar/ v sobressair ▪ **primar de una situación** sobressair de uma situação

primavera /prima'βera/ sf primavera ▪ **primavera llena de flores** primavera cheia de flores

primo /'primo, a/ adj primo, parente ▪ **primo de mi madre** parente da minha mãe

primor /pri'mor/ sm primor ▪ **primor de chica** primor de menina

princesa /prin'θesa/ sf princesa ▪ **princesa del reino** princesa do reino

príncipe /'prinθipe/ sm príncipe ▪ **príncipe del reino** príncipe do reino

principiante /prinθi'pjante/ adj & sm, f noviço ▪ **principiante en el trabajo** noviço no trabalho

principio /prin'θipjo/ sm princípio ▪ **principio del libro** princípio do livro

pringar /prin'gar/ v untar ▪ **pringar la forma** untar a forma**pringue** /'prinɡe/ sm sujeira ▪ **pringue en el suelo** sujeira no chão

prioridad /prjori'ðað/ sf prioridade ▪ **prioridad en la vida** prioridade na vida

prisa /'prisa/ sf pressa ▪ **estar con prisa de llegar** estar com pressa de chegar

prisión /pri'sjon/ sf **1** prisão **2** gaiola ▪ **prisión del pájaro** gaiola do pássaro

prisma /'prisma/ sm prisma ▪ **hacer un prisma** fazer um prisma

privación /priβa'θjon/ sf abstenção ▪ **privación de los derechos** abstenção dos direitos

privado /pri'βaðo, a/ adj privado, particular ▪ **llamada privada** chamada privada

privar /pri'βar/ v privar ▪ **privar de los derechos** privar dos direitos

privilegio /priβi'lexjo/ sm **1** privilégio **2** prioridade ▪ **privilegio de los mayores** prioridade dos mais velhos

probar /pro'βar/ v alegar ▪ **probar inocencia** alegar inocência

problema /pro'βlema/ sm questão ▪ **resolver el problema** resolver a questão

procedencia /proθe'ðenθja/ sf **1** filiação **2** origem ▪ **procedencia del niño** origem da criança

proceder /proθe'ðer/ v **1** realizar **2** originar ▪ **proceder una acción** realizar uma ação

procedimiento /proθeði'mjento/ sm ação ▪ **procedimiento complicado** ação complicada

procesar /proθe'sar/ v processar ▪ **procesar una persona** processar uma pessoa

proceso /pro'θesar/ sm processo ▪ **proceso de aprendizaje** processo de aprendizagem

proclamación /proklama'θjon/ sf aclamação ▪ **proclamación del poema** aclamação do poema

proclamar /prokla'mar/ v proclamar ▪ **proclamar versos** proclamar versos

procuración /prokura'θjon/ sf procuração ▪ **hacer una procuración** fazer uma procuração

procurador /prokura'ðor/ adj, sm, f representante ▪ **buscar un procurador** buscar um representante

procurar /proku'rar/ v procurar ▪ **procurar una persona** procurar uma pessoa

prodigalidad /proðiɡali'ðað/ sf generosidade ▪ **prodigalidad de las personas** generosidade das pessoas

209

pródigo

pródigo /ˈproðixo, a/ adj pródigo ■ **algo pródigo** algo pródigo

producción /proðukˈθjon/ sf produção ■ **gran producción** grande produção

producir /proðuˈθir/ v 1 fazer 2 produzir ■ **producir mucho** produzir muito

producto /proˈðukto/ sm 1 proveito 2 produto ■ **producto para el cabello** produto para o cabelo

profanación /profanaˈθjon/ sf sacrilégio ■ **hacer una profanación** fazer um sacrilégio

profanar /profaˈnar/ v profanar ■ **profanar algo** profanar algo

profesar /profeˈsar/ v seguir ■ **profesar la vida** seguir a vida

profesión /profeˈsjon/ sf 1 profissão 2 arte ■ **buena profesión** boa arte

profesor /profeˈsor, a/ sm, f professor ■ **buen profesor** bom professor

profeta /proˈfeta/ sm profeta ■ **profeta de Dios** profeta de Deus

profetisa /profeˈtisa/ sf profetisa ■ **creer en la profetisa** acreditar na profetisa

profiláctico /profiˈlaktiko, a/ adj preservativo ■ **actitud profiláctica** atitude preservativa

profundizar /profunðiˈθar/ v afundar ■ **profundizar el asunto** afundar o assunto

profundo /proˈfunðo, a/ adj profundo ■ **sentimiento profundo** sentimento profundo

profusión /profuˈsjon/ sf profusão ■ **profusión de algo** profusão de algo

profuso /proˈfuso, a/ adj afluente ■ **persona profusa** pessoa afluente

progenitor /proxeniˈtor, a/ sm, f pai ■ **progenitor de los niños** pai das crianças

programar /proxraˈmar/ v organizar ■ **programar la vida** organizar a vida

progresar /proxreˈsar/ v avançar ■ **progresar en la vida** avançar na vida

progresista /proxreˈsista/ adj avançado ■ **hombre progresista** homem avançado

progreso /proˈxreso/ sm prosperidade ■ **buen progreso** boa prosperidade

prohibición /proiβiˈθjon/ sf repressão ■ **prohibición de rebeldes** repressão de rebeldes

prohibido /proiˈβiðo/ adj 1 ilícito 2 proibido ■ **prohibido el pasaje** proibida a passagem

proliferar /prolifeˈrar/ v multiplicar ■ **proliferar los hijos** multiplicar os filhos

prolijo /proˈlixo, a/ adj prolixo ■ **hombre prolijo** homem prolixo

prolongar /prolonˈgar/ v prolongar ■ **prolongar la vida** prolongar a vida

promedio /proˈmeðjo/ sm meio ■ **promedio del camino** meio do caminho

promover /promoˈβer/ v provocar ■ **promover alguien** provocar alguém

promulgar /promulˈxar/ v revelar ■ **promulgar secretos** revelar segredos

pronosticar /pronostiˈkar/ v adivinhar ■ **pronosticar secretos** adivinhar segredos

pronto /ˈpronto/ adj pronto ■ **quedar pronto para salir** ficar pronto para sair

pronunciar /pronunˈθjar/ v resolver ■ **pronunciar el problema** resolver o problema

propagación /propaxaˈθjon/ sf propagação, infiltração ■ **propagación de personas** infiltração de pessoas

propagar /propaˈxar/ v propagar ■ **propagar la paz** propagar a paz

propagarse /propaˈxar/ v multiplicar-se, irradiar ■ **propagarse rápidamente** irradiar rapidamente

propensión /propeˈnsjon/ sf tendência ■ **propensión al mal** tendência ao mal

propicio /proˈpiθjo, a/ adj afortunado ■ **hombre propicio** homem afortunado

propiedad /propjeˈðað/ sf propriedade ■ **propiedad privada** propriedade privada

propietario /propjeˈtarjo, a/ adj & sm, f patrão ■ **propietario de la empresa** patrão da empresa

propina /proˈpina/ sf gorjeta ■ **ganar propina** ganhar gorjeta

proponer /propoˈner/ v oferecer ■ **proponer nuevas ideas** oferecer novas ideias

proporcionar /proporθjoˈnar/ v abastecer ■ **proporcionar mucho** abastecer muito

propósito /proˈposito/ sm fim, objetivo, mira ■ **buen propósito** boa mira

propuesta /proˈpwesta/ sf proposta, plataforma ■ **buena propuesta** boa plataforma

prosperar /prospeˈrar/ v prosperar ■ **prosperar en el trabajo** prosperar no trabalho

prosperidad /prosperiˈðað/ sf prosperidade ■ **prosperidad en la vida** prosperidade na vida

próspero /ˈprospero/ adj feliz ■ **vida próspera** vida feliz

prosternar /prosterˈnar/ v prostrar ■ **prosternarse en la cama** prostrar-se na cama

prostituta /prostiˈtuto/ sf prostituta ■ **mujer prostituta** mulher prostituta

protagonista /protaxoˈnista/ adj, s astro ■ **protagonista de la película** astro do filme

protección /protekˈθjon/ sf 1 amparo 2 apoio 3 auxílio ■ **protección de los padres** apoio dos pais

protector /protekˈtor/ adj protetor ■ **protector solar** protetor solar

proteger /proteˈxer/ v proteger ■ **proteger los hijos** proteger os filhos

protegido /proteˈxiðo/ adj protegido ■ **quedar protegido** ficar protegido

protocolo /protoˈkolo/ sm ritual ■ **protocolo antiguo** ritual antigo

prototipo /protoˈtipo/ sm modelo ■ **buen prototipo** bom modelo

provecho /proˈβetʃo/ sm proveito ■ **sacar provecho** tirar proveito

provechoso /proβeˈtʃoso/ adj útil ■ **trabajo provechoso** trabalho útil

proveer /proβeˈer/ v prover ■ **proveer una fiesta** prover uma festa

proverbio /proˈβerβjo/ sm sentença ■ **buen proverbio** boa sentença

provisión /proβiˈsjon/ sf suprimento ■ **provisión de comida** suprimento de comida

provocación /proβokaˈθjon/ sf agressão ■ **provocación física** agressão física

putada

provocar /proβo'kar/ v provocar ■ **provocar alguien** provocar alguém

próximo /prok'simo, a/ adj próximo ■ **próxima persona** próxima pessoa

proyectar /projek'tar/ v traçar ■ **proyectar planos** traçar planos

proyectil /projek'til/ sm bala ■ **proyectil peligroso** bala perigosa

proyecto /pro'jekto/ sm projeto ■ **hacer un proyecto** fazer um projeto

prudencia /pru'ðenθja/ sf prudência ■ **tener prudencia** ter prudência

prudente /pru'ðente/ adj & sm, f prudente ■ **ser prudente** ser prudente

pubertad /puβer'tað/ sf adolescência ■ **problemas en la pubertad** problemas na adolescência

publicación /puβlika'θjon/ sf anúncio ■ **publicación en el periódico** anúncio no jornal

publicar /puβli'kar/ v publicar ■ **publicar un reportaje** publicar uma reportagem

publicista /puβli'θista/ sm, f publicitário ■ **trabajo de publicista** trabalho de publicitário

publicitario /puβliθi'tarjo, a/ adj & sm, f publicitário ■ **trabajador publicitario** trabalhador publicitário

público /puβli'ko/ adj aberto ■ **elección pública** eleição aberta

pudrir /pu'ðrir/ v apodrecer ■ **pudrir en la cela** apodrecer na cela

pueril /pwe'ril/ adj pueril ■ **persona pueril** pessoa pueril

puerilidad /pwerili'ðað/ sf puerilidade ■ **puerilidad de los niños** puerilidade das crianças

puerta /'pwerta/ sf porta ■ **puerta de madera** porta de madeira

puerto /'pwerto/ sm porto ■ **puerto de Santos** porto de Santos

puesta /'pwesta/ sf ocaso ■ **puesta de la vida** ocaso da vida

pugnar /pux'nar/ v lutar ■ **pugnar y no desistir** lutar e não desistir

pujanza /pu'xanθa/ sf força ■ **gran pujanza** grande força

pulido /pu'liðo/ adj polido ■ **mueble pulido** móvel polido

pulir /pu'lir/ v polir ■ **pulir la madera** polir a madeira

pulsar /pul'sar/ v palpitar ■ **pulsar sobre algo** palpitar sobre algo

pulso /'pulso/ sm pulso ■ **pulso fuerte** pulso forte

pulular /pulu'lar/ v fervilhar ■ **pulular la fiesta** fervilhar a festa

pulverización /pulβeriθa'θjon/ sf aniquilamento ■ **pulverización de insectos** aniquilamento de insetos

pulverizar /pulβeri'θar/ v pulverizar ■ **pulverizar el ambiente** pulverizar o ambiente

puñal /pu'ɲal/ sm punhal ■ **puñal de madera** punhal de madeira

puñetazo /puɲe'taθo/ sm murro ■ **puñetazo en la cara** murro na cara

punición /puni'θjon/ sf pena ■ **punición en la cela** pena na cadeia

punir /pu'nir/ v punir ■ **punir alguien** punir alguém

punta /'punta/ sf ponta ■ **punta del lápiz** ponta do lápis

puntapie /punta'pje/ sm pontapé ■ **puntapié en balón** pontapé na bola

puntería /punte'ria/ sf mira ■ **buena puntería** boa mira

puntero /pun'tero/ adj ponteiro ■ **puntero del reloj** ponteiro do relógio

puntual /pun'twal/ adj pontual ■ **trabajador puntual** trabalhador pontual

puntualidad /pun'twali'ðað/ sf assiduidade ■ **puntualidad en el trabajo** assiduidade no trabalho

pupila /pu'pila/ sf pupila ■ **pupila de los ojos** pupila dos olhos

pureza /pu'reθa/ sf pureza ■ **pureza de los niños** pureza das crianças

purgar /pur'xar/ v limpar ■ **purgar la casa** limpar a casa

purificación /purifika'θjon/ sf purificação ■ **purificación del cuerpo** purificação do corpo

purificar /purifi'kar/ v purificar ■ **purificar el agua** purificar a água

purista /pu'rista/ adj & sm, f puritano ■ **ser un purista** ser um puritano

puritano /puri'tano, a/ adj & sm, f puritano ■ **hombre puritano** homem puritano

puro /'puro, a/ adj puro ■ **niño puro** criança pura

putada /pu'taða/ sf sacanagem, safadeza ■ **hacer una putada punición** /puni'θjon/ sf pena ■ **punición en la cela** pena na cadeia

punir /pu'nir/ v punir ■ **punir alguien** punir alguém

punta /'punta/ sf ponta ■ **punta del lápiz** ponta do lápis

puntapie /punta'pje/ sm pontapé ■ **puntapié en el novio** pontapé no namorado

puntería /punte'ria/ sf mira ■ **buena puntería** boa mira

puntero /pun'tero/ adj ponteiro ■ **puntero del reloj** ponteiro do relógio

puntual /pun'twal/ adj pontual ■ **Trabajador puntual** trabalhador pontual

puntualidad /pun'twali'ðað/ sf assiduidade ■ **puntualidad en el trabajo** assiduidade no trabalho

pupila /pu'pila/ sf pupila ■ **pupila de los ojos** pupila dos olhos

pureza /pu'reθa/ sf pureza ■ **pureza de los niños** pureza das crianças

purgar /pur'xar/ v limpar ■ **purgar la casa** limpar a casa

purificación /purifika'θjon/ sf purificação ■ **purificación del cuerpo** purificação do corpo

purificar /purifi'kar/ v purificar ■ **purificar el agua** purificar a água

purista /pu'rista/ adj & SM, f puritano ■ **ser un purista** ser um puritano

puritano /puri'tano, a/ adj & sm, f puritano ■ **hombre puritano** homem puritano

puro /'puro, a/ adj puro ■ **niño puro** criança pura

putada /pu'taða/ sf sacanagem ■ **hacer una putada** fazer uma sacanagem

putada /pu'taða/ sf safadeza ■ **hacer una putada** fazer uma safadeza

211

Q

q /ˈku/ sf vigésima letra do alfabeto espanhol ■ **q de queso** q de queijo

que /ˈke/ pron que ■ **el libro que escribió** o livro que escreve

qué /ˈke/ adj que (equivale a: qual, quão, quanto) ■ **¿y qué?** e daí? ¿**qué desean ustedes?** o que vocês desejam?

quebrada /keˈβɾaða/ sf passagem entre montanhas ■ **mira la quebrada** olha as montanhas

quebrado, -a /keˈβɾaðo, a/ adj **1** quebrado, falido **2** despedaçado ■ **estoy quebrado** estou quebrado

quebradura /keβɾaˈðuɾa/ sf **1** abertura, fenda, ruptura **2** hérnia ■ **quebradura en la puerta** abertura na porta

quebrantar /keβɾanˈtaɾ/ v **1** rachar **2** fender **3** quebrar ■ **quebrantar el vidrio** rachar o vidro

quebranto /keˈβɾanto/ sm **1** quebra, rompimento **2** perda ■ **quebranto de la amistad** perda da amizade

quebrar /keˈβɾaɾ/ v **1** quebrar, romper, partir **2** dobrar, torcer ■ **quebrar la silla** quebrar a cadeira

queda /ˈkeða/ sf hora de recolher ■ **queda de los materiales** hora de recolher os materiais

quedar /keˈðaɾ/ v **1** ficar, permanecer **2** restar, subsistir ■ **quedar tranquilo** ficar tranquilo

quedo, -a /ˈkeðo, a/ adj **1** calado, silencioso, quieto **2** cuidadoso ■ **lugar quedo** lugar silencioso

queja /ˈkexa/ sf **1** queixa, lamento **2** descontentamento **3** acusação ■ **tengo una queja** tenho uma queixa

quejarse /keˈxaɾse/ v queixar-se, lamentar-se, lastimar-se ■ **quejarse de alguien** queixar-se de alguém

quejica /keˈxika/ adj & sm, f queixoso, choramingas ■ **persona quejica** pessoa queixosa

quema /ˈkema/ sf **1** queima, queimada ■ **quema de árboles** queima de árvores

quemado /keˈmaðo/ adj **1** queimado **2** desconfiado, receoso ■ **quemado del sol** queimado do sol

quemar /keˈmaɾ/ v **1** queimar **2** abrasar **3** arde ■ **quemar la carne** queimar a carne

quemazón /kemaˈθon/ sf **1** queimação **2** comichão **3** calor insuportável ■ **quemazón después de comer** queimação depois de comer

quepis /ˈkepis/ sm quepe, boné ■ **usar quepis** usar boné

querella /keˈɾeʎa/ sf **1** querela, questão, discórdia **2** acusação ■ **querella difícil** questão difícil

querencia /keˈɾenθja/ sf **1** afeto, inclinação **2** saudades da terra natal, carinho ■ **querencia del novio** carinho do namorado

querer /keˈɾeɾ/ sm **1** querer, desejar **2** amar, ter carinho ■ **querer un regalo** querer um presente

querido, -a /keˈɾiðo, a/ adj **1** querido, amado **2** amante ■ **querido padre** querido pai

querubín /keɾuˈβin/ sm querubim, anjo **2** criança muito bonita ■ **ayuda del querubín** ajuda do querubim

quesera /keˈseɾa/ sf queijeira ■ **comprar queso con la quesera** comprar queijo com a queijeira

queso /ˈkeso/ sm queijo ■ **queso fresco** queijo fresco

quiebra /ˈkjeβɾa/ sf quebra, rompimento ■ **quiebra del relacionamiento** rompimento do relacionamento

quien /ˈkjen/ pron quem, o qual, a qual ■ **la mujer con quien vive** a mulher com a qual mora

quién /ˈkjen/ pron quem ■ **¿quién te ha contado eso?** quem lhe contou isso?

quienquiera /kjeŋˈkjeɾa/ pron qualquer um ■ **salir con quienquiera** sair com a qualquer um

quieto, -a /ˈkjeto/ adj quieto, calmo, pacífico, sossegado, sereno, tranquilo ■ **lugar quieto** lugar tranquilo

quietud /kjeˈtuð/ sf quietude, paz, silêncio, sossego, tranquilidade ■ **quietud en la casa** paz na casa

quijada /kiˈxaða/ sf queixada, mandíbula ■ **golpeó con la quijada** golpeou com a queixada

quijote /kiˈxote/ sm quixote, indivíduo altruísta, sonhador ■ **Don Quijote** Dom Quixote

quilate /kiˈlate/ sm **1** quilate **2** mérito, qualidade ■ **quilate de buen trabajador** qualidade de bom trabalhador

quimera /kiˈmeɾa/ sf quimera, ilusão, fantasia ■ **vivir una quimera** viver uma ilusão

químico, -a /ˈkimiko, a/ adj químico, química ■ **soy químico** sou químico

quimioterapia /kimjoteˈɾapja/ sf quimioterapia ■ **hacer quimioterapia** fazer quimioterapia

quina /ˈkina/ sf **1** quinino **2** quina ■ **quina de la mesa** quina da mesa

quincallería /kiŋkaʎeˈɾia/ sf bazar, comércio de quinquilharias ■ **comprar en la quincallería** comprar no bazar

quincena /kinˈθena/ sf quinzena ■ **quincena de promoción** quinzena de promoção

quiniela /kiˈnjela/ sf aposta ■ **quiniela alta** aposta alta

quinquenio /kiŋˈkenjo/ sm quinquênio ■ **quinquenio de bodas** quinquênio de casamento

quinta /ˈkinta/ sf quinta, chácara, casa de campo ■ **quinta avenida** quinta avenida

quinteto /kinˈteto/ sm quinteto ■ **quinteto fantástico** quinteto fantástico

quinto, -a /ˈkinto, a/ adj **1** quinto **2** recruta, soldado ■ **quinto del ejército** recruta do exército

quintuplicar /kintupliˈkaɾ/ v quintuplicar ■ **quintuplicar las oportunidades** quintuplicar as oportunidades

quitar

quiosco /ki'osko/ sm **1** quiosque **2** banca de jornal **3** pequeno pavilhão ■ **quiosco en la playa** quiosque na praia

quirúrgico /ki'ruxiko, a/ adj cirúrgico ■ **procedimiento quirúrgico** procedimento cirúrgico

quisquilla /kis'kiʎa/ sf crustáceo da família do camarão ■ **comer quisquilla** comer crustáceo

quisquilloso, -a /kiski'ʎoso, a/ adj & m, f **1** suscetível **2** impertinente, rabugento **3** meticuloso ■ **niño quisquilloso** menino impertinente

quiste /'kiste/ sm quisto, tumor ■ **tener un quiste** ter um tumor

quitamanchas /kita'manɲtʃas/ sm **1** tira-manchas ■ **quitamanchas de la ropa** tira-manchas da roupa

quitar /ki'tar/ v **1** tirar, resgatar **2** impedir ■ **quitar el juego** tirar o jogo

Q

R

r /'ere/ *sf* vigésima primeira letra do alfabeto espanhol ▪ **"r" de rabia** "r" de raiva

rabadán /raβa'ðan/ *sm* pastor ▪ **rabadán de la iglesia** pastor da igreja

rabadilla /raβa'ðiʎa/ *sf* rabada ▪ **comer rabadilla** comer rabada

rábano /'raβano/ *sm* rabanete ▪ **comer rábano** comer rabanete

rabia /'raβia/ *sf* raiva, cólera, ira ▪ **rabia de alguien** raiva de alguém

rabiar /ra'βjar/ *vi* enraivecer, enfurecer-se ▪ **rabiar con alguien** enraivecer com alguém

rabieta /ra'βjeta/ *sf* raiva passageira ▪ **tener una rabieta** ter uma raiva passageira

rabillo /ra'βiʎo/ *sm* rabinho ▪ **rabillo de cerdo** rabinho de porco

rabino /ra'βino/ *sm* rabino ▪ **hombre rabino** homem rabino

rabioso, -a /ra'βjoso, a/ *adj, sm, sf* **1** raivoso, irado, irritado, encolerizado **2** exaltado **3** hidrófobo ▪ **quedar rabioso** ficar raivoso

rabo /'raβo/ *sm* rabo, cauda ▪ **rabo de la vaca** rabo da vaca

rabón, -ona /ra'βon, ona/ *adj* sem rabo ou de rabo curto ▪ **animal con rabón** animal sem rabo

racha /'ratʃa/ *sf* **1** rajada súbita de ar **2** período de boa ou má sorte ▪ **racha en la vida** período de boa sorte na vida

racial /ra'tʃa/ *sf* racial ▪ **prejuicio racial** preconceito racial

racimo /ra'θimo/ *sm* **1** cacho, penca **2** conjunto de coisas miúdas ▪ **racimo de plátano** cacho de banana

raciocinar /rasjosi'naR/ *vi* **1** raciocinar, pensar **2** julgar **3** calcular, avaliar, ponderar ▪ **raciocinar bien** raciocinar bem

raciocinio /raθjo'θinjo/ *sm* **1** raciocínio, cálculo **2** pensamento **3** julgamento **4** razão ▪ **buen raciocinio** bom raciocínio

ración /ra'θjon/ *sf* ração, porção de comida ▪ **ración del perro** ração do cachorro

racionalidad /raθjonali'ðað/ *sf* racionalidade ▪ **racionalidad de los hombres** racionalidade dos homens

racionalización /raθjonaliθa'θjon/ *sf* racionalização ▪ **racionalización del sentimiento** racionalização do sentimento

racionalizar /raθjonali'θar/ *vtr* racionalizar ▪ **racionalizar bien** racionalizar bem

racionamiento /raθjona'mjento/ *sm* racionamento ▪ **racionamiento del agua** racionamento da água

racionar /raθjo'nar/ *vtr* racionar, limitar ▪ **racionar el agua** racionar a água

racismo /ra'θismo/ *sm* racismo ▪ **prohibido el racismo** proibido o racismo

racista /ra'θista/ *adj, sm, sf* racista ▪ **persona racista** pessoa racista

rada /'raða/ *sf* enseada, baía, porto abrigado ▪ **rada del litoral** enseada do litoral

radar /ra'ðar/ *sm* radar ▪ **radar en la calle** radar na rua

radiación /raðja'θjon/ *sf* **1** radiação **2** irradiação ▪ **radiación es peligrosa** radiação é perigosa

radiador /raðja'ðor/ *sm* **1** radiador **2** aparelho de calefação ▪ **radiador del coche** radiador do carro

radial /ra'ðjal/ *adj* radial ▪ **formato radial** formato radial

radiante /ra'ðjante/ *adj* **1** radiante, brilhante, esplêndido **2** satisfeito ▪ **quedarse radiante** ficar radiante

radical /raði'kal/ *adj* radical ▪ **deporte radical** esporte radical

radioaficionado, -a /raðjoafiθjo'naðo, a/ *sm, sf* radioamador ▪ **persona radioaficionada** pessoa radioamadora

radiodifusión /raðjoðifu'sjon/ *sf* radiodifusão ▪ **hacer una radiodifusión** fazer uma radiodifusão

radioescucha /raðjoes'kutʃa/ *sm, sf* radioescuta ▪ **utilizar la radioescucha** utilizar a radioescuta

radiofonía /raðjofo'nia/ *sf* radiofonia ▪ **aparatos de radiofonía** aparelhos de radiofonia

radiografía /raðjoɣra'fia/ *sf* radiografia ▪ **hacer una radiografía** fazer uma radiografia

radiología /raðjolo'xia/ *sf* radiologia ▪ **estudiar radiología** estudar radiologia

radioscopia /raðjos'kopja/ *sf* radioscopia ▪ **hacer una radioscopia** fazer uma radioscopia

radiotaxi /raðjo'taksi/ *sm* radiotáxi ▪ **llamar el radiotaxi** chamar o radiotáxi

radiotelefonía /raðjotelefo'nia/ *sf* radiotelefonia, telefonia sem fio, radiofonia ▪ **trabajo en la radiotelefonía** trabalho na radiotelefonia

radiotelegrafía /raðjoteleɣra'fia/ *sf* radiotelegrafia, telegrafia sem fio ▪ **hacer una radiotelegrafía** fazer uma radiotelegrafia

radioterapia /raðjote'rapja/ *sf* radioterapia ▪ **hacer radioterapia** fazer radioterapia

radioyente /raðjo'jente/ *sm, sf* radiouvinte ▪ **persona radioyente** pessoa radiouvinte

raedera /rae'ðera/ *sf* **1** raspadeira **2** raspador ▪ **raedera de pelo** raspador de pelo

raer /ra'er/ *vtr* **1** raspar **2** rapar, cortar rente **3** cortar pela raiz **4** riscar do mapa ▪ **raer con fuerza** raspar com força

raído, -a /ra'iðo, a/ *adj* **1** raspado **2** puído, gasto ▪ **muy raído** muito raspado

raíz /ra'iθ/ *sf* **1** raiz **2** fonte, origem, base, causa, fundamento ▪ **raíz de la planta** raiz da planta

raja /'raxa/ *sf* rachadura, racho ▪ **raja en la pared** rachadura na parede

reactor

rajá /ra'xa/ *sm* rajá, marajá, príncipe ou soberano indiano ■ **quiero un novio rajá** quero um namorado marajá

rajar /ra'xar/ *vtr*, *vi* rachar, cortar ■ **rajar la vasija de vidrio** rachar a vasilha de vidro

ralea /ra'lea/ *sf* espécie, qualidade, gênero ■ **ralea rara** espécie rara

rallador /raʎa'ðor/ *sm* ralador (de cozinha) ■ **rallador de queso** ralador de queijo

rallar /ra'ʎar/ *vtr* 1 ralar 2 amolar, importunar ■ **rallar la zanahoria** ralar a cenoura

ralo, -a /'ralo, a/ *adj* ralo, pouco espesso ■ **sopa rala** sopa rala

rama /'rama/ *sf* ramo, galho ■ **rama de planta** ramo de planta

ramal /ra'mal/ *sm* 1 ramal, cabo 2 cada fio de corda ■ **llamar en el ramal** ligar no ramal

ramalazo /rama'laθo/ *sm* 1 pancada 2 dor repentina ■ **llevar un ramalazo** levar uma pancada

ramillete /rami'ʎete/ *sm* ramalhete, buquê, pequeno ramo de flores ■ **ramillete de flores** ramalhete de flores

ramo /'ramo/ *sm* 1 ramo, divisão 2 conjunto de flores ■ **ramo de la ingeniaría** ramo da engenharia

rampa /'rampa/ *sf* rampa, ladeira, plano inclinado ■ **rampa en la calle** rampa na rua

rana /'rana/ *sf* rã ■ **comer rana** comer rã

ranchero, -a /ran'tʃero, a/ *sm*, *sf* rancheiro, fazendeiro ■ **hombre ranchero** homem fazendeiro

rancho /'rantʃo/ *sm* rancho ■ **vacaciones en el rancho** férias no rancho

rango /'rango/ *sm* classe, categoria, dignidade ■ **rango medio** classe média

ranura /ra'nura/ *sf* ranhura, sulco, entalhe, encaixe ■ **ranura de las piezas** encaixe das peças

rapar /ra'par/ *vtr* rapar, tosar rente ■ **rapar la cartera** bater uma carteira, furtar

rapaz, -a /ra'paθ, a/ *adj*, *sm*, *sf* rapaz, jovem ■ **rapaz mayor** rapaz mais velho

rapidez /rapi'ðeθ/ *sf* rapidez, velocidade, pressa ■ **rapidez en la escrita** rapidez na escrita

rápido, -a /'rapiðo, a/ *adj*, *sm* 1 rápido, veloz, ligeiro 2 imediato, instantâneo 3 trem expresso depressa, rápido, prontamente ■ **caminar rápido** caminhar rápido

raposa /ra'posa/ *sf* 1 raposa 2 pessoa astuta, ladina ■ **raposa es un animal** raposa é um animal

raptar /rap'tar/ *vtr* raptar ■ **raptar una persona** raptar uma pessoa

rapto /'rapto/ *sm* 1 impulso, ação violenta, arrebatada 2 rapto 3 êxtase ■ **rapto de una persona** rapto de uma pessoa

raqueta /ra'keta/ *sf* 1 raquete 2 palheta ■ **raqueta de tenis** raquete de tênis

raquítico, -a /ra'kitiko, a/ *adj*, *sf*, *sm* 1 raquítico, débil 2 atrofiado ■ **persona raquítica** pessoa raquítica

rareza /ra'reθa/ *sf* 1 raridade 2 anormalidade 3 curiosidade 4 anomalia, excentricidade ■ **rareza de especie** raridade de espécie

raro, -a /'raro, a/ *adj* 1 raro, incomum 2 extravagante, exótico, excepcional 3 estranho ■ **animal raro** animal raro

rasante /ra'sante/ *adj* 1 rasante 2 fininha ■ **sopa rasante** sopa fininha

rasar /ra'sar/ *vtr* 1 rasar, roçar, raspar 2 igualar, nivelar, aplainar ■ **rasar el dedo** raspar o dedo

rascacielos /raska'θjelos/ *sm* arranha-céu ■ **edificios rascacielos** prédios arranha-céus

rascar /ras'kar/ *vtr* 1 arranhar 2 esfregar 3 coçar ■ **rascar la piel** coçar a pele

rasero /ra'sero/ *sm* rasoura, escumadeira, espumadeira ■ **poner comida con el rasero** colocar comida com a escumadeira

rasgado, -a /ras'γaðo, a/ *adj* 1 rasgado 2 aberto, espaçoso ■ **ropa rasgada** roupa rasgada

rasgón /ras'ɣon/ *sm* rasgão (em tecido) ■ **rasgón en la polera** rasgão na camisa

rasguñar /rasɣu'ɲar/ *vtr* 1 arranhar 2 esboçar um desenho ■ **rasguñar la rodilla** arranhar o joelho

raso, -a /'raso, a/ *adj*, *sm* 1 raso, plano, liso 2 nivelado ■ **plato raso** prato raso

raspa /'raspa/ *sf* 1 pelo 2 fiapo ■ **raspa del brazo** pelo do braço

raspado, -a /ras'paðo, a/ *sm*, *sf* raspagem, curetagem ■ **hacer raspado** fazer raspagem

rastrear /rastre'ar/ *vrt*, *vi* 1 rastrear, seguir uma pista 2 rastejar 3 indagar, perguntar 4 voar baixo, fazer voo rasante ■ **rastrear una persona** rastrear uma pessoa

rastrero, -a /ras'trero, a/ *adj* 1 rasteiro 2 baixo, mesquinho ■ **caminar rastrero** caminhar rasteiro

rastrillar /rastri'ʎar/ *vtr* 1 recolher (com rastelo ou restelo) 2 capinar ■ **rastrillar el césped** capinar a grama

rastro /'rastro/ *sm* 1 rastro, pegada 2 indício, vestígio, pista ■ **rastro del animal** rastro do animal

rata /'rata/ *sf* 1 rato, ratazana 2 rato, ladrão 3 pessoa vil ■ **miedo de rata** medo de rato

ratear /rate'ar/ *vtr* 1 furtar, surrupiar sutilmente coisas pequenas 2 ratear, dividir proporcionalmente 3 rastejar ■ **ratear un objeto** furtar um objeto

ratería /rate'ria/ *sf* 1 ladroeira 2 roubo ■ **ratería en la tienda** roubo na loja

ratificar /ratifi'kar/ 1 ratificar, confirmar, validar 2 comprovar ■ **ratificar el resultado** confirmar o resultado

rato /'rato/ *sm* fração pequena de tempo, tempinho, momento ■ **salir por un rato** sair por um momento

ratón /ra'ton/ *sm* 1 rato 2 ladrão ■ **ratón negro** rato preto

ratonera /rato'nera/ *sf* 1 ratoeira 2 buraco de rato ■ **ratonera en la casa** ratoeira na casa

raya /'raja/ *sf* raia, risco ■ **cuidado con la raya** cuidado com a raia

rayo /'rajo/ *sm* raio, faísca ■ **rayo del sol** raio de sol

razón /ra'θon/ *sf* razão, raciocínio ■ **razón de mi vida** razão da minha vida

razonable /raθo'naβle/ *adj* 1 razoável 2 justo, moderado 3 aceitável 4 regular ■ **sea razonable** seja justo

razonamiento /raθona'mjento/ *sm* 1 arrazoado 2 argumentação 3 raciocínio 4 alegação 5 discurso 6 conversação ■ **buen razonamiento** boa argumentação

razonar /raθo'nar/ *vi*, *vtr* 1 argumentar 2 arrazoar 3 falar, discorrer 4 raciocinar 5 alegar ■ **razonar bien** argumentar bem

reacción /reak'θjon/ *sf* 1 reação 2 resposta 3 tendência conservadora ■ **buena reacción** boa reação

reaccionar /reakθjo'nar/ *vi* 1 reagir 2 responder 3 resistir ■ **reaccionar a la violencia** reagir à violência

reacio, -a /'reaθjo, a/ *adj* 1 teimoso, resistente 2 indócil 3 indisciplinado, desobediente ■ **persona reacia** pessoa teimosa

reactivar /reakti'βar/ *vtr* reativar, reagir ■ **reactivar a una situación** reagir a uma situação

reactivo, -a /reak'tiβo, a/ *adj*, *sm* 1 reativo 2 reagente ■ **líquido reactive** líquido reagente

reactor /reak'tor/ *sm* reator ■ **reactor nuclear** reator nuclear

reajuste

reajuste /rea'xuste/ *sm* reajuste ∎ **reajuste salarial** reajuste salarial

real /re'al/ *adj* 1 real, verdadeiro, existente 2 efetivo ∎ **vida real** vida real

realce /re'alθe/ *sm* 1 realce, destaque 2 distinção 3 avivamento 4 brilho ∎ **realce del concierto** destaque do show

realeza /rea'leθa/ *sf* 1 realeza 2 majestade 3 soberania 4 grandeza, esplendor ∎ **familia de la realeza** família da realeza

realidad /reali'ðað/ *sf* 1 realidade, verdade 2 veracidade 3 certeza ∎ **realidad del habla** veracidade da fala

realismo /rea'lismo/ *sm* 1 realismo 2 monarquia ∎ **estudiar el realismo** estudar o realismo

realista /rea'lista/ *adj, sm, sf* 1 realista 2 monarquista ∎ **historia realista** história realista

realizador, -a /realiða'ðor, a/ *adj, sm, sf* 1 realizador 2 produtor (de cinema ou tevê) ∎ **realizador de sueños** realizador de sonhos

realzar /real'θar/ *vtr* 1 realçar, destacar, salientar 2 engrandecer 3 fulgurar ∎ **realzar la belleza** realçar a beleza

reanimar /reani'mar/ *vtr* 1 reanimar, reavivar 2 confortar 3 regenerar ∎ **reanimar un cuerpo** reanimar um corpo

reaparecer /reapare'θer/ *vi* 1 reaparecer, retornar 2 ressurgir 3 mostrar-se ∎ **reaparecer en la casa** reaparecer na casa

rebaba /re'βaβa/ *sf* 1 rebarba 2 aresta ∎ **rebaba del papel** rebarba do papel

rebaja /re'βaxa/ *sf* 1 rebaixamento ou diminuição 2 abatimento ∎ **rebaja del precio** diminuição do preço

rebanada /reβa'naða/ *sf* 1 rabanada 2 fatia de pão ∎ **comer rebanada** comer rabanada

rebañar /reβa'nar/ *vtr* 1 recolher 2 arrebanhar ∎ **rebañar los animales** recolher os animais

rebaño /re'βaɲo/ *sm* 1 rebanho, gado 2 conjunto de fiéis ∎ **rebaño de animales** rebanho de animais

rebasar /reβa'sar/ *vtr* 1 transbordar 2 ultrapassar, ir além dos limites ∎ **rebasar de conocimiento** transbordar de conhecimento

rebatir /reβa'tir/ *vtr* 1 rebater, repelir 2 rechaçar 3 abater 4 deduzir 5 refutar 6 redobrar, reforçar ∎ **rebatir una conversación** rebater uma fala

rebato /re'βato/ *sm* 1 alerta, alarme 2 rebate 3 assalto, ataque repentino ∎ **rebato de la casa** alarme da casa

rebelarse /reβe'larse/ *vpr* 1 rebelar-se, sublevar-se 2 desobedecer 3 resistir, revoltar-se ∎ **rebelarse con alguien** rebelar-se com alguém

rebelde /re'βelde/ *adj, sm, sf* 1 rebelde 2 desobediente 3 indócil 4 indisciplinado 5 faccioso ∎ **hijo rebelde** filho rebelde

rebeldía /reβel'dia/ *sf* 1 rebeldia 2 rebelião 3 indisciplina 4 sublevação ∎ **rebeldía de los jóvenes** rebeldia dos jovens

rebelión /reβe'ljon/ *sf* 1 rebelião 2 sublevação 3 insurreição ∎ **rebelión en la cela** rebelião na cadeia

reblandecer /reβlande'θer/ *vtr, vi* abrandar, suavizar ∎ **reblandecer el asunto** abrandar o assunto

rebobinar /reβoβi'nar/ *vtr* rebobinar, enrolar novamente ∎ **rebobinar la cinta** rebobinar a fita

reborde /re'βorðe/ *sm* 1 rebordo 2 moldura ∎ **reborde del dibujo** moldura do desenho

rebosar /reβo'sar/ *vtr, vi* 1 transbordar 2 sobejar 3 abundar ∎ **rebosar de emoción** transbordar de emoção

rebotar /reβo'tar/ *vi, vtr* quicar, pular ∎ **rebotar la pelota** quicar a bola

rebullir /reβu'ʎir/ *vi* 1 reanimar-se 2 mexer-se, mover-se ∎ **rebullir en la fiesta** reanimar-se na festa

rebuscar /reβus'kar/ *vtr* rebuscar, florear ∎ **rebuscar el regalo** rebuscar o presente

recadero, -a /reka'ðero, a/ *sm, sf* 1 mensageiro, office-boy 2 emissário 3 enviado ∎ **recadero del reino** mensageiro do reino

recado /re'kaðo/ *sm* 1 recado, mensagem 2 lembrança 3 presente 4 provisão, compras 5 apetrechos ∎ **enviar un recado** enviar um recado

recaer /reka'er/ *vi* 1 recair, cair de novo 2 adoecer novamente do mesmo mal 3 reincidir ∎ **recaer en las drogas** recair nas drogas

recalcar /rekal'kar/ *vtr* 1 recalcar, apertar 2 sublinhar 3 encher 4 repisar, repetir o que se disse ∎ **recalcar el pantalón** apertar a calça

recalcitrante /re'kalθi'trante/ *adj* 1 recalcitrante 2 teimoso 3 desobediente, obstinado ∎ **persona recalcitrante** pessoa teimosa

recambio /re'kambjo/ *sm* 1 recâmbio 2 substituição, troca ∎ **recambio en el coche** recâmbio no carro

recarga /re'karʁa/ *sf* 1 recarga 2 sobrecarga ∎ **recarga del celular** recarga do celular

recargado, -a /rekar'ʁaðo, a/ *adj* 1 recarregado 2 sobrecarregado 3 exagerado ∎ **celular recargado** celular recarregado

recatado, -a /reka'taðo, a/ *adj* 1 recatado, discreto 2 modesto ∎ **hombre recatado** homem recatado

recatar /reka'tar/ *vtr* 1 recatar, esconder, ocultar 2 encobrir 3 precaver-se, acautelar-se ∎ **recatar de alguien** esconder de alguém

recato /re'kato/ *sm* 1 recato, reserva, pudor 2 cautela 3 honestidade ∎ **persona con recato** pessoa com pudor

recauchutar /rekawtʃu'tar/ *vtr* recauchutar ∎ **recauchutar la ropa** recauchutar a roupa

recelar /reθe'lar/ *vtr, vi* preocupar ∎ **recelar con los hijos** preocupar com os filhos

recelo /re'θelo/ *sm* 1 receio 2 apreensão ∎ **recelo de alguien** receio de alguém

recepción /reθep'θjon/ *sf* acolhida ∎ **recepción de las personas** acolhida das pessoas

receta /re'θeta/ *sf* receita ∎ **receta de comida** receita de comida

recetar /reθe'tar/ *vtr* receitar ∎ **recetar una medicina** receitar um remédio

recetario /reθe'tarjo/ *sm* formulário ∎ **rellenar el recetario** preencher o formulário

rechazar /retʃa'θar/ *vtr* rejeitar ∎ **rechazar una idea** rejeitar uma ideia

recibir /reθi'βir/ *vtr* 1 aceitar 2 admitir ∎ **recibir un error** admitir um erro

reciente /re'θjente/ *adj* fresco ∎ **idea reciente** ideia fresca

recinto /re'θinto/ *sm* âmbito ∎ **recinto de estudios** âmbito de estudos

recio /'reθjo, a/ *adj* robusto ∎ **persona recia** pessoa robusta

reclusión /reklu'sjon/ *sf* prisão ∎ **reclusión de los hombres** prisão dos homens

recobrar /reko'βrar/ *vtr* 1 recobrar 2 recuperar 3 reintegrar ∎ **recobrar la memoria** recuperar a memória

recodo /re'koðo/ *sm* ângulo ∎ **recodo del triangulo** ângulo do triângulo

recoger /reko'xer/ *vtr* 1 recolher 2 apanhar 3 resguardar ∎ **recoger las frutas** recolher as frutas

recogido /reko'xiðo, a/ *adj, sm* apanhado ∎ **conocimiento recogido** conhecimento apanhado

recolectar /rekolek'tar/ *vtr* arrecadar ∎ **recolectar dinero** arrecadar dinheiro

regañar

recomendación /rekomeŋda'θjon/ *sf* recomendação ■ **buena recomendación** boa recomendação

recomendar /rekomeŋ'dar/ *vtr* recomendar ■ **recomendar una persona** recomendar uma pessoa

recompensa /rekom'pensa/ *sf* agradecimento ■ **recompensa por la buena acción** agradecimento pela boa ação

recomponer /rekompo'ner/ *vtr* reparar ■ **recomponer el daño** reparar o dano

reconciliar /rekonθi'ljar/ *vtr* 1 reconciliar 2 ajustar ■ **reconciliar la amistad** reconciliar a amizade

reconfortante /rekoɱfor'tante/ *adj* animador ■ **resultado reconfortante** resultado animador

reconocer /rekono'θer/ *vtr* 1 reconhecer 2 identificar 3 autenticar ■ **reconocer los errores** reconhecer os erros

reconsiderar /rekonsiðe'rar/ *vtr* 1 reconsiderar, pensar melhor 2 tornar ■ **reconsiderar una buena persona** tornar-se uma boa pessoa

reconstituir /rekonsti'twir/ *vtr* restabelecer ■ **reconstituir en la vida** restabelecer na vida

reconvenir /rekonbe'nir/ *vtr* repreender ■ **reconvenir una persona** repreender uma pessoa

recopilar /rekopi'lar/ *vtr* recolher ■ **recopilar datos** recolher dados

recordar /rekor'ðar/ *vtr* 1 lembrar 2 recordar ■ **recordar de un dato importante** lembrar de um dado importante

recorrer /reko'rer/ *vtr* percorrer ■ **recorrer la calle** percorrer a rua

recorrido /reku'rir/ *vtr, vi* percurso ■ **buen recorrido** bom percurso

recortar /rekor'tar/ *vtr* recortar ■ **recortar el papel** recortar o papel

recoveco /reko'βeko/ *sm* 1 reviravolta 2 rodeio ■ **recoveco en la vida** reviravolta na vida

recrear /rekre'ar/ *vtr* 1 recriar, criar de novo 2 recrear, alegrar 3 apascentar ■ **recrear un niño** alegrar uma criança

recriminar /rekrimi'nar/ *vtr* repreender ■ **recriminar una persona** recriminar uma pessoa

rectificación /rektifika'θjon/ *sf* 1 retificação 2 purificação ■ **rectificación de los pecadores** purificação dos pecadores

rectificar /rektifi'kar/ *vtr* purificar ■ **rectificar el agua** purificar a água

rectitud /rekti'tuð/ *sf* 1 retidão 2 sabedoria ■ **rectitud del estudiante** sabedoria do estudante

recuerdo /rekor'ðar/ *vtr* lembrança ■ **buen recuerdo** boa lembrança

recuperar /rekupe'rar/ *vtr* recuperar ■ **recuperar la memoria** recuperar a memória

recurrir /reku'rir/ *vtr, vi* 1 apelar 2 recuperar ■ **recurrir un trabajo** recuperar um trabalho

recurso /re'kurso/ *sm* 1 apelação 2 arma 3 recurso ■ **recurso de queja** mandado de segurança

red /'reð/ *sf* rede ■ **buena red** boa rede

redacción /reðak'θjon/ *sf* redação ■ **redacción del estudiante** redação do estudante

redención /reðen'θjon/ *sf* redenção ■ **redención de los hombres** redenção dos homens

redimir /reði'mir/ *vtr* 1 redimir 2 remir ■ **redimir con Dios** redimir com Deus

redondear /reðonde'ar/ *vtr* arredondar ■ **redondear la mesa** arredondar a mesa

reducir /reðu'θir/ *vtr* 1 resumir 2 retrair 3 restringir ■ **reducir el texto** resumir o texto

reeducar /reeðu'kar/ *vtr* readaptar ■ **reeducar los alumnos** readaptar os alunos

reemplazo /reem'plaθo/ *sm* 1 substituição 2 renovação ■ **reemplazo de vida** renovação de vida

referencia /refe'renθja/ *sf* referência ■ **hacer referencia** fazer referência

referente /refe'rente/ *adj, sm* alusivo ■ **algo referente** algo alusivo

referir /refe'rir/ *vtr* 1 referir 2 relacionar ■ **referir a algo** referir a algo

refinado /refi'naðo, a/ *adj, sm* refinado ■ **hombre refinado** homem refinado

refinar /refi'nar/ *vtr* 1 refinar 2 aperfeiçoar ■ **refinar las actitudes** aperfeiçoar as atitudes

reflejado /refle'xaðo/ *adj, sm* refletido ■ **imagen reflejada** imagen refletida

reflejar /refle'xar/ *vtr* refletir ■ **reflejar sobre las actitudes** refletir sobre as atitudes

reflejo /re'flexo, a/ *adj, sm* reflexo ■ **reflejo del espejo** reflexo do espelho

reflexionar /refleksjo'nar/ *vtr* 1 pensar 2 refletir ■ **reflexionar sobre un asunto** refletir sobre um assunto

reforma /re'forma/ *sf* reforma ■ **reforma en la casa** reforma na casa

reformar /refor'mar/ *vtr* 1 reformar 2 modificar 3 reparar ■ **reformar un departamento** reformar um apartamento

refractario /refrak'tarjo, a/ *sm* refratário ■ **refractario de vidrio** refratário de vidro

refrenar /refre'nar/ *vtr* 1 refrear 2 medir ■ **refrenar la casa** medir a casa

refrenar /refre'nar/ *vtr* reprimir ■ **refrenar alguien** reprimir alguém

refrescar /refres'kar/ *vtr, vi* 1 refrescar 2 refrigerar ■ **refrescar con el agua** refrescar com a água

refresco /re'fresko/ *sm* refresco, refrigerante ■ **tomar un refresco** tomar um refrigerante

refrigerador /refrixera'ðor, a/ *adj, sm* geladeira ■ **comida en el refrigerador** comida na geladeira

refrigerar /refrixe'rar/ *vtr* 1 refrigerar 2 refrescar ■ **refrigerar el ambiente** refrigerar o ambiente

refuerzo /re'fwerθo/ *sm* reforço ■ **refuerzo escolar** reforço escolar

refugiar /refu'xjar/ *vtr* refugiar ■ **refugiar de alguien** refugiar de alguém

refugio /re'fuxjo/ *sm* 1 refúgio 2 albergue 3 porto ■ **refugio en la ciudad** albergue na cidade

refulgir /reful'xir/ *vtr* 1 resplandecer 2 brilhar ■ **refulgir por la noche** brilhar pela noite

refundir /refun'dir/ *vtr* refundir ■ **refundir algo** refundir algo

refunfuñar /refunfu'nar/ *vtr, vi* 1 resmungar 2 rezar ■ **refunfuñar por la noche** resmungar pela noite

refutar /refu'tar/ *vtr* 1 negar 2 replicar 3 rebater ■ **refutar una propuesta** negar uma proposta

regalar /reɣa'lar/ *vtr* brindar ■ **regalar la vida** brindar a vida

regalía /reɣa'lia/ *sf* privilégio ■ **gran regalía** grande privilégio

regañar /reɣa'nar/ *vtr, vi* resmungar ■ **regañar con los padres** resmungar com os pais

R

217

regenerar

regenerar /rexeneˈrar/ *vtr* 1 regenerar 2 reformar ■ **regenerar proyectos** regenerar projetos

régimen /ˈreximen/ *sm* regime ■ **régimen rigoroso** regime rigoroso

regir /reˈxir/ *vtr, vi* 1 reger 2 reinar 3 regular ■ **regir las canciones** reger as músicas

registrar /rexisˈtrar/ *vtr* 1 registrar 2 anotar ■ **registrar en el sistema** registrar no sistema

regla /ˈrexla/ *sf* 1 régua 2 ordem, norma ■ **la regla se rompió** a régua se rompeu

reglamento /rexlaˈmento/ *sm* regulamento ■ **reglamento de la empresa** regulamento da empresa

reglar /reˈxlar/ *vtr* 1 regular 2 moderar 3 alinhar ■ **reglar la vida** regular a vida

regocijar /rexoθiˈxar/ *vtr* 1 regozijar 2 alegrar ■ **regocijar en la vida** alegrar na vida

regodearse /rexoðeˈarse/ *vpr* recrear ■ **regodearse con los niños** recrear-se com as crianças

regresar /rexreˈsar/ *vi* 1 regressar 2 tornar ■ **regresar temprano** regressar cedo

reguera /reˈxera/ *sf* sarjeta ■ **vivir en la reguera** viver na sarjeta

reguero /reˈxero/ *sm* filete ■ **reguero de esperanza** filete de esperança

regulación /rexulaˈθjon/ *sf* regulamento ■ **regulación del juego** regulamento do jogo

regular /rexuˈlar/ *adj, adv* 1 regular 2 guiar 3 medir ■ **regular la vida** regular a vida

rehabilitar /reaβiliˈtar/ *vtr* 1 recuperar 2 reparar ■ **rehabilitar bien** recuperar bem

rehacer /reaˈθer/ *vtr* 1 repor 2 reparar ■ **rehacer un trabajo** reparar um trabalho

rehuir /reˈwir/ *vtr* 1 evitar 2 retirar ■ **rehuir la ropa** retirar a roupa

rehusar /reuˈsar/ *vtr, vi* 1 recusar 2 rejeitar ■ **rehusar la propuesta** recusar a proposta

reina /ˈrejna/ *sf* rainha ■ **reina poderosa** rainha poderosa

reinado /rejˈnaðo/ *sm* reinado ■ **reinado de España** reinado de Espanha

reinar /rejˈnar/ *vi* reinar ■ **reinar un reino** reinar um reino

reincidencia /rejnθiˈðenθja/ *sf* reincidência ■ **reincidencia de algo** reincidência de algo

reincidente /rejnθiˈðente/ *adj, sm, sf* obstinado ■ **persona reincidente** pessoa obstinada

reintegrar /rejnteˈxrar/ *vtr* reintegrar ■ **reintegrar en la sociedad** reintegrar na sociedade

reir /reˈir/ *vi, vtr* rir ■ **reír mucho** rir muito

reiterar /rejteˈrar/ *vtr* 1 renovar 2 repetir ■ **reiterar los asuntos** renovar os assuntos

rejo /ˈrexo/ *sm* aguilhão ■ **tener un rejo** ter um aguilhão

rejuvenecer /rexuβeneˈθer/ *vtr* rejuvenescer ■ **rejuvenecer con el amor** rejuvenescer com o amor

relación /relaˈθjon/ *sf* 1 planilha 2 ligação ■ **buena relación** boa ligação

relacionar /relaθjoˈnar/ *vtr* 1 relacionar 2 aproximar 3 referir ■ **relacionar bien** relacionar bem

relajar /relaˈxar/ *vtr* relaxar ■ **relajar en el fin de semana** relaxar no fim de semana

relajo /reˈlaxo/ *sm* podridão ■ **relajo de frutas** podridão de frutas

relamer /relaˈmer/ *vtr* lamber ■ **relamer el dulce** lamber o doce

relámpago /reˈlampaɣo/ *sm* relâmpago ■ **lluvia y relámpago** chuva e relâmpago

relanzar /relanˈθar/ *vtr* rejeitar ■ **relanzar alguien** rejeitar alguém

relatar /relaˈtar/ *vtr, vi* 1 relacionar 2 referir ■ **relatar con personas** relacionar com pessoas

relax /reˈlaks/ *sm* relaxamento ■ **relax en las vacaciones** relaxamento nas férias

relieve /reˈljeβe/ *sm* relevo ■ **relieve de la tierra** relevo da terra

reliquia /reˈlikja/ *sf* relíquia ■ **objetos de reliquia** objetos de relíquia

rellenar /reʎeˈnar/ *vtr* 1 rechear 2 abarrotar ■ **rellenar el pastel** rechear o bolo

rellenar /reʎeˈnar/ *vtr* acolchoar ■ **rellenar la almohada** acolchoar o travesseiro

reluciente /reluˈθjente/ *adj* brilhante ■ **ojos relucientes** olhos brilhantes

relucir /reluˈθir/ *vtr, vi* 1 luzir 2 resplandecer 3 brilhar ■ **relucir siempre** brilhar sempre

relumbrar /relumˈbrar/ *vi* 1 resplandecer 2 brilhar ■ **relumbrar con la felicidad** resplandecer com a felicidade

remanso /reˈmanso/ *sm* quietude ■ **remanso en el campo** quietude no campo

rematar /remaˈtar/ *vtr, vi* leiloar ■ **rematar un objeto** leiloar um objeto

remediar /remeˈðjar/ *vtr* sanear ■ **remediar el problema** sanear o problema

remedo /reˈmeðo/ *sm* arremedo ■ **hacer un remedo** fazer um arremedo

remembranza /rememˈbranθa/ *sf* lembrança ■ **tener remembranza** ter lembrança

rememorar /rememoˈrar/ *vtr* lembrar ■ **rememorar los momentos** lembrar os momentos

reminiscencia /reminisˈθenθja/ *sf* lembrança ■ **reminiscencia de las personas** lembrança das pessoas

remisión /remiˈsjon/ *sf* 1 remessa 2 perdão 3 relaxamento ■ **hacer remisión** fazer relaxamento

remitir /remiˈtir/ *vtr, vi* mandar ■ **remitir proyectos** mandar projetos

remojo /reˈmoxo/ *sm* 1 remolho, de molho 2 gorjeta ■ **ganar remojo** ganhar gorjeta

remorder /remorˈðer/ *vtr* 1 remoer 2 atormentar ■ **remorder el pasado** remoer o passado

remordimiento /remorðiˈmjento/ *sm* arrependimento ■ **remordimiento de las actitudes** arrependimento das atitudes

remoto /reˈmoto, a/ *adj* remoto ■ **controle remoto** controle remoto

remover /remoˈβer/ *vtr* mover ■ **remover un mueble** mover um móvel

renacer /renaˈθer/ *vtr* renascer ■ **renacer de los muertos** renascer dos mortos

rencor /reŋˈkor/ *sm* ódio ■ **tener rencor** ter ódio

rencor /reŋˈkor/ *sm* animosidade ■ **tener rencor** ter animosidade

rendición /rendiˈθjon/ *sf* 1 rendição 2 bandeira ■ **rendición de la paz** bandeira da paz

rendir /renˈdir/ *vtr* render ■ **rendir al enemigo** render ao inimigo

renegar /reneˈxar/ *vi, vtr* 1 negar 2 abjurar ■ **renegar la familia** negar a família

reñir /reˈɲir/ *vtr, vi* 1 brigar 2 lutar ■ **reñir con el hermano** brigar com o irmão

218

restituir

renovación /renoβaˈθjon/ *sf* 1 renovação 2 reforma ■ **renovación de contrato** renovação de contrato

renovar /renoˈβar/ *vtr* 1 renovar 2 reformar 3 mudar ■ **renovar los trabajos** renovar os trabalhos

renuevo /reˈnweβo/ *sm* botão ■ **renuevo colgado** botão ligado

renuncia /reˈnunθja/ *sf* 1 abnegação 2 abstenção ■ **renuncia de algo** abnegação de algo

renunciar /renunˈθjar/ *vtr, vi* 1 abdicar 2 abjurar 3 rejeitar ■ **renunciar a las drogas** abdicar as drogas

reo /ˈreo, a/ *sm, sf* réu ■ **reo del juicio** réu do julgamento

reparar /repaˈrar/ *vtr, vi* 1 reparar 2 atentar ■ **reparar el error** reparar o erro

reparo /reˈparo/ *sm* 1 reparo 2 reforma 3 repartição ■ **reparo de actividad** reparo de atividade

repasar /repaˈsar/ *vtr* repassar ■ **repasar actividades** repassar atividades

repelente /repeˈlente/ *adj, sm* asqueroso ■ **persona repelente** pessoa asquerosa

repeler /repeˈler/ *vtr, vi* rejeitar ■ **repeler una petición** rejeitar uma petição

repetir /repeˈtir/ *vtr, vi* 1 repetir 2 reproduzir ■ **repetir la frase** repetir a frase

repleto /reˈpleto, a/ *adj* saturado ■ **vaso repleto** copo saturado

réplica /ˈreplika/ *sf* réplica ■ **réplica de un cuadro** réplica de um quadro

replicar /repliˈkar/ *vtr* replicar ■ **replicar mucho** replicar muito

reponer /repoˈner/ *vtr* repor ■ **reponer materia** repor matéria

reposo /reˈposo/ *sm* repouso ■ **reposo del día** repouso do dia

repostar /reposˈtar/ *vtr* repor ■ **repostar mucho** repor muito

represar /repreˈsar/ *vtr, vi* represar ■ **represar algo** represar algo

representación /representaˈθjon/ *sf* representação, imagem ■ **representación de la realidad** imagen da realidade

representante /represenˈtante/ *adj, sm, sf* representante ■ **tener un representante** ter um representante

representar /represenˈtar/ *vtr* 1 mostrar 2 aparentar ■ **representar a una persona** mostrar a uma pessoa

represión /represˈjon/ *sf* 1 repressão 2 patrulha ■ **represión de las personas** repressão das pessoas

reprimir /repriˈmir/ *vtr* 1 reprimir 2 proibir ■ **reprimir las personas** reprimir as pessoas

reprochar /reproˈtʃar/ *vtr* 1 repreender 2 recusar ■ **reprochar ayuda** recusar ajuda

reproducción /reproðukˈθjon/ *sf* 1 réplica 2 imitação ■ **reproducción de una película** réplica de um filme

reproducir /reproðuˈθir/ *vtr* 1 reproduzir 2 multiplicar 3 repetir ■ **reproducir muy bien** reproducir muito bem

repugnancia /repuɣˈnanθja/ *sf* asco ■ **repugnancia de las personas** asco das pessoas

repugnante /repuɣˈnante/ *adj* 1 indigesto 2 torpe ■ **acto repugnante** ato indigesto

repugnar /repuɣˈnar/ *vtr, vi* recusar ■ **repugnar ayuda** recusar ajuda

reputación /reputaˈθjon/ *sf* reputação, fama, glória ■ **buena reputación** boa fama

requerimiento /rekeriˈmjento/ *sm* notificação ■ **requerimiento de documento** notificação de documento

requiebro /reˈkjeβro/ *sm* 1 namoro 2 cantada, paquera ■ **requiebro de dos años** namoro de dois anos

rescatar /reskaˈtar/ *vtr* 1 redimir 2 remir 3 resgatar, recuperar, livrar ■ **rescatar del acto** redimir do ato

rescisión /resθiˈsjon/ *sf* anulação ■ **rescisión del trabajo** anulação do trabalho

rescoldo /resˈkoldo/ *sm* 1 rescaldo 2 resquício, vestígio ■ **rescoldo de algo** resquício de algo

resentimiento /resentiˈmjento/ *sm* animosidade ■ **resentimiento de las personas** animosidade das pessoas

reserva /reˈserβa/ *sf* 1 reserva 2 guarda 3 retraimento ■ **reserva animal** reserva animal

reservado /reserˈβaðo, a/ *adj, sm* prudente ■ **persona reservada** pessoa prudente

reservar /reserˈβar/ *vtr* 1 ocultar 2 guardar ■ **reservar un secreto** guardar um segredo**resfriar** /resfriˈar/ *vtr* resfriar ■ **resfriar en el verano** resfriar no verão

resguardar /resrwarˈðar/ *vtr* 1 resguardar 2 proteger ■ **resguardar los hijos** proteger os filhos

resguardo /resˈrwarðo/ *sm* resguardo ■ **estar de resguardo** estar de resguardo

residencia /resiˈðenθja/ *sf* 1 assento 2 aposento ■ **buena residencia** bom assento

resignar /resiɣˈnar/ *vtr* resignar ■ **resignar algo** resignar algo

resistencia /resisˈtenθja/ *sf* 1 resistência 2 tenacidade ■ **resistencia de las personas** tenacidade das pessoas

resistir /resisˈtir/ *vtr, vi* 1 afrontar 2 recusar ■ **resistir a la violencia** afrontar a violência

resolución /resoluˈθjon/ *sf* 1 resolução 2 portaria ■ **resolución del problema** resolução do problema

resolver /resolˈβer/ *vtr* resolver ■ **resolver el problema** resolver o problema

respecto /resˈpekto/ *sm* respeito, relação ■ **al respecto** a respeito

respetar /respeˈtar/ *vtr* acatar ■ **respetar los mayores** acatar aos mais velhos

respeto /resˈpeto/ *sm* respeito ■ **mucho respeto** muito respeito

respingar /respiɣˈgar/ *vi* 1 grunhir 2 resmungar ■ **respingar mucho** resmungar muito

respingo /resˈpiŋgo/ *sm* respingo ■ **respingo en el techo** respingo no teto

resplandecer /resplandeˈθer/ *vi* 1 resplandecer 2 brilhar ■ **resplandecer mucho** resplandecer muito

resplandecer /resplandeˈθer/ *vi* luzir ■ **resplandecer por la noche** luzir pela noite

resplandeciente /resplandeˈθjente/ *adj* brilhante ■ **mirada resplandeciente** olhar brilhante

responsabilidad /responsaβiliˈðað/ *sf* obrigação ■ **responsabilidad por los actos** obrigação pelos atos

respuesta /resˈpwesta/ *sf* resposta, réplica ■ **respuesta de un trabajo** réplica de um trabalho

resquebrajar /reskeβraˈxar/ *vtr* 1 rachar 2 fender ■ **resquebrajar la pared** rachar a parede

resta /ˈresta/ *sf* subtração ■ **resta de números** subtração de números

restablecer /restaβleˈθer/ *vtr* 1 restabelecer 2 renovar 3 repor ■ **restablecer nuevas concepciones** restabelecer novas concepções

restablecimiento /restaβleθiˈmjento/ *sm* renovação ■ **restablecimiento del proyecto** renovação do projeto

restañar /restaˈɲar/ *vtr* parar ■ **restañar la vida** parar a vida

restaurar /restawˈrar/ *vtr* 1 recobrar 2 restabelecer ■ **restaurar el trabajo** recobrar o trabalho

restituir /restiˈtwir/ *vtr* reintegrar ■ **restituir en la sociedad** reintegrar na sociedade

219

restricción

restricción /restrik'θjon/ *sf* restrição, limitação ▪ **hacer una restricción** fazer uma restrição

restringir /restrin'xir/ *vtr* restringir ▪ **restringir las ideas** restringir as ideias

resucitar /resuθi'tar/ *vtr, vi* reanimar ▪ **resucitar el cuerpo** reanimar o corpo

resuello /re'sweʎo/ *sm* asma ▪ **tener resuello** ter asma

resultar /resul'tar/ *vi* originar ▪ **resultar el trabajo** originar o trabalho

resumen /re'sumen/ *sm* abreviatura ▪ **resumen de la palabra** abreviatura da palavra

resurrección /resurek'θjon/ *sf* 1 resurreição 2 páscoa ▪ **conmemorar resurrección de cristo** comemorar páscoa

retardado /retar'ðaðo, a/ *adj* 1 atrasado 2 retardado ▪ **persona retardada** pessoa atrasada

retardar /retar'ðar/ *vtr, vi* 1 retardar 2 atrasar ▪ **retardar el proyecto** retardar o projeto

retazo /re'taθo/ *sm* fragmento ▪ **retazo del texto** fragmento do texto

retención /reten'θjon/ *sm* 1 prisão 2 reserva ▪ **retención de animales** reserva de animais

retener /rete'ner/ *vtr* guardar ▪ **retener líquido** guardar líquido

retirada /reti'raða/ *sf* refúgio ▪ **retirada para el descanso** refúgio para o descanso

retirado /reti'raðo/ *vtr* reformado ▪ **edificio retirado** edifício reformado

retirar /reti'rar/ *vtr* 1 retirar 2 apartar ▪ **retirar reclamación** retirar reclamação

retórica /re'torika/ *sf* oratória ▪ **estudiar retórica** estudar oratória

retractar /retrak'tar/ *vtr* retratar ▪ **retractar una persona** retratar uma pessoa

retraer /retra'er/ *vtr* retrair ▪ **retraer de algo** retrair de algo

retrasado /retra'saðo, a/ *adj* retardado ▪ **persona retrasada** pessoa retardada

retrasar /retra'sar/ *vtr* 1 atrasar 2 adiar ▪ **retrasar la reunión** atrasar a reunião

retraso /re'traso/ *sm* atraso ▪ **retraso de la reunión** atraso da reunião

retratar /retra'tar/ *vtr* fotografar ▪ **retratar una persona** fotografar uma pessoa

retrato /re'trato/ *sm* retrato ▪ **foto en un retrato** foto num retrato

retrete /re'trete/ *sm* latrina, privada ▪ **el retrete está en el fondo** a latrina está no fundo

retroceder /retroθe'ðer/ *vi* retroceder, recuar ▪ **retroceder un lugar** recuar um lugar

retroceso /retro'θeso/ *sm* atraso ▪ **retroceso del trabajo** atraso do trabalho

reunión /rew'njon/ *sf* 1 aglomeração 2 assembleia ▪ **reunión de maestros** assembleia de professores

reunir /rew'nir/ *vtr* 1 ajuntar 2 reunir 3 acumular ▪ **reunir las personas** reunir as pessoas

revelación /reβela'θjon/ *sf* revelação ▪ **revelación de las personas** revelação das pessoas

revelar /reβe'lar/ *vtr, vi* 1 revelar 2 manifestar ▪ **revelar un secreto** revelar um segredo

reventar /reβen'tar/ *vtr, vi* arrebentar ▪ **reventar la puerta** arrebentar a porta

reverencia /reβe'renθja/ *sf* respeito ▪ **reverencia a los mayores** respeito aos mais velhos

reverenciar /reβeren'θjar/ *vtr* adorar ▪ **reverenciar a Dios** adorar a Deus

revés 1 revés 2 avesso ▪ **ropa al revés** roupa do avesso

revestir /reβes'tir/ *vtr* revestir ▪ **revestir de sueños** revestir de sonhos

revista /re'βista/ *sf* revista ▪ **leer una revista** ler uma revista

revivir /reβi'βir/ *vtr, vi* renovar ▪ **revivir la vida** renovar a vida

revocar /reβo'kar/ *vtr* anular ▪ **revocar el trabajo** anular o trabalho

revolcar /reβol'kar/ *vtr* 1 revolver 2 maltratar ▪ **revolcar las personas** maltratar as pessoas

revolucionar /reβoluθjo'nar/ *vtr* 1 revoltar 2 amotinar ▪ **revolucionar con una situación** revoltar com uma situação

revolver /reβol'βer/ *vtr* 1 revolver 2 remexer ▪ **revolver los secretos** remexer nos segredos

revuelo /re'βwelo/ *sm* 1 perturbação 2 rebuliço ▪ **revuelo en la escuela** rebuliço na escola

rey /'rej/ *sm* rei ▪ **rey de España** rei de Espanha

rezagar /reθa'rar/ *vtr* retardar ▪ **rezagar el trabajo** retardar o trabalho

rezar /re'θar/ *vtr, vi* rezar ▪ **rezar siempre** rezar sempre

rezo /'reθo/ *sm* oração ▪ **rezo por la noche** faço uma oração à noite

rezongar /reθoŋ'gar/ *vtr, vi* 1 resmungar 2 rezar ▪ **rezongar por la noche** resmungar à noite

rico /'riko, a/ *adj, sm, sf* 1 rico (com dinheiro) 2 gostoso ▪ **comida rica** comida gostosa

riego /'rjeɣo/ *sm* rega, irrigação ▪ **el riego de las plantas** a irrigação das plantas

riesgo /'rjesɣo/ *sm* risco ▪ **riesgo de vida** risco de vida

rigidez /rixi'ðeθ/ *sf* rigidez ▪ **tener rigidez** ter rigidez

rígido /'rixiðo, a/ *adj* 1 rígido 2 rigoroso ▪ **actitud rígida** atitude rígida

rigor /ri'ɣor/ *sm* 1 aspereza 2 ortodoxia ▪ **gran rigor** grande aspereza

riguroso /riɣu'roso, a/ *adj* rigoroso ▪ **profesor riguroso** professor rigoroso

rima /'rima/ *sf* rima ▪ **hacer una rima** fazer uma rima

riña /'riɲa/ *sf* 1 rixa 2 baderna 3 briga ▪ **riña de personas** rixa de pessoas

rincón /riŋ'kon/ *sm* canto, rincão, ângulo ▪ **buen rincón** bom ângulo

río /'rio/ *sm* rio ▪ **río de sentimientos** rio de sentimentos

riqueza /ri'keθa/ *sf* 1 riqueza 2 fertilidade ▪ **riqueza de espíritu** riqueza de espírito

risa /'risa/ *sf* gozação ▪ **risa de alguien** gozação de alguém

ritual /ri'twal/ *adj, sm* ritual ▪ **hacer un ritual** fazer um ritual

rivalidad /riβali'ðað/ *sf* rivalidade, antagonismo ▪ **rivalidad de las personas** antagonismo das pessoas

rivalizar /riβali'θar/ *vi* medir ▪ **rivalizar los problemas** medir os problemas

rizar /ri'θar/ *vtr* frisar ▪ **rizar un asunto** frisar um assunto

robar /ro'βar/ *vtr* 1 furtar 2 roubar 3 pilhar ▪ **robar alguien** roubar alguém

robo /'roβo/ *sm* 1 mamata 2 assalto ▪ **trabajo es robo** trabalho é mamata

robustecer /roβuste'θer/ *vtr* fortalecer ▪ **robustecer con comida** fortalecer com comida

robusto /ro'βusto, a/ *adj* forte ▪ **hombre robusto** homem forte

rutina

rocío /ro'θio/ *sm* respingo ■ **rocío de la lluvia** respingo da chuva

rodear /roðe'ar/ *vtr, vi* acercar ■ **rodear de alguien** acercar de alguém

rodeo /ro'ðeo/ *sm* rodeio ■ **rodeo de personas** rodeio de pessoas

rol /'rol/ *sm* lista ■ **hacer un rol** fazer uma lista

rollo /'roʎo/ *adj, sm* rolo ■ **rollo de papel** rolo de papel

romance /ro'manθe/ *adj, sm* romance ■ **película de romance** filme de romance

rompeolas /rompe'olas/ *sm* quebra-mar ■ **tener rompeolas** ter quebra-mar

romper /rom'per/ *vtr, vi* 1 romper 2 partir ■ **romper con alguien** romper com alguém

romper /rom'per/ *vtr, vi* 1 quebrar 2 forçar ■ **romper la puerta** quebrar a porta

ronda /'ronda/ *sf* patrulha ■ **hacer una ronda** fazer uma patrulha

rostro /'rostro/ *sm* 1 fisionomia 2 aspecto ■ **buen rostro** boa fisionomia

roto 'roto, a/ *pp, adj, sm* quebrado ■ **aparato roto** aparelho quebrado

rotura /ro'tura/ *sf* rompimento, ruptura ■ **rotura de la pared** rompimento da parede

rubor /ru'βor/ *sm* rubor ■ **hacer un rubor** fazer um rubor

ruborizar /ruβori'θar/ *vtr* ruborizar ■ **me hizo ruborizar** me fez ruborizar

rúbrica /'ruβrika/ *sf* firma ■ **hacer una rúbrica** fazer uma firma

rudeza /ru'ðeθa/ *sf* aspereza ■ **tener rudeza** ter aspereza

rudimento /ruði'mento/ *sm* rudimento ■ **fuerte rudimento** forte rudimento

rudo /'ruðo, a/ *adj* rude ■ **persona rudo** pessoa rude

rufián /ru'fjan/ *sm* gigolô ■ **gran rufián** grande gigolô

ruin /'rwin/ *adj* 1 mesquinho 2 rasteiro ■ **persona ruin** pessoa mesquinha

ruina /'rwina/ *sf* 1 ruína 2 queda 3 ocaso ■ **ruina de piedra** ruína de pedra

rulo /'rulo/ *sm* rolo ■ **rulo de cuerdas** rolo de cordas

rumiar /ru'mjar/ *vtr, vi* 1 ruminar 2 remoer ■ **rumiar fuerte** ruminar forte

rumor /ru'mor/ *sm* boato ■ **rumor de personas** boato de pessoas

rumorearse /rumore'arse/ *vtr, vi* murmurar ■ **rumorearse en el público** murmurar no público

ruptura /rup'tura/ *sf* ruptura ■ **ruptura de la pareja** ruptura do casal

rural /ru'ra/ *adj* 1 rural 2 rústico ■ **trabajo rural** trabalho rústico

rústico /'rustiko, a/ *adj* 1 rústico 2 aldeão ■ **trabajo rústico** trabalho rústico

rutina /ru'tina/ *sf* rotina, senda ■ **gran rutina** grande senda

S

ABCDEFGHIJKLMNOPQRSTUVWXYZ

s /s/ *sf* vigésima segunda letra do alfabeto espanhol

saber /sa'βer/ *sm* saber ▪ **saber vivir** saber viver

sabiduría /saβiðu'ria/ *sf* **1** sabedoria **2** filosofia **3** prudência ▪ **tener sabiduría** ter sabedoria

sabio /'saβjo, a/ *adj, sm, sf* **1** sensato **2** prudente ▪ **hombre sabio** homem sensato

sabor /sa'βor/ *sm* sabor, paladar ▪ **sabor de la comida** sabor da comida

saborear /saβore'ar/ *vtr* saborear ▪ **saborear la comida** saborear a comida

sabroso /sa'βroso, a/ *adj* saboroso ▪ **comida sabrosa** comida saborosa

saca /'saka/ *sf* saco ▪ **saca de plástico** saco de plástico

sacapuntas /saka'puntas/ *sm* apontador ▪ **sacapuntas se rompió** apontador quebrou

sacar /sa'kar/ *vtr* **1** sacar **2** tirar **3** arrancar ▪ **sacar la blusa** tirar a blusa

sacerdote /saθer'ðote, isa/ *sm, sf* sacerdote ▪ **sacerdote de la iglesia** sacerdote da igreja

saciar /sa'θjar/ *vtr* **1** saciar **2** fartar ▪ **saciar el hambre** saciar a fome

saciedad /saθje'ðað/ *sf* **1** saciedade **2** fartura ▪ **saciedad del hombre** saciedade do homem

sacrificar /sakrifi'kar/ *vtr* sacrificar, imolar ▪ **sacrificar el animal** sacrificar o animal

sacrificio /sakri'fiθjo/ *sm* sacrifício ▪ **hacer un sacrificio** fazer um sacrifício

sacrilegio /sakri'lexjo/ *sm* sacrilégio ▪ **hacer un sacrilegio** fazer um sacrilégio

sacro /'sakro, a/ *adj* sacro ▪ **vestimenta sacra** vestimenta sacra

sacudir /saku'ðir/ *vtr* **1** abalar **2** agitar ▪ **sacudir en la noche** abalar na noite

sádico /'saðiko, a/ *adj, sm, sf* perverso ▪ **persona sádica** pessoa perversa

saeta /sa'eta/ *sf* bússola ▪ **usar la saeta** usar a bússola

sagacidad /saxaθi'ðað/ *sf* **1** astúcia **2** agudeza **3** faro ▪ **tener sagacidad** ter astúcia

sagitario /saxi'tarjo/ *sm* sagitário ▪ **persona sagitaria** pessoa sagitária

sagrado /sa'ɾraðo, a/ *adj* **1** sagrado **2** santo ▪ **vida sagrada** vida sagrada

sal /'sal/ *sf* sal ▪ **sal en la comida** sal na comida

salado /sa'laðo, a/ *adj, sm* **1** salgado **2** gracioso ▪ **comida salada** comida salgada

salario /sa'larjo/ *sm* ordenado ▪ **salario bajo** ordenado baixo

saldar /sal'dar/ *vtr* liquidar ▪ **saldar las ropas** liquidar as roupas

saldo /'saldo/ *sm* saldo ▪ **saldo negativo** saldo negativo

saleroso /sale'roso, a/ *adj* **1** saboroso **2** safado ▪ **comida salerosa** comida saborosa

salida /sa'liða/ *sf* **1** pretexto **2** saída ▪ **salida de emergencia** saída de emergência

saliente /sa'ljente/ *adj* notável ▪ **persona saliente** pessoa notável

salir /sa'lir/ *vi* **1** libertar **2** partir **3** sair ▪ **salir temprano** sair cedo

saltar /sal'tar/ *vi* **1** saltar **2** soltar ▪ **saltar alto** saltar alto

salteador /saltea'ðor, a/ *sm, sf* ladrão ▪ **salteador en la casa** ladrão na casa

saltear /salte'ar/ *vtr* **1** assaltar **2** saltar **3** surpreender ▪ **saltear mucho** assaltar muito

salto /'salto/ *sm* salto, pulo ▪ **salto alto** salto alto

salubre /sa'luβre/ *adj* salubre ▪ **comida salubre** comida salubre

saludable /salu'ðaβle/ *adj* **1** sadio **2** salutar **3** brindar ▪ **comida saludable** comida sadia

saludo /sa'luðo/ *sm* saudação ▪ **saluda a los novatos** saudação aos novatos

salva /'salβa/ *sf* saudação ▪ **buena salva** boa saudação

salvación /salβa'θjon/ *sf* redenção ▪ **salvación del mundo** redenção do mundo

salvaguardar /salβaɣwar'ðar/ *vtr* garantir ▪ **salvaguardar las personas** garantir as pessoas

salvaje /sal'βaxe/ *adj, sm, sf* selvagem, agressivo ▪ **mundo salvaje** mundo selvagem

salvar /sal'βar/ *vtr* **1** salvar **2** livrar **3** libertar ▪ **salvar las personas** salvar as pessoas

sanción /san'θjon/ *sf* **1** sanção **2** pena ▪ **sanción de algo** sanção de algo

sanear /sane'ar/ *vtr* **1** sanear **2** reparar ▪ **sanear el agua** sanear a água

sangrar /san'grar/ *vtr, vi* **1** sangrar **2** furtar ▪ **sangrar mucho** sangrar muito

sangre /'sangre/ *sf* sangue ▪ **sangre roja** sangue vermelho

sangría /san'gria/ *sf* sangria ▪ **beber sangría** beber sangria

sangriento /san'grjento, a/ *adj* sangrento ▪ **herida sangrienta** ferida sangrenta

sanguijuela /sangi'xwela/ *sf* aproveitador ▪ **persona sanguijuela** pessoa aproveitadora

sanguinario /sangi'narjo, a/ *adj, sm, sf* sanguinário ▪ **persona sanguinaria** pessoa sanguinária

sanguinolento /sangino'lento, a/ *adj* sangrento ▪ **corazón sanguinolento** coração sangrento

señorear

sano /'sano, a/ *adj*, *sm*, *sf* 1 sadio 2 puro ■ **persona sana** pessoa sadia

santidad /santi'ðað/ *sf* 1 santidade 2 pureza ■ **santidad de persona** santidade de pessoa

santificar /santifi'kar/ *vtr* santificar ■ **santificar una persona** santificar uma pessoa

santo /'santo, a/ *ad*, *sm*, *sf* santo ■ **creer en los santos** acreditar nos santos

saque /'sake/ *sm* saque ■ **hacer un saque** fazer um saque

saquear /sake'ar/ *vtr* 1 pilhar 2 roubar ■ **saquear el banco** roubar o banco

saqueo /sa'keo/ *sm* saqueio ■ **saqueo del banco** saqueio do bando

sarasa /sa'rasa/ *sm* bicha ■ **usted eres una sarasa** você é uma bicha

satinado /sati'naðo, a/ *adj* acetinado ■ **líquido satinado** líquido acetinado

satírico /sa'tiriko, a/ *adj* mordaz ■ **persona satírica** pessoa mordaz

satisfacción /satisfak'θjon/ *sf* satisfação ■ **satisfacción en la vida** satisfação na vida

satisfacer /satisfa'θer/ *vtr* 1 satisfazer 2 tranquilizar ■ **satisfacer los hijos** satisfazer os filhos

satisfacerse /satisfa'θerse/ *vtr* fartar ■ **satisfacerse de comida** fartar de comida

satisfactorio /satisfak'torjo, a/ *adj* aceitável ■ **trabajo satisfactorio** trabalho aceitável

saturación /satura'θjon/ *sf* 1 saciedade 2 fartura ■ **saturación de comida** fartura de comida

saturado /satu'raðo, a/ *adj* saturado ■ **vida saturada** vida saturada

saturar /satu'rar/ *vtr* 1 saturar 2 saciar ■ **saturar una persona** saturar uma pessoa

savia /'saβja/ *sf* seiva ■ **tomar la savia** beber a seiva

sazonar /saθo'nar/ *vtr* temperar ■ **sazonar la comida** temperar a comida

sebáceo /se'βaθeo, a/ *adj* sebáceo ■ **glándula sebácea** glândula sebácea

sebo /'seβo/ *sm* sebo ■ **vivir en el sebo** viver no sebo

seboso /se'βoso, a/ *adj* sebento ■ **persona sebosa** pessoa sebenta

secador (cabello) /seka'ðor/ *sm* secador ■ **secador de cabello** secador de cabelo

secadora (ropa) /seka'ðora/ *sf* secadora ■ **secadora de ropa** secadora de roupa

secar /se'kar/ *vtr*, *vi* 1 secar 2 murchar 3 arejar ■ **secar la ropa** secar a roupa

sección /sek'θjon/ *sf* repartição ■ **sección con problemas** repartição com problemas

seccionar /sekθjo'nar/ *vtr* secionar, serrar ■ **seccionar el hueso** serrar o osso

seco /'seko, a/ *adj* 1 árido 2 murcho 3 rude ■ **tiempo seco** tempo árido

secretar /sekre'tar/ *vtr* segregar ■ **secretar las personas** segregar as pessoas

secreto /se'kreto, a/ *adj*, *sm* 1 segredo, oculto 2 solitário ■ **lugar secreto** lugar oculto

secuestrar /sekwes'trar/ *vtr* 1 penhorar 2 aprender ■ **secuestrar un niño** aprender uma criança

sed /'seð/ *sf* sede ■ **tener sed** ter sede

seda /'seða/ *sf* seda ■ **ropa de seda** roupa de seda

sedar /se'ðar/ *vtr* sedar, sossegar ■ **sedar un animal** sossegar um animal

sediento /se'ðjento, a/ *adj* sedento ■ **persona sedienta** pessoa sedenta

sedoso /se'ðoso, a/ *adj* acetinado ■ **cabello sedoso** cabelo acetinado

seducción /seðuk'θjon/ *sf* 1 sedução 2 fascinação ■ **seducción de las mujeres** sedução das mulheres

seducir /seðu'θir/ *vtr* 1 seduzir 2 alucinar ■ **seducir los hombres** seduzir os homens

seductor /seðuk'tor, a/ *adj* tentador ■ **hombre seductor** homem tentador

segmento /seɣ'mento/ *sm* fragmento ■ **leer un segmento del libro** ler um fragmento do livro

segregar /seɣre'rar/ *vtr* 1 segregar 2 separar ■ **segregar los niños** segregar as crianças

seguir /se'ɣir/ *vtr*, *vi* 1 seguir 2 acompanhar 3 perseguir ■ **seguir adelante** seguir em frente

seguridad /seɣuri'ðað/ *sf* segurança ■ **tener seguridad** ter segurança

seguro /se'ɣuro, a/ *adj*, *sm* seguro ■ **seguro de vida** seguro de vida

seísmo /se'ismo/ *sm* sismo, movimento ■ **seísmo peligroso** movimento perigoso

sellar /se'ʎar/ *vtr* selar ■ **sellar una carta** selar uma carta

sello /'seʎo/ *sm* selo ■ **sello de carta** selo de carta

selvático /sel'βatiko, a/ *adj* rústico ■ **objeto selvático** objeto rústico

semblante /sem'blante/ *sm* 1 aspecto 2 presença 3 aparência ■ **mirar tu semblante** olhar o seu aspecto

semblanza /sem'blanθa/ *sf* esboço ■ **breve semblanza** breve esboço

sembrador /sembra'ðor, a/ *adj*, *sm*, *sf* semeador ■ **persona sembradora** pessoa semeadora

sembrar /sem'brar/ *vtr* 1 semear 2 plantar 3 propagar ■ **sembrar en el campo** semear no campo

semejante /seme'xante/ *adj* 1 semelhante 2 análogo 3 parecido ■ **personas semejantes** pessoas semelhantes

semejanza /seme'xanθa/ *sf* afinidade ■ **gran semejanza** grande afinidade

semejar /seme'xar/ *v cop* 1 semelhar 2 assemelhar 3 lembrar ■ **semejar con las otras personas** semelhar com as outras pessoas

semen /'semen/ *sm* sêmen ■ **semen de los animales** sêmen dos animais

seminario /semi'narjo, a/ *sm* seminário ■ **hacer un seminario** fazer um seminário

seña /'seɲa/ *sf* 1 sinal 2 aceno ■ **seña para alguien** aceno para alguém

señal /se'ɲal/ *sf* sinal ■ **hacer un señal** fazer um sinal

sencillez /senθi'ʎeθ/ *sf* simplicidade ■ **sencillez de las personas** simplicidade das pessoas

sencillo /sen'θiʎo, a/ *adj* 1 fácil 2 simples ■ **persona sencilla** pessoa simples

senda /'senda/ *sf* 1 senda 2 atalho ■ **hacer una senda** fazer uma senda

señor /se'ɲor, a/ *adj* 1 senhor 2 amo 3 patrão ■ **señor de la hacienda** senhor da fazenda

señorear /seɲore'ar/ *vtr*, *vi* mandar ■ **señorear en los empleados** mandar nos empregados

S

223

sensatez

sensatez /sensa'teθ/ *sf* **1** sensatez, prudência, juízo **2** maturidade ■ **tener sensatez** ter juízo

sensato /sen'sato, a/ *adj* sensato ■ **persona sensata** pessoa sensata

sensibilidad /sensiβili'ðað/ *sf* **1** sensibilidade **2** suscetibilidade ■ **tener sensibilidad** ter sensibilidade

sensibilizar /sensiβili'θar/ *vtr* sensibilizar ■ **sensibilizar una persona** sensibilizar uma pessoa

sentado /sen'taðo, a/ *adj* assentado ■ **quedar sentado** ficar assentado

sentar /sen'tar/ *vtr , vi* sentar **2** assentar ■ **sentar en la silla** sentar na cadeira

sentencia /sen'tenθja/ *sf* sentença ■ **escuchar la sentencia** escutar a sentença

sentenciar /senten'θjar/ *vtr* sentenciar ■ **sentenciar el reo** sentenciar o réu

sentimental /sentimen'tal/ *adj* sentimental ■ **persona sentimental** pessoa sentimental

sentimiento /senti'mjento/ *sm* sentimento ■ **tener sentimiento** ter sentimento

sentir /sen'tir/ *sm* **1** lamentar **2** sentir ■ **sentir amor** sentir amor

señuelo /se'ɲwelo/ *sm* anzol ■ **usar el señuelo** usar o anzol

separación /separa'θjon/ *sf* afastamento ■ **separación de personas** afastamento de pessoas

separado /sepa'raɾ/ *vtr* afastado ■ **quedar separado** ficar afastado

separar /sepa'raɾ/ *vtr* **1** separar **2** apartar **3** isolar ■ **separar las personas** separar as pessoas

sepultar /sepul'taɾ/ *vtr* soterrar ■ **sepultar el cuerpo** soterrar o corpo

sepultura /sepul'tuɾa/ *sf* jazigo ■ **ver la sepultura** ver o jazigo

sequedad /seke'ðað/ *sf* aridez ■ **tener sequedad** ter aridez

serenar /sere'naɾ/ *vtr , vi* **1** sossegar **2** apaziguar **3** acalmar ■ **serenar por la noche** sossegar pela noite

serenidad /sereni'ðað/ *sf* serenidade, tranquilidade ■ **serenidad en la vida** tranquilidade na vida

serio /'serjo, a/ *adj* **1** sério **2** sincero, verdadeiro ■ **hombre serio** homem sério

serpiente /ser'pjente/ *sf* jararaca ■ **picada de una serpiente** picada de uma jararaca

serranía /sera'nia/ *sf* serra ■ **viajar para serranía** viajar para a serra

servil /ser'βil/ *adj* servil ■ **trabajo servil** trabalho servil

sesgado /ses'ɣaɾ/ *vtr* oblíquo ■ **objeto sesgado** objeto oblíquo

seso /'seso/ *sm* **1** miolos **2** sensatez ■ **tener seso** ter sensatez

sesudo /se'suðo, a/ *adj* sensato ■ **persona sesuda** pessoa sensata

severidad /seβeri'ðað/ *sf* rigidez ■ **severidad con los hijos** rigidez com os filhos

severo /se'βero, a/ *adj* **1** rigoroso **2** puritano ■ **padre severo** pai rigoroso

siega /'sjeɣa/ *sf* messe ■ **mucha siega** muita messe

sierra /'serar/ *vtr* serra ■ **vivir en la sierra** viver na serra

sigilo /si'xilo/ *sm* silêncio ■ **sigilo en la iglesia** silêncio na igreja

signatura /siɣna'tuɾa/ *sf* firma ■ **hacer una signatura** fazer uma firma

significado /siɣnifi'kaɾ/ *vtr , vi* acepção ■ **significado de la palabra** acepção da palavra

silencio /si'lenθjo/ *sm* silêncio ■ **hacer silencio** fazer silêncio

silencioso /silen'θjoso, a/ *adj* **1** silencioso, calado **2** inexpressivo ■ **lugar silencioso** lugar inexpressivo

silla /'siʎa/ *sf* assento ■ **silla de madera** assento de madeira

simetría /sime'tria/ *sf* harmonia ■ **tener simetría** ter harmonia

simiente /si'mjente/ *sf* **1** semente, germe **2** sêmen ■ **simiente grande** germe grande

símil /'simil/ *adj , sm* **1** parecido **2** semelhante ■ **característica símil** característica parecida

similar /simi'laɾ/ *adj* **1** parecido **2** análogo ■ **personas similares** pessoas parecidas

simple /'simple/ *adj* **1** simples **2** tonto ■ **vida simple** vida simples

simplicidad /simpliθi'ðað/ *sf* **1** simplicidade **2** franqueza ■ **simplicidad de las personas** simplicidade das pessoas

simulación /simula'θjon/ *sf* **1** fraude **2** fingimento ■ **simulación de las personas** fraude das pessoas

simular /simu'laɾ/ *vtr* **1** aparentar **2** fingir ■ **simular una situación** fingir uma situação

sinceridad /sinθeri'ðað/ *sf* **1** franqueza **2** lisura ■ **sinceridad por demasiado** franqueza demais

sincero /sin'θero, a/ *adj* sincero ■ **hombre sincero** homem sincero

síncopa /'siŋko'paɾ/ *vtr* síncope ■ **tener síncopa** ter síncope

singularidad /siŋgulari'ðað/ *sf* singularidade ■ **singularidad de las personas** singularidade das pessoas

siniestro /si'njestro, a/ *adj , sm* sinistro, perverso ■ **persona siniestra** pessoa sinistro

sinsabor /sinsa'βor/ *sf* amargo ■ **comida sinsabor** comida amarga

sintetizar /sinteti'θar/ *vtr* **1** resumir **2** abreviar ■ **sintetizar el trabajo** resumir o trabalho

síntoma /'sintoma/ *sm* sintoma ■ **síntoma de infección** sintoma de infecção

siquiera /si'kjera/ *conj* sequer ■ **ni siquiera tengo dinero** nem sequer tenho dinheiro

sirena /si'rena/ *sf* sereia ■ **sirena del mar** sereia do mar

sistematización /sistematiθa'θjon/ *sf* organização ■ **sistematización de las empresas** organização das empresas

sistematizar /sistemati'θar/ *vtr* organizar ■ **sistematizar la vida** organizar a vida

sitiar /si'tjar/ *vtr* assediar ■ **sitiar las mujeres** assediar as mulheres

situación /sitwa'θjon/ *sf* nível ■ **situación crítica** nível crítico

situar /si'twar/ *vtr* **1** situar **2** localizar **3** pôr ■ **situar donde vive** situar onde mora

sobar /so'βar/ *vtr* **1** surrar **2** machucar **3** bater ■ **sobar alguien** surrar alguém

soberanía /soβera'nia/ *sf* realeza ■ **soberanía del reino** realeza do reino

soberano /soβe'rano, a/ *adj , sm , sf* **1** imperador **2** rei ■ **soberano poderoso** imperador poderoso

soberbia /so'βerβja/ *sf* **1** orgulho **2** majestade **3** arrogância ■ **soberbia del rey** orgulho do rei

soberbio /so'βerβjo, a/ *adj* orgulhoso ■ **persona soberbia** pessoa orgulhosa

soberbio /so'βerβjo, a/ *adj* arrogante ■ **persona soberbia** pessoa arrogante

sobón /so'βon, ona/ *adj* maçante ■ **asunto sobón** assunto maçante

sopapo

sobornar /soβoɾ'naɾ/ *vtr* subornar ■ **sobornar las personas** subornar as pessoas

soborno /so'βoɾno/ *sf* suborno, propina ■ **ganar soborno** ganhar propina

sobra /'soβɾa/ *sf* sobra ■ **sobra de comida** sobra de comida

sobrar /so'βɾaɾ/ *vi* 1 sobrar, ultrapassar 2 restar, ficar ■ **sobrar los mejores** ficar os melhores

sobrecargado /soβɾekaɾ'ɣaɾ/ *vtr* sobrecarregado, afogado ■ **persona sobrecargada** pessoa sobrecarregada

sobrecoger /soβɾeko'xeɾ/ *vtr* surpreender ■ **sobrecoger alguien** surpreender alguém

sobrellevar /soβɾeʎe'βaɾ/ *vtr* suportar ■ **sobrellevar los problemas** suportar os problemas

sobrenatural /soβɾenatu'ɾal/ *adj* 1 maravilhoso 2 imaterial ■ **trabajo sobrenatural** trabalho maravilhoso

sobrenombre /soβɾe'nombɾe/ *sm* apelido ■ **sobrenombre de su hijo** apelido do seu filho

sobrepasar /soβɾepa'saɾ/ *vtr* ultrapassar ■ **sobrepasar los límites** ultrapassar os limites

sobreponer /soβɾepo'neɾ/ *vtr* sobrepor ■ **sobreponer en la mesa** sobrepor na mesa

sobrepujar /soβɾepu'xaɾ/ *vtr* ultrapassar ■ **sobrepujar los límites** ultrapassar os limites

sobresalir /soβɾesa'liɾ/ *vi* 1 sobressair 2 avultar 3 brilhar ■ **sobresalir de una situación** sobressair de uma situação

sobresaltar /soβɾesal'taɾ/ *vtr* alarmar ■ **sobresaltar las personas** alarmar as pessoas

sobretodo /soβɾe'toðo/ *sm* agasalho ■ **usar el sobretodo** usar o agasalho

sobrevenir /soβɾeβe'niɾ/ *vi* 1 advir 2 suceder 3 ocorrer ■ **sobrevenir sobre las personas** advir sobre as pessoas

sobriedad /soβɾje'ðað/ *sf* parcimônia ■ **tener sobriedad** ter parcimônia

socapa /so'kapa/ *sf* 1 manha 2 pretexto ■ **niño con socapa** criança com manha

socavar /soka'βaɾ/ *vtr* minar ■ **socavar el hueco** minar o buraco

sociable /so'θjaβle/ *adj* 1 polido 2 urbano ■ **persona sociable** pessoa polida

sociedad /soθje'ðað/ *sf* 1 sociedade 2 associação 3 academia 4 assembleia ■ **sociedad violenta** sociedade violenta

socio /'soθjo, a/ *sm , sf* 1 associado 2 adjunto ■ **tener un socio** ter um associado

socorrer /soko'reɾ/ *vtr* 1 acudir 2 auxiliar 3 ajudar ■ **socorrer una persona** acudir uma pessoa

socorro /so'koro/ *sm* 1 socorro 2 ajuda 3 auxílio ■ **pedir socorro** pedir socorro

soda /'soða/ *sf* soda ■ **tomar soda** tomar soda

sofisticación /sofistika'θjon/ *sf* sofisticação ■ **sofisticación de las personas** sofisticação das pessoas

soflama /so'flama/ *sf* 1 rubor 2 tostar 3 fingir ■ **tener una soflama** ter um rubor

sofocado /sofo'kaɾ/ *vtr* afogado ■ **quedar sofocado** ficar afogado

sofocar /sofo'kaɾ/ *vtr* 1 abafar 2 afogar 3 asfixiar 4 rebater ■ **sofocar en el agua** afogar na água

sofoco /so'foko/ *sm* 1 sufoco 2 asfixia ■ **pasar por un sofoco** passar por um sufoco

soja /'soxa/ *sf* soja ■ **comer soja** comer soja

sojuzgar /soxuθ'xaɾ/ *vtr* 1 oprimir 2 submeter 3 reprimir ■ **sojuzgar los pobres** oprimir os pobres

sol /'sol/ *sm* sol ■ **sol fuerte** sol forte

solar /so'laɾ/ *vtr* revestir ■ **solar la piel** revestir a pele

soldado /sol'daðo/ *sm* 1 militante 2 partidário ■ **soldado de guerra** militante de guerra

soledad /sole'ðað/ *sf* 1 solidão 2 tristeza 3 retraimento ■ **soledad de las mujeres** solidão das mulheres

solemne /so'lemne/ *adj* 1 solene 2 notável ■ **actividad solemne** atividade solene

solemnidad /solemni'ðað/ *sf* solenidade ■ **solemnidad importante** solenidade importante

soler /so'leɾ/ *vi* acostumar ■ **suele llover a la tarde** acostuma chover à tarde

solfa /'solfa/ *sf* sova ■ **le dieron una solfa** tomou uma sova

solicitar /soliθi'taɾ/ *vtr* 1 solicitar 2 procurar ■ **solicitar ayuda** solicitar ajuda

solidez /soli'ðeθ/ *sf* 1 firmeza 2 segurança 3 fundamento ■ **solidez del material** firmeza do material

sólido /so'leɾ/ *vi* 1 firme 2 forte ■ **mesa sólida** mesa firme

solitario /soli'taɾjo, a/ *adj , sm , sf* 1 solitário 2 sozinho ■ **persona solitaria** pessoa solitária

soliviantar /soliβjan'taɾ/ *vtr* amotinar ■ **soliviantar algo** amotinar algo

sollozo /so'ʎoθo/ *sm* suspiro ■ **gran sollozo** grande suspiro

solo /'solo, a/ *adj , sm* sozinho ■ **vivir solo** morar sozinho

solomillo /solo'miʎo/ *sm* lombo ■ **comer solomillo** comer lombo

soltar /sol'taɾ/ *vtr* 1 soltar 2 arriar 3 libertar ■ **soltar el perro** soltar o cachorro

solución /solu'θjon/ *sf* resolução ■ **tener una solución** ter uma resolução

solucionar /soluθjo'naɾ/ *vtr* 1 solucionar 2 satisfazer 3 resolver ■ **solucionar los problemas** solucionar os problemas

solventar /solβen'taɾ/ *vtr* solucionar ■ **solventar los problemas** solucionar os problemas

solvente /sol'βente/ *adj , sm* solvente ■ **usar el solvente** usar o solvente

sombra /'sombɾa/ *sf* sombra ■ **sombra del árbol** sombra da árvore

sombrear /sombɾe'aɾ/ *vtr* 1 sombrear 2 assombrar ■ **sombrear en la tarde** assombrar na tarde

sombrío /som'bɾio, a/ *adj* 1 sombrio 2 melancólico ■ **persona sombría** pessoa sombria

someter /some'teɾ/ *vtr* 1 submeter 2 sujeitar ■ **someter a los dueños** submeter aos donos

someter /some'teɾ/ *vtr* avassalar ■ **someter algo** avassalar algo

soñador /soɲa'ðoɾ, a/ *adj , sm , sf* sonhador ■ **niño soñador** criança sonhadora

sonar /so'naɾ/ *sm* 1 tanger 2 sonar ■ **sonar el alarme** tanger o alarme

sonido /so'niðo/ *sm* 1 som 2 timbre ■ **sonido fuerte** som forte

soñoliento /soɲo'ljento, a/ *adj* sonolento ■ **persona soñolienta** pessoa sonolenta

sonreír /sonre'iɾ/ *vi* rir ■ **sonreír con el payaso** rir com o palhaço

sonrojar /sonro'xaɾ/ *vtr* ruborizar ■ **sonrojar algo** ruborizar algo

sonrojo /son'roxo/ *sm* rubor ■ **gran sonrojo** grande rubor

sonsacar /sonsa'kaɾ/ *vtr* subtrair ■ **sonsacar los números** subtrair os números

sopapo /so'papo/ *sm* bofetada ■ **ganar un sopapo** ganhar uma bofetada

sopetón

sopetón /sope'ton/ *sm* bofetada ■ **dar un sopetón** dar uma bofetada

soplar /so'plar/ *vtr, vi* 1 soprar 2 porre ■ **soplar las velas** soprar as velas

soplo /'soplo/ *sm* 1 sopro 2 ar ■ **soplo de viento** sopro de vento

soplón /so'plon, ona/ *adj, sm, sf* 1 fofoqueiro 2 mexeriqueiro ■ **persona soplona** pessoa fofoqueira

soporífero /sopo'rifero, a/ *adj, sm* maçante ■ **asunto soporífero** assunto maçante

soportar /sopor'tar/ *vtr* 1 suportar 2 sofrer 2 sustentar ■ **soportar el dolor** suportar a dor

soporte /so'porte/ *sm* apoio ■ **soporte de los padres** apoio dos pais

sorber /sor'βer/ *vtr* 1 absorver 2 aspirar ■ **sorber el agua** absorver a água

sórdido /'sorðiðo, a/ *adj* 1 mesquinho 2 sebento ■ **hombre sórdido** homem mesquinho

sorprender /sorpren'der/ *vtr* 1 surpreender 2 maravilhar 3 admirar ■ **sorprender los invitados** surpreender os convidados

sorprendido /sorpren'der/ *vtr* surpreso ■ **ser sorprendido** ser surpreendido

sorpresa /sor'presa/ *sf* surpresa, admiração ■ **tener una sorpresa** ter uma admiração

sosegar /sose'rar/ *vtr, vi* 1 sossegar 2 amainar 3 amansar ■ **sosegar en la cama** sossegar na cama

sosiego /sose'rar/ *vtr, vi* sossego, jazigo ■ **tener sosiego** ter jazigo

sospecha /sos'petʃa/ *sf* 1 suspeita 2 apreensão ■ **sospecha del asesino** suspeita do assassino

sostén /sos'ten/ *sm* 1 sustento 2 apoio ■ **sostén de los hijos** sustento dos filhos

sostener /soste'ner/ *vtr* sustentar ■ **sostener los hijos** sustentar os filhos

sostenido /soste'ner/ *vtr* firme ■ **opinión sostenida** opinião firme

soterrar /sote'rar/ *vtr* soterrar ■ **soterrar el hueso** soterrar o osso

su /'su/ *adj* seu ■ **su regalo** seu presente

suave /'swaβe/ *adj* 1 suave 2 meloso 3 leve ■ **vino suave** vinho suave

suavidad /swaβi'ðað/ *sf* 1 suavidade 2 moleza ■ **suavidad de la canción** suavidade da música

suavizar /swaβi'θar/ *vtr* 1 suavizar 2 amolecer 3 humanizar ■ **suavizar los problemas** suavizar os problemas

subalterno /suβal'terno, a/ *adj, sm, sf* ajudante ■ **tener un subalterno** ter um ajudante

subasta /su'βasta/ *sf* leilão ■ **ganar la subasta** ganhar o leilão

subdividir /suβðiβi'ðir/ *vtr* ramificar ■ **subdividir las actividades** ramificar as atividades

subdivisión /suβðiβi'sjon/ *sf* subdivisão, ramificação ■ **subdivisión más difícil** subdivisão mais difícil

subir /su'βir/ *vi, vtr* 1 ascender 2 alçar ■ **subir a los cielos** ascender aos céus

súbita /'suβito, a/ *adj* súbito, repentino ■ **tener una muerte súbita** ter uma morte súbita

sublevar /suβle'βar/ *vtr* 1 amotinar 2 insubordinar ■ **sublevar una persona** amotinar uma pessoa

sublimación /suβlima'θjon/ *sf* purificação ■ **sublimación del agua** purificação da água

sublimar /suβli'mar/ *vtr* sublimar ■ **sublimar algo** sublimar algo

sublime /su'βlime/ *adj* 1 poético 2 magnífico 3 puro ■ **trabajo sublime** trabalho magnífico

subordinar /suβorði'nar/ *vtr* 1 subordinar 2 submeter 3 sujeitar ■ **subordinar las personas** subordinar as pessoas

subrayar /suβra'jar/ *vtr* sublinhar ■ **subrayar el texto** sublinhar o texto

subsistir /suβsis'tir/ *vi* 1 ficar, permanecer 2 manter ■ **subsistir en el trabajo** permanecer no trabalho

subterfugio /subter'fuxjo/ *sm* pretexto ■ **tener un subterfugio** ter um pretexto

suburbio /su'βurβjo/ *sm* arrabalde ■ **vivir en el suburbio** viver no arrabalde

subyugar /suβju'rar/ *vtr* 1 submeter 2 sujeitar ■ **subyugar a los problemas** submeter aos problemas

succionar /sukθjo'nar/ *vtr* absorver ■ **succionar el agua** absorver a água

suceder /suθe'ðer/ *vi* 1 acontecer 2 suceder ■ **suceder una tragedia** acontecer uma tragédia

suceso /su'θeso/ *sm* 1 acontecimento, fato 2 sucesso, êxito ■ **suceso en la vida** sucesso na vida

suciedad /suθje'ðað/ *sf* sujeira ■ **suciedad de las calles** sujeira das ruas

suculento /suku'lento, a/ *adj* 1 substancioso 2 saboroso ■ **comida suculenta** comida substanciosa

sucumbir /sukum'bir/ *vi* 1 morrer 2 render ■ **sucumbir de tristeza** morrer de tristeza

sucursal /sukur'sal/ *adj, sf* 1 sucursal, agência, filial 2 anexo ■ **trabaja en la sucursal** trabalha na filial

sudar /su'ðar/ *vi, vtr* 1 transpirar 2 suor ■ **sudar mucho** transpirar muito

sudor /su'ðor/ *sm* suor ■ **sudor del hombre** suor do homem

sueldo /'sweldo/ *sm* ordenado ■ **sueldo del trabajo** ordenado do trabalho

suelto /'swelto, a/ *adj* 1 folgado 2 livre ■ **hombre suelto** homem livre

sueño /'sweno/ *sm* 1 idílio 2 fantasia ■ **tener un sueño** ter uma fantasia

suficiencia /sufi'θjenθja/ *sf* presunção ■ **gran suficiencia** grande presunção

sufragio /su'fraxjo/ *sm* favor ■ **hacer un sufragio** fazer um favor

sufrir /su'frir/ *vtr* 1 sofrer 2 suportar ■ **sufrir mucho** sofrer muito

sugerir /suxe'rir/ *vtr* 1 sugerir 2 inspirar 3 lembrar ■ **sugerir nuevas ideas** sugerir novas ideias

sugestión /suxes'tjon/ *sf* palpite ■ **buena sugestión** bom palpite

suicidarse /swiθi'ðarse/ *vpr* matar-se ■ **suicidarse por causa de la depresión** matar-se por causa da depressão

suicidio /swi'θiðjo/ *sm* suicídio ■ **gran número de suicidios** grande número de suicidios

sujetar /suxe'tar/ *vtr* 1 sujeitar 2 subordinar ■ **sujetar las personas** subordinar as pessoas

sujeto /su'xeto, a/ *adj, sm* sujeito ■ **sujeto de la frase** sujeito da frase

sultán /sul'tan, ana/ *sm* sultão ■ **sultán del desierto** sultão do deserto

sumar /su'mar/ *vtr* 1 juntar 2 adicionar ■ **sumar las personas** juntas as pessoas

suyo

sumergido /sumer'xir/ *vtr* imerso ■ **sumergido en la cultura** imerso na cultura

suministrar /suminis'trar/ *vtr* abastecer ■ **suministrar el coche** abastecer o carro

sumisión /sumi'sjon/ *sf* respeito ■ **sumisión entre las personas** respeito entre as pessoas

suntuoso /sun'twoso, a/ *adj* magnífico ■ **trabajo suntuoso** trabalho magnífico

superar /supe'rar/ *vtr* ultrapassar ■ **superar los problemas** ultrapassar os problemas

superior /supe'rjor/ *adj*, *sm*, *sf* superior, -ora ■ **trabajo superior** trabalho superior

superioridad /superjori'ðað/ *sf* 1 mérito 2 altura 3 ascendência ■ **superioridad de las personas** mérito das pessoas

superponer /superpo'ner/ *vtr* sobrepor ■ **superponer algo** sobrepor algo

suplemento /suple'mento/ *sm* apêndice ■ **función del suplemento** função do apêndice

súplica /'suplika/ *sf* oração ■ **hacer una súplica** fazer uma oração

suplicio /su'pliθjo/ *sm* flagelação ■ **suplicio de los esclavos** flagelação dos escravos

suponer /supo'ner/ *vtr*, *vi* supor, presumir, fingir ■ **suponer la victoria** fingir a vitória

supremacía /suprema'θia/ *sf* hegemonia ■ **supremacía del gobierno** hegemonia do governo

supresión /supre'sjon/ *sf* 1 subtração 2 anulação ■ **supresión de los derechos** anulação dos direitos

suprimir /supri'mir/ *vtr* amputar ■ **suprimir la pierna** amputar a perna

supuesto /supo'ner/ *vtr*, *vi* claro ■ **opinión supuesta** opinião clara

supurar /supu'rar/ *vi* supurar, purgar, arrebentar ■ **supurar la herida** supurar a ferida

surco /'surko/ *sm* sulco, fenda ■ **surco en la puerta** sulco na porta

surgir /sur'xir/ *vi* aparecer ■ **surgir de repente** aparecer de repente

surtir /sur'tir/ *vtr*, *vi* 1 prover 2 abastecer ■ **surtir de oportunidades** prover de oportunidades

susceptibilidad /susθeptiβili'ðað/ *sf* suscetibilidade ■ **susceptibilidad de las personas** suscetibilidade das pessoas

suscitar /susθi'tar/ *vtr* suscitar, provocar, levantar ■ **suscitar suspender** /suspen'der/ *vtr* 1 pendurar 2 parar 3 privar ■ **suspender las clases** parar as aulas

suspirar /suspi'rar/ *vi* soprar ■ **suspirar fuerte** soprar forte

suspiro /sus'piro/ *sm* suspiro ■ **suspiro profundo** suspiro profundo

sustentar /susten'tar/ *vtr* 1 sustentar 2 alimentar 3 nutrir ■ **sustentar solo** sustentar sozinho

sustento /sus'tento/ *sm* 1 sustento 2 alimento ■ **sustento de la casa** sustento da casa

sustracción /sustrak'θjon/ *sf* 1 subtração 2 robo, furto ■ **hacer sustracción** fazer subtração

sustraer /sustra'er/ *vtr* subtrair ■ **sustraer los números** subtrair os números

susurrar /susu'rar/ *vtr*, *vi* murmurar ■ **susurrar en el oído** murmurar no ouvido

sutil /su'til/ *adj* 1 sutil 2 leve 3 agudo ■ **ser sutil** ser sutil

sutileza /suti'leθa/ *sf* 1 sutileza 2 suavidade ■ **tener sutileza** ter sutileza

suyo /'sujo, a/ *adj*, *sm* seu ■ **el regalo es suyo** regalo o presente é seu

S

T

ABCDEFGHIJKLMNOPQRSTUVWXYZ

t /t/ *sf* **1** vigésima terceira letra do alfabeto espanhol **2** abreviatura de *tonelada*

taberna /ta'βerna/ *sf* bodega ■ **buena taberna** boa bodega

tacaño /ta'kaɲo, a/ *adj* , *sm* , *sf* **1** avarento **2** mesquinho ■ **persona tacaña** pessoa avarenta

tacha /'tatʃa/ *sf* **1** tacha **2** tara ■ **tacha fuerte** tacha forte

taciturno /taθi'turno, a/ *adj* melancólico ■ **persona taciturna** pessoa melancólica

taco /'tako/ *sm* aperitivo ■ **comer taco** comer aperitivo

táctica /'taktika/ *sf* jeito ■ **tener una táctica** ter um jeito

tacto /'takto/ *sm* **1** tato **2** tino ■ **buen tacto** bom tato

tajada /ta'xaða/ *sf* porre ■ **tener una tajada** ter um porre

talento /ta'lento/ *sm* **1** talento **2** gênio ■ **tener talento** ter talento

talentoso /talen'toso, a/ *adj* genial ■ **persona talentosa** pessoa genial

talismán /talis'man/ *sm* talismã ■ **tener un talismán** ter um talismã

talla /'taʎa/ *sf* porte ■ **buena talla** bom porte

tañer /ta'ɲer/ *vtr* , *vi* tanger ■ **tañer los dientes** tanger os dentes

tanga /'taŋga/ *sm* tanga ■ **tanga pequeña** tanga pequena

tapa /'tapa/ *sf* **1** capa, encadernação **2** tampa **3** aperitivo ■ **comer tapa** comer aperitivo

tapar /ta'par/ *vtr* ocultar ■ **tapar los ojos** ocultar os olhos

taparrabos /tapa'raβos/ *sm* , *inv* tanga ■ **taparrabos rojo** tanga vermelha

taponar /tapo'nar/ *vtr* tamponar, tapar ■ **taponar la botella** tamponar a garrafa

tara /'tara/ *sf* tara ■ **buena tara** boa tara

tarado /ta'raðo, a/ *adj* **1** tarado **2** maníaco ■ **hombre tarado** homem tarado

tardanza /tar'ðanθa/ *sf* atraso ■ **tardanza en el trabajo** atraso no trabalho

tardar /tar'ðar/ *vi* retardar ■ **tardar a llegar** retardar a chegar

tardío /tar'ðio, a/ *adj* , *sm* , *sf* atrasado ■ **trabajo tardío** trabalho atrasado

tarea /ta'rea/ *sf* **1** fadiga **2** obra ■ **buena tarea** boa obra

tasación /tasa'θjon/ *sf* avaliação ■ **buena tasación** boa avaliação

tasar /ta'sar/ *vtr* **1** taxar, avaliar **2** limitar, regular ■ **tasar la casa** avaliar a casa

tasca /'taska/ *sf* bodega ■ **buena tasca** boa bodega

techo /'tetʃo/ *sm* teto ■ **techo alto** teto alto

tedio /'teðjo/ *sm* **1** tédio **2** asco ■ **morir de tedio** morrer de tédio

tejer /te'xer/ *vtr* **1** tecer **2** maquinar ■ **tejer una ropa** tecer uma roupa

tejido /te'xer/ *vtr* alpaca ■ **tejido grande** alpaca grande

tela /'tela/ *sf* teia ■ **tela fina** teia fina

tema /'tema/ *sm* **1** assunto **2** argumento ■ **tema interesante** assunto interessante

temeridad /temeri'ðað/ *sf* **1** ousadia **2** risco ■ **temeridad de las personas** ousadia das pessoas

temor /te'mor/ *sm* receio ■ **temor de la violencia** receio da violência

temperamento /tempera'mento/ *sm* **1** jeito **2** gênio ■ **temperamento distinto** jeito diferente

temperatura /tempera'tura/ *sf* **1** temperatura **2** ar ■ **temperatura alta** temperatura alta

tempestad /tempes'tað/ *sf* tormenta ■ **tempestad violenta** tormenta violenta

tempestuoso /tempes'twoso, a/ *adj* agitado ■ **tiempo tempestuoso** tempo agitado

templado /tem'plaðo, a/ *adj* morno ■ **tiempo templado** tempo morno

templar /tem'plar/ *vtr* , *vi* moderar ■ **templar el trabajo** moderar o trabalho

templete /tem'plete/ *sm* pavilhão ■ **gran templete** pavilhão grande

temporal /tempo'ral/ *adj* , *sm* tormenta ■ **tener un temporal** ter uma tormenta

temprano /tem'prano, a/ *adj* , *adv* cedo ■ **llegar temprano** chegar cedo

tenacidad /tenaθi'ðað/ *sf* **1** tenacidade **2** afinco ■ **tener tenacidad** ter tenacidade

tendencia /ten'denθja/ *sf* **1** tendência **2** hábito ■ **tendencia de salir mucho** hábito de sair muito

tenebroso /tene'βroso, a/ *adj* **1** tenebroso **2** misterioso **3** medonho ■ **situación tenebrosa** situação tenebrosa

tener /te'ner/ *vtr* **1** ter **2** guardar ■ **tener paciencia** ter paciência

teñir /te'ɲir/ *vtr* , *vi* **1** tingir **2** pintar ■ **teñir el pelo** tingir o cabelo

tenso /'tenso, a/ *adj* tenso ■ **situación tensa** situação tensa

tentador /tenta'ðor, a/ *adj* tentador ■ **propuesta tentadora** proposta tentadora

tenue /'tenwe/ *adj* tênue, sutil ■ **opinión tenue** opinião sutil

terciar /ter'θjar/ *vtr* , *vi* atravessar ■ **terciar la calle** atravessar a rua

228

traidor

terco /'teɾko, a/ *adj* **1** teimoso **2** refratório ■ **persona terca** pessoa teimosa

terminación /teɾminaˈθjon/ *sf* **1** acabamento **2** fim ■ **terminación del libro** fim do livro

terminar /teɾmiˈnaɾ/ *vi, vtr* **1** finalizar **2** acabar ■ **terminar la tarea** acabar a tarefa

término /'teɾmino/ *sm* **1** termo **2** largueza **3** raia **4** fim ■ **término científico** termo científico

termómetro /teɾˈmometɾo/ *sm* termômetro ■ **termómetro del cuerpo** termômetro do corpo

terrateniente /teɾateˈnjente/ *sm , sf* fazendeiro ■ **terrateniente vive en el campo** fazendeiro vive no campo

terrible /teˈriβle/ *adj* terrível, fulminante ■ **ataque terrible** ataque fulminante

tesón /teˈson/ *sm* tesão ■ **tener tesón** ter tesão

tesoro /teˈsoɾo/ *sm* tesouro, riqueza ■ **tesoro valioso** riqueza valiosa

testa /'testa/ *sf* testa ■ **golpear la testa** bater a testa

testamento /testaˈmento/ *sm* testamento ■ **hacer un testamento** fazer um testamento

testificar /testifiˈkaɾ/ *vtr* atestar ■ **testificar incapacidad** atestar incapacidade

teta /'teta/ *sf* teta ■ **dar la teta** amamentar

tétrico /'tetɾiko, a/ *adj* melancólico ■ **persona tétrico** pessoa melancólica

texto /'teksto/ *sm* obra ■ **buen texto** boa obra

tibio /'tiβjo, a/ *adj* **1** morno **2** frouxo ■ **agua tibia** água morna

tiburón /tiβuˈron/ *sm* tubarão ■ **miedo del tiburón** medo de tubarão

tiempo /'tjempo/ *sm* tempo ■ **poco tiempo** pouco tempo

tienda /'tjenda/ *sf* banca ■ **salir de la tienda** sair da banca

tiento /'tjento/ *sm* **1** tato **2** pulso **3** tenro ■ **buen tiento** bom tato

tieso /'tjeso, a/ *adj* **1** rígido **2** tenso **3** paralisado ■ **pared tiesa** parede rígida

tigre /'tiɾɾe/ *sm* tigre ■ **miedo del tigre** medo do tigre

tigresa /tiˈɾɾesa/ *sf* tigresa ■ **tigresa es peligrosa** tigresa é perigosa

timbal /tim'bal/ *sm* tímpano ■ **deficiencia en el timbal** deficiência no tímpano

timbre /'timbɾe/ *sm* timbre ■ **buen timbre** bom timbre

timidez /timiˈðeθ/ *sf* **1** acanhamento **2** timidez **3** receio ■ **tener timidez** ter timidez

tímido /'timiðo, a/ *adj , sm , sf* acanhado ■ **persona tímida** pessoa acanhada

timón /tiˈmon/ *sm* timão ■ **gran timón** grande timão

tímpano /'timpano/ *sm* tímpano ■ **dolor en el tímpano** dor no tímpano

tino /'tino/ *sm* **1** tino **2** tato ■ **buen tino** bom tato

tintarse /tin'taɾ/ *vtr* tingir ■ **tintarse con un color fuerte** tingir com uma cor forte

tío /'tio, a/ *sm , sf* tio ■ **vivir con mi tío** viver com o meu tio

tipo /'tipo/ *sm* modelo ■ **buen tipo** bom modelo

tiranizar /tiɾaniˈθaɾ/ *vtr* oprimir ■ **tiranizar las personas** oprimir as pessoas

tirar /tiˈɾaɾ/ *vtr , vi* **1** arrastar **2** botar **3** jogar ■ **tirar la silla** arrastar a cadeira

tiroteo /tiɾoˈteo/ *sm* tiroteio ■ **tiroteo peligroso** tiroteio perigoso

títere /'titeɾe/ *sm* **1** títere **2** fantoche ■ **teatro de títere** teatro de fantoche

titilar /titiˈlaɾ/ *vi* **1** titilar **2** palpitar ■ **titilar el corazón** palpitar o coração

titubear /tituβeˈaɾ/ *vi* **1** oscilar **2** flutuar ■ **titubear mucho** oscilar muito

tocar /toˈkaɾ/ *vtr , vi* **1** mexer **2** bulir ■ **tocar en alguien** mexer com alguém

todavía /toðaˈβia/ *adv* ainda ■ **todavía tengo miedo de la oscuridad** ainda tenho medo do escuro

tolerar /toleˈɾaɾ/ *vtr* **1** aguentar **2** admitir ■ **tolerar las personas aburridas** aguentar as pessoas chatas

tomar /toˈmaɾ/ *vtr , vi* **1** pegar **2** tirar **3** apreender ■ **tomar provecho** tirar proveito

tonificar /tonifiˈkaɾ/ *vtr* fortalecer ■ **tonificar el pelo** fortalecer o cabelo

tono /'tono/ *sm* acento ■ **tono fuerte** acento forte

tontería /tonteˈria/ *sf* **1** tolice **2** patada ■ **es una tontería** é uma tolice

tonto /'tonto, a/ *adj , sm , sf* tonto, pato ■ **persona tonta** pessoa tonta

topar /toˈpaɾ/ *vtr , vi* **1** topar **2** trapacear ■ **topar con alguien** topar com alguém

tope /'tope/ *sm* tope ■ **a tope** ao máximo

torero /toˈɾeɾo, a/ *adj , sm , sf* matador ■ **hombre torero** homem matador

tormenta /toɾˈmenta/ *sf* tormenta ■ **tormenta en el ambiente** tormenta no ambiente

tormento /toɾˈmento/ *sm* **1** aflição **2** flagelação ■ **tormento en la vida** aflição na vida

tornar /toɾˈnaɾ/ *vtr , vi* **1** tornar **2** repetir **3** regressar ■ **tornar una buena persona** tornar uma boa pessoa

toro /'toɾo/ *sm* touro ■ **toro peligroso** touro perigoso

torpe /'toɾpe/ *adj* **1** torpe **2** obtuso ■ **resultado torpe** resultado obtuso

torrar /toˈɾaɾ/ *vtr* tostar ■ **torrar el pan** tostar o pão

torrente /toˈɾente/ *sm* **1** fluxo **2** multidão ■ **torrente fuerte** fluxo forte

tortura /toɾˈtuɾa/ *sf* atrocidade ■ **tortura de las personas** atrocidade das pessoas

torturar /toɾtuˈɾaɾ/ *vtr* **1** atormentar **2** martirizar ■ **torturar personas** atormentar pessoas

tostar /tosˈtaɾ/ *vtr* **1** tostar **2** assar ■ **tostar el pan** tostar o pão

tostón /tosˈton/ *sm* moeda ■ **valor del tostón** valor da moeda

traba /'traβa/ *sf* trava, impedimento ■ **poner trabas a alguien** pôr empecilhos a alguém

trabajador /traβaxaˈðoɾ, a/ *adj , sm , sf* trabalhador ■ **hombre trabajador** homem trabalhador

trabajar /traβaˈxaɾ/ *vi* trabalhar ■ **trabajar mucho** trabalhar muito

trabajo /traˈβaxo/ *sm* **1** trabalho **2** obra **3** funcionamento ■ **trabajo largo** trabalho grande

trabar /traˈβaɾ/ *vtr* **1** travar **2** ligar ■ **trabar el habla** travar a fala

traer /traˈeɾ/ *vtr* **1** acarretar **2** aduzir ■ **traer problemas** acarretar problemas

traicionar /traiθjoˈnaɾ/ *vtr* atraiçoar, trair ■ **traicionar algo** atraiçoar algo

traidor /traiˈðoɾ, a/ *adj , sm , sf* mentiroso ■ **hombre traidor** homem mentiroso

trama

trama /'trama/ *sf* **1** trama **2** maquinação ■ **trama de la vida** trama da vida

tramar /tra'mar/ *vtr* **1** tecer **2** maquinar **3** traçar ■ **tramar una solución** traçar uma solução

tramitación /tramita'θjon/ *sf* andamento ■ **tramitación rápida** andamento rápido

trámite /'tramite/ *sm* andamento ■ **buen trámite** bom andamento

tramoya /tra'moja/ *sf* maquinação ■ **tramoya buena** maquinação boa

trampa /'trampa/ *sf* **1** armadilha **2** fraude ■ **trampa para el enemigo** armadilha para o inimigo

trance /'tranθe/ *sm* agonia ■ **mucho trance** muita agonia

tranquilizar /traŋkili'θar/ *vtr* tranquilizar ■ **tranquilizar las personas** tranquilizar as pessoas

transcender /transθen'der/ *vi*, *vtr* ultrapassar ■ **transcender las dificultades** ultrapassar as dificuldades

transcribir /transkri'βir/ *vtr* reproduzir ■ **transcribir bien** reproduzir bem

transferir /transfe'rir/ *vtr* **1** transferir **2** baldear **3** abdicar ■ **transferir conocimiento** transferir conhecimento

transfigurar /transfiɣu'rar/ *vtr* transfigurar ■ **transfigurar algo** transfigurar algo

transformación /transforma'θjon/ *sf* **1** reforma **2** reviravolta ■ **transformación en la vida** reviravolta na vida

transformar /transfor'mar/ *vtr* **1** transformar **2** refundir **3** transformar ■ **transformar las personas** transformar as pessoas

transigencia /transi'xenθja/ *sf* anuência ■ **transigencia en la ciudad** anuência na cidade

transitar /transi'tar/ *vi* percorrer ■ **transitar por las ciudades** percorrer pelas cidades

transitorio /transi'torjo, a/ *adj* transitório, acidental ■ **situación transitoria** situação acidental

transmitir /transmi'tir/ *vtr* transmitir ■ **transmitir conocimiento** transmitir conhecimento

transparencia /transpa'renθja/ *sf* transparência ■ **transparencia de los sentimientos** transparência dos sentimentos

transpirar /transpi'rar/ *vi* transpirar ■ **transpirar mucho** transpirar muito

transponer /transpo'ner/ *vtr* transferir ■ **transponer conocimiento** transferir conhecimento

transportar /transpor'tar/ *vtr* acarretar ■ **transportar objetos** acarretar objetos

transporte /trans'porte/ *sm* locomoção ■ **transporte público** locomoção pública

trapacería /trapaθe'ria/ *sf* fraude ■ **trapacería en el gobierno** fraude no governo

trapo /'trapo/ *sm* **1** andrajo **2** farrapo ■ **andar de trapo** andar de farrapo

trasera /tra'sero/ *a, adj, sm* traseira, ré ■ **trasera del coche** ré do carro

trasero /tra'sero/ *a, adj, sm* nádega ■ **trasero grande** nádega grande

trasladar /trasla'ðar/ *vtr* transplantar ■ **trasladar de casa** transplantar de casa

trasplantar /transplan'tar/ *vtr* transplantar ■ **trasplantar órgano** transplantar órgão

trasto /'trasto/ *sm* bagulho ■ **gran trasto** grande bagulho

trastornar /trastor'nar/ *vtr* transtornar ■ **trastornar la vida** transtornar a vida

trastorno /tras'torno/ *sm* percalço ■ **poco trastorno** pouco percalço

tratable /tra'taβle/ *adj* tratável, urbano ■ **ciudad tratable** cidade urbana

tratar /tra'tar/ *vtr* **1** tratar **2** pactuar **3** negociar ■ **tratar bien** tratar bem

trato /'trato/ *sm* negócio ■ **buen trato** bom negócio

trayecto /tra'jekto/ *sm* percurso ■ **gran trayecto** grande percurso

trayectoria /trajek'torja/ *sf* percurso ■ **trayectoria larga** percurso longo

trazar /tra'θar/ *vtr* **1** traçar **2** modelar **3** planejar ■ **trazar un plan** traçar um plano

trazo /'traθo/ *sm* **1** risco **2** linha **3** feição ■ **trazo fuerte** risco forte

tregua /'trewa/ *sf* trégua, oásis ■ **dar tregua** dar trégua

trenza /'trenθa/ *sf* trança ■ **trenza larga** trança longa

tribulación /triβula'θjon/ *sf* amargura ■ **tribulación en la vida** amargura na vida

tributo /tri'βuto/ *sm* tributo ■ **tributo para alguien** tributo para alguém

trigo /'triɣo/ *sm* trigo ■ **comer trigo** comer trigo

trilla /'triʎa/ *sf* trilha ■ **trilla grande** trilha grande

trillado /tri'ʎaðo, a/ *adj* trilhado ■ **camino trillado** caminho trilhado

trillar /tri'ʎar/ *vtr* percorrer **2** trilhar ■ **trillar un camino** trilhar um caminho

trincar /triŋ'kar/ *vtr* **1** amarrar **2** partir ■ **trincar las piernas** amarrar as pernas

trinchera /trin'tʃera/ *sf* barreira ■ **pasar la trinchera** passar a barreira

tripa /'tripa/ *sf* abdômen ■ **dolor en la tripa** dor no abdômen

triste /'triste/ *adj*, *sm* **1** melancólico **2** murcho ■ **persona triste** pessoa melancólica

tristeza /tris'teθa/ *sf* **1** tristeza **2** melancolia ■ **mucha tristeza** muita tristeza

triturar /tritu'rar/ *vtr* triturar, ralar ■ **triturar la comida** ralar a comida

triunfante /triwm'far/ *vi* airoso ■ **quedar triunfante** ficar airoso

triunfo /tri'umfo/ *sm* triunfo ■ **gran triunfo** grande triunfo

triza /'triθa/ *sf* migalha ■ **triza de la comida** migalha da comida

trompicar /trompi'kar/ *vtr* , *vi* tropeçar ■ **trompicar en alguien** tropeçar em alguém

trono /'trono/ *sm* trono ■ **trono de oro** trono de ouro

tropa /'tropa/ *sf* multidão ■ **tropa en el concierto** multidão no show

tropel /tro'pel/ *sm* atropelo ■ **gran tropel** grande atropelo

tropezar /trope'θar/ *vi* tropeçar ■ **tropezar en la calle** tropeçar na rua

trovador /troβa'ðor, a/ *sm*, *sf* poeta ■ **gran trovador** grande poeta

trozo /'troθo/ *sm* fragmento ■ **pequeño trozo** pequeno fragmento

trueque /'trweke/ *sm* **1** troca **2** mudança ■ **trueque de ropa** troca de roupa

tutela

truhanería /tɾwane'ɾia/ *sf* sacanagem ■ **hacer truhanería** fazer sacanagem

truncar /tɾuŋ'kaɾ/ *vtr* mutilar ■ **truncar alguien** mutilar alguém

tumor /tu'moɾ/ *sm* tumor, inchaço ■ **tumor benigno** tumor benigno

tumulto /tu'muɭto/ *sm* tumulto ■ **tumulto en la casa** tumulto na casa

tupé /tu'pe/ *sm* topete ■ **tupé del pelo** topete do cabelo

turbar /tuɾ'βaɾ/ *vtr* turvar ■ **turbar alguien** turvar alguém

turbulencia /tuɾβu'lenθja/ *sf* turbulência ■ **mucha turbulencia** muita turbulência

tutela /tu'tela/ *sf* tutela ■ **tener la tutela** ter a tutela

T

U

ABCDEFGHIJKLMNOPQRSTUVWXYZ

u /'u/ sf. vigésima quarta letra do alfabeto espanhol. ■ **"u" de único** "u" de único

ubicar /uβi'kar/ vtr. **1** situar, localizar, ficar **2** colocar. ■ **ubicar donde estás** localizar onde você está

ubicuidad /uβikwi'ðað/ sf. ubiquidade, capacidade de estar em todos os lugares ao mesmo tempo. ■ **ulbicuidad de los santos** ubiquidade dos santos

ubre /'uβre/ sf. ubre, úbere, teta. ■ **ubre grande** ubre grande

ufanarse /ufa'narse/ vpr. ufanar-se, vangloriar-se, envaidecer-se. ■ **ufanarse de algo** vangloriar-se de algo

ufano, -a /u'fano, a/ adj. **1** ufano, vaidoso, arrogante **2** alegre, satisfeito, contente. ■ **persona ufana** pessoa vaidosa

ujier /u'xjer/ sm. **1** porteiro de edifício público **2** contínuo de repartição. ■ **ujier del edificio** porteiro do prédio

úlcera /'ulθera/ sf. úlcera, chaga, lesão em mucosa. ■ **problema en la úlcera** problema na úlcera

ulcerar /ulθe'rar/ vtr. **1** ulcerar, causar úlcera **2** afligir, atormentar. ■ **ulcerar alguien** atormentar alguém

ulterior /ulte'rjor/ adj. **1** ulterior, que está além **2** posterior, futuro. ■ **ulterior de los pensamientos** está além dos pensamentos

ultimar /ulti'mar/ vtr. ultimar, finalizar, concluir, terminar. ■ **ultimar un trabajo** finalizar um trabalho

ultimátum /ulti'matum/ sm. ultimato, ultimátum, condições irrevogáveis. ■ **ultimátum definitivo** ultimátum definitivo

último, -a /'ultimo, a/ adj. **1** último, derradeiro, final **2** extremo. ■ **último día** último dia

ultra /'ultra/ adj., sm., sf. além, adiante, mais. ■ **ultra fino** mais fino

ultrajar /ultra'xar/ vtr. ultrajar, ofender, denegrir, desonrar, injuriar. ■ **ultrajar alguien** ultrajar alguém

ultraje /ul'traxe/ sm. ultraje, ofensa, desonra, injúria. ■ **ultraje de las personas** ultraje das pessoas

ultramar /ultra'mar/ sm., adj., inv. ultramar, territórios de além-mar. ■ **territorio ultramar** território ultramar

ultramarino, -a /ultrama'rino, a/ adj. ultramarino, de além. ■ **algo ultramarino** algo ultramarino

ultrasonido /ultraso'niðo/ sm. ultrassom. ■ **ver ultrasonido** ver ultrassom

ultravioleta /ultraβjo'leta/ adj., sm. ultravioleta. ■ **rayos ultravioletas** raios ultravioletas

ulular /ulu'lar/ vi. ulular, gritar, bramir. ■ **ulular fuerte** gritar forte

umbilical /umbili'kal/ adj. umbilical, relativo ao umbigo. ■ **cordón umbilical** cordão umbilical

umbral /um'bral/ sm. **1** umbral, ombreira de porta **2** porta, entrada, início, estreia. ■ **utilizar el umbral** usar o umbral

umbrío, -a 1 sombrio, sem sol. ■ **persona umbría** pessoa sombria

un, -a /'un, 'una/ art., adj. um. ■ **un objeto** um objeto

uña /'uno, 'una/ art., adj. unha **2** garra. ■ **uña grande** una grande

uñada /u'naða/ sf. unhada, arranhão. ■ **uñada en el brazo** unhada no braço

unánime /u'nanime/ adj. unânime, da mesma opinião. ■ **opinión unánime** opinião unânime

unción /un'θjon/ sf. **1** unção **2** fervor **3** recolhimento. ■ **unción de los enfermos** unção dos enfermos

ungüento /un'gwento/ sm. unguento, bálsamo, substância oleosa. ■ **utilizar ungüento** utilizar unguento

unicelular /uniθelu'lar/ adj. unicelular. ■ **ser unicelular** ser unicelular

único, -a /'uniko, a/ adj. **1** único, só, singular **2** excepcional. ■ **única respuesta** única resposta

unidad /uni'ðað/ sf. **1** unidade **2** singularidade. ■ **unidad sistémica** unidade sistêmica

unido, -a /u'niðo/ vtr. unido, atado, junto, ligado, grudado. ■ **pareja unida** casal unido

unificar /unifi'kar/ vtr. **1** unificar, unir **2** confederar **3** centralizar. ■ **unificar los ideales** unificar os ideais

uniformar /unifor'mar/ vtr. **1** uniformizar, padronizar **2** igualar. ■ **uniformar los pensamientos** uniformizar os pensamentos

uniforme /uni'forme/ adj., sm. **1** uniforme **2** semelhante **3** igual, idêntico **4** monótono. ■ **uniforme de la escuela** uniforme da escola

uniformidad /uniformi'ðað/ sf. **1** uniformidade, padronização **2** semelhança. ■ **uniformidad de las ropas** uniformidade das roupas

unión /u'njon/ sf. união, vínculo, ligação, junção. ■ **unión de las mujeres** união das mulheres

unir /u'nir/ vtr. unir, vincular, ligar, unificar, reunir, congregar. ■ **unir las personas** unir as pessoas

unisex /uni'seks/ adj., inv. unissex. ■ **ropa unisex** roupa unissex

unisexual 1 unissexual. ■ **gusto unisexual** gosto unissexual

unísono, -a /u'nisono/ sm. **1** uníssono **2** concorde. ■ **escuchar unísono la canción** escutar uníssono a música

unitario, -a /uni'tarjo, a/ adj. unitário. ■ **voto unitario** voto unitário

universal /uniβer'sal/ adj., sm. **1** universal **2** geral **3** ecumênico. ■ **opinión universal** opinião universal

universalizar /uniβersali'θar/ vtr. **1** universalizar **2** generalizar. ■ **universalizar las ideas** universalizar as ideias

universidad /uniβersi'ðað/ sf. universidade, instituição de ensino superior. ■ **universidad federal** universidade federal

universitario, -a /uniβersi'tarjo, a/ adj., sm., sf. **1** universitário **2** professor ou estudante de universidade. ■ **joven universitario** jovem universitário

úvula

universo /uni'βerso/ *sm.* 1 universo 2 mundo. ■ **universo es grande** universo é grande

unívoco, -a /u'nifioko, a/ *adj.* unívoco, que tem um único sentido. ■ **trabajos unívocos** trabalhos unívocos

uno, -a /'uno, 'una/ *adj., pron. indef.* 1 um 2 primeiro. ■ **número uno** número um

unto /'unto/ *sm* banha, gordura, substância oleosa. ■ **usar el unto** usar a gordura

urbanidad /urβani'ðað/ *sf.* urbanidade, trato, cortesia, civilidade, educação. ■ **urbanidad actual** urbanidade atual

urbanismo /urβa'nismo/ *sm.* urbanismo, estudo do espaço urbano. ■ **urbanismo en la ciudad** urbanismo na cidade

urbanístico, -a /urβa'nistiko, a/ *adj.* urbanístico. ■ **modelo urbanístico** modelo urbanístico

urbanización /urβaniθa'θjon/ *sf.* 1 urbanização 2 zona urbanizada. ■ **urbanización rápida** urbanização rápida

urbanizar /urβani'θar/ *vtr.* 1 urbanizar, civilizar 2 instalar serviços urbanos 3 educar-se. ■ **urbanizar una persona** urbanizar uma pessoa

urbano, -a /ur'βano, a/ *adj., sm.* 1 urbano, próprio de cidade 2 cortês, afável, educado. ■ **persona urbana** pessoa urbana

urdir /ur'ðir/ *vtr.* 1 urdir, tramar, entretecer 2 maquinar, preparar um ardil. ■ **urdir algo** tramar algo

uretra /u'retra/ *sf.* uretra. ■ **problema en la uretra** problema na uretra

urgencia /ur'xenθja/ *sf.* 1 urgência, necessidade imediata 2 exigência 3 pressa. ■ **urgencia en el hospital** urgência no hospital

urgente /ur'xente/ *adj.* urgente, imediato, inadiável. ■**trabajo urgente** trabalho urgente

urgir /ur'xir/ *vtr., vi.* 1 urgir 2 exigir 3 ser iminente. ■ **urgir de alguien** exigir de alguém

urna /'urna/ *sf.* urna, vaso, recipiente. ■ **urna de votación** urna de votação

urólogo, -a /u'roloγo, a/ *sm., sf.* urologista. ■ **médico urólogo** médico urologista

urso /'urso/ *sm* homem robusto, de aspecto tosco. ■ **novio urso** namorado robusto

usado, -a /u'saðo, a/ *adj.* 1 usado, gasto 2 deteriorado, velho 3 habituado, acostumado. ■ **muy usado** muito usado

usanza /u'sanθa/ *sf.* 1 uso, costume 2 modo habitual 3 moda. ■ **a la antigua usanza** à moda antiga

usar /u'sar/ *vtr., vi.* usar, utilizar, empregar. ■ **usar bien** usar bem

uso /'uso/ *sm.* uso, exercício, prática, costume. ■ **uso de la lengua** uso da língua

usted /us'teð/ *pron. pers.* o senhor, a senhora. ■ **usted es invitado** o senhor é convidado

usual /u'swal/ *adj.* usual, corriqueiro, ordinário, habitual. ■ **costumbre usual** costume usual

usuario, -a /u'swarjo, a/ *adj., sm., sf.* usuário. ■ **usuario del ordenador** usuário do computador

usufructo /usu'frukto/ *sm.* 1 usufruto, direito de usar 2 fruição 3 lucro, proveito. ■ **usufructo de la inteligencia** usufruto da inteligência

usura /u'sura/ *sf.* usura, ágio, agiotagem, lucro excessivo. ■ **hacer usura** fazer agiotagem

usurero, -a /usu'rero, a/ *adj., sm., sf.* usurário, agiota. ■ **hombre usurero** homem agiota

usurpación /usurpa'θjon/ *sf.* usurpação, apropriação indevida. ■ **usurpación de algo** usurpação de algo

usurpador /usur'pað'or/ usurpador. ■ **hombre usurpador** homem usurpador

usurpar /usur'par/ *vtr.* usurpar, tomar algo de alguém, apoderar-se de coisa alheia. ■ **usurpar algo** usurpar algo

utensilio /uten'siljo/ *sm.* utensílio, objeto. ■ **utensilio de cocina** utensílio de cozinha

uterino /ute'rino, a/ *adj.* uterino. ■ **problema uterino** problema uterino

útero /'utero/ *sm.* útero. ■ **útero de la mujer** útero da mulher

útil /'util/ *adj., sm.* 1 útil 2 proveitoso, vantajoso. ■ **trabajo útil** trabalho útil

utilidad /utili'ðað/ *sf.* 1 utilidade 2 serventia, préstimo, proveito 3 vantagem. ■ **utilidad pública** utilidade pública

utilitario, -a /utili'tarjo, a/ *adj., sm.* 1 utilitário 2 utilitarista. ■ **buen utilitario** bom utilitário

utilización /utiliθa'θjon/ *sf.* 1 utilização, emprego, uso 2 aproveitamento. ■ **utilización de los materiales** utilização dos materiais

utilizar /utili'θar/ *vtr.* 1 utilizar, usar, empregar 2 ganhar, lucrar. ■ **utilizar bien** usar bem

utopía /uto'pia/ *sf.* 1 utopia 2 projeto inviável. ■ **utopía en la vida** utopia na vida

uva /'uβa/ *sf.* 1 uva 2 bago ■ **tener mala uva** ter mau caráter.

uve /'uβe/ *sf.* vê, nome da letra v. ■ **uve de viento** v de vento

úvula /'uβula/ *sf.* 1 úvula 2 campainha. ■ **tocar la úvula** tocar a campainha

U

V

ABCDEFGHIJKLMNOPQRSTUVWXYZ

v /'uβe/ *sf* vigésima quinta letra do alfabeto espanhol ■ **"v" de vaca** "v" de vaca

vaca /'baka/ *sf* **1** vaca, fêmea do touro **2** mulher imbecil, idiota ■ **vaca en el campo** vaca no campo

vacante /ba'kante/ *adj* , *sf* vacante, vago, vazio, desocupado ■ **lugar vacante** lugar vazio

vaciar /ba'θjar/ *vtr* , *vi* **1** esvaziar, vazar **2** despejar, derramar, verter **3** evacuar ■ **vaciar el lugar** esvaziar o lugar

vacilación /baθila'θjon/ *sf* vacilação, hesitação, irresolução, indecisão ■ **vacilación de decisión** vacilação de decisão

vacilar /baθi'lar/ *vi* **1** vacilar, hesitar, duvidar **2** oscilar, cambalear, mancar, claudicar **3** gaguejar **4** tirar sarro de alguém ■ **vacilar con alguien** vacilar com alguém

vacío, -a /ba'θio, a/ *adj* , *sm* **1** vazio, oco **2** descarregado ■ **vaso vacío** copo vazio

vacuna /ba'kuna/ *sf* vacina ■ **vacuna en el brazo** vacina no braço

vacuo, -a /'bakwo, a/ *adj* vazio ■ **lugar vacuo** lugar vazio

vagabundear /baɣaβunde'ar/ *vi* vagabundear, vadiar, errar, flanar ■ **vagabundear por la calle** vagabundear pela rua

vagabundo, -a /baɣa'βundo, a/ *adj* , *sm* , *sf* **1** vagabundo, vadio **2** desocupado **3** errante ■ **hombre vagabundo** homem vagabundo

vagancia /ba'ɣanθja/ *sf* **1** vacância, desocupação **2** vadiagem, vagabundagem ■ **vagancia de las personas** desocupação das pessoas

vagar /ba'ɣar/ *vi* **1** vagar, andar de um lado para outro, ao acaso **2** tergiversar, fugir do assunto ■ **vagar por las calles** vagar pelas ruas

vagina /ba'xina/ *sf* vagina ■ **vagina de la mujer** vagina da mulher

vago, -a /'baɣo, a/ *adj* , *sm* , *sf* . **1** vago, incerto, indefinido, indeterminado **2** volúvel, inconstante **3** descuidado, desocupado **4** preguiçoso, ocioso ■ **cuarto vago** quarto vago

vagón /ba'ɣon/ *sm* vagão, comboio ■ **vagón grande** vagão grande

vaguear /baɣe'ar/ *vi* **1** vaguear, perambular, flanar, andar à toa **2** folgar (não trabalhar) ■ **vaguear por las calles** vaguear pelas ruas

vaharada /baa'raða/ *sf* **1** baforada **2** rajada ■ **vaharada del viento** rajada do vento

vahído /ba'iðo/ *sm* **1** vertigem, tontura **2** desvanecimento ■ **vahído fuerte** tontura forte

vaho /'bao/ *sm* **1** vapor tênue que alguns corpos exalam em determinadas condições **2** expiração ■ **vaho de animales** expiração dos animais

vainilla /baj'niʎa/ *sf* baunilha ■ **comer vainilla** comer baunilha

vaivén /baj'βen/ *sm* **1** vaivém, balanço, movimento, oscilação **2** instabilidade **3** revés ■ **vaivén de los coches** vaivém dos carros

vajilla /ba'xiʎa/ *sf* vasilha, travessa (de mesa) ■ **vajilla de vidrio** vasilha de vidro

vale /'bale/ *sm* , vale ■ **vale de rocas** vale de rochas

valentía /balen'tia/ *sf* valentia, coragem, valor ■ **valentía del hombre** valentia do homem

valer /ba'ler/ *vtr* , *vi* **1** valer, proteger, amparar **2** custar **3** render ■ **valer mucho** valer muito

valeroso, -a /bale'roso, a/ *adj* valoroso, destemido, valente ■ **objeto valeroso** objeto valoroso

valía /ba'lia/ *sf* **1** valia, validade, valor, preço **2** prestígio ■ **valía alta** preço alto

válido, -a /'baliðo, a/ *adj* **1** válido, legal, legítimo **2** eficaz, firme **3** proveitoso ■ **producto válido** produto válido

valiente /ba'ljente/ *adj* , *sm* , *sf* **1** valente, corajoso, destemido **2** forte, vigoroso, eficaz, ativo ■ **hombre valiente** homem valente

valija /ba'lixa/ *sf* **1** valise, maleta, mala **2** malote de correio ■ **valija de viaje** maleta de viagem

valioso, -a /ba'ljoso, a/ *adj* **1** valioso, estimado **2** rico, opulento ■ **objeto valioso** objeto valioso

valla /'baʎa/ *sf* **1** vala, fosso **2** valado **3** outdoor, cartaz publicitário **4** impedimento, obstáculo ■ **valla de la calle** vala da rua

valladar /baʎa'ðar/ *sf* **1** valado **2** obstáculo, empecilho ■ **valladar en el camino** obstáculo no caminho

valle /'baʎe/ *sm* vale, planície, depressão ■ **valle profundo** vale profundo

valor /ba'lor/ *sm* **1** valor, preço, valia **2** estima **3** coragem ■ **valor de las ropas** valor das roupas

valoración /balora'θjon/ *sf* valoração, valorização ■ **valoración del trabajo** valorização do trabalho

valorar /balo'rar/ *vtr* **1** valorizar **2** avaliar **3** estimar **4** louvar ■ **valorar las personas** valorizar as pessoas

válvula /'balβula/ *sf* válvula ■ **válvula de seguridad** válvula de segurança

vampiro /bam'piro, a/ *sm* , *sf* **1** vampiro **2** morcego ■ **mordida del vampiro** mordida do vampiro

vanagloriarse /banaglo'rjarse/ *vpr* vangloriar-se, jactar-se, orgulhar-se ■ **vanagloriarse por la competición** vangloriar-se pela competição

vandalismo /banda'lismo/ *sm* **1** vandalismo **2** destruição ■ **vandalismo en la ciudad** vandalismo na cidade

vándalo, -a /'bandalo/ *adj* , *sm* , *sf* vândalo, bárbaro, selvagem ■ **vándalo de la ciudad** vândalo da cidade

vanguardia /baŋ'ɣwarðja/ *sf* vanguarda, dianteira, linha de frente ■ **en vanguardia** na vanguarda

vanidad /bani'ðað/ *sf* **1** vaidade, ostentação, pompa **2** orgulho **3** futilidade ■ **vanidad de las mujeres** vaidade das mulheres

vano, -a /'bano, a/ *adj* , *sm* **1** vão, espaço vazio, buraco **2** inexistente, irreal ■ **hablar en vano** falar em vão

vapor /ba'por/ *sm* vapor, gás, fluido ■ **a todo vapor** a todo o vapor ■ **vapor del agua** vapor da água

ventana

vaquero, -a /baˈkero, a/ *adj*, *sm*, *sf* **1** vaqueiro **2** jeans, tecido azul resistente ■ **vaquero de la hacienda** vaqueiro da fazenda

vara /ˈbara/ *sf* **1** vara **2** bastão **3** aguilhão ■ **vara grande** vara grande

varar /baˈrar/ *vi*, *vtr* **1** encalhar (uma embarcação) **2** parar (um negócio) ■ **varar en la playa** encalhar na praia

variabilidad /barjaβiliˈðað/ *sf* variabilidade ■ **mucha variabilidad** muita variabilidade

variable /baˈrjaβle/ *adj*, *sf* **1** variável, inconstante **2** volúvel ■ **opciones variables** opções variáveis

variación /barjaˈθjon/ *sf* variação, mudança, modificação ■ **gran variación** grande variação

variado, -a /baˈrjaðo, a/ *adj* **1** variado, diversificado **2** mesclado ■ **colores variadas** cores variadas

variar /baˈrjar/ *vi*, *vtr* **1** variar, diversificar **2** alterar, transformar, mudar ■ **variar el modelo** variar o modelo

variedad /barjeˈðað/ *sf* **1** variedade, diversidade **2** desigualdade ■ **variedad de flores** variedade de flores

vario, -a /ˈbarjo, a/ *adj* **1** vário, variado, diverso, diferente **2** inconstante **3** indeterminado **4** matizado ■ **varios colores** várias cores

vasija /baˈsixa/ *sf* **1** vasilha **2** vasilhame ■ **vasija de plástico** vasilha de plástico

vaso /ˈbaso/ *sm* **1** copo **2** vaso **3** copa **4** veia, artéria ■ **vaso de vidrio** copo de vidro

vasto, -a /ˈbasto, a/ *adj* vasto, extenso, amplo ■ **campo vasto** campo vasto

vecinal /beθiˈnal/ *adj* vicinal, vizinho ■ **vecinal tranquilo** vizinho tranquilo

vecino, -a /beˈθino, a/ *adj*, *sf*, *sm* **1** vizinho, próximo **2** chegado **3** contiguo **4** análogo, semelhante, parecido ■ **vecino de la casa** vizinho da casa

veda /ˈbeða/ *sf* **1** proibição **2** período de proibição de pesca ou caça ■ **veda de las drogas** proibição das drogas

vedado, -a /beˈðar/ *vtr* vedado, proibido, interditado ■ **derecho vedado** direito vedado

vedette /beˈðet/ *sf* vedete, atriz ■ **mujer vedette** mulher atriz

vegetación /bexetaˈθjon/ *sf* vegetação, flora ■ **vegetación diversificada** vegetação diversificada

vegetal /bexeˈtal/ *adj*, *sm* vegetal, planta ■ **vegetal verde** vegetal verde

vegetar /bexeˈtar/ *vi* **1** vegetar, germinar, viver **2** viver organicamente ■ **vegetar en la cama** vegetar na cama

vehemencia /beeˈmenθja/ *sf* **1** veemência, vigor **2** paixão, entusiasmo **3** força ■ **vehemencia de las personas** vigor das pessoas

vehículo /beˈikulo/ *sm* veículo, carro, viatura, meio de transporte ■ **vehículo rojo** veículo vermelho

veinte /ˈbejnte/ *adj* vinte ■ **veinte años** vinte anos

vejación /bexaˈθjon/ *sf* **1** vexame, vexação, humilhação **2** afronta **3** zombaria ■ **vejación de las personas** vexame das pessoas

vejamen /beˈxamen/ *sm* **1** vexação, vergonha, humilhação **2** injúria, afronta **3** zombaria ■ **pasar vejamen** passar vergonha

vejar /beˈxar/ *vtr* vexar, humilhar, afrontar, zombar ■ **vejar alguien** humilhar alguém

vejatorio, -a /bexaˈtorjo, a/ *adj* vexatório, humilhante, afrontoso, vergonhoso ■ **situación vejatoria** situação humilhante

vejez /beˈxeθ/ *sf* **1** velhice, senilidade **2** velharia ■ **vejez es inevitable** velhice é inevitável

vejiga /beˈxiva/ *sf* **1** bexiga **2** vesícula, bolha ■ **vejiga llena** bexiga cheia

vela /ˈbela/ *sf* vela ■ **vela blanca** vela branca

velado, -a /beˈlar/ *adj*, *sf* velado (filme) ■ **película velada** filme velado

velar *adj*, *sm* **1** velar, vigiar, observar **2** encobrir, ocultar **3** passar a noite em claro ■ **velar toda la noche** vigiar toda a noite

velatorio /belaˈtorjo/ *sm* velório ■ **velatorio triste** velório triste

veleidad /belejˈðað/ *sf* **1** veleidade, fantasia, capricho **2** leviandade ■ **veleidad de las personas** fantasia das pessoas

veleidoso, -a /belejˈðoso, a/ *adj* inconstante, fantasioso, caprichoso, leviano ■ **persona veleidosa** pessoa caprichosa

velero, -a /beˈlero, a/ *adj*, *sm* veleiro, barco a vela ■ **viajar en un velero** viajar no veleiro

vello /ˈbeʎo/ *sm* **1** pelo, penugem **2** lanugem ■ **vello rojo** penugem vermelha

velludo /beˈʎuðo, a/ *adj* **1** peludo **2** aveludado veludo ■ **silla de velludo** cadeira de veludo

velo /ˈbelo/ *sm* **1** véu **2** mantilha ■ **velo de la novia** véu da noiva

velocidad /beloθiˈðað/ *sf* velocidade, ligeireza, rapidez ■ **velocidad del coche** velocidade do carro

velocímetro /beloˈθimetro/ *sm* velocímetro ■ **velocímetro es esencial** velocímetro é essencial

veloz /beˈloθ/ *adj* veloz, ligeiro, rápido, acelerado ■ **coche veloz** carro veloz

vena /ˈbena/ *sf* veia, vaso sanguíneo ■ **vena pulmonar** veia pulmonar

venado /beˈnaðo/ *sm* veado, cervo, gamo ■ **venado vive en la selva** veado vive na selva

vencedor, -a /benθeˈðor, a/ *adj*, *sm*, *sf* vencedor, vitorioso ■ **vencedor de la competición** vencedor da competição

vencimiento /benθiˈmjento/ *sm* vencimento, término de prazo ■ **vencimiento de la comida** vencimento da comida

venda /ˈbenda/ *sf* venda, tira, atadura, faixa ■ **poner una venda en los ojos** pôr uma venda nos olhos

vendaval /bendaˈβal/ *sm* **1** vendaval **2** temporal ■ **vendaval en la ciudad** vendaval na cidade

vendedor, -a /bendeˈðor, a/ *adj*, *sm*, *sf* vendedor, comerciante, negociante ■ **vendedor de ropas** vendedor de roupas

vender /benˈder/ *vtr* **1** vender, negociar, comerciar **2** atraiçoar **3** vender-se, aceitar suborno ■ **vender ropas** vender roupas

veneno /beˈneno/ *sm* **1** veneno, peçonha, tóxico **2** tudo o que corrompe ■ **veneno de la serpiente** veneno da serpente

veneración /beneraˈθjon/ *sf* **1** veneração, adoração, culto, reverência, devoção ■ **veneración al santo** veneração ao santo

venganza /benˈganθa/ *sf* vingança, desforra, represália, revide, desagravo ■ **venganza de las personas** vingança das pessoas

venia /ˈbenja/ *sf* vênia, permissão, licença ■ **venia para el matrimonio** permissão para casar

venida /beˈniða/ *sf* **1** vinda, chegada, advento **2** enchente ■ **bienvenida** bem vinda

venir /beˈnir/ *vi* vir, retornar, voltar, regressar ■ **venir de lejos** vir de longe

venta /ˈbenta/ *sf* **1** venda **2** pousada, estalagem ■ **venta de la casa** venda da casa

ventaja /benˈtaxa/ *sf* **1** vantagem, superioridade **2** melhoria, lucro, benefício ■ **ventaja en el trabajo** vantagem no trabalho

ventajoso, -a /benˈtaxoso, a/ *adj* vantajoso, lucrativo, útil, proveitoso ■ **trabajo ventajoso** trabalho vantajoso

ventana /benˈtana/ *sf* **1** janela **2** venta, narina ■ **tirar el dinero por la ventana** jogar dinheiro pela janela, desperdiçar

235

ventanilla

ventanilla /benˌtaˈniʎa/ *sf* guichê ▪ **ventanilla grande** guichê grande

ventear /benteˈar/ *vtr* 1 ventar, arejar 2 farejar (os animais) ▪ **ventear la casa** arejar a casa

ventilación /bentilaˈθjon/ *sf* 1 ventilação 2 arejamento, oxigenação ▪ **ventilación de la casa** ventilação da casa

ventilador /bentilaˈðor/ *sm* ventilador ▪ **ventilador potente** ventilador potente

ventosa /benˈtosa/ *sf* respiradouro, tubo de ventilação ▪ **ventosa grande** respiradouro grande

ventura /benˈtura/ *sf* ventura, felicidade, sorte ▪ **ventura en la vida** felicidade na vida

ver /ˈber/ *sm* 1 ver, observar, examinar, avistar 2 visitar ▪ **ver la imagen** ver a imagem

vera /ˈbera/ *sf* beira, beirada, borda ▪ **vera de la playa** beira da praia

veracidad /beraθiˈðað/ *sf* veracidade, exatidão, verdadeiro ▪ **veracidad de los hechos** veracidade dos fatos

veranear /beraneˈar/ *vi* veranear, passar férias de verão ▪ **veranear tranqüilamente** veranear tranquilamente

verano /beˈrano/ *sm* verão ▪ **durante el verano** durante o verão

verbal /berˈβal/ *adj* verbal, oral, de viva voz ▪ **oración verbal** oração verbal

verbo /ˈberβo/ *sm* verbo, palavra, linguagem ▪ **verbo irregular** verbo irregular

verdad /berˈðað/ *sf* 1 verdade, certeza, exatidão, realidade 2 evidência ▪ **decir la verdad** falar a verdade

verdadero, -a /berðaˈðero, a/ *adj* 1 verdadeiro, real, verídico 2 certo, exato 3 evidente ▪ **el verdadero amor** o verdadeiro amor

verde /ˈberðe/ *adj, sm* 1 verde 2 fresco, vigoroso, juvenil ▪ **planta verde** planta verde

verdura /berˈðura/ *sf* verdura, hortaliça ▪ **comer verdura** comer verdura

vereda /beˈreða/ *sf* vereda, caminho estreito ▪ **caminar en la vereda** caminhar na vereda

veredicto /bereˈðikto/ *sm* veredicto, sentença, parecer, decisão ▪ **dar el veredicto** dar o veredicto

vergonzoso, -a /berɣonˈθoso, a/ *adj* 1 vergonhoso, indecoroso 2 desonesto ▪ **situación vergonzosa** situação vergonhosa

vergüenza /berˈɣwenθa/ *sf* 1 vergonha, desonra, infâmia 2 timidez ▪ **vergüenza para la presentación** vergonha para a apresentação

verificar /berifiˈkar/ *vtr* 1 verificar, examinar, averiguar, apurar, constatar 2 acontecer, cumprir-se ▪ **verificar los resultados** verificar os resultados

verja /ˈberxa/ *sf* 1 grade, gradil 2 cerca 3 cancela ▪ **verja de hierro** grade de ferro

verruga /beˈruɣa/ *sf* verruga ▪ **verruga grande** verruga grande

versar /berˈsar/ *vi* 1 versar 2 estudar 3 tratar (de um assunto) 4 ponderar 5 dar voltas ▪ **versar mucho** versar muito

versátil /berˈsatil/ *adj* 1 versátil 2 inconstante, volúvel, oscilante ▪ **ser versátil** ser versátil

versión /inˌtroβerˈsjon/ *sf* versão, tradução ▪ **en versión original** em versão orginal

verso /ˈberso/ *sm* verso, composição poética ▪ **verso de la canción** verso da música

vértebra /ˈberteβra/ *sf* vértebra, osso da coluna vertebral ▪ **vértebra del animal** vértebra do animal

vertiente /berˈtjente/ *sf* vertente, ladeira, declive, encosta ▪ **vertiente en el camino** vertente no caminho

vertiginoso, -a /bertixiˈnoso, a/ *adj* 1 vertiginoso, rápido 2 violento, impetuoso ▪ **camino vertiginoso** caminho vertiginoso

vestido /besˈtio/ *vi, vtr* roupa, vestuário, indumentária ▪ **vestido negro** roupa preta

vestigio /besˈtixjo/ *sm* vestígio, sinal, indício, pegada ▪ **vestigio del animal** vestígio do animal

vestir /besˈtir/ *vi, vtr* 1 vestir, usar, trajar 2 estar com determinada roupa 3 vestir-se ▪ **vestir rápido** vestir rápido

vestuario /besˈtwarjo/ *sm* vestuário, traje, vestimenta, conjunto de peças de roupa ▪ **vestuario antiguo** vestuário antigo

vetar /beˈtar/ *vtr* vetar, negar, proibir, censurar ▪ **vetar de salir** proibir de sair

veterano, -a /beteˈrano, a/ *adj, sm, sf* veterano ▪ **veterano en la escuela** veterano da escola

veterinario, -a /beteriˈnarjo, a/ *adj, sm, sf* veterinário ▪ **profesión de veterinario** profissão de veterinário

veto /ˈbeto/ *sm* veto, negação, recusa ▪ **veto del pedido** negação do pedido

vez /ˈbeθ/ *sf* 1 vez, época, ocasião, tempo 2 turno ▪ **era una vez** era uma vez

vía /ˈbia/ *sf, prep* 1 via, caminho, estrada 2 rumo, rota ▪ **vía rápida** via rápida

viable /biˈable/ *adj* viável, possível, exeqüível ▪ **situación viable** situação viável

viaducto /bjaˈðukto/ *sm* viaduto ▪ **viaducto de coches** viaduto de carros

viajante /bjaˈxante/ *sm, sf* 1 viajante 2 representante comercial que viaja ▪ **viajante por el mundo** viajante pelo mundo

viajar /bjaˈxar/ *vtr, vi* 1 viajar 2 visitar 3 percorrer ▪ **viajar mucho** viajar muito

viaje /ˈbjaxe/ *sm* viagem, excursão, jornada, percurso ▪ **viaje internacional** viagem internacional

víbora /ˈbiβora/ *sf* 1 víbora, cobra venenosa 2 víbora, pessoa maledicente ▪ **víbora peligrosa** víbora perigosa

vibración /biβraˈθjon/ *sf* vibração, oscilação ▪ **vibración del teléfono móvil** vibração do celular

viciar /biˈθjar/ *vtr* 1 viciar 2 corromper, deteriorar ▪ **viciar en drogas** viciar em drogas

vicio /ˈbiθjo/ *sm* 1 vício 2 deformidade 3 imperfeição 4 desvio 5 degeneração ▪ **tener vicio** ter vício

vicioso, -a /biˈθjoso, a/ *adj, sm, sf* 1 vicioso 2 defeituoso, imperfeito 3 degenerado 4 corrupto ▪ **aparato vicioso** aparelho vicioso

víctima /ˈbiktima/ *sf* vítima ▪ **víctima de incendio** vítima de incêndio

victoria /bikˈtorja/ *sf* vitória, triunfo ▪ **victoria en la competición** vitória na competição

victorioso, -a /biktoˈrjoso, a/ *adj* vitorioso, vencedor, triunfante ▪ **salir victorioso** sair vitorioso

vida /ˈbiða/ *sf* 1 vida, força interior que anima quem a possui 2 duração ▪ **vida buena** vida boa

vidrio /biˈðrjo/ *sm* 1 vidro 2 frasco, garrafa ▪ **vaso de vidrio** copo de vidro

viejo, -a /ˈbjexo, a/ *adj, sm, sf* velho, ancião, idoso ▪ **hombre viejo** homem velho

viento /ˈbjento/ *sm* vento, corrente de ar ▪ **viento fuerte** vento forte

viernes /ˈbjernes/ *sm* sexta-feira ▪ **salir viernes** sair na sexta-feira

vigilancia /bixiˈlanθja/ *sf* 1 vigilância, guarda 2 atenção, cuidado ▪ **vigilancia de la casa** vigilância da casa

V

volcán

vigilar /bixi'laɾ/ *vtr*, *vi* **1** vigiar, cuidar **2** observar **3** velar ▪ **vigilar a los hijos** cuidar dos filhos

vigilia /bi'xilja/ *sf* vigília, serão ▪ **quedar de vigilia** ficar de vigília

vigor /bi'ɣoɾ/ *sm* **1** vigor, força, energia, robustez **2** resistência ▪ **en vigor** em vigor, vigorando

vigoroso, -a /biɣo'roso, a/ *adj* vigoroso, forte, robusto, enérgico ▪ **hombre vigoroso** homem vigoroso

villa /'biʎa/ *sf* **1** vila **2** casa de campo **3** povoado, povoação ▪ **vivir en la Villa** viver no povoado

villano, -a /b'ʎano, a/ *adj*, *sm*, *sf* **1** vilão, plebeu, vil **2** rústico, indigno, grosseiro, desprezível ▪ **villano de la película** vilão do filme

viña /'biɲa/ *sf* vinha ▪ **ser una viña** ser uma mina, render muito

vinagre /vi'naɾɾe/ *sm* **1** vinagre **2** pessoa azeda, rabugenta ▪ **vinagre en la ensalada** vinagre na salada

vinagreta /vina'ɾreta/ *sf* molho vinagrete ▪ **vinagreta en la ensalada** molho de vinagrete na salada

vinajera /vina'xera/ *sf* galheta, galheteiro, jarrinhas para vinho e azeite ▪ **usar la vinajera** usar a galheta

vincular /biŋku'laɾ/ *adj* vincular, ligar, unir, prender, arraigar ▪ **vincular el proyecto** vincular o projeto

vínculo /'biŋkulo/ *sm* vínculo, elo, ligação, laço ▪ **vínculo con los padres** vínculo com os pais

viñeta /bi'ɲeta/ *sf* vinheta, estampa, desenho ▪ **buena viñeta** boa vinheta

vino /'bino/ *sm* vinho ▪ **vino blanco** vinho branco

violación /bjola'θjon/ *sf* **1** violação, atentado, transgressão **2** estupro **3** defloramento ▪ **violación de reglas** violação de regras

violencia /bjo'lenθja/ *sf* **1** violência, agressão, coação **2** fúria **3** cólera **4** injustiça ▪ **violencia en la ciudad** violência na cidade

violeta /bjo'leta/ *adj*, *sf* **1** violeta (planta e flor) **2** violeta (cor) ▪ **flor violeta** flor violeta

violín /bjo'lin/ *sm*, *sf* **1** violino **2** violinista ▪ **tocar violín** tocar violino

violón /bjo'lon/ *sm* **1** violão **2** contrabaixo ▪ **tocar violón** tocar violão

virar /bi'raɾ/ *vtr*, *vi* **1** virar, mudar **2** dar voltas **3** trocar ▪ **virar la cabeza** virar a cabeça

virgen /'biɾxen/ *adj*, *sf* virgem ▪ **ser virgen** ser virgem

virginidad /biɾxini'ðað/ *sf* **1** virgindade **2** pureza, castidade ▪ **virginidad de la mujer** virgindade da mulher

vírgula /'biɾɣula/ *sf* **1** varinha **2** vibrião colérico ▪ **vírgula mágica** varinha mágica

viril /bi'ɾil/ *adj*, *sm* viril, masculino, máscuo ▪ **hombre viril** homem viril

virtual /biɾ'twal/ *adj* virtual, implícito, possível ▪ **curso virtual** curso virtual

virtud /biɾ'tuð/ *sf* **1** virtude **2** mérito ▪ **tener virtud** ter virtude

virtuoso, -a /biɾ'twoso, a/ *adj*, *sm*, *sf* **1** virtuoso **2** íntegro **3** virtuose, hábil em sua arte ▪ **persona virtuosa** pessoa virtuosa

virus /'birus/ *sm* **1** vírus **2** germe de várias doenças infecciosas ▪ **virus de la gripe** vírus da gripe

visado /bi'saɾ/ *vtr* visto, validação em documento, especialmente passaporte ▪ **visado para viajar** visto para viajar

visar /bi'saɾ/ *vtr* **1** visar, dar visto **2** apontar, mirar, fazer pontaria ▪ **visar bien** visar bem

víscera /'bisθera/ *sf* víscera, entranha humana e de animais ▪ **víscera de los animales** víscera dos animais

viscoso, -a /bis'koso, a/ *adj* **1** viscoso, espesso **2** pegajoso ▪ **comida viscosa** comida viscosa

visera /bi'sera/ *sf* viseira, pala (de capacete, de boné) ▪ **usar la visera** usar a viseira

visible /bi'siβle/ *adj* **1** visível, aparente, evidente, notável **2** claro, transparente ▪ **resultado visible** resultado visível

visión /bi'sjon/ *sf* **1** visão, capacidade de ver **2** perspectiva, ponto de vista **3** aparição, espectro ▪ **buena visión** boa visão

visita /bi'sita/ *sf* **1** visita, visitação ▪ **visita de cumplido** visita de cortesia **2** consulta médica domiciliar

viso /'biso/ *sm* **1** reflexo, lampejo **2** aparência, sombra **3** forro (de roupa) ▪ **viso rápido** reflexo rápido

víspera /'bispera/ *sf* véspera ▪ **víspera del feriado** véspera do feriado

vista /bes'tiɾ/ *vi*, *vtr* **1** vista, sentido da visão **2** aspecto, aparência **3** paisagem ▪ **buena vista** boa vista

visual /bi'swal/ *adj*, *sf* visual ▪ **buen visual** bom visual

vital /bi'tal/ *adj* vital, essencial, necessário, fundamental, muito importante ▪ **valores vitales** valores essenciais

vitamina /bita'mina/ *sf* vitamina ▪ **vitamina de plátano** vitamina de banana

vitola /bi'tola/ *sf* **1** padrão **2** bitola **3** calibre ▪ **vitola de cigarro puro** etiqueta

vitrina /bi'trina/ *sf* **1** vitrina, mostrador **2** cristaleira ▪ **vitrina de la tienda** vitrina da loja

viudo, -a /'bjuðo, a/ *adj*, *sm*, *sf* viúvo ▪ **abuelo viudo** avô viúvo

vivacidad /biβaθi'ðað/ *sf* vivacidade, esperteza, desembaraço, rapidez, agilidade ▪ **vivacidad de las personas** vivacidade das pessoas

vivero /bi'βero/ *sm* viveiro ▪ **vivero de animales** viveiro de animais

vivienda /bi'βjenda/ *sf* vivenda, casa, habitação, moradia, residência ▪ **vivienda grande** vivenda grande

vivificar /biβifi'kaɾ/ *vtr* **1** vivificar, animar, reanimar **2** confortar ▪ **vivificar las personas** animar as pessoas

vivir /bi'βiɾ/ *sm* **1** viver, existir **2** estar **3** morar, habitar **4** durar a vida, existência ▪ **vivir muchos años** viver muitos anos

vivo, -a /'biβo, a/ *adj*, *sm*, *sf* **1** vivo **2** esperto ▪ **quedar vivo** ficar esperto

vizconde /biθ'konde, esa/ *sm*, *sf* visconde ▪ **vizconde de la realeza** visconde da realeza

vocablo /bo'kaβlo/ *sm* vocábulo, termo, palavra, expressão ▪ **vocablo difícil** vocábulo difícil

vocabulario /bokaβu'larjo/ *sm* **1** vocabulário **2** glossário **3** léxico ▪ **buen vocabulario** bom vocabulário

vocación /boka'θjon/ *sf* **1** vocação, aptidão, inclinação **2** habilidade, talento ▪ **vocación para la música** vocação para a música

vocal /bo'kal/ *adj*, *sm*, *sf* vocal ▪ **vocal de la canción** vocal da música

vocero, -a /bo'θero, a/ *sm*, *sf* porta-voz ▪ **vocero potente** porta-voz potente

volador /bola'ðor, a/ *adj* voador, que voa ▪ **pájaro volador** pássaro voador

volante /bo'lante/ *adj*, *sm* voador ▪ **platillo volante** disco voador

volátil /bo'latil/ *adj* **1** volátil **2** inconstante, volúvel ▪ **persona volátil** pessoa volátil

volcán /bol'kan/ *sm* **1** vulcão **2** fogo ardente **3** paixão ▪ **volcán peligroso** vulcão perigoso

237

voltaje

voltaje /bol'taxe/ *sm* voltagem, força, tensão elétrica ▪ **voltaje del aparato** voltagem do aparelho

voltear /bolte'aɾ/ *vtr*, *vi* virar, girar, voltear, dar voltas, rodopiar ▪ **voltear rápido** girar rápido

voluble /bo'luβle/ *adj* volúvel, inconsequente, instável, incerto, variável, inconstante ▪ **persona voluble** pessoa volúvel

volumen /bo'lumen/ *sm* volume ▪ **mucho volumen** muito volume

voluntad /bolun'taθ/ *sf* **1** vontade **2** desejo, determinação ▪ **voluntad de salir** vontade de sair

voluntad /bolun'taθ/ *sf* à vontade, com fartura ▪ **buena voluntad** boa vontade

voluntario, -a /bolun'taɾjo, a/ *adj*, *sm* *sf* voluntário, facultativo, arbitrário, espontâneo ▪ **voluntario en una ONG** voluntário numa ONG

voluptuoso, -a /bolup'twoso, a/ *adj*, *sm*, *sf* voluptuoso, sensual, lascivo ▪ **hombre voluptuoso** homem voluptuoso

volver /bol'βeɾ/ *vtr* **1** retornar, voltar **2** girar, dar voltas em alguma coisa ▪ **volver temprano** voltar cedo

vomitar /bomi'taɾ/ *vtr* **1** vomitar **2** desembuchar **3** proferir injúrias ▪ **vomitar en el suelo** vomitar no chão

vómito /'bomito/ *sm* vômito ▪ **vómito en el baño** vômito no banheiro

voracidad /boɾaθi'ðað/ *sf* voracidade, sofreguidão, apetite, avidez ▪ **voracidad en las personas** voracidade nas pessoas

voraz /bo'ɾaθ/ *adj* voraz, sôfrego, ávido ▪ **persona voraz** pessoa voraz

vos /'bos/ *pron pers* **1** vós **2** você ▪ **vos ayudás** vós ajudais (culto), você ajuda (tratamento de confiança)

vosotros, -as /bo'sotros, as/ *pron pers* **1** vós **2** vocês ▪ **vosotros habláis** vós falais (culto), vocês falam (tratamento de confiança)

votación /bota'θjon/ *sf* votação, sufrágio ▪ **votación secreta** votação secreta

votar /bo'taɾ/ *vi*, *vtr* **1** votar, eleger ▪ **votar en contra** votar contra **2** prometer, jurar

voto /'boto/ *sm* **1** voto, sufrágio **2** ordenação religiosa ▪ **voto secreto** voto secreto

voz /'boθ/ *sf* voz, fala ▪ **levantarle la voz a uno** levantar a voz para alguém

vuelo /'bwelo/ *sm* **1** voo **2** imaginação, fantasia ▪ **vuelo bajo** voo baixo

vuelta /'bwelta/ *sf* **1** volta, giro, desvio **2** curva **3** regresso ▪ **dar una vuelta** dar uma volta

vuelto /'bwelto, a/ *pp*, *adj* verso de página, página par ▪ **leer el vuelto** ler o verso da página

vuestro, -a /'bwestro, a/ *adj*, *pron* vosso ▪ **vuestro nombre** vosso nome

vulgar /bul'ɣaɾ/ *adj* vulgar, relativo ao vulgo ▪ **ropa vulgar** roupa vulgar

vulgaridad /bulɣaɾi'ðað/ *sf* vulgaridade, banalidade, mediocridade ▪ **vulgaridad de las mujeres** vulgaridade das mulheres

vulgo /'bulɣo/ *sm*, *adv* vulgo, povo, plebe, ralé ▪ **trabajo vulgo** trabalho da ralé

vulnerable /bulne'ɾaβle/ *adj* vulnerável ▪ **persona vulnerable** pessoa vulnerável

vulnerar /bulne'ɾaɾ/ *vtr* ferir, prejudicar, ofender ▪ **vulnerar una persona** prejudicar uma pessoa

vulva /'bulβa/ *sf* vulva, parte externa do órgão sexual feminino ▪ **vulva de la mujer** vulva da mulher

W

w /ˈuβe ˈðoβle/ *sf* vigésima sexta letra do alfabeto espanhol, usada apenas em palavras estrangeiras, recebe o nome de "uve doble" ou "ve doble", dábliu ■ **"w" de Walter en inglés** "w" de Walter em inglês

wáter /ˈbateɾ/ *sm* WC, toalete, banheiro ■ **ir al wáter** ir ao banheiro

X

x /'ekis/ *sf* vigésima sétima letra do alfabeto español, xis ■ **"x" de xenofobia** "x" de xenofobia

xenofobia /kseno'foβja/ *sf* xenofobia, aversão a estrangeiros ■ **problema de xenofobia** problema de xenofobia

xerografía /kseroɣra'fia/ *sf* xerografia ■ **estudiar xerografía** estudar xerografia

xerografiar /kseroɣra'fjar/ *vtr* xerocopiar, xerografar, fotocopiar ■ **xerografiar un material** xerocopiar um material

xilografía /ksiloɣra'fia/ *sf* xilografia, xilogravura, gravação em madeira ■ **estudiar xilografía** estudar xilografia

Y

y /'i/ *sf* vigésima oitava letra do alfabeto espanhol ■ **"y" es una letra** "y" é uma letra

ya /'ja/ *adv* já, logo, imediatamente ■ **ya vuelvo** volto já

yacer /ja'θeɾ/ *vi* jazer, estar deitado, estendido no chão ■ **yacer algo** jazer algo

yacimiento /jaθi'mjento/ *sm* **1** jazida **2** jazigo ■ **gané una yacimiento** ganhei uma jazida

yantar /jan'taɾ/ *sm* **1** comida, alimento, manjar, iguaria **2** comer ■ **yantar bien** comer bem

yate /'jate/ *sm* iate, embarcação esportiva ■ **andar de yate** andar de iate

yegua /'jeɣwa/ *sf* égua ■ **tener una yegua** ter uma égua

yema /'jema/ *sf* gema **2** broto ■ **yema del huevo** gema do ovo

yerba /'jerβa/ *sf* erva ■ **yerba verde** erva verde

yermo, -a /'jermo, a/ *adj* , *sm* **1** ermo, desabitado, baldio, despovoado **2** inculto, improdutivo ■ **ciudad yerma** cidade despovoada

yerno /'jerno/ *sm* genro ■ **yerno de mi madre** genro da minha mãe

yerro /'jero/ *sm* erro, falta, delito, equívoco, desacerto ■ **yerro de cuentas** erro de cálculo

yerto, -a /'jerto, a/ *adj* **1** hirto, duro, rígido, teso **2** frio ■ **comida yerta** comida fria

yeso /'jeso/ *sm* gesso ■ **yeso en el brazo** gesso no braço

yo /'jo/ *pron pers* , *sm* eu ■ **yo voy viajar** eu vou viajar

yodo /'joðo/ *sm* iodo ■ **yodo en la herida** iodo na ferida

yoga /'joɣa/ *sf* ioga ■ **hacer yoga** fazer ioga

yogur /jo'ɣuɾ/ *sm* iogurte ■ **tomar yogur** tomar iorgurte

yugular /juɣu'laɾ/ *vtr* **1** jugular **2** veia jugular ■ **vena yugular** veia jugular

yunta /'junta/ *sf* junta, parelha ■ **yunta de bueyes** junta de bois

yute /'jute/ *sm* juta ■ **manta de yute** cobertor de juta

Z

z/ze/*sm* vigésima oitava letra do alfabeto em espanhol ▪ **"z" de zorro** "z" de zorro

zafarse /zɑ˜'farse/ *vr* safar-se, escapar, evadir-se ▪ **zafarse de algo** safar-se de algo

zafiro /zɑ˜'firo/ *s* safira ▪ **un pendiente de zafiro maravilloso** um brinco de safira maravilhoso

zaga /zɑ˜'gwan/ *sf* retaguarda, traseira ▪ **no ir a la zaga** não ficar para trás

zaguán /zɑ˜'gwan/ *sm* saguão, *hall* ▪ **gran zagán** grande saguão

zalamería /zɑlame'ria/ *sf* **1** adulação, sabujice, carinho falso **2** badalação, bajulação **3** puxa-saquismo ▪ **zalamería al jefe** adulação ao chefe

zampar /zɑm˜'paR/ *vtr* devorar, comer muito e depressa ▪ **zampar el almuerzo** devorar o almoço

zanahoria /zɑna˜'orja/ *sf* cenoura ▪ **¿te gusta el pastel de zanahoria con chocolate?** você gosta de bolo de cenoura com chocolate?

zancada /zɑn'kada/ *sf* pernada, passo largo ▪ **en dos zancadas** em dois tempos, num instante

zancadilla /zɑnka'dija/ **1** rasteira **2** engano, fraude ▪ **armar una zancadilla** passar a perna (em alguém)

zángano,-a /'zɑgano/ *sm* **1** zangão **2** chupim, parasita **3** homem que não trabalha ▪ **hombre zángano** homem que não trabalha

zanja /'zɑnxa/ *sf* **1** escavação (para construção) **2** fundação, base **3** valeta, sarjeta por onde escoa a água ▪ **abrir las zanjas** começar, iniciar

zapallo /zɑpa'jo/ *sm* **1** espécie de abóbora **2** fortuna inesperada, sorte ▪ **comer zapallo** comer abóbora

zapata /zɑ'pata/ *sm* **1** sapata, bota que vai até a metade da perna **2** peça de madeira colocada acima de um pilar para reforçar ou equilibrar a trave assentada sobre ela ▪ **tener una zapata** ter uma sapata

zapatero, -a /zɑpa'tero, -a/ *sm* **1** sapateiro (a), **2** móvel para sapatos ▪ **buen zapatero** bom sapateiro

zapatilla /zɑpa'tija/ *sf* sapatilha, calçado leve ▪ **zapatilla rosa** sapatilha rosa

zapato /zɑpa'to/ *sm* sapato, calçado ▪ **saber donde le aprieta el zapato** saber onde lhe aperta o calo ▪ **no llegarle a la suela del zapato** não chegar a seus pés

zarpar /zaR'paR/*vi* **1** zarpar, partir **2** levantar âncora ▪ **zarpar de aquí** zarpar daqui

zarzuela /zaR'zwela/ *sf* zarzuela, opereta espanhola ▪ **ver la zarzuela** ver a zarzuela

zinc /'zin/ *sm* elemento químico zinco ▪ **zinc distinto** zinco diferente

zócalo /'zokalo/ *sm* rodapé ▪ **cuidado con la escoba en el zócalo** cuidado com a vassoura no rodapé

zodíaco /zo'dʒiaku/ *sm* zodíaco ▪ **son doce los signos del zodíaco** são doze os signos do zodíaco

zona /'zona/ *sf* **1** zona, área **2** extensão de terreno ▪ **zona franca** zona franca

zonzo,-a /zo˜'zu, za/ *adj* tonto, bobo ▪ **no seas zonzo, ella te ama** não seja bobo, ela te ama

zoo /'zoo/ *sm* zoo, zoológico ▪ **ir al zoo** ir ao zoológico

zoología /zoolo'ʒia/ *sf* zoologia ▪ **estudiar zoología** estudar zoologia

zoológico, -a /zoo'loʒiku, ka/*adj, sm* zoológico, jardim zoológico ▪ **animales en el zoológico** animais no zoológico

zoólogo, -a /zoo'loʒo/ *adj* zoólogo, zoologista ▪ **profesión de zoólogo** profissão de zoólogo

zopenco, -a /zo'penko/ *adj* tonto, bobo, imbecil ▪ **persona zopenca** pessoa imbecil

zoquete /zoo'kete/ *sm* **1** toco (de madeira) **2** pedaço de pão **3** meia soquete **4** lerdo, estúpido, abrutalhado ▪ **ese tipo es un zoquete, no entiende nada** esse sujeito é uma anta, não entende nada

zorro, -a /'zorro/ *adj* **1** zorra, raposa **2** pessoa esperta ▪ **persona zorra** pessoa esperta

zueco /'zweko/ *sm* tamanco, calçado de madeira ▪ **zueco de madera** tamanco de madeira

zumbar/zu˜'baR/ *vi* **1** zumbir, zumbar **2** fazer zumbido **3** a ação do vento com ruído ▪ **zumbar mucho** zumbir muito

zumbido /zu˜'bidu/ *sm* **1** zumbido, zunido **2** pancada ▪ **él ha dado un zumbido en la espalda del vecino** ele deu uma pancada nas costas do vizinho

ESPANHOL
DICIONÁRIO ESCOLAR

PORTUGUÊS - ESPANHOL

A

A B C D E F G H I J K L M N O P Q R S T U V W X Y Z

a /a/ *sm* **1** primera letra del alfabeto portugués **2** la (artículo) la casa **2** as las ■ **1** la (pronombre personal) **não a conheço** no la conozco **2** **eu a vejo mais tarde** te veo después **3** la, que, quien (pronombre demonstrativo) **ela é a que me deu o libro** ella es la que me ha dado el libro **À** a la, para, hacia

aba /a'ba/ *sf* ala, alero ■ **a aba do chapéu** el ala del sombrero

abacate /aba'katʃi/ *sm* **1** aguacate **2** palta ■ **abacate com camarão** palta con langostinos

abacaxi /abaka'ʃi/ *sm* ananás, ananá, piña ■ **o abacaxi é do Brasil** el ananás procede de Brasil

abadia /aba'dʒia/ *sf* sabadía, monasterio ■ **vendeu parte da abadia** vendieron parte de la abadía

abafado, a /aba'fadu, da/ *sub* irrespirable, sofocante, mal ventilada ■ **quarto abafado** habitación sofocante

abaixar /abaj'ʃaR/ *sf* **1** bajar, rebajar, descender **2** humillar, abatir ceder, aceptar ■ **abaixar a cabeça** bajar la cabeza

abalar /aba'laR/ *sf* **1** sacudir **2** estremecer **3** impresionar, conmover **4** enflaquecer, debilitar **5** conmoverse ■ **o mundo vai abalar** sacudirá el mundo

abalo /a'balu/ *sm* **1** conmoción **2** emoción **3** estremecimiento, terremoto ■ **causar abalo** suscitar emociones o afectos

abandonado, a /aβãɲdo'naðo, a/ *sub* **1** abandonado, desamparado **2** descuidado, olvidado ■ **aparência abandonada produz9s rejeição** su aspecto abandonado producía rechazo

abandono /aβaɲ'dono/ *sm* **1** abandono **2** cesión **3** defección, desamparo **4** desidia **5** negligencia **6** renuncia **7** repudio **8** apatía■ **esta casa teve abandono** esta casa fue abandonada

abarcar /abaR'kaR/ *sf* **1** abarcar **2** ceñir **3** comprender **4** contener ■ **abarcar todo o conhecimento** abarcar todo el saber

abarrotar /abaRo'taR/ *sf* **1** abarrotar, llenar **2** rellenar, cargar, colmar ■ **abarrotar de comida** llenar de comida

abastecer /aβaste'θeR/ *v* **1** avituallar, abastecer, suministrar, proveer, surtir, proporcionar, dotar **2** abastecerse, aprovisionarse ■ **abastecer o carro** abastecer el coche

abatedouro /abate'douru/ *sm* matadero ■ **abatedouro de animais** matadero de animales

abatimento /abatʃi'me~tu/ *sm* **1** abatimiento, deducción **2** postración **3** languidez, debilitamiento, agobio abaulado, a curvado, curvo, convexo ■ **abatimento pela doença** abatimiento por la enfermedad

abdicar /abdi'kar/ *sf* **1** abdicar, renunciar **2** transferir, ceder ■ **abdiciar a um cargo** renunciar al un cargo

abdômen /abi'dome~/ *sm* **1** abdomen **2** barriga, vientre, tripa ■ **dor no abdômen** dolor en el abdomen

abecedário /aβeθe'ðarjo/ *sm* abecedario, abecé, alfabeto ■ **aprender o abecedário** aprender o abecedario

abelha /a'beʎa/ *sf* abeja, abelharainha, abejareina ■ **picada de abelha** picada de abeja

abençoar /abe~'suaR/ *v* **1** bendecir **2** proteger, favorecer **3** santificar **4** aprobar ■ **abençoar a vida** bencedir la vida

aberração /abeRa'sa~w/ *sf* **1** aberración **2** desvío ■ **aberração de animal** aberración de animal

abertura /abeR'tura/ *sf* **1** abertura **2** apertura, acceso, entrada, comienzo **3** inauguración **4** quiebra **5** perforación, orifício ■ **abertura do evento** abertura del evento

abiscoitar /abiʃkoj'taR/ *v* **1** abizcochar **2** ganar, recibir ■ **abiscoitar sempre** abizcochar siempre

abismo /a'bi3mu/ *sm* **1** abismo, precipicio **2** misterio, infierno ■ **perdição a beira do abismo** perdición à beira do abismo

abnegação /abinega'sa~w/ *sf* **1** abnegación, renuncia **2** sacrificio, desinterés, altruismo, generosidad **3** celo abnegar ■ **abnegação de trabalho** renuncia de trabajo

abóbada /a'bɔbada/ *sf* bóveda, cúpula ■ **grande abóbada** gran cúpula

abobrinha /abo'briɲa/ *sf* **1** calabacín, zapallito **2** tontería ■ **falar abobrinhas** decir tonterías

abolição /aboli'sa~w/ *sf* **1** abolición **2** prohibición **3** anulación, revocación ■ **abolição dos escravos** abolición de los esclavos

abominar /abomi'naR/ *sf* **1** abominar, condenar **2** execrar **3** odiar, renegar ■ **abominar o perigo** abominar el peligro

abonado, a /aβo'naðo, o/ *sub* acaudalado, rico, abonado■ **direito abonado** derecho abonado

abonar /aβo'nar/ *sf* **1** abonar, garantizar, afianzar **2** salir fiador **3** acreditarse, jactarse ■ **abonar em conta** acreditar

abordar /aβor'ðar/ *sf* **1** abordar, acercarse **2** atracar, acercarse a uno para conversar ■ **abordar as pessoas** abordar las personas

aborrecido, a /aboRe'sidu, da/ *sub* aburrido, fastidioso, molesto, enojado ■ **estar muito aborrecido** estar aburrido como una ostra

abortar /aβor'tar/ *v* **1** abortar **2** malograrse, fracasar ■ **abortar un niño** abortar una criança

abotoadura /abotoa'dura/ *sf* **1** botonadura **2** gemelos **3** broche ■ **abotoadura forte** botonadura fuerte

abotoar /aboto'aR/ *v* **1** abrochar, abotonar **2** brotar, echar botones (las plantas) germinar ■ **abotoar o paletó** morir

abraçar /abra'saR/ *v* **1** abrazar, ceñir **2** aceptar, admitir abraçar uma causa unirse, luchar por algo ■ **abraçar alguém** abrazar alguien

abrandar /abra~'daR/ *v* **1** moderar, ablandar, suavizar **2** humanizarse, conmoverse, calmarse ■ **abrandar o sofrimento** mitigar el dolor

aceso

abrasador /abraza'doR/ *sm* inflamado, ardiente ■ **amor abrasador** amor ardiente

abrasão /abra'zãw/ *sf* abrasión ■ **abrasão forte** abrasión fuerte

abreviar /abre'viaR/ *v* **1** abreviar **2** acortar, sintetizar **3** resumir ■ **abreviar o nome** abreviar el nombre

abreviatura /abrevia'tura/ *sf* **1** abreviatura **2** resumen ■ **fazer uma abreviatura** hacer una abreviatura

abricó /abri'kɔ/ *sm* albaricoque ■ **abricó grande** albaricoque grande

abrigar /aβri'ɤar/ *v* **1** abrigar **2** cubrir **3** defender **4** cobijar **5** recoger, resguardar ■ **abrigar uma pessoa** abrigar una persona

abrigo /a'βriɤo/ *sm* **1** abrigo, albergue **2** defensa, protección **3** acogida ■ **vivir no abrigo** viver en un abrigo

abril /a'βril/ *sm* abril, cuarto mes del año ■ **aniversario em abril** cumpleaños en abril

abrilhantar /abriλã‾'taR/ *v* **1** abrillantar **2** esmaltar **3** iluminar, realzar, honrar, enaltecer ■ **abrilhantar a noite** abrillantar la noche

abrogar /aβro'ɤar/ *v* abrogar, anular, abolir, cancelar ■ **abrogar a prova** anular la prueba

abrolho /a'broλu/ *sm* **1** abrojo **2** espino **3** dificultad ■ **abrolho fino** espino fino

abrupto, a /a'βrupto, a/ *sub* **1** abrupto, escarpado **2** áspero ■ **hombre abrupto** homem abrupto

abscesso /ab'sesu/ *sm* **1** absceso **2** tumor, apostema ■ **abscesso no organismo** tumor en el organismo

absinto /abi'sɪ̃tu/ *sm* absintio, ajenjo ■ **tomar absinto** tomar absintio

absoluto, a /aβso'luto, as/ *sub***1** absoluto **2** independiente **3** incondicional **4** completo, acabado, perfecto ■ **resultado absoluto** resultado absoluto

absolvição /abisowvi'sãw/ *sf* **1** absolución **2** indulto, perdón ■ **absolvição do culpado** absolución del culpado

absorto, a /abi'soRtu, ta/ *sub* **1** absorto **2** pensativo, extasiado **3** introvertido ■ **pessoa absorta** persona absorta

absorver /absoR'veR/ *v* **1** absorber, sorber **2** succionar, inhalar **3** concentrarse, consumir ■ **absorver líquido** absorber líquido

abstêmio, a /aβs'temjo, a/ *sub* **1** abstemio **2** moderado ■ **trabalho abstêmio** trabajo moderado

abstinência /abiʃtʃi'ne‾sja/ *sf* abstinencia, privación ■ **abstinência do álcool** privación del alcohol

abstração /abʃtra'sãw/ *sf* **1** abstracción **2** hipótesis **3** distracción ■ **abstração na vida** hipótesis en la vida

abstrair /abʃtra'iR/ *v* **1** abstraer **2** separar **3** excluir ■ **abstrair muito** abstraer mucho

absurdo, a /ab'suRdu, da/ *sub* **1** absurdo, disparatado, ilógico **2** insensato ■ absurdo, disparate, contrasentido ■ **absurdo na vida** absurdo en la vida

abúlico, a /a'buliko, ka/ *sub* **1** abúlico, sin volición **2** desganado **3** apático ■ **pessoa abúlica** persona apática

abundante /abu‾'daʧfi/ *adj* **1** abundante, copioso, harto **2** cumplido **3** fértil **4** numeroso, opulento ■ **água abundante** agua abundante

abuso /a'buzu/ *sm* **1** abuso, desmán **2** engaño, error ■ **abuso de niños** abuso de crianças

abutre /a'butri/ *sm* **1** buitre **2** usurero, explotador ■ **abutre violento** buitre violento

acabado, a /aka'badu, da/ *sub* **1** acabado, concluido, finalizado **2** viejo, envejecido **3** perfecto ■ **estar acabado** estar acabado

acabamento /akaba'me‾tu/ *sm* **1** acabamiento, terminación **2** consumación **3** confección ■ **acabamento da obra** acabamiento de la obra

academia /akade'mia/ *sm* **1** academia **2** sociedad ■ **academia de ginástica** academia de gimnasia

açafrão /asa'frãw/ *sm* azafrán ■ **frango com açafrão** pollo con azafrán

acalmar /akaw'maR/ *v* **1** calmar, pacificar **2** serenar, sosegar **3** sedar ■ **acalmar as crianças** calmar los niños

acalorado, a /akalo'radu, da/ *adj* **1** acalorado, caliente **2** entusiasmado ■ **recepção acalorada** recepción acalorada

açambarcar /asa‾baR'kaR/ *v* acaparar, monopolizar ■ **açambarcar um ideal** monopolizar un ideal

acampamento /akã‾pa'me‾tu/ *sm* campamento, camping ■ **acampamento na floresta** campamento en la selva

acanhamento /akaɲa'me‾tu/ *sm* **1** timidez, vergüenza **2** poquedad **3** encogimiento ■ **acanhamento dos alunos** timidez de los alumnos

ação /a'sãw/ *sf* **1** acción, acto **2** procedimiento **3** movimiento **4** demanda ■ **ação ao portador** acción portador ■ **ação judicial** acción judicial

acariciar /akarisi'aR/ *v* acariciar, halagar, adular, mimar ■ **acariciar el perro** acariciar o cachorro

acaso /a'kazu/ *sm* **1** acaso, azar, suerte **2** eventualidad ■ **ao acaso** voleo por acaso por casualidad, acaso

acatar /aka'tar/ *v* **1** acatar, aceptar, deferir **2** respetar, cumplir ■ **acatar a ordem** acatar el orden

acebolado, a /asebo'ladu, da/ *sub* condimentado con cebolla ■ **bife acebolado** bistec con cebollas

aceder /ase'deR/ *v* acceder, consentir ■ **aceder com as pessoas** consentir con las personas

aceitável /asej'tavew/ *adj* **1** aceptable, razonable **2** satisfactorio **3** posible ■ **resultado aceitável** resultado aceptable

aceleração /aselera'sãw// *sf* **1** aceleración **2** rapidez, velocidad, prisa ■ **aceleração do carro** aceleración del coche

acelerar /θele'raɾ/ *v* **1** acelerar **2** apresurar, abreviar **3** apresurarse, acelerarse ■ **acelerar muito** acelerar mucho

acelga /a'θelɤa/ *sf* acelga ■ **comer acelga** comer acelga

acenar /ase'naR/ *v* hacer ademanes o señales, gesticular ■ **acenar para alguém** hacer señales para alguien

acendedor /ase‾de'doR/ *sm* encendedor, mechero ■ **acendedor de velas** encendedor de velas

aceno /a'senu/ *sm* **1** seña **2** gesto, ademán ■ **dar um aceno** dar una seña

acentuação /ase‾tua'saˇw/ *sf* acentuación, acento ■ **acentuação no texto** acentuación en el texto

acepção /asep'sãˇw/ *sf* **1** acepción, significado **2** noción ■ **acepção de vida** acepción de vida

acercar /aseR'kaR/ *v* **1** acercar, aproximar, rodear **2** acercarse, avecinarse ■ **acercar de alguém** acercar de alguien

acérrimo, a /a'θerimo, a/ *adj* **1** acérrimo **2** insistente **3** intransigente, tenaz ■ **pessoa acérrima** persona insistente

acertar /aθeɾ'tar/ *v* **1** acertar, atinar **2** concordar **3** armonizar, igualar, ajustar, contratar ■ **acertar em cheio** dar en el quid ■ **acertar o passo** ir mismo paso

aceso, a /a'sezu, za/ *sub* **1** encendido **2** ardiente **3** excitado, inflamado ■ **luz acesa** luz encendida

245

acessível

acessível /ase'sivew/ *adj* **1** accesible **2** fácil **3** tratable, permisible ■ **lugar acessível** lugar accesible

acesso /a'sesu/ *sm* **1** acceso **2** llegada, ingreso **3** ataque acesso de riso acceso de risa ■ **acesso restrito** ingreso restricto

acessório, a /ase'sɔrju, rja/ *adj* **1** accesorio **2** secundario, adicional ■ **usar um acessório** usar un accesorio

acetileno /aθeti'leno/ *sm* acetileno ■ **acetileno é forte** acetileno es fuerte

achado, a /a'ʃadu, da/ *sub* encontrado ■ **dar um achado** dar un encontrado

achaque /a'ʃaki/ *sm* **1** achaque, indisposición **2** enfermedad **3** pretexto ■ **temer achaque** ter indisposición

achar /a'ʃaR/ *v* **1** encontrar **2** pensar, creer **3** notar **4** descubrir **5** hallarse, encontrarse, sentirse ■ **eu acho que sim** así lo creo, pienso así

achatar /atʃa'tar/ *v* **1** achatar, allanar **2** aplastar, aplanar ■ **achatar o dedo** achatar el dedo

acidentado, a /aside~'tadu, da/ *sub* **1** accidentado, **2** escabroso ■ **pessoa acidentada** persona accidentada

acidentar /aside~'taR/ *v* **1** accidentar **2** alterar, modificar ■ **acidentar na rua** accidentar en la calle

acidente /asi'de~tʃi/ *sm* **1** accidente **2** contratiempo **3** desgracia, tragedia ■ **sofrer um acidente** sufrir un accidente

acidez /aθi'ðeR/ *sf* acidez, acritud, acedia ■ **acidez da fruta** acidez de la fruta

ácido, a /'aθiðo, a/ *sub* ácido, acre ■ **suco ácido** jugo ácido

acionista /asjo'niʃta/ *adj* accionista accionista mayoritário ■ **acionista minoritário** accionista minoritário

aclamação /aklama'sãw/ *sf* **1** aclamación **2** proclamación, ■ **aplauso por aclamação** por unanimidad

aclaração /aklara'sãw/ *sf* **1** aclaración, esclarecimiento **2** explicación ■ **aclaração da matéria** aclaración de la materia

aclimatar /aklima'tar/ *v* **1** aclimatar **2** acostumbrarse, habituarse ■ **aclimatar bem** aclimatar bien

acne /'akini/ *sm, f* acné ■ **acne no rosto** acné en la cara

aço /'asu/ *sm* acero ■ **cadeira de aço** silla de acero

açoitar /asoj'taR/ *v* **1** azotar, fustigar, hostigar, castigar **2** azotarse, fustigarse ■ **açoitar o animal** castigar el animal

acolchoado /akowʃo'adu/ *sm* **1** acolchado **2** edredón ■ **cama acolchoada** cama acolchada

acolchoar /akowʃo'ar/v **1** acolchar, acolchonar **2** rellenar, atiborrar ■ **acolchoar o travesseiro** acolchar la almohada

acolher /ako'ʎeR/ *v* **1** acoger, hospedar **2** proteger **3** guarecer **4** admitir ■ **acolher as pessoas** acoger las personas

acolhida /ako'ʎida/ *sf* **1** acogida, recepción **2** asilo ■ **boa acolhida** buena acogida

acometer /akome'teR/ *v* **1** acometer, atacar, embestir **2** emprender, asaltar ■ **acometer alguém** atacar alguien

acomodar /akomo'dar/ *v* **1** acomodar **2** colocar, instalar, adaptar **3** pacificar, reconciliar **4** acomodarse **5** reconciliarse **6** aquietarse ■ **acomodar os objetos** acomodar los objetos

acompanhar /akõpa'naR/ *v* **1** acompañar, seguir, escoltar **2** guarecer ■ **acompanhar as crianças** acompañar los niños

aconselhar /akõse'ʎaR/ *v* **1** aconsejar, persuadir **2** preconizar **3** aconsejarse, tomar consejos ■ **aconselhar os filhos** aconsejar los hijos

acontecer /akõte'seR/ *v* **1** suceder, acaecer **2** acontecer **3** avenir **4** pasar, ocurrir, tener lugar **5** devenir **6** sobrevenir ■ **aconteça o que acontecer** pase lo que pase ■ **acontecer algo inesperadamente** echarse encima una cosa

acoplar /ako'plaR/ *v* acoplar, juntar, unir ■ **acoplar o projeto** acoplar el proyecto

acorde /a'korðe/ *adj* acorde, conforme ■ **acorde de música** acorde de musica

acordeão /akoRði'ãw/ *sm* acordeón ■ **tocar acordeão** tocar acordeón

acordo /a'koRdu/ *sm* **1** acuerdo, ajuste **2** compromiso **3** concierto **4** convención, pacto **5** transacción **6** resolución ■ **de acordo** de acuerdo

acorrentar /akoRen'taR/ *v* **1** encadenar **2** eslabonar **3** sujetar, someter ■ **acorrentar as mãos** encadenar las manos

acossar /ako'saR/ *v* **1** acosar, perseguir **2** molestar, fatigar ■ **acossar alguém** perseguir alguien

acostumar /akostu'maR/ *v* **1** acostumbrar **2** soler, habituar ■ **acostumar as crianças** acostumbrar los niños

açougue /a'sogi/ *sm* **1** carnicería **2** mortandad, matanza ■ **carne do açougue** carne de la carnicería

acovardar /akovaR'daR/ *v* **1** acobardar **2** acobardarse, apoltronarse, hacerse cómodo y holgazán **3** encogerse ■ **acovardar diante do perigo** acobardar delante del peligro

acre /'akri/ *adj* **1** acre, medida agraria **1** acre, áspero **2** agrio, ácido ■ **medir em acre** medir en acre

acreditado, a /akreðʒi'tadu, da/ *adj* acreditado, alguien que tiene crédito ■ **projeto acreditado** proyecto acreditado

acrescentar /akrese~'taR/ *v* **1** agregar, añadir, incorporar **2** juntar ■ **acrescentar uma ideia** agregar una idea

acrobata /akro'bata/ *mf* acrobata ■ **acrobata de circo** acrobata de circo

acromático /akro'matʃiku/ *adj* acromático ■ **característica acromática** característica acromática

açúcar /a'sukaR/ *sm* azúcar, sacarosa açúcar de confeiteiro azúcar impalpable ■ **açúcar em cubinhos** terrones de azúcar ■ **açúcar mascavo** azúcar negro

açucarar /asuka'raR/ *v* **1** azucarar, almibarar, endulzar **2** suavizar ■ **açucarar o chá** azucarar el té

açude /a'sudʒi/ *sm* dique, embalse, represa ■ **açude grande** embalse grande

acudir /aku'dʒiR/ *v* **1** acudir, socorrer **2** subvenir ■ **acudir uma pessoa** socorrer una persona

acumulador /akumula'doR/ *sub m* **1** acumulador **2** condensador ■ **acumulador de dinheiro** acumulador de dinero

acusação /akuza'sãw/ *sf* **1** acusación, denuncia **2** queja **3** recriminación ■ **acusação de assassinato** acusación de asesinato

acusado, a /aku'saðo, a/ *adj mf* acusado, notificado ■ **acusado de roubo** acusado de robo

acústico, a /a'kustiko, a/ *adj* acústico ■ **som acústico** sonido acústico

adaga /a'daga/ *sf* daga, puñal, estilete, sable ■ **ter uma adaga** tener una daga

adágio /a'ðaxjo/ *sm* adagio, proverbio, sentencia, aforismo ■ **adágio grande** proverbio grande

adaptar /aðap'tar/ *v* **1** adaptar, ajustar, acomodar, apropiar **2** familiarizarse, adaptarse, ajustarse ■ **adaptar a realidade** adaptar a la realidad

adega /a'dega/ *f* bodega, taberna ■ **adega grande** bodega grande

adentrar /ade~'traR/ *v* **1** adentrar, entrar **2** penetrar, adentrarse ■ **adentrar na casa** adentrar en la casa

adentro /a'de~tru/ *adj* adentro, interiormente ■ **adentro do lugar** adentro del lugar

advertência

adequado, a /ade'kwadu, da/ adj **1** adecuado, competente **2** condigno **3** oportuno ▪ **lugar adequado** lugar adecuado

adereçar /adere'saR/ v **1** aderezar, adornar, componer **2** dedicar **3** condimentar **4** aderezarse, adecentarse ▪ **adereçar a casa** adornar la casa

aderência /ade'rẽsja/ sf **1** adherencia **2** ligación **3** cohesión ▪ **aderência no texto** adherencia en el texto

aderir /ade'riR/ v **1** adherir, pegar, unir **2** juntar, ligar ▪ **aderir ao partido** adherir al partido

adesão /ade'zãw/ sf **1** adhesión, ligación, acuerdo **2** unión ▪ **adesão das pessoas** adhesión de las personas

adesivo, a /ade'zivu, va/ adj adhesivo pegamento, cola, goma ▪ **adesivo no caderno** adhesivo en el cuaderno

adestrar /adef'traR/ v **1** adiestrar, ejercitar, instruir **2** amaestrar, entrenar ▪ **adestrar o cachorro** adiestrar el perro

adeus /a'dewʃ/ sm adiós, despedida até à vista! ¡hasta la vista ▪ **dizer adeus** decir adiós

adiantado, a /ad3iã'tadu/ adj **1** adelantado, anticipado **2** temprano ▪ **ficar adiantado** quedar adelantado

adiante /ad3i'ã'tʃi/ adj adelante interj ¡adelante! ▪ **mais adiante** más adelante

adiar /ad3i'aR/ v **1** postergar; prorrogar **2** retrasar **3** diferir, retardar ▪ **adiar o compromisso** postergar el compromiso

adicional /adiθjo'nal/ adj **1** adicional **2** cumulativo ▪ **problema adicional** problema adicional

adiposo, a /adi'pozo, a/ adj adiposo, gordo, obeso ▪ **tecido adiposo** tejido adiposo

aditamento /adita'meⁿto/ sm **1** aditamento, acrécimo **2** adición, agregado ▪ **aditamento de parcelas** crecimos de parcelas

adivinhação /ad3iviɲa'sãw/ sf **1** acertijo **2** enigma **3** adivinanza, adivinación, predicción, vaticinio ▪ **fazer adivinhação** hacer acertijo

adjacente /ad3iʒa'sẽtʃi/ adj adyacente, cercano, inmediato, contiguo ▪ **número adjacente** numero adyacente

adjetivo /adʒe'tiβo/ adj adjetivo ▪ **adjetivo nas frases** adjetivo en las frases

adjunto, a /aʒ'xuɲto, a/ adj **1** adjunto, agregado, compañero **2** socio, substituto ▪ **adjunto no trabalho** adjunto en el trabajo

administração /ad3iministra'sãw/ sf **1** administración, gobierno, intendencia **2** gerencia, gestión ▪ **administração de empresas** administración de empresas ▪ **administração superior** superintendencia

administrar /aðminis'traR/ v **1** administrar, conducir, dirigir, gobernar **2** ministrar ▪ **administrar empresas** administrar empresas

admiração /ad3imira'sãw/ sf **1** admiración, sorpresa, espanto **2** éxtasis **3** asombro, pasmo ▪ **admiração pelo professor** admiración por el profesor

admissão /ad3imi'sãw/ sf **1** admisión, entrada **2** ingreso **3** iniciación introducción ▪ **admissão no emprego** admisión en el empleo

admoestação /ad3imoeʃta'sãw/ sf amonestación, advertencia, consejo ▪ **fazer uma admoestação** hacer una amonestación

adoçante /ado'sãtʃi/ adj m edulcorante, dulcificante, sacarina ▪ **adoçante no café** edulcorante en el café

adoção /ado'sãw/ sf adopción, prohijación, afiliación ▪ **adoção de cachorro** adopción de perro

adoecer /adoe'ceR/ v **1** adolecer, enfermar **2** acamar **3** languidecer, sufrir ▪ **adoecer rápido** adolecer rápido

adoentado, a /adoeⁿ'tadu, da/ adj **1** algo enfermo **2** enclenque, achacoso, debilitado, enfermizo ▪ **ficar adoentado** quedar enclenque

adolescência /adole'sẽsja/ sf **1** adolescencia **2** pubertad, juventud, mocedad ▪ **fase da adolescencia** fase de la adolescencia

adolescente /aðoles'θẽtʃe/ adj m, f adolescente, púber ▪ **adolescente rebelde** adolescente rebelde

adorar /ado'raR/ v **1** adorar, venerar, reverenciar **2** honrar; idolatrar ▪ **adorar a Deus** adorar a Dios

adormecer /aðorme'θeR/ v **1** adormecer **2** entorpecer **3** calmar, sosegar, apaciguar, aquietar ▪ **adormeder anoite** adormecer por la noche

adornar /adoR'naR/ v **1** adornar, ornar, ataviar, embellecer, engalanar **2** adornarse, apersonarse ▪ **adornar o cabelo** adornar el cabello

adotar /ado'taR/ v **1** adoptar, prohijar **2** aceptar **3** introducir ▪ **adotar um filho** adoptar un hijo

adotivo, a /ado'tʃivu, va/ adj **1** adoptivo **2** postizo ▪ **filho adotivo** hijo adoptivo

adquirir /aðki'rir/ v **1** adquirir, alcanzar, obtener, conseguir **2** cobrar **3** comprar **4** granjear ▪ **adquirir benefícios** adquirir beneficios

adstringente /ad3iftrɪ̃'ʒẽtʃi/ adj m astringente ▪ **objeto adstringente** objeto astringente

adubar /adu'baR/ v **1** fertilizar **2** preparar **3** arreglar ▪ **adubar a terra** abonar la tierra

adubo /a'dubu/ sm **1** abono, estiércol **2** fertilizante ▪ **adubo na planta** abono en la planta

adular /aðu'lar/ v **1** adular, lisonjear **2** congraciar **3** halagar, engatusar **4** hacer la pelotilla, enjabonar ▪ **adular os filhos** adular los hijos

adulteração /aduwtera'sãw/ sf adulteración, falsificación, falseamiento ▪ **adulteração de documentos** adulteración de documentos

adulterar /aðuɭte'rar/ v **1** adulterar, falsificar, falsear **2** corromper, desvirtuar **4** adulterar, cometer adulterio ▪ **adulterar o documento** adulterar el documento

adultério /aðuɭ'terjo/ sm adulterio, infidelidad ▪ **cometer adultério** cometer adulterio

adúltero, a /a'ðuɭtero, a/ adj m, f adúltero, infiel ▪ **homem adúltero** hombre adúltero

adulto, a /a'ðuɭto, a/ adj m, f adulto, crecido ▪ **idade adulta** edad adulta

aduzir /adu'ziR/ adj **1** aducir, alegar **2** conducir, traer, citar ▪ **aduzir ser inocente** aducir ser inocente

advérbio /ad3i'vɛRbju/ sm adverbio ▪ **advérbio da frase** adverbio de la frase

adversário, a /ad3iveR'sarju, rja/ adj **1** adversario, oponente, antagonista **2** competidor, enemigo **3** opuesto ▪ **adversário do jogo** adversario del juego

adversidade /ad3iveRsi'dad3i/ sf **1** adversidad **2** contrariedad **3** infelicidad, infortunio ▪ **cometer adversidades** cometer adversidades

adverso, a /ad3i'veRzu, za/ adj adverso, contrario, opuesto, enemigo ▪ **ser adverso** ser adverso

advertência /ad3iveR'te⁻nsja/ sf **1** advertencia, consejo **2** llamado **3** anotación **4** cautela, prudencia ▪ **advertência na escola** advertencia en la escuela

247

advertir

advertir /adʒiver'tʃir/ v 1 advertir, avisar 2 notar 3 prevenir, aconsejar 4 censurar ■ **advertir os alunos** advertir los alumnos

advir /adʒi'viR/ v 1 avenir, sobrevenir 2 emerger 3 intervenir 4 resultar ■ **advir da pobreza** avenir de la pobreza

advocacia /adʒivoka'sia/ sf abogacía ■ **fazer advocacia** hacer abogacía

advogado, a /adʒivo'gadu, da/ m, f 1 abogado 2 defensor ■ **advogado criminalista** penalista

advogar /adʒivo'gaR/ v abogar ■ **advogar bem** abogar bien

aéreo, a /a'ɛrju, ja/ adj 1 aéreo, del aire 2 fútil, vano ■ **navegação aérea** navegación aérea

aerodinâmico, a /aeroʤi'namiko, a/ adj aerodinámico ■ **voo aerodinâmico** vuelo aerodinámico

aeródromo /ae'roʤromo/ sm aeródromo, aeropuerto ■ **parar no aeródromo** parar en el aeropuerto

aerólito /aero'lito/ sm aerolito, meteorito ■ **aerólito pequeno** aerolito pequeño

aeromoça /aero'mosa/ sf azafata ■ **aeromoça no avião** azafata en el avión

aeromodelismo /aeromoʤe'lismo/ sm aeromodelismo ■ **fazer aeromodelismo** hacer aeromodelismo

aeronáutica /aero'nawtika/ sf aeronáutica, navegación aérea ■ **estudar aeronáutica** estudiar aeronáutica

aeronave /aero'naβe/ sf aeronave, avión, aeroplano ■ **ter uma aeronave** tener una aeronave

aeroplano /aero'plano/ sm aeroplano, avión ■ **aeroplano rápido** aeroplano rapido

aeroporto /aero'poRtu/ sm aeropuerto ■ **aeroporto da cidade** aeropuerto de la ciudad

aerovia /aero'via/ sf aerovía, ruta aérea ■ **aerovia pequena** aerovía pequeña

afã /a'fã/ sm 1 afán, esfuerzo 2 trabajo excesivo ■**grande afã** gran esfuerzo

afabilidade /afabili'dadʒi/ sf afabilidad, cortesía, llaneza ■ **afabilidade com os convidados** cortesía para los envitados

afagar /afa'gaR/ v 1 acariciar, halagar 2 mimar, alisar ■ **afagar o cachorro** acaricar el perro

afamado, a /afa'madu, da/ adj afamado, famoso, célebre, renombrado ■ **pessoa afamada** persona afamada

afanar /afa'nar/ v gatear, hurtar ■ **afanar bem** gatear bien

afastado, a /afaʃ'tadu, da/ adj 1 apartado, alejado, separado, distante 2 independiente 3 retirado 4 remoto, solitário ■ **ficar afastado** quedar apartado

afastamento /afaʃta'me~tu/ sm 1 alejamiento 2 separación 3 desvío 4 segregación 5 retiro ■ **afastamento das pessoas** alejamiento de las personas

afastar /afaʃ'taR/ v 1 alejar, apartar 2 separar 3 desechar 4 desviar 5 desterrar 6 segregar 7 rehuir 8 relegar 9 alejarse 10 aislarse ■ **afastar do bom caminho** apartar del buen camino ■ **afastar-se dos negócios** apartarse de los negocios

afável /a'favew/ adj 1 afable, cortés 2 delicado, benévolo ■ **pessoa afável** persona afable

afeição /afej'sã~w/ sf 1 afecto, afección 2 inclinación, propensión 3 ternura, amor ■ **boa afeição** buena afección

afeiçoar /afeisu'aR/ v 1 inspirar afecto 2 encariñarse, viciarse ■ **afeiçoar muito** inspirar mucho afecto

afeminado /afemi'nadu, da/ adj afeminado, amanerado, amaricanado, mariposón, mariquitas, pisaverde ■ **homem afeminado** hombre afeminado

aferição /aferi'sã~w/ sf 1 comparación, verificación 2 comprobación de pesos y medidas, cotejo ■ **fazer uma aferição** hacer una comparación

aferrar /afe'raR/ v aferrar, agarrar, asegurar, asir con fuerza ■ **aferrar bem** asegurar bien

afetação /afeta'sã~w/ sf 1 afectación 2 falsedad, fingimiento 3 esnobismo, presunción ■ **afetação das pessoas** afectación de las personas

afetar /afe'taR/ v 1 afectar 2 fingir ■ **não me afeta em nada** no me va ni me viene

afetivo, a /afe'tʃivu, va/ v afectivo, afectuoso ■ **pessoa afetiva** persona afectiva

afeto /a'fetu, ta/ adj afecto, afección, amor, cariño ■ **ter afeto** tener afecto

afetuoso, a /afetu'ozu/ adj 1 afectuoso, cariñoso 2 cordial 3 sentimental ■ **ser afetuoso** ser afectuoso

afiador /afetu'ozu, za/ adj afilador, el que afila ■ **afiador de pontas** afilador de puentas

afiançar /afia~'saR/ v 1 afianzar, garantizar 2 abonar 3 fiar ■ **afiançar dinheiro** afianzar dinero

afiar /a'fiaR/ v 1 afilar, aguzar 2 irritar afiar a língua injuriar ■ **afiar muito** afilar mucho

afilhado, a /afi'ʎadu, da/ sm, f 1 ahijado, apadrinado 2 protegido ■ **ter um afilhado** tener un ahijado

afiliação /afilia'sã~w/ sf 1 afiliación 2 ingreso 3 asociación, admisión, inscripción como seguidor o partidario ■ **afiliação ao partido** afiliación al partido

afim /a'fi~/ adj m, f 1 afín, que tiene afinidad 2 próximo ■ **afim de sair** afin de salir

afinar /afi'naR/ v 1 afinar, perfeccionar 2 reducir la espesura 3 tener afinidad, armonizarse ■ **afinar a voz** afinar la voz

afinco /a'fi~ku/ sm 1 ahínco, persistencia, obstinación 2 tenacidad, apego ■ **ter afinco** tener ahinco

afinidade /afini'dadʒi/ sf 1 afinidad 2 analogía, semejanza 3 simpatía ■ **afinidade pela música** afinidad por la música

afirmação /afiRma'sã~w/ sf 1 afirmación 2 aseveración, confirmación pl: afirmações ■ **afirmação do resultado** afirmación del resultado

afirmar /afiR'maR/ v 1 afirmar, asegurar, garantizar, certificar, consolidar 2 cerciorar 3 deponer 4 afirmarse, asegurarse ■ **afirmar a resposta** afirmar la respuesta

afirmativo, a /afiRma'tʃivu, va/ adj 1 afirmativo, que afirma 2 positivo ■ **resultado afirmativo** resultado afirmativo

afixo /afik'su, sa/ adj afijo ■ **documento afixo** documento afijo

aflição /afli'sã~w/ sf 1 aflicción, pesar, dolor, tormento 2 pena, cuita 3 desgana ■ **aflição das pessoas** aflicción de las personas

afligir /afli'xir/ v 1 afligir, angustiar, abrumar, acongojar 2 apesadumbrar, inquietar, causar dolor, pena 3 afligirse, preocuparse ■ **afligir muito** afligir mucho

afluência /aflu'e~sja/ sf 1 afluencia 2 abundancia 3 gran concurrencia, concurso ■ **ter afluência** tener afluencia

afluente /aflu'e~tʃi/ adj m 1 afluente, que afluye 2 abundante, profuso 3 elocuente ■ **rio afluente** rio afluente

afluir /aflu'iR/ v 1 afluir, convergir 2 concurrir en gran número, abundar ■ **afluir muito** afluir mucho

afobação /afoba'sã~w/ sf precipitación, agitación, apuro ■ **afobação das crianças** agitación de los niños

afogado, a /afo'gadu, da/ adj 1 ahogado, sofocado, asfixiado 2 sobrecargado, oprimido ■ **afogado na piscina** ahogado en la piscina

agregar

afogar */afo'gaR/ v* **1** ahogar, sofocar, asfixiar **2** asfixiarse ■ **afogar as tristezas** ahogar las tristezas

afônico */a'foniko, a/ adj* afónico ■ **pessoa afônica** persona afónica

afortunado, a */afortu'naðo, a/ adj m, f* **1** afortunado, venturoso **2** propicio **3** próspero ■ **pessoa afortunada** persona afortunada

africano, a */afortu'naðo, a/ adj m, f* africano ■ **cultura africana** cultura africana

afrodisíaco */afroði'sjako, a/ adj* afrodisíaco ■ **sabor afrodisíaco** sabor afrodisíaco

afronta */afroɲ'tar/ v* **1** afrenta, ultraje, ignominia, insulto, ofensa **2** vejación, vergüenza, desdoro ■ **fazer uma afronta** hacer una afrenta

afrontar */afroɲ'tar/ v* **1** afrentar, resistir, hacer frente a **2** enfrentar, encarar **3** contrastar **4** desacatar ■ **afrontar o chefe** afrentar al jefe

afrouxar */afro'ʃaR/ v* **1** aflojar, ablandar **2** flojear, amainar **3** aflojarse, entibiarse, relajarse ■ **afrouxar as calças** aflojar los pantalones

afugentar */afuʒe͂'taR/ v* **1** ahuyentar, poner en fuga, expulsar **2** ojear ■ **afugentar os medos** ahuyentar los miedos

afundar */afũ'daR/ v* **1** hundir, ahondar **2** profundizar **3** naufragar, echar a fondo **4** sumergirse, arruinarse, perderse ■ **afundar no mar** hundir en el mar

agá */a'ga/ sm* hache, nombre de la letra h ■ **agá de homem** hache de hombre

agachar */aʁa'tʃar/ v* **1** agachar, bajar, inclinar **2** esconder **3** alebrarse **4** humillarse, someterse ■ **agachar muito** agachar mucho

agarrado, a */aga'Radu, da/ adj* **1** agarrado, seguro, asido, preso **2** obstinado ■ **ficar agarrado** quedar agarrado

agarrar */aga'RaR/ v* **1** agarrar, asir **2** arrebatar **3** prender **4** agazapar, alcanzar, tomar **5** coger algo con fuerza **6** apestillar ■ **agarrar alguém** lanzar manos en uno

agasalhar */agaza'ʎaR/ v* **1** abrigar **2** arropar **3** defender **4** alojar, agasajar **5** abrigarse ■ **agasalhar no frio** abrigarse en el frio

agasalho */agaza'ʎadu, da/ adj* **1** abrigo, prenda de vestir, sobretodo **2** hospedaje, buen acogimiento ■ **usar um agasalho** usar un abrigo

agência */a'ʒe͂sia/ sf* **1** agencia, oficio y oficina de agente **2** sucursal **3** administración ■ **agência de viagem** agencia de viaje

agenciar */aʒe͂si'aR/ v* **1** agenciar, trabajar para obtener **2** alcanzar **3** negociar ■ **agenciar a viagem** agenciar el viaje

agenda */a'ʒe͂da/ sf* **1** agenda, libreta **2** dietario ■ **agenda para o próximo ano** agenda para el próximo año

agente */a'ʒe͂tʃi/ adj* agente, actuante, activo ■ **agente secreto** agente secreto

ágil */'aʒju/ adj* **1** ágil **2** pronto, ligero, expedito **3** leve **4** diestro **5** diligente, listo ■ **pessoa ágil** persona ágil

agilidade */aʒili'dadʒi/ sf* **1** agilidad, ligereza, desembarazo **2** desenvoltura **3** diligencia, presteza **4** vivacidad, soltura ■ **agilidade no trabalho** agilidad en el trabajo

ágio */'aʒju/ sm* **1** agio, usura **2** especulación, interés ■ **ter ágio** tener agio

agiota */aʒi'ota/ adj* **1** agiotista, usurero **2** especulador, logrero, prestamista ■ **ser um agiota** ser un agiotista

agiotagem */aʒio'taʒe͂j/ sf* **1** agiotaje, especulación **2** usura, comercio usurario ■ **fazer agiotagem** hacer agiotaje

agir */a'ʒiR/ v* actuar, hacer, obrar agir precipitadamente hilvanar ■ **agir de boa vontade** actuar de buena voluntad

agitado, a */aʒi'tadu, da/ adj* **1** agitado **2** tempestuoso **3** turbulento ■ **pessoa agitada** persona agitada

agitador, ora */aʒita'doR/ adj m, f* agitador, promotor de disturbios ■ **agitador de pessoas** agitador de personas

agitar */aʒi'taR/ v* **1** agitar, sacudir **2** conmover **3** sublevar **4** perturbar, bullir, mecer **5** vibrar **6** concitar **7** excitar **8** inquietarse **9** fermentar, hurgar ■ **agitar muito** agitar mucho

aglomeração */aglomera'sa͂w/ sf* **1** aglomeración, reunión, amontonamiento **2** hacinamiento **3** agolpamiento **4** jabardillo ■ **aglomeração de pessoas** aglomeración de personas

aglomerado */aʁlome'raðo/ adj* aglomerado ■ **lugar aglomerado** lugar aglomerado

aglomerar */aʁlome'rar/ v* **1** aglomerar, juntar, reunir, amontonar **2** hacinar ■ **aglomerar muito** aglomerar mucho

aglutinar */aʁluti'nar/ v* **1** aglutinar, unir, juntar **2** pegar, encolar **3** encolarse, pegarse ■ **aglutinar as ideias** unir las ideas

agonia */aʁo'nia/ sf* **1** agonía, angustia, aflicción **2** trance **3** náusea **4** deseo, ansia ■ **ter agonia** tener agonía

agonizar */aʁoni'θar/ v* **1** agonizar **2** estar moribundo ■ **agonizar muito** agonizar mucho

agora */a'ʁora/ sf* **1** ahora, en el presente **2** hoy en día ■ **até agora** hasta ahora ■ **desde agora** desde ahora

agosto */a'ʁosto/ sm* agosto ■ **mês de agosto** mes de agosto

agouro */a'ʁoru/ sm* agüero, presagio, adivinación ■ **ter agouro** tener aguero

agraciado, a */aʁra'θjaðo, a/ adj* **1** agraciado **2** condecorado ■ **ser agraciado** ser agraciado

agradar */aʁra'ðar/ v* **1** agradar, hacerse querido **2** complacer, contentar **3** halagar, placer, gustar, satisfacer **4** agradarse, enamorarse ■ **agradar a namorada** agradar la novia

agradável */agra'davew/ adj* **1** agradable, amable, apacible **2** bello, suave **3** exquisito **4** grato, gustoso, simpático **5** de buen gusto ■ **pessoa agradável** persona agradable

agradecer */agrade'seR/ v* agradecer, rendir gracias ■ **agradecer a Deus** agradecer a Diós

agradecimento */agradesi'me͂tu/ sm* **1** agradecimiento, gratitud **2** recompensa, gratificación ■ **agradecimento aos colaboradores** agradecimiento a los colaboradores

agrado */a'gradu/ sm* **1** agrado, gusto **2** afabilidad **3** satisfacción **4** encanto ■ **fazer um agrado** hacer un agrado

agrário, a */a'grarju, rja/ adj* agrario, rural ■ **trabalho agrário** trabajo agrario

agravante */agra'va͂tʃi/ adj* agravante, que agrava ■ **problema agravante** problema agravante

agravar */agra'vaR/ v* **1** agravar, agudizar **2** oprimir, gravar, agraviar, ofender **3** importunar **4** complicar, empeorar **5** exacerbar, exagerar **6** agudizarse, agravarse ■ **agravar a situação** agravar la situación

agravo */a'gravu/ sm* **1** agravio, ofensa **2** afrenta **3** entuerto **4** pesadumbre **5** apelación, recurso judicial ■ **cometer um agravo** cometer una ofensa

agredir */agre'diR/ v* **1** agredir, atacar; asaltar **2** herir, hostilizar ■ **agredir fisicamente** agredir físicamente

agregado, a */agre'gadu, da/ adj* **1** agregado **2** asociado, adjunto ■ **agregado ao projeto** agregado al proyecto

agregar */agre'gaR/ v* **1** agregar, asociar, añadir **2** amontonar **3** admitir **4** incorporar **5** agregarse, juntarse ■ **agregar ao grupo** agregar al grupo

249

agressão

agressão /agreˈsãw/ sf 1 agresión, golpe 2 provocación 3 ataque ■ **agressão contra a mulher** agresión contra la mujer

agressivo, a /agreˈsivu, va/ adj m, f 1 agresivo, ofensivo, belicoso 2 salvaje ■ **pessoa agressiva** persona agresiva

agressor /agreˈsoʀ/ sm 1 agresor, provocador, invasor ■ **agressor da briga** agresor de la pelea

agreste /agreʃˈtʃi/ adj 1 agreste, del campo 2 inculto 3 silvestre ■ **morar no agreste** vivir en el agreste

agrião /agriˈãw/ sm berro ■ **comer agrião** comer berro

agrícola agrícola, rural agricultor ■ **trabalho agrícola** trabajo agrícola

agricultor, a agricultor, granjero, labrador, campesino, cultivador ■ **profissão de agricultor** profesión de agricultor

agricultura /agrikuwˈtura/ sf agricultura, labranza ■ **estudar agricultura** estudiar agricultura

agrimensura /agrimẽˈsura/ sf agrimensura, arte de medir tierras ■ **estudar agrimensura** estudiar agrimensura

agronomia /agronoˈmia/ sf agronomía ■ **estudar agronomía** estudiar agronomía

agrupamento /agrupaˈmẽˈtu/ sm agrupamiento, reunión ■ **agrupamento de pessoas** agrupamiento de personas

agrupar /agruˈpaʀ/ v 1 agrupar, juntar en grupo, reunir 2 combinar, clasificar 3 agruparse, reunirse ■ **agrupar as pessoas** agrupar las personas

água /ˈagua/ sf 1 agua, líquido 2 lluvia, mar, río, arroyo ■ **água de colônia** colonia ■ **dar água na boca** hacerse agua en la boca

aguaceiro /agwaˈsejru/ sm 1 aguacero 2 lluvia fuerte y pasajera ■ **aguaceiro na rua** aguacero en la calle

aguar /aˈgwaʀ/ v aguar, regar ■ **aguar o terreno** aguar el terreno

aguardar /agwaʀˈdaʀ/ v 1 aguardar, esperar 2 dar tiempo ■ **aguardar o tempo certo** aguardar el tiempo correcto

aguardente /agwaʀˈdẽˈtʃi/ sf aguardiente ■ **aguardente de milho** chicha

aguçar /aguˈsaʀ/ v 1 aguzar, acuciar 2 incitar, estimular ■ **aguçar os desejos** aguzar los deseos

agudo, a /aˈgudu, da/ adj 1 agudo, afilado 2 sutil 3 picante, estridente 4 penetrante tornarse agudo agudizarse ■ **som agudo** sonido agudo

agüentar /aguˈẽˈtaʀ/ v 1 aguantar, sufrir, soportar, tolerar 2 mantener 3 aguantarse ■ **aguentar o máximo** aguantar el máximo

aguerrido, a /ageˈʀidu, da/ adj aguerrido, valiente, esforzado ■ **pessoa aguerrida** persona aguerrida

águia /ˈagja/ sf 1 águila 2 persona de mucha viveza y perspicacia ■ **águia grande** águila grande

aguilhão /agiˈʎãw/ sm 1 aguijón 2 rejo 3 vara 4 estímulo, acicate ■ **ter um aguilhão** tener un aguijón

aguilhoar /agiʎoˈaʀ/ v 1 aguijonear 2 incitar, estimular ■ **aguilhoar muito** aguijonear mucho

agulha /aˈguʎa/ sf 1 aguja 2 brújula ■ **agulha de crochê** ganchillo ■ **fundo da agulha** hondón ■ **procurar agulha em palheiro** buscar una aguja en un pajar

ai /ˈaj/ sm ¡ai! ■ **ai, ai, ai, isto não está me cheirando bem!** ¡ayayay, qué mal me huele este asunto! ■ **ai de mim!** ¡ai, pobre de mí!

aí /aˈi/ sm ahí ■ **aí, neste lugar** ahí en ese lugar o a ese lugar ■ **isso!** ■ **é ai mesmo** ■ ¡eso! **aí mesmo** ahí mismo ■ **por aí** por ahí

AIDS /ˈajdʃ/ sm SIDA (síndrome de inmunodeficiencia adquirida) ■ **ter AIDS** tener SIDA

ainda /aˈĩˈda/ adj 1 aún, todavía, hasta el momento en que se habla 2 además ■ **ainda assim** aún así ■ **ainda não** todavía no ■ **ainda por cima** a más de esto ■ **ainda que** no obstante

aipo /ˈajpu/ sm apio ■ **comer aipo** comer aipo

airoso, a /ajˈrozu/ adj 1 airoso, garboso, gallardo 2 vencedor, triunfante ■ **pessoa airosa** persona vencedora

ajoelhar /aʒoeˈʎaʀ/ v 1 arrodillar, hincar la rodilla 2 arrodillarse ■ **ajoelhar e agradecer** arrodillar y agradecer

ajuda /aˈʒuda/ sf 1 ayuda, auxilio, socorro 2 favor, refuerzo ajuda de custo gratificación, dietas ■ **ajuda aos necessitados** ayuda a los necesitados

ajudante /aʒuˈdãˈtʃi/ adj 1 ayudante, auxiliar, asistente, 2 subalterno ■ **chamar um ajudante** llamar un ayudante

ajudar /aʒuˈdaʀ/ v 1 ayudar, auxiliar, socorrer, favorecer 2 concurrir 3 conllevar 4 contribuir 5 promover 6 ayudarse, aprovecharse ■ **Deus ajuda quem cedo madruga** que madruga Dios le ayuda

ajuntar /aʒũˈtaʀ/ v 1 reunir, unir, aproximar 2 coligar, ajuntar ■ **ajuntar os trabalhos** reunir los trabajos

ajustado, a /aʒuʃˈtadu, da/ adj 1 ajustado, justo 2 arreglado 3 apretado, ceñido 4 concordado, pactuado, estipulado ■ **carro ajustado** coche ajustado

ajustar /aʒuʃˈtaʀ/ v 1 ajustar, adaptar, concertar 2 reconciliar, avenir 3 completar, integrar 4 negociar, pactar 5 adornarse, prepararse, adaptarse ■ **ajustar as contas** ajustar las cuentas

ajuste /aˈʒuʃtʃi/ sm 1 ajuste, contrato, pacto 2 combinación, convenio, convención 3 negociación ■ **ajuste de contas** ajuste de cuentas

alado, a /aˈladu, da/ adj 1 alado, que tiene alas 2 leve, aéreo ■ **cavalo alado** caballo alado

alagadiço, a /alagaˈdʒisu, sa/ adj anegadizo, pantanoso, encharcado ■ **lugar alagadiço** lugar anegadizo

alagamento /alagaˈmẽˈtu/ sm inundación ■ **alagamento de cidade** inundación de ciudades

alagar /alaˈgaʀ/ v alagar, encharcar, inundar, sumergir, empantanar ■ **alagar as casas** alagar las casas

alambique /alaˈbike/ sm alambique, aparato para efectuar destilaciones ■ **fazer um alambique** hacer un alambique

alambrar /alãˈbraʀ/ v alambrar, cercar con alambre ■ **alambrar a casa** alambrar la casa

alameda /alaˈmeda/ sf 1 alameda, calle, camino 2 arboleda 3 cualquier paseo arbolado ■ **morar em uma alameda** vivir en una alameda

alaranjado, a /alarãˈʒadu, da/ adj anaranjado, de color naranja ■ **carro alaranjado** coche anaranjado

alarde /aˈlaʀdʒi/ sm alarde, ostentación, vanidad ■ **alarde das pessoas** alarde de las personas

alardear /alaʀdʒiˈaʀ/ v 1 alardear, ostentar 2 jactarse, alabarse, glorificarse ■ **alardear sempre** alardear siempre

alargar /alaʀˈgaʀ/ v 1 ensanchar, extender, ampliar, dilatar 2 aumentar, desarrollar 3 ensancharse 4 dilatarse, extenderse ■ **alargar a rua** ensanchar la calle

alarmar /alaʀˈmaʀ/ v 1 alarmar, poner en alarma 2 sobresaltar 3 alarmarse, asustarse ■ **alarmar muito** alarmar mucho

alarme /aˈlarme/ sm 1 alarma 2 vocerío, tumulto, confusión, rebato ■ **alarme do carro** alarma del coche

alavanca /alaˈvãka/ sf 1 palanca, barra 2 medio, expediente ■ **alavanca dura** palanca dura

alazão /alaˈzãw/ sm alazán (caballo) ■ **andar no alazão** andar en el alazán

algo

albanês, esa /awban'ejʃ, 'eza/ adj m, f albanés ■ **cultura albanesa** cultura albanesa

albergar /awbeR'gaR/ v **1** albergar, abrigar, hospedar, acomodar **2** acogerse, hospedarse ■ **albergar por uma noite** albergar por una noche

albergue /aw'beRgi/ sm **1** albergue, abrigo, refugio **2** cotarro **3** parador ■ **dormir no albergue** dormir en un albergue

albino, a /aw'binu, na/ adj m, f albino ■ **pessoa albina** persona albina

álbum /'awbu⁓/ sm álbum, libro de memorias ■ **álbum de fotos** álbum de fotos

alça /'awsa/ sf **1** alza, presilla **2** tirantes para pantalones ■ **alça da bolsa** alza de la cartera

alcachofra /awka'ʃofra/ sf alcachofa, alcaucil ■ **comer alcachofra** comer alcachofa

alçado, a /aw'sadu, da/ adj alzado, levantado ■ **objeto alçado** objeto alzado

álcali /'awkali/ sm álcali ■ **algo álcali** algo álcali

alcaloide /awka'lɔjdʒi/ sm quím alcaloide ■ **ter alcaloide** tener alcaloide

alcançar /awka⁓'saR/ v **1** alcanzar, conseguir **2** llegar **3** obtener, lograr **4** malversar, alcanzarse ■ **alcançar os objetivos** alcanzar los objetivos

alcance /aw'ka⁓si/ sm **1** alcance, extensión **2** capacidad, talento ■ **alcance das mãos** alcance de las manos

alcaparra /awka'paRa/ sf alcaparra, alcaparrón ■ **ter alcaparra** tener alcaparra

alçar /aw'saR/ v **1** alzar, elevar, subir, guindar **2** levantar, edificar, construir **3** aclamar, ensalzar, engrandecer, enaltecer **4** alzarse, rebelarse **5** guindarse ■ **alçar voo** alzar vuelo

alcatrão /awka'trã⁓w/ sm alquitrán ■ **homem alcatrão** hombre alquitrán

álcool /'awkɔw/ sm alcohol ■ **álcool no sangue** alcohol en el sangre

alcoólatra /awk'ɔlatra/ mf alcohólico, alcoholizado ■ **pessoa alcoólatra** persona alcohólica

alcoolismo /awko'liʒmu/ sm alcoholismo ■ **problema de alcoolismo** problema de alcoholismo

alcova /aw'kova/ sf alcoba, dormitorio, cuarto para dormir ■ **dormir na alcova** dormir en la alcoba

alcoviteiro, a /awkovi'tejru, ra/ mf alcahuete, proxeneta, mediador ■ **homem alcoviteiro** hombre alcahuete

aldeão, ã /awd3i'ã⁓w, ã'/ adj m, f **1** aldeano, campesino **2** rústico, lugareño ■ **cultura aldeã** cultura aldeana

aldeia /aw'deja/ sf aldea, pequeña localidad, población rústica ■ **aldeia indígena** poblado de aborígenes

alegação /alega'sã⁓w/ sf **1** alegación, defensa, alegato **2** alegación, informe ■ **alegação por escrito** alegato

alegar /ale'gaR/ v **1** alegar, probar, razonar **2** exponer **3** citar **4** producir **5** informar ■ **alegar estar dizendo a verdade** alegar estar diciendo la verdad

alegoria /alego'ria/ sf alegoría, fábula, símbolo ■ **muitas alegorias** muchas alegorias

alegórico, a /ale'gɔriku, ka/ adj alegórico, simbólico, metafórico ■ **carro alegórico** coche alegórico

legrar /ale'graR/ v **1** alegrar, divertir, entretener, recrear desenfadar, regocijar **3** refocilar **4** alegrarse, animarse ■ **legrar muito** alegrar mucho

legre /a'legri/ adj **1** alegre, jovial, festivo, vivo, contento campante ■ **estar alegre** estar alegre, estar como unas ascuas

alegria /ale'gria/ sf **1** alegría, contento, animación **2** fiesta, euforia, felicidad **3** jovialidad **4** júbilo **5** expansión ■ **alegria na vida** alegria en la vida

aleijado, a /ale'gria/ sf estropeado, contrahecho, paralítico, defectuoso ■ **pessoa aleijada** persona paralítica

aleijar /alei'3aR/ v estropear, mutilar, deformar ■ **aleijar o braço** mutilar el brazo

além /a'le⁓/ em allá, más allá, allende, más adelante, además ■ **além de que** además ■ **estar além** ser superior a

alemão, ã /alem'ã⁓w, ma'/ adj mf alemán ■ **cultura alemã** cultura alemana

alentar /ale⁓'taR/ v alentar, dar aliento, animar ■ **aletar os filhos** alentar los hijos

alento /ale⁓'tu/ sm **1** aliento, vigor, esfuerzo **2** ánimo, huelgo ■ **aliento dos pais** aliento de los padres

alergia /aleR'3ia/ sf alergia ■ **alergia a fumaça** alergia al humo

alerta /a'lɛRta/ adj alerta, atento alarma, rebato atentamente, con vigilancia ■ **ficar em alerta** quedar en alerta

alertar /aleR'taR/ v **1** alertar **2** asustar, alborotar ■ **alertar os alunos** alertar los alumnos

aleta /a'leta/ sf **1** aleta, ala pequeña, **2** aleta (de la nariz) ■ **dor na aleta** dolor en la aleta

alfabetização /awfabetʃiza'sã⁓w/ sf alfabetización ■ **alfabetização infantil** alfabetización infantil

alfabetizar /awfabetʃi'zaR/ v alfabetizar, enseñar la lectura y la escrita ■ **alfabetizar os adultos** alfabetizar los adultos

alface /aw'fasi/ sm lechuga ■ **alface crespa** lechuga flamenca

alfafa /aw'fafa/ sf alfalfa, mielga silvestre ■ **comer alfafa** comer alfafa

alfaiataria /awfajata)'ria/ sf sastrería ■ **trabalho na alfaiataria** trabajo en la sastrería

alfaiate /awfaj'atʃi/ sm sastre ■ **giz de alfaiate** jaboncillo

alfajor /alfa'xor// sm alfajor ■ **comer alfajor** comer alfajor

alfândega /aw'fã'd3iga/ sf aduana ■ **passar na alfândega** pasar en la aduana

alfazema /awfa'zema/ sf lavanda, espliego ■ **fazer um alfazema** hacer una lavanda

alfinetar /awfine'taR/ v **1** pinchar **2** espetar ■ **alfinetar a roupa** pinchar la ropa

alfinete /awfi'netʃi/ sm alfiler ■ **alfinete na roupa** alfiler en la ropa

alforria /awfo'Ria/ sf liberación, independencia ■ **dar carta de alforria** libertar a un esclavo

alga /'awga/ sf alga, planta acuática, sargazo ■ **alga no río** sargazo en el rio

algarismo /awga'ri3mu/ sm guarismo, número ■ **algarismo romano** guarismo romano

algazarra /awga'zaRa/ sf jaleo, jarana, gritería ■ **fazer algazarra** hacer jaleo

álgebra /'aw3ebra/ sf álgebra ■ **estudar álgebra** estudiar álgebra

algemar /aw3e'maR/ v esposar, engrillar, prender, oprimir, subyugar ■ **algemar o homem** esposar el hombre

algibeira /aw3i'bejra/ sf bolso, faltriquera ■ **algibeira da calça** bolso del pantalón

algo /'awgu/ adv **1** algo, alguna cosa, cualquier cosa **2** una cantidad indeterminada ■ **comer algo** comer algo

251

algodão

algodão /awgo'daʷw/ *sm 1* algodón *2* hilo, tejido fazenda de algodão tejido de algodón ■ **roupa de algodão** ropa de algodón

alguém /aw'geʲ/ *sm 1* alguien, alguna persona *2* persona de toda consideración, personaje ■ **alguém me chamou** alguien me llamó

algum /aw'guʳ/ *p 1* algún, alguno pl alguns unos, algunos ■ **algumas vezes** de vez en cuando ■ **de modo algum** de ningún modo ■ **pessoa alguma** nadie

alheio /a'ʎeju, ja/ *adj 1* ajeno *2* lejano, distraído *3* impropio *4* extraño ■ **vida alheia** vida ajena

alho /'aʎu/ *sm* ajo ■ **macarrão de óleo e alho** pasta de aceite y ajo

ali /a'li/ *adj* allí, en aquel lugar ■ **encontramos alí** encontramose alí

aliado, a /ali'adu, da/ *adj m, f* aliado, coligado, confederado, partidario ■ **ter um aliado** tener un aliado

aliança /ali'ãsa/ *sf 1* alianza, pacto *2* liga, mezcla, aleación, *3* anillo nupcial ■ **fazer uma aliança** hacer una alianza

aliar /ali'aR/ *v 1* aliar, unir *2* coligar, confederar, conciliar *3* aliarse, casarse, unirse, asociarse ■ **aliar a parceiros** aliar a parceros

aliás /ali'ajʃ/adj por el contrario, de otro modo ■ **aliás, tenho medo de...**por el contrario, tengo miedo de...

álibi /'alibi/ *sm* justificación, álibi, coartada ■ **ter um álibi** tener una justificación

alicate /ali'kate/ *sm* alicate, tenacilla, tenaza ■ **alicate de uña** alicate de uña

alicerce /ali'seRsi/ *sm 1* base, cimiento *2* infraestructura *3* fundamento, principio ■ **alicerce para a vida** base para a vida

alienação /aliena'saʷw/ *sf* alienación, enajenación, locura ■ **alienação das pessoas** alienación de las personas

alienar /alie'naR/ *v 1* alienar, desviar, alucinar, enajenar *2* alienarse, perder la razón ■ **alienar as pessoas** alienar las personas

aligeirar *1* aligerar, hacer ligero *2* aliviar, suavizar *3* abreviar ■ **aligeirar o proceso** aligeirar o proceso

alimentação /alimẽta'saʷw/ *sf 1* alimentación, abastecimiento *2* sustento, nutrición *3* suministro ■ **boa alimentação** buena alimentación

alimentar /alimẽ'taR/ *adj 1* alimentar, sustentar, mantener, nutrir *2* conservar, alimentar ■ **alimentar bem** alimentar bien

alimento /ali'mẽtu/ *sm 1* alimento, sustento, comida, pasto *2* pan, incentivo, fomento ■ **alimento é esencial** alimento es esencial

alínea /a'linia/ *sf* párrafo, parágrafo ■ **alínea correta** párrafo correcto

alinhado, a /ali'ɲadu, da/ *adj* correcto, alineado ■ **trabalho alinhado** trabajo correcto

alinhamento /aliɲa'mẽtu/ *sm* fila, hilera ■ **alinhamento correto** fila correcta

alinhar /ali'ɲaR/ *v 1* alinear, poner en línea recta *2* aliñar, jalonar, reglar ■ **alinhar as tarefas** alinear las tareas

alinhavar /aliɲa'vaR// *v 1* hilvanar, coser a puntadas largas *2* bosquejar, proyectar, trazar ■ **alinhavar a vida** hilvanar la vida

alinhavo /ali'ɲavu/ *sm 1* hilván *2* esquema, proyecto ■ **fazer um alinhavo** hacer un esquema

alíquota /ali'kwota/ *sf* alícuota ■ **redução da alíquota** reducción de la alícuota

alisar /ali'zaR/ *v 1* alisar, poner liso *2* ablandar *3* allanar *4* peinar, cepillar ■ **alisar rápido** alisar rápido

alistamento /aliʃta'meʷtu/ *sm 1* alistamiento, inscripción, enrolamiento, empadronamiento *2* enganche, filiación ■ **alistamento de pessoas** alistamiento de personas

alistar /aliʃ'taR/ *v 1* alistar, inscribir en lista, arrollar, enrolar *2* alistarse, inscribirse *3* sentar plaza en el ejército ■ **alistar atividades** alistar actividades

aliviar /ali'viaR/ *v 1* aliviar, moderar, suavizar *2* aligerar, mitigar *3* descargar *4* consolar, desahogar ■ **aliviar a cabeça** aliviar la cabeza

alívio /a'liviu/ *sm 1* alivio, descanso *2* divertimiento *3* consuelo *4* descanso *5* desahogo *6* dispensa de una obligación ■ **alívio na vida** alivio en la vida

alma /'awma/ *sf 1* alma, vida, persona, ánima *2* lo principal de una cosa ■ **entregar a alma a Deus** entregar el alma a Dios

almanaque /awma'naki/ *sm* almanaque, efemérides, calendário ■ **almanaque de histórias** almanaque de historias

almirante /awmi'rãtʃi/ *sm* almirante ■ **contratar um almirante** contratar un almirante

almíscar /aw'miʃkaR/ *sm* almizcle, mosco ■ **almíscar na perfumaria** almizcle en la perfumeria

almoçar /awmo'saR/ *v* almorzar, comer ■ **almoçar cedo** almorzar temprano

almoço /aw'mosu/ *sm* almuerzo, comida ■ **hora do almoço** hora del almuerzo

almofada /awmo'fada/ *sf* almohada, alcatifa, almohadón, cojinete almofada de tinta para caribmo tampón, almohadilla ■ **almofada na sala** almohadón en la sala

almôndega /aw'mõdʒiga/ *sf* albóndiga, croqueta ■ **comer almôndega** comer albóndiga

alojamento /aloʒa'meʷtu/ *sm 1* alojamiento, hospedaje, aposento ■ **alojamento confortável** alojamiento confortable

alojar /alo'ʒaR/ *v 1* alojar, aposentar, hospedar, abrigar *2* contener *3* alojarse, acomodarse, hospedarse ■ **alojar bem** alojar bien

alongar /alo⁻'gaR/ *v 1* dilatar, espaciar *2* prolongar, alargar, demorar, retardar *3* alargarse, alejarse, separarse ■ **alongar os braços** dilatar los brazos

alpaca /aw'paka/ *sf 1* alpaca (animal) *2* tejido *3* metal blanco ■ **pêlo de alpaca** pello de alpaca

alpargata /awpaR'gata/ *sf* alpargata, sandalia, alborga ■ **ter uma alpargata** tener una sandalia

alpendre /aw'pe⁻dri/ *sm* barracón, porche, tinglado ■ **alpendre da casa** barracón de la casa

alpinismo /awpi'niʒmu/ *sm* alpinismo, montañismo ■ **fazer alpinismo** hacer alpinismo

alpino, a /aw'pinu, na/ *adj* alpino ■ **clube alpino** club alpino

alquimia /awki'mia/ *sf* alquimia ■ **estudar alquimia** estudiar alquimia

alquimista /awki'miʃta/ *mf* alquimista ■ **contratar um alquimista** contractar un alquimista

alta /'awta/ *sf 1* alta, papel mediante el cual un médico declara restablecido enfermo *2* alza, aumento de precio alta dos preços repunte ■ **estar em alta** estar en alza

altaneiro, a /awta'nejru, ra/ *adj* altanero, orgulloso, altivo, arrogante ■ **pessoa altaneira** persona altanera

altar /aw'taR/ *sm* altar, ara ■ **altar da igreja** altar de la iglesia

amargo

alteração /awtera'sã~w/ *sf* **1** alteración, desorden, confusión **2** perturbación **3** degeneración, descomposición **4** falsificación **5** modificación, transformación ■ **alteração dos preços** fluctuación de precios

altercar /awter'kaR / *v* **1** altercar, porfiar, discutir **2** debatir, polemizar **3** litigar, polemizar ■ **altercar muito** discutir mucho

alternar /awteR'naR/ *v* **1** alternar, variar, interpolar **2** alternarse, variarse ■ **alternar os períodos** alternar los periodos

alternativo, a /awteRna'tʃivu, va/ *adj* **1** alternativo, alterno **2** alternado **3** recíproco ■ **música alternativa** música alternativa

alteza /aw'teza/ *sf* alteza, excelência ■ **alteza do reino** alteza del reyno

altiplano /awtʃi'planu/ *sm* altiplano, altiplanicie ■ **local altiplano** local altiplano

altitude /awtʃi'tudʒi/ *sf* **1** altitud **2** elevación, altura ■ **muita altitude** mucha altitud

alto, a /'awtu, ta/ *adj* **1** alto, elevado, levantado **2** de gran tamaño **3** insigne, célebre **4** excesivo **5** importante **6** espigado ■ **passar por alto** omitir, olvidar ■ **pessoa alta** persona alta

altruísta /awtru'iʃta/ *adj* altruista, generoso, filántropo ■ **pessoa altruísta** persona altruista

altura /aw'tura/ *sf* **1** altura, elevación **2** superioridad, importancia **3** cumbre **4** estatura, nivel ■ **estar à altura de algo** hacer honor a algo

alucinação /alusina'sã~w/ *sf* **1** alucinación, visión, desvarío, ilusión **2** fascinación ■ **alucinação de uma história** alucinación de una historia

alucinado, a /aluθi'naðo, a/ *adj* **1** alucinado **2** maníaco **3** ciego ■ **pessoa alucinada** persona alucinada

alucinante /alusi'natʃi/ *adj* **1** alucinante **2** impresionante, asombroso ■ **atividade alucinante** actividad alucinante

alucinar /alusi'naR/ *v* **1** alucinar, delirar **2** seducir, apasionar, encandilar, fascinar **3** desorientarse, ofuscarse ■ **alucinar muitas vezes** alucinar muchas veces

aludir /alu'dʒiR/ *v* aludir, citar, mencionar, referirse ■ **aludir alguém** aludir alguien

alugar /alu'gaR/ *v* **1** alquilar, arrendar **2** alquilarse ■ **alugar um carro** alquilar un coche

aluguel /alu'gew/ *sm* alquiler, arrendamiento, renta, locación ■ **aluguel de casa** alquiler de casa

alúmen /alu'gew/ *sm* alumbre ■ **ter um alúmen** tener un alumbre

alumiar /alumi'aR/ *v* **1** alumbrar, iluminar **2** guiar **3** ilustrar, esclarecer **4** instruir, inspirar, explicar ■ **alumiar a memória** iluminar la memoria

alumínio /alu'miniu/ *sm* aluminio ■ **vasilha de alumínio** vasilla de aliminio

aluno, a /a'lunu, na/ *sm, f* alumno, discípulo, educando, aprendiz, estudiante ■ **aluno de colégio** interno pensionista, pupilo

alusão /alu'zã~w/ *sf* alusión, sugestión, referencia indirecta ■ **alusão às pessoas** alusión a las personas

alusivo, a /alu'zivu, va/ *adj* **1** alusivo, que alude **2** referente **3** indirecto ■ **frase alusiva** frase alusiva

alvará /awva'ra/ *sm* credencial, licencia, patente, diploma oficial, certificación ■

alvejar /awve'ʒaR/ *v* blanquear, albear ■ **alvejar a casa** blanquear la casa

alvenaria /awvena'ria/ *sf* albañilería, mampostería ■ **ter uma alvenaria** tener una albañilería

alvéolo /aw'veolu/ *sm* alvéolo, pequeña cavidad ■ **alvéolo pulmonar** alvéolo pulmonar

alvitre /aw'vitri/ *sm* albedrío, voluntad, arbitrio ■ **alvitre de alguém** albedrío de alguien

alvo, a /'awvu, va/ *adj* **1** albo, blanco **2** puro, inmaculado, limpio objetivo, mira ■ **atingir o alvo** dar en el blanco

alvorada /alvo'rada/ *sf* **1** alborada, alba **2** juventud ■ **ver a alvorada** ver la alborada

alvoroçar /awvoro'saR/ *v* **1** alborozar, inquietar, alborotar **2** amotinar **3** entusiasmar **4** sobresaltar **5** alborozarse, rebelarse ■ **alvoroçar as pessoas** alborozar las personas

alvoroço /awvo'rosu/ *sm* **1** alborozo, alboroto **2** desorden, prisa **3** entusiasmo **4** con moción, tumulto, excitación **5** sobresalto ■ **alvoroço no aeroporto** alborozo en el aeropuerto

alvura /aw'vura/ *sf* **1** blancor **2** candor **3** *fig* nieve, pureza, claridad, limpieza ■ **alvura da casa** blancor de la casa

ama /'ama/ *sf* **1** ama **2** ama de cría, niñera **3** criada principal de una casa ■ **ama de leite** nodriza **ama seca** ñaña, niñera

amabilidade /amabili'dadʒi/ *sf* amabilidad, cortesía, atención, cariño, delicadeza, gentileza ■ **amabilidade pelas pessoas** amabilidad por las personas

amado, a /a'madu, da/ *adj m, f* **1** amado, querido **2** novio **3** preferido ■ **marido amado** marido amado

amadurecer /amadure'seR/ *v* madurar, sazonar, enverar ■ **amadurecer sozinho** madurar solo

amainar /amaj'naR/ *v* **1** amainar, sosegar, calmar **2** reblandecer **3** encalmarse ■ **amainar com o tempo** amainar con el tiempo

amaldiçoar /amawdʒiso'aR/ *v* **1** maldecir **2** execrar **3** blasfemar, excomulgar ■ **amaldiçoar uma pessoa** maldecir una persona

amálgama /a'mawgama/ *sf* amalgama ■ **amálgama do mercúrio** amalgama del mercúrio

amamentar /amame~'taR/ *v* **1** amamantar, lactar **2** dar el pecho **3** *fig* nutrir ■ **amamentar o filho** amamantar el hijo

amanhã /ama'ɲa~/ *sm* mañana, el día siguiente ■ **amanhã de manhã** mañana por la mañana

amanhar /ama'ɲaR/ *v* **1** amañar, preparar, disponer **2** componer ■ **amanhar o campo** amañar el campo

amanhecer /amaɲe'seR/ *v* **1** amanecer, clarear ■ **principiar ao amanhecer** al canto del gallo

amansar /ama~'saR/ *v* **1** amansar, domesticar a un animal **2** sosegar, calmar; refrenar ■ **amansar o cachorro** amansar el perro

amante /a'matʃi/ *adj m, f* **1** amante, quien ama **2** enamorado, amante, que vive en concubinato **3** aficionado amar amar, estimar, apreciar, gustar ■ **amante da arte** amante del arte

amarelar /amare'laR/ *v* **1** amarillear, tirar a amarillo **2** acobardarse ■ **amarelar na hora** da apresentación amarillear en la hora de la presentación

amarelo, a /ama'relu, la/ *adj* **1** amarillo, del color del oro **2** gualdo ■ **cor amarela** color amarilla

amargar /amaR'gaR/ *v* **1** amargar, amargurar, causar aflicción **2** tornar amargo **3** amargarse, preocuparse ■ **amargar a boca** amargar la boca

amargo, a /a'maRgu, ga/ *adj* **1** amargo **2** que causa disgusto, sinsabor, aflicción ■ **chocolate amargo** chocolate amargo

amargura

amargura /amaR'gura/ *sf* **1** amargura, disgusto **2** aflicción, tribulación **3** hiel ■ **amargura da vida** amargura de la vida

amargurado, a /amaRgu'radu, da/ *adj* amargado, amargurado, afligido, angustiado ■ **ficar amargurado** quedar amargado

amarrar /ama'RaR/ *v* **1** amarrar, atar, trincar **2** fondear **3** amarrarse **4** ligarse, obstinarse ■ **amarrar acorda** amarrar la cuerda

amassar /ama'saR/ *v* **1** amasar, hacer masa **2** sobar **3** arrugar ■ **amassar o carro** amasar el coche

amável /a'mavew/ *adj* amable, cortés, delicado, gentil, atento ■ **pessoa amável** persona amable

amazona /ama'θona/ *sf* **1** amazona **2** traje femenino propio para montar a caballo ■ **usar amazona** usar amazona

ambição /ɐ̃bi'sɐ̃w/ *sf* **1** ambición, codicia, avaricia **2** pasión, aspiración ■ **ter ambição na vida** tener ambición en la vida

ambicionar /ɐ̃bisio'naR/ *v* ambicionar, desear con ardor, codiciar ■ **ambicionar fazer uma viagem** ambicionar hacer un viaje

ambicioso, a /ɐ̃bisi'ozu, za/ *adj m, f* **1** ambicioso, codicioso, deseoso **2** avaro, avariento ■ **pessoa ambiciosa** persona ambiciosa

ambientar /ɐ̃bie̅'taR/ *adj* ambientar, crear ambiente ■ **ambientar as pessoas** ambientar las personas

ambiente /ɐ̃bi'e̅tʃi/ *adj* ambiente, sociedad, medio ■ **meio ambiente** medio ambiente

ambíguo, a /ɐ̃'bigwo, gwa/ *adj* **1** ambiguo, equivocado, indeterminado **2** evasivo, oblicuo, de doble sentido ■ **sentido ambíguo** sentido ambiguo

âmbito /'ɐ̃bitu/ *sm* **1** ámbito, recinto, entorno, contorno **2** esfera **3** campo de acción ■ **âmbito social** ámbito social

ambivalência /ɐ̃biva'le̅sja/ *sf* ambivalencia, duplicidad ■ **ambivalência na vida** ambivalencia en la vida

ambos, as /'ɐ̃buʃ, baʃ/ *adj* **1** ambos, ambas **2** el uno y el otro, los dos ■ **gosto de ambos** a mi me gusta de ambos

ambulância /ɐ̃bu'lɐ̃sja/ *sf* ambulancia ■ **ambulância do hospital** ambulancia del hospital

ambulante /ɐ̃bu'lɐ̃tʃi/ *adj* **1** ambulante, que anda **2** que no permanece fijo en un lugar ■ **carro ambulante** coche ambulante

ambulatório /ɐ̃bula'tɔrju/ *adj* ambulatório ■ **remédio no ambulatório** medicina en el ambulatorio

ameaça /ame'asa/ *sf* **1** amenaza, intimidación **2** inminencia ■ **ameaça a família** amenaza a la familia

ameaçador, ora /ameasa'doR, ra/ *adj m, f* **1** amenazador **2** siniestro ■ **ameaçador perigoso** amenazador peligroso

ameaçar /amea'saR/ *v* **1** amenazar, amagar **2** conminar **3** ladrar ■ **ameaçar uma pessoa** amenazar una persona

ameba /a'meba/ *sf* ameba ■ **ameba do mar** ameba del mar

amêijoa /a'mej3oa/ *sf* almeja, molusco ■ **comer amêijoa** comer almeja

ameixa /a'mejʃa/ *sf* ciruela ■ **doce de ameixa** dulce de ciruela

amém /a'me̅/ *sm* amén, así sea, de acuerdo ■ **"agora e na hora da nossa morte, amém!"** "ahora y en la hora de nuestra muerte, amén!"

amêndoa /a'me̅dua/ *sf* almendra ■ **amêndoa confeitada** peladilla ■ **massa de amêndoas e nozes** alajú

amendoado, a /ame̅'do'adu, da/ *adj* almendrado ■ **bolo amendoado** pastel almendrado

amendoim /ame̅do'ĩ/ *sm* cacahuete, maní ■ **comer amendoim** comer maní

amenidade /ameni'dad3i/ *sf* amenidad, suavidad, delicadeza, dulzura ■ **amenidade nas relações** amenidad en las relaciones

ameno, a /a'meno, a/ *adj* ameno, apacible, afable, agradable, delicado, suave, benigno ■ **tempo ameno** tiempo ameno

americanizar /amerikani'zaR/ *v* **1** americanizar **2** americanizarse ■ **americanizar o país** americanizar el país

americano, a /ameri'kanu, na/ *adj m, f* **1** americano **2** norteamericano ■ **garoto americano** chico americano

amestrado, a /amef'tradu, da/ *adj* amaestrado, enseñado, adiestrado ■ **cachorro amestrado** perro amaestrado

amestrar /amef'traR/ *v* amaestrar, enseñar, instruir, adiestrar ■ **amestrar um animal** amaestrar un animal

amido /a'midu/ *sm* almidón ■ **amido de milho** almidón de choclo

amigável /ami'gavew/ *adj* amigable, conciliatorio ■ **relação amigável** relación amigable

amigo, a /a'migu, ga/ *adj* **1** amigo, aliado, compañero **2** amante, aficionado amiga, concubina, ■ **amigo da onça** amigo **falso amigo** íntima comadre, compinche ■ **amigo íntimo** amigo del alma

amistoso, a /amif'tozu, za/ *adj* amistoso, amigable, amable, cortés amistoso ■ **amistosos da seleção** amistoso de la selección

amizade /ami'zad3i/ *sf* **1** amistad, dedicación **2** benevolencia, favor, afecto desinteresado y recíproco **3** cordialidad ■ **amizade eterna** amistad eterna

amnésia /ami'nezia/ *sf* amnesia ■ **ter amnésia** tener amnesia

amo, a /'amo, a/ *sm*, f **1** amo **2** patrón, señor, dueño, poseedor **3** cabeza de familia ama, governanta ■ **contratar um amo** contractar un amo

amoldar /amow'daR/ *v* **1** amoldar, moldar, ajustar al molde **2** modelarse, conformarse, contentarse ■ **amoldar corretamente** amoldar correctamente

amolecer /amolesseR/ *v* **1** ablandar, suavizar **2** doblegar **3** ablandarse ■ **amolecer os músculos** ablandar los musculos

amoníaco /amo'niaku/ *sm* amoniaco, amoníaco ■ **pessoa amoníaca** persona amoniaca

amontoar /amo̅'to'aR/ *v* **1** amontoar, acumular, agolpar **2** coger **3** hacinar **4** arremolinarse, amontonarse, apiñarse ■ **amontoar tarefas** amontonar tareas

amor /a'moR/ *sm* amor, afecto, pasión, entusiasmo ■ **amor à primeira vista** flechazo ■ **amor ardente** pasión ■ **fazer amor** hacer amor ■ **pelo amor de Deus** por amor de Dios

amora /a'mora/ *sf* mora ■ **comer amora** comer mora

amoral /amo'raw/ *adj* amoral ■ **pessoa amoral** persona amoral

amordaçar /amoRda'saR/ *v* **1** amordazar **2** impedir de hablar ■ **amordaçar uma pessoa** amordazar una persona

amorfo, a /a'moRfu, fa/ *adj* amorfo, sin forma determinada ■ **objeto amorfo** objeto amorfo

amoroso, a /amo'rozu, za/ *adj* **1** amoroso, cariñoso, tierno **2** blando, suave, apacible ■ **pessoa amorosa** persona amorosa

amortecedor /amoRtese'doR, ra/ *adj* amortiguador ■ **sentimento amortecedor** sentimiento amortiguador

amortecer /amoRte'seR/ *v* **1** amortiguar **2** calmar **3** aplacar, ablandar, calmar ■ **amortecer o coração** amortiguar el corazón

anexo

amortizar /amoRtʃiˈzaR/ v amortizar, redimir el capital, saldar, pagar ▪ **amortizar rapidamente** amortizar rápidamente

amostra /aˈmoʃtra/ sf 1 muestra, calaña, modelo 2 espécimen ▪ **amostra para o exame** muestra para el exámen

amotinar /amotʃiˈnaR/ v 1 amotinar, sublevar, revolucionar, solivantar 2 amotinarse, rebelarse, agitarse ▪ **amotinar o mundo** revolucionar el mundo

amparar /ãpaˈraR/ v 1 amparar, favorecer, sustentar, apoyar 2 subvenir 3 tutelar 4 guarecer 5 resguardar 6 patrocinar 7 defender 8 acogerse, defenderse, apoyarse ▪ **amparar os filhos** amparar los hijos

amparo /ãˈparu/ sm 1 amparo, protección, abrigo 2 defensa 3 beneficio 4 salvaguardia 5 tutela 6 escudo, puerto ▪ **amparo dos pais** amparo de los padres

ampère /ãˈpɛR/ sm amperio ▪ **medida em ampère** medida en amperio

ampliar /ãpliˈaR/ v 1 ampliar, dilatar, extender, aumentar, desarrollar, ensanchar 2 exagerar ▪ **ampliar o conhecimento** ampliar el conocimiento

amplificador /ãplifikaˈdoR/ sm amplificador ▪ **usar um amplificador** usar un amplificador

amplificar /ãplifiˈkaR/ v 1 amplificar, ampliar 2 extender, dilatar 3 amplificarse, extenderse ▪ **amplificar o conhecimento** amplificar el conocimiento

amplitude /ãpliˈtudʒi/ sf amplitud, extensión, dilatación ▪ **amplitude das ideias** amplitud de las ideas

amplo, a /ˈãplu, pla/ adj 1 amplio, ancho, dilatado, extenso, espacioso 2 despejado 3 lato ▪ **amplo espaço** amplio espacio

ampola /ãˈpola/ sf 1 ampolla 2 vesícula en ciertos órganos ▪ **ampola de vidro** ampolla de vidrio

ampulheta /ãpuˈʎeta/ sf ampolleta ▪ **tempo na ampulheta** tiempo en la ampolleta

amputação /ãputaˈsãw/ sf amputación, ablación, extirpación ▪ **amputação da perna** amputación de la pierna

amputar /ãputaˈsãw/ v 1 amputar, mutilar 2 separar, suprimir ▪ **amputar o braço** amputar el brazo

amuleto /amuˈletu/ s m amuleto, talismán, mascota ▪ **amuleto da sorte** amuleto de la suerte

anacrônico, a /anaˈkroniku, ka/ adj anacrónico ▪ **texto anacrônico** texto anacrónico

anáfora /aˈnafura/ sf anáfora, repetición ▪ **fazer uma anáfora** hacer una anáfora

anal /aˈnaw/ adj anal ▪ **problema anal** problema anal

analfabetismo /anawfabeˈtʃiʒmu/ sm analfabetismo ▪ **taxa de analfabetismo** taja de analfabetismo

analfabeto, a /anawfaˈbetu, ta/ adj 1 analfabeto, iletrado 2 ignorante ▪ **pessoa analfabeta** persona analfabeta

analgésico, a /anawˈʒɛziku, ka/ adj analgésico ▪ **tomar analgésico** tomar analgésico

analisar /analiˈzaR/ v 1 analizar, decomponer, examinar 2 criticar 3 analizarse ▪ **analisar o livro** analisar el libro

análise /aˈnalizi/ sf 1 análisis, examen 2 solución de problemas 3 comentario 4 separación de los componentes de un cuerpo 5 conclusión em ▪ **última análise** en último análisis, en conclusión

analogia /analoˈʒia/ sf analogía, semejanza ▪ **fazer uma analogia** hacer una analogía

análogo, a /aˈnalugu, ga/ adj 1 análogo, semejante, igual, idéntico 2 parecido, similar ▪ **pessoas análogas** personas semejantes

anão, ã /aˈnãw, anaˈ/ adj m, f 1 enano 2 pigmeo 3 enana ▪ **homem anão** hombre enano

anarquia /anaRˈkia/ sf anarquía, desorden, confusión, caos ▪ **anarquia nos estudos** anarquía en los estudios

anatomia /anatoˈmia/ sf 1 anatomía 2 examen minucioso ▪ **estudar anatomía** estudiar anatomía

anca /ˈãka/ sf anca, cuadril, nalga, cadera ▪ **anca no corpo** anca en el cuerpo

ancestral /ãˈseʃˈtraw/ adj 1 ancestral 2 antiguo ▪ **ancestral do povo** ancestral del pueblo

anchova /ãˈʃova/ sf anchoa, anchova, boquerón ▪ **comer anchova** comer anchova

ancião, ã /ãsiˈãw, ã/ adj anciano, viejo ▪ **avô ancião** abuelo anciano

âncora /ˈãnkora/ sf ancla ▪ **lançar âncora** echar anclas

ancoradouro /ãˈkoraˈdoru/ sm ancladero, puerto ▪ **ancoradouro antigo** ancladero antiguo

ancorar /ãˈkoˈraR/ v anclar, fondear ▪ **ancorar o barco** anclar el barco

andaime /ãˈdajmi/ sm andamio, tablado ▪ **andaime alto** andamio alto

andamento /ãˈdaˈmeˈtu/ sm 1 andadura, paso 2 trámite, tramitación, marcha em andamento en marcha, en curso ▪ **andamento do curso** andadura del curso

andança /ãˈdãsa/ sf 1 andanza, jornada 2 suerte, destino ▪ **andança da vida** andanza dela vida

andante /ãˈdãtʃi/ adj 1 andante 2 caminante 3 andante, andamiento musical moderado ▪ **andante da rua** andante de la calle

andar /ãˈdaR/ sm 1 andar, caminar, ir 2 moverse, marchar 3 recurrir 4 comportarse, proceder piso, plantas que se superponen en un edificio ▪ **segundo andar** segundo piso ▪ **andar às apalpadelas** andar en vacilaciones ▪ **andar à toa** callejear, errar, vagar ▪ **andar de automóvel** ir en coche

andino, a /ãˈdʒinu, na/ adj m, f andino ▪ **cultura andina** cultura andina

andorinha /ãˈdoˈria/ sf golondrina ▪ **andorinha branca** golondrina blanca

andrajo /ãˈdraʒu/ sm 1 andrajo, harapo, trapo 2 farrapo ▪ **usar andrajo** usar farrapo

andrógino /ãˈdrɔʒinu, na/ adj m, f andrógino, hermafrodita ▪ **animal antrógino** animal andrógino

androide /ãˈdrɔjdʒi/ sm androide, autómata de forma humana ▪ **androide humano** androide humano

anedota /aneˈdɔta/ sf anécdota, historieta ▪ **contar uma anedota** contar una anécdota

anel /aˈnew/ sm anillo ▪ **anel de corrente** eslabón anel de noivado sortija de pedida

anelar /aneˈlaR/ adj 1 anhelar, desear 2 codiciar 3 respirar con dificultad ▪ **anelar algo** anhelar algo

anemia /aneˈmia/ sf anemia, debilitación, astenia, delgadez ▪ **anemia grave** anemia grave

anêmico, a /aˈnemiku, ka/ adj anémico, débil ▪ **pessoa anêmica** persona anémica

anestesia /aneʃteˈzia/ sf anestesia, privación de la sensibilidad ▪ **anestesia eficiente** anestesia eficiente

anexar /anekˈsaR/ v 1 anexar, anexionar, incorporar, agregar 2 unir ▪ **anexar no arquivo** anexar en el archivo

anexo, a /aˈneksu, sa/ adj 1 anexo, anejo, agregado 2 unido anexo, dependencia, sucursal ▪ **documentos em anexo** documentos en anexo

anfíbio

anfíbio, a /ɑ̃ˈfibju, bja/ adj anfíbio ■ **anfíbio perigoso** anfibio peligroso

anfiteatro /ɑ̃fiˈteatru/ sm 1 anfiteatro 2 circo ■ **apresentação no anfiteatro** presentación en el anfiteatro

anfitrião, ã /ɑ̃fitríˈaˈw, oa/ sm, f 1 anfitrión 2 anfitriona ■ **anfitrião da casa** anfitrión de la casa

ânfora /ˈɑ̃fora/ sf ánfora, cántaro ■ **ânfora quebrada** ánfora rota

angina /ɑ̃ˈʒina/ sf angina ■ **angina pectoris** angina de pecho

anglicismo /ɑ̃ˈgliˈziʒmu/ s anglicismo ■ **estudar anglicismo** estudiar el anglicismo

anglosaxão, a anglosajón ■ **cultura anglosaxana** cultura anglosajona

angra /ˈaˈgra/ sf angra, ensenada ■ **férias em angra** vacaciones en angra

ângulo /ˈaˈgulu/ sm 1 ángulo, arista, esquina, rincón 2 recodo ■ **ângulo perfeito** ángulo perfecto

angústia /ɑ̃ˈguʃtʃia/ sf 1 angustia, congoja 2 ansiedad 3 dolor, tristeza, desconsuelo 4 tensión 5 desgana 6 clavo ■ **muita angústia** mucha angustia

angustiado, a /ɑ̃ˈguʃtʃiˈadu, da/ sm angustiado, ansioso, afligido, triste ■ **ficar angustiado** quedar angustiado

angustiar /ɑ̃ˈguʃtʃiˈaR/ v 1 angustiar, afligir, acongojar 2 atormentar, apretar 3 angustiarse 4 oprimirse ■ **angustiar muito** angustiar mucho

anidrido /aniˈdridu/ sm anhídrido ■ **anidrido sulfúrico** anhídrido sulfúrico

anil /aˈnil/ adj añil, índigo ■ **azul anil** azul añil

animação /animaˈsaˈw/ sf 1 animación, entusiasmo, vivacidad 2 jaleo 3 calor ■ **animação na vida** animación en la vida

animado, a /aniˈmadu, da/ adj animado, entusiasmado, movido ■ **pessoas animadas** personas animadas

animador /animaˈdoR/ adj 1 animador, estimulante, reconfortante 2 presentador ■ **animador de torcida** animador de torcida

animal /aniˈmaw/ adj 1 animal, bicho 2 individuo ignorante o violento ■ **esporte animal** deporte animal

animar /aniˈmaR/ v 1 animar, entusiasmar, dar ánimo 2 alegrar 3 esforzar 4 vivificar 5 esperanzar 6 jalear 7 animarse, entusiasmarse ■ **animar as crianças** animar los niños

ânimo /ˈaˈnimu/ sm 1 ánimo, espíritu, valor, coraje 2 intención, resolución perder o ânimo desalentarse ■ **ter ânimo** tener ánimo

animosidade /animoziˈdadʒi/ sf 1 animosidad, aversión, ojeriza 2 rencor, resentimiento ■ **ter animosidade** tener animosidad

aniquilamento /anikilaˈmeˈtu/ adj 1 aniquilación, aniquilamiento 2 pulverización ■ **aniquilamento dos inimigos** aniquilación de los enemigos

aniquilar /anikiˈlaR/ v 1 aniquilar, destruir, arruinar, abatir 2 anonadar 3 fulminar 4 humillar, disipar, pulverizar 5 rebajarse, destruirse ■ **aniquilar os inimigos** aniquilar los enemigos

anis /aˈnijʃ/ sm anís ■ **flor de anis** flor de anís

anistia /aniʃˈtʃia/ sf amnistía, anulación de penas, indulto, perdón ■ **anistia no julgamento** amnistía en el juzgamiento

aniversário /aniveRˈsarju/ adj cumpleaños, aniversario ■ **feliz aniversario** feliz cumpleaños

anjo /ˈaˈʒu/ sm 1 ángel, espíritu celeste, querubín 2 persona bondadosa 3 mujer hermosa ■ **anjo da guarda** ángel de la guarda

ano /ˈanu/ sm año ■ **ano novo** año nuevo

anódino, a /aˈnɔdʒinu, na/ adj 1 anodino, inofensivo 2 sin importancia ■ **pessoa anódina** persona inofensiva

anoitecer /anojteˈseR/ sm anochecer, oscurecer, hacerse de noche ■ **ao anoitecer** al anochecer

anomalia /anomaˈlia/ sf 1 anomalía, irregularidad, anormalidad, desigualdad 2 aberración ■ **ter uma anomalia** tener una anomalía

anônimo, a /aˈnonimu, ma/ adj m, f anónimo, incógnito, desconocido ■ **recado anônimo** recado anónimo

anormal /anoRˈmaw/ adj 1 anormal, irregular, extraño 2 anómalo 3 estúpido, idiota 4 excepcional ■ **atividade anormal** actividad anormal

anotação /anotaˈsaˈw/ sf 1 anotación, apunte, nota ■ **fazer anotação** hacer anotación

anotar /anoˈtaR/ v 1 anotar, tomar nota 2 registrar, apuntar por escrito ■ **anotar os recados** anotar los recados

ânsia /ˈaˈsja/ sf 1 ansia, angustia 2 deseo, anhelo 3 disgusto 4 basca, náusea ânsia de vômito náusea, vascas ■ **ter ânsia** tener ansia

ansiar /aˈsiˈaR/ v 1 ansiar, desear 2 afligir, acongojar 3 sentir ânsias ■ **ansiar muito** desear mucho

ansiedade /aˈsieˈdadʒi/ sf 1 ansiedad, angustia, impaciencia 2 deseo ardiente 3 opresión 4 inseguridad 5 dificultad de respiración ■ **ansiedade do resultado** ansiedad del resultado

ansioso, a /aˈsiˈozu, za/ adj 1 ansioso, deseoso 2 inquieto, agitado, perturbado, impaciente 3 sediento ■ **ficar ansioso** quedar ansioso

anta /ˈaˈta/ sf anta, tapir, ante ■ **anta no zoológico** anta en el zoo

antagônico, a /aˈtaˈgoniku, ka/ adj antagónico, opuesto, contrario ■ **pessoas antagónicas** personas antagónicas

antagonismo /aˈtagoˈniʒmu/ sm 1 antagonismo, oposición 2 rivalidad, incompatibilidad ■ **antagonismo de desejos** antagonismo de deseos

antagonista /aˈtagoˈniʃta/ adj antagonista, rival, adversario ■ **antagonista da historia** antagonista de la historia

antártico, a /aˈtaRtʃiku/ sm antártico ■ **polo antártico** polo antártico

ante /ˈaˈtʃi/ prep ante, delante de antes ■ **ante de você** delante de ti

antebraço /aˈtʃiˈbrasu/ sm antebrazo ■ **tatuagem no antebraço** tatuaje en el antebrazo

antecedente /aˈteseˈdẽtʃi/ sm antecedente, anterior, precedente ■ **antecedentes criminais** antecedentes penales

anteceder /aˈteseˈdeR/ v anteceder, preceder ■ **anteceder as atividades** anteceder las actividades

antecessor /aˈteseˈsoR, ra/ m, f 1 antecesor, precursor, predecesor 2 anterior en tiempo 3 antecessores ■ **antecessor do cargo** antecesor del cargo

antecipado, a /aˈtesiˈpadu, da/ adj anticipado, precoz, previo, previsto ■ **pessoa antecipada** persona anticipada

antecipar /aˈtesiˈpaR/ v 1 anticipar, adelantar 2 hacer que ocurra algo antes del tiempo señalado 3 anticiparse ■ **antecipar os resultados** anticipar los resultados

antena /aˈtena/ sf antena ■ **antena direcional** antena direccional **antena emissora** antena emisora

anteontem /aˈtʃiˈoˈteˈj/ adj anteayer ■ **anteontem à noite** anteanoche

apartamento

antepassado, a /a˜'tepa'sadu, da/ *adj* antepasado, ascendiente, antecesor ▪ **recordar o antepassado** recuerdar el antepasado

antepenúltimo, a /a̠ntepe'nultimo, a/ *adj* antepenúltimo ▪ **chamar o antepenúltimo** llamar el antepenúltimo

anterior /a̠'teri'oR/ *adj* anterior, precedente, prévio ▪ **recado anterior** recado anterior

antes /'a˜'ʃiʃ/*adj* 1 antes, anteriormente 2 más bien, mejor, con preferencia 3 por el contrario ▪ **quanto antes** cuanto antes, lo más pronto posible

antesala /a̠nte'sala/ *adj* recibidor ▪ **ficar na antesala** quedar en el recibidor

antibiótico, a /a̠'ʃibi'ɔʃfiku, ka/ *adj* antibiótico ▪ **tomar antibiótico** tomar antibiótico

anticoncepcional /a̠'ʃiko'sepsjo'naw/ *adj*anticonceptivo, contraconceptivo ▪ **usar anticoncepcional** usar anticonceptivo

anticorpo /a̠'ʃi'koRpu/ *sm* anticuerpo ▪ **anticorpo eficaz** anticuerpo eficaz

antídoto /a̠'ʃidutu/ *sm* 1 antídoto, contraveneno 2 preservativo ▪ **antídoto do veneno** antídoto del veneno

antigo, a /a˜'ʃfigu, ga/ *adj* 1 añejo, antiguo, anticuado 2 desusado, vetusto 3 viejo ▪ **roupa antiga** ropa antigua

antiguidade /a̠'ʃigwi'dad3i/ *sf* 1 antigüedad, tiempo antiguo 2 vetustez 3 antiguidades pl antigüedades, objetos antíguos ▪ **gostar de antiguidades** gustar de antiguedades

antilhano, a /a̠'ʃiʎanu, na/ *adj* antillano ▪ **pessoa antilhana** persona antillana

antílope /a̠'ʃilopi/ *sm* antílope ▪ **animal antílope** animal antílope

antipatia /a̠'ʃipa'ʃia/ *sf* antipatía, aversión, odio, repugnancia, ojeriza ▪ **antipatia de determinadas atitudes** antipatía de determinadas actitudes

antipirético, a /a̠ntipi'retiko, a/ *adj* antipirético ▪ **tomar antipirético** tomar antipirético

antiquado, a /a̠'ʃi'kwadu, da/ *adj* 1 anticuado, obsoleto 2 chapado ▪ **roupas antiquadas** ropas anticuadas

antiquário /a̠'ʃi'kwarju/ *sm* anticuario, coleccionador de antigüedades ▪ **objetos do antiquário** objetos del aticuario

antisséptico, a /a̠nti'septiko, a/ *adj*antiséptico ▪ **antisséptico bucal** antiséptico bucal

antítese /a̠'ʃitezi/ *sf* 1 antítesis 2 oposición, contraposición ▪ **antítese no texto** antítesis en el texto

antologia /a̠'tolo'3ia/ *sf* 1 antología, colección 2 parte esencial ▪ **antologia da vida** antología de la vida

antônimo /a̠'tonimu, ma/ *adj* antónimo, con significación opuesta ▪ **antônimo das palavras** antónimo de las palabras

antro /'a˜'tru / *sm* 1 antro, cueva profunda, caverna 2 cubil 3 refugio de criminales ▪ **entrar no antro** entrar en el antro

antropologia /a̠'tropolo'3ia/ *sf* antropologia ▪ **estudar antropologia** estudiar antropología

antropólogo /a̠'tro'polugu, ga / *sm* antropólogo ▪ **profissão de antropólogo** profesión de antropólogo

anuência /anu'ensja / *sf* 1 anuencia, consentimiento, aquiescencia 2 plácet, transigencia ▪ **anuência de todos** anuencia de todos

anulação /anula'sa˜w / *sf* anulación, revocación, supresión, eliminación 2 derogación, rescisión ▪ **anulação do projeto** anulación del proyecto

anular /anu'laR/ *adj* 1 anular, destruir, eliminar 2 cancelar, derogar, revocar 3 inutilizar; neutralizar 4 anularse en forma de anillo ▪ **dedo anular** dedo anular

anunciação /anu˜'sia'sa˜w / *sf* anunciación, manifestación ▪ **anunciação dos aprovados** anunciación de los aprobados

anunciar /anu˜'si'ar/ *v* 1 anunciar, presagiar 2 denotar 3 notificar, manifestar 4 profetizar 5 publicar, avisar, poner avisos comerciales ▪ **anunciar o evento** anunciar el evento

anúncio /a'nu˜'sju /*sm* 1 anuncio, aviso, publicación 2 indicio 3 cartel 4 señal, notificación ▪ **anúncio em classificado** anuncio por palabras

ânus /'ʌnuʃ /*sm* 1 ano 2 culo, fondillo, ojete ▪ **ferida no ânus** herida en el ano

anzol /a˜'zɔw/ *sm* 1 anzuelo, señuelo 2 ardid, lazo ▪ **anzol da pescaría** anzuelo de la pesca

aonde /a'o˜d3i/ *adj* adonde, adónde, a qué parte ▪ **aonde vai?** ¿adonde vas?

aorta /a'oRta/ *sf* anat aorta ▪ **artéria aorta** arteria aorta

apagado, a /a'pa'gadu, da/ *adj* 1 apagado, extinto 2 pálido 3 tenue, amortiguado, desconocido, abatido ▪ **apadrinhar com amor** apadrinar con amor

apaixonado, a /a'pajfjo'nadu, da/ *adj* 1 apasionado, enamorado 2 exaltado 3 pasional, fanático ▪ **apaixonado pela vida** apasionado por la vida

apaixonar /a'pajfjo'naR/ *v* 1 apasionar, enamorar 2 provocar pasión 3 apasionarse, enamorarse 4 derretirse ▪ **apaixonar loucamente** apasionar locamente

apalavrar /a'pala'vraR/ *v* 1 apalabrar, contratar, combinar, prometer 2 comprometerse de palabra ▪ **apalavrar o texto** apalabrar el texto

apalpar /a'paw'paR/ *v* manosear, tocar, magrear ▪ **apalpar o corpo** tocar el cuerpo

apanhado, a /a'pa'nadu, da/ *adj* 1 apañado, cogido, recogido 2 junto resumen ▪ **apanhado de coisas** apañado de cosas

apanhar /a'pa'naR/ *v* 1 apañar, coger, recoger, asir 2 atrapar, prender, agarrar 3 apoderarse; interceptar, coger, capturar 4 ser apaleado ▪ **apanhar uma chuva** mojarse con la lluvia

aparador /a'para'doR/ *sm* aparador, alacena, armario de comedor ▪ **aparador de pontas** aparador de puntas

aparar /a'pa'raR/ *v* 1 aparar, cortar, recortar; atusar 2 aguzar 3 alisar 4 tolerar, sufrir ▪ **aparar o cabelo** aparar el cabello

aparecer /a'pare'seR/ *v* 1 aparecer, surgir 2 despuntar, hacerse visible 3 encontrarse, hallarse ▪ **aparecer rapidamente** aparecer rápidamente

aparecimento /a'paresi'me˜'tu/ *sm* 1 aparecimiento, aparición 2 principio, comienzo 3 fantasma ▪ **aparecimento de fantasma** aparecimiento de fantasma

aparelhar /a'pare'ʎaR/ *v* 1 aparejar, preparar, disponer 2 aprestar, aderezar 3 equipar 4 aparejarse, prepararse ▪ **aparelhar a casa** aparejar la casa

aparelho /a'pa'reʎu/ *sm* 1 aparato, aparejo, máquina 2 arreo de las caballerías 3 instrumento ▪ **aparelho de café** juego de café

aparência /a'pa're˜sja/ *sf* 1 apariencia, forma, figura, aspecto 2 disfraz, cariz, fisionomía, semblante, vista 3 simulacro ▪ **manter as aparências** guardar las apariencias ▪ **ter boa aparência** ser de buen parecer

aparentar /a'pare˜'taR/ *v* 1 aparentar, fingir, simular 2 representar, figurar 3 asemejarse ▪ **aparentar bem** aparentar bien

aparente /a'pa're˜ʃfi/ *adj* 1 aparente, visible 2 fingido, falso 3 superficial ▪ **situação aparente** situación aparente

apartamento /a'paRta'me˜tu/ *sm*1 piso, apartamiento, habitación, departamento 2 apartado, aposento retirado de la casa ▪ **apartamento duplex** dúplex

257

apartar

apartar /apaR'taR/ *v* **1** apartar, separar, poner aparte **2** retirar, remover; disuadir, desviar **3** dividir, partir **4** apartarse, marcharse, separarse ■ **apartar a briga** separar una pelea

apatia /apa'tʃia/ *sf* **1** apatía, indiferencia, indolencia **2** impasibilidad **3** languidez, marasmo **4** falta de energía ■ **ter apatia** tener apatía

apático, a /a'patʃiku, ka/ *adj* **1** apático, indiferente **2** impasible, inalterable **3** letárgico, soñoliento ■ **ficar apático** quedar apático

apavorar /apavo'raR/ *v* horrorizar, horripilar, amedrentar, asustar, espantar ■ **apavorar as pessoas** horrorizar las personas

apedrejar /apedre'ʒaR/ *v* **1** apedrear, tirar piedras, lapidar **2** ofender, insultar, maltratar ■ **apedrejar as mulheres** apedrear las mujeres

apego /a'pegu/ *sm* **1** apego, cariño, interés **2** constancia, insistencia ■ **apego material** apego material

apelação /apela'sã'w/ *sf* **1** apelación **2** recurso ■ **apelação no julgamento** apelación en el juzgamiento

apelar /ape'laR/ *v* **1** apelar, recurrir **2** buscar socorro **3** recurrir al juez contra su sentencia ■ **apelar para Deus** invocar a Dios, pedirle algo

apelidar /apeli'daR/ *v* **1** apodar, poner apodos, apellidar, nombrar **2** llamar ■ **apelidar uma pessoa** apodar una persona

apelido /ape'lidu/ *sm* **1** apodo, epíteto **2** sobrenombre ■ **ter um apelido** tener un apodo

apenas /a'pena/ *adv* sólo, solamente, únicamente, casi no ■ **apenas eu e você** solamente yo y tu

apêndice /a'pe'dʒisi/ *sm* **1** suplemento **2** apéndice ■ **dor no apéndice** dolor en el apéndice

apendicite /ape'dʒi'sitʃi/ *sf* apendicitis ■ **ter apendicite** tener apendicitis

aperceber /apeRsebeR/ *v* **1** apercibir, prevenir, notar **2** comprender **3** proveer ■ **aperceber sempre** prevenir siempre

aperfeiçoamento /apeRfejsoa'me'tu/ *sm* **1** mejoramiento, perfeccionamiento **2** exquisitez **3** progreso ■ **aperfeiçoamento da apresentação** mejoramiento de la presentación

aperfeiçoar /apeRfejso'aR/ *v* **1** perfeccionar, cultivar, elaborar, refinar, mejorar **2** lograrse ■ **aperfeiçoar o trabalho** perfeccionar el trabajo

aperitivo /aperi'tʃivu/ *adj* **1** aperitivo, entremés, tapa, pincho **2** picada, boquita, taco ■ **comer aperitivo** comer una boquita

apertado, a /apeR'tadu, da/ *adj* **1** apretado, estrecho, estricto, angosto **2** necesitado ■ **estar apertado** tener ganas de ir al baño o no tener dinero

apertar /apeR'taR/ *v* **1** apretar, estrechar con fuerza, comprimir **2** recalcar **3** achuchar, machucar; ajustar, estrechar, estrujar **4** instar, apresurar ■ **apertar a mão** estrechar la mano

aperto /a'peRtu/ *sm* **1** aprieto **2** peligro, apuro, dificultad **3** pobreza **4** brete ■ **aperto no coração** aflicción

apetecer /apete'seR/ *v* **1** apetecer, desear, ambicionar, aspirar, tener ganas **2** gustar, despertar el apetito ■ **apetecer alguém** desear alguien

apetência /ape'te'sja/ *sf* apetencia, apetito, ganas de comer ■ **grande apetência** grande apetito

apetite /ape'tʃitʃi/ *sm* **1** apetito, deseo **2** predilección **3** ganas, voracidad **4** hambre, comezón ■ **bom apetite** buen apetito

apetitoso, a /apetʃi'tozo, za/ *adj* apetitoso, provocante, tentador ■ **comida apetitosa** comida apetitosa

ápice /'apise/ *sm* **1** ápice, extremo superior **2** auge **3** primor ■ **ápice da fama** ápice de la fama

apicultor /apikuw'toR/ *sm* apicultor ■ **profissão de apicultor** profesión de apicultor

apimentar /apime'taR/ *v* **1** sazonar con pimienta **2** enchilar ■ **apimentar a comida** sazonar con pimienta la comida

apinhar /api'ɲaR/ *v* **1** apiñar, apilar, amontonar **2** unir estrechamente ■ **apinhar livros** amontonar libros

apitar /api'taR/ *v* tocar pito, chiflar, silbar, pitar ■ **não apitar** nada no tocar pito

apito /a'pitu/ *sm* pito, silbato, chifla ■ **apito do juiz** pito del juez

aplacar /apla'kaR/ *v* aplacar, amansar, calmar, sosegar, acallar, mitigar ■ **aplacar o jogo** aplacar el juego

aplainar /aplaj'naR/ *v* **1** allanar, nivelar, volver llano **2** facilitar ■ **aplainar o terreno** allanar el terreno

aplaudir /aplaw'dʒiR/ *v* **1** aplaudir, elogiar **2** celebrar **3** jalear **4** ovacionar, palmear ■ **aplaudir freneticamente** aplaudir a rabiar

aplauso /aplaw'zu/ *sm* aplauso, aprobación, elogio, ovación, salva ■ **aplauso para a apresentação** aplauso para la presentación

aplicação /aplika'sã'w/ *sf* **1** aplicación, empleo, destino **2** ejecución **3** uso **4** concentración en el estudio aplicado, a aplicado, asiduo, dedicado, estudioso ■ **aplicação da prova** aplicación de la prueba

aplicar /apli'kaR/ *v* **1** aplicar, poner en práctica **2** adaptar **3** emplear **4** dedicarse, enfrascarse, aplicarse ■ **aplicar nos estudos** aplicar en los estudios

apócrifo, a /a'pɔkrifu, fa/ *adj* apócrifo ■ **livros apócrifos** libros apócrifos

apoderar /apode'raRsi/ *v* **1** apoderar, ganar **2** invadir, usurpar **3** apoderarse, adueñarse, hacerse dueño, señorearse ■ **apoderar do cargo** apoderar del cargo

apodrecer /apodre'seR/ *v* **1** pudrir **2** corromper **3** descomponer **4** corromperse, viciarse ■ **apodrecer aos poucos** pudrir a los pocos

apodrecido, a /a'apodre'sidu, da/ *adj* podrido ■ **fruta apodrecida** fruta podrida

apodrecimento /apodresi'me'tu/ *sm* pudrimiento, podredumbre ■ **apodrecimento da fruta** pudrimiento de la fruta

apogeu /apo'ʒew/ *sm* **1** apogeo, auge **2** perfección ■ **apogeu do show** auge del concierto

apoiar /apo'ʒaR/ *v* **1** apoyar, amparar, patrocinar, favorecer **2** estribar **3** confirmar, sostener **4** afirmarse, asegurarse **5** escorarse ■ **apoiar um pedido** patrocinar una solicitud

apoio /a'po3u/ *sm* **1** apoyo, amparo, protección, auxilio, favor **2** estribo, sostén, soporte, base **3** puntal, columna **4** patrocinio ■ **apoio dos pais** apoyo de los padres

apólice /a'polizi/ *sf* **1** póliza **2** acción **3** documento de seguro mercantil ■ **apólice do seguro** acción del seguro

apologético, a /apolo'ʒetʃiku, ka/ *adj* apologético ■ **estudar apologética** estudiar apologético

apologia /apolo'ʒia/ *sf* apología, defensa, alabanza, justificación, elogio, loa ■ **fazer uma apologia** hacer una apología

apontador, a /apo'ta'doR, ra// *m, f* **1** sacapuntas **2** apuntador ■ **apontador de plástico** sacapuntas de plástico

apontamento /apo'ta'me'tu/ *sm* **1** apuntamiento, apunte, anotación **2** minuta ■ **apontamento de tarefas** apuntamiento de tareas

apunhalar

apontar /apoˈtaR/ *v* **1** apuntar, anotar, asentar **2** notar **3** catalogar **4** marcar, citar **5** designar **6** visar, mirar hacia algun fin **7** comenzar a aparecer, romper (el sol, el día etc) **8** indicar ▪ **apontar o dedo** apuntar el dedo

apoplexia /apoplekˈsia/ *sf* apoplejía ▪ **ter apoplexia** tener apoplejía

aportar /apoRˈtaR/ *v* **1** tomar puerto, arribar a un puerto, venir, llegar **2** contribuir (con dinero); proporcionar algo ▪ **aportar de viagem** llegar de viaje

após /aˈpɔʃ/ *adj* atrás, enseguida, después después, más tarde, tras ▪ **após dez anos** después de diez años

aposentado, a /apozeˈtadu, da/ *adj* **1** jubilado **2** pensionista ▪ **ser aposentado** ser jubilado

aposentadoria /apozeˈtadoˈria/ *sf* jubilación, retiro ▪ **ganhar a aposentadoria** ganar la jubilación

aposentar /apozeˈtaR/ *v* **1** jubilar **2** retirarse ▪ **aposentar mais cedo** jubilarse más temprano

aposento /apozeˈtu/ *sm* **1** aposento, compartimiento, compartimiento **2** cuarto, pieza de una casa, habitación, residencia, moradía ▪ **aposento da casa** aposento de la casa

aposta /aˈpɔʃta/ *sf* apuesta ▪ **aposta feita** apuesta hecha

apostar /apoʃˈtaR/ *v* **1** apostar, jugar **2** apuntar **3** copar **4** postarse ▪ **apostar dinheiro** apostar dinero

apostila /apoʃˈtʃila/ *sf* **1** apostilla **2** nota complementaria, anotación ▪ **apostila grande** apostilla grande

apostilar /apoʃtʃiˈlaR/ *v* **1** apostillar, poner apostillas **2** explicar un escrito ▪ **apostilar os papéis** apostillar dos papeles

apóstolo /aˈpoʃtulu/ *sm* **1** apóstol **2** misionero ejemplar **3** propagandista ▪ **apóstolo de Jesus** apóstol de Jesus

apóstrofe /aˈpoʃtrofi/ *sf* apóstrofe ▪ **apóstrofe no texto** apóstrofe en el texto

apoteose /apoteˈozi/ *sf* **1** apoteosis **2** final espectacular de algo ▪ **show na apoteose** concierto en la apoteosis

aprazar /apraˈzaR/ *v* **1** aplazar, citar **2** llamar, fijando fecha y sitio ▪ **aprazar no documento** citar en el documento

aprazível /apraˈzivɛw/ *adj* **1** apacible, agradable, placentero, ameno, encantador **2** grato ▪ **vida aprazível** vida agradable

apreciação /apresiaˈsãw/ *sf* **1** apreciación, admiración, estima **2** análisis, opinión **3** calificación **4** crítica ▪ **apreciação do trabalho** apreciación del trabajo

apreciar /apresiˈaR/ *v* **1** apreciar, valuar, considerar, estimar **2** criticar ▪ **apreciar uma obra** apreciar una obra

apreciável /apresiˈavɛw/ *adj* apreciable, considerable, admirable ▪ **trabalho apreciável** trabajo apreciable

apreço /aˈpresu/ *sm* aprecio, apreciación, consideración, estima ▪ **apreço não tem preço** aprecio no tiene precio

apreender /apreeˈdeR/ *v* **1** aprehender, coger, prender, asir, atrapar **2** tomar, secuestrar **3** recelar, sospechar ▪ **apreeder o veículo** aprehender el coche

apreensão /apreeˈsãw/ *sf* **1** aprehensión, comprensión **2** recelo, sospecha, percepción **3** preocupación, embargo, secuestro ▪ **apreensão do veículo** aprehensión del vehiculo

apreensivo, a /apreeˈsivu, va/ *adj* aprensivo, receloso, preocupado, desconfiado ▪ **ficar apreensivo** quedar aprensivo

aprender /apreˈdeR/ *v* **1** aprender, estudiar, adquirir conocimientos **2** instruirse ▪ **aprender rápido** aprender rapido

aprendiz /apreˈd3ijʃ/ *sm* aprendiz, principiante, inexperto ▪ **bom aprendiz** buen aprendiz

aprendizagem /apreˈd3iˈza3eˈj/ *sf* **1** aprendizaje **2** noviciado ▪ **nova aprendizagem** nueva aprendizaje

apresar /apreˈzaR/ *v* aprisionar, capturar, agarrar ▪ **apresar alguém** aprisionar alguien

apresentação /aprezeˈtaˈsãw/ *sf* **1** presentación, exhibición **2** introducción ▪ **apresentação de trabalho** presentación de trabajo

apresentador, a /aprezeˈtaˈdoR, ra/ *adj* presentador ▪ **apresentador de televisão** presentador de televisión

apresentar /aprezeˈtaR/ *v* **1** presentar **2** exhibir **3** presentarse, apersonarse, comparecer ▪ **apresentar seus cumprimentos** presentar sus respetos

apressar /apreˈsaR/ *v* **1** apremiar, dar prisa, acelerar, apresurar, diligenciar, precipitar, apurar **2** incitar, estimular ▪ **apressar o trabalho** acelerar el trabajo

aprimorar /aprimoˈraR/ *v* **1** perfeccionar, esmerar, primorear **2** esmerarse, perfeccionarse ▪ **aprimorar suas qualidades** perfeccionar sus cualidades

aprisionar /aprizioˈnaR/ *v* aprisionar, apresar, capturar, prender, encarcelar ▪ **aprisionar os medos** aprisionar los miedos

apropriado, a /apropriˈadu, da/ *adj* apropiado, adecuado ▪ **trabalho apropriado** trabajo apropiado

apropriar /aproprˈiaR/ *v* **1** apropiar, adecuar, adaptar **2** aplicar **3** atribuir **4** apropiarse ▪ **apropriar de um objeto** apropiar de un objeto

aprovação /aprovaˈsãw/ *sf* **1** aprobación, confirmación, consentimiento **2** adhesión **3** buen resultado aprovado, a aprobado, consentido, autorizado, calificado ▪ **aprovação na prova** aprobación en la prueba

aproveitador, a /aprovejtaˈdoR/ *adj m, f* **1** oportunista **2** sanguijuela, esponja ▪ **pessoa aproveitadora** persona oportunista

aproveitamento /aprovejtaˈmeˈtu/ *sm* aprovechamiento, utilización ▪ **grau de aproveitamento** grado de aprovechamiento

aproveitar /aprovejˈtaR/ *v* **1** aprovechar, utilizar, emplear útilmente **2** aplicar **3** adelantar, tener progreso **4** aprovecharse, prevalecerse ▪ **aproveitar a ocasião** aprovechar la ocasión

aprovisionamento /aprovizionaˈmeˈtu/ *sm* aprovisionamiento, abastecimiento ▪ **aprovisionamento constante** aprovisionamiento constante

aprovisionar /aprovizioˈnaR/ *v* aprovisionar, abastecer, proveer, surtir, acopiar, ajuntar ▪ **aprovisionar muito** aprovisionar mucho

aproximação /aprosimaˈsãw/ *sf* **1** aproximación **2** reconciliación *pl*: aproximações ▪ **aproximação do resultado** aproximación del resultado

aproximado, a /aprosiˈmadu, da/ *adj* aproximado, cercano ▪ **valor aproximado** valor aproximado

aproximar /aprosiˈmaR/ *v* **1** aproximar, acercar, allegar, arrimar, relacionar **2** combinar **3** reconciliar **4** aproximarse, semejarse, avecinarse ▪ **aproximar das pessoas** aproximar de las personas

aptidão /apetʃiˈdãw/ *sf* **1** aptitud, habilidad, capacidad, disposición **2** competencia **3** facilidad, facultad, talento ▪ **exame de aptidão** examen de ingreso (en la Universidad)

apto, a /ˈapetu, ta/ *adj* **1** apto, hábil, habilidoso, capaz **2** idóneo ▪ **apto para o curso** apto para el curso

apunhalar /apuɲaˈlaR/ *v* apuñalar, herir con puñal ▪ **apunhalar pelas costas** apuñalar por las espaldas

259

apuração

apuração /apura'sãʷw/sf examen ■ **apuração de votos** escrutínio

apurado, a /apu'radu, da/ adj **1** apurado, exacto **2** esmerado, elegante **3** pobre, en apuros ■ **resultado apurado** resultado apurado

apurar /apu'raR/ v **1** apurar, purificar **2** acabar, agotar **3** escoger **4** compulsar **5** escrutar, verificar **6** perfeccionar **7** ganar, recibir (dinero) **8** esmerarse ■ **apurar os votos** apurar los votos

apuro /a'puru/ sm **1** apuro, elegancia, esmero **2** aprieto, estrechez, aflicción **3** cantidad recibida **4** corrección **5** brete ■ **estar em apuros** estar en aprietos

aquarela /akwa'rɛla/ sf acuarela ■ **aquarela para pintar** acuarela para pintar

aquário /a'kwarju/ sm **1** pecera, acuario **2** aquário astrol, astron acuario (signo, constelación) ■ **aquário de peixes** pecera

aquático, a /a'kwatʃiku, ka/ adj acuático, acuátil ■ **vida aquática** vida acuática

aquecedor /akese'doR/ sm calentador, estufa ■ **aquecedor de ambiente** calentador de ambiente

aquecer /ake'seR/ v **1** calentar **2** calentarse ■ **aquecedor de água** calefón

aquecimento /akesi'meˈtu/sm acaloramiento, calentamiento ■ **aquecimento global** calentamiento global

aqueduto /ake'dutu/ sm acueducto, cañería ■ **aqueduto cerebral** acueducto cerebral

aquela /a'kela/ sf aquella ■ **aquela noite** aquella noche

aquele /a'keli/ sm aquel ■ **aquele dia** aquel día

aqui /a'ki/ adv aquí, acá, en este lugar, en esta ocasión ■ **daqui a três dias** dentro de tres días **daqui e dali** por aquí y por allá **eis aqui** he aqui

aquiescência /akie'se⁻sja/ sf **1** aquiescencia, aprobación **2** permiso, permisión, consentimiento ■ **aquiescência das pessoas** aquiescencia de las personas

aquietar /akie'taR/ v aquietar, sosegar, calmar, serenar, tranquilizar ■ **aquietar o ambiente** aquietar el ambiente

aquilo /a'kilu/ pron dem aquello àquilo; contr prep a + pron dem aquilo aquello, a lo reforme ■ **àquilo que você disse** me refiro a lo que ha dicho

aquisição /akizi'sãʷw/ sf adquisición, compra, obtención, logro ■ **aquisição de conhecimento**

aquisitivo, a /akizi'tʃivu, va/ adj adquisitivo ■ **trabalho aquisitivo** trabajo adquisitivo

ar /'aR/ sm **1** aire, viento, soplo **2** atmósfera, clima, temperatura **3** aspecto, apariencia, vanidad, gallardía, gentileza ■ **ao ar livre** al aire libre ■ **ar abafadiço** bochorno ■ **arcondicionado** aire acondicionado

árabe /'arabi/ adj m, f árabe ■ **falar árabe** hablar árabe

arábico, a /a'rabiku, ka/ adj arábico, arábigo ■ **língua arábica** idioma arábico

arado /a'radu, da/ adj **1** arado **2** arada, tierra labrada ■ **arado da terra** arado de la tierra

arame /a'rami/sm alambre, hilo de alambre ■ **arame farpado** alambre de espino

aranha /a'raɲa/ sf **1** araña **2** fantasías ■ **estar em palpos de aranha** encontrarse en aprietos teia de aranha tela de araña

arar /a'raR/ v arar, labrar, hacer surcos con el arado ■ **arar a terra** arar la tierra

arbitrar /aRbi'traR/ v arbitrar, juzgar, regular, sentenciar, determinar por arbitrio ■ **arbitrar o jogo** arbitrar el juego

arbitrariedade /aRbitrarie'dad3i/ sf arbitrariedad, injusticia, abuso de autoridad ■ **arbitrariedad rígida** arbitrariedad erigida

arbitrário, a /aRbi'trarju, rja/ adj **1** arbitrario, despótico **2** gratuito, voluntario ■ **bom arbitrário** buen arbitrario

arbítrio /aR'bitriu/ sm **1** arbitrio, albedrío **2** voto, opinión, estimativa ■ **livre arbítrio** libre albedrío

árbitro /'aRbitru/ m, f árbitro, juez, persona que decide una cuestión ■ **árbitro do jogo** árbitro del juego

arbusto /aRbuʃtu/ sm arbusto ■ **arbusto grande** arbusto grande

arca /'aRka/ sf **1** arca, baúl, cofre, hucha **2** tesoro ■ **arca do tesouro** arca del tesoro

arcada /aR'kada/ sf arcada, serie de arcos ■ **arcada dentária** arcada dentária

arcaico, a /aR'kajku, ka/ adj arcaico, anticuado, antiguo ■ **costumes arcaicos** costumbres arcaicos

arcanjo /aR'kaˈ3u,'sm arcángel ■ **arcanjo Gabriel** arcángel Gabriel

arcebispo /arsebiʃpu/ sm arzobispo ■ **arcebispo da igreja** arzobispo de la iglesia

arco /'aRku/ sm arco, porción de una línea curva ■ **arco de ouro** arco de oro

ardente /aR'deˈtʃi/ adj **1** ardiente, fogoso **2** brilhante, vivo **3** abrasador, tórrido, caliente, hirviente **4** intenso **5** enérgico, vehemente ■ **paixão ardente** pasión ardiente

arder /aR'deR/ v **1** arder, quemarse, inflamarse, abrasar **2** encenderse **3** escocer **4** llamear **5** entusiasmarse, hervir ■ **arder de febre** arder en fiebre

ardil /aR'd3iw/sm **1** ardid, astucia, estratagema, maña **2** lazo ■ **paixão ardil** pasión ardid

ardor /aR'doR/sm **1** ardor, calor **2** vivacidad **3** brasa **4** energía, vehemencia **5** hervor, fuego, pasión ■ **ardor da paixão** ardor de la pasión

ardósia /aR'dɔzja/sf pizarra, esquisto ■ **piso de ardósia** piso de pizarra

árduo, a /'aRduu, dua/adj arduo, difícil, trabajoso, áspero, laborioso, penoso ■ **trabalho árduo** trabajo arduo

área /'arja/sf **1** área, patio **2** era **3** campo de acción ■ **área de jogos** área de juegos

areia /a'reja/ sf arena ■ **areia grossa** grava entrar en surgir imprevistos

arejado, a /are'3adu, da/adj aireado, ventilado, fresco ■ **lugar arejado** lugar aireado

arejar /are'3aR/ v **1** airear, ventilar, ventear **2** secar, orearse ■ **arejar os pulmões** oxigenar

arena /a'rena/ sf arena, sitio de combate, de lucha ■ **arena de luta** arena de lucha

arenoso, a /are'nozu, za/ adj arenoso ■ **lugar arenoso** lugar arenoso

arenque /a're⁻ki/sm arenque ■ **arenque defumado** arenque ahumado

aresta /a'rɛʃta/ sf arista, rebaba ■ **aresta da construção** arista de la construción

argamassa /aRga'masa/sf argamasa, lechada ■ **material de argamassa** material de argamassa

argelino, a /aR3e'lino, na/ adj m, f argelino ■ **homem argelino** hombre argelino

argentino, a /aR3e'tʃinu, na/ adj argentino ■ **povo argentino** pueblo argentino

argila /aR'3ila/ sf arcilla, barro argila arenosa greda ■ **estátua de argila** estatua de arcilla

arrear

argola /aR'gɔla/ sf **1** argolla, anilla, anillo **2** abrazadera **3** pendiente ■ **argola prata** argolla plata

argúcia /aR'gusja/ sf argucia, perspicacia, sutileza ■ **ter argúcia** tener argucia

arguir /aR'gwjR/ adj **1** argüir, examinar, interrogar **2** desaprobar, censurar, acusar ■ **arguir bem** argüir bem

argumentar /aRgume~'taR/ v **1** argumentar, discutir **2** razonar, alegar **3** sacar conclusiones ■ **argumentar contra** argumentar contra

argumento /aRgu'me~tu/ sm **1** argumento, razón **2** asunto, tema **3** prueba **4** resumen ■ **bom argumento** buen argumento

ariano, a /ari'anu, na/ adj m, f ario ■ **sou ariano** soy ario

aridez /ari'dejʃ/ sf **1** aridez, sequedad **2** esterilidad ■ **aridez da terra** aridez de la tierra

árido, a /'aridu, da/ adj **1** árido, seco, estéril **2** escaso ■ **terra árida** tierra árida

áries /'arjeʃ/ sm aries (signo, constelación) ■ **signo de áries** signo de aries

arisco /a'riʃku/ adj **1** arisco, esquivo **2** áspero, intratable **3** receloso ■ **animal arisco** animal arisco

aristocracia /ariʃtokra'sia/ sf aristocracia, nobleza, hidalguía ■ **aristocracia no governo** aristocracia en el gobierno

aristocrata /ariʃto'krata/adj **1** aristócrata, noble, hidalgo **2** notable ■ **conhecer um aristócrata** conocer un aristócrata

aristocrático, a /ariʃto'kratʃiku, ka/adj **1** aristocrático, noble **2** fino, distinguido ■ **pessoa aristocrática** persona aristocrática

aritmética /arit'metʃika/ sf aritmética aritmético ■ **estudar aritmética** estudiar aritmética

arma /'aRma/sf **1** arma, escudo **2** recurso ■ **arma perigosa** arma peligrosa

armação /aRma'sa~w/sf **1** armazón **2** andamio **3** anaquel **4** montura de gafas **5** trama, engaño ■ **boa armação** buena armazón

armada /aR'mada/ sf armada, escuadra, flota ■ **armada da polícia** armada de la policía

armadilha /aRma'dʒiʎa/ sf **1** trampa, encerrona **2** encrucijada ■ **armadilha de animal** trampa de animal

armador /aRma'doR/ ra/ m, f **1** armador (de buques) **2** naviero ■ **bom armador** buen armador

armadura /aRma'dura/ sf armadura, armazón ■ **armadura de ferro** armadura de hierro

armar /aR'maR/ v **1** armar, proveer de armas **2** equipar, fortalecer **3** preparar, disponer ■ **armar uma encrenca** hacer un lío ■ **armar uma cilada** hacer la encerrona

armário /aR'marju/ sm armario, mueble con puertas, alacena ■ **armário de cozinha** fiambrera

armazém /aRma'ze~j/ sm **1** almacén, mercería, tienda **2** establecimiento de venta al por mayor **3** depósito, bodega ■ **armazém com preços baixos** tienda con precios bajos

armazenar /aRmaze'naR/ v **1** almacenar, depositar **2** conservar, guardar ■ **armazenar o dinheiro** almacenar el dinero

armistício /aRmiʃ'tʃisju/ sm armisticio, tregua, suspensión de hostilidades ■ **armístico com alguém** tregua con alguien

arnica /aR'nika/ sf árnica ■ **arnica na ferida** árnica en la herida

aro /a'raR/ v **1** aro, anillo **2** círculo aro de roda llanta ■ **aro da roda** aro de la rueda

aroma /a'roma/ sm aroma, perfume, fragancia, olor aroma dos vinhos bouquet, buqué ■ **aroma de flores** aroma de flores

aromático, a /aro'matʃiku, ka/ adj aromático, perfumado, oloroso, odorífero ■ **carro aromático** coche aromático

aromatizar /aromaˈtʃizaR/ v **1** aromatizar, perfumar **2** impregnarse de aroma ■ **aromatizar a casa** aromatizar la casa

arpão /aR'pa~w/ sm arpón ■ **arpão grande** arpón grande

arquear /aRke'aR/ v **1** arquear, curvar **2** doblarse ■ **arquear bem** arquear bien

arquejar /aRke'ʒaR/ v hipar, jadear ■ **arquejar muito** hipar mucho

arqueologia /aRkeolo'ʒia/ sf arqueología ■ **estudar arqueologia** estudiar arqueología

arqueólogo /aRke'ɔlogu/ sm arqueólogo ■ **profissão de arqueólogo** profesión de arqueólogo

arquétipo /aR'kɛtʃipu/ sm **1** arquetipo, modelo, original **2** patrón ■ **bom arquétipo** buen modelo

arquibancada /aRkiba~'kada/ sf grada, graderío, tribuna ■ **arquibancada lotada** grada loteada

arquipélago /aRki'pɛlagu/sm archipiélago ■ **conhecer um arquipélago** conocer un archipiélago

arquiteto /aRki'tetu/sm arquitecto, alarife ■ **arquiteto famoso** arquitecto famoso

arquitetônico, a /aRkite'toniku, ka/ adj arquitectónico ■ **obra arquitetônica** obra arquitectónica

arquitetura /aRkite'tura/ sf **1** arquitectura **2** plan, proyecto ■ **estudar arquitetura** estudiar arquitectura

arquivo /aR'kivu/ sm archivo, fichero ■ **arquivo limpo** archivo limpio

arraigar /aRaj'gaR/ v **1** arraigar, radicar, enraizar **2** fijar, establecer **3** vincularse, prender (una planta) ■ **arraigar os costumes** arraigar los costumbres

arrancada /aRa~'kada/ sf **1** arrancada, aceleración violenta **2** primer impulso **3** alentada **4** respiración ininterrumpida ■ **arrancada de cabelo** arrancada de cabello

arrancar /aRa~'kaR/ v **1** arrancar, sacar, quitar violentamente **2** extirpar, extraer **3** engatusar **4** apartar **5** arrancar, salir de repente **6** retirarse ■ **arrancar cabelos** penas pelar

arrancarabo /aRa~'ka'Rabu/ sm camorra, pelea ■ **arrancarabo com o vizinho** pelea con el vecino

arranhar /aRa'ɲaR/ v **1** arañar, rayar, hacer rayas superficiales **2** carpir **3** tocar mal un instrumento ■ **arranhar a perna** arañar la pierna

arranjar /aRa~'ʒaR/ v **1** arreglar, colocar **2** componer **3** negociar **4** arreglarse ■ **arranjar para o namorado** arreglar para el novio

arranjo /aRa~'ʒu/ sm **1** arreglo **2** composición **3** disposición, método ■ **arranjo de flores** arreglo de flores

arranque /a'Ra~ki/ sm **1** arranque, arrancada **2** extracción **3** embestida ■ **arranque do carro** arranque del coche

arrasar /aRa'zaR/ v **1** arrasar, allanar, nivelar **2** desmantelar, arruinar **3** humillar **4** estropearse ■ **arrasar uma pessoa** humillar una persona

arrastar /aRaʃ'taR/ v **1** arrastrar, tirar, mover con dificultad **2** arruinar, reducir a la miseria **3** humillarse **4** arramblar ■ **arrastar uma cadeira** arrastrar una silla

arrear /aRe'aR/ v **1** arrear, adornar, engalanar **2** poner en el suelo **3** azuzar a las caballerías en la marcha ■ **arrear muito** arrear mucho

261

arrebanhar

arrebanhar /aRebeˈ̃taR/ v arrebañar, recoger, reunir ■ **arrebanhar pessoas** reunir personas

arrebatado, a /aRebaˈtadu, da/ adj arrebatado, precipitado, fogoso, impetuoso, vehemente ■ **pessoa arrebatada** persona precipitada

arrebatar /aRebaˈtaR/ v 1 arrebatar, precipitar, arrancar 2 enlevar, entusiasmar 3 encolerizarse, enfurecerse ■ **arrebatar a apresentação** arrebatar la presentación

arrebentar /aRebeˈ̃taR/ v 1 reventar, estallar2 reventarse, estallar, supurar 3 brotar ■ **arrebentar a garganta** reventar la garganta

arrecadação /aRekadaˈsa˜w/ sf recaudación, recolección ■ **arrecadação de impostos** recaudación de impuestos

arrecadar /aRekaˈdaR/ v 1 recaudar, recolectar 2 cobrar 3 ahorrar 4 asegurar ■ **arrecadar dinheiro** recaudar dinero

arredondar /aRedoˈdaR/ v 1 redondear 2 igualar 3 perfeccionar 4 engordar ■ **arredondar a nota** redondear la nota

arregaçar /aRegaˈsaR/ v arremangar ■ **arregaçar as mangas** arremangar

arreio /aReju/ sm 1 arreo, montura 2 adorno, ornato ■ **arreio do cavalo** arreo del caballo

arrematar /aRemaˈtaR/ v concluir, orillar, rematar ■ **arrematar em leilão** rematar

arremessar /aRemeˈsaR/ v 1 botar, echar, investir, lanzar, proyectar, tirar 2 lanzarse, arrojarse, precipitarse ■ **arremessar longe** lanzar lejos

arremesso /aReˈmesu/ sm lanzamiento, tirada ■ **arremesso da bola** lanzamiento de la pelota

arremeter /aRemeˈteR/ v 1 arremeter, embestir, impeler, acometer 2 combatir 3 arrojarse ■ **arremeter bem** arremeter bien

arrendador, ora /aReˈ̃daˈdoR, ra/ m, f arrendador, persona que arrienda ■ **arrendador sortudo** arrendadot con suerte

arrendar /aReˈ̃daR/ v arrendar, alquilar ■ **arrendar muito** arrendar mucho

arrendatário, a /aReˈ̃daˈtarju, rja/ m, f arrendatario, inquilino, locatário ■ **bom arrendatário** buen arrendatario

arrepender-se /aRepeˈ̃deRsi/ v arrepentirse, retractarse, desdecirse ■ **arrepender-se rapidamente** arrepentirse rápidamente

arrependido, a /aRepeˈ̃d3idu, da/ adj m, f arrepentido, contrito, pesaroso ■ **ficar arrependido** quedar arrepentido

arrependimento /aRepeˈ̃d3iˈmeˈ̃tu/ sm 1 arrepentimiento, pesar, remordimiento, pena 2 contrición, penitencia ■ **arrependimento dos atos** arrepentimiento de los actos

arrepiar /aRepiˈaR/ v encrespar, erizar, espeluznar ■ **arrepiarse o cabelo** ponérsele a uno los pelos en punta

arrepio /aReˈpiu/ sm calofrío, escalofrío ■ **ter arrepios** tener calofríos

arrestar /aReˈʃtaR/ v arrestar, embargar, secuestrar; aprehender, confiscar ■ **arrestar na rua** secuestrar en la calle

arresto /aReˈʃtaR/ v arresto, embargo, aprehensión, secuestro ■ **arresto de pessoas** secuestro de personas

arriar /aRiˈaR/ v 1 arriar, apear, soltar, aflojar 2 descolgar, bajar (velas, banderas) ■ **arriar as calças** arriar los pantalones

arribar /aRiˈbaR/ v 1 arribar, atracar, llegar (una nave a un puerto) 2 convalecer, recobrar la salud ■ **arribar a vida** arribar la vida

arrimo /aˈRimu/ sm 1 arrimo, apoyo 2 protección, amparo ■ **ter arrimo** tener apoyo

arriscado, a /aRiʃˈkadu, da/ adj 1 arriesgado, difícil 2 riesgoso ■ **trabalho arriscado** trabajo arriesgado

arriscar /aRiʃˈkaR/ v 1 arriesgar, aventurar, exponer 2 poner en juego 3 dejarse a la suerte ■ **arriscar a pele** arriesgar el pellejo

arritmia /aRitˈmia/ sf arritmia ■ **ter arritmia** tener arritmia

arroba /aˈRoba/ sf arroba ■ **arroba grande** arroba grande

arrogância /aRoˈgaˈsja/ sf 1 arrogancia, presunción, insolencia 2 orgullo, soberbia 3 audacia 4 jactancia 5 ferocidad ■ **arrogância na vida** arrogancia en la vida

arrogante /aRoˈgaˈ̃tʃi/ adj 1 arrogante, presumido, insolente, orgulloso, apuesto 2 soberbio 3 jactancioso ■ **pessoa arrogante** persona arrogante

arrojar /aRoˈ3aR/ v 1 arrojar, remesar, lanzar, impeler, hacer salir violentamente 2 precipitarse, lanzarse ■ **arrojar muito** arrojar mucho

arrolhar /aRoˈʎaR/v encorchar ■ **arrolhar em alguém** encorchar en alguien

arrombar /aRoˈ̃baR/ v descerrajar, romper, despedazar, hundir ■ **arrombar uma porta** echar abajo una puerta, destrozarla

arrotar /aRoˈtaR/ v eructar ■ **arrotar demais** eructar por demasiado

arroto /aˈRotu/ m eructo ■ **muito arroto** mucho eructo

arroubar /aRoˈbaR/ v arrobar, extasiar ■ **arroubar muito** arrobar mucho

arroxeado, a /aRoʃeˈadu, da/ adj morado; cárdeno ■ **perna arroxeada** pierna morada

arroz /aˈRojʃ/ sm arroz ■ **arroz doce** arroz con leche

arruinar /aRwiˈnaR/ v 1 arruinar, empobrecer 2 destruir, destrozar, derruir 3 desbaratar, demoler, derribar 4 arruinarse, perder la salud o la fortuna 5 fundir ■ **arruinar a vida** arruinar la vida

arrulho /aˈRuʎo/ sm arrullo, susurro ■ **falar com arrulho** hablar con susurro

arrumação /aRumaˈsa˜w/ sf arreglo, orden, regla ■ **arrumação do quarto** arreglo del cuarto

arrumar /aRuˈmaR/ v 1 arreglar, poner en orden 2 adecentar, asear, organizar, disponer 3 reparar lo que estaba estropeado 4 casarse, emplearse, asentarse ■ **arrumar a trouxa** liar los bártulos ■ **arrumar emprego** conseguir empleo

arsenal /aRseˈnaw/ sm arsenal, depósito ■ **arsenal grande** arsenal grande

arsênico /aRˈseniku/ sm arsénico ■ **bom arsênico** buen arsénico

arte /aRtʃi/sf 1 arte, virtud, disposición, habilidad 2 oficio, profesión 3 astucia, maña 4 cautela ■ **aula de artes** clase de artes

artefato /aRteˈfatu/sm artefacto ■ **usar um artefato** usar un artefacto

artéria /aRˈterja/ sf artéria ■ **artéria pulmonar** artéria pulmonar

arteriosclerose /aRterioʃkleˈrɔzi/ sf arteriosclerosis ■ **ter arteriosclerose** tener arteriosclesosis

artesanato /aRtezanatu/sm artesanía ■ **fazer artesanato** hacer artesanía

artesão /aRteˈza˜w, zaˈ/ sm artesano ■ **artesão talentoso** artesano talentoso

ártico, a /aRtʃiku/ sm ártico, septentrional ■ **ártico polar** ártico polar

asear

articulação /aRʧikulaˈsã⁻w/ f **1** articulación, junta, nudillo **2** coyuntura **3** unión ▪ **boa articulação** buena articulación

articulado, a /aRʧikuˈladu, da/adj **1** articulado **2** serie de artículos de un tratado ▪ **bem articulado** bien articulado

articular /aRʧikuˈlaR/ adj **1** articular, unir, enlazar **2** pronunciar ▪ **articular bem** articular bien

artífice /aRˈʧifisi/ sm **1** artífice **2** artista **3** autor, creador ▪ **bom artífice** buen artista

artificial /aR ʧifisiˈaw/ adj **1** artificial, fingido **2** disimulado **3** postizo ▪ **cabelo artificial** cabello artificial

artifício /aRʧiˈfisju/ sm **1** artificio **2** arte, habilidad **3** engaño **4** trama ▪ **fogos de artifício** fuegos artificiales

artigo /aRˈʧigu/ sm **1** artículo **2** artículo (escrito en un periódico) ▪ **artigo publicado** artículo publicado

artilharia /aRʧiλaˈria/ f **1** artillería **2** medio poderoso de ataque y defensa ▪ **artilharia pesada** artillería pesada

artimanha /aRʧiˈmaɲa/ sf artimaña, ardid, astucia, marrullería ▪ **artimanha dos alunos** artimaña de los alumnos

artista /aRˈʧiʃta/ adj **1** artista **2** operario habilidoso, ingenioso ▪ **artista talentoso** artista talentoso

artístico, a /aRˈʧiʃʧiku, ka/ adj artístico, primoroso ▪ **obra artística** obra artística

artrite /aRˈtriʧi/ sf **1** artritis **2** gota ▪ **problema de artrite** problema de artritis

artrose /aRˈtrɔzi/ f artrosis ▪ **artrose na perna** artrosis en la pierna

árvore /ˈaRvori/ sf **1** árbol **2** pieza principal de una máquina ▪ **árvore genealógica** árbol genealógico

arvoredo /ˈaRvori/ sf **1** arbolado, arboleda **2** bosque, mata ▪ **passear no arvoredo** pasear en el arbolado

ás /aʃ/ sm **1** as **2** individuo importante en un arte, profesión o deporte ▪ **ser um ás** ser un as, destacarse

asa /ˈaza/ sf **1** ala (para volar) **2** asa (de vasija, cesta etc) **3** asidero ▪ **arrastar a asa** arrastrar el ala, babear ▪ **cortar as asas de alguém** pararle los pies a uno

ascendência /aseˈ⁻deˈsja/ sf **1** ascendencia **2** predominio, superioridad ▪ **ascendência no trabalho** ascendencia en el trabajo

ascendente /aseˈ⁻deˈʧi/ sm **1** ascendiente, antecesor **2** predominio, influencia ▪ **direção ascendente** dirección ascendiente

ascender /aseˈ⁻deR/ v **1** ascender, subir, elevarse **2** ser promovido ▪ **ascender de cargo** ascender de cargo

ascensorista /aseˈsoˈriʃta/ m, f ascensorista ▪ **ascensorista eficiente** ascensorista eficiente

asco /ˈaʃku/ sm **1** asco, repugnancia, náusea, aversión **2** tedio ▪ **asco de alguém** asco de alguien

asfaltar /aʃfawˈtaR/ v asfaltar, revestir con asfalto ▪ **asfaltar as ruas** asfaltar las calles

asfalto /aʃˈfawtu/ sm asfalto ▪ **asfalto na cidade** asfalto de la ciudad

asfixia /aʃfikˈsia/ sf **1** asfixia, sofoco **2** suspensión de la respiración ▪ **ter asfixia** tener asfixia

asfixiar /aʃfiksiˈaR/ v **1** asfixiar, sofocar **2** asfixiarse ▪ **asfixiar com a fumaça** asfixiar con el humo

asiático, a /aziˈaʧiku, ka/ adj m, f asiático ▪ **região asiática** región asiática

asilar /aziˈlaR/ v **1** asilar, abrigar, albergar, recoger en un asilo **2** refugiarse ▪ **asilar do mundo** asilar del mundo

asilo /aˈzilu/ sm **1** asilo, albergue **2** hospicio **3** orfanato **4** protección, amparo ▪ **asilo para crianças abandonadas** inclusa

asma /ˈaʒma/ sf **1** asma **2** resuello ▪ **ter asma** tener asma

asneira /aʒˈnejra/ sf **1** burrada **2** coloq gansada ▪ **fazer asneira** hacer burrada

asno /ˈaʒnu/ sm **1** asno, burro, jumento **2** persona ruda, estúpida ▪ **asno do marido** asno del marido

aspa /ˈaʃpa/ sf comilla ▪ **entre aspas** entre comillas

aspargo /aʃˈpaRgu/ sm espárrago ▪ **comer aspargo** comer espárrago

aspear /aʃpeˈaR/ v aspar ▪ **aspear muito** aspar mucho

aspecto /aʃˈpektu/sm **1** aspecto, apariencia, semblante **2** rostro, cara **3** exterior, vista **4** coloq facha ▪ **aspecto em comum** aspecto en común

aspereza /aʃpeˈreza/ sf **1** aspereza, rudeza, hosquedad **2** rigor ▪ **aspereza das pessoas** aspereza de las personas

áspero, a /ˈaʃperu, ra/ adj **1** áspero, desigual **2** austero **3** bronco, desabrido, intratable, rudo ▪ **parede áspera** pared áspera

aspersão /aʃpeRˈsã⁻w/ sf **1** aspersión **2** fig respingo ▪ **aspersão de água** aspersión de agua

aspiração /aʃpiraˈsã⁻w/ sf **1** aspiración, absorción **2** anhelo, deseo ▪ **aspiração profunda** aspiración profunda

aspirador, ora /aʃpiraˈdoR, ra/adj aspirador, extractor ▪ **aspirador de pó** aspirador de polvo

aspirar /aʃpiˈraR/ v **1** aspirar, sorber, chupar, inhalar **2** desear, pretender alguna cosa ▪ **aspirar água** aspirar agua

aspirina /aʃpiˈrina/ sf aspirina ▪ **tomar aspirina** tomar aspirina

asqueroso, a /aʃkerozu, za/ adj **1** asqueroso, muy sucio, inmundo **2** vil, infame, repelente, sórdido ▪ **pessoa asquerosa** persona asquerosa

assadeira /asaˈdejra/ sf **1** molde **2** flanera ▪ **assadeira de bolo** molde de pastel

assador /asaˈdoR/ sm **1** asador **2** varilla de hierro en que se clava lo que se quiere asar **3** asadora ▪ **bom assador** buen asador

assalariado, a /asalaˈriˈadu, da/adj m, f asalariado, proletário ▪ **empregado assalariado** empleado asalariado

assalariar /asalariˈaR/v asalariar, dar salário ▪ **assalariar o trabalhador** dar salário para el trabajador

assaltante /asawˈtaˈʧi/ adj asaltante, agresor, ladrón ▪ **assaltante violento** asaltante violento

assaltar /asawˈtaR/ v **1** asaltar, acometer súbitamente **2** saltear **3** atacar a alguien para robarle **4** sobrevenir ▪ **assaltar um banco** asaltar un banco

assalto/aˈsawtu/sm **1** asalto, embestida, avanzo, robo, irrupción **2** atraco ▪ **assalto com arma** asalto con arma

assar /aˈsaR/ v **1** asar, tostar, hornear **2** quemar **3** sufrir ardor o calor ▪ **assar um frango** asar un pollo

assassinar /asasiˈnaR/ v asesinar, matar ▪ **assassinar uma pessoa** asesinar una persona

assassinato /asasiˈnatu/sm asesinato, homicídio ▪ **assassinato violento** asesinato violento

assassino, a /asaˈsinu, na/ adj m, f asesino, matador, homicida, pistolero ▪ **assassino profissional** matón

asseado, a /aseˈadu, da/adj **1** aseado, limpio **2** decente ▪ **lugar asseado** lugar limpio

assear /aseˈaR/ v asear, lavar, limpiar, adornar ▪ **assear a roupa** limpiar la ropa

263

assediar

assediar /ased3i'aR/ v **1** asediar, sitiar **2** importunar, perseguir con insistência ■ **assediar fisicamente** asediar fisicamente

assédio /ase'd3jo/m asedio, bloqueo, sitio ■ **assédio sexual** asedio sexual

assegurado, a /asegu'radu, da/ adj asegurado, seguro, cierto, garantizado ■ **carro assegurado** coche asegurado

assegurar /asegu'raR/ v **1** asegurar, certificar, aseverar; decir, garantizar con seguridad **2** certificarse, precaverse, certificarse ■ **assegurar a organização** asegurar la organización

asseio/a'seju/sm **1** aseo, limpieza, higiene **2** esmero **3** perfección **4** decencia ■ **asseio da casa** limpieza de la casa

assembleia /ase~'bleja/sf **1** asamblea, reunión **2** sociedad, congregación **3** congreso ■ **assembleia geral** asamblea general

assemelhar /aseme'ʎaR/ v **1** asemejar, semejar **2** parecerse, figurarse ■ **assemelhar os trabalhos** asemejar los trabajos

assentado, a /ase~'tu/ sm **1** asentado, sentado **2** firme, colocado, ajustado ■ **ficar assentado** quedar asentado

assentamento /ase'ta'me~tu/sm **1** asentamiento **2** acuerdo, anotación ■ **assentamento de sem terras** asentamiento de sin-tierra

assentar /ase~'taR/ v **1** asentar, sentar **2** afirmar **3** escribir, registrar **4** decidir, determinar, establecer, resolver **5** tomar asiento **6** ganar juicio asentar praça alistarse ■ **assentar com calma** asentar con calma

assentimento /ase~ʧi'me~tu/ sm asentimiento, anuencia, consentimiento ■ **assentimento das respostas** asentimiento de las respuestas

assentir /ase~'ʧiR/ v asentir, consentir, concordar; convenir ■ **assentir com a cabeça** asentir con la cabeza

assento /ase~'tu/ sm **1** asiento, banco, silla **2** base, residencia **3** estabilidad **4** juicio ■ **assento do carro** asiento del coche

assepsia /asep'sia/sf asepsia, ausencia de gérmenes infecciosos ■ **ter assepsia** tener asepsia

asserção /aseR'sa~w/ sf aserción, afirmación, alegación, aseguración ■ **fazer uma asserção** hacer una afirmación

assessor /ase'soR, ra/ m, f **1** asesor, auxiliar **2** adjunto, consejero ■ **assessor eficiente** asesor eficiente

assessorar /aseso'raR/ v asesorar, aconsejar ■ **assessorar o chefe** asesorar el jefe

assessoria /aseso'ria/ sf asesoría, función o oficina de asesor ■ **assessoria do presidente** asesoría del presidente

asseveração/asevera'sa~w/sf aseveración, afirmación ■ **asseveração da apresentação** afirmación de la presentación

asseverar/aseve'raR/ v aseverar, afirmar, certificar, asegurar ■ **asseverar o resultado** certificar o resultado

asseverativo, a /asevera'ʧivu, va/adj afirmativo, categórico ■ **resposta asseverativa** respuesta afirmativa

assexuado, a /aseksu'adu, da/adj asexuado, asexual ■ **reprodução assexuada** reproducción asexual

assiduidade /asidui'dad3i/ sf **1** asiduidad, frecuencia **2** puntualidad, Constancia ■ **assiduidade dos alunos** frecuencia de los alumnos

assim /a's¡'/adv así, de esta manera ■ **ainda assim** asimismo

assimetria /asime'tria/ sf asimetría ■ **assimetria dos objetos** asimetría de los objetos

assimilação/asimila'sa~w/sf **1** asimilación **2** incorporación **3** comprensión ■ **fazer uma assimilação** hacer una asimilación

assimilar /asimi'laR/ v **1** asimilar **2** asemejar **3** comparar **4** apropiarse, compenetrarse ■ **assimilar as idéias** asimilar las ideas

assinalar p señalar, fijar, demarcar, marcar, registrar, notar ■ **assinalar a resposta correta** demarcar a respuesta correcta

assinante /asi'na~ʧi/ m, f suscriptor, firmante, abonado ■ **assinante da revista** suscriptor de la magazine

assinar/asi'naR/ v firmar, suscribir ■ **assinar no papel** firmar en el papel

assinatura /asina'tura/ sf firma, suscripción, signatura ■ **assinatura na carta** firma en la carta

assistência /asiʃ'te~sja/ sf **1** asistencia, amparo, auxilio **2** concurso, asiduidad ■ **assistência social** asistencia social

assistente /asiʃ'te~ʧi/adj **1** asistente, auxiliar, adjunto **2** pasante ■ **assistente social** asistente social

assistir /asiʃ'ʧiR/ v **1** asistir, presenciar **2** hacer compañía **3** auxiliar, prestar socorros ■ **assitir um filme** asistir a una película

assoalho /aso'aʎo/ sm entarimado, suelo, piso de madera ■ **assoalho trabalhado** parque

assobiar /asobi'aR/ v **1** chiflar, silbar, abuchear, chistar, pitar ■ **assobiar forte** chiflar fuerte

assobio /aso'biu/ sm silbo, rechifla, pitada, pitido ■ **assobio para o cachorro** silbo para el perro

associação /asosja'sa~w/ **1** asociación, sociedad, incorporación **2** comunidad **3** colegio **4** compañía **5** hermandad ■ **associação dos professores** asociación de los profesores

associado, a /asosi'adu, da/ adj **1** asociado, socio **2** inscrito ■ **associado do clube** asociado del club

associar /asosi'aR/ v **1** asociar, agregar **2** unir en sociedad **3** inscribir **4** asociarse, cooperar, inscribirse, mancomunarse ■ **asociar a associação** asociar a la asociación

assolar /aso'laR/ v **1** arrasar, destruir **2** desolar, devastar, asolar **3** infestar, talar ■ **assolar a cadeira** asolar la silla

assomar /aso'maR/ v asomar, aparecer **2** llegar **3** comenzar a manifestarse **4** mostrarse ■ **assomar os benefícios** asomar los beneficios

assombrar /aso~'braR/ v **1** asombrar, espantar, admirar **2** sombrear, obscurecer ■ **asombrar as pessoas** asombrar las personas

assombro /a'so~bru/ sm **1** asombro, admiración, espanto **2** maravilla, pasmo, estupefacción ■ **assombro das pessoas** asombro de las personas

assomo /aso'maR/ v asomo, indicio, sospecha ■ **assomo de perdas** asomo de perdas

assoprar /aso'praR/ v soplar, resoplar ■ **assoprar as velas** soplar las velas

assumir /asu'miR/ v asumir, encargar, pechar, arrogar, atribuirse, encargarse ■ **assumir um erro** asumir un error

assunto /a'su~tu/ sm **1** asunto, tema **2** objeto **3** motivo **4** campo **5** contenido ■ **assunto complicado** rompecabezas

assustado, a /asuʃ'tadu, da/ adj asustado, inquieto, intimidado, medroso ■ **ficar assustado** quedar asustado

assustar /asuʃ'taR/ v **1** asustar, intimidar, espantar, amilanar, amedrentar **2** asustarse, coger susto ■ **assustar as crianças** asustar los niños

asteca /aʃ'teka/ adj azteca ■ **povo asteca** pueblo azteca

astenia /aʃte'nia/ sf astenia, debilidad ■ **ter astenia** tener astenia

asterisco /aʃte'riʃku/ m asterisco ■ **asterisco na palavra** asterisco en la palabra

atlântico

asteroide /aʃteˈrɔjdʒi/ *adj* asteroide, astro muy pequeño ■ **asteroide na terra** asteroide en la tierra

astigmatismo /aʃtʃigmaˈtʃiʒmu/ *sm* astigmatismo ■ **astigmatismo na visão** astigmatismo en la visión

astral /aʃˈtraw/ *adj* astral ■ **bom astral** buen astral

astro /ˈastro/ *sm* **1** astro, cuerpo celeste **2** protagonista **3** personaje insigne ■ **astro do céu** astro del cielo

astrologia /astroloˈxia/ *sf* astrología ■ **estudar astrologia** estudiar astrología

astrólogo /asˈtroloɾo, a/ *sm* astrólogo ■ **ser astrólogo** ser astrólogo

astronauta /astroˈnawta/ astronauta ■ **ser astronauta** ser astronauta

astronáutica /astroˈnawtika/ *sf* astronáutica ■ **estudar astronáutica** estudiar astronáutica

astronomia /astronoˈmia/ *sf* astronomía ■ **estudar astronomía** estudiar astronomía

astronômico, a /astroˈnomiko/ *adj* **1** astronómico **2** exorbitante ■ **objeto astronômico** objeto astronómico

astrônomo /asˈtronomo, a/ astrónomo ■ **astrônomo da NASA** astrónomo de la NASA

astúcia /asˈtuθja/ *sf* **1** astucia, sagacidad, malicia, maña, finura, estratagema **2** labia, trampa ■ **ter astucia** tener astucia

astucioso, a /aʃtusiozu, za/ *adj* malicioso, mañoso ■ **garoto astucioso** chico malicioso

astuto, a /aʃtutu, ta/ *adj* astuto, hábil, fino, sagaz, bellaco ■ **pessoa astuta** persona astuta

ata /ˈata/ *sf* acta, protocolo ■ **ata da reunião** acta de la reunión

atacadista /atakaˈdʒiʃta/ *adj* mayorista, almacenista ■ **loja de atacadista** tiende de mayorista

atacado, a /ataˈkadu, da/ *adj* atacado, asaltado por atacado al por mayor ■ **atacado pelo louco** atacado por el loco

atacante /ataˈkãʃi/ *adj* atacante, agresor, injurioso, ofensivo ■ **atacante de futebol** atacante de futbol

atacar /ataˈkaR/ *v* **1** atacar, acometer, hostilizar, ofender, agredir **2** herir, embestir **3** acusar **4** saltear **5** atracarse ■ **atacar o presidente** atacar al presidente

atado, a /aˈtadu, da/ *adj* atado, unido, ligado lío, paquete ■ **massa atada** masa atada

atadura /ataˈduɾa/ *sf* **1** atadura, atadero, ligación **2** venda ■ **atadura na perna** atadura en la pierna

atalhar /ataˈʎaR/ *v* **1** atajar, impedir, cortar, detener **2** reducir **3** atajarse, acortarse ■ **atalhar as pessoas** atajar las personas

atalho /aˈtaʎu/ *sm* **1** atajo, vereda, senda, sendero **2** estorbo ■ **pegar um atalho** seguir un atajo

ataque /aˈtaki/ *sm* **1** ataque, asalto, embestida, agresión, ofensiva **2** acusación **3** disputa ■ **ataque repentino** rebato

atar /aˈtaR/ *v* anudar, unir, atar, embragar, embarazar, ligar, liar, pegar, trincar, vendar não ■ **atar nem desatar** no decidirse por nada

atarantar /atarãˈtaR/ *v* **1** atarantar, aturdir, atolondrar **2** estorbar ■ **atarantar alguien** atarantar alguém

atarefado, a /atareˈfadu, da/ *adj* atareado, afanado, muy ocupado ■ **pessoa atarefada** persona atareada

atarefar /atareˈfaR/ *v* **1** atarear, señalar o poner tarea **2** darse prisa ■ **atarefar o dia** atarear el día

ataúde /ataˈudʒi/ *sm* ataúd, féretro, caja funerária ■ **ataúde de ferro** ataúd de hierro

ataviar /ataviˈaR/ *v* ataviar, adornar, componer, aderezar ■ **ataviar o lugar** adornar el lugar

até /aˈtɛ/ *adv* hasta adv aún, también, sin excepción, incluso ■ até então hasta entonces **até logo** hasta luego ■ **até não mais poder** hasta más no poder ■ **até onde?** ¿hasta dónde?

ateísmo /ateˈiʒmu/ *sm* **1** ateísmo, impiedad **2** incredulidad ■ **ateísmo das pessoas** ateísmo de las personas

atemorizar /atemoriˈzaR/ *v* **1** atemorizar, asustar, espantar, amedrentar, intimidar, meter miedo **2** atemorizarse, asustarse ■ **atemorizar as pessoas** aterrorizar las personas

atenção /ateˈsãw/ *sf* **1** atención, cortesía, consideración **2** interés **3** observación, reparo **4** tino **5** atenções *pl* favores ■ **chamar a atenção** llamar la atención

atencioso, a /ateˈsiozu, za/ *adj* **1** cortés, atento **2** cuidadoso **3** obsequioso ■ **pessoa atenciosa** persona cortés

atender /ateˈdeR/ *v* **1** atender **2** considerar **3** observar, notar **4** acatar, deferir **5** despachar **6** escuchar, oír ■ **atender o telefone** atender el teléfono

atentado /ateˈtado, da/ *adj* atentado, prudente atentado, tentativa de crimen, violación ■ **pessoa atentada** persona atentada

atentar /ateˈtaR/ *v* **1** atentar, mirar atentamente **2** considerar, reparar **3** cometer un atentado ■ **atentar para os problemas** atentar para los problemas

atento, a /aˈtetu, ta/ *adj* **1** atento, cortés **2** aplicado, estudioso **3** vigilante ■ **ficar atento** quedar atento

atenuação /atenuaˈsãw/ *sf* **1** atenuación **2** debilidad ■ **atenuação das pessoas** atenuación de las personas

atenuar /atenuˈaR/ *v* **1** atenuar, hacer tenue, paliar, suavizar **2** debilitarse, ablandarse, minorarse ■ **atenuar a cor** esfumar

aterrar /ateˈRaR/ *v* **1** aterrar, espantar **2** aterrorizar **2** postrar, abatir **3** enterrarse ■ **aterrar o corpo** aterrar el cuerpo

aterrissagem /ateRiˈzaʒeʒ/ aterrizaje ■ **pista de aterrissagem** pista de aterrizaje tren de aterrissagem tren de aterrizaje

aterro /aˈteRo/ *sm* terraplén ■ **aterro sanitário** terraplén

aterrorizar /ateRoriˈzaR/ *v* aterrorizar, aterrar, amedrentar ■ **aterrorizar as pessoas** aterrorizar las personas

atestado /ateʃˈtadu, da/ *adj* certificado, declaración escrita atestado, lleno, abarrotado ■ **atestado médico** declaración escrita medica

a testar /ateʃˈtaR/ *v* **1** atestar, certificar, testificar **2** llenar hasta los bordes **3** abarrotarse, llenarse ■ **a testar a situação econômica** atestar la situación económica

ateu /aˈtew, aˈteja/ *adj* ateo, ímpio ■ **ser ateu** ser ateo

atiçar /atʃiˈsaR/ *v* **1** atizar, avivar el fuego **2** engrasar **3** instigar, excitar, estimular ■ **atiçar os homens** atizar los hombres

atinar /atʃiˈnaR/ *v* atinar, acertar, encontrar, dar con algo ■ **atinar para algo** atinar para algo

atípico, a /aˈtʃipiku, ka/ *adj* **1** atípico **2** irregular ■ **costumes atípicos** costumbres atípicos

atirar /atʃiˈraR/ *v* **1** despeñar, echar, lanzar, tirar **2** descolgarse, botar ■ **atirar no alvo** tirar al Blanco

atitude /atʃiˈtudʒi/ *sf* **1** actitud, postura, porte **2** atitudes *pl* maneras ■ **atitude exemplar** actitud ejemplar

atividade /atʃiviˈdadʒi/ *sf* **1** actividad **2** energía, dinamismo **3** faena, ocupación, trabajo ■ **atividade da escola** actividad de la escuela

ativo, a /aˈtʃivu, va/ *adj* **1** activo, diligente **2** animado, expedito, trabajador **3** vivo ■ **ativo fixo** activo fijo **ativo imobilizado** activo inmovilizado **ativo líquido** activo neto

atlântico, a /aˈtlãˈtʃiku/ *sm* atlántico ■ **oceano atlântico** océano atlántico

265

atlas

atlas /*'atlaʃ*/ *sm* atlas ■ **consultar o atlas** consultar el atlas

atleta /*a'tleta*/ **1** atleta, gimnasta **2** hombre fuerte y robusto ■ **bom atleta** buen atleta

atmosfera /*atʃimoʃ'fera*/ *sf* **1** atmósfera, aire **2** clima, ambiente moral ■ **atmosfera tranquila** atmosfera tranquila

atmosférico, a /*atʃimoʃ'feriku, ka*/ *adj* atmosférico ■ **ar atmosférico** aire atmosférico

ato /*'atu*/ *sm* acto, acción ■ **ato decisivo** acto decisivo

atolar /*ato'laR*/ *v* **1** atollar, embarrancar **2** atascar, meter en un pantano o lodazal **3** encenagarse, abarrancarse ■ **atolar na terra** atollar en la tierra

atômico, a /*a'tomiku, ka*/ *adj* atómico ■ **material atômico** material atómico

atomizar /*atomi'zaR*/ *v* **1** atomizar **2** romper algo sin dejar rastro de nada ■ **atomizar algo** atomizar algo

átomo /*'atomu*/ *sm* átomo ■ **átomo de ouro** átomo de oro

atônito, a /*a'tonito, a*/ *adj* **1** atónito, espantado, admirado, estupefacto, patitieso **2** helado ■ **pessoa atônita** persona atónita

átono, a /*'atonu, na*/ *adj* átono, que no suena ■ **silaba átona** silaba átona

ator /*a'toR*/ *sm* actor ■ **ator principal** actor principal

atordoar /*atoRdo'aR*/ *v* **1** atontar, aturdir, espantar, atolondrar, atronar **2** aturdirse, pasmarse ■ **atordoar as pessoas** atordoar las personas

atormentar /*atoRme'~taR*/ *v* **1** atormentar, torturar, afligir, mortificar, importunar, enfadar, martirizar, remorder **2** atormentarse, afligirse, angustiarse ■ **atormentar as pessoas** atormentar las personas

atração /*atra'ka˜w*/ *sf* **1** atracción **2** inclinación **3** seducción **4** gravitación **5** inclinación, simpatia ■ **atração de duas pessoas** atracción de dos personas

atracar /*atra'kaR*/ *v* **1** atracar, arrimar un buque a tierra **2** alcanzar, asir **3** abordar, abordarse **4** atracarse, luchar ■ **atracar com alguém** atracar con alguien

atraente /*atra'e˜tʃi*/ *adj* atrayente, agradable, vistoso, encantador, interesante, seductor, fascinante, coquetón, hechicero ■ **ser atraente** tener gancho

atraiçoar /*atrajso'aR*/ *v* **1** traicionar, engañar **2** delatar, denunciar ■ **atraiçoar as pessoas** engañar las personas

atrair /*atra'iR*/ *v* **1** atraer **2** llamar, interesar **3** inducir **4** *fig* seducir, hechizar, persuadir, encantar, echar el gancho a alguien ■ **atrair as pessoas** atraer las personas

atrapalhar /*atrapa'ʎaR*/ *v* **1** estorbar embarazar **2** embarullar, desordenar **3** confundir **4** armarse uno un jaleo **5** *coloq* farfullar ■ **atrapalhar um negócio** emplastar

atrás /*a'trajʃ*/ *adv* atrás, detrás, después, en lugar o tiempo pasado ■ **atrás de você** atrás de ti

atrasado, a /*atra'zadu, da*/ *adj* **1** retardado **2** tardio, atrasado **3** poco desarrollado ■ **chegar atrasado** llegar atrasado

atrasar /*atra'zaR*/ *v* **1** atrasar, retardar, retrasar **2** hacer retroceder **3** *fig* perjudicar **4** retrasarse ■ **atrasar para a aula** atrasar para la clase

atraso /*a'trazu*/ *sm* **1** atraso, retardación, retraso, retroceso **2** mora, tardanza **3** decadencia ■ **em atraso** en atraso

atrativo, a /*atra'tʃivu, va*/ *adj* **1** atractivo **2** encantador, simpático encanto ■ **apresentação atrativa** presentación atractiva

atravancar /*atrava˜'kaR*/ *v* atrancar, impedir, estorbar, empedrar, obstruir ■ **atravancar a passagem** impedir el pasaje

atravessar /*atrave'saR*/ *v* **1** atravesar, cruzar, terciar, pasar **2** entrometerse, oponerse **3** soportar, sufrir ■ **atravessar a nado** pasar a nado

atreverse /*atre'ßerse*/ *v* **1** atreverse, osar **2** aventurarse **3** insolentarse, descocarse ■ **atraverse na vida** atreverse en la vida

atrevido, a /*atre'vidu, da*/ *adj* **1** atrevido, osado, audaz, petulante **2** impertinente **3** licencioso, desaforado **4** cachafaz ■ **pessoa atrevida** persona atrevida

atrevimento /*atrevi'me˜tu*/ *sm* **1** atrevimiento, osadía, audacia, insolencia, petulancia, descoco **2** cara, copete **3** atrevimentos *pl* familiaridades ■ **atrevimento das crianças** atrevimiento de los niños

atribuição /*atribwi'sa˜w*/ *sf* **1** atribución **2** derecho, autoridad **3** competencia **4** pertenencia **5** atribuições atribuir **1** atribuir, imputar, referir **2** apropiar **3** imponer **4** conferir **5** atribuirse, arrogarse, darse ■ **atribuição de sentidos** atribución de sentidos

atribular /*atribu'laR*/ *v* **1** atribular, afligir, angustiar, avasallar **2** afligirse, angustiarse ■ **atribular a vida** atribular la vida

atributo /*atri'butu*/ *sm* **1** atributo, calidad **2** condición, propiedad ■ **atributo a uma pessoa** atributo a una persona

atrito /*a'tritu*/ *sm* **1** fricción **2** atritos *pl* dificultades, roces ■ **atrito nas rochas** fricción en las ruecas

atriz /*a'trijʃ*/ *sf* **1** actriz **2** vedette ■ **sonho ser atriz** sueño ser actriz

atrocidade /*atrosi'dadʒi*/ *sf* **1** atrocidad, crueldad, barbaridad, tortura **2** herejía **3** horror ■ **atrocidade das pessoas** atrocidad de las personas

atrofiar /*atrofi'aR*/ *v* atrofiar, enflaquecer ■ **atrofiar os músculos** atrofiar los músculos

atropelar /*atrope'laR*/ *v* **1** atropellar **2** arrollar **3** menospreciar, ultrajar **4** apresurarse ■ **atropelar um cachorro** atropellar un perro

atropelo /*atro'pelu*/ *sm* **1** atropello **2** tropel **3** injusticia ■ **atropelo de atividades** atropello de actividades

atroz /*a'trojʃ*/ *adj* atroz, cruel, inhumano, feroz, horrible, terrible ■ **pessoa atroz** persona atroz

atuação /*atua'sa˜w*/ *sf* actuación, funcionamiento ■ **atuação eficiente** actuación eficiente

atual /*atu'aw*/ *adj* **1** actual **2** moderno ■ **projeto atual** proyecto actual

atualidade /*atuali'dadʒi*/ *sf* actualidad ■ **atualidade na vida** actualidad en la vida

atualizar /*atuali'zaR*/ *v* **1** actualizar **2** modernizar ■ **atualizar a apresentação** actualizar la presentación

atum /*a'tu˜*/ *sm* atún ■ **comer atum** comer atún

aturar /*atu'raR*/ *v* soportar, tolerar, aguantar ■ **aturar os problemas** soportar los problemas

aturdido, a /*atuR'dʒidu, da*/ *adj* aturdido, atolondrado, perturbado, grogui ■ **pessoa aturdida** persona aturdida

aturdir /*atuR'dʒiR*/ *v* **1** aturdir, atolondrar, perturbar, atontar **2** aturdirse ■ **aturdir muito** aturdir mucho

audácia /*aw'dasja*/ *sf* audacia, osadía, atrevimiento, arrojo, temeridad ■ **audácia do empregado** audacia del empleado

audacioso, a /*awdasi'ozu, za*/ *adj* audaz, atrevido, temerario, insolente ■ **ser audacioso** ser audaz

audaz /*aw'dajʃ*/ *adj* audaz, osado, arrojado ■ **pessoa audaz** persona audaz

audição /*awd'ʒi'sa˜w*/ *sf* **1** audición **2** oído ■ **prova de audição** prueba de audición

avalanche

audiência /awdʒi'e˜sja/ sf audiencia, sesión de un tribunal ■ **audiência essa semana** audiencia en esta semana

auditor, ora /awdʒi'toR, ra/ sm 1 auditor, asesor 2 oyente ■ **auditor eficiente** auditor eficiente

auditoria /awdʒito'ria/ sf auditoría ■ **honorário de auditoria** honorario de auditoría

auge /'aw3i/ sm 1 auge, apogeo 2 cumbre, clímax 3 prosperidad ■ **auge da vida** auge de la vida

augurar /awgu'raR/ v 1 augurar, agorar, presagiar, predecir, vaticinar 2 conjeturar ■ **augurar muito** augurar mucho

aula /'awla/ sf 1 lección 2 clase 3 aula ■ **muitas aulas** muchas clases

aumentar /awme~'taR/ v 1 aumentar, acrecentar, ampliar, crecer 2 prosperar 3 fortalecer 4 intensificar 5 elevar 6 extender 7 cargar ■ **aumentar a velocidade** aumentar la velocidad, embalar

aumentativo, a /awme~ta'tʃivu, va/ adj aumentativo ■ **valor aumentativo** valor aumentativo

aumento /aw'me~tu/ sm 1 aumento 2 mejora 3 extensión, ampliación 4 crecimiento, engrandecimiento 5 exageración 6 recrudecimiento ■ **engrandecimento da pessoa** engrandecimiento de la persona

áureo, a /'awrju, rja/ adj 1 áureo, dorado, brillante 2 noble, magnífico ■ **áureo grande** áureo grande

auréola /aw'reola/ sf 1 aureola, corona 2 gloria, prestigio ■ **auréola do anjo** aureola del anjel

aurora /aw'rora/ sf 1 aurora, alba, madrugada 2 juventud, comienzo ■ **ver a aurora** ver la aurora

auscultar /awʃkuw'taR/ v 1 auscultar 2 escuchar ■ **auscultar muito** auscultar mucho

ausência /aw'ze~sja/ sf 1 ausencia 2 inexistencia, falta ■ **ausência dos pais** ausencia de los padres

ausentar-se /awse~'tarse/ v 1 ausentarse, separarse, irse, apartarse, salir, partir 2 eclipsarse ■ **ausentar-se por algum momento** ausentarse por algún momiento

ausente /aw'ze~tʃi/ adj ausente, retirado, alejado, separado, distante ■ **ausente da família** ausente de la familia

auspício /awʃ'pisju/ sm 1 auspicio, presagio, agüero, vaticinio 2 patrocinio 3 auspícios pl protección, amparo ■ **ter um auspício** tener un presagio

austeridade /awʃteri'dadʒi/ sf austeridad, integridad, severidad, rigor, parsimonia, rigidez ■ **ter austeridade** tener austeridad

austero, a /awʃ'teru, ra/ adj austero, severo, rígido, áspero, parsimonioso ■ **hombre austero** homem severo

austral /awʃ'traw/ adj austral, meridional ■ **bom austral** buen austral

australiano, a /awʃtrali'anu, na/ adj australiano ■ **homem australiano** hombre australiano

austríaco, a /awʃ'triaku, ka/ adj austríaco ■ **pessoa austríaca** persona austríaca

autarquia /awtaR'kia/ sf autarquía ■ **ter autarquia** tener autarquía

autenticar /awte~tʃi'kaR/ v 1 autenticar, legalizar, reconocer 2 autorizar jurídicamente ■ **autenticar el material** autenticar o material

autenticidade /awte~tʃisi'dadʒi/ sf autenticidad, legitimidad, veracidad ■ **ter autenticidade** tener autenticidad

autêntico, a /aw'te~tʃiku, ka/ adj 1 auténtico, verdadero 2 cierto, positivo 3 autorizado 4 legítimo ■ **clase auténtica** aula auténtica

autentificar /awte~tʃifi'kar/ v autenticar ■ **autentificar o trabalho** autenticar el trabajo

auto /'awtu/ sm 1 auto, automóvil 2 composición dramática ■ **dirigir um auto** conducir un auto

autobiografia /awtobiogra'fia/ sf autobiografía ■ **fazer uma autobiografia** hacer una autobiografía

autocracia /awtokra'sia/ sf autocracia, absolutismo, despotismo ■ **ter autocracia** tener autocracia

autocrítica /awto'kritʃika/ sf autocrítica ■ **fazer uma autocrítica** hacer una autocrítica

autodidata /awtodʒi'data/ adj autodidacta ■ **pessoa autodidata** persona autodidacta

autogestão /awtoʒeʃ'ta˜w/ sf autogestión ■ **ter autogestão** tener autogestión

autógrafo /aw'tɔgrafu, fa/ adj autógrafo ■ **dar um autógrafo** dar un autógrafo

automático, a /awto'matʃiku, ka/ adj 1 automático, maquinal 2 inconsciente ■ **controle automático** controle automático

automatizar /awtomatʃi'zaR/ v automatizar, mecanizar ■ **automatizar o ensino** automatizar la enseñanza

autômato /aw'tomatu/ sm 1 autómata, androide 2 hombre sin voluntad ■ **pessoa autômata** persona autómata

automobilismo /awtomobi'liʒmu/ sm automovilismo ■ **gostar de automobilismo** gustar de automovilismo

automóvel /awto'mɔvew/ adj 1 automóvil, auto 2 carro ■ **ter um automóvel** tener un automóvil

autonomia /awtono'mia/ sf autonomía, independencia, soberania ■ **ter autonomia** tener autonomía

autônomo, a /aw'tonomu, ma/ adj autónomo, independiente, libre ■ **pessoa autônoma** persona autónoma

autópsia /aw'tɔpsja/ sf autopsia ■ **fazer uma autópsia** hacer una autopsia

autor, a /aw'toR, ra/ sm autor, creador, productor, escritor, compositor, inventor ■ **autor da história** autor de la historia

autoria /awto'ria/ sf 1 autoría 2 labra 3 paternidad ■ **autoria do livro** autoría del libro

autoridade /awtori'dadʒi/ sf 1 autoridad 2 dominio, influencia, importancia 3 gobierno 4 disciplina ■ **autoridade respeitada** autoridad respetada

autoritário, a /awtori'tarju, rja/ adj autoritario, dominador, arrogante, déspota ■ **pessoa autoritária** persona autoritaria

autorização /awtoriza'sa˜w/ sf autorización, orden, permiso, licencia, consentimiento ■ **autorização dos pais** autorización de los padres

autorizado, a /awtori'zadu, da/ adj habilitado, autorizado ■ **autorizado para sair** autorizado para salir

autorizar /awtori'zaR/ v 1 autorizar, permitir, conceder, apoyar 2 comprobar, confirmar 3 calificar 4 validar ■ **autorizar os filhos** autorizar los hijos

auxiliar /awsili'aR/ adj 1 auxiliar, socorrer, ayudar 2 colaborar 3 coadyuvar 4 facilitar auxiliar, ayudante ■ **auxiliar os estudantes** auxiliar los estudiantes

auxílio /aw'silju/ sm 1 auxilio, ayuda, socorro, amparo, protección 2 defensa 3 caridad 4 fomento ■ **auxílio de saúde** auxilio de salud

aval /a'vaw/ sm com aval, garantía, afianzamiento ■ **ter um aval** tener un aval

avalanche /ava'la˜ʃi/ sf 1 avalancha, alud 2 irrupción súbita de personas o animales ■ **avalanche da montanha** avalancha de la montaña

267

avaliação

avaliação /avalia'saˆw/ *sf* **1** evaluación, tasación, valuación **2** calificación **3** cálculo ■ **avaliação difícil** evaluación difícil

avaliar /avali'aR/ *v* evaluar, cotizar, conceptuar, estimar, justipreciar, medir, tallar, valuar ■ **avaliar um curso** evaluar un curso

avalista /ava'liʃta/ avalista ■ **pessoa avalista** persona avalista

avalizar /avali'zaR/ *v* avalar, garantizar, asegurar ■ **avalizar o trabalho** asegurar el trabajo

avançado, a /avaˆ'sadu, da/ *adj* **1** avanzado, adelantado **2** progresista **3** muy liberal ■ **trabalho avançado** trabajo avanzado

avançar /avaˆ'saR/ *v* **1** avanzar, adelantar, progresar **2** pasar adelante **3** exceder **4** acometer, embestir **5** suscitar **6** avanzar, ir adelante, hacer progresos ■ **avançar a linha** avanzar la línea

avanço /a'vaˆsu/ *sm* **1** avance, anticipo de dinero **2** provecho, ganancia ■ **avanço na vida** avance en la vida

avantajar /avaˆta'ʒaR/ *v* **1** aventajar, adelantar **2** exceder, mejorar ■ **avantajar os direitos** aventajar los derechos

avarento, a /ava're'tu, ta/ *adj* **1** avaro, mezquino, tacaño, codicioso, avaricioso **2** amarrete ■ **pessoa avarenta** persona mezquina

avareza /ava'reza/ *sf* **1** avaricia, codicia, mezquindad **2** ganancia **3** cicatería ■ **ter avareza** tener avaricia

avaria /ava'ria/ *sf* avería, daño, perjuicio ■ **avaria grande** daño grande

avariar /avari'aR/ *v* **1** averiar **2** maltratar **3** damnificar, dañar; perjudicar ■ **avariar o ambiente** maltratar el ambiente

avassalador, ora /avasala'doR, ra/ *adj* avasallador, dominador, despótico ■ **governante avassalador** goviernante avasallador

avassalar /avasa'laR/ *v* **1** avasallar, dominar, sujetar, someter **2** someterse ■ **avassalar uma região** dominar una región

ave /'avi/ *sf* ave, pájaro ave pequena pájara ■ **ave roja** ave vermelha

avelã /ave'laˆ/ *sf* avellana ■ **chocolate com avelã** chocolate con avellana

avenida /ave'nida/ *sf* avenida, camino, calle, alameda ■ **avenida cheia de carros** avenida llena de coches

avental /ave'taw/ *sm* delantal, guardapolvo ■ **avental na cozinha** delantal en la cocina

aventar /aβeɲ'tar/ *v* **1** aventar, exponer al viento **2** exponer, prever, sospechar **3** aventurarse ■ **aventar muito** aventar mucho

aventura /aveˆ'tura/ *sf* **1** aventura, acaecimiento **2** suceso, lance **3** temeridad **4** casualidad **5** riesgo, peligro **6** caso fortuito ■ **filme de aventura** película de aventura

aventurar /aveˆtu'raR/ *v* **1** aventurar, exponer **2** arriesgar **3** aventurarse, arriesgarse, exponerse a un peligro ■ **aventurar na selva** aventurar en la selva

aventureiro, a /aveˆtu'rejru, ra/ *adj* aventurero ■ **homem aventureiro** hombre aventurero

averiguação /averigwa'saˆw/ *sf* averiguación, investigación, indagación, inquisición, pesquisa, verificación ■ **averiguação do trabalho** averiguación del trabajo

avermelhar /aveRme'ʎaR/ *v* bermejear, enrojecer ■ **avermelhar o rosto** bermejear la cara

aversão /aveR'saˆw/ *sf* aversión, repulsa, antipatía, repugnancia, enemistad, inquina, malevolencia, odio, oposición ■ **aversão a falta de respeito** aversión a la falta de respeto

aversivo, a /aveR'sivu, va/ *adj* feo, antipático, repugnante ■ **pessoa aversiva** persona fea

avesso, a /a'vesu, sa/ *adj* **1** avieso, contrario, opuesto **2** negativo avieso, revés■ **avesso da roupa** avieso de la ropa

avestruz /aveʃ'trujʃ/ avestruz, ñandú ■ **avestruz en el zoo** avestruz no zoológico

aviação /avia'saˆw/ *sf* aviación, aeronáutica ■ **estudar aviação** estudiar aviación

avião /avi'aˆw/ *sm* avión, aeroplano ■ **voo de avião** vuelo de avión

aviar /avi'aR/ *v* **1** aviar **2** concluir, ejecutar **3** prevenir, despachar, apresurar **4** disponerse ■ **aviar muito** aviar mucho

avícola /a'vikola/ *adj* avícola, pollería ■ **granja avícola** granja avícola

avidez /avi'dejʃ/ *sf* **1** avidez, codicia, avaricia **2** voracidad ■ **avidez nas pessoas** voracidad de las personas

ávido, a /'avidu, da/ *adj* **1** ávido, codicioso, ganancioso **2** voraz, avaro ■ **pessoa ávida** persona gananciosa

aviltado, a /aviw'tadu, da/ *adj* humillado, deshonrado ■ **pessoa aviltado** persona humillada

aviltante /aviw'taˆtʃi/ *adj* humillante, deshonroso ■ **pessoa aviltante** persona humillante

aviltar /aviw'taR/ *v* **1** humillar, degradar **2** envilecer, vilipendiar ■ **aviltar as pessoas** humillar las personas

avinagrar /aβinaˆxrar/ *v* **1** avinagrar, agriar **2** irritar ■ **avinagrar o tomate** agriar el tomate

avisado, a /avi'zadu, da/ *adj* avisado, prudente, discreto, sagaz ■ **pessoa avisada** persona prudente

avisar /avi'zaR/ *v* **1** avisar, prevenir **2** aconsejar, notificar **3** informar, participar, recomendar **4** precaverse ■ **avisar as pessoas** avisar las personas

aviso /a'vizu/ *sm* **1** aviso, advertencia **2** consejo, opinión **3** señal, comunicación, comunicado **4** noticia **5** participación **6** recomendación ■ **dar um aviso** dar un aviso

avistar /aviʃ'taR/ *v* **1** avistar, ver **2** distinguir, alcanzar con la vista **3** encontrarse, entrevistarse ■ **avistar alguém** avistar alguien

avivar /avi'vaR/ *v* **1** avivar, animar, excitar **2** enardecer **3** estimular, despabilar **4** reanimarse, entusiasmarse ■ **avivar a aula** avivar la clase

avizinhar /avizi'ɲaR/ *v* **1** avecinar, acercar, aproximar **2** confinar, estar limítrofe **3** acercarse ■ **avizinhar de alguém** avecinar de alguien

avô, ó /a'vo, a'vɔ/ **1** abuelo **2** abuela ■ **casa da avó** casa de la abuela

avolumar /avolu'maR/ *v* hinchar ■ **avolumar a roupa** hinchar la ropa

avultar /avuw'taR/ *v* **1** abultar **2** sobresalir, amplificar, aumentar ■ **avultar da situação** abultar de la situación

axial /aksi'aw/ *adj* axial, del eje ■ **simetria axial** simetria axial

axila /ak'sila/ *sf* axila, sobaco ■ **axila com pêlos** axila con pelos

axioma /aksi'oma/ *sm* axioma, verdad evidente, principio ■ **ter um axioma** tener un axioma

azar /a'zaR/ *sm* **1** acaso, casualidad **2** desgracia, malaventura, mala pata ocasionar ■ **azar na vida** desgracia en la vida

azedar /aze'daR/ *v* **1** agriar, fermentar, agrazar **2** irritar **3** agriarse ■ **azedar a comida** agriar la comida

azulejo

azeite */a'zejtʃi/ sm* aceite, óleo ■ **azeite na salada** aceite en la ensalada

azeitona */azej'tona/ sf* aceituna, oliva ■ **comer azeitona** comer aceituna

azul */a'zuw/ adj* azul, color del cielo, cerúleo color azul ■ **azul do céu** azul del cielo

azulejo */azu'leʒu/ sm* azulejo, ladrillo vitrificado ■ **azulejo do banheiro** azulejo del baño

B

A B C D E F G H I J K L M N O P Q R S T U V W X Y Z

b /'be/ *sm* segunda letra del alfabeto portugués ■ **b de baba** b de baba

baba /'baba/ *sf* baba, saliva, salivación ■ **está babando por alguém** se le cae la baba

babá /ba'bá/ *s* niñera ■ **contratar uma babá** contratar una niñera

babador /baba'doR/ *sm* babero ■ **babador de criança** babero del niño

babar /ba'baR/ *v* babear, salivar, babosear, echar baba por la boca ■ **babar muito** babear mucho

baboseira /babo'zejra/ *sf* ñoñería, majadería ■ **falar baboseira** hablar ñoñería

bacalhau /baka'ʎaw/ *sm* bacalao ■ **bacalhau seco** bacalao prensado, salado

bacanal /baka'naw/ *adj, sf* bacanal, orgía, fiesta con desenfreno ■ **festa bacanal** fiesta bacanal

bacharel /baʃa'rɛw, rela/ *s* bachiller ■ **contratar um bacharel** contratar un bachiller

bacharelado /baʃare'ladu, da/ *adj, s* bachillerato ■ **fazer bacharelado** hacer bachillerato

bacia /ba'sia/ *sf* **1** bacía, cuenca *2* vasija, palangana ■ **bacia com água** bacía con agua

bacilo /ba'silu/ *sm* bacilo ■ **muitos bacilos** muchos bacilos

bactéria /bak'tɛrja/ *sf* bacteria ■ **bactéria no organismo** bacteria en el organismo

bactericida /baktɛri'sida/ *adj, sm* bactericida ■ **tomar bactericida** tomar bactericida

bacteriologia /baktɛrjolo'ʒia/ *sf* bacteriología ■ **estudar bacteriologia** estudiar bacteriología

badalo /ba'dalu/ *sm* badajo ■ **badalo da igreja** badajo de la iglesia

badejo /ba'deʒu, ʒa/ *adj* abadejo ■ **comer badejo** comer abadejo

baderna /ba'deRna/ *sf* **1** entrevero, jarana, riña, contienda *2* estorbo ■ **fazer baderna** hacer entrevero

bafo /'bafu/ *sm* hálito, aliento, vaho ■ **bafo de alho** aliento de ajo

baforada /bafo'rada/ *sf* vaharada, alentada ■ **dar uma baforada** dar una vaharada

bagaço /ba'gasu/ *sm* bagazo, orujo, residuo que queda de los frutos prensados ■ **bagaço da laranja** bagazo de la naranja

bagagem /ba'gaʒẽj/ *sf* **1** bagaje, equipaje *2* caudal, riqueza intelectual ■ **bagagem pesada** bagaje pesada

bagatela /baga'tɛla/ *sf* **1** bagatela, niñería, fruslería, friolera, quisquilla, baratija, cosa de poco valor ■ **bagatela na escola** niñería en la escuela

bagulho /ba'guʎu/ *sm* **1** trasto *2* persona fea ■ **pessoa é um bagulho** persona es fea

baía /ba'ia/ *sf* bahía, rada, ensenada, pequeño golfo ■ **ir para a baía** ir para la bahía

bailar /baj'laR/ *v* **1** bailar, danzar *2* oscilar ■ **bailar muito** bailar mucho

bailarino, -a /bajla'rinu, na/ *s* bailarín, danzarín ■ **bailarino oficial** bailarín oficial

baile /'bajli/ *sm* baile, danza, reunión de personas que bailan ■ **baile popular** baile popular

bainha /ba'iɲa/ *sf* dobladillo, vaina ■ **bainha da saia** dobladillo de la pollera

bairrismo /baj'Ri3mu/ *sm* localismo ■ **bairrismo da cidade** localismo de la ciudad

bairrista /baj'Riʃta/ *adj* localista, defensor de los intereses de su barrio o de su tierra ■ **pessoa bairrista** persona localista

bairro /'bajRu/ *sm* barrio, arrabal, bloque residencial ■ **bairro longe** barrio lejos

baixa /'bajʃa/ *sf* **1** baja, rebaja, disminución del precio *2* disminución de altura ■ **cidade baixa** ciudad baja

baixada /baj'ʃada/ *sf* bajada, pendiente, inclinación hacia abajo ■ **baixada de nível** bajada de nivel

baixar /baj'ʃaR/ *v* **1** bajar, rebajar, abatir, disminuir (tamaño, precio etc) *2* decrecer *3* apear *4* humillarse, someterse ■ **baixar programas** bajar programas

baixela /baj'ʃɛla/ *sf* vajilla ■ **baixela na mesa** vajilla en la mesa

baixeza /baj'ʃeza/ *sf* bajeza, indignidad, picardía, infamia, hecho vil, acción indigna ■ **baixeza de atitudes** bajeza de actitudes

baixio /baj'ʃiu/ *sm* **1** bajío, banco de arena *2* terreno bajo ■ **morar no baixio** vivir en el bajío

baixo, -a /'bajʃu, ʃa/ *adj* bajo, pequeño, inferior, inclinado hacia abajo, despreciable, menudo, de poca altura, humilde ■ **baixo-relevo** bajorrelieve ■ **baixo-ventre** bajo vientre, empeine ■ **ter seus altos e baixos** tener sus altos y bajos, tener sus más y sus menos

bajulação /baʒula'sɐ̃w/ *sf* lisonja, adulación, zalamería ■ **bajulação ao professor** adulación al profesor

bajulador, -ora /baʒula'doR, ra/ *adj, sm* **1** halagador, servil, zalamero *2* lameculos, pelotilla *3* camaleón ■ **bajulador do chefe** halagador del jefe

bajular /baʒulaR/ *v* **1** adular, lisonjear *2* halagar, engatusar, hacer la rosca ■ **bajular as pessoas** adular las personas

bala /'bala/ *sf* **1** bala, proyectil, plomo *2* fardo de mercaderías *3* plomo ■ **levar bala** comer plomo

balança /ba'lɐ̃sa/ *sf* **1** balanza, báscula *2* equilibrio, criterio ■ **pôr na balança** sopesar

balançar /balɐ̃'saR/ *v* **1** balancear, oscilar, columpiar, mecer *2* mecerse, balancearse ■ **balançar a criança** balancear el niño

270

barbaridade

balanço /ba'lã~su/ *sm* **1** oscilación, columpio, libración, vaivén **2** mecedora ■ **cadeira de balanço** mecedora

balão /ba'lã~w/ *sm* balón, pelota, globo aerostático ■ **balão vermelho** balón rojo

balaústre /bala'uʃtri/ *sm* balaustre, barandilla ■ **balaústre de marfim** barandilla de marfil

balbuciar /bawbusi'aR/ *v* balbucear, balbucir, farfullar ■ **balbuciar muito** balbucear mucho

balcão /baw'kã~w/ *sm* **1** balcón **2** mostrador, en establecimiento comercial ■ **balcão da loja** balcón de la tienda

balde /'bawdʒi/ *sf* cubo, balde ■ **jogar um balde de água fria** echar a uno un jarro de agua fría

baldear /bawdʒi'aR/ *v* **1** baldear, transferir **2** mojar, lavar, echar agua con un balde **3** pasarse de un partido o bando a otro ■ **baldear documentos** transferir documentos

baldio, -a /baw'dʒiu, dʒia/ *adj* baldío, inútil, estéril, yermo ■ **terreno baldio** terreno baldío

balé /ba'lɛ/ *sm* ballet ■ **balé clássico** ballet clásico

balear /bale'aR/ *adj, sf* balear, herir con bala, tirotear ■ **balear uma pessoa** balear una persona

baleeiro, -a /bale'eʝru, ra/ *adj, s* ballenero ■ **pessoa baleeira** persona ballenera

baleia /ba'leʝa/ *sf* **1** ballena **2** mujer excesivamente gorda ■ **baleia assassina** ballena asesina

balido /ba'lidu/ *sm* balido de la oveja o cordero ■ **balido forte** balido fuerte

balístico, -a /ba'liʃdʒiku, ka/ *adj* balístico ■ **formato balístico** formato balístico

baliza /ba'liza/ *sf* baliza, boya, estaca, señal, coto, hito, jalón, mojón que marca un límite ■ **fazer uma baliza** hacer una baliza

balizar /bali'zaR/ *v* balizar, limitar, jalonar, poner lindes ■ **balizar muito** balizar mucho

balneário /bawne'aɾju, rja/ *adj* balneario, establecimiento de baños ■ **balneário para turistas** balneario para los turistas

balsa /'bawsa/ *sf* balsa, palos atados unos a otros, transbordador ■ **passeio de balsa** paseo de balsa

bálsamo /'bawsamu/ *sm* **1** bálsamo, ungüento **2** alivio, consuelo ■ **grande bálsamo** gran bálsamo

bambolear /bã~bole'aR/ *v* bambolear, oscilar, balancear ■ **bambolear muito** bambolear mucho

bambu /bã~bu/ *sm* bambú, caña de la India ■ **casa de bambu** casa de bambú

banal /ba'naw/ *adj* banal, trivial, vulgar ■ **vida banal** vida banal

banalidade /banali'dad3i/ *sf* banalidad, trivialidad, vulgaridad ■ **banalidade da vida** banalidad de la vida

banana /ba'nɐna/ *sf* **1** plátano, banana, banano **2** cartucho de dinamita ■ **ser um banana** ser un flojo, inútil

bananeira /bana'neʝra/ *sf* banano ■ **plantar bananeira** plantar banano

banca /'bã~ka/ *sf* **1** tienda, mesa rectangular **2** bufete ■ **banca de jogos** juegos de mesa

bancário, -a /bã~'karju, rja/ *adj* bancario, perteneciente a la banca o banco ■ **saldo bancário** saldo bancario

banco /'bã~ku/ *sm* banco, asiento sin respaldo, escabel ■ **banco de dados** banco de datos ■ **banco dos réus** banquillo de los acusados

banda /'bã~da/ *sf* **1** banda, lista, faja, cinta **2** lado **3** banda, conjunto musical ■ **banda de música** banda de música

bandeira /bã~'deʝra/ *sf* **1** bandera, pendón, estandarte, pabellón **2** símbolo de una nación o colectividad ■ **bandeira branca** bandera blanca

bandeirola /bã~dei'rɔla/ *sf* banderín, banderita ■ **bandeirola vermelha e branca** banderita roja y blanca

bandeja /bã~'deʒa/ *sf* bandeja ■ **bandeja de copos** bandeja de vasos

bandido, -a /bã~'dʒidu, da/ *adj* bandido, bandolero, salteador, ladrón, malhechor, pistolero ■ **homem bandido** hombre bandido

bando /'bã~du/ *sm* **1** bando, facción, parcialidad **2** cuadrilla, horda, pandilla **3** hato, gavilla **4** patota ■ **bando de pessoas** bando de personas

bandolim /bã~do'lĩ/ *sm* bandolín, bandolina ■ **tocar bandolim** tocar bandolín

bangalô /bã~ga'lo/ *sm* bungaló ■ **bangalô grande** bungaló grande

banha /'bɐɲa/ *sf* lardo, grasa, unto, saín, pringue ■ **banha de porco** grasa de cerdo

banhar /ba'ɲaR/ *v* **1** bañar, lavar **2** impregnar, mojar **3** regar, inundar **4** bañarse ■ **banhar de óleo** bañar de aceite

banheira /ba'ɲeʝra/ *sf* bañera, tina, bañadera, pila ■ **banheira branca** bañera blanca

banheiro /ba'ɲeʝru/ *sm* baño, retrete, cuarto de baño ■ **banheiro pequeno** baño pequeño

banhista /ba'ɲiʃta/ *s* bañista ■ **banhista da praia** bañista de la playa

banho /'bɐɲu/ *sm* baño, ducha ■ **banhos termais** termas

banido, -a /ba'nidu, da/ *adj, s* exilado, proscrito ■ **banido do grupo** exilado del grupo

banir /ba'niR/ *v* expulsar, deportar, prohibir, proscribir ■ **banir de casa** expulsar de casa

banqueiro, -a /bã~'keʝru, ra/ *s* **1** banquero **2** hombre rico ■ **casar com um banqueiro** casar con un banquero

banqueta /bã~'keta/ *sf* banqueta, pequeña banca, escabel ■ **banqueta de madeira** banqueta de madera

banquete /bã~'ketʃi/ *sm* banquete, ágape, festín ■ **festa com banquete** fiesta con banquete

banquetear /bã~ketʃi'aR/ *v* **1** banquetear **2** regalarse ■ **banquetear muito** banquetear mucho

baqueta /ba'keta/ *sf* baqueta, palillo ■ **baqueta do baterista** baqueta del baterista

bar /'baɾ/ *sm* bar, café, mueble para bebidas ■ **dançar no bar** bailar en el bar

baralho /ba'raʎu/ *sm* baraja, naipes ■ **jogar baralho** jugar a las barajas

barão, -onesa /ba'Rã~w, ro'neza/ *s* **1** barón **2** baronesa ■ **barão é rico** barón es rico

barata /ba'rata/ *sf* cucaracha ■ **matar a barata** matar la cucaracha

baratear /barate'aR/ *v* **1** abaratar, rebajar **2** vulgarizarse ■ **baratear os produtos** abaratar los productos

barato, -a /ba'ratu, ta/ *adj, sm* **1** barato, comprado o vendido a bajo precio **2** alucine ■ **este lugar é um barato** este sitio es fenomenal

barba /'baRba/ *sf* barba **pôr as barbas de molho** poner las barbas en remojo, precaverse ■ **barba branca** barba blanca

barbante /baR'bã~tʃi/ *sm* bramante, cordel, cuerda delgada ■ **barbante colorido** bramante colorido

barbaridade /baRbari'dad3i/ *sf* barbaridad, crueldad, atrocidad ■ **fazer uma barbaridade** hacer una barbaridad

271

barbárie

barbárie /baɾˈβaɾje/ *sf* barbarie, incultura, rusticidad ■ **barbárie na história** barbarie en la historia

bárbaro, -a /ˈbaɾβaɾo, a/ *adj* bárbaro, rudo, inculto, salvaje, vándalo ■ **povo bárbaro** pueblo bárbaro

barbearia /baɾbeˈɾia/ *sf* barbería, peluquería ■ **cortar o cabelo na barbearia** cortar el pelo en la peluquería

barbear-se /baɾbeˈaɾse/ *v* afeitarse, rasurarse ■ **barbear-se todo dia** afeitarse todos los días

barbeiro /baɾˈbeʝɾu/ *sm* **1** barbero, peluquero, afeitador **2** el que maneja mal ■ **barbeiro no trânsito** barbero en el tránsito

barbicha /baɾˈbiʃa/ *sf* **1** barba de pelo corto y ralo **2** barbilla ■ **barbicha grande** barbilla grande

barco /ˈbaɾku/ *sm* **1** barco, cualquier embarcación **2** barca, embarcación ■ **barco grande** barco grande

bário /ˈbaɾju/ *sm* bario ■ **bário é um elemento químico** bario es un elemento químico

barítono /baˈɾitonu/ *sm* barítono ■ **escutar um barítono** escuchar un barítono

barômetro /baˈɾometɾu/ *sm* barómetro ■ **usar o barômetro** usar el barómetro

barqueiro /baɾˈkejɾu, ɾa/ *s* barquero, remador, naviero ■ **barqueiro eficiente** barquero eficiente

barra /ˈbaRa/ *sf* **1** barra, palanca, pieza de metal o madera **2** friso, jirón ■ **barra de chocolate** tableta **barra de metal** lingote, riel ■ **barra de sabão** pastilla

barraca /baˈRaka/ *sf* tienda de campaña, carpa ■ **barraca de acampamento** tienda de campaña

barracão /baRaˈkɐ̃w/ *sm* barracón, cobertizo, alpende ■ **morar num barracão** vivir en un barracón

barraco /baˈRaku/ *sm* barraca, choza, habitación rústica ■ **barraco na rua** barraca en la calle

barranco /baˈRɐ̃ku/ *sm* **1** barranco, precipicio **2** dificultad ■ **a trancos e barrancos** a trancas y a barrancas

barrar /baˈRaɾ/ *v* impedir ■ **barrar as pessoas** impedir las personas

barreira /baˈRejɾa/ *sf* **1** barrera, parapeto, trinchera, especie de valla **2** obstáculo, embarazo, estorbo, límite ■ **barreira de pedra** barrera de piedra

barrete /baˈReʧi/ *sm* birrete, bonete, gorra ■ **fazer um barrete** hacer un birrete

barricada /baRiˈkada/ *sf* barricada, trinchera ■ **barricada na rua** barricada en la calle

barriga /baˈRiga/ *sf* barriga, vientre, panza ■ **barriga da perna** pantorrilla ■ **encher a barriga** comer ■ **ter o rei na barriga** ser altivo y orgulloso

barril /baˈRiw/ *sm* barril, barrica, cuba **barril pequeno** barrilete ■ **barril de cerveja** barril de cerveza

barro /ˈbaRu/ *sm* barro, lodo, cieno, arcilla ■ **barro com água** barro con agua

barroco, -a /baˈRoku, ka/ *adj* barroco ■ **arte barroca** arte barroca

barrote /baˈRoʧi/ *sm* barrote, barra gruesa y corta ■ **barrote grande** barrote grande

barulho /baˈɾuʎo/ *sm* barullo, desorden, confusión, ruido, sonido, tumulto ■ **barulho na escola** barullo en la escuela

basco, -a /ˈbaʃku, ka/ *adj, s* éuscaro, vasco ■ **amigo basco** amigo vasco

base /ˈbazi/ *sf* base, apoyo, fundamento, dato ■ **base dos estudos** base de los estudios

basear-se /bazeˈaɾ/ *v* basarse, apoyarse, consistir ■ **basear-se nas teorias** basarse en las teorías

básico, -a /ˈbaziku, ka/ *adj* básico, esencial, fundamental ■ **nível básico** nivel básico

basílica /baˈzilika/ *sf* basílica, templo majestuoso, iglesia principal ■ **visitar a basílica** visitar la basílica

basquete /baʃˈkɛt)i/ *sm* básquet, básquetbol, baloncesto ■ **jogar basquete** jugar básquet

bastante /baʃˈtɐ̃ʧi/ *adj* bastante, no poco, asaz, mucho ■ **estudar bastante** estudiar bastante

bastão /baʃˈtɐ̃w/ *sm* báculo, cayado, bastón, cetro, vara ■ **bastão de madeira** báculo de madera

bastar /baʃˈtaɾ/ *v* bastar, llegar, satisfacer, ser suficiente ■ **bastar de estudar** bastar de estudiar

bastardo, -a /baʃˈtaRdu, da/ *adj* bastardo, ilegítimo ■ **filho bastardo** hijo bastardo

bastidor /baʃʧiˈdoR/ *sm* **1** bastidor, armazón de madera **2** bastidor de teatro ■ **por trás dos bastidores** secretamente

basto, -a /ˈbaʃtu, ta/ *adj* basto, espeso, lleno, robusto ■ **trabalho basto** trabajo lleno

bata /ˈbata/ *sf* bata, prenda de vestir ■ **bata branca** bata blanca

batalha /baˈtaʎa/ *sf* batalla, combate, campaña, lucha, refriega, discusión, pelea ■ **batalha do amor** batalla del amor

batata /baˈtaʎaR/ *v* **1** patata, papa, tubérculo **2** nariz gruesa y chata ■ **batata frita** papa frita

batata-doce /bataˈta)dosi/ *sf* **1** batata, boniato **2** camote ■ **comer batata-doce** comer batata

bate-boca /baʧiˈboka/ *sm* **1** discusión, dimes y diretes **2** agarrada ■ **bate-boca na aula** discusión en clase

batedeira /bateˈdejɾa/ *sf* batidera, batidor ■ **batedeira de massas** batidera de masas

batedor, -ora /bateˈdoR, ɾa/ *adj* **1** batidor, explorador **2** aparato para batir sustancias ■ **batedor de carnes** batidor de carnes

batente /baˈte)ʧi/ *adj* **1** batiente, marco, aldaba, tope **2** trabajo, empleo ■ **ficar no batente até tarde** quedar en el batiente hasta tarde

bater /baˈte)ɾ/ *v* **1** batir, golpear, chocar, contundir, pegar, sobar **2** latir, palpitar, pulsar **3** zurrar **4** sonar **5** batirse, pegarse ■ **bater compassadamente** tamborilear ■ **bater em alguém** fajar ■ **bater o pé** zapatear ■ **bater os olhos** guipar ■ **bater papo** charlar ■ **bater pernas** trotar

bateria /bateˈɾia/ *sf* **1** batería **2** pila **3** acumulador eléctrico ■ **bateria de cozinha** batería de cocina

batido, -a /baˈʧidu, da/ *adj* batido, desgastado, usado, trillado ■ **carro batido** coche batido

batismo /baˈʧiʒmu/ *sm* bautizo ■ **batismo de sangue** bautizo de sangre

batizar /baʧiˈzaR/ *v* bautizar ■ **batizar a criança** bautizar el niño

batucada /batuˈkada/ *sf* ritmo brasileño producido por tambores, bombos ■ **batucada forte** ritmo brasileño fuerte

baú /baˈu/ *sm* baúl, arca, cofre, maleta grande ■ **baú do tesouro** baúl del tesoro

baunilha /bawˈniʎa/ *sf* vainilla ■ **sabor de baunilha** sabor de vainilla

bazar /baˈzaR/ *sm* bazar, tienda, feria benéfica ■ **bazar de roupa** bazar de ropa

bê /ˈbe/ *sf* be, nombre de la letra b ■ **bê de batismo** be de bautizo

beatificar /beatifiˈkaɾ/ *v* **1** beatificar **2** alabar mucho ■ **beatificar uma pessoa** beatificar una persona

beato /beˈato, a/ *adj, s* beato, individuo muy devoto ■ **homem beato** hombre beato

berro

bêbado, -a /ˈbebadu, da/ *adj, s* bebido, borracho, ebrio, beodo, embriagado, mamado ■ **estar bêbado** estar hecho

bebê /beˈbe/ *sm* bebé, nene, niño pequeño ■ **bebê chorão** bebé llorón

bebedeira /bebeˈdejra/ *sf* borrachera, embriaguez, crápula, mona ■ **curtir uma bebedeira** tener una mona

bebedouro /bebeˈdoru/ *sm* bebedero ■ **água do bebedouro** agua del bebedero

beber /beˈbeR/ *v* beber, absorber, chupar, ingerir un líquido ■ **beber demais** cargar demasiado, mamar

beberagem /bebeˈraʒeˈj/ *sf* brebaje, bebida desagradable, poción ■ **beberagem na rua** bebida en la calle

bebida /beˈbida/ *sf* bebida ■ **bebida deliciosa** bebida deliciosa

beca /ˈbeka/ *sf* toga, traje de ceremonia que usan los magistrados, catedráticos ■ **vestir a beca** vestir la toga

bechamel /beʃaˈmew/ *sm* besamel, salsa blanca ■ **usar bechamel** usar besamel

beco /ˈbeku/ *sm* calleja, callejón ■ **beco da cidade** calleja de la ciudad

bedel /beˈdɛw/ *s* bedel, celador en las universidades ■ **bedel da escola** bedel en la escuela

bedelho /beˈdeʎu/ *sm* hocico ■ **meter o bedelho** meter el hocico

bege /ˈbeʒi/ *adj* beige ■ **cor bege** color beige

beiço /ˈbejsu/ *sm* bezo, labio grueso ■ **beiço saliente** jeta ■ **beiço grande** bezo grande

beija-flor /bejʒaˈfloR/ *sf* colibrí, picaflor ■ **beija-flor colorido** colibrí colorido

beija-mão /bejʒaˈmãˈw/ *sm* besamanos ■ **homem beija-mão** hombre besamanos

beijar /bejˈʒaR/ *v* besar ■ **beijar a mulher** besar la mujer

beijo /ˈbejʒu/ *sm* beso ■ **beijo na boca** beso en la boca

beijocar /bejʒoˈkaR/ *v* besuquear, besar a menudo, besar repetidas veces ■ **beijocar a namorada** besuquear la novia

beijoqueiro, -a /bejʒoˈkejru, ra/ *adj, s* besucón, besuqueador, cariñoso ■ **pessoa beijoqueira** persona besucona

beira /ˈbejra/ *sf* margen, orilla, vera, proximidad ■ **beira da água** margen del agua

beisebol /bejziˈbow/ *sm* béisbol ■ **jogar beisebol** jugar béisbol

beldade /bewˈdadʒi/ *sf* beldad, hermosura, mujer bella ■ **beldade da cidade** beldad de la ciudad

beleza /beˈleza/ *sf* **1** belleza, hermosura **2** beldad, mujer hermosa ■ **beleza natural** belleza natural

beliche /beˈliʃi/ *sm* litera, cama de camarote ■ **dormir no beliche** dormir en la litera

bélico, -a /ˈbeliku, ka/ *adj* bélico, belicoso, guerrero ■ **homem bélico** hombre bélico

belicoso, -a /beliˈkozu, za/ *adj* belicoso, guerrero, beligerante, combativo, aguerrido ■ **pessoa belicosa** persona belicosa

beliscão /beliʃˈkãˈw/ *sm* pellizco ■ **ganar um beliscão** ganar un pellizco

beliscar /beliʃˈkaˈw/ *sm* pellizcar ■ **beliscar forte** pellizcar fuerte

belo, -a /ˈbelu, la/ *adj* **1** bello, hermoso, lindo **2** estético, gentil, bueno **3** ventajoso ■ **homem belo** hombre bello

beltrano /bewˈtranu, na/ *s* mengano, zutano ■ **falar com beltrano** hablar con zutano

bem /ˈbeˈj/ *sm* **1** bien, virtud y felicidad, bienestar ■ **sair bem na prova** salir bien en la prueba

bem-aventurado, -a /beˈaveˈtuˈradu, da/ *adj, s* bienaventurado, dichoso, feliz, santo, afortunado ■ **pessoa bem-aventurada** persona bienaventurada

bem-estar /beˈejˈtaR/ *sm* bienestar, comodidad, confort ■ **bem-estar na casa** bienestar en la casa

bemol /beˈmow/ *adj, sm mús* bemol ■ **nota musical bemol** nota musical bemol

bem-querer /beˈkeˈreR/ *sm* bienquerer, estimar, profesar cariño o afección, amistad ■ **meu bem-querer** mí bienquerer

bem-vindo, -a /beˈvˈdu, da/ *adj* bienvenido, bien recibido ■ **bem-vindo à escola** bienvenido a la escuela

bênção /ˈbeˈsãˈw/ *sf* bendición ■ **dar a bênção** echar la bendición

bendito, -a /beˈdʒitu, ta/ *adj* bendito, glorificado, feliz ■ **bendito é o fruto** bendito es el fruto

bendizer /beˈdʒiˈzeR/ *v* bendecir, glorificar, alabar, santificar ■ **bendizer a Deus** bendecir a Dios

beneficência /benefiˈseˈsja/ *sf* beneficencia, caridad, filantropía ■ **beneficência das pessoas** beneficencia de las personas

beneficente /benefiˈseˈtʃi/ *adj* benéfico, caritativo, filantrópico ■ **evento beneficente** evento caritativo

beneficiar /benefisiˈaR/ *v* beneficiar, favorecer, mejorar ■ **beneficiar os necessitados** beneficiar los necesitados

beneficiário, -a /benefisiˈarju, rja/ *adj, s* beneficiario ■ **pessoa beneficiária** persona beneficiaria

benefício /beneˈfisju/ *sm* beneficio, provecho, lucro, gracia, mejora, mejoramiento ■ **em beneficio de** en beneficio de, en provecho de ■ **benefício na vida** provecho en la vida

benemérito, -a /beneˈmɛritu, ta/ *adj, s* benemérito, ilustre, digno de honor ■ **atitude benemérita** actitud benemérita

benevolencia /benevoˈleˈsja/ *sf* benevolencia, bondad, caridad, afabilidad, afecto, estima, complacencia, indulgencia ■ **benevolencia das pessoas** benevolencia de las personas

benevolente /benevoˈleˈtʃi/ *adj* benevolente, indulgente, afable ■ **atitude benevolente** actitud benevolente

benfeitor, -ora /beˈfejˈtoR, ra/ *adj, s* bienhechor, benefactor, filántropo ■ **homem benfeitor** hombre bienhechor

bengala /beˈgala/ *sf* **1** bengala, bastón, junco **2** un tipo de pan ■ **bengala de madeira** bengala de madera

benigno, -a /beˈnignu, na/ *adj* benigno, bondadoso, indulgente, favorable ■ **pessoa benigna** persona benigna

benzeno /beˈzenu/ *sm* benceno ■ **não tomar benzeno** no tomar benceno

benzina /beˈzina/ *sf* bencina ■ **líquido benzina** líquido bencina

benzol /beˈzow/ *sm* benzol ■ **benzol de química** benzol de química

berço /beˈzow/ *sm* **1** cuna **2** infancia, origen, patria ■ **berço da família** cuna de la familia

berílio /beˈrilju/ *sm* berilio ■ **berílio de química** berilio de química

berinjela /beriˈ̃ʒela/ *sf* berenjena ■ **comer berinjela** comer berenjena

berlinda /beRˈlĩˈda/ *sf* berlina, especie de coche ■ **estar na berlinda** estar en la berlina

bermuda /beRˈmuda/ *sf* bermudas ■ **usar bermuda** usar bermudas

berrar /beˈRaR/ *v* gritar, chillar, vociferar ■ **berrar na escola** gritar en la escuela

berro /ˈbeRu/ *sm* berrido, bramido, grito, chillido ■ **berro com as crianças** berrido con los niños

besta

besta /'beʃta/ *adj, s* bestia, cuadrúpedo ■ **medo da besta** miedo de la bestia

besteira /beʃ'tejra/ *sf* gansada, burrada, tontería ■ **falar besteira** hablar tontería

bestial /beʃtʃi'aw/ *adj* bestial, brutal, grosero, irracional ■ **homem bestial** hombre brutal

besuntar /bezũ'taR/ *v* pringar, untar con una sustancia grasa, engrasar, fregar ■ **besuntar muito** pringar mucho

beterraba /bete'Raba/ *sf* remolacha ■ **comer beterraba** comer remolacha

betoneira /beto'nejra/ *sf* hormiguera, hormigonera ■ **betoneira grande** hormiguera grande

betuminoso, -a /betumi'nozu, za/ *adj* bituminoso ■ **algo betuminoso** algo bituminoso

bexiga /be'ʃiga/ *sf* **1** vejiga **2** ampolla, burbuja (de la piel) ■ **bexiga com água** vejiga con agua

bezerro /be'zeRu/ *sm* becerro, novillo ■ **bezerro na fazenda** becerro en la hacienda

bíblia /'biblja/ *sf* biblia ■ **ler a bíblia** leer la biblia

bíblico, -a /'bibliku, ka/ *adj* bíblico ■ **texto bíblico** texto bíblico

bibliografia /bibliogra'fia/ *sf* bibliografía, descripción o conocimiento de los libros ■ **bibliografia do livro** bibliografía del libro

biblioteca /biblio'teka/ *sf* biblioteca, colección de libros, librería ■ **estudar na biblioteca** estudiar en la biblioteca

bibliotecário, -a /biblio'tekarju, rja/ *adj, s* bibliotecario ■ **bibliotecário gentil** bibliotecario gentil

bica /'bika/ *sf* fuente, manantial ■ **suar em bicas** sudar a chorros **bica forte** fuente fuerte

bicada /bi'kada/ *sf* picadura, picotada, picotazo ■ **bicada do pássaro** picadura del pájaro

bicar /bi'kaR/ *v* picotear, dar picotazos ■ **bicar o braço** picotear el brazo

bicarbonato /bikaRbo'natu/ *sm* bicarbonato ■ **bicarbonato em pó** bicarbonato en polvo

bicentenário, -a /biseñte'narjo, a/ *adj, sm* bicentenario ■ **bicentenário da personagem** bicentenario del personaje

bíceps /'biθeps/ *sm* bíceps ■ **dor nos bíceps** dolor en los bíceps

bicha /'biʃa/ *sf* **1** marica, maricón, mariquita, mariposón **2** cucaracha, sarasa ■ **bicha fresca** marica fresca

bichano, -a /bi'ʃanu/ *sm* gatito, michino, minino ■ **bichano carinhoso** michino cariñoso

bicho /'biʃu/ *sm* **1** bicho, animal, fiera, gusano, insecto **2** persona intratable ■ **bicho de sete cabeças** cosa muy difícil ■ **ser um bicho do mato** ser una persona insociable

bicho-papão /biʃupa'pãw/ *sm* ogro, coco ■ **medo do bicho-papão** miedo del ogro

bicho-preguiça /biʃupre'gisa/ *sm* perezoso ■ **bicho-preguiça na árvore** perezoso en el árbol

bicicleta /bisi'kleta/ *sf* bicicleta, bici ■ **bicicleta para duas pessoas** bicicleta para dos personas

bico /'biku/ *sm* **1** pico, punta **2** persona astuta ■ **não abrir o bico** no abrir el pico

bicolor /biko'lor/ *adj* bicolor, de dos colores ■ **material bicolor** material bicolor

bidê /bi'ðe/ *sm* bidé ■ **bidê rosa** bidé rosa

biênio /'bjenjo/ *sm* bienio ■ **comemoração do biênio** conmemoración del bienio

bifásico, -a /bi'fasiko, a/ *adj* bifásico ■ **sistema bifásico** sistema bifásico

bife /'bife/ *sm* bistec, bife, lonja de carne asada en parrilla ■ **bife no almoço** bife en el almuerzo

bífido, -a /'bifiðo, a/ *adj* bífido, hendido en dos partes ■ **comida bífida** comida bífida

bifurcação /bifuRka'sãʷw/ *sf* bifurcación, horquilla, vértice ■ **bifurcação de ideias** bifurcación de ideas

bifurcar-se /bifuR'kaR/ *v* bifurcarse, dividirse en dos ramos ■ **bifurcar-se em dois ideais** bifurcarse en dos ideales

bigamia /biga'mia/ *sf* bigamia ■ **bigamia na sociedade** bigamia en la sociedad

bígamo, -a /'bigamu, ma/ *adj, s* bígamo ■ **pessoa bígama** persona bígama

bigode /bi'goðʒi/ *sm* bigote ■ **bigode preto** bigote negro

bigodinho /bi'goðʒi/ *sm* bigotillo, mostacho ■ **bigodinho do menino** bigotillo del niño

bigodudo /bigo'dudu, da/ *adj* bigotudo, con mucho bigote ■ **homem bigodudo** hombre bigotudo

bijuteria /biʒute'ria/ *sf* bisutería, quincallería, perendengue, fantasía ■ **vender bijuteria** vender bisutería

bilateral /bilate'raw/ *adj* bilateral ■ **acordo bilateral** acuerdo bilateral

bilha /'biʎa/ *sf* cántaro ■ **bilha com leite** cántaro con leche

bilhão /bi'ʎãʷw/ *sm* mil millones ■ **bilhão de pessoas** mil millones de personas En Brasil, en Francia y en Estados Unidos, el *bilhão* equivale a mil millones, a diferencia del billón en España, Portugal y otros países donde equivale a un millón de millones.

bilhar /bi'ʎaR/ *sm* billar ■ **jogar bilhar** jugar billar

bilhete /bi'ʎetʃi/ *sm* **1** billete, carta simple o breve **2** tarjeta de visita **3** ticket ■ **bilhete de entrada** boleto

bilheteiro, -a billetero ■ **chama o bilheteiro** llama el billetero

bilheteria /biʎete'ria/ *sf* boletería, casilla, taquilla ■ **bilheteria está longe** taquilla está lejos

biliar /bili'aR/ *adj* biliar, relativo a bilis ■ **suco biliar** jugo biliar

bilíngue /bil̃'ɡwe/ *adj* bilingüe ■ **pessoa bilíngue** persona bilingüe

binário, -a /bi'narju, rja/ *adj* binario, compuesto de dos elementos ■ **resultado binário** resultado binario

bingo /'b|̃ɡu/ *sm* bingo ■ **jogar bingo** jugar bingo

binóculo /bi'nɔkulu/ *sm* binóculo, catalejo, anteojo de larga vista ■ **usar binóculo** usar binóculo

biodegradável /biodegra'davew/ *adj* biodegradable ■ **produto biodegradável** producto biodegradable

biografia /biogra'fia/ *sf* biografía, historia de la vida de una persona ■ **biografia de um cantor** biografía de un cantante

biográfico, -a /biog'rafiku, ka/ *adj* biográfico ■ **novela biográfica** novela biográfica

biologia /biolo'ʒia/ *sf* biología ■ **estudar biologia** estudiar biología

biológico, -a /bio'lɔʒiku, ka/ *adj* biológico ■ **problema biológico** problema biológico

biombo /bi'o'bu/ *sm* biombo, cancel, antipara, mampara ■ **quebrou o biombo** rompió el biombo

biópsia /bi'ɔpsja/ *sf* biopsia ■ **fazer uma biópsia** hacer una biopsia

bióxido /bi'ɔksidu/ *sm* bióxido ■ **bióxido de manganês** bióxido de manganeso

bolacha

bípede /'biped3i/ *adj, s* bípede, de dos pies ■ **animal bípede** animal bípedo

bipolar /bipo'laR/ *adj* bipolar, que tiene dos polos ■ **pessoa bipolar** persona bipolar

biquíni /bi'kini/ *sm* biquini, bikini ■ **biquíni na praia** biquini en la playa

birra /'biRa/ *sf* rabieta, maña, pataleo ■ **birra de criança** rabieta de niño

biruta /bi'ruta/ *adj, sf* 1 chiflado, tocado 2 manga 3 indicador de viento ■ **ficar biruta** quedar chiflado

bis /'bis/ *sm* bis, duplicación ■ **bis no refrão** bis en el refrán

bisavô, -ó /biza'vo, vɔ/ *sm* 1 bisabuelo 2 bisabuela ■ **bisavô é velho** bisabuelo es viejo

bisbilhotar /bisbiʎo'taR/ *v* 1 intrigar, chismear, comadrear 2 cotillear, enredar ■ **bisbilhotar as coisas** chismear las cosas

bisbilhoteiro, -a /bisbiʎo'tejru, ra/ *adj, s* 1 fisgón, intrigante, cotillo, curioso 2 hurón ■ **pessoa bisbilhoteira** persona curiosa

bisca /'biʃka/ *sf* brisca, juego de naipes ■ **jogar bisca** jugar brisca

biscoito /bis'kojtu/ *sm* bizcocho, galleta **biscoito doce** ñaco ■ **comer biscoito** comer bizcocho

bismuto /bis'mutu/ *sm* bismuto ■ **bismuto é um elemento químico** bismuto es un elemento químico

bisnaga /bis'naga/ *sf* tubo de hoja de plomo ■ **bisnaga de plástico** tubo de hoja de plomo de plástico

bisneto /bis'netu, ta/ *sm* bisnieto ■ **nasceu o bisneto** nació el bisnieto

bispado /bis'padu/ *sm* obispado, diócesis ■ **bispado dos padres** obispado de los curas

bispo /'bispu/ *sm* obispo ■ **bispo da igreja** obispo de la iglesia

bissexto, -a /bis'eʃtu, ta/ *adj* bisiesto ■ **filhos bissextos** hijos bisiestos

bissexual /biseksu'aw/ *adj, s* bisexual, hermafrodita ■ **pessoa bissexual** persona bisexual

bisturi /biʃtu'ri/ *sm* bisturí, escalpelo ■ **usar o bisturi** usar el bisturí

bitola /bi'tola/ *sf* 1 modelo, patrón 2 vitola ■ **usar uma bitola** usar un modelo

bizantino, -a /biza͂'tinu, na/ *adj, s* 1 bizantino 2 fútil, quisquilloso ■ **terço bizantino** tercero bizantino

bizarria /biza'Ria/ *sf* bizarría, gallardía, arrogancia, bravura ■ **bizarria dos homens** bravura de los hombres

blasfemar /blaʃfe'maR/ *v* blasfemar, vituperar, maldecir ■ **blasfemar as pessoas** blasfemar las personas

blasfêmia /blaʃ'femja/ *sf* blasfemia, insulto, ultraje, improperio ■ **fazer blasfêmia** hacer blasfemia

blindado, -a /bli͂'dadu, da/ *adj, s* blindado, acorazado ■ **carro blindado** coche blindado

blindagem /bli͂'daʒe͂j/ *s* blindaje, revestimiento protector ■ **bindagem eficiente** blindaje eficiente

blindar /bli͂'daR/ *v* blindar, acorazar, proveer de blindaje ■ **blindar a casa** blindar la casa

bloco /'bloku/ *sm* bloc, bloque **bloco carnavalesco** comparsa ■ **bloco de bilhetes** bloc de entradas

bloquear /bloke'aR/ *v* bloquear, embargar, asediar, sitiar ■ **bloquear as entradas** bloquear las entradas

bloqueio /blo'keju/ *sm* bloqueo, cerco, sitio ■ **bloqueio ao acesso** bloqueo al acceso

blusa /'bluza/ *sf* blusa ■ **blusa rosa** blusa rosa

blusão /blu'za͂w/ *sm* blusón, chaqueta, campera ■ **blusão de time de futebol** blusón de equipo de fútbol

boa /bo͂, boa/ *adj* 1 buena 2 boa, serpiente ■ **de boa vontade** de buena gana ■ **mulher boa** mujer de físico provocativo

boato /bo'atu/ *sm* 1 bulo, chisme, fábula, rumor 2 filfa ■ **correr o boato** correrse la voz

bobagem /bo'baʒe͂j/ *sf* tontería, majadería, sandez ■ **falar bobagens** decir tonterías

bobina /bo'bina/ *sf* bobina, carrete, carretel ■ **bobina do carro** bobina del coche

bobinar /bobi'naR/ *v* bobinar, rebobinar, enrollar en bobinas ■ **bobinar o papel** bobinar el papel

bobo, -a /'bobu, ba/ *adj* bobo, tonto, bufón, babieca, chalado, sandio, histrión, hazmerreír, papanatas, zopenco ■ **atitude boba** actitud boba

boca /'boka/ *sf* 1 boca 2 entrada, abertura 3 desembocadura de un río 4 cráter ■ **em boca fechada não entram mosquitos** en boca cerrada no entran moscas ■ **pegar alguém com a boca na botija** pillar alguien infraganti

bocado /bo'kadu/ *sm* 1 bocado, comida muy ligera, pedazo 2 rato, espacio de tiempo ■ **bocado de gente** bocado de gente

bocal /bo'kaw/ *sm* bocal, boquilla, embocadura de instrumento musical ■ **bocal eficiente** bocal eficiente

bocejo /bo'seʒu/ *sm* bostezo, boqueada ■ **dar um bocejo** dar un bostezo

bochecha /bo'ʃeʃa/ *sf* mejilla, carrillo ■ **bochecha grande** mejilla grande

bochechar /boʃe'ʃaR/ *v* enjuagar, gargarizar ■ **bochechar muito** enjuagar mucho

bochecho /bo'ʃeʃu/ *sm* enjuague, buchada, buches ■ **bochecho no banheiro** enjuague en el baño

boda /'boda/ *sf* boda, matrimonio, casamiento ■ **boda de ouro** boda de oro

bode /'bɔd3i/ *sm* 1 macho de la cabra, cabrón 2 hombre muy feo ■ **bode nervoso** cabrón nervioso

bodega /bo'dega/ *sf* 1 bodega, taberna, tasca 2 casa sucia ■ **ficar na bodega** quedar en la bodega

boêmio, -a /bo'emju, mja/ *adj, s* bohemio, vagabundo ■ **homem boêmio** hombre bohemio

bofetada /bofe'tada/ *sf* 1 bofetada, bofetón, cachete, sopapo, sopetón 2 insulto 3 galleta, chuleta, torta ■ **bofetada na cara** bofetada en la cara

boi /'boj/ *sm* 1 buey, rumiante 2 persona bruta ■ **boi preto** buey negro

boia /'bɔja/ *sf* boya, flotador, baliza, cualquier cuerpo flotante ■ **boia na água** boya en el agua

boiadeiro /bɔja'dejru/ *sm* boyero ■ **boiadeiro da fazenda** boyero de la hacienda

boia-fria /bɔja'fria/ *s* ganapán, jornalero ■ **trabalho de boia-fria** trabajo de ganapán

boiar /boi'aR/ *v* 1 boyar, flotar, nadar 2 vacilar ■ **boiar no mar** boyar en el mar

boicote /boj'kɔtʃi/ *sm* boicot, boicoteo ■ **boicote no governo** boicot en el gobierno

boina /'bojna/ *sf* boina, gorra sin visera ■ **boina estilosa** boina estilosa

bola /'bɔla/ *sf* 1 bola, pelota, esfera, globo 2 persona baja y gorda ■ **passar a bola** rechazar una responsabilidad (pasársela a otra persona)

bolacha /bo'laʃa/ *sf* galleta, rosquilla ■ **bolacha pequena** galletita

275

bolero

bolero /bo'lɛɾu/ *sm* bolero, danza ∎ **dançar bolero** bailar bolero

boletim /bole'tʃĩ/ *sm* **1** boletín **2** breve noticia, reseña noticiosa ∎ **boletim de ocorrência** boletín de ocurrencia

bolha /'boʎa/ *sf* burbuja, ampolla, vejiga ∎ **bolha de sabão** burbuja de jabón

bólido /'bɔliðo/ *sm* bólido, aerolito ∎ **objeto bólido** objeto bólido

bolinar /'boliðo/ *sm* fregar, sobar ∎ **bolinar muito** fregar mucho

bolívar /bo'liβaɾ/ *sm* bolívar (moneda venezolana) ∎ **um bolívar** un bolívar

boliviano, -a /boli'βjano, a/ *adj, s* boliviano ∎ **povo boliviano** pueblo boliviano

bolo /'bolo/ *sm* bollo, pastel, tarta ∎ **dar bolo** dar un plantón

bolor /bo'loR/ *sm* **1** moho **2** vejez, decadencia ∎ **bolor na comida** moho en la comida

bolsa /'bowsa/ *sf* **1** cartera **2** saco pequeño **3** bienes, dinero, riqueza ∎ **bolsa de estudo** beca

bolsista /bow'sifta/ *adj* **1** becario **2** bolsista, jugador de bolsa ∎ **bolsista na faculdade** becario en la facultad

bolso /'bowsu/ *sm* bolsillo, faltriquera ∎ **bolso prático** bolsillo práctico

bom /bõ̃, boa/ *adj* bueno, benigno, delicado, propio, favorable, gustoso, lucrativo, sano, riguroso en el deber, saludable ∎ **comida boa** comida buena

bomba /'bõ'ba/ *sf* **1** bomba, proyectil **2** máquina, aparato para llenar neumáticos ∎ **bomba calórica** bomba calórica

bombardear /'bo'baRdʒi'aR/ *v* bombardear, fulminar, torpedear ∎ **bombardear a cidade** bombardear la ciudad

bombardeiro /bo'baR'dejru/ *sm* bombardero ∎ **bombardeiro na guerra** bombardero en la guerra

bombear /bõbe'aR/ *v* **1** bombear, bombardear, disparar bombas **2** trasvasar un líquido con una bomba ∎ **bombear gasolina** bombear gasolina

bombeiro /bo'ᵐbejru, ra/ *s* bombero ∎ **bombeiro de vermelho** bombero de rojo

bombom /bõ'bõ'/ *sm* bombón, dulce pequeño hecho de chocolate ∎ **bombom de morango** bombón de frutilla

bonachão /bona'ʃaⁿw, ʃona/ *adj* bonachón, buenazo, bueno en demasía ∎ **homem bonachão** hombre bonachón

bonança /bo'naⁿsa/ *sf* bonanza, buen tiempo, calma, sosiego ∎ **bonança na vida** bonanza en la vida

bondade /bõ̃ʹdad3i/ *sf* bondad, benevolencia, blandura, clemencia, docilidad, buena índole ∎ **bondade das pessoas** bondad de las personas

bondoso, -a /bõ̃ʹdozu, za/ *adj* bondadoso, compasivo, bueno, piadoso ∎ **pessoa bondosa** persona bondadosa

boné /bo'nɛ/ *sm* gorra con visera, birrete, bonete ∎ **boné de menino** gorra de chico

boneco, -a /bo'nɛku, ka/ *s* **1** muñeco **2** muñeca **boneco de pano** pelele ∎ **boneco de pano** muñeco de trapo

bonificar /bonifi'kaR/ *v* **1** bonificar, beneficiar, mejorar **2** premiar ∎ **bonificar um trabalho** bonificar un trabajo

bonito, -a /bo'nitu, ta/ *adj* bonito, lindo, hermoso, bello, bueno, galante, de buen aspecto ∎ **carro bonito** coche bonito

bônus /'bonuʃ/ *sm* bono, descuento, premio ∎ **ganhar bônus** ganar bono

boqueirão /bokei'Raⁿw/ *sm* **1** abertura grande **2** boquerón, pez ∎ **boqueirão grande** abertura grande

borboleta /boRbo'leta/ *sf* **1** mariposa **2** mujer liviana, inconstante ∎ **borboleta pequena** palomilla

borboletear /boRbolote'aR/ *v* mariposear, vaguear, devanear ∎ **borboletear pela casa** mariposear por la casa

borbotão /boRbo'taⁿw/ *sm* borbotón, chorro ∎ **borbotão grande** borbotón grande

borbulhar /boRbu'ʎaR/ *v* burbujear, hacer burbujas, hervir, borbollar, borbotear, borbotar ∎ **borbulhar com sabão** burbujear con jabón

borda /'boRda/ *sf* borde, orla, margen, extremidad, orilla, vera ∎ **borda do barco** borde del barco

bordado, -a /bo'R'dadu, da/ *adj* bordado, labor ∎ **bordado na roupa** bordado en la ropa

bordar /bo'R'daR/ *v* bordar, labrar, adornar con bordados, ejecutar bordados ∎ **bordar roupa** bordar ropa

bordear /borðe'aɾ/ *v* bordear, andar por la orilla o el borde ∎ **bordear o monte** bordear el monte

bordel /boR'dew/ *sm* burdel, prostíbulo, lupanar ∎ **bordel da esquina** burdel de la esquina

bordo /'boRdu/ *sm* **1** bordo, lado o costado exterior de la nave **2** borda, orilla ∎ **todos a bordo** todos al bordo

boreal /bore'aw/ *adj* boreal, septentrional ∎ **algo boreal** algo boreal

bórico /'boriko, a/ *adj* bórico ∎ **líquido bórico** líquido bórico

borla /'boRla/ *sf* borla, birrete o insignias de doctor ∎ **borla do médico** borla del médico

boro /'boro/ *sm* boro ∎ **boro é um elemento químico** boro es un elemento químico

borra /'bora/ *sf* **1** borra, lía, pelusa **2** la escoria de la sociedad, cosa de poco valor ∎ **objeto borra** objeto borra

borracha /bo'ratʃo, a/ *adj, s* goma, caucho **borracha vulcanizada** ebonita ∎ **lápis e borracha** lápiz y goma

borrão /bo'Raⁿw/ *sm* **1** borrón, gota o mancha de tinta **2** desdoro ∎ **borrão no papel** borrón en el papel

borrar /bo'RaR/ *v* **1** ensuciar, manchar, rayar, hacer borrones **2** defecar **3** cagarse ∎ **borrar o caderno** ensuciar el cuaderno

borrasca /bo'Raʃka/ *sf* borrasca, tempestad, tormenta ∎ **borrasca no campo** borrasca en el campo

bosque /'boʃki/ *sm* bosque, selva, mata espesa, arboleda ∎ **caminhar no bosque** caminar en el bosque

bosta /'bɔʃta/ *sf* **1** boñiga, bosta, excremento del ganado **2** mierda, porquería ∎ **bosta de vaca** boñiga de vaca

bota /'bɔta/ *sf* bota, calzado ∎ **bater as botas** morir

botânico, -a /bo'taniku, ka/ *adj, s* botánico ∎ **jardim botânico** jardín botánico

botão /bo'taⁿw/ *sm* **1** botón, renuevo **2** botón para cerrar o adornar vestidos **3** pieza que se presiona para accionar un mecanismo ∎ **botão da campainha** campanilla ∎ **botão de flor** capullo ∎ **casa de botão** ojal ∎ **falar com seus botões** decir algo para su capote

botar /bo'taR/ *v* **1** arrojar, tirar, lanzar **2** poner ∎ **a pomba botou dois ovos** la paloma ha puesto dos huevos

bote /'bɔtʃi/ *sm* **1** bote, barca, lancha **2** ataque de serpiente ∎ **bote na água** bote en el agua

botequim /bote'kĩ/ *sm* botiquín, taberna, bar ∎ **beber no botequim** beber en el botiquín

botija /bo'tʃiʒa/ *sf* **1** botija, vasija de barro, caneca **2** persona gorda ∎ **botija grande** botija grande

botijão /botʃi'ʒaⁿw/ *sf* bombona, garrafa ∎ **botijão de gás** bombona de gas

brocado

botina /boˈtʃina/ *sf* botín, calzado que cubre la mitad de la pierna ■ **botina de couro** botín de cuero

bovino, -a /boˈvinu, na/ *adj* bovino ■ **carne bovina** carne bovina

boxe /ˈbɔksi/ *sm* boxeo, pugilismo ■ **lutar boxe** luchar boxeo

boxeador /bokseaˈdoR, ra/ *s* boxeador, pugilista ■ **boxeador campeão** boxeador campeón

boxear /bokseˈaR/ *v* boxear ■ **boxear forte** boxear fuerte

braça /ˈbrasa/ *sf* braza, medida de longitud ■ **medir com braça** medir con braza

braçada /braˈsada/ *sf* brazada ■ **braçada na água** brazada en el agua

braçadeira /brasaˈdejra/ *sf* abrazadera, embrague, manija ■ **braçadeira de madeira** abrazadera de madera

bracejar /braseˈʒaR/ *v* bracear, mover los brazos repetidamente, nadar dando brazadas ■ **bracejar na piscina** bracear en la piscina

bracelete /braseˈletʃi/ *sm* brazalete, manilla, pulsera, ajorca ■ **bracelete de ouro** brazalete de oro

braço /ˈbrasu/ *sm* **1** brazo, brazo de algunos animales **2** ramificación de un río **3** rama de un árbol ■ **braço de mar** estrecho

bradar /braˈdaR/ *v* clamar, exclamar, gritar, vociferar ■ **bradar forte** clamar fuerte

braguilha /braˈɡiʎa/ *sf* bragueta, pretina ■ **braguilha preta** bragueta negra

bramido /braˈmidu/ *sm* bramido, rugido, estruendo ■ **bramido forte** bramido fuerte

bramir /braˈmiR/ *v* rugir, ulular, bramar ■ **bramir muito** rugir mucho

branco, -a /ˈbrãku, ka/ *adj* blanco, albo, cándido, lívido, níveo ■ **cor branca** color blanca

brancura /brãˈkura/ *sf* **1** blancura, blancor, albura **2** nieve ■ **bracura da pele** blancura de la piel

brando, -a /ˈbrãdu, da/ *adj* blandengue, blando, suave, flojo, flexible, lento, agradable, fofo, maleable ■ **em fogo brando** a fuego lento

brandura /brãˈdura/ *sf* blandura, suavidad, flexibilidad, amenidad ■ **brandura da fala** blandura del habla

branquear /brãˈkeˈaR/ *v* **1** blanquear, blanquecer, hacer blanco **2** encalar, enjalbegar, blanquear con cal ■ **branquear os dentes** blanquear los dientes

braquicéfalo, -a /brakiˈθefalo, a/ *adj* braquicéfalo ■ **objeto braquicéfalo** objeto braquicéfalo

brasa /ˈbrasa/ *sf* **1** brasa, ascua, leña, carbón encendido **2** ardor, inflamación, ansiedad ■ **puxar a brasa para sua sardinha** arrimar el ascua a su sardina

brasão /braˈzãw/ *sm* blasón, escudo de armas ■ **brasão da família** blasón de la familia

braseiro /braˈzejru/ *sm* brasero, conjunto de brasas, hornillo, estufa ■ **braseiro eficiente** brasero eficiente

brasileiro, -a /braziˈlejru, ra/ *adj, s* brasileño ■ **povo brasileiro** pueblo brasileño

bravata /braˈvata/ *sf* bravata, baladronada, fanfarronada ■ **bravata forte** bravata fuerte

bravio, -a /braˈviu, via/ *adj* bravío, salvaje, silvestre, feroz ■ **animal bravio** animal salvaje

bravo, -a /ˈbravu, va/ *adj* bravo, valiente, intrépido, feroz ■ ¡bravo! ■ **cachorro bravo** perro feroz

bravura /braˈvura/ *sf* bravura, valentía, valor ■ **bravura do homem** bravura del hombre

brecha /ˈbreʃa/ *sf* **1** brecha, rotura o abertura, quebrada, quiebra **2** daño, afrenta ■ **dar uma brecha** dar una brecha

brega /ˈbrega/ *adj* **1** vulgar **2** ramplón ■ **roupa brega** ropa vulgar

brenha /ˈbreɲa/ *sf* **1** breña, breñal **2** confusión ■ **brenha na rua** breña en la calle

breque /ˈbreki/ *sm* freno ■ **breque do carro** freno del coche

breu /ˈbrew/ *sm* brea ■ **medo do breu** miedo de la brea

breve /ˈbrevi/ *adj* breve, corto, ligero, momentáneo, pasajero, que dura poco ■ **apresentação breve** presentación breve

brevidade /breviˈdadʒi/ *sf* brevedad, concisión, corta duración ■ **brevidade da apresentação** brevedad de la presentación

bricolagem /brikoˈlaʒeˈj/ *sf* bricolaje ■ **fazer bricolagem** hacer bricolaje

brida /briˈdaˈw/ *sm* brida, rienda, freno y correaje de una caballería ■ **brida forte** brida fuerte

briga /ˈbriga/ *sf* **1** lucha, disputa, brega, bronca, choque, riña, pelea, jaleo, jarana **2** camorra, pelotera, agarrada ■ **briga na rua** riña en la calle

brigadeiro /brigaˈdejru/ *sm* mil brigadier ■ **cargo de brigadeiro** cargo de brigadier

brigar /briˈgaR/ *v* **1** bregar, luchar, pelearse, reñir, enemistar, jaranear **2** trenzar ■ **brigar com alguém** habérselas con alguien

brilhante /briˈʎãtʃi/ *adj* **1** brillante, excelente, magnífico **2** pomposo, luciente, reluciente, resplandeciente, luminoso ■ **ser brilhante** ser magnífico

brilhar /briˈʎaR/ *v* **1** brillar, lucir, resplandecer, fosforecer, refulgir, relucir, relumbrar, flamear **2** sobresalir, campar ■ **brilhar os olhos** brillar los ojos

brilho /ˈbriʎu/ *sm* brillo, esplendor, vivacidad, cintilación, realce, resplandor, fulgor, lucidez, nitidez, destello ■ **dar brilho** dar brillo

brincadeira /brĩˈkaˈdejra/ *sf* chiste, juego, juerga, jugueteo, farra, gracejo, gansada, broma, burla, entretenimiento, chanza, alegría ■ **brincadeira de mau gosto** broma pesada

brincalhão, ona /brĩˈkaˈʎãw, ʎona/ *adj, s* bromista, juguetón, alegre, travieso, dicharachero ■ **pessoa brincalhona** persona bromista

brincar /brĩˈkaR/ *v* jugar, juguetear, brincar, divertirse, holgar, bromear ■ **brincar com as crianças** jugar con los niños

brinco /ˈbrĩˈku/ *sm* pendiente, zarcillo ■ **brinco de prata** pendiente de plata

brindar /brĩˈdaR/ *v* **1** brindar, saludar **2** obsequiar, regalar ■ **brindar na festa** brindar en la fiesta

brinde /ˈbrĩˈdʒi/ *sm* **1** brindis **2** regalo ■ **brinde da casa** ofrenda de la casa

brinquedo /brĩˈkedu/ *sm* juguete ■ **loja de brinquedos** juguetería

brio /ˈbriu/ *sm* brío, valor, decisión, honra ■ **grande brio** gran valor

brisa /ˈbriza/ *sf* brisa, viento blando ■ **brisa leve** brisa leve

britânico, -a /briˈtaniku, ka/ *adj, s* británico ■ **cultura britânica** cultura británica

broa /ˈbroa/ *sf* borona, pan de maíz ■ **comer broa** comer borona

broca /ˈbrɔka/ *sf* broca, fresa, taladro ■ **problema na broca** problema en la broca

brocado /broˈkadu/ *sm* brocado, tejido de seda ■ **brocado vermelho** tejido de seda rojo

277

broche

broche /'brɔʃi/ *sm* 1 broche, corchete, alfiler 2 cierre metálico ■ **broche de ouro** broche de oro

bromo /'bromu/ *sm* bromo ■ **bromo é um elemento químico** bromo es un elemento químico

bronca /'broˆka/ *sf* 1 raspa, reproche 2 meneo ■ **dar uma bronca** dar un jabón (*coloq*)

bronco, -a /'broˆku, ka/ *adj* bronco, rudo, tosco, grosero ■ **pessoa bronca** persona bronca

brônquio /'broˆkju/ *sm* bronquio ■ **brônquio com fumaça** bronquio con humo

bronze /'broˆzi/ *sm* bronce ■ **cor bronze** color bronce

bronzeado, -a /broˆze'adu, da/ *adj* bronceado ■ **muito bronzeado** muy bronceado, chicharrón

bronzeador /broˆzea'doR, ɾa/ *adj* bronceador ■ **creme bronzeador** crema bronceadora

bronzear /broˆze'aR/ *v* 1 broncear 2 tostarse ■ **bronzear demais** broncear demasiado

brotar /bro'taR/ *v* 1 brotar, echar, germinar, nacer o salir la planta de la tierra 2 expeler, irrumpir 3 generar, producir 4 pulular, surgir, reventar ■ **brotar de novo** retoñar

broto /'brotu/ *sm* 1 brote, yema, pimpollo 2 joven ■ **broto da planta** brote de la planta

bruços /d3i'brusuʃ/ *loc adv* pl bruces, boca abajo ■ **de bruços** de bruces

bruma /'bruma/ *sf* 1 bruma, niebla 2 misterio, oscuridad ■ **bruma à noite** bruma en la noche

brunir /bru'niR/ *v* bruñir, pulir, dar lustre, alisar ■ **brunir bem** bruñir bien

brusco, -a /'bruʃku, ka/ *adj* brusco, áspero, desagradable, grosero, inesperado ■ **pessoa brusca** persona desagradable

brutal /bru'taw/ *adj* brutal, violento, salvaje ■ **atitude brutal** actitud brutal

brutalidade /brutali'dad3i/ *sf* brutalidad, violencia, bestialidad ■ **brutalidade das pessoas** brutalidad de las personas

bruto, -a /'brutu, ta/ *adj* bruto, estúpido, irracional, violento, tosco, rudo ■ **pessoa bruta** persona bruta

bruxaria /bruʃa'ria/ *sf* brujería, hechicería, sortilegio ■ **fazer bruxaria** hacer brujería

bruxo, -a /'bruʃu, ʃa/ *sm* brujo, mago, hechicero ■ **homem bruxo** hombre brujo

bucha /'buʃa/ *sf* estropajo ■ **levar uma bucha** llevar un estropajo

bucho /'buʃu/ *sm* 1 buche 2 panza, vientre ■ **bucho cheio** buche lleno

buço /'busu/ *sm* bozo, bigotito ■ **buço grande** bozo grande

bucólico, -a /bu'kɔliku, ka/ *adj* 1 bucólico, campestre, pastoril 2 simple, ingenuo, inocente ■ **pessoa bucólica** persona bucólico

budismo /bu'd3iʒmu/ *sm* budismo ■ **acreditar no budismo** creer en el budismo

búfalo /'bufalu, la/ *sm* búfalo ■ **correr do búfalo** correr del búfalo

bufão /bu'faˆw, fona/ *s* bufón, bobo, fanfarrón, truhán ■ **bufão da reunião** bufón de la reunión

bufar /bu'faR/ *v* bufar, soplar, alardear ■ **bufar alto** bufar fuerte

bugiganga /buʒi'gaˆga/ *sf* trasto, bártulos, cosa sin valor, bojiganga ■ **bugiganga na casa** trasto en la casa

bula /'bula/ *sf* 1 prospecto de un medicamento 2 bula, carta pontificia ■ **bula de remédio** prospecto de un medicamento

bulbo /'buwbu/ *sm* bulbo ■ **bulbo grande** bulbo grande

bule /'bule/ *sm* tetera, cafetera ■ **bule da festa** tetera de la fiesta

bulevar /bule'vaR/ *sm* bulevar, alameda, avenida con árboles ■ **viver no bulevar** vivir en el bulevar

búlgaro, -a /'buwgaru, ra/ *adj, s* búlgaro ■ **pessoa búlgara** persona búlgara

bulha /'buʎa/ *sf* bulla, confusión, desorden, gritería, estruendo, ruido ■ **bulha na escola** desorden en la escuela

bulício /bu'lisju/ *sm* bullicio, murmullo, agitación, motín, alboroto ■ **fazer bulício** hacer murmullo

bulir /bu'liR/ *v* 1 moverse sin cesar, oscilar, rebullir 2 tocar 3 seducir ■ **bulir alguém** seducir alguien

bunda /'buˆda/ *adj* posaderas, pandero, nalga **bunda mole** calzonazos, flojo, tibio ■ **bunda grande** posaderas grandes

buquê /'buki/ *sm* 1 bouquet, buqué, ramillete 2 bouquet, aroma de un vino ■ **buquê de rosas** bouquet de rosas

buraco /bu'raku/ *sm* 1 bache, ojal, agujero, orificio, cueva, hoyo 2 casa pequeña ■ **buraco na rua** bache en la calle

burguês, -esa /buR'gejʃ, za/ *adj, s* burgués ■ **homem burguês** hombre burgués

burguesia /buRge'zia/ *sf* burguesía ■ **pessoas da burguesia** personas de la burguesía

buril /bu'riw/ *sm* buril, cincel ■ **buril grande** buril grande

burla /'buRla/ *sf* burla, engaño, fraude, trapaza, farsa ■ **burla do governo** burla del gobierno

burlar /buR'laR/ *v* 1 burlar, engañar, zumbar 2 burlarse, mofarse ■ **burlar as regras** burlar las reglas

burocracia /burokra'sia/ *sf* burocracia ■ **burocracia nas decisões** burocracia en las decisiones

burocrata /buro'krata/ *mf* burócrata, empleado público ■ **partido burocrata** partido burócrata

burrada /bu'Rada/ *sf* burrada, estupidez ■ **fazer uma burrada** hacer una estupidez

burrice /bu'Risi/ *sf* estupidez ■ **fazer burrice** hacer estupidez

burrico /bu'Riku/ *sm* borrico, burro pequeño ■ **burrico fraco** borrico flaco

burro /'buRu, Ra/ *sm adj* 1 burro, asno, jumento, polillo 2 ignorante, estúpido ■ **pessoa burra** persona ignorante

busca /'buʃka/ *sf* busca, búsqueda, pesquisa, investigación, demanda ■ **busca de conceitos** busca de conceptos

buscar /buʃ'kaR/ *v* buscar, pesquisar, investigar, examinar, catear, esforzarse por encontrar ■ **buscar uma pessoa** buscar una persona

bússola /'busola/ *sf* 1 brújula, aguja, saeta 2 guía ■ **usar a bússola** usar la brújula

busto /'buʃtu/ *sm* busto ■ **busto grande** busto grande

butano /bu'tano/ *sm* butano ■ **butano é um elemento químico** butano es un elemento químico

buzina /bu'zina/ *sf* bocina, claxon ■ **tocar a buzina** tocar la bocina

búzio /'buzju/ *sm* caurí, concha, buzo ■ **sorte no búzio** suerte en el caurí

C

ABCDEFGHIJKLMNOPQRSTUVWXYZ

c /'se/ *sm* **1** tercera letra del alfabeto portugués **2** cien en la numeración romana ■ **"c" de cabelo** "c" de cabello

cabal /ka'baw/ *adj* cabal, completo, exacto ■ **prova pirata** prueba cabal

cabala /ka'bala/ *sf* cábala, ciencia mágica ■ **cabala judaica** cábala judía

cabana /ka'bana/ *sf* cabaña, choza, casa rústica ■ **cabana de madeira** cabaña de troncos

cabeça /ka'bana/ *sf* **1** cabeza, extremidad superior **2** jefe, dirigente **3** coca ■ **baixar a cabeça** bajar la cabeza, obedecer ■ **cabeça oca** cabeza vacía ■ **não ter pés nem cabeça** no tener pies ni cabeza ■ **perder a cabeça** perder la cabeza

cabeçada /kabe'sada/ *sf* **1** cabezada **2** disparate, locura ■ **cabeçada na parede** cabezada en la pared

cabeçalho /kabe'saʎu/ titular (artículo), cabecera ■ **cabeçalho do texto** cabecera del texto

cabecear /kabese'aR/ *v* cabecear, inclinarse ■ **cabecear a bola** cabecear el balón

cabeceira /kabese'aR/ *sf* **1** cabecera (de cama, mesa) **2** lomo (de un libro) **3** nacimiento de un río **4** extremidad ■ **cabeceira da cama** cabecera de la cama

cabeleira /kabe'lejra/ *sf* cabellera, guedeja, melena **cortar a cabeleira** corte de la cabellera

cabelo /ka'belu/ *sm* pelo, cabello **arrepiar os cabelos de alguém** ponérsele a uno los cabellos de punta ■ **cabelo liso** cabello lacio

cabeludo, -a /kabe'ludu, da/ *adj* **1** peludo, melenudo, cabelludo **2** difícil, complicado ■ **homem cabeludo** hombre peludo

caber /ka'beR/ *v* **1** caber, contener **2** convenir, comprender, entender **3** poder entrar ■ **não caber em si** no caber uno en sí

cabimento /kabi'me˜tu/ *sm* **1** cabida, cabimiento, aceptación **2** oportunidad ■ **não ter cabimento** no tener sentido

cabina /ka'bina/ *sf* cabina, camarote ■ **cabina acústica** cabina acústica

cabisbaixo, -a /kabiʒ'bajʃu, ʃa/ *adj* cabizbajo, abatido, pensativo, avergonzado, triste ■ **estar cabisbaixo** estar abatido

cabo /'kabu/ *sm* **1** cabo, extremidad **2** asidero, agarradero, mango de un objeto, manija, ramal **3** fin, cola **4** cordón, cable, cuerda gruesa **5** *Mil* cabo ■ **cabo de entrada** cable de entrada

cabotagem /kabo'taʒe˜j/ *sf* cabotaje, tráfico marítimo ■ **cabotagem marítima** cabotaje marítimo

cabra /'kabra/ *sf* cabra, hombre valiente, tío, tipo **cabra cega** juego de la gallina ciega ■ **pé de cabra** pie de cabra (herramienta) ■ **leite de cabra** leche de cabra

cabresto /ka'breʃtu/ *sm* **1** cabestro, brida, arreo **2** buey manso que sirve de guía ■ **cabresto de cavalo** cabestro de caballo

cabrito, -a /ka'britu, ta/ *sm* cabrito, chivo, cría de la cabra ■ **cabrito assado** chivo asado

caca /'kaka/ *sf* caca, porquería, inmundicia, mierda, excrementos ■ **neném fez caca** bebé hizo caca

caça /'kasa/ *sf* caza, animales que se cazan, persecución del enemigo ■ **caça ao tesouro** caza del tesoro

caçador, -ora /kasa'doR, ra/ *adj & m, f* cazador ■ **o caçador matou o veado** el cazador mató al ciervo

caçar /ka'saR/ *v* **1** cazar, buscar o seguir animales **2** alcanzar, coger ■ **caçar animais** animales de caza

cacarejar /kakare'ʒaR/ *v* **1** cacarear, cloquear **2** hablar monótonamente ■ **a galinha começou a cacarejar** la gallina empezó a cacarear

cacau /ka'kaw/ *sm* cacao (el árbol, la semilla) ■ **manteiga de cacau** manteca de cacao

cacete /ka'setʃi/ *adj* **1** taco, cachiporra, porra **2** patoso, aburrido, fastidioso **3** pene ■ **pegar o cacete** agarrar el taco

cachaça /ka'ʃasa/ *sf* aguardiente de caña ■ **tomar cachaça** tomar aguardiente

cacheado, -a /kaʃe'adu, da/ *adj* ensortijado, rizado ■ **cabelo cacheado** pelo rizado

cachecol /kaʃe'kɔw/ *sm* bufanda ■ **cachecol vermelho** bufanda roja

cachimbo /ka'ʃĩbu/ *sm* pipa, cachimbo ■ **fumar cachimbo** fumar pipa

cacho /ka'ʃu/ *sm* **1** racimo **2** aglomerado de objetos o personas muy juntas ■ **cacho de cabelo** rizo, rulo

cachorro, -a /ka'ʃoRu, Ra/ *sm, f* **1** perro **2** hombre bellaco ■ **cachorro grande** perro grande

cacoete /kako'etʃi/ *sm* tic, jeribeque ■ **mania de cacoete** manía de tic

cacofonia /kakofoni'a/ *adj* cacofonía, repetición de letras o sílabas ■ **cacofonia nos trava-línguas** cacofonía en los trabalenguas

cacto /kaktu/ *sm* cacto, cactus, planta espinosa ■ **comprar um cacto** comprar un cactus

caçula /ka'sula/ *mf* benjamín, hijo menor o predilecto ■ **filho caçula** hijo menor

cada /'kada/ *pron* cada ■ **cada pessoa** cada persona

cadarço /ka'daRsu/ *sm* cordón, cinta estrecha ■ **amarrar o cadarço** atarse los cordones de los zapatos

cadastro /ka'daʃtru/ *sm* catastro, registro, censo, padrón, empadronamiento de una población ■ **fazer um cadastro** hacer un catastro

cadáver /ka'daveR/ *sm* cadáver, difunto, cuerpo muerto ■ **enterrar o cadáver** enterrar el cadáver

cadavérico

cadavérico, -a /kadaˈveɾiku, ka/ *adj* **1** cadavérico **2** pálido, desfigurado, lívido ■ **estar cadavérico** estar cadavérico

cadeado /kadeˈadu/ *sm* candado, cerradura suelta ■ **trancar o cadeado** bloquear el candado

cadeia /kaˈdeja/ *sf* **1** cadena **2** cárcel, calabozo, cautiverio, prisión ■ **apanhar na cadeia** sufrir en la cárcel

cadeira /kaˈdejra/ *sf* **1** silla, asiento **2** asignatura, cátedra **3** caderas, nalgas ■ **cadeira com braços** sillón **cadeira de balanço** mecedora ■ **conjunto de cadeiras** sillería

cadência /kaˈdẽsja/ *sf* cadencia, ritmo, suavidad ■ **suave cadencia** suave cadencia

caderneta /kadeRˈneta/ *sf* cuaderno, cuadernillo ■ **caderneta grande** gran cuaderno

caderno /kaˈdeRnu/ *sm* cuaderno ■ **caderno da escola** cuaderno de la escuela

caducar /kaduˈkaR/ *v* caducar, tornarse caduco, envejecer, volverse nulo, chochear ■ **começou a caducar** comenzó a caducar

cafajeste /kafaˈʒeʃtʃi/ *adj & mf* ordinario, bellaco ■ **homem cafajeste** hombre ordinario

café /kaˈfɛ/ *sm* café ■ **café da manhã** desayuno ■ **café expresso** café exprés

cafeteira /kafeˈtejra/ *sf* cafetera ■ **cafeteira nova** cafetera nueva

cagada /kaˈgada/ *sf* **1** cagada, deyección **2** cosa mal hecha ■ **fazer cagada** hacer cagada

cágado /ˈkagadu/ *sf* galápago, tortuga ■ **cágado verde** tortuga verde

cagão, -ona /kaˈgãw, gona/ *adj & m, f* cagón, miedoso, cobarde ■ **menino cagão** niño cagón

cagar /kaˈgaR/ *v* cagar, defecar, ensuciar ■ **ir cagar** ir a cagar

caiar /kajˈaR/ *v* blanquear, encalar, enjalbegar ■ **vou caiar a sepultura** voy a blanquear la tumba

caipirinha /kajpiˈriɲa/ *sf* cóctel de aguardiente, azúcar y limón ■ **tomar caipirinha com limão** beber caipiriña con limón

cair /kaˈiR/ *v* **1** caer, pender, tumbar, venirse abajo, bajar **2** acontecer, incurrir ■ **cair bem uma roupa** entallar ■ **cair como um patinho** dejarse engañar como un chino ■ **cair duro** quedarse seco

cais /ˈkajʃ/ *sm* muelle para embarque y desembarque, andén ■ **o cais é a principal área de um porto** el muelle es el área principal de un puerto

caixa /ˈkajʃa/ *sf* **1** caja, arca, envase, estuche, cofre **2** recaudador **caixa-d'água** depósito de agua **caixa de correio** buzón ■ **caixa econômica** caja de ahorros ■ **caixa postal** apartado ■ **caixa torácica** tórax, caja del cuerpo

caixão /kajˈʃãw/ *sm* cajón, esquife, féretro ■ **enterrar o caixão** enterrar el cajón

caixeiro /kajˈʃejru, ra/ *sm, f* cajero, tenedor de libros, encargado de una caja comercial ■ **caixeiro viajante** cajero viajante

caixilho /kajˈʃiʎu/ *sm* bastidor, marco ■ **os caixilhos são muito importantes em uma construção** los marcos son muy importantes en la construcción de una casa

caixinha /kajˈʃiɲa/ *sf* propina ■ **ganhar caixinha** ganar propina

caixote /kajˈʃɔtʃi/ *sm* cajón ■ **caixote de madeira** cajón de madera

cajado /kaˈʒadu/ *sm* cayado, bastón , báculo ■ **ter um cajado** con un cayado

cal /ˈkaw/ *sf* cal ■ **cal virgem** cal viva

calabouço /kalaˈbosu/ *sm* calabozo, cárcel, prisión ■ **trancado em um calabouço** encerrado en un calabozo

calado, -a /kaˈladu, da/ *adj* callado, silencioso, discreto, quedo, sigiloso ■ **ficar calado** permanecer en silencio

calafetar /kalafeˈtaR/ *v* calafatear, atascar ■ **calafetar madeira** atascar madera

calafrio /kalaˈfriu/ *sm* calofrío, escalofrío ■ **estar com calafrio** estar con escalofríos

calamidade /kalamiˈdadʒi/ *sf* calamidad, desgracia, plaga ■ **provocar calamidade** causa calamidad

calão /kaˈlãw/ *sm* caló, jerga, lenguaje muy bajo ■ **baixo calão** lenguaje muy bajo

calar /kaˈlaR/ *v* **1** calar, penetrar, atravesar **2** ocultar, reprimir, enmudecer, callar, disimular **3** callarse, guardar silencio ■ **cale a boca!** ¡cállate! **quem cala, consente** quien calla otorga

calça /ˈkawsa/ *sf* **1** pantalón, prenda de vestir **2** calcinha bragas, bombacha ■ **calças frouxas** butifarra ■ **ver-se de calças curtas** verse de calzas prietas

calçada /kawˈsada/ *sf* **1** calzada, acera **2** arrecife, orilla **3** vereda ■ **calçada quebrada** acera rota

calçado, -a /kawˈsadu/ *sm* **1** calzado **2** calzada, empedrado ■ **rua mal calçada** calle mal empedrada

calçamento /kawsaˈmẽtu/ *sm* pavimento ■ **estão fazendo o calçamento** están haciendo el pavimento

calcanhar /kawkaˈɲaR/ *sm* calcañar, talón ■ **calcanhar grosso** talón grueso

calção /kawˈsãw/ *sm* pantalón corto, short ■ **calção de banho** traje de baño masculino

calcar /kawˈkaR/ *v* **1** esmagar, hollar, pisotear **2** despreciar, moler **3** calcar ■ **calcar um desenho** calcar un dibujo

calçar /kawˈsaR/ *v* **1** empedrar, pavimentar, calzar **2** calzarse, ajustarse ■ **calçar o sapato** calzar el zapato

calcificação /kawsifikaˈsãw/ *sf* calcificación ■ **calcificação dos ossos** calcificación de los huesos

calcinar /kawsiˈnaR/ *v* calcinar, incinerar, abrasar ■ **processo de calcinar** proceso de calcinar

calço /ˈkawsu/ *sm* calzo, cuña ■ **colocar um calço na mesa** poner un calzo bajo la mesa

calculador, -ora /kawkulaˈdoR, ra/ *adj* **1** calculador, máquina calculadora **2** persona previsora ■ **calculadora de mão** calculadora de mano

calcular /kawkuˈlaR/ *v* calcular, apreciar, valorar, presumir, considerar, contar, predecir, regular, marcar, precisar, raciocinar, hacer cálculos matemáticos ■ **calcular antecipadamente** presuponer ■ **calcular os gastos** calcular el gasto

calculista /kawkuˈliʃta/ *adj & mf* calculista, calculador, proyectista, interesado ■ **você é muito calculista** usted es muy calculista

cálculo /ˈkawkulu/ *sm* **1** cálculo, cuenta, raciocinio **2** valoración ■ **fazer cálculos** hacer cálculos

calda /ˈkawda/ *sf* almíbar **em calda** en almíbar, almibarado ■ **calda de chocolate** almíbar de chocolate

caldeira /kawˈdejra/ *sf* caldera, vasija grande y redonda ■ **a caldeira está quente** la caldera está caliente

caldeirada /kawdejˈrada/ *sf* caldereta, guiso de varios pescados cocidos ■ **fazer uma caldeirada de comida** hacer un guiso de alimentos

caldeirão /kawdejˈrãw/ *sm* caldero, caldera de cocinar ■ **mexer o caldeirão** revolver el caldero

caldo /ˈkawdu/ *sm* caldo, sopa, potaje **caldo de legumes** bodrio ■ **caldo de frango** caldo de pollo

calefação /kalefaˈsãw/ *sf* calefacción, calentamiento ■ **calefação residencial** calefacción residencial

280

canadense

calhambeque /kaʎɐ̃ˈbeki/ *sm* carricoche, cachivache, traste viejo ■ **andar em uma calhambeque** viajar en un carricoche

calhar /kaˈʎaR/ *v* coincidir, ser oportuno, conveniente, adecuado ■ **vir a calhar** venir a coincidir

calibre /kaˈlibri/ *sm* calibre, tamaño, dimensión, valor, vitola ■ **munição calibre 22** municiones de calibre 22

cálice /ˈkalisi/ *sm* **1** cáliz, copa, copita para licores **2** sufrimiento moral ■ **tomar no cálice** tomar en la copa

cálido, -a /ˈkalidu, da/ *adj* cálido, caliente ■ **voz cálida** voz cálida

califa /kaˈlifa/ *sm* califa, soberano de los musulmanes ■ **califa dos muçulmanos** califa de los musulmanes

calma /ˈkawma/ *sf* calma, tranquilidad, serenidad, sosiego, paciencia, paz, bonanza ■ **tenha calma** tómalo con calma

calmo, -a /ˈkawmu, ma/ *adj* calmo, sosegado, tranquilo, manso, paciente, quieto, sereno ■ **homem calmo** hombre tranquilo

calo /ˈkalo/ *sm* **1** callo, dureza, costra **2** indiferencia, dureza ■ **ter calo nos pés** tener callos en los pies

calor /kaˈloR/ *sm* **1** calor, ardor **2** animación, vehemencia, entusiasmo, fomento ■ **é o calor** es el calor

caloria /kaloˈria/ *sf* caloría ■ **comer muitas calorias** comer demasiadas calorías

calote /kaˈlɔʧi/ *sm* **1** impago **2** petardo **pregar calote, dar calote** chasquear, engañar al acreedor, no pagar las deudas ■ **dar o calote em alguém** dejar de pagar a alguien

calúnia kaˈlunja/ *sf* calumnia, difamación, falsedad, mentira ■ **fazer calúnia** hacer calumnia

calvário /kawˈvarju/ *sm* calvario, martirio, sufrimiento ■ **a cruz do calvário** la cruz del calvario

calvinista /kawviˈniʃta/ *adj* & *mf* calvinista ■ **época calvinista** época calvinista

calvo, -a /ˈkawvo, va/ *adj* **1** calvo, pelado, individuo que no tiene pelo en la cabeza o en parte de ella **2** calva, calvicie, calvez ■ **homem calvo** hombre calvo

cama /ˈkama/ *sf* cama, lecho **cair de cama** caer en cama, enfermar ■ **ir para a cama com alguém** irse a la cama con alguien, tener relaciones sexuales con alguien

camada /kaˈmada/ *sf* **1** capa, camada, estrato **2** mano de pintura ■ **camada inferior** substrato

camaleão /kamaleˈɐw/ *sm* **1** camaleón **2** persona voluble ■ **camaleão é um réptil** camaleón es un reptil

câmara /ˈkamara/ *sf* **1** cámara, pieza de una casa, cuarto de dormir, compartimiento **2** asamblea legislativa ■ **câmara municipal** ayuntamiento

camarada /kamaˈrada/ *sm*, *f* camarada, compañero, colega, amigo ■ **meu camarada** mi amigo

camarão /kamaˈrɐw/ *sm* camarón, gamba, langostín ■ **camarão frito** camarón frito

camareiro, -a /kamaˈrejru, ra/ *sm*, *f* **1** camarero **2** hidalgo que sirve en la corte ■ **camareira de hotel** camarera de hotel

camarim /kamaˈrĩ/ *sm* **1** camarín, gabinete **2** camerino ■ **entrar no camarim** ir a los camerinos

camarote /kamaˈrɔʧi/ *sm* camarote ■ **camarote pequeño** camarote pequeño

cambalear /kãbaleˈaR/ *v* vacilar, tambalearse, andar haciendo eses ■ **cambalear para o lado** tambalearse para un lado

cambiar /kãbiˈaR/ *v* **1** cambiar (monedas), trocar, permutar, alterar, variar **2** variar de opinión, sistema ■ **cambiar dinheiro** cambio de dinero

câmbio /ˈkãbju/ *sm* cambio, trueque de monedas, letras, permuta, agio ■ **câmbio negro** estraperlo

cambista /kãˈbiʃta/ *sm*, *f* cambista, banquero ■ **cambista safado** banquero descarado

camelo /kaˈmɛlo/ *sm* **1** camello **2** hombre estúpido, tosco, brutal ■ **andar de camelo** andar en camello

caminhada /kamiˈɲada/ *sf* caminata, jornada, paseata ■ **fazer caminhada** hacer una caminata

caminhão /kamiˈɲɐ̃w/ *sm* camión, vehículo grande y resistente ■ **caminhão-tanque** camión cisterna

caminhar /kamiˈɲaR/ *v* caminar, andar, seguir, marchar ■ **caminhar devagar** caminar despacio

caminho /kaˈmiɲu/ *sm* **1** camino, distancia, paso, travesía, itinerario, senda, trillo, trámite, trayecto **2** derrota, derrotero ■ **seguir o caminho** seguir el camino

caminhoneiro /kamiɲoˈnejru, ra/ *sm*, *f* camionero ■ **ser caminhoneiro** ser camionero

caminhonete /kamiɲoˈneʧi/ *sf* camioneta, camión pequeño, pick-up, furgón ■ **dirigir a caminhonete** conducir el camión

camisa /kaˈmiza/ *sf* **1** camisa **2** envoltura, inválucro ■ **usar camisa** vestir camisa

camiseta /kamiˈzeta/ *sf* camiseta, blusa, remera ■ **comprar camisetas** comprar camisetas

camisola /kamiˈzɔla/ *sf* camisón, camisola ■ **dormir de camisola** dormir de camisón

camomila /kamoˈmila/ *sf* camomila, manzanilla ■ **chá de camomila** té de manzanilla

campainha /kãpaˈiɲa/ *sf* campanilla, timbre ■ **tocar a campainha** tocar el timbre

campanário kãpaˈnarju/ *sm* **1** campanario, torre **2** aldea ■ **ir ao campanário** ir a la torre

campanha /kãˈpaɲa/ *sf* campaña, batalla, guerra ■ **campanha contra drogas** guerra contra las drogas

campeão, ã /kãpeˈɐw, ɐ̃/ *sm*, *f* campeón, héroe ■ **ser um campeão** ser un campeón

campear /kãpeˈaR/ *v* **1** campear, recorrer un campo, vivir en el campo **2** alardear, ostentar ■ **campear da bandeira** campear de la bandera

campeonato /kãpeoˈnatu/ *sm* campeonato, competición deportiva ■ **campeonato de futebol** campeonato de fútbol

campestre /kãˈpeʃtri/ *adj* campestre, rural, bucólico ■ **flores campestres** flores campestres

campina /kãˈpina/ *sf* campiña, llanura, descampado ■ **passear pelas campinas** paseo por la llanura

campo /ˈkãpu/ *sm* campo, área, terreno extenso, terreno no poblado, espacio, terreno delimitado para deportes, campiña ■ **campo santo** camposanto, cementerio ■ **sair a campo** salir al campo, ir a contender en desafío

camponês, -esa /kãpoˈnejʃ, neza/ *adj* & *sm*, *f* chacarero, paisano, campesino ■ **homem camponês** hombre chacarero

camuflagem /kamuˈflaʒẽj/ *sf* camuflaje, disfraz ■ **borboleta faz camuflagem** la mariposa hace camuflaje

camuflar /kamuˈflaR/ *v* camuflar, disfrazar ■ **as rãs gostam de se camuflar** a las ranas les gusta camuflarse

camundongo /kamũˈdõgu/ *sm* ratón ■ **camundongo branco** ratón blanco

camurça /kaˈmuRsa/ *sf* gamuza, rebeco ■ **sapatos de camurça** zapatos de gamuza

cana /ˈkana/ *sf* **1** caña **2** aguardiente de caña **3** tallo (del trigo, maíz) **4** instrumento de pesca, bastón ■ **cana de açúcar** caña de azúcar

canadense /kanaˈdesi/ *adj* & *sm*, *f* canadiense ■ **lombo canadense** carne de cerdo canadiense

281

canal

canal /ka'naw/ *sm* **1** canal, medio, modo, vía, conducto **2** banda de frecuencia por la que se capta una emisora de televisión ▪ **canal de água** canal de agua

canalha /ka'naʎa/ *adj* canalla, gente vil, sinvergüenza, miserable ▪ **homem canalha** hombre canalla

canalização /kanaliza'sãw/ *sf* canalización, fontanería ▪ **fechar canalização** cerrar canalización

canalizar /kanali'zaR/ *v* canalizar, encauzar, conducir, guiar ▪ **canalizar a rua** canalizar la calle

canário, -a /ka'narju, rja/ *adj & sm, f* canario ▪ **canário canta** canario canta

canavial /kanavi'aw/ *sm* cañaveral ▪ **estar em um canavial** encontrarse en un cañaveral

canção /kãˈsãw/ *sf* canción, canto, cantiga ▪ **ouvir a canção** oír la canción

cancela /kãˈsɛla/ *sf* cancela, barrera, verja ▪ **fechar a cancela** cerrar la barrera

cancelamento /kãˈsela'mẽtu/ *sm* anulación, cancelación ▪ **pedido de cancelameto** solicitud de cancelación

cancelar /kãˈseˈlaR/ *v* cancelar, anular, borrar, terminar, retirar ▪ **cancelar a corrida** cancelar la carrera

câncer /ˈkãˈseR/ *sm* **1** cáncer (tumor maligno) **2** Câncer *Astrol, Aston* cáncer (signo, constelación) ▪ **ter câncer** tener cáncer

cancerígeno, -a /kãˈseˈrĩʒenu, na/ *adj* cancerígeno ▪ **produto cancerígeno** producto cancerígeno

canceroso, -a /kãˈseˈrozu, za/ *adj & sm, f* canceroso ▪ **alimentos cancerosos** alimentación cancerosa

cancha /ˈkãʃa/ *sf* **1** cancha, pista de juego **2** terreno llano ▪ **cancha de bocha** cancha de bochas

cancro /ˈkãˈkru/ *sm* cancro, cáncer, tumor maligno ▪ **estar com cancro** estar con cáncer

candelabro /kãˈdeˈlabru/ *sm* candelabro, candelero, araña, lámpara de cristal ▪ **candelabro de cristal** candelabro de cristal

candente /kãˈdẽʧi/ *adj* **1** candente, abrasador **2** brillante, resplandeciente ▪ **estrela candente** estrella brillante

candidato, -a /kãˈdʒiˈdatu, ta/ *sm, f* candidato, pretendiente ▪ **bom candidato** buen candidato

cândido, -a /ˈkãˈdʒidu, da/ *adj* cándido, inocente, sincero, puro, infantil ▪ **homem cândido** hombre sincero

candura /kãˈdura/ *sf* candidez, candor, albura, inocencia ▪ **candura no olhar** candidez en la mirada

canela /ka'nela/ *sf* **1** canela (árbol aromático) **2** tibia, canilla ▪ **esticar a canela** estirar la pata, morir

caneta /ka'neta/ *sf* pluma ▪ **caneta esferográfica** bolígrafo, esferográfica, lapicera

cânfora /ˈkãˈfura/ *sf* alcanfor ▪ **cânfora medicinal** alcanfor medicinal

canguru /kãˈguru/ *sm* canguro, marsupial ▪ **canguru ferido** canguro herido

cânhamo /ˈkãnamu/ *sm* cáñamo ▪ **cânhamo-da-índia** cáñamo índico

canhão /ka'ɲãw/ *sm* cañón, pieza de artillería ▪ **explodir o canhão** explotar el cañón

canhoto, -a /ka'ɲotu, ta/ *adj & sm, f* izquierdo, zurdo ▪ **mão canhota** mano izquierda

canibal /kaniˈbaw/ *adj & sm, f* **1** caníbal, antropófago **2** hombre feroz ▪ **aldeia canibal** pueblo caníbal

canivete /kaniˈveʧi/ *sm* cortaplumas, cuchillo pequeño ▪ **cortar com o canivete** cortar con el cortaplumas

---

canja /ˈkãˈʒa/ *sf* caldo de arroz y gallina ▪ **canja de galinha** caldo de pollo

cano /ˈkanu/ *sm* caño, tubo, cañón, gárgola ▪ **cano largo** caño amplio

canoa /ka'noa/ *sf* canoa, batel, embarcación pequeña ▪ **canoa virou** canoa volcó

cânon /ˈkanon/ *sm* canon, regla, precepto ▪ **cânon judaico** canon judío

canonizar /kanoniˈzaR/ *v* **1** canonizar **2** enaltecer, alabar ▪ **querem canonizar** quieren canonizar

cansaço /kãˈsasu/ *sm* cansancio, fatiga, debilidad, languidez, agotamiento, agobio ▪ **cansaço diário** fatiga diaria

cansado, -a cansado, fatigado, laso, planchado ▪ **estou muito cansado** estoy muy cansado

cansar /kãˈsaR/ *v* **1** cansar, debilitar, fatigar, rendir, importunar, aburrir **2** empeñarse, esmerarse **3** moler ▪ **correr e cansar** correr y cansar

cansativo, -a /kãˈsaˈʧivu, va/ *adj* exhaustivo, fatigoso, agotador ▪ **isto é cansativo** esto es fatigoso

cantão /kãˈtãw/ *sm* cantón, región *pl:* cantões ▪ **os cantões da Suíça** los cantones de Suiza

cantar /kãˈtaR/ *sm* cantar, entonar, gorjear, alabar, componer, confesar algo ▪ **cantar de galo** mandar ▪ **cantar vitória** cantar victoria ▪ **cantar a música** cantar la canción

cântaro /ˈkãˈtaru/ *sm* cántaro ▪ **chover a cântaros** llover a cántaros

canteiro /kãˈtejru, ra/ *sm, f* cantero, obrero que trabaja en cantería, era, bancal, cuadro de flores en el jardín ▪ **canteiro de terra** cantero de tierra

cantiga /kãˈʧiga/ *sf* canción ▪ **cantiga de ninar** canción de cuna ▪ **ouvir a cantiga** escuchar la canción

cantina /kãˈʧina/ *sf* cantina, bar, local onde se venden bebidas ▪ **ir até a cantina** ir a la cantina

canto /ˈkãˈtu/ *sm* **1** canto, canción, composición lírica, himno **2** rincón, ángulo, filo o borde de un objeto ▪ **canto do pássaro** canto del pájaro

cantor, -ora /kãˈtoR, ra/ *sm, f* cantante, cantor, vocalista ▪ **cantor de coral** corista ▪ **ser cantor** ser cantante

canudo /ka'nudu/ *sm* **1** canuto, tubo, paja **2** diploma ▪ **tomar no canudo** beber con paja

cão /ˈkãw/ *sm* **1** perro, can **2** can (constelación del hemisferio austral) **3** malo, indigno *Fem:* cadela *pl:* **cães** ▪ **vida de cão** vida perra

caolho, -a /ka'oʎu, ʎa/ *adj & sm, f* tuerto ▪ **ser caolho** ser tuerto

caos /ˈkaos/ *sm* caos, desorden, confusión, debacle ▪ **causar o caos** causar el caos

caótico /ka'ɔʧiku, ka/ *adj* **1** caótico **2** confuso, desordenado ▪ **trânsito caótico** tránsito caótico

capa /ˈkapa/ *sf* **1** capa, prenda de vestir **2** manta, cubierta **3** pretexto **capa de livro** portada, fachada ▪ **capa impermeável** capa aguadera

capacete /kapa'seʧi/ *sm* casco ▪ **usar capacete** usar casco

capacidade /kapasiˈdadʒi/ *sf* **1** capacidad, extensión, habilidad **2** talento, inteligencia, alcance ▪ **ele tem capacidade de agir** é tiene la capacidad de actuar

capanga /ka'pãga/ *sf* **1** cartera usada por hombres **2** guardaespaldas ▪ **ser capanga** ser guardaespaldas

capaz /ka'pajʃ/ *adj* **1** capaz, apto, suficiente **2** amplio, grande **3** digno, habilidoso, idóneo ▪ **capaz de amar** capaz de amar

capela ka'pɛla/ *sf* capilla, ermita, pequeña iglesia ▪ **ir à capela** ir a la capilla

carestia

capelão /kape'la~w/ *sm* capellán, clérigo ■ **capelão militar** capellán militar

capeta /ka'peta/ *sm* diablo travieso ■ **capeta está solto** diablo está suelto

capilar /kapi'laR/ *adj* capilar, fino como un cabello ■ **análise capilar** análisis de cabello

capilaridade /kapilari'dadʒi/ *sf* capilaridad ■ **capilaridade vegetal** capilaridad vegetal

capim /ka'pĩ/ *sm* hierba, pasto ■ **comer capim** comer hierba

capital /kapi'taw/ *adj* **1** capital, principal **2** capital (población) **3** posesiones o bienes de alguien, dinero, caudal ■ **análise de capital** análisis de capital

capitalismo /kapita'liʒmu/ *sm* capitalismo ■ **capitalismo ocidental** capitalismo occidental

capitalizar /kapitali'zaR/ *v* capitalizar ■ **capitalizar uma empresa** capitalizar una empresa

capitão /kapi'ta~w, toa/ *sm, f* capitán, oficial del ejército ■ **capitão do navio** capitán del buque

capitular /kapitu'laR/ *adj* capitular, entregarse, rendirse ■ **capitular o livro** capitular el libro

capítulo /ka'pitulu/ *sm* capítulo ■ **último capítulo** capítulo final

capivara /kapi'vara/ *sf* **1** capivara **2** carpincho ■ **caçar capivara** cazar carpincho

capô /ka'po/ *sm* capó, cubierta del motor en los automóviles ■ **capô do carro** capó del coche

capoeira /kapo'ejra/ *sf* arte marcial y danza afrobrasileña ■ **praticar capoeira** practicar capoeira

capotar /kapo'taR/ *v* **1** capotar **2** adormecer, desmayarse ■ **capotar o carro** capotar el coche

capote /ka'pote/ *sm* capote, abrigo, gabán ■ **arranjar um capote** obtener un capote

caprichar /kapri'ʃaR/ *v* esmerarse, obstinarse ■ **caprichar na comida** esmerarse en los alimentos

capricho /ka'priʃu/ *sm* antojo, capricho, fantasía, bizarría, veleidad ■ **ter capricho** tener capricho

caprichoso, -a /kapri'ʃozu, za/ *adj* caprichoso, inconstante, voluble ■ **homem caprichoso** hombre caprichoso

capricórnio /kapri'kɔRnju/ *sm Astrol, Astron* capricornio (signo, constelación) ■ **signo de capricórnio** signo de capricornio

cápsula /'kapsula/ *sf* cápsula, receptáculo, estuche ■ **cápsula de remédio** cápsula de la medicina

captar /kap'taR/ *v* captar, obtener, atraer, interceptar ■ **captar o interesse** captar el interés

capturar /kaptu'raR/ *v* capturar, prender, aprehender, apresar, tomar, aprisionar ■ **capturar o ladrão** aprisionar a un ladrón

capuz /ka'pujʃ/ *sm* capucha ■ **manto com capuz** capa con capucha, capuchón

caqui /ka'ki/ *sm* **1** caqui, kaki (fruta, árbol) **2** tela de algodón ■ **comer caqui** comer caqui

cara /'kara/ *sf* **1** cara, semblante, figura **2** tío **3** descaro, osadía **4** fachada, jeta ■ **cara a cara** frente a frente ■ **cara e coroa** cara y cruz ■ **cara-metade** media naranja ■ **cara muito alegre** cara de páscua ■ **disse-lhe na cara** se le chantó ■ **não ir com a cara** malquistar ■ **ter cara de bolacha** tener cara de torta

caracol /kara'kɔw/ *sm* caracol (molusco) ■ **forma de um caracol** forma de un caracol

característico, -a /karakte'riʃtʃiku, ka/ *adj* **1** característico, propio, típico **2** característica ■ **é característico dele** es característico de él

caracterizar /karakteri'zaR/ *v* caracterizar, individualizar ■ **caracterizar familiares** caracterizar a la familia

cara-de-pau /karadʒi'paw/ *adj & sm, f* caradura, sinvergüenza ■ **você tem cara-de-pau** usted tiene caradura

caramba /ka'ra~ba/ *excl* ¡caramba!, ¡caray!, ¡mecachis!

caramelo /kara'mɛlu/ *sm* caramelo, almíbar ■ **sorvete de caramelo** helado de caramelo

caranguejo /kara~'geʒu/ *sm* cangrejo ■ **caranguejo na areia** cangrejo en la arena

carapuça /kara'pusa/ *sf* **1** caperuza, capuz, antifaz, gorra **2** alusión crítica **servir a carapuça** cuadrar muy bien una censura a alguien ■ **tirar a carapuça** retirar la caperuza

caráter /ka'rateR/ *sm* **1** carácter, cuño, cualidad, especialidad **2** condición, índole, genio, expresión, dignidad, idiosincrasia, personalidad, temperamento, temple, trazo ■ **pessoa sem caráter** persona sin carácter

caravela /kara'vela/ *sf* carabela, embarcación ■ **frota de caravelas** flota de carabelas

carbônico, -a /kaR'boniku, ka/ *adj* carbónico ■ **gás carbônico** gas carbónico

carbonífero, -a /kaRbo'niferu, ra/ *adj* carbonífero ■ **empresa carbonífera** empresa carbonífera

carbonizar /kaRboni'zaR/ *v* carbonizar, reducir a carbón ■ **carbonizar casca de arroz** carbonizar cáscara de arroz

carbono /kaR'bono/ *sm* carbono ■ **papel carbono** papel carbono

carburador /kaRbura'doR/ *sm* carburador, aparato de los motores destinado a efectuar la carburación ■ **carburador sujo** carburador sucio

carburante /kaRbu'ra~tʃi/ *adj & sm* carburante ■ **a gasolina é um carburante** la gasolina es un carburante

cárcere /'kaRsere/ *sf* **1** cárcel, prisión **2** jaula ■ **cárcere privado** detención en el propio domicilio **cárcere privado** cárcel privado

carcereiro, -a /kaRse'rejru, ra/ *sm, f* carcelero ■ **carcereiro policial** carcelero policial

carcinoma /kaRsi'noma/ *sm* carcinoma, cáncer, tumor maligno ■ **ter carcinoma** tener carcinoma

carcoma /kaR'koma/ *sf* **1** carcoma **2** lo que destruye algo poco a poco ■ **larva de carcoma** larva de carcoma

cardápio /kaR'dapju/ *sm* menú, minuta, carta ■ **fazer um cardápio** hacer un menú

cardeal /kaRde'aw/ *adj* **1** cardinal **2** cardenal, prelado ■ **ponto cardeal** punto cardinal ■ **cardeal da igreja** cardenal de la iglesia

cardiologista /kaRdʒiolo'ʒiʃta/ *sm, f* cardiólogo ■ **ir ao cardiologista** ir al cardiólogo

cardume /kaR'dumi/ *sm* cardumen ■ **peixes em cardume** cardumen de peces

careca /ka'reka/ *adj* **1** calva **2** calvo, sin pelo, pelón ■ **homem careca** hombre calvo

carecer /kare'seR/ *v* carecer, no tener, necesitar ■ **parece carecer de amor** parece no tener amor

carência /ka're'sja/ *sf* **1** carencia, indigencia **2** necesidad, privación, falta ■ **mulheres sentem carência de afeto** mujeres sienten carencia afectiva

carente /ka're~tʃi/ *adj* carente, necesitado, privado, desacomodado ■ **criança carente** niño necesitado

carestia /kareʃ'tʃia/ *sf* carestía, escasez, falta ■ **carestia dos alimentos** carestía de los alimentos

283

careta

careta /ka'reta/ *sf* careta, gesto, mohín ▪ **fazer caretas** hacer monerías, gesticular

carga /'kaRga/ *sf* carga, cargamento, cargazón, peso, fardo, gravamen, tributo ▪ **carga pesada** carga pesada

cargo /'kaRgu/ *sm* **1** carga, peso, gasto **2** cargo, obligación, empleo, función, oficio, puesto **3** responsabilidad ▪ **cargo de vendedora** cargo de vendedora

cariar /kari'aR/ *v* cariar, cariarse, padecer caries ▪ **cariar os dentes** cariar los dientes

caricatura /karika'tura/ *sf* **1** caricatura **2** persona ridícula ▪ **fazer uma caricatura** hacer una caricatura

carícia /ka'risja/ *sf* caricia, halago, mimo ▪ **tua carícia é o meu descanso** tu mimo es mi descanso

caridade /kari'dad3i/ *sf* caridad, benevolencia, compasión, beneficencia ▪ **instituição de caridade** institución de caridad

cárie /'karje/ *sf* caries, carcoma ▪ **tem cáries?** ¿tienes caries?

carinho /ka'riɲu/ *sm* cariño, amor, afecto, afección, ternura, halago, simpatía, mimo ▪ **carinho falso** zalamería ▪ **carinho e amor** afecto y amor

carinhoso, -a /kari'ɲozu, za/ *adj* **1** cariñoso, afectuoso, amoroso, afable, halagüeño **2** majo **3** materno ▪ **seja carinhoso comigo** sea amable conmigo

carismático, -a /kariʒ'matʃiku, ka/ *adj* carismático ▪ **menino carismático** muchacho carismático

carnal /kaR'naw/ *adj* carnal, sensual, venéreo ▪ **junção carnal** unión carnal

carnaval /kaRna'vaw/ *sm* **1** carnaval **2** orgía, desenfreno ▪ **o carnaval é uma festa** el carnaval es una fiesta

carne /'kaRni/ *sf* **1** carne, tejido muscular **2** pulpa de los frutos **3** sensualidad ▪ **bolinho de carne** albóndiga ▪ **em carne e osso** en carne y hueso

carneiro /kaR'nejru/ *sm* **1** carnero **2** osario, sepultura ▪ **carneiro velho** carnero viejo

carniça /kaR'nisa/ *sf* carne muerta, carroña, carniza, carnaza ▪ **cheiro de carniça** olor de carroña

carnívoro, -a /kaR'nivuru, ra/ *adj* carnívoro, carnicero ▪ **espécie carnívoro** especie de carnívoro

caro, -a /'karu, ra/ *adj* **1** caro, alto, costoso, subido de precio **2** amado, querido, estimado ▪ **o barato sai caro** lo barato sale caro

caroço /ka'rosu/ *sm* hueso, carozo, semilla ▪ **caroço de azeitona** carozo ▪ **caroço de fruta** cuesco

carona /ka'rona/ *sf* autostop ▪ **pedir carona** hacer dedo ▪ **pegar carona** autoshop

carótida /ka'rɔtʃida/ *sf* carótida ▪ **carótida interna** carótida interna

carpa /'kaRpa/ *sf* carpa (pez) ▪ **pescar uma carpa** pescar una carpa

carpete /kaR'petʃi/ *sm* moqueta ▪ **carpete de madeira** moqueta de madera

carrapato /kaRa'patu/ *sm* garrapata ▪ **cachorro cheio de carapatos** perro lleno de garrapats

carrasco, -a /ka'Raʃku/ *sm* **1** verdugo **2** hombre cruel ▪ **este homem é um carrasco** este hombre es un verdugo

carregador, ora /kaRega'doR, ra/ *sm, f* cargador, maletero ▪ **carregador de celular** cargador del teléfono celular

carregamento /kaRega'mẽtu/ *sm* **1** cargamento, carga **2** opresión ▪ **carregamento de cimento** carga de cemento

carregar /kaRe'gaR/ *v* **1** cargar, acumular electricidad **2** vejar, imputar, atacar, trajinar ▪ **carregar peso** cargar peso

carreira /ka'Rejra/ *sf* **1** carrera, camino, paso rápido de un sitio a otro **2** curso de los astros **3** carretero, carrera, línea de puntos, raya que divide el pelo **4** profesión ▪ **carreira curta** carrerilla ▪ **seguir carreira** seguir una carrera

carreta /ka'Reta/ *sf* carreta, carretón (de artillería), carretilla ▪ **a carreta virou** la carreta se dio vuelta

carretel /kaRe'tɛw/ *sm* carrete, bobina, cilindro de madera ▪ **carretel de linha** carrete de hilo

carreto /ka'Retu/ *sm* acarreo, transporte, flete ▪ **preciso de um carreto** necesito un acarreo

carro /'kaRu/ *sm* **1** automóvil, auto, coche **2** carro, carreta, vehículo para el transporte ▪ **carro esportivo** coche deportivo ▪ **carro blindado** coche blindado ▪ **desfile de carros** corso ▪ **carro pequeno** carretón

carrossel /kaRo'sɛw/ *sm* tiovivo, carrusel ▪ **andar no carrossel** montar en un carrusel

carruagem /kaRu'aʒẽj/ *sf* carruaje, diligencia, carroza ▪ **cinderela e sua caruagem** cenicienta y su carruaje

carta /'kaRta/ *sf* **1** carta, escrito, epístola, pliego **2** naipe **3** mapa **4** constitución escrita ▪ **carta de participação** esquela

cartão /kaR'ta̰w/ *sm* cartón, tarjeta de visita ▪ **cartão-postal** postal

cartaz /kaR'tajʒ/ *sm* cartel, anuncio, letrero ▪ **armação para cartazes** cartelera ▪ **cartaz publicitário** valla publicitaria

carteira /kaR'tejra/ *sf* **1** monedero, cartera **2** pupitre ▪ **batedor de carteira** carterista

carteiro /kaR'tejru, ra/ *sm, f* cartero, buzonero, estafeta, correo ▪ **carteiro está vindo** cartero viene

cartilagem /kaRtʃi'laʒẽj/ *sf* cartílago ▪ **cartilagem de tubarão** cartílago de tiburón

cartilaginoso, -a /kaRtʃila3i'nozu, za/ *adj* cartilaginoso ▪ **tecido cartilaginoso** tejido cartilaginoso

cartilha /kaR'tʃiʎa/ *sf* cartilla, abecedario ▪ **cartilha de alfabetização** cartilla de alfabetización

cartografia /kaRtogra'fia/ *sf* cartografía ▪ **cartografia escolar** cartografía escolar

cartola /kaR'tola/ *sf* sombrero de copa ▪ **tirar a cartola** quitarse el sombrero

cartolina kaRto'lina/ *sf* cartulina ▪ **papel cartolina** cartulina de papel

cartório /kaR'tɔrju/ *sm* notaría, oficina de escribano ▪ **registrar em cartório** registrar en notaría

cartucho /kaR'tuʃu/ *sm* cartucho, paquete ▪ **queimar até o último cartucho** quemar hasta el último cartucho

carvão /kaR'va̰w/ *sm* **1** carbón, brasa apagada **2** dibujo hecho a carbón ▪ **mina de carvão** mina de carbón

casa /'kaza/ *sf* **1** casa, moradia, vivienda, aposento, posada, rincón, familia **2** ojal para botones **3** razón social ▪ **casa de campo** alquería, quinta, villa, estancia ▪ **casa de jogo clandestino** garito ▪ **montar casa** poner casa ▪ **casa de penhores** casa de empeño ▪ **casa de tabuleiro** casilla

casaca /ka'zaka/ *sf* casaca, frac ▪ **virar a casaca** cambiar de opinión

casaco /ka'zaku/ *sm* **1** mantón, abrigo **2** casaquinho, tabardo ▪ **casaco de tecido grosso** tabardo

casado, -a /ka'zadu, da/ *adj* casado, esposado ▪ **ele está casado** él está casado

casal /ka'zaw/ *sm* matrimonio, pareja ▪ **casal bonito** linda pareja

cauterizar

casamento /kasa'me~tu/ *sm* **1** casamiento, enlace, matrimonio, nupcias, boda **2** alianza ■ **pedido de casamento** propuesta de matrimonio

casar /ka'zaR/ *v* **1** casar, desposar, aliar, unir por casamiento **2** tomar estado **3** combinarse, adaptarse ■ **vamos nos casar** vamos a casar

casarão /kaza'ra~w/ *sm* caserón, casona ■ **morar em um casarão** vivir en una casona

casca /'kaʃka/ *sf* **1** cáscara, corteza o cubierta de varias frutas **2** corcho, costra ■ **casca de ovo** cascarón

cascalho /kaʃ'kaʎu/ *sm* cascajo, escombro, cascote, rocalla, grava ■ **cascalho de rio** grava de río

cascata /kaʃ'kata/ *sf* cascada, salto de agua, catarata ■ **pular de uma cascata** saltar de una cascada

cascavel /kaska'vew/ *sm* cascabel, sonajero ■ **cobra cascavel** serpiente cascabel

casco /'kaʃku/ *sm* **1** casco, cráneo, uña **2** juicio, talento ■ **casco de cavalo** madera ■ **casco de navio** buque

caseiro, -a /ka'zejru, ra/ *adj* **1** casero, usado en casa **2** modesto, manual ■ **caseiro de chácara** chacarero

caso /'kazu/ *conj* caso, acontecimiento, suceso, lance, ocasión, casualidad **caso de polícia** caso serio ■ **isso não vem ao caso** eso no viene al caso

cassação /kasa'sa~w/ *sf* **1** casación, revocación, anulación **2** destitución ■ **pedido de cassação** solicitud de casación

cassete /ka'setʃi/ *sm* cassette, casete (video) ■ **videocassete** videocasete

cassino /ka'sinu/ *sm* casino ■ **cassino clandestino** matute

casta /'kaʃta/ *sf* **1** casta, raza, generación **2** variedad, cualidad ■ **vida casta** vida casta

castanha /kaʃ'taɲa/ *sf* castaña ■ **castanha com mel** castaña con miel

castelhano, -a /kaʃte'ʎanu, na/ *adj & m, f* castellano ■ **mulher castelhana** mujer castellana

castelo /kaʃ'tɛlu/ *sm* castillo, alcázar, lugar fuerte ■ **castelo de areia** castillo de arena

castiçal /kaʃtʃi'saw/ *sm* candelero, bujía, candelabro ■ **castiçal de ferro** candelabro de hierro

castidade /kaʃtʃi'dadʒi/ *sf* castidad, pureza, virginidad, continencia ■ **pura castidade** pura castidad

castigar /kaʃtʃi'gaR/ *v* **1** castigar, mortificar, afligir, condenar, disciplinar **2** encender ■ **castigar os filhos** castigar a los hijos

castigo /kaʃtʃi'gaR/ *v* castigo, punición, pena, penalidad, sanción ■ **entrar no castigo** entrar en el castigo

casto, -a /'kaʃtu, ta/ *adj* casto, puro, inocente, púdico, virginal ■ **homem casto** hombre casto

castrar /kaʃ'traR/ *v* castrar, capar ■ **castrar os animais** castrar a los animales

casual /kazu'aw/ *adj* casual, eventual, accidental, fortuito ■ **roupa casual** ropa casual

casualidade /kazuali'dadʒi/ *sf* casualidad, acaso, eventualidad, accidente, azar ■ **foi casualidade** fue casualidad

casulo /ka'zulu/ *sm* capullo, alvéolo ■ **formar um casulo** formar un capullo

cataclismo /kata'kliʒmu/ *sm* cataclismo, desastre ■ **deu um cataclismo** dio un cataclismo

catalepsia /katalep'sia/ *sf* catalepsia ■ **surto de catalepsia** ataque de catalepsia

catar /ka'taR/ *v* **1** catar, probar **2** buscar, procurar, examinar, ver ■ **catar vinhos** catar vinos

catarata /kata'rata/ *sf* catarata, salto grande de agua ■ **cataratas do Iguaçu** cataratas del Iguazú

catarro /ka'taRu/ *sm* catarro, coriza, constipado ■ **cuspir catarro** escupir el catarro

catastrófico, -a /kataʃ'trɔfiku, ka/ *adj* catastrófico, trágico, dramático, calamitoso ■ **isto é catastrófico** esto es catastrófico

catecismo /kate'siʒmu/ *sm* catecismo, elementos de una doctrina ■ **catecismo católico** catecismo católico

cátedra /'katedra/ *sf* cátedra, asiento magistral ■ **liberdade de cátedra** libertad de cátedra

catedral /kate'draw/ *adj* catedral, seo ■ **ir à catedral** ir a la catedral

catedrático, -a /kate'dratʃiku, ka/ *sm, f* catedrático, profesor que tiene cátedra ■ **professor catedrático** profesor catedrático

categoria /katego'ria/ *sf* categoría, jerarquía, carácter, escalón, posición, condición ■ **carro de categoria** coche de categoría

categórico, -a /kate'gɔriku, ka/ *adj* categórico, claro, positivo, aseverativo ■ **imperativo categórico** imperativo categórico

catequese /kate'kezi/ *sf* catequesis, catequismo ■ **hoje tem catequese** hoy tiene catequesis

catequizar /kateki'zaR/ *v* **1** catequizar, evangelizar **2** procurar convencer ■ **catequizar as crianças** catequizar a los niños

cateter /ka'teteR/ *sm* catéter, sonda para cateterismo ■ **colocar o cateter** colocar el catéter

cateterismo /katete'riʒmu/ *sm* cateterismo, sondaje ■ **cateterismo cardíaco** cateterismo cardíaco

catinga /ka'tʃiⁿga/ *sf* catinga, olor desagradable ■ **cheirando catinga** oler mal olor

cativar /katʃi'vaR/ *v* **1** cautivar, ganar, seducir, atraer, encantar **2** someterse, caer en cautiverio ■ **cativar o amor** atraer el amor

cativeiro /katʃi'vejru/ *sm* cautiverio, prisión, esclavitud ■ **manter em cativeiro** mantener en cautiverio

cativo, -a /ka'tʃivu, va/ *adj & sm, f* cautivo, sometido, esclavo, prisionero, atraído ■ **homem cativo** hombre cautivo

catolicismo /katoli'siʒmu/ *sm* catolicismo, religión católica ■ **manter o catolicismo** mantener el catolicismo

católico, -a /ka'tɔliku, ka/ *adj* católico, universal ■ **ele é católico** él es católico

caução /kaw'sa~w/ *sf* **1** caución, cautela **2** seguridad, fianza, aval ■ **pagar caução** pagar la caución

cauda /'kawda/ *sf* cola, rabo, fin **cauda de animal** hopo ■ **cauda longa** cola larga

caudal /kaw'daw/ *adj* caudal, abundancia, torrencial ■ **caudal de dinheiro** caudal de dinero

caudaloso /kawda'lozu, za/ *adj* caudaloso, abundante, torrencial ■ **é muito caudaloso** es muy abundante

caule /'kawli/ *sm* tallo, tronco ■ **caule da planta** tallo de la planta

causa /'kawza/ *sf* **1** causa, origen, motivo, razón, porque, raíz **2** agente **3** presupuesto ■ **ganar a causa** ganar el caso

causar /kaw'zaR/ *v* **1** causar, producir, originar, ocasionar **2** traer, hacer **3** engendrar, acarrear ■ **causar uma explosão** causar una explosión

cáustico, -a /'kawʃtʃiku, ka/ *adj* cáustico, que cauteriza la piel **2** agresivo, mordaz ■ **soda cáustica** sosa cáustica

cautela /kaw'tɛla/ *sf* **1** cautela, cuidado, precaución, recato, reserva, resguardo **2** arte **3** recibo **4** fraude, engaño ■ **manter a cautela** mantener la cautela

cauterizar /kawteri'zaR/ *vtrd* cauterizar, aplicar cauterio ■ **cauterizar o cabelo** cauterizar el pelo

285

cavalaria

cavalaria /kavala'ria/ *sf* **1** caballería, tropas a caballo **2** equitación, proeza ▪ **cavalaria militar** caballería militar

cavaleiro /kava'lejru/ *sm* caballero, jinete, jockey ▪ **cavaleiro andante** caballero andante

cavalete /kava'letʃi/ *sm* caballete ▪ **cavalete de madeira** caballete de madera

cavalgada /kavaw'gada/ *sf* cabalgada, paseo a caballo ▪ **dar uma cavalgada** dar un paseo a caballo

cavalgar /kavaw'gaR/ *v* cabalgar, montar a caballo, trotar ▪ **cavalgar de dia** cabalgar de día

cavalheirismo /kavaw'gaR/ *v* caballerosidad, nobleza, distinción, hidalguía ▪ **ter cavalheirismo** tener caballerosidad

cavalo /ka'valu/ *sm* caballo ▪ **vou de cavalo** voy a ir de caballo

cavar /ka'vaR/ *v* **1** cavar, excavar, ahondar, ahuecar, penetrar **2** investigar ▪ **cavar um buraco** cavar un agujero

caveira /ka'vejra/ *sf* calavera ▪ **ver uma caveira** ver una calavera

caverna /ka'veRna/ *sf* caverna, antro, gruta, cueva, cripta ▪ **caverna escura** cueva oscura

cavernoso, -a /kaveR'nozu, za/ *adj* cavernoso, profundo ▪ **local cavernoso** local cavernoso

caviar /kavi'aR/ *sm* caviar ▪ **comprar caviar** comprar caviar

cavidade /kavi'dadʒi/ *sf* cavidad, cueva, depresión, concavidad, fosa, recipiente ▪ **colocar sobre a cavidade** poner en la cavidad

cebola /se'bola/ *sf* **1** cebolla **2** persona débil **3** cebolinha cebollita ▪ **comer cebola** comer cebolla

ceder /se'deR/ *v* **1** ceder, renunciar, desistir, largar, sucumbir, retroceder, conceder **2** rendirse, aflojarse ▪ **deve ceder** debe ceder

cedo /'sedu/ *adv* temprano, de prisa, presto, instante ▪ **bem cedo** muy de mañana ▪ **cedo ou tarde** a la corta o a la larga

cedro /'sedru/ *sm* cedro ▪ **madeira de cedro** madera de cedro

cédula /'sedula/ *sf* **1** cédula, papel moneda **2** papeleta, billete, apunte ▪ **cédula de identidade** cédula personal, carné de identidad

cegar /se'gaR/ *v* **1** cegar, privar de la vista **2** deslumbrar, embotar **3** cegarse, enfurecerse ▪ **cegar com uma luz forte** cegar con una luz fuerte

cego, -a /'sɛgu, ga/ *adj* **1** ciego, ofuscado **2** alucinado ▪ **em terra de cego quem tem um olho é rei** en tierra de ciego el tuerto es rey

cegueira /se'gejra/ *sf* **1** ceguera **2** pasión violenta ▪ **pó causa cegueira** polvo causa ceguera

ceia /'sela/ *sf* cena ▪ **ceia de natal** cena de navidad

ceifar /sej'faR/ *v* segar, cortar los cereales ▪ **ceifar os campos** segar los campos

celebrar /sele'braR/ *v* celebrar, exaltar, conmemorar ▪ **celebrar ano novo** celebrar el año nuevo

célebre /'sɛlebri/ *adj* célebre, famoso, afamado, notable, ilustre, renombrado ▪ **pessoa célebre** persona famosa

celebridade /selebri'dadʒi/ *sf* celebridad, notabilidad, fama, notoriedad, popularidad, renombre ▪ **virar celebridade** convertirse en una celebridad

celeiro /se'lejru/ *sm* silo, granero ▪ **entrar no celeiro** entrar en el granero

celeridade /seleri'dadʒi/ *sf* celeridad, rapidez, ligereza ▪ **celeridade no proceso** celeridad en el proceso

celeste /se'lɛʃtʃi/ *adj* **1** celeste **2** sobrenatural ▪ **anjo celeste** ángel celeste

celestial /seleʃtʃi'aw/ *adj* **1** celestial, celeste **2** agradable, delicioso, divino, exquisito ▪ **almoço celestial** almuerzo celestial

célula /'sɛlula/ *sf* **1** célula, cavidad, hueco **2** celdilla ▪ **célula embrionária** célula embrionaria

celular /selu'laR/ *adj* **1** celular **2** teléfono celular ▪ **prisão celular** prisión celular

celuloide /selu'lɔjdʒi/ *sm* celuloide ▪ **tem celuloide** tiene celuloide

celulose /selu'lɔzi/ *sf* celulosa ▪ **é feito de celulose** está hecho de celulosa

cem /'sej/ *adj & sm* **1** cien, ciento **2** muchos ▪ **cem dólares** cien dólares

cemitério /semi'tɛrju/ *sm* cementerio, necrópolis, campo santo ▪ **ir ao cemitério** ir al cementerio

cena /'sena/ *sf* **1** escena, escenario **2** arte dramático ▪ **fazer cena** fingir

cenário /se'narju/ *sm* escenario, decoración teatral ▪ **cenário teatral** escenario teatral

cênico, -a /'seniku, ka/ *adj* escénico, teatral ▪ **arte cênica** arte escénico

cenoura /se'nora/ *sf* zanahoria ▪ **bolo de cenoura** pastel de zanahoria

censo /'sẽsu/ *sm* censo, padrón ▪ **censo escolar** censo escolar

censor, -ora /se'soR, ra/ *sm, f* **1** censor **2** crítico ▪ **censor romano** censor romano

censura /se'sura/ *sf* censura, crítica, represión, amonestación, condenación ▪ **sem censura** sin censura

censurar /se'su'raR/ *v* censurar, criticar, reprobar, corregir, condenar, tachar ▪ **censurar o programa** censurar el programa

centavo /se'tavu/ *sm* centavo, centésimo, céntimo ▪ **cinco centavos** cinco centavos

centeio /se'teju, ja/ *adj* centeno (la planta, la semilla) ▪ **pão de centeio** pan de centeno

centelha /se'teʎa/ *sf* **1** centella, chispa **2** fulgor, inspiración, talento ▪ **centelha elétrica** centella eléctrica

centena /se'tena/ *sf* centena ▪ **uma centena** una centena

centenário, -a /se'te'narju, rja/ *adj* centenario, secular ▪ **ir ao centenário** ir al centenario

centímetro /se'timetru/ *sm* centímetro ▪ **um centímetro** un centímetro

cento /'se'tu/ *adj* ciento, cien, una centena ▪ **cento e vinte** ciento veinte

centopeia /se'to'peja/ *sf* ciempiés ▪ **matar a centopeia** matar al ciempiés

central /se'traw/ *adj sf* central, céntrico ▪ **central de atendimento** central de llamadas **banco central** banco central

centralizar /se'trali'zaR/ *v* **1** centralizar, concentrar, unificar **2** monopolizar, acaparar ▪ **centralizar algo** centralizar algo

centrar /se'traR/ *v* centrar, determinar el centro, centralizar ▪ **centrar o texto** centrar el texto

centrifugar /se'trifu'gaR/ *V* centrifugar ▪ **centrifugar a roupa** centrifugar la ropa

centrífugo, -a /se'trifugu, ga/ *adj* **1** centrífugo **2** *sf* **centrífuga** centrifugadora, tipo de máquina ▪ **comprar uma centrífuga** comprar una centrifugadora

centrípeto, -a /se'tripetu, ta/ *adj* centrípeto ▪ **poder centrípeto** fuerza centrípeta

centro /'se'tru/ *sm* **1** centro, foco **2** sociedad, núcleo **3** ombligo ▪ **centro cirúrgico** quirófano ▪ **centro comercial** emporio

charco

centúria /se~'turja/ sf centuria, centena ■ **centúria romana** centuria romana

cepa /'sepa/ sf 1 cepa, parte del tronco 2 origen, casta, generación ■ **a cepa da árvore** el tronco del árbol

cera /'sera/ sf 1 cera, cosa blanda 2 pereza, persona perezosa ■ **fazer cera** perder tiempo **cera de ouvido** cerumen

cerâmica /se'ramika/ sf cerámica, alfarería ■ **piso de cerâmica** piso de cerámica

ceramista /sera'mi∫ta/ adj & smf alfarero, ceramista ■ **ceramista bom** alfarero bueno

cerca /'seRka/ sf cerca, vallado, verja ■ **cerca de arame farpado** cerca de alambre de púas

cerco /'seRku/ sm 1 cerco, asedio, bloqueo, sitio 2 cerca, vallado 3 círculo, rueda ■ **fazer um cerco** hacer un sitio

cerda /'seRda/ sf cerda, pelo grueso, áspero ■ **soltar as cerdas** aflojar las cerdas

cereal /sere'aw/ adj & sm cereal ■ **cereal maduro** mies

cerebelo /sere'belu/ m cerebelo ■ **machucar o cerebelo** dañar el cerebelo

cerebral /sere'braw/ adj cerebral, mental ■ **limpeza cerebral** limpieza cerebral

cérebro /'serebru/ sm 1 cerebro 2 inteligencia 3 juicio, pensamiento ■ **cérebro esperto** cerebro inteligente

cerimônia /seri'monja/s f 1 ceremonia, fiesta, solemnidad, conmemoración, pompa 2 cortesía, preámbulo 3 formalidades rituales ■ **começar a cerimônia** comenzar la ceremonia

cerimonial /seri'monja/ sf ceremonial, etiqueta ■ **fazer um cerimonial** hacer un ceremonial

cerimonioso, -a /serimoni'ozu, za/ adj 1 ceremonioso, solemne 2 fastidioso, concluirse ■ **festa cerimoniosa** fiesta ceremoniosa

ceroulas /se'rola∫/ f pl calzoncillos largos ■ **usar ceroulas** usar calzoncillos largos

cerração /seRa'sa~w/ sf 1 cerrazón 2 tinieblas ■ **cerração matinal** mañana de niebla

cerrar /se'RaR/ v 1 cerrar, tapar, vedar, ocultar, terminar 2 cerrarse, nublarse, concluirse ■ **cerrar a porta** cerrar la puerta

certame /seR'tami/ sm certamen, concurso, disputa, desafío ■ **fazer um certame** hacer un certamen

certeiro, -a /seR'tejru, ra/ adj certero, exacto, seguro ■ **tiro certeiro** tiro exacto

certeza /seR'teza/ sf certeza, convicción, acierto, cosa cierta, evidencia, verdad, estabilidad ■ **com certeza** sin ninguna duda ■ **con toda certeza** a ciencia cierta

certidão /seRt∫i'da~w/ sf certificación, certificado ■ **certidão de nascimento** certificado de nacimiento

certificado /seRt∫ifi'kadu, da/ adj certificado, documento oficial ■ **certificado de participação** certificado de participación

certificar /seRt∫ifi'kaR/ v 1 certificar, asegurar, afirmar, confirmar, atestiguar, cerciorar 2 certificarse, convencerse ■ **certificar-se** asegúrese de que

certo, -a /'seRtu, ta/ adj cierto, verdadero, exacto, infalible, certero ■ **por certo** con certeza, seguramente

cerveja /seR've3a/ sf cerveza ■ **cerveja gelada** cerveza fría

cervejaria /seRve3a'ria/ sf cervecería ■ **ter uma cervejaria** tener una cervecería

cervo /'seRvu, va/ sm, f ciervo, venado ■ **cervo é um ruminante** ciervo es un rumiante

cessação /sesa'sa~w/ sf cesación, cese, interrupción ■ **cessação do mandato** cesación del mandato

cessão /se'sa~w/ sf cesión, dejación, alienación ■ **cessão de bens** dejación de activos

cessar /se'saR/ v cesar, parar, desistir, acabar, abolir ■ **vamos cessar esta fase** vamos a parar esta fase

cesto, -a /'se∫tu/ sm 1 cesto 2 canasta, utensilio de mimbre con asas ■ **cesto para pesca** nasa

cesura /se~'sura/ sf cesura, rotura, incisión ■ **impressionante cesura** cesura impresionante

cetim /se't∫~/ sm satén ■ **blusa de cetim** blusa de satén

cetro /'setru/ sm cetro, bastón ■ **os reis exibiam o cetro** los reyes exhibían el cetro

céu /'sew/ sm 1 cielo, firmamento, paraíso, bienaventuranza 2 atmósfera, clima ■ **caído do céu** bajado del cielo

ceva /'seva/ sf ceba, alimento con que se ceban los animales ■ **dar ceva aos animais** dar ceba a los animales

cevar /se'vaR/ v 1 cebar, alimentar, hartar 2 saciarse ■ **cevar-se** hartarse

chá /'∫a/ sm té, infusión ■ **tomar um chá** tomar un té

chácara /'∫akara/ sf 1 quinta, sitio 2 chacra ■ **chácara grande** gran chacra

chacina /∫a'sina/ sf masacre, matanza ■ **fazer uma chacina** hacer un masacre

chacinar /∫asi'naR/ v masacrar, matar, asesinar ■ **chacinar alguém** matar a alguien

chafariz /∫afa'rij∫/ sm chafariz, fuente ■ **chafariz bonito** hermosa fuente

chaga /'∫aga/ sf 1 herida, llaga, fístula 2 aflición, dolor ■ **chega de chaga** no más dolor

chaleira /∫a'lejra/ sf tetera ■ **colocar água na chaleira** poner el agua en la caldera

chama /'∫ama/ sf 1 llama, lumbre, soflama, fogonazo 2 ardor ■ **acender a chama** encender la llama

chamar /∫a'maR/ v 1 llamar, nombrar, denominar 2 apelar, evocar, invocar 3 llamarse ■ **chamar pela janela** llamar por la ventana

chaminé /∫ami'ne/ sf 1 chimenea 2 parte de la pipa donde arde el tabaco ■ **fumaça pela chaminé** humo por la chimenea

champanha /∫am'paɲa/ sm champán, champaña ■ **abrir a champanha** abrir el champán

chamuscar /∫amu∫'kaR/ v chamuscar, pasar por la llama, soflamar ■ **chamuscar pelo fogo** pasar por la llama

chanceler /∫a~se'leR/ sm, f canciller ■ **as ordens do chanceler** las órdenes del canciller

chantagear /∫a~ta3e'aR/ v chantajear, extorsionar ■ **chantagear alguém** chantajear a alguien

chantagem /∫a~'ta3e~j/ sf chantaje, extorsión ■ **fazer chantagem** hacer chantaje

chantagista /∫a~ta'3i∫ta/ adj & sm, f chantajista ■ **homem chantagista** hombre chantajista

chão /'∫a~w, '∫a~/ sm 1 suelo, terreno, pavimento, piso 2 sincero, honrado, humilde 3 llano, liso, plano ■ **limpar o chão** limpiar el suelo

chapada /∫a'pada/ sf altiplanicie, planicie, altiplano, llanura, meseta ■ **grande chapada** gran meseta

chapelaria /∫apela'ria/ sf 1 guardarropa 2 sombrerería, bonetería ■ **ir a chapelaria** ir a la sombrerería

chapéu /∫a'pew/ sm 1 sombrero 2 bimba ■ **chapéu-coco** galera ■ **chapéu de feltro** fieltro ■ **chapéu de palha** panamá

charada /∫a'rada/ sf charada, acertijo, enigma **matar a charada** acertar, adivinar ■ **matar a charada** matando enigma

charco /'∫aRku/ sm charco, lodazal, balsa ■ **cair no charco** caer en el charco

287

charlatão

charlatão, -ã /ʃaRla'tãw̃, tona/ *sm, f* charlatán, embaucador ▪ **homem charlatão** hombre charlatán

charme /'ʃaRmi/ *sm* encanto, atractativo ▪ **fazer charme** coquetear ▪ **ter charme** tener encanto

charrua /ʃa'Rua/ *adj m, f* **1** arado **2** agricultura, vida del campo ▪ **andar de charrua** arado de pie

charutaria /ʃaruta'ria/ *sf* expendeduría, cigarrería ▪ **ir a charutaria** ir a la cigarrería

charuto /ʃa'rutu/ *sm* tabaco, cigarro puro, habano ▪ **fumar charuto** fumar cigarro puro

chateação /ʃatea'sãw̃/ *sf* **1** aburrimiento **2** mareo ▪ **causar chateação** causar aburrimiento

chatear /ʃate'aR/ *v* fastidiar, incordiar, jorobar ▪ **chatear alguém** tener a alguien frito

chato, -a /'ʃatu, ta/ *adj* **1** chato, achatado, plano, liso **2** importuno, aburrido, indeseable, sobón ▪ **ser muito chato** ser una lata

chauvinismo /ʃovi'niʒmu/ *sm* chauvinismo ▪ **era do chauvinismo** era del chauvinismo

chave /'ʃavi/ *sf* **1** llave, corchete **2** solución, explicación ▪ **chave de fenda** destornillador

chaveiro /ʃa'vejru, ra/ *sm* llavero, carcelero ▪ **ter um chaveiro** tener un llavero

chávena /'ʃavena/ *sf* taza, jícara ▪ **cha na chávena** té en la taza

chefe /'ʃefi, fa/ *sm, f* jefe, dirigente, comandante, líder, conductor ▪ **chefe da sala** jefe de la sala

chegada /ʃe'gada/ *sf* adviento, advenimiento, llegada, venida ▪ **esperar a chegada** esperar la llegada

chegado, -a /ʃe'gadu, da/ *adj* **1** allegado, próximo, vecino **2** propenso, dado ▪ **parente chegado** pariente próximo

chegar /ʃe'gaR/ *v* **1** llegar, venir, regresar **2** bastar, ser suficiente **3** aproximarse, resolverse ▪ **vou chegar** voy a llegar

cheio, -a /'ʃeju, a/ *adj* lleno, henchido, plenario, preñado, abarrotado ▪ **em cheio** por entero

cheirar /ʃej'raR/ *v* **1** inhalar, oler **2** husmear ▪ **não cheirar bem** no ser seguro, ser dudoso

cheiro /'ʃejru/ *sm* olor, aroma, exhalación, olfato ▪ **cheiro de coisa estragada** olor de cosa estragada

cheiroso, -a /ʃej'rozu, za/ *adj* fragante, oloroso, aromático ▪ **perfume cheiroso** perfume con aroma

cheque /'ʃeke/ *sm* cheque ▪ **talão de cheques** talonario de cheques

chiar /ʃi'aR/ *v* chillar, chirriar, gruñir, rechinar, crujir ▪ **não começa a chiar** no empieza a chirriar

chiclete /ʃi'kletʃi/ *sm* chicle ▪ **chiclete de morango** chicle de fresa

chicória /ʃi'kɔrja/ *sf* achicoria ▪ **comer chicória** comer achicoria

chicote /ʃi'kotʃi/ *sm* azote, látigo, flagelo ▪ **passar o chicote** pasar el látigo

chicotear /ʃikote'aR/ *v* azotar, flagelar ▪ **chicotear o cavalo** azotar el caballo

chifre /'ʃifri/ *sm* cuerno, asta, gajo ▪ **colocar chifre** poner cuerno

chimpanzé /ʃĩpã'ze/ *sm* chimpancé ▪ **macaco chimpanzé** mono chimpancé

chinchila /ʃĩ'ʃila/ *sf* chinchilla, piel de este animal ▪ **criar uma chinchila** crear una chinchilla

chinela /ʃi'nɛlu/ *sm* chancla, chancleta, babucha, zapatilla ▪ **calçar a chinela** ponerse la chancleta

chinelo /ʃi'nɛlu/ *sm* chinela ▪ **chinelos de praia** playeros

chinês, -esa /ʃi'nejʃ, neza/ *adj & sm, f* chino, a ▪ **mulher chinesa** mujer china

chip /'ʃip/ *sm Inform* chip, pastilla ▪ **colocar um chip** poner un chip

chique /'ʃiki/ *adj* **1** elegante, hermoso **2** chic, gracia, elegancia ▪ **estar chique** ser chic

chiqueiro /ʃi'kejru/ *sm* **1** pocilga, cuchitril **2** lugar inmundo ▪ **esta casa está um chiqueiro** esta casa es una pocilga

chispa /'ʃiʃpa/ *sf* **1** chispa, centella **2** agudeza, ingenio, talento ▪ **tem muita chispa** tiene mucho ingenio

chispar /ʃiʃ'paR/ *v* **1** chispear, chisporrotear **2** enfurecerse ▪ **chispa daqui!** ¡largo de aquí!

choça /'ʃoʃa/ *sf* choza, cabaña ▪ **choça no campo** cabaña en el campo

chocadeira /ʃoka'dejra/ *sf* incubadora ▪ **colocar na chocadeira** puesto en la incubadora

chocalho /ʃo'kaʎu/ *sm* cencerro, esquila ▪ **chocalho barulhento** cencerro ruidoso

chocante /ʃo'kãtʃi/ *adj* chocante, sorprendente, extraño ▪ **foi impactante** fue chocante

chocar /ʃo'kaR/ *v* **1** chocar, sorprender **2** incubar, empollar, encoclar **3** meditar, planear ▪ **chocar ovos** empollar

chocolate /ʃoko'latʃi/ *sm* chocolate ▪ **chocolate quente** chocolate caliente

chocolateira /ʃokola'tejra/ *sf* chocolatera ▪ **quebrou a chocolateira** rompió la chocolatera

chofer /ʃo'fɛR/ *sm* chófer, conductor ▪ **o chofer dirigiu na contramão** el conductor conducía en sentido contrario

chope /'ʃopi/ *sm* cerveza de barril, caña ▪ **um barril de chope** un barril de cerveza

choque /'ʃoki/ *sm* **1** choque, embate, golpe, impacto, encontrón, encuentro, empellón **2** contienda, riña, disputa ▪ **choque emocional** shock

choramingar /ʃoram̃'gaR/ *v* lloriquear, hipar ▪ **veio choramingar** vino a hipar

chorar /ʃo'raR/ *v* llorar ▪ **chorar demais** llorar demasiado

choro /'ʃoru/ *sm* llanto, lloro ▪ **ouviu o choro** oyó el lloro

choupana /ʃo'pana/ *sf* barraca, choza, cabaña ▪ **choupana modesta** choza modesta

chouriço /ʃo'risu/ *sm* morcilla, chorizo, embutido ▪ **comer chouriço** comer morcilla

chover /ʃo'veR/ *v* **1** llover **2** llover, venir en abundancia, producir ▪ **chover a cântaros** llover a cántaros, caer chuzos de punta ▪ **chover granizo** apedrear, granizar

chulé /ʃu'lɛ/ *sm* mal olor en los pies, olor a pata ▪ **ter chulé** tener mal olor en los pies

chulo, -a /'ʃulu, la/ *adj* grosero, bajo, achulado ▪ **isto é chulo** esto es feo

chumaço /ʃu'masu/ *sm* tapón, bola de algodón ▪ **chumaço de algodão** tapón de algodón

chumbado, -a /ʃu'badu, da/ *adj* **1** emplomado, tapado **2** planchado ▪ **portão chumbado** puerta de planchado

chumbar /ʃu'baR/ *v* emplomar, cubrir o soldar con plomo, asegurar, afirmar ▪ **chumbar a porta** poner plomo en la puerta

chumbo /'ʃu'bu/ *sm* plomo ▪ **soldado de chumbo** soldadito de plomo

chupado, -a /ʃu'padu, da/ *adj* chupado, delgado, extenuado ▪ **ser chupado** ser chupado

chupar /ʃu'paR/ *v* **1** chupar, embeber, empapar, absorber, mamar, sorber **2** adelgazar **chupar aos poucos** chupetear ▪ **chupar pêssego** chupar durazno

circulação

chupeta */ʃuˈpeta/ sf* chupete ■ **não gostar de chupeta** no gustar de chupete

churrasco */juˈRaʃku/ sm* churrasco ■ **comer churrasco** comer churrasco

churrasqueira */juRaʃˈkejra/ sf* parrilla ■ **comprar uma churrasqueira** comprar una parrilla

chutar */juˈtaR/ v* chutar, patear ■ **chutar a bola** patear la pelota

chute */ˈʃuʃi/ sm* puntapié, patada ■ **dar um chute** dar una patada

chuva */ˈʃuva/ sf* **1** lluvia, temporal, aguacero **2** abundancia ■ **muita chuva** mucha lluvia

chuveiro */ju'vejru/ sm* ducha ■ **banho no chuveiro** baño en la ducha

chuvisco */ʃuˈviʃku/ sm* llovizna, lluvia menuda, rocío, sirimiri ■ **tem chuvisco** hay llovizna

chuvoso, -a */ʃuˈvozu, za/ adj* lluvioso, pluvioso ■ **tempo chuvoso** tiempo lluvioso

cianureto */sianuˈretu/ sm* cianuro ■ **cianureto de potássio** cianuro de potasio

cicatriz */sikaˈtrijʃ/ sf* **1** cicatriz, lacra, señal **2** resentimiento ■ **tem uma cicatriz** tiene una cicatriz

cicatrização */sikatriza'sãʷw/ sf* cicatrización, consolidación ■ **fazer a cicatrização** hacer la cicatrización

cicatrizar */sikatriˈzaR/ v* **1** cicatrizar **2** cicatrizarse ■ **cicatrizar a ferida** cicatrizar la herida

cíclico, -a */ˈsikliku, ka/ adj* cíclico ■ **ano cíclico** año cíclico

ciclismo */siˈkliʒmu/ sm* ciclismo, velocipedismo ■ **fazer ciclismo** hacer ciclismo

ciclo */ˈsiklu/ sm* ciclo, período ■ **ciclo menstrual** ciclo menstrual

ciclone */siˈkloni/ sm* ciclón, huracán, torbellino ■ **provocou um ciclone** causó un ciclón

cidadania */sidadaˈnia/ sf* ciudadanía ■ **construção da cidadania** construcción de la ciudadanía

cidadão, -ã */sidaˈdãʷw, dãˈ/ sm, f* ciudadano ■ **pacato cidadão** ciudadano pacífico

cidade */siˈdadʒi/ sf* ciudad, población grande ■ **cidade-dormitório** ciudad dormitorio ■ **cidade universitária** ciudad universitaria

cidra */ˈsidra/ sf* sidra ■ **doce de cidra** acitrón ■ **chá de cidra** té de sidra

ciência */siˈẽsja/ sf* **1** ciencia **2** conocimiento, instrucción, erudición, saber ■ **tomar ciência** llevar la ciencia

ciente */siˈeˈʃi/ adj* **1** informado, conocido, enterado **2** ciente, sabio, en autos ■ **estar ciente** estar en autos

científico */sieˈtʃifiku, ka/ adj* científico ■ **ele é um científico** él es un científico

cientista */sieˈtʃiʃta/ sm, f* cientista, científico, genio, sabio ■ **cientista bonito** científico hermoso

cifra */siˈfraʷw/ sm* **1** cifra, número, guarismo, cuantía **2** clave ■ **cifra de participantes** cifra de participantes

cifrar */siˈfraR/ v* **1** cifrar, escribir en cifra **2** resumir, reducir ■ **cifrar música** cifrar música

cigano, -a */siˈganu, na/ adj* gitano, cíngaro ■ **coração cigano** corazón gitano

cigarra */siˈgaRa/ sf* cigarra, chicharra ■ **o som da cigarra** el sonido de la cigarra

cigarro */siˈgaRa/ sf* cigarrillo, pitillo, tabaco, cigarro de papel ■ **cigarro com filtro** emboquillado ■ **toco de cigarro** colilla

cilindro */siˈliˈdru/ sm* cilindro, rollo, rodillo, rulo, tambor ■ **passar o cilindro** pasar el cilindro

cílio */ˈsilju/ sm* pestaña ■ **arrancar os cílios** arrancar las pestañas

cima */ˈsima/ sf* encima, arriba ■ **ir de baixo para cima** ir de abajo arriba ■ **para cima** para arriba

cimbre */ˈkaʃˈbra/ sf* cimbra, armazón de madera ■ **armação de cimbre** armazón de cimbra

cimentar */simeˈtaR/ v* **1** cementar **2** consolidar ■ **cimentar a casa** cementar la casa

cimento */siˈmeˈtu/ sm* **1** cimiento, fundamento **2** cemento ■ **fazer cimento** hacer cemento

cimo */ˈsimu/ sm* cima, cumbre, alto ■ **o cimo da árvore** la cima del árbol

cinco */ˈsiˈku/ adj & sm* cinco ■ **cinco vezes** cinco veces

cine */ˈsini/ sm* cine, cinema ■ **ir ao cine** ir al cine

cineasta */sineˈaʃta/ sm, f* cineasta ■ **ser um cineasta** ser un cineasta

cinema */siˈnema/ sm* cinema, cine ■ **cinema falado** cine sonoro

cinematográfico, -a */sineˈmaˈtʃiku, ka/ adj* cinematográfico ■ **modelo cinematográfico** modelo cinematográfico

cinético, -a */siˈnɛtʃiku, ka/ adj* cinético ■ **frequência cinética** frecuencia cinética

cingir */siˈʒiR/ v* ceñir, apretar, rodear, abrazar, abarcar ■ **cingir os rins** ceñir los riñones

cínico, -a */ˈsiniku, ka/ adj & sm, f* cínico, amoral, desvergonzado, descarado ■ **pessoa cínica** persona cínica

cinismo */siˈniʒmu/ sm* cinismo, desvergüenza, descaro ■ **cinismo ao falar** cinismo al hablar

cinquenta */sɪ̃ˈkweˈta/ adj & sm* cincuenta ■ **cinquenta dólares** cincuenta dólares

cinquentenário */sɪ̃ˈkeˈteˈnarju/ sm* cincuentenario ■ **ir ao cinquentenário** ir al cincuentenario

cinta */ˈsɪ̃ˈta/ sf* cinto, faja, liga, tira de papel ■ **usar cinta** usar faja

cintilante */sɪ̃ˈtʃiˈlaˈtʃi/ adj* centelleante, fulgurante, vivo ■ **esmalte cintilante** esmalte centelleante

cintilar */sɪ̃ˈtʃiˈlaR/ v* cintilar, faiscar, brillar, destellar, relucir, irradiar ■ **fazer cintilar** hacer brillar

cinto */ˈsɪ̃ˈtu/ sm* **1** cinto, cinturón **2** zona, cerca ■ **usar cinto** usar cinturón

cintura */sɪ̃ˈtura/ sf* cintura, talle ■ **cinturão** cinturón ■ **cintura pélvica** cintura pélvica

cinza */ˈsɪ̃ˈza/ sf* **1** ceniza **2** color gris **3** dolor, luto ■ **tirar as cinzas** tomar las cenizas

cinzeiro */sɪ̃ˈzejru/ sm* cenicero ■ **cigarro no cinzeiro** cigarrillo en el cenicero

cinzel */sɪ̃ˈzew/ sm* cincel, buril, escoplo, cortafrío ■ **cortar com cinzel** cortar con cincel

cinzento, -a */sɪ̃ˈzeˈtu, ta/ adj* cenicieto, grisáceo ■ **cor cinzenta** color cenicieto

cio */ˈsiu/ sm* celo, apetito, deseo sexual, brama ■ **entrar no cio** entrar en celo

cipreste */siˈpreʃtri/ sm* ciprés ■ **cipreste alto** ciprés alto

circo */ˈsiRku/ sm* circo, anfiteatro, círculo ■ **ir ao circo** ir al circo

circuito */siRˈkwitu/ sm* circuito, circunferencia, vuelta, rodeo, contorno, ámbito ■ **curto-circuito** corto circuito

circulação */siRkulaˈsaˈw/ sf* **1** circulación, tránsito **2** difusión, propagación ■ **circulação sanguínea** circulación de la sangre

289

circular

circular /siRku'laR/ *v* circular, transitar ▪ **é circular** es circular

círculo /'siRkulu/ *sm* **1** círculo, esfera, anillo, corro, arco, circo, rueda **2** círculo, gremio, asamblea ▪ **fazer um círculo** hacer un círculo

circundar /siRkuⁿ'daR/ *v* circundar, rodear, ceñir, cercar ▪ **fazer circundar** hacer rodear

circunflexo, -a /siRkuⁿ'flexu, xa/ *adj* circunflejo, curvo, encorvado en arco ▪ **acento cincunflexo** acento circunflejo

circunscrever /siRku'ⁿjkre'veR/ *v* circunscribir, localizar, limitar ▪ **para circunscrever** para circunscribir

circunspecção /siRku'ⁿjpe'sa͂w/ *sf* circunspección, prudencia, ponderación, seriedad, aplomo ▪ **fazer circunspecção** hacer circunspección

circunstância /siRku'ⁿjˈta͂sja/ *sf* circunstancia, condición, motivo ▪ **nesta circunstancia** en esta circunstancia

cirrose /si'Rᴐzi/ *sf* cirrosis ▪ **ter cirrose** tener cirrosis

cirurgia /siruR'ʒia/ *sf* cirugía ▪ **sala de cirurgia** quirófano ▪ **fazer uma cirurgia** someterse a una operación

cirurgião, -ã /siruR'ʒi'a͂w, a͂'/ *sm, f* cirujano ▪ **neurocirurgião** neurocirujano

cirúrgico, -a /si'ruR'ʒiku, ka/ *adj* quirúrgico ▪ **centro cirúrgico** quirófano

cisão /si'za͂w/ *sf* incisión, separación ▪ **pequena cisão** pequeña incisión

cisco /'siʃku/ *sm* basura, carbón muy menudo ▪ **retirar o cisco do olho** retirar la basura del ojo

cismar /siʃ'maR/ *v* cavilar, reflexionar, meditar ▪ **cismar com o garoto** cavilar con el garoto

cisne /'siʃni/ *sm* cisne ▪ **cisne branco** cisne blanco

citação /sita'sa͂w/ *sf* citación, cita, alegación, alusión ▪ **uma citação infeliz** una citación infeliz

citar /si'taR/ *v* citar, mencionar, alegar, aludir, transcribir, alegar, nombrar, interpelar ▪ **citar em juízo** citar en juicio ▪ **citar algo** mencionar algo

citologia /sitolo'ʒia/ *sf* citología ▪ **fazer uma citologia** hacer una citología

citoplasma /sito'pla3ma/ *sm* citoplasma ▪ **citoplasma celular** citoplasma celular

cítrico, -a /'si'triku, ka/ *adj* cítrico ▪ **gás cítrico** gas cítrico

ciúme /si'umi/ *sm* celo, envidia, rivalidad, despecho amoroso ▪ **tenho ciúme** estoy celoso

cívico, -a /'siviku, ka/ *adj* cívico, patriótico▪ **centro cívico** centro cívico

civil /si'viw/ *adj* **1** civil, de los ciudadanos **2** cortés, sociable ▪ **código civil** código civil

civilidade /sivili'dad3i/ *sf* civilidad, urbanidad, cortesía ▪ **ter civilidade** tener civilidad

civilização /siviliza'sa͂w/ *sf* civilización, progreso ▪ **nossa civilização** nuestra civilización

civilizar /sivili'zaR/ *v* civilizar, instruir, adelantar, urbanizar ▪ **civilizar as pessoas** civilizar las personas

clã /kla͂'/ *sm* **1** clan, familia, tribu **2** partido, facción ▪ **entrar em um clã** entrar en un clan

clamar /kla'maR/ *v* clamar, llamar, implorar, exigir, alarmar ▪ **clamar a Deus** clamar a Dios

clamor /kla'moR/ *sm* alarma, clamor, grito, reclamación ▪ **clamor do público** clamor del público

clandestino, -a /kla͂'deʃ'tʃinu, na/ *adj* clandestino, furtivo, pirata, secreto, oculto ▪ **ser clandestino** ser furtivo

claraboia /kla'ra'bᴐja/ *sf* claraboya, ojo de buey, tragaluz ▪ **claraboia de vidro** claraboya de cristal

clarão /kla'ra͂w/ *sm* lumbre, resplandor ▪ **viu o clarão** miró el resplandor

clarear /klare'aR/ *v* **1** clarear, aclarar, blanquear, alumbrar **2** alborear, amanecer **3** clarearse, aclararse ▪ **clarear a pele** aclarar la piel

clareza /kla'reza/ *sf* claridad, precisión, lucidez ▪ **falar com clareza** hablar con claridad

claridade /klari'dad3i/ *sf* **1** claridad, blancura **2** brillo, resplandor, luz ▪ **ver a claridade** ver la luz

clarividência /klarivi'de͂sja/ *sf* clarividencia, perspicacia, penetración ▪ **ter clarividência** tener clarividencia

claro, -a /klaru, ra/ *adj* **1** claro, iluminado, brillante, limpio, luminoso, límpido **2** neto, franco, evidente, obvio, palpable, visible, explícito, directo, cierto ▪ **lugar claro** lugar claro

classe /'klasi/ *sf* **1** clase, orden, jerarquía, categoría, especie, grupo, estado **2** aula ▪ **ter classe** tener clase

clássico, -a /'klasiku, ka/ *adj* clásico, principal, tradicional, antiguo ▪ **música clássica** música clásica

classificação /klasifika'sa͂w/ *sf* clasificación, sistema, graduación, calificación ▪ **classificação de ovos** clasificación de los huevos

classificado, -a /klasifi'kadu, da/ *adj* clasificado, calificado, encasillado ▪ **estar classificado** estar clasificado

classificador, -ora /klasifika'doR, ra/ *adj & sm, f* clasificador ▪ **termo classificador** término clasificador

classificar /klasifi'kaR/ *v* **1** clasificar, ordenar, coordinar **2** calificar, graduar, encasillar ▪ **classificar na final** clasificar en la final

claustrofobia /klaw'frofo'bia/ *sf* claustrofobia ▪ **ter claustrofobia** tener claustrofobia

cláusula /'klawzula/ *sf* cláusula, artículo ▪ **primeira cláusula** primera cláusula

clausura /klaw'zura/ *sf* clausura, encierro, reclusión, estado monástico ▪ **clausura do campeonato** clausura del campeonato

clave /'klavi/ *sf* **1** clave **2** explicación ▪ **clave de sol** clave de sol

clavícula /kla'vikula/ *sf* clavícula ▪ **machucar a clavícula** dañar la clavícula

cleptomania /kleptoma'nia/ *sf* cleptomanía ▪ **ter cleptomania** tener cleptomanía

clero /'kleru/ *sm* clero, corporación de sacerdotes ▪ **ser do clero** ser del clero

cliché /kli'ʃe/ *sm* cliché, prueba negativa, hoja estereotipada ▪ **um cliché** un cliché

cliente /kli'e'ⁿtʃi/ *sm, f* cliente, parroquiano ▪ **ser cliente** ser cliente

clientela /klie͂'tɛla/ *sf* clientela, protección, tutela ▪ **fazer clientela** hacer clientela

clima /'klima/ *am* **1** clima, aire, condiciones atmosféricas **2** ambiente, país, zona ▪ **clima úmido** clima húmedo

climatizar /klimatʃi'zaR/ *v* climatizar, aclimatar ▪ **climatizar o ar** climatizar el aire

clímax /'klimaks/ *sm* clímax, gradación, punto culminante ▪ **clímax feminino** clímax femenino

clínico, -a /'kliniku, ka/ *adj* **1** clínico, médico **2** clínica ▪ **caso clínico** caso clínico

clipe /'klipi/ *sm* **1** clip, broche, sujetapapeles **2** videoclip ▪ **ver o clipe** mirar el videoclip

cloaca /klo'aka/ *sf* cloaca, alcantarilla, retrete, letrina, lugar inmundo ▪ **cloaca da casa** cloaca de la casa

coincidência

cloro /'klɔɾu/ sm cloro ■ **colocar cloro** poner cloro

clorofila /klɔɾo'fila/ sf clorofila ■ **as plantas têm clorofila** las plantas tienen clorofila

clorofórmio /klɔɾo'fɔRmju/ sm cloroformo ■ **clorofórmio caseiro** cloroformo casero

clube /'klubi/ sm club, junta, asamblea, círculo, gremio, asociación política ■ **ir ao clube** ir al club

coabitar /koabi'taR/ v cohabitar, vivir en común ■ **coabitar a mesma casa** cohabitar en la misma casa

coação /koa'sãʊ̃/ sf 1 coacción, coerción, violencia 2 coladura ■ **coação do café** coladura del café

coador /koa'doR, ɾa/ sm colador, coladero, escurridor ■ **coador de café** colador de café

coagir /koa'ʒiR/ v coaccionar, coercer, forzar, amenazar, obligar ■ **coagir rápido** coaccionar rápido

coagulação /koagula'sãʊ̃/ sf coagulación ■ **haver coagulação** existir coagulación

coagular /koagu'laR/ v 1 coagular, solidificar, cuajar, llenar 2 obstruir, entupir ■ **coagular o sangue** coagular la sangre

coágulo /ko'agulu/ sm coágulo, cuajo, grumo ■ **formar coágulo** formar un coágulo

coalhado, -a /koa'ʎadu, da/ adj cuajado, cuajada ■ **leite coalhado** leche cuajada

coalhar /koa'ʎaR/ v 1 cuajar, coagular 2 llenar, entupir 3 cuajarse ■ **coalhar o leite** cuajar la leche

coalho /koa'ʎaR/ v cuajo ■ **coalho de leite** cuajo de la leche

coalizão /koali'zãʊ̃/ sf coalición, alianza, acuerdo entre partidos políticos ■ **houve coalizão** hubo coalición

coar /ko'aR/ v 1 colar, filtrar 2 introducirse, fluir ■ **coar o suco** colar el jugo

cobaia /ko'baja/ sf cobaya, conejillo de indias ■ **ser uma cobaia** ser un conejillo de indias

cobalto /ko'bawtu/ sm cobalto ■ **efeito cobalto** efecto cobalto

coberto, -a /ko'bɛRtu, ta/ sm, f cubierto, abrigado, tapado, lleno, tinglado ■ **ficar coberto** estar cubierto

cobertor /kobeR'toR/ sm cobertor, manta, frazada, colcha ■ **cobertor grosso** manta gruesa

cobertura /kobeR'tuɾa/ sf cobertura, cubierta, techo, tejado, capa, tapa, embalaje, revestimiento 2 garantía ■ **cobertura externa** marquesina ■ **dar cobertura** proteger

cobiça /ko'bisa/ sf codicia, avidez, ambición, ansia, deseo vehemente ■ **haver cobiça** hay avaricia

cobiçar /kobi'saR/ v codiciar, envidiar, ambicionar, apetecer con vehemencia ■ **cobiçar a mulher** codiciar la mujer

cobra /'kɔbɾa/ sf cobra, serpiente, culebra ■ **cobra coral** serpiente coral

cobrador, -ora /kobɾa'doR, ɾa/ sm, f cobrador, recaudador ■ **cobrador de ônibus** cobrador de autobús

cobrança /ko'bɾãsa/ sf cobranza, recaudo, recolección ■ **fazer a cobrança** hacer la cobranza

cobrar /ko'bɾaR/ v cobrar, recibir, recolectar **cobrar impostos, taxas** recaudar ■ **telefonema a cobrar** llamada con cobro revertido

cobre /'kɔbɾi/ sm 1 cobre 2 **cobres** pl plata, dinero ■ **panela de cobre** cacerola de cobre

cobrir /ko'bɾiR/ v 1 cubrir, recubrir, tapar, techar, cobijar 2 copular (animal) ■ **vamos cobrir** vamos a cubrir

coca /'kɔka/ sf 1 coca 2 embozo ■ **coca é um arbusto** coca es un arbusto

cocada /ko'kada/ sf dulce de coco ■ **cocada branca** dulce de coco blanco

cocaína /koka'ina/ sf cocaína ■ **cocaína é uma droga** cocaína es una droga

coçar /ko'saR/ v 1 rascar 2 sobar, batir ■ **coçar a careca** rascar la calva

cocção /kɔk'sãʊ̃/ sf cocción, cocedura, cocimiento ■ **cocção de amido** cocedura de almidón

cócegas /'kɔk'sãʊ̃/ sf 1 cosquillas 2 deseo, tentación ■ **fazer cócegas** hacer cosquillas

coceira /ko'sejɾa/ sf escozor, picazón, cosquilleo ■ **muita coceira** mucha picazón

cochichar /koʃi'ʃaR/ v cuchichear, soplar, susurrar, bisbisear, murmurar ■ **cochichar no ouvido** susurrar en el oído

cochicho /ko'ʃiʃu/ sm bisbiseo, susurro, murmullo ■ **ouvir cochicho** escuchar un susurro

cochilar /koʃi'laR/ v 1 dormitar, sestear 2 descuidarse ■ **cochilar na cama** dormitar en la cama

cochilo /ko'ʃilu/ sm 1 siesta 2 descuido, engaño ■ **tirar um chochilo** tomar una siesta

coco /'koku/ sm 1 coco 2 cabeza, juicio ■ **água de coco** agua de coco

cocô /ko'ko/ sm caca, mierda, excremento ■ **fazer cocô** hacer caca

codeína /kode'ina/ sf codeína ■ **ingerir codeína** ingestión de codeína

codificar /kodʒifi'kaR/ v codificar ■ **codificar o aparelho** codificar la máquina

código /'kodʒigu/ sm código, norma, compilación de leyes ■ **código penal** código penal

codorna /ko'doRna/ sf codorniz, perdiz ■ **ovo de codorna** huevo de codorniz

coeficiente /koefisi'eʧi/ sm coeficiente ■ **ser coeficiente** ser coeficiente

coelho /ko'eʎu/ sm conejo ■ **coelho novo** gazapo

coerência /koe'reⁿsja/ sf coherencia, ligazón, consistencia ■ **não pode ter coerência** no puede tener coherencia

coerente /koe're'ʧi/ adj coherente, consecuente, conexo, conforme ■ **ser coerente** ser coherente

coesão /koe'zaʊ̃/ sf 1 cohesión, ligazón 2 armonía, ligazón moral ■ **coesão na pista** cohesión en la pista

coexistir /koeksiʧiR/ v coexistir, existir al mismo tiempo ■ **isso deve coexistir** eso debe coexistir

cofre /'kɔfɾi/ sm cofre, arca, baúl, hucha, tesoro ■ **abrir o cofre** abrir el cofre

cogitar /koʒi'taR/ v cogitar, pensar, imaginar, meditar, reflexionar ■ **devemos cogitar** debemos pensar

cognitivo, -a /kɔgni'ʧivu, va/ adj cognitivo, cognoscitivo ■ **processo cognitivo** proceso cognitivo

cognominar /kɔgnomi'naR/ v nombrar, apellidar ■ **cognominar alguém** nombrar alguien

cogumelo /kogu'mɛlu/ sm champiñón, hongo ■ **comer cogumelo** comer champiñón

coibir /koi'biR/ v 1 cohibir, reprimir, impedir 2 cohibirse, abstenerse, privarse ■ **coibir a dor** reprimir el dolor

coice /koj'si/ sm 1 coz, patada 2 ingratitud ■ **levar coice** llevar patada

coincidência /koj'si'de'sja/ sf 1 coincidencia 2 simultaneidad ■ **foi coincidência** fue coincidencia

coincidir

coincidir /koȷ̈ˈsiˈdȝiR/ *v* **1** coincidir, concordar **2** ocurrir al mismo tiempo ■ **coincidir com a opinião** coincidir con la opinión

coisa /ˈkojza/ *sf* cosa, objeto ■ **não ser uma coisa nem outra** no ser chicha ni limonada

coitado, -a /koȷˈtadu, da/ *adj & sm, f* pobre, desdichado ■ **coitado dele** pobre

coito /ˈkojˈtu/ *sm* coito, cópula ■ **coito interrompido** coito interrumpido

cola /ˈkɔla/ *sf* **1** cola, pegamento, engrudo, pasta para pegar **2** pista, rastro **3** cola, rabo (de animal) ■ **na cola de** en la huella de

colaboração /kolaboraˈsãw/ *sf* colaboración, auxilio, ayuda, cooperación, apoyo ■ **pedir a colaboração** solicitar la cooperación

colaborador, -ora /kolaboraˈdoR, ra/ *adj & sm, f* colaborador, coadjutor, cooperador ■ **ser colaboradora** ser colaboradora

colaborar /kolaboˈraR/ *v* colaborar, participar, cooperar, auxiliar ■ **colaborar em uma empresa** colaborar en una empresa

colagem /koˈlaȝeˈj/ *sf* **1** encolado **2** collage ■ **fazer colagem** hacer collage

colapso /koˈlapsu/ *sm* colapso, síncope, indisposición ■ **colapso nervoso** colapso nervioso

colar /koˈlaR/ *v* **1** pegar, encolar, fijar **2** *sm* collar ■ **colar grau** graduar

colarinho /kolaˈriɲu/ *sm* **1** cuello (de camisa), collarín **2** espuma de la cerveza ■ **colarinho da camisa** cuello de la camisa

colcha /ˈkowʃa/ *sf* colcha, sobrecama ■ **colcha branca** colcha blanca

colchão /kowˈʃãw/ *sm* colchón ■ **colchão de ar** colchón de viento ■ **colchão de penas** plumón

colchete /kowˈʃeʧi/ *sm* corchete, gancho doble, broche de metal ■ **abrir colchete** abrir corchete

coleção /koleˈsãw/ *sf* colección, compilación, reunión, conjunto, acervo ■ **coleção de libros** colección de libros

colecionar /kolesioˈnaR/ *v* coleccionar, reunir, compilar ■ **colecionar algo** coleccionar algo

colega /koˈlega/ *sm, f* colega, compañero, amigo, camarada ■ **colega de trabalho** compañero de trabajo

colegial /koleȝiˈaw/ *adj* colegial, estudiante, alumno de colegio ■ **primeiro colegial** primer colegial

colégio /koˈlɛȝu/ *sm* colegio, establecimiento de enseñanza ■ **colégio eleitoral** colegio electoral

cólera /ˈkɔlera/ *sf* cólera, desesperación, enojo, ira, irritación, violencia, berrinche ■ **ter cólera** tener cólera

colesterol /kolesteˈrɔw/ *sm* colesterol ■ **colesterol alto** colesterol alto

coleta /koˈlɛta/ *sf* colecta, contribución, cantidad que se paga de impuesto **coleta de lixo** recolección de basuras ■ **fazer uma coleta** recoger dinero

colete /koˈleʧi/ *sm* chaleco ■ **colete salva-vidas** chaleco salvavidas

coletividade /koleʧiviˈdadȝi/ *sf* colectividad, sociedad ■ **coletividade desportiva** colectividad deportiva

coletor, -ora /koleˈtoR, ra/ *adj* colector, coleccionador, recaudador ■ **coletor de lixo** colector de basura

colheita /koˈʎeita/ *sf* cosecha, recolección, granjeo ■ **colheita de cana-de-açúcar** zafra

colher /koˈʎeR/ *sf* **1** cuchara, cucharada **2** coger, recolectar; agarrar, asir, tomar ■ **colher louros** cosechar laureles ■ **meter a colher** meter uno su cuchara

cólica /ˈkɔlika/ *sf* cólico, retortijón, espasmo ■ **ter cólicas** tener cólico

colidir /koliˈdȝiR/ *v* colidir, colisionar, chocar ■ **colidir com o avião** chocar con el avión

coligação /koligaˈsãw/ *sf* coalición, alianza, trama ■ **fazer coligação** formar una coalición

coligar /koliˈgaR/ *v* **1** coaligar, asociar, confederar **2** coaligarse, asociarse, unirse ■ **coligar empresa** asociar empresa

colina /koˈlina/ *sf* colina, otero, elevación de terreno ■ **alto da colina** cima de la colina

colírio /koˈliɾju/ *sm* colirio ■ **usar colírio** usar colirio

colisão /koliˈzãw/ *sf* **1** colisión, choque, lucha **2** indecisión ■ **deu uma colisão** ocurrió una colisión

colmeia /kowˈmeja/ *sf* **1** colmena **2** enjambre **3** casa muy llena ■ **colmeia de abelhas** colmena de abejas

colo /ˈkɔlo/ *sm* cuello, regazo, seno no colo en brazos ■ **sentar no colo** sentar en su regazo

colocação /kolokaˈsãw/ *sf* **1** colocación, empleo **2** posición, puesto ■ **fazer uma colocação** hacer una colocación

colocar /koloˈkaR/ *v* colocar, situar, meter, poner ■ **colocar no prato** poner en el plato

colombiano, -a /koloˈbi'anu, na/ *adj* colombiano ■ **homem colombiano** hombre colombiano

colônia /koˈlonja/ *sf* **1** colonia, región bajo el dominio de una nación **2** colonia ■ **água de colônia** perfume ■ **colônia de férias** colonia de vacaciones

colonizar /koloniˈzaR/ *v* colonizar, habitar como colono ■ **colonizar as terras** colonizar las tierras

colono, -a /koˈlonu/ *sm* colono, chacarero, poblador ■ **ser colono** ser colono

colóquio /koˈlɔkju/ *sm* coloquio, diálogo, conversación, entrevista ■ **colóquio entre amigos** coloquio entre amigos

coloração /koloraˈsãw/ *sf* coloración, pigmentación, tonalidad ■ **coloração amarela** coloración amarilla

colorido, -a /koloˈridu, da/ *adj* coloreado, lleno de color ■ **lápis colorido** lápiz de color

colorir /koloˈriR/ *v* colorear, matizar, pigmentar, pintar ■ **colorir el quadro** colorear la tabla

colossal /koloˈsaw/ *adj* **1** colosal **2** enorme, desmedido ■ **lula colossal** calamar colosal

coluna /koˈluna/ *sf* **1** columna, pilar **2** apoyo, protección ■ **coluna de concreto** pilote **coluna vertebral** espinazo

com /ˈkoˈ/ *prep* **1** con **2** significa el medio, el modo o el instrumento **3** expresa la idea de compañía ■ **com amor** con amor

coma /ˈkoma/ *sf* coma ■ **coma alcoólico** coma alcohólico

comadre /koˈmadri/ *sf* comadre, matrona ■ **minha comadre** mi comadre

comandar /komãˈdaR/ *v* comandar, mandar, dirigir ■ **comandar tudo** comandar todo

comando /koˈmãˈdu/ *sm* comando, mando, autoridad, poder ■ **estar no comando** estar al mando

comarca /koˈmaRka/ *sf* comarca, distrito judicial, circunscripción territorial ■ **fora da comarca** fuera del distrito

combate /koˈ̃baʧi/ *m* combate, lucha, batalla, pelea ■ **combate contra as drogas** lucha contra las drogas

combatente /koˈ̃baˈteˈʧi/ *adj & sm, f* combatiente, luchador, soldado ■ **combatente da liberdade** luchador por la libertad

combater /koˈ̃baˈteR/ *v* combatir, batallar, guerrear, luchar, pelear, contender ■ **combater o mal** luchar contra el mal

comparar

combativo, -a /koˈbaˈtʃivu, va/ *adj* combativo, agresivo ■ **pessoa combativa** persona combativa

combinação /koˈbinaˈsaˈw/ *sf* **1** combinación, contrato, concierto, conformidad, acuerdo **2** prenda femenina de uso interior ■ **combinação perfeita** combinación perfecta

combinado, -a /koˈbiˈnadu, da/ *adj* combinado, acertado, ajustado ■ **está combinado** está combinado

combinar /koˈbiˈnaR/ *v* **1** combinar, estipular, igualar, convenir, concretar, pactar **2** combinarse, aliarse ■ **combinar a roupa** combinar la ropa

comboio /koˈboju/ *sm* vagón, convoy, tren ■ **comboio lotado** tren lleno

combustão /koˈbuʃˈtaˈw/ *sf* **1** combustión, ignición **2** conflagración ■ **combustão de gasolina** combustión de gasolina

combustível /koˈbuʃˈtʃivew/ *adj* combustible ■ **colocar combustível** cargar combustible

começar /komeˈsaR/ *v* **1** empezar, comenzar, entablar, entrar, incoar, iniciar, principiar **2** amanecer ■ **começar o assunto** entrar en materia

começo /koˈmesu/ *sm* **1** comienzo, origen, aurora, principio, inicio, estreno **2** germen ■ **para começo de conversa** para empezar

comédia /koˈmedʒja/ *sf* **1** comedia **2** disimulación, hipocresía ■ **filme de comédia** película de comedia

comediante /komedʒiˈaˈtʃi/ *sm, f* comediante, actor ■ **ser comediante** ser comediante

comedimento /komedʒiˈmeˈtu/ *sm* comedimiento, moderación, sobriedad, prudencia ■ **por comedimento** por moderación

comedir /komeˈdʒiR/ *v* **1** comedir, moderar **2** contenerse, moderarse, comportarse con modestia ■ **comedir com a comida** comedirse con los alimentos

comemoração /komemoraˈsaˈw/ *sf* conmemoración, fiesta, homenaje ■ **em comemoração** en conmemoración

comemorar /komemoˈraR/ *v* conmemorar, solemnizar, recordar, homenajear ■ **comemorar noivado** conmemorar el noviazgo

comenda /koˈmeˈda/ *sf* **1** encomienda **2** distinción, insignia ■ **insignia de comenda** insignia de la dignidad

comentar /komeˈtaR/ *v* comentar, explicar, criticar, analizar, apostillar ■ **comentar algo** comentar algo

comentário /komeˈtarju/ *sm* comentario, anotación, apostilla ■ **assunto para comentários** comidilla

comer /koˈmeR/ *v* **1** comer, almorzar, devorar **2** jamar **3** fornicar **4** coger **5** disipar, dilapidar, consumir, disfrutar ■ **comer às pressas** embocar ■ **comer demais** comer por cuatro ■ **comer um pouco** echar un bocado

comercial /komeRsiˈaw/ *adj* comercial, mercantil **1** plato popular **2** anuncio publicitario ■ **hora do comercial** momento de los anuncios

comerciante /komeRsiˈaw/ *adj* comerciante, feriante, mercader, negociante, tendero, vendedor ■ **ser comerciante** ser comerciante

comerciar /komeRsiˈaR/ *v* comercializar, negociar, traficar ■ **comércio de drogas** tráfico de drogas

comércio /koˈmeRsju/ *sm* comercio, negocio, mercado ■ **comércio no atacado** comercio por mayor ■ **comércio no varejo** comercio por menor ■ **comércio ilegal** tráfico

comestível /komeˈʃtʃivew/ *adj* comestible, comedero ■ **papel comestível** papel comestible

cometa /koˈmeta/ *sm* cometa ■ **ver um cometa** ver un cometa

cometer /komeˈteR/ *v* cometer, perpetrar, confiar ■ **cometer injustiça** cometer injusticia

comichão /komiˈʃaˈw/ *sf* comezón, escocedura, hormigueo, quemazón ■ **ter comichão** tener comezón

comício /koˈmisju/ *sm* comicios, reunión de ciudadanos ■ **comício da eleição** comicios de la elección

cômico, -a /ˈkomiku, ka/ *adj & sm, f* cómico, hilarante, ridículo, gracioso, jocoso, divertido ■ **palhaço cômico** payaso cómico

comida /koˈmida/ *sf* comida, alimento, sustento, yantar, plato, pitanza ■ **comida diária** pitanza

comigo /koˈmigu/ *pron* conmigo, en mi compañía, en mí mismo ■ **isso é comigo?** ¿ese asunto es conmigo?

comilão, -ona /komiˈlaˈw, lona/ *adj & sm, f* **1** comilón, comedor ■ **homem comilão** hombre comilón

comiseração /komiseraˈsaˈw/ *sf* conmiseración, compasión, lástima, pena, piedad ■ **tenha comiseração** ten piedad

comissão /komiˈsaˈw/ *sf* **1** comisión, encargo, gratificación, porcentaje, cometido **2** embajada, conciliábulo ■ **ganar comissão** ganar comisión

comissário /komiˈsarju, rja/ *sm, f* comisario, jefe de policía, comisario de vuelo ■ **comissário bom** buen comisario

comitiva /komiˈtʃiva/ *sf* comitiva, séquito, acompañamiento ■ **fazer comitiva** hacer comitiva

como /ˈkomo/ *adv* como, así como, lo mismo que ■ **seja como for** que sea como quiera

comoção /komoˈsaˈw/ *sf* **1** conmoción, emoción **2** desorden, perturbación, catástrofe, tumulto ■ **houve comoção** hubo conmoción

cômoda /ˈkomuda/ *sf* cómoda, mueble con cajones ■ **cômoda com gaveta** cajón de tocador

comodidade /komodʒiˈdadʒi/ *sf* comodidad, bienestar, conveniencia, oportunidad ■ **ter comodidade** tener comodidad

cômodo, -a /ˈkomudu, da/ *adj* cómodo, fácil, favorable, confortable ■ **estar cômodo** estar cómodo

comovente /komoˈveˈtʃi/ *adj* conmovedor, emocionante, emotivo, patético ■ **acidente comovente** accidente conmovedor

comover /komoˈveR/ *v* **1** conmover, emocionar, estremecer, impresionar, tocar **2** conmoverse, enternecerse, emocionarse ■ **se comover** conmoverse

compacto, -a /koˈpaktu, ta/ *adj* compacto, denso, conciso, apretado ■ **pó compacto** polvo compacto

compadecer /koˈpadeˈseR/ *v* **1** compadecer, conmover **2** compadecerse, apiadarse ■ **compadecer das pessoas** apiadarse de las personas

compadre /koˈpadri/ *sm* compadre, amigo íntimo ■ **meu compadre** mi amigo

compaixão /koˈpajˈʃaˈw/ *sf* compasión, lástima, pena, piedad, conmiseración ■ **compaixão de nós** piedad de nosotros

companheiro, -a /koˈpaˈnejru, ra/sm, f* compañero, colega, camarada ■ **companheiro de caminhada** compañero de caminata

companhia /koˈpaˈɲia/ *sf* **1** compañía, acompañante, comitiva, sociedad **2** *Mil* sección de un regimiento ■ **companhia de trens** compañía de trenes

comparação /koˈpaɾaˈsaˈw/ *sf* comparación, paralelo, símil ■ **comparação de qualidade** comparación de la calidad

comparar /koˈpaˈraR/ *v* **1** comparar, confrontar, tantear, aproximar **2** compararse, igualarse ■ **comparar roupa** comparar ropa

comparecer

comparecer /ko̅ˈpaɾeˈseR/ v comparecer, aparecer, acudir ■ **comparecer no local** aparecer en el local

comparecimento /ko̅paɾesiˈme̅tu/ sm comparecimiento, comparecencia, presencia ■ **não houve comparecimento** no hubo comparecimiento

compartimento /ko̅paRʧiˈme̅tu/ sm 1 compartimiento, compartimiento 2 apartamento, pieza, cuarto, apartado ■ **outro compartimento** otro compartimiento

compassado, -a /ko̅paˈsadu, da/ adj acompasado, monótono ■ **caminhar compassado** andar acompasado

compassivo, -a /ko̅pasivu, va/ adj compasivo, bondadoso ■ **ser compassivo** ser compasivo

compasso /ko̅ˈpasu/ sm 1 compás, ritmo 2 regla, medida ■ **pegar o compasso** acelerar el ritmo

compatível /ko̅paˈʧivew/ adj compatible, conciliable ■ **celulares compatíveis** teléfonos compatibles

compendiar /ko̅pe̅dʒiˈaR/ v compendiar, resumir, abreviar ■ **compendiar isso** compendiar eso

compêndio /ko̅ˈpe̅dʒju/ sm compendio, manual, resumen, síntesis ■ **compêndio simples** mero compendio

compenetração /ko̅penetraˈsa̅w/ sf compenetración, convicción ■ **compenetração natural** compenetración natural

compensação /ko̅pe̅saˈsa̅w/ sf compensación, enmienda, contrapartida, indemnización, recompensa, remuneración ■ **em compensação** en cambio, en pago

compensar /ko̅pe̅ˈsaR/ v compensar, equilibrar, indemnizar, resarcir, remunerar ■ **compensar um cheque** compensar un cheque

competência /ko̅peˈte̅sja/ sf competencia, jurisdicción, capacidad, atribución ■ **ter competência** tener competencia

competente /ko̅peˈte̅ʧi/ adj competente, apto, suficiente ■ **indústria competente** industria competente

competição /ko̅peʧiˈsa̅w/ sf competición, rivalidad, torneo, lucha ■ **competição esportiva** competición deportiva

competidor, -ora /ko̅peʧiˈdoR, ra/ adj & sm, f competidor, rival, adversario, émulo ■ **empresa competidora** empresa competidora

competir /ko̅peˈʧiR/ v competir, apostar, emular, rivalizar ■ **vamos competir** vamos a competir

compilar /ko̅piˈlaR/ v compilar, coleccionar, reunir, recolectar ■ **compilar leis** compilar leyes

complacência /ko̅plaˈse̅sja/ sf complacencia, benevolencia, agrado ■ **ter complacência** tener complacencia

complacente /ko̅plaˈse̅ʧi/ adj complaciente, benévolo, tolerante, condescendiente ■ **pai complacente** padre complaciente

complemento /ko̅pleˈme̅tu/ sm complemento, suplemento, remate ■ **complemento do texto** suplemento del texto

completar /ko̅pleˈtaR/ v completar, consumar, acabar, concluir, coronar ■ **completar a prova** completar la prueba

completo, -a /ko̅ˈpletu, ta/ adj completo, íntegro, cumplido ■ **material completo** material completo

complexo, -a /ko̅ˈplɛksu, sa/ adj complejo, complicado ■ **arquivo complexo** archivo complejo

complicação /ko̅plikaˈsa̅w/ sf 1 complicación, dificultad 2 enredo ■ **complicação no parto** complicación en el parto

complicado, -a /ko̅pliˈkadu, da/ adj complicado, complejo, intrincado ■ **programa complicado** programa complicado

complicar /ko̅pliˈkaR/ v 1 complicar, dificultar, mezclar, embarazar 2 embrollarse ■ **como gosta de complicar** como le gusta complicar

componente /ko̅poˈne̅ʧi/ adj & sm, f componente, ingrediente ■ **componente do contrato** componente del contrato

compor /ko̅ˈpoR/ v 1 componer, recomponer, crear 2 aderezar, arreglar, estructurar, compaginar 3 armonizarse, avenirse ■ **compor música** componer música

comporta /ko̅ˈpoRta/ sf compuerta, esclusa ■ **abrir as comportas** abrir las compuertas

comportamento /ko̅poRtaˈme̅tu/ sm comportamiento, procedimiento ■ **comportamento bom** buen comportamiento

comportar /ko̅poRˈtaR/ v 1 comportar 2 comportarse, portarse, conducirse, andar ■ **como se comportar** cómo se comportar

composição /ko̅poziˈsa̅w/ sf 1 composición, formación 2 melodía, arreglo, ajuste, acuerdo ■ **adicionar a composição** añadir la composición

compositor, -ora /ko̅poziˈtoR, ra/ adj & sm, f compositor, autor ■ **compositor de música** compositor de música

composto, -a /ko̅ˈpostu, ta/ adj 1 compuesto, ordenado, arreglado, mixto 2 organizado ■ **composto por mulheres** compuesto por mujeres

compostura /ko̅posˈtura/ sf 1 compostura, modestia 2 arreglo ■ **ter compostura** tener compostura

compota /ko̅ˈpɔta/ sf compota, dulce en almíbar ■ **compota de pêssego** compota de durazno

compra /ˈko̅pra/ sf compra, adquisición ■ **compra e venda** compraventa

comprador, -ora /ko̅praˈdoR, ra/ sm, f comprador ■ **comprador de objetos roubados** perista

comprar /ko̅ˈpraR/ v 1 comprar, adquirir 2 alcanzar, sobornar, corromper ■ **comprar fiado** comprar a fiado, a crédito

compreender [ko̅pɾeˈe̅deR] v 1 comprender, entender, saber 2 contener, entrañar 3 penetrar, caer en la cuenta 4 comprenderse, contenerse ■ **compreender alguém** entender a alguien

compreensão [ko̅pɾee̅ˈsa̅w] sf comprensión, perspicacia ■ **ter compreensão** tener comprensión

compressa [ko̅ˈpɾesa] sf compresa, apósito ■ **compressa de arnica** compresa de árnica

compressor [ko̅pɾeˈsor, ra] adj compresor ■ **rolo compressor** rodillo compresor

comprido, -a [ko̅ˈpɾidu, da] adj 1 largo, extenso, dilatado 2 prolijo, dilatado ■ **ao comprido** a lo largo

comprimento [ko̅pɾiˈme̅tu] sm largo, largura, longitud, extensión, tamaño ■ **comprimento da blusa** largo de la blusa

comprimido, -a [ko̅pɾiˈmidu, da] adj comprimido, píldora ■ **tomar comprimido** tomar la píldora

comprimir [ko̅pɾiˈmiR] v comprimir, apelmazar, oprimir ■ **comprimir o abdômen** comprimir el abdomen

comprometer [ko̅pɾomeˈteR] v 1 comprometer, enredar, implicar 2 envolverse **comprometer em casamento** prometerse ■ **vamos nos comprometer** vamos a comprometernos

compromisso [ko̅pɾoˈmisu] sm compromiso, obligación, acuerdo ■ **tenho compromisso** tengo compromiso

comprovação [ko̅pɾovaˈsa̅w] sf comprobación, confirmación, verificación, prueba ■ **após a comprovação** después de la prueba

comprovante [ko̅pɾoˈva̅ʧi] adj & sm comprobante, comprobatorio ■ **comprovante de depósito** comprobante de depósito

comprovar [ko̅pɾoˈvaR] v comprobar, probar, testificar, constatar ■ **comprovar o crime** probar la delincuencia

condomínio

compulsão *[koˉpuwˈsãˉw]* sf compulsión, necesidad ∎ **agir por compulsão** actuar por la fuerza

computador *[koˉputaˈdoR]* sm Inform computadora, ordenador ∎ **computador pessoal** microcomputadora

computar *[koˉpuˈtaR]* v computar, contar, calcular ∎ **computar dados** tabular ∎ **computar votos** escrutar

cômputo *[ˈkoˉputu]* sm cómputo, cuenta, cálculo ∎ **cômputo dos votos** cómputo de los votos

comum *[koˉˈmuˉ]* adj común, frecuente, regular, trillado, ordinario ∎ **de comum acordo** de común acuerdo, de mancomún ∎ **pessoa comum** persona común

comungar *[komuˉˈgaR]* v 1 comulgar 2 participar, tomar parte ∎ **comungar na igreja** comulgar en la iglesia

comunhão *[komuˉˈnãˉw]s f* 1 comunión 2 acuerdo, armonía ∎ **comunhão de bens** comunión de bienes

comunicação *[komunikaˈsãˉw]* sf 1 comunicación, transmisión 2 participación, relación ∎ **meio de comunicação** medio de comunicación

comunicado *[komuniˈkadu]* sm comunicado, aviso, información ∎ **comunicado importante** anuncio importante

comunicar *[komuniˈkaR]* v 1 comunicar, transmitir 2 ligar, participar, dar parte 3 propagarse, abrirse ∎ **comunicar a todos** comunicar a todos

comunicativo, -a *[komunikaˈtʃivu, va]* adj comunicativo, expansivo ∎ **homem comunicativo** hombre comunicativo

comunidade *[komuniˈdadʒi]* sf comunidad, nación, corporación ∎ **comunidade santa** comunidad santa

comunismo *[komuˈniʒmu]* sm comunismo ∎ **comunismo atual** el comunismo de hoy

comunitário, -a *[komuniˈtarju, rja]* adj comunitario ∎ **agência comunitária** agencias comunitaria

comutação *[komutaˈsãˉw]* sf conmutación, mudanza, transformación ∎ **sofrer comutação** someterse a la conmutación

comutador *[komutaˈdoR, ra]* adj conmutador, pieza para el cambio de corrientes eléctricas ∎ **comutador de ignição** conmutador de encendido

comutar *[komuˈtaR]* v 1 conmutar, permutar, cambiar 2 substituir ∎ **comutar o agente** conmutar el agente

concatenar *[koˉkateˈnaR]* v concatenar, encadenar ∎ **concatenar ideias** concatenar ideas

concavidade *[koˉkaviˈdadʒi]s f* 1 concavidad, vacío 2 gruta, caverna ∎ **ter concavidade** tener concavidad

côncavo, -a *[ˈkoˉkavu, va]* adj cóncavo, excavado, hueco ∎ **superfície côncava** superficie cóncava

conceber *[koˉseˈbeR]* v 1 concebir 2 idear, imaginar 3 percibir ∎ **conceber um filho** concebir un hijo

conceder *[koˉseˈdeR]* v conceder, otorgar, atribuir, deferir ∎ **conceder bens** conceder bienes

conceito *[koˉˈsejtu]* sm concepto, juicio, apreciación ∎ **conceito claro** concepto claro

concentração *[koˉseˈtraˈsãˉw]* sf 1 concentración, miramiento 2 meditación ∎ **ter concentração** tener concentración

concentrar *[koˉseˈtraR]* v 1 concentrar, centralizar 2 concentrarse, abstraerse ∎ **se concentrar** centralizarse

concepção *[koˉsepˈsãˉw]* sf 1 concepción 2 idea, pensamiento 3 percepción ∎ **concepção da infância** concepción de la infancia

concerto *[koˉˈseRtu]* sm concierto musical, recital, audición ∎ **concerto da orquestra** concierto de la orquesta

concessão *[koˉseˈsãˉw]* sf concesión, gracia, otorgamiento, permiso, donación ∎ **concessão de bens** provisión de bienes

concha *[ˈkoˉʃa]* sf 1 concha 2 cucharón ∎ **concha acústica** concha acústica

conciliação *[koˉsiliaˈsãˉw]* sf conciliación, arreglo, avenencia ∎ **conciliação de bens** conciliación de bienes

conciliar *[koˉsiliˈaR]* adj conciliar, bienquistar, unir, atemperar ∎ **conciliar e harmonizar** conciliar y armonizar

concisão *[koˉsiˈzãˉw]* sf concisión, precisión ∎ **concisão do texto** concisión del texto

conciso, -a *[koˉsizu, za]* adj conciso, lacónico, preciso, sucinto ∎ **algo conciso** algo conciso

concluir *[koˉkluˈiR]* v 1 concluir 2 acabar, terminar, completar, orillar, ultimar ∎ **concluir o trabalho** completar el trabajo

conclusão *[koˉkluˈzãˉw]* sf 1 conclusión, deducción 2 término, remate, acabamiento, epílogo, fin ∎ **em conclusão** en conclusión, en suma, finalmente

concordar *[koˉkoRˈdaR]* v concordar, avenir, convergir, coincidir, transigir, acceder, acordar, admitir, aprobar, avenir, trabar ∎ **concordar com você** de acuerdo con usted

concordata *[koˉkoRˈdata]* sf suspensión de pagos ∎ **concordata preventiva** protección de la bancarrota

concorrência *[koˉkoˈReˈsja]* sf 1 concurrencia 2 competición, licitación ∎ **vencer a concorrência** vencer la licitación

concorrer *[koˉkoˈReR]* v 1 concurrir 2 competir 3 afluir ∎ **concorrer em um prêmio** competir en un premio

concretizar *[koˉkreˈtʃiˈzaR]* v 1 concretar, efectuar, formalizar 2 materializarse, concretarse ∎ **concretizar sonhos** concretar sueños

concreto, -a *[koˉˈkretu, ta]* adj 1 concreto, determinado 2 espeso ∎ **concreto armado** hormigón

concubina *[koˉkuˈbina]* sf concubina, amante, amiga ∎ **amante é concubina** amante es concubina

concurso *[koˉˈkuRsu]* sm concurso, certamen, prueba ∎ **concurso público** concurso público

condenar *[koˉdeˈnaR]* v 1 condenar, abominar, detestar, reprobar 2 sentenciar 3 obligar 4 condenarse, sujetarse ∎ **condenar alguém** condenar a alguien

condenável *[koˉdeˈnavɛw]* adj condenable, imperdonable, abominable ∎ **atitude condenável** actitud condenable

condensador, -a *[koˉdeˈsaˈdoR, ra]* adj condensador ∎ **aparelho condensador** aparato condensador

condensar *[koˉdeˈsaR]* v 1 condensar, resumir, apelmazar 2 tornarse denso ∎ **condensar o conteúdo** condensar el contenido

condescendência *[koˉdeseˈdeˈsja]* sf condescendencia, deferencia ∎ **condescendência criminosa** condescendencia penal

condição *[koˉdʒiˈsãˉw]* sf 1 condición, cláusula, modo, requisito 2 clase social 3 carácter ∎ **não ter condição** no tener condición

condicionar *[koˉdʒisioˈnaR]* v 1 acondicionar, arreglar 2 condicionar, limitar ∎ **condicionar a mente** acondicionar la mente

condimentar *[koˉdʒimeˈtaR]* v condimentar, aderezar, cocinar, adobar, alinear ∎ **condimentar os alimentos** condimentar los alimentos

condimento *[koˉdʒiˈmeˈtu]* sm condimento, aderezo, aliño ∎ **manter os condimentos** mantener los condimentos

condizer *[koˉdʒiˈzeR]* v 1 condecir, concordar, convenir 2 ajustarse ∎ **ter que condizer** tener que condecir

condolência *[koˉdoˈleˈsja]* sf 1 condolencia 2 condolencias; pl pésames ∎ **receber as condolências** recibir las condolencias

condomínio *[koˉdoˈminju]sm* comunidad de propietarios ∎ **pagar condomínio** pago de condominio

295

condução

condução *[ko͂du'saⁿw]* sf veículo, transporte, dirección ■ **condução de ônibus** conducción de autobús

conduta *[ko͂'duta]* sf comportamiento, conducta ■ **manter a conduta** mantener la conducta

conduzir *[ko͂du'ziR]* v 1 conducir, dirigir, acarrear, llevar, pasar, traer, administrar, transmitir 2 manejar, pilotar, portear 3 haberse ■ **conduzir o ônibus** conducir el autobús

cone *['kͻni]* sm cono ■ **cone amarelo** cono amarillo

conectar *[konɛk'taR]* v conectar, enchufar ■ **conectar a internet** conectarse a internet

conexão *[konɛk'saⁿw]* sf conexión, enchufe, encadenamiento, engarce, enlace, relación, adherencia ■ **conexão lenta** conexión lenta

confeitaria *[ko͂fejta'ria]* sf confitería, bollería, bombonería, repostería ■ **confeitaria boa** muy buena confitería

confeito *[ko͂'fejtu]* sm confite, bombón ■ **confeito branco** confite blanco

conferência *[ko͂'feⁿ̃tu]* m conferencia, alocución, comparación, cotejo ■ **fazer a conferência** hacer la conferencia

conferir *[ko͂fe're'sja]* v 1 verificar, cotejar, comparar 2 atribuir, otorgar, conferir, dar, conceder ■ **conferir o estoque** verificar el stock

confessar *[ko͂fe'saR]* v 1 confesar, reconocer 2 confesarse, declarar ■ **confessar os pecados** confesar los pecados

confete *[ko͂'fɛtʃi]* sm confeti ■ **jogar confete** echar flores

confiança *[ko͂fi'a͂sa]* sf confianza, crédito, esperanza, fe, seguridad ■ **ter confiança** tener confianza

confiar *[ko͂fi'aR]* v 1 confiar, dar, encomendar, fiar, revelar 2 remitirse, fiarse ■ **confiar muito** confiar mucho

confiável *[ko͂fi'avew]* adj confiable, fidedigno, fiable ■ **lugar confiável** lugar confiable

confidência *[ko͂fi'de'sja]* sf confidencia, secreto ■ **fazer confidências** abrirse con alguien

confinar *[ko͂fi'naR]* v 1 confinar 2 lindar, rayar ■ **confinar a uma ilha** confinar a una isla

confirmação *[ko͂fiRma'saⁿw]* sf confirmación, afirmación, convalidación, ratificación, reiteración ■ **ter a confirmação** obtener la confirmación

confirmar *[ko͂fiR'maR]* v confirmar, comprobar, ratificar, reconocer, revalidar ■ **confirmar o depósito** confirmar el depósito

confiscar *[ko͂fiʃ'kaR]* v confiscar, decomisar ■ **confiscar armas** decomisar armas

confissão *[ko͂fi'saⁿw]* sf confesión, reconocimiento, profesión de fe ■ **confissão da dívida** confesión de la deuda

conflito *[ko͂'flitu]* sm conflicto, pugna, desorden ■ **entrar em conflito** entrar en conflicto

conformar *[ko͂foR'maR]* v 1 conformar, configurar 2 moldear 3 conformarse, acomodarse ■ **não se conformar** no se moldear

conforme *[ko͂'fͻRmi]* conj conforme, semejante, idéntico, acorde ■ **tudo nos conformes** todo ello de acuerdo

confortável *[ko͂foR'tavew]* adj confortable, cómodo ■ **sapato confortável** calzado cómodo

conforto *[ko͂'foRto]* sm confort, bienestar, comodidad, auxilio, alivio ■ **ter conforto** tener confort

confrontar *[ko͂fro͂'taR]* v 1 confrontar, afrontar 2 cotejar, comparar, lindar ■ **volta a confrontar** volver a comparar

confusão *[ko͂fu'zaⁿw]* sf confusión, lío, embrollo, desorden, estruendo, enredo, tumulto, fárrago, herrería, amasijo, batiborrillo, mogollón, pelotera ■ **provocar confusão** armar barullo

confuso, -a *[ko͂fu'za͂w]* sf1 confuso, borroso, difuso, impreciso, indistinto 2 obscuro, anárquico ■ **estar confuso** estar confuso

congelador *[ko͂ʒe'laR]* v congelador, nevera ■ **congelador do frigorífico** congelador del frigorífico

congelar *[ko͂ʒe'laR]* v 1 congelar, helar, resfriar 2 solidificar 3 congelarse, endurecerse ■ **congelar a carne** congelar la carne

congênito, -a *[ko͂'ʒenitu, ta]* adj congénito, innato, natural ■ **defeito cardíaco congênito** defecto cardíaco congénito

congestão *[ko͂ʒeʃ'taⁿw]* sf 1 congestión 2 aglomeración ■ **ter uma congestão** tener una congestión

congestionamento *[ko͂ʒeʃtʃiona'me'tu]* sm embotellamiento, atasco ■ **entrar em um congestionamento** entrar en un atasco

congestionar *[ko͂ʒeʃtʃio'naR]* v 1 congestionar 2 inyectar ■ **congestionar o trânsito** congestionar el tráfico

conglomerado *[ko͂glome'radu, da]* adj conglomerado, fusión ■ **este conglomerado** este conglomerado

congraçar *[ko͂gra'saR]* v congraciar, reconciliar, apaciguar ■ **para congraçar** para congraciar

congregação *[ko͂grega'saⁿw]* sf congregación, unión, combinación, cofradía ■ **congregação cristã** congregación cristiana

congregar *[ko͂gre'gaR]* v 1 congregar, juntar, unir, reunir 2 reunirse ■ **congregar na igreja** congregar en la iglesia

congresso *[ko͂'grɛsu]* sm congreso, asamblea, junta, convención ■ **congresso de jovens** congreso de la juventud

conhaque *[ko'naki]* sm coñac ■ **tomar conhaque** tomar coñac

conhecedor, -ora *[koneʃe'doR, ra]* adj & sm, f conocedor, perito, versado ■ **ser conhecedor** estar bien versado

conhecer *[kone'seR]* v conocer, saber, apreciar, distinguir, evaluar ■ **você conhece** usted sabe

conhecido, -a *[kone'sidu, da]* adj & sm, f 1 conocido, notorio 2 manifiesto ■ **ser conhecido** ser conocido

conhecimento *[koneʃi'me'tu]* sm conocimiento, saber, noción, experiencia ■ **ter conhecimento** tener conocimiento

conivente *[koni've'ʃi]* adj conniviente, cómplice ■ **você é conivente** usted es cómplice

conjetura *[ko͂ʒe'tura]* sf conjetura, previsión, suposición ■ **somente uma conjetura** apenas una conjetura

cônjuge *['ko͂ʒu3i]* sm, f cónyuge, consorte, marido, mujer, esposo, esposa ■ **meu cônjuge** mi esposo

conjunção *[ko͂ʒu͂'saⁿw]* sf 1 conjunción, unión 2 oportunidad ■ **conjunção de fatos** conjunción de hechos

conjunto *[ko͂'ʒu͂tu, ta]* adj conjunto, reunión, serie, colección, sistema organizado, repertorio ■ **conjunto de cores** conjunto de colores

conjuntura *[ko͂ʒu͂'tura]* sf 1 coyuntura, oportunidad 2 pasaje ■ **pela conjuntura** por coyuntura

conjurar *[ko͂ʒu'raR]* v 1 conjurar, conspirar, tramar 2 exorcizar ■ **conjurar espíritos** conjurar espíritus

conquista *[ko͂'kiʃta]* sf 1 conquista, obtención, toma 2 noviazgo ■ **conquista boa** buena conquista

conquistar *[ko͂kiʃ'taR]* v 1 conquistar, dominar, ganar 2 conseguir noviazgo ■ **conquistar o impossível** conquistar lo imposible

consagração *[ko͂sagra'saⁿw]* sf 1 consagración, dedicación 2 ovación, apoteosis 3 sacerdocio ■ **fazer consagração** hacer la consagración

consagrar *[ko͂sa'graR]* v 1 consagrar, dedicar, inmortalizar 2 sacrificarse ■ **consagrar a hóstia** consagrar la hostia

consciência *[ko͂si'e'sja]* sf conciencia, conocimiento, juicio sobre algo ■ **consciência leve** conciencia tranquila

continuação

consecutivo, -a *[koˇseku'tʃivu, va]* adj consecutivo, sucesivo, consecuente ■ **ano consecutivo** año consecutivo

conseguir *[koˇse'giR]* v 1 conseguir, adquirir 2 atinar, alcanzar, llegar, llevar, lograr, obtener ■ **conseguir emprego** conseguir trabajo

conselho *[koˇseʎu]* sm 1 consejo, junta 2 advertencia, recomendación, aviso ■ **conselho consultivo** junta consultiva

consentimento *[koˇsẽʃi'meˇtu]* sm consentimiento, anuencia, permiso, plácet, acuerdo ■ **deram o consentimento** han dado su consentimiento

consentir *[koˇseˇ'ʃiR]* v consentir, acceder, admitir, asentir, dejar, permitir, tolerar, adherir ■ **ter que consentir** tener que consentir

consequência *[koˇse'kweˇsja]* sf consecuencia, resultado, secuela ■ **em consequência** consecuentemente, según lo cual

consertar *[koˇseR'taR]* v arreglar, reparar, remendar, reformar, restaurar, remediar, rehacer, sanear, bachear ■ **consertar buracos na rua** arreglar buracos en la calle

conserto *[koˇseRto]* sm arreglo, reparo, reparación, remiendo, refacción, reforma, compostura ■ **sem conserto** sin reparo

conserva *[koˇseRva]* sf conserva ■ **deixar em conserva** dejar en conserva

conservação *[koˇseRva'saˇw]* sf conservación, manutención, subsistencia ■ **manter a conservação** mantener la conservación

conservador, -a *koˇseR'vaR]* v 1 conservador, tradicional 2 reaccionario ■ **homem conservador** hombre conservador

conservar *[koˇseR'vaR]* v 1 conservar, almacenar 2 preservar, cuidar 3 permanecer, durar ■ **conservar tudo** preservar todo

consideração *[koˇsidera'saˇw]* sf 1 consideración, aprecio, atención, estima 2 crédito, cuenta 3 reflexión ■ **levar em consideração** tomar en consideración

considerável *[koˇside'ravew]* adj 1 considerable, estimable, importante 2 respetable ■ **é considerável** es considerable

consistente *[koˇsiʃ'teˇʃi]* adj consistente, duro, fijo ■ **ser consistente** ser duro

consolar *[koˇso'laR]* v 1 consolar, confortar, aliviar, animar, suavizar 2 consolarse ■ **consolar alguém** consolar a alguien

consolidar *[koˇso'laR]* v consolidar, fortalecer, afirmar, aglutinar ■ **consolidar crédito** consolidar crédito

consórcio *[koˇsɔrsju]* sm consorcio, participación, alianza ■ **consórcio de transportes** consorcio de transportes

conspiração *[koˇspira'saˇw]* sf conspiración, trama, complot, conjura pl: conspirações ■ **só conspirações** sólo conspiraciones

conspirar *[koˇspi'raR]* v conspirar, tramar, confabular ■ **conspirar contra o governo** conspirar contra el gobierno

constância *[koˇʃ'taˇsja]* sf constancia, empeño, insistencia, paciencia ■ **constância no trabalho** constancia en el trabajo

constatar *[koˇʃta'taR]* v constatar, comprobar, compulsar, patentizar, verificar ■ **constatar roubo** comprobar el robo

consternado, -a *[koˇʃteR'nadu, da]* adj consternado, abatido, triste ■ **estar consternado** estar abatido

constranger *[koˇʃtrãˇʒeR]* V constreñir, forzar, violentar ■ **constranger-se** se constreñir

constrangido, -a *[koˇʃtrãˇʒidu, da]* adj constreñido, forzado, coactado ■ **estar constrangido** estar constreñido

constrangimento *[koˇʃtrãˇʒi'meˇtu]* sm constreñimiento, embarazo, coacción ■ **sofrer constrangimento** sufrir constreñimiento

construção *[koˇʃtru'saˇw]* sf 1 construcción, edificación, fábrica 2 edificio, albañilería pl: construções ■ **construção civil** albañilería

construir *[koˇʃtru'saˇw]* sf construir, edificar, fabricar, formar, levantar, obrar ■ **construir sua casa** construir su casa

consulta *[koˇsuwta]* sf consulta, propuesto, consejo, parecer ■ **consulta médica** consulta médica

consultório *[koˇsuw'tɔrju]* sm consultorio, gabinete ■ **ir ao consultório** ir al consultorio

consumidor, -a *[koˇsumi'doR]* sm consumidor, gastador ■ **bom consumidor** muy gastador

consumir *[koˇsu'miR]* v 1 consumir, comer, acabar, agotar, devorar, extinguir, gastar 2 minar 3 demacrarse, desvivirse, sumirse ■ **consumir logo** consumir en seguida

consumo *[koˇsumu]* sm 1 consumo, gasto, uso, empleo 2 venta 3 extravío ■ **consumo de energia** consumo de energía

conta *['koˇta]* sf 1 cuenta, cuidado, atención 2 cargo, incumbencia, razón ■ **conta aberta** cuenta sin liquidar

contabilidade *[koˇtabili'dadʒi]* sf 1 contabilidad, teneduría 2 cálculo ■ **ter contabilidade** tener contabilidad

contador, -a *[koˇta'doR, ra]* sm, sf 1 contador, tenedor 2 narrador ■ **ser contador** ser contador

contagiar *[koˇta3i'aR]* v 1 contagiar, inocular, lacrar, pegar, corromper 2 corromper, pervertir, inficionar ■ **contagiar o público** infectar al público

contágio *[koˇta3ju]* sm contagio, epidemia, infección, peste ■ **contágio na pele** contagio en la piel

contagioso, -a *[koˇta3i'ozu, za]* adj contagioso, epidémico, infeccioso, pegajoso ■ **é contagioso** es contagioso

conta-gotas *[koˇta'gota]* am cuentagotas ■ **medir com conta-gotas** medir con cuentagotas

contaminado, -a *[koˇtami'nadu, da]* adj contaminado, impuro, infecto ■ **material contaminado** material contaminado

contaminar *[koˇtami'naR]* v 1 contaminar, infectar, infestar, manchar 2 viciar, corromper, pervertir, profanar ■ **contaminar a escola** contaminar la escuela

contar *[koˇtaR]* v 1 contar, enumerar 2 narrar, relatar, referir 3 hablar 4 incluirse ■ **contar vantagem** fanfarronear ■ **contar piada** contar una broma

contato *[koˇtatu]* sm 1 contacto, toque 2 proximidad ■ **ter contato** tener contacto

contentamento *[koˇte'ta'meˇtu]* sm contentamiento, contento, felicidad, alegría, placer, satisfacción ■ **ter contentamento** tener contentamiento

contentar *[koˇteˇ'taR]* v 1 contentar, complacer 2 limitarse ■ **contentar-se** limitarse

contente *[koˇte'ʃi]* adj contento, alegre, feliz, satisfecho ■ **estar contente** estar feliz

conter *[koˇteR]* v 1 contener, comprender, comportar, incluir, implicar 2 debelar, reprimir, sujetar 3 medirse, moderarse ■ **conter o rio** contener el río

contestação *[koˇteʃta'saˇw]* sf contestación, defensa, objeción, refutación, réplica pl: contestações ■ **fazer a contestação** hacer la defensa

contestar *[koˇteʃ'taR]* v objetar, contestar, impugnar, controvertir, negar, refutar, oponer ■ **os estudantes contestam a nova lei** los estudiantes se oponen a la nueva ley

(contestar, contestação não se referem a preguntas; têm un sentido mais forte, de desafio ou de oposição)

continuação *[koˇʃinua'saˇw]* sf continuación, prolongación, prosecución, seguida, duración pl: continuações ■ **continuação dos projetos** continuación de los proyectos

297

continuar

continuar *[koˈʃĩnuˈaR] v* **1** continuar, permanecer, perseverar, prosseguir, seguir **2** reanudar ■ **continuar a corrida** seguir corriendo

contínuo, -a *[koˈtĩnwo, nwa] adj* continuo, incesante, sucesivo, perenne ■ **contínuo de repartição** ujier, mensajero ■ **dor contínua** dolor continua

conto *['koˈtu] sm* cuento, fábula, narración **conto do vigário** engañifa ■ **conto de fadas** cuento de hadas

contorção *[koˈtoRˈsãw] sf* contorsión, retorcimiento *pl:* contorções ■ **sofrer contorção** sufrir contorsión

contornar *[koˈtoRˈnaR] v* **1** contornar, modelar, circundar **2** eludir, esquivar (problemas, dificuldades) ■ **contornar a situação** eludir la situación

contorno *koˈtoRno] sm* **1** contorno, perfil **2** periferia, perímetro, derredor, ámbito ■ **fazer contorno** delinear

contra *['koˈtɾa] adj* **1** contra, enfrente **2** *sm* contrariedad **contra tudo e contra todos** contra viento y marea **contra liga-se diretamente às palavras iniciadas com consoantes, mas se o segundo elemento começa com R ou S se devem dobrar as consoantes / contra liga-se diretamente às palavras iniciadas com vogais, exceto das iniciadas pela A: contraponto** contrapunto **contrarrevolução** contrarrevolución **contraordem** contraorden **contra-ataque** contraataque ■ **contramão** contramano

contrabaixo *[koˈtɾaˈbajʃu] sm* contrabajo, violón ■ **tocar contrabaixo** tocar el contrabajo

contrabandear *[koˈtɾabaˈdeˈaR] v* contrabandear, pasar contrabando ■ **contrabandear armas** contrabandear armas

contrabando *[koˈtɾaˈbãdu] sm* contrabando, alijo, matute **de contrabando** de estraperlo ■ **ter contrabando** tener contrabando

contraceptivo *[koˈtɾasepˈʃivu, va] adj* anticonceptivo ■ **tomar contraceptivo** tomar píldora anticonceptiva

contraditório, -a *[koˈtɾadʒiˈtɔɾju, ɾja] adj* contradictorio, incompatible ■ **ser contraditório** ser contradictorio

contradizer *[koˈtɾadʒiˈzeR] v* **1** contradecir, contrariar, desmentir **2** forcejear **3** contradecirse, desdecirse, desmentirse ■ **contradize-se** contradecirse

contrair *[koˈtɾaˈiR] v* **1** contraer, encoger, astringir **2** contraerse, limitarse, estrecharse ■ **contrair o abdômen** contrair el abdomem

contramão *[koˈtɾaˈmãw] sf* contramano ■ **ir na contramão** ir en contramano

contrapeso *[koˈtɾaˈpezu] sm* contrapeso, añadidura ■ **fazer contrapeso** hacer contrapeso

contrapor *[koˈtɾaˈpoR] v* **1** contraponer, oponer **2** contraponerse ■ **contrapor-se** contraponerse

contrariar *[koˈtɾaɾiˈaR] v* **1** contrariar, resistir, combatir, refutar, oponer **2** disgustarse ■ **contrariar alguém** contrariar alguien

contrário, -a *[koˈtɾaɾju, ɾja] adj* contrario, avieso, opuesto, desencontrado, desfavorable, inverso **ao contrário** a la inversa ■ **pelo contrário** al contrario

contraste *[koˈtɾaʃʃi] sm* contraste, oposición ■ **contraste de cor** contraste de color

contratar *[koˈtɾaˈtaR] v* **1** contratar, negociar, comerciar, ajustar, apalabrar **2** contratarse, asalariarse ■ **contratar alguém** contratar a alguien

contratempo *[koˈtɾaˈtẽpu] sm* **1** contratiempo, chasco, percance **2** pega, aguacero ■ **teve um contratempo** tuvo un contratiempo

contrato *[koˈtɾatu] sm* contrato, acuerdo, negociación, pacto, ajuste, arreglo ■ **fazer um contrato** hacer un contrato

contribuição *[koˈtɾibuiˈsãw] sf* contribución, subsidio, aportación, auxilio, colecta, prestación *pl:* contribuições **contribuição em dinheiro** ofrenda ■ **contribuição social** contribución social

contribuinte *[koˈtɾibuˈĩʃi] adj* contribuyente, contribuidor ■ **ser contribuinte** ser contribuyente

contribuir *[koˈtɾibuˈiR] v* contribuir, aportar, auxiliar, subscribir, prestar **contribuir com dinheiro** ofrendar ■ **contribuir com trabalho** contribuir con trabajo

controlar *[koˈtɾoˈlaR] v* controlar, examinar, fiscalizar, verificar ■ **controlar gastos** controlar gastos

controle *[koˈtɾoli] sm* control, examen, fiscalización, modulación, autoridad ■ **manter o controle** mantener el control

controvérsia *[koˈtɾoveRsja] sf* controversia, discusión, debate ■ **houve controvérsia** hubo controversia

contudo *[koˈtudu] conj* sin embargo, todavía, no obstante ■ **porém contudo** pero sin embargo

contusão *[koˈtuˈzãw] sf* contusión, equimosis, magulladura *pl:* contusões ■ **contusão da pele** contusión de la piel

convenção *[koˈveˈsãw] sf* **1** convención, compromiso, pacto, tratado **2** asamblea, simposio *pl:* convenções ■ **centro de convenções** centro de convenciones

convencer *[koˈveˈseR] v* **1** convencer, envolver, persuadir **2** convencerse, persuadirse ■ **convencer alguém** convencer a alguien

convencional *[koˈveˈsioˈnaw] adj* convencional, pactado ■ **música convencional** música convencional

conveniência *[koˈveniˈeˈsja] sf* **1** conveniencia, interés, comodidad **2** correlación entre las cosas ■ **casamento de conveniência** matrimonio de conveniencia

conveniente *[koˈveniˈeˈʃi] adj* conveniente, adecuado, apto, cómodo, decente, oportuno, propio, apropiado ■ **isto é conveniente** esto es conveniente

convênio *[koˈvenju] sm* convenio, pacto, ajuste, trato, acuerdo ■ **convênio médico** convenio médico

convento *[koˈveˈtu] sm* **1** convento, monasterio **2** reclusión ■ **entrar no convento** entrar en el convento

conversa *[koˈveRsa] sf* conversa, conversación, charla, diálogo, plática **isso é outra conversa** ese es otro cantar ■ **jogar conversa fora** charlar

conversação *[koˈveRsa] sf* conversa, conversación, parrafada *pl:* conversações ■ **entabular conversação** trabar conversación

conversar *[koˈveRsaR] v* conversar, charlar, comunicar, dialogar, platicar, tratar, hablar ■ **quero conversar** quiero hablar

conversível *[koˈveRˈsivew] adj* convertible, descapotable ■ **carro conversível** coche descapotable

converter *[koˈveRˈteR] v* convertir, inmutar ■ **converter para mp3** convertir para mp3

convicção *[koˈvikˈsãw] sf* **1** convicción, persuasión, convencimiento **2** *pl* **convicções**: creencia, opiniones arraigadas ■ **ter convicção** tener convicción

convidar *[koˈviˈdaR] v* **1** invitar, convidar, solicitar **2** convidarse ■ **convidar um amigo** invitar un amigo

convite *[koˈviˈʃi] sm* invitación, convite ■ **fazer o convite** hacer la invitación

convivência *[koˈviˈveˈsja] sf* convivencia, contubernio, familiaridad ■ **boa convivência** buena convivencia

conviver *[koˈviˈveR] v* convivir, frecuentar, tener intimidad ■ **conviver com alguém** convivir con alguien

convocação *[koˈvokaˈsãw] sf* **1** convocación, anuncio **2** citación **3** reclutamiento *pl:* convocações ■ **fazer convocação** hacer convocación

corroer

convocar *[koˉvoˈkaR] v* convocar, llamar, pedir ■ **convocar você** llamar usted

convulsão *[koˉvuwˈsãˉw] sf* **1** convulsión **2** perturbación, revolución *pl:* **convulsões** ■ **ter convulsão** tener convulsión

cooperar *[koopeˈraR] v* cooperar, colaborar, contribuir, ayudar ■ **cooperar com** cooperar con

coordenação *[kooRdenaˈsaˉw] sf* coordinación, composición, arreglo, ordenamiento *pl:* **coordenações** ■ **a coordenação** la coordinación

coordenar *[kooRdeˈnaR] v* coordinar, arreglar, componer, organizar ■ **coordenar uma atividade** coordinar una actividad

copa *[ˈkɔpa] sf* **1** copa, trofeo **2** enramada **3** *pl* **copas** copas (naipe) ■ **copa do mundo** copa del mundo

cópia *[ˈkɔpja] sf* **1** copia, ejemplar, imitación, plagio, retrato, transcripción *sm* **2** duplicado ■ **cópia autenticada** copia legalizada

copiar *[kopiˈaR] v* copiar, duplicar, imitar, plagiar, reproducir, sacar, transcribir ■ **copiar texto** copiar texto

copo *[ˈkɔpu] sm* vaso, copa **copo-de-leite** lirio, cala ■ **fazer tempestade em um copo-d'água** ahogarse en un vaso de agua

coqueiro *[koˈkejru] sm* cocotero, coco, palmera ■ **coqueiro alto** cocotero alto

coqueluche *[kokeˈluʃi] sf* coqueluche, tos ■ **ter coqueluche** tener tos ferina

coquetel *[kokeˈtew] sm* cóctel ■ **coquetel de frutas** cóctel de frutas

cor *[ˈkoR] sf* color **saber de cor** saber de memoria ■ **cor azul** color azul

coração *[koraˈsãˉw] sm* corazón *pl:* **corações / com o coração na boca** con el alma en un hilo **fazer das tripas coração** hacer de tripas corazón ■ **mãos frias, coração quente** manos frías, corazón ardiente

coragem *[koˈraʒeˉj] sf* coraje, ánimo, bravura, brío, decisión, resolución, temple, valor, valentía, ¡ánimo! **infundir coragem** encorajar ■ **ter coragem** tener valentía

corajoso, -a *[koraˈʒozu, za]* corajoso, animoso, guapo, resuelto, valiente ■ **homem corajoso** hombre valiente

coral *[koˈraw] adj* **1** *Mús* coral **2** coral (color) ■ **cobra coral** serpiente coral **canto coral** canto coral

corar *[koˈraR] v* enrojecer, ruborizar, sonrojar ■ **corar o pão** enrojecer el pan

corcunda *[koRˈkuˉda] adj & mf* **1** jorobado, corcovado **2** joroba, corcova ■ **ficar corcunda** obtener corcova

corda *[ˈkɔRda] sf* cuerda, tirante **corda de pular** saltador ■ **dançar na corda bamba** bailar en la cuerda floja

cordão *[koRˈdãˉw] sm* cordón, hilera, cordel *pl:* **cordões** ■ **cordão umbilical** cordón umbilical

cordial *[koRdiˈaw] adj* cordial, afectuoso, amistoso, íntimo, sincero *sm* cordial ■ **ser cordial** ser amable

cordilheira *[koRdiˈʎejra] sf* cordillera, sierra, serranía ■ **cordilheira dos andes** cordillera de los andes

coreano, -a *[koreˈanu, na] adj & sm, f* coreano ■ **ser coreano** ser coreano

coreografia *[koreograˈfia] sf* coreografía ■ **fazer coreografia** coreografiar

corja *[ˈkɔRʒa] sf* hatajo, chusma, ralea ■ **corja de ladrões** hatajo de delincuentes

córnea *[ˈkɔRnja] sf* córnea ■ **desvio de córnea** desviación de la córnea

corneta *[koRˈneta] sf* corneta, trompa, trompeta ■ **tocar a corneta** tocar la corneta

corno *[ˈkoRnu] adj* cuerno ■ **corno do animal** cuerno del animal

coro *[ˈkoru] sm* coro, coral **em coro** en coro, todos juntos ■ **fazer coro** hacer coro

coroa *[koˈroa] sf* **1** corona **2** monarquía **3** honra, gloria, galardón ■ **coroa sagrada** corona santa

coronel *[koroˈnew] mf* **1** coronel **2** caudillo, jefe político ■ **coronel do exército** coronel del ejército

corpete *[koRˈpeʧi] sm* canesú, corsé, corpiño ■ **usar corpete** usar corpiño

corpo *[ˈkoRpu] sm* **1** cuerpo **2** corporación **corpo docente** profesorado ■ **fazer corpo mole** hacer cuerpo blando

corporação *[koRporaˈsãˉw] sf* corporación, colegio *pl:* **corporações** ■ **entrar na corporação** entrar en la corporación

corporal *[koRpoˈraw] adj* corporal, material ■ **creme corporal** crema corporal

correção *[koReˈsãˉw] sf* corrección, enmienda, rectificación, remedio *pl:* **correções** ■ **correção de provas** corrección de pruebas

correcional *[koResioˈnaw] adj & m* **1** correccional **2** *Dir* pena correccional ■ **reclamação correcional** denuncia correccional

corredor, -ora *[koReˈdoR, ra] adj & sm, f* **1** pasillo, corredor, galería **2** caballo de carreras, jinete corredor, persona que practica la carrera ■ **estar no corredor** estar en la galería

correia *[koˈReja] sf* correa, rienda ■ **correia de ferro** correa de hierro

correio *[koˈReju] sm* correo **caixa de correio** buzón ■ **pombo-correio** paloma mensajera

correligionário, -a *[koReliʒioˈnarju, rja] adj & m, f* correligionario ■ **antigo correligionário** antiguo correligionario

corrente *[koˈReˉʧi] adj* corriente, flujo ■ **conta corrente** cuenta corriente

correnteza *[koReˈteza] sf* **1** corriente, torrente **2** continuación ■ **pela correnteza** por la corriente

correr *[koˈReR] v* **1** correr, transcurrir (el tiempo) **2** afluir ■ **correr atrás de alguém** correr detrás de alguien

correspondência *[koRespoˉˈdeˉsja] sf* **1** correspondencia, cartas **2** equivalencia, reciprocidad, relación ■ **receber uma correspondência** recibir una correspondecia

corresponder *[koRespoˉˈdeR] v* **1** corresponder, tocar, pertenecer **2** atañer, acordar, adecuar, incumbir **3** equivaler, relacionar, responder **4** corresponderse, comunicarse ■ **corresponder um processo** corresponder un proceso

corretagem *[koReˈtaʒeˉj] sf* corretaje ■ **fazer corretagem** hacer corretaje

correto, -a *[koˈRetu, ta] adj* **1** correcto, exacto, justo **2** puntual ■ **ser correto** ser correcto

corretor, -ra *[koReˈtor, ra] sm, f* corrector, agente, corredor ■ **trabalhar como corretor** trabajar como corrector

corrida *[koˈRida] sf* **1** corrida, carrera **2** corrida de toros ■ **corrida de carros** carrera de coches

corrigir *[koRiˈʒiR] v* **1** corregir, rehacer **2** amonestar, enmendar, remendar **3** reprender **4** templar, refundir **5** corregirse, enmendarse ■ **corrigir erros** corregir errores

corrimão *[koRiˈmaˉw] sf* barandilla, pasamanos *pl:* **corrimãos, corrimões** ■ **pelo corrimão** por la barandilla

corrimento *[koRiˈmeˉtu] sm* corrimiento, flujo, fluxión ■ **ter corrimento** tener corrimiento

corroer *[koRoˈeR] v* **1** corroer, roer, desgastar **2** consumirse ■ **corroer muito** corroer mucho

299

corromper

corromper *[koRo͂ˈpeR]* v **1** corromper, depravar, adulterar **2** averiar **3** viciar, enviciar **4** falsificar **5** pudrir **6** seducir, sobornar **7** descomponerse, perderse **8** apolillarse **9** contaminar, apestar ■ **corromper a lei** corromper la ley

corrosão *[koRoˈzaw]* sf corrosión, erosión, desgaste pl: **corrosões** ■ **corrosão das pedras** corrosión de las rocas

corrosivo, -a *[koRoˈzivu, va]* adj **1** corrosivo **2** mordaz ■ **material corrosivo** material corrosivo

corrupção *[koRupˈsaw]* sf **1** corrupción, depravación, perversión **2** putrefacción, adulteración **3** gangrena pl: **corrupções** ■ **corrupção de menores** corrupción de menores

corrupto, -a *[koˈRuptu, ta]* adj corrupto, perdido, perverso ■ **político corrupto** político corrupto

cortar *[koRˈtaR]* v cortar, acortar, dividir, escindir, interceptar, seccionar, suprimir, tijeretear, podar, picar ■ **cortar despesas** cortar los gastos

corte *[ˈkɔRʧi]* sm **1** corte, cortadura, incisión, poda, sección, supresión, tajada, tajo sf **2** corte, tribunal ■ **corte profundo** tajo

cortejar *[koRteˈʒaR]* v cortejar, enamorar, galantear, pretender, hacer la corte ■ **cortejar alguém** cortejar alguien

cortesia *[koRteˈsia]* sf cortesía, atención, cumplimiento, delicadeza, regalo, urbanidad, amabilidad ■ **cortesia da casa** cortesía de la casa

cortiço *[koRˈʧisu]* sm **1** conventillo **2** casucha miserable **3** casa donde vive mucha gente ■ **cortiço feio** conventillo feo

cortina *[koRˈʧina]* sf cortina ■ **cortina de fumaça** cortina de humo

coruja *[koˈruʒa]* adj & sm, f lechuza, búho, mochuelo **pai/mãe coruja** padre/madre que se le cae la baba, que chochea ■ **coruja bela** búho hermoso

coser *[koˈzeR]* v coser, zurcir, unir, atar, prender, remendar, hacer costuras ■ **coser a calça** coser los pantalones

cosmético, -a *[koʒˈmeʧiku, ka]* adj cosmético, afeite ■ **comprar cosméticos** comprar cosméticos

costa *[ˈkɔʃta]* sf **1** cuesta, playa, litoral **2** grupa **3** pl **costas** dorso, envés, revés, reverso, espaldar, espaldas ■ **dar as costas** volver las espaldas

costarriquenho, -a *[kostaRiˈkeɲu, ɲa]* adj & m, f costarriqueño pl: **costarriquenhos** ■ **ser costarriquenho** ser costarriqueño

costela *[koʃˈtɛla]* sf **1** costilla **2** raza, origen ■ **costela quebrada** costilla rota

costeleta *[koʃteˈleta]* sf costilla, chuleta ■ **costeleta fina** costilla fina

costume *[koʃˈtumi]* sm costumbre, maña, moda, práctica, rutina, hábito, usanza ■ **conforme o costume** según la costumbre

costumeiro, -a *[koʃtuˈmejru, ra]* adj habitual, usual ■ **ser costumeiro** ser habitual

costura *[koʃˈtura]* sf **1** costura, labor **2** cicatriz ■ **ter cizatriz** tener cicatriz

costurar *[koʃtuˈraR]* v **1** coser, laborar, zurcir **2** costurar ■ **máquina de costurar** máquina de coser

costureiro, -a *[koʃtuˈrejru, ra]* sm, f costurero, modisto ■ **ser costureiro** ser costurero

cotação *[kotaˈsaw]* sf **1** cotización, acotación **2** estima, aprecio pl: **cotações** ■ **cotação máxima** precio máximo

cotejar *[koteˈʒaR]* v cotejar, comparar, compulsar ■ **cotejar texto** cotejar texto

cotejo *[koteˈʒaR]* v cotejo, colación, comparación, confrontación ■ **de cotejo** colación

cotonete *[kotoˈnɛʧi]* sm (marca registrada) hisopo, hisopillo ■ **cotonete sujo** hisopo sucio

cotovelo *[kotoˈvelu]* sm codo, recodo ■ **falar pelos cotovelos** hablar por los codos

couro *[ˈkoru]* sm cuero, pellejo, piel **couro cabeludo** cuero cabelludo ■ **casaco de couro** chaqueta de cuero

couve *[ˈkovi]* sf col, berza ■ **folha de couve** hoja de col

couve-flor *[koviˈfloR]* sf coliflor pl: **couves-flores** ■ **comer couve-flor** comer coliflor

cova *[ˈkɔva]* sf cueva, bache, fosa, socavón, antro ■ **estar com um pé na cova** estar con un pie en la sepultura

covarde *[koˈvaRdʒi]* adj & mf **1** cobarde, miedoso **2** gallina, ave fría ■ **homem covarde** hombre cobarde

covardia *[kovaRˈdʒia]* sf cobardía, miedo ■ **demonstrar covardia** demostrar cobardía

coxa *[ˈkoʃa]* sf fémur, muslo **feito nas coxas** mal hecho ■ **coxas grossas** muslos gruesos

cozer *[koˈzeR]* v cocer, cocinar ■ **cozer arroz** cocinar arroz

cozido, -a *[koˈzidu, da]* adj cocido, hervido ■ **cozido com carne** cocido con carne

cozinha *[koˈzina]* sf cocina ■ **cozinha nova** cocina nueva

cozinhar *[koziˈɲaR]* v cocer, cocinar ■ **cozinhar feijão** cocinar frijoles

cozinheiro, -a *[koziˈɲejru, ra]* sm, f cocinero ■ **cozinheiro feio** cocinero feo

crânio *[ˈkranju]* sm cráneo ■ **abrir o crânio** abrir el cráneo

craque *[ˈkraki]* sm, f as, estrella ■ **ser craque** ser as

crase *[ˈkrazi]* sf **1** crasis **2** acento grave, contracción de sonidos ■ **colocar crase** poner crasis

cratera *[kraˈtera]* sf cráter, boca, abertura en el suelo ■ **abrir cratera** cráter abierto

cravar *[kraˈvaR]* v clavar, clavetear, enclavar, espetar, chantar, engastar piedras preciosas en oro y plata ■ **cravar o dente** clavar el diente

cravo *[ˈkravu]* sm **1** clavel **2** clavo ■ **cravo-da-índia** clavo de especia

credencial *[kredẽsiˈaw]* adj credencial ■ **carta credencial** carta credencial

crédito *[ˈkrɛdʒitu]* sm crédito, confianza, nombre ■ **cartão de crédito** tarjeta de crédito

credor, -a *[kreˈdoR, ra]* adj **1** acreedor **2** merecedor ■ **reunião de credores** reunión de acreedores

creme *[ˈkremi]* adj **1** crema, nata, natilla **2** la crema, la nata de la sociedad ■ **creme de morango** crema de fresa

cremoso, -a *[kreˈmozu, za]* adj cremoso ■ **café cremoso** café cremoso

crente *[ˈkrẽʧi]* adj **1** creyente, religioso **2** persuadido ■ **ser um crente** ser un creyente

crer *[ˈkreR]* v **1** creer, confiar **2** juzgar ■ **crer em alguém** creer en alguien

crescer *[kreˈseR]* v crecer, estirar, subir, aumentar ■ **crescer demais** espigarse ■ **crescer rapidamente** crecer como la espuma

crescimento *[kresiˈme͂tu]* sm crecimiento, aumento, desarrollo progresivo ■ **crescimento da criança** crecimiento del niño

crespo, -a *[ˈkreʃpu, pa]* adj crespo, ensortijado, grifo, ondulado, rizado ■ **cabelo crespo** pelo rizado

cretino, -a *[kreˈʧinu, na]* adj & m, f cretino, tonto, idiota, imbécil, estúpido ■ **homem cretino** hombre cretino

cria *[ˈkria]* sf cría, lechigada ■ **cria ruim** cría mala

criação *[kriaˈsaw]* sf **1** creación, cría, crianza, educación **2** elaboración, urbanidad, principio ■ **criação de gado** creación de ganado

cúmulo

criado, -a *[kri'adu, da]* adj **1** criado, fámulo, paje, siervo, sirviente **2** servicial, chino ■ **ser um criado** ser un siervo

criador, -ora *[kria'doR, ra]* adj creador, autor, productor, inventor ■ **o criador** el criador

criança *[kri'ã'sa]* sf **1** niño, chiquillo, nene **2** pibe ■ **criança de peito** niño de teta

criar *[kri'aR]* v **1** crear, elaborar, hacer, instituir, inventar, plasmar, producir, realizar **2** sustentarse, educarse, crecer ■ **criar gado** crear ganado

criativo, -a *[kria'tʃivu, va]* adj creativo, ingenioso, ocurrente ■ **ser criativo** ser creativo

crime *[krimi]* sm crimen, transgresión, delito grave, pecado ■ **cometer um crime** cometer un delito

criminal *[krimi'naw]* adj criminal, severo, riguroso ■ **processo criminal** proceso criminal

crioulo, -a *[kri'owlu, la]* adj & sm, f **1** criollo, negro **2** dialecto portugués hablado en algunos puntos de África y América ■ **língua crioula** lengua criolla

crise *[krizi]* sf **1** crisis, momento peligroso **2** falta de trabajo o prosperidad ■ **estar em crise** estar en crisis

crista *[kriʃta]* sf cresta **crista de ave** cresta, copete ■ **crista de galo** cresta de gallo

cristal *[kriʃtaw]* sm cristal, vidrio muy transparente ■ **bola de cristal** bola de cristal

cristalino, -a *[kriʃta'linu, na]* adj cristalino, transparente, límpido, claro ■ **água cristalina** agua cristalina

cristalizar *[kriʃtali'zaR]* v cristalizar ■ **cristalizar o açúcar** cristalizar el azúcar

cristão, -ã *[kriʃ'tã'w, tã']* adj cristiano ■ **povo cristão** pueblo cristiano

critério *[kri'tɛrju]* sm criterio, raciocinio, juicio, capacidad ■ **a seu critério** a su criterio

crítica *[kri'fika]* sf crítica, apreciación, acusación ■ **fazer crítica** hacer crítica

criticar *[kritʃi'kaR]* v **1** criticar, comentar, hablar **2** maldecir, satirizar, vituperar ■ **criticar alguém** criticar a alguien

crochê *[kro'ʃe]* sm croché, labor de aguja y gancho ■ **agulha de crochê** gancho, ganchillo

crocodilo *[kroko'dʒilu]* sm cocodrilo ■ **crocodilo negro** cococrilo negro

cromossomo *[kromo'somu]* sm cromosoma ■ **cromossomos humanos** cromosomas humanos

cronômetro *[kro'nometru]* sm cronómetro, reloj de precisión ■ **marcar no cronômetro** marcar en el cronómetro

croquete *[kro'ketʃi]* sm croqueta, albóndiga ■ **comer croquete** comer croquetas

crosta *[kroʃta]* sf costra, cáscara, corteza ■ **crosta terrestre** crosta terrestre

cru, -a *[kru, 'krua]* adj **1** crudo, que no está cocido **2** crudo, cruel, violento, duro ■ **ovo cru** huevo crudo

crucificar *[krusifi'kaR]* v **1** crucificar **2** torturar, martirizar ■ **crucificar alguém** crucificar a alguien

crucifixo *[krusi'fiksu]* sm crucifijo ■ **crucifixo marrom** crucifijo marrón

cruel *[kru'ew]* adj cruel, atroz, desalmado, feroz, sádico ■ **homem cruel** hombre cruel

crueldade *[kruew'dadʒi]* sf crueldad, barbaridad, encarnizamiento, maldad, sadismo ■ **fazer uma crueldade** cometer una crueldad

cruz *[kruʃ]* sf **1** cruz, símbolo del cristianismo, insignia **2** tortura ■ **cruz vermelha** cruz roja

cruzamento *[kruza'me'tu]* sm cruzamiento, cruce, encrucijada, bocacalle ■ **cruzamento de bola** cruce de pelota

cruzar *[kru'zaR]* v **1** cruzar, atravesar, entrecruzar, tejer **2** trabarse ■ **cruzar os dedos** cruzar los dedos

cuba *['kuba]* sf cuba, tina, vasija grande ■ **água na cuba** agua en la cuba

cubículo *[ku'bikulu]* sm cubículo, celda, cuarto pequeño ■ **morar em um cubículo** vivir en un cubículo

cubismo *[ku'bʒmu]* sm cubismo ■ **arte do cubismo** arte del cubismo

cubo *['kubu]* sm **1** cubo, dado **2** medida para sólidos ■ **elevar ao cubo** elevar al cubo

cuca *['kuka]* sf cabeza, coco ■ **fundir a cuca** romperse la cabeza, pensar mucho

cueca *[ku'ɛka]* sf calzoncillos ■ **cueca grande** calzoncillos grande

cuidado *[kwi'dadu, da]* adj cuidado, desvelo, esmero, precaución, preocupación, solicitud, tiento, vigilancia ■ **com cuidado** con tiento

cuidadoso, -a *[kwida'dozu, za]* adj cuidadoso, escrupuloso, próvido, quedo, mirado, vigilante ■ **ser cuidadoso** tener cuidado

cuidar *[kwi'daR]* v **1** cuidar, desvelar, preservar **2** tratar, vigilar, meditar, pensar **3** cuidarse, tratarse ■ **cuidar alguém** cuidar a alguien

cujo, -a *[ku'ʒu, 'ʒa]* pron cuyo, del cual, de quién, de qué ■ **dito-cujo** susodicho

culinário, -a *[kuli'narju, rja]* adj culinário, culinaria ■ **boa culinária** buena culinaria

culpa 'kuwpa] sf culpa **culpa leve** falta ■ **ter culpa no cartório** ser culpable o cómplice

culpado, -a *[kuw'padu, da]* adj & m, f culpado, culpable ■ **ser culpado** ser culpable

culpar *[kuw'paR]* v **1** culpar, acusar **2** culparse, acusarse, confesarse culpable ■ **culpar um inocente** cargar las cabras a uno

cultivar *[kuw'tʃivaR]* v cultivar, explorar, laborar ■ **cultivar o amor** cultivar el amor

cultivo *[kuw'tʃivu]* sm cultivo, cultura, plantación ■ **cultivo de uva** cultivo de la vid

culto, -a *['kuwtu, ta]* adj **1** culto, inteligente, instruído, civilizado **2** sm culto, religión, veneración ■ **culto de libertação** culto a la liberación

cultura *[kuw'tura]* sf **1** cultura, cultivo **2** cultura, instrucción, esmero ■ **cultura negra** cultura negra

cultural *[kuwtu'raw]* adj cultural ■ **projeto cultural** proyecto cultural

cume *['kumi]* sm **1** cumbre, pico, ápice **2** auge, apogeo, cresta ■ **cume de montanha** cresta

cúmplice *['ku'plisi]* sm, f cómplice, conniviente ■ **ser cúmplice** ser cómplice

cumplicidade *[ku'plisi'dadʒi]* sf complicidad, conniviencia, implicación ■ **ter cumplicidade** tener complicidad

cumprimentar *[ku'prime'taR]* v **1** saludar **2** cumplimentar, felicitar ■ **cumprimentar todos** saludar a todos

cumprir *[ku'priR]* v **1** cumplir, mantener, respetar, efectuar, realizar **2** verificarse, completarse ■ **cumprir as ordens** cumplir con las órdenes

cúmulo *['kumulu]* sm cúmulo, cumbre, colmo, montón ■ **cúmulo da burrice** colmo de la estupidez

cutucar

cunhado, -a *[ku'ɲadu, da]* *sf sm* cuñado ■ **meu cunhado** mi cuñado

cunho *[ku'ɲaR]* *sm* **1** cuño **2** carácter ■ **ter cunho** tener cuño

cupim *[ku'pĩ]* *sm* **1** carne de la giba del cebú **2** comején, termita ■ **cupim em madeira** termitas en la madera

cupom *[ku'põ]* *sm* cupón ■ **cupom fiscal** cupón de impuestos

cura *['kuɾa]* *sf* **1** cura, abad, párroco, sacerdote **2** curación, recuperación de la salud ■ **ter cura** tener cura

curandeiro *[kuɾã~dejɾu, ɾa]* *m, f* **1** curandero **2** matasanos ■ **ir ao curandeiro** ir al curandero

curar *[ku'ɾaR]* *v* **1** curar, aplicar remedios **2** curtir las pieles **3** remediar un mal **4** recobrar la salud ■ **curar gente** curar a la gente

curinga *[ku'ɾĩˈga]* *sm* comodín ■ **a carta curinga** el comodín

curiosidade *[kuɾiozi'dadʒi]* *sf* curiosidad, expectación ■ **ter curiosidade** tener curiosidad

curioso, -a *[kuɾi'ozu, za]* *adj & m, f* curioso, observador ■ **ser muito curioso** ser muy curioso

cursar *[kuR'saR]* *v* cursar, frecuentar, concurrir ■ **cursar primeiro ano** frecuentar el primer año

curso *['kuRsu]* *sm* curso, estudios ■ **fazer um curso** tomar un curso

curtir *[kuR'tʃiR]* *v* **1** curtir **2** disfrutar, aprovechar una cosa ■ **curtir a vida** disfrutar de la vida

curto, -a *[kuR'tʃiR]* *v* corto, breve, pequeño, sucinto ■ **texto curto** texto corto

curto-circuito *[kuRtusiR'kwitu]* *sm* cortocircuito ■ **entrar em curto-circuito** entrar en cortocircuito

curva *['kuRva]* *sf* curva, corva, comba, arco, elipse, órbita, vuelta ■ **curva fechada** curva cerrada

curvar *[kuR'vaR]* *v* **1** curvar, encorvar, arquear, flexionar, combar **2** bornearse, obedecer, humillarse ■ **curvar para a direita** curva a la derecha

cuspe *[kuʃ'piR]* *v* esputo, saliva ■ **levar um cuspe** tomar um esputo

cuspir *[kuʃ'piR]* *v* escupir, salivar ■ **cuspir no chão** escupir en el suelo

custar *[kuʃ'taR]* *v* costar, valer ■ **custar os olhos da cara** costar los ojos de la cara, costar caro

custo *['kuʃtu]* *sm* costo, coste, importe ■ **manter o custo** mantener el costo

custódia *[kuʃ'tɔdʒja]* *sf* custodia, guardia, protección ■ **ganhar a custódia** ganar la custodia

custoso, -a *[kuʃ'tozu, za]* *adj* costoso, difícil, penoso ■ **menino custoso** niño costoso

cutâneo, -a *[ku'tanju, nja]* *adj* cutáneo, epidérmico ■ **alergia cutânea** alergia cutánea

cutelo *[ku'tɛlu]* *sm* cuchilla, cuchillo, machete ■ **bater com o cutelo** golpear con un cuchillo

cútis *['kuʃiʃ]* *sm, f* cutis, epidermis ■ **cútis bonito** piel hermosa

cutucar *[kutu'kaR]* *v* **1** pinchar, codear, tocar **2** azuzar ■ **não cutucar** no tocar

D

d /d/ *sm.* cuarta letra del alfabeto portugués. ■ **meu nome começa com D** mi nombre empieza con D

da /'da/ *prep.* de la ■ **o livro da professora** el libro de la maestra

dácio /'dacjo, a/ dacio ■ **cultura dácia** cultura dacia

dádiva /'daðiβa/ *sf.* dádiva, donativo. ■ **dádiva de Deus** dádiva de Dios

daltônico, -a /daw'toniku, ka/ *adj.* daltónico, daltoniano. ■ **pessoa daltônica** persona daltónica

dama /'dama/ *sf.* dama, señora. ■ **a dama de vermelho** la dama de rojo

damasco /da'maʃku/ *sm.* damasco, albaricoque. ■ **comer damasco** comer damasco

danar /da'naR/ 1 dañar, damnificar 2 dañarse. ■ **danar com uma situação** dañar con una situación

dança /'dɑ̃ˑsa/ *sf.* 1 danza, baile 2 movimiento incesante. ■ **dança de salão** danza de salón

dançante /dɑ̃ˑsɑ̃ˑtʃi/ danzante, bailable. ■ **pessoa dançante** persona danzante

dançar /dɑ̃ˑsaR/ danzar, bailar, saltar, oscilar. ■ **dançar é bom para a saúde** bailar es bueno para la salud

dançarino, -a /dɑ̃ˑsaˈrinu, na/ *sm., sf.* danzarín, bailarín. ■ **dançarino profissional** danzarín profesional

danificado, -a /danifiˈkadu, da/ *adj.* 1 damnificado, estropeado 2 quebrado, roto. ■ **aparelho danificado** aparato estropeado

danificar /danifiˈkaR/ *vtrd.* 1 damnificar, dañar, averiar 2 perjudicar, emponzoñar 3 estropearse. ■ **danificar uma pessoa** damnificar una persona

daninho, -a /daˈniɲu, ɲa/ *adj.* dañino, dañoso, perjudicial. ■ **erva daninha** mala hierba

dano /ˈdanu/ *sm.* daño, perjuicio, estrago, avería, agravio, pérdida, detrimento, lesión ■ **dano para a saúde** daño para la salud

danoso, -a /daˈnozu, za/ *adj.* dañoso, dañino, nocivo, perjudicial. ■ **danoso para a vida** dañoso para la vida

dantesco, -a /dɑ̃ˑteʃku, ka/ *adj.* dantesco. ■ **espetáculo dantesco e triste** espectáculo dantesco y triste

daquilo /daˈkilu/ *contr.* de aquello. ■ **tenho medo daquilo** tengo miedo de aquello

dar /ˈdar/ *vtr.* dar, donar, confiar, entregar. ■ **dar um presente** dar un regalo

dardo /ˈdaɾðo/ *sm.* dardo, flecha. ■ **dardo é perigoso** dardo es peligroso

data /ˈdata/ *sf.* fecha. ■ **data do meu aniversário** fecha de mi cumpleaños

datar /daˈtar/ *vtr.* fechar. ■ **datar um evento** fechar un evento

dactilografia /daktiloɾɾaˈfia/ *sf.* dactilografía, mecanografía. ■ **estudar dactilografia** estudiar dactilografía

debaixo /dɜiˈbajʃu/ *adv.* debajo, bajo. ■ **debaixo da árvore** debajo del árbol

debandada /dɜibɑ̃ˈdada/ *sf.* 1 desbandada, dispersión 2 fuga desordenada. ■ **debandada de animais** desbandada de animales

debandar /dɜibɑ̃ˈdaR/ 1 desbandar 2 desbandarse, dispersarse. ■ **debandar para o outro lado** desbandar para el otro lado

debate /deˈbatʃi/ *sm.* debate, discusión, contienda, controversia. ■ **debate político** debate político

debater /dɜibaˈteR/ 1 debatir, discutir, altercar, contestar, disputar 2 ventilar 3 debatirse. ■ **debater um assunto** debatir un asunto

debelar /dɜibeˈlaR/ *vtrd.* debelar, vencer. ■ **debelar o inimigo** vencer el enemigo

débil /ˈdɛbiw/ débil, flaco ■ **pessoa débil** persona flaca

debilidade /dɜibiliˈdadʒi/ *sf.* debilidad, flaqueza, flojedad, fatiga. ■ **ter uma debilidade** tener una debilidad

debilitar /dɜibiliˈtaR/ *vtrd.* 1 debilitar, enflaquecer, extenuar, enervar, depauperar, prostrar 2 enfermar. ■ **debilitar uma perna** debilitar una pierna

debitar /dɜibiˈtaR/ *vtrd., vtrdi.* debitar, cargar en cuenta, adeudar. ■ **debitar dinheiro** debitar dinero

débito /ˈdɛbitu/ *sm.* débito, debe. ■ **débito na conta** débito en la cuenta

debulhar /dɜibuˈʎaR/ *vtrd.* desgranar, trillar. ■ **debulhar o trigo** desgranar el trigo

debutar /dɜibuˈtaR/ *vi.* 1 debutar, estrenar, presentarse en sociedad 2 estrenarse. ■ **estar nervosa ao debutar** estar nerviosa al debutar

década /ˈdɛkada/ *sf.* década, serie de diez años. ■ **sou casada há uma década** soy casada hace una década

decadência /dɜikaˈdesja/ *sf.* 1 decadencia, degeneración, declinación 2 abatimiento, empobrecimiento. ■ **o projeto está em decadência** el proyecto está en decadencia

decadente /dɜikaˈdetʃi/ *adj., sm., sf.* decadente, decaído, caduco. ■ **situação decadente** situación decadente

decente /deˈsetʃi/ *adj.* 1 decente, honesto 2 apropiado, aseado, modesto. ■ **pessoa decente** persona decente

decepar /deseˈpaR/ *vtrd.* 1 amputar, talar, truncar, mutilar 2 desunir, interrumpir, abatir. ■ **decepar o pé** amputar el pie

decepção /desepˈsɑ̃w/ *sf.* 1 decepción, desilusión, desengaño, chasco ■ **decepção com alguém** decepción con alguien

303

decepcionar

decepcionar /desepsio'naR/ *vtrd.* decepcionar, desilusionar, desencantar, desengañar. ■ **decepcionar uma pessoa** decepcionar una persona

decibel /desi'bew/ *sm.* decibelio. ■ **a voz média tem 55 decibel** la voz mediana tiene 55 decibelio

decidido, -a /deθi'ðir/ *vtr.,vi.* decidido, resoluto, emprendedor, osado ■ **pessoa decidida** persona decidida

decidir /deθi'ðir/ *vtr.,vi.* **1** decidir, resolver, determinar **2** opinar, deliberar **3** desempatar, sentenciar **4** decidirse, resolverse. ■ **decidir mudar** decidir cambiar

decímetro /de'θimetro/ *sm.* **1** decímetro. ■ **medida em decímetro** medida en decímetro

decisão /desi'zãw/ *sf.* decisión, sentencia, resolución, definición ■ **séria decisão** seria decisión

declamação /deklama'sãw/ *sf.* declamación ■ **declamação de um poema** declamación de un poema

declamar /dekla'maR/ *vtrd., vtri., vi.* declamar, recitar ■ **declamar versos** declamar versos

declaração /deklara'sãw/ *sf.* declaración, afirmación, afirmativa, anunciación ■ **declaração de amor** declaración de amor

declarar /dekla'raR/ *vtrd., vtrdi.* declarar, manifestar, confesar; exponer, hablar ■ **declarar a uma pessoa** declarar a una persona

declinação /deklina'sãw/ *sf.* declinación, inclinación ■ **declinação da terra** declinación de la tierra

declinar /dekli'naR/ *vtrd., vtri., vi.* **1** declinar, decaer, pender **2** degenerar **3** rehusar **4** rebajar. ■ **declinar um cargo** declinar un cargo

declive /de'klivi/ *sm., adj.* declive, pendiente, rampa, costanera, cuesta, ladera, vertiente. ■ **declive da casa** declive de la casa

decodificar /dekoðʒifi'kaR/ *vtrd.* descodificar ■ **decodificar uma linguagem** descodificar un lenguaje

decolar /deko'laR/ *vi.* despegar, alzar vuelo ■ **decolar o avião** despegar el avión

decompor /dekõ'poR/ *vtrd.* **1** descomponer, desintegrar, analizar **2** alterarse, corromperse, disolverse ■ **decompor uma fórmula** descomponer una fórmula

decomposição /dekõ'pozi'sãw/ *sf.* descomposición, putrefacción, desintegración ■ **decomposição química** descomposición química

decoração /dekora'sãw/ *sf.* adorno, decoración, ornamento ■ **decoração de festa** decoración de fiesta

decorado, -a /deko'rar/ *vtr.* decorado, ornamentado ■ **casa decorada** casa decorada

decorar /deko'rar/ *vtr.* **1** decorar, ornamentar, adornar **2** memorizar, saber de memoria. ■ **decorar o conteúdo da prova** memorizar el contenido de la prueba

decorativo, -a /dekora'tiβo, a/ *adj.* decorativo, ornamental ■ **caixa decorativa** caja decorativa

decoro /de'koro/ *sm.* decoro, decencia, dignidad, seriedad, honestidad ■ **pessoa com decoro** persona con decoro

decotar /deko'taR/ *vtrd.* **1** escotar, hacer el escote a una ropa **2** podar, limpiar. ■ **decotar a roupa** escotar la ropa

decote /de'kotʃi/ *sm.* **1** descote, escote **2** poda ■ **decote do vestido** descote del vestido

decrépito, -a /de'krepitu, ta/ *adj.* **1** decrépito, decadente **2** chocho. ■ **homem decrépito** hombre decrépito

decrescer /dekre'seR/ *vi.* **1** decrecer **2** disminuir, menguar. ■ **os números vão decrescer** los números van decrecer

decretar /dekre'tar/ *vtr.* decretar, determinar, resolver, ordenar, establecer, mandar. ■ **decretar feriado nacional** decretar feriado nacional

decreto /de'kreto/ *sm.* decreto, intención, resolución, edicto, auto, ley ■ **decreto aprovado** decreto aprobado

dedicação /dedʒika'sãw/ *sf.* **1** dedicación, devoción, afecto, afección, amistad **2** consagración. ■ **dedicação exclusiva** dedicación exclusiva

dedicado, -a /ded'ʒi'kadu, da/ *adj.* **1** adicto, afectuoso, amistoso **2** aplicado ■ **aluno dedicado** alumno aplicado

dedicatória /dedʒika'tɔrja/ *sf.* dedicatoria, ofrenda ■ **dedicatória ao professor** dedicatoria al profesor

dedo /'dedu/ *sm.* dedo ■ **cortou o dedo** cortó el dedo

dedutivo, -a /dedu'tʃivu, va/ *adj.* deductivo ■ **resultado dedutivo** resultado deductivo

defecar /defe'kaR/ *vtrd., vtrdi.* defecar, evacuar, expeler heces, deponer, ensuciar, obrar ■ **defecar no banheiro** defecar en el baño

defectivo, -a /defek'tʃivu, va/ *adj.* defectivo, defectuoso, imperfecto. ■ **verbo defectivo** verbo defectivo

defeito /de'fejtu/ *sm.* **1** defecto, imperfección, deformidad **2** vicio, mancha, falta, falla, incorrección, tacha. ■ **defeito na televisão** defecto en la televisión

defender /defẽ'deR/ *vtrd., vtrdi* **1** defender, proteger, abogar **2** abrigar, guardar, mantener **3** amparar, vedar ■ **defender uma tese** defender una tesis

deferência /defe're~sja/ *sf.* deferencia, aprobación, cortesía, condescendencia. ■ **cumprimentava com deferência** saludaba con deferencia

deferimento /deferi'me~tu/ *sm.* anuencia, aprobación. ■ **deferimento de um projeto** aprobación de un proyecto

deferir /defe'riR/ *vtrd., vtrdi., vtri.* deferir, conceder, acceder, consentir ■ **deferir um pedido** deferir un pedido

defesa /de'feza/ *sf.* **1** defensa, protección, resistencia, amparo **2** alegación, justificación. ■ **defesa pública** defensa pública

deficiência /defisi'e~sja/ *sf.* **1** deficiencia **2** falta, insuficiencia ■ **deficiência física** deficiencia física

deficiente /defisi'e~tʃi/ *adj., mf.* **1** deficiente, incompleto **2** insuficiente, falto, minusválido ■ **deficiente visual** deficiente visual

definição /defini'sãw/ *sf.* definición, significación. ■ **definição de uma palavra** definición de una palabra

definir /defi'nir/ *vtr.* **1** definir, determinar, decretar, decidir, interpretar, describir **2** revelarse ■ **definir a data** definir la fecha

deformação /defoRma'sãw/ *sf.* deformación, malformación, imperfección ■ **deformação do rosto** deformación de la cara

deformidade /defoRmi'dad3i/ *sf.* **1** deformidad, irregularidad **2** defecto, vicio. ■ **deformidade na mão** deformidad en la mano

defunto, -a /de'fu~tu, ta/ *adj., mf.* difunto, fallecido, muerto, cadáver, finado ■ **conhecia este defunto** conocía este difunto

degelo /de'ʒelu/ *sm.* deshielo, descongelación. ■ **calor provoca degelo** calor provoca deshielo

degeneração /deʒenera'sãw/ *sf.* **1** degeneración, decadencia **2** depravación. ■ **degeneração da floresta** degeneración de la floresta

degenerar /deʒene'raR/ *vi., vtri* **1** degenerar, decaer, declinar **2** corromperse, pervertirse. ■ **degenerar uma doença** degenerar una enfermedad

deglutir /deglu'tʃiR/ *vtrd., vi.* deglutir, tragar alimentos, engullir. ■ **deglutir um alimento** deglutir un alimento

depressa

degradação /degrada'sãw/ *sf.* degradación, ruina, prostitución 2 corrupción ■ **degradação do meio ambiente** degradación del medio ambiente

degradável /degra'davew/ *adj.* degradable ■ **papel é degradável** papel es degradable

degrau /de'graw/ *sm.* peldaño, tramo, escabel ■ **degrau da escada** peldaño de la escalera

deitar /dej'taR/ *vtrd., vtrdi., vtri.* **1** acostar, echar, encamar, recostar, tender, inclinar **2** echarse, acostarse, recostarse, tenderse, tumbarse ■ **deitar na cama** acostar en la cama

deixar /dej'ʃaR/ *vtrd., v.cop., vtrdi., vpr.* dejar, abandonar, omitir, desistir, largar, descuidar, cesar ■ **pode deixar encima da mesa** puede dejar encima de la mesa

delatar /dela'taR/ *vtrd., vtrdi.* delatar, denunciar, acusar, avisar ■ **delatar um acontecimento** delatar un acontecimiento

delegação /delega'sãw/ *sf.* **1** delegación **2** cedencia, comisión. ■ **delegação da seleção** delegación de la selección

delegado, -a /dele'gadu, da/ *sm., sf.* **1** delegado, comisario **2** aquel en quien se delega algo. ■ **delegado da polícia** delegado de la policía

delgado, -a /dew'gadu, da/ *adj.* **1** delgado, tenue, fino, enjuto, estrecho, magro **2** delicado, suave. ■ **cintura delgada** cintura delgada

deliberação /delibera'sãw/ *sf.* deliberación, decisión. ■ **deliberação de uma carta** deliberación de una carta

delicadeza /delika'deza/ *sf.* **1** delicadeza, afabilidad, amabilidad, amenidad **2** cortesía, finura, fineza, sutileza **3** suavidad, susceptibilidad, fragilidad ■ **a delicadeza da flor** la delicadeza de la flor

delicado, -a /deli'kadu, da/ *adj.* **1** delicado, amable, afable, cortés, tierno, ameno **2** elegante, suave, fino, mimoso. ■ **namorada delicada** novia amable

delícia /de'lisja/ *sf.* **1** delicia, deleite, encanto **2** placer. ■ **frango é uma delícia** pollo es una delicia

delicioso, -a /delisi'ozu, za/ *adj.* **1** delicioso, sabroso, exquisito, rico **2** perfecto, excelente. ■ **almoço delicioso** almuerzo delicioso

delimitação /delimita'sãw/ *sf.* delimitación, demarcación. ■ **delimitação de espaço** delimitación de espacio

delineador a /delinea'doR, ra/ *sm., sf.* delineador, delineante. ■ **delineador dos olhos** delineador de los ojos

delinear /deline'aR/ *vtrd.* **1** delinear, dibujar **2** plantear, trazar, idear **3** dar una idea. ■ **delinear a boca** delinear la boca

delinquente /del;̃'kwe'tʃi/ *adj., sm., sf.* delincuente. ■ **menino delinquente** chico delincuente

delirar /deli'raR/ *vi.* delirar, desvairar, fantasear, alucinar. ■ **delirar de amor** delirar de amor

delírio /de'lirju/ *sm.* **1** delirio, desvarío, alucinación **2** exaltación, gran perturbación (por enfermedad o pasión). ■ **ter um delírio** tener un delirio

demais /dʒi'majʃ/ *adv.* demás, demasiado ■ **cansada demais** demasiado cansada

demarcação /demarka'sãw/ *sf.* demarcación, delimitación ■ **demarcação de terra** demarcación de tierra

demasia /dema'zia/ *sf.* **1** demasía, exceso, sobra **2** atrevimiento, insolencia, temeridad en demasía, excesivamente. ■ **gosto em demasia do seu vestido** me gusta en demasía su vestido

demência /de'me'sja/ *sf.* demencia, locura, alienación ■ **problemas com demência** problemas con demencia

demente /de'me'tʃi/ *adj. sm., sf.* **1** demente, loco, insensato, insano **2** chiflado. ■ **homem demente** hombre demente

demissão /demi'sãw/ *sf.* dimisión, renuncia, exoneración, apartamiento de un empleo ■ **pedir demissão** pedir dimisión

demitir /demi'tʃiR/ *vtrd., vtrdi.* dimitir, echar, excluir, exonerar, relevar. ■ **demitir o empregado** dimitir el empleado

democracia /demokra'sai/ *sf.* democracia. ■ **voto com democracia** voto con democracia

demolição /demoli'sãw/ *sf.* demolición, destrucción, hundimiento. ■ **demolição do prédio** demolición del edificio

demoníaco, -a /demo'niaku, kA/ *adj.* demoníaco, diabólico, poseso. ■ **pessoa demoníaca** persona demoníaca

demonstração /demo'ʃtra'sãw/ *sf.* demostración, manifestación, ejemplo, prueba. ■ **demonstração de afeto** demonstración de afecto

demora /de'mɔra/ *sf.* demora ■ **o atendimento demora** el atendimiento demora

denegação /denega'sãw/ *sf.* denegación, recusa, negativa, contestación ■ **denegação do pedido** denegación del pedido

dengue /'de'gi/ *adj.*, sm. **1** requiebro, melindre **2** dengue ■ **dengue hemorrágica** dengue hemorrágica

denominação /denomina'sãw/ *sf.* **1** denominación, designación, nombre **2** título. ■ **denominação de um texto** denominación de un texto

denominado, -a /denomi'nar/ *vtr.* denominado, llamado ■ **projeto foi denominado** proyecto fue denominado

densidade /de'si'dad3i/ *sf.* densidad, espesura, espesor. ■ **densidade da terra** densidad de la tierra

denso, -a /'de'su, as/ *adj.* denso, espeso, compacto, basto, apretado, sólido, grueso **2** oscuro, misterioso, pesado ■ **pensamento denso** pensamiento denso

dentadura /de'ta'dura/ *sf.* dentadura ■ **dentadura postiça** dentadura postiza.

dentar /de'taR/ *vtrd., vi.* dentar, dentellear, morder. ■ **dentar um a fruta** dentar una fruta

dente /de'tʃi/ *sm.* diente ■ **dor de dente** dolor de diente

dentista /de'tʃiʃta/ *sm., sf.* odontólogo, dentista. ■ **dentista cuida do dente** dentista cuida del diente

dentro /'de'tru/ *adv.* dentro, adentro. ■ **dentro de casa** dentro de casa

denúncia /de'nu'sja/ *sf.* acusación, denuncia, delación ■ **denúncia de estupro** acusación de violación

departamento /depaRta'me'tu/ *sm.* departamento **2** oficina. ■ **departamento de finanças** departamento de finanzas

dependência /depe'de'sja/ *sf.* dependencia. ■ **dependência dos pais** dependencia de los padres

dependente /depe'de'tʃi/ *adj.* dependiente, subordinado. ■ **dependente químico** dependiente químico

depender /depe'deR/ *vtri* .depender, resultar, subordinarse, ser consecuencia, estar en juego. ■ **depender dos outros** depender de los otros

depilar /depi'laR/ *vtrd.* depilar, rapar, pelar. ■ **depilar a pele** depilar la piel

depoimento /depoj'me'tu/ *sm.* declaración. ■ **me dê o seu depoimento** dame tu declaración

depois /de'pojʃ/ *adv.* después, más tarde, más adelante, luego. ■ **saimos depois** salimos después

depositar /depozi'taR/ *vtrd., vtrdi.* depositar, confiar, colocar, guardar, almacenar, poner. ■ **depositar dinheiro** depositar dinero

depósito /de'pozitu/*sm.* depósito, almacén, pozo, sedimento, estanco. ■ **depósito no banco** depósito en el banco

depressa /de'pozitu/ *sf.* deprisa, aprisa, rápidamente, inmediatamente. ■ **andar depressa** caminar deprisa

305

depressão

depressão /depre'sɐ̃w/ *sf.* depresión, achatamiento, valle, hondonada. ■ **ficar em depressão** quedar en depresión

deprimente /depri'mẽtʃi/ *adj.* deprimente, depresivo, humillante. ■ **situação deprimente** situación deprimente

deprimido, -a /depri'midu, da/ *adj.* **1** deprimido, abatido **2** hundido ■ **estar deprimido** estar deprimido

dermatológico, -a /dɛRmato'lɔʒiku, kA/ *adj.* dermatológico. ■ **creme dermatológico** crema dermatológica

dermatologista /dɛRmatolo'ʒiʃta/ *sm., sf.* dermatólogo. ■ **vou ao dermatologista frequentemente** voy al dermatólogo a menudo

derme /'dɛRmi/ *sf.* dermis, piel ■ **problemas na derme** problema en la dermis

derrame /de'Rami/ *sm.* derrame, pérdida, difusión. ■ **derrame cerebral** derrame cerebrovascular

derrapar /deRa'paR/ *vi.* derrapar, patinar ■ **derrapar o carro** derrapar el coche

derrota /de'Rota/ *sf.* **1** derrota, fracaso **2** pérdida ■ **derrota na competição** derrota en la competición

derrotar /deRo'taR/ *vtrd.* **1** derrotar, romper, deshacer, destruir **2** desviarse ■ **derrotar o inimigo** derrotar el enemigo

derrubada /deRu'bada/ *sf.* derrumbe, derrumbamiento ■ **derrubada de árvores** derrumbamiento de árboles

desabafar /dʒizaba'faR/ *vtrd., vtri., vi.* **1** desahogar, sincerar **2** airear **3** expansionarse. ■ **desabafar com um amigo** desahogar con un amigo

desabafo /dʒiza'bafu/ *sm.* desahogo, expansión, sinceridad. ■ **fazer um desabafo** hacer un desahogo

desabar /dʒiza'baR/ *vtrd., vi.* derrumbarse, desplomarse, despeñarse. ■ **desabar a casa** derrumbarse la casa

desabastecer /dʒisaβaste'θeɾ/ *vtr.* desabastecer, desproveer. ■ **desabastecer o carro** desabastecer el coche

desagradar /dʒizaʋra'ðaɾ/ *vi.* desagradar, disgustar, descontentar **2** desgraciar, ofender **3** desagradarse, disgustarse. ■ **desagradar uma pessoa** desagradar una persona

desagradável /dʒizagra'davew/ *adj.* desagradable, antipático, ingrato. ■ **pessoa desagradável** persona desagradable

desagrado /desa'xraðo/ *sm.* desagrado, disgusto, rudeza. ■ **desagrado com alguém** desagrado con alguien

desagravo /dʒiza'gravu/ *sm.* **1** desagravio, explicación **2** reparación. ■ **fazer um desagravo** hacer un desagravio

desagravo /dʒiza'gravu/ *sm.* **1** desagravio, explicación **2** reparación. ■ **fazer um desagravo** hacer un desagravio

desagregar /dʒizagre'gaR/ *vtrd, vtrdi* **1** desagregar, disgregar, disociar, separar, disolver **2** desunirse, separarse. ■ **desagregar de casa** desagregar de casa

desajeitado, -a **1** desastrado, desarreglado, patán, torpe. ■ **homem desajeitado** hombre desastrado

desalento /dʒiza'le'tu/ *sm.* desaliento, desánimo, abatimiento. ■ **estar em desalento** estar en desaliento

desalmado, -a /dʒizaw'madu, dA/ *adj.* desalmado, perverso, cruel, feroz. ■ **homem desalmado** hombre desalmado

desamarrar /dʒizama'RaR/ *vtrd., vtrdi., vi.* desamarrar, desligar, desatar. ■ **desamarrar o barbante** desamarrar el cordel

desamparado, -a /deza~pa'radu, da/ *adj.* desamparado, abandonado, desvalido. ■ **criança desamparada** niño desamparado

desamparo /deza~paru/ *sm.* **1** desamparo, abandono **2** orfandad. ■ **tristeza na hora do desamparo** tristeza en la hora del desamparo

desandar /deza~daR/ *vtrd, vtri, vi.* **1** desandar, retroceder **2** destornillar. ■ **desandar o mundo** desandar el mundo

desanimado, -a /dʒizani'madu, da/ *adj.* desanimado, desalentado, tímido, alicaído. ■ **desanimado para sair** desanimado para salir

desânimo /de'za~nimu/ *sm.* **1** desánimo, abatimiento **2** frialdad. ■ **desânimo para dançar** desánimo para bailar

desaparecer /dʒizapare'seR/ *vi.* desaparecer, evaporar, extinguir, esconderse, retirarse. ■ **quero desaparecer** quiero desaparecer

desapego /dʒiza'pegu/ *sm.* **1** desapego, despego, indiferencia, despreocupación **2** desvío. ■ **desapego dos gatos** desapego de los gatos

desaprovar /dʒizapro'vaR/ *vtrd.* desaprobar, reprobar, censurar, reprochar. ■ **desaprovar um aluno** reprobar un alumno

desarmar /dʒizaR'maR/ *vtrd, vi.* **1** desarmar, desaparejar, apaciguar **2** aplacar. ■ **desarmar o ladrão** desarmar el ladrón

desarranjo /dʒiza'Ra~ʒu/ *sm.* desacuerdo, desarreglo, desbarajuste. ■ **desarranjo vocálico** desacuerdo vocálico

desarticular /dʒizaRtʃiku'laR/ *vtrd.* **1** desarticular, descoyuntar **2** desarticularse. ■ **desarticular sindicatos** desarticular sindicatos

desassossego /dʒizaso'segu/ *sm.* desasosiego, inquietación, ansiedad, agitación. ■ **o livro do desassossego** el libro del desasosiego

desastrado, -a /dʒizaʃ'tradu, da/ *adj* desastrado, astroso. ■ **pessoa desastrada** persona desastrada

desastre /de'zaʃtri/ *sm.* desastre, fracaso, desgracia. ■ **desastre natural** desastre natural

desastroso, -a /dʒizaʃ'trozu, za/ *adj.* desastroso. ■ **apresentação desastrosa** presentación desastrosa

desatenção /dʒizate~'sɐ̃w/ *sf.* desatención, descortesía. ■ **desatenção na escola** desatención en el colegio

desatinado, -a /dʒizatʃi'nadu, da/ *adj., sm., sf.* **1** desatinado, disparatado, necio **2** descabellado. ■ **menino desatinado** chico desatinado

desavença /dʒiza've~sa/ *sf.* desavenencia, discordia, diferencia, pendencia, rompimiento, ruptura. ■ **fazer uma desavença** hacer una desavenencia

desavergonhado, -a /dʒizaveRgo'nadu, da/ *adj. sm., sf.* desvergonzado. ■ **menina desavergonhada** chica desvergonzada

desbastar /de'baʃ'taR/ *vtrd.* desbastar, perfeccionar, pulir, disminuir, descortezar, entresacar, podar. ■ **desbastador é o que serve para desbastar** desbastador es lo que sirve para desbastar

desbloqueio /de'blo'keju/ *sm.* desbloqueo. ■ **desbloqueio do trânsito** desbloqueo del tránsito

desbocado, -a /de'bo'kadu, da/ *adj.* deslenguado, licencioso. ■ **menino desbocado** chico deslenguado

desbravar /de'ra'βar/ *vtr., vi.* **1** desbravar, limpiar, amansar **2** civilizar. ■ **desbravar o continente** desbravar el continente

descabelar /de'kabe'laR/ *vtrd.* descabellar **2** desgreñarse, irritarse, desmelenarse. ■ **descabelar em uma briga** descabellar en una pelea

descalçar /de'kaw'saR/ *vtrd.* descalzar, quitar el calzado. ■ **descalçar na praia** descalzar en la playa

descalço, -a /de'ʃkawsu, sa/ *adj.* **1** descalzo **2** desprevenido, desproveído. ■ **andar descalço** caminar descalzo

descampado a /de'ka~'padu, da/ *adj., sm.* campo abierto, descampado, llanura. ■ **lugar descampado** lugar descampado

desdém

descansar /deʃkɑ̃ˈsaR/ *vtrd, vtrdi.* descansar, sosegar, posar, reposar, tranquilizar **2** descansarse, tranquilizarse. ■ **dencansar no feriado** descansar en el feriado

descanso /dʒiʃˈkɑ̃su/ *sm.* **1** descanso, sosiego, reposo, holganza **2** quietud, relax. ■ **descanso eterno** descanso eterno

descaramento /deʃkaraˈmẽtu/ *sm.* descaro, desfachatez, descoco, desplante, desvergüenza, petulancia. ■ **descaramento do homem** descaro del hombre

descarga /deʃˈkaRga/ *sf.* **1** descarga **2** tiro, disparo **3** alivio, defensa, descargo. ■ **descarga no banheiro** descarga en el baño

descartar /deʃkaRˈtaR/ *vtrd.* despreciar, eludir, descartar (en el juego de naipe). ■ **descartar no jogo** descartar en el juego

descasar /deʃkaˈzaR/ *vtrd, vtrdi.* descasar, divorciar, anular un matrimonio. ■ **descasar sem brigas** descasar sin peleas

descascar /deʃkaʃˈkaR/ *vtrd, vi.* **1** descascarar, pelar, mondar **2** limpiar, pulir **3** desgranarse. ■ **descascar a laranja** descascarar la naranja

descaso /deʃˈkazu/ *sm.* menoscabo, desprecio. ■ **descaso com o problema** menoscabo con el problema

descendência /deseˈdẽsja/ *sf.* descendencia, estirpe, prole, origen. ■ **descendência de europeus** descendencia de europeus

descendente /deseˈdẽtʃi/ *adj, sm., sf.* **1** descendente **2** descendiente, sucesor. ■ **descendente de africanos** descendiente de africanos

descer /deˈseR/ *vtrd, vtrdi, vtri, vi.* bajar, poner abajo **descer a lenha** golpear, poner en lengua. ■ **descer as escadas** bajar la escalera

descida /dʒiˈsida/ *sf.* **1** descenso, bajada, declive **2** decadencia, degeneración. ■ **descida íngrime** descenso pronunciado

desclassificar /deʃklasifiˈkaR/ *vtrd.* desacreditar, excluir, descalificar. ■ **desclassificar o candidato** descalificar el candidato

descoberta /deʃkoˈbeRta/ *sf.* **1** descubrimiento, descubierta **2** invención. ■ **descoberta da América** descubrimiento de América

descoberto /deʃkobeRtu/ *a/ adj.* descubierto, expuesto. ■ **criminoso foi descoberto** el criminoso fue descubierto

descobridor, -ora /deʃkobriˈdoR, ra/ *adj., sm., sf.* descubridor, inventor. ■ **descobridor do Brasil** descubridor de Brasil

descobrir /deʃkoˈbriR/ *vtrd, vi.* descubrir, destapar. ■ **descobrir o esconderijo** descubrir el escondrijo

descolar /deʃkoˈlaR/ *vtrd, vtrdi, vtri, vi.* despegar. ■ **descolar o papel** despegar el papel

descolorido, -a /deskoloˈrido, a/ *adj.* descolorido, oxigenado. ■ **cabelo descolorido** cabello descolorido

desconcertar /deskoɲeRˈtaR/ *vtr.* **1** desconcertar, trastornar, perturbar, turbar **2** desordenar. ■ **desconcertar um aparelho** desconcertar un aparato

desconcerto /deskoɲeRˈtaR/ *vtr.* desconcierto, desorden, confusión. ■ **desconcerto de materiais** desconcierto de materiales

desconectar /deskonekˈtaR/ *vtr, vi.* desconectar, desenchufar, desvincular. ■ **desconectar a internet** desconectar la internet

desconfiado, -a /deskomˈfjado, a/ *adj.* desconfiado, receloso, malicioso, incrédulo. ■ **pessoa desconfiada** persona desconfiada

desconfiança /deʃkoˈfiˈɑ̃sa/ *sf.* **1** desconfianza, sospecha, recelo **2** celos **3** incredulidad **4** malicia **5** escama. ■ **desconfiança do marido** desconfianza del marido

desconfiar /deʃkoˈfiˈaR/ *vtrd, vtri, vi.* **1** desconfiar, sospechar, conjeturar, recelar, temer, dudar **2** escamar. ■ **desconfiar de alguém** desconfiar de alguien

descongelar /deʃkoˈʒeˈlaR/ *vtrd.* **1** descongelar, derretir, licuar **2** derretirse, deshelarse. ■ **descongelar a geladeira** descongelar la heladera

descongestionar /deʃkoˈʒeʃtʃioˈnaR/ *vtrd.* descongestionar, desembarazar, desacumular. ■ **descongestionar o trânsito** descongestionar el tránsito

desconhecer /deʃkoɲeˈseR/ *vtrd, vtrdi.* **1** desconocer, ignorar **2** no acordarse **3** desconocerse, olvidarse. ■ **desconhecer uma pessoa** desconocer una persona

desconhecido, -a 1 /deʃkoɲeˈsidu, da/ *adj. sm., sf.* desconocido, nuevo **2** ignorado, incógnito, oculto. ■ **homem desconhecido** hombre desconocido

desconsiderado, -a /deskonsiðeˈrado, a/ *adj., sm., sf.* **1** desconsiderado **2** malmirado. ■ **tópico para discussão foi desconsiderado** tópico para la discusión fue desconsiderado

desconsiderar /deʃkoˈsideˈraR/ *vtrd.* desconsiderar, desatender, desapreciar, despreciar. ■ **desconsiderar uma situação** desconsiderar una situación

descontaminar /deskoɲtamiˈnar/ *vtr.* descontaminar. ■ **descontaminar a água** descontaminar el agua

descontar /deskoɲˈtar/ *vtr.* **1** descontar, deducir, rebajar un precio o cuenta **2** prescindir de **3** descontarse. ■ **descontar o preço** descontar el precio

descontentamento /deʃkoˈteˈtaˈmẽtu/ *sm.* descontento, disgusto, tristeza, queja. ■ **descontentamento do professor** descontento del profesor

descontentar /deʃkoˈteˈtaR/ *vtrd.* descontentar, desgraciar, disgustar, contrariar. ■ **descontentar com uma pessoa** descontentar con una persona

desconto /deʃˈkoˈtu/ *sm.* descuento, agio. ■ **desconto na loja** descuento en la tienda

descorado, -a /deʃkoˈradu, da/ *adj.* descolorido, pálido, pocho. ■ **quarto descorado** cuarto descolorido

descrédito deʃˈkɾɛdʒitu/ *sm.* **1** descrédito, depreciación **2** desdoro. ■ **descrédito com alguém** descrédito con alguien

descrença /deʃˈkreˈsa/ *sf.* descreimiento, incredulidad, escepticismo. ■ **descrença da vida** incredulidad de la vida

descrente /deʃˈkreˈtʃi/ *adj.* descreído, incrédulo, escéptico . ■ **descrente em Deus** descreído en Dios

descrever /deʃkreˈveR/ *vtrd, vtrdi.* **1** describir, enumerar, reseñar **2** representarse. ■ **descrever um lugar** describir un lugar

descrição /deʃkriˈsɑ̃w/ *sf.* **1** descripción, enumeración **2** narración, relación. ■ **descrição da tarefa** descripción de la tarea

descuidado, -a /deʃkwiˈdadu, da/ *adj., sm., sf.* **1** descuidado, desprevenido, distraído **2** omiso, vago, zarrapastroso. ■ **pai descuidado** padre desprevenido

descuido /deʃˈkwidu/ *sm.* descuido, desliz, negligencia, omisión, abandono, error. ■ **descuido com as crianças** descuido con los niños

desculpa /deʃˈkuwpa/ *sf.* disculpa, evasiva, escapatoria, excusa. ■ **desculpa pela demora** disculpa por la demora

desde /ˈdeʒdʒi/ *prep.* desde, a partir de **desde então** desde entonces **desde que** desde que. ■ **desde sempre tenho medo de altura** desde siempre tengo miedo de altura

desdém /deʒˈdẽj/ *sm.* desdén, desprecio, menosprecio, despego, indiferencia. ■ **desdém com as pessoas** desdén con las personas

desdenhoso

desdenhoso, -a /deʒde'nozu, za/ *adj.* desdeñoso, orgulloso. ■ **pessoa desdenhosa** persona desdeñosa

desejar /deze'ʒaR/ *vtrd., vtrdi., vi.* desear, envidiar. ■ **desejar viajar** desear viajar

desejo /de'seʒu/ *sm.* deseo, aspiración, intención. ■ **desejo de mudar** deseo de cambiar

desembaraço /deze~'barasu/ *sm.* desembarazo, desenredo, libertad, despejo, frescura, soltura, vivacidad, agilidad. ■ **desembaraço da confusão** desembarazo de la confusión

desembarcar /deze~baR'kaR/ *vtrd., vi.* desembarcar, apearse. ■ **desembarcar do navio** desembarcar del navío

desembarque /deze~'baRki/ *sm.* desembarque, desembarco. ■ **desembarque de passageiros** desembarque de pasajeros

desembocar /deze~bo'kaR/ *vtri.* desembocar, desaguar, descargar, verter. ■ **desembocar uma solução** desembocar una solución

desembrulhar /deze~bru'ʎaR/ *vtrd.* 1 desembalar, desembrollar 2 aclarar, desenredar 3 aclararse. ■ **desembrulhar um presente** desembalar un regalo

desempenho /deze~'peɲu/ *sm.* desempeño, ejecución, cumplimiento. ■ **desempenho do aluno** desempeño del alumno

desempregado, -a /deze~pre'gadu, da/ *adj., sm., sf.* desempleado, desacomodado, parado. ■ **foi demitido, está desempregado** fue dimitido, está desempleado

desemprego /deze~'pregu/ *sm.* desempleo, exoneración, paro. ■ **alto índice de desemprego** alto índice de desempleo

desencaminhar /deze~kami'ɲaR/ *vtrd., vtrdi.* desencaminar, descarriar, extraviar. ■ **desencaminhar o documento** desencaminar el documento

desencanto /deze~'kaɲtu/ *sm.* desencanto, desengaño. ■ **desencanto com alguém** desencanto con alguien

desencontrar /deze~ko~'traR/ *vtrd.* 1 diferir, discordar 2 extraviarse, perderse. ■ **se sair, vamos nos desencontrar** si salir, vamos a desencontrarnos

desenhar /deze'ɲaR/ *vtrd.* 1 diseñar, dibujar, trazar 2 destacarse, aparecerse. ■ **desenhar na folha** diseñar en la hoja

desenho /de'zeɲu/ *sm.* diseño, dibujo. ■ **desenho colorido** dibujo colorido

desenrolar /deze~ro'laR/ *vtrd.* 1 desenrollar, desplegar, abrir, desenvolver 2 prolongarse, extenderse. ■ **desenrolar o problema** desenrollar el problema

desentendimento /dese~te~d3i'me~tu/ *sm.* desentendimiento, escaramuza, divergencia. ■ **desentendimento com os pais** desentendimiento con los padres

desenvolver /deze~vow'veR/ *vtrd.* 1 desarrollar, desenvolver, hacer crecer 2 desempachar. ■ **desenvolver um projeto** desarrollar un proyecto

desenvolvido, -a /deze~vow'vidu, da/ *adj.* desarrollado, desenvuelto, crecido. ■ **criança desenvolvida** niño desarrollado

desequilibrado, -a /dezekili'bradu, da/ *adj., sm., sf.* 1 desequilibrado 2 tonto. ■ **pessoa desequilibrada** persona desequilibrada

desequilíbrio /dezeki'librju/ *sm.* 1 desequilibrio 2 trastorno mental. ■ **desequilíbrio emocional** desequilibrio emocional

desertar /dezeR'taR/ *vtrd., vtri., vi.* 1 desertar, huir. ■ **desertar do trabalho** desertar del trabajo

deserto, -a /de'zeRtu, ta/ *adj., sm.* desierto, región despoblada, inhabitado, solitario, abandonado. ■ **deserto de sal** desierto de sal

desespero /dezeʃ'peru/ *sm.* desespero, desesperación, aflicción, cólera. ■ **desespero de mãe** desespero de madre

desfavorável /deʃfavo'ravew/ *adj.* 1 desfavorable, contrario, adverso 2 peyorativo. ■ **situação desfavorável** situación desfavorable

desfazer /d3iʃfa'zeR/ *vtrd., vtrdi.* 1 deshacer, descomponer 2 disolver, fundir, partir. ■ **desfazer o trabalho** deshacer el trabajo

desfecho /d3iʃ'feʃu/ *sm.* final, conclusión, solución, remate. ■ **desfecho da história** final de la historia

desfeito, -a /d3iʃ'fejtu, ta/ *adj.* 1 destruido, desfigurado, deshecho 2 afrenta, ofensa. ■ **projeto desfeito** proyecto destruido

desfilar /d3iʃfi'laR/ *vi., vtrd.* desfilar. ■ **desfilar na rua** desfilar en la calle

desfile /d3iʃ'fili/ *sm.* desfile. ■ **desfile de moda** desfile de moda

desfrutar /d3iʃfru'taR/ *vtrd., vtri.* 1 disfrutar, usar, usufructuar 2 apreciar, gustar, lograr. ■ **desfrutar a vida** disfrutar la vida

desgastar /d3iʃgaʃ'taR/ *vtrd.* 1 desgastar, consumir, roer, alisar 2 arruinarse, estropearse. ■ **desgastar a roupa** desgastar la ropa

desgosto /d3iʃ'goʃtu/ *sm.* disgusto, desagrado, amargura. ■ **cara de desgosto** cara de disgusto

desgraça /d3iʒ'grasa/ *sf.* desgracia, mal, malandanza, malaventura. ■ **desgraça na vida** desgracia en la vida

desgraçado, -a /d3iʒgra'sadu, da/ *adj., sm., sf.* 1 desgraciado, nefasto 2 infeliz, astroso. ■ **homem desgraçado** hombre desgraciado

desgrudar /d3iʒgru'daR/ *vtrd., vtrdi., vtri.* desencolar, despegar. ■ **desgrudar de alguém** despegar de alguien

desidratação /d3izidrata'sãw/ *sf.* deshidratación. ■ **desidratação mata** deshidratación causa la muerte

designar /d3izig'naR/ *vtrd., vtrdi.* 1 designar, asignar, destinar, determinar 2 nombrar, señalar. ■ **designar uma tarefa** designar una tarea

desigual /d3izigu'aw/ *adj.* desigual, desparejo, diferente, dispar, irregular, accidentado, altibajo. ■ **sociedade desigual** sociedad desigual

desigualdade /d3izigwal'dad3i/ *sf.* desigualdad, disparidad, variedade. ■ **desigualdade social** desigualdad social

desinfetante /d3iz|~fe'tɐ̃tʃi/ *adj., sm.* desinfectante. ■ **desinfetante no banheiro** desinfectante en el baño

desinfetar /d3iz|~fe'taR/ *vtrd., vi.* 1 desinfectar, higienizar, fumigar 2 purificarse. ■ **desinfetar a casa** desinfectar la casa

desintegrar /d3iz|~te'graR/ *vtrd* 1 desintegrar 2 desagregarse. ■ **desintegrar o grupo** desintegrar el grupo

desinteressado, -a /d3iz|~'tere'sadu, da/ *adj.* desinteresado, desprendido. ■ **aluno desinteressado** alumno desinteresado

desistir /d3izij'tʃiR/ *vtri., vi.* desistir, dejar, abandonar, renunciar. ■ **desistir de sair** dejar de salir

desleal /d3izle'aw/ *adj.* desleal, infiel, falso, traidor, tortuoso, hipócrita. ■ **amigo desleal** amigo desleal

deslealdade /d3izleal'dad3i/ *sf.* deslealtad, falsedad, falsía, traición, perfidia, infidelidad. ■ **deslealdade na família** deslealtad en la familia

desligar /d3izli'gaR/ *vtrd., vtrdi.* desenchufar, desligar, desatar. ■ **desligar a televisão** desenchufar la televisión

deslizar /d3izli'zaR/ *vi., vtri., vtrd.* 1 deslizar, resbalar 2 pasar 3 evadirse, escaparse. ■ **deslizar no chão** deslizar en el suelo

deslocamento /d3izloka'me~tu/ *sm.* desplazamiento, dislocación, tracción. ■ **deslocamento de terra** desplazamiento de tierra

destaque

deslumbramento /dʒizlũˈbrameˈtu/ *sm*. **1** deslumbramiento, obcecação **2** fascinación. ■ **deslumbramento com a vida** deslumbramiento con la vida

desmaiar /dʒiʒmajˈaR/ *vtrd., vtri., vi*. **1** desacordarse, desfallecer, desmayar, desvanecerse **2** enflaquecer. ■ **desmaiar de fraqueza** desacordarse de flaqueza

desmaio /dʒiʒˈmaju/ *sm*. desmayo, desfallecimiento, síncope. ■ **desmaio ao ver sangue** desmayo al ver sangre

desmatamento /dʒiʒmataˈmeˈtu/ *sm*. deforestación. ■ **desmatamento na floresta amazônica** deforestación en la floresta amazónica

desmedido, -a /dʒiʒmeˈdʒidu, da/ *adj*. **1** desmedido, desaforado **2** enorme, excesivo. ■ **sentimento desmedido** sentimiento desmedido

desmentir /dʒiʒmẽˈt͡ʃiR/ *vtrd., vi*. desmentir, negar, refutar ■ **desmentir alguém** dar un mentís.

desmilitarizar /dʒiʒmilitariˈzaR/ *vtrd*. desmilitarizar. ■ **desmilitarizar os homens** desmilitarizar los hombres

desmontar /dʒiʒmõˈtaR/ *vtrd., vtrdi., vtri., vi*. **1** desmontar, desarmar **2** descabalgar, apear **3** abatir, desmontarse ■ **desmontar o material** desmontar el material

desmoronamento /dʒiʒmoronaˈmeˈtu/ *sm*. desmoronamiento. ■ **desmoronamento de terra** desmoronamiento de tierra

desnaturado /dʒiʒnatuˈradu, da/ *adj*. desnaturalizado, cruel ■ **pai desnaturado** padre desnaturalizado

desnecessário, -a /dʒiʒneseˈsarju, rja/ *adj*. desnecesario, dispensable, inútil, vano. ■ **conversa desnecessária** conversa desnecesaria

desnudo, -a /dʒiʒˈnudu, a/ *adj*. desnudo, desvestido, despojado, desabrigado. ■ **homem desnudo** hombre desnudo

desnutrir /dʒiʒnuˈtriR/ *vtrd*. **1** desnutrir, enflaquecer, adelgazar **2** desnutrirse, depauperarse ■ **desnutrir a fruta** desnutrir la fruta

desobedecer /dʒizobedeˈseR/ *vtrd., vi*. **1** desobedecer, desacatar **2** transgredir, resistir. ■ **desobedecer os pais** desobedecer los padres

desobediência /dʒizobedʒiˈeˈsja/ *sf*. desobediencia, desacato, transgresión, infracción, resistencia, indisciplina. ■ **desobediência dos filhos** desobediencia de los hijos

desobrigado, -a /dʒizobriˈgadu, da/ *adj*. exento, libre de obligaciones. ■ **desobrigado de trabalhar** exento de obligaciones con el trabajo

desocupado, -a /dʒizokuˈpadu, da/ *adj., sm., sf*. desocupado, ocioso, parado, abandonado, vago, vacante, vagabundo, holgado, inactivo. ■ **homem desocupado** hombre desocupado

desolar /dʒizoˈlaR/ *vtrd*. desolar, devastar, arruinar, desconsolar. ■ **desolar a cidade** desolar la ciudad

desonestidade /dʒizoneʃˈt͡ʃiˈdadʒi/ *sf*. deshonestidad, obscenidad. ■ **desonestidade na política** deshonestidad en la política

desonesto, -a /dʒizoˈneʃtu, ta/ *adj., sm., sf*. deshonesto, desvergonzado, profano, indigno. ■ **político desonesto** político deshonesto

desonra /dʒiˈsõˈra/ *sf*. **1** deshonra, descrédito, ultraje, vergüenza, infamia, vituperio **2** lodo, mancha, borrón. ■ **desonra da família** deshonra de la familia

desordem /dʒiˈsoRdeˈj/ *sf*. desorden, desbarajuste, delirio, entrevero. ■ **desordem na escola** desorden en la escuela

desordenado, -a /dʒizoRdeˈnadu, da/ *adj*. desordenado, turbulento, descomedido. ■ **partido desordenado** partido desordenado

desordenar /dʒizoRdeˈnaR/ *vtrd*. **1** desordenar, desorganizar, desquiciar, desalinear, desarreglar **2** descomponer, revolver. ■ **desordenar a casa** desordenar la casa

desorganização /dʒizoRganizaˈsãˈw/ *sf*. desorganización, confusión. ■ **desorganização dos documentos** desorganización de los documentos

desorientar /dʒizorieˈtaR/ *vtrd*. **1** desorientar, despistar, trastornar **2** extraviarse, vagar, errar. ■ **desorientar as pessoas** desorientar las personas

despachado, -a /despaˈt͡ʃar/ *vtr., vi*. **1** diligente, activo, expedito **2** avispado. ■ **material despachado** material diligente

despachante /despaˈt͡ʃar/ *vtr., vi*. agente aduanero, despachante, expedidor. ■ **trabalho de despachante** trabajo de agente aduanero

despedida /despeˈðiða/ *sf*. despedida, separación, adiós, término, conclusión. ■ **despedida de um amigo** despedida de un amigo

despejo /despeˈxar/ *vtr., vi*. despejo, deyecciones, vertedero. ■ **despejo de material** despejo de material

despenhadeiro /dʒiʃpeɲaˈdejru/ *sm*. despeñadero, precipicio, abismo. ■ **cair no despenhadeiro** caír en el despeñadero

despenhar /dʒiʃpeˈɲaR/ *vtrd*. despeñar, derrocar **2** arruinar **3** precipitarse. ■ **despenhar um objeto** despeñar un objeto

despensa /dʒiʃˈpeˈsa/ *sf*. despensa. ■ **despensa da cozinha** despensa de la cocina

despercebido, -a /dʒiʃpeRseˈbidu, da/ *adj*. desapercibido, desprevenido. ■ **passar despercebido** pasar desapercibido

desperdiçar /dʒiʃpeRd͡ʒiˈsaR/ *vtrd*. desperdiciar, derrochar. ■ **desperdiçar dinheiro** desperdiciar dinero

desperdício /dʒiʃpeRˈd͡ʒisju/ *sm*. desperdicio, derroche, dilapidación, destrozo. ■ **desperdício de comida** desperdicio de comida

despertador /dʒiʃpeRtaˈdoR, ra/ *adj., sf., sm*. despertador. ■ **despertador está quebrado** despertador está roto

despesa /dʒiʃˈpeza/ *sf*. consumo, gasto, dispendio. ■ **rachar as despesas** dividir los gastos

desplante /desˈplaˈte/ *sm*. desplante, descoco, atrevimiento ■ **agir com desplante** actuar con desplante

despovoado, -a /dʒiʃpovoˈadu, da/ *adj*. despoblado, deshabitado, yermo. ■ **bairro despovoado** barrio despoblado

desprendimento /dʒiʃpreˈd͡ʒimeˈtu/ *sm*. **1** desprendimiento, generosidad, desinterés **2** largueza. ■ **desprendimento social** desprendimiento social

despreocupação /dʒiʃpreokupaˈsãˈw/ *sf*. **1** despreocupación, tranquilidad **2** descuido, negligencia. ■ **despreocupação com os trabalhos** despreocupación con los trabajos

desprevenido, -a /dʒiʃpreveˈnidu, da/ *adj*. desprevenido, descuidado, incauto ■ **homem é desprevenido** hombre es desprevenido

desprezar /dʒiʃpreˈzaR/ *vtrd*. despreciar, desairar, humillar ■ **desprezar alguém** despreciar alguien

desprover /dʒiʃproˈveR/ *vtrd., vtrdi*. desproveer, despojar. ■ **desprover de talento** desproveer de talento

desqualificar /dʒiʃkwalifiˈkaR/ *vtrd*. descalificar, desclasificar, inhabilitar, incapacitar. ■ **desqualificar uma pessoa** descalificar una persona

desrespeitar /dʒiʃreʃpejˈtaR/ *vtrd*. desobedecer, desacatar, transgredir. ■ **desreipeitar os mais velhos** desacatar a los mayores

destacar /dʒiʃtaˈkaR/ *vtrd., vtrdi., vi*. destacar, relevar, sobresalir ■ **não se destacar** ser del montón.

destaque /dʒiʃˈtaki/ *sm*. realce, relieve ■ **em destaque** saliente.

309

destinatário

destinatário, -a /dɜiʃˈtɪnaˈtarju, rja/ *sm., sf.* destinatario. ■ **destinatário da carta** destinatario de la carta

destino /dɜiʃˈtʃĩnu/ *sm.* destino. ■ **destino da viagem** destino del viaje

desunião /dɜizuniˈαˉw/ *sf.* desunión, separación, discordia. ■ **desunião na família** desunión en la familia

desvalorizar /dɜizvaloriˈzaR/ *vtrd.* desvalorizar, devaluar, depreciar, minusvalorar. ■ **desvalorizar o que possui** desvalorizar lo que posee

desvantagem /dɜiʃvaˉˈtaʒeˉj/ *sf.* desventaja, inferioridad, perjuicio. ■ **desvantagem de preço** desventaja de precio

desventura /dɜiʃveˉˈtura/ *sf.* desventura, desgracia, infelicidad, infortunio, adversidad. ■ **desventura na vida** desventura en la vida

desviar /dɜiʒviˈaR/ *vtrd., vtrd.* desviar, extraviar, ladear. ■ **desviar dinheiro** desviar dinero

desvio /dɜiʒˈviu/ *sm.* **1** desvío, desviación, extravío **2** excepción, rodeo, sinuosidad, vuelta **3** aberración. ■ **desvio de cotas** desvío de cotas

detalhar, /detaˈʎaR/ *vtrd.* detallar. ■ **detalhar o projeto** detallar el proyecto

detectar /detekˈtaR/ *vtrd.* detectar, revelar. ■ **detectar o problema** detectar el problema

detergente deteRˈʒeˉʃ/ *adj. sm.* detergente. ■ **lavar com detergente** lavar con detergente

determinação /deteRminaˈsαˉw/ *sf.* determinación, osadía, precisión, prescripción. ■ **determinação para não desistir** determinación para no desistir

detetive /deteˈtʃivi/ *sm., sf.* detective, agente de policía. ■ **detetive de polícia** detective de policía

detonação /detonaˈsαˉw/ *sf.* detonación, estampido, explosión. ■ **detonação de rochas** detonación de rocas

detrimento /detriˈmeˉtu/ *sm.* detrimento, daño, perjuicio, lesión. ■ **detrimento da liberdade dos outros** detrimento de la libertad de los otros

devagar /devaˈgaR/ *adv.* despacio. ■ **falar devagar** hablar despacio

devasso, -a /deˈvasu, sa/ adj. *sm., sf.* disoluto, libertino. ■ **homem devasso** hombre disoluto

devedor, -ora /deveˈdoR, ɾa/ adj. *sm., sf.* deudor. ■ **saldo devedor** saldo deudor

devido, -a /deˈvidu, a/ *adj.* debido, merecido, razonable ■ **devido a problemas** debido a problemas

devolução /devoluˈsaˉw/ *sf.* devolución, reembolso, restitución, vuelta. ■ **devolução da roupa** devolución de la ropa

dez /ˈdejʃ/ *adj. sm.* diez, una decena. ■ **dez anos** diez años

dezembro /deˈzeˉbru/ *sm.* diciembre. ■ **natal é em dezembro** navidad es en diciembre

dezena /deˈzena/ *sf.* decena. ■ **dezena de anos** decena de años

dia /ˈdɜia/ *sm.* día. ■ **bom dia** buen día

diabo /dɜiˈabu/ *sm.* diablo. ■ **pobre diabo** pobre diablo

diabólico, -a /dɜiaˈbɔliku, ka/ *adj.* .1 diabólico **2** pernicioso, terrible, infernal. ■ **pessoa diabólica** persona diabólica

diagnosticar /dɜiagnoʃtʃiˈkaR/ *vtrd.* diagnosticar. ■ **diagnosticar o problema** diagnosticar el problema

diagonal /dɜiagoˈnaw/ *adj., sf.* diagonal, dirección oblicua. ■ **estar na diagonal** estar en la diagonal

dialeto /dɜiaˈletu/ *sm.* dialecto. ■ **dialeto regional** dialecto regional

dialogar /dɜialoˈgaR/ *vtrd., vi.* dialogar, conversar, hablar, discurrir. ■ **dialogar com as pessoas** dialogar con las personas

diálogo /dɜiˈalugu/ *sm.* diálogo, conversación, coloquio. ■ **diálogo em inglês** diálogo en inglés

diamante /dɜiaˈmaˉtʃi/ *sm.* diamante. ■ **bodas de diamante** bodas de diamante

diante /dɜiˈαˉtʃi/ *adv.* delante. ■ **estou diante de você** estoy delante de ti

diário, -a /dɜiˈarju, rja/ *adj., sm.* diario. ■ **escrever no diário** escribir en el diario

diarreia /dɜiaˈReja/ *sf.* diarrea, disentería. ■ **estou com diarreia** estoy con diarrea

dica /ˈdɜika/ *sf.* información, indicación, pista. ■ **dica de cozinha** información de cocina

dicionário /dɜisioˈnarju/ *sm.* diccionario, léxico, vocabulario. ■ **dicionário de espanhol** diccionario de español

dieta /dɜiˈeta/ *sf.* dieta. ■ **dieta da lua** dieta de la luna

diferença /dɜifeˈreˉsa/ *sf.* diferencia, diversidad. ■ **viver a diferença** vivir la diferencia

difícil /dɜiˈfisiw/ *adj., adv.* difícil, costoso, trabajoso. ■ **trabalho difícil** trabajo difícil

dificuldade /dɜifikuwˈdadʒi/ *sf.* dificultad, obstáculo, trastorno ■ **dificuldade no emprego** dificultad en el empleo

difusão /dɜifuˈzaˉw/ *sf.* difusión, divulgación, propagación. ■ **difusão da campanha** difusión de la campaña

digestão /dɜiʒeʃˈtαˉw/ *sf.* **1** digestión **2** reflexión, sujeción ■ **digestão da comida** digestión de la comida

digitação /dɜiʒitaˈsαˉw/ *sf.* digitación, mecanografía ■ **curso de digitação** curso de digitación

dignidade /dɜigniˈdadʒi/ *sf.* dignidad, nobleza, honor, decoro ■ **ter dignidade** tener dignidad

dilatação /dɜilataˈsαˉw/ *sf.* dilatación, ampliación, propagación, ensanche, prolongación. ■ **dilatação do estômago** dilatación del estómago

dimensão /dɜimeˉˈsαˉw/ *sf.* dimensión, medida, tamaño, extensión, proporción. ■ **dimensão da terra** dimensión de la tierra

diminutivo /dɜiminuˈtʃivu, va/ *adj., sm.* diminutivo ■ **diminutivo das palavras** diminutivo de las palabras

dinâmico, -a /dɜiˈnamiku, ka/ *adj.* dinámico, activo, movido, enérgico ■ **professor dinâmico** profesor dinámico

dinheiro /dɜiˈɲejɾu/ *sm.* dinero, efectivo, peculio, tesoro, fondos. ■ **ter dinheiro** tener dinero

diploma /dɜiˈploma/ *sm.* diploma, título ■ **diploma de professor** diploma de maestro

direção /dɜiɾeˈsaˉw/ *sf.* dirección, rumbo, curso, trámite, vía, marcha ■ **direção do carro** dirección del coche

direito, -a /dɜiˈɾeitu, ta/ *adj., sm.* derecho, diestro, directo, recto, íntegro ■ **direito do cidadão** derecho del ciudadano

direto /dɜiˈɾɛtu, ta/ *adj., sm., adv.* directo, recto, sin rodeos directamente, derecho ■ **ir direto para casa** ir directo para casa

disciplina /dɜiʃˈplina/ *sf.* **1** disciplina **2** arte, facultad, ciencia, doctrina, lectura, materia. ■ **disciplina da escola** disciplina de la escuela

discórdia /dɜiʃˈkɔRdʒja/ *sf.* **1** discordia, desorden **2** oposición, desacuerdo, querella, desavenencia **3** desunión ■ **discórdia na família** discordia en la familia

discriminação /dɜiʃkriminaˈsαˉw/ *sf.* discriminación, distinción ■ **discriminação racial** discriminación racial

discurso /dɜiʃˈkuRsu/ *sm.* discurso, conferencia, declamación, exhortación, razonamiento **discurso inflamado** soflama ■ **discurso político** discurso político

dorminhoco

discussão /dʒiʃku'sã͂w/ *sf.* discusión, debate, polémica, diatriba ▪ **discussão de irmãos** discusión de hermanos

disfarçar /dʒiʃfaR'saR/ *vtrd., vtrdi.* **1** disfrazar, encubrir, enmascarar, simular, disimular **2** fingir **3** revestir ▪ **disfarçar a mancha** disfrazar la mancha

disparada /dʒiʃpa'radu, da/ *adj.* carrera. ▪ **andar em disparada** caminar en carrera

dispensar /dʒiʃpe͂'saR/ *vtrd., vtrdi.* dispensar. ▪ **dispensar a empregada** dispensar la empleada

displicência /dʒiʃpli'se͂sja/ *sf.* displicencia, indiferencia, disgusto, desaliento, aburrimiento. ▪ **displicência do aluno** displicencia del alumno

disponibilidade /dʒiʃponibili'dad3i/ *sf.* disponibilidad. ▪ **disponibilidade de horário** disponibilidad de horario

disponível /dʒiʃpo'nivew/ *adj.* disponible, libre, desocupado. ▪ **estou disponível** estoy disponible

disputa /dʒiʃ'puta/ *sf.* disputa, altercación. ▪ **disputa de carros** disputa de coches

dissecar /dʒise'kaR/ *vtrd.* **1** disecar **2** resecar **3** analizar minuciosamente. ▪ **dissecar um corpo** disecar un cuerpo

disseminação /dʒisemina'sã͂w/ *sf.* **1** diseminación, derramamiento. ▪ **disseminação da democracia** diseminación de la democracia

dissertação /dʒiseRta'sã͂w/ *sf.* **1** disertación, discurso **2** ensayo, monografía. ▪ **dissertação sobre as drogas** disertación sobre las drogas

dissimulação /dʒisimula'sã͂w/ *sf.* disimulo, simulación, tapadillo. ▪ **capacidade de dissimulação** capacidad de simulación

dissolução /dʒisolu'sã͂w/ *sf.* disolución. ▪ **dissolução na água** disolución en el agua

distância /dʒiʃ'tã͂sja/ *sf.* distancia, alejamiento. ▪ **distância percorrida** distancia recorrida

distinto, -a /dʒiʃ'tʃĩtu, ta/ *adj.* **1** distinto, diferente, otro **2** notable. ▪ **palavra distinta** palabra distinta

distribuição /dʒiʃtribui'sã͂w/ *sf.* distribución, reparto. ▪ **distribuição de material** distribución de material

distúrbio /dʒiʃ'tuRbju/ *sm.* disturbio, desorden, discordia, perturbación, remolino ▪ **distúrbio mental** tara. ▪ **distúrbio do sono** disturbio del sueño

ditador, -ora /dʒita'doR, ra/ *sm., sf.* dictador, déspota, tirano. ▪ **ditador antigo** dictador antiguo

diurno, -a /dʒiuRnu, na/ *adj., sm.* diurno. ▪ **curso diurno** curso diurno

divergência /dʒiveR'ge͂sja/ *sf.* divergencia, discordancia, discrepancia. ▪ **divergência nos dados** divergencia en los datos

diversidade /dʒiveRsi'dad3i/ *sf.* diversidad, diferencia, variedade. ▪ **diversidade do povo** diversidad del pueblo

divertido, -a /dʒiveR'tʃidu, da/ *adj.* divertido, festivo. ▪ **dia divertido** día festivo

dívida /'dʒivida/ *sf.* deuda, responsabilidad ▪ **dívida flutuante** deuda flotante. ▪ **dívida no banco** deuda en el banco

divino, -a /dʒi'vinu, na/ *adj.* **1** divino, sublime **2** excelente, perfecto **3** divinidad, cosas sagradas. ▪ **amigo divino** amigo divino

divisão /dʒivi'sã͂w/ *sf.* división, desunión. ▪ **divisão de tarefas** división de tareas

divórcio /dʒivɔR'siu/ *sm.* **1** divorcio **2** separación, desunión. ▪ **divórcio de casais** divorcio de parejas

divulgar /dʒivuw'gaR/ *vtrd.* divulgar, editar, expandir. ▪ **divulgar a campanha** divulgar la campaña

dizer /dʒi'zeR/ *sm.* decir, contar. ▪ **dizer algo** decir algo

dízimo /dʒizi'maR/ *vtrd.* diezmo, décimo ▪ **pagar o dízimo** pagar el diezmo

dobra /'dobra/ *sf.* doblez, pliegue, arruga. ▪ **dobra de roupa** doblez de ropa

doação /doa'sã͂w/ *sf.* donativo, ofrecimiento, otorgamiento. ▪ **doação de alimento** donativo de alimento

dobrar /do'braR/ *vtrd., vi.* **1** doblar, doblegar, duplicar **2** plegar **3** quebrar **3** contorcerse, bornearse. ▪ **dobrar a calça** doblar el pantalón

dobro /'dobru/ *sm.* doble, duplo. ▪ **dobro de comida** doble de comida

doce /'dosi/ *adj., sm.* dulce, azucarado. ▪ **doce para sobremesa** dulce para el postre

doçaria /dosa'ria/ *sf.* confitería, dulcería. ▪ **ir na doçaria** ir a la dulcería

dócil /'dɔsiw/ *adj.* dócil, fácil, manso, tierno **pessoa dócil** cordero. ▪ **cão dócil** perro dócil

documentar /dokume͂'taR/ *vtrd.* documentar, probar, justificar, demostrar, explicar. ▪ **documentar o processo** documentar el proceso

documentário /dokume͂'tarju, rja/ *adj., sm.* documental ▪ **documentário cinematográfico** película documental.

documento /doku'me͂tu/ *sm.* documento, escrito, dato, papel, pliego, póliza. ▪ **documento original** documento original

doçura /do'sura/ *sf.* **1** dulzor, dulzura, ternura, agrado, benignidad, blandura **2** miel. ▪ **doçura de pessoa** dulzura de persona

doença /do'e͂sa/ *sf.* **1** enfermedad, mal, molestia, achaque, dolencia, pese **2** giba. ▪ **doença de Chagas** mal de Chagas

doente /do'e͂tʃi/ *adj. sm., sf.* enfermo, paciente, pocho. ▪ **doente no hospital** enfermo en el hospital

doer /do'eR/ *vi., vtri.* **1** doler **2** causar dolor **3** dolerse, arrepentirse, condolerse. ▪ **doer a perna** doler la pierna

doido, -a /do'jdu, da/ *adj. sm., sf.* loco, alienado. ▪ **pessoa doida** persona loca

dois /'dojʃ, 'duaʃ/ *sm., sf.* dos ▪ **os dois** ambos.

doloroso, -a /dolo'rozu, za/ *adj.* doloroso, lastimoso, lamentable, sensible. ▪ **perder é doloroso** perder es doloroso

domesticar /domeʃtʃi'kaR/ *vtrd.* domesticar, domar, amansar. ▪ **domesticar um animal** domesticar un animal

doméstico, -a /do'mɛʃtʃiku, ka/ *adj., sm., sf.* **1** doméstico, familiar **2** doméstico, criado. ▪ **trabalho doméstico** trabajo doméstico

domicílio /domí'silju/ *sm.* domicilio, hogar, residência. ▪ **domicílio particular** domicilio particular

dominante /domi'nã͂tʃi/ *adj., sf.* **1** dominante **2** predominante, principal. ▪ **pai dominante** padre dominante

domingo /do'mĩ͂gu/ *sm.* domingo. ▪ **missa aos domingos** misa los domingos

dona /'dona/ *sf.* **1** doña, señora **2** dueña, propietaria ▪ **dona de casa** doña de casa ▪ **dona da casa** dueña de la casa

dono /'donu, na/ *sm., sf.* dueño, señor, propietario, tenedor. ▪ **dono da loja** dueño de la tienda

dor /'doR/ *sf.* dolor. ▪ **dor no peito** dolor en el pecho

dormência /doRme͂'sja/ *sf., sm.* sopor, somnolencia, letargo, modorra, entorpecimiento. ▪ **dormência nas mãos** sopor en las manos

dorminhoco, -a /doRmĩ'ɲoku, ka/ *adj., sm., sf.* dormilón, marmota. ▪ **menino dorminhoco** chico dormilón

311

dúzia

dormir /doR'miR/ *vi., vtri., vtrd.* dormir. ■ **dormir cedo** dormir temprano

dourado, -a /do'radu, da/ *adj., sm.* dorado. ■ **cor dourado** color dorado

doutor, -ora /do'toR, ɾa/ *sf., sm.* **1** doctor **2** professor catedrático. ■ **doutor dos olhos** doctor de los ojos

dragão /dɾa'gɐ̃w/ *sm.* **1** dragón **2** persona intratable. ■ **dragão vermelho** dragón rojo

drama /'dɾama/ *sm.* **1** drama, teatro **2** desgracia, tragédia. ■ **drama no filme** drama en la película

dramatizar /dɾamatʃi'zaR/ *vtrd., vi.* dramatizar, novelar. ■ **dramatizar na novela** dramatizar en la novela

drenar /dɾe'naR/ *vtrd.* drenar, avenar. ■ **drenar uma ferida** drenar una herida

driblar /dɾi'blaR/ *vtrd.* driblar. ■ **driblar a bola** driblar la pelota

droga /'dɾɔga/ *sf.* **1** droga **2** cosa muy mala, porquería, bagatela. ■ **comercializar droga** comercializar droga

drogaria /dɾoga'ɾia/ *sf.* farmacia, botiquín, droguería. ■ **ir na drogaria** ir a la farmacia

dublagem /du'blaʒẽj/ *sf.* doblaje. ■ **dublagem de filmes** doblaje de películas

ducha /'duʃa/ *sf.* ducha, chorro de agua. ■ **ducha para tomar banho** ducha para bañarse

duelo /'duelu/ *sm.* duelo, combate, desafío. ■ **duelo de campeões** duelo de campeones

duende /du'ẽˉd3i/ *sm.* duende, espíritu travieso. ■ **duende verde** duende verde

duna /'duna/ *sf.* duna. ■ **duna de areia** duna de arena

duplicação /duplika'sɐ̃w/ *sf.* **1** duplicación **2** geminación. ■ **duplicação de tarefas** duplicación de tareas

duplicata /dupli'kata/ *sf.* **1** *Com* letra, factura **2** duplicado, copia. ■ **duplicata é um documento** letra es un documento mercantil

duplo, -a /'duplu, pla/ *adj., sm., sf.* doble, duplicado, duplo. ■ **salto duplo** salto duplo

duque, -esa /'duki, keza/ *sm., sf.* **1** duque **2** duquesa. ■ **casa do duque** casa del duque

durante /du'ɾɐ̃ˉtʃi/ *prep.* durante, mientras. ■ **durante a festa** durante la fiesta

dureza /du'ɾeza/ *sf.* dureza, endurecimiento, firmeza, aspereza, rudeza. ■ **dureza do coração** dureza del corazón

dúvida /'duvida/ *sf.* duda. ■ **dúvida sobre o assunto** duda sobre el asunto

dúzia /'duzja/ *sf.* docena ■ **meia dúzia** media docena

E

ABCDEFGHIJKLMNOPQRSTUVWXYZ

e /'e/ *sm* quinta letra del alfabeto portugués ■ **Eduardo começa com "e"** Eduardo empieza con "e"

ébano /'ebanu/ *sm* ébano ■ **mesa feita de ébano** mesa hecha de ébano

ébrio, -a /'ebrju, 'ebrja/ *adj & s* **1** ebrio, borracho, beodo **2** perturbado por una pasión, apasionado ■ **ébrio por uma mulher** ebrio por una mujer

ebulição /ebuli'sa͂w/ *sf* ebullición, efervescencia, fervor *pl:* ebulições ■ **ebulição da água** ebullición del agua

eclesiástico, -a eclesiástico ■ **livro do eclesiástico** libro del eclesiástico

eclipsar /ekli'psaR/ *v* **1** eclipsar, encubrir, ofuscar **2** eclipsarse, ocultarse **3** vencer ■ **eclipsar a lua** eclipsar la luna

eclipse /e'klipsi/ *sm* **1** eclipse **2** desaparición, ocultación ■ **eclipse solar** eclipse solar

eclosão /eklo'za͂w/ *sf* eclosión, explosión ■ **eclosão da terra** eclosión de la tierra

eclusa /e'kluza/ *sf* esclusa, represa, dique ■ **eclusa do rio** esclusa del río

eco /e'kluza/ *sf* **1** eco, repercusión **2** a ■ **escutei o eco** escuché el eco

ecologia /ekolo'ʒia/ *sf* ecología ■ **estudar ecologia** estudiar ecología

ecológico, -a /eko'lɔʒiku, ka/ *adj* ecológico ■ **meio ecológico** medio ecológico

economia /ekono'mia/ *sf* economía, escasez, ahorro ■ **economia de material** economía de materiales

econômico, -a /eko'nomiku, ka/ *adj* económico, sobrio, barato ■ **poder econômico** poder económico

economista /ekono'miʃta/ *s* economista ■ **economista do banco** economista del banco

economizar /ekonomi'zaR/ *v* economizar, ahorrar, reservar ■ **economizar dinheiro** ahorrar dinero

ecossistema /ekosiʃ'tema/ *sm* ecosistema ■ **cuidar do ecossistema** cuidar del ecosistema

edema /e'dema/ *sm* edema ■ **edema pulmonar** edema pulmonar

éden /'ɛdeⁿ/ *sm* edén, paraíso ■ **Jardim do Éden** Jardín del Edén

edição /edʒi'sa͂w/ *sf* edición, publicación ■ **nova edição** nueva edición, reproducción

edificação /edʒifika'sa͂w/ *sf* edificación, construcción, obra ■ **edificação do prédio** construcción del edificio

edificante /edʒifi'kã'tʃi/ *adj* edificante, instructivo, moralizador ■ **atitude edificante** actitud edificante

edificar /edʒifi'kaR/ *v* edificar, fundar, levantar, alzar ■ **edificar uma casa** edificar una casa

edifício /edʒi'fisju/ *sm* edificio, estructura, fábrica ■ **edifício isolado** pabellón

editar /edʒi'taR/ *v* editar, imprimir, publicar ■ **editar um texto** editar un texto

edito /e'dʒito/ *sm* edicto, ley, decreto, orden ■ **edito do juiz** edicto del juez

edredom /edre'doⁿ/ *sm* edredón ■ **cobrir com edredom** cubrir con edredón

educação /eduka'sa͂w/ *sf* **1** educación, instrucción **2** pedagogía ■ **educação é importante** educación es importante

educado, -a /edu'kadu, da/ *adj* educado, cortés, urbano ■ **homem educado** hombre educado

educador, -a /edu'kadoR, ɾa/ *adj & s* educador, profesor, pedagogo, maestro ■ **educador de crianças** educador de niños

educar /edu'kaR/ *v* **1** educar, crear, enseñar, adoctrinar; afinar, ilustrar **2** refinarse ■ **educar os filhos** crear los hijos

educativo, -a /eduka'tʃivu, va/ *adj* educativo, ilustrativo, aleccionador ■ **metodologia educativa** metodología educativa

efe /'efi/ *sm* efe, nombre de la letra f ■ **"efe" de família** "efe" de familia

efeito /e'fejtu/ *sm* efecto, impresión, resultado **com efeito** con efecto ■ **efeito dominó** efecto dominó

efêmero, -a /e'femeru, ɾa/ *adj* efímero, transitorio, pasajero, fugaz ■ **efêmero é o contrário de eterno** efímero es el contrario de eterno

efeminado /efemi'nadu, da/ *adj & sm* afeminado ■ **homem efeminado** hombre afeminado

efervescência /efeRveʃˈseˈsja/ *sf* **1** efervescencia, agitación **2** combustión, ebullición, fermentación, hervor, acaloramiento ■ **efervescência da água** efervescencia del agua

efervescente /efeRveʃˈseˈtʃi/ *adj* **1** efervescente, hirviente **2** exaltado, agitado ■ **líquido efervescente** líquido efervescente

efetivo, -a /efe'tʃivu, va/ *adj* efectivo, práctico, real, útil, actual ■ **aluno efetivo** alumno efectivo

efetuar /efetu'aR/ *v* efectuar, realizar, poner en práctica ■ **efetuar uma aula** efectuar una clase

eficácia /efi'kasja/ *sf* eficacia, eficiencia, fuerza, actividad ■ **eficácia do estudante** eficacia del estudiante

eficaz /efi'kajʃ/ *adj* eficaz, eficiente, potente, válido, útil, poderoso ■ **pessoa eficaz** persona eficaz

eficiência /efisiˈe'sja/ *sf* eficiencia, eficacia, efecto ■ **eficiência no trabalho** eficiencia en el trabajo

eficiente /efisi'e'tʃi/ *adj* eficiente, eficaz, activo, aprovechado ■ **trabalhador eficiente** trabajador eficiente

efusão /efu'za͂w/ *sf* **1** efusión **2** expansión ■ **amor em efusão** amor en efusión

313

efusivo

efusivo, -a /efu'zivu, va/ *adj* efusivo, expansivo, comunicativo, jovial ■ **atitude efusiva** actitud efusiva

egípcio, -a /e'ʒipsju, sja/ *adj & s* egipcio ■ **povo egípcio** pueblo egipcio

egocêntrico, -a /ego'se'triku, ka/ *adj & s* egocéntrico, individualista ■ **homem egocêntrico** hombre egocéntrico

egoísmo /ego'iʒmu/ *sm* egoísmo, individualismo ■ **egoísmo entre irmãos** egoísmo entre hermanos

egoísta /ego'iʃta/ *adj & s* 1 egoísta, egocéntrico, individualista 2 interesado ■ **atitude egoísta** actitud egoísta

égua /'ɛgwa/ *sf* yegua ■ **égua perigosa** yegua peligrosa

eis /'ejʃ/ *adv* he, he aquí, aquí está ■ **eis aquí** he aquí

eixo /'ejʃu/ *sm* 1 eje 2 sustentáculo, esencia ■ **tirar do eixo** desquiciar

ejaculação /eʒakula'sãw/ *sf* eyaculación ■ **ejaculação precoce** eyaculación precoz

ejacular /eʒaku'laR/ *v* eyacular, derramar ■ **ejacular líquido** eyacular líquido

ela /'ela/ *pron* ella ■ **aí é que são elas** ahí es que son ellas

elaborar /elabo'raR/ *v* 1 elaborar, concebir, formar, fabricar 2 trabajar 3 elaborarse, formarse, transformarse ■ **elaborar uma atividade** elaborar una actividad

elasticidade /elaʃtʃisi'dadʒi/ *sf* elasticidad, flexibilidad ■ **elasticidade da pele** elasticidad de la piel

elástico, -a /elaʃ'tʃiku, ka/ *adj* elástico, flexible, maleable ■ **elástico se rompeu** elástico se rompió

ele /'eʎi/ *pron* ele, nombre de la letra l *pron pes* él, la persona o cosa de quien se habla ■ **ele é educado** él es educado

elefante /ele'fã'tʃi, ta/ *sm* elefante ■ **o elefante vive no zoológico** el elefante vive en el zoológico

elegância /ele'gã~sja/ *sf* elegancia, distinción, donaire, cultura, esbeltez, gallardía, garbo ■ **elegância da mulher** elegancia de la mujer

elegante /ele'gã'tʃi/ *adj & s* 1 elegante, esbelto, exquisito, gallardo, garboso, garrido, guapo, fino ■ **homem elegante** hombre elegante

eleger /ele'ʒeR/ *v* elegir, optar, seleccionar, votar ■ **eleger o candidato** elegir el candidato

eleição /elej'sãw/ *sf* elección, selección, preferencia, arbitrio ■ **eleição de presidente** elección de presidente

eleito, -a /e'lejtu, ta/ *adj* elegido, electo, escogido ■ **eleito o melhor aluno** elegido el mejor alumno

eleitor, -ora /elej'toR, ra/ *adj & s* elector ■ **eleitor da cidade** elector de la ciudad

elementar /eleme~'taR/ *adj* elemental, fácil, sencillo ■ **decisão elementar** decisión elemental

elemento /ele'me~tu/ *sm* elemento, ingrediente, cosa ■ **estar em seu elemento** estar en su elemento

elenco /e'le~ku/ *sm* elenco, índice, catálogo, lista ■ **elenco do teatro** elenco del teatro

eletricidade /eletrisi'dadʒi/ *sf* electricidad **eletricidade negativa** electricidad negativa ■ **eletricidade positiva** electricidad positiva

eletricista /eletri'siʃta/ *adj & s* electricista ■ **chame o eletricista** llame el electricista

eletrificação /eletrifika'sãw/ *sf* electrificación ■ **estudar eletrificação** estudiar electrificación

eletrizar /eletri'zaR/ *v* electrizar, magnetizar ■ **eletrizar a casa** electrizar la casa

eletrodo /e'letrodu/ *sm* electrodo, eléctrodo ■ **eletrodos na cabeça** electrodos en la cabeza

eletrodoméstico /eletrodo'mɛʃtʃiku/ *sm* electrodoméstico ■ **ligar o eletrodoméstico** enchufar el electrodoméstico

elétron /e'letro~/ *sm* electrón ■ **elétron é a parte negativa** electrón es la parte negativa

elevação /eleva'sã~w/ *sf* 1 elevación, altura, altitud, aumento 2 nobleza, distinción ■ **elevação de cargo** elevación de cargo

elevado, -a /ele'vadu, da/ *adj* 1 elevado, alto 2 eminente, excelso, noble, sublime ■ **cargo elevado** cargo elevado

elevador /eleva'doR/ *adj* ascensor, elevador **elevador de carga** montacargas ■ **medo de andar de elevador** miedo de andar en el ascensor

elevar /ele'vaR/ *v* 1 elevar, promover, subir, alzar, ennoblecer, encumbrar, exaltar, idealizar, sobresalir 2 culminar, engreírse, guindarse, transcender ■ **elevar os pedidos** elevar los pedidos

eliminação /elimina'sã~w/ *sf* 1 eliminación, exclusión, supresión, exterminio 2 excremento ■ **eliminação de um participante** eliminación de un participante

eliminar /elimi'naR/ *v* 1 eliminar, exterminar, matar, suprimir 2 alejar ■ **eliminar o inimigo** eliminar el enemigo

eliminatório, -a /elimina'tɔrju, rja/ *adj* eliminatorio, eliminatoria ■ **prova eliminatória** prueba eliminatoria

elipse /e'lipsi/ *sf* 1 *Geom* elipse 2 *Gram* elipsis ■ **elipse no português** elipsis en el portugués

elite /e'litʃi/ *sf* 1 élite, elite 2 flor ■ **elite da população** élite de la población

elixir /eli'ʃiR/ *sm* 1 elixir 2 remedio infalible, panacea ■ **remédio feito com elixir** medicina hecha con elixir

elo /'elu/ *sm* 1 eslabón, nexo, vínculo 2 argolla 3 lazo, ligadura ■ **elo de amor** lazo de amor

elogiar /elo3i'aR/ *v* elogiar, ensalzar, aplaudir ■ **elogiar demais** poner a uno por las nubes

elogio /elo'ʒiu/ *sm* elogio, alabanza, alocución, apología, loa, requiebro ■ **elogio pela tarefa bem feita** elogio por la tarea bien hecha

elogioso, -a /elo'ʒiozo, za/ *adj* elogioso, lisonjero ■ **palavras elogiosas** palabras elogiosas

eloquência /elo'kwe~sja/ *sf* elocuencia, oratoria ■ **usar de toda a sua eloquência** hacer uso de toda su elocuencia

eloquente /elo'kwe~'tʃi/ *adj* elocuente, convincente, expresivo, oratorio ■ **atitude eloquente** actitud elocuente

elucidar /elusi'daR/ *v* elucidar, esclarecer, dilucidar, explicar, aclarar ■ **elucidar as ideias** elucidar las ideas

em /'e~/ *prep indica lugar:* **em sua casa** en su casa / *tiempo:* **em dois dias** en dos días / *modo:* **em prosa** en prosa / *movimiento:* ■ **ir em busca de** ir en busca de

ema /'ema/ *sf* ñandú, avestruz ■ **ema nao é perigosa** ñandú no es peligroso

emagrecer /emagre'seR/ *v* adelgazar, enjugarse, desengrasar, enmagrecer ■ **preciso emagrecer** necesito adelgazar

emanação /emana'sã~w/ *sf* emanación, efluvio, emisión, derivación ■ **emanação de gases** emanación de gases

emanar /ema'naR/ *v* emanar, exhalar, obedecer **emanar um líquido** manar ■ **emanar o cheiro** emanar el olor

emancipação /emã~sipa'sã~w/ *sf* emancipación, independencia, liberación ■ **emancipação feminina** emancipación femenina

emancipar /emã~si'paR/ *v* 1 emancipar, liberar 2 emanciparse, liberarse ■ **emancipar politicamente** emancipar políticamente

emaranhado, -a /emara'ɲadu, da/ *adj* maraña, enmarañado ■ **emaranhado de ideias** maraña de ideas

eme

emaranhar /emaraˈɲaR/ *v* **1** enmarañar, enredar, embrollar **2** enmarañarse, embrollarse ■ **emaranhar o cabelo** enmarañar el cabello

embaçado, -a /eˈβasadu, da/ *adj* pálido, empañado, sin brillo ■ **vidro embaçado** vidrio empañado

embaixada /eˈbajˈʃada/ *sf* embajada, misión cerca de un gobierno ■ **embaixada americana** embajada americana

embaixador, -ora /eˈbajʃaˈdoR, ra/ *s* **1** embajador **2** mensajero, emisario ■ **embaixador da ONU** embajador de la ONU

embaixo /eˈbajʃu/ *adv* debajo, abajo ■ **embaixo da escada** debajo de la escalera

embalagem /eˈbaˈlaˈʒeʲ/ *sf* embalaje, envase ■ **embalagem de plástico** envase de plástico

embalar /eˈbaˈlaR/ *v* **1** embalar, acondicionar **2** embalarse, dejarse llevar ■ **embalar no berço** acunar

embalsamar /eˈbawsaˈmaR/ *v* embalsamar, momificar, sahumar ■ **embalsamar o corpo** embalsamar el cuerpo

embandeirar /eˈbɑ̃dejˈraR/ *v* embanderar, abanderar, engalanar ■ **embandeirar com política** embanderar con política

embaraçar /eˈbaraˈsaR/ *v* **1** embarazar, embrollar, complicar, estorbar, obstar, obstruir, desconcertar **2** enredarse, avergonzarse ■ **embaraçar os cabelos** engarzar

embaraço /eˈbaˈrasu/ *sm* **1** empacho, dificultad, engorro, embarazo **2** estorbo, óbice, quite, traba ■ **embaraço do projeto** estorbo del proyecto

embaraçoso, -a /eˈbaraˈsozu, za/ *adj* embarazoso, incómodo, dificultoso ■ **situação embaraçosa** situación embarazosa

embaralhar /eˈbaraˈʎaR/ *v* barajar, confundir, embarullar, mezclar, poner en desorden ■ **embaralhar as cartas** barajar las cartas

embarcação /eˈbaRkaˈsɑ̃w/ *sf* embarcación, barco ■ **embarcação alugada** fletero

embargar /eˈbaRˈgaR/ *v* **1** embargar, objetar **2** recusar, secuestrar ■ **embargar documento** embargar documento

embargo /eˈˈbaRgu/ *sm* **1** embargo, objeción, traba **2** secuestro ■ **embargo de animal** embargo de animal

embarque /eˈˈbaRki/ *sm* embarque ■ **embarque de mercadorias** embarque de mercancías

embasar /eˈbaˈsaR/ *v* basar, fundamentar, apoyar ■ **embasar os dados** basar los datos

embate /eˈˈbatʃi/ *sm* embate, empujón, conflicto, agresión, percusión ■ **embate político** embate político

embebedar /eˈbebeˈdaR/ *v* **1** emborrachar, embriagar **2** alumbrarse, perturbarse ■ **embebedar na festa** emborrachar en la fiesta

embeber /eˈbeˈbeR/ *v* **1** embeber, empapar, ensopar, impregnar, mojar, remojar, sopar **2** engolfarse, abstraerse (en alguna cosa), impregnarse ■ **embeber de conhecimento** embeber de conocimiento

embelezar /eˈbeleˈzaR/ *v* embellecer, hermosear, adornar, ataviar ■ **embelezar para a festa** embellecer para la fiesta

emblema /eˈbˈlema/ *sm* emblema, escudo, escarapela, insignia ■ **emblema do time** emblema del equipo

emblemático, -a /eˈble'maˈtʃiku, ka/ *adj* emblemático ■ **homem emblemático** hombre emblemático

embocadura /eˈboka'dura/ *sf* embocadura, bocacalle ■ **exercício os embocadura** ejercicio de embocadura

embocar /eˈbo'kaR/ *v* embocar, meter en la boca, acertar la boca ■ **embocar o pé** embocar el pie

embolia /eˈboˈlia/ *sf* embolia ■ **problema de embolia** problema de embolia

êmbolo /ˈeˈbolu/ *sm* émbolo, pistón, cilindro móvil ■ **êmbolo eficiente** émbolo eficiente

embolorar /eˈbolo'raR/ *v* enmohecer, llenarse de moho ■ **embolorar o pão** enmohecer el pan

embolsar /eˈbow'saR/ *v* **1** embolsar, recibir, cobrar **2** embolsarse ■ **embolsar com dinheiro** embolsar con dinero

embonecar /eˈbone'kaR/ *v* adornarse, embellecerse, arreglarse ■ **embonecar para sair** adornarse para salir

embora /eˈˈbora/ *adv* sin embargo, aunque, no obstante ■ **ir-se embora** rajarse

emborrachar /eˈboRa'ʃaR/ *v* recubrir con goma ■ **emborrachar a folha** recubrir con goma la hoja

emboscada /eˈboʃˈkada/ *sf* emboscada, trampa, ardid, traición ■ **cair numa emboscada** caer en una emboscada

emboscar /eˈboʃˈkaR/ *v* **1** emboscar, esconder, ocultar **2** emboscarse, esconderse ■ **emboscar alguém** emboscar alguien

embotar /eˈbo'taR/ *v* **1** embotar, debilitar **2** entorpecer ■ **embotar os outros** embotar los otros

embranquecer /eˈbrɑ̃ke'seR/ *v* **1** emblanquecer, blanquear **2** empalidecer, encanecer ■ **embranquecer a pele** emblanquecer la piel

embreagem /eˈbre'aˈʒeʲ/ *sf* embrague ■ **estragou a embreagem** estropeó el embrague

embrear /eˈbre'aR/ *v* **1** embragar **2** embrear, cubrir de brea ■ **embrear o quarto** embragar el cuarto

embriagado, -a /eˈbria'gadu, da/ *adj* **1** embriagado, ebrio, borracho, bebido, beodo **2** extasiado, encantado ■ **estar embriagado** estar embriagado

embriagar /eˈbria'gaR/ *v* **1** emborrachar, embriagar **2** embriagarse, emborracharse, entromparse, beber ■ **embriagar com vinho** emborrachar con el vino

embriaguez /eˈbria'gejiʃ/ *sf* borrachera, embriaguez ■ **embriaguez de amor** borrachera de amor

embrião /eˈbriˈɑ̃w/ *sm* **1** embrión, engendro, feto, germen **2** rudimento ■ **cuidar do embrião** cuidar del embrión

embromação /eˈbroma'sɑ̃w/ *sf* engaño, embuste, embrollo ■ **embromação com a noiva** engaño con la comprometida

embromar /eˈbro'maR/ *v* embromar, embaucar ■ **embromar as pessoas** embromar las personas

embrulhada /eˈbru'ʎada/ *sf* embrollo, lío ■ **sair da situação embrulhada** salir del embrollo

embrulhar /eˈbru'ʎaR/ *v* **1** envolver, embalar, empapelar, empaquetar, liar **2** embrollar **3** embarazarse, confundirse ■ **embrulhar o presente** envolver el regalo

embrulho /eˈˈbruʎu/ *sm* **1** paquete, envoltorio, fardo, lío, embrollo ■ **papel de embrulho** papel de estraza

embrutecer /eˈbrute'seR/ *v* **1** embrutecer **2** corromper, pervertir ■ **deixar-se embrutecer** dejar embrutecerse

embuçar /eˈbu'saR/ *v* embozar, encubrir, disfrazar ■ **embuçar diante de alguém** embozar delante de alguien

embuste /eˈbuʃˈtʃi/ *sm* embuste, mentira, trampa, trapacería ■ **embuste não é bom** embuste no es bueno

embutido, -a /eˈbu'tʃidu, da/ *adj* embutido, embuchado, incrustado ■ **armário embutido** armário embutido

embutir /eˈbu'tʃiR/ *v* embutir, ensamblar ■ **embutir na parede** empotrar ■ **embutir os móveis** embutir los muebles

eme /ˈemi/ *sm* eme, nombre de la letra m ■ **meu nome começa com "eme"** mi nombre empieza con "eme"

315

emenda

emenda /e'me˜da/ *sf* enmienda, corrección, rectificación, regeneración, remiendo, parche ■ **não ter emenda** ser incorregible

emendar /eme˜'daR/ *v* **1** enmendar, corregir, empalmar, rectificar, tachar **2** rectificarse, regenerarse **3** enderezar ■ **emendar o texto** enmendar el texto

emergência /emeR'ʒe˜sja/ *sf* emergencia, ocurrencia, accidente, suceso ■ **emergência no hospital** emergencia en el hospital

emergir /emeR'ʒiR/ *v* emerger, surgir, aflorar, sobresalir, elevarse ■ **emergir da água** emerger del agua

emigração /emigra'sa˜w/ *sf* emigración, migración, expatriación ■ **emigração no país** emigración en el país

emigrar /emi'graR/ *v* emigrar, expatriarse ■ **emigrar para o Brasil** emigrar para el Brasil

eminência /emi'ne˜sja/ *sf* eminencia, excelencia ■ **eminência parda** eminencia parda

eminente /emi'ne˜tʃi/ *adj* **1** eminente, alto **2** excelente, sublime, superior ■ **cientista eminente** cientista eminente

emissão /emi'sa˜w/ *sf* **1** emisión, publicación **2** divulgación, transmisión de radio ■ **emissão de gases** emisión de gases

emissário /emi'sarju, rja/ *s* **1** emisario, legado, portador, recadero **2** embajador ■ **emissário de bordo** emisario de bordo

emitente /emi'te˜tʃi/ *adj & s* emisor, emitente ■ **emitente de cartas** emisor de cartas

emitir /emi'tʃiR/ *v* emitir, lanzar, arrojar, irradiar ■ **emitir um documento** emitir un documento

emoção /emo'sa˜w/ *sf* emoción, emotividad, sensación, conmoción ■ **muita emoção** mucha emoción

emocionante /emosio'naˈtʃi/ *adj* emocionante, emotivo ■ **filme emocionante** película emocionante

emocionar /emosio'naR/ *v* **1** emocionar, conmover, inquietar **2** emocionarse, conmoverse ■ **emocionar com o amor** conmover con el amor

emoldurar /emowdu'raR/ *v* encuadrar, encajar ■ **emoldurar um desenho** encuadrar un dibujo

emolumento /emolu'me˜tu/ *sm* emolumento, remuneración, lucro, gratificación ■ **emolumento pelo trabalho** emolumento por el trabajo

emotivo, -a /emo'tʃivu, va/ *adj* emotivo, afectivo, conmovente, impresionable ■ **filho emotivo** hijo emotivo

empacotar /e˜pako'taR/ *v* empaquetar, empacar, embalar ■ **empacotar cartas** empaquetar cartas

empalhar /e˜pa'ʎaR/ *v* **1** empajar **2** entretener ■ **empalhar animais** empajar animales

empalidecer /e˜palide'seR/ *v* palidecer, empalidecer ■ **empalidecer a pele** palidecer la piel

empanada /e˜pa'nada/ *sf* empanada ■ **comer empanada** comer empanada

empanar /e˜pa'naR/ *v* **1** empañar, deslucir **2** ofuscar **3** *Culin* empanar ■ **empanar salgados** empanar salados

empanturrar /e˜pa˜tu'RaR/ *v* **1** atiborrar, empanturrar **2** empaparse, hartarse, llenarse ■ **empanturrar de comida** atiborrar de comida

empapado, -a /empa'par/ *v* embebido, empapado ■ **homem empapado** hombre embebido

empapar /empa'par/ *v* empapar, embeber, encharcar, remojar, ensopar ■ **empapar de conhecimento** empapar de conocimiento

empapelar /empape'laR/ *v* **1** empapelar **2** abrigarse, resguardarse ■ **empapelar arquivos** empapelar archivos

emparelhar /e˜pare'ʎaR/ *v* **1** emparejar, aparear, unir, igualar, alcanzar, comparar, hermanar, correr parejas **2** emparejarse, unirse, casarse ■ **emparelhar os livros** emparejar los libros

empatar /e˜pa'taR/ *v* **1** empatar, igualar, estorbar **2** impedir, embargar ■ **empatar o jogo** empatar el juego

empate /e˜'patʃi/ *sm* empate ■ **empate na competição** empate en la competición

empecilho /e˜pe'siʎu/ *sm* impedimento, lastre, estorbo, obstáculo, rémora ■ **empecilho na vida** impedimento en la vida

empedernido, -a /e˜pedeR'nidu, da/ *adj* **1** empedernido, endurecido, pertinaz **2** insensible ■ **ciclista empedernido** ciclista empedernido

empedernir /e˜pedeR'niR/ *v* **1** endurecer, petrificar **2** empedernirse, endurecerse ■ **empedernir o coração** endurecer el corazón

empedrar /e˜pe'draR/ *v* empedrar, pavimentar, adoquinar ■ **empedrar a rua** empedrar la calle

empenar /e˜pe'naR/ *v* **1** bornear, combar, deformar, torcer **2** emplumar, adornar con plumas ■ **empenar a vida** bornear la vida

empenhar /e˜pe'naR/ *v* **1** empeñar, comprometer, exponer, arriesgar **2** empeñarse, esforzarse ■ **empenhar no trabalho** empeñar en el trabajo

empenho /e˜'peɲu/ *sm* **1** empeño, ahínco, constancia, conato, recomendación **2** cuña ■ **com empenho** con encarecimiento, con empeño

emperrar /e˜pe'RaR/ *v* **1** trabar, causar dificultad en el movimiento **2** obstinarse ■ **emperrar a porta** trabar la puerta

empertigado, -a /e˜peRtʃi'gadu, da/ *adj* aplomado, tieso, patitieso ■ **homem empertigado** hombre aplomado

empestar /e˜peʃ'taR/ *v* **1** apestar, contaminar, infestar, heder **2** corromper, viciarse ■ **empestar a casa** contaminar la casa

empilhar /e˜pi'ʎaR/ *v* apilar, amontonar, apiñar, hacinar ■ **empilhar os livros** apilar los libros

empinar /e˜pi'naR/ *v* **1** empinar, levantar, enderezar **2** empinarse, destacarse ■ **empinar a moto** empinar la moto

emplastro /e˜'plaʃtru/ *sm* emplasto, arreglo mal hecho, parche, pegote ■ **emplastro na roupa** arreglo mal echo en la ropa

emplumar /e˜plu'maR/ *v* **1** emplumar **2** vangloriarse ■ **emplumar para sair** emplumar para salir

empobrecer /e˜pobre'seR/ *v* **1** empobrecer, decaer, desangrar **2** agotar, arruinar ■ **empobrecer a vida** empobrecer la vida

empolado, -a /e˜po'ladu, da/ *adj* ampuloso, hinchado, soberbio ■ **niño empolado** menino ampuloso

empolgar /e˜pow'gaR/ *v* fascinar, encantar, entusiasmarse ■ **empolgar com a viagem** fascinar con el viaje

empório /e˜'pɔrju/ *sm* emporio, almacén, tienda ■ **comprar no empório** comprar en el almacén

empreendedor, -ora /e˜prie˜dʒi'doR, ra/ *adj & s* emprendedor, decidido, osado, activo, arrojado, trabajador ■ **homem empreendedor** hombre emprendedor

empreender /e˜prie˜'deR/ *v* **1** emprender, ejecutar, empezar, iniciar, osar, trabajar **2** abordar ■**empreender um projeto** emprender un proyecto

empregado, -a /e˜pre'gadu, da/ *s* empleado, criado, dependiente, fámulo, oficinista ■ **empregada** criada

empregar /e˜pre'gaR/ *v* **1** emplear, conchabar **2** destinar, utilizar **3** emplearse, colocarse, ocuparse, situarse ■ **empregar o tempo** gastar el tiempo

encerrar

emprego /ẽˈpregu/ *sm* **1** utilização, aplicação **2** ocupação, empleo, colocación, lugar, trabajo, oficio, profesión, puesto ■ **deixar o emprego** despedirse, descargarse

empreitada /ẽˈprejˈtada/ *sf* destajo, tarea ■ **nova empreitada** nuevo destajo

empresa /ẽˈpreza/ *sf* empresa, compañía, firma, negocio, obra ■ **empresa coligada** empresa coligada ■ **empresa de transportes** empresa de transportes

empresário, -a /ẽpreˈzarju, rja/ *adj* empresario, gerente, industrial, manager ■ **empresário famoso** empresario famoso

emprestar /ẽprejˈtaR/ *v* prestar, conceder, atribuir, adelantar, anticipar ■ **emprestar dinheiro a juro** dar a logro

empréstimo /ẽˈrɛʃt∫imu/ *sm* préstamo, empréstito, avío ■ **levantar empréstimo** levantar empréstito

empunhar /ẽpuˈɲaR/ *v* empuñar, asir por el puño ■ **empunhar contra o outro** empuñar contra el otro

empurrão /ẽpuˈRɐ̃w/ *sm* empellón, empujón, encontrón ■ **empurrão na criança** empellón en el niño

empurrar /ẽpuˈRaR/ *v* empujar, impulsar ■ **empurrar o outro** empujar el otro

emudecer /emudeˈseR/ *v* **1** enmudecer **2** callar, guardar, silenciar ■ **emudecer na apresentação** enmudecer en la presentación

êmulo, -a /emuˈlaR/ *v* émulo, rival, antagonista, concurrente, adversario ■ **ter um êmulo** tener un rival

enaltecer /enawteˈseR/ *v* encumbrar, ennoblecer, glorificar, exaltar ■ **enaltecer um bom trabalho** encumbrar un buen trabajo

enamorado, -a /enamoˈraðo, a/ *adj & s* **1** enamorado, apasionado, encantado **2** chalado ■ **enamorado por uma mulher** enamorado por una mujer

enamorar /enamoˈrar/ *v* enamorar, apasionar, hechizar ■ **enamorar alguém** enamorar alguien

encabular /ẽkabuˈlaR/ *v* avergonzar ■ **encabular uma pessoa** avergonzar una persona

encadeamento /ẽˈkadeaˈmeˈtu/ *sm* encadenamiento, engarce, ligazón ■ **encadeamento de ideias** encaje de ideas

encadear /ẽkadeˈaR/ *v* **1** encadenar, concatenar, engarzar, eslabonar, relacionar, sujetar **2** ligarse, relacionarse ■ **encadear um projeto** encadenar un proyecto

encadernar /ẽkadeRˈnaR/ *v* **1** encuadernar **2** encuadernarse ■ **encadernar as folhas** encuadernar las hojas

encaixar /ẽˈkajˈʃaR/ *v* **1** encajar, ensamblar, incular **2** encajarse, encajonarse ■ **encaixar as músicas** encajar las canciones

encaixe /ẽˈkajʃ/ *sm* encaje, juntura, boquilla ■ **encaixe do som** encaje del sonido

encaixotar /ẽˈkajʃoˈtaR/ *v* encajonar, empaquetar, envasar ■ **encaixotar os papéis** encajonar los papeles

encalhar /ẽkaˈʎaR/ *v* encallar ■ **encalhar na praia** encallar en la playa

encaminhar /ẽkamiˈɲaR/ *v* **1** encaminar, conducir, enviar, aplicar, guiar **2** enderezarse ■ **encaminhar um e-mail** encaminar un e-mail

encanador /ẽˈkanaˈdoR/ *sm* fontanero, cañero, plomero ■ **chamar o encanador** llamar el fontanero

encanamento /ẽˈkanaˈmeˈtu/ *sm* cañería, tubería, conducto, fontanería ■ **problema no encanamento** problema en la cañería

encanar /ẽˈkaˈnaR/ *v* canalizar ■ **encanar a água** canalizar el agua

encantado, -a /eˈkɐ̃ˈtadu, da/ *adj* encantado, seducido, deslumbrado ■ **encantado com o sucesso** encantado con el suceso

encantador, -a /eˈkɐ̃taˈdoR, ra/ *adj & s* encantador, seductor, agradable, adorable, hechicero, sugestivo ■ **homem encantador** hombre encantado

encantar /eˈkɐ̃ˈtaR/ *v* **1** encantar, fascinar, seducir, atraer **2** encantarse, maravillarse ■ **encantar as mulheres** encantar las mujeres

encanto /eˈkɐ̃ˈtu/ *sm* encanto, delicia, deleite, fascinación, seducción ■ **encanto de pessoa** encanto de persona

encapotar-se /eˈkapoˈtaR/ *v* **1** encapotarse **2** esconderse, disfrazarse ■ **encapotar-se de frio** encapotarse de frío

encarar /eˈkaˈraR/ *v* encarar, mirar, considerar ■ **encarar a situação** encarar la situación

encarcerar /eˈkaRseˈraR/ *v* **1** encarcelar, clausurar, prender **2** enjaular ■ **encarcerar o prisioneiro** encarcelar el prisionero

encardir /eˈkaRˈd∫iR/ *v* **1** ensuciar, manchar, enmugrecer, emporcar **2** ensuciarse, mancharse ■ **encardir a roupa** ensuciar la ropa

encarecer /eˈkareˈseR/ *v* **1** encarecer, exagerar **2** subir de precio ■ **encarecer a comida** encarecer la comida

encargo /eˈkaRgu/ *sm* encargo, cometia, misión, comisión, encomienda, mandato ■ **encargo das tarefas** encargo de las tareas

encarnação /eˈkaRnaˈsɐ̃w/ *sf* **1** encarnación **2** manifestación ■ **acreditar em encarnação** creer en encarnación

encarnado, -a /eˈkaRˈnadu, da/ *adj* **1** encarnado **2** colorado, rojo, bermejo ■ **espírito encarnado** espíritu encarnado

encarnar /eˈkaRˈnaR/ *v* **1** encarnar **2** humanarse ■ **encarnar em outra pessoa** encarnar en otra persona

encarniçamento /eˈkaRnisaˈmeˈtu/ *sm* **1** encarnizamiento, crueldad, furia **2** obstinación ■ **encarniçamento do agressor** encarnizamiento del agresor

encarniçar /eˈkaRniˈsaR/ *v* **1** encarnizar, excitar, azuzar **2** enfurecerse ■ **encarniçar com alguém** enfurecerse con alguien

encarregado, -a /eˈkaReˈgadu, da/ *adj & s* encargado, delegado ■ **encarregado das tarefas** encargado de las tareas

encarregar /eˈkaReˈgaR/ *v* **1** encargar, comisionar, incumbir, facultar **2** ocuparse, encargarse ■ **encarregar o serviço** encargar el servicio

encarrilhar /eˈkaRiˈʎaR/ *v* **1** encarrilar, encaminar, dirigir **2** poner en el buen camino ■ **encarrilhar carros** encarrilar coches

encasquetar /eˈkaʃkeˈtaR/ *v* encasquetar, meter en la cabeza ■ **encasquetar com uma ideia** encasquetar con una idea

encavalar /eˈkavaˈlaR/ *v* sobreponer, encabalgar, remontar ■ **encavalar compromissos** sobreponer compromisos

encefálico, -a /eˈseˈfaliku, ka/ *adj* encefálico ■ **problema encefálico** problema encefálico

encéfalo /eˈsefalu/ *sm* encéfalo ■ **câncer no encéfalo** cáncer en el encéfalo

encenar /eˈseˈnaR/ *v* escenificar, poner en escena ■ **encenar um espetáculo** montar un espectáculo

encerado, -a /eˈseˈradu, da/ *adj* **1** encerado, lustrado **2** capa, lienzo ■ **chão encerado** piso encerado

encerrar /eˈseˈraR/ *v* encerar, cubrir con cera ■ **encerrar a cozinha** encerar la cocina

encerrar /eˈseˈRaR/ *v* encerrar, comprender, limitar, ocultar, recluir, aprisionar ■ **encerrar o trabalho** encerrar el trabajo

E

317

encharcar

encharcar /eˈʃarˈkaR/ *v* **1** encharcar, ensopar, mojar, sopar **2** encharcarse, empaparse ▪ **encharcar a roupa** encharcar la ropa

enchente /eˈʃeˈtʃi/ *sf* inundación, avenida ▪ **enchente de rio** crecida ▪ **enchente na cidade** inundación en la ciudad

encher /eˈʃeR/ *v* **1** llenar, hinchar, henchir, recalcar, nutrir, anegar **2** satisfacerse, saciarse ▪ **encher a paciência** marear ▪ **encher o saco** joder, jorobar ▪ **encher-se de algo** forrarse

enchimento /eˈʃiˈmeˈtu/ *sm* relleno ▪ **enchimento para bolo** relleno para pastel

enciumar /eˈsiuˈmaR/ *v* **1** encelar **2** celarse ▪ **enciumar o namorado** encelar el novio

encoberto, -a /eˈkoˈbeRtu, ta/ *adj* encubierto, misterioso ▪ **tempo encoberto** tiempo encubierto

encobrir /eˈkoˈbriR/ *v* **1** encubrir, cubrir, disfrazar, revestir, enmascarar, paliar, recatar, reservar, velar **2** dorar **3** encubrirse, esconderse, ocultarse ▪ **encobrir a mesa** cubrir la mesa

encolerizar /eŋkoleriˈθaR/ *v* **1** encolerizar, enrabiar, irritar, exasperar, airar **2** exasperarse, sulfurar ▪ **encolerizar o cachorro** encolerizar el perro

encolher /eˈkoˈʎeR/ *v* **1** encoger, contraer, achicar, restringir **2** retraerse ▪ **encolher a roupa** encoger la ropa

encolhido, -a /eˈkoˈʎidu, da/ *adj & s* encogido, apocado, tímido ▪ **pano encolhido** trapo encogido

encomenda /eˈkomeˈda/ *sf* encargo, encomienda, pedido ▪ **como de encomenda** como de encargo ▪ **encomenda postal** encomienda

encomendar /eˈkomeˈdaR/ *v* **1** encargar, encomendar, ordenar **2** encomendarse, confiarse ▪ **encomendar comida** encargar comida

encompridar /eˈkoˈpriˈdaR/ *v* alargar, prolongar ▪ **encompridar o tempo** alargar el tiempo

encontrado, -a /eˈkoˈtradu, da/ *adj* encontrado, hallado, localizado ▪ **ouro encontrado** oro encontrado

encontrão /eˈkoˈtrɑˈw/ *sm* encontrón, choque, empujón, tropiezo, colisión ▪ **encontrão na rua** encontrón en la calle

encontrar /eˈkoˈtraR/ *v* **1** encontrar, hallar, topar, acertar **2** avistarse ▪ **encontrar dificuldades** verse algo negro

encontro /eˈkoˈtru/ *sm* encuentro, ocurrencia, contacto ▪ **ir ao encontro** ir al encuentro, salir al camino

encorajar /eˈkoraˈʒaR/ *v* encorajar, envalentonar, alentar ▪ **encorajar a filha** encorajar la hija

encorpado, -a /eˈkoRˈpadu, da/ *adj* corpulento, grueso ▪ **homem encorpado** hombre corpulento

encorpar /eˈkoRˈpaR/ *v* **1** engordar, engrosar, tomar cuerpo **2** formarse, crecer, hacerse corpulento ▪ **encorpar com o tempo** engordar con el tiempo

encosta /eˈkoʃta/ *sf* costanera, ladera, loma, vertiente, repecho ▪ **viajar para a encosta** viajar para la costanera

encostar /eˈkoʃˈtaR/ *v* tocar, entornar, reclinar, acostar, aproximar ▪ **encostar de leve** rozar

encosto /eˈkoʃtu/ *sm* espaldar, respaldar, respaldo, sostén, apoyo ▪ **encosto da cadeira** respaldo de la silla

encravar /eˈkraˈvaR/ *v* **1** enclavar, engastar, incrustar **2** fijar, asegurar ▪ **encravar a unha** enclavar la uña

encrenca /eˈkreˈka/ *sf* **1** lío, intriga, enredo **2** embrollo, mogollón ▪ **encrenca com o vizinho** lío con el vecino

encrenqueiro,-a/eˈkreˈkejru, ra/*adj & s* lión, fulero ▪ **menino encrenqueiro** chico lión

encrespar /eˈkreʃˈpaR/ *v* encrespar, ensortijar, erizar, ondular ▪ **encrespar o cabelo** encrespar el cabello

---

encruzilhada /eˈkruziˈʎada/ *sf* **1** encrucijada, cruce **2** dilema ▪ **estar numa encruzilhada** estar en una encrucijada

encurtar /eˈkuRˈtaR/ *v* acortar, disminuir, limitar, reducir, achicar ▪ **encurtar os problemas** acortar los problemas

encurvar /eˈkuRˈvaR/ *v* **1** encorvar, torcer ▪ **encurvar o garfo** encorvar el tenedor

endêmico, -a /eˈdemiku, ka/ *adj* **1** endémico **2** frecuente ▪ **problema endêmico** problema frecuente

endereçar /eˈdereˈsaR/ *v* **1** enderezar, encaminar **2** dirigirse, encaminarse a ▪ **endereçar correspondência** domiciliar

endereço /eˈdeˈresu/ *sm* dirección ▪ **endereço da casa** dirección de la casa

endinheirado, -a /eˈdʒinejˈradu, da/ *adj* adinerado, rico, opulento ▪ **homem endinheirado** hombre adinerado

endireitar /eˈdʒirejˈtaR/ *v* **1** enderezar, erguir **2** corregir, restablecer ▪ **endireitar a vida** enderezar la vida

endividar /eˈdʒiviˈdaR/ *v* **1** adeudar **2** endeudarse ▪ **endividar na loja** adeudar en la tienda

endócrino, -a /eˈdokrinu, na/ *adj* endocrino ▪ **glândula endócrina** glándula endocrina

endocrinologista /eˈdokrinoloˈʒiʃta/ *s* endocrinólogo ▪ **sou endocrinologista** soy endocrinólogo

endogamia /eˈdogaˈmia/ *sf* **1** endogamia **2** norma, tradición ▪ **problema de endogamia** problema de endogamia

endógeno, -a /eˈdɔʒenu, na/ *adj* endógeno ▪ **infecção endógena** infección endógena

endoidecer /eˈdojdeˈseR/ *v* **1** enloquecer, chalar **2** desorientar ▪ **endoidecer por amor** enloquecer por amor

endossar /eˈdoˈsaR/ *v* **1** endosar **2** pasar a uno la carga ▪ **endossar o problema** endosar el problema

endosso /eˈdoˈsu/ *sm* endoso, cesión ▪ **endosso no cheque** endoso en el cheque

endurecer /eˈdureˈseR/ *v* **1** endurecer, solidificar, osificar, fortalecer, robustecer **2** endurecerse ▪ **endurecer o coração** endurecer el corazón

ene /ˈeni/ *sm* ene, nombre de la letra n ▪ **"ene" de navio** "ene" de navío

enegrecer /enegreˈseR/ *v* **1** ennegrecer **2** desacreditar, deshonrar ▪ **enegrecer a família** deshonrar la familia

energia /eneRˈʒia/ *sf* **1** energía, fuerza, vigor, vitalidad **2** pujanza ▪ **energia cinética** energía cinética ▪ **energia nuclear** energía nuclear

enérgico, -a /eˈneRʒiku, ka/ *adj* **1** enérgico, duro, firme, fuerte, vigoroso **2** activo, ardiente, intenso, vehemente, potente ▪ **homem enérgico** hombre enérgico

energúmeno, -a /eneRˈgumenu, na/ *s* energúmeno, furioso, frenético ▪ **homem energúmeno** hombre furioso

enervar /eneRˈvaR/ *v* **1** enervar, irritar, debilitar **2** enervarse, irritarse ▪ **enervar os pais** enervar los padres

enevoado /enevoˈadu/ *adj* nublado, obscuro, anubarrado, sombrío ▪ **tempo enevoado** tiempo nublado

enfadar /eˈfaˈdaR/ *v* **1** enfadar, cansar, enojar **2** enfadarse ▪ **enfadar da vida** cansar de la vida

enfadonho,-a/eˈfaˈdozu, za/*adj* **1** aburrido, enojoso, fastidioso, patoso **2** soporífero ▪ **festa enfadonha** fiesta aburrida

enfaixar /eˈfajˈxaR/ *v* fajar, vendar ▪ **enfaixar a perna** fajar la pierna

enfarte /eˈfaRˈte/ *sm* infarto, obstrucción ▪ **enfarte no hospital** infarto en el hospital

ênfase /ˈefazi/ *sf* énfasis, entusiasmo en la expresión ▪ **ênfase no pedido** énfasis en el pedido

enjaular

enfastiar /eˈfaʃtiˈaR/ *v* 1 aburrir, hartar 2 hastiar, enfadar, enojar ■ **enfastiar rápido** aburrir rápido

enfatizar /eˈfatʃiˈzaR/ *v* enfatizar, realzar, destacar ■ **enfatizar uma vontade** enfatizar una voluntad

enfeitado, -a /eˈfejˈtadu, da/ *adj* engalanado, apuesto, adornado, ataviado ■ **jardim enfeitado** jardín adornado

enfeitar /eˈfejˈtaR/ *v* 1 engalanar, aderezar, adornar, componer, decorar, hermosear, alinear, apañar, ataviar 2 adornarse ■ **enfeitar-se muito** ponerse de veinticinco alfileres

enfeite /eˈfejtʃi/ *sm* 1 ornamento, aderezo, adorno, atavio, afeite, cosmético ■ **enfeite de mesa** ornamento de mesa

enfeitiçar /eˈfeitʃiˈsaR/ *v* encantar, hechizar, cautivar, aojar ■ **enfeitiçar o homem** encantar al hombre

enfermaria /eˈfeRmaˈria/ *sf* enfermería ■ **doente na enfermaria** enfermo en la enfermería

enfermeiro, -a /eˈfeRˈmejru, ra/ *s* enfermero ■ **chame o enfermeiro** llame al enfermero

enfermidade /eˈfeRmiˈdadʒi/ *sf* 1 enfermedad, afección, molestia 2 vicio, imperfección ■ **enfermidade grave** enfermedad grave

enfermo, -a /eˈfeRmu, ma/ *adj & s* 1 enfermo, paciente 2 anormal, pocho ■ **estou enfermo** estoy enfermo

enferrujar /eˈfeRuˈʒaR/ *v* oxidar, herrumbrar ■ **enferrujar o ferro** oxidar el hierro

enfiar /eˈfiˈaR/ *v* 1 enfilar, ensartar, meter, vestir 2 meterse, colarse en algún sitio ■ **enfiar a linha na agulha** enhebrar

enfileirar /eˈfilejˈraR/ *v* enfilar, alinear ■ **enfileirar no cinema** enfilar en el cine

enfim /eˈf*ĩ*/ *adv* al fin, en fin ■ **até que enfim!** ¡por fin!

enfocar /eˈfoˈkaR/ *v* enfocar, focar, destacar ■ **enfocar no assunto** enfocar en el asunto

enfoque /eˈfoki/ *sm* enfoque, realce, énfasis ■ **enfoque no problema** enfoque en el problema

enforcado, -a /eˈforˈkadu, da/ *adj* ahorcado, estrangulado ■ **morto enforcado** muerto ahorcado

enforcar /eˈfoRˈkaR/ *v* 1 ahorcar, estrangular 2 sacrificarse 3 casarse ■ **enforcar o prisioneiro** ahorcar el prisionero

enfraquecer /eˈfrakeˈseR/ *v* 1 debilitar, aflojar, marchitar, enervar, entibiar, extenuar, enflaquecer, flaquear 3 falsear ■ **enfraquecer de não comer** debilitar de no comer

enfrentar /eˈfreˈtaR/ *v* enfrentar, confrontar, encarar, soportar ■ **enfrentar as dificuldades** enfrentar las dificultades ■ **enfrentar o perigo** enfrentar el peligro

enfurecer /eˈfureˈseR/ *v* 1 enfurecer, encolerizar, encarnizar, enrabiar, irritar 2 destemplarse, enojarse, subirse a la parra ■ **enfurecer o irmão** enfurecer el hermano

engaiolar /eˈgajoˈlaR/ *v* enjaular ■ **engaiolar o pássaro** enjaular el pájaro

engajar /eˈgaˈʒaR/ *v* 1 contratar 2 enganchar ■ **engajar no projeto** enganchar en el proyecto

enganar /eˈgaˈnaR/ *v* 1 engañar, confundir, mentir, mistificar 2 adular, aparentar, seducir, traicionar, jaranear 3 ilusionarse, equivocarse ■ **deixar-se enganar** hacer el primo ■ **enganar alguém** freírsela a uno, mamarse a uno

enganchar /eˈgɑˈʃaR/ *v* 1 enganchar 2 enlazarse, unir, apretar ■ **enganchar a roupa** enganchar la ropa

engano /eˈganu/ *sm* 1 engaño, fraude, burla, ilusión, invención, mentira, falacia, equívoco, error, chasco, dolo, trampa, tramoya, zancadilla 2 pega, gazapo, engañifa ■ **cometer um engano** hacer un error

enganoso, -a /eˈgaˈnozu, za/ *adj* engañoso, fraudulento, ilusorio, aparente ■ **fala enganosa** habla engañosa

engarrafar /eˈgaRaˈfaR/ *v* 1 embotellar, enfrascar, envasar 2 bloquear ■ **engarrafar suco** embotellar jugo

engasgar /eˈgaʃˈgaR/ *v* 1 atragantar, sofocar, ahogar 2 atragantarse 3 turbarse ■ **engasgar com carne** atragantarse con carne

engastar /eˈgaʃˈtaR/ *v* engastar, engarzar, embutir ■ **engastar algo** engastar algo

engatar /eˈgaˈtaR/ *v* enganchar, engatillar ■ **engatar o carro** enganchar el coche

engatilhar /eˈgatʃiˈʎaR/ *v* 1 engatillar (un arma de fuego), amartillar 2 preparar ■ **engatilhar a arma** engatillar el arma

engatinhar /eˈgatʃiˈɲaR/ *v* gatear, andar a gatas ■ **bebê vai engatinhar** nene va a gatear

engavetar /eˈgaveˈtaR/ *v* 1 encajonar 2 olvidar en el cajón ■ **engavetar as roupas** encajonar las ropas

engendrar /eˈʒeˈdraR/ *v* engendrar, generar, idear, ingeniar, producir ■ **engendrar um trabalho** generar un trabajo

engenheiro, -a /eˈʒeˈnejru, ra/ *s* ingeniero ■ **contratar um engenheiro** contratar un ingeniero

engenho /eˈʒeɲu/ *sm* ingenio, industria, máquina, molino ■ **engenho de cana-de-açúcar** ingenio de azúcar

engenhoso, -a /eˈʒeˈɲozu, za/ *adj* 1 ingenioso, talentoso 2 mañoso, ocurrente ■ **menino engenhoso** niño ingenioso

engessar /eˈʒeˈsaR/ *v* 1 enyesar, inmobilizar 2 enyesar, escayolar ■ **engessar o braço** enyesar el brazo

englobar /eˈgloˈbaR/ *v* englobar, reunir, juntar, aglomerar, incluir ■ **englobar as ideias** englobar las ideas

engolfar /eŋgolˈfaR/ *v* 1 engolfar 2 engolfarse 3 extasiarse ■ **engolfar com alguém** engolfar con alguien

engolir /eˈgoˈliR/ *v* 1 tragar, absorber, beber, digerir, engullir 2 mamar ■ **engolir a comida** tragar la comida

engomar /eˈgoˈmaR/ *v* 1 engomar, almidonar 2 engruesar, ensoberbecer ■ **engomar a roupa** engomar la ropa

engordar /eˈgoRˈdaR/ *v* engordar, engrosar, cebar, nutrir ■ **engordar nas férias** engordar en las vacaciones

engordurar /eˈgoRduˈraR/ *v* engrasar, pringar, untar, ensebar ■ **engordurar os pratos** engrasar los platos

engraçado, -a /eˈgraˈsadu, da/ *adj* gracioso, chistoso, jovial, agradable ■ **situação engraçada** situación graciosa

engradar /eˈgraˈdaR/ *v* enrejar, cercar con rejas ■ **engradar a casa** enrejar la casa

engravidar /eˈgraviˈdaR/ *v* 1 preñar, empreñar 2 quedarse encinta, preñada ■ **engravidar de gêmeos** empreñar de gemelos

engraxar /eˈgraˈʃaR/ *v* 1 lustrar el calzado, engrasar 2 lisonjear ■ **engraxar os sapatos** engrasar los zapatos

engraxate /eˈgraˈʃatʃi/ *s* limpiabotas ■ **contratar o engraxate** contratar el limpiabotas

engrenagem /eˈgreˈnaʒe͂j/ *sf* engranaje, engarce ■ **engrenagem do carro** engranaje del coche

engrenar /eˈgreˈnaR/ *v* 1 engranar, endentar 2 unir, enlazar ■ **engrenar a vida** engranar la vida

engrossar /eˈgroˈsaR/ *v* engrosar, espesar, abultar, enriquecer, engordar ■ **engrossar a voz** engrosar la voz

enguia /eˈgia/ *sf* anguila ■ **ter uma enguia** tener una anguila

enigma /eˈnigma/ *sm* enigma, misterio, acertijo, adivinanza ■ **adivinhar o enigma** adivinar el enigma

enjaular /eʒxwaˈlar/ *v* enjaular, encarcelar, prender ■ **enjaular o leão** enjaular el león

319

enjeitado

enjeitado, -a /eˈʒei'tadu, da/ *adj* expósito, abandonado ■ **bebê enjeitado** bebé expósito

enjoar /eˈʒo'aR/ *v* nausear, repeler, repudiar ■ **enjoar com a comida** nausear con la comida

enjoativo, -a /eˈʒoaˈtʃivu,va/ *adj* nauseabundo, dulzón, empalagoso ■ **viagem enjoativa** viaje nauseabundo

enjoo /eˈʒow/ *sm* náusea, mareo, tedio ■ **enjoo de gravidez** náusea de embarazo

enlaçar /eˈlaˈsaR/ *v* 1 enlazar, trabar, atar 2 enlazarse, casarse ■ **enlaçar um namorado** enlazar un novio

enlace /eˈlasi/ *sm* 1 enlace, matrimonio 2 conexión ■ **enlace romântico** enlace romántico

enlamear /eˈlameˈaR/ *v* 1 enlodar, enlodazar, embarrar 2 encenagarse ■ **enlamear com as crianças** enlodar con los niños

enlanguescer /eˈlãˈgeˈseR/ *v* languidecer, debilitar ■ **enlanguescer com a doença** languidecer con la enfermedad

enlatar /eˈlaˈtaR/ *v* enlatar, encerrar en latas ■ **enlatar o peixe** enlatar el pescado

enlevar /eˈleˈvaR/ *v* 1 extasiar, encantar, arrobar 2 endiosar, arrebatar ■ **enlevar a vida** extasiar la vida

enlevo /eˈlevu/ *sm* encanto, éxtasis, arrobo, maravilla ■ **enlevo da natureza** maravilla de la naturaleza

enlutar /eˈluˈtaR/ *v* enlutar, obscurecer, afligir ■ **enlutar a vida** enlutar la vida

enobrecer /enobreˈseR/ *v* 1 ennoblecer, honrar, dignificar, ilustrar 2 ennoblecerse, endecerse ■ **enobrecer atitudes** ennoblecer actitudes

enojar /enoˈʒaR/ *v* 1 asquear, marear, nausear 2 enfadar, ofender ■ **enojar com comida** asquear con comida

enorme /eˈnoRmi/ *adj* enorme, colosal, descomunal, gigante ■ **animal enorme** animal enorme

enormidade /enoRmiˈdadʒi/ *sf* enormidad, exceso ■ **enormidade do coração** enormidad del corazón

enovelar /enoveˈlaR/ *v* enmarañar ■ **enovelar o cabelo** enmarañar el pelo

enquadrar /eˈkwaˈdraR/ *v* 1 encuadrar, encasillar 2 decir o quedar bien ■ **enquadrar a foto** encuadrar la foto

enquanto /eˈkwãˈtu/ *conj* mientras, mientras tanto, entre que ■ **enquanto que** entretanto

enquete /eˈketʃi/ *sf* encuesta ■ **fazer uma enquete** hacer una encuesta

enraizar /eˈRajˈzaR/ *v* enraizar, arraigar, criar raíces ■ **enraizar as crenças** enraizar la creencias

enrascada /eˈRaʃˈkada/ *sf* emboscada, celada, dificultad ■ **meter-se numa enrascada** meterse en jaleos

enredado, -a /eˈReˈdadu/ *adj* enmarañado, revuelto, mezclado, enredado ■ **menino enredado** niño enmarañado

enredar /eˈReˈdaR/ *v* 1 enredar, enmarañar, enzarzar 2 enredarse, encresparse ■ **enredar com alguém** enredar con alguien

enredo /eˈRedu/ *sm* 1 enredo, intriga, novela, urdidura 2 trama, trampa ■ **enredo da história** enredo de la historia

enriquecer /eˈRikeˈseR/ *v* 1 enriquecer, prosperar 2 enriquecerse 3 engordar, forrarse ■ **enriquecer com trabalho** enriquecer con trabajo

enrolador, -a /eˈRolaˈdoR, ra/ *adj* 1 lioso, tramoyista 2 marrullero ■ **político enrolador** político marrullero

enrolar /eˈRoˈlaR/ *v* 1 enrollar, arrollar, empaquetar, envolver 2 hacer la rosca ■ **enrolar a namorada** enrollar la novia

enroscar /eˈRoʃˈkaR/ *v* 1 enroscar, atascar, torcer 2 engancharse, enredarse ■ **enroscar no sofá** enroscarse en el sofa

enrubescer /eˈRubeʃˈseR/ *v* enrojecer, sonrojar ■ **enrubescer de vergonha** enrojecer de vergüenza

enrugado, -a /eˈruˈgadu, da/ *adj* rugoso, arrugado ■ **pele enrugada** piel rugosa

enrugar /eˈRuˈgaR/ *v* arrugar, encrespar, crispar ■ **enrugar a roupa** arrugar la ropa

ensaboar /eˈsaboˈaR/ *v* 1 enjabonar, jabonar 2 reprender, adular ■ **ensaboar os pratos** enjabonar los platos

ensaiar /eˈsajˈaR/ *v* 1 ensayar, entrenar, experimentar ■ **ensaiar a fala** ensayar el habla

ensaio /eˈsaju/ *sm* ensayo, esbozo, experimento ■ **tubo de ensaio** tubo de ensayo

ensanguentar /eˈsãˈgweˈtaR/ *v* ensangrentar, macular, ensuciar ■ **ensanguentar o chão** ensangrentar el suelo

enseada /eˈseaˈda/ *sf* ensenada, cala, puerto pequeño ■ **ver a enseada** ver la ensenada

ensejo /eˈseˈʒu/ *sm* oportunidad, momento, ocasión ■ **ensejo de viajar** oportunidad de viajar

ensinar /eˈsiˈnaR/ *v* enseñar, instruir, aleccionar, amaestrar ■ **ensinar idiomas** enseñar idiomas

ensino /eˈsinu/ *sm* enseñanza, instrucción ■ **ensino fundamental** enseñanza general básica **ensino médio** bachillerato unificado polivalente

ensopar /eˈsoˈpaR/ *v* 1 ensopar, sopar 2 embeber, guisar ■ **ensopar a roupa** ensopar la ropa

ensurdecer /eˈsuRdeˈseR/ *v* ensordecer ■ **ensurdecer com o barulho** ensordecer con el ruido

entanto /nueˈtãˈtu/ *loc* entretanto ■ **no entanto** sin embargo, ahora bien

então /eˈtãˈw/ *adv* entonces, en este caso, por consiguiente, en vista de eso ■ **com que então** así que

entardecer /eˈtaRdeˈseR/ *sm* atardecer ■ **ver o entardecer** ver el atardecer

ente /eˈtʃi/ *sm* ente, cosa, ser, criatura, persona ■ **ser ente** ser ente

enteado, -a /eˈtʃiˈadu, da/ *s* hijastro ■ **ter um enteado** tener un hijastro

entediar /eˈtedʒiˈaR/ *v* aburrir, atufar ■ **entediar durante o dia** aburrir durante el día

entender /eˈteˈdeR/ *v & sm* 1 entender, comprender, conocer, opinar 2 entenderse, avenirse ■ **entender o problema** entender el problema

entendido, -a /eˈteˈdʒidu, da/ *adj* 1 entendido, técnico, versado 2 marica ■ **mal-entendido** malentendido

entendimento /eˈteˈdʒiˈmeˈtu/ *sm* comprensión, entendimiento, acuerdo ■ **entendimento da tarefa** comprensión de la tarea

enternecedor /eˈteRneseˈdoR, ra/ *adj* enternecedor, conmovedor, lagrimoso ■ **momento enternecedor** momento enternecedor

enternecer /eˈteRneˈseR/ *v* enternecer, conmover, sensibilizar ■ **enternecer alguém** enternecer alguien

enterrar /eˈteˈRaR/ *v* 1 enterrar, inhumar, sepultar 2 soterrar, ocultar, esconder ■ **enterrar o osso** enterrar el hueso

enterro /eˈteRu/ *sm* entierro, inhumación, funeral ■ **ir ao enterro** ir al entierro

entidade /eˈtʃiˈdadʒi/ *sf* 1 entidad, individuo, ser, esencia 2 entidad, asociación ■ **entidade carente** entidad carente

entoar /eˈtoˈaR/ *v* entonar **entoar com melodia** modular ■ **entoar músicas** entonar canciones

enviar

entonação /ẽtona'saᵊw/ *sf* entonación, modulación, tono, acento ■ **entonaçao da voz** entonación de la voz

entornar /ẽtoR'naR/ *v* **1** derramar, verter, volcar **2** embriagarse, derramarse ■ **entornar o copo** derramar el vaso

entorpecente /ẽtoRpe'seⁿʧi/ *adj* narcótico ■ **entorpecente não é bom** narcótico no es bueno

entorpecer /ẽtoRpe'seR/ *v* **1** entorpecer, narcotizar, adormecer **2** entumecer, envarar ■ **entorpecer alguém** entorpecer alguien

entrada /ẽ'trada/ *sf* **1** entrada, ingreso, acceso, apertura **2** platos de entrada **3** *com* partida ■ **entrada dos fundos** entrada del fondo

entranha /ẽ'traɲa/ *sf* **1** entraña, víscera, órgano interno ■ **entranha no corpo** entraña en el cuerpo

entranhar /ẽtra'ɲaR/ *v* **1** entrañar, penetrar **2** introducirse, encarnarse ■ **entranhar aos poucos** entrañar a los pocos

entrar /ẽ'traR/ *v* **1** entrar, penetrar **2** desembocar **3** introducirse, adentrarse ■ **entrar bem** resultar mal **entrar em acordo** hacer un trato **entre!** ¡pase! ¡adelante!

entre /'ẽtri/ *prep* entre, en medio ■ **entre nós dois** entre nosotros dos

entreabrir /ẽtrea'briR/ *v* entreabrir, abrir un poco ■ **entreabrir a porta** entreabrir la puerta

entrecortado, -a /ẽtrekoR'tadu, da/ *adj* entrecortado, dividido ■ **tempo entrecortado** tiempo dividido

entrecruzar /ẽtrekru'zaR/ *v* **1** entrecruzar, entrelazar **2** entrecruzarse ■ **entrecruzar a rua** entrecruzar la calle

entrega /ẽ'trɛga/ *sf* **1** entrega, distribución **2** rendición, traición ■ **entrega da pizza** entrega de la pizza

entregar /ẽtre'gaR/ *v* **1** entregar, confiar, dar, traer, otorgar, pasar **2** rendirse, encomendarse ■ **entregar um amigo** traicionar a un amigo

entrelaçar /ẽtrela'saR/ *v* **1** entrelazar, enredar, entrecruzar, entretejer **2** entrelazarse, imbricar ■ **entrelaçar as mãos** ensortijar las manos

entrelinha /ẽtre'liɲa/ *sf* **1** entrelínea **2** interpretación ■ **ler nas entrelinhas** leer en las entrelíneas

entremear /ẽtreme'aR/ *v* **1** alternar, intercalar, insertar **2** interponerse, intermediar ■ **entremear decisões** alternar decisiones

entrementes /ẽtre'meⁿʧis/ *adv* entre tanto, entremedias ■ **entrementes do show** entremedias del concierto

entreposto /ẽtre'poʃtu/ *sm* almacén, depósito de mercancías ■ **guardar no entreposto** guardar en el almacén

entretanto /ẽtre'tãtu/ *adv* entretanto, entremedias, mientras ■ **tenho sono, entretanto preciso trabalhar** tengo sueño, entretanto necesito trabajar

entretecer /ẽtrete'seR/ *v* tejer, entretejer, urdir ■ **entretecer roupa** tejer ropa

entretenimento /ẽtreteni'meⁿtu/ *sm* entretenimiento, pasatiempo, recreo ■ **entretenimento para crianças** entretenimiento para niños

entreter /ẽtre'teR/ *v* **1** entretener, divertir, distraer, alegrar, aliviar, retener, retardar **2** juguetear, ocuparse, detenerse **3** alimentar ■ **entreter a vida** entretener la vida

entrevado, -a /ẽtre'vadu, da/ *adj & s* minusválido, tullido, paralítico ■ **ficar entrevado** quedar minusválido

entrevar /ẽtre'vaR/ *v* **1** envarar, tullir **2** paralizar ■ **entrevar as costas** envarar las espaldas

entrever /ẽtre'veR/ *v* entrever, divisar, sentir, vislumbrar ■ **entrever de uma nova maneira** entrever de una nueva manera

entrevista /ẽtre'viʃta/ *sf* entrevista, cita, conferencia ■ **entrevista com famosos** entrevista con famosos

entrevistador, -ora /ẽtreviʃta'doR, ra/ *s* entrevistador ■ **entrevistador fica sem palavras** entrevistador queda sin palabras

entrevistar /ẽtreviʃ'taR/ *v* entrevistar ■ **entrevistar pessoas** entrevistar personas

entristecer /ẽtriʃte'seR/ *v* **1** entristecer, afligir, aborrecer, acongojar, angustiar, apesadumbrar **2** enlutarse, marchitarse ■ **entristecer com a perda** entristecer con la pérdida

entroncar /ẽtrõ'kaR/ *v* entroncar, hacer convergir, engrosar ■ **entroncar a voz** engrosar la voz

entronizar /ẽtroni'zaR/ *v* **1** entronizar **2** entronizarse, dominar ■ **entronizar quem merece** entronizar quien merece

entrosar /ẽtro'zaR/ *v* **1** integrar, encajar **2** adaptarse ■ **entrosar com as pessoas** integrar con las personas

entupir /ẽtu'piR/ *v* **1** entupir, tapar, obstruir, atascar **2** obstruirse, atascarse ■ **entupir a pia** entupir el fregadero

entusiasmado, -a /ẽtuzia3'madu, da/ *adj* **1** entusiasmado, animado, pasional, vehemente **2** loco ■ **entusiasmado com a festa** entusiasmado con la fiesta

entusiasmar /ẽtuzia3'maR/ *v* **1** entusiasmar, animar, encantar, apasionar, influir, inspirar **2** entusiasmarse, avivarse ■ **entusiasmar com o aniversário** entusiasmar con el cumpleaños

entusiasmo /ẽtuzi'a3mu/ *sm* **1** entusiasmo, animación, admiración, pasión, vehemencia **2** delirio ■ **entusiasmo na vida** entusiasmo en la vida

enumeração /enumera'saᵊw/ *sf* enumeración, cómputo, recapitulación ■ **enumeração dos papéis** enumeración de los papeles

enumerar /enume'raR/ *v* enumerar, recapitular, reseñar ■ **enumerar as páginas** paginar ■ **enumerar as salas** enumerar las clases

enunciado /enũsi'adu/ *adj* **1** enunciado, mención **2** oración ■ **enunciado do exercício** enunciado del ejercicio

enunciar /enũsi'aR/ *v* **1** enunciar, decir, definir, exponer **2** manifestarse, expresarse ■ **enunciar sua chegada** enunciar su llegada

envaidecer /ẽvajde'seR/ *v* **1** envanecer, engreír, infatuar **2** ensimismarse, entoldarse, entronizar, relamerse, preciarse, alardear ■ **envaidecer de uma boa atitude** envanecer de una buena actitud

envelhecer /ẽveʎe'seR/ *v* avejentar, envejecer, chochear, encanecer, deteriorar ■ **envelhecer é natural** avejentar es natural

envelope /ẽve'lɔpi/ *sm* sobre, sobrecarta ■ **carta no envelope** carta en el sobre

envenenamento /ẽvenena'meⁿtu/ *sm* envenenamiento, intoxicación ■ **envenenamento de comida** envenenamiento de comida

envenenar /ẽvene'naR/ *v* **1** envenenar, intoxicar, atosigar **2** intoxicarse ■ **envenenar alguém** envenenar alguien

enveredar /ẽvere'daR/ *v* encaminar, encaminarse ■ **enveredar para o bem** encaminar para el bien

envergonhar /ẽveRgo'ɲaR/ *v* **1** avergonzar, confundir, humillar **2** avergonzarse **3** enrojecer, afrentarse ■ **envergonhar pela atitude** avergonzar por la actitud

envernizar /ẽveRni'zaR/ *v* barnizar, bruñir ■ **envernizar a cadeira** barnizar la silla

enviar /ẽvi'aR/ *v* enviar, expedir, remitir ■ **enviar um recado** enviar un recado

enviesado

enviesado, -a /eˈvjeˈzadu, da/ *adj* oblicuo, torcido, sesgado ■ **olhar enviesado** mirava torcida

envilecer /evileˈseR/ *v* envilecer, despreciarse ■ **envilecer o futebol** envilecer el fútbol

envio /eˈviu/ *sm* envío, remesa, expedición ■ **envio de cartas** envío de cartas

enviuvar /eˈviuvaR/ *v* enviudar ■ **enviuvar cedo** enviudar temprano

envoltório /eˈvowˈtɔrju/ *sm* envoltorio, paquete ■ **envoltório do presente** paquete del regalo

envolvente /evowˈveˈtʃi/ *adj* seductor, cautivador, encantador ■ **homem envolvente** hombre seductor

envolver /eˈvowˈveR/ *v* **1** envolver, arrollar, complicar, contener, enredar, fajar, implicar, intrigar, involucrar **2** entrometerse ■ **envolver numa briga** envolver en una pelea

enxada /eˈʃada/ *sf* **1** azada **2** oficio, medio de subsistencia ■ **usar uma enxada** usar una azada

enxaguar /eˈʃaˈguaR/ *v* enjuagar, aclarar ■ **enxaguar os pratos** enjuagar los platos

enxame /eˈʃami/ *sm* **1** enjambre **2** multitud, cantidad de personas o cosas ■ **enxame de abelha** enjambre de abeja

enxaqueca /eˈʃaˈkeka/ *sf* jaqueca, migraña ■ **remédio para enxaqueca** medicina para jaqueca

enxergar /eˈʃeRˈgaR/ *v* ver, distinguir, discernir, percibir ■ **enxergar bem** ver bien

enxerido, -a /eˈʃeˈridu, da/ *adj & s* entremetido, metido ■ **menino enxerido** niño entremetido

enxertar /eˈʃeRˈtaR/ *v* **1** injertar, incrustar **2** introducir, injerir ■ **enxertar pele** injertar piel

enxerto /eˈʃeRtu/ *sm* injerto ■ **enxerto de cabelo** injerto de cabello

enxofre /eˈʃofri/ *sm* azufre ■ **cheiro de enxofre** olor de azufre

enxotar /eˈʃoˈtaR/ *v* espantar, expulsar, arrojar ■ **enxotar pessoas** espantar personas

enxoval /eˈʃoˈvaw/ *sm* ajuar ■ **fazer o enxoval** hacer el ajuar

enxugar /eˈʃuˈgaR/ *v* **1** secar, enjugar **2** enjugarse, secarse ■ **enxugar o corpo** secar el cuerpo

enxurrada /eˈʃuˈRada/ *sf* **1** cantidad de agua, crecida, riada, desbordamiento **2** cantidad de algo ■ **enxurrada perigosa** desbordamiento peligroso

enxuto, -a /eˈʃutu, ta/ *adj* **1** enjuto, seco **2** magro, delgado ■ **homem enxuto** hombre enjuto

enzima /eˈzima/ *sf* enzima ■ **reprodução das enzimas** reproducción de las enzimas

epidemia /epideˈmia/ *sf* epidemia ■ **epidemia na cidade** epidemia en la ciudad

epidêmico, -a /epiˈdemiku, ka/ *adj* epidémico, contagioso, colectivo ■ **problema epidêmico** problema epidémico

epiderme /epiˈdeRmi/ *sf* epidermis, piel ■ **problema na epiderme** problema en la epidermis

epidérmico, -a /epiˈdɛRmiku, ka/ *adj* epidérmico ■ **doença epidérmica** enfermedad epidérmica

epígrafe /eˈpigrafi/ *sf* epígrafe, leyenda, título, inscripción ■ **fazer uma epígrafe** hacer una epígrafe

epílogo /eˈpilogu/ *sm* epílogo, resumen, recapitulación, cierre ■ **ler o epílogo** leer el epílogo

episódico, -a /epiˈzɔdʒiku, ka/ *adj* episódico, eventual, secundario ■ **problema episódico** problema episódico

episódio /epiˈzɔdʒju/ *sm* episodio, aventura, evento, incidente, lance, suceso, anécdota ■ **episódio de hoje** episodio de hoy

epitáfio /epiˈtafju/ *sm* epitafio, inscripción fúnebre ■ **ler o epitáfio** leer el epitafio

epitélio /epiˈtɛlju/ *sm* epitelio, epidermis ■ **tirar o epitélio** sacar el epitelio

epíteto /eˈpitetu/ *sm* epíteto, calificativo, apodo ■ **falar um epíteto** hablar un epíteto

época /ˈɛpoka/ *sf* época, era, período, temporada, tiempo ■ **na época atual** actualmente **naquela época** en aquel entonces

epopeia /epoˈpeja/ *sf* epopeya, poema narrativo ■ **ler uma epopeia** leer una epopeya

equação /ekwaˈsãw/ *sf* ecuación ■ **fazer uma equação** hacer una ecuación

equador /ekwaˈdoR/ *sm* ecuador ■ **viver no equador** vivir en el ecuador

equidade /ekwiˈdadʒi/ *sf* equidad, justicia, igualdad, rectitud ■ **merecemos equidade** merecemos justicia

equidistância /ekwidʒiˈtɑˈsja/ *sf* equidistancia ■ **equidistância das casas** equidistancia de las casas

equilátero, -a /ekiˈlatero, a/ *adj* equilátero, equilateral ■ **triângulo equilátero** triángulo equilátero

equilibrar /ekiliˈβrar/ *v* **1** equilibrar, compensar, armonizar **2** equilibrarse, tenerse, igualarse ■ **equilibrar na corda** equilibrar en la cuerda

equilíbrio /ekiˈliβrjo/ *sm* **1** equilibrio, igualdad **2** ponderación ■ **equilíbrio na vida** equilibrio en la vida

equino, -a /eˈkino, a/ *adj* equino ■ **equino no zoológico** equino en el zoológico

equipamento /ekipaˈmeˈtu/ *sm* equipo, equipamiento ■ **equipamento técnico** equipamiento técnico

equipar /ekiˈpaR/ *v* **1** equipar, guarnecer **2** armar, aprestar ■ **equipar a casa** equipar la casa

equiparar /ekipaˈraR/ *v* **1** equiparar **2** equipararse, igualarse ■ **equiparar os trabalhos** equiparar los trabajos

equiparável /ekipaˈravew/ *adj* equiparable ■ **problema equiparável** problema equiparable

equipe /eˈkipi/ *sf* equipo, conjunto, cuadro, escudería ■ **equipe de futebol** equipo de fútbol

equitação /ekitaˈsãw/ *sf* equitación ■ **fazer equitação** hacer equitación

equitativo, -a /ekwitaˈtʃivu, va/ *adj* equitativo, recto, justo ■ **característica equitativa** característica equitativa

equivalência /ekuivaˈleˈsja/ *sf* equivalencia, igualdad de valor ■ **equivalência nas tarefas** equivalencia en las tareas

equivalente /ekuivaˈleˈtʃi/ *adj* **1** equivalente, igual **2** correspondiente ■ **opiniões equivalentes** opiniones equivalentes

equivaler /ekuivˈleR/ *v* **1** equivaler, valer **2** corresponder ■ **equivaler respostas** equivaler respuestas

equivocado, -a /ekivoˈkadu, da/ *adj* equívoco, equivocado, erróneo ■ **opinião equivocada** opinión equivocada

equivocar /ekivoˈkaR/ *v* **1** equivocar, confundir, errar **2** equivocarse, engañarse ■ **equivocar na vida** equivocar en la vida

equívoco /eˈkivoku/ *adj* equívoco, error, yerro, ambiguo ■ **cometer um equívoco** hacer un error

era /ˈera/ *sf* era, época, período, tiempo, fecha ■ **era dos dinossauros** era de los dinosaurios

ereção /ereˈsãw/ *sf* **1** erección, rigidez **2** edificación ■ **ereção do membro** erección del miembro

ereto, -a /eˈretu, ta/ *adj* erecto, rígido, levantado, derecho ■ **membro ereto** miembro erecto

escaramuça

erguer /eR'geR/ *v* **1** erguir, erigir, guindar, izar, levantar, alzar **2** erguirse, levantarse, asomar ■ **erguer a criança** erguir el niño

eriçar /eri'saR/ *v* erizar ■ **eriçar os cabelos** engarzar

erigir /eri'ʒiR/ *v* **1** erigir, fundar, levantar, construir, establecer **2** erigirse, arrogarse ■ **erigir a igreja** erigir la iglesia

ermida /eR'mida/ *sf* ermita, iglesia pequeña ■ **visitar a ermida** visitar la ermita

ermitão /eRmi'tɑ̃w/ *s* eremita, ermitaño ■ **conheço um ermitão** conozco un eremita

ermo, -a /'eRmu, ma/ *adj* sombrío, yermo, inhabitado, apartado, lejano ■ **pessoa erma** persona sombría

erosão /ero'zɑ̃w/ *sf* erosión, desgaste, corrosión ■ **erosão de terra** erosión de tierra

erótico, -a /e'rɔtiku, ka/ *adj* erótico, lascivo, libidinoso, sensual, amoroso ■ **filme erótico** película erótica

erotismo /ero'tʃiʒmu/ *sm* erotismo, sensualidad, libido ■ **erotismo das mulheres** erotismo de las mujeres

erradicação /eRad3ika'sɑ̃w/ *sf* erradicación ■ **erradicação dos índios** erradicación de los indígenas

erradicar /eRad3i'kaR/ *v* erradicar, desarraigar ■ **erradicar a violência** erradicar la violencia

errado, -a /e'Radu, da/ *adj* equivocado, incorrecto ■ **resposta errada** respuesta incorrecta

errante /e'Rɑ̃tʃi/ *adj* **1** errante, vagabundo, ambulante, andariego, nómada, golondrino **2** vacilante ■ **homem errante** hombre errante

errar /e'RaR/ *v* **1** errar, deambular, vagabundear **2** engañarse, equivocarse ■ **errar na prova** errar en la prueba

errata /e'Rata/ *sf* errata, enmienda, error, equivocación ■ **fazer uma errata** hacer una errata

erre /eRe/ *sm* erre, nombre de la letra r ■ **"erre" de rato** "erre" de ratón

erro /'eRu/ *sm* **1** error, yerro, defecto, desacierto, pecado, perversión **2** desliz, deformidad ■ **cometer um erro** cometer un error

errôneo, -a /e'Ronju, nja/ *adj* **1** erróneo **2** falso ■ **atitude errônea** actitud errónea

erudição /erud3i'sɑ̃w/ *sf* erudición, ilustración ■ **erudição da vida** erudición de la vida

erudito, -a /eru'd3itu, ta/ *adj & s* erudito, leído, letrado, sabio ■ **arte erudita** arte erudita

erupção /erup'sɑ̃w/ *sf* erupción ■ **erupção da água** erupción del agua

erva /'eRva/ *sf* yerba **erva ceifada** heno ■ **chá de erva** té de erva

ervilha /eR'viʎa/ *sf* **1** guisante **2** arveja ■ **comer ervilha** comer guisante

esbarrar /iʒba'RaR/ *v* **1** topar, rozar, tropezar **2** hocicar ■ **esbarrar com alguém** topar con alguien

esbelto, -a /iʃ'bɛwtu, ta/ *adj* esbelto, elegante, garboso, delicado ■ **garoto esbelto** chico esbelto

esboçar /iʒbo'saR/ *v* esbozar, delinear, trazar, perfilar ■ **esboçar um desenho** esbozar el dibujo

esboço /iʃ'bosu/ *sm* esbozo, bosquejo, boceto, trazado, croquis, rasguño ■ **esboço da arte** esbozo del arte

esbofetear /iʒbofete'aR/ *v* abofetear, cachetear ■ **esbofetear a cara** abofetear la cara

esbranquiçado, -a /iʒbrɑ̃ki'sadu, da/ *adj* blanquecino, blancuzco, pálido ■ **cara esbranquiçada** cara blanquecina

esbravejar /iʒbrave'ʒaR/ *v* vociferar, irritarse, enfurecerse ■ **esbravejar direitos** vociferar derechos

esburacar /iʒbura'kaR/ *v* **1** agujerear, ahuecar, horadar **2** romperse ■ **esburacar o chão** agujerear el suelo

escabroso, -a /iʃka'brozu, za/ *adj* **1** escabroso, desigual **2** indecente, indecoroso ■ **homem escabroso** hombre escabroso

escada /iʃ'kada/ *sf* escalera, peldaño ■ **escada de mão** escala, escalera

escafandro /iʃka'fɑ̃dru/ *sm* escafandra ■ **escafrando pesado** escafranda pesado

escala /iʃ'kala/ *sf* escala, graduación **escala circular** dial **escala musical** gama **fazer escala** hacer escala ■ **escala de temperatura** escala de temperatura

escalão /iʃka'lɑ̃w/ *sm* escalafón, escalón, peldaño *pl*: **escalões** ■ **escalão aumenta** escalafón aumenta

escalar /iʃka'laR/ *adj & s* escalar, alcanzar ■ **escalar a montanha** escalar la montaña

escaldar /iʃkaw'daR/ *v* **1** escaldar, caldear, quemar, recalentar **2** escaldarse, abrasarse ■ **escaldar a comida** escaldar la comida

escaleno, -a /iʃka'lenu/ *adj* escaleno ■ **triângulo escaleno** triángulo escaleno

escalonar /iʃkalo'naR/ *v* **1** escalonar **2** formar escalón ■ **escalonar o trabalho** escalonar el trabajo

escamação /iʃkama'sɑ̃w/ *sf* **1** exfoliación **2** irritación *pl*: **escamações** ■ **escamação da pele** exfoliación de la piel

escamar /iʃka'maR/ *v* **1** escamar, pelar **2** irritarse, enfadarse ■ **escamar a pele** escamar la piel

escamoteação /iʃkamotea'sɑ̃w/ *sf* escamoteo, hurto hábil *pl*: **escamoteações** ■ **escamoteação de pontos** escamoteo de puntos

escamotear /iʃkamo'teaR/ *v* **1** escamotear **2** robar con agilidad ■ **escamotear pontos** escamotear puntos

escancarar /iʃkɑ̃ka'raR/ *v* **1** abrir de par en par, esparrancarse **2** mostrar, exhibir ■ **escancarar a verdade** mostrar la verdad

escandalizar /iʃkɑ̃dali'zaR/ *v* escandalizar, maltratar, injuriar, ofender ■**escandalizar um acontecimento** escandalizar un acontecimiento

escândalo /iʃ'kɑ̃dalu/ *sm* escándalo, espectáculo, desacato **provocar um escândalo** armar un escándalo ■ **escândalo midiático** escándalo mediático

escandaloso, -a /iʃkɑ̃da'lozu, za/ *adj* escandaloso, espectacular, indecoroso, vergonzoso, inmoral ■ **homem escandaloso** hombre escandaloso

escandinavo, -a /iʃkɑ̃d3i'navu, va/ *adj & s* escandinavo ■ **povo escandinavo** pueblo escandinavo

escâner /es'kaner/ *m* escáner ■ **fazer um escâner** hacer un escáner

escapada /iʃka'pada/ *sf* escapada, resbalón, fuga precipitada ■ **dar uma escapada** dar una escapada

escapamento /iʃkapa'mẽtu/ *sm* escape ■ **escapamento do carro** escape del coche

escapar /iʃka'paR/ *v* **1** escapar, huir, evadirse, escabullirse, guillarse, zafarse **2** aventarse, escaparse ■ **escapar do perigo** escapar del peligro

escapatória /iʃkapa'tɔrja/ *sf* escapatoria ■ **dar uma escapatória** dar una escapatoria

escape /iʃ'kapi/ *sm* escape, fuga, evasión, salvación ■ **válvula de escape** válvula de escape

escapulir /iʃkapu'liR/ *v* escabullirse, huir ■ **escapulir do trabalho** escabullirse del trabajo

escaramuça /iʃkara'musa/ *sf* **1** escaramuza, disputa, combate ligero **2** conflicto ■ **fazer uma escaramuça** hacer una escaramuza

escaravelho

escaravelho /iʃkaraˈveʎu/ *sm* escarabajo ■ **escaravelho tem asas** escarabajo tiene alas

escarcéu /iʃkaRˈsew/ *sm* **1** algarabía, escándalo **2** alarido ■ **fazer um escarcéu** hacer un escarceo

escarlate /iʃkaRˈlatʃi/ *adj & sm* escarlata, encarnado, rojo muy vivo ■ **vestido escarlate** vestido escarlata

escarmentar /iʃkaRmeˉˈtaR/ *v* escarmentar, castigar, corregir, reprender ■ **escarmentar o inimigo** escarmentar el enemigo

escarnecer /iʃkaRneˈseR/ *v* escarnecer, mofar, despreciar, ludibriar ■ **escarnecer as pessoas** escarnecer las personas

escárnio /iʃˈkaRnju/ *sm* escarnio, risa, mofa, menosprecio ■ **fazer um escárnio** hacer un escarnio

escarola /iʃkaˈrɔla/ *sf* escarola, achicoria ■ **mulher escarola** mujer escarola

escarpa /iʃˈkaRpa/ *sf* escarpa, declive áspero ■ **andar na escarpa** andar en la escarpa

escarpado, -a /iʃkaRˈpadu, da/ *adj* escarpado, abrupto ■ **homem escarpado** hombre escarpado

escarrar /iʃkaˈRaR/ *v* escupir, expectorar, gargajear ■ **escarrar líquido** escupir líquido

escarro /iʃˈkaRu/ *sm* **1** esputo, gargajo, porquería **2** insulto ■ **soltar um escarro** soltar un esputo

escassear /iʃkaseˈaR/ *v* escasear, enrarecer, faltar, disminuir ■ **escassear a comida** escasear la comida

escassez /iʃˈkasejʃ/ *sf* escasez, falta, insuficiencia, poquedad, aprieto ■ **escassez da água** escasez del agua

escasso, -a /iʃˈkasu, sa/ *adj* escaso, insuficiente, raro, contado, corto, detenido, exiguo, falto, parvo, poco, prieto ■ **comida escassa** comida escasa

escavação /iʃkavaˈsãw/ *sf* **1** excavación, foso, zapa, pozo, hoyo **2** investigación *pl:* **escavações** ■ **escavação profunda** excavación profunda

escavar /iʃkaˈvaR/ *v* excavar, ahuecar, laborear ■ **escavar a terra** excavar la tierra

esclarecedor, -ora /iʃklareseˈdoR, ra/ *adj* esclarecedor, convincente, ilustrativo ■ **fala esclarecedora** habla esclarecedora

esclarecer /iʃklareˈseR/ *v* **1** esclarecer, aclarar, comentar, explicar, explicitar, iluminar, ilustrar, indicar, informar, desembrollar, desenredar, dilucidar, desenvolver **2** despejar, desplegar ■ **esclarecer a situação** esclarecer la situación

esclarecimento /iʃklaresiˈmeˉtu/ *sm* esclarecimiento, aclaración, explicación, indicación, información, noticia ■ **esclarecimento da confusão** esclarecimiento de la confusión

esclerose /iʃkleˈrɔzi/ *sf* esclerosis ■ **problema de esclerose** problema de esclerosis

escoar /iʃkoˈaR/ *v* **1** escurrir, colar **2** filtrarse, escurrirse, escaparse ■ **escoar a água** escurrir el agua

escocês, -esa /iʃkoˈsejʃ, seza/ *adj & sm* escocés ■ **namorado escocês** novio escocés

escola /iʃˈkɔla/ *sf* **1** escuela, colegio, liceo **2** sistema, estilo, ejemplo, aprendizaje **3** plantel **escola superior** facultad **fazer escola** hacer escuela, marcar época ■ **crianças na escola** niños en la escuela

escolar /iʃkoˈlaR/ *adj* escolar, estudiante ■ **transporte escolar** transporte escolar

escolha /iʃˈkoʎa/ *sf* opción, elección, selección, alternativa ■ **escolha certa** opción correcta

escolher /iʃkoˈʎeR/ *v* escoger, elegir, coleccionar, seleccionar, entresacar, optar, preferir ■ **escolher o melhor** escoger el mejor

escolhido, -a /iʃkoˈʎidu, da/ *adj* **1** elegido **2** escogido, selecto ■ **melhor escolhido** mejor elegido

escolta /iʃˈkowta/ *sf* escolta, convoy, séquito, acompañamiento ■ **fazer uma escolta** hacer una escolta

escoltar /iʃkowˈtaR/ *v* escoltar, acompañar, conducir ■ **escoltar as pessoas** escoltar las personas

escombros /iʃˈkoˉbruʃ/ *sm pl* escombros, ruinas, destrozos ■ **escombros da casa** escombros de la casa

esconder /iʃkoˉˈdeR/ *v* **1** esconder, ocultar, disimular, enclaustrar, agachar, agazapar, escamotear, omitir, recatar, refugiar, tapar **2** esconderse, meterse, zambullir **3** amagarse **4** sepultar **esconde-esconde** escondite ■ **esconder as crianças** esconder los niños

esconderijo /iʃkoˉdeˈriʒu/ *sm* escondrijo, escondite, rincón, refugio, recanto ■ **descobrir o esconderijo** descubrir el esconderijo

escondido, -a /iʃkoˉˈdʒidu, da/ *adj* escondido, latente, oculto, repuesto **às escondidas** de tapadillo ■ **ficar escondido** quedar escondido

escorar /iʃkoˈraR/ *v* **1** escorar, apuntalar **2** *Min* entibar **2** apoyarse ■ **escorar na cadeira** escorar en la silla

escória /iʃˈkɔrja/ *sf* **1** escoria **2** *Min* ganga ■ **ter uma escória** tener una escoria

escoriação /iʃkorjaˈsãw/ *sf* **1** excoriación **2** *AL* escoriación, paspadura ■ **fazer uma escoriação** hacer una excoriación

escorpião /iʃkoRpiˈãw/ *sm* **1** alacrán **2** escorpión *Astrol, Astron* escorpión (signo, constelación) *pl:* **escorpiões** ■ **picada de escorpião** picada de alacrán

escorredor /iʃkoReˈdoR/ *sm* escurridor **escorredor de louça** escurreplatos ■ **escorredor de macarrão** escurridor de pasta

escorregadio, -a /iʃkoRegaˈdʒiu, dʒia/ *adj* resbaladizo, deleznable, lábil ■ **pista escorregadia** pista resbaladiza

escorregão /iʃkoReˈgãw/ *sm* desliz, resbalón *pl:* **escorregões** ■ **escorregão no discurso** desliz en el discurso

escorregar /iʃkoReˈgaR/ *v* **1** deslizar, resbalar **2** cometer faltas ■ **escorregar e machucar** deslizar y herir

escorrer /iʃkoˈReR/ *v* **1** escurrir, secar, enjugar **2** resbalar, deslizar ■ **escorrer o macarrão** escurrir la pasta

escova /iʃˈkova/ *sf* cepillo, escoba, escobilla ■ **escova de cabelos** cepillo para el pelo **escova de dentes** cepillo de dientes

escovão /iʃkoˈvãw/ *sm* escobillón, escobón *pl:* **escovões** ■ **escovão para limpar** escobillón para limpiar

escovar /iʃkoˈvaR/ *v* **1** cepillar **2** cepillarse ■ **escovar os dentes** cepillar los dientes

escravidão /iʃkraviˈdãw/ *sf* **1** esclavitud, servidumbre, cautiverio **2** sujeción, dependencia *pl:* **escravidões** ■ **escravidão de crianças** esclavitud de niños

escravizar /iʃkraviˈzaR/ *v* **1** esclavizar, cativar, sujetar, subyugar **2** encantar, cautivar ■ **escravizar os negros** esclavizar los negros

escravo, -a /iʃˈkravu, va/ *adj* esclavo, siervo, criado, cautivo **vida de escravo** vida de perro ■ **escravo do amor** esclavo del amor

escrevente /iʃkreˈveˉtʃi/ *s* **1** escribiente, copista **2** chupatintas, cagatintas ■ **contratar um escrevente** contratar el escribiente

escrever /iʃkreˈveR/ *v* escribir, redactar ■ **escrever uma carta** escribir una carta

escrito, -a /iʃˈkritu, ta/ *adj* escrito, determinado, grabado, carta, documento ■ **escrito nas estrelas** escrito en las estrellas

esmalte

escritor, -ora /iʃkri'toR, ra/ *sm* escritor, autor ■ **escritor de livros** escritor de libros

escritório /iʃkri'tɔrju/ *sm* **1** escritorio, despacho, gabinete, oficina, secretaría **empregado de escritório** oficinista, chupatintas ■ **meu irmão trabalha em um de escritório** mi hermano trabaja en una de oficina

escritura /iʃkri'tura/ *sf* escritura, registro ■ **escritura antiga** escritura antigua

escriturário, -a /iʃkritu'rarju, rja/ *s* escriturario, escribano, notario ■ **escriturário antigo** escriturario antiguo

escrivaninha /iʃkriva'niɲa/ *sf* escritorio, taquilla, bufete ■ **escrivaninha de madeira** escritorio de madera

escrivão /iʃkri'vãʷw/ *sm* **1** escribano, notario, copista **2** escribana *pl*: **escrivães** ■ **escrivão oficial** escribano oficial

escroto /iʃ'krotu/ *sm* escroto, testículo ■ **escroto do homem** escroto del hombre

escrúpulo /iʃ'krupulu/ *sm* **1** escrúpulo, recelo, temor **2** religiosidad ■ **ter muitos escrúpulos** tener la conciencia estrecha

escrutínio /iʃkru'tʃinju/ *sm* escrutinio, votación ■ **fazer um escrutínio** hacer un escrutinio

escudeiro /iʃku'dejru/ *sm* escudero ■ **fiel escudeiro** fiel escudero

escuderia /iʃkude'ria/ *sf* escudería ■ **escuderia protegida** escudería protegida

escudo /iʃ'kudu/ *sm* **1** escudo **2** amparo, defensa ■ **escudo de vidro** escudo de vidrio

esculachado, -a /iʃkula'ʃadu, da/ *adj* desarreglado, mal vestido, mal hecho ■ **trabalho esculachado** trabajo mal hecho

esculpir /iʃkuw'piR/ *v* esculpir, entallar ■ **esculpir o diamante** esculpir el diamante

escultor, -ora /iʃkuw'toR, ra/ *s* escultor, tallista, esculpidor, grabador ■ **bom escultor** buen escultor

escultura /iʃkuw'tura/ *sf* escultura, talla ■ **escultura de vidro** escultura de vidrio

escumadeira /iʃkuma'dejra/ *sf* espumadera, rasero ■ **escumadeira na cozinha** espumadera en la cocina

escurecer /iʃkure'seR/ *v* oscurecer, obscurecer, ensombrecer, ofuscar, obnubilar ■ **escurecer o cabelo** obscurecer el cabello

escurecimento /iʃkuresi'meⁿtu/ *sm* obscurecimiento, sombra ■ **escurecimento da pele** obscurecimiento de la piel

escuridão /iʃkuri'dãʷw/ *sf* **1** oscuridad, obscurecimiento, sombra **2** noche *pl*: **escuridões** ■ **escuridão da vida** oscuridad de la vida

escuro, -a /iʃ'kuru, ra/ *adj* oscuro, confuso, obscuro, pardo, lóbrego, tenebroso ■ **esmalte escuro** esmalte oscuro

escusa /iʃku'za/ *sf* excusa, pretexto, disculpa ■ **dar uma escusa** poner una excusa

escusar /iʃku'zaR/ *v* excusar, exculpar, justificar, evitar ■ **escusar com alguém** excusar con alguien

escuta /iʃ'kuta/ *sf* escucha, sentinela, espía ■ **escuta telefônica** escucha telefónica

escutar /iʃku'taR/ *v* **1** escuchar, oír **2** auscultar **3** escucharse ■ **escutar com calma** escuchar con calma

esdrúxulo, -a /iʒ'druʃulu, la/ *adj* esdrújulo, exótico, raro, extravagante ■ **homem esdrúxulo** hombre esdrújulo

esfarelar /iʃfare'laR/ *v* **1** pulverizar, majar, migar **2** despedazar ■ **esfarelar o pão** pulverizar el pan

esfarrapado, -a /iʃfaRa'padu, da/ *adj* desharrapado, harapiento, andrajoso ■ **homem esfarrapado** hombre desharrapado

esfarrapar /iʃfaRa'paR/ *v* rasgar, desgarrar, dilacerar ■ **esfarrapar a roupa** rasgar la ropa

esfera /iʃ'fɛra/ *sf* **1** esfera, bola, globo **2** órbita, ámbito ■ **grande esfera** grande esfera

esférico, -a /iʃ'fɛriku, ka/ *adj* esférico, redondo ■ **formato esférico** formato esférico

esferográfica /iʃfero'grafika/ *sf* bolígrafo, esferográfica ■ **esferográfica prateada** esferográfica plateada

esfíncter /iʃ'fiⁿteR/ *sm* esfinter *pl*: **esfíncteres** ■ **esfíncter da uretra** esfinter uretral

esfinge /iʃ'fiⁿʒe/ *sf* **1** esfinge **2** misterio, enigma ■ **tenho uma esfinge** tengo una esfinge

esfoladura /iʃfola'dura/ *sf* desuello, arañazo ■ **fazer uma esfoladura** hacer un desuello

esfolar /iʃfo'laR/ *v* **1** desollar, despellejar, arañar, excoriar **2** hacer pagar las cosas a precios exorbitantes ■ **esfolar o braço** desollar el brazo

esfoliação /iʃfolia'sãʷw/ *sf* exfoliación *pl*: **esfoliações** ■ **esfoliação da pele** exfoliación de la piel

esfomeado, -a /iʃfome'adu, da/ *adj & s* hambriento, famélico ■ **ficar esfomeado** quedar hambriento

esforçar /iʃfoR'saR/ *v* **1** esforzar **2** esforzarse, luchar **3** gestionar **4** pugnar ■ **esforçar no trabalho** esforzar en el trabajo

esforço /iʃ'foRsu/ *sm* esfuerzo, conato, aliento, precio, vigor, brío, valor ■ **redobrar os esforços** redoblar los esfuerzos

esfregão /iʃfre'gãʷw/ *sm* estropajo *pl*: **esfregões** ■ **usar um esfregão** utilizar un estropajo

esfregar /iʃfre'gaR/ *v* **1** refregar, restregar, estregar, rascar **2** fregar ■ **esfregar a roupa** refregar la ropa

esfriamento /iʃfria'meⁿtu/ *sm* enfriamiento, resfriamiento ■ **esfriamento da terra** enfriamiento de la tierra

esfriar /iʃfri'aR/ *v* **1** enfriar, resfriar, refrescar **2** atenuar (el ardor), entibiar, desalentar, abatirse, desanimarse ■ **esfriar o tempo** enfriar el tiempo

esfumar /iʃfu'maR/ *v* **1** esfumar, difuminar **2** esfumarse, desvanecerse, disiparse ■ **esfumar o vidro** esfumar el vidrio

esganar /iʃga'naR/ *v* ahorcar, sofocar ■ **esganar alguém** ahorcar alguien

esgotado, -a /iʃgo'tadu, da/ *adj* agotado, exhausto ■ **ficar esgotado** quedar agotado

esgotamento /iʃgota'meⁿtu/ *sm* agotamiento, extenuación ■ **esgotamento do trabalho** agotamiento del trabajo

esgotar /iʃgo'taR/ *v* **1** agotar, consumir, extenuar, esquilmar, secar, apurar **2** estancar, vaciarse ■ **esgotar um assunto** agotar un asunto

esgoto /iʃ'gotu/ *sm* alcantarilla, sumidero, cloaca ■ **cheiro de esgoto** olor del sumidero

esguelha /iʒ'geʎa/ *sf* soslayo, reojo ■ **olhar de esguelha** mirar de reojo

esguicho /iʒ'giʃu/ *sm* chorro ■ **esguicho de água** chorro de agua

eslavo, -a /iʒ'lavu, va/ *adj & s* eslavo ■ **conheço um eslavo** conozco un eslavo

esmagar /iʒma'gaR/ *v* **1** aplastar, triturar, apabullar, despachurrar, machacar, machucar, achuchar; **2** oprimir, vencer, aniquilar ■ **esmagar a perna** aplastar la pierna

esmaltar /iʒmaw'taR/ *v* **1** esmaltar **2** matizar, ilustrar ■ **esmaltar a unha** esmaltar la uña

esmalte /iʒ'mawtʃi/ *sm* **1** esmalte **2** lustro, brillo, realce ■ **esmalte colorido** esmalte colorido

325

esmeralda

esmeralda /iʒme'ɾawda/ *sf* esmeralda ■ **esmeralda vermelha** esmeralda roja

esmerar /iʒme'ɾaR/ *v* 1 esmerar 2 esmerarse, extremarse, pulirse ■ **esmerar a vida** esmerar la vida

esmero /iʒ'meɾu/ *sm* esmero, limpieza, primor, cuidado, celo ■ **feita com esmero** hecha con esmero

esmigalhar /iʒmiɡa'ʎaR/ *v* desmigajar, aplastar, destrozar, desmenuzar, moluturar ■ **esmigalhar o pão** migar, desmigajar el pan

esmiuçar /izmiu'saR/ *v* 1 desmenuzar, picar, desmigajar 2 analizar, detallar, pesquisar, investigar, escudriñar ■ **esmiuçar os detalhes** pesquisar los detalles

esmola /iz'mɔla/ *sf* limosna, beneficio, percance, auxilio ■ **esmola para os pobres** limosna para los pobres

esmolar /iʒmo'laR/ *v* limosnear, pordiosear, mendigar ■ **esmolar na rua** limosnear en la calle

esnobe /iʒ'nɔbi/ *adj & s* esnob, snob, encopetado ■ **homem esnobe** hacerse un hombre esnob

esôfago /i'zɔfaɡu/ *sm* esófago ■ **comida pelo esôfago** comida por el esófago

esotérico, -a /izo'tɛɾiku, ka/ *adj* esotérico ■ **pensamento esotérico** pensamiento esotérico

espaçar /iʃpa'saR/ *v* espaciar, esparcir, extender, difundir, divulgar, ensanchar, dilatar, tardar ■ **espaçar a vida** espaciar la vida

espaço /iʃ'pasu/ *sm* 1 espacio, lugar, sitio, área, intervalo, tracto 2 aparte ■ **ir para o espaço** irse al traste **espaço de tempo** temporada

espaçoso, -a /iʃpa'sozu, za/ *adj* espacioso, amplio, ancho, desahogado, despejado, extenso, largo, rasgado ■ **lugar espaçoso** lugar espacioso

espada /iʃ'pada/ *sf* 1 espada 2 *pl* **espadas** espada (naipe de la baraja) ■ **entre a cruz e a espada** entre la espada y la pared

espaguete /iʃpa'ɡetʃi/ *sm* espagueti, spaghetti, fideos ■ **comer espaguete** comer espagueti

espairecer /iʃpajre'seR/ *v* distraer, divertir, recrearse ■ **espairecer nas férias** distraer en las vacaciones

espaldar /iʃpaw'daR/ *sm* espaldar, respaldo ■ **espaldar de algo** espaldar de algo

espalhafato /iʃpaʎa'fatu/ *sm* ostentación, aparato, confusión, desorden, griterío ■ **fazer um espalhafato** hacer una confusión

espalhar /iʃpa'ʎaR/ *v* 1 difundir, diseminar, dispersar, desparramar, expandir, propagar, tender 2 salpicar, sembrar, lanzar 3 dispersarse, esparcirse ■ **espalhar a comida** desparramar la comida

espanador /iʃpana'doR/ *sm* plumero ■ **espanador de pó** plumero

espancar /iʃpaⁿ'kaR/ *v* apalear, golpear, aporrear, tundir, pegar, zurrar ■ **espancar uma mulher** apalear una mujer

espanhol, -ola /iʃpaⁿowl, la/ *adj & s* español ■ **falar espanhol** hablar español

espantado, -a /iʃpaⁿ'tadu, da/ *adj* 1 espantado, asombrado, pasmado, estupefacto, maravillado 2 avispado ■ **espantado com a violência** espantado con la violencia

espantalho /iʃpaⁿ'taʎu/ *sm* 1 espantajo, espantapájaros, esperpento 2 individuo ridículo ■ **estar feito um espantalho** estar hecho un trapo

espantar /iʃpaⁿ'taR/ *v* 1 espantar, asustar, ahuyentar, aterrar, aturdir, atemorizar, ojear, pasmar, sorprender 2 admirarse ■ **espantar com a novidade** espantar con la novedad

espanto /iʃ'paⁿtu/ *sm* 1 espanto, admiración, asombro, estupefacción, extrañeza, pasmo, perplejidad, sorpresa 2 estupor ■ **espanto da vida** espanto de la vida

espantoso, -a /iʃpaⁿ'tozu, za/ *adj* espantoso, despampanante, formidable, sorprendente ■ **lugar espantoso** lugar espantoso

esparadrapo /iʃpara'drapu/ *sm* esparadrapo ■ **usar esparadrapo** utilizar esparadrapo

esparramar /iʃpaRa'maR/ *v* desparramar, desperdigar ■ **esparramar comida** desparramar comida

espartano, -a /iʃpaR'tanu, na/ *adj & s* espartano ■ **homem espartano** hombre espartano

espartilho /iʃpaR'tʃiʎu/ *sm* corpiño, corsé ■ **usar espartilho** utilizar corpiño

espasmo /iʃ'paʒmu/ *sm* 1 espasmo 2 éxtasis ■ **ter espasmo** tener espasmo

espasmódico, -a /iʃpaʒ'mɔdʒiku, ka/ *adj* espasmódico ■ **ataque espasmódico** ataque espasmódico

espatifar /iʃpatʃi'faR/ *v* 1 despedazar, deshacer, hacer añicos 2 hacerse tortillas ■ **espatifar no chão** despedazar en el suelo

espátula /iʃ'patula/ *sf* espátula, abrecartas ■ **usar espátula** utilizar espátula

especial /iʃpesi'aw/ *adj* 1 especial, particular, peculiar 2 selecto ■ **pessoa especial** persona especial

especialidade /iʃpesiali'dadʒi/ *sf* especialidad, particularidad, peculiaridad ■ **especialidade em comida** especialidad en comida

especialista /iʃpesia'liʃta/ *adj & s* especialista, perito, experto ■ **especialista em doenças** especialista en enfermedades

especiaria /iʃpesia'ria/ *sf* especia ■ **orégano é uma especiaría** orégano es una especia

espécie /iʃ'pɛsji/ *sf* especie, naturaleza, calidad, suerte, índole, ralea **em espécie** en especie ■ **espécie rara** especie rara

especificar /iʃpesifi'kaR/ *v* especificar, determinar, explicar minuciosamente, indicar, declarar, pormenorizar ■ **especificar um assunto** especificar un asunto

específico, -a /iʃpe'sifiku, ka/ *adj* 1 específico, determinado 2 especial ■ **específico no assunto** específico en el asunto

espécime /iʃ'pɛsimi/ *sm* espécimen, ejemplar, modelo ■ **espécime rara** espécimen rara

espectador, -ora /iʃpekta'doR, ra/ *adj & s* espectador, observador ■ **espectador de televisão** televidente, espectador de la televisión

espectro /iʃ'pɛktru/ *sm* espectro, sombra, visión ■ **espectros e fantasmas** espectros y fantasmas

especulação /iʃpekula'saⁿw/ *sf* especulación, operación, agio, agiotaje *pl*: **especulações** ■ **fazer uma especulação** hacer una especulación

especulador, -ora /iʃpekula'doR, ra/ *adj & s* especulador, bajista ■ **lucro do especulador** lucro del especulador

especular /iʃpeku'laR/ *adj* especular, observar, contemplar, examinar, negociar ■ **especular o outro** especular el otro

especulativo, -a /iʃpekula'tʃivu, va/ *adj* especulativo, teórico, con especulación ■ **pessoa especulativa** persona especulativa

espelho /iʃ'peʎu/ *sm* espejo **espelho retrovisor** retrovisor ■ **olhar no espelho** mirar en el espejo

espera /iʃ'pɛra/ *sf* espera, expectación, tardanza ■ **espera do amor** espera del amor

esperança /iʃpe'raⁿsa/ *sf* esperanza, confianza ■ **ter esperança** tener esperanza

esperançar /iʃpeɾaⁿsaR/ *v* esperanzar, animar, alentar, confortar, consolar ■ **esperançar alguém** esperanzar alguien

espuma

esperar /iʃpe'raR/ *v* esperar, aguardar, contar, confiar, suponer ■ **esperar sentado** esperar sentado

esperma /iʃ'peRma/ *sm* esperma, semen ■ **liberar esperma** liberar esperma

espermatozoide /iʃpeRmato'zɔjdʒi/ *sm* espermatozoide, espermatozoo ■ **homens guardam espermatozoides** hombres guardan espermatozoides

espernear /iʃpeRne'aR/ *v* patalear, pernear ■ **epernerar com os pais** patalear con los padres

espertalhão, -ona /iʃpeRta'ʎɐ̃w, ʎona/ *adj* vivo, astuto, ingenioso, laucha, truchimán *pl:* **espertalhões** ■ **garoto espertalhão** chico astuto

esperteza /iʃpeR'teza/ *sf* vivacidad, destreza, tino, prontitud ■ **ter esperteza** tener vivacidad

esperto, -a /iʃ'peRtu, ta/ *adj* 1 despierto, diestro, cuco, pícaro, socarrón, inteligente, ladino, vivo 2 avispado ■ **ser muito esperto** ser más listo que el hambre, sentir crecer la hierba

espessar /iʃpe'saR/ *v* 1 espesar, hacer denso 2 engordar 3 condensarse, concentrarse ■ **espessar o ambiente** espesar el ambiente

espesso, -a /iʃ'pesu, sa/ *adj* espeso, compacto, denso, pastoso, viscoso ■ **parede espessa** pared espesa

espessura /iʃpe'sura/ *sf* espesor, espesura, densidad, grosor ■ **espessura da mesa** espesura de la mesa

espetacular /iʃpetaku'laR/ *adj* espectacular, grandioso ■ **show espetacular** concierto espectacular

espetáculo /iʃpe'takulu/ *sm* espectáculo, diversión, show ■ **espetáculo inesquecível** espectáculo inolvidable

espetar /iʃpe'taR/ *v* 1 espetar, ensartar, atravesar 2 espetarse ■ **espetar o dedo** espetar el dedo

espeto /iʃ'petu/ *sm* asador, broqueta, espetón ■ **em casa de ferreiro, espeto de pau** en casa de herrero, cuchillo de palo

espezinhar /iʃpezi'ɲaR/ *v* humillar, pisotear, oprimir ■ **espezinhar alguém** humillar alguien

espiga /iʃ'piga/ *sf* 1 espiga 2 grillo 3 embarazo, contratiempo, perjuicio 4 espigón *pl* espigón ■ **espiga de milho** espiga de choclo

espigado, -a /iʃpi'gadu, da/ *adj* espigado, alto y delgado ■ **milho espigado** choclo espigado

espigar /iʃpi'gaR/ *v* espigar, crecer, sobresalir ■ **espigar o milho** espigar el choclo

espinafre /iʃpi'nafri/ *sm* espinaca ■ **comer espinafre** comer espinaca

espingarda /iʃpiˈ̃gaRda/ *sf* espingarda, fusil, rifle ■ **espingarda é perigosa** espingarda es peligrosa

espinha /iʃ'piɲa/ *sf* espina **espinha de peixe** espina, raspa ■ **espinha dorsal** espinazo

espinheiro /iʃpi'ɲejru/ *sm* espino, tipo de arbusto ■ **aguar o espinheiro** aguar el espino

espinho /iʃ'piɲu/ *sm* 1 espina 2 dificultad, cuidado, sospecha ■ **machucar com o espinho** herir con la espina

espinhoso, -a /iʃpi'ɲozu, za/ *adj* 1 espinoso 2 difícil, arduo ■ **planta espinhosa** planta espinosa

espionagem /iʃpio'naʒẽ ʒ̃/ *sf* espionaje ■ **espionagem no filme** espionaje en la película

espírita /iʃ'piɾita/ *adj & s* espiritista, médium ■ **religião espírita** religión espiritista

espiritismo /iʃpiɾi'tʃiʒmu/ *sm* Rel espiritismo, ocultismo ■ **acreditar no espiritismo** creer en el espiritismo

espírito /iʃ'piɾitu/ *sm* 1 espíritu, alma 2 ánimo, mente **espírito de porco** espíritu de contradicción ■ **pobre de espírito** pobre de espíritu

espirrar /iʃpi'RaR/ *v* 1 estornudar, lanzar 2 despedir, arrojar ■ **espirrar longe de mim** estornudar lejos de mí

espirro /iʃ'piRu/ *sm* estornudo ■ **espirro forte** estornudo fuerte

esplanada /iʃpla'nada/ *sf* explanada, planicie, llanura ■ **morar na esplanada** vivir en la explanada

esplêndido, -a /iʃp'le˜d ʒidu, da/ *adj* espléndido, harmonioso, magnífico, radiante, rico ■ **trabalho esplêndido** trabajo espléndido

esplendor /iʃple˜'doR/ *sm* 1 esplendor, ennoblecimiento, resplandor, fulgor, lustre 2 esmalte ■ **conhecer o esplendor** conocer el esplendor

espoleta /iʃpo'leta/ *sf* espoleta **espoleta de bomba** espiga ■ **menino espoleta** chico espoleta

espoliar /iʃpoli'aR/ *v* expoliar, despojar, robar, expropriar ■ **espoliar alguém** expoliar alguien

espólio /iʃ'pɔlju/ *sm* expolio, despojo ■ **ficar com o espólio** quedar con el despojo

esponja /iʃ'poˈʒa/ *sf* 1 esponja 2 borrachón ■ **usar a esponja** utilizar la esponja

esponjoso, -a /iʃpoˈ̃ʒozu, za/ *adj* esponjoso, leve, poroso ■ **algo esponjoso** algo esponjoso

espontâneo, -a /iʃpoˈ̃tɐnju,nja/ *adj* espontáneo, maquinal, voluntario **geração espontânea** generación espontánea ■ **foto espontânea** foto espontánea

espora /iʃ'pɔɾa/ *sf* 1 espuela 2 estímulo ■ **usar a espora** utilizar la espuela

esporádico, -a /iʃpo'radʒiku, ka/ *adj* 1 esporádico 2 raro, disperso ■ **homem esporádico** hombre esporádico

esporão /iʃpoˈɾɐ̃w/ *sm* espolón *pl:* **esporões / esporão de ave** garrón ■ **usar o esporão** utilizar el espolón

esporear /iʃpore'aR/ *v* espolear, aguijonear ■ **esporear o animal** espolear el animal

esporo /iʃ'pɔɾu/ *sm* espora ■ **o esporo germinou** la espora germinó

esporro /iʃ'poRu/ *sm* vulg reproche, bronca, lío, tumulto ■ **dar um esporro** dar una bronca

esporte /iʃ'pɔRtʃi/ *sm* deporte **centro de esporte** gimnasio **por esporte** por deporte ■ **fazer esporte** hacer deporte

esportista /iʃpoR'tʃiʃta/ *adj & s* deportista ■ **ser esportista** ser deportista

esportivo, -a /iʃpoR'tʃivu, va/ *adj* deportivo ■ **atividade esportiva** actividad deportiva

esposo, -a /iʃ'pozu, za/ *sm* 1 esposo, marido, cónyuge 2 esposa **esposa é a mulher casada, enquanto esposas, no plural, significa algemas** ■ **ter uma esposa** tener una esposa

espraiar /iʃpraj'aR/ *v* 1 explayar, derramar, lanzar 2 desbordarse ■ **espraiar nas férias** explayar en las vacaciones

espreguiçar /iʃpregi'saR/ *v* 1 desperezar 2 desperezarse 3 extenderse ■ **espreguiçar ao acordar** desperezar al despertar

espreita /is'prejta/ *sf* acecho, vigilancia **à espreita** al acecho ■ **ficar de espreita** quedar de acecho

espreitar /iʃprei'taR/ *v* acechar, observar, espiar, atalayar ■ **espreitar alguém** acechar alguien

espremer /iʃpre'meR/ *v* 1 exprimir, estrujar, moler 2 obligar, forzar 3 esforzarse para arrojar de sí una cosa ■ **espremer a laranja** exprimir la naranja

espuma /iʃ'puma/ *sf* espuma ■ **fazer espuma** hacer espuma

327

espumadeira

espumadeira /iʃpuma'dejra/ *sf* espumadera, rasero ■ **usar uma espumadeira** utilizar una espumadera

espumar /iʃpu'maR/ *v* 1 espumar 2 enfadarse, excitarse ■ **espumar de raiva** echar espuma por la boca

espúrio, -a /iʃ'purju, rja/ *adj* espurio, espúreo, ilegítimo, bastardo ■ **filho espúrio** hijo espurio

esquadra /iʃ'kwadra/ *sf* escuadra, armada ■ **esquadra preparada** escuadra arreglada

esquadrão /iʃkwa'drãⁿw/ *sm* 1 bando, multitud 2 escuadrón *pl:* **esquadrões** ■ **esquadrão da moda** escuadrón de la moda

esquadro /iʃ'kwadru/ *sm* escuadra, cartabón, norma ■ **usar um esquadro** utilizar una escuadra

esquálido, -a /iʃ'kwalidu, da/ *adj* escuálido, pálido, desmejorado ■ **homem esquálido** hombre escuálido

esquartejar /iʃkwaRte'ʒaR/ *v* descuartizar, despedazar, lacerar ■ **esquartejar um animal** descuartizar un animal

esquecer /iʃke'seR/ *v* 1 olvidar, descuidar, escapar, enterrar 2 desacordarse, pasarse ■ **esquecer do aniversário** olvidar del cumpleaños

esquecimento /iʃkesi'meⁿtu/ *sm* 1 olvido, omisión 2 desprecio ■ **esquecimento de datas** olvido de fechas

esqueleto /iʃke'letu/ *sm* 1 esqueleto, armazón 2 esbozo de un trabajo literario ■ **esqueleto magro** esqueleto flaco

esquema /iʃ'kema/ *sm* esquema, diagrama, plan, esbozo ■ **fazer um esquema** hacer un esquema

esquentar /iʃkeⁿ'taR/ *v* 1 calentar, acalorar 2 calentarse, enfurecerse ■ **esquentar demais** recalentar

esquerda /iʃ'keRda/ *sf* 1 izquierda, la mano izquierda 2 oposición ■ **mão esquerda** mano izquierda

esquerdo, -a /iʃ'keRdu, da/ *adj* izquierdo, zurdo, siniestro ■ **levantar-se com o pé esquerdo** levantarse con el pie izquierdo

esqui /iʃ'ki/ *sm* esquí ■ **andar de esqui** andar de esquí

esquiador, -ora /iʃkia'doR, ra/ *adj & s* esquiador ■ **esquiador profissional** esquiador profesional

esquife /iʃ'kifi/ *sm* esquife, ataúd, féretro ■ **esquife no mar** esquife en el mar

esquilo /iʃ'kilu/ *sm* ardilla ■ **mordida do esquilo** mordida de la ardilla

esquimó /iʃki'mɔ/ *adj & s* esquimal ■ **conhecer um esquimó** conocer un esquimal

esquina /iʃ'kina/ *sf* esquina, ángulo, ángulo de la calle ■ **esperar na esquina** aguardar en la esquina

esquisito, -a /iʃki'zitu, ta/ *adj* extraño, excéntrico, raro ■ **homem esquisito** hombre extraño

esquivar /iʃki'vaR/ *v* 1 esquivar, rehusar, evitar 2 repeler, despreciar 2 esquivarse, eximirse, fugarse ■ **esquivar de alguém** esquivar de alguien

esquivo, -a /iʃ'kivu, va/ *adj* esquivo, insociable, arisco ■ **dar um esquivo** dar un esquivo

esquizofrenia /iʃkizofre'nia/ *sf* esquizofrenia ■ **sofrer de esquizofrenia** sufrir de esquizofrenia

esse /'esi/ *sm* 1 ese, eso, aquel, aquello 2 *sm* ese, nombre de la letra s ■ **"esse" de sapo** "ese" de sapo

essência /e'seⁿsja/ *sf* 1 esencia, sustancia, ser 2 médula, miga ■ **essência da vida** esencia de la vida

essencial /ese'si'aw/ *adj* esencial, fundamental, principal, básico, substancial, vital **ir ao essencial** ir a lo esencial ■ **essencial é o amor** esencial es el amor

estabelecer /iʃtabele'seR/ *v* 1 establecer, determinar, constituir, consolidar, estatuir, implantar, instalar, instaurar, instituir, otorgar, plantear, poner 2 establecerse, situarse, ocupar ■ **estabelecer uma decisão** establecer una decisión

estabelecimento /iʃtabelesi'meⁿtu/ *sm* establecimiento, instalación, instauración, industria ■ **estabelecimento secundário** sucursal

estabilidade /iʃtabili'dadʒi/ *sf* 1 estabilidad, firmeza 2 permanencia ■ **estabilidade financeira** estabilidad financiera

estabilizar /iʃtabili'θaR/ *v* 1 estabilizar, fijar 2 permanecer, perseverar ■ **estabilizar na vida** estabilizar en la vida

estaca /es'taka/ *sf* estaca, esqueje ■ **fincar uma estaca** plantar una estaca

estação /iʃta'sãⁿw/ *sf* estación, parada, época, período del año *pl:* **estações** ■ **estação rodoviária** terminal de ómnibus ■ **meia-estação** media estación, entretiempo

estacar /iʃta'kaR/ *v* estacar, fijar, quedar perplejo ■ **estacar a madeira** estacar la madera

estacionamento /iʃtasiona'meⁿtu/ *sm* aparcamiento, estacionamiento, garaje, parking ■ **estacionamento para carros** estacionamiento para coches

estacionar /iʃtasio'naR/ *v* 1 estacionar, aparcar, inmovilizar 2 estacionarse, no progresar ■ **estacionar o carro** estacionar el coche

estádio /iʃta'dʒiu/ *sm* estadio ■ **estádio de futebol** estadio de fútbol

estado /iʃ'tadu/ *sm* 1 estado, ser, disposición 2 profesión, condición, orden, clase, situación, modo 3 provincia ■ **estado de espírito** estado de espíritu

estadual /iʃtadu'aw/ *adj* estatal, provincial ■ **governo estadual** gobierno estatal

estafa /iʃ'tafa/ *sf* 1 fatiga, cansacio, penoso, jornada agotadora 2 robo ■ **estafa no trabalho** fatiga en el trabajo

estafar /iʃta'faR/ *v* fatigar, causar fatiga ■ **estafar na vida** fatigar en la vida

estafeta /esta'feta/ *sm* estafeta, mensajero ■ **ter uma estafeta** tener una estafeta

estagiário, -a /iʃta'ʒi'arju, rja/ *adj* practicante, aprendiz, pasante ■ **professor estagiário** profesor practicante

estagnação /iʃtagna'sãⁿw/ *sf* estancamiento, inercia, marasmo *pl:* **estagnações** ■ **estagnação no organismo** estancamiento en el organismo

estagnar /iʃtag'naR/ *v* 1 estancar 2 remansarse, estancarse, paralizarse, detenerse ■ **estagnar uma veia** estancar una vena

estalagem /iʃta'laʒeⁿj/ *sf* hostería, posada, albergue, mesón, parador ■ **estalagem confortável** hostería confortable

estalar /iʃta'laR/ *v* estallar, crujir, restallar, reventar ■ **estalar na casa** estallar en la casa

estaleiro /iʃta'lejru/ *sm* astillero, dique ■ **dormir no estaleiro** dormir en el astillero

estalo /iʃ'talu/ *sm* crujido, chasquido, crepitación ■ **estalo na cama** crujido en la cama

estampa /iʃ'taⁿpa/ *sf* 1 estampa, lámina, viñeta, figura 2 prototipo, modelo, belleza ■ **estampa de roupa** estampa de ropa

estampado, -a /iʃta'ⁿpadu, da/ *adj* estampado, impreso, publicado ■ **vestido estampado** vestido estampado

estampagem /iʃta'ⁿpaʒeⁿj/ *sf* estampagem ■ **estampagem em relevo** impronta ■ **estampagem de flores** estampa de flores

estampar /iʃta'ⁿpaR/ *v* 1 estampar, imprimir, grabar, marcar 2 imprimirse, evidenciarse, mostrarse ■ **estampar a roupa** estampar la ropa

estio

estamparia /iʃtɐ̃paˈria/ *sf* impronta ■ **estamparia de roupa** impronta de ropa

estampido /iʃtɐ̃ˈpidu/ *sm* estampido, tiro ■ **escutar um estampido** escuchar un tiro

estampilha /iʃtɐ̃ˈpiʎa/ *sf* estampilla, sello ■ **estampilha para carta** sello para carta

estancar /iʃtɐ̃ˈkaR/ *v* estancar, restañar, secar, paralizar, suspender, agotarse, acabarse ■ **estancar a madeira** estancar la madera

estância /iʃˈtɐ̃sja/ *sf* habitación, estancia, mansión, residencia, hacienda ■ **viver numa estância** vivir en una estancia

estandarte /iʃtɐ̃ˈdaRti/ *sm* **1** estandarte, guión **2** pabellón ■ **subir no estandarte** subir en el estandarte

estande /iʃˈtɐ̃daR/ *sm* stand ■ **estande de exposição** stand de exposición

estanho /iʃˈtɐɲu/ *sm* estaño ■ **material de estanho** material de estaño

estante /iʃˈtɐ̃tʃi/ *sf* estante, repisa, taquilla **conjunto de estantes** estantería ■ **estante de livros** estante de libros

estar /iʃˈtaR/ *v* estar, ser, existir, vivir, persistir, hallarse **está aqui** he aquí ■ **estamos de acordo?** ¿estamos de acuerdo?

estatelado, -a /iʃtateˈladu, da/ *adj* **1** parado, inmóvil **2** cuajado ■ **ficar estatelado** quedar parado

estático, -a /iʃˈtatʃiku, ka/ *adj* estático, pasivo, parado, inmóvil ■ **ficar estático** quedar estático

estatístico, -a /iʃtaˈtʃiʃtʃiku, ka/ *adj & s* estadístico *sf* estadística ■ **pesquisa estatística** busca estadística

estátua /iʃˈtatwa/ *sf* estatua, monumento, escultura ■ **fazer uma estátua** hacer una estatua

estatuir /iʃtatuˈiR/ *v* estatuir, ordenar, determinar ■ **estatuir algo** estatuir algo

estatura /iʃtaˈtura/ *sf* estatura, talla, talle, altitud ■ **ter a estatura adequada** dar la talla

estatuto /iʃtaˈtutu/ *sm* estatuto, reglamento, sanción ■ **estatuto social** estatuto social

estável /iʃˈtavɛw/ *adj* estable, consistente, firme, permanente, sólido ■ **situação estável** situación estable

este /ˈɛʃtʃi/ *sm* este, esto ■ **pegue este livro** recoja este libro

Este /ˈɛʃtʃi/ *adj* este, levante, naciente, oriente ■ **viver no Este** vivir en el oriente

esteira /iʃˈtejra/ *sf* estera, esterilla, estela **esteira de junco ou vime** estera, esterilla ■ **ir na esteira de alguém** seguir los pasos de alguien

estelar /iʃteˈlaR/ *adj* estelar ■ **convidado estelar no show** invitado estelar en el concierto

estender /iʃtẽˈdeR/ *v* extender, dilatar, alargar, desplegar, estirar, explayar, prolongar, tender, tensar ■ **estender lençóis** tender la cama

estenografia /iʃtenograˈfia/ *sf* estenografía, taquigrafía ■ **estudar estenografia** estudiar estenografía

estepe /iʃˈtɛpi/ *sf* **1** estepa, planície inculta, llanura, sabana **2** rueda de repuesto de los vehículos ■ **lobo da estepe** lobo de la estepa

esterco /iʃˈteRku/ *sm* estiércol, basura, boñiga ■ **esterco na planta** estiércol en la planta

estéreo /iʃˈtɛrju/ *adj* estéreo, estereofonía ■ **som estéreo** sonido estéreo

estereofônico, -a /iʃtereoˈfoniku, ka/ *adj* estereofónico ■ **televisão estereofônica** televisión estereofónica

estereoscópio /iʃtereoʃˈkopjo/ *sm* estereoscopio ■ **ter um estereoscópio** tener un estereoscopio

estereotipado, -a /iʃtereotiˈpaðo, a/ *adj* estereotipado ■ **modelo estereotipado** modelo estereotipado

estereótipo /iʃtereˈotipo/ *sm* estereotipo ■ **estereótipo de roupa** estereotipo de ropa

estéril /esˈteril/ *adj* estéril, improductivo, infecundo, árido, inútil ■ **som estéril** sonido estéril

esterilidade /iʃteriliˈdadʒi/ *sf* esterilidad, infecundidad ■ **esterilidade do homem** esterilidad del hombre

esterilização /iʃteriliza'sɐ̃w/ *sf* esterilización ■ **esterilização de materiais** esterilización de materiales

esterilizar /iʃteriliˈzaR/ *v* esterilizar, hacer estéril ■ **esterilizar material** esterilizar material

esteticista /iʃtetʃiˈsiʃta/ *adj & s* esteticista ■ **esteticista para mulheres** esteticista para mujeres

estético, -a /iʃˈtɛtʃiku, ka/ *adj* estético, estética ■ **valorização da estética** valorización de la estética

estetoscópio /iʃtetoʃˈkopju/ *sm* estetoscopio ■ **comprar um estetoscópio** comprar un estetoscopio

estiagem /iʃˈtʃiaʒe̊ʲ/ *sf* estiaje, tiempo seco, sequía, aridez ■ **estiagem da chuva** estiaje de la lluvia

esticar /iʃˈtʃikaR/ *v* estirar, extender, tender, tensar, alargar ■ **esticar as canelas** estirar la pata

estigma /iʃˈtʃigma/ *sm* **1** estigma, signo, señal **2** afrenta ■ **estigma da vida** estigma de la vida

estilete /iʃtʃiˈletʃi/ *sm* estilete, pequeño puñal ■ **cortar com estilete** cortar con estilete

estilhaçar /iʃtʃiʎaˈsaR/ *v* **1** astillar, destrozar, despedazar **2** despedazarse, romperse ■ **estilhaçar a roupa** astillar la ropa

estilhaço /iʃtʃiˈʎasu/ *sm* astilla, astillazo, lasca, trozo de madera, fragmento ■ **estilhaço de bala** metralla

estilingue /iʃtʃiˈl̃iˈgi/ *sm* honda, tirador, hondera ■ **estilingue de menino** honda de niño

estilista /iʃtʃiˈliʃta/ *s* estilista ■ **estilista da moda** estilista de la moda

estilístico, -a /iʃtʃiˈliʃtʃiku, ka/ *adj* estilístico, estilística ■ **homem estilístico** hombre estilístico

estilo /iʃˈtʃilu/ *sm* estilo, uso, manera especial de expresarse ■ **estilo gótico** estilo gótico

estima /iʃˈtʃima/ *sf* estima, estimación, amor, cariño, consideración, adoración, apreciación, aprecio, valor ■ **estima de alguém** estima de alguien

estimação /iʃtʃimaˈsɐ̃w/ *sf* estimación, estima, amor, cariño *pl:* estimações ■ **animal de estimação** animal de estimación

estimado, -a /iʃtʃiˈmadu, da/ *adj* estimado, preciado, bienquisto, valioso ■ **estimado professor** estimado profesor

estimar /iʃtʃiˈmaR/ *v* **1** estimar, amar, apreciar, bienquerer **2** considerar, conjeturar, evaluar; opinar, pensar, preciar, valorar ■ **estimar alguém** estimar alguien

estimativo, -a /iʃtʃimaˈtʃivu, va/ *adj* estimativo *sf* estimativa, evaluación, tasación ■ **fazer uma estimativa** hacer una estimativa

estimulante /iʃtʃimuˈlɐ̃tʃi/ *adj & sm* estimulante, excitante ■ **tomar estimulante** tomar estimulante

estimular /iʃtʃimuˈlaR/ *v* **1** estimular, excitar, incitar, acuciar, aguzar, influir **2** encender, impeler, apremiar ■ **estimular alguém** estimular alguien

estímulo /iʃˈtʃimulu/ *sm* **1** estímulo, acicate, alimento, apetito, impulso, incentivo, fomento, sugestión **2** espuela ■ **estímulo na vida** estímulo en la vida

estio /iʃˈtʃiu/ *sm* **1** estiaje, estío, verano **2** calor ■ **estio no tempo** estiaje en el tiempo

329

estipêndio

estipêndio /iʃtʃiˈpeˈdʒju/ *sm* estipendio, remuneración, sueldo, salario, paga ■ **pegar o estipêndio** recoger el estipendio

estipular /estipuˈlaʁ/ *v* 1 estipular, contratar, ajustar, reajustar 2 estipularse, convenirse ■ **estipular o preço** estipular el precio

estirão /iʃtʃiˈrɑ̃w/ *sm* estirón, tirada *pl*: **estirões** ■ **estirão na rua** estirón en la calle

estirar /iʃtʃiˈraʁ/ *v* estirar, extender, alargar, ensanchar, dilatar ■ **estirar na cama** estirar en la cama

estirpe /iʃˈtʃiʁpi/ *sf* estirpe, alcurnia, genealogía, linaje, raíz ■ **ter uma estirpe** tener una estirpe

estivador /iʃtʃivaˈdoʁ, ra/ *adj* & *s* estibador ■ **homem estivador** hombre estibador

estocar /iʃtoˈkaʁ/ *v* almacenar, hacer stock ■ **estocar material** almacenar material

estofado, -a /iʃtoˈfadu, da/ *adj* acolchado *sm* sofá o sillón acolchado ■ **limpar o estofado** limpiar el acolchado

estofar /iʃtoˈfaʁ/ *v* estofar, atiborrar, henchir, acolchar ■ **estofar a cadeira** estofar la silla

estofo /iʃˈtofu/ *adj* 1 estofa 2 relleno 3 estancado ■ **estofo confortável** estofa confortable

estoico, -a /iʃˈtojku, ka/ *adj* & *s* estoico ■ **homem estoico** hombre estoico

estojo /iʃˈtoʒu/ *sm* estuche, caja ■ **estojo de tintas** estuche de tintas

estômago /iʃˈtomagu/ *sm* estómago ■ **revirar o estômago** revolver el estómago

estontear /iʃtõteˈaʁ/ *v* entontecer, deslumbrar, atolondrar ■ **estontear com algo** entontecer con algo

estopa /isˈtopa/ *sf* estopa, tejido grosero ■ **estopa para cobrir** estopa para cubrir

estoque /iʃˈtoki/ *sm* existencias, stock ■ **estoque no almoxarifado** existencias en el depósito

estorvar /iʃtoʁˈvaʁ/ *v* estorbar, embarazar, impedir, perturbar ■ **estorvar alguém** estorbar alguien

estorvo /iʃˈtoʁvu/ *sm* estorbo, quite, traba, obstáculo, inconveniente ■ **estorvo de menino** estorbo de niño

estourar /iʃtoˈraʁ/ *v* detonar, estallar, reventar, tronar ■ **estourar a bola** detonar la pelota

estouro /iʃˈtoru/ *sm* fragor, reventón, estallido, estallo ■ **estouro de vendas** éxito de ventas

estrábico, -a /iʃˈtrabiku, ka/ *adj* & *s* estrábico ■ **ser estrábico** ser estrábico

estraçalhar /iʃtrasaˈʎaʁ/ *v* destrozar, despedazar ■ **estraçalhar alguém** destrozar alguien

estrada /iʃˈtrada/ *sf* autopista, vía, rodovía **estrada de ferro** ferrovía, ferrocarril ■ **longa estrada** larga autopista

estrado /iʃˈtradu/ *sm* estrado, palco, tablado **estrado de madeira** tarima ■ **montar o estrado** montar el estrado

estragado, -a /iʃtraˈgadu, da/ *adj* arruinado, estragado, deteriorado, podrido ■ **comida estragada** comida podrida

estragar /iʃtraˈgaʁ/ *v* estropear, estragar, ajar, dañar, desgraciar, deteriorar, pervertir, arrasar, averiar ■ **estragar a comida** estragar la comida

estrago /iʃˈtragu/ *sm* 1 estrago, deterioro, ruina 2 brecha ■ **estrago no carro** estrago en el coche

estralar /iʃtraˈlaʁ/ *v* estallar, restallar ■ **estralar a perna** estallar la pierna

estrangeiro, -a /iʃtrɑ̃ˈʒejru, ra/ *adj* 1 extranjero, gringo 2 exterior ■ **namorado estrangeiro** novio extranjero

estrangular /iʃtrɑ̃guˈlaʁ/ *v* 1 estrangular, ahorcar 2 estrangularse, ahorcarse ■ **estrangular alguém** estrangular alguien

estranhar /iʃtraˈɲaʁ/ *v* desconocer, extrañar, admirarse ■ **estranhar uma pessoa** desconocer una persona

estranheza /iʃtraˈɲeza/ *sf* extrañeza, novedad, sorpresa, singularidad ■ **estranheza da vida** extrañeza de la vida

estranho, -a /iʃˈtraɲu, ɲa/ *adj* 1 extraño, raro, desusado, exótico, exquisito, anormal, impropio, insólito, misterioso, singular 2 intruso, forastero ■ **não falar com estranho** no hablar con extraño

estratagema /iʃtrataˈʒema/ *sm* estratagema, treta ■ **fazer um estratagema** hacer una treta

estratégia /iʃtraˈtɛʒja/ *sf* estrategia ■ **ter uma estratégia** tener una estrategia

estratégico, -a /iʃtraˈtɛʒiku, ka/ *adj* & *s* estratégico, hábil ■ **homem estratégico** hombre estratégico

estrato /iʃˈtratu/ *sm* estrato ■ **estrato social** estrato social

estrear /iʃtreˈaʁ/ *v* 1 estrenar, debutar, inaugurar, iniciar 2 estrenarse ■ **estrear no teatro** estrenar en el teatro

estreia /iʃˈtreja/ *sf* estreno, comienzo, debut ■ **estreia no cinema** estreno en el cine

estreitar /iʃtrejˈtaʁ/ *v* 1 estrechar, limitar, reducir, acortar, apretar 2 estrecharse, restringirse ■ **estreitar o caminho** estrechar el camino

estreiteza /iʃtrejˈteza/ *sf* estrechura ■ **estreiteza na vida** estrechura en la vida

estrela /iʃˈtrela/ *sf* 1 estrella 2 protagonista ■ **nascer com uma estrela** tener una estrella

estrelado, -a /iʃtreˈladu, da/ *adj* 1 estrellado 2 frito (huevo) ■ **céu estrelado** cielo estrellado

estrelar /iʃtreˈlaʁ/ *v* 1 protagonizar 2 freír (huevos) ■ **estrelar na televisão** protagonizar en la televisión

estrépito /isˈtrɛpitu/ *sm* estrépito, estruendo, fragor, tumulto ■ **ouvir um estrépito** oír un estrépito

estresse /iʃˈtrɛsi/ *sm* estrés, stress ■ **estresse do trabalho** estrés del trabajo

estria /iʃˈtria/ *sf* estría ■ **estria na pele** estría en la piel

estribilho /iʃtriˈbiʎu/ *sm* estribillo ■ **cantar o estribilho** cantar el estribillo

estribo /iʃˈtribu/ *sm* 1 estribo, estribera, codillo 2 apoyo ■ **estribo do cavalo** estribo del caballo

estridente /iʃtriˈdeˈtʃi/ *adj* estridente, sibilante ■ **grito estridente** grito estridente

estripar /iʃtriˈpaʁ/ *v* destripar ■ **estripar alguém** destripar alguien

estrito, -a /iʃˈtritu, ta/ *adj* estricto, exacto, riguroso ■ **vida estrita** vida estricta

estrofe /iʃˈtrofi/ *sf* estrofa, copla ■ **estrofe da música** estrofa de la canción

estrôncio /iʃˈtrõˈsju/ *sm* estroncio ■ **estrôncio de química** estroncio de química

estrondo /iʃˈtrõˈdu/ *sm* 1 estruendo, estrépito, fragor, ruido, sonido 2 pompa ■ **estrondo na mesa** estruendo en la mesa

estrondoso, -a /iʃtrõˈdozu, za/ *adj* 1 estruendoso, ruidoso 2 magnífico, pomposo ■ **barulho estrondoso** ruido estruendoso

estropiar /iʃtropiˈaʁ/ *v* estropear, lastimar, dañar, averiar ■ **estropiar o carro** estropear el coche

estropício /iʃtroˈpisju/ *sm* 1 daño, maldad 2 estropicio ■ **estropício na vida** daño en la vida

eventual

estrume /iʃˈtrumi/ *sm* estiércol ▪ **estrume de vaca** estiércol de vaca

estrutura /iʃtruˈtura/ *sf* estructura, organización, construcción, organismo, orden ▪ **estrutura do projeto** estructura del proyecto

estruturar /iʃtrutuˈraR/ *v* estructurar, organizar, construir ▪ **estruturar a vida** estructurar la vida

estuário /iʃtuˈarju/ *sm* estuario, estero ▪ **ir para o estuario** ir para el estuario

estucar /iʃtuˈkaR/ *v* estucar, enlucir ▪ **estucar a parede** estucar la pared

estudante /iʃtuˈdãtʃi/ *s* estudiante, alumno ▪ **bom estudante** buen alumno

estudar /iʃtuˈdaR/ *v* estudiar, aprender, analizar, observar, trabajar ▪ **estudar de novo uma lição** repasar ▪ **estudar muito** devanarse los sesos

estúdio /iʃˈtudʒju/ *sm* estudio ▪ **estúdio cinematográfico** estudio cinematográfico

estudo /iʃˈtudu/ *sm* estudios, análisis, trabajo, observación ▪ **custear estudo** dar estudios, dar carrera a alguien ▪ **estudo de viabilidade** estudio de viabilidad ▪ **estudo ligeiro** repaso ▪ **estudo prévio** preparatorio

estufa /iʃˈtufa/ *sf* estufa, secador ▪ **estufa de plantas** estufa de plantas

estufar /iʃtuˈfaR/ *v* estufar, hinchar ▪ **estufar o peito** estufar el pecho

estupefação /iʃtupefaˈsãw/ *sf* estupefacción, asombro, espanto *pl:* **estupefações** ▪ **estupefação na apresentação** asombro en la presentación

estupefato, -a /iʃtupeˈfatu, ta/ *adj* estupefacto, asombrado, pasmado, helado, patitieso ▪ **ficar estupefato** quedar estupefacto

estupendo, -a /istuˈpeᵈdu, da/ *adj* **1** estupendo, sorprendente **2** sensacional ▪ **homem estupendo** hombre estupendo

estupidez /iʃtupiˈdeiʃ/ *sf* **1** estupidez, brutalidad, idiotez **2** gilipollez, memez ▪ **estupidez de criança** estupidez de niño

estúpido, -a /iʃˈtupidu, da/ *adj* estúpido, cretino, grueso, ignorante, memo ▪ **homem estúpido** hombre estúpido

estuprar /iʃtuˈpraR/ *v* violentar, estuprar, abusar, deshonrar, forzar, violar ▪ **estuprar alguém** violentar alguien

estupro /iʃˈtupru/ *sm* estupro, violación ▪ **estupro é um crime** estupro es un crimen

estuque /iʃˈtuki/ *sm* estuco, escayola, enlucido ▪ **estuque na mesa** estuco en la mesa

esturjão /iʃtuRˈʒãw/ *sm* esturión *pl:* **esturjões** ▪ **pegar um esturjão** recoger un esturión

esvaziar /iʃvaziˈaR/ *v* **1** vaciar, descargar, despejar **2** desalojar, evacuar ▪ **esvaziar a sala** vaciar el aula

esvoaçar /iʃvoaˈsaR/ *v* aletear, revolotear, agitar ▪ **esvoaçar o cabelo** agitar el cabello

etapa /eˈtapa/ *sf* etapa, fase, período, marcha, progreso ▪ **etapa final** etapa final

éter /ˈɛteR/ *sm* éter ▪ **beber éter** tomar éter

etéreo, -a /eˈtɛrju/ *adj* **1** etéreo, fugitivo **2** sublime, puro ▪ **resposta etérea** respuesta etérea

eternidade /eteRniˈdadʒi/ *sf* eternidad, inmortalidad, perpetuidad ▪ **viver na eternidade** vivir en la eternidad

eternizar /eteRniˈzaR/ *v* **1** eternizar, perpetuar **2** eternizarse ▪ **eternizar o amor** eternizar el amor

eterno, -a /eˈtɛRnu, na/ *adj* eterno, inmortal, perpetuo ▪ **amor eterno** amor eterno

ético, -a /ˈɛtʃiku, ka/ *adj* **1** ético **2** ética, moral ▪ **ética na vida** ética en la vida

etílico, -a /eˈtʃiliku, ka/ *adj* etílico ▪ **álcool etílico** alcohol etílico

etimologia /etʃimoloˈʒia/ *sf* etimología ▪ **etimologia de vida** etimología de vida

etimológico, -a /etʃimoˈlɔʒiku, ka/ *adj* etimológico ▪ **sistema etimológico** sistema etimológico

etíope /eˈtʃiupi/ *adj & s* etíope ▪ **homem etíope** hombre etíope

etiqueta /etʃiˈketa/ *sf* **1** etiqueta, ceremonia, regla, estilo, ritual **2** etiqueta, letrero, marbete ▪ **etiqueta da blusa** etiqueta de la polera

etiquetar /etʃikeˈtaR/ *v* etiquetar, rotular ▪ **etiquetar roupas** etiquetar ropas

etnia /etʃiˈnia/ *sf* etnia, raza ▪ **etnias diferentes** etnias diferentes

eu /ˈew/ *pron & sm* yo, el yo, la propia persona ▪ **eu mesmo** yo mismo

eucalipto /ewkaˈliptu/ *sm* eucalipto ▪ **plantar eucalipto** plantar eucalipto

eufemismo /ewfeˈmiʒmu/ *sm* eufemismo, suavización de ideas ▪ **eufemismo na frase** eufemismo en la frase

eufonia /ewfoˈnia/ *sf* eufonía, sonido agradable ▪ **eufonia dos pássaros** eufonía de los pájaros

euforia /ewfoˈria/ *sf* **1** euforia, bienestar **2** entusiasmo, exageración ▪ **euforia das pessoas** euforia de las personas

eufórico, -a /ewˈfɔriku, ka/ *adj* eufórico, feliz ▪ **ficar eufórico** quedar eufórico

eunuco /ewˈnuku/ *sm* eunuco, estéril ▪ **homem eunuco** hombre estéril

europeu, -eia /ewroˈpew, peja/ *adj & s* europeo ▪ **perfume europeu** perfume europeo

eutanásia /ewtaˈnazja/ *sf* eutanasia ▪ **cometer eutanásia** cometer eutanasia

evacuação /evakuaˈsãw/ *sf* **1** evacuación, deposición, descarga **2** evacuações *pl* necesidades ▪ **evacuação do lugar** evacuación del lugar

evacuar /evakuˈaR/ *v* evacuar, defecar, obrar, excretar, deponer ▪ **evacuar o quarto** evacuar el cuarto

evadir /evaˈdʒiR/ *v* **1** evadir, escapar, evitar **2** huir, zafarse, escaparse, marcharse furtivamente ▪ **evadir da igreja** evadir de la iglesia

evangelho /evãˈʒeʎu/ *sm* **1** evangelio **2** verdad indiscutible ▪ **ler o evangelho** leer el evangelio

evangelizador, -ora /evãˈʒeliza'doR, ra/ *adj & s* evangelizador, misionero ▪ **evangelizador fiel** evangelizador fiel

evangelizar /evãˈʒeliˈzaR/ *v* **1** evangelizar, enseñar, misionar **2** enseñar ▪ **evangelizar os outros** evangelizar los otros

evaporação /evaporaˈsãw/ *sf* evaporación, vaporización *pl:* **evaporações** ▪ **evaporação da água** evaporación del agua

evaporar /evapoˈraR/ *v* **1** evaporar **2** evaporarse, exhalarse ▪ **evaporar líquidos** evaporar líquidos

evasão /evaˈzãw/ *sf* evasión, subterfugio *pl:* **evasões** ▪ **evasão de impostos** evasión de impuestos

evasivo, -a /evaˈzivu, va/ *adj* evasivo, esquivo *sf* evasiva, disculpa, rodeo ▪ **ser evasivo** ser evasivo

evento /eˈveᵗu/ *sm* **1** evento, acontecimiento **2** suceso, éxito ▪ **evento inesquecível** evento inolvidable

eventual /eveᵗuˈaw/ *adj* eventual, ocasional, accidental, aleatorio, incierto, interino ▪ **fala eventual** habla eventual

331

eventualidade

eventualidade /eve~tuali'dad3i/ *sf* eventualidad, contingencia, posibilidad, probabilidad ▪ **eventualidade na vida** eventualidad en la vida

evidência /evi'de~sja/ *sf* evidencia, certeza, comprobación ▪ **evidência de um crime** evidencia de un crimen

evidenciar /evide~si'aR/ *v* 1 evidenciar, aclarar, comprobar, demostrar 2 evidenciarse ▪ **evidenciar os desejos** evidenciar los deseos

evidente /evi'de~t∫i/ *adj* evidente, explícito, indudable, inequívoco, verdadero, visible, notorio, obvio, patente, aparente ▪ **vontade evidente** voluntad evidente

evitar /evi'taR/ *v* evitar, excusar, esquivar, obviar, rehuir **evitar risco, dificuldade** sortear ▪ **evitar a derrota** evitar la derrota

evocação /evoka'sã~w/ *sf* evocación, recuerdo *pl:* **evocações** ▪ **evocação de alguém** evocación de alguien

evocar /evo'kaR/ *v* evocar, invocar, sugerir, llamar a su favor o auxilio ▪ **evocar alguém** evocar alguien

evolução /evolu'sã~w/ *sf* evolución, maniobra, transformación *pl:* **evoluções** ▪ **evolução da vida** evolución de la vida

evoluir /evolu'iR/ *v* evolucionar, maniobrar, transformar ▪ **evoluir os animais** evolucionar los animales

evolutivo, -a /evolu't∫ivu, va/ *adj* evolutivo ▪ **homem evolutivo** hombre evolutivo

exacerbar /ezaseR'baR/ *v* 1 exacerbar, irritar 2 agriar, enfadar, encolerizar ▪ **exacerbar algo** exacerbar algo

exagerado, -a /eza3e'radu, da/ *adj & s* exagerado, excesivo, extremado, desorbitado, monstruoso, recargado ▪ **trabalho exagerado** trabajo exagerado

exagerar /eza3e'raR/ *v* 1 exagerar, exceder, agravar, extralimitarse, desorbitar, encarecer 2 inflar, pasarse de rosca ▪ **exagerar uma situação** exagerar una situación

exagero /eza'3eru/ *m* exageración, encarecimiento, profusión ▪ **exagero na roupa** exageración en la ropa

exalar /eza'laR/ *v* exhalar, heder, oler, respirar ▪ **exalar cheiro** exhalar olor

exaltação /ezawta'sã~w/ *sf* exaltación, excitación, frenesí, glorificación, radicalización *pl:* **exaltações** ▪ **exaltação de alguém** exaltación de alguien

exaltado, -a /ezaw'tadu, da/ *adj & s* 1 exaltado, radical, entusiasta, fanático 2 febril, incandescente, rabioso ▪ **homem exaltado** hombre exaltado

exaltar /ezaw'taR/ *v* 1 exaltar, promover, encarecer, apasionar 2 divinizar, entronizar, glorificar 3 exaltarse, acalorarse, delirar, radicalizar ▪ **exaltar alguém** exaltar alguien

exame /e'zami/ *sm* examen, ensayo, análisis, especulación, inquisición, inspección, verificación, observación, reconocimiento, registro, revista, supervisión ▪ **exame de vista** examen de vista

examinador, -ora /ezamina'doR, ra/ *adj & s* examinador, inquisidor ▪ **examinador de prova** examinador de prueba

examinar /ezami'naR/ *v* examinar, estudiar, analizar, chequear, considerar, contemplar, cotejar, especular, fiscalizar, inspeccionar, interrogar, investigar, ver, verificar, mirar, observar, reconocer, repasar, sondear, ahondar, supervisar **examinar contas** intervenir ▪ **examinar alguém** examinar alguien

exatidão /ezat∫i'dã~w/ *sf* exactitud, propiedad, puntualidad, rectitud, veracidad, verdad *pl:* **exatidões** ▪ **com exatidão** al corriente

exato, -a /e'zatu, ta/ *adj* 1 exacto, preciso, recto, apurado, puntual, verdadero 2 matemático ▪ **preço exato** precio exacto

exaustão /ezawj'tɐ̃~w/ *sf* agotamiento, fatiga *pl:* **exaustões** ▪ **exaustão no trabalho** agotamiento en el trabajo

exaustivo, -a /ezawj't∫ivu, va/ *adj* exhaustivo, fatigante, agotante ▪ **trabalho exaustivo** trabajo exhaustivo

exausto, -a /e'zawjtu, ta/ *adj* 1 exhausto, agotado 2 consumido, aniquilado ▪ **ficar exausto** quedar exhausto

exceção /ese'sã~w/ *sf* excepción, privilegio *pl:* **exceções** / **com exceção de** excepto ▪ **exceção no estudo** excepción en el estudio

excedente /ese'de~t∫i/ *adj & sm* excedente, resto ▪ **material excedente** material excedente

exceder /ese'deR/ *v* 1 exceder, sobrar, aventajar, sobrepujar 2 excederse, extralimitarse, pasar de la raya, transponer los límites 3 pasarse, desenfrenarse ▪ **exceder o limite** exceder el límite

excelência /ese'le~sja/ *sf* 1 excelencia 2 perfección, primacía, relevancia, transcendencia, superioridad ▪ **excelência no trabalho** excelencia en el trabajo

excelente /ese'le~t∫i/ *adj* excelente, eximio, exquisito, delicioso, noble, notable, óptimo, poderoso, primo, relevante, rico, soberbio, soberano, superior, superlativo ▪ **trabalho excelente** trabajo excelente

excelentíssimo, -a /esele~'t∫isimu, ma/ *adj* excelentísimo ▪ **excelentíssimo senhor** excelentísimo señor

excelso, -a /e'sewsu, sa/ *adj* excelso, alto, excelente, sublime ▪ **homem excelso** hombre excelso

excentricidade /ese~trisi'dad3i/ *sf* excentricidad, extravagancia, rareza ▪ **excentricidade do homem** excentricidad del hombre

excêntrico, -a /e'se~triku, ka/ *adj & s* excéntrico, lunático ▪ **homem excêntrico** hombre excéntrico

excepcional /esepsjo'naw/ *adj* 1 excepcional, raro, único, fuera de serie 2 excelente ▪ **ser excepcional** ser un mirlo blanco **excepcional é um adjetivo que em espanhol não se aplica aos portadores de deficiência ica ou mental**

excessivo, -a /ese'sivu, va/ *adj* 1 excesivo, exagerado, exorbitante, extremo, demasiado, desmedido, desmesurado 2 loco ▪ **problema excessivo** problema excesivo

excesso /e'sesu/ *sm* exceso, excedente, excedencia, creces, demasía, redundancia, abuso, sobra, sobreabundancia ▪ **excesso de peso** exceso de peso

exceto /e'setu/ *prep* excepto, menos, salvo ▪ **todos exceto você** todos excepto usted

excetuar /isetu'aR/ *v* exceptuar, descontar, excluir ▪ **excetuar algo** exceptuar algo

excitação /isita'sã~w/ *sf* 1 excitación, estímulo, acaloramiento, agitación, nerviosismo 2 paroxismo *pl:* **excitações** ▪ **excitação no trabalho** excitación en el trabajo

excitado, -a /isi'tadu, da/ *adj* agitado, exaltado, inquieto, nervioso ▪ **ficar excitado** quedar agitado

excitante /isi'tɐ~t∫i/ *adj & sm* estimulante, provocativo ▪ **trabalho excitante** trabajo estimulante

excitar /isi'taR/ *v* 1 excitar, acalorar, activar, animar, exasperar, estimular, desafiar, inquietar, fermentar 2 excitarse 3 encender ▪ **excitar sexualmente** recalentar

exclamação /ij∫klama'sã~w/ *sf* 1 exclamación, interjección 2 punto de exclamación *pl:* **exclamações** ▪ **exclamação no diálogo** exclamación en el diálogo

exclamar /ij∫kla'maR/ *v* exclamar, clamar, proferir, gritar ▪ **exclamar uma afirmação** exclamar una afirmación

excluir /eks'klwiR/ *v* 1 excluir, exceptuar, descartar, desechar, omitir, preterir, sacar, repeler 2 marginarse ▪ **excluir alguém** excluir alguien

exclusão /ij∫klu'zɐ~w/ *sf* exclusión, supresión, reprobación *pl:* **exclusões** ▪ **exclusão de pessoas** exclusión de personas

expectorar

exclusividade /iʃkluziviˈdadʒi/ *sf* exclusividad, monopolio ■ **direito de exclusividade** derecho exclusivo

exclusivo, -a /iʃkluˈzivu, va/ *adj* **1** exclusivo, propio, único, personal, privado **2** *sm* monopolio ■ **direito exclusivo** derecho exclusivo

excomungar /iʃkomũˈgaR/ *v* excomulgar, maldecir, expulsar, descomulgar ■ **excomungar alguém** excomulgar alguien

excreção /iʃkreˈsãw/ *sf* excreción, evacuación *pl:* **excreções** ■ **excreção da pele** excreción de la piel

excremento /iʃkreˈmẽtu/ *sm* **1** excremento, heces **2** suciedad ■ **jogar fora excremento** tirar excremento

excrescência /iʃkreseˈsja/ *sf* excrecencia ■ **excrescência na pata** excrecencia en la pata

excretar /iʃkreˈtaR/ *v* excretar, evacuar, expeler ■ **excretar líquidos** excretar líquidos

excretor, -ora /iʃkreˈtoR, ɾa/ *adj* excretor ■ **aparelho excretor** aparato excretor

excursão /iʃkuRˈsãw/ *sf* excursión, gira, viaje *pl:* **excursões** ■ **excursão no museu** excursión en el museo

execrar /izeˈkraR/ *v* execrar, condenar, odiar ■ **execrar alguém** execrar alguien

execrável /izeˈkravew/ *adj* execrable, abominable ■ **pessoa execrável** persona execrable

execução /izekuˈsãw/ *sf* **1** ejecución, factura, hechura, operación, realización **2** fusilamiento, linchamiento *pl:* **execuções** ■ **execução do projeto** ejecución del proyecto

executar /izekuˈtaR/ *v* **1** ejecutar, cumplimentar, cumplir, desempeñar, hacer **2** fusilar, ajusticiar **3** perpetrar, proceder, aprehender ■ **executar judicialmente** ejecutar judicialmente

exemplar /izeˈplaR/ *adj* **1** ejemplar, modelo, espécimen, tipo **2** copia ■ **atitude exemplar** actitud ejemplar

exemplo /iˈzẽplu/ *sm* ejemplo, lección, modelo, paradigma, precedente, prototipo, regla ■ **dar como exemplo** poner como ejemplo

exequível /izeˈkwivew/ *adj* ejecutable, viable ■ **tarefa exequível** tarea ejecutable

exercer /izeRˈseR/ *v* **1** ejercer, practicar, profesar, servir **2** dragonear ■ **exercer a função de** hacer las veces de

exercício /izeRˈsisju/ *sm* **1** ejercicio, práctica, función, labor, trabajo, adiestramiento, uso **2** exercícios *pl* maniobras ■ **exercício anterior** ejercicio anterior

exercitar /izeRsiˈtaR/ *v* **1** ejercitar, practicar, adiestrar, desempeñar *vpr* **2** ensayarse, aplicarse, entrenarse ■ **exercitar todos os dias** ejercitar todos los días

exército /iˈzɛRsitu/ *sm* **1** ejército, oficialidad **2** multitud, cantidad de ■ **exército de homens** ejército de hombres

exibição /izibiˈsãw/ *sf* exhibición, ostentación, presentación, representación *pl:* **exibições** ■ **exibição de filmes** exhibición de películas

exibido, -a /iziˈbidu, da/ *adj* **1** exhibido, pomposo **2** fardón ■ **homem exibido** hombre exhibido

exibir /iziˈbiR/ *v* **1** exhibir, ostentar, presentar, representar **2** exhibirse, aparecer ■ **exibir um filme** exhibir una película

exigência /iziˈʒẽsja/ *sf* exigencia, obligación, pretensión, urgencia ■ **exigência do chefe** exigencia del jefe

exigente /iziˈʒẽtʃi/ *adj & s* exigente, rígido, severo ■ **chefe exigente** jefe exigente

exigir /iziˈʒiR/ *v* exigir, cobrar, demandar, conminar, obligar, pedir, pretender, reclamar, requerir, urgir, necesitar ■ **exigir um bom trabalho** exigir un buen trabajo

exíguo, -a /eˈzigwo, gua/ *adj* exiguo, escaso, insuficiente ■ **comida exígua** comida escasa

exilado, -a /iziˈladu, da/ *adj & s* exilado, exiliado, refugiado ■ **homem exilado** hombre exilado

exilar /iziˈlaR/ *v* **1** exilar, exiliar, deportar, desterrar, proscribir **2** expatriarse ■ **exilar pessoas** exilar personas

exílio /iˈzilju/ *sm* exilio, deportación, destierro ■ **exílio de inocentes** exilio de inocentes

exímio, -a /iˈzimju, mja/ *adj* eximio, superior, relevante ■ **trabalhador exímio** trabajador eximio

eximir /iziˈmiR/ *v* **1** eximir, libertar **2** evitarse, excusarse ■ **eximir dos problemas** libertar de los problemas

existência /iziʃˈtẽsja/ *sf* existencia, presencia, realidad, ser, subsistencia, vida ■ **existência da vida** existencia de la vida

existente /iziʃˈtẽtʃi/ *adj* existente, presente, real, nacido ■ **projeto existente** proyecto existente

existir /iziʃˈtʃiR/ *v* existir, estar, ser, subsistir, vivir, haber ■ **existir no mundo** existir en el mundo

êxito /ˈezitu/ *sm* éxito, triunfo, solución ■ **êxito na vida** éxito en la vida

êxodo /ˈezodu/ *sm* éxodo, tránsito, peregrinación, salida ■ **êxodo rural** éxodo rural

exoneração /izoneraˈsãw/ *sf* exoneración, deposición, dimisión *pl:* **exonerações** ■ **exoneração no emprego** exoneración en el empleo

exonerar /izoneˈraR/ *v* exonerar, dimitir, liberar, relevar ■ **exonerar alguém** exonerar alguien

exorbitância /izoRbiˈtãsja/ *sf* exorbitancia, enormidad, exceso, exageración, demasía ■ **exorbitância de preço** exorbitancia de precio

exorbitante /izoRbiˈtãtʃi/ *adj* exorbitante ■ **preço exorbitante** precio exorbitante

exorbitar /izoRbiˈtaR/ *v* exorbitar, desorbitar, exagerar, desmesurar ■ **exorbitar dinheiro** exorbitar dinero

exorcismo /izoRˈsiʒmu/ *sm* exorcismo ■ **exorcismo em pessoas** exorcismo en personas

exortação /izoRtaˈsãw/ *sf* **1** exhortación, invitación **2** súplica, amonestación *pl:* **exortações** ■**exortação de pessoas** exhortación de personas

exortar /izoRˈtaR/ *v* **1** exhortar, predicar, rogar **2** sermonear, amonestar ■ **exortar alguém** exhortar alguien

exótico, -a /iˈzɔtʃiku, ka/ *adj* exótico, raro, extravagante ■ **estilo exótico** estilo exótico

expandir /iʃpãˈdʒiR/ *v* **1** expandir, extender, divulgar **2** expansionarse **3** ramificarse, florecerse ■ **expandir o projeto** expandir el proyecto

expansão /iʃpãˈsãw/ *sf* expansión, extensión, ensanche *pl:* **expansões** ■ **expansão dos meios de pagamento** expansión de los medios de pago

expansivo, -a /iʃpãˈsivu, va/ *adj* expansivo, franco, afable ■ **projeto expansivo** proyecto expansivo

expatriado, -a /iʃpatriˈadu, da/ *adj & s* expatriado, exilado, refugiado ■ **homem expatriado** hombre exilado

expatriar /iʃpatriˈaR/ *v* expatriar, exilar, expulsar ■ **expatriar homens** exilar hombres

expectativa /iʃpektaˈtʃiva/ *sf* expectativa, expectación, esperanza ■ **criar expectativas** hacerse ilusiones

expectorante /iʃpektoˈɾãtʃi/ *adj & sm* expectorante ■ **remédio expectorante** medicamento expectorante

expectorar /iʃpektoˈraR/ *v* expectorar, esputar, gargajear, expeler ■ **expectorar muito** expectorar mucho

333

expedição

expedição /iʃpedʒi'sãw/ *sf* **1** expedición, envío, remesa, facturación **2** excursión colectiva *pl:* **expedições** ■ **expedição da escola** expedición de la escuela

expediente /iʃpedʒi'etʃi/ *sm* **1** horario, trabajo **2** expediente, sumario, iniciativa, trámite, medio, recurso ■ **expediente bancário** expediente bancario

expedir /iʃpe'dʒiR/ *v* expedir, despachar, enviar, facturar, remitir ■ **expedir papéis** expedir papeles

expelir /iʃpe'liR/ *v* expeler, excretar, exhalar, evacuar, lanzar, expulsar, eliminar ■ **expelir líquido** expeler líquido

expensas /iʃ'pe˜saʃ/ *f pl* expensas, gastos, costas ■ **expensas do mês** gastos del mes

experiência /iʃperie˜'sja/ *sf* experiencia, pericia, práctica, tentativa, ensayo, prueba ■ **experiência em lojas** experiencia en tiendas

experiente /iʃperi'etʃi/ *adj* con experiencia, práctico, técnico, avisado ■ **experiente no assunto** con experiencia en el asunto

experimentar /iʃperime˜'taR/ *v* experimentar, ensayar, probar, observar, notar, intentar, sentir **O verbo experimentar refere-se principalmente a pesquisas científicas. Não pode ser empregado no sentido de experimentar roupa ou verificar o sabor de um alimento, acepções que se designam com o verbo probar** ■ **experimentar comida** probar comida

experimento /iʃperi'me˜tu/ *sm* experimento, experiencia, ensayo, prueba, tentativa ■ **experimento científico** experimento científico

expiar /iʃpi'aR/ *v* **1** expiar, lustrar **2** pagar, purgar, purificar ■ **expiar pessoas** expiar personas

expiatório, -a /iʃpia'tɔrju, rja/ *adj* expiatorio ■ **agente expiatório** agente expiatorio

expiração /iʃpira'sãw/ *sf* expiración, vencimiento, término, conclusión *pl:* **expirações** ■ **expiração lenta** expiración lenta

expirar /iʃpi'raR/ *v* espirar, acabar, morir, exhalar ■ **expirar o cheiro** espirar el olor

explicação /iʃplika'sãw/ *sf* explicación, disculpa, esclarecimiento, aclaración, interpretación, teoría, versión, nota, paráfrasis, satisfacción *pl:* **explicações** ■ **explicação do projeto** explicación del proyecto

explicar /iʃpli'kaR/ *v* **1** explicar, explanar, comentar, esclarecer, aclarar, aleccionar, anotar, especificar, departir, formular, traducir, parafrasear, significar **2** producirse, explicarse ■ **explicar um tema** explicar, desarrollar un tema

explicativo, -a /iʃplika'tʃivu, va/ *adj* explicativo, ilustrativo ■ **quadro explicativo** cuadro explicativo

explicitar /iʃplisi'taR/ *v* explicitar, esclarecer ■ **explicitar os desejos** explicitar los deseos

explícito, -a /iʃ'plisitu, ta/ *adj* explícito, expreso ■ **opinião explícita** opinión explícita

explodir /iʃplo'dʒiR/ *v* **1** detonar, estallar, explosionar, reventar **2** volar ■ **explodir um lugar** detonar un lugar

exploração /iʃplora'sãw/ *sf* **1** exploración **2** especulación, averiguación *pl:* **explorações** ■ **exploração de jazidas** prospección

explorador, -ora /iʃplora'doR, ɾa/ *adj & s* **1** explorador, aventurero **2** explotador, usurero ■ **explorador de terra** explorador de tierra

explorar /iʃplo'raR/ *v* **1** explorar, estudiar, reconocer, auscultar, sondear **2** explotar, estafar **3** *AL* averiguar ■ **explorar o terreno** explorar el terreno

explosão /iʃplo'zãw/ *sf* explosión, detonación, erupción *pl:* **explosões** ■ **explosão de ofertas** explosión de ofertas

explosivo, -a /iʃplo'zivu, va/ *adj* explosivo ■ **material explosivo** material explosivo

expoente /iʃpo'e˜tʃi/ *s* exponente ■ **número expoente** número exponente

expor /iʃ'poR/ *v* **1** exponer, declarar, descubrir, exhibir, explicar, exteriorizar, manifestar, narrar, presentar, representar, revelar **2** exhibirse, descubrirse, publicarse **3** informar ■ **expor em público** poner de manifiesto

exportação /iʃpoRta'sãw/ *sf Com* exportación *pl:* **exportações** ■ **exportação de comida** exportación de comida

exportar /iʃpoR'taR/ *v* exportar ■ **exportar livros** exportar libros

exposição /iʃpozi'sãw/ *sf* **1** exposición, exhibición, feria **2** representación, enumeración, explicación, aclaración, lección, pose, proposición *pl:* **exposições** ■ **exposição sucinta** pincelada

expositor, -ora /iʃpozi'toR, ɾa/ *s* exponente, expositor ■ **expositor de obras** exponente de obras

exposto, -a /iʃ'poʃtu, ta/ *adj* expuesto ■ **exposto ao perigo** expuesto al peligro

expressão /iʃpre'sãw/ *sf* **1** expresión, gesto, tono **2** palabra, dicción, enunciación *pl:* **expressões** ■ **expressão obscena ou mordaz** pulla

expressar /iʃpre'saR/ *v* expresar, contar, enunciar ■ **expressar uma ideia** expresar una idea

expressivo, -a /iʃpre'sivu, va/ *adj* expresivo, significativo ■ **resultado expressivo** resultado expresivo

expresso, -a /iʃ'presu, sa/ *adj* **1** expreso, exprés **2** expresado, antedicho, manifestado ■ **café expresso** café exprés ■ **trem expresso** tren expreso

exprimir /iʃpri'miR/ *v* exprimir, expresar, manifestar, revelar ■ **exprimir uma ideia** exprimir una idea

expropriação /iʃpropria'sãw/ *sf* **1** expropiación **2** lanzamiento *pl:* **expropriações** ■ **expropriação de terra** expropiación de tierra

expropriar /iʃpropri'aR/ *v* **1** expropiar, espoliar, confiscar, despojar, desposeer **2** lanzar **3** incautarse ■ **expropriar de algo** expropiar de algo

expulsão /iʃpuw'sãw/ *sf* expulsión, exclusión, desalojamiento *pl:* **expulsões** ■ **expulsão do empregado** expulsión del empleado

expulsar /iʃpuw'saR/ *v* **1** expulsar, expeler, despedir, lanzar, proscribir, rechazar, repeler **2** jubilar ■ **expulsar alguém** expulsar alguien

expulso, -a /iʃ'puwsu, sa/ *adj* **1** expulso, expelido **2** exilado, proscrito ■ **expulso de casa** expulso de casa

expurgar /iʃpuR'gaR/ *v* expurgar ■ **expurgar estatísticas** expurgar estadísticas ■ **expurgar alguém** expurgar alguien

êxtase /eʃta'zi/ *sm* **1** éxtasis, pasmo **2** vuelo ■ **atingir o êxtase** alcanzar el éxtasis

extasiar /iʃtazi'aR/ *v* **1** extasiar, encantar **2** endiosar **3** extasiarse, absorberse, maravillarse ■ **extasiar algo** extasiar algo

extensão /iʃte˜'sãw/ *sf* **1** extensión, ampliación **2** amplitud, anchura, espacio, largura, superficie, longitud *pl:* **extensões** ■ **extensão de terras planas** llanura

extenso, -a /iʃ'te˜su, sa/ *adj* extenso, grande, largo, lato, vasto, amplio, ancho ■ **por extenso** por extenso, con todos los pormenores

extenuar /iʃtenu'aR/ *v* extenuar, agotar, debilitar ■ **extenuar algo** extenuar algo

exumar

exterior /iʃteri'oR/ *adj* **1** exterior, extrínseco **2** *sm* aspecto, apariencia ■ **viajar para o exterior** viajar para el exterior

exteriorizar /iʃteriori'zaR/ *v* exteriorizar, manifestar, presentar, descubrir ■ **exteriorizar o cheiro** exteriorizar el olor

exterminar /iʃteRmi'naR/ *v* exterminar, aniquilar, diezmar, destruir, devastar ■ **exterminar a poluição** exterminar la polución

extermínio /iʃteR'minju/ *sm* exterminio, extinción, aniquilación, aniquilamiento ■ **extermínio de animais** exterminio de animales

externo, -a /iʃ'teRnu, na/ *adj* externo, exterior ■ **ambiente externo** ambiente externo

extinção /iʃtʃĩ'sãw/ *sf* extinción, destrucción, aniquilamiento, disolución *pl:* **extinções** ■ **extinção da vida** extinción de la vida

extinguir /iʃtʃĩ'giR/ *v* **1** extinguir, apagar, anular, sofocar **2** matar, aniquilar ■ **extinguir uma espécie** extinguir un espécimen

extinto, -a /iʃ'tʃĩtu, ta/ *adj & s* **1** extinto, apagado **2** muerto, finado **3** exhausto ■ **animal extinto** animal extinto

extintor /iʃtʃĩ'toR, ra/ *adj* extintor ■ **extintor de incêndio** matafuego

extirpar /iʃtʃiR'paR/ *v* extirpar, extraer, destruir, amputar ■ **extirpar um câncer** extirpar un cáncer

extorsão /iʃtoR'sãw/ *sf* extorsión, robo, usurpación, latrocinio *pl:* **extorsões** ■ **extorsão do governo** extorsión del gobierno

extração /eʃtra'sãw/ *sf* **1** extracción **2** sorteo *pl:* **extrações** ■ **extração de documentos** extracción de documentos

extradição /eʃtradʒi'sãw/ *sf* extradición *pl:* **extradições** ■ **extradição de suspeitos** extradición de sospechosos

extrair /eʃtra'iR/ *v* extraer, extirpar, sacar, arrancar ■ **extrair dados** extraer datos

extra-oficial /eʃtraofisi'aw/ *adj* extraoficial, particular, oficioso *pl:* **extra-oficiais** ■ **documento extra-oficial** documento extraoficial

extraordinário, -a /eʃtraoRdʒi'narju, rja/ *adj* extraordinario, extra, excepcional, desusado, espantoso, estupendo, fantástico, anormal, impresionante, insólito, tremendo, maravilloso, notable, particular, singular, único ■ **trabalho extraordinário** trabajo excepcional

extrapolar /eʃtrapo'laR/ *v* extrapolar ■ **extrapolar os limites** extrapolar los límites

extrato /iʃ'tratu/ *sm* extracto, substancia ■ **extrato bancário** extracto bancario

extravagância /iʃtrava'gãsja/ *sf* extravagancia, excentricidad, bizarría ■ **extravagância de cores** extravagancia de colores

extravagante /iʃtrava'gãtʃi/ *adj & s* **1** extravagante, excéntrico, anormal, estrafalario **2** desordenado, irregular **3** ridículo ■ **roupa extravagante** ropa extravagante

extravasar /iʃtrava'saR/ *v* extravasar, verter, revertir, derramarse ■ **extravasar os sentimentos** extravasar los sentimientos

extraviado, -a /iʃtravi'adu, da/ *adj* extraviado, perdido ■ **material extraviado** material extraviado

extraviar /iʃtravi'aR/ *v* **1** extraviar, descaminar, perder **2** descarriarse, perderse **3** pervertir ■ **extraviar material** extraviar material

extravio /iʃtra'viu/ *sm* **1** extravío, malversación **2** error, falta ■ **extravio das pessoas** extravío de las personas

extremidade /iʃtremi'dadʒi/ *sf* extremidad, margen, orilla, polo, punta, término, terminación, borne ■ **extremidade do pau** extremidad del palo

extremo, -a /iʃ'tremu, ma/ *adj* **1** extremo, extremidad, fin, término, último **2** exageración ■ **opinião extrema** opinión extrema

extrínseco /eks'trinseko, a/ *adj* extrínseco, externo, exterior ■ **algo extrínseco** algo extrínseco

extroversão /iʃtroveR'sãw/ *sf* extroversión, extraversión *pl:* **extroversões** ■ **extroversão da vida** extroversión de la vida

extrovertido, -a /iʃtroveR'tʃidu, da/ *adj & s* expansivo, extrovertido ■ **homem extrovertido** hombre expansivo

exuberância /izube'rãsja/ *sf* exuberancia, profusión, riqueza, vigor, intensidad ■ **exuberância da pele** exuberancia de la piel

exuberante /izube'rãtʃi/ *adj* exuberante, deslumbrante, copioso, pródigo ■ **beleza exuberante** belleza exuberante

exumação /izuma'sãw/ *sf* exhumación, desenterramiento *pl:* **exumações** ■ **exumação do corpo** exhumación del cuerpo

exumar /izu'maR/ *v* exhumar, desenterrar ■ **exumar algo** exhumar algo

E

ABCDEFGHIJKLMNOPQRSTUVWXYZ

f /'ɛfi/ *sm.* sexta letra del alfabeto portugués ■ **começar com a letra f** empezar con la letra f

fã /'fɐ̃/ *s.* fan, amante, admirador ■ **ser fã de alguém** ser fan de alguien

fá /'fa/ *sm.* fa, cuarta nota de la escala musical ■ **cantam em fá** cantar en fa

fábrica /'fabrika/ *sf.* **1** fábrica, fabricación ■ **fechar a fabrica** cerrar la fábrica

fabricação /fabrika'sɐ̃w/ *sf.* fabricación, elaboración, producción ■ **fabricação de mel** fabricación de miel

fabricar /fabri'kaR/ *v.* fabricar, hacer, producir, confeccionar, elaborar, forjar ■ **produtos novos para fabricar** productos nuevos para fabricar

fabril /fa'briw/ *adj.* fabril ■ **zona fabril** zona fabril

fábula /'fabula/ *sf.* fábula, ficción, cuento, leyenda, mito, alegoría ■ **ler fábulas** leer fábulas

fabuloso, -a /fabu'lozu, za/ *adj.* fabuloso, fantástico, mítico, estupendo, exagerado, extraordinario ■ **passar um dia fabuloso** pasar un día fabuloso

faca /'faka/ *sf.* **1** cuchillo **2** herramientas ■ **ter a faca e o queijo na mão** disponer de todos los medios para conseguir una cosa

façanha /fa'saɲa/ *sf.* hazaña, proeza ■ **façanhas bélicas** hazañas bélicas

facão /fa'kɐ̃w/ *sm.* **1** cuchilla, faca, machete **2** facón ■ **facão do lenhador** machete del leñador

facção /fak'sɐ̃w/ *sf.* facción, partido, pandilla ■ **facção progressista** facción progresista

faccioso, -a /fak'θjozo, a/ *adj. s.* faccioso, rebelde, sectario ■ **facciosos destroçaram a casa** facciosos destrozaron la casa

face /'fasi/ *sf.* rostro, faceta, anverso, faz, haz, lado ■ **face de atriz** cara de actriz

faceta /fa'seta/ *sf.* **1** faceta **2** aspecto ■ **estar em uma nova faceta** estar en una nueva faceta

fachada /fa'ʃada/ *sf.* fachada, facha, delantera, frontera, portada ■ **arrumar a fachada** adornar la fachada

facho /'faʃu/ *sm.* hacha, antorcha ■ **levar o facho olímpico** llevar la antorcha olímpica

fácil /'fasiw/ *adj.* **1** fácil, sencillo, corriente, practicable **2** plano ■ **tarefa fácil** tarea fácil

facilidade /fasili'dadʒi/ *sf.* facilidad, posibilidad, predisposición ■ **facilidade de palavra** facilidad de palabra

facilitar /fasili'taR/ *v.* facilitar, facultar, proveer, proporcionar, simplificar ■ **ajudar a facilitar o trabalho** ayudar a facilitar el trabajo

facínora /fa'sinora/ *adj. s.* facineroso, malhechor ■ **deter aos facínoras** detener a los facinerosos

fac-símile /fak'simili/ *sm.* facsímil, facsímile ■ **edição fac-símile** edición facsímil

factível /fak'tʃivew/ *adj.* factible, realizable ■ **factível de realizar** factible de realizar

faculdade /fakuw'dʒi/ *sf.* **1** facultad, propiedad, virtud, oportunidad, ocasión ■ **eu não fiz faculdade** no hice la facultad

facultar /fakuw'taR/ *v.* facultar, permitir, conceder, ofrecer ■ **facultar o ingresso** facultar el ingreso

facultativo, -a /fakuwta'tʃivu, va/ *adj. s.* facultativo, optativo, voluntario ■ **decisão facultativa do presidente** decisión facultativa del presidente

fada /'fada/ *sf.* hada ■ **fada madrinha** hada madrina

fadiga /fa'dʒiga/ *sf.* **1** fatiga, cansancio, desfallecimiento ■ **ter fadiga** tener fatiga

fado /'fadu/ *sm.* hado, suerte, sino, destino ■ **fado da vida** hado de la vida

faisão /faj'zɐ̃w, zoa/ *sm.* faisán ■ **faisão frito** faisán frito

faísca /fa'iska/ *sf.* pavesa, chispa, rayo ■ **ver sair uma faísca** ver salir una chispa

faiscar /faj'kaR/ *v.* chispear, destellar, deslumbrar ■ **faiscar com sua chegada** deslumbró con su entrada

faixa /'fajʃa/ *sf.* faja, friso, banda, lista, tira, venda ■ **faixa de terra** faja de tierra ■ **faixa elástica** banda elástica

fajuto, -a /fa'ʒutu, ta/ *adj.* falso, adulterado ■ **dados fajutos** datos adulterados

fala /'fa/ *sm.* habla, elocución, lengua, lenguaje, voz ■ **perder a fala** perder el habla

fanático, -a /fa'natiko, a/ *adj. s.* fanático, entusiasta, admirador, apasionado ■ **fanático do futebol** fanático del fútbol

fanatismo /fana'tismo/ *sm.* fanatismo, intolerancia, obcecación ■ **fanatismo religioso** fanatismo religioso

fanfarrão /fɐ̃fa'Rɐ̃w, Rona/ *adj. s.* fanfarrón, bravucón, matasiete ■ **ser um fanfarrão** ser un fanfarrón

fanfarronear /fɐ̃farone'aɾ/ *v.* fanfarronear, hablar con arrogancia ■ **fanfarronear suas conquistas** fanfarronear sus conquistas

fanhoso, -a /fa'ɲozu, za/ *adj.* gangoso, ñato ■ **piada de fanhoso** chiste de gangoso

faniquito /fani'kitu/ *sm.* berrinche, rabieta, desmayo ■ **fazer um faniquito por nada** hacer un berrinche por nada

fantasia /fɐ̃ta'zia/ *sf.* **1** fantasía, disfraz **2** ensueño, idea, ilusión, pensamiento, quimera, sueño, veleidad, antojo ■ **festa de fantasia** fiesta de disfraces

fantasiar /fɐ̃tazi'aR/ *v.* **1** fantasear, fingir, disfrazar, idear, ilusionar, imaginar, inventar, soñar **2** disfrazarse ■ **fantasiar com grandezas** fantasear con grandezas

fazer

fantasioso, -a /fɑ̃'tazi'ozu, za/ *adj.* fantasioso, fatuo, quimérico, soñador, veleidoso ▪ **menina muito fantasiosa** niña muy fantasiosa

fantasma /fɑ̃'tajma/ *sm.* **1** fantasma **2** espanto ▪ **casa de fantasmas** casa de fantasmas

fantástico, -a /fɑ̃'taʃtʃiku, ka/ *adj.* fantástico, fantasioso, extraordinario, increíble absurdo ▪ **carro fantástico** auto fantástico

fantoche /fɑ̃'tɔʃi/ *sm.* **1** fantoche, marioneta, títere, maniquí, muñeco **2** persona servil, hombre de paja ▪ **servir de fantoche** servir de fantoche

faqueiro /fa'kejru/ *sm.* juego de cubiertos ▪ **dar de presente um jogo de faqueiro** regalar un juego de cubiertos

faquir /fa'kiR/ *sm.* faquir, asceta ▪ **faquires passam dias sem comer** faquires pasan días sin comer

farda /'faRda/ *sf.* uniforme militar ▪ **usar farda** usar uniforme militar

fardo /'faRdu/ *sm.* fardo, paca, peso ▪ **fardo de roupa** fardo de ropa

farejar /fare'ʒaR/ *v.* **1** husmear, oler, olfatear **2** descubrir, escudriñar, presentir ▪ **farejar entre as coisas** husmear entre las cosas

farináceo /fari'nasju, sja/ *adj.* farináceo, harinero ▪ **fruta com textura farinácea** fruta con textura farinácea

faringe /fa'rĩʒi/ *sf.* faringe ▪ **inflamação da faringe** inflamación de la faringe

farinha /fa'riɲa/ *sf.* harina ▪ **farinha de mandioca** fariña ▪ **farinha torrada** gofio

farinhento, -a /fari'ɲẽtu, ta/ *adj.* harinoso, farináceo ▪ **sopa farinhenta** sopa harinosa

farmacêutico, -a /faRma'sewtʃiku, ka/ *adj. s.* farmacéutico, boticario ▪ **consultar o farmacéutico** consultar al farmacéutico

farmácia /faR'masja/ *sf.* farmacia ▪ **farmácia aberta** farmacia abierta

farmacologia /faRmakolo'ʒia/ *sf.* farmacología ▪ **especialista em farmacologia** especialista en farmacología

faro /'faru/ *sm.* **1** olfato, olor **2** perspicacia, sagacidad ▪ **o faro do cão** el olfato del perro

farofa /fa'rɔfa/ *sf.* harina de yuca o de maíz condimentada ▪ **feijoada com farofa** frijolada con harina de maíz condimentada

farol /fa'rɔw/ *sm.* farol, linterna, antorcha ▪ **farol de torre** faro ▪ **fazer farol** echarse un farol

faroleiro /faro'lejru/ *adj.* **1** farolero **2** charlatán, parlador ▪ **vendedor faroleiro** vendedor charlatán

farpa /'faRpa/ *sf.* púa, farpa, saeta, flecha ▪ **soltar farpas** tirar una púa

farra /'faRa/ *sf.* farra, jarana, juerga ▪ **ir para farra** ir de farra

farrapo /fa'Rapu/ *sm.* **1** guiñapo, harapo, andrajo, jirón, trapo **2** hilachas ▪ **farrapo do mendigo** harapo del mendigo

farsa /'faRsa/ *sf.* **1** farsa, fingimiento, comedia, engaño, mistificación **2** embudo ▪ **viver uma farsa** vivir una farsa

farsante /faR'sɑ̃tʃi/ *adj.* farsante, trapacero, embustero ▪ **acreditar em um farsante** creer en un farsante

fartar /faR'taR/ *v.* **1** empachar, saciar **2** hartar, llenarse, satisfacerse **3** empajarse ▪ **fartar-se de comida** henchirse

farto, -a /'faRtu, ta/ *adj.* harto, lleno, nutrido, opulento, repleto, abundante, satisfecho, suficiente, ahíto, embuchado ▪ **estar farto** estar hasta la coronilla, estar hasta el gollete, estar hasta la gorra ▪ **estar farto de fazer o mesmo** estar harto de hacer lo mismo

fartura /faR'tura/ *sf.* **1** hartura, opulencia, saciedad, saturación, abundancia, exuberancia **2** lluvia, raudal ▪ **com fartura** a granel, a manojos ▪ **fartura de turistas** saturación de turistas

fascinação /fasina'sɑ̃w/ *sf.* **1** fascinación, seducción, atracción **2** alucinación ▪ **fascinação pela leitura** fascinación por la lectura

fascinante /fasi'nɑ̃tʃi/ *adj.* fascinante, seductor ▪ **um mundo fascinante** un mundo fascinante

fase /'fazi/ *sf.* fase, etapa, época, estado ▪ **fase de sorte** fase de suerte

fastidiar /fastʃi'ðjar/ *v.* fastidiar, asquear, molestar, incomodar ▪ **os mosquitos me fastidiam** me fastidian los mosquitos

fastidioso, -a /fastʃi'ðjozo, a/ *adj.* fastidioso, empalagoso ▪ **irmãozinho fastidioso** hermanito fastidioso

fastio /faʃ'tʃiu/ *sm.* aburrimiento, hastío, fastidio, inapetencia, saciedad ▪ **dormir de fastio** dormirse del aburrimiento

fatia /fa'tʃia/ *sf.* lonja, loncha, raja ▪ **fatia de pão** rebanada de pan

fatídico, -a /fa'tʃidʒiku, ka/ *adj.* fatídico, infeliz, siniestro, trágico ▪ **acidente fatídico** accidente fatídico

fatigar /fatʃigaR/ *v.* **1** fatigar, agotar, cansar, molestar, importunar, derrengar **2** fatigarse, afanarse **3** sudar ▪ **fatigar durante o caminho** fatigarse durante el camino

fato /'fatu/ *sm.* hecho, episodio, evento, acontecimiento, suceso ▪ **de fato** de hecho ▪ **fato recente** novedad ▪ **o fato é que** ello es que ▪ **fato consumado** hecho consumado

fator /fa'toR/ *sm.* factor, causa, elemento ▪ **fatores econômicos** factores económicos

fátuo /'fatwo, twa/ *adj.* fatuo, presumido, efímero ▪ **ato fátuo** acto presumido

fatura /fa'tura/ *sf.* factura. ▪ **passar a fatura** pasar factura

faturamento /fatura'mẽ˜tu/ *sm.* facturación ▪ **faturamento dos produtos** facturación de los productos

fauna /'fawna/ *sf.* fauna ▪ **fauna variada** fauna variada

fausto, -a /'fawʃtu, ta/ *adj.* dichoso, próspero, feliz ▪ **vida fausta** vida fausta

fava /'fava/ *sf.* haba. ▪ **mandar às favas** mandar a freír espárragos ▪ **ser favas contadas** ser habas contadas

favela /fa'vɛla/ *sf.* chabola, villa miseria, tugurio ▪ **setor de favelas** villa miseria

favor /fa'voR/ *sm.* **1** favor, permisión, gracia, apoyo, ayuda, obsequio, padrinazgo, sufragio. **2** homenaje ▪ **pedir un último favor** por favor

favorável /favo'ravew/ *adj.* favorable, propicio, benigno, oportuno, ventajoso ▪ **resultados favoráveis** resultados favorables

favorecer /favore'seR/ *v.* **1** favorecer, ayudar, beneficiar, facilitar, obsequiar **2** asistir, proteger **3** contemplar, patrocinar **4** ayudarse, favorecerse ▪ **favorecer aos simpatizantes** favorecer a los simpatizantes

favorito, -a /favo'ritu, ta/ *adj. s.* favorito, preferido, predilecto ▪ **comida favorita** comida favorita

faxina /fa'ʃina/ *sf.* limpieza ▪ **faxina geral** limpieza general

fazenda /fa'zẽ˜da/ *sf.* **1** hacienda, heredad. **2** peculio, haberes **3** estancia ▪ **ir de passeio à fazenda** ir de paseo a la hacienda

fazendeiro, -a /fazẽ'dejru, ra/ *adj. s.* **1** terrateniente **2** estanciero ▪ **propriedade do fazendeiro** propiedad del terrateniente

fazer /fa'zeR/ *v.* **1** hacer, producir, crear, inventar, formar, fabricar, rezar, causar, obrar. **2** tornarse ▪ **fazer e desfazer** hacer y deshacer ▪ **fazer hora** hacer tiempo

337

fé

fé /ˈfɛ/ *sf.* fe, creencia, testimonio ▪ **de boa-fé** de buena fe ▪ **de má-fé** de mala fe

febre /ˈfɛbri/ *sf.* fiebre, calentura ▪ **ter febre** achuchar

febril /feˈbriw/ *adj.* **1** febril **2** ardoroso, inquieto ▪ **ferida febril** herida febril

fechado, -a /feˈʃadu, da/ *adj.* **1** cerrado, hermético. **2** introvertido, discreto, reservado ▪ **negócio fechado** negocio concluido ▪ **noite fechada** noche cerrada ▪ **armazém fechado** almacén cerrado

fechadura /feʃaˈdura/ *sf.* cerradura ▪ **romper a fechadura** romper la cerradura

fechar /feˈʃaR/ *v.* **1** cerrar, obturar, ocluir, taponar. **2** encerrarse, obstruirse ▪ **fechar-se o tempo** enmarañarse

fecho /ˈfeʃu/ *sm.* **1** cierre, cerrojo, pestillo **2** conclusiones, remate de un discurso ▪ **fecho da campanha** cierre de campaña ▪ **subir o fecho** subir el cierre

fecundação /fekũdaˈsãw/ *sf.* fecundación, fertilización, inseminación ▪ **processo de fecundação** proceso de fecundación

fecundar /fekũˈdaR/ *v.* fecundar, fertilizar, cubrir, inseminar, preñar ▪ **fecundar ao óvulo** fecundar al óvulo

fecundidade /fekũdʒiˈdadʒi/ *sf.* fecundidad, fertilidad, abundancia ▪ **fecundidade das terras** fertilidad de las tierras

fecundo, -a /feˈkũdu, da/ *adj.* fecundo, fértil, inventivo, ingenioso ▪ **ovo fecundo** huevo fecundo

feder /feˈdeR/ *v.* heder, corromper, apestar ▪ **lixo que fede** basura que apesta

federação /federaˈsãw/ *sf.* federación, unificación, asociación ▪ **federação nacional** federación nacional

federal /fedeˈraw/ *adj.* federal ▪ **orçamento federal** presupuesto federal

fedor /feˈdoR/ *sm.* hedor, peste, fetidez ▪ **desprender um fedor** desprender un hedor

fedorento, -a /fedoˈrẽtu, ta/ *adj.* fétido, maloliente ▪ **cheiro fedorento** olor fétido

feição /fejˈsãw/ *sf.* **1** forma, fisionomía, aspecto, apariencia **2** trazo ▪ **feições delicadas** facciones delicadas

feijão /fejˈʒãw/ *sm.* **1** judía, frijol **2** comida modesta ▪ **feijão preto** frijol negro

feijoada /fejʒoˈada/ *sf.* plato brasileño con frijoles negros y carne de cerdo ▪ **cozinhar feijoada** cocinar feijoada

feio, -a /ˈfeju, ja/ *adj.* **1** feo **2** vergonzoso **3** grosero **4** fulero ▪ **fazer feio** hacer feo

feira /ˈfejra/ *sf.* **1** feria **2** confusión, jaleo, desorden ▪ **feira aos domingos** feria los domingos

feirante /fejˈrãtʃi/ *adj.* feriante, marchante ▪ **comércio feirante** comercio feriante

feitiçaria /fejtʃisaˈria/ *sf.* **1** hechicería, hechizo, brujería **2** seducción, encanto, fascinación ▪ **loja de feitiçaria** tienda de hechicerías

feiticeiro, -a /fejtʃiˈsejru, ra/ *adj. & s.* hechicero, mago, brujo, encantador, seductor ▪ **sábio feiticeiro** sabio hechicero

feitiço /fejˈtʃisu/ *sm.* hechizo, maleficio, encantamiento, fascinación, embrujo, brujería ▪ **feitiço permanente** hechizo permanente

feitio /fejˈtʃiu/ *sm.* **1** forma, manera **2** talle **3** carácter ▪ **ao feitio modernista** a la manera modernista

feito, -a /ˈfejtu, ta/ *adj.* **1** hecho, acción, acto **2** ejecutado, realizado ▪ **feito de plástico** hecho de plástico

feitor /fejˈtoR, ra/ *s.* factor, administrador, hacedor ▪ **feitor do banco** administrador del banco

feiúra /fejˈura/ *sf.* fealdad ▪ **resignar a sua feiúra** resignarse a su fealdad

feixe /ˈfejʃi/ *sm.* haz, fajo, lío, manojo, mazo ▪ **conjunto de feixes** fajina **feixe (de cana, erva)** gavilla ▪ **feixe de fibras** tendón

fel /ˈfɛw/ *s.* hiel, bilis ▪ **botar o fel** botar la hiel

felicidade /felisiˈdadʒi/ *sf.* felicidad, dicha, ventura, bienaventuranza, alegría, júbilo ▪ **gozar da felicidade** gozar de la felicidad

felicitação /felisitaˈsãw/ *sf.* felicitación, enhorabuena, parabién, congratulación ▪ **receber felicitações** recibir felicitaciones

felicitar /felisiˈtaR/ *v.* felicitar, congratular ▪ **felicitar pelos méritos** felicitar por los méritos

felino, -a /feˈlinu, na/ *adj.* **1** felino **2** falso, disimulado ▪ **felinos da selva** felinos de la selva

feliz /feˈlijʃ/ *adj.* **1** feliz, fausto, dichoso, afortunado, próspero **2** dorado ▪ **casamento feliz** matrimonio feliz

felpa /ˈfewpa/ *sf.* felpa, pelo (de los tejidos) ▪ **urso de felpa** oso de felpa

felpudo, -a /felˈpudo/ *sm.* felpudo ▪ **cobertor felpudo** cobertor felpudo

feltro /ˈfewtru/ *sm.* fieltro. ▪ **chapéu de feltro** sombrero de fieltro

fêmea /ˈfemja/ *sf.* **1** hembra. **2** mujer. ▪ **elefante fêmea** elefante hembra

feminilidade /feminiliˈdadʒi/ *sf.* feminidad, femineidad ▪ **caminhar com feminilidade** caminar con feminidad

feminino, -a /femiˈninu, na/ *adj.* femenino. ▪ **sexo feminino** sexo femenino ▪ **banheiros femininos** baños femeninos

fêmur /ˈfemuR/ *sm.* fémur ▪ **fraturar o fêmur** fracturar el fémur

fenda /ˈfẽda/ *sf.* fisura, abertura, brecha, hendedura ▪ **chave de fenda** destornillador ▪ **fenda no osso** fisura en el hueso

fender /feˈdeR/ *v.* **1** hender, quebrantar, rajar, resquebrajar, desportillar **2** hendirse, abrirse, rajarse ▪ **fender as regras** quebrantar las reglas

fenecer /feneˈseR/ *v.* fenecer, morir, fallecer, acabar ▪ **fenecer na espera** fenecer en la espera

fenício /feˈnisju, sja/ *adj. s.* fenicio ▪ **cultura fenícia** cultura fenicia

feno /ˈfenu/ *sm.* heno, hierba, forraje para el ganado ▪ **feno para os cavalos** heno para los caballos

fenol /feˈnow/ *sm.* fenol ▪ **muito fenol** mucho fenol

fenômeno /feˈnomenu/ *sm.* fenómeno, maravilla, cosa extraordinaria, suceso ▪ **fenômeno mundial** fenómeno mundial

fera /ˈfɛra/ *sf.* **1** fiera, animal **2** bruto, cruel ▪ **dominar as feras** dominar a las fieras

féretro /ˈfɛretru/ *sm.* féretro, ataúd, obituario, tumba ▪ **cair no féretro** caer en el féretro

féria /ˈfɛrja/ *sf.* **1** feria **2** descanso **3** vacaciones ▪ **férias de verão** vacaciones de verano, veraneo

feriado /feriˈadu/ *adj.* **1** feriado **2** feriados, vacaciones ▪ **feriado escolar** asueto

ferida /feˈrida/ *sf.* herida, llaga, magulladura, pinchazo ▪ **pôr o dedo na ferida** poner el dedo en la llaga

ferido, -a /feˈridu, da/ *adj. s.* herido, lesionado ▪ **ferido gravemente** malherido

ferimento /feriˈmẽtu/ *sm.* herida, magullamiento ▪ **ferimento superficial** excoriación.

338

fiel

ferir /fe'ʁiR/ *v.* **1** herir, lisiar, agraviar, agredir, magullar, picar, pinchar **2** herirse, magullarse ■ **ferir o ladrão** herir al ladrón

fermentação /feRmeˆta'sɐ̃w/ *sf.* fermentación, agitación ■ **processo de fermentação** proceso de fermentación

fermentar /feRmeˆtaR/ *v.* **1** fermentar, leudar **2** agitar, excitar ■ **fermentar as uvas** fermentar las uvas

fermento /fer'meˆtu/ *sm.* enzima, fermento, levadura ■ **fermento de iogurte** fermento de yogur

ferocidade /ferosi'dad3i/ *sf.* ferocidad, fiereza, crueldad ■ **ferocidade da besta** ferocidad de la bestia

feroz /fe'rojʃ/ *adj.* feroz, fiero, bravo, perverso, cruel ■ **leão feroz** león feroz

ferragem /fe'Ra3eˆj/ *sf.* herraje **loja de ferragens** ferretería ■ **cravar a ferragem** clavar el herraje

ferramenta /feRa'meˆta/ *sf.* herramienta, aparejo ■ **quarto de ferramentas** cuarto de herramientas

ferrão /fe'Rɐ̃w/ *sm.* aguijón ■ **ferrão de vespa** aguijón de avispa

ferrar /fe'RaR/ *v.* **1** herrar, poner hierros. **2** perjudicar ■ **ferrar as jaulas** herrar las jaulas

ferreiro /fe'Rejru, ra/ *s.* herrero, metalúrgico ■ **em casa de ferreiro faca de pau** en casa de herrero cuchillo de palo

férreo, -a /'fɛRju, Rja/ *adj.* **1** férreo **2** duro, inflexible ■ **caminho férreo** camino férreo

ferro /'fɛRu/ *sm.* hierro **ferro de passar** plancha ■ **ferro fundido** hierro colado ■ **ferro-velho** hierro viejo, chatarrería

ferrolho /fe'Roʎu/ *sm.* cerrojo ■ **ferrolho malogrado** cerrojo malogrado

ferrovia /feRo'via/ *sf.* ferrocarril, ferrovía ■ **cruzar pela ferrovia** cruzar por la ferrovía

ferroviário, -a /feRovi'arju, rja/ *adj. s.* ferroviario, ferrocarrilero ■ **estação ferroviária** estación ferroviaria

ferrugem /fe'Ru3eˆ/ *sf.* herrumbre, óxido, orín, roña ■ **ferro com ferrugem** fierro con óxido

fértil /'fɛRtʃiw/ *adj.* fértil, fecundo, productivo, rico, abundante ■ **terreno fértil** terreno fértil

fertilidade /feRtʃili'dad3i/ *sf.* **1** fertilidad, fecundidad **2** riqueza, abundancia. ■ **tratamento de fertilidade** tratamiento de fertilidad

fertilização /feRtʃiliza'sɐ̃w/ *sf.* fertilización, fecundación ■ **engravidar-se por fertilização** embarazarse por fertilización

fertilizante /feRtʃili'zaˆtʃi/ *adj. sm.* fertilizante ■ **crescer com fertilizante** crecer con fertilizantes

fertilizar /feRtʃili'zaR/ *v.* fertilizar, fecundar, fecundizar ■ **fertilizar as hortaliças** fertilizar las hortalizas

fervente /feR've'tʃi/ *adj.* **1** hirviente **2** ardiente, ferviente, entusiasta ■ **água fervente** agua hirviente

ferver /feR'veR/ *v.* **1** cocer, hervir **2** agitarse, excitarse ■ **ferver antes de tomar** hervir antes de tomar

fervilhar /feRvi'ʎaR/ *v.* **1** hervir, pulular **2** hormiguear ■ **fervilhar ao ponto de cozinhar** hervir a punto de cocción

fervor /feR'voR/ *sm.* **1** fervor, hervor **2** inquietud ■ **dar um simples fervor** dar un simple hervor

fervoroso, -a /feRvo'rozu, za/ *adj.* fervoroso, ferviente ■ **leitora fervorosa** lectora fervorosa

fervura /feR'vura/ *sf.* fervor, hervor, ebullición ■ **dar uma fervura** dar un hervor

festa /'fɛʃta/ *sf.* fiesta, festividad, solemnidad, gala, recepción ■ **estar com cara de festa** estar uno de fiesta ■ **festa popular** quermese ■ **festas públicas** festejos

festejar /feʃte'3aR/ *v.* festejar, regocijar, conmemorar, aplaudir ■ **festejar ao seu nome** festejar a tu nombre

festejo /feʃ'te3u/ *sm.* festejo ■ **festejo programado** festejo programado

festim /feʃ'tʃĩ/ *sm.* festín, fiesta, ágape ■ **programar um festim** programar un festín

festividade /feʃtʃivi'dad3i/ *sf.* festividad, solemnidad ■ **chegar para as festividades** llegar para las festividades

festivo, -a /feʃ'tʃivu, va/ *adj.* festivo, festival, alegre ■ **dia festivo** día festivo

fetidez /fetʃi'dejʃ/ *sf.* fetidez, hedor, olor repugnante ■ **sentir uma fetidez** sentir uma fetidez

fétido, -a /'fɛtʃidu, da/ *adj.* fétido, moliente, apestoso ■ **cheiro fétido** olor fétido

feto /'fetu/ *sm.* feto, engendro ■ **assassinar o feto** asesinar al feto

fevereiro /feve'rejru/ *sm.* febrero ■ **carnavais de fevereiro** carnavales de febrero

fezes /'feziʃ/ *fpl.* excrementos ■ **evacuar as fezes** evacuar los excrementos

fiação /fia'sɐ̃w/ *sf.* **1** hilandería, hilado **2** cableado ■ **fiação artesanal** hilandería artesanal

fiado /fi'adu/ *adj.* fiado ■ **comprar, vender fiado** comprar, vender fiado

fiador, -ora /fia'doR, ra/ *s.* fiador, garante, responsable ■ **conhecer o fiador** conocer al fiador

fiambre /fi'ɐ̃bri/ *sm.* fiambre, jamón ■ **levar um fiambre** llevar un fiambre

fiança /fi'ɐ̃sa/ *sf.* fianza, afianzamiento, garantía, seguridad ■ **em fiança** en empeño ■ **fiança e garantia** fianza y garantía ■ **sob fiança** bajo fianza

fiapo /fi'apu/ *sm.* hilacha, peluza, brizna ■ **colocar um fiapo** colgar una hilacha

fiar /fi'aR/ *v.* **1** hilar, afianzar, asegurar, esperar, confiar **2** hilar, urdir **3** fiarse, confiarse ■ **nao ser uma pessoa de fiar** no ser una persona de fiar

fiasco /fi'aʃku/ *sm.* fiasco, chasco ■ **sendo um fiasco** llevarse un fiasco

fibra /'fibra/ *sf.* fibra, hebra, hilo, brizna, pelo, nervio ■ **fibra vegetal** fibra vegetal

ficar /fi'kaR/ *v.* **1** quedar, estar, detenerse, subsistir, permanecer, sobrar, desistir **2** quedarse ■ **ficar alerta** ponerse en guardia ■ **ficar com** quedarse con, llevarse ■ **ficar de fora** ser excluido ■ **ficar de mal** pelearse ■ **ficar de olho em algo** echarle el ojo a algo, querer mucho ■ **ficar na sua** no importunar ■ **ficar quieto** callarse

ficção /fik'sɐ̃w/ *sf.* ficción, fábula, narración, simulación ■ **história de ficção** historia de ficción

ficha /'fiʃa/ *sf.* ficha ■ **ficha policial para identificação** ficha antropométrica

fichar /fi'ʃaR/ *v.* fichar, catalogar ■ **fichar os assaltantes** fichar a los asaltantes

fichário /fi'ʃarju/ *sm.* fichero, casillero ■ **encher o fichário** llenar el fichero

fictício, -a /fik'tʃisju, sja/ *adj.* ficticio, quimérico ■ **trama fictícia** trama ficticia

fidelidade /fideli'dad3i/ *sf.* fidelidad, lealtad, sinceridad ■ **unir na fidelidade** unirse en fidelidad

fiel /fi'ew/ *adj.* fiel, leal ■ **fiel da balança** lengüeta ■ **ser fiel ao marido** ser fiel al cónyuge

fígado

fígado /ˈfigadu/ *sm.* hígado ■ **inflamação de fígado** inflamación de hígado

figura /ˈfiguru/ *sm.* figura, forma, tipo, imagen ■ **figura de ficção** personaje

figuração /figuraˈkãw/ *sm.* figuración, forma ■ **figuração perigosa** figuración peligrosa

figurado /figuˈradu, da/ *adj.* 1 figurado, supuesto ■ **sentido figurado** significado figurado

figurar /figuˈraR/ *v.* 1 figurar, disponer, trazar 2 parecer ■ **figurar no projeto** figurar en el proyecto

fila /ˈfila/ *sf.* cola, fila, hilera, orden ■ **em fila indiana** en fila india ■ **fazer fila** hacer cola

filamento /filaˈmẽtu/ *sm.* filamento 2 fibra, hebra, hilo ■ **filamento do tecido** filamento del tejido

filamentoso, -a /filameˈtozu, za/ *adj.* filamentoso ■ **carne filamentosa** carne filamentosa

filantrópico, -a /filãˈtɾopiku, ka/ *adj.* filantrópico, humanitario ■ **organização filantrópica** organización filantrópica

filão /fiˈlãw/ *sm.* filón, manantial ■ **filão grande** filón grande

filarmônico, -a /filaRˈmoniku, ka/ *adj.* filarmónico ■ **orquestra filarmônica** orquesta filarmónica

filatelia /filateˈlia/ *sf.* filatelia ■ **filatelia grande** filatelia grande

filé /fiˈlɛ/ *sm.* filete, lonja de carne o pescado ■ **arrumar um filé de carne** ordenar un filé de carne

fileira /fiˈlejra/ *sf.* fila, hilera, retahíla, sarta ■ **fileira de formigas** fila de hormigas

filete /fiˈletʃi/ *sm.* filete, friso, reguero ■ **filete de peixe** filete de pescado

filhó /fiˈʎɔ/ *sf.* buñuelo, masa de harina con huevos ■ **comer filhó** comer buñuelo

filho, -a /ˈfiʎu, ʎa/ *s.* hijo ■ **filhinho-de-papai** hijo de papá ■ **filho bastardo** hijo bastardo

filhote /fiˈʎɔtʃi/ *sm.* cría, hijo pequeño, **filhote de animal** cría ■ **filhote de cachorro** cría de perro

filiação /filiaˈsãw/ *sf.* 1 filiación, procedencia 2 derivación ■ **filiação da família** filiación de la familia

filigrana /filiˈgɾana/ *sf.* 1 filigrana, adorno 2 primor, delicadeza ■ **filigrana na casa** filigrana en la casa

filmagem /fiwˈmaʒẽ/ *sf.* filmación ■ **filmagem da apresentação** filmación de la presentación

filmar /fiwˈmaR/ *v.* filmar, rodar una película ■ **filmar a dança** filmar la danza

filme /ˈfiwmi/ *sm.* película, film, filme, cinta cinematográfica ■ **filme feito para televisão** telefilm

filologia /filoloˈʒia/ *sf.* filología ■ **estudar filologia** estudiar filología

filosofia /filozoˈfia/ *sf.* 1 filosofía, sabiduría 2 serenidad ■ **estudar filosofia** estudiar filosofía

filósofo, -a /fiˈlɔzufu, fa/ *adj.* filósofo, pensador, sabio ■ **professor filósofo** profesor filósofo

filtrar /fiwˈtraR/ *v.* filtrar, destilar, purificar ■ **filtrar a água** filtrar el agua

filtro /ˈfiwtɾu/ *sm.* filtro, filtrador, coladero, colador (té, café) ■ **cigarro com filtro** cigarrillo emboquillado ■ **filtro para água** destiladera

fim /ˈfĩ/ *sm.* 1 fin, conclusión, dejo, acabamiento, remate, término, terminación 2 límite, meta 3 consumación 4 éxito ■ **a fim de** a fin de ■ **fim de semana** fin de semana

finado, -a /fiˈnadu, da/ *adj. s.* finado, muerto, difunto ■ **dia dos finados** día de los muertos

finalidade /finaliˈdaʒi/ *sf.* 1 finalidad, objeto, objetivo, papel 2 meta ■ **finalidade grande** finalidad grande

finanças /fiˈnãsaʃ/ *fpl.* pl finanzas, hacienda pública, tesoro público ■ **especialista em finanças** financiero

financeiro, -a /finaˈsejru, ra/ *adj. s.* financiero, economista, banquero ■ **bom financiero** buen financiero

financiamento /finãsiaˈmẽtu/ *sm.* financiación ■ **financiamento do banco** financiación del banco

financiar /finãsiˈaR/ *v.* financiar ■ **financiar dinheiro** financiar dinero

fincar /fĩˈkaR/ *v.* 1 hincar, clavar 2 insistir ■ **fincar o pé** hacer hincapié

findar /fĩˈdaR/ *v.* acabar, fenecer, transcurrir, agonizar ■ **findar rapidamente** acabar rápidamente

fineza /fiˈneza/ *sf.* 1 fineza, finura 2 favor ■ **fineza das mulheres** fineza de las mujeres

fingido, -a /fĩˈʒidu, da/ *adj.* 1 fingido, doble, afectado, mojigato 2 doblado ■ **pessoa fingida** persona fingida

fingimento /fĩʒiˈmẽtu/ *sm.* 1 fingimiento, afectación, apariencia, hipocresía, simulación 2 comedia, disfraz ■ **fingimento das pessoas** fingimiento de las personas

fingir /fĩˈʒiR/ *v.* 1 fingir, figurar, simular, afectar, aparentar, soflamar, suponer 2 forjar 3 fingirse ■ **fingir amizade** fingir amistad

finito, -a /fiˈnitu, ta/ *adj.* finito, transitorio ■ **amor finito** amor finito

finlandês, -esa /fĩlãˈdejʃ, deza/ *adj. s.* finlandés ■ **homem finlandês** hombre finlandés

fino, -a /ˈfinu, na/ *adj.* fino, correcto, delgado, sutil ■ **pessoa fina** persona fina

finura /fiˈnura/ *sf.* finura, delicadeza, cortesía, educación ■ **finura das pessoas** finura de las personas

fio /ˈfiu/ *sm.* filo, hilo, hebra, pelo. ■ **estar por um fio** pender de un hilo ■ **fio condutor elétrico** cable ■ **fio de água** hilo de agua ■ **fio delgado** filete ■ **fios de teia** urdimbre **perder o fio** embotar

firma /ˈfiRma/ *sf.* 1 firma, empresa 2 signatura, rúbrica ■ **firma grande** firma grande

firmamento /fiRmaˈmẽtu/ *sm.* firmamento, cielo ■ **firmamento seguro** firmamento seguro

firmar /fiRˈmaR/ *v.* 1 firmar, fijar, estacar, subscribir 2 radicarse, apoyarse ■ **firmar um negócio** firmar un negocio

firme /ˈfiRmi/ *adj.* 1 firme, fijo, constante, estable, sólido, inmutable 2 inflexible, sostenido 3 intrépido, tenaz, tieso, válido ■ **ser firme** tener pulso fuerte

firmeza /fiRˈmeza/ *sf.* 1 firmeza, solidez. 2 fidelidad, confianza 3 constancia, persistencia, tenacidad, tesón ■ **com firmeza** firme ■ **falta de firmeza** tambaleo

fisco /ˈfiʃku/ *sm.* fisco, tesoro público, hacienda pública ■ **fisco grande** fisco grande

fisgar /fiʃˈgaR/ *v.* fisgar, prender, agarrar ■ **fisgar uma mulher** fisgar una mujer

físico, -a /ˈfiziku, ka/ *adj. s.* 1 físico, material, corporal 2 físico (especialista em física) ■ **físico bom** buen físico

fisiologia /fizioloˈʒia/ *sf.* fisiología ■ **fisiologia do homem** fisiología del hombre

fisionomia /fizionoˈmia/ *sf.* 1 fisionomía, expresión, gesto, rostro 2 pinta ■ **boa fisionomia** buena fisonomía

fisioterapia /fizioteraˈpia/ *sf.* fisioterapia ■ **formado em fisioterapia** graduado en fisioterapia

fissão /fiˈsãw/ *sf.* fisión ■ **fissão grande** fisión grande

foca

fissura /fi'sura/ *sf.* fisura, incisión, cisura, abertura, grieta ■ **fissura grande** abertura grande

fita /'fita/ *sf.* cinta, banda. ■ **fazer fita** simular ■ **fita métrica** cinta métrica, metro

fitar /fi'taR/ *v.* fijar los ojos, mirar ■ **fitar alguém** mirar alguien

fivela /fi'vɛla/ *sf.* hebilla ■ **fivela de cavalo** hebilla de caballo

fixação /fiksa'sãʊ̃w/ *sf.* fijación, obsesión ■ **fixação por você** fijación por ti

fixado, -a /fik'sadu, da/ *adj.* fijado ■ **objeto fixado** objeto fijado

fixador /fiksa'doR/ *adj.* fijador ■ **fixador para cabelo** laca

fixar /fik'saR/ *v.* **1** fijar, implantar, localizar, marcar, parar, clavar **2** fijarse, instalarse, radicarse ■ **fixar com grampos** grapar ■ **fixar os olhos** mirar

fixo, -a /'fiksu, sa/ *adj.* fijo, firme, estante, hito, inmóvil ■ **despesas fixas** gastos fijos

flã /'flã/ *sm.* flan, budín ■ **flã de chocolate** flan de chocolate

flacidez /flasi'dejʃ/ *sf.* flacidez, languidez ■ **flacidez da pele** flacidez de la piel

flácido, -a /'flasidu, da/ *adj.* flácido, flaco, lánguido, blando ■ **rosto flácido** cara flácida

flagelação /flaʒela'sãʊ̃w/ *sf.* **1** flagelación. **2** tormento, suplicio ■ **flagelação das pessoas** flagelación de las personas

flagelar /flaʒe'laR/ *v.* **1** flagelar, azotar **2** atormentar, martirizar, afligir, torturar ■ **flagelar as pessoas** flagelar las personas

flagelo /fla'ʒelu/ *sm.* **1** flagelo, azote **2** castigo, calamidad ■ **muito flagelo** mucho flagelo

flagrante /fla'grãtʃi/ *adj.* flagrante, evidente ■ **em flagrante** infraganti, en flagrante ■ **pegar em flagrante** cojer a uno en el garito

flagrar /fla'graR/ *v.* sorprender en flagrante ■ **flagrar um acontecimento** flagrar un acontecimiento

flamejante /flame'ʒãtʃi/ *adj.* flamante, llameante, flameante, brilhante ■ **cor flamejante** color flamante

flamejar /flame'ʒaR/ *v.* flamear, llamear ■ **flamejar muito** flamear mucho

flamenco /flamẽ'ku/ *adj.* flamenco ■ **dançar flamenco** danzar flamenco

flamengo, -a /fla'mẽgu, ga/ *adj. s.* flamenco (de Flandes) ■ **idioma flamengo** idioma flamenco

flamingo /fla'mĩgu/ *sm.* flamenco ■ **flamingo branco** flamenco blanco

flanar /fla'naR/ *v.* vagabundear, pasear ociosamente ■ **flanar pelas ruas** vagabundear por las calles

flanco /'flãku/ *sm.* flanco, lado, costado ■ **ao flanco de você** al lado tuyo

flanela /fla'nɛla/ *sf.* franela ■ **flanela amarela** franela amarilla

flato /'flatu/ *sm.* flato, gás ■ **flato forte** flato fuerte

flatulência /flatu'lẽsja/ *sf.* flatulencia ■ **soltar flatulência** soltar flatulencia

flauta /'flawta/ *sf.* flauta ■ **flauta doce** flauta dulce ■ **levar na flauta** ser poco serio

flecha /'flɛʃa/ *sf.* flecha, saeta, dardo ■ **flecha de madeira** flecha de madera

flechar /fle'ʃaR/ *v.* flechar, lanzar flechas ■ **flechar forte** flechar fuerte

flertar /fleR'taR/ *v.* flirtear ■ **flertar com as pessoas** flirtear con las personas

flerte /fleR'tʃi/ *sm.* flirteo ■ **flerte das pessoas** flirteo de las personas

fleuma /'flewma/ *sf.* flema, impasibilidad, paciencia ■ **fleuma das pessoas** paciencia de las personas

flexão /flek'sãʊ̃w/ *sf.* flexión ■ **flexão das palavras** flexión de las palabras

flexibilidade /fleksibili'dadʒi/ *sf.* **1** flexibilidad, elasticidad **2** docilidad ■ **flexibilidade das decisões** flexibilidad de las decisiones

flexionar /fleksjo'naR/ *v.* **1** flexionar **2** variar en género, número, etc. las palabras ■ **flexionar os pensamentos** flexionar los pensamientos

flexível /flek'sivew/ *adj.* **1** flexible, dúctil, elástico, maleable, moldeable **2** felino ■ **pessoa flexível** persona flexible

floco /'floku/ *sm.* copo (de nieve, algodón), grumo ■ **floco de neve** copo de nieve

flor /'floR/ *sf.* flor ■ **à flor d'água** a flor de agua ■ **à flor da pele** a flor de piel ■ **flor da idade** flor de la edad ■ **não ser flor que se cheire** no merecer confianza

flora /'flora/ *sf.* flora, vegetación ■ **fauna e flora** fauna y flora

floração /flora'sãʊ̃w/ *sf.* floración, florecencia ■ **floração do lugar** floración del lugar

floreado, -a /flore'adu, da/ *adj.* **1** rebuscado, florido, floreado **2** follaje ■ **lugar floreado** lugar florido

florear /flore'aR/ *v.* **1** florear, adornar **2** adornar, florear un discurso con retórica ■ **florear o lugar** florear el lugar

florescer /flore'seR/ *v.* **1** florecer, desabrochar **2** brillar, prosperar ■ **florescer a cidade** florecer la ciudad

floresta /flo'rɛʃta/ *sf* floresta, mata, selva ■ **floresta marinha** floresta marina

floricultura /florikuw'tura/ *sf.* **1** floricultura **2** florería, floristería ■ **floricultura da cidade** floricultura de la ciudad

florir /flo'riR/ *v.* **1** florecer, echar flor, abrirse, desabotonar **2** desabrocharse, desarrollarse ■ **florir a casa** florecer la casa

florista /flo'riʃta/ *s.* florista, florero ■ **florista da loja** florista de la tienda

fluência /flu'ẽsja/ *sf.* fluencia, fluidez, abundancia, espontaneidad ■ **falar com fluência** hablar con fluidez

fluente /flu'ẽtʃi/ *adj.* fluente, fluyente, corriente ■ **fluente no idioma** fluente en el idioma

fluidez /flui'dejʃ/ *sf.* **1** fluidez. **2** espontaneidad ■ **fluidez das palavras** fluidez de las palabras

fluido, -a /'flu'idu, da/ *adj. sm* **1** fluido, fluyente **2** fluido, líquido, vapor ■ **linguagem fluida** lenguaje fluido ■ **fluido elétrico** fluido eléctrico

fluir /flu'iR/ *v.* fluir, descender, manar, correr (como los líquidos) ■ **fluir objetos** fluir objetos

flúor /'fluoR/ *sm.* flúor ■ **flúor para os dentes** flúor para los dientes

fluorescente /fluore'sẽtʃi/ *adj.* fluorescente ■ **cor fluorescente** color fluorescente

flutuação /flutua'sãʊ̃w/ *sf.* flotación, fluctuación, flote, levitación, oscilación ■ **flutuação de objetos** flotación de objetos

flutuante /flutu'ãtʃi/ *adj.* flotante, flotador, boyante, oscilante ■ **dívida flutuante** deuda flotante

flutuar /flutu'aR/ *v.* **1** flotar, fluctuar, sobrenadar **2** oscilar, titubear ■ **flutuar na água** flutuar en el agua

fluxo /'fluksu/ *sm.* **1** flujo **2** torrente, abundancia ■ **fluxo de pessoas** flujo de personas

fobia /fo'bia/ *sf.* fobia, aversión, temor ■ **fobia das pessoas** fobia de las personas

foca /'foka/ *sf.* **1** foca. **2** periodista novato, inexperto ■ **foca no zoológico** foca en el zoo

341

focinho

focinho /fo'sĩɲu/ *sm.* **1** hocico. **2** rostro humano ■ **cair de focinho** hocicar ■ **focinho de porco** jeta

foco /'fɔku/ *sm.* foco, lugar principal ■ **fora de foco** desfocado ■ **foco infeccioso** foco de infección

fofo /'fofu/ *adj.* fofo, hinchado, esponjoso, blando ■ **criança fofa** niño fofo

fofoca /fo'fɔka/ *sf.* **1** intriga, parloteo, chisme, comidilla **2** historia, paparrucha ■ **fofoca grande** intriga grande

fofocar /fofo'kaR/ *v.* chismear, cotillear, parlar, picotear ■ **fofocar muito** picotear mucho

fofoqueiro, -a /fofo'kejru, ra/ *adj. s.* **1** soplón, chismoso, cuentista, lioso, picudo **2** oreja **3** fuele, cahuete ■ **mulher fofoqueira** mujer chismosa

fogaça /fo'gasa/ *sf.* hogaza ■ **fogaça grande** hogaza grande

fogão /fo'gɐ̃w/ *sm.* fogón, estufa ■ **fogão pequeno** hornillo

fogareiro /foga'rejru/ *sm.* hornillo, brasero ■ **fogareiro na casa** hornillo en la casa

fogaréu /foga'rɛw/ *sm.* hoguera, fogarada, lumbrera ■ **fogaréu do amor** hoguera del amor

fogo /'fogu/ *sm.* **1** fuego, combustión, incendio **2** ardor, brillo, pasión ■ **a ferro e fogo** a hierro y fuego ■ **em fogo brando** a fuego lento ■ **fogos de artifício** fuegos artificiales ■ **perto do fogo** a la lumbre ■ **reunião ao redor do fogo** fogón

fogoso, -a /fo'gozu, za/ *adj.* fogoso, incandescente, ardoroso ■ **homem fogoso** hombre fogoso

fogueira /fo'gejra/ *sf.* fogata, hogar, hoguera, pira ■ **fogueira em junho** fogata en junio

foguete /fo'getʃi/ *sm.* cohete ■ **foguete solta fogo** cohete suelta fuego

foice /'fojsi/ *sf.* hoz, guadaña ■ **foice grande** hoz grande

folclore /fow'klɔri/ *sm.* folklore ■ **folclore do Brasil** folklore del Brasil

fole /'fɔli/ *sm.* fuelle ■ **fole grande** fuelle grande

fôlego /'folegu/ *sm.* hálito, aliento ■ **de um fôlego só** de un aliento ■ **sem fôlego** jadeante ■ **tomar fôlego** tomar huelgo, cobrar aliento

folga /'fowga/ *sf.* descanso, huelgo, huelga, vacación ■ **dar uma folga** dar un descanso

folgado, -a /fow'gadu, da/ *adj.* **1** holgado, desahogado, suelto **2** caradura ■ **filho folgado** hijo holgado

folgar /fow'gaR/ *v.* holgar, descansar, divertirse ■ **folgar a corda** holgar la cuerda

folha /'foʎa/ *sf.* hoja, pétalo ■ **folha-de-flandres** hojalata ■ **folha de livro, de caderno** folio ■ **folha de papel** hoja de papel ■ **folha de papel** pequena cuartilla, octavilla ■ **folha de serviços** hoja de servicios

folhado, -a /fo'ʎadu, da/ *adj.* hojaldre, masa para pasteles ■ **folhado de comida** hojaldre de comida

folhagem /fo'ʎaʒẽ/ *sf.* follaje, ramaje ■ **folhagem grande** follaje grande

folhear /foʎe'aR/ *adj.* hojear, revestir en láminas de metal o madera ■ **folhear o jornal** hojear el periódico

folhetim /foʎe'tʃĩ/ *sm.* folletín, sección de un periódico ■ **folhetim famoso** folletín famoso

folheto /fo'ʎetu/ *sm.* folleto, opúsculo, panfleto ■ **folheto do jornal** folletín del periódico

folia /fo'lia/ *sf.* folía, farra, juerga ■ **folia das pessoas** folía de las personas

folião, -ã /foli'ɐ̃w, liona/ *adj.* s. **1** danzante, bailador de folías **2** bromista, histrión ■ **bom folião** buen danzante

folículo /fo'likulu/ *sm.* folleto **2** folículo ■ **folículo grande** folleto grande

fome /'fomi/ *sf.* **1** hambre, inanición **2** miseria, escasez ■ **matar a fome** matar el hambre

fomentar /fome͂'taR/ *v.* **1** fomentar **2** desarrollar, excitar, favorecer, ementar ■ **fomentar as crianças** fomentar los niños

fomento /fo'me͂tu/ *sm.* fomento, estímulo, apoyo, protección ■ **fomento das pessoas** fomento de las personas

fonema /fo'nema/ *sm.* fonema ■ **estudar os fonemas** estudiar los fonemas

fonética /fo'nɛtʃika/ *sf.* fonética, fonología ■ **fonética do português** fonética del portugués

foniatria /fonia'tria/ *sf.* foniatría ■ **curso de foniatria** curso de foniatría

fonologia /fonolo'ʒia/ *sf.* fonología ■ **fonología do francês** fonología del francés

fonte /'fo͂tʃi/ *sf.* **1** fuente, filón, mina, origen **2** raíz ■ **fonte segura** fuente segura

fora /'fɔra/ *adv.* fuera, afuera ■ **ficar de fora** quedar fuera ■ **fora de hora** fora de tiempo, fiambre ■ **fora de si** fuera de sí ■ **fora dos eixos** fuera de quicio ■ **jogar fora** tirar ■ **por fora** por afuera

foragido, -a /fora'ʒidu, da/ *adj. s.* forajido, huido, salteador, escapado, criminal, bandido ■ **homem foragido** hombre forajido

forasteiro, -a /foraʃ'tejru, ra/ *adj. s.* forastero, extranjero ■ **homem forasteiro** hombre forastero

forca /'foRka/ *sf.* horca, cadalso ■ **forca de pessoas** horca de personas

força /'foRsa/ *sf.* **1** fuerza, ímpetu, potencia, preponderancia, pujanza, vehemencia, vigor, voltaje ■ **à força** a la fuerza ■ **com força** recio ■ **dar uma força** echar una mano ■ **força armada** fuerza armada ■ **força de trabalho** fuerza de trabajo

forcado /foR'kadu/ *sm.* horquilla ■ **forcado de duas pontas** horquilla de dos puntas

forçado, -a /foR'sadu, da/ *adj.* forzado, obligado, violentado ■ **sorriso forçado** sonrisa forzada

forçar /foR'saR/ *v.* **1** forzar, constreñir, obligar, estirar, precisar, romper **2** violentarse ■ **forçar o resultado** forzar el resultado

fórceps /'fɔRseps/ *sm.* fórceps ■ **fórceps grande** fórceps grande

forçoso, -a /foR'sozu, za/ *adj.* forzoso, inexcusable, necesario, violento ■ **trabalho forçoso** trabajo forzoso

forense /fo're͂si/ *adj.* judicial, forense ■ **forense grande** forense grande

forja /'fɔRʒa/ *sf.* forja ■ **forja das pessoas** forja de las personas

forjado, -a /foR'ʒadu, da/ *adj.* **1** forjado **2** ideado, maquinado ■ **dados forjados** datos forjados

forjador, -ora /foRʒa'doR, ra/ *adj. s.* **1** herrero **2** inventor, forjador ■ **homem forjador** hombre herrero

forjar /foR'ʒaR/ *v.* **1** forjar **2** inventar, imaginar, fingir, fabricar, tramar, maquinar ■ **forjar dados** forjar datos

forma1 /'fɔRma/ *sf.* forma, horma, manera, modo, apariencia ■ **de forma alguma** ni por esas ■ **de forma que** de forma que ■ **estar em forma** estar en forma ■ **sem forma** disforme

forma2 /'fɔRma/ *sf.* **1** molde **2** letras de tipos de imprenta ■ **forma de pudim** flanera

formação /foRma'sɐ̃w/ *sf.* formación, composición, disposición ■ **formação de sentimento** formación de sentimiento

francês

formão /foR'mɐ̃w/ *sm.* formón ■ **formão grande** formón grande

formar /foR'maR/ *v.* formar, trabajar ■ **formar um processo** formar un proceso

formativo, -a /foRma'tʃivu, va/ *adj.* formativo ■ **opinião formativa** opinión formativa

formato /foR'matu/ *sm.* formato, forma, configuración ■ **formato do trabalho** formato del trabajo

formatura /foRma'tura/ *sf.* colación, graduación, licenciatura ■ **formatura dos estudantes** colación de los estudiantes

formidável /foRmi'davew/ *adj.* formidable, extraordinario, tremendo ■ **situação formidável** situación formidable

formiga /foR'miga/ *sf.* **1** hormiga **2** persona económica y activa ■ **formiga grande** hormiga grande

formigueiro /foRmi'gejru/ *sm.* **1** hormiguero **2** multitud ■ **formigueiro na terra** hormiguero en la tierra

formol /foR'mɔw/ *sm.* formol ■ **formol no cabelo** formol en el cabello

formoso, -a /foR'mozu, za/ *adj.* hermoso, lindo, bello, bonito, apolíneo ■ **mulher formosa** mujer hermosa

formosura /foRmo'zura/ *sf.* hermosura, lindeza, beldad, belleza ■ **formosura das mulheres** hermosura de las mujeres

fórmula /'fɔRmula/ *sf.* fórmula, estilo, receta ■ **fórmula do amor** fórmula del amor

formulario /foRmu'larju/ *sm.* **1** formulario, recetario **2** planilla ■ **preencher o formulário** rellenar el formulario

fornada /foR'nada/ *sf.* hornada ■ **fornada de salgados** hornada de salados

fornecer /foRne'seR/ *v.* abastecer, aprovisionar, avituallar, facilitar, proveer, proporcionar, suministrar, surtir ■ **fornecer ajuda** abastecer ayuda

fornecimento /foRnesi'me͂tu/ *sm.* suministro, provisión ■ **fornecimento de dinheiro** suministro de dinero

fornicar /foRni'kaR/ *v.* **1** fornicar, copular, ayuntar **2** perjudicar, importunar ■ **fornicar as pessoas** fornicar las personas

fornido, -a /foR'nidu, da/ *adj.* fornido, robusto ■ **homem fornido** hombre robusto

forno /'foRnu/ *sm.* **1** horno **2** lugar muy caliente ■ **forno de fábrica** hornalla

foro /'foru/ *sm.* **1** foro, reunión, conferencia ■ **foro de governantes** foro de gobernantes

forquilha /foR'kiʎa/ *sf.* **1** horca, percha **2** horquilla ■ **forquilha grande** horca grande

forrar /foR'kiʎa/ *sf.* forrar, cubrir ■ **forrar com papel** empapelar

forro /'foRu/ *sm.* forro, revestimiento, guarnición interior ■ **forro de roupa** viso.

forte /'fɔRtʃi/ *adj.* fuerte, duro, enérgico, intenso, potente, acérrimo, activo, vigoroso, recio, robusto, sólido, válido ■ **homem forte** hombre fuerte

fortificação /foRtʃifika'sɐ̃w/ *sf.* fortificación, bastión, fortaleza, baluarte, castillo ■ **fortificação do músculo** fortificación del músculo

fortificar /foRtʃifi'kaR/ *v.* fortificar, confortar, robustecer, fortalecer, blindar ■ **fortificar o corpo** fortificar el cuerpo

fortuito, -a /foR'twitu, ta/ *adj.* fortuito, aleatorio ■ **caso fortuito** caso fortuito

fortuna /foR'tuna/ *sf.* fortuna, dicha, grandeza, prosperidad, ventura ■ **fortuna de dinheiro** fortuna de dinero

fosco, -a /'foʃku, ka/ *adj.* opaco, empañado, obscure ■ **cor fosca** color opaca

fosfato /foʃ'fatu/ *sm.* fosfato ■ **fosfato é um elemento** fosfato es un elemento

fosforescente /foʃfore'se͂tʃi/ *adj.* fosforescente ■ **cor fosforescente** color fosforescente

fosforescer /foʃfore'seR/ *v.* fosforescer, emitir brillo fosforescente ■ **fosforescer a cor** fosforescer el color

fósforo /'fɔʃforu/ *sm.* fósforo, cerilla, mixto ■ **fósforo no fogão** fósforo en la cocina

fossa /'fɔsa/ *sf.* fosa, hoyo ■ **fossa grande** fosa grande

fóssil /'fɔsjw/ *adj.* **1** fósil **2** individuo retrógrado, cosa anticuada ■ **fossil encontrado** fósil encontrado

fossilização /fosiliza'sɐ̃w/ *sf.* fosilización, petrificación ■ **fossilização de animais** fosilización de animales

fosso /'fosu/ *sm.* foso, excavación, cavidad ■ **fosso grande** foso grande

foto /'fɔtu/ *sf.* foto, fotografía ■ **foto bonita** foto bonita

fotocópia /foto'kɔpja/ *sf.* fotocopia, reproducción fotográfica ■ **tirar fotocópia** sacar fotocopia

fotocopiadora /fotokopja'dora/ *sf.* fotocopiadora ■ **fotocopiadora de papéis** fotocopiadora de papeles

fotogênico, -a /foto'ʒeniku, ka/ *adj.* fotogénico ■ **mulher fotogênica** mujer fotogénica

fotografar /fotogra'faR/ *v.* **1** fotografiar, retratar **2** describir ■ **fotografar as pessoas** fotografiar las personas

fotografia /fotogra'fia/ *sf.* fotografía, foto, retrato ■ **fotografia de crianças** fotografía de niños

foz /'fɔjʃ/ *sf.* hoz, desembocadura, confluencia ■ **foz grande** hoz grande

fração /fra'sɐ̃w/ *sf.* fracción, retazo, división en partes ■ **fração de dinheiro** fracción de dinero

fracassar /fraka'saR/ *v.* fracasar, fallar, malograr, abortar. ■ **fracassar na vida** fracasar en la vida

fracasso /fra'kasu/ *sm.* **1** fracaso, fiasco **2** ruina, desgracia ■ **fracasso escolar** fracaso escolar

fracionar /frasjo'naR/ *v.* fraccionar, seccionar, quebrar, partir, fragmentar ■ **fracionar o dinheiro** fraccionar el dinero

fracionário, -a /frasjo'narju, rja/ *adj.* fraccionario ■ **número fracionário** número fraccionario

fraco, -a /'fraku, ka/ *adj.* flojo, débil, desmirriado, endeble, escuálido, frágil, flácido, mediocre, anémico, lánguido ■ **ser muito fraco** ser muy débil

frade /'fradʒi/ *sm.* fraile, monje, religioso ■ **frade da igreja** fraile de la iglesia

frágil /'fraʒiw/ *adj.* frágil, endeble, lábil, precario, tenue ■ **sexo frágil** sexo débil, la mujer

fragilidade /fraʒili'dadʒi/ *sf.* fragilidad, delicadeza, flaqueza ■ **fragilidade das pessoas** fragilidad de las personas

fragmentar /fragme͂'taR/ *v.* fragmentar, fraccionar, segmentar ■ **fragmentar um texto** fragmentar un texto

fragmento /frag'me͂tu/ *sm.* fragmento, esquirla, astilla, astillazo, lasca, migaja, parte, partícula, retazo, segmento, trozo ■ **fragmento do livro** fragmento del libro

fragor /fra'goR/ *sm.* fragor, ruido, estruendo ■ **fragor grande** fragor grande

fragrância /fra'grɐ͂sja/ *sf.* fragancia, efluvio, olor, perfume, aroma ■ **boa fragrância** buena fragancia

framboesa /frɐ̃'bo'eza/ *sf.* frambuesa ■ **comer framboesa** comer frambuesa

francês, -a /frɐ̃'sejʃ, seza/ *adj.* francés ■ **sair à francesa** despedirse a la francesa

343

franco

franco, -a /ˈfɾɑ̃ku, ka/ *adj.* franco, campechano, fácil, ingenuo, leal, liberal, liso, natural, sencillo, sincero ∎ **ser franco** ser franco

franco-atirador /fɾɑ̃kuatʃiɾaˈdoR, ra/ *sm.* francotirador, guerrillero ∎ **franco-atirador perigoso** francotirador peligroso

frango /ˈfɾɑ̃gu/ *sm.* **1** pollo **2** muchacho joven ∎ **comer frango** comer pollo

franja /ˈfɾɑ̃ʒa/ *sf.* fleco, hilacho, hilacha ∎ **franja de cabelo** flequillo ∎ **franja de tecido** fleco ∎ **tecido com franjas** tela con hilachas

franquear /fɾɑ̃kˈiaR/ *v.* franquear, eximir, librar ∎ **franquear muito** franquear mucho

franqueza /fɾɑ̃ˈkeza/ *sf.* **1** franqueza, lealdad, simplicidad, sinceridad, abertura **2** lisura ∎ **franqueza das palavras** franqueza de las palabras

franquia /fɾɑ̃ˈkia/ *sf.* franquía, franquicia, franqueo, exención ∎ **franquia post** franquicia de correos; porte

franzido, -a /fɾɑ̃ˈzidu, da/ *adj.* fruncido ∎ **franzido de roupa** dobladillo

franzir /fɾɑ̃ˈziR/ *v.* **1** crispar, plisar, fruncir, arrugar (tecido) **2** fruncir, contraer (frente) ∎ **franzir a testa** crispar la testa

fraque /ˈfraki/ *sm.* frac, chaqué ∎ **fraque grande** chaqué grande

fraquejar /fɾakeˈjaR/ *v.* flaquear, flojear, esmorecer ∎ **fraquejar o corpo** flaquear el cuerpo

fraqueza /fɾaˈkeza/ *sf.* **1** flaqueza, flojedad, debilidad, abatimiento **2** imbecilidad, cobardía ∎ **fraqueza do corpo** flaqueza del cuerpo

frasco /ˈfɾaʃku/ *sm.* frasco, pomo, vidrio ∎ **frasco grande** frasco grande

frase /ˈfɾazi/ *sf.* frase ∎ **frase feita** frase hecha ∎ **frase grande** frase grande

fraternidade /fɾateRniˈdadʒi/ *sf.* fraternidad, hermandad, armonía, compañerismo, unión ∎ **fraternidade de amigos** fraternidad de amigos

fraterno, -a /fɾaˈteRnu, na/ *adj.* **1** fraterno, fraternal **2** afectuoso, cariñoso ∎ **amor fraterno** hombre fraterno

fratura /fɾaˈtuɾa/ *sf.* fractura, rotura, ruptura, rompimiento ∎ **fratura na perna** fractura en la pierna

fraudar /fɾawˈdaR/ *v.* simular, engañar, falsificar ∎ **fraudar o governo** fraudar el gobierno

fraude /ˈfɾawdʒi/ *sm.* **1** fraude, falsificación, trapacería, simulación, copia, dolo, estafa, embolado, engaño, trampa **2** engañifa ∎ **fraude das pessoas** fraude de las personas

fraudulento, -a /fɾawduˈleˈtu, ta/ *adj.* fraudulento, doloso ∎ **homem fraudulento** hombre fraudulento

frear /fɾeˈaR/ *v.* frenar, reprimir ∎ **frear as pessoas** frenar las personas

freático, -a /fɾeˈatʃiku, ka/ *adj.* freático ∎ **lençol freático** capa freática

freguês, -esa /fɾeˈgejʃ, geza/ *s.* **1** cliente **2** marchante ∎ **bom freguês** buen cliente

freguesia /fɾegeˈzia/ *sf.* parroquia, clientela ∎ **grande freguesia** gran clientela

frei /ˈfɾej/ *sm.* fray, fraile, monje, religioso ∎ **frei da igreja** fraile de la iglesia

freio /ˈfɾeju/ *sm.* freno, rienda, **freio da língua, do prepúcio** *anat* frenillo ∎ **freio de carro** garrote

freira /ˈfɾeiɾa/ *sf.* monja, religiosa ∎ **freira da igreja** monja de la iglesia

frenesi /fɾeneˈzi/ *sm.* frenesí, exaltación ∎ **grande frenesi** gran frenesí

frenético, -a /fɾeˈnɛtʃiku, ka/ *adj.* frenético, exaltado, nervioso ∎ **pessoa frenética** persona frenética

frente /ˈfɾeˈtʃi/ *sf.* **1** frente, haz, anverso **2** frente, enfrente ∎ **frente a, em frente** delante ∎ **passar à frente** cogerle a uno la vez

frequência /fɾeˈkweˈsja/ *sf.* frecuencia, repetición ∎ **grande frequência** gran frecuencia

frequentar /fɾekweˈtaR/ *v.* frecuentar, cursar ∎ **frequentar a casa** frecuentar la casa

frequente /fɾeˈkweˈtʃi/ *adj.* frecuente, endémico, habitual, asiduo ∎ **exercícios frequentes** ejercicios frecuentes

fresa /ˈfɾeza/ *sf.* fresa ∎ **grande fresa** fresa grande

fresar /fɾeˈzaR/ *v.* fresar, taladrar o perforar por medio de fresa. ∎ **fresar muito** fresar mucho

fresco, -a /ˈfɾeʃku, ka/ *adj.* **1** fresco, lozano, reciente, tierno **2** pisaverde *sm* fresco; frescura ∎ **vento fresco** viento fresco

frescor /fɾeʃˈkoR/ *sm.* frescor, lozanía ∎ **frescor na praia** frescor en la playa

frescura /fɾeʃˈkuɾa/ *sf.* **1** frescor, frescura **2** afectación ∎ **frescura das mulheres** frescor de las mujeres

fresta /ˈfɾɛʃta/ *sf.* rendija, tronera, grieta ∎ **fresta da porta** rendija de la puerta

fretar /fɾeˈtaR/ *v.* fletar, alquilar ∎ **fretar o carro** fletar el coche

frete /ˈfɾɛtʃi/ *sm.* flete ∎ **frete e transportes** flete y transportes

frevo /ˈfɾevu/ *sm.* ritmo y danza típicos de Brasil ∎ **dançar frevo** bailar frevo

fricção /fɾikˈsɑ̃w/ *sf.* fricción, loción, masaje, roce ∎ **fricção das pessoas** fricción de las personas

friccionar /fɾiksjoˈnaR/ *v.* estregar, fregar, frotar, untar ∎ **friccionar muito** estregar mucho

fricote /fɾiˈkɔtʃi/ *sm.* sensiblería, manía, melindre ∎ **ter um fricote** tener una manía

frieira /fɾiˈejɾa/ *sf.* sabañón ∎ **frieira no pé** sabañón en el pie

frieza /fɾiˈeza/ *sf.* **1** frialdad, indiferencia **2** hielo ∎ **frieza de sentimentos** frialdad de sentimientos

frigideira /fɾiʒiˈdejɾa/ *sf.* sartén, freidora ∎ **fritar na frigideira** fritar en la sartén

frígido, -a /ˈfɾiʒidu, da/ *adj.* frígido, frío, helado ∎ **tempo frígido** tiempo frío

frigir /fɾiˈʒiR/ *v.* freír, sofreír ∎ **no frigir dos ovos** freír de los huevos

frigorífico /fɾigoˈɾifiku/ *sm.* frigorífico, congelador, nevera, cámara frigorífica ∎ **frigorífico de carne** frigorífico de carne

frio, -a /ˈfɾiu, ˈfɾia/ *adj.* **1** frío, frígido **2** tieso ∎ **a sangue-frio** a sangre fría ∎ **meter-se numa fria** meterse en honduras ∎ **um frio de rachar** un frío bárbaro

frisar /fɾiˈzaR/ *v.* **1** frisar, fresar, ensortijar, rizar, ondular. **2** frisar, encresparse ∎ **frisar os problemas** frisar los problemas

friso /ˈfɾizu/ *sm.* friso, filete, pestaña ∎ **muito friso** mucho friso

fritar /fɾiˈtaR/ *v.* freír, sofreír ∎ **fritar a batata** freír la papa

frito /ˈfɾitu/ *adj.* frito ∎ **batatas fritas** papas fritas

frivolidade /fɾivoliˈdadʒi/ *sf.* frivolidad, futilidad, veleidad ∎ **grande frivolidade** gran frivolidad

frívolo, -a /ˈfɾivolu, la/ *adj.* frívolo, fútil, vacío, hueco ∎ **pessoa frívola** persona frívola

fronteira /fɾoˈteiɾa/ *sf.* frontera, confín, linde, raya, aledaño ∎ **fronteira das regiões** frontera de las regiones

fronteiriço, -a /fɾoˈteiˈɾisu, sa/ *adj.* fronterizo, limítrofe ∎ **rio fronteiriço** rio fronterizo

furtar

frontispício /frõˈt͡ʃiˈpisju/ *sm.* frontispício, fachada, portada ■ **frontispício clássico** fachada clásica

frota /ˈfrɔta/ *sf.* flota, armada, escuadra ■ **frota perigosa** flota peligrosa

frouxidão /froʃiˈdɑ̃w̃/ *sf.* flojedad, molicie, debilidad ■ **ter frouxidão** tener flojedad

frouxo, -a /ˈfroʃu, ʃa/ *adj.* **1** flojo, flaco, tibio **2** miedoso ■ **pessoa frouxa** persona floja

fruição /fruiˈsɑ̃w̃/ *sf.* fruición, disfrute ■ **comer com fruição** comer con fruición

frustração /fruʃtraˈsɑ̃w̃/ *sf.* frustración, fracaso ■ **frustração no trabalho** frustración en el trabajo

frustrar /fruʃˈtraR/ *v.* **1** frustrar, aguar, baldar **2** frustrarse, fracasar, malograr ■ **frustrar um projeto** abortar un proyecto

fruta /ˈfruta/ *sf.* fruta ■ **frutas da estação** frutas del tiempo ■ **fruta seca** pasa

fruteira /fruˈtejra/ *sf.* frutero ■ **fruteira de madeira** frutera de madera

frutífero, -a /fruˈt͡ʃiferu, ra/ *adj.* fructífero **2** útil, provechoso ■ **muito frutífero** muy fructífero

frutificar /frut͡ʃifiˈkaR/ *v.* **1** fructificar, producir **2** ser provechoso, prosperar, ser útil ■ **frutificar muito** fructificar mucho

fruto /ˈfrutu/ *sm.* **1** fruta, fruto **2** consecuencia, rendimiento ■ **fruto proibido** fruto prohibido

fubá /fuˈba/ *sm.* harina de maíz, polenta ■ **comer fubá** comer polenta

fuça /ˈfusa/ *sf.* jeta ■ **fuça feia** jeta fea

fuga /ˈfuga/ *sf.* fuga, escape, evasión, retirada ■ **fuga precipitada** disparada, estampida ■ **fuga repentina** espantada

fugaz /fuˈgajʃ/ *adj.* fugaz, momentáneo, transitorio ■ **pessoa fugaz** persona fugaz

fugir /fuˈʒiR/ *v.* **1** escapar, fugarse, huir, esquivar, evadirse, aventarse, librarse, ahuyentarse **2** emplumar ■ **fugir de um encontro** dar un esquinazo

fugitivo, -a /fuʒiˈt͡ʃivu, va/ *adj. s.* fugitivo, forajido, evasor ■ **ladrão fugitivo** ladrón fugitivo

fulano, -a /fuˈlɐnu, na/ *s.* fulano, perengano ■ **um fulano** un fulano

fulgor /fuwˈgoR/ *sm.* fulgor, brillo, esplendor ■ **grande fulgor** gran fulgor

fulgurar /fuwguˈraR/ *v.* rezar, fulgurar, resplandecer, fulgir ■ **fulgurar muito** fulgurar mucho

fuligem /fuˈliʒe͂/ *sf.* hollín ■ **muita fuligem** mucho hollín

fulminante /fuwmiˈnɐ̃t͡ʃi/ *adj.* **1** fulminante **2** terrible **3** fascinante, atroz, cruel ■ **ataque fulminante** ataque fulminante

fulminar /fuwmiˈnaR/ *v.* **1** fulminar **2** aniquilar, destruir ■ **fulminar as pessoas** fulminar las personas

fumaça /fuˈmasa/ *sf.* fumarada, humareda, humo ■ **muita fumaça** mucho humo

fumante /fuˈmɐ̃t͡ʃi/ *adj.* fumador, humeante ■ **fumante há muitos anos** fumador de muchos años

fumar /fuˈmaR/ *v.* **1** fumar, humear **2** gastar, disipar los bienes **3** encolerizarse, enfurecerse ■ **fumar faz mal** fumar hace mal

fumegar /fumeˈgaR/ *v.* fumar, fumigar, ahumar, humear, sahumar ■ **fumegar muito** fumar mucho

fumo /ˈfumu/ *sm.* humo ■ **fumo faz mal** humo hace mal

função /fũˈsɑ̃w̃/ *sf.* función, ejercicio, práctica, oficio, papel ■ **função litúrgica** oficio

funcho /ˈfu ʃu/ *sm.* hinojo ■ **funcho grande** hinojo grande

funcionamento /fũsionaˈme͂tu/ *sm.* **1** funcionamiento, trabajo, actuación **2** mecanismo ■ **bom funcionamento** buen funcionamiento

funcionar /fũsjoˈnaR/ *v.* funcionar, marchar, trabajar, actuar ■ **funcionar bem** funcionar bien

funcionário, -a /fũsjoˈnarju, rja/ *s.* funcionario, empleado ■ **funcionário público** oficinista, funcionario

fundação /fũdaˈsɑ̃w̃/ *sf.* **1** fundación, instituto, institución **2** organización ■ **fundação para os estudos** fundación para los estudios

fundamentar /fũdameˈtaR/ *v.* **1** documentar, basar, fundamentar **2** basarse, apoyarse en ■ **fundamentar a fala** documentar el habla

fundamento /fũdaˈme͂tu/ *sm.* **1** fundamento, elemento, origen, razón, solidez, estribo **2** fuente, pie, raíz ■ **fundamento para falar** fundamento para hablar

fundar /fũˈdaR/ *v.* **1** fundar, iniciar, instituir, instaurar, erigir, apoyar, establecer **2** consistir ■ **fundar uma escola** fundar una escuela

fundear /fũˈdeˈaR/ *v.* fondear, anclar ■ **fundear o barco** fondear el barco

fundição /fũˈd͡ʒiˈsɑ̃w̃/ *sf.* fundición, fusión ■ **fundição do material** fundición del material

fundir /fũˈd͡ʒiR/ *v.* **1** fundir, fusionar, hundir **2** fundirse, derretirse **3** desaparecer, desvanecerse ■ **fundir o material** fundir el material

fundo, -a /ˈfũdu, da/ *adj.* fondo, hondo, profundo ■ **a fundo** a fondo ■ **fundo monetário internacional** fondo monetario ■ **no fundo** en el fondo, en substancia

fúnebre /ˈfunebri/ *adj.* fúnebre, macabro, triste, lúgubre, sombrío, tétrico ■ **situação fúnebre** situación fúnebre

funesto, -a /fuˈneʃtu, ta/ *adj.* nefasto, siniestro, triste, trágico ■ **pessoa funesta** persona siniestra

fungo /ˈfũgu/ *sm.* hongo, parásito ■ **fungo na comida** hongo en la comida

funil /fuˈniw/ *sm.* embudo ■ **funil verde** embudo verde

funilaria /funilaˈria/ *sf.* hojalatería, taller que arregla carrocerías y chapas de los coches ■ **funilaria especializada** hojalatería especializada

furacão /furaˈkɑ̃w̃/ *sm.* huracán, tifón, tornado ■ **furacão grande** huracán grande

furadeira /furaˈdejra/ *sf.* taladro ■ **furadeira elétrica** taladro eléctrico

furado, -a /fuˈradu, da/ *adj.* **1** picado, agujereado **2** paparrucha ■ **roupa furada** ropa picada

furador /furaˈdoR, ra/ *adj.* perforador, berbiquí ■ **furador de parede** taladradora de pared

furar /fuˈraR/ *v.* **1** agujerear, horadar, perforar, picar, pinchar **2** penetrar ■ **furar a parede** agujerear la pared

furgão /fuRˈgɑ̃w̃/ *sm.* furgón ■ **furgão grande** furgón grande

fúria /ˈfuˈrja/ *sf.* furia, encarnizamiento, furor, ira, estación, cólera ■ **fúria das pessoas** furia de las personas

furioso, -a /fuˈrjozu, za/ *adj.* furioso, despechado ■ **estar furioso com alguém** estar a matar a uno

furo /ˈfuru/ *sm.* agujero, horado, perforación, pinchazo, punto ■ **furo de reportagem** notícia dada de primera mano en la prensa

furor /fuˈroR/ *sm.* furor, saña, furia, ira, cólera ■ **fazer furor** hacer furor

furtar /fuRˈtaR/ *v.* **1** robar, quitar, raspar, ratear, defraudar **2** rapar, sangrar **3** hurtarse, esquivarse, desviarse **4** desviar,

345

fuzuê

escamotear, furtar com destreza, sonsacar ■ **furtar pequenas quantidades** sisar

furtivo, -a /fuR'tʃivu, va/ *adj.* furtivo, secreto, subrepticio ■ **situação furtiva** situación secreta

furto /'fuRtu/ *sm.* hurto, robo, latrocinio, sustracción ■ **furto no banco** hurto en el banco

fusão /fu'zãˉw/ *sf.* fusión, mezcla, alianza, reunión ■ **fusão de trabalho** fusión de trabajo

fuselagem /fuze'laʒeˉ/ *sf.* fuselaje ■ **fuselagem do avião** fuselaje del avión

fusível /fu'zivɛv/ *adj. sm.* fusible, cortacircuitos ■ **fusível grande** fusible grande

fuso /'fuzu/ *sm.* huso ■ **fuso horário** huso horario

fustigar /fuʃtʃi'gaR/ *v.* fustigar, hostigar, azotar, flagelar ■ **fustigar as pessoas** flagelar las personas

futebol /futʃi'bↄw/ *sm.* fútbol, balompié ■ **torcedor de futebol** hincha, forofo

futebolista /futʃibo'liʃta/ *s.* futbolista ■ **bom futebolista** buen futbolista

fútil /'futʃjw/ *adj.* fútil, baladí, frívolo, vacío, vanidoso ■ **pessoa fútil** persona fútil

futilidade /futʃili'dadʒi/ *sf.* **1** futilidad, fruslería, puerilidad, vanidad **2** pamplina **3** monada ■ **futilidade das pessoas** futilidad de las personas

futuro, -a /fu'turu, ɾa/ *adj. s.* **1** futuro, porvenir. **2** próximo, ulterior, el mañana ■ **bom futuro** buen futuro

futurologia /futurolo'ʒia/ *sf.* futurología ■ **área de futurologia** área de futurología

fuzil /fu'ziw/ *sm.* fusil, escopeta ■ **fuzil grande** fusil grande

fuzilar /fuzi'laR/ *v.* fusilar, echar chispas ■ **fuzilar as pessoas** fusilar las personas

fuzileiro /fuzil'ejɾu, ɾa/ *s.* fusilero ■ **fuzileiro naval** fusilero naval

fuzuê /fuzu'e/ *sm.* lío, espectáculo, guirigay ■ **fuzuê de pessoas** espectáculo de personas

G

ABCDEFGHIJKLMNOPQRSTUVWXYZ

g /'ge/ *sm.* séptima letra del alfabeto português ■ **g de gato** g de gato

gabar /ga'baR/ *v.* 1 ensalzar, alabar, elogiar 2 jactarse, alardear ■ **gabar alguém** elogiar alguien

gabarito /gaba'ritu/ *sm.* modelo, ejemplo, gálibo, escantillón ■ **gabarito da prova** gálibo de la prueba

gabinete /gabi'netʃi/ *sm.* gabinete, despacho ■ **gabinete do prefeito** gabinete del alcalde

gado /'gadu/ *sm.* ganado, ganadería ■ **gado para corte** matanza

gafanhoto /gafa'ɲotu/ *sm.* langosta, saltamontes ■ **gafanhoto verde** langosta verde

gafe /'gafi/ *sf.* metida de pata, acción inoportuna, dicho inconveniente ■ **cometer uma gafe** hablar un dicho inconveniente

gagá /ga'ga/ *adj.* caduco, decrépito ■ **ficar gagá** quedar caduco

gago, -a /'gagu, ga/ *adj. s.* tartamudo, balbuciente ■ **pessoa gaga** persona tartamuda

gaguejar /gage'ʒaR/ *v.* tartamudear, balbucear, farfullar, vacilar ■ **gaguejar muito** tartamudear mucho

gaiato, -a /gaj'atu, ta/ *adj. s.* galopín, ladino, polizón ■ **entrei de gaiato** entre de galopín

gaiola /gaj'ola/ *sf.* 1 jaula, gayola, cárcel 2 prisión ■ **gaiola de ferro** gayola de hierro

gaivota /gaj'vota/ *sf.* gaviota ■ **gaivota branca** gaviota blanca

gala /'gala/ *sf.* gala, pompa, adorno, ostentación ■ **roupa de gala** ropa de gala

galã /ga'lã/ *sm.* 1 galán, actor principal 2 galanteador, hombre guapo ■ **galã de novela** galán de romance

galante /ga'lãtʃi/ *adj.* galante, galán ■ **homem galante** hombre galante

galantear /galã'tʃi'aR/ *v.* galantear, pretender ■ **galantear as mulheres** galantear las mujeres

galão /ga'lãw/ *sm.* galón ■ **galão de água** galón de agua

galáxia /ga'laxia/ *sf.* galaxia ■ **galáxia de estrelas** galaxia de estrellas

galego, -a /ga'legu, ga/ *adj. s.* gallego, de Galicia ■ **cultura galega** cultura gallega

galera /ga'lera/ *sf.* 1 galera 2 galería, el público, pandilla ■ **galera da escola** galera de la escuela

galeria /gale'ria/ *sf.* galería, barandilla ■ **galeria de águas pluviais** colector

galgar /gaw'gaR/ *v.* trepar, saltar, alinear ■ **galgar alto** saltar alto

galhardo, -a /ga'ʎaRdu, da/ *adj.* gallardo, elegante, airoso, valiente ■ **homem galhardo** hombre valiente

galho /'gaʎu/ *sm.* rama, gajo, esqueje ■ **galho de madeira** gajo de madera

galicismo /gali'siʒmu/ *sm.* galicismo, francesismo ■ **estudar galicismo** estudiar galicismo

galinha /ga'liɲa/ *sf.* 1 gallina 2 mujer fácil ■ **deitar-se com as galinhas** acostarse con las gallinas, irse a la cama muy temprano

galinheiro /gali'ɲejru, ra/ *adj.* gallinero ■ **galinheiro na fazenda** gallinero en la hacienda

galo /'galu/ *sm.* gallo, **cantar de galo** mandar, dominar ■ **galo nervoso** gallo nervioso

galopar /galo'paR/ *v.* 1 galopar, correr con ímpetu. 2 andar con prisa ■ **galopar rápido** galopar rápido

galope /ga'lopi/ *sm.* galope, carrera rápida ■ **ir a galope** ir a galope

galpão /gaw'pãw/ *sm.* galpón ■ **galpão grande** galpón grande

gama /'gama/ *sf.* 1 gama, escala, gradación 2 escala musical ■ **gama musical** escala musical

gamela /ga'mela/ *sf.* escudilla, cuenco, gamela ■ **gamela de vidro** escudilla de vidrio

gameta /ga'meta/ *sm. Biol* gameto ■ **estudar os gametas** estudiar los gametos

gamo /'gamu/ *s.* gamo, ciervo, venado ■ **gamo grande** ciervo grande

ganância /ga'nãsja/ *sf.* ganancia, ambición, avaricia, avidez ■ **ganância na vida** ganancia en la vida

gancho /'gãʃu/ *sm.* gancho, grapa ■ **gancho de ferro** garabato, garfio ■ **gancho de metal** corchete

gandaia /gã'daja/ *sf.* farra, jarana, juerga ■ **gandaia na festa** farra en la fiesta

gânglio /'gãglju/ *sm.* ganglio ■ **dor no gânglio** dolor en el ganglio

gangrena /gã'grena/ *sf.* 1 gangrena, necrosis 2 corrupción, desmoralización ■ **gangrena na cidade** gangrena en la ciudad

gangrenar /gãgre'naR/ *v.* 1 gangrenar 2 corromper, viciar ■ **gangrenar o governo** corromper el gobierno

gangue /'gãgi/ *sf.* camarilla, pandilla ■ **gangue perigosa** camarilla peligrosa

ganhar /ga'ɲaR/ *v.* 1 ganar, aprovechar, cobrar 2 lucrarse 3 interesar 4 avanzar ■ **ganhar a vida** ganarse la vida ■ **ganhar em sorteio** sacar

ganho /ga'ɲu, ɲa/ *adj.* ganado, ganancia, granjeo, logro ■ **ganhos e perdas** lucros y daños

ganido /ga'nidu/ *sm.* gañido ■ **ganido forte** gañido fuerte

ganir /ga'niR/ *v.* gañir, ladrar ■ **ganir muito** gañir mucho

ganso /'gãsu/ *s.* ánsar, ganso ■ **ganso no lago** ánsar en el lago

garagem /ga'raʒeɲ/ *sf.* garaje ■ **garagem da casa** garaje de la casa

garagista /gara'ʒiʃta/ *s.* garajista ■ **garagista do restaurante** garajista del restaurante

347

garantia

garantia /gaɾãˈtʃia/ *sf.* garantía, fianza, afianzamiento, aval, salvaguarda, seguridad ■ **garantía do produto** garantía del producto

garantir /gaɾãˈtʃiR/ *v.* **1** garantizar, abonar, afianzar, avalar, salvaguardar **2** afirmar, asegurar ■ **garantir um bom trabalho** garantizar un buen trabajo

garbo /ˈgaRbu/ *sm.* **1** garbo, gallardía, apostura **2** aires ■ **garbo puro** aire puro

garboso, -a /gaɾˈbozu, za/ *adj.* garboso, gallardo, airoso, elegante ■ **homem garboso** hombre garboso

garça /ˈgaRsa/ *sf.* garza ■ **garça branca** garza blanca

garçom /gaRˈsõ/ *sm.* mozo, camarero ■ **garçom da mesa** mozo de la mesa

garçonete /gaRsoˈnetʃi/ *sf.* camarera, dependienta, chica ■ **garçonete do restaurante** camarera del restaurante

garfo /ˈgaRfu/ *sm.* tenedor, horquilla ■ **garfo de prata** tenedor de plata

gargalhada /gaRgaˈʎada/ *sf.* carcajada, risa impetuosa ■ **dar uma gargalhada** dar una carcajada

gargalo /gaRˈgalu/ *sm.* gollete, cuello ■ **grande gargalo** grande gollete

garganta /gaRˈgãta/ *sf.* garganta, desfiladero ■ **garganta seca** garganta seca

gargantilha /gaRgãˈtʃiʎa/ *sf.* gargantilla ■ **gargantilha de ouro** gargantilla de oro

gargarejo /gaRgaˈreʒu/ *sm.* gárgaras ■ **gargarejo no banheiro** gárgaras en el baño

gari /ˈgaɾi/ *s.* barrendero, persona que barre las vías públicas ■ **gari na rua** barrendero en la calle

garimpo /gaˈɾĩpu/ *sm.* mina, yacimiento, explotación de piedras y metales preciosos ■ **garimpo antiguo** explotación de piedras y metales preciosos antigua

garoa /gaˈɾoa/ *sf.* llovizna, sirimiri ■ **garoa no dia** llovizna en el día

garotada /gaɾoˈtada/ *sf.* pandilla de chicos ■ **garotada jogando** pandilla de chicos jugando

garoto, -a /gaˈɾotu, ta/ *s.* **1** chico, galopín **2** chaval **3** gurrumino **4** novia, chica ■ **garoto bonito** chico guapo

garra /ˈgaRa/ *sf.* **1** garra, uña, zarpa **2** posesión violenta, poder injusto ■ **cair nas garras de alguém** caer en las garras de alguien ■ **garra das aves de rapina** presa

garrafa /gaˈRafa/ *sf.* botella, vidrio ■ **abrir garrafa** descorchar ■ **garrafa térmica** termo ■ **garrafa de água** botella de agua

garrafão /gaRaˈfãw/ *sm.* garrafa, garrafón ■ **garrafão de água** garrafón de agua

garrancho /gaˈRãʃu/ *sm.* garrapato ■ **garrancho de letra** garrapato de letra

garupa /gaˈɾupa/ *sf.* grupa ■ **na garupa** a las ancas

gás /ˈgajʃ/ *sm.* gas, vapor ■ **gás encanado** gas de ciudad ■ **gás intestinal** flato ■ **gás metano** grisú

gaseificar /gazejfiˈkaR/ *v.* gasificar ■ **gaseificar o líquido** gasificar el líquido

gasoduto /gazoˈdutu/ *sm.* gaseoducto, gasoducto ■ **caminho do gasoduto** camino del gaseoducto

gasóleo /gaˈzɔlju/ *sm.* gasóleo, gasoil ■ **gasóleo prático** gasóleo práctico

gasolina /gazoˈlina/ *sf.* **1** gasolina **2** nafta ■ **posto de gasolina** gasolinera

gasoso, -a /gaˈzozu, za/ *adj.* gaseoso, que está en estado de gas ■ **líquido gasoso** líquido gaseoso

gaspacho /gaʃˈpaʃu/ *sm.* gazpacho, sopa fría ■ **comer gaspacho** comer gazpacho

gastar /gaʃˈtaR/ *v.* **1** gastar, expender, acabar, desbastar, disipar, dilapidar **2** derretir **3** gastarse, consumirse, arruinarse ■ **gastar dinheiro** gastar dinero

gasto /ˈgaʃtu, ta/ *adj.* gasto, desembolso ■ **muito gasto** mucho gasto

gastronomia /gaʃtronoˈmia/ *sf.* gastronomía ■ **estudar gastronomia** estudiar gastronomía

gastronômico, -a /gaʃtroˈnomiku, ka/ *adj.* gastronómico ■ **feira gastronômica** feria gastronómica

gatilho /gaˈtʃiʎu/ *sm.* gatillo, disparador ■ **apertar o gatilho** apretar el gatillo

gato, -a /ˈgatu, ta/ *s.* gato ■ **vender gato por lebre** dar gato por liebre

gatuno, -a /gaˈtunu, na/ *adj. s.* ladrón, ratero, fullero ■ **gatuno de casa** ladrón de casa

gaúcho, -a /gaˈuʃu, ʃa/ *adj. s.* gaucho ■ **música do gaúcho** música del gaucho

gaveta /gaˈveta/ *sf.* cajón ■ **gaveta de madeira** cajón de madera

gavião /gaviˈãw/ *sm.* gavilán, ave de rapiña ■ **gavião voando** gavilán volando

gaze /ˈgazi/ *sf.* gasa, tejido para fines médicos ■ **gaze para a ferida** gasa para la herida

gazela /gaˈzewa/ *sf.* **1** gacela **2** mujer joven y elegante ■ **gazela voando** gacela volando

gazeta /gaˈzeta/ *sf.* gaceta, publicación periódica ■ **ler a gazeta** leer la gaceta

gê /ˈʒe/ *sm.* ge, nombre de la letra g ■ **gê de gel** ge de gel

geada /ʒeˈada/ *sf.* escarcha, helada ■ **geada forte** escarcha fuerte

gel /ˈʒew/ *sm.* gel ■ **gel no cabelo** gel en el cabello

geladeira /ʒelaˈdejra/ *sf.* **1** nevera, frigorífico **2** refrigeradora, heladera ■ **geladeira vazia** nevera vacía

gelar /ʒeˈlaR/ *v.* **1** congelar, helar, endurecer de frío **2** helarse ■ **gelar as bebidas** helar las bebidas

gelatina /ʒelaˈtʃina/ *sf.* gelatina ■ **comer gelatina** comer gelatina

geleia /ʒeˈleja/ *sf.* jalea, mermelada ■ **geleia real** jalea real ■ **geleia de morango** jalea de frutillas

geleira /ʒeˈlejra/ *sf.* glaciar, nevera ■ **geleira no sul** nevera en el sur

gélido, -a /ˈʒɛlidu, da/ *adj.* gélido, congelado ■ **bebida gélida** bebiga gélida

gelo /ˈʒelu/ *sm.* **1** hielo **2** desinterés ■ **dar um gelo** tratar con indiferencia a uno

gema /ˈʒema/ *sf* **1** yema (de huevo) **2** gema (pedra preciosa) ■ **gema do ovo** yema del huevo

gêmeo, -a /ˈʒemju, mja/ *adj. sm.* gemelo, mellizo ■ *pl astrol, astron* **gêmeos** géminis (signo, constelación) ■ **irmão gêmeo** hermano gemelo

gemer /ʒeˈmeR/ *v.* gemir, lloriquear, suspirar, susurrar ■ **gemer muito** gemir mucho

gemido /ʒeˈmidu/ *sm.* gemido, lamento, lamentación, llorera ■ **gemido alto** gemido fuerte

gen /ˈxen/ *sm.* gen, gene ■ **gen do homem** gen del hombre

genealogia /ʒenealoˈxia/ *sf.* genealogía, origen, filiación, procedencia ■ **genealogia dos animais** genealogía de los animales

ginástico

genealógico, -a /xenea'loxiku, a/ *adj.* genealógico ■ **árvore genealógica** árbol genealógico

genebra /ʒe'nebra/ *sf.* ginebra, bebida alcohólica ■ **tomar genebra** tomar ginebra

general /ʒene'raw/ *s.* **1** general **2** jefe, caudillo ■ **respeitar o general** respetar el general

generalidade /ʒenerali'dadʒi/ *sf.* generalidad, mayoría ■ **generalidade do processo** generalidad del proceso

generalizar /ʒenerali'zaR/ *v.* generalizar, difundir, vulgarizar, propagar ■ **generalizar o problema** generalizar el problema

genérico, -a /ʒe'nɛriku, ka/ *adj.* genérico, común, vago, indeterminado ■ **remédio genérico** medicina genérica

gênero /'ʒeneru/ *sm.* género, clase, especie, orden, ralea ■ **gêneros alimentícios** géneros ■ **gêneros armazenados** existencias

generosidade /ʒenerozi'dadʒi/ *sf.* **1** generosidad, desinterés, despreocupación, prodigalidad **2** largueza ■ **generosidade das pessoas** generosidad de las personas

generoso, -a /ʒene'rozu, za/ *adj.* **1** generoso, desprendido, magnánimo, franco, liberal, grande **2** gaucho **3** manilargo ■ **pessoa generosa** persona generosa

gênese /'ʒenezi/ *sf.* génesis, generación, origen ■ **livro do gênesis** libro del génesis

genético, -a /ʒe'netʃiku, ka/ *adj.* genético ■ **problema genético** problema genético

gengibre /ʒe'ʒibri/ *sm.* jengibre ■ **gengibre na comida** jengibre en la comida

gengiva /ʒe'ʒiva/ *sf.* encía ■ **gengiva inflamada** encía inflamada

gengivite /ʒe'ʒi'vitʃi/ *sf.* gengivitis ■ **gengivite evoluída** gengivitis evoluída

genial /ʒeni'aw/ *adj.* **1** genial, talentoso **2** alegre, festivo ■ **ideia genial** idea genial

genialidade /ʒeniali'dadʒi/ *sf.* genialidad, talento ■ **genialidade das crianças** genialidad de los niños

gênio /'ʒenju/ *sm.* **1** genio, talento **2** carácter, temperamento ■ **gênio da informática** genio de la informática

genital /ʒeni'taw/ *adj.* genital ■ **órgão genital** órgano genital

genocídio /ʒeno'sidʒju/ *sm.* genocidio ■ **genocídio na cidade** genocidio en la ciudad

genro /'ʒeʊ̃ru/ *sm.* yerno ■ **genro educado** yerno educado

gente /'ʒetʃi/ *sf.* gente ■ **gente boa** gente de bien ■ **gente humilde** plebe ■ **gente rica** gente bien ■ **muita gente** mucha gente

gentil /ʒe'tʃiw/ *adj.* gentil, galante, obsequioso, afable ■ **ser gentil** ser gentil

gentileza /ʒe'tʃi'leza/ *sf.* gentileza, gallardía ■ **por gentileza** por cortesía, por favor

gentinha /ʒe'tʃiɲa/ *sf.* gentuza ■ **gentinha na rua** gentuza en la calle

gentio /ʒe'tʃiu/ *adj. s.* gentío, muchedumbre ■ **grande gentio** gran gentío

genuíno, -a /ʒe'nuinu, na/ *adj.* genuino, puro, propio, natural ■ **pessoa genuína** persona genuina

geografia /ʒeogra'fia/ *sf.* geografía ■ **geografia na escola** geografía en la escuela

geologia /ʒeolo'ʒia/ *sf.* geología ■ **geologia da terra** geología de la tierra

geometria /ʒeome'tria/ *sf.* geometría ■ **estudar geometria** estudiar geometría

geométrico, -a /ʒeo'metriku. ka/ *adj.* geométrico ■ **formato geométrico** formato geométrico

geração /ʒera'saʊ̃w/ *sf.* generación, concepción ■ **geração de valores** generación de valores

gerador, -ora /ʒera'doR, ra/ *adj. s.* generador ■ **gerador elétrico** electrógeno

geral /ʒe'raw/ *adj.* general, común, total, universal ■ **em geral** por regla general

gerânio /ʒe'rɐnju/ *sm.* malvón, geranio ■ **gerânio é uma planta** malvón es una planta

gerar /ʒe'raR/ *v.* generar, concebir, crear, engendrar, fecundar ■ **gerar movimento** generar movimiento

gerência /ʒe're¯sja/ *sf.* gerencia, gestión, intendencia, administración ■ **boa gerência** buena gerencia

gerente /ʒe're¯tʃi/ *adj. s.* gerente, encargado, gestor, administrador ■ **gerente da loja** gerente de la tienda

gergelim /ʒeR3e'l¦¯/ *sm.* ajonjolí, sésamo ■ **pão com gergelim** pan con ajonjolí

geriatria /ʒeria'tria/ *sf.* geriatría ■ **geriatria frequentada** geriatría frecuentada

germânico, -a /ʒeR'mɐniku, ka/ *adj.* germánico, alemán ■ **língua germânica** lengua germánica

germe /'ʒeRmi/ *sm.* **1** germen, embrión, simiente **2** origen, causa ■ **germe na comida** germen en la comida

germinar /ʒeRmi'naR/ *v.* **1** germinar, vegetar, brotar, crecer **2** tener origen, desarrollarse. ■ **germinar na terra** germinar en la tierra

gerontologia /ʒeroͥtolo'ʒia/ *sf.* gerontología ■ **estudar gerontologia** estudiar gerontología

gerúndio /ʒe'ru¯dʒju/ *sm.* gerundio ■ **gerúndio das palavras** gerundio de las palabras

gesso /'ʒesu/ *sm.* yeso ■ **gesso no braço** yeso en el brazo

gestação /ʒeʃta'saʊ̃w/ *sf.* gestación, embarazo, gravidez ■ **gestação complicada** embarazo complicado

gestante /ʒeʃ'ta¯tʃi/ *adj. f.* gestante, embarazada ■ **mulher gestante** mujer embarazada

gestão /ʒeʃ'ta¯w/ *sf.* gestión, administración ■ **gestão da empresa** gestión de la empresa

gesticular /ʒeʃtʃiku'laR/ *v.* **1** gesticular, manotear **2** expresar ■ **gesticular bem** gesticular bien

gesto /'ʒeʃtu/ *sm.* gesto, ademán, expresión ■ **gesto discreto** gesto discreto

gibi /'ʒibi/ *sm.* **1** historieta, cómic **2** tebeo ■ **não estar no gibi** ser fuera de lo común, fantástico

gigante /ʒi'ga¯tʃi/ *s.* gigante, titán, desmedido, colosal ■ **homem gigante** hombre gigante

gigantesco /ʒiga¯'teʃku/ *adj.* gigantesco, enorme, grandioso ■ **coração gigantesco** corazón gigantesco

gigolô /ʒigo'lo/ *sm.* **1** gigoló, rufián **2** mantenido ■ **jovem gigolô** joven gigoló

gilete /ʒi'letʃi/ *sf.* hoja o lámina de afeitar ■ **gilete na pele** lámina de afeitar en la piel

gim /'ʒ¦¯/ *sm.* ginebra ■ **muito gim** mucha ginebra

ginásio /ʒi'nazju/ *sm.* gimnasio, liceo ■ **ginásio grande** gimnasio grande

ginástica /ʒi'naʃtʃika/ *sf.* gimnasia ■ **ginástica rítmica** gimnasia rítmica

ginástico, -a /ʒi'naʃtʃiku, ka/ *adj.* gimnástico ■ **fazer ginástica** hacer gimnástica

349

ginecologia

ginecologia /ʒinekolo'ʒia/ *sf.* ginecología, tocología ■ **área da ginecologia** área de la ginecología

ginecologista /ʒinekolo'ʒifta/ *s.* ginecólogo, tocólogo ■ **consultório do ginecologista** consultorio del ginecólogo

girafa /ʒi'rafa/ *sf.* jirafa ■ **girafa grande** jirafa grande

girar /ʒi'raR/ *v.* girar, rodar, volver, cambiar de dirección ■ **girar muito** girar mucho

girassol /ʒira'sɔw/ *sm.* girasol, copas de júpiter ■ **girassol amarelo** girasol amarillo

gíria /'ʒirja/ *sf.* argot, jerga, lunfardo, jerigonza ■ **gíria dos jovens** argot de los jóvenes

giro /'ʒiru/ *adj.* giro, rotación, torno, vuelta ■ **dar um giro** dar un giro

giz /'ʒiʃ/ *sm.* tiza, barra pequeña de material blanco que se usa para escribir ■ **giz no quadro** tiza en la pizarra

glacial /glasi'aw/ *adj.* **1** glacial, helado, muy frío **2** indiferente, insensible ■ **tempo glacial** tiempo glacial

glande /'glɑ̃'dʒi/ *sf.* glande, bálano ■ **glande grande** bálano grande

glândula /'glɑ̃dula/ *sf.* glándula ■ **glândula salivar** glándula salivar

glicerina /glise'rina/ *sf.* glicerina ■ **glicerina no corpo** glicerina en el cuerpo

glicose /gli'kozi/ *sf.* glucosa ■ **glicose no sangue** glucosa en la sangre

global /glo'baw/ *adj.* global, total, general ■ **problema global** problema global

globalizar /globali'zaR/ *v.* globalizar ■ **globalizar a tecnologia** globalizar la tecnología

globo /'globu/ *sm.* **1** globo, cuerpo esférico **2** la tierra ■ **globo ocular** globo ocular

glóbulo /'globulu/ *sm.* glóbulo ■ **glóbulo branco** glóbulo blanco ■ **glóbulo vermelho** glóbulo rojo

glória /'glɔrja/ *sf.* **1** gloria, honra, fama, reputación **2** galardón, aureola, palma, triunfo ■ **estar na glória** estar en la gloria

glorificação /glorifika'sɑ̃w/ *sf.* glorificación, aclamación, exaltación, magnificencia ■ **glorificação das pessoas** glorificación de las personas

glorificar /glorifi'kaR/ *v.* glorificar, aclamar, exaltar, magnificar ■ **glorificar a Deus** glorificar a Dios

glorioso, -a /glori'ozu, za/ *adj.* glorioso, magnífico ■ **homem glorioso** hombre magnífico

glossário /glo'sarju/ *sm.* glosario, léxico ■ **glossário do livro** glosario del libro

glutão, -ona /glu'tɑ̃w, tona/ *adj.* glotón, goloso, comilón ■ **glutão grande** glotón grande

glúten /'glutẽ/ *sm.* gluten ■ **alérgico ao glúten** alérgico al gluten

glúteo, -a /'glutʃju, tʃja/ *adj.* glúteo, región glútea ■ **região glútea** región glútea

goiaba /go'jaba/ *sf.* guayaba ■ **comer goiaba** comer guayaba

gol /'gow/ *sm.* gol, punto en el fútbol ■ **fazer gol** hacer gol

gola /'gola/ *sf.* cuello, cogote ■ **gola da camisa** cuello de la camisa

gole /go'li/ *sm.* trago, sorbo ■ **dar um gole** dar un trago

golear /gole'aR/ *v.* golear ■ **golear no jogo** golear en el juego

goleiro /go'lejru, ra/ *s.* guardameta, arquero, portero ■ **bom goleiro** buen guardameta

golfe /'gowfi/ *sm.* golf ■ **jogar golfe** jugar golf

golfinho /gow'fiɲu/ *sm.* delfín ■ **golfinho no mar** delfín en el mar

golfo /gow'fu/ *sm.* golfo, bahía ■ **golfo longe** golfo lejos

golpe /'gowpi/ *sm.* golpe, embate, porrazo ■ **dar um golpe** encajar un golpe ■ **golpe de mestre** golpe maestro ■ **golpe direto** directo (en el boxeo)

golpear /gowpe'aR/ *v.* golpear, golpetear, aporrear, pegar ■ **golpear o outro** golpear el otro

goma /'goma/ *sf.* goma ■ **goma arábica** goma arábiga ■ **goma de mascar** goma de mascar

gongo /'go͂'gu/ *sm.* gong, gongo (instrumento de percusión) ■ **tocar gongo** tocar gongo

gonorreia /gono'rɛja/ *sf.* gonorrea ■ **ter gonorreia** tener gonorrea

gorar /go'raR/ *v.* **1** malograr, engorar **2** abortar **3** malograrse ■ **gorar alguém** malograr alguien

gordo, -a /'goRdu, da/ *adj.* gordo, nutrido, obeso, graso ■ **gordo e magro** gordo y delgado

gorducho, -a /goR'duʃu, ʃa/ *adj.* rechoncho, regordete ■ **menino gorducho** chico rechoncho

gordura /goR'dura/ *sf.* gordura, grasa, adiposidad, obesidad, unto ■ **gordura animal** lardo

gorduroso, -a /goRdu'rozu, za/ *adj.* grasoso, graso, adiposo, aceitoso ■ **comida gordurosa** comida grasosa

gorjeio /goR'zeju/ *sm.* gorjeo, trinado, gorgorito ■ **gorjeio do pássaro** trinado del pájaro

gorjeta /goR'ʒeta/ *sf.* **1** propina, gratificación **2** feria, remojo ■ **dar gorjeta** dar propina

gorro /'goRu/ *sm.* gorra, gorro, barrete, caperuza ■ **gorro vermelho** gorra roja

gostar /gof'taR/ *v.* gustar, amar, simpatizar, agradarse ■ **gostar de viver** gustar de vivir

gosto /'goftu/ *sm.* gusto, gustazo, sabor, felicidad, grado, regalo ■ **bom/mau gosto** buen/mal gusto ■ **muito gosto** con mucho gusto, de mil amores ■ **de mau gosto** ramplón ■ **gosto apurado** gusto delicado

gostoso, -a /gof'tozu, za/ *adj.* **1** gustoso, apetitoso, sabroso, rico **2** majo ■ **comida gostosa** comida sabrosa

gota /'gota/ *sf.* **1** gota, lágrima **2** gota, artritis ■ **gota de água** gota de agua

goteira /go'tejra/ *sf.* gotera, canalón ■ **goteira na casa** gotera en la casa

gotejar /gote'ʒaR/ *v.* gotear, rezumar, destilar ■ **gotejar muito** gotear mucho

gótico, -a /'gɔtʃiku, ka/ *adj.* gótico ■ **igreja gótica** iglesia gótica

governador, -ora /goveRna'doR, ra/ *adj. s.* gobernador, administrador ■ **governador responsável** gobernador responsable

governar /goveR'naR/ *v.* gobernar, dirigir, imperar, reinar **2** gobernarse, regirse ■ **governar o país** gobernar el país

governo /go'veRnu/ *sm.* gobierno, estado, orden ■ **governo corrupto** gobierno corrupto

gozação /goza'sɑ̃w/ *sf.* **1** burla, mofa **2** escarnio, ironía, parodia, risa, cuchufleta ■ **fazer gozação** burlarse

gozar /go'zaR/ *v.* **1** gozar **2** escarnecer, usar, divertirse, disfrutar ■ **gozar o outro** gozar el otro

gozo /'gozu/ *sm.* goce, gozo, fruición, placer, alegría, usufructo ■ **gozo da vida** gozo de la vida

graça /'grasa/ *sf.* **1** gracia, gracejo, lindeza, merced **2** sal, salero ■ **cair nas graças** caer en gracias ■ **de graça** de favor, gratis ■ **graças a Deus!** ¡gracias a Dios!

grávido

gracejo /gra'seju/ *sm.* gracejo, chiste, chanza ■ **fazer um gracejo** hacer un gracejo

gracioso, -a /grasi'ozu, za/ *adj.* **1** gracioso **2** felino, florido, salado **3** saleroso ■ **pessoa graciosa** persona graciosa

gradação /grada'sãw/ *sf.* gradación ■ **processo de gradação** proceso de gradación

gradativo, -a /grada'tʃivu, va/ *adj.* gradativo, gradual ■ **processo gradativo** proceso gradativo

grade /'gradi/ *sf.* reja, enrejado, rastra, red, verja ■ **grade de ferro** reja de hierro

gradear /grade'aR/ *v.* enrejar, vedar o cercar con reja ■ **gradear o terreno** enrejar el terreno

graduação /gradua'sãw/ *sf.* **1** graduación **2** puestos, posición social, categoría, jerarquía ■ **graduação demorada** graduación demorada

graduar /gradu'aR/ *v.* **1** graduar **2** clasificar, cotejar **3** graduarse, recibir un grado universitario ■ **graduar no curso** graduar en el curso

grafia /gra'fia/ *sf.* grafía, escritura ■ **boa grafia** buena grafía

gráfico, -a /'grafiku, ka/ *adj.* gráfico ■ **desenho gráfico** diseño gráfico

grafite /gra'fitʃi/ *sf.* grafito ■ **grafite do lápis** grafito del lápiz

grafologia /grafolo'ʒia/ *sf.* grafología ■ **área de grafologia** área de grafología

gralha /'graʎa/ *sf.* urraca, corneja ■ **gralha na árvore** urraca en el árbol

grama /'grɐma/ *s.* **1** césped, grama, yerba, pasto **2** gramo (unidad de peso); símbolo g ■ **peso em grama** peso en grama

gramado /gra'madu, da/ *adj.* **1** césped, prado **2** cancha, arena ■ **gramado verde** césped verde

gramática /gra'matʃika/ *sf.* gramática ■ **gramática descritiva** gramática descriptiva ■ **gramática gerativa** gramática generativa ■ **gramática normativa** gramática normativa

gramofone /gra'mofoni/ *sm.* gramófono, fonógrafo ■ **gramofone grande** gramófono grande

grampeador /grãpea'doR/ *sm.* grapadora, engrapadora ■ **grampeador quebrado** grapadora rota

grampear /grãpe'aR/ *v.* **1** grapar, asegurar con grapas **2** poner escucha en teléfono ■ **grampear as folhas** grapar las hojas

grampo /'grãpu/ *sm.* clip, gafa, grapa, gancho para segurar el pelo ■ **grampo na folha** clip en la hoja

grana /'grɐna/ *sf.* parné, pasta, plata ■ **montar na grana** llenarse de dinero.

granada /gra'nada/ *sf.* **1** granada, granate, bomba de mano **2** granada (fruta) ■ **granada perigosa** granada peligrosa

grandalhão, -ona /grãda'ʎãw, ʎona/ *adj. s.* grandullón ■ **homem grandalhão** hombre grandullón

grande /'grãdʒi/ *adj.* grande, magno ■ **grande coisa!** ¡y eso qué? ■ **grande demais** monstruoso

grandeza /grã'deza/ *sf.* grandeza, enormidad, aparato, magnitud, tamaño ■ **grandeza de pensamento** grandeza de pensamiento

grandiloquência /grãdʒilo'kwẽsja/ *sf.* grandilocuencia, altisonancia ■ **grandiloquência dos atos** grandilocuencia de los actos

grandioso, -a /grãdʒi'ozu, za/ *adj.* grandioso, aparatoso, magnífico, monumental ■ **construção grandiosa** construcción grandiosa

granel /gra'new/ *sm.* granel ■ **a granel** a granel

granito /gra'nitu/ *sm.* granito ■ **granito na terra** granito en la tierra

granizo /gra'nizu/ *sm.* granizo ■ **chover granizo** granizar, apedrear ■ **chuva de granizo** lluvia de granizo

granja /'grãʒa/ *sf.* **1** granja, cortijo, finca. **2** chacra ■ **granja grande** granja grande

granjear /grãʒe'aR/ *v.* **1** granjear, cultivar, obtener. **2** conquistar ■ **granjear as plantas** granjear las plantas

granjeiro, -a /grã'ʒejru, ra/ *s.* granjero, agricultor. ■ **granjeiro da fazenda** granjero de la hacienda

granular /granu'laR/ *adj.* granear, granular, desmenuzar en granos ■ **granular na comida** granear en la comida

grão /'grãw/ *sm.* grano, semilla ■ **grão de arroz** grano de arroz

grão-de-bico /grãw'dʒi'biku/ *sm.* garbanzo ■ **grão-de-bico na salada** garbanzo en la ensalada

grasnar /graʒ'naR/ *v.* graznar, gañir ■ **grasnar muito** graznar mucho

gratidão /gratʃi'dãw/ *sf.* gratitud, agradecimiento, lealtad, reconocimiento ■ **gratidão às pessoas** agradecimiento a las personas

gratificação /gratʃifika'sãw/ *sf.* **1** gratificación, prima, propina. ■ **gratificação por um trabalho** comisión **gratificação salarial** extra

gratificar /gratʃifi'kaR/ *v.* gratificar, dar propina. ■ **gratificar uma pessoa** gratificar una persona

gratinar /grati'nar/ *v.* gratinar, tostar en el horno la parte superior de un alimento. ■ **gratinar o alimento** gratinar el alimento

grátis /'gratis/ *adj. & adv.* gratis, gratuito, de favor, de gorra, sin remuneración. ■ **produto grátis** producto gratis

grato, -a /'grato, a/ *adj.* grato, agradable, dulce, reconocido. ■ **grato pela presença** grato por la presencia

gratuidade /gratwi'dadʒi/ *sf.* gratuidad, falta de fundamento. ■ **gratuidade das aulas** gratuidad de las clases

gratuito, -a /gra'twitu, ta/ *adj.* gratuito, infundado, arbitrario, dado. ■ **evento gratuito** evento gratuito

grau /'graw/ *sm.* **1** grado, escalón, medida, nivel. ■ **colar grau** graduar. **em alto grau** en gran manera. **registrar os graus** graduar.

graúdo /gra'udu, da/ *adj.* grande, crecido, granado. ■ **peixe graúdo** pez gordo, persona influyente.

gravação /grava'sãw/ *sf.* grabación, filmación. *Pl:* gravações. ■ **boa gravação** buena grabación

gravado, -a /gra'vadu, da/ *adj.* grabado, cincelado. ■ **ficar gravado** quedar grabado

gravador /grava'doR/ *adj. & s.* grabador, grabadora, magnetofón, magnetófono ■ **bom gravador** buen grabador

gravar /gra'vaR/ *v.* **1** grabar, entallar, estampar, imprimir, inscribir, filmar. **2** sobrecargar **3** fijarse hondamente. ■ **gravar a voz** grabar la voz

gravata /gra'vata/ *sf.* corbata. ■ **gravata-borboleta** moñito, pajarita.

grave /'gravi/ *adj.* grave, formal, serio, severo, solemne. ■ **situação grave** situación grave

gravidade /gravi'dadʒi/ *sf.* gravedad, aplomo, dignidad, peso, seriedad, severidad. ■ **gravidade do acidente** gravedad del accidente

gravidez /gravi'dejʃ/ *sf.* **1** gravidez, embarazo, gestación, preñez. **2** estado interesante. ■ **gravidez delicada** gravidez delicada

grávido /'gravidu/ *adj.* grávido, preñado. ■ **animal grávido** animal grávido

351

gravitação

gravitação / gravita'sãʷw/ *sf.* gravitación. ■ **gravitação da terra** gravitación de la tierra

gravura / gra'vura/ *sf.* grabado. ■ **colocar gravuras** ilustrar.

graxa / 'graxa/ *sf.* unto, grasa. ■ **graxa para calçados** betún

grego, -a / 'gregu, ga/ *adj.* griego. ■ **idioma grego** idioma griego

grelha / 'greʎa/ *sf.* rejilla. ■ **grelha de assar** carne barbacoa. **grelha de ferro** parrilla.

grêmio / 'gremju/ *sm.* gremio, club, asociación recreativa. ■ **grêmio da escola** gremio de la escuela

greta / 'greta/ *sf.* grieta, raja, hendidura. ■ **greta da porta** grieta de la puerta

greve / 'grɛvi/ *sf.* huelga, paro ■ **fura-greve** esquirol

grifo / gri'fu/ *adj.* raya, subliñado, marcación, bastardilla. ■ **grifo no texto** marcación en el texto

grilhão / gri'ʎãʷw/ *sm.* **1** brete, cadena metálica, grillete. **2** prisión, lazos. ■ **medida do grilhão** medida del brete

grilo / 'grilu/ *sm.* grillo. ■ **grilo verde** grillo verde

grinalda / gri'nawda/ *sf.* guirnalda, cenefa, festón. ■ **grinalda para decorar** guirnalda para decorar

gringo, -a / gri̱'gu, ga/ *s.* gringo. ■ **gringo na cidade** gringo en la ciudad

gripe / 'gripi/ *sf.* gripe, resfriado. ■ **pegar uma gripe** coger un resfriado

grisalho, -a / gri'zaʎu/ *adj.* grisáceo, entrecano, gris. ■ **cabelo grisalho** cabello grisáceo

gritar / gri'taR/ *v.* gritar, ulular, desgañitarse, vocear. ■ **gritar muito** gritar mucho

gritaria / grita'ria/ *sf.* **1** griterío. **2** boato, guirigay, jarana. ■ **gritaria da escola** griterío en la escuela

grito / 'gritu/ *sm.* grito, berrido, sonido en voz muy alta. ■ **matar cachorro a grito** estar desesperado

grogue / 'grɔgi/ *adj.* grogui, atontado, borracho. ■ **ficar grogue** quedar grogui

grosseiro, -a / gro'sejru, ra/ *adj. & s.* grosero, chapucero, chocarrero, descortés, gamberro, grueso, inculto, insolente, chabacano, ordinario, ramplón, torpe. ■ **homem grosseiro** hombre grosero

grosseria / grose'ria/ *sf.* grosería, chocarrería, descortesía, inconveniencia, indelicadeza. ■ **falar grosseria** hablar grosería

grosso, -a / 'grosu, sa/ *adj.* **1** grueso, espeso, voluminoso. **2** ordinario, grosero. ■ **jogar grosso** jugar fuerte

grossura / gro'sura/ *sf.* **1** grosor, espesor. **2** grosería, vulgaridad. ■ **grossura da carne** grosor de la carne

grotesco, -a / gro'teʃku, ka/ *adj.* grotesco, ridículo. ■ **homem grotesco** hombre grotesco

grudar / gru'daR/ *v.* encolar, pegar, unir. ■ **grudar no caderno** encolar en el cuaderno

grude / 'grudʒi/ *sm.* cola, engrudo, pegamento. ■ **grude o papel** cola el papel

grunhir / gru'ɲiR/ *v.* **1** gruñir. **2** respingar. ■ **grunhir alto** gruñir fuerte

grupo / 'grupu/ *sm.* **1** grupo, masa, conglomerado, montón. **2** elenco. ■ **grupo teatral** compañía

gruta / 'gruta/ *sf.* gruta, cueva, antro, cripta. ■ **gruta perigosa** gruta peligrosa

guapo / 'gwapo/ *adj.* guapo, animoso, resuelto. ■ **menino guapo** chico guapo

guaraná / gwara'na/ *sf.* planta de la región amazónica con la que se hace una bebida gaseosa. ■ **tomar guaraná** tomar guaraná

guarani / gwara'ni/ *adj. & s.* guaraní. ■ **índios guaranis** indígenas guaranís

guarda / 'gwarða/ *s.* **1** guarda, reserva. **2** vigía, centinela, guardia, vigilante. ■ **baixar a guarda** bajar la guardia, descuidar de la vigilancia. **pôr-se em guarda** ponerse en guardia

guarda-chuva / gwaRda'ʃuva/ *sm.* paraguas

guarda-costas / gwaRdakɔʃtaʃ/ *sm.* guardaespaldas, matón. ■ **guarda-costas de um famoso** guardaespaldas de un famoso

guardanapo / gwaRda'napu/ *sm.* servilleta. ■ **guardanapo na mesa** servilleta en la mesa

guarda-noturno / gwaRdano'tuRnu/ *sm.* guardia nocturno, sereno, vigilante. ■ **guarda-noturno da casa** guardia nocturno de la casa

guarda-pó / gwaRda'po/ *sm.* guardapolvo. ■ **guarda-pó da casa** guardapolvo de la casa

guardar / gwaR'daR/ *v.* **1** guardar, conservar, cuidar, custodiar, depositar, economizar, embolsar, reservar, retener, tener. **2** guardarse, precaverse, recelarse, defenderse. ■ **guardar a comida** guardar la comida

guarda-roupa / gwaRda'ropa/ *s.* guardarropa, ropero, armario. ■ **guardar a roupa no guarda-roupa** guardar la ropa en el guardarropa

guarda-sol / gwaRda'sɔw/ *s.* parasol, quitasol. ■ **guarda-sol pequeno** sombrilla

guardião, -ã / gwaRdʒi'ãʷw, dʒiã͂/ *s.* guardián. ■ **guardião do tesouro** guardián del tesoro

guarnecer / gwaRne'seR/ *v.* guarnecer, adornar, embellecer, revestir. ■ **guarnecer a casa** adornar la casa

guarnição / gwaRni'sãʷw/ *sf.* **1** guarnición, adorno. **2** conjunto de alfombras. ■ **guarnição do lugar** guarnición del lugar

guatemalteco, -a / gwatemaʎ'teko, a/ *adj. & s.* guatemalteco. ■ **presidente guatemalteco** presidente guatemalteco

guelra / 'gewRa/ *sf.* agallas. ■ **guelra dos animais** agallas de los animales

guerra / 'geRa/ *sf.* guerra, batalla, conflagración, lucha. ■ **declarar guerra** declarar guerra. ■ **guerra mundial** guerra mundial

guerrear / geRe'aR/ *v.* **1** guerrear, batallar, conflagrar. **2** competir, resistir, rebatir, hostilizar. ■ **guerrear muito** guerrear mucho

guerreiro, -a / ge'Rejru, ra/ *adj. & s.* guerrero, belicista, belicoso, marcial. ■ **guerreiro da guerra** guerrero de la guerra

guerrilha / ge'Riʎa/ *sf.* guerrilla. ■ **guerrilha da cidade** guerrilla de la ciudad

gueto / 'getu/ *sm.* gueto, ghetto. ■ **pessoas do gueto** personas del gueto

guia / 'gia/ *sf.* **1** guía, conducción, conductor, líder, mentor, pauta, guión. **2** piloto, **3** vereda. ■ **guia de cegos** lazarillo.

guiar / gi'aR/ *v.* **1** guiar, dirigir, aconsejar, regular, conducir, manejar. **2** guiarse, conducirse. ■ **guiar o carro** dirigir el coche

guichê / gi'ʃe/ *sm.* ventanilla, taquilla. ■ **guichê está longe** ventanilla está lejos

guidão / gi'dãʷw/ *sm.* manillar (bicicleta), guía. ■ **guidão do caminho** guía del camino

guilhotina / giʎo'tʃina/ *sf.* guillotina. ■ **guilhotina perigosa** guillotina peligrosa

guinchar / gĩ'ʃaR/ *v.* chillar, chirriar, remolcar (vehículos). ■ **guinchar o carro** remolcar el coche

guincho / 'gĩʃu/ *sm.* **1** gañido, chillido **2** grúa. ■ **guincho na rua** gañido en la calle

gustação

guindaste / g¦˜daʃʧi/ *sm.* grúa, cabria. ■ **guindaste para pesos** titán.

guirlanda / giR'lɑ̃da/ *sf.* guirnalda. ■ **guirlanda prata** guirnalda plata

guisa / 'giza/ *sf.* guisa, modo. ■ **à guisa de** a guisa de.

guisado / gi'zadu/ *sm.* guisado, guiso. ■ **guisado de carne ou peixe** estofado.

guisar / gi'zaR/ *v.* guisar, preparar, cocinar, sazonar, adobar. ■ **guisar o prato principal** cocinar el plato principal

gula / 'gula/ *sf.* gula, glotonería. ■ **gula é um pecado** gula es un pecado

gulodice / gulo'dʒisi/ *sf.* gula. ■ **ter gulodice** tener gula

guloseima / gulo'sejma/ *sf.* golosina. ■ **comer guloseimas** golosinear. ■ **comer guloseima** comer golosina

guloso, -a / gu'lozu, za/ *adj. & s.* goloso, glotón, comilón. ■ **menino guloso** chico goloso

gume / 'gumi/ *sm.* corte, filo. ■ **de dois gumes** de doble filo

guri / gu'ri/ *sm.* niño, criatura. ■ **guri teimoso** niño temoso

gustação / guʃta'sɑ̃w/ *sf.* gustación, sabor. ■ **boa gustação** buen sabor

H

h /a'ga/ *sm.* **1** octava letra del alfabeto portugués **2** símbolo de hora ■ **h é uma letra** h es una letra

hábil /'abjw/ *adj.* **1** hábil, fino, diestro, apto, astuto, diplomático, dispuesto **2** apañado ■ **ser muito hábil** ser muy astuto

habilidade /abili'dadʒi/ *sf.* habilidad, destreza, aptitud, diplomacia ■ **habilidade na direção** habilidad en la conducción

habilitação /abilita'sɐ̃w/ *sf.* habilitación, capacidad, aptitud, idoneidad ■ **carteira de habilitação** carné/permiso de conducir

habilitado, -a /abili'tadu, da/ *adj.* habilitado, aprobado ■ **ser habilitado** ser habilitado

habilitar /abili'taR/ *v.* **1** habilitar, adiestrar, aprobar **2** prepararse ■ **habilitar para dirigir** habilitar para dirigir

habitação /abita'sɐ̃w/ *sf.* habitación, residencia, morada, estancia ■ **habitação escura** habitación oscura

habitante /aβi'tɐ̃tʃe/ *adj. s.* habitante ■ **habitante da costa ou das terras baixas** abajeño ■ **habitante das terras altas** arribeño

habitar /aβi'taR/ *v.* habitar, residir, morar, frecuentar ■ **habitar a casa** habitar la casa

hábito /'aβito/ *sm.* **1** hábito **2** costumbre, uso, tendencia **3** apariencia ■ **o hábito não faz o monge** el hábito no hace al monje

habitual /aβi'twaw/ *adj.* habitual, común, corriente, familiar ■ **compromisso habitual** compromiso habitual

habituar /aβi'twaR/ *v.* **1** habituar, familiarizar, acostumbrar, acomodar **2** habituarse, enseñarse, acostumbrarse ■ **habituar com a situação** habituar con la situación

haitiano, -a /aj'tjano, a/ *adj. s.* haitiano ■ **homem haitiano** hombre haitiano

hálito /'alito/ *sm.* hálito, aliento, respiración ■ **bom hálito** buen hálito

halo /'alo/ *sm.* halo, aura, anillo de luz que rodea algo, corona ■ **halo da lua** halo de la luna

hambúrguer /ɑ̃'buRgeR/ *s.* hamburguesa ■ **comer hambúrguer** comer hamburguesa

handebol /ɑ̃'de'bow/ *sm.* balonmano ■ **jogar handebol** jugar balonmano

hangar /ɑ̃'gaR/ *sm.* hangar, cobertizo para guardar aviones ■ **hangar do aeroporto** hangar del aeropuerto

harém /a'rɛ̃'/ *sm.* harem, harén ■ **harém grande** harem grande

harmonia /aRmo'nia/ *sf.* **1** armonía, acuerdo **2** unión, simetría, cohesión, concordia, conformidad, fraternidad ■ **harmonia das pessoas** armonía de las personas

harmônico, -a /aR'moniku, ka/ *adj. sm.* **1** armónico **2** regular, coherente ■ armónica, acordeón ■ **música harmônica** música armónica

harmonioso, -a /aRmoni'ozu, za/ *adj.* armonioso, agradable, coherente ■ **relação harmoniosa** relación armoniosa

harmonizar /aRmoni'zaR/ *v.* **1** armonizar, conciliar, ajustar **2** concordar, conciliar, congeniar, entonar **2** equilibrar, **3** componer **4** llegar a un acuerdo, convivir armoniosamente ■ **harmonizar com as pessoas** conciliar con las personas

harpa /'aRpa/ *sf.* arpa, harpa ■ **tocar harpa** tocar harpa

haste /'aʃtʃi/ *sf.* asta, fuste ■ **haste flexível** sarmiento

haver /a'veR/ *v. sm.* **1** haber, poseer, tener, existir, suceder, conseguir, obtener **2** portarse ■ **haver por bem** dignarse

hebreu, -eia /e'brew, e'breja/ *adj. s.* hebreo, judío, israelita ■ **povo hebreu** pueblo hebreo

hecatombe /eka'to'bi/ *sf.* hecatombe, matanza, degollina, holocausto ■ **hecatombe irreal** hecatombe irreal

hectare /ek'tari/ *sm.* hectárea, símbolo ha ■ **muitos hectares** muchas hectáreas

hediondo /ed3i'o'du/ *adj.* sórdido, horrible, repugnante ■ **situação hedionda** situación sórdida

hegemonia /e3emo'nia/ *sf.* **1** hegemonía **2** supremacía ■ **hegemonia na sociedade** hegemonía en la sociedad

helenismo /ele'niʒmu/ *sm.* helenismo ■ **helenismo romano** helenismo romano

hélice /'elisi/ *sm.* hélice, espiral, aparato propulsor de navíos y aeroplanos ■ **hélice perigosa** hélice peligrosa

helicóptero /eli'kɔpteru/ *sm.* helicóptero, autogiro ■ **helicóptero voando** helicóptero volando

heliocêntrico /elio'se'triku/ *adj.* heliocéntrico, que tiene al sol como centro ■ **sistema heliocêntrico** sistema heliocéntrico

heliporto /eli'poRtu/ *sm.* helipuerto ■ **heliporto seguro** helipuerto seguro

hemácia /e'masja/ *sf.* hematíe, glóbulo rojo de la sangre ■ **hemácia no corpo** hematíe en el cuerpo

hematologia /ematolo'3ia/ *sf.* hematología ■ **estudar hematologia** estudiar hematología

hematoma /ema'toma/ *sm.* hematoma, tumor sanguíneo ■ **hematoma na perna** hematoma en la pierna

hemeroteca /emero'teka/ *sf.* hemeroteca, colección de publicaciones periódicas ■ **hemeroteca em casa** hemeroteca en casa

hemiplegia /emiple'3ia/ *sf.* hemiplejía ■ **ter hemiplegia** tener hemiplejía

hemisfério /emis'fɛrju/ *sm.* hemisferio, mitad de la tierra ■ **hemisfério norte** hemisferio norte

hemofilia /emofi'lia/ *sf.* hemofilia ■ **ter hemofilia** tener hemofilia

hemoglobina /emoglo'bina/ *sf.* hemoglobina ■ **hemoglobina no sangue** hemoglobina en la sangre

hipócrita

hemorragia /emoRa'ʒia/ *sf.* hemorragia, derramamiento de sangre, hemorrea ■ **hemorragia interna** hemorragia interna

hemorróidas /emo'Rɔjdaʃ/ *fpl.* **1** almorrana **2** hemorroides ■ **ter hemorróidas** tener almorrana

hepático /e'patʃiku/ *adj.* hepático, del hígado ■ **corpo hepático** cuerpo hepático

hepatite /epa'tʃitʃi/ *sf.* hepatitis, inflamación del hígado ■ **ter hepatite** tener hepatitis

herança /e'rɑ̃sa/ *sf.* herencia, legado ■ **parte de herança** parte de la herencia

herbário /eR'barju/ *sm.* herbario, colección de plantas ■ **ter um herbário** tener un herbario

herbicida /eRbi'sida/ *adj. sm.* herbicida ■ **venda de herbicida** venta de herbicida

herbívoro, -a /eR'bivoru, ɾa/ *adj.* herbívoro, que se alimenta solamente de vegetales ■ **animal herbívoro** animal herbívoro

hercúleo /eR'kulju/ *adj.* hercúleo, valiente, robusto ■ **homem hercúleo** hombre valiente

herdar /eR'daR/ *v.* heredar, recibir por herencia ■ **herdar dinheiro** heredar dinero

herdeiro, -a /eR'dejru, ɾa/ *s.* heredero, legatario, sucesor ■ **herdeiro do trono** heredero del trono

hereditário, -a /eredʒi'tarju, ɾja/ *adj.* hereditario ■ **problema hereditário** problema hereditario

herege /e'reʒi/ *adj. s.* hereje, impío, ateo, incrédulo ■ **homem herege** hombre hereje

heresia /ere'zia/ *sf.* **1** herejía **2** disparate, absurdo ■ **falar uma heresia** hablar una herejía

herético /e'rɛtʃiku/ *adj.* herético, hereje ■ **homem herético** hombre hereje

hermafrodita /eRmafro'dʒita/ *adj. s.* hermafrodita, andrógino ■ **pessoa hermafrodita** persona hermafrodita

hermético /eR'mɛtʃiku, ka/ *adj.* hermético, cerrado, obscuro ■ **lugar hermético** lugar cerrado

hermetismo /eRme'tʃiʒmu/ *sm.* hermetismo, ocultismo ■ **hermetismo de dados** ocultismo de datos

herói /e'rɔj/ *sm.* héroe, hombre extraordinario ■ **herói de guerra** héroe de guerra

heróico /e'rɔjku/ *adj.* **1** heroico, enérgico **2** épico ■ **situação heróica** situación heroica

heroína /ero'ina/ *sf.* heroína, mujer valiente ■ **heroína do povo** heroína del pueblo

heroísmo /ero'iʒmu/ *sm.* heroísmo, valor, arrojo, acto heroico ■ **heroísmo nos filmes** heroísmo en las películas

herpes /'eRpis/ *sm.* herpes, erupción cutánea ■ **herpes na boca** herpes en la boca

hesitação /ezita'sɑ̃w/ *sf.* vacilación, duda, incerteza, indecisión ■ **fazer uma hesitação** hacer una hesitación

hesitar /ezi'taR/ *v.* **1** vacilar, dudar **2** fluctuar ■ **hesitar com alguém** hesitar con alguien

heterodoxo /etero'doksu, sa/ *adj. sm.* heterodoxo, no ortodoxo ■ **elemento heterodoxo** elemento heterodoxo

heterogêneo, -a /etero'genju, nja/ *adj.* heterogéneo, compuesto de elementos diversos ■ **elementos heterogêneos** elementos heterogéneos

heterossexual /eteroseksu'aw/ *adj. s.* heterosexual ■ **gosto heterossexual** gusto heterosexual

hexagonal /eksago'naw/ *adj.* hexagonal ■ **formato hexagonal** formato hexagonal

hiato /i'atu/ *sm.* **1** hiato, intervalo **2** encuentro de las vocales que no forman diptongo ■ **hiato nas palavras** hiato en las palabras

hibernação /ibeRna'sɑ̃w/ *sf.* hibernación, sueño letárgico ■ **hibernação dos animais** hibernación de los animales

hibernar /ibeR'naR/ *v.* hibernar ■ **hibernar por muitos dias** hibernar por muchos días

híbrido, -a /'ibridu, da/ *adj.* híbrido, fruto de elementos distintos ■ **elemento híbrido** elemento híbrido

hidratação /idrata'sɑ̃w/ *sf.* hidratación ■ **hidratação do cabelo** hidratación del cabello

hidratar /idra'taR/ *v.* **1** hidratar, absorber agua **2** hidratarse ■ **hidratar a pele** hidratar la piel

hidráulico, -a /i'drawliku, ka/ *adj.* hidráulico ■ **motor hidráulico** motor hidráulico

hidrocarboneto /idrokaRbo'netu/ *sm.* hidrocarburo ■ **hidrocarboneto é um elemento** hidrocarburo es un elemento

hidrofobia /idrofo'bia/ *sf.* hidrofobia, rabia, miedo excesivo al agua ■ **ter hidrofobia** tener hidrofobia

hidrogênio /idro'genju/ *sm.* hidrógeno ■ **gás hidrogênio** gas hidrógeno

hidrografia /idrogra'fia/ *sf.* hidrografía, estudio de los ríos y mares ■ **estudar hidrografia** estudiar hidrografía

hidroterapia /idrotera'pia/ *sf.* hidroterapia ■ **fazer hidroterapia** hacer hidroterapia

hiena /i'ena/ *sf.* **1** hiena **2** persona cruel y traicionera ■ **hiena no zoológico** hiena en el zoológico

hierarquia /ieraR'kia/ *sf.* jerarquía, subordinación de poderes ■ **hierarquia no trabalho** jerarquía en el trabajo

hífen /'ife̅/ *sm.* guión, trazo de unión ■ **hífen na frase** guión en la frase

higiene /iʒi'eni/ *sf.* higiene, limpieza, aseo ■ **higiene do corpo** higiene del cuerpo

higiênico, -a /iʒi'eniku, ka/ *adj.* higiénico ■ **absorvente higiênico** apósito, compresa higiénica, toalla femenina

higienizar /iʒieni'zaR/ *v.* higienizar, sanear ■ **higienizar o banheiro** higienizar el baño

higrometria /ixrome'tria/ *sf.* higrometría ■ **estudar higrometria** estudiar higrometría

hilaridade /ilari'dadʒi/ *sf.* hilaridad, risa, carcajada ■ **hilaridade da história** hilaridad de la historia

hímen /'ime̅/ *sm.* himen ■ **romper o hímen** romper el himen

hino /'inu/ *sm.* himno, canto, composición musical ■ **hino do país** himno del país

hipérbole /i'peRboli/ *sf.* **1** hipérbole, exageración **2** hipérbola, curva simétrica ■ **hipérbole na fala** hipérbole en el habla

hipermercado /ipeRmer'kadu/ *sm.* hipermercado ■ **comprar no hipermercado** compras en el hipermercado

hipertensão /ipeRte̅'sɑ̃w/ *sf.* hipertensión ■ **remédio para hipertensão** medicina para hipertensión

hipertrofia /ipeRtro'fia/ *sf.* hipertrofia, aumento excesivo del volumen de un órgano ■ **ter hipertrofia** tener hipertrofia

hípico, -a /'ipiku, ka/ *adj.* hípico, equino ■ **centro hípico** centro hípico

hipnotismo /ipno'tʃiʒmu/ *sm.* hipnotismo ■ **hipnotismo de pessoas** hipnotismo de personas

hipnotizar /ipnotʃi'zaR/ *v.* **1** hipnotizar **2** dominar, magnetizar ■ **hipnotizar as pessoas** hipnotizar las personas

hipocrisia /ipokri'zia/ *sf.* hipocresía, fingimiento, falsedad, falsa devoción ■ **falar hipocrisia** hablar hipocresía

hipócrita /i'pɔkrita/ *adj. s.* **1** hipócrita, farsante **2** doblado, fariseo **3** falluto ■ **ser hipócrita** ser hipócrita

355

hipodérmico

hipodérmico, -a /ipoˈdɛRmiku, ka/ *adj.* hipodérmico, que se pone bajo la piel ■ **pessoa hipodérmica** persona hipodérmica

hipódromo /iˈpɔdɾomu/ *sm.* hipódromo ■ **hipódromo grande** hipódromo grande

hipófise /iˈpɔfizi/ *sf.* hipófisis ■ **hipófise é uma glândula** hipófisis es una glándula

hipopótamo /ipoˈpɔtamu/ *sm.* **1** hipopótamo, paquidermo **2** persona corpulenta ■ **hipopótamo no zoológico** hipopótamo en el zoológico

hipotecar /ipoteˈkaR/ *v.* hipotecar ■ **hiportecar a casa** hipotecar la casa

hipotensão /ipoteˈ͂sãw/ *sf.* hipotensión ■ **ter hipotensão** tener hipotensión

hipótese /iˈpɔtezi/ *sf* **1** hipótesis, conjetura **2** circunstancia, condición ■ **fala uma hipótese** hablar una hipótesis

hispânico, -a /iʃˈpɐniku, ka/ *adj.* hispánico ■ **cultura hispânica** cultura hispánica

hispano /isˈpano/ *adj. s.* hispano ■ **povo hispano** pueblo hispano

histeria /isˈtɛrja/ *sf.* **1** histerismo **2** histerismo, padecimiento nervioso ■ **histeria das pessoas** histerismo de las personas

histérico, -a /isˈtɛriko, a/ *adj. s.* histérico ■ **ficar histérico** quedar histérico

história /isˈtɔrja/ *sf.* **1** historia, cuento, narración de hechos sociales, económicos, políticos **2** fábula, mentira ■ **história em quadrinhos** cómic, historieta ■ **contar uma história** contar una historia

historiador, -ora /istorjaˈðor, a/ *s.* historiador, historiógrafo ■ **historiador é uma profissão** historiador es una profesión

histórico, -a /isˈtoriko, a/ *adj.* **1** histórico **2** digno de figurar en la historia ■ **histórico escolar** certificado escolar

hoje /ˈoʒi/ *adv.* hoy ■ **de hoje em diante** de hoy en adelante ■ **hoje em dia** hoy en día

holandês, -esa /olɐˈdejʃ, deza/ *adj. s.* holandés ■ **falar holandês** hablar holandés

holocausto /oloˈkawʃtu/ *sm.* holocausto, sacrificio, inmolación ■ **holocausto de animais** sacrificio de animales

homem /oˈme͂/ *sm.* **1** hombre, varón **2** gachós ■ **de homem para homem** de hombre a hombre ■ **homem honrado** hombre honrado, hombre de bien ■ **homem rude** gañán, ganapán ■ **imitar os homens** hombrear

homenagear /omenaʒeˈaR/ *v.* homenajear, festejar, agasajar ■ **homenagear um professor** homenajear un maestro

homenagem /omeˈnaʒe͂/ *sf.* **1** homenaje, festejo **2** veneraciones, respeto ■ **em homenagem a** en honor de

homeopatia /omeopaˈtʃia/ *sf.* homeopatía ■ **área de homeopatia** área de homeopatía

homicídio /omiˈsidʒju/ *sm.* homicidio, asesinato, crimen ■ **cometer um homicídio** cometer un asesinato

homófono /oˈmɔfonu/ *adj.* homófono ■ **homem homófono** hombre homófono

homogeneidade /omoʒenejˈdadʒi/ *sf.* homogeneidad, semejanza, igualdad, identidad ■ **homogeneidade de ideias** semejanza de ideas

homogêneo /omoˈʒenju, nja/ *adj.* homogéneo, análogo, idéntico, semejante ■ **líquidos homogêneos** líquidos homogéneos

homologar /omoloˈgaR/ *v.* homologar, confirmar ■ **homologar o projeto** confirmar el proyecto

homônimo /oˈmonimu, ma/ *adj. s.* homónimo ■ **objetos homônimos** objetos homónimos

homossexual /omoseksuˈaw/ *adj. s.* **1** homosexual **2** cucaracha ■ **ser homossexual** ser homosexual

homossexualidade /omoseʃualiˈdadʒi/ *sf.* homosexualidad ■ **respeitar a homossexualidade** respetar la homosexualidad

hondurenho, -a /o͂duˈreɲu, ɲa/ *adj. s.* hondureño ■ **homem hondurenho** hombre hondureño

honestidade /oneʃtʃiˈdadʒi/ *sf.* honestidad, decencia, honradez, decoro ■ **honestidade é uma qualidade** honestidad es una cualidad

honesto, -a /oˈneʃtu, ta/ *adj.* honesto, decente, digno, honrado ■ **pessoa honesta** persona honesta

honorário /onoˈrarju, rja/ *adj.* honorario, honorífico ■ **cônsul honorário** cónsul honorario

honorífico, -a /onoˈrifiku, ka/ *adj.* honorífico, honroso ■ **homem honorífico** hombre honroso

honra /ˈo͂Ra/ *sf.* honra, honor, distinción ■ **fazer as honras da casa** hacer los honores ■ **honras fúnebres** honras fúnebres ■ **ter a honra de** tener el honor de

honradez /o͂Raˈdejʃ/ *sf.* honradez, honestidad, integridad ■ **honradez das pessoas** honradez de las personas

honrado, -a /o͂ˈRadu, da/ *adj.* honrado, honroso, honorable, honesto, virtuoso ■ **ficar honrado** quedar honrado

honrar /o͂ˈRaR/ *v.* **1** honrar, dignificar, distinguir, glorificar **2** honrarse ■ **honrar os pais** honrar los padres

hora /ˈɔra/ *sf.* **1** hora. **2** ocasión, momento oportuno ■ **a hora da verdade** la hora de la verdad ■ **fora de hora** a deshoras ■ **hora do rush** hora punta ■ **hora-extra** hora extraordinaria

horário /oˈrarju/ *sm.* horario ■ **horário de verão** horario de verano

horda /ˈoRda/ *sf.* horda, tribu nómada, chusma, bando ■ **horda grande** horda grande

horizontal /orizo͂ˈtaw/ *adj.* horizontal ■ **linha horizontal** línea horizontal

horizonte /oriˈzo͂tʃi/ *sm.* **1** horizonte **2** extensión, espacio **3** futuro ■ **olhar o horizonte** mirar el horizonte

hormônio /oRˈmonju/ *sm.* hormona ■ **hormônios agitados** hormonas agitadas

horóscopo /oˈrɔʃkopu/ *sm.* horóscopo, destino ■ **olhar o horóscopo** mirar el horóscopo

horrendo, -a /oˈRe͂du/ *adj.* horrendo, espeluznante, horripilante, feo, pavoroso ■ **situação horrenda** situación horrenda

horripilar /oRipiˈlaR/ *v.* horripilar, inspirar horror o espanto ■ **horripilar muito** horripilar mucho

horrível /oˈRivew/ *adj.* horrible, hediondo, espeluznante, aterrador ■ **filme horrível** película horrible

horror /oˈRoR/ *sm.* horror, aversión, repulsión, animosidad ■ **filme de horror** película de horror

horrorizar /oRoriˈzaR/ *v.* **1** horrorizar, espantar, amedrentar **2** horrorizarse, espeluznarse. ■ **horrorizar com a violência** horrorizar con la violencia

horroroso, -a /oRoˈrozu, za/ *adj.* horroroso, pavoroso, cruel ■ **homem horroroso** hombre horroroso

horta /ˈɔRta/ *sf.* huerta, huerto ■ **horta grande** huerta grande

hortaliça /oRtaˈlisa/ *sf.* hortaliza, verdura comestible ■ **hortaliça na salada** hortaliza en la ensalada

hortelã /oRteˈla͂/ *sf.* hierbabuena, menta ■ **cheiro de hortelã** olor de menta

hortênsia /oRˈte͂sja/ *sf.* hortensia ■ **hortênsia no jardim** hortensia en el jardín

húngaro

hospedagem /oʃpe'daʒe͂j/ *sf.* hospedaje, agasajo, hospitalidad ▪ **hospedagem barata** hospedaje barata

hospedar /oʃpe'daR/ *v.* **1** hospedar, acoger, albergar, alojar **2** alojarse ▪ **hospedar alguém** hospedar alguien

hospedaria /oʃpeda'ria/ *sf.* hospedería, hostería, hostal, albergue ▪ **hospedaria da cidade** hospedería de la ciudad

hóspede /'ɔʃpedʒi/ *s.* huésped, convidado, invitado, pensionista ▪ **hóspede do hotel** huésped del hotel

hospício /oʃ'pisju/ *sm.* manicomio, casa de locos ▪ **hospício é perigoso** manicomio es peligroso

hospital /oʃpi'taw/ *sm.* hospital, sanatorio, clínica ▪ **hospital para doentes** hospital para enfermos

hospitaleiro /oʃpita'lejru, ra/ *adj.* hospitalario, caritativo, acogedor ▪ **ser hospitaleiro** ser acogedor

hospitalidade /oʃpitali'dadʒi/ *sf.* hospitalidad, acogimiento ▪ **hospitalidade das pessoas** hospitalidad de las personas

hóstia /'ɔstʃja/ *sf.* hostia ▪ **hóstia sagrada** pan eucarístico ▪ **hóstia santa** hostia santa

hostil /oʃ'tʃiw/ *adj.* hostil, enemigo, agresivo, desagradable ▪ **ser hostil** ser agresivo

hostilizar /oʃtʃili'dadʒi/ *sf.* hostilizar, agredir, guerrear, molestar ▪ **hostilizar as pessoas** agredir las personas

hotel /o'tew/ *sm.* hotel, hostal, albergue, hospedaje ▪ **hotel confortável** hotel confortable

hoteleiro, -a /ote'lejru, ra/ *adj. s.* hostelero, hotelero ▪ **hoteleiro simpático** hostelero simpático

hulha /u'ʎa/ *sf.* hulla, coque, carbón de piedra ▪ **hulha é um carvão** hulla es un carbón

humanidade /umani'dadʒi/ *sf.* **1** humanidad, naturaleza humana **2** compasión, afabilidad ▪ **cuidar da humanidade** cuidar de la humanidad

humanismo /uma'niʒmu/ *sm.* humanismo, cultivo de las ciencias humanas ▪ **estudar o humanismo** estudiar el humanismo

humanitário, -a /umani'tarju, rja/ *adj.* humanitario, benefactor, bienhechor ▪ **movimento humanitário** movimiento humanitario

humanizar /umani'zaR/ *v.* **1** humanizar, suavizar **2** civilizarse ▪ **humanizar as pessoas** humanizar las personas

humano, -a /u'manu, na/ *adj.* humano, afable, bondadoso, compasivo ▪ **atos humanos** actos humanos

humildade /umiw'dadʒi/ *sf.* humildad, modestia, inferioridad ▪ **humildade das pessoas** humildad de las personas

humilde /u'miwdʒi/ *adj.* humilde, modesto, pobre, dócil, sumiso, bajo ▪ **ser mais humilde** desinflar

humilhação /umiʎa'sɑ̃w/ *sf.* humillación, sumisión, abatimiento ▪ **cometer uma humilhação** cometer una humillación

humilhar /umi'ʎaR/ *v.* **1** humillar, degradar, deprimir, desairar, desentonar **2** hollar, apocar, bajarse, bajar la cerviz, besar la correa, doblar el espinazo, curvarse, encogerse ▪ **humilhar as pessoas** humillar las personas

humor /u'moR/ *sm.* humor ▪ **estar de bom ou mau humor** estar de buen o mal humor, haber pisado buena o mala hierba

humorismo /umo'riʒmu/ *sm.* humorismo, vena cómica ▪ **humorismo é bom para a saúde** humorismo es bueno para la salud

humorístico, -a /umo'riʃtʃiku, ka/ *adj.* humorístico, cómico, satírico ▪ **programa humorístico** programa humorístico

húmus /'umuʃ/ *sm.* humus, tierra vegetal ▪ **húmus na terra** humus en la tierra

húngaro, -a /'u͂garu, ra/ *adj. s.* húngaro ▪ **cultura húngara** cultura húngara

H

I

ABCDEFGHIJKLMNOPZRSTUVWXYZ

i /i/ **1** novena letra del alfabeto portugués **2** I uno en la numeración romana ■ **i de ilha** i de isla

ibérico, -a /i'bɛriku, ka/ *s.* ibérico, ibero ■ **cultura ibérica** cultura ibérica

ibero /i'beru, ra/ *s.* ibero, ibérico ■ **ibero-americana** iberoamericana

içar /i'saR/ *s.* izar, levantar, alzar ■ **içar a bandeira** izar la bandera

ícone /'ikoni/ *s.m.* icono, efigie portátil ■ **ícone grande** icono grande

iconografia /ikonɡraˈfia/ *s.f.* iconografía, colección de imágenes ■ **estudar iconografía** estudiar iconografía

icterícia /ikteˈrisja/ *sf.* ictericia ■ **icterícia grande** ictericia grande

ida /'ida/ *s.* ida, partida, jornada ■ **de ida e volta** de ida y vuelta

idade /idade/ *s.f.* **1** edad **2** época de la vida, época histórica, tiempo, duración, vejez ■ **idade da criança** edad del niño

ideal /iˈðeˈal/ *adj.* ideal, fantástico, imaginario ■ **ideal de vida** ideal de vida

idealismo /iˈðeaˈlismo/ *sm.* idealismo ■ **idealismo para a vida** idealismo para la vida

idealizar /iˈðeaˈliˈθar/ *v.* idealizar, idear, imaginar, fantasear, proyectar ■ **idealizar um projeto** idealizar un proyecto

ideia /iˈdeja/ *s.f.* idea, opinión, recuerdo, imagen, intención, proyecto ■ **boa ideia** buena idea

idem /'ideˈj/ *adv.* ídem, lo mismo ■ **pensei idem** pensé lo mismo

idêntico, -a /iˈdeˈtʃiku, ka/ *adj.* idéntico, igual, homogéneo, equivalente ■ **irmãos idênticos** hermanos idénticos

identidade /ideˈtʃiˈdadʒi/ *s.f.* identidad, paridad absoluta ■ **cédula de identidade** cédula, documento de identidad

identificação /ideˈtʃifikaˈsaˈw/ *s.f.* identificación, reconocimiento ■ **identificação do responsável** identificación del responsable

identificar /identʃifiˈkaR/ *v.* **1** identificar, reconocer **2** identificarse, compenetrarse ■ **identificar o culpado** identificar el culpable

ideologia /ideoloˈʒia/ *sf.* ideología ■ **ideologia de vida** ideología de vida

idílio /iˈd3ilju/ *sm.* **1** idilio **2** sueño, amor tierno ■ **bom idílio** buen sueño

idioma /iˈd3iˈoma/ *sm.* idioma, habla, lengua, expresión, dialecto ■ **idioma difícil** idioma difícil

idiota /id3iˈota/ *adj.* idiota, imbécil, tonto, cretino ■ **homem idiota** hombre idiota

idiotice /id3ioˈtʃisi/ *sf.* idiotez, imbecilidad, gilipollez, tontería ■ **fazer uma idiotice** hacer una idiotez

idolatrar /idolaˈtraR/ *v.* idolatrar, adorar, admirar ■ **idolatrar uma pessoa** idolatrar una persona

idolatria /idolaˈtria/ *v.* **1** idolatría, adoración **2** fetiche, apasionamiento ■ **ter idolatria** tener idolatría

ídolo /'idolu/ *sm.* ídolo, icono, imagen representativa ■ **ídolo da música** ídolo de la música

idoneidade /idonejˈdadʒi/ *sf.* idoneidad, competencia, capacidad, aptitud ■ **idoneidade das pessoas** competencia de las personas

idôneo, -a /iˈdonju, nja/ *adj.* idóneo, apto, adecuado, conveniente ■ **pessoa idônea** persona apta

idoso, -a /iˈdozu, za/ *adj.* anciano, señor mayor ■ **homem idoso** hombre anciano

ignaro /igˈnaru/ *adj.* ignaro, ignorante ■ **homem ignaro** hombre ignorante

ignição /igniˈsaˈw/ *sf.* ignición, inflamación, combustión ■ **ignição do carro** ignición del coche

ignomínia /ignoˈminja/ *sf.* ignominia, infamia, afrenta, deshonra, bajeza ■ **fazer uma ignomínia** hacer una afrenta

ignorante /ignoˈrɐˈtʃi/ *adj. s.* ignorante, ignaro, idiota, inconsciente, inculto ■ **ser muito ignorante** no saber la cartilla

ignorar /ignoˈrar/ *v.* **1** ignorar, desconocer **2** ignorarse **3** extrañar ■ **ignorar as pessoas** ignorar las personas

igreja /iˈgreʒa/ *sf.* iglesia, templo cristiano, congregación de los fieles ■ **casar na igreja** casarse por la iglesia

igual /igwˈaw/ *s. adj.* igual, idéntico, derecho, ecuánime ■ **por igual** por igual, igualmente ■ **sem igual** sin igual, único

igualar /igwaˈlaR/ *v.* **1** igualar, emparejar, equiparar **2** acertar, adecuar, alisar, allanar, aplanar **3** aparear, empatar, enrasar **4** hermanar **5** igualarse, compararse, asimilarse ■ **igualar aos outros** igualar a los otros

igualdade /igwalˈdadʒi/ *s.f.* **1** igualdad **2** empate, equilibrio, paridad ■ **igualdade no trabalho** igualdad en el trabajo

igualitário /igwaliˈtarju, rja/ *adj.* igualitario ■ **trabalho igualitário** trabajo igualitario

iguaria /igwaˈria/ *s.f.* exquisitez, manjar delicioso ■ **comer uma iguaria** comer una exquisitez

ilação /ilaˈsaˈw/ *s.f.* ilación, deducción, conclusión ■ **ilação do trabalho** conclusión del trabajo

ilegal /ileˈgaw/ *v.* ilegal, ilícito ■ **comércio ilegal** contrabando

ilegalidade /ilegaliˈdadʒi/ *s.f.* ilegalidad, acto ilegal ■ **ilegalidade da atividade** ilegalidad de la actividad

ilegítimo, -a /ileˈʒitʃimu, ma/ *adj.* **1** ilegítimo, espurio, injusto **2** bastardo ■ **filho ilegítimo** hijo ilegítimo

ilegível /ileˈʒivew/ *adj.* ilegible ■ **letra ilegível** letra ilegible

ileso, -a /iˈlezu, za/ *adj.* ileso, intacto, salvo ■ **sair ileso** salir ileso

iletrado, -a /ileˈtradu, da/ *adj. s.* iletrado, analfabeto ■ **pessoa iletrada** persona analfabeta

ilha /'iʎa/ *s.f.* isla ■ **ilha longe** isla lejos

imperar

ilhéu /i'ʎɛu, i'ʎoa/ *adj. & s.* isleño, islote, insular ▪ **ilhéu na praia** islote en la playa

ilhós /i'ʎɔʃ/ *sm.* ojal ▪ **ilhós grande** ojal grande

ilícito, -a /i'lisitu, ta/ *adj.* **1** ilícito, ilegal **2** prohibido, indebido, inmoral ▪ **atividade ilícita** actividad ilegal

ilimitado, -a /ilimi'tadu, da/ *adj.* **1** ilimitado, infinito, inmenso **2** indefinido ▪ **trabalho ilimitado** trabajo ilimitado

iludir /ilu'dʒiR/ *v.* **1** iludir, ilusionar, embaucar, engañar **2** ilusionarse, engañarse ▪ **iludir com as pessoas** iludir con las personas

iluminação /ilumina'sãw/ *sf.* **1** iluminación, alumbramiento **2** inspiración ▪ **boa iluminação** buena iluminación

iluminar /ilumi'naR/ *v.* **1** iluminar, ilustrar **2** inspirar, abrillantar ▪ **iluminar muito** iluminar mucho

ilusão /ilu'sãw/ *sf.* **1** ilusión, ensueño, engaño, fraude **2** espejismo ▪ **ilusão óptica** ilusión óptica

ilusório, -a /ilu'sɔrju, rja/ *adj.* ilusorio, engañoso, falso, vano ▪ **trabalho ilusório** trabajo ilusorio

ilustração /iluʃtra'sãw/ *sf.* ilustración, ejemplificación, dibujo ▪ **boa ilustração** buena ilustración

ilustrar /iluʃ'traR/ *v.* **1** ilustrar, alumbrar, instruir **2** ilustrarse, adquirir conocimientos ▪ **ilustrar um trabalho** ilustrar un trabajo

ilustrativo, -a /iluʃtra'tʃivu, va/ *adj.* ilustrativo ▪ **exemplo ilustrativo** ejemplo ilustrativo

ilustre /i'luʃtri/ *adj.* ilustre, conocido, conspicuo, excelso, glorioso, granado, insigne ▪ **pessoa ilustre** persona ilustre

imã /i'mã/ *sm.* imán ▪ **imã** sacerdote musulmán

imã /i'mã/ *sm.* imán ▪ **imã de geladeira** imán de heladera

imaculado, -a /imaku'ladu, da/ *adj.* inmaculado, puro, inocente ▪ **imaculado coração** inmaculado corazón

imagem /i'maʒẽ/ *sf.* **1** imagen, representación **2** figura, efigie **3** espectro **4** grabado, copia ▪ **boa imagem** buena imagen

imaginação /imaʒina'sãw/ *sf.* imaginación, fantasía, ficción, aprehensión ▪ **boa imaginação** buena imaginación

imaginar /imaʒi'naR/ *v.* **1** imaginar, creer, fantasear, inventar **2** suponerse, juzgarse, creerse ▪ **imaginar muito** imaginar mucho

imaginário, -a /imaʒi'narju, rja/ *adj.* imaginario, ideal, ficticio, irreal ▪ **acreditar no imaginário** creer en el imaginario

imanente /ima'nẽtʃi/ *adj.* inmanente, inherente a un ser ▪ **pessoa imanete** persona inmanete

imaterial /imateri'aw/ *adj.* **1** inmaterial, incorpóreo **2** espiritual, sobrenatural ▪ **solução imaterial** solución inmaterial

imaturo, -a /ima'turu, ra/ *adj.* **1** inmaturo **2** inoportuno, precoz ▪ **homem imaturo** hombre inmaturo

imbecil /ĩbe'siw/ *adj.* & *s.* imbécil, idiota, demente, energúmeno ▪ **homem imbecil** hombre imbécil

imbecilidade /ĩbesili'dadʒi/ *sf.* imbecilidad, estupidez, tontería ▪ **fazer uma imbecilidade** hacer una imbecilidad

imbricação /ĩbrika'sãw/ *sf.* imbricación ▪ **imbricação no caminho** imbricación en el camino

imbuir /ĩbu'iR/ *v.* imbuir, embeber, persuadir, sugerir ▪ **imbuir uma ideia** sugerir una idea

imediação /imedʒia'sãw/ *sf.* **1** inmediación **2 imediações** alrededores, inmediaciones ▪ **nas imediações do clube** en las inmediaciones del club

imediato, -a /imedʒi'atu, ta/ *adj.* inmediato, consecutivo, próximo, cercano ▪ **resposta imediata** respuesta inmediata

imensidade /imẽsi'dadʒi/ *sf.* inmensidad, infinidad, espacio inmenso ▪ **imensidade de sentimento** inmensidad de sentimiento

imenso, -a /i'mẽsu, sa/ *adj.* inmenso, enorme, vasto, infinito, ilimitado ▪ **coração imenso** corazón inmenso

imersão /imeR'sãw/ *sf.* inmersión, sumersión ▪ **imersão na agua** inmersión en el agua

imerso, -a /imeRsu, sa/ *adj.* **1** inmerso, inmergido, sumergido **2** concentrado ▪ **objeto imerso** objeto inmerso

imigração /imigra'sãw/ *sf.* inmigración ▪ **imigração no país** inmigración en el país

imigrante /imi'grãtʃi/ *adj. s.* inmigrante ▪ **muitos imigrantes** muchos inmigrantes

imiscuir /imiʃku'iR/ *v.* **1** inmiscuir **2** inmiscuirse, ingerirse, mezclarse ▪ **imiscuir muito** inmiscuir mucho

imitação /imita'sãw/ *sf.* **1** imitación, copia **2** reproducción **3** remedo, plagio **4** eco ▪ **imitação da voz** imitación de la voz

imitar /imi'taR/ *v.* imitar, copiar, afectar, asemejar ▪ **imitar as pessoas** imitar las personas

imobiliária /imobili'arja/ *sf.* inmobiliaria, empresa que construye y vende viviendas ▪ **imobiliária da casa** inmobiliaria de la casa

imobilizar /imobili'zaR/ *v.* inmovilizar, paralizar, retener ▪ **imobilizar um capital ou crédito** bloquear

imolar /imo'laR/ *v.* **1** inmolar, sacrificar **2** inmolarse, sacrificarse ▪ **imolar o animal** inmolar el animal

imoral /imo'raw/ *adj.* **1** inmoral, escabroso, escandaloso **2** deshonesto ▪ **pessoa imoral** persona inmoral

imortal /imoR'taw/ *adj.* **1** inmortal, eterno **2** glorioso ▪ **amor imortal** amor inmortal

imortalizar /imoRtali'zaR/ *v.* **1** inmortalizar, eternizar, perpetuar **2** inmortalizarse, hacerse célebre ▪ **imortalizar os sentimentos** inmortalizar los sentimientos

imóvel /i'mɔvew/ *adj.* inmóvil, estático ▪ **ficar imóvel** quedar inmóvil

impaciência /ĩpasi'ẽsja/ *sf.* impaciencia, intolerancia, prisa, ansiedad ▪ **impaciência no trabalho** impaciencia en el trabajo

impaciente /ĩpasi'ẽtʃi/ *adj.* impaciente, con prisa **estar impaciente** estar frito ▪ **pessoa impaciente** persona impaciente

impacto /ĩ'paktu/ *sm.* impacto, choque, encontrón ▪ **grande impacto** gran impacto

imparcial /ĩpaRsi'aw/ *adj.* imparcial, ecuánime ▪ **decisão imparcial** decisión imparcial

impassível /ĩpa'sivew/ *adj.* impasible, imperturbable, estoico, insensible, apático ▪ **pessoa impassível** persona insensible

impecável /ĩpe'kavew/ *adj.* impecable, perfecto ▪ **cabelo impecável** cabello impecable

impedido, -a /ĩpe'dʒidu, da/ *adj.* impedido, imposibilitado ▪ **impedido de viajar** impedido de viajar

impedimento /ĩpedʒi'mẽtu/ *sm.* impedimento, embarazo, engorro ▪ **impedimento no jogo** impedimento en el juego

impedir /ĩpe'dʒiR/ *v.* impedir, implicar, contrariar, detener, embarazar ▪ **impedir a bola** impedir la pelota

impelir /ĩpe'liR/ *v.* impeler, impulsar, empujar, aguijonear, incitar ▪ **impelir a comida** empujar la comida

impenetrável /ĩpene'travew/ *adj.* impenetrable, insondable ▪ **bosque impenetrável** bosque impenetrable

impensado, -a /ĩpẽ'sadu, da/ *adj.* impensado, imprevisto ▪ **ato impensado** acto impensado

imperador, -triz /ĩpera'doR, trijʃ/ *sm.* **1** emperador, monarca, soberano, rey **2** emperatriz, soberana, reina ▪ **imperador poderoso** emperador poderoso

imperar /ĩpe'raR/ *v.* imperar, reinar, gobernar, mandar, dominar, prevalecer, regir ▪ **imperar o bem** imperar el bien

359

imperativo

imperativo /ĩpera'tʃivu, va/ *adj.* imperativo, despótico ■ **usar o imperativo** usar el imperativo

imperceptível /ĩpeRsep'tʃivew/ *adj.* **1** imperceptible, incomprensible, sutil **2** invisible ■ **ser imperceptível** ser imperceptible

imperdoável /ĩpeRdo'avew/ *adj.* imperdonable, implacable, inexcusable ■ **ato imperdoável** acto imperdonable

imperfeição /ĩpeRfej'sãw/ *sf.* imperfección, defecto, desperfecto, falta ■ **imperfeição na fala** imperfección en el habla

imperfeito, -a /ĩpeR'fejtu, ta/ *adj.* imperfecto, defectuoso, defectivo ■ **trabalho imperfeito** trabajo imperfecto

imperial /ĩperi'aw/ *adj.* **1** imperial **2** arrogante, autoritario ■ **pessoa imperial** persona arrogante

imperialismo /ĩperja'li3mu/ *sm.* imperialismo ■ **imperialismo no Brasil** imperialismo en Brasil

imperícia /ĩpe'risja/ *sf.* impericia, inexperiencia, ignorancia ■ **imperícia das pessoas** ignorancia de las personas

império /ĩ'perju/ *sm.* imperio, poder supremo, autoridad ■ **império romano** imperio romano

imperioso, -a /ĩperi'ozu, za/ *adj.* imperioso, autoritario, forzoso, soberbio ■ **homem imperioso** hombre autoritario

impermeabilizar /ĩpeRmeabili'zaR/ *v.* impermeabilizar, barnizar, calafatear ■ **impermeabilizar o corpo** impermeabilizar el cuerpo

impermeável /ĩpeRme'avew/ *adj.* impermeable ■ **líquido impermeável** líquido impermeable

impertinência /ĩpeRtʃi'ne‾sja/ *sf.* impertinencia, atrevimiento ■ **impertinência das pessoas** atrevimiento de las personas

impertinente /ĩpeRtʃi'ne‾tʃi/ *adj.* impertinente, inconveniente ■ **pessoa impertinente** persona impertinente

imperturbável /ĩpeRtuR'bavew/ *adj.* imperturbable, impasible, valiente ■ **pessoa imperturbável** persona imperturbable

impessoal /ĩpeso'aw/ *adj.* impersonal, que no se dirige a nadie en particular ■ **situação impessoal** situación impersonal

ímpeto /ĩ'petu/ *sm.* ímpetu, arranque, arrojo ■ **ímpeto das pessoas** ímpetu de las personas

impetuosidade /ĩpetuozi'dadʒi/ *sf.* impetuosidad, fogosidad ■ **impetuosidade do homem** fogosidad del hombre

impetuoso, -a /ĩpetu'ozu, za/ *adj. s.* impetuoso, impulsivo, implacable, denodado, fogoso ■ **ato impetuoso** acto impulsivo

ímpio, -a /ĩ'pju, a/ *adj. s.* impío, blasfemo, hereje ■ **homem ímpio** hombre blasfemo

implacável /ĩpla'kavew/ *adj.* implacable, insensible, duro, cruel ■ **situação implacável** situación implacable

implantação /ĩplã'ta'sãw/ *sf.* implantación, establecimiento ■ **implantação de dente** implantación de diente

implantar /ĩplã'taR/ *v.* **1** implantar, establecer, inaugurar **2** implantarse, fijarse ■ **implantar um projeto** implantar un proyecto

implicação /ĩplika'sãw/ *sf.* **1** implicación, enredo, contradicción **2** complicación, enredo ■ **implicação no trabalho** implicación en el trabajo

implicar /ĩpli'kaR/ *v.* **1** implicar, impedir, envolver, enredar **2** importunar, molestar ■ **implicar com as pessoas** implicar con las personas

implícito, -a /ĩ'plisitu, ta/ *adj.* implícito, tácito ■ **assunto implícito** asunto implícito

implorar /ĩplo'raR/ *v.* implorar, deprecar, suplicar, pedir, rogar ■ **implorar o perdão** implorar el perdón

imponência /ĩpo'ne‾sja/ *sf.* grandiosidad, grandeza, importancia, arrogancia, altivez ■ **imponência das pessoas** grandiosidad de las personas

imponente /ĩpo'ne‾tʃi/ *adj.* imponente, grandioso, soberbio, majestoso, arrogante ■ **ser imponente** ser imponente

impor /ĩpoR/ *v.* **1** imponer, establecer, infundir, engatusar **2** imponerse, hacerse respetar ■ **impor respeito** imponer respeto

importação /ĩpoRta'sãw/ *sf.* importación, entrada ■ **importação de mercadoria** importación de mercadería

importador, -ora /ĩpoRta'doR, ra/ *adj. s.* importador ■ **grande importador** grande importador

importância /ĩpoR'tã'sja/ *sf.* importancia, importe, altura, grandeza, gravedad ■ **dar-se muita importância** darse charol

importante /ĩpoR'tã'tʃi/ *adj.* importante, alto, esencial ■ **ser importante** ser de consideración

importar /ĩpoR'taR/ *v.* **1** importar, producir, originar, convenir **2** importar, ser útil ■ **importar com os outros** importar con los otros

importunar /ĩpoRtu'naR/ *v.* importunar, impacientar, aburrir, atormentar ■ **importunar as pessoas** importunar las personas

imposição /ĩpozi'sãw/ *sf.* imposición, coacción ■ **imposição do trabalho** imposición del trabajo

impossibilitar /ĩposibili'taR/ *v.* imposibilitar, impedir, inhabilitar ■ **impossibilitar as pessoas** imposibilitar las personas

impossível /ĩpo'sivew/ *adj.* imposible, insoportable, difícil ■ **missão impossível** misión imposible

imposto /ĩ'poʃtu/ *adj.* impuesto, tributo, contribución, exación ■ **imposto de renda** impuesto sobre la renta ■ **imposto retido na fonte** impuesto retenido anticipadamente ■ **imposto sobre circulação de mercadorias (ICM)** impuesto sobre circulación de mercancías ■ **imposto sobre operações financeiras (IOF)** impuesto sobre operaciones financieras ■ **imposto sobre produtos industrializados (IPI)** impuesto sobre productos industrializados ■ **reduzir imposto** desgravar

impostor, -ora /ĩpoʃ'toR, ra/ *adj. & s.* impostor, farsante, hipócrita ■ **impostor na escola** impostor en la escuela

impostura /ĩpoʃ'tura/ *sf.* impostura, hipocresía, vanidad ■ **impostura das pessoas** impostura de las personas

impotência /ĩpo'te‾sja/ *sf.* impotencia, imposibilidad ■ **impotência sexual** impotencia sexual

impotente /ĩpo'te‾tʃi/ *adj. & s.* impotente, estéril ■ **impotente no trabalho** impotente en el trabajo

impraticável /ĩpratʃi'kavew/ *adj.* impracticable, intratable, irrealizable, imposible ■ **trabalho impraticável** trabajo impracticable

imprecação /ĩpreka'sãw/ *sf.* imprecación, maldición ■ **imprecação das pessoas** maldición de las personas

imprecar /ĩpre'kaR/ *v.* imprecar, pedir, solicitar con vehemencia, suplicar, maldecir ■ **imprecar o governo** imprecar el gobierno

imprecisão /ĩpresi'zãw/ *sf.* imprecisión, indeterminación ■ **imprecisão de dados** imprecisión de datos

impreciso, -a /ĩpre'sizu, za/ *adj.* impreciso, ambiguo, borroso ■ **opinião imprecisa** opinión imprecisa

impregnação /ĩpregna'sãw/ *sf.* impregnación, absorción, fecundación ■ **impregnação das pessoas** impregnación de las personas

impregnar /ĩpreg'naR/ *v.* **1** impregnar, fecundar **2** impregnarse, infiltrarse ■ **impregnar a casa** impregnar la casa

imprensa /ĩ'pre‾sa/ *sf.* **1** imprenta (arte de imprimir) **2** prensa, conjunto de periódicos ■ **imprensa do jornal** prensa del periódico

incansável

imprescindível /ˈpɾeʃˈdʒivɐw/ *adj.* imprescindible, inexcusable ▪ **dados imprescindíveis** datos imprescindibles

impressão /ĩˈpɾeˈsɐ̃w/ *sf.* impresión, edición, estampa, conmoción, sensación ▪ **causar boa ou má impressão** tener buena o mala imagen ▪ **impressão digital** huella dactilar ▪ **impressão intensa** impacto

impressionante /ĩˈpɾesioˈnɐ̃tʃi/ *adj.* **1** impresionante, emocionante **2** electrizante, alucinante **3** acojonante ▪ **situação impressionante** situación impresionante

impressionar /ĩˈpɾesioˈnaR/ *v.* **1** impresionar, impactar, emocionar **2** electrizar **3** impresionarse, inmutarse ▪ **impressionar mal** ser de mal efecto ▪ **impressionar os país** impresionar los padres

impressionismo /ĩˈpɾesioˈniʒmu/ *sm.* impresionismo ▪ **fundamentos do impressionismo** fundamentos del impresionismo

impresso, -a /ĩˈpɾesu, sa/ *adj.* impreso, estampado ▪ **trabalho impresso** trabajo impreso

impressora /ĩˈpɾeˈsoR/ *sm.* impresora ▪ **impressora rápida** impresora rápida

imprevisão /ĩˈpɾeviˈzɐ̃w/ *sf.* imprevisión, imprudencia, irreflexión ▪ **imprevisão das pessoas** imprevisión de las personas

imprevisto, -a /ĩˈpɾeˈviʃtu, ta/ *adj.* **1** imprevisto, impensado, inesperado, accidental, insospechable **2** emergencia, evento ▪ **situação imprevista** situación imprevista

imprimir /ĩˈpɾiˈmiR/ *v.* **1** imprimir, estampar, grabar **2** conservarse **3** fijar en el ánimo, inspirar, imbuir, influir ▪ **imprimir as folhas** imprimir las hojas

improcedente /ĩˈpɾoseˈdẽtʃi/ *adj.* improcedente, impertinente, infundado ▪ **dados improcedentes** datos improcedentes

improdutivo, -a /ĩˈpɾoduˈtʃivu, va/ *adj.* improductivo, estéril, vano ▪ **trabalho improdutivo** trabajo improductivo

impropério /ĩˈpɾoˈpɛɾju/ *sm.* improperio, insulto, injuria ▪ **impropério as mulheres** insulto a las mujeres

impróprio, -a /ĩˈpɾɔpɾju, pɾja/ *adj.* impropio, inadecuado, incompleto, incongruente, inconveniente, indigno ▪ **roupa imprópria** ropa impropia

improvisação /ĩˈpɾovizaˈsɐ̃w/ *sf.* improvisación ▪ **improvisação na sala** improvisación en la clase

improvisar /ĩˈpɾoviˈzaR/ *v.* improvisar, inventar, fingir ▪ **improvisar bem** improvisar bien

improviso /ĩˈpɾoˈvizu, za/ *adj.* improviso, súbito, imprevisto ▪ **improviso do professor** improviso del profesor

imprudência /ĩˈpɾuˈdẽsja/ *sf.* imprudencia, descuido, negligencia ▪ **imprudência no trânsito** imprudencia en el tránsito

imprudente /ĩˈpɾuˈdẽtʃi/ *adj. & s.* imprudente, indiscreto, negligente, alocado, mal avisado ▪ **pessoa imprudente** persona imprudente

impugnar /ĩˈpugˈnaR/ *v.* impugnar, contestar, contradecir, refutar ▪ **impugnar ao professor** contestar al profesor

impulsionar /ĩˈpuwsioˈnaR/ *v.* impulsar, estimular, activar ▪ **impulsionar o aluno** impulsar al alumno

impulsivo, -a /ĩˈpuwˈsivu, va/ *adj. & s.* impulsivo, estimulante ▪ **pessoa impulsiva** persona impulsiva

impulso /ĩˈpuwsu/ *sm.* empuje, impulso, estímulo, instinto, acicate ▪ **impulso violento** empellón

impune /ĩˈpuni/ *adj.* impune, sin castigo ▪ **ficar impune** quedar impune

impunidade /ĩˈpuniˈdadʒi/ *sf.* impunidad, falta de castigo ▪ **impunidade na sociedade** impunidad en la sociedad

impureza /ĩˈpuˈreza/ *sf.* impureza, sordidez, mácula ▪ **impureza do corpo** impureza del cuerpo

impuro, -a /ĩˈpuru, ra/ *adj.* impuro, deshonesto, inmundo, contaminado ▪ **pessoa impura** persona impura

imundo, -a /iˈmũˈdu, da/ *adj.* inmundo, impuro, sucio, asqueroso ▪ **pessoa imunda** persona inmunda

imune /iˈmuni/ *adj.* inmune, exento, libre, inatacable ▪ **imune da doença** inmune de la enfermedad

imunizar /imuniˈzaR/ *v.* **1** inmunizar, librar, exentar **2** inmunizarse ▪ **imunizar as pessoas** inmunizar las personas

imutável /imuˈtavew/ *adj.* inmutable, constante, inalterable ▪ **situação imutável** situación inmutable

inacessível /inaseˈsivew/ *adj.* inaccesible, intocable, abrupto ▪ **recurso inacessível** recurso inaccesible

inacreditável /inakɾedʒiˈtavew/ *adj.* increíble, extraordinario, inverosímil ▪ **historia inacreditável** historia increíble

inadequado /inadeˈkwadu/ *adj.* inadecuado, improcedente, impropio ▪ **roupa inadequada** ropa inadecuada

inadiável /inadʒiˈavew/ *adj.* inaplazable, improrrogable ▪ **reunião inadiável** reunión inaplazable

inadimplência /inadʒĩˈpleˈsja/ *sf.* impago, incumplimiento ▪ **inadimplência do contrato** incumplimiento del contrato

inadmissível /inadʒimiˈsivew/ *adj.* inadmisible ▪ **atitude inadmissível** actitud inadmisible

inalar /inaˈlaR/ *v.* inhalar, aspirar, absorber ▪ **inalar o ar** inhalar el aire

inalienável /inalieˈnavew/ *adj.* inalienable, intransferible ▪ **direitos inalienáveis** derechos inalienables

inalterável /inawteˈravew/ *adj.* inalterable, inmutable, impasible ▪ **situação inalterável** situación inalterable

inanição /inaniˈsɐ̃w/ *sf.* inanición, extrema debilidad, debilidad ▪ **inanição no trabalho** debilidad en el trabajo

inapetência /inapeˈtẽsja/ *sf.* inapetencia, desgana ▪ **inapetência das pessoas** inapetencia de las personas

inaptidão /inapetʃiˈdɐ̃w/ *sf.* ineptitud, incapacidad, inhabilidad, insuficiencia ▪ **inaptidão para o trabalho** incapacidad para el trabajo

inapto, -a /iˈnaptu, ta/ *adj.* inepto, incapaz, incompetente, inhábil ▪ **inapto para viajar** incapaz para viajar

inatingível /inatʃĩˈʒivew/ *adj.* inasequible, incomprensible, inaccesible ▪ **sonho inatingível** sueño inasequible

inativo, -a /inaˈtʃivu, va/ *adj.* inactivo, inerte, desocupado ▪ **pessoa inativa** persona inactiva

inato, -a /iˈnatu, ta/ *adj.* innato, congénito, inherente ▪ **habilidade inata** habilidad innata

inauguração /inawguraˈsɐ̃w/ *sf.* inauguración, estreno, apertura, inicio, fundación ▪ **inauguração do lugar** inauguración del lugar

inaugurar /inawguˈraR/ *v.* inaugurar, implantar, empezar, establecer, iniciar, instalar ▪ **inaugurar com festa** inaugurar con fiesta

inca /ĩˈka/ *adj. s.* inca ▪ **cultura inca** cultura inca

incalculável /ĩˈkawkuˈlavew/ *adj.* incalculable, ilimitado, incontable, inestimable, enorme ▪ **prejuízo incalculável** perjuicio incalculable

incandescente /ĩˈkɐ̃deˈsẽtʃi/ *adj.* incandescente, candente, en brasa ▪ **líquido incandescente** líquido incandescente

incansável /ĩˈkɐ̃ˈsavew/ *adj.* incansable, infatigable, activo, laborioso ▪ **pessoas incansáveis** personas activas

361

incapacidade

incapacidade /ĩˈkapasiˈdadʒi/ *sf.* incapacidad, incompetencia, insuficiencia, inutilidad ■ **incapacidade das pessoas** incapacidad de las personas

incapaz /ĩˈkaˈpajʃ/ *adj. s.* **1** incapaz, incompetente, inhábil, inepto **2** impotente **3** insuficiente ■ **incapaz de sair** incapaz de salir

incendiar /ĩˈseˈdʒiˈaR/ *v.* **1** incendiar, inflamar, encender, abrasar **2** exacerbar, excitar ■ **incendiar a casa** incendiar la casa

incêndio /ĩˈseˈdʒju/ *sm.* **1** incendio, fuego **2** calamidad, pasión ■ **incêndio perigoso** incendio peligroso

incenso /ĩˈseˈsu/ *sm.* incienso ■ **incenso na sala** incienso en la sala

incentivar /ĩˈseˈtʃiˈvaR/ *v.* incitar, estimular, acuciar, excitar ■ **incentivar o aluno** incitar el alumno

incentivo /ĩˈseˈtʃivu, va/ *adj.* **1** incentivo, estímulo, acicate **2** espuela ■ **incentivo fiscal** incentivo fiscal

incerteza /ĩˈseRˈteza/ *sf.* incertidumbre, inconsistencia, indeterminación, duda ■ **incerteza na vida** incertidumbre en la vida

incerto, -a /ĩˈseRtu, ta/ *adj.* incierto, improbable, inconstante, ambiguo, contingente, dudoso ■ **resultado incerto** resultado incierto

incessante /ĩˈseˈsaˈtʃi/ *adj.* incesante, constante, continuo ■ **trabalho incessante** trabajo incesante

incesto /ĩˈseʃtu/ *sm.* incesto ■ **cometer incesto** cometer incesto

inchaço /ĩˈʃasu/ *sm.* **1** hinchazón, tumor **2** orgullo, arrogancia ■ **inchaço no pé** hinchazón en el pie

inchar /ĩˈʃaR/ *v.* **1** inflar, hinchar, henchir, entumecer **2** envanecer **3** ensanchar ■ **inchar de orgulho** enorgullecer ■ **inchar o corpo** inflar el cuerpo

incidente /ĩˈsiˈdeˈtʃi/ *adj.* incidente, accidente, acaecimiento ■ **cometer um incidente** cometer un incidente

incidir /ĩˈsiˈdʒiR/ *v.* incidir, incurrir, sobrevenir, ocurrir ■ **incidir um acidente** ocurrir un accidente

incineração /ĩˈsineraˈsaˈw/ *sf.* incineración, cremación ■ **incineração do corpo** incineración del cuerpo

incinerar /ĩˈsineˈraR/ *v.* incinerar, reducir a cenizas ■ **incinerar o corpo** incinerar el cuerpo

incisão /ĩˈsiˈsaˈw/ *sf.* incisión, cortadura, hendedura, hendidura ■ **fazer uma incisão** hacer una incisión

incisivo, -a /ĩˈsiˈzivu, va/ *adj.* incisivo ■ **trabalho incisivo** trabajo incisivo

inciso, -a /ĩˈsizu, za/ *adj.* inciso, apartado, cortado ■ **inciso na oração** apartado en la oración

incitação /ĩˈsitaˈsaˈw/ *sf.* incitación, instigación, excitación ■ **incitação do professor** instigación del profesor

incitar /ĩˈsiˈtaR/ *v.* **1** incitar, inducir, concitar, engrescar, aguijonear, aguzar, alentar, estimular **2** empujar, hurgar, impeler ■ **incitar o aluno** inducir el alumno

inclemência /ĩˈkleˈmeˈsja/ *sf.* inclemencia, crueldad ■ **inclemência contra alguém** crueldad contra alguien

inclinação /ĩˈklinaˈsaˈw/ *sf.* inclinación, atracción, inflexión, reverencia ■ **inclinação do corpo** inclinación del cuerpo

inclinar /ĩˈkliˈnaR/ *v.* **1** inclinar, empinar, entornar **2** desplomarse, doblarse ■ **inclinar muito** inclinar mucho

incluir /ĩˈkluˈiR/ *v.* **1** incluir, implicar, comprender, contener, embutir, encerrar, englobar, insertar **2** incluirse ■ **incluir mais atividades** incluir más actividades

inclusão /ĩˈkluˈsaˈw/ *sf.* inclusión, incorporación, inserción ■ **incluso no trabalho** inclusión en el trabajo

inclusive /ĩˈkluˈzivi/ *adv.* incluso, aun, sin excepción ■ **inclusive você** incluso tu

incluso, -a /ĩˈkluzu, za/ *adj.* incluido, adjunto, comprendido ■ **incluso no grupo** incluido en el grupo

incoerência /ĩˈkoeˈreˈsja/ *sf.* incoherencia, contradicción, discrepancia ■ **incoerência na frase** incoherencia en la frase

incoerente /ĩˈkoeˈreˈtʃi/ *adj.* incoherente, discrepante, disparatado ■ **texto incoerente** texto incoherente

incógnito, -a /ĩˈkɔgnitu, ta/ *adj.* incógnito, desconocido, anónimo ■ **elemento incógnito** elemento incógnito

incolor /ĩˈkoˈloR/ *adj.* incoloro ■ **a água é incolor** el agua es incolora

incomodar /ĩˈkomoˈdaR/ *v.* **1** incomodar, importunar, aborrecer, molestar, afligir, indisponer, enfadar, enojar, fatigar, chinchar, fastidiar, gibar **2** fregar, barajar ■ **estar incomodada** estar indispuesta

incômodo /ĩˈkomodu/ *adj.* incómodo, embarazoso, extemporáneo, gravoso ■ **situação incômoda** situación incómoda

incomparável /ĩˈkoˈpaˈravew/ *adj.* incomparable, único, extraordinario ■ **trabalho incomparável** trabajo incomparable

incompatibilidade /ĩˈkoˈpatʃibiliˈdadʒi/ *sf.* incompatibilidad, oposición, repugnancia ■ **imcompatibilidade dos resultados** incompatibilidad de los resultados

incompatível /ĩˈkoˈpaˈtʃivew/ *adj.* incompatible, irreconciliable, opuesto ■ **incompatível ao meu** incompatible al mío

incompetência /ĩˈkoˈpeˈteˈsja/ *sf.* incompetencia, ignorancia, inhabilidad ■ **incompetência das pessoas** incompetencia de las personas

incompetente /ĩˈkoˈpeˈteˈtʃi/ *adj. s.* incompetente, incapaz, inepto, inoperante, chapucero ■ **pessoa incompetente** persona incompetente

incompleto, -a /ĩˈkoˈplɛtu, ta/ *adj.* incompleto, falto, imperfecto ■ **trabalho incompleto** trabajo incompleto

incompreensível /ĩˈkoˈpreeˈsivew/ *adj.* **1** incomprensible, ininteligible **2** hermético ■ **pessoa incompreensível** persona incomprensible

inconcebível /ĩˈkoˈseˈbivew/ *adj.* inconcebible, inexplicable ■ **situação inconcebível** situación inconcebible

incondicional /ĩˈkoˈdʒisioˈnaw/ *adj.* **1** incondicional, absoluto, sin condiciones **2** ilimitado ■ **amor incondicional** amor incondicional

inconfessável /ĩˈkoˈfeˈsavew/ *adj.* **1** inconfesable **2** hediondo ■ **ato inconfessável** acto inconfesable

inconfidência /ĩˈkoˈfiˈdeˈsja/ *sf.* inconfidencia, indiscreción ■ **inconfidência minera** inconfidencia minera

incongruente /ĩˈkoˈgruˈeˈtʃi/ *adj.* incongruente, incompatible, inconveniente ■ **ser incongruente** ser incongruente

inconsciente /ĩˈkoˈsiˈeˈtʃi/ *adj. s.* inconsciente, involuntario, irresponsable ■ **estar inconsciente** estar inconsciente

inconsequente /ĩˈkoˈseˈkweˈtʃi/ *adj. s.* inconsecuente, contradictorio ■ **ato inconsequente** acto inconsecuente

inconsistência /ĩˈkoˈsiʃˈteˈsja/ *sf.* inconsistencia, debilidad, blandura ■ **inconsistência na fala** consistencia en el habla

inconsistente /ĩˈkoˈsiʃˈteˈtʃi/ *adj.* inconsistente, frágil, indeciso, incierto ■ **assunto inconsistente** asunto inconsistente

inconstância /ĩˈkoˈʃˈtaˈsja/ *sf.* inconstancia, inestabilidad, infidelidad ■ **inconstância da vida** inconstancia de la vida

inconstante /ĩˈkoˈʃˈtaˈtʃi/ *adj.* inconstante, inestable, fácil, falso, golondrino ■ **vida inconstante** vida inconstante

incontável /ĩˈkoˈtavew/ *adj.* incontable, innumerable ■ **problemas incontáveis** problemas incontables

indicar

incontestável /ĩ'kõteʃ'tavew/ *adj.* incontestable, indudable ■ **decisão incontestável** decisión incontestable

incontinência /ĩkõtʃi'ne˜sja/ *sf.* incontinencia, intemperancia, falta de moderación ■ **incontinência das pessoas** intemperancia de las personas

inconveniência /ĩ'kõveni'e˜sja/ *sf.* **1** inconveniencia, impertinencia **2** indelicadeza, informalidad **3** indecencia ■ **inconveniência das pessoas** inconveniencia de las personas

inconveniente /ĩ'kõveni'e˜tʃi/ *adj.* **1** inconveniente, inadecuado **2** inoportuno **3** desacertado ■ **suceder um inconveniente** suceder un inconveniente

incorporação /ĩ'kõRpora'sa˜w/ *sf.* incorporación, agrupamiento, anexión ■ **incorporação na frase** incorporación en la frase

incorporar /ĩ'kõRpo'raR/ *v.* **1** incorporar, agrupar, aliar, añadir, anexionar, englobar **2** embeberse, asociarse, agregarse, unirse, juntarse ■ **incorporar ao texto** incorporar al texto

incorrer /ĩ'ko'ReR/ *v.* incurrir, comprometerse ■ **incorrer com a clase** comprometerse con el aula

incorrigível /ĩ'koRi'3ivew/ *adj.* incorregible, reincidente ■ **situação incorrigível** situación incorregible

incredulidade /ĩ'kreduli'dad3i/ *sf.* incredulidad, escepticismo ■ **incredulidade das pessoas** incredulidad de las personas

incrédulo, -a /ĩ'krɛdulu, la/ *adj. s.* incrédulo, descreído, escéptico ■ **ato incrédulo** acto incrédulo

incrementar /ĩ'kreme˜'taR/ *v.* incrementar, acrecentar, crecer, desarrollar ■ **incrementar mais dados** incrementar mas datos

incremento /ĩ'kre'me˜tu/ *sm.* incremento, aumento, crecimiento ■ **incremento no trabalho** incremento en el trabajo

incriminação /ĩ'krimina'sa˜w/ *sf.* incriminación, acusación ■ **incriminação das pessoas** incriminación de las personas

incriminar /ĩ'krimi'naR/ *v.* incriminar, acusar, inculpar, censurar ■ **incriminar um inocente** incriminar un inocente

incrível /in'krivew/ *adj.* **1** increíble, impracticable, inconcebible, inexplicable **2** espantoso, absurdo, estupendo **3** fantástico ■ **experiência incrível** experiencia increíble

incrustar /ĩ'kruʃ'taR/ *v.* incrustar, embutir, fijarse ■ **incrustar no corpo** incrustar en el cuerpo

incubação /ĩ'kuba'sa˜w/ *sf.* **1** incubación **2** gestaciones, elaboración, preparación ■ **incubação necessária** incubación necesaria

incubar /ĩ'ku'baR/ *v.* **1** incubar, empollar, gestarse **2** preparar, elaborar, premeditar ■ **incubar a criança** incubar el niño

inculcar /ĩ'kuw'kaR/ *v.* inculcar, imbuir ■ **inculcar com o problema** inculcar con el problema

inculto, -a /ĩ'kuwtu, ta/ *adj.* inculto, ignorante, grosero, agreste ■ **pessoa inculta** persona inculta

incumbência /ĩ'ku˜'be˜sja/ *sf.* incumbencia, cometido, comisión, deber ■ **ter uma incubência** tener una incumbencia

incumbir /ĩ'ku˜'biR/ *v.* **1** incumbir, delegar, encomendar **2** incumbirse, encargarse ■ **incubir uma tarefa** incumbir una tarea

incurável /ĩ'ku'ravew/ *adj.* **1** incurable **2** incorregible, irremediable ■ **ferida incurável** herida incurable

incursão /ĩ'kur'sa˜w/ *sf.* incursión, expedición, invasión ■ **boa incursão** buena expedición

incutir /ĩ'ku'tʃiR/ *v.* influir, infundir, inspirar ■ **incutir as pessoas** influir las personas

indagação /ĩ'daga'sa˜w/ *sf.* indagación, investigación, pesquisa, averiguación ■ **fazer uma indagação** hacer una indagación

indagar /ĩ'da'gaR/ *v.* indagar, escrutar, inquirir, pesquisar, procurar ■ **indagar ao professor** indagar al profesor

indecência /ĩ'de'se˜sja/ *sf.* indecencia, inmoralidad, deshonestidad ■ **indecência das pessoas** indecencia de las personas

indecente /ĩ'de'se˜tʃi/ *adj.* indecente, sucio, indecoroso, inmoral, obsceno ■ **homem indecente** hombre indecente

indecifrável /ĩ'desi'fravew/ *adj.* **1** indescifrable, obscuro, ilegible **2** impenetrable, inexplicable ■ **texto indecifrável** texto indescifrable

indeciso, -a /ĩ'de'sizu, za/ *adj.* indeciso, indeterminado ■ **pessoa indecisa** persona indecisa

indecoroso, -a /ĩ'deko'rozu, za/ *adj.* indecoroso, indecente, indigno, deshonroso, grosero, irreverente ■ **pessoa indecorosa** persona indecorosa

indeferir /ĩ'defe'riR/ *v.* denegar, desatender ■ **indeferir na sala** denegar en clase

indefeso, -a /ĩ'de'fezu, za/ *adj.* indefenso, desarmado ■ **animal indefeso** animal indefenso

indefinição /ĩ'defini'sa˜w/ *sf.* indefinición, imprecisión ■ **indefinição na apresentação** imprecisión en la presentación

indefinido, -a /ĩ'defi'nidu, da/ *adj.* indefinido, indistinto, impreciso ■ **significado indefinido** significado indefinido

indelével /ĩ'de'lɛvew/ *adj.* indeleble, imborrable, inalterable ■ **trabalho indelével** trabajo inalterable

indelicadeza /ĩ'delika'deza/ *sf.* indelicadeza, inconveniencia, grosería, descortesía ■ **indelicadeza das pessoas** indelicadeza de las personas

indelicado, -a /ĩ'deli'kadu, da/ *adj.* indelicado, desatento, inconveniente, grosero, descortés ■ **momento indelicado** momento indelicado

indenização /ĩ'deniza'sa˜w/ *sf.* indemnización, compensación ■ **pedido de indenização** reivindicación para indemnización

indenizar /ĩ'deni'zaR/ *v.* indemnizar, compensar, resarcir, reparar ■ **indenizar as pessoas** indemnizar las personas

independência /ĩ'depe˜'de˜sja/ *sf.* independencia, autonomía, libertad ■ **independência do país** independencia del país

independente /ĩ'depe˜'de˜tʃi/ *adj.* independiente, absoluto, autónomo, libre, soberano, imparcial ■ **país independente** país independiente

indesejável /ĩ'deze'3avew/ *adj. s.* indeseable, inconveniente ■ **trabalho indesejável** trabajo indeseable

indestrutível /ĩ'deʃtru'tʃivew/ *adj.* indestructible, indeleble, eterno ■ **ideal indestrutível** ideal indestructible

indeterminação /ĩ'deteRmina'sa˜w/ *sf.* indeterminación, indecisión ■ **indeterminação das pessoas** indeterminación de las personas

indeterminado, -a /ĩ'deteRmi'nadu, da/ *adj.* indeterminado, impreciso, indeciso, genérico ■ **significado indeterminado** significado indeterminado

indevido, -a /ĩ'de'vidu, da/ *adj.* indebido, impropio, inconveniente ■ **roupa indevida** ropa indebida

indexação /ĩ'deksa'sa˜w/ *sf.* indexación, aplicación de índices ■ **indexação no trabalho** indexación en el trabajo

indiano, -a /ĩ'd3i'anu, na/ *adj.* indiano ■ **música indiana** música indiana

indicação /ĩ'd3ika'sa˜w/ *sf.* indicación, dato, denotación, designación ■ **fazer uma indicação** hacer una indicación

indicador, -ora /ĩ'd3ika'doR, ra/ *adj.* indicador ■ **dedo indicador** dedo índice

indicar /ĩ'd3i'kaR/ *v.* indicar, denotar, aconsejar, apuntar ■ **indicar os melhores** indicar los mejores

363

indicativo

indicativo, -a /ĩ ˈd3ikaˈtʃivu, va/ *adj.* indicativo, indicación, señal ■ **sinal indicativo** señal indicativo

índice /ˈĩ d3isi/ *sm.* índice ■ **índice nacional de preços ao consumidor (INPC)** índice nacional de precios consumidor

indício /ĩ ˈd3isju/ *sm.* indicio, señal, asomo, rastro ■ **indício de perda** indicio de pérdida

indiferença /ĩ d3ifeˈreˉsa/ *sf.* 1 indiferencia, desapego, descuido, desdén 2 frialdad, hielo ■ **indiferença das pessoas** indiferencia de las personas

indiferente /ĩ d3ifeˈreˉtʃi/ *adj.* 1 indiferente, insensible, descastado, apático, desinteresado, escéptico 2 frío, frígido ■ **ficar indiferente** quedarse frío

indígena /ĩ ˈd3iʒena/ *adj. s.* indígena, autóctono ■ **dança indígena** danza indígena

indigência /ĩ ˈd3iˈʒeˉsja/ *sf.* indigencia, carencia, pobreza, miseria, inopia ■ **indigência das pessoas** indigencia de las personas

indigente /ĩ ˈd3iˈʒeˉtʃi/ *adj. & s.* indigente, carente, pobre ■ **indigente na rua** indigente en la calle

indigestão /ĩ ˈd3iʒeʃˈtɑˉw/ *sf.* indigestión, embargo ■ **ter indigestão** tener indigestión

indigesto, -a /ĩ ˈd3iˈʒeʃtu, ta/ *adj.* 1 indigesto 2 molesto, repugnante ■ **comida indigesta** comida indigesta

indignação /ĩ ˈd3ignaˈsɑˉw/ *sf.* indignación, rabia, desesperación, enfado ■ **indignação das pessoas** indignación de las personas

indignar /ĩ ˈd3igˈnaR/ *v.* 1 indignar, encolerizar, enfadar, enojar 2 indignarse, irritarse ■ **indignarse muito** poner el grito en el cielo

indigno, -a /ĩ ˈd3ignu, na/ *adj.* indigno, impropio, deshonesto, abyecto, vil ■ **pessoa indigna** persona indigna

índigo /ˈĩ d3igu/ *adj.* índigo, añil, azul intenso con tonalidades violetas ■ **cor índigo** color índigo

índio, -a /ˈĩ d3ju, d3ja/ *adj. & s.* indio, indígena, autóctono ■ **índio na floresta** indio en la selva

indireto, -a /ĩ ˈd3iˈɾetu, ta/ *adj.* indirecto, alusivo, disimulado indirecta, alusión a algo ■ **atenção indireta** atención indirecta

indisciplina /ĩ ˈd3isiˈplina/ *sf.* indisciplina, insubordinación, desobediencia, rebeldía ■ **indisciplina dos alunos** indisciplina de los alumnos

indisciplinar /ĩ ˈd3isipliˈnaR/ *v.* 1 indisciplinar, desmoralizar 2 indisciplinarse ■ **indisciplinar os filhos** indisciplinar los hijos

indiscreto, -a /ĩ ˈd3iʃˈkretu, ta/ *adj. s.* indiscreto, curioso, imprudente ■ **pessoa indiscreta** persona indiscreta

indiscrição /ĩ ˈd3iʃkriˈsɑˉw/ *sf.* 1 indiscreción, imprudencia, liviandad 2 ligereza 3 indelicadeza ■ **indiscrição das pessoas** indiscreción de las personas

indiscutível /ĩ ˈd3iʃkuˈtʃivew/ *adj.* indiscutible, evidente, incontestable, innegable ■ **situação indiscutível** situación indiscutible

indispensável /ĩ ˈd3iʃpeˉsavew/ *adj.* indispensable, imperioso ■ **dados indispensáveis** datos indispensables

indispor /ĩ ˈd3iʃˈpoR/ *v.* 1 indisponer, desavenir, enemistar 2 indisponerse 3 enfadarse, indignarse ■ **indispor o corpo** indisponer en el cuerpo

indisposição /ĩ ˈd3iʃpoziˈsɑˉw/ *sf.* indisposición, dolencia, enfado, achaque ■ **indisposição do corpo** indisposición del cuerpo

indisposto, -a /ĩ ˈd3iʃˈpoʃtu, ta/ *adj.* indispuesto, enfermo, achacoso, malo ■ **ficar indisposto** quedar indispuesto

indissolúvel /ĩ ˈd3isoˈluvew/ *adj.* indisoluble ■ **solução indissolúvel** solución indisoluble

indistinto /ĩ ˈd3iʃˈtʃˉtu/ *adj.* indistinto, indiferente, vago ■ **pessoa indistinta** persona indistinta

individual /ĩ ˈd3ividuˈaw/ *adj.* singular, especial, particular ■ **trabalho individual** trabajo particular

individualidade /ĩ ˈd3ividwaliˈdad3i/ *sf.* individualidad, originalidad, personalidad ■ **individualidade das pessoas** individualidad de las personas

indivíduo /ĩ ˈd3iˈvidwu/ *adj.* individuo, persona, hombre ■ **indivíduo complicado** individuo complicado

indivisível /ĩ ˈd3iviˈsivew/ *adj.* indivisible, inseparable ■ **projeto indivisível** proyecto indivisible

indócil /ĩ ˈd3siw/ *adj.* indócil, incorregible, díscolo, ingobernable ■ **pessoa indócil** persona indócil

índole /ˈĩ doli/ *sf.* índole, condición, cualidad, genio, idiosincrasia ■ **índole das pessoas** índole das personas

indolência /ĩ ˈdoˈleˉsja/ *sf.* indolencia, desidia, apatía, negligencia, insensibilidad ■ **indolência das pessoas** indolencia de las personas

indolente /ĩ ˈdoˈleˉtʃi/ *adj.* indolente, flojo, apático, negligente, insensible ■ **pessoa indolente** persona floja

indolor /ĩ ˈdoˈloR/ *adj.* indoloro, que no produce dolor ■ **tratamento indolor** tratamiento indoloro

indomável /ĩ ˈdoˈmavew/ *adj.* indomable ■ **cavalo indomável** caballo salvaje

indubitável /ĩ ˈdubiˈtavew/ *adj.* indudable, evidente, cierto ■ **resultado indubitável** resultado evidente

indulgência /ĩ ˈduwˈʒeˉsja/ *sf.* indulgencia, clemencia ■ **indulgência das pessoas** indulgencia de las personas

indulgente /ĩ ˈduwˈʒeˉtʃi/ *adj.* indulgente, clemente, tolerante ■ **pessoa indulgente** persona tolerante

indulto /ĩ ˈduwtu/ *sm.* indulto, amnistía, conmutación de pena ■ **indulto das pessoas** amnistía de las personas

indumentária /ĩ ˈdumeˉtarja/ *sf.* indumentaria, traje, vestuario ■ **indumentária das pessoas** vestuario de las personas

indústria /ĩ ˈduʃtrja/ *sf.* 1 industria, invención 2 sagacidad, astucia ■ **indústria de transformação** industria de transformación

induzir /ĩ ˈduˈziR/ *v.* 1 inducir, convencer, convidar, exhortar 2 instigar ■ **induzir as pessoas** inducir las personas

inebriante /inebriˈaˉtʃi/ *adj.* embriagador, embriagante ■ **pessoa inebriante** persona embriagante

inédito, -a /iˈned3itu, ta/ *adj.* inédito, no publicado, original, nunca visto ■ **filme inédito** película inédita

ineficácia /inefiˈkasja/ *sf.* ineficacia, inutilidad ■ **ineficácia do trabalho** ineficacia del trabajo

ineficaz /inefiˈkajʃ/ *adj.* ineficaz, inútil, inepto, incompetente ■ **trabalho ineficaz** trabajo ineficaz

inegável /ineˈgavew/ *adj.* innegable, incontestable ■ **resposta inegável** respuesta innegable

inepto, -a /iˈnɛptu, ta/ *adj. s.* inepto, incapaz, disparatado, inútil ■ **pessoa inepta** persona incapaz

inequívoco, -a /ineˈkivoku, ka/ *adj.* inequívoco, evidente, claro ■ **prova inequívoca** prueba inequívoca

inércia /iˈnɛRsja/ *sf.* inercia, inacción, flojedad ■ **estar em inércia** estar en inercia

inerente /ineˈreˉtʃi/ *adj.* inherente, inseparable, innato ■ **trabalho inerente** trabajo inherente

inerte /iˈnɛRtʃi/ *adj.* inerte, inactivo, inútil, holgazán ■ **estar inerte** estar inerte

inesgotável /ineʒgoˈtavew/ *adj.* inagotable, copioso, incansable ■ **trabalho inesgotável** trabajo inagotable

infravermelho

inesperado, -a /ineʃpeˈradu, da/ *adj. sm.* inesperado, imprevisto, repentino, inopinado ■ **situação inesperada** situación inesperada

inestimável /ineʃtʃiˈmavεw/ *adj.* inestimable, incalculable ■ **prejuízo inestimável** perjuicio inestimable

inevitável /ineviˈtavew/ *adj.* inevitable, fatal, forzoso, insoslayable ■ **problema inevitável** problema inevitable

inexistência /ineziʃˈtẽˈsja/ *sf.* inexistencia, ausencia ■ **inexistência do problema** inexistencia del problema

inexperiência /ineʃperiˈeˈsja/ *sf.* inexperiencia, ingenuidad, inocencia ■ **inexperiência no assunto** inexperiencia en el asunto

inexplicável /ineʃpliˈkavεw/ *adj.* **1** inexplicable, inconcebible **2** indescifrable, incomprensible ■ **problema inexplicável** problema inexplicable

inexpressivo, -a /ineʃpreˈsivu, va/ *adj.* **1** inexpresivo **2** callado, silencioso ■ **pessoa inexpressiva** persona inexpresiva

infalível /ĩfaˈlivew/ *adj.* infalible, inevitable, seguro ■ **plano infalível** plan infalible

infame /ĩˈfami/ *adj. & s.* infame, torpe, desvergonzado ■ **pessoa infame** persona infame

infâmia /ĩˈfɐmja/ *sf.* infamia, deshonra, descrédito, maldad, bajeza ■ **falar uma infâmia** hablar una infamia

infância /ĩˈfɐˈsja/ *sf.* infancia, niñez ■ **boa infância** buena infancia

infantil /ĩfɐˈtʃiw/ *adj.* infantil, pueril, inmaturo, aniñado ■ **trabalho infantil** trabajo infantil

infarto /ĩˈfaRtu/ *sm.* infarto ■ **ter um infarto** tener un infarto

infatigável /ĩfatʃiˈgavεw/ *adj.* infatigable, incansable, perseverante, obstinado ■ **pessoa infatigável** persona infatigable

infecção /ĩfεkˈsɐ̃w/ *sf.* infección, contaminación, contagio ■ **infecção no corpo** infección en el cuerpo

infeccionar /ĩfeksjoˈnaR/ *v.* infectar, contaminar ■ **infeccionar o corpo** infectar el cuerpo

infeccioso, -a /ĩfεksiˈozu, za/ *adj.* infeccioso, contagioso ■ **doença infecciosa** enfermedad contagiosa

infectar /ĩfεkˈtaR/ *v.* infectar, contagiar, apestar, contaminar ■ **infectar a casa** infectar la casa

infecto, -a /ĩˈfεktu, ta/ *adj.* infecto, contagiado, pestilento ■ **estar infecto** estar contagiado

infelicidade /ĩfelisiˈdadʒi/ *sf.* **1** infelicidad, desgracia, desventura, infortunio **2** fatalidad, adversidad ■ **infelicidade na vida** infelicidad en la vida

infeliz /ĩfeˈlijʃ/ *adj.* infeliz, desafortunado, desdichado, desgraciado, desventurado, adverso ■ **pessoa infeliz** persona infeliz

inferior /ĩferiˈR/ *adj.* inferior, bajo, ordinario ■ **inferior da casa** inferior de la casa

infernal /ĩfeRˈnaw/ *adj.* infernal, endemoniado, diabólico ■ **situação infernal** situación infernal

infernizar /ĩfeRniˈzaR/ *v.* atormentar, exasperar, infernar ■ **infernizar as pessoas** infernar las personas

inferno /ĩˈfeRnu/ *sm.* **1** infierno **2** abismo ■ **vá pro inferno!** ¡vete al infierno!

infestar /ĩfeʃˈtaR/ *v.* infestar, contaminar, invadir, asolar ■ **infestar a casa** infestar la casa

infidelidade /ĩfideliˈdadʒi/ *sf.* infidelidad, deslealtad, alevosía ■ **infidelidade das pessoas** infidelidad de las personas

infiel /ĩˈfiˈew/ *adj. s.* infiel, inconstante, desleal, pagano, traidor ■ **ser infiel** ser infiel

infiltração /ĩˈfjutraˈsɐ̃w/ *sf.* **1** infiltración, inoculación **2** evolución lenta de ideas o doctrinas, difusión, propagación ■ **infiltração na casa** infiltración en la casa

infiltrar /ĩˈfjuˈtraR/ *v.* **1** infiltrar **2** introducirse, penetrar ■ **infiltrar na casa** infiltrar en la casa

infinidade /ĩfiniˈdadʒi/ *sf.* infinidad, eternidad, multitud, inmensidad ■ **infinidade de livros** infinidad de libros

infinitivo /ĩˈfiniˈtʃivu/ *adj.* infinitivo, modo verbal ■ **verbo no infinitivo** verbo en el infinitivo

infinito, -a /ĩˈfiˈnitu, ta/ *adj.* **1** infinito, ilimitado, inagotable **2** eterno **3** innumerable ■ **amor infinito** amor infinito

inflação /ĩˈflaˈsɐ̃w/ *sf.* inflación, alza de precios ■ **inflação alta** inflación alta

inflacionário, -a /ĩˈflasioˈnarju, rja/ *adj.* inflacionario ■ **tendência inflacionária** tendencia inflacionaria

inflamação /ĩˈflamaˈsɐ̃w/ *sf.* inflamación, hinchazón ■ **inflamação do pé** inflamación del pie

inflamar /ĩˈflaˈmaR/ *v.* **1** inflamar, enardecer, acalorar **2** entusiasmar ■ **inflamar a boca** inflamar la boca

inflamatório, -a /ĩˈflamaˈtɔrju, rja/ *adj.* inflamatorio, que produce inflamación ■ **doença inflamatória** enfermedad inflamatoria

inflamável /ĩˈflaˈmavew/ *adj.* inflamable ■ **solução inflamável** solución inflamable

inflar /ĩˈflaR/ *v.* **1** inflar, infatuar, hinchar **2** engreír ■ **inflar a bola** inflar la pelota

inflexão /ĩˈflekˈsɐ̃w/ *sf.* inflexión, modulación del tono de voz ■ **inflexão da voz** inflexión de la voz

inflexível /ĩˈflekˈsivew/ *adj.* **1** inflexible, férreo **2** impasible, indiferente ■ **pessoa inflexível** persona inflexible

infligir /ĩˈfliˈʒiR/ *v.* infligir, punir, condenar ■ **infligir castigos** infligir castigos

influência /ĩˈfluˈeˈsja/ *sf.* influencia, albedrío, autoridad, crédito ■ **influência dos pais** influencia de los padres

influenciar /ĩˈflueˈsiˈaR/ *v.* **1** influenciar, influir, dominar **2** entusiasmar ■ **influenciar as pessoas** influenciar las personas

influente /ĩˈfluˈeˈtʃi/ *adj. s.* influyente, acreditado, predominante ■ **pessoas influentes** personas influyentes

influir /ĩˈfluˈiR/ *v.* **1** influir, actuar, activar **2** entusiasmar, inspirar **3** entusiasmarse, entregarse ■ **influir bem** actuar bien

informação /ĩˈfoRmaˈsɐ̃w/ *sf.* información, comunicación, indagación, noticia, informe ■ **boa informação** buena información

informalidade /ĩˈfoRmaliˈdadʒi/ *sf.* informalidad ■ **informalidade da roupa** informalidad de la ropa

informar /ĩˈfoRˈmaR/ *v.* **1** informar, comunicar, enterar, instruir **2** informarse, indagar ■ **informar os alunos** informar los alumnos

informática /ĩˈfoRˈmatʃika/ *sf.* informática ■ **estudar informática** estudiar informática

informe /ĩˈfoRmi/ *sm.* **1** informe, dossier, crónica **2** irregular, indefinido ■ **informe financeiro** informe financiero

infortúnio /ĩˈfoRˈtunju/ *sm.* infortunio, desdicha, fracaso, infelicidad ■ **sofrer um infortúnio** sufrir un infortunio

infração /ĩˈfraˈsɐ̃w/ *sf.* infracción, transgresión ■ **infração das pessoas** infracción de las personas

infra-estrutura /ĩˈfraeʃtruˈtura/ *sf.* infraestructura ■ **boa infra-estrutura** buena infraestructura

infrator, -ora /ĩˈfraˈtoR, ra/ *s.* infractor, transgresor ■ **infrator no trânsito** infractor en el tránsito

infravermelho, -a /ĩˈfraveRˈmeʎu, ʎa/ *adj.* infrarrojo ■ **radar infravermelha** radar infrarrojo

365

infringir

infringir /ĩfrĩˈʒiR/ *v.* infringir, transgredir, violar ■ **infringir a lei** contravenir

infundado, -a /ĩfũˈdadu, da/ *adj.* infundado, sin fundamento ■ **projeto infundado** proyecto infundado

infundir /ĩfũˈdiR/ *v.* infundir, imbuir, inspirar ■ **infundir muito** inspirar mucho

infusão /ĩfuˈsɐ̃w/ *sf.* infusión ■ **fazer infusão** hacer infusión

infuso, -a /ĩˈfuzu, za/ *adj.* infuso infusión ■ **pessoa infusa** persona infusa

ingenuidade /ĩʒenuiˈdadʒi/ *sf.* ingenuidad, credulidad, inocencia ■ **ingenuidade das crianças** ingenuidad de los niños

ingênuo, -a /ĩˈʒenwo, nwa/ *adj. s.* ingenuo, crédulo, inexperto, inocente ■ **filho ingênuo** hijo ingenuo

ingerência /ĩʒeˈreˈsja/ *sf.* ingerencia, intromisión, intervención, mediación ■ **ingerência das pessoas** intromisión de las personas

ingerir /ĩʒeˈriR/ *v.* **1** ingerir, engullir, beber, inserir **2** ingerirse, entrometerse, intervenir ■ **ingerir comida** ingerir comida

ingestão /ĩʒeʃˈtɐ̃w/ *sf.* ingestión, deglución ■ **boa ingestão** buena ingestión

inglês, -esa /ĩˈgleʃ, gleza/ *adj. s.* inglés ■ **falar inglês** hablar inglés

ingovernável /ĩgoveRˈnavew/ *adj.* ingobernable, indisciplinable ■ **país ingovernável** país ingobernable

ingratidão /ĩgratʒiˈdɐ̃w/ *sf.* **1** ingratitud, desconsideración **2** indiferencia ■ **ingratidão dos filhos** ingratitud de los hijos

ingrato, -a /ĩˈgratu, ta/ *adj. s.* **1** ingrato, desagradecido, descastado, desleal **2** estéril, áspero, desapacible ■ **filho ingrato** hijo ingrato

ingrediente /ĩgredʒiˈeˈtʃi/ *sm.* ingrediente, substancia, componente, material ■ **ingrediente para o bolo** ingrediente para el pastel

íngreme /ĩˈgremi/ *adj.* **1** escarpado, abrupto **2** arduo ■ **caminho íngreme** camino abrupto

ingressar /ĩgreˈsaR/ *v.* ingresar, entrar ■ **ingressar na faculdade** ingresar en la facultad

ingresso /ĩˈgresu/ *sm.* **1** ingreso, entrada, acceso **2** admisión, iniciación ■ **aluno ingresso** alumno ingreso

inibição /inibiˈsɐ̃w/ *sf.* inhibición, prohibición ■ **inibição das pessoas** inhibición de las personas

inibir /iniˈbiR/ *v.* **1** inhibir, prohibir **2** inhibirse ■ **inibir as pessoas** inhibir las personas

iniciação /inisiaˈsɐ̃w/ *sf.* iniciación, aprendizaje, comienzo, origen ■ **iniciação dos alunos** iniciación de los alumnos

iniciar /inisiˈaR/ *v.* **1** iniciar, empezar, comenzar, entablar, incoar, introducir **2** iniciarse ■ **iniciar o trabalho** iniciar el trabajo

iniciativa /inisiaˈtʃiva/ *sf.* iniciativa, expediente, actividad ■ **iniciativa das pessoas** iniciativa de las personas

início /iˈnisju/ *sm.* inicio, entrada, comienzo, inauguración ■ **início da apresentação** inicio de la presentación

inimigo, -a /inimigu, ga/ *adj. s.* enemigo, adversario, hostil, contrario, rival ■ **ter um inimigo** tener un enemigo

inimizade /inimiˈzadʒi/ *sf.* enemistad, animosidad, aversión, hostilidad, rivalidad ■ **inimizade das pessoas** enemistad de las personas

ininteligível /inĩˈteliˈʒivew/ *adj.* ininteligible, misterioso, oscuro, inexplicable ■ **situação ininteligível** situación misteriosa

ininterrupto, -a /inĩteˈRuptu, ta/ *adj.* ininterrumpido, continuo, incesante, constante ■ **trabalho ininterrupto** trabajo ininterrumpido

iniquidade /inikwiˈdadʒi/ *sf.* iniquidad, injusticia, perversidad ■ **iniquidade na sociedade** iniquidad de la sociedad

iníquo, -a /iˈnikwo/ *adj.* inicuo, injusto, perverso ■ **pessoa iníqua** persona injusta

injeção /ĩʒeˈsɐ̃w/ *sf.* inyección, sustancia que se inyecta ■ **injeção no hospital** inyección en el hospital

injetar /ĩʒeˈtaR/ *v.* **1** inyectar, hacer penetrar **2** inyectarse, congestionarse ■ **injetar remédio** inyectar medicina

injúria /ĩˈʒurja/ *sf.* injuria, afrenta, improperio, insulto, enojo ■ **injúria das pessoas** injuria de las personas

injuriar /ĩʒuriˈaR/ *v.* injuriar, ultrajar, ofender, afrentar, estropear ■ **injuriar as pessoas** injuriar las personas

injustiça /ĩʒuʃˈtʃisa/ *sf.* injusticia, arbitrariedad, ilegalidad ■ **injustiça na vida** injusticia en la vida

injusto, -a /ĩˈʒuʃtu, ta/ *adj. s.* injusto, inicuo, ilegítimo, inadecuado, inexacto ■ **realidade injusta** realidad injusta

inocência /inoˈseˈsja/ *sf.* inocencia, ingenuidad, sencillez, simplicidad ■ **inocência das crianças** inocencia de los niños

inocente /inoˈseˈtʃi/ *adj. s.* inocente, inexperto, inofensivo ■ **pessoa inocente** persona inocente

inocular /inokuˈlaR/ *v.* **1** inocular, vacunar **2** contagiar, pervertir ■ **inocular as pessoas** inocular las personas

inócuo, -a /iˈnɔkwo, kwa/ *adj.* inocuo, inofensivo ■ **pessoa inócua** persona inofensiva

inofensivo, -a /inofeˈsivu, va/ *adj.* inofensivo, anodino, inocuo ■ **inofensivo no problema** inofensivo en el problema

inoperante /inopeˈrɐ̃tʃi/ *adj.* inoperante, ineficaz ■ **pessoa inoperante** persona inoperante

inoportuno, -a /inopoRˈtunu, na/ *adj.* **1** inoportuno, impropio, inconveniente, extemporáneo, indebido, intempestivo **2** destiempo ■ **situação inoportuna** situación inoportuna

inorgânico, -a /inoRˈgɐniku, ka/ *adj.* inorgánico ■ **material inorgânico** material inorgánico

inovação /inovaˈsɐ̃w/ *sf.* innovación, novedad, renovación ■ **inovação no trabalho** innovación en el trabajo

inovador, -ora /inovaˈdoR, ra/ *adj. s.* innovador, renovador ■ **trabalho inovador** trabajo innovador

inovar /inoˈvaR/ *v.* innovar, inventar, crear, renovar ■ **inovar na vida** innovar en la vida

inoxidável /inoksiˈdavew/ *adj.* inoxidable, que no se oxida ■ **elemento inoxidável** elemento inoxidable

inquérito /ĩˈkeritu/ *sm.* averiguación, inquisición, interrogatorio ■ **abrir inquérito** iniciar averiguaciones

inquietação /ĩkietaˈsɐ̃w/ *sf.* **1** inquietud, aflicción, alteración, ansiedad, impaciencia, desasosiego, grima **2** efervescencia ■ **inquietação no coração** inquietud en el corazón

inquietar /ĩkieˈtaR/ *v.* **1** inquietar, acongojar, afligir, conmover, desafiar, desasosegar, alarmar, azorar **2** inquietarse, alterarse, erizarse ■ **inquietar a vida** inquietar la vida

inquieto, -a /ĩˈkietu, ta/ *adj.* **1** inquieto, agitado **3** efervescente ■ **ser muito inquieto** tener el demonio dentro del cuerpo

inquilino, -a /ĩˈkilinu, na/ *s.* inquilino ■ **inquilino na casa** inquilino en la casa

inquirir /ĩˈkiriR/ *v.* inquirir, interrogar, indagar, averiguar, examinar ■ **inquirir as pessoas** interrogar las personas

inquisição /ĩkiziˈsɐ̃w/ *sf.* inquisición, santo oficio ■ **inquisição das pessoas** inquisición de las personas

inquisidor, -ora /ĩkiziˈdoR/ *sm.* inquisidor, pesquisador ■ **bom inquisidor** buen inquisidor

insaciável /insaiˈavew/ *adj.* insaciable, ávido, ansioso, ambicioso, comilón ■ **pessoa insaciável** persona insaciable

instruir

insalubre /ĩsaˈlubɾi/ *adj.* insalubre, malsano ■ **líquido insalubre** líquido insalubre

insano, -a /ĩˈsanu, na/ *adj.* insano, enfermo, furioso, loco ■ **pessoa insana** persona insana

insatisfeito, -a /ĩsat͡ʃiˈfejtu, ta/ *adj.* insatisfecho, descontento ■ **insatisfeito com a vida** insatisfecho con la vida

inscrever /ĩskreˈveR/ *v.* **1** inscribir, grabar, esculpir **2** inscribirse, matricularse ■ **inscrever no concurso** inscribir en el concurso

inscrição /ĩskɾiˈsãw/ *sf.* inscripción, epígrafe, epigrama ■ **inscrição tumular** epitafio

inseguro, -a /ĩseˈguru, ɾa/ *adj.* inseguro, inestable, vacilante, indeciso ■ **pessoa insegura** persona insegura

inseminação /ĩseminaˈsãw/ *sf.* inseminación, fecundación ■ **inseminação artificial** inseminación artificial

insensatez /ĩseˈsateʒ/ *sf.* insensatez, alucinación, locura, insania, idiotez ■ **insensatez das pessoas** insensatez de las personas

insensibilidade /ĩsesibiliˈdad͡ʒi/ *sf.* **1** insensibilidad, anestesia, apatía, dureza **2** hielo, indiferencia ■ **insensibilidade das pessoas** insensibilidad de las personas

insensível /ĩseˈsivew/ *adj.* **1** insensible, apático, duro, empedernido, frío **2** helado ■ **homem insensível** hombre insensible

inseparável /ĩsepaˈɾavew/ *adj.* inseparable, inherente, inmanente ■ **amigos inseparáveis** amigos inseparables

inserção /ĩseRˈsãw/ *sf.* inserción, introducción ■ **inserção de dados** inserción de datos

inserir /ĩseˈɾiR/ *v.* inserir, insertar, embutir, implantar, incluir, incrustar, injerir ■ **inserir detalhes** inserir detalles

inseticida /ĩset͡ʃiˈsida/ *adj.* *sm.* insecticida ■ **inseticida perigoso** insecticida peligroso

inseto /ĩˈsetu/ *sm.* **1** insecto **2** persona insignificante ■ **inseto grande** insecto grande

insigne /ĩˈsigni/ *adj.* insigne, célebre, famoso, extraordinario ■ **pessoa insigne** persona extraordinaria

insígnia /ĩˈsignja/ *sf.* insignia, medalla, cruz, emblema, enseña ■ **insígnia de prata** medalla de plata

insignificante /ĩsignifiˈkãt͡ʃi/ *adj.* insignificante, anodino, común, fútil ■ **pessoa insignificante** insecto ■ **ser insignificante** no importar una higa

insinuação /ĩsinuaˈsãw/ *sf.* insinuación, indirecta, infiltración ■ **insinuação das pessoas** insinuación de las personas

insinuar /ĩsinuˈaR/ *v.* **1** insinuar, aconsejar, infiltrar **2** insinuarse ■ **insinuar algo** insinuar algo

insipidez /ĩsipiˈdejʒ/ *sf.* insipidez, desazón ■ **insipidez das pessoas** insipidez de las personas

insípido, -a /ĩˈsipidu, da/ *adj.* insípido, monótono, soso ■ **pessoa insípida** persona insípida

insistência /ĩsiʃˈtesja/ *sf.* insistencia, persistencia, obstinación ■ **insistência das pessoas** insistencia de las personas

insistente /ĩsiʃˈtẽt͡ʃi/ *adj.* insistente, fervoroso, persistente ■ **pessoa insistente** persona insistente

insistir /ĩsiʃˈt͡ʃiR/ *v.* insistir, instar, aferrarse, afincarse, hacer hincapié ■ **insistir no assunto** insistir en el asunto

insolação /ĩsolaˈsãw/ *sf.* insolación ■ **ter insolação** tener insolación

insolência /ĩsoˈlẽsja/ *sf.* insolencia, atrevimiento, descaro, arrogancia ■ **insolência das pessoas** insolencia de las personas

insolente /ĩsoˈlẽt͡ʃi/ *adj.* *s.* insolente, descarado, atrevido, arrogante ■ **pessoa insolente** persona arrogante

insólito, -a /ĩˈsɔlitu, ta/ *adj.* insólito, extraordinario, increíble, inusitado, extraño ■ **fato insólito** facto increíble

insolúvel /ĩsoˈluvew/ *adj.* insoluble, indescifrable ■ **situação insolúvel** situación insoluble

insolvência /ĩsowˈvẽsja/ *sf.* insolvencia ■ **insolvência de algo** insolvencia de algo

insondável /ĩsõˈdavew/ *adj.* insondable, inexplicable, misterioso ■ **situação insondável** situación insondable

insônia /ĩˈsonja/ *sf.* insomnio, vigilia, desvelo ■ **ter insônia** tener insomnia

inspeção /ĩspeˈsãw/ *sf.* inspección, examen, reconocimiento, vigilancia ■ **inspeção da polícia** inspección de la policía

inspecionar /ĩspesioˈnaR/ *v.* inspeccionar, examinar, reconocer, revistar, vigilar ■ **inspecionar as pessoas** inspeccionar las personas

inspetor, -ora /ĩspeˈtoR, ɾa/ *adj.* *s.* inspector, vigilante, examinador ■ **inspetor secreto** inspector secreto

inspiração /ĩspiraˈsãw/ *sf.* inspiración, entusiasmo, sugestión ■ **inspiração para o amor** inspiración para el amor

inspirar /ĩspiˈɾaR/ *v.* **1** inspirar, originar, sugerir **2** insuflar ■ **inspirar as pessoas** inspirar las personas

instalação /ĩstalaˈsãw/ *sf.* instalación, colocación, situación ■ **instalação de aparelhos** instalación de aparatos

instância /ĩʃˈtãsja/ *sf.* instancia, exigencia ■ **instância das pessoas** instancia de las personas

instantâneo, -a /ĩʃtãˈtanju, nja/ *adj.* *s.* instantáneo, inmediato, súbito, breve, efímero ■ **momento instantâneo** momento instantáneo

instante /ĩʃˈtãt͡ʃi/ *sm.* instante ■ **todo instante** todo instante

instar /ĩʃˈtaR/ *v.* instar, insistir, solicitar, pedir, suplicar ■ **instar com as pessoas** instar con las personas

instauração /ĩʃtawraˈsãw/ *sf.* instauración, inauguración, fundación ■ **instauração de projeto com crianças** fundación de proyecto con niños

instaurar /ĩʃtawˈraR/ *v.* instaurar, fundar, inaugurar, establecer ■ **instaurar a paz** instaurar la paz

instável /ĩʃˈtavew/ *adj.* inestable, inseguro, voluble ■ **sentimento instável** sentimiento inestable

instigação /ĩʃt͡ʃigaˈsãw/ *sf.* instigación, estímulo, sugestión ■ **instigação dos professores** instigación de los profesores

instigar /ĩʃt͡ʃiˈgaR/ *v.* **1** instigar, incitar, inducir, infiltrar, concitar **2** empujar ■ **instigar os alunos** instigar los alumnos

instilar /ĩʃt͡ʃiˈlaR/ *v.* **1** instilar **2** introducir, insinuar ■ **instilar o assunto** introducir el asunto

instintivo, -a /ĩʃt͡ʃĩˈt͡ʃivu, va/ *adj.* instintivo, natural, espontáneo ■ **pessoa instintiva** persona instintiva

instinto /ĩʃˈt͡ʃĩtu/ *sm.* instinto, inspiración ■ **instinto animal** instinto animal

instituição /ĩʃt͡ʃitwiˈsãw/ *sf.* **1** institución, organización, fundación ■ **instituição de educação** institución de educación

instituir /ĩʃt͡ʃituˈiR/ *v.* instituir, fundar, establecer, erigir, organizar, fijar, inaugurar ■ **instituir uma escola** fundar una escuela

instituto /ĩʃt͡ʃiˈtutu/ *sm.* instituto, reglamento, establecimiento de educación ■ **instituto particular** instituto particular

instrução /ĩʃtruˈsãw/ *sf.* instrucción, conocimiento, educación ■ **juiz de instrução** juez de instrucción

instruir /ĩʃtruˈiR/ *v.* **1** instruir, aleccionar, enseñar, disciplinar **2** alumbrar, apacentar **3** instruirse ■ **instruir um processo** enjuiciar

367

instrumental

instrumental /ĩĩtrume˜ˈtaw/ *adj. sm.* instrumental, conjunto de instrumentos ■ **inglês instrumental** inglés instrumental

instrumento /ĩĩtruˈme˜tu/ *sm.* instrumento, agente ■ **instrumento de sopro** instrumento de viento

instrutivo, -a /ĩĩtruˈtʃivu, va/ *adj.* instructivo, aleccionador, educativo, edificante ■ **jogo instrutivo** juego instructivo

instrutor, -ora /ĩĩtruˈtoR, ra/ *adj. s.* instructor, guía, educador ■ **instrutor da escola** instructor de la escuela

insubordinação /ĩĩsuboRd3inaˈsãw/ *sf.* insubordinación, indisciplina, sublevación, rebeldía ■ **insubordinação das pessoas** insubordinación de las personas

insubordinar /ĩĩsuboRd3iˈnaR/ *v.* 1 insubordinar, sublevar, indisciplinar, desobedecer 2 insubordinarse, desmandarse ■ **insubordinar as pessoas** insubordinar las personas

insuficiência /ĩĩsufisiˈe˜sja/ *sf.* insuficiencia, ineficacia ■ **insuficiência das pessoas** insuficiencia de las personas

insuficiente /ĩĩsufisiˈe˜tʃi/ *adj.* 1 insuficiente, ineficaz 2 incapaz, ignorante ■ **dinheiro insuficiente** dinero insuficiente

insuflar /ĩĩsuˈflaR/ *v.* 1 insuflar, inflar 2 sugerir, insinuar ■ **insuflar algo** sugerir algo

insular /ĩĩsuˈlaR/ *v.* isleño, insular, aislar, apartar ■ **insular as pessoas** apartar las personas

insultar /ĩĩsuˈlaR/ *adj. & s.* insultar, afrentar, agredir, increpar ■ **insultar as pessoas** insultar las personas

insulto /ĩĩsuwtu/ *sm.* insulto, afrenta, denuesto, injuria ■ **falar insulto** hablar insulto

insuperável /ĩĩsupeˈravew/ *adj.* insuperable, invencible, irresistible ■ **situação insuperável** situación insuperable

insuportável /ĩĩsupoRˈtavew/ *adj.* insoportable, imposible, intolerable, molesto ■ **problema insuportável** problema insoportable

insurreição /ĩĩsuRejˈsãw/ *sf.* insurrección, rebelión, sublevación ■ **insurreição das pessoas** insurrección de las personas

intacto, -a /ĩˈtakto, a/ *adj.* intacto, íntegro, ileso ■ **ficar intacto** quedar intacto

integração /ĩtegraˈsãw/ *sf.* integración, asimilación ■ **integração das pessoas** integración de las personas

integral /ĩteˈgraw/ *adj.* integral, entero, completo ■ **pão integral** pan integral

integrar /ĩteˈgraR/ *v.* 1 integrar, completar, asimilar 2 integrarse, incorporarse ■ **integrar as pessoas** integrar las personas

integridade /ĩtegriˈdad3i/ *sf.* integridad, austeridad, honradez ■ **integridade das pessoas** integridad de las personas

íntegro, -a /ĩˈtegru, gra/ *adj.* íntegro, austero, entero, honesto, honrado ■ **pessoa íntegra** persona íntegra

inteirar /ĩtejˈraR/ *v.* 1 enterar, completar 2 informarse ■ **inteirar do assunto** enterar del asunto

inteiro, -a /ĩˈtejru, ra/ *adj.* entero, completo, intacto, firme ■ **coração por inteiro** corazón por completo

intelecto /ĩteˈlɛktu/ *sm.* intelecto, inteligencia, entendimiento ■ **pessoa com intelecto** persona con intelecto

inteligência /ĩteliˈʒe˜sja/ *sf.* inteligencia, intelecto, talento, razón ■ **inteligência das pessoas** inteligencia de las personas

inteligente /ĩteliˈʒe˜tʃi/ *adj.* inteligente, sabio, instruido ■ **pessoa inteligente** persona inteligente

intempérie /ĩte˜ˈpeɾje/ *sf.* intemperie, tempestad ■ **intempérie na cidade** tempestad en la ciudad

intempestivo, -a /ĩte˜peʃˈtʃivu, va/ *adj.* intempestivo, inoportuno, prematuro ■ **pessoa intempestiva** persona intempestiva

intenção /ĩte˜ˈsãw/ *sf.* intención, deseo, propósito, designio ■ **intenção oculta** intríngulis ■ **boa intenção** buena intención

intencionado, -a /ĩte˜sjoˈnadu, da/ *adj.* intencionado ■ **mal-intencionado** malintencionado

intendente /ĩte˜deˈtʃi/ *s.* intendente, administrador, superintendente, director ■ **bom intendente** buen intendente

intensidade /ĩte˜siˈdad3i/ *sf.* intensidad, gravedad, energía, vehemencia ■ **intensidade dos sentimentos** intensidad de los sentimientos

intensificar /ĩte˜sifiˈkaR/ *v.* intensificar, fortalecer, vigorizar ■ **intensificar os sentimentos** intensificar los sentimientos

intensivo, -a /ĩte˜ˈsivu, va/ *adj.* intensivo, intenso, vehemente ■ **relação intensiva** relación intensiva

intenso, -a /ĩte˜su, sa/ *adj.* intenso, intensivo, enérgico, ardoroso ■ **amor intenso** amor intenso

interação /ĩteraˈsãw/ *sf.* interacción ■ **interação das pessoas** interacción de las personas

intercalar /ĩteRkaˈlaR/ *adj. v.* intercalar, interpolar, interponer, insertar, entremeter ■ **intercalar as cores** intercalar los colores

intercâmbio /ĩteRˈkã˜bju/ *sm.* intercambio, compensación, permuta, trueque ■ **intercâmbio de pessoas** intercambio de personas

interceder /ĩteRseˈdeR/ *v.* 1 interceder, intervenir, empeñarse 2 intermediar ■ **interceder na relação** interceder en la relación

interceptar /ĩteRsepˈtaR/ *v.* 1 interceptar, atajar, cruzar 2 abogar ■ **interceptar a bola** interceptar el balón

interdição /ĩteRd3iˈsãw/ *sf.* interdicción, privación de derechos, prohibición ■ **interdição da casa** interdicción de la casa

interessado, -a /ĩtereˈsadu, da/ *adj. s.* interesado, estudioso ■ **pessoa interessada** persona interesada

interessante /ĩtereˈsãtʃi/ *adj.* interesante, importante, simpático ■ **trabalho interessante** trabajo interesante

interessar /ĩtereˈsaR/ *v.* 1 interesar, importar 2 agradar, lucrar 3 interesarse ■ **interessar as pessoas** interesar las personas

interesse /ĩteˈresi/ *sm.* interés, atención, conveniencia, expectación, lucro, ventaja ■ **interesse pessoal** interés personal

interesseiro, -a /ĩtereˈsejru, ra/ *adj. s.* interesado, egoísta, codicioso ■ **pessoa interesseira** persona interesada

interferência /ĩteRfeˈre˜sja/ *sf.* interferencia, intervención ■ **fazer uma interferência** hacer una interferencia

interferir /ĩteRfeˈɾiR/ *v.* interferir, intervenir ■ **interferir na sua vida** interferir en su vida

interfone /ĩteRˈfoni/ *sm.* interfono ■ **interfone da casa** interfono de la casa

interino, -a /ĩteˈɾinu, na/ *adj.* interino, temporario ■ **professor interino** profesor temporario

interior /ĩteɾiˈoR/ *adj. & sm.* interior, interno, íntimo ■ **interior da casa** interior de la casa

interjeição /ĩteRʒejˈsãw/ *sf.* interjección, expresión súbita ■ **fazer uma interjeição** hacer una interjección

interligação /ĩteRligaˈsãw/ *sf.* interconexión ■ **interligação das pessoas** interconexión de las personas

interlocutor, -ora /ĩteRlokuˈtoR, ra/ *s.* interlocutor, dialogador ■ **interlocutor antigo** interlocutor antiguo

interlúdio /ĩteRˈlud3ju/ *sm.* interludio, composición musical ■ **bonito interlúdio** bonito interludio

intermediar /ĩteRmed3iˈaR/ *v.* intermediar, interceder ■ **intermediar no trabalho** intermediar en el trabajo

intermediário, -a /ĩteRmed3iˈaɾju, rja/ *adj. s.* 1 intermediario 2 estraperlista ■ **nível intermediário** nível intermediario

inundação

Intermédio /ĩteR'mɛdʒu/ *adj.* intermedio, interpuesto, medianero ∎ **nível intermédio** nível intermedio

interminável /ĩteRmi'navew/ *adj.* interminable, eterno, infinito ∎ **problema interminável** problema interminable

internacional /ĩteRnasjo'naw/ *adj.* internacional, de dos o más naciones ∎ **problema internacional** problema internacional

internado, -a /ĩteR'nadu, da/ *adj.* internado, introducido, hospitalizado ∎ **ficar internado** quedar internado

internar /ĩteR'naR/ *v.* **1** internar, introducir, hospitalizar **2** adentrarse ∎ **internar-se em hospital** ingresar

interno, -a /ĩteRnu, na/ *adj. & s.* interno, interior, intestino ∎ **problema interno** problema interno

interpelar /ĩteRpe'laR/ *v.* interpelar, implorar el auxilio de uno, demandar ∎ **interpelar muito** interpelar mucho

interpolar /ĩteRpo'laR/ *v.* interpolar, interponer ∎ **interpolar frases** interpolar frases

interpor /ĩteR'poR/ *v.* **1** interponer, intercalar, recurrir **2** interponerse ∎ **interpor no texto** interponer en el texto

interpretação /ĩteRpreta'sãw/ *sf.* interpretación, acepción, desempeño ∎ **boa interpretação** buena interpretación

interpretar /ĩteRpre'taR/ *v.* interpretar, descifrar, entender, explicar ∎ **interpretar o texto** interpretar el texto

intérprete /ĩteRprɛtʃi/ *s.* intérprete, traductor ∎ **intérprete de línguas** intérprete de lenguas

interrogação /ĩteRoga'tɔrju, rja/ *sf.* **1** interrogación, pregunta, interpelación ∎ **ponto de interrogação** punto de interrogación

interrogar /ĩteRo'gaR/ *v.* interrogar, preguntar, examinar, sondar, inquirir, indagar ∎ **interrogar as pessoas** interrogar las personas

interrogatório /ĩteRoga'tɔrju, rja/ *adj.* interrogatorio, examen, investigación ∎ **fazer um interrogatório** hacer un interrogatorio

interromper /ĩteRõ'peR/ *v.* interrumpir, detener, cortar, interceptar ∎ **interromper o professor** interrumpir al profesor

interrupção /ĩteRup'sãw/ *sf.* interrupción **sem interrupção** sin interrupción, sin solución de continuidad ∎ **fazer uma interrupção** hacer una interrupción

interruptor /ĩteRup'toR/ *adj. sm.* interruptor, conmutador, disyuntor ∎ **interruptor da casa** interruptor de la casa

interurbano, -a /ĩteɾuR'banu, na/ *adj.* interurbano ∎ **transporte interurbano** transporte interurbano

intervalo /ĩteR'valu/ *sm.* intervalo, intermedio, discontinuidad, entreacto ∎ **intervalo longo** intervalo largo

intervenção /ĩteRvẽ'sãw/ *sf.* intervención, injerencia ∎ **intervenção cirúrgica** intervención quirúrgica

interventor /ĩteRvẽ'toR, ra/ *adj. s.* interventor ∎ **interventor na sala** interventor en la clase

intervir /ĩteR'viR/ *v.* intervenir, interferir, injerir, interceder, intermediar, interponer ∎ **intervir na aula** intervenir en la clase

intestino, -a /ĩteʃ'tʃinu, na/ *adj. sm.* intestino, interno, interior, íntimo, secreto ∎ **comida no intestino** comida en el intestino

intimar /ĩtʃi'maR/ *v.* **1** intimar, citar, notificar, hablar con arrogancia **2** interpelar **intimar com prazo** emplazar ∎ **intimar alguém** citar alguien

intimidade /ĩtʃimi'dadʒi/ *sf.* intimidad, amistad ∎ **ter intimidade** tener intimidad

intimidar /ĩtʃimi'daR/ *v.* intimidar, acobardar, amenazar, amilanar, asustar, aturdir ∎ **intimidar o aluno** intimidar al alumno

íntimo, -a /ĩtʃimu, ma/ *adj. s.* íntimo, interior ∎ **encontro íntimo** encuentro íntimo

intolerância /ĩtole'ɾãsja/ *sf.* intolerancia, violencia, persecución religiosa ∎ **intolerância das pessoas** intolerancia de las personas

intolerante /ĩtole'ɾãtʃi/ *adj. s.* intolerante, intransigente ∎ **pessoa intolerante** persona intolerante

intoxicação /ĩtoksika'sãw/ *sf.* intoxicación, envenenamiento ∎ **intoxicação do corpo** intoxicación del cuerpo

intoxicar /ĩtoksi'kaR/ *v.* intoxicar, envenenar ∎ **intoxicar o corpo** intoxicar el cuerpo

intranquilizar /ĩtɾã'kwili'zaR/ *v.* intranquilizar, inquietar, sobresaltar ∎ **intranquilizar pelo problema** intranquilizar por el problema

intransigente /ĩtɾã'si'ʒẽtʃi/ *adj. s.* intransigente, inflexible, severo ∎ **situação intransigente** situación intransigente

intransitivo, -a /ĩtɾã'si'tʃivu, va/ *adj.* intransitivo ∎ **problema intransitivo** problema intransitivo

intratável /ĩtɾa'tavew/ *adj.* intratable, difícil, hosco, huraño ∎ **doença intratável** enfermedad intratable

intriga /ĩtʃ'triga/ *sf.* intriga, complot, enredo, traición ∎ **intriga das pessoas** intriga de las personas

intrigante /ĩtʃ'tri'gãtʃi/ *adj. & s.* intrigante, lioso, cuentista ∎ **pergunta intrigante** pregunta intrigante

intrigar /ĩtʃ'tri'gaR/ *v.* intrigar, liar, indisponer, embrollar, chismear ∎ **intrigar com algo** intrigar con algo

intrincado, -a /ĩtʃ'trĩkadu, da/ *adj.* intrincado, enmarañado, obscuro ∎ **relato intrincado** relato intrincado

intrínseco, -a /ĩtʃ'trĩseku, ka/ *adj.* intrínseco, interior, íntimo, propio, inherente ∎ **sentido intrínseco** sentido intrínseco

introdução /ĩtɾodu'sãw/ *sf.* introducción, entrada, iniciación, inserción ∎ **introdução do livro** introducción del libro

introduzir /ĩtɾodu'ziR/ *v.* **1** introducir, entrar, enfilar, establecer **2** introducirse, internarse ∎ **introduzir o texto** introducir el texto

intrometer /ĩtɾome'teR/ *v.* **1** entrometer, entremeter **2** entrometerse, ingerirse, inmiscuirse **3** danzar ∎ **intrometer na conversa** entrometer en la conversación

intrometido, -a /ĩtɾome'tʃidu, da/ *adj. & s.* entrometido, intruso, fisgón ∎ **pessoa intrometida** persona entrometida

intromissão /ĩtɾomi'sãw/ *sf.* **1** intromisión, intervención, intrusión **2** osadías, atrevimiento ∎ **intromissão das pessoas** intromisión de las personas

introspectivo, -a /ĩtɾospek'tʃivu, va/ *adj.* introspectivo ∎ **pessoa introspectiva** persona introspectiva

introversão /ĩtɾoveR'sãw/ *sf.* introversión, examen íntimo ∎ **introversão doentia** introversión enfermiza

introvertido, -a /ĩtɾoveR'tʃidu, da/ *adj. & s.* introvertido, introspectivo ∎ **pessoa introvertida** persona introvertida

intrusão /ĩtɾu'sãw/ *sf.* intrusión, intromisión, usurpación de cargo ∎ **intrusão no emprego** intromisión en el empleo

intruso, -a /ĩtɾuzu, za/ *adj. & s.* intruso, usurpador ∎ **pessoa intrusa** persona intrusa

intuição /ĩtui'sãw/ *sf.* intuición, percepción rápida ∎ **intuição feminina** intuición femenina

intuito /ĩtwitu/ *sm.* intención ∎ **no intuito de** con objeto de

inumar /inu'maR/ *v.* inhumar, enterrar, sepultar ∎ **inumar o corpo** enterrar el cuerpo

inumerável /inume'ravew/ *adj.* innumerable, prodigioso, excesivo, enorme, grandioso ∎ **quantidade inumerável** cantidad innumerable

inundação /inũda'sãw/ *sf.* inundación, aluvión ∎ **inundação da cidade** inundación de la ciudad

I

369

inundar

inundar /inu⁻ˈdaR/ *v.* inundar, anegar, alagar, bañar ▪ **inundar a casa** inundar la casa

inusitado, -a /inuziˈtadu, da/ *adj.* inusitado, desconocido, extravagante ▪ **projeto inusitado** proyecto inusitado

inútil /iˈnutʃiu/ *adj. s.* inútil, vano, estéril, fulero, fútil, ineficaz ▪ **pessoa inútil** persona inútil

inutilidade /inutʃiliˈdadʒi/ *sf.* inutilidad, futilidad, ineficacia, insignificancia ▪ **inutilidade dos objetos** inutilidad de los objetos

inutilizar /inutʃiliˈzaR/ *v.* 1 inutilizar, invalidar, inhabilitar 2 inutilizarse ▪ **inutilizar o cartão de crédito** inutilizar la tarjeta de crédito

invadir /ĩvaˈdʒiR/ *v.* invadir, entrar, acometer, irrumpir ▪ **invadir a aula** invadir la clase

invalidar /ĩvaliˈdaR/ *v.* invalidar, anular, inutilizar ▪ **invalidar os materiais** invalidar los materiales

inválido, -a /ĩˈvalidu, da/ *adj. s.* inválido, flaco, débil, enfermo, incapaz ▪ **objeto inválido** objeto inválido

invasão /ĩvaˈsã͜w/ *sf.* invasión, ocupación, incursión, propagación ▪ **invasão violenta** invasión violenta

invasor, -ora /ĩvaˈzoR, ra/ *adj. s.* invasor, ocupante, intruso ▪ **invasor de terra** invasor de tierra

inveja /ĩˈveʒa/ *sf.* envidia, codicia, celos, pelusa, rivalidad ▪ **morrer de inveja** morirse de envidia

invejável /ĩveˈʒave͜w/ *adj.* envidiable, precioso ▪ **pessoa invejável** persona envidiable

invenção /ĩvẽˈsã͜w/ *sf.* invención, creación, elaboración, ficción, industria, descubrimiento ▪ **invenção de trabalho** invención de trabajo

invencível /ĩvẽˈsive͜w/ *adj.* invencible, insuperable, invicto, irresistible ▪ **pessoa invencível** persona invencible

inventar /ĩbẽˈtaR/ *v.* inventar, concebir, fabricar, fantasear, fingir, formar, hacer, innovar, hallar, forjar ▪ **inventar uma desculpa** inventar una excusa

inventário /ĩbẽˈtarjo/ *sm.* inventario, catálogo, relación detallada ▪ **fazer um inventário** hacer un inventario

inventivo, -a /ĩvẽˈtʃivu, va/ *adj.* inventivo, creador, inventor, ingenioso ▪ **pessoa inventiva** persona inventiva

inventor, -ora /ĩvẽˈtoR, ra/ *adj. & s.* inventor, creador, ingenioso ▪ **inventor da roda** inventor de la roda

inverno /ĩˈveRnu/ *sm.* invierno, estación del año entre el otoño y la primavera ▪ **frio no inverno** frío en el invierno

inverossímil /ĩveroˈsimju/ *adj.* inverosímil, increíble ▪ **pessoa inverossímil** persona increíble

inversão /ĩveRˈsã͜w/ *sf.* inversión, vuelta hacia dentro ▪ **inversão dos sentidos** inversión de los sentidos

inverso, -a /ĩˈveRsu, sa/ *adj.* inverso, contrario, alterado, trastornado ▪ **situação inversa** situación inversa

invertebrado, -a /ĩveRteˈbradu, da/ *adj. s. biol* invertebrado ▪ **animal invertebrado** animal invertebrado

inverter /ĩveRˈteR/ *v.* invertir, alterar, trastornar ▪ **inverter as ideias** invertir las ideas

invertido, -a /ĩveRˈteR/ *adj.* invertido, alterado, trastornado ▪ **sentido invertido** sentido invertido

invés /ĩˈves/ *sm.* envés ▪ **ao invés de** en lugar de, a contrapelo, revés, contrario

investida /ĩveʃˈtʃida/ *sf.* embestida, asalto, arremetida, ataque ▪ **fazer uma investida** hacer una embestida

investigação /ĩveʃtʃigaˈsã͜w/ *sf.* investigación, averiguación, indagación, exploración ▪ **fazer uma investigação** hacer una investigación

investigar /ĩveʃtʃigaR/ *v.* investigar, averiguar, inquirir, examinar, explorar ▪ **investigar as pessoas** investigar las personas

investimento /ĩveʃtʃiˈmẽtu/ *sm.* inversión ▪ **bom investimento** buena inversión

investir /ĩveʃˈtʃiR/ *v.* 1 investir, arremeter, atacar, avanzar ▪ **investir contra alguém** embestir 2 invertir ▪ **investir dinheiro** invertir dinero

inviável /ĩˈvia͜vew/ *adj.* impracticable, inasequible, inviable ▪ **caminho inviável** camino inviable

invicto, -a /ĩˈviktu, ta/ *adj.* invicto, invencible ▪ **pessoa invicta** persona invicta

inviolável /ĩˈvio'lave͜w/ *adj.* inviolable, seguro ▪ **selo inviolável** sello inviolable

invisível /ĩˈviˈzive͜w/ *adj.* invisible, escondido ▪ **linha invisível** línea invisible

invocar /ĩvoˈkaR/ *v.* invocar, apelar, llamar, suplicar ▪ **invocar uma pessoa** llamar una persona

invólucro /ĩˈvolukru/ *sm.* envoltorio, envoltura, cobertura, funda ▪ **invólucro do pacote** envoltura del paquete

involuntário, -a /ĩˈvolu⁻ˈtarju, rja/ *adj.* involuntario, inconsciente, instintivo ▪ **movimento involuntário** movimiento involuntario

iodo /iˈodu/ *sm.* iodo, yodo ▪ **iodo é um elemento** iodo es un elemento

ioga /iˈɔga/ *sf.* yoga, yoguismo ▪ **fazer ioga** hacer yoga

iogurte /ioˈguRtʃi/ *sm.* yogur ▪ **tomar iorgurte** tomar yogur

ípsilon /ipsiˈlo⁻/ *sm.* i griega; nombre de la letra y ▪ **letra ípsilon** letra i griega

ir /ˈiR/ *v.* ir, caminar, andar, dirigirse, decorrer, seguir, suceder, existir, figurar, continuar, llevar, pasar ▪ **ir atrás de alguém** echar tras uno ▪ **ir longe demais** ir demasiado lejos

ira /ˈira/ *sf.* ira, cólera, furia, furor, irritación ▪ **ira do homem** furia del hombre

irado, -a /iˈradu, da/ *adj.* airado, colérico, irritado ▪ **ficar irado** quedar irritado

irar /iˈraR/ *v.* 1 airar, irritar, indignar 2 encolerizarse ▪ **irar uma pessoa** irritar una persona

irlandês, -esa /iRlɐˈdejʃ, deza/ *adj. s.* irlandés ▪ **pessoa irlandesa** persona irlandesa

irmanar /iRmaˈnaR/ *v.* 1 hermanar, unir, unificar 2 parear, confraternar ▪ **irmanar com as pessoas** hermanar con las personas

irmão /iRˈmã͜w, mɐ⁻/ *s.* hermano, miembro de una confraría ▪ **irmão amigo** hermano amigo

ironia /iroˈnia/ *sf.* ironía, chacota, sarcasmo ▪ **ironia do destino** ironía del destino

irônico, -a /iˈroniku, ka/ *adj.* irónico, chacotero, sarcástico, burlón ▪ **pessoa irônica** persona irónica

irracional /iRasjoˈnaw/ *adj.* irracional, bruto ▪ **animal irracional** animal irracional

irradiação /iRadʒiaˈsã͜w/ *sf.* irradiación ▪ **ponto de irradiação** foco de irradiación

irradiar /iRadʒiˈaR/ *v.* 1 irradiar, emitir, despedir 2 propagarse, desarrollarse ▪ **irradiar os raios** emitir los rayos

irreal /iRe'aw/ *adj.* 1 irreal, abstracto, imaginario 2 fantástico, ilusorio ▪ **imagem irreal** imagen irreal

irrecusável /iRekuˈzave͜w/ *adj.* irrecusable ▪ **proposta irrecusável** propuesta irrecusable

irrefutável /iRefuˈtave͜w/ *adj.* irrefutable, incontestable, indiscutible ▪ **resposta irrefutável** respuesta incontestable

itinerário

irregular /iRegu'laR/ *adj.* irregular, desigual, vario, inexacto, altibajo, anómalo, anormal, informe **irregularidade** irregularidad, anomalía, anormalidad ■ **caminho irregular** camino irregular

irresistível /iReziʃ'tivɛw/ *adj.* irresistible, fascinante ■ **comida irresistível** comida irresistible

irresoluto, -a /iRezo'lutu, ta/ *adj. s.* irresoluto, indeciso, indeterminado ■ **pessoa irresoluta** persona indecisa

irrespirável /iReʃpi'ravɛw/ *adj.* irrespirable, venenoso, mortífero ■ **lugar irrespirável** lugar irrespirable

irresponsável /iReʃpoˈ̃savɛw/ *adj. s.* irresponsable, inconsecuente ■ **pessoa irresponsável** persona irresponsable

irreverente /iReve're'tʃi/ *adj. s.* **1** irreverente, rebelde **2** desatento, descortés ■ **pessoa irreverente** persona irreverente

irreversível /iReveR'sivɛw/ *adj.* irreversible ■ **situação irreversível** situación irreversible

irrigação /iRiga'sã̃w/ *sf.* irrigación, riego ■ **irrigação da terra** irrigación de la tierra

irritação /iRita'sã̃w/ *sf.* irritación, agravio, alteración, despecho ■ **irritação dos pais** irritación de los padres

irritado, -a /iRi'tadu, da/ *adj.* **1** indignado, airado, enojado **2** crespo ■ **pessoa muito irritada** persona enojada

irritar /iRi'taR/ *v.* **1** irritar, agraviar, airar, despechar, embravecer, encolerizar, enconar, enfadar, enfurecer, indignar, indisponer, enrabiar, exacerbar, exasperar **2** irritarse, encolerizarse, enojarse ■ **irritar com as pessoas** irritar con las personas

irromper /iRoˈ̃peR/ *v.* irrumpir, surgir, nacer, brotar ■ **irromper da água** irrumpir del agua

irrupção /iRup'sã̃w/ *sf.* irrupción, invasión, aparición súbita ■ **irrupção das pessoas** invasión de las personas

isca /'iʃka/ *sf.* anzuelo, gancho **isca de carne** carnada ■ **morder a isca** caer en el anzuelo

isenção /iseˈ̃sã̃w/ *sf.* exención, abstención, dispensa, inmunidad ■ **isenção de impostos** exención de impuestos

isentar /iseˈ̃taR/ *v.* exceptuar, eximir, librar ■ **isentar os mais velhos** eximir los mayores

isento, -a /i'seˈ̃tu, ta/ *adj.* exento, dispensado, inmune, libre ■ **isento de taxas** exento de impuestos

islâmico, -a /iʒ'lɑmiku, ka/ *adj.* islámico ■ **cultura islâmica** cultura islámica

islandês, -esa /iʒlɑˈ̃dejʃ, deza/ *adj. s.* islandés ■ **pessoa islandesa** persona islandesa

isolacionismo /izolasjo'niʒmu/ *sm.* aislacionismo ■ **isolacionismo das pessoas** aislacionismo de las personas

isolado, -a /izo'ladu, da/ *adj.* aislado, solitario, solo ■ **isolado do mundo** aislado del mundo

isolador /izola'doR/ *adj.* aislador ■ **vidro isolador** vidro aislador

isolante /izo'lɑ'tʃi/ *adj. sm.* aislante, aislador ■ **fita isolante** fita aislante

isolar /izo'laR/ *v.* **1** aislar, separar **2** emparedarse, encerrarse, enterrarse ■ **isolar as pessoas** aislar las personas

isqueiro /iʃ'kejru/ *sm.* encendedor, mechero, chisquero ■ **isqueiro e cigarro** encendedor y cigarrillo

israelita /israe'lita/ *adj. s.* israelita, hebraica, judaico ■ **região israelita** región hebraica

isso /'isu/ *pron.* eso ■ **isso mesmo** eso mismo

isto /'iʃtu/ *pron.* esto ■ **isto aqui** esto aqui

italiano, -a /itali'anu, na/ *adj. s.* italiano ■ **estudar italiano** estudiar italiano

itálico /i'taliku, ka/ *adj. sm.* itálico, bastardilla, letra cursiva ■ **formato itálico** formato itálico

item /'iteˈ̃/ *sm.* ítem, punto ■ **item importante** ítem importante

iterativo, -a /itera'tʃivu, va/ *adj.* iterativo, repetido, frecuente ■ **lugar iterativo** lugar frecuente

itinerante /itʃine'rɑ'tʃi/ *adj.* itinerante, viajante ■ **pessoa itinerante** persona viajante

itinerário /itʃine'rarju/ *adj. sm.* itinerario, recorrido ■ **itinerário da vida** recorrido de la vida

I

371

J

j /'xota/ *sf* décima letra del alfabeto português ■ **j é uma letra** j es una letra

já /'xa/ *excl* ya, ahora mismo, finalmente, en fin, luego, inmediatamente ■ **desde já** desde ahora

jacaré /ʒakaˈrɛ/ *sm* **1** caimán, yacaré, cocodrilo **2** baba ■ **carne de jacaré** carne de yacaré

jacente /ʒaˈseˉtʃi/ *adj* yacente ■ **bens jacentes** bienes yacentes

jactância /ʒakˈtɑ̃ˉsja/ *sf* jactancia, arrogancia, altivez, alarde ■ **pessoa com jactância** persona con arrogancia

jactar-se /ʒakˈtaRsi/ *v* jactarse, ufanarse, vanagloriarse ■ **jactar-se no trabalho** vanagloriarse en el trabajo

jade /'ʒadʒi/ *sm* jade, mineral de color verde ■ **ganhar uma jade** ganar una jade

jaguar /ʒaˈgwaR/ *sm* jaguar, yaguar, onza ■ **medo do jaguar** miedo del jaguar

jamaicano, -a /ʒamajˈkanu, na/ *adj & sm* jamaicano ■ **música jamaicana** música jamaicana

jamais /ʒaˈmajʃ/ *adv* jamás, nunca, en ningún momento ■ **jamais deixe de opinar** jamás deje de opinar

janeiro /ʒaˈnejru/ *sm* enero ■ **primeiro de janeiro** primero de enero, día de Año Nuevo

janela /ʒaˈnɛla/ *sf* ventana ■ **janelinha** tronera **jogar dinheiro pela janela** tirar el dinero por la ventana

jangada /ʒɑˉˈgada/ *sf* balsa, armadía ■ **andar na jangada** caminar en la balsa

jantar /ʒɑˉˈtaR/ *sm* cenar, comer cena, ágape ■ **sala de jantar** comedor

japonês, -a /ʒapoˈnejʃ, neza/ *adj & s* japonés ■ **homem japonês** hombre japonés

jararaca /ʒaraˈraka/ *sf* **1** culebra, serpiente **2** víbora ■ **mulher jararaca** mujer víbora

jardim /ʒaRˈdʒĩ/ *sm* jardín, parque ■ **jardim com flores e canteiros** parterre, jardín **jardim de infância** parvulario, jardín de infantes ■ **jardim de inverno** gabinete **jardim suspenso** jardín colgante ■ **jardim zoológico** parque, jardín zoológico

jargão /ʒaRˈgɑ̃/ *sm* germanía, jerga ■ **jargão na televisão** germanía en la tele

jasmim /ʒaʒˈmĩ/ *sm* Bot jazmín ■ **jasmim no jardim** jazmín en el jardín

jaspe /'ʒaʃpi/ *sm* jaspe, variedad de cuartazo ■ **ganhar um jaspe** ganar un jaspe

jaula /'ʒawla/ *sf* jaula ■ **preso na jaula** preso en la jaula

javali /ʒavaˈli/ *sm* jabalí ■ **carne de javali** carne de jabalí

jazer /ʒaˈzeR/ *v* yacer, permanecer, descansar en paz ■ **jazer meu amigo** descansar en paz mi amigo

jazida /ʒaˈzida/ *sf* yacimiento, sepultura, fosa, huesa ■ **jazida de ouro** sepultura de oro

jazigo /ʒaˈzigu/ *sm* **1** yacimiento, sepultura **2** serenidad, sosiego, quietud ■ **jazigo no cemitério** sepultura en el cementerio

jeito /'ʒejtu/ *sm* **1** modo, manera, costumbre, uso, aptitud, táctica, temperamento, orden, amaño, destreza **2** facha ■ **com jeito** hábilmente **de jeito nenhum** ni a la de tres, ni a tiros **não tem jeito** no hay modo

jeitoso, -a /ʒejˈtozu, za/ *adj* mañoso, apto, hábil, diestro ■ **mulher jeitosa** mujer hábil

jejuar /ʒeʒuˈaR/ *v* ayunar, privarse, abstenerse ■ **jejuar até amanhã** ayunar hasta mañana

jejum /ʒeˈʒũ/ *sm* ayuno, abstinencia ■ **ficar em jejum** quedarse en ayunas

jesuíta /ʒezuˈita/ *adj & sm* jesuita ■ **cultura dos jesuítas** cultura de los jesuitas

jiboia /ʒiˈbɔja/ *sf* boa, serpiente americana ■ **medo de jiboia** miedo de boa

jipe /'ʒipi/ *sm* jeep ■ **jipe no deserto** jeep en el desierto

joalheiro, -a /ʒoaˈʎejru, ra/ *adj & s* joyero, lapidario, platero ■ **joalheiro eficaz** joyero eficaz

joalheria /ʒoaʎeˈria/ *sf* joyería ■ **joalheria famosa** joyería famosa

joaninha /ʒoaˈniɲa/ *sf* mariquita ■ **joaninha na folha** mariquita en la hoja

joelho /ʒoˈeʎu/ *sm* rodilla ■ **de joelhos** de rodillas

jogada /ʒoˈgada/ *sf* jugada, lance de juego ■ **boa jogada** buena jugada

jogador, -a /ʒogaˈdoR, ra/ *adj & s* jugador ■ **jogador de futebol** futbolista

jogar /ʒoˈgaR/ *v* **1** jugar, tirar, bolear **2** tirarse ■ **jogar conversa fora** chacharear, parlotear

jogo /'ʒogu/ *sm* juego, partida, entretenimiento, diversión, recreio, pasatiempo ■ **casa de jogo clandestino** garito

jogral /ʒoˈgraw, leza/ *s* trovador, juglar ■ **jogral grande** trovador grande

joia /'ʒɔja/ *sf* **1** alhaja, pieza **2** joyas ■ **joia pequena** dije

jornada /ʒoRˈnada/ *sf* **1** jornada, viaje **2** tiempo de la vida humana ■ **jornada de trabalho** jornada de trabajo

jornal /ʒoRˈnaw/ *sm* diario, gaceta, periódico ■ **seção de jornal** gacetilla

jornalismo /ʒoRnaˈliʒmu/ *sm* periodismo ■ **fazer jornalismo** hacer periodismo

jorrar /ʒoˈRaR/ *v* chorrear, lanzar, brotar ■ **jorrar água** surtir

jorro /'ʒoRu/ *sm* chorro ■ **jorro de água** chorro de agua

jota /'ʒota/ *sm* nombre de la letra j ■ **jota de joven** jota de joven

jovem /'ʒoveˉʒ/ *adj* joven, mozo, mancebo, rapaz ■ **jovem rico e ocioso** señorito

juventude

jovial /ʒoviˈaw/ *adj* jovial, festivo, juguetón, chistoso ▪ **festa jovial** fiesta jovial

jovialidade /ʒoviali'dadʒi/ *sf* 1 jovialidad, alegría 2 humor ▪ **jovialidade nas pessoas** jovialidad en las personas

jubileu /ʒubi'lew/ *sm* jubileo, aniversario solemne ▪ **comemorar o jubileu** conmemorar el jubileo

júbilo /'ʒubilu/ *sm* júbilo, alegría, contentamiento ▪ **cantar com júbilo** cantar con júbilo

judaico, -a /ʒu'dajku, ka/ *adj* judaico, hebraico, judío ▪ **povo judaico** pueblo judaico

judaísmo /ʒuda'iʒmu/ *sm* judaísmo ▪ **acreditar no judaísmo** creer en el judaísmo

judeu, -ia /ʒu'dew, dʒia/ *adj & s* judío, hebreo, israelí ▪ **povo judeu** pueblo judío

judiação /ʒudʒia'sãw/ *sf* pena, maltrato ▪ **judiação das crianças** pena de los niños

judiar /ʒudʒi'aR/ *v* maltratar ▪ **judiar das crianças** maltratar a los niños

judô /ʒu'do/ *sm* judo, yudo ▪ **fazer judô** hacer judo

juiz /ʒu'iʃ/ *s* juez, árbitro, magistrado ▪ **decisão do juiz** decisión del juez

juizado /ʒui'zado/ *sm* juzgado ▪ **juizado de menores** fiscalía de menores

juízo /ʒu'izu/ *sm* 1 juicio, juzgado, asentamiento, opinión, sensatez, tino, criterio, dictamen 2 madurez ▪ **perder o juízo** perder el juicio, perder la chaveta, perder el tino

julgamento /ʒuwga'mẽtu/ *sm* 1 juicio, juzgamiento, arbitraje, opinión, raciocinio 2 sentencia ▪ **julgamento sumário** interdicto

julgar /ʒuw'gaR/ *v* juzgar, apreciar, opinar, arbitrar, creer, pensar, raciocinar, criticar, enjuiciar; entender, sentenciar ▪ **julgar as pessoas** juzgar las personas

julho /'ʒuʎu/ *sm* julio ▪ **mês de julho** mes de julio

jumento /ʒu'mẽtu, ta/ *s* jumento, borrico, asno ▪ **andar de jumento** andar de jumento

junção /ʒũ'sãw/ *sf* junta, unión ▪ **junção das ideias** unión de las ideas

junco /'ʒũku/ *sm* junco, planta con tallos lisos y cilíndricos ▪ **junco grande** junco grande

junho /'ʒuɲu/ *sm* junio ▪ **mês de junho** mes de junio

júnior /'ʒunjoR/ *adj & s* júnior ▪ **campeonato júnior** campeonato júnior

junta /'ʒũta/ *sf* junta, yunta, asamblea, ayuntamiento, comité, conclave, coyuntura, encaje ▪ **junta comercial** junta comercial

juntar /ʒũ'taR/ *v* 1 juntar, ayuntar, acrecentar, acumular, sumar, adjuntar, aducir, aglomerar, agregar, aliar, anexionar, aparear, coleccionar, colegir, conchabar 2 juntarse, unirse, conglomerarse, agolparse ▪ **juntar dinheiro** hacer su guaca

junto, -a /'ʒũtu, ta/ *adj* junto, anexo, unido ▪ **ir junto** ir a la par

jurado, -a /ʒu'radu, da/ *adj* jurado, tribunal ▪ **compromisso jurado** compromiso jurado

juramento /ʒura'mẽtu/ *sm* juramento, jura, voto, promesa solemne ▪ **sob juramento** bajo juramento

jurar /ʒu'raR/ *v* jurar, prometer ▪ **jurar de joelhos no chão** jurar de rodillas en el suelo

júri /'ʒuri/ *sm* jurado, tribunal ▪ **tribunal de júri** jurado

jurídico, -a /ʒu'ridʒiku, ka/ *adj* jurídico ▪ **problema jurídico** problema jurídico

jurisdição /ʒuriʃdʒi'sãw/ *sf* 1 jurisdicción, competencia, atribución 2 instancia ▪ **problema de jurisdição** problema de jurisdicción

juro /'ʒuru/ *sm* interés, intereses **juros de mora** intereses de mora ▪ **juros simples** intereses simples

jururu /ʒuru'ru/ *adj* triste, alicaído ▪ **ficar jururu** quedar triste

justaposição /ʒuʃtapozi'sãw/ *sf* yuxtaposición ▪ **justaposição no texto** yuxtaposición en el texto

justiça /ʒuʃ'tʃisa/ *sf* justicia, derecho, equidad, razón, magisterio público ▪ **justiça do trabalho** justicia del trabajo

justiçar /ʒuʃtʃi'saR/ *v* ajusticiar, punir, condenar ▪ **justiçar as pessoas** punir las personas

justiceiro /ʒuʃtʃi'sejru/ *adj* justiciero, implacable ▪ **justiceiro da cidade** justiciero de la ciudad

justificação /ʒuʃtʃifika'sãw/ *sf* justificación, apología, disculpa, rehabilitación ▪ **boa justificação** buena justificación

justificar /ʒuʃtʃifi'kaR/ *v* 1 justificar, autorizar, probar, disculpar, fundamentar 2 justificarse, disculparse ▪ **justificar suas atitudes** justificar sus actitudes

justo, -a /'ʒuʃtu, ta/ *adj* justo, razonable, derecho, entero ▪ **pessoa justa** persona justa

juvenil /ʒuve'niw/ *adj* juvenil, joven, mozo 2 verde ▪ **roupa juvenil** ropa juvenil

juventude /ʒuve~'tudʒi/ *sf* 1 juventud, mocedad 2 aurora, primavera, flor de la edad ▪ **juventude saudável** juventud saludable

J

K

k letra que no pertenece al alfabeto portugués, sólo usada en vocablos extranjeros y en abreviaturas.

L

ABCDEFGHIJKLMNOPQRSTUVWXYZ

l /'ɛli/ *sm.* 1 duodécima letra del alfabeto portugués. 2 l cincuenta en la numeración romana. ■ **l de lábio** l de lábio

lá /'la/ *adv. & sm.* 1 allá, en otro lugar o tiempo. 2 la, sexta nota musical de la escala. ■ **para lá** para allá, por aquel camino.

lã /'lɑ/ *sf.* lana, hebra de estambre. ■ **lã fina** lanilla

labareda *sf.* **1** llama, llamarada, fogonazo, fuego, hoguera. 2 charada. ■ **labareda da paixão** llama de la pasión **falta pronúncia**

lábil /'labiw/ *adj.* lábil, frágil, transitorio, resbaladizo. ■ **objeto lábil** objeto frágil

lábio /'labju/ *sm.* 1 labio. 2 labia, maña, astucia. ■ **lábio grosso** bezo.

labirinto /labi'rĩtu/ *sm.* 1 laberinto. 2 caos, confusión. ■ **labirinto da vida** laberinto de la vida

laboratório /labora'tɔrju/ *sm.* laboratorio. ■ **laboratório da escola** laboratorio de la escuela

laborioso, -osa /labori'ozu, za/ *adj.* laborioso, trabajador. ■ **homem laborioso** hombre laborioso

laca /'laka/ *sf.* laca, barniz duro y brillante. ■ **laca na casa** laca en la casa

laçada /la'sada/ *sf.* lazada, nudo corredizo. ■ **laçada nas botas** lazada en las botas

laçar /la'sar/ *v.* lazar, coger, apresar, atar. ■ **laçar animais** enlazar.

lacerar /lase'rar/ *v.* 1 lacerar, rasgar, magullar. 2 rasgarse, romperse. ■ **lacerar o amor** lacerar el amor

laço /'lasu/ *sm.* 1 lazo, nudo, presilla, traba. 2 vínculo. ■ **laço de fitas** lazada, moño. **laço para enfeite** moño.

lacônico, -a /la'koniku, ka/ *adj.* lacónico, breve, sucinto. ■ **assunto lacônico** asunto lacónico

lacrar /la'krar/ *v.* lacrar, cerrar o sellar con lacre. ■ **lacrar a caixa** lacrar la caja

lacrau /la'kraw/ *sm.* alacrán, escorpión. ■ **lacrau perigoso** escorpión peligroso

lacre /'lakri/ *sm.* lacre, cierre. ■ **lacre bem** lacre bien

lacrimogêneo /lakrimo'ʒenju, nja/ *adj.* lacrimógeno. ■ **usar lacrimogêneo** usar lacrimógeno

lacrimoso, -osa /lakri'mozu, za/ *adj.* lagrimoso, plañidero. ■ **olhos lacrimosos** ojos lagrimosos

lactação /lakta'sɑ̃w/ *sf.* lactación, lactancia. ■ **lactação forte** lactación fuerte

lácteo, -a /'laktju, tja/ *adj.* lácteo, lechero, lechoso, semejante a la leche. ■ **beber lácteos** beber lácteos

lactose /lak'tɔzi/ *sf.* lactosa. ■ **comida com lactose** comida con lactosa

lacuna /la'kuna/ *sf.* 1 omisión, vacío. 2 laguna. ■ **lacuna grande** laguna grande

ladeira /la'dejra/ *sf.* ladera, costanera, cuesta, escarpa, pendiente, rampa, repecho, vertiente. ■ **descer a ladeira** bajar la ladera

ladino, -a /la'dʒinu, na/ *adj.* ladino, astuto, sagaz. ■ **pessoa ladina** persona astuta

lado /'ladu/ *sm.* lado, parte. ■ **ao lado de** al lado de, junto. **deixar de lado,** preterir dejar de lado. **de um lado para outro** de un lado para otro.

ladrão /la'drɑ̃w, drona/ *adj. & s.* 1 ladrón, bandido, salteador, pirata. 2 *fam* ratón, gato. ■ **ladrão de galinha** ladronzuelo.

ladrar /la'drar/ *v.* 1 ladrar. 2 amenazar. ■ **ladrar muito** ladrar mucho

ladrido /la'dridu/ *sm.* latido, ladrido. ■ **ladrido do cachorro** latido del perro

ladrilhar /ladri'ʎar/ *v.* embaldosar, enladrillar. ■ **ladrilhar muito** embaldosar mucho

ladrilho /la'driʎu/ *sm.* baldosa, azulejo. ■ **ladrilho da casa** azulejo de la casa

lagartixa /lagar'tʃiʃa/ *sf.* lagartija. ■ **lagartixa na parede** lagartija en la pared

lagarto, -a /la'gartu, ta/ *s.* lagarto. ■ **dizer cobras e lagartos** echar gusarapos por la boca

lago /'lagu/ *sm.* lago, estanque de jardín. ■ **lago do jardim** lago del jardín

lagoa /la'goa/ *sf.* albufera, lago, laguna, bañadero. ■ **lagoa da cidade** lago de la ciudad

lagosta /la'gɔʃta/ *sf.* langosta. ■ **comer lagosta** comer langosta

lágrima /'lagrima/ *sf.* 1 lágrima. 2 gota, migaja. ■ **lágrimas de crocodilo** lágrimas de cocodrilo.

laico, -a /'lajku, ka/ *adj.* laico, lego, secular, no religioso. ■ **pessoa laica** persona laica

laje /'laʒi/ *sf.* laja, adoquín, losa, piedra plana. ■ **laje da casa** laja de la casa

lájear /laʒe'ar/ *v.* enlosar, losar. ■ **lajear muito** enlosar mucho

lajota /la'ʒɔta/ *sf.* loseta, baldosa ■ **lajota na casa** loseta en la casa

lama /'lama/ *sf.* lama, barro, cieno, fango, lodo. ■ **cair na lama** caer en el fango

lamaçal /lama'saw/ *sm.* barrizal, cenagal, lodazal. ■ **caminho de lamaçal** camino de barrizal

lamacento /lama'sẽtu/ *adj.* cenagoso, fangoso. ■ **lugar lamacento** lugar cenagoso

lamber /lɑ̃'ber/ *v.* 1 lamer, relamer. 2 relamerse. ■ **lamber os beiços** relamerse.

lambiscar /lɑ̃biʃ'kar/ *v.* picar, picotear. ■ **lambiscar a cara** picar la cara

lambuja /lɑ̃'buʒa/ *sf.* ventaja. ■ **fazer lambuja** llevar ventaja

375

lambuzar

lambuzar /lãˈbuˈzar/ *v.* embadurnar, emporcar. ■ **lambuzar a boca** embadurnar la boca

lamentar /lameˈtar/ *v.* 1 lamentar, lastimar, deplorar, hipar, sentir.2 quejarse. ■ **lamentar muito** lamentar mucho

lamentável /lameˈtavew/ *adj.* lamentable, lastimoso, deplorable, doloroso. ■ **situação lamentável** situación lamentable

lamento /laˈmeˈtu/ *sm.* lamento, lamentación, lástima, llanto, queja, sollozo. ■ **lamento da vida** lamento de la vida

lâmina /ˈlɐmina/ *sf.* lámina, hoja, placa, plancha, tabla. ■ **lâmina perigosa** lámina peligrosa

laminado, -a /lamiˈnadu, da/ *adj.* laminado, laminar. ■ **objeto laminado** objeto laminado

laminar /lamiˈnar/ *adj. & v.* laminar, adelgazar, aguzar. ■ **laminar forte** laminar fuerte

lâmpada /ˈlɐpada/ *sf.* lámpara. ■ **lâmpada elétrica** bombilla.

lamparina /lɐpaˈrina/ *sf.* mariposa, lamparilla, linterna. ■ **lamparina forte** mariposa fuerte

lampejo /lãˈpeʒu/ *sm.* 1 llamarada, viso. 2 pálido reflejo, idea, súbita, chispazo. ■ **lampejo de ideia** llamarada de ideas

lampião /lɐpiˈɐʊ̃w/ *sm.* candil, lampión, linterna. ■ **lampião na casa** lampión en la casa

lamúria /laˈmurja/ *sf.* quejido, lloriqueo. ■ **fazer lamúria** quejarse

lança /ˈlɐsa/ *sf.* lanza, asta, pica. ■ **lança perigosa** lanza peligrosa

lança-chamas /lɐˈsaˈʃɐmaʃ/ *sm.* lanzallamas. ■ **homem lança-chamas** hombre lanzallamas

lança-foguetes lanzacohetes. ■ **lança-foguetes são perigosos** lanzacohetes son peligrosos

lançamento /lɐˈsaˈmeˈtu/ *sm.* lanzamiento, lance. ■ **lançamento vigoroso** tiro.

lançar /lɐˈsar/ *v.* 1 lanzar, asentar, botar, despedir, echar, emitir, tirar, proyectar. 2 lanzarse, arrojarse, precipitarse. ■ **lançar uma bola** lanzar un balón

lance /ˈlɐsi/ *sm.* lance, episodio, jugada, momento. ■ **lance de escada** tramo.

lancha /ˈlɐʃa/ *sf.* lancha, barca grande, bote ■ **o motor da lancha** el motor de la lancha

lanchar /lɐˈʃar/ *v.* merendar. ■ **lanchar cedo** merendar temprano

lanche /ˈlɐʃi/ *sm.* 1 merienda, lunch, refección ligera. 2 piscolabis. ■ **lanche da tarde** merienda.

lanchonete /lɐˈʃoˈnɛtʃi/ *sf.* bar, cafetería, confitería. ■ **comer na lanchonete** comer en la cafetería

languidez /lɐgiˈdejʃ/ *sf.* languidez, debilidad, postración, morbidez, molicie. ■ **languidez na vida** languidez en la vida

lânguido, -a /ˈlɐgidu, da/ *adj.* lánguido, débil, fatigado, mórbido, desalentado. ■ **pessoa lânguida** persona débil

lantejoula *sf.* lentejuela. ■ **roupa com lantejoula** ropa con lentejuela **falta pronúncia**

lanterna /lɐˈterna/ *sf.* linterna, faro. ■ **lanterna grande** lampión.

lapela /laˈpɛla/ *sf.* solapa. ■ **lapela grande** solapa grande

lapidar /lapiˈdar/ *adj. & v.* 1 lapidar, apedrear, abrillantar. 2 pulir, educar. ■ **lapidar a pedra** lapidar la piedra

lápide /ˈlapidʒi/ *sf.* lápide, piedra con inscripción. ■ **lápide no cemitério** lápide en el cementerio

lápis /ˈlapiʃ/ *sm.* lápiz. ■ **desenhar a lápis** diseñar a lápiz.

lapiseira /lapiˈzejra/ *sf.* bolígrafo, lapicera, esferográfica. ■ **lapiseira para escrever** lapicera para escribir

lapso /ˈlapsu/ *sm.* lapso. ■ **lapso de tempo** lapso de tiempo, tracto.

laquê /laˈke/ *sm.* laca. ■ **laquê para o cabelo** laca para el cabello

laqueado, -a /lakeˈadu, da/ *adj.* laqueado. ■ **cabelo laqueado** cabello laqueado

lar /ˈlar/ *sm.* 1 lar, hogar, la familia, casa, patria. 2 nido, paredes. ■ **lar doce lar** hogar dulce hogar

laranja /laˈrɐʒa/ *sf.* naranja. ■**suco de laranja** jugo de naranja

laranjada /laˈrɐʒa/ *sf.* naranjada, anaranjado. ■ **cor laranjada** anaranjada

larápio /laˈrapju, pja/ *s.* ladrón, ratero. ■ **pessoa larápia** persona descuidera

lareira /laˈrejra/ *sf.* 1 chimenea, hogar, lar. 2 brasero. ■ **lareira da casa** chimenea de la casa

largada /larˈgada/ *adj.* partida, arrancada. ■ **largada da corrida** partida de la carrera

largar /larˈgar/ *v.* 1 largar, dejar, desasir, ceder, desamparar, aflojar. 2 partir, zarpar. ■ **largar a bebida** largar la bebida

largo, -a /ˈlargu, ga/ *adj.* ancho, amplio, vasto, espacioso, extenso, copioso. ■ **documento largo** documento extenso

largueza /larˈgeza/ *sf.* 1 largueza, anchura, término, límite. 2 generosidad, disipación. ■ **largueza do camino** largueza del camino

largura /larˈgura/ *sf.* anchura, ancho, holgura. ■ **largura do bife** ancho del bife

laringe /laˈrɪ̃ʒi/ *sm.* laringe. ■ **câncer na laringe** cáncer en la laringe

larva /ˈlarva/ *sf.* larva. ■ **larva na folha** larva en la hoja

lasanha /laˈzɐna/ *sf.* lasaña. ■ **comer lasanha** comer lasaña

lasca /ˈlaʃka/ *sf.* lasca, astilla, esquirla, raja. ■ **lascas de pedra** rocalla.

lascar /laʃˈkar/ *v.* desportillar, rajar, hender, romper, astillarse. ■ **ser de lascar** ser muy desagradable, ser un plomo.

lascivo, -a /laˈsivu, va/ *adj. & s.* 1 lascivo, libidinoso, lúbrico, lujurioso, voluptuoso, erótico. 2 cachondo, juguetón. ■ **produto lascivo** producto lascivo

laser /laˈzer/ *adj.* láser. ■ **raio laser** rayo láser

lasso, -a /ˈlasu, sa/ *adj.* laso, desfallecido o decaído. ■ **pessoa lassa** persona decaída

lástima /ˈlaʃtʃima/ *sf.* lástima, compasión, duelo. ■ **lástima da vida** lástima de la vida

lastimar /laʃtʃiˈmar/ *v.* 1 lastimar, compadecer, mancar. 2 lastimarse, quejarse, lamentarse. 3 llorar. ■ **lastimar muito** lastimar mucho

lastimoso, -a /laʃtʃiˈmozu, za/ *adj.* lastimoso, lloroso, doloroso. ■ **situação lastimosa** situación lastimosa

lastro /ˈlaʃtru/ *sm.* 1 lastre. 2 base, fundamento. ■ **lastro do barco** lastre del barco

lata /ˈlata/ *sf.* lata, envase, hojalata. ■ **lata de lixo** basurero. **lata velha** coche estropeado

latão /laˈtɐʊ̃w/ *sm.* latón, metal, vasija grande. ■ **latão de lixo** latón de basura

látego /ˈlategu/ *sm.* 1 látigo, azote. 2 flagelo, castigo. ■ **látego forte** flagelo fuerte

latejar /lateˈʒar/ *v.* latir, palpitar, pulsar. ■ **latejar a cabeça** pulsar la cabeza

latente /laˈteˈtʃi/ *adj.* latente, oculto, disfrazado. ■ **dor latente** dolor latente

376

leiteiro

lateral /late'raw/ *adj.* lateral, transversal, colateral. ■ **lateral do carro** lateral del coche

laticínio /latʃi'sinju/ *adj.* producto lácteo, quesería. ■ **laticínio na fazenda** quesería en la hacienda

latido /la'tʃidu/ *sm.* ladrido, voz del perro. ■ **latido alto** ladrido fuerte

latifundiário, -a /latʃifu'dʒi'arju, rja/ *adj. & s.* latifundista, terrateniente. ■ **trabalhador latifundiário** trabajador latifundista

latifúndio /latʃi'fu'dʒu/ *sm.* latifundio, finca agraria extensa. ■ **trabalho no latifúndio** trabajo en el latifundio

latim /la'tʃĩ/ *sm.* 1 latín. 2 cosa difícil de entender. ■ **latim mal falado** latín macarrónico

latino, -a /la'tʃinu, na/ *adj. & s.* latino. ■ **latino-americano** latinoamericano

latir /la'tʃir/ *v.* ladrar. ■ **latir alto** ladrar fuerte

latitude /latʃi'tudʒi/ *sf.* latitud, amplitud. ■ **latitude da região** amplitud de la región

latrina /la'trina/ *sf.* letrina, retrete, excusado. ■ **latrina grande** retrete grande

latrocínio /latro'sinju/ *sm.* latrocinio, hurto, robo, extorsión. ■ **latrocínio de casas** robo de casas

laudo, -a /'lawdu/ *sm.* 1 laudo. 2 página. ■ **fazer um laudo** hacer un laudo

laurear /lawre'ar/ *v.* 1 laurear, adornar. 2 honrar, enaltecer, premiar. ■ **laurear a casa** adornar la casa

laurel /law'rew/ *sm.* laurel, láureo (de laurel), premio, homenaje. ■ **ganhar um laurel** ganar un premio

lava /'lava/ *sf.* lava, torriente, llama, fuego que arrojan los volcanes. ■ **lava vermelha** lava roja

lavabo /la'vabu/ *sm.* lavabo, lavatorio. ■ **lavabo da casa** lavabo de la casa

lavada /la'vada/ *adj.* lavado, limpieza. ■ **dar uma lavada** lavar

lavador, -ora /laβa'dor, a/ *adj. & s.* lavandero, lavadora ■ **lavador de pratos** lavavajillas

lavagem /la'vaʒe'/ *sf.* ablución, loción. ■ **fazer uma lavagem intestinal** poner una lavativa. *fig* **lavagem cerebral** lavado de cerebro

lava-louças /lava'losaʃ/ *sm.* lavavajillas, lavaplatos. ■ **lava-louças na cozinha** lavavajillas en la cocina

lavanderia /lava'dʒi'ria/ *sf.* lavandería. ■ **roupa na lavanderia** ropa en la lavandería

lavar /la'var/ *v.* 1 lavar, bañar, enjuagar, purificar. 2 lavarse. ■ **lavar as mãos** lavarse las manos. **máquina de lavar** lavadora

lavatório /lava'torju/ *sm.* lavatorio, lavabo, lavamanos. ■ **usar o lavatório** usar el lavatorio

lavoura /la'vora/ *sf.* huerto, labra, labranza, cultura, agricultura. ■ **lavoura de cana** labranza de caña

lavra /'lavra/ *sf.* labra, cultivo, cultura, fabricación, producción. ■ **lavra de frutas** cultivo de frutas

lavrador, -ora /lavra'dor, ra/ *adj. & s.* labrador, agricultor, cultivador, campesino. ■ **terras do lavrador** tierras del labrador

lavrar /la'vrar/ *v.* labrar, laborar, laborear, amañar. ■ **lavrar a terra** cultivar. **lavrar madeiras, metais** labrar

lazer /la'zer/ *sm.* descanso, reposo, pasatiempo. ■ **área de lazer** recreo

leal /li'aw/ *adj.* leal, fiel, honesto, serio. ■ **cachorro leal** perro leal

lealdade /liaw'dadʒi/ *sf.* lealtad, fidelidad, honestidad, seriedad, sinceridad. ■ **lealdade dos cachorros** lealtad de los perros

leão /le'u͂w/ *sm.* 1 león. 2 **leão** *astrol, astron* leo (signo, constelación). ■ **ficar com a parte do leão** llevarse la parte del león. **leão marinho** león marino

lebre /'lɛbri/ *sf.* liebre. ■ **dar gato por lebre** dar gato por liebre. **levantar a lebre** levantar la liebre, llamar la atención sobre una cosa

lecionar /lesjo'nar/ *v.* aleccionar, enseñar, explicar. ■ **lecionar na escola** aleccionar en la escuela

legado /le'gadu/ *sm.* legado, herencia, sucesión. ■ **bom legado** buen legado

legal /le'gaw/ *adj.* 1 legal, lícito, judicial, jurídico, válido. 2 majo. 3 bueno, agradable. ■ **que legal!** ¡qué bueno!

legalidade /legali'dadʒi/ *sf.* legalidad, conformidad con la ley. ■ **legalidade de regras** legalidad de reglas

legalizar /legali'zar/ *v.* legalizar, autentificar, validar, justificar, autorizar. ■ **legalizar os problemas** legalizar los problemas

legar /le'gar/ *v.* legar, transmitir por testamento. ■ **legar corretamente** legar correctamente

legenda /le'ʒe'da/ *sf.* leyenda, letrero, subtítulo, inscripción. ■ **legenda do filme** subtítulo de la película

legendário, -a /leʒe'darju, rja/ *adj. & sm.* legendario, tradicional, imaginario, antiguo. ■ **pessoa legendária** persona legendaria

legião /leʒi'u͂w/ *sf.* legión, falange, multitud. ■ **legião de pessoas** legión de personas

legionário /leʒio'narju, rja/ *adj. & s.* legionario. ■ **poder legionário** poder legionario

legislação /leʒiʒla'sa͂w/ *sf.* legislación, conjunto de leyes. ■ **legislação justa** legislación justa

legislador, -ora /leʒiʒla'dor, ra/ *adj. & s.* legislador, legislativo. ■ **legislador do governo** legislador del gobierno

legislar /leziʒ'lar/ *v.* legislar, ordenar por ley. ■ **legislar uma regra** legislar una regla

legista /le'ʒiʃta/ *s.* 1 legista. 2 jurisconsulto. ■ **contratar um legista** contratar un jurisconsulto

legitimação /leʒitʃima'sa͂w/ *sf.* legitimación, validación, habilitación. ■ **legitimação do governo** legitimación del gobierno

legitimar /leʒitʃi'mar/ *v.* 1 legitimar, legalizar, validar. 2 justificar. ■ **legitimar uma atitude** justificar una actitud

legitimidade /leʒitʃimi'dadʒi/ *sf.* legitimidad, autenticidad, validación, validez. ■ **ter legitimidade** tener legitimidad

legítimo, -a /le'ʒitʃimu, ma/ *adj.* legítimo, auténtico, derecho, genuino, justo, válido. ■ **marca legítima** marca legítima

legível /le'ʒivew/ *adj.* legible. ■ **texto legível** texto legible

légua /'lɛgwa/ *sf.* 1 legua. 2 gran distancia. ■ **muitas léguas** muchas leguas

legume /le'gumi/ *sm.* legumbre. ■ **legumes secos** menestras

leguminoso /levumi'noso/ *adj.* leguminoso. ■ **comida leguminosa** comida leguminosa

lei /'lej/ *sf.* ley, regla, norma, resolución. ■ **lei fiscal** ley fiscal. **lei orgânica** ley orgánica

leigo, -a /'lejgu, ga/ *adj.* laico, lego, secular, profano, monigote, inculto. ■ **leigo no assunto** laico en el asunto

leilão /lej'lu͂w/ *sm.* subasta, remate, almoneda. ■ **pôr em leilão** subastar, rematar

leitão, -oa /lej'tu͂w/ *sm.* lechón, gorrino. ■ **leitão novo** cochinillo

leite /'lejtʃi/ *sm.* leche. ■ **leite condensado** leche condensada

leiteiro, -a /lej'tejru, ra/ *adj.* lechero, lechera. ■ **leiteiro da fazenda** lechero de la hacienda

leito

leito /'lejtu/ *sm.* lecho, cama. ■ **leito das águas de chuva** rambla. **leito de rio** cauce.

leitor, -ora /lej'tor, ra/ *adj. & s.* lector. ■ **bom leitor** buen lector

leitoso, -a /lej'tozu, za/ *adj.* lácteo, lechoso. ■ **produto leitoso** producto lácteo

leitura /lej'tura/ *sf.* lectura, lección. ■ **leitura do livro** lectura del libro

lema /'lema/ *sm.* lema, divisa, norma, sentencia. ■ **lema da apresentação** lema de la presentación

lembrança /le~'bra~sa/ *sf.* recuerdo, evocación, memoria, recado, remembranza, reminiscencia. ■ **boa lembrança** buen recuerdo

lembrar /le~'brar/ *v.* 1 recordar, rememorar, conmemorar. 2 evocar, semejar, sugerir, mentar, ocurrir 3 acordarse, hacer memoria. ■ **lembrar dela** recordarla

lenço /'le~su/ *sm.* pañuelo, lienzo. ■ **lenço de nariz** pañuelo. **lenço de seda** fular. **lenço feminino** pañoleta.

lençol /le~'sow/ *sm.* sábana. ■ **deixar alguém em maus lençóis** dejar uno en la estacada, poner mal a uno. **lençol subterrâneo de água** manta freática

lenda /'le~da/ *sf.* leyenda, fábula, mito. ■ **lenda dos lobos** leyenda de los coyotes

lendário, -a /le~'darju, rja/ *adj.* legendario, imaginario. ■ **policial lendário** policial legendario

lêndea /'le~dja/ *sf.* liendre. ■ **lêndea grande** liendre grande

lenha /'lena/ *sf.* leña. ■ **botar lenha na fogueira** echar leña al fuego. **descer a lenha** atacar, poner lengua en. **lenha chamuscada** chamizo

lenhador /lena'dor, ra/ *s.* leñador. ■ **lenhador da história** leñador de la historia

lenho, -a /'lenu/ *sm.* 1 leño, madero, trozo de árbol. 2 leña, madera. ■ **pôr lenha na fogueira** echar leña al fuego, atizar, avivar una discusión. ■ **lenho para fogo** leño para el fuego

lente /'le~tʃi/ *sf.* lente, anteojo. ■ **lente de aumento** lupa. **lente de contato** lentilla **lente dos óculos** luneta. **lente objetiva** objetivo.

lentidão /le~tʃi'da~w/ *sf.* lentitud, cachaza, pausa. ■ **lentidão do processo** lentitud del proceso

lentilha /le~'tʃiʎa/ *sf.* lenteja. ■ **comer lentilha** comer lenteja

lento, -a /'le~tu, ta/ *adj.* lento, despacio, lerdo, parado, paulatino, pesado, remolón, somnoliento ■ **carro lento** coche lento

leoa /li'oa/ *sf.* leona, hembra del león ■ **leoa na selva** leona en la selva

leopardo /lio'pardu/ *sm.* leopardo. ■ **leopardo perigoso** leopardo peligroso

lepra /'lepra/ *sf.* lepra. ■ **lepra tem cura** lepra tiene cura

leque /'lɛki/ *sm.* abanico, abanador. ■ **leque no calor** abanador en el calor

ler /'ler/ *v.* leer. *fig* **ler avidamente** devorar. **ler de um fôlego** só leer de una alentada. ■ **ler nas entrelinhas** leer entre líneas, leer entre renglones

lerdo, -a /'lɛrdu, da/ *adj. & s.* lerdo, lento, remolón, somnoliento, zoquete. ■ **pessoa lerda** persona lerda

lero-lero /'lɛru'lɛru/ *sm.* parloteo, cháchara. ■ **ficar de lero-lero** quedar de parloteo

lesado, -a /le'zadu, da/ *adj. & s.* leso, lesionado, perjudicado. ■ **sair lesado** salir perjudicado

lesão /le'za~w/ *sf.* lesión, herida, úlcera, daño, perjuicio. ■ **lesão orgânica** traumatismo. **lesão superficial** escoriación

lesar /le'zar/ *v.* 1 lesionar, perjudicar, molestar, dañar, herir. 2 molestarse, perjudicarse, lesionarse. ■ **lesar uma criança** lesionar un niño

lésbico, -a /'lɛȝbiku, ka/ *adj.* lesbiano. lesbiana. ■ **casamento lésbico** relación lesbiana

lesivo, -a /le'zivu, va/ *adj.* lesivo, perjudicial. ■ **atitude lesiva** actitud perjudicial

lesma /'leȝma/ *sf.* 1 babosa. 2 persona indolente, lenta, inactiva. ■ **lesma na árvore** babosa en el árbol

leste /'lɛʃtʃi/ *sm.* este, levante, naciente, oriente. ■ **região leste** región este

letargia /letar'ȝia/ *sf.* letargo, sopor, apatía, postración. ■ **ter letargia** tener letargo

letárgico, -a /le'tarȝiku, ka/ *adj.* letárgico, apático, insensible. ■ **pessoa letárgica** persona insensible

letivo, -a /le'tʃivu, va/ *adj.* lectivo. ■ **ano letivo** año escolar.

letra /'lɛtra/ *sf.* 1 letra (carácter del abecedario) 2 pagaré. 3 letras. ■ **letra cursiva** bastardilla. **letra de câmbio** letra, valores. **letra do tesouro nacional** letra del tesoro nacional. **letra redonda** redondilla. **primeiras letras** primeras letras

letrado, -a /le'tradu, da/ *adj. & s.* letrado, erudito, literato. ■ **pessoa letrada** persona letrada

letreiro /le'trejru/ *sm.* letrero, cartel, título. ■ **letreiro ilegível** letrero ilegible

leva /'lɛva/ *sf.* 1 leva, grupo. 2 *mil* reclutamiento. ■ **leva de pessoas** leva de personas

levantado, -a /leva~'tadu, da/ *adj.* 1 levantado, erecto. 2 elevado, sublime. ■ **lista elevada** lista levantada

levantamento /leva~ta'me~tu/ *sm.* **1** levantamiento **2** análisis, examen. ■ **fazer um levantamento** hacer un examen

levantar /leva~'tar/ *v.* 1 levantar, alzar, erguir, izar, suscitar.2 levantarse. ■ **levantar empréstimo** levantar préstimo. **levantar suspeitas** despertar sospechas

levante /le'va~tʃi/ *sm.* levante rebelión, plante. ■ **levante popular** motín, sedición.

levar /le'var/ *v.* llevar, conducir, transportar, pasar, portear. ■ **levar a mal** tomar algo a mal. **levar bomba na escola** revolcar. **levar em conta** tomar nota de algo. **levar vida desregrada** correr uno sin freno

leve /'lɛvi/ *adj.* 1 leve, ligero, liviano, suave, sutil. 2 vaporoso. ■ **de leve** levemente

levedura /leve'dura/ *sf.* levadura, creciente, fermento. ■ **levedura na comida** levadura en la comida

leveza /le'veza/ *sf.* liviandad, sutileza, ligereza. ■ **leveza dos movimentos** liviandad de los movimientos

leviandade /leviã'dadȝi/ *sf.* liviandad, futilidad, veleidad, imprudencia. ■ **leviandade explícita** liviandad explícita

leviano, -a /levi'anu, na/ *adj.* liviano, fútil, insensato, veleidoso. ■ **pessoa leviana** persona liviana

léxico /'lɛksiku/ *adj.* léxico, vocabulário. ■ **léxico difícil** vocabulário difícil

lhama /'lama/ *sf.* llama. ■ **pele de lhama** piel de llama

lhe /'li/ *pron.* 1 le, a él, a ella, a usted (discurso en 3.a persona). 2 **lhes** *pl* les (discurso en 3.a persona), os (discurso en 2.a persona). ■ **apresento-lhe** presento a él

libanês, -esa /liba'nejȝ, neza/ *adj. & s.* libanés. ■ **cultura libanesa** cultura libanesa

libelo /li'belu/ *sm.* libelo, escrito difamatorio. ■ **libelo político** libelo político

libélula /li'bɛlula/ *sf.* libélula. ■ **libélula voando** libélula volando

liberação /libera'sa~w/ *sf.* liberación, extinción de obligación o deuda. ■ **liberação dos prisioneiros** liberación de los prisioneros

língua

liberal /libeˈɾaw/ *adj. & s.* 1 liberal, franco, generoso, dadivoso. 2 largo. 3 larguero ▪ **lei liberal** ley liberal

liberar /libeˈɾar/ *v.* liberar, librar, licenciar, eximir. ▪ **liberar as crianças** liberar los niños

liberdade /libeɾˈdadʒi/ *sf.* 1 libertad, autonomía, independencia. 2 anchura, osadía, franqueza. 3 libertades. ▪ **liberdade de fala** libertad del habla

libertação /libeɾtaˈsãw/ *sf.* liberación, emancipación, independencia, autonomía. ▪ **libertação das pessoas** liberación de las personas

libertar /libeɾˈtar/ *v.* 1 libertar, liberar, emancipar, franquear, aliviar, desobstruir, salvar, soltar. 2 salir, libertarse. ▪ **libertar das trevas** libertar de las trevas

libertinagem /libeɾtʃiˈnaʒẽj/ *sf.* libertinaje, desenfreno. ▪ **fazer libertinagem** hacer libertinaje

libertino, -a /libeɾˈtʃinu, na/ *adj. & s.* libertino, licencioso, disoluto. ▪ **atitude libertina** actitud libertina

liberto, -a /liˈbɛɾtu, ta/ *adj.* liberto, libre, horro, salvo, suelto. ▪ **liberto da violência** liberto de la violencia

libidinoso, -a *adj. & s.* libidinoso, lúbrico, sensual. ▪ **pessoa libidinosa** persona libidinosa

líbio, -a /ˈlibju, bja/ *adj. & s.* libio. ▪ **entrada de líbios** entrada de libios

libra /ˈlibɾa/ *sf.* 1 libra 2 *astrol, astron* libra (signo, constelación) ▪ **libra esterlina** libra esterlina

lição /liˈsãw/ *sf.* lección, exposición didáctica, lectura. 2 ejemplo, reprimenda. ▪ **lição de casa** deberes, tareas. **que lhe sirva de lição** que le sirva de lección

licença /liˈsẽsa/ *sf.* permisión, permiso licencia, autorización, consentimiento, pase, venia. ▪ **com licença** con permiso. **dar licença** permitir, dar permiso.

licenciado, -a /lisẽˈsiˈadu, da/ *adj. & s.* licenciado. ▪ **licenciado para dirigir** licenciado para conducir

licenciar /lisẽˈsiˈar/ *v.* licenciar, dar permiso o licencia. ▪ **licenciar na matéria** licenciar en la materia

licenciatura /lisẽˈsiaˈtuɾa/ *sf.* licenciatura, grado de licenciado. ▪ **licenciatura em português** licenciatura en portugués

licencioso, -a /lisẽˈsiˈozu, za/ *adj.* licencioso, libertino, disoluto, atrevido. ▪ **pessoa licenciosa** persona licenciosa

liceu /liˈsew/ *sm.* liceo, sociedad cultural o de recreo. ▪ **professora de liceu** profesora de liceo

licitação /lisitaˈsãw/ *sf.* licitación, pliego. ▪ **processo de licitação** proceso de licitación

lícito, -a /ˈlisitu, ta/ *adj.* lícito, justo. ▪ **por meios lícitos** en buena lid

licor /liˈkor/ *sm.* licor. ▪ **provar um licor** libar

licoreira licorera. ▪ **licoreira de vidro** licorera de vidrio

lidar /liˈdar/ *adj. & sm.* 1 trabajar, dedicarse a un trabajo o actividad. 2 lidiar. ▪ **lidar com problemas** lidiar con problemas

líder /ˈlideɾ/ *s.* líder, guía, jefe. ▪ **líder da empresa** líder de la empresa

liderança /lideˈɾãsa/ *sf.* liderazgo, liderato. ▪ **lideranças políticas** líderes políticos

liderar /lideˈɾar/ *v.* 1 liderar, guiar, dirigir. 2 encabezar. ▪ **liderar a equipe** liderar el equipo

liga /ˈliga/ *sf.* 1 liga, alianza, coalición, pacto, reunión. 2 mezcla, fusión. ▪ **liga de metais** aleación.

ligação /ligaˈsãw/ *sf.* 1 ligazón, ligamento, relación, unión, nexo, nudo, adherencia, adhesión, junta, vínculo, vinculación, encadenamiento. 2 enchufe, enlace, conexión. ▪ **ligação internacional** ligazón internacional

ligado, -a /liˈgadu, da/ *adj.* 1 ligado, unido, adherente, conjunto, anexo, conexo. 2 conectado, enchufado. ▪ **ligado em você** ligado en ti

ligamento /ligaˈmẽtu/ *sm.* 1 vínculo. 2 ligamento. ▪ **rompeu o ligamento** rompió el ligamento

ligar /liˈgar/ *v.* 1 ligar, unir, vincular, liar, trabar, articular, accionar, adherir, amarrar, atar, empalmar, concatenar. 2 comunicar, conectar, enlazar. 3 liarse. ▪ **ligar aparelhos elétricos** enchufar. **ligar ideias, argumentos** encadenar **ligar-se por parentesco** emparentar

ligeireza /liʒeɪˈɾeza/ *sf.* ligereza, agilidad, presteza, facilidad, velocidad. ▪ **ligeireza na fala** ligereza en el habla

ligeiro, -a /liˈʒeɪɾu, ɾa/ *adj. & adv.* ligero, ágil, leve, listo, presto, presuroso, rápido, veloz. ▪ **carro ligeiro** coche ágil

lilás /liˈlajʃ/ *adj. & sm.* lila. ▪ **cor lilás** color lila

lima /ˈlima/ *sf.* 1 lima. 2 escofina, lima. 3 aquello que desgasta. ▪ **lima é uma fruta** lima es una fruta

limão /liˈmãw/ *adj. & sm.* limón ▪ **suco de limão** jugo de limón

limar /liˈmar/ *v.* limar, desgastar o pulir con lima, corroer, desbastar. ▪ **limar as divergências** limar las divergencias

limitação /limitaˈsãw/ *sf.* limitación, escasez, restricción. ▪ **limitação de movimentos** limitación de movimientos

limitado, -a /limiˈtadu, da/ *adj.* limitado, pequeño, angosto, escaso, finito. ▪ **recurso limitado** recurso limitado

limitar /limiˈtar/ *v.* 1 limitar, lindar, balizar, coartar, colindar, confinar, jalonar, encuadrar, racionar. 2 limitarse, estrecharse, reducirse. ▪ **limitar os projetos** limitar los proyectos

limite /liˈmitʃi/ *sm.* límite, linde, confín, fin, término, frontera, mojón. ▪ **passar dos limites** pasar de la raya.

limítrofe /liˈmitrofe/ *adj.* limítrofe, lindero, aledaño. ▪ **país limítrofe** país limítrofe

limo /ˈlimu/ *sm.* limo, musgo, lama, fango, cieno. ▪ **limo na água** limo en el agua

limonada /limoˈnada/ *sf.* limonada. ▪ **tomar limonada** tomar limonada

limpador, -ora /lĩˈpadoɾ, ɾa/ *adj. & s.* limpiador, limpiante. ▪ **limpador de para-brisas** limpiaparabrisas. **limpador de unhas** limpiaúñas.

limpar /lĩˈpar/ *v.* 1 limpiar, lavar, asear, depurar, higienizar, mondar, purificar, purgar. 2 limpiarse, asearse. ▪ **limpar o chão** limpiar el suelo

limpeza /lĩˈpeza/ *sf.* limpieza, aseo, higiene, pureza, perfección, esmero, habilidad. ▪ **equipe de limpeza** equipo de limpieza

limpidez /lĩˈpiˈdejs/ *sf.* limpidez, nitidez, brillo, pureza, transparencia. ▪ **limpidez da paisagem** limpidez del paisaje

límpido /ˈlĩpidu, da/ *adj.* límpido, nítido, limpo, transparente. ▪ **horizonte límpido** horizonte límpido

limpo, -a /ˈlĩpu, pa/ *adj* limpio, aseado, nítido, puro, correcto, mondo y lirondo ▪ **ficar limpo** quedarse sin plata. **passar a limpo** pasar a limpio. **tirar a limpo** averiguar, descubrir

lince /ˈlĩsi/ *sm.* lince. ▪ **olhos de lince** vista de lince.

linchar /lĩˈʃar/ *v.* linchar, ajusticiar sumariamente. ▪ **linchar a mulher** linchar a la mujer

lindeza /lĩˈdeza/ *sf.* lindeza, hermosura, belleza, perfección, gracia. ▪ **lindeza natural** lindeza natural

lindo, -a /ˈlĩdu, da/ *adj.* lindo, bello, bonito, garrido, agradable, vistoso. ▪ **homem lindo** hombre lindo

língua /ˈlĩgwa/ *sf.* 1 lengua. 2 habla, idioma, lenguaje. ▪ **com a língua de fora** con la lengua afuera. **língua afiada** navaja. **língua viperina** lengua de escorpión. **morder a língua** morder la lengua. **não ter papas na língua** no tener trabas en la lengua.

379

linguado

perder a língua trabársele a uno la lengua. **soltar a língua** hablar demasiado. **ter algo na ponta da língua** tener algo en la punta de la lengua

linguado /lĩˈgwadu/ *sm.* lenguado. ■ **linguado recheado** lenguado relleno

linguagem /lĩˈgwaʒẽỹ/ *sf.* lenguaje, lengua, dialecto, estilo *inform* **linguagem de alto nível** lenguaje de alto nivel. ■ **linguagem difícil de entender** jerga, jerigonza. **linguagem figurada** lenguaje figurada

linguarudo, -a /lĩˈgwaˈrudu, da/ *adj. & s.* indiscreto, hablador ■ **mulher linguaruda** mujer habladora

linguiça /lĩˈgwisa/ *sf.* longaniza, especie de chorizo. ■ **encher linguiça** decir, escribir cosas inútiles para llenar espacio

linguística /lĩˈgwiʃtʃika/ *sf.* lingüística. ■ **estudar linguística** estudiar lingüística

linha /ˈliɲa/ *sf.* 1 línea, hilo, señal, dirección, límite, trazo. 2 regla, poder, norma. ■ **em linhas gerais** en líneas generales. **linha de crédito** línea de crédito. **linha de frente** vanguardia. **linha de montagem** cadena de montaje. **linha de produção** línea de producción. **linha escrita ou impressa** renglón.

linhaça /liˈɲasa/ *sf.* linaza. ■ **comer linhaça** comer linaza

linhagem /liˈɲaʒẽỹ/ *sf.* 1 linaje, ascendencia, alcurnia, ramo, descendencia, estirpe, genealogía. 2 sangre. ■ **linhagem da família** linaje de la familia

linho /ˈliɲu/ *sm.* lino. ■ **linho na roupa** lino en la ropa

linóleo /liˈnɔlju/ *sm.* linóleo, tela impermeable. ■ **linóleo no quarto** linóleo en el cuarto

lipídio /liˈpidʒju/ *sm.* lípido. ■ **comida com lipídio** comida con lípido

liquidação /likidaˈsãˈw/ *sf.* liquidación, ocasión, saldo, rebajas, remate, finiquito. ■ **liquidação na loja** liquidación en la tienda

liquidar /likiˈdar/ *v.* 1 liquidar, extinguir, finiquitar, pagar, saldar. 2 realizar. ■ **liquidar essa questão** liquidar esta cuestión

liquidez /likiˈdejʃ/ *sf.* liquidez. ■ **liquidez das ações** liquidez de las acciones

liquidificador /likidʒifikaˈdor/ *sf.* licuadora. ■ **liquidificador de comida** licuadora de comida

líquido, -a /ˈlikidu, da/ *adj.* líquido. ■ **líquido na roupa** líquido en la ropa

lira /ˈlira/ *sf.* 1 lira. 2 poesía. ■ **tocar lira** tocar lira

lírico, -a /ˈliriku, ka/ *adj. & s.* 1 lírico. 2 poético. ■ **poema lírico** poema lírico

lírio /ˈlirju/ *sm.* lirio. ■ **lírio no jardim** lirio en el jardín

lirismo /liˈriʒmu/ *sm.* lirismo, sentimentalismo. ■ **estudar lirismo** estudiar lirismo

liso, -a /ˈlizu, za/ *adj.* liso, fino, lacio, plano, raso, suave. ■ **cabelo liso** cabello liso

lisonja /liˈzoˈʒa/ *sf.* lisonja, adulación. ■ **lisonja grande** lisonja grande

lisonjear /lizoˈʒeˈar/ *v.* lisonjear, adular, halagar ■ **lisonjear os filhos** adular los hijos

lisonjeiro, -a /lizoˈʒejru, ra/ *adj. & s.* lisonjero, elogioso, florero. ■ **pessoa lisonjeira** persona lisonjera

lista /ˈliʃta/ *sf.* 1 lista, índice, rol, inventario. 2 elenco. 3 escalafón, matrícula. 4 menú. ■ **lista de casamento** lista de boda. **lista de nomes** nómina. **lista telefônica** guía de teléfonos

listra /ˈliʃtra/ *sf.* lista, raya, faja, franja. ■ **listra na roupa** lista en la ropa

listrado, -a /liʃˈtradu, da/ *adj.* listado, rayado. ■ **roupa listrada** ropa rayada

lisura /liˈzura/ *sf.* 1 lisura. 2 sinceridad, llaneza. ■ **lisura das pessoas** sinceridad de las personas

liteira /liˈtejra/ *sf.* litera, andas. ■ **liteira grande** litera grande

literal /liteˈraw/ *adj.* literal, riguroso, claro, formal. ■ **sentido literal** sentido literal

literatura /literaˈtura/ *sf.* literatura, letras. ■ **literatura dramática** escena

litigante /litʃiˈgãˈtʃi/ *adj. & s.* 1 litigante. 2 parte. ■ **afastado da litigante** alejado de la litigante

litigar /litʃiˈgar/ *v.* litigar, disputar, altercar, discutir. ■ **litigar uma vaga** disputar una vaga

litígio /liˈtʃiʒju/ *sm.* litigio, disputa, contención, demanda, pleito. ■ **entrar em litígio** demandar.

litografar /litograˈfar/ *v.* litografiar. ■ **litografar bem** litografiar bien

litoral /litoˈraw/ *adj.* litoral, costa de un mar, zona marítima. ■ **viagem para o litoral** viaje para el litoral

litorâneo /litoˈranju/ *adj.* litoral, costeño, costanero. ■ **região litorânea** región costanera

litro /ˈlitru/ *sm.* litro, unidad de las medidas de capacidad. ■ **litro de água** litro de agua

liturgia /liturˈʒia/ *sf.* liturgia, rito, ceremonia. ■ **liturgia da palavra** liturgia de la palabra

lividez /liviˈdejʃ/ *sf.* lividez, palidez. ■ **lividez na cara** palidez en la cara

lívido, -a /ˈlividu, da/ *adj.* lívido, pálido, apagado, cadavérico, marchito. ■ **pessoa lívida** persona pálida

livrar /liˈvrar/ *v.* 1 librar, libertar, salvar, rescatar. 2 desembarazar. 3 desembarazarse, despacharse, sacudirse, emanciparse. ■ **livrar-se de alguém** mandar a paseo.

livraria /livraˈria/ *sf.* librería. ■ **livraria grande** librería grande

livre /ˈlivri/ *adj.* 1. libre, disponible, suelto. 2 espontáneo, franco. 3 autónomo, independiente. 4 exento. ■ **ao ar livre** al raso. **câmbio livre** librecambio. **livre de supérfluos** mondo

livro /ˈlivru/ *sm.* libro, tomo, volumen. ■ **livro de apontamentos** anotador. **livro de transações diárias** diario. **livro didático** libro de texto.

lixa /ˈliʃa/ *sf.* lija, papel de lija. ■ **lixa de unhas** lima de uñas.

lixar /liˈʃar/ *v.* 1 lijar, raspar con lija. 2 perjudicar. ■ **lixar a unha** lijar la uña

lixeiro /liˈʃejru/ *s.* basurero. ■ **lixeiro na rua** basurero en la calle

lixívia /liˈʃivja/ *sf.* lejía, colada. ■ **lixívia no carro** colada en el coche

lixo /ˈliʃu/ *sm.* basura, inmundicia, porquería. ■ **coleta de lixo** colecta de basura. **lixão** vertedero. **pá de lixo** recogedor.

lobisomem /lobiˈzomeˈ/ *sm.* hombre lobo, lobizón. ■ **medo de lobisomem** miedo de lobizón

lobo /ˈlobu, ba/ *s.* 1 lobo. 2 hombre sanguinario. ■ **meter-se na boca do lobo** meterse en la boca del lobo.

lóbulo /ˈlɔbulu/ *sm.* lóbulo. ■ **lóbulo da orelha** lóbulo de la oreja

locação /lokaˈsãˈw/ *sf.* locación, arrendamiento, alquiler. ■ **locação de filme** locación de película

locador, -ora /lokaˈdor, ra/ *s.* 1 arrendador, fletero. 2 locador. ■ **locador de filmes** locador de películas

local /loˈkaw/ *adj.* local, regional. sitio cerrado, paraje, puesto. ■ **local longe** local lejos

localidade /lokaliˈdadʒi/ *sf.* localidad, lugar, población. ■ **boa localidade** buena localidad

L

lugar

localizar /lokali'zar/ *v.* 1 localizar, situar. 2 circunscribir. ■ **localizar a casa** localizar la casa

loção /lo'sãʷ/ *sf.* loción, colonia. ■ **loção de mulher** loción de mujer

locatário, -a /loka'tarju, rja/ *s.* locatario, inquilino, arrendatario. ■ **bom locatário** buen inquilino

locomoção /lokomo'sãʷ/ *sf.* 1 locomoción, movimiento. 2 transporte. ■ **locomoção de animais** locomoción de animales

locomotiva /lokomo'tʃiva/ *sf.* locomotriz, locomotora. ■ **locomotiva da fazenda** lomocotora de la hacienda

locomotor, -ora /lokomo'tor, ra/ *adj.* locomotor ■ **aparelho locomotor** aparato locomotor

locução /loku'sãʷ/ *sf.* locución, expresión, dicción, lenguaje. ■ **locução da voz** locución de la voz

locutor, -ora /loku'tor, ra/ *s.* locutor. ■ **locutor del radio** locutor de radio

lodaçal /loda'saw/ *sm.* lodazal, atolladero, barrizal. ■ **cair no lodaçal** calir en el lodazal

lodo /'lodu/ *sm.* lodo, barro, lama, cieno, fango. ■ **lodo na pedra** lodo en la piedra

logaritmo /loga'ritʃimu/ *sm.* logaritmo. ■ **estudar logaritmo** estudiar logaritmo

lógico, -a /'lɔʒiku, ka/ *adj. & s.* lógico, coherente, racional. lógica. ■ **é lógico** es natural

logo /'lɔgu/ *adv.* luego, ya, sin tardanza, inmediatamente. ■ **até logo** hasta luego. **logo depois** enseguida. **logo no início de** primera

logotipo /logo'tʃipu/ *sm.* logotipo. ■ **logotipo da empresa** logotipo de la empresa

lograr /lo'grar/ *v.* 1 lograr, alcanzar, merecer. 2 engañar, embaucar, estafar. ■ **lograr muito** lograr mucho

logro /'logru/ *sm.* logro, engaño, ardid, fraude, estafa. ■ **grande logro** gran engaño

loiro, -a rubio. ■ **loiro platinado** rubio platino

loja /'lɔʒa/ *sf.* bazar, tienda, almacén, comercio. ■ **loja de brinquedos** juguetería. **loja de material de construção** grifería. **loja maçônica** logia

lombada /loⁿ'bada/ *sf.* loma. **lombada de livro** lomo. ■ **lombada forte** loma fuerte

lombo /'loⁿbu/ *sm.* 1 lomo, solomillo. 2 envés. ■ **lombo no almoço** lomo en el almuerzo

lombriga /loⁿ'briga/ *sf.* lombriz, gusano. ■ **lombriga de porco** lombriz de cerdo

lona /'lona/ *sf.* lona, tela fuerte, toldo. ■ **estar na lona** estar en la miseria

longa-metragem largometraje. ■ **ator de longa-metragem** actor de largometraje

longe /'lo'ʒi/ *adv.* lejos. ■ **ao longe** a lo lejos. **ir longe demais** ir demasiado lejos. **muito longe** muy lejos, a leguas, a cien leguas. **nem de longe** ni con mucho

longevidade /lo'ʒevi'dadʒi/ *sf.* longevidad. ■ **grande longevidade** gran longevidad

longínquo, -a *adj.* lejano, remoto, distante, alejado, apartado. ■ **lugar longínquo** lugar distante ⬤ **falta pronúncia**

longitude /lo'ʒi'tudʒi/ *sf.* longitud, extensión, largo. ■ **longitude da casa** longitud de la casa

longo, -a /'lo'gu, ga/ *adj.* largo, extenso, durable, dilatado. ■ **ao longo de** a lo largo de

lonjura /lo'ʳʒura/ *sf.* lejanía, gran distancia. ■ **lonjura de cidade** lejanía de ciudad

lontra /'lo'tra/ *sf.* nutria. ■ **lontra grande** nutria grande

loquaz /lo'kwajʃ/ *adj.* locuaz, elocuente. ■ **pessoa loquaz** persona elocuente

lorota *sf.* mentira, cuento. ■ **falar lorota** hablar mentira ⬤ **falta pronúncia**

lotar /lo'tar/ *v.* 1 llenar, abarrotar. 2 empaquetar. ■ **lotar o carro** llenar el coche

lote /'lɔtʃi/ *sm.* lote, especie, clase, grupo. ■ **vender um lote** vender un lote

lotear /lo'tʃiar/ *v.* lotear, dividir en lotes. ■ **lotear o terreno** lotear el terreno

loteria /lote'ria/ *sf.* lotería, rifa, sorteo. ■ **ganhar na loteria** ganar en la lotería

loto /'lotu/ *sm.* loto. ■ **jogar na loto** jugar en la loto

louça /'loka/ *sf.* loza, vajilla. ■ **louça fina** porcelana.

louco, -a /'loku, ka/ *adj.* loco, chiflado, perdido, demente, ido, maníaco, insano, insensato, lunático. ■ **deixar alguém louco** volver a alguien loco. **louco manso** energúmeno

loucura /lo'kura/ *sf.* locura, delirio, demencia, desatino, paranoia, enajenación mental, insensatez. ■ **loucura no trabalho** locura en el trabajo

louro, -a /'loru, ra/ *adj. & s.* rubio, dorado. s 1 loro, periquito. 2 laurel. 3 triunfo. ■ **colher louros** cosechar laureles.

lousa /'louza/ *sf.* pizarra, losa. ■ **lousa verde** pizzara verde

louvação 1 alabanza, valoración. 2 aplauso. ■ **louvação dos fiéis** alabanza de los fieles ⬤ **falta pronúncia**

louvar /lo'var/ *v.* 1 alabar, laudar, bendecir, aplaudir, elogiar, honrar, encumbrar, engrandecer, magnificar. 2 divinizar, entronizar. 3 alabarse, jactarse. ■ **louvar na igreja** alabar en la iglesia

louvável /lo'vavew/ *adj.* loable, laudable, meritorio. ■ **resposta louvável** respuesta loable

louvor /lo'vor/ *sm.* alabanza, aplauso, elogio, encarecimiento, glorificación. ■ **louvor a deus** alabanza a dios

lua /'lua/ *sf.* luna. ■ **estar na lua** *fig* estar metido en la harina. ■ **meia lua** semicírculo.

lúbrico, -a /'lubriku, ka/ *adj.* lúbrico, sensual, voluptuoso, lascivo. ■ **roupa lúbrica** ropa sensual

lubrificante /lubrifi'kaⁿtʃi/ *adj. & sm.* lubricante. ■ **lubrificante eficiente** lubricante eficiente

lubrificar /lubrifi'kar/ *v.* lubricar, engrasar, untar, humedecer. ■ **lubrificar o carro** lubricar el coche

lucidez /lusi'dejʃ/ *sf.* lucidez, clareza, brillo, transparencia. ■ **ter lucidez** tener lucidez

lúcido, -a /'lusidu, da/ *adj.* lúcido, claro, brillante, resplandeciente, transparente. ■ **pessoa lúcida** persona lúcida

lucrar /lu'krar/ *v.* lucrar, aprovechar, utilizar, beneficiar, enriquecer, ganar, interesar, gozar. ■ **lucrar bem** hacer su agosto.

lucrativo,-a /lukra'tʃivu, va/ *adj.* 1 lucrativo, ventajoso, ganancial. 2 fructífero, útil. ■ **trabalho lucrativo** trabajo lucrativo

lucro /'lukru/ *sm.* lucro, provecho, resultado, usufructo, ventaja, logro, interés, emolumento, ganancia, granjeo. ■ **lucro bruto** ganancia bruta. **lucro excessivo** usura. **lucro líquido** ganancia neta. **lucros disponíveis** lucros disponibles.

lucubrar /luku'brar/ *v.* lucubrar, meditar. ■ **lucubrar na montanha** meditar en la montaña

ludibriar /ludʒibri'ar/ *v.* 1 engañar, burlar. 2 ridiculizar. ■ **ludibriar as pessoas** engañar las personas

ludíbrio /ludʒibri'ar/ *v.* ludibrio, engaño, desprecio. ■ **cometer um ludíbrio** cometer un engaño

lufada *sf.* ráfaga, soplo. ■ **lufada forte** soplo fuerte ⬤ **falta pronúncia**

381

lugar

lugar /lu'gar/ *sm.* local, lugar, puesto, posición, situación, orden, región. ■ **em nenhum lugar** en ninguna parte. **fora de lugar** fuera de lugar. **lugar deserto** soledad. **lugar marcado** emplazamiento. **lugar muito distante** quimbambas. **lugar retirado** apartamiento.

lúgubre /'lugubri/ *adj.* lúgubre, sombrío, tétrico, escuro, triste. ■ **lugar lúgubre** lugar sombrío

lula /'lula/ *sf.* calamar, chipirón. ■ **lula gigante** calamar gigante

lume /'lumi/ *sm.* 1 lumbre, fuego, hoguera, luz. 2 perspicacia, brillo, fulgor, ilustración. ■ **lume forte** fuego fuerte

luminária /lumi'naɾia/ *sf.* luminaria, lámpara, iluminación. ■ **boa luminária** buena luminaria

luminoso, -a /lumi'nozu, za/ *adj.* luminoso, brillante, resplandeciente. ■ **corpo luminoso** lumbrera.

lunático, -a /lu'natʃiku, ka/ *adj. & s.* 1 lunático. 2 maníaco, loco, excéntrico. ■ **homem lunático** hombre lunático

luneta /lu'neta/ *sf.* luneta, anteojo. ■ **luneta pequena** luneta pequeña

lupa /'lupa/ *sf.* lupa, lente de aumento. ■ **lupa para ler** lupa para leer

lusitano, -a /lusi'tanu, na/ *adj. & s.* lusitano, portugués. ■ **religião lusitana** religión lusitana

luso, -a /'luzu, za/ *adj. & s.* lusitano. ■ **persona lusa** pessoa lusitana

lustrar /luʃ'trar/ *v.* lustrar, pulir, abrillantar, glasear, iluminar. ■ **lustrar o móvel** lustrar el mueble

lustre /'luʃtri/ *sm.* 1 lámpara, araña. 2 lustro, brillo. ■ **lustre na sala** lámpara en la sala

luta /'luta/ *sf.* 1 lucha, brega, combate, conflicto, contienda, disputa, forcejeo, pelea, lid. 2 guerra. 3 pleito. ■ **ir à luta** arremangarse, ponerse en actividad.

lutador, -ora /luta'dor, ra/ *adj. & sm.* luchador, combatiente. ■ **bom lutador** buen luchador

lutar /lu'tar/ *v.* 1 luchar, bregar, combatir, disputar, pelear, pugnar, reñir, enzarzar, forcejear, lidiar. 2 guerrear. ■ **lutar muito** luchar mucho

luterano, -a /lute'ranu, na/ *adj. & sm.* luterano, protestante. ■ **religião luterana** religión luterana

luto /'lutu/ *sm.* luto, pesar, tristeza. ■ **luto pela morte** luto por la muerte

luva /'luva/ *sf.* guante. ■ **como uma luva** como anillo al dedo.

luxação /luʃa'sãʊ̃w/ *sf.* luxación, dislocación. ■ **luxação na perna** luxación en la pierna

luxo /'luʃu/ *sm.* lujo, opulencia, ostentación, pompa, riqueza, suntuosidad, fasto, fausto. ■ **com muito luxo** por todo lo alto. **de luxo** de postín. **luxo aparente** relumbrón.

luxuoso, -a /luʃu'ozu, za/ *adj.* lujoso, suntuoso, magnífico, espléndido. ■ **casa luxuosa** casa lujosa

luxúria /lu'ʃuɾia/ *sf.* lujuria, sensualidad, lascivia, lubricidad, obscenidad. ■ **luxúria é um pecado** lujuria es un pecado

luz /luʃ/ *sf.* 1 luz, lumbre, lámpara, farola. 2 brillo, fulgor, faro. ■ **luz forte** luz fuerte

luzir /lu'zir/ *v.* 1 lucir, relucir, brillar, resplandecer. 2 sobresalir, aventajar. 3 lucirse, adornarse. 4 ilustrarse, hacerse famoso. ■ **luzir no caminho** lucir en el camino

M

ABCDEFGHIJKLMNOPQRSTUVWXYZ

m /'ɛmi/ *sm.* **1** décimotercera letra del alfabeto português **2** m mil en la numeración romana **3** símbolo de metro

maçã /ma'sɐ̃/ *sf.* **1** manzana **2** (maçã do rosto), mejilla, cachete, pómulo ■ **maçã vermelha** manzana roja

macabro, -a /ma'kabru, brɐ/ *adj.* macabro, fúnebre, triste ■ **história macabra** historia macabra

macacada /maka'kada/ *sf.* **1** monada, monerías **2** grupo de personas grotescas ■ **macacada de crianças** monada de niños

macaco, -a /ma'kaku, ka/ *s.* macaco, mono ■ **estar com a macaca** tener la negra ■ **macaco mecânico** gato, cric ■ **macaco velho** mono viejo

maçaneta /masa'neta/ *sf.* asidero, picaporte, manzanilla ■ **maçaneta quebrada** asidero roto

maçante /ma'sɐ̃tʃi/ *adj.* **1** latoso, aburrido, patoso, machacador **2** sobón, soporífero ■ **pessoa maçante** persona latosa

maçarico /masa'riku/ *sm.* soplete, instrumento para soldar ■ **maçarico potente** soplete fuerte

macarrão /maka'Rɐ̃w/ *sm.* macarrón, fideo, tallarín, pasta de harina de trigo ■ **macarrão da avó** macarrón de la abuela

macarrônico, -a /maka'Roniku, ka/ *adj.* macarrónico ■ **inglês macarrônico** inglés macarrónico

machadinha /maʃa'ʤadu/ *sm.* hachuela, cuchilla ■ **machadinha de índio** hachuela de indio

machado /ma'ʃadu/ *sm.* hacha, machado ■ **machado quebrado** hacha roto

machismo /ma'ʃiʒmu/ *sm.* **machismo dos alunos** machismo de los alumnos

macho /'maʃu/ *adj. sm.* macho, masculino, viril, varonil, fuerte ■ **gato macho** gato macho

machona /ma'ʃɐ̃w/ *sm.* hombruna, marimacho ■ **jeito de machona** manera de marimacho

machucado, -a /maʃu'kadu, da/ *adj. sm.* magulladura, magullamiento ■ **muitos machucados no corpo** muchas magulladuras en el cuerpo

machucar /maʃu'kaR/ *v.* **1** machucar, herir, lastimar, magullar, sobar **2** llagar ■ **machucar a criança** machucar el niño

maciço, -a /ma'sisu, sa/ *ad.* macizo, compacto, sólido, relleno, firme ■ **ferro maciço** hierro macizo

macio, -a /ma'siu, sia/ *adj.* blando, fofo, sedoso, suave ■ **travesseiro macio** almohada blanda

maço /'masu/ *sm.* mazo, atado, lío ■ **maço de cigarros** cajetilla, paquete ■ **maço de flores** ramo ■ **maço de papéis** paquete

maçom /ma'sõ/ *s.* masón, francmasón ■ **ele é maçom** él es masón

maconha /ma'koɲa/ *sf.* marihuana ■ **não fume maconha** no fume marihuana

macrobiótico, -a /makrobi'ɔxiku, ka/ *adj.* macrobiótica ■ **doença de seres macrobióticos** males de macrobióticas

mácula /'makula/ *sf.* **1** mácula, mancha, señal **2** deshonra, infamia, desdoro ■ **havia mácula no vestido** había mácula en su vestido

macumba /ma'kũba/ *sf.* culto afrobrasileño, magia negra ■ **macumba na praia** culto afrobrasileño en la playa

madalena /mada'lena/ *sf.* **1** magdalena **2** pecadora ■ **bancar a madalena arrependida** llorar como una magdalena

madeira /ma'dejra/ *sf.* madera, palo ■ **farelo de madeira** aserrín ■ **gravação em madeira** xilografia ■ **precisamos de um pouco de madeira para o fogo** necesitamos un poco de madera para el fuego

madeiro /ma'dejru/ *sm.* madero, tronco grueso de un árbol, viga, trabe ■ **madeiro quebrado** madero roto

madeixa /ma'dejʃa/ *sf.* madeja, guedeja de cabellos ■ **cortou suas madeixas** corto su madeja

madrasta /ma'draʃta/ *sf.* **1** madrastra **2** madre poco cariñosa con los hijos ■ **madrasta boa** madrastra boa

madre /'madri/ *sf. Rel.* madre, monja, religiosa ■ **madre superiora** madre superiora

madrepérola /madri'pɛrula/ *sf.* madreperla, nácar ■ **colar com madrepérola** colar con madreperla

madrinha /ma'driɲa/ *sf.* **1** madrina **2** protectora ■ **ela é minha madrinha** ella es mi madrina

madrugada /madru'gada/ *sf.* madrugada, alborada ■ **de madrugada** de madrugada, muy temprano

madrugador, -ora /madruga'doR, ra/ *adj.* madrugador, matutino, tempranero ■ **ele é madrugador** él es madrugador

madrugar /madru'gaR/ *v.* **1** madrugar, levantarse temprano **2** anticiparse ■ **tive que madrugar hoje** tuve que madrugar hoy

maduro, -a /ma'duru, ra/ *adj.* maduro, hecho, prudente, sensato, sesudo ■ **garoto maduro** chico maduro

mãe /mɐ̃j/ *sf.* madre ■ **mãe-de-santo** la sacerdotisa de candomblé y macumba (cultos afrobrasileños)

maestro, -ina /ma'ɛʃtru, trina/ *sm.* maestro, dirigente de orquestra ■ **maestro da orquestra** maestro de la orquestra

má-fé /ma'fɛ/ *sf.* mala fe, mala intención ■ **agiu de má-fé** le hizo con mala fe

magazine /maga'zini/ *sm.* magazine, revista ilustrada ■ **comprei uma magazine** compré una magazine

magia /ma'ʒia/ *sf.* magia, brujería, hechicería, ocultismo, sortilegio ■ **magia negra** magia negra

mágico, -a /ma'ʒiku, a/ *adj. s.* **1** mágico, mago, prestidigitador **2** fascinante, encantador ■ *sf.* **3** mágica, magia, prestidigitación ■ **circo sem mágico** circo sin mago

magistério

magistério /maʒiʃ'tɛrju/ *sm.* magisterio, ejercicio del profesorado ■ **tenho magistério** tengo magisterio

magistrado /maʒiʃ'tradu/ *s.* magistrado, juez, abogado ■ **ele não tem magistrado** él no tiene magistrado

magistral /maʒiʃ'traw/ *adj.* **1** magistral **2** perfecto, ejemplar ■ **foi magistral** fue magistral

magnânimo, -a /mag'nɐnimu/ *adj.* magnánimo, generoso, clemente ■ **rei magnânimo** rey magnánimo

magnata /mag'nata/ *sm.* magnate, persona influyente ■ **rico e magnata** rico y magnate

magnésio /mag'nɛzju/ *sm.* magnesio ■ **tomei leite de magnésio** tomé leche de magnesio

magnético, -a /mag'netʃiku, ka/ *adj.* **1** magnético **2** atrayente ■ **atração magnética** atracción magnética

magnífico, -a /mag'nifiku, ka/ *adj.* **1** magnífico, espléndido, precioso, sublime, suntuoso, excelso, óptimo **2** áureo, real ■ **foi um show magnífico** fue un show magnífico

magnitude /magni'tud3i/ *sf.* magnitud, tamaño, gravedad ■ **não foi de grande magnitude** no fue de gran magnitud

magno, -a /'magno, na/ *adj.* magno, grande, principal, importante, grave ■ **carta magna** carta magna

mago, -a /'magu, ga/ *s.* mago, brujo, hechicero ■ **reis magos** reyes magos

mágoa /'magwa/ *sf.* dolor, pesar, pena, disgusto, aflicción ■ **deixou mágoas** dejó aflicciones

magoar /mago'aR/ *v.* **1** herir, aquejar, disgustar, flechar **2** ofenderse, escocerse **3** punzar, triturar ■ **não me magoe** no me ofenda

magreza /ma'greza/ *sf.* **1** delgadez, flaqueza **2** pobreza ■ **magreza do garoto** flaqueza del chico

magro, -a /'magru, gra/ *adj.* delgado, magro, enjuto, esbelto ■ **mulher magra** mujer magra

maiô /maj'o/ *sm.* bañador, traje de baño ■ **maiô de praia** bañador de playa

maio /'maju/ *sm.* mayo ■ **estamos no mês de maio** estamos en el mes de mayo

maionese /majo'nezi/ *sf.* mayonesa ■ **maionese sem sabor** mayonesa sin sabor

maior /maj'ɔr/ *adj.* mayor, máximo, mayúsculo ■ **maior de idade** mayor de edad

maioria /majo'ria/ *sf.* mayoría, generalidad ■ **maioria dos votos** mayoría de los votos

mais /'majʃ/ *adv.* **1** más, también · *sm.* **2** signo gráfico para indicar adición ■ **a mais** a más ■ **a mais não poder** a más no poder ■ **mais ou menos** más o menos ■ **nem mais nem menos** ni más ni menos

maiúsculo /maj'uʃkulo, la/ *adj.* mayúsculo ■ **letra maiúscula** letra mayúscula

majestade /maʒeʃ'tad3i/ *sf.* **1** majestad, realeza, magnificencia **2** soberbia, altivez ■ **vossa majestade** vuestra majestad

majestoso, -a /maʒeʃ'tozu, za/ *adj.* majestuoso, augusto, imponente, soberbio ■ **foi majestoso** fue majestuoso

major /maj'ɔR/ *sm.* comandante militar, mayor ■ **ele é um major** él es un mayor

mal /'maw/ *sm.* **1** mal, molestia, enfermedad, desgracia, calamidad · *adv.* **2** mal ■ **educar mal** malcriar ■ **ir de mal a pior** ir de mal en peor ■ **falar mal** maldecir ■ **levar a mal** tomar a mal ■ **por bem ou por mal** por las malas o por las buenas

mala /'mala/ *sf.* maleta, valija ■ **abrir as malas** desempacar ■ **fazer as malas** hacer la maleta

malabarista /malaba'riʃta/ *s.* malabarista, prestidigitador ■ **malabarista do circo** malabarista del circo

mal-acostumado, -a /mawakoʃtu'madu, da/ *adj.* malacostumbrado ■ **ele está mal-acostumado** él está malacostumbrado

mal-agradecido, -a /mawagrade'sidu, da/ *adj.* desagradecido, malagradecido, ingrato ■ **que mal-agradecido!** que desagradecido!

malandro, -a /ma'lɐ̃dru, dra/ *adj. s.* malandrín, pícaro, bellaco, holgazán, perezoso, parásito ■ **é um malandro** es un malandrín

malcriado, -a /malkri'adu, da/ *adj.* malcriado, descortés, rudo ■ **garoto malcriado** chico malcriado

maldade /mal'dad3i/ *sf.* **1** maldad, maleficio, fechoría **2** infamia, malicia ■ **maldade da mãe** maldad de la madre

maldoso, -a /mal'dozu, za/ *adj.* maligno, malévolo ■ **foi uma jogada maldosa** fue una jugada maldosa

maleável /mali'avew/ *adj.* moldeable, elástico, flexible ■ **professor maleável** profesor flexible

maledicência /maledi'se'sja/ *sf.* maledicencia, difamación, murmuración ■ **maledicência do aluno** difamación del alumno

mal-educado, -a /mawedu'kadu, da/ *adj.* maleducado, descortés, malcriado ■ **mulher mal-educada** mujer maleducada

malefício /male'fisju/ *sm.* maleficio, hechizo, daño ■ **malefício para a cidade** maleficio para la ciudad

mal-encarado, -a /mawe˜ka'radu, da/ *adj.* malcarado, torvo ■ **policial mal-encarado** policía malcarado

mal-entendido, -a /mawe˜te˜'d3idu, da/ *adj.* malentendido, equívoco ■ **mal-entendido com o advogado** malentendido con el abogado

mal-estar /mawiʃ'taR/ *sm.* malestar ■ **mal-estar passageiro** malestar pasajero

maleta /ma'leta/ *sf.* maletín, valija ■ **maleta cheia de papéis** maletín lleno de documentos

malfeito, -a /mal'fejtu, ta/ *adj.* mal hecho, imperfecto, chapucero ■ **trabalho malfeito** trabajo mal hecho

malfeitor /mawfej'toR, ra/ *sm.* malhechor, maleante, malviviente ■ **malfeitor da história** malhechor de la historia

malha /'mala/ *sf.* **1** malla ■ **jogo de malha** suéter **2** ■ **onde está a minha malha branca?** ¿dónde está mi suéter blanco?

malhar /ma'ʎaR/ *v.* machacar, martillar, golpear ■ **malhar em ferro frio** machacar en hierro frío

mal-humorado, -a /mawumo'radu, da/ *adj.* malhumorado, intratable, desagradable, antipático ■ **pessoa mal-humorada** persona malhumorada

malícia /ma'lisja/ *sf.* **1** malicia, maldad, picardía ■ **não tem malícia** no tiene malicia **2** sal, salero

malicioso, -a /ma'lisi'ozu, za/ *adj.* malicioso, pícaro ■ **conto malicioso** cuento malicioso

maligno, -a /ma'lignu, na/ *adj.* **1** maligno, malicioso **2** venenoso ■ **personalidade maligna** personalidad maligna

malograr /malo'graR/ *v.* **1** malograr, fracasar, frustrar, naufragar **2** malograrse, abortar ■ **malograr o assalto** malograr el asalto

malpassado, -a /mawpa'sadu, da/ *adj.* jugoso, punto, sofrito ■ **bife malpassado** carne jugosa

malte /'mawtʃi/ *sf.* malta, cebada seca ■ **bebida de malte** bebida de malta

maltrapilho, -a /mawtra'piʎu, ʎa/ *adj.* harapiento, andrajoso, zarrapastroso ■ **homem maltrapilho** hombre harapiento

manteiga

maltratar /maltra'tar/ *v.* **1** maltratar, molestar, hostilizar **2** revolcar **3** vejar, escandalizar **4** ajar **5** acosar, triturar, zapatear **6** patear ■ **maltratar os animais** maltratar los animales

maluco, -a /ma'luku, ka/ *adj. s.* chiflado, trastornado ■ **mulher maluca** mujer chiflada

malvado, -a /maw'vadu, da/ *adj.* malvado, desalmado, infame, perverso ■ **personagem malvado** personaje malvado

malvisto, -a /maw'viʃtu, ta/ *adj.* malquisto, antipático, malmirado ■ **sujeito malvisto** sujeto malquisto

mama /'mama/ *sf.* mama, seno, teta ■ **mama de gata** teta de gata

mamadeira /mama'dejra/ *sf.* **1** biberón **2** mamadera ■ **mamadeira de criança** biberón de niño

mamãe /ma'mᵻ̃e/ *sf.* mamá, mami ■ **chamei a mamãe** llamé a mamá

mamão /ma'mᵻ̃w/ *sm.* papaya ■ **mamão podre** papaya podrida

mamar /ma'maR/ *v.* **1** mamar, chupar, lactar ■ **mamar até os cinco anos** mamar hasta los cinco años **2** extorsionar, obtener, engañar

mamífero, -a /ma'miferu, ra/ *s.* mamífero ■ **animal mamífero** animal mamífero

mamilo /ma'milu/ *sm.* pezón, mamelón ■ **mamilo do cachorro** pezón de la perra

manada /ma'nada/ *sf.* manada, hato, rebaño de ganado ■ **manada no pasto** manada en el pasto

manancial /manᵻ̃si'aw/ *sm.* **1** manantial, fuente **2** origen ■ **manancial de água** manantial de agua

mancada /mᵻ̃'kada/ *sf.* falla, lapso, metida de pata ■ **dar uma mancada** hacerle a uno la pera

mancar /mᵻ̃'kaR/ *v.* **1** claudicar, cojear **2** vacilar ■ **mancar depois de cair** mancar después de la caída

mancha /'mᵻ̃ʃa/ *sf.* mancha, maca, pinta, tacha, defecto, mácula ■ **mancha de sangue** mancha de sangre

manchar /mᵻ̃'ʃaR/ *v.* manchar, ensuciar, emporcar, deshonrar ■ **manchar a roupa** manchar la ropa

manco, -a /'mᵻ̃ku, ka/ *adj.* manco, cojo, defectuoso ■ **garoto manco** chico manco

mandachuva /mᵻ̃da'ʃuva/ *s.* mandamás, mandarín ■ **mandachuva da rua** mandamás de la calle

mandado /mᵻ̃'dadu/ *sm.* mandado, orden, precepto ■ **mandado de prisão** mandado de prisión

mandamento /mᵻ̃da'me'tu/ *sm.* mandamiento, precepto ■ **dez mandamentos** diez mandamientos

mandão /mᵻ̃'dᵻ̃w, dona/ *adj. s.* mandón, arrogante ■ **chefe mandão** jefe mandón

mandar /mᵻ̃'daR/ *v.* **1** mandar, dictar, enviar, remitir, regir, ordenar, señorear **2** largarse, mancharse, huir ■ **mandar embora** rajar ■ **mandar em casa** llevar los pantalones

mandatário /mᵻ̃da'tarju/ *sm.* mandatario, representante, procurador ■ **ele é o mandatário** él es el mandatario

mandato /mᵻ̃'datu/ *sm.* mandato, delegación ■ **mandato de busca** mandato de busca

mandíbula /mᵻ̃'dʒibula/ *sf.* mandíbula, maxilar, quijada ■ **mandíbula quebrada** mandíbula rota

mandioca /mᵻ̃dʒi'ɔka/ *sf.* **1** mandioca, yuca **2** guacamotes ■ **sopa de mandioca** sopa de yuca

mando /'mᵻ̃du/ *sm.* mando, autoridad, poder ■ **mando de campo** mando de campo

maneira /ma'nejra/ *sf.* manera, método, estilo, género, guisa, tono ■ **de maneira alguma** de ningún modo, ni por imaginación ■ **de qualquer maneira** comoquiera ■ **dessa maneira** de tal manera

manejar /mane'ʒaR/ *v.* manejar, practicar, ejercer, dirigir ■ **manejar na chuva** manejar en la lluvia

manejo /ma'neʒu/ *sm.* **1** manejo, dirección, gerencia, astucia **2** maniobra ■ **manejo com música** astucia con música

manequim /mane'kῖʒ/ *sm.* maniquí, modelo ■ **manequim profissional** maniquí profesional

manga /'mᵻ̃ga/ *sf.* **1** manga, parte de una prenda de vestir, filtro para líquidos **2** mango (árbol y fruto) ■ **tirar da manga** sacarse algo de la manga

mangue /'mᵻ̃gi/ *sm.* manglar, ciénaga, terreno pantanoso ■ **fazenda com mangue** hacienda con terreno pantanoso

manha /'mᵻ̃na/ *sf.* **1** maña, berrinche, costumbre, socapa **2** amaño, estratagema ■ **menina com manha** chica con maña

manhã /ma'nᵻ̃/ *sf.* mañana ■ **de manhã** por la mañana

manhoso, -a /ma'nozu, za/ *adj.* mañoso, ladino, marrullero, pícaro ■ **que manhoso!** ¡qué mañoso!

mania /ma'nia/ *sf.* manía, hábito, costumbre ■ **mania de grandeza** megalomanía

maníaco, -a /ma'niaku, ka/ *adj. s.* **1** maníaco, tarado **2** extravagante ■ **maníaco da praça** maníaco de la plaza

manicômio /mani'komju/ *sm.* manicomio ■ **manicômio antigo** manicomio antiguo

manifestação /manifeʃta'sᵻ̃w/ *sf.* manifestación, anunciación, declaración, demostración, exteriorización, revelación ■ **manifestação de estudantes** manifestación de estudiantes

manifestar /manifeʃ'taR/ *v.* **1** manifestar, declarar, mostrar, demostrar, expresar, exprimir, exteriorizar, externar, revelar, vocear **2** manifestarse, traducirse, revelarse ■ **manifestar no debate** manifestar en el debate

manifesto, -a /mani'feʃtu, ta/ *adj.* manifiesto, claro, evidente, visible ■ **erro manifestode** error manifiesto

manipulação /manipula'sᵻ̃w/ *sf.* manipulación, trabajo con las manos ■ **manipulação de drogas** manipulación de drogas

manipular /manipu'laR/ *v.* manipular, manosear ■ **manipular o público** manipular al público

manivela /mani'vela/ *sf.* manija, manivela, manubrio ■ **manivela do navio** manija del navío

manjado /mᵻ̃'ʒadu, da/ *adj.* muy conocido, consabido ■ **mágica manjado** magia muy conocida

manjar /mᵻ̃'ʒaR/ *sm.* manjar, comestible, gollería ■ **manjar dos deuses** manjar de los dioses

manjedoura /mᵻ̃ʒe'dora/ *sf.* majada, pesebre ■ **manjedoura sagrada** majada sagrada

manjericão /mᵻ̃ʒeri'kᵻ̃w/ *sm.* albahaca ■ **salada de manjericão** ensalada de albahaca

manobra /ma'nobra/ *sf.* **1** maniobra **2** *mil* operación ■ **manobra militar** ejercicio militar

manobrar /mano'braR/ *v.* **1** maniobrar, operar **2** trabajar **3** dirigir, gobernar ■ **manobrar a moto** maniobrar el motociclo

manobrista /mano'briʃta/ *s.* **1** maniobrista **2** garajista ■ **manobrista desempregado** maniobrista desempleado

mansão /mᵻ̃'sᵻ̃w/ *sf.* mansión, palacete ■ **mansão do artista** mansión del artista

mansidão /mᵻ̃si'dᵻ̃w/ *sf.* mansedumbre, suavidad, benignidad ■ **mansidão do jovem** mansedumbre del joven

manso, -a /'mᵻ̃su, sa/ *adj.* manso, dócil, benigno, suave ■ **ele é muito manso** él es muy manso

manteiga /mᵻ̃'tejga/ *sf.* **1** mantequilla **2** manteca ■ **manteiga de cacau** mantequilla de cacao

385

manter

manter /mɑ̃ˈteR/ *v.* 1 mantener, entretener, sustentar, perdurar, permanecer 2 mantenerse, sostenerse, subsistir ■ **manter o animal preso** mantener el animal preso

mantimento /mɑ̃ˈtʃiˈmeˈtu/ *sm.* 1 mantenimiento 2 víveres ■ **guardar os mantimentos** guardar los víveres

manto, -a /ˈmɑ̃ˈtu/ *sm. sf.* 1 manto, mantilla grande, poncho 2 disfraz, obscuridad 3 manta, cobija ■ **manto de névoa** manta de niebla

manual /manuˈaw/ *adj.* manual ■ **manual de instruções** manual de instrucciones

manufatura /manufaˈtura/ *sf.* manufactura, fabricación, producción, trabajo manual ■ **manufatura do século XIX** manufactura del siglo XIX

manufaturar /manufatuˈraR/ *v.* manufacturar, fabricar ■ **manufaturar roupas** manufacturar ropas

manuscrito /manuʃˈkritu/ *adj.* manuscrito, original ■ **manuscrito do autor** manuscrito del autor

manusear /manuziˈaR/ *v.* manosear, hojear, manchar, ensuciar ■ **manusear a bomba** manosear la bomba

manutenção /manuteˈsɑ̃w/ *sf.* mantenimiento, manutención, sustento, amparo ■ **manutenção do carro** mantenimiento del coche

mão /ˈmɑ̃w/ *sf.* mano, puñado ■ **com a mão na massa** con las manos en la masa ■ **com as mãos na cintura** en jarra ■ **dar uma mão** prestar o echar una mano ■ **estar em boas mãos** estar en buenas manos ■ **mão-aberta** manilargo ■ **mão-fechada** avaricioso ■ **mão grande** manazas ■ **mão leve** ladrón, malabarista ■ **molhar a mão** untar la mano (a uno) ■ **sentar a mão** sentar la mano (a uno) ■ **ser a mão direita** ser la mano derecha

maometano /maomeˈtɑnu, na/ *adj. sm.* mahometano, moro ■ **sujeito maometano** sujeto mahometano

mapa /ˈmapa/ *sm.* mapa, tabla ■ **não estar no mapa** no estar en el mapa, ser fantástico

maquete /maˈketʃi/ *sf.* maqueta ■ **maquete do prédio** maqueta del predio

maquiagem /makiˈaʒeˈj/ *sf.* maquillaje ■ **maquiagem horrível** maquillaje horrible

máquina /ˈmakina/ *sf.* máquina, ingenio **máquina de lavar pratos** lavavajillas ■ **máquina de lavar roupa** lavadora ■ **máquina de numerar** numeradora

maquinação /makinaˈsɑ̃w/ *sf.* 1 maquinación 2 intriga, trama, enredo, tramoya ■ **maquinação na empresa** maquinación en la empresa

maquinar /makiˈnaR/ *v.* 1 maquinar, ingeniar, tejer, tramar, intrigar 2 urdir ■ **maquinar contra os inimigos** maquinar contra los enemigos

mar /ˈmaR/ *sm.* mar, océano **alto-mar** alta mar ■ **pôr-se ao mar** hacerse a la mar

marajá /maraˈʒa/ *sm.* 1 rajá 2 magnate ■ **marajá do petróleo** magnate del petróleo

marasmo /maˈraʒmo/ *sm.* marasmo, apatía, dejadez, indolencia ■ **viver no marasmo** vivir con apatía

maratona /maraˈtona/ *sf.* maratón, carrera pedestre ■ **meia maratona** media maratón

maravilha /maraviˈʎa/ *sf.* maravilla, prodigio ■ **às mil maravilhas** a las mil maravillas, de lo lindo, de perlas

maravilhar /maraviˈʎaR/ *v.* 1 maravillar, sorprender 2 maravillarse, encantarse ■ **maravilhar-se com a garota** maravillarse con la chica

maravilhoso, -a /maraviˈʎozu, za/ *adj.* 1 maravilloso, mágico 2 divino, sobrenatural ■ **foi uma apresentação maravilhosa** fue una presentación maravillosa

marca /ˈmaRka/ *sf.* marca, cuño, estigma, etiqueta, timbre, nota, señal, graduación, impresión, lacra, símbolo, logotipo ■ **marca registrada** marca registrada

marcado, -a /maRˈkadu, da/ *adj.* marcado, fijado ■ **marcado para morrer** marcado para morir

marcador /maRkaˈdoR/ *sm.* marcador, tiza ■ **marcador de texto** marcador del texto

marcar /maRˈkaR/ *v.* marcar, fijar, deslindar, estampillar, señalar, estigmatizar ■ **marcar com ferro** herrar ■ **marcar passo** marcar el paso

marcha /ˈmaRʃa/ *sf.* marcha, progreso, curso, jornada, tránsito ■ **marcha ré** marcha atrás, contramarcha ■ **pôr em marcha** poner en marcha

marchand /maRˈʃɑ̃/ *s.* comerciante de arte, marchante ■ **você conhece algum marchand?** ¿usted conoce a un marchante?

marchar /maRˈʃaR/ *v.* marchar, andar, caminar, progresar ■ **decidiu marchar para casa antes que chovesse** decidió marchar a su casa antes que lloviera

marchetaria /maʃeˈtaria/ *sf.* marquetería, ebanistería ■ **curso de marchetaria** curso de marquetería

marcial /maRsiˈaw/ *adj.* marcial, bélico, belicoso, guerrero ■ **arte marcial** arte marcial ■ **corte marcial** consejo de guerra

marco /ˈmaRku/ *sm.* marco, baliza, hito, mojón, padrón ■ **essa vitória foi um marco na conquista do campeonato** esa victoria fue un hito en la conquista del campeonato

março /ˈmaRsu/ *sm.* marzo ■ **o aniversário da minha amiga é em março** el cumpleaños de mi amiga es en marzo

maré /maˈrɛ/ *sf.* marea ■ **maré-baixa** bajamar ■ **maré mansa** calma chicha ■ **subida da maré** repunte

marechal /mareˈʃaw/ *sm.* mariscal ■ **meu tio é um marechal** mi tío es un mariscal

maresia /mareˈzia/ *sf.* marea, viento del mar ■ **grades de ferro destruídas pela maresia** vallas de hierro destruidas por la marea

marfim /maRˈfj̃/ *sm.* marfil ■ **pintaremos a sala de marfim** pintaremos la habitación de marfil

margarida /maRgaˈrida/ *sf.* margarita ■ **ela ganhou uma margarida do namorado** ganó una margarita del novio

margarina /maRgaˈrina/ *sf.* margarina ■ **eu adoro comer pão com margarina** me encanta comer pan con margarina

margem /ˈmaRʒeˈj/ *sm.* 1 margen, borde, orilla 2 bordo **deixar margem** marginar ■ **ficar à margem** quedarse al margen ■ **margem de lucro** margen de ganancia ■ **margem de mar ou rio** playa

marginal /maRʒiˈnaw/ *adj. s.* marginal, maleante, malviviente ■ **a literatura marginal** la literatura marginal

marginalizado, -a /maRʒinaliˈzadu, da/ *adj.* marginado ■ **os grupos humanitários pedem mais amparo para os marginalizados** las agrupaciones humanitarias piden más amparo para los marginados

maricas /maˈrikas/ *s.* 1 marica, amariconado, sarasa 2 gallina ■ **homem maricas** hombre marica

marido /maˈridu/ *sm.* marido, esposo ■ **marido condescendente** gurrumino ■ **marido traído** cornudo

marinheiro, -a /mariˈɲeiru, ra/ *adj.* marinero, grumete ■ **roupa de marinheiro** ropa de marinero

marinho, -a /maˈriɲu, ɲa/ *adj.* marino, marinero, marítimo ■ **cavalo marinho** caballo marino

matiz

marionete /maɾjo'neʧi/ *sf.* marioneta ■ **marionete de pano** marioneta de trapo

mariposa /maɾi'poza/ *sf.* maritornes, palomilla ■ **mariposa voando** maritornes volando

marisco /ma'ɾisko, a/ *sm.* marisco ■ **comer marisco** comer marisco

marítimo, -a /ma'ɾitimo, a/ *adj.* marino, marítimo ■ **águas marítimas** aguas marinas

marmelada /maRme'lada/ *sf.* **1** dulce de membrillo **2** confusión, embrollo ■ **comer marmelada** comer dulce de membrillo

marmelo /maR'mɛlu/ *sm.* membrillo ■ **comer marmelo** comer membrillo

marmita /maR'meta/ *sf.* marmita, fiambrera ■ **marmita fria** marmita fría

mármore /'maRmuɾi/ *sm.* **1** mármol **2** obra artística hecha con esta piedra ■ **chão de mármore** suelo de mármol

maroto, -a /ma'ɾotu, ta/ *adj. s.* travieso, malicioso ■ **menino maroto** chico travieso

marquês, -a /maR'kejʃ, keza/ *s.* **1** marqués **2** marquesa ■ **marquês importante** marqués importante

marquise /maR'kizi/ *sf.* marquesina, toldo ■ **marquise grande** marquesina grande

marrom /ma'Ro͂/ *adj. sm.* marrón, castaño ■ **cor marrom** color marrón

marsupial /maRsupi'aw/ *adj.* marsupial ■ **o canguru é um marsupial** el canguro es un marsupial

martelar /maRte'laR/ *v.* **1** martillar, martillear **2** importunar, insistir ■ **martelar muito** martillar mucho

martelo /maR'telu/ *sm.* martillo, maceta ■ **martelo de madeira** mazo **martelo de quebrar pedras** escoda

mártir /'maRʧiR/ *s.* mártir ■ **foi um mártir** fue un mártir

martirizar /maRʧiɾi'zaR/ *v.* **1** martirizar, atormentar, torturar, afligir **2** inquietarse, preocuparse ■ **martirizar as pessoas** martirizar las personas

marujo /ma'ɾuʒu/ *adj.* marinero, marino ■ **marujo do barco** marinero del navío

marxismo /maR'ʃiʒmu/ *sm.* marxismo ■ **estudar marxismo** estudiar marxismo

mas /maʃ/ *conj.* pero, todavía, sin embargo, mas ■ **quero viajar mas não tenho tempo** quiero viajar pero no tengo tiempo

mascar /maʃ'kaR/ *v.* **1** mascar, masticar **2** insinuar, hablar entre dientes ■ **mascar chiclete** mascar chicle

máscara /'maʃkaɾa/ *sf.* máscara, antifaz, careta ■ **tirar a máscara** quitar la careta

mascarado, -a /maʃka'ɾadu, da/ *adj.* enmascarado ■ **mulher mascarada** mujer enmascarada

mascarar /maʃka'ɾaR/ *v.* **1** enmascarar, disfrazarse **2** ocultar, disimular **3** enmascararse ■ **mascarar as pessoas** enmascarar las personas

mascote /maʃ'kɔʧi/ *sf.* mascota, amuleto, talismán ■ **mascote do time** mascota del equipo

masculinidade /maʃkulini'dadʒi/ *sf.* masculinidad, virilidad ■ **masculinidade das pessoas** masculinidad de las personas

masculino, -a /maʃku'linu, na/ *adj.* masculino, macho, viril ■ **sexo masculino** sexo masculino

masoquismo /mazo'kiʒmu/ *sm.* masoquismo ■ **acreditar no masoquismo** creer en el masoquismo

nassa /'masa/ *sf.* **1** masa, pasta, fideo, amasijo **2** massas ■ **com a mão na massa** con las manos en la masa ■ **massa encefálica** seso ■ **massa mole** gacha ■ **massa para vedação** masilla

massacrar /masa'kɾaR/ *v.* masacrar, matar cruelmente ■ **massacrar as pessoas** masacrar las personas

massacre /ma'sakɾi/ *sf.* masacre, matanza, carnicería, mortandad, asesinato ■ **massacre de animais** masacre de animales

massagem /ma'saʒe͂j/ *sf.* masaje ■ **massagem no corpo** masaje en el cuerpo

massagista /masa'ʒiʃta/ *s.* masajista ■ **bom massagista** buen masajista

massificar /masifi'kaR/ *v.* **1** masificar **2** masificarse ■ **massificar as pessoas** masificar las personas

mastigação /maʃʧiga'sɑ͂w/ *sf.* masticación, trituración ■ **mastigação da comida** masticación de la comida

mastigar /maʃʧi'gaR/ *v.* **1** mascar, masticar **2** rumiar, mascullar ■ **mastigar muito** mascar mucho

mastim /maʃ'ʧi͂/ *sm.* **1** mastín, perro alborotador **2** policía ■ **mastim seguro** mastín seguro

mastro /'maʃtɾu/ *sm.* **1** mástil, asta, fuste **2** pene ■ **mastro de embarcação** palo

masturbar /maʃtuɾ'baR/ *v.* **1** masturbar **2** masturbarse ■ **masturbar todos os dias** masturbar todos los días

mata /'mata/ *sf.* mata, bosque, floresta, maraña ■ **mata inculta** selva

matador, -ora /mata'doR, ɾa/ *adj. s.* **1** matador, asesino **2** torero ■ **matador de animais** matador de animales

matadouro /mata'doɾu/ *sm.* matadero, degolladero ■ **cair no matadouro** caer en el matadero

matagal /mata'gaw/ *sm.* breña, mata, monte ■ **matagal no caminho** breña en el camino

matança /ma'tɑ͂sa/ *sf.* matanza, masacre, degollina, hecatombe ■ **matança violenta** matanza violenta

matar /ma'taR/ *v.* **1** matar, asesinar, masacrar **3** suicidarse **3** despachar ■ **matar a fome** matar el hambre, matar el gusanillo, saciar ■ **matar alguém** pegar cuatro tiros a uno ■ **matar a pedradas** lapidar ■ **matar aula** hacer corrales ■ **matar de fome** matar de hambre ■ **matar dois coelhos com uma só cajadada** matar dos pájaros de un tiro

mate /'maʧi/ *sm.* mate ■ **erva-mate** yerba mate

matemático, -a /mate'maʧiku, ka/ *adj. s.* matemático ■ **matemático famoso** matemático famoso

matéria /ma'tɛɾja/ *sf.* materia, alimento, elemento, substancia, tema, lectura ■ **matéria-prima** materia prima

material /mateɾi'aw/ *adj. sm.* material, corporal, corpóreo ■ **material de consumo** material de consumo **material de produção** material de producción **materiais de construção** materiales

materialismo /mateɾja'liʒmu/ *sm.* materialismo ■ **materialismo das pessoas** materialismo de las personas

materializar /mateɾjali'zaR/ *v.* **1** materializar, embrutecer **2** materializarse ■ **materializar na sua frente** materializar adelante de ti

maternal /mateR'naw/ *adj.* maternal, materno, cariñoso ■ **carinho maternal** cariño maternal

materno, -a /ma'teRnu, na/ *adj.* **1** materno, maternal **2** cariñoso ■ **sentimento materno** sentimiento materno

matilha /ma'ʧiʎa/ *sf.* **1** jauría **2** chusma, facción ■ **matilha grande** jauría grande

matinal /maʧi'naw/ *adj.* matinal, matutino, madrugador ■ **atividade matinal** actividad matinal

matiz /ma'ʧi3/ *sm.* matiz, graduación de colores ■ **matiz grande** matiz grande

387

M

matizado

matizado, -a /mati'θaɾ/ *v.* abigarrado, vario ■ **decoração matizada** decoración abigarrada

matizar /mati'θaɾ/ *v.* matizar, graduar, esmaltar ■ **matizar as cores** matizar los colores

mato // *sm.* mato, breña, monte, terreno inculto ■ **neste mato tem coelho** aquí hay gato encerrado

matraca /ma'traka/ *sf.* matraca, carraca ■ **matraca chata** matraca molesta

matriarca /ma'tɾjaɾka/ *sf* matriarca, progenitora ■ **mulher matriarca** mujer matriarca

matrícula /ma'trikula/ *sf.* matrícula, inscripción ■ **matrícula na faculdade** matrícula en la facultad

matricular /matriku'laɾ/ *v.* **1** matricular, inscribir **2** matricularse, registrarse ■ **matricular no curso** matricularse en el curso

matrimônio / / *sm.* matrimonio, casamiento, bodas, nupcias, unión conyugal ■ **contrair matrimônio** contraer matrimonio

matriz /ma'triθ/ *sf.* **1** matriz, molde, oficina central **2** madre **3** matriz ■ **igreja matriz** rel seo

maturação /matura'sãʊ̯w/ *sf.* maduración, sazón ■ **maturação da fruta** maduración de la fruta

maturidade /matuɾi'dadʒi/ *sf.* **1** madurez, plenitud, prudencia, sensatez **2** lastre ■ **maturidade das pessoas** madurez de las personas

matutar /matu'taɾ/ *v.* cavilar, meditar, rumiar ■ **matutar muito** cavilar mucho

matutino, -a /matu'tʃinu, na/ *adj.* matutino, matinal, madrugador ■ **programa matutino** programa matutino

mau /'maw/ *adj.* malo, malicioso, gurrumino, perro, perverso ■ **homem mau** hombre malo

mau-caráter /mawka'ɾateɾ/ *sm.* **1** sinvergüenza, cabrón ■ **pessoa com mau-caráter** persona sinvergüenza **2** fraudulento ■ **homem mal-caráter** hombre fraudulento **3** guarro

mau humor / / *sm.* malhumor ■ **acordar de mau humor** despertarse de malhumor

mau-olhado /mawo'ʎadu/ *sm.* mal de ojo ■ **ficar de mau-olhado** quedarse de mal de ojo

mausoléu /mawzo'lew/ *sm.* mausoleo, sepulcro suntuoso ■ **morar no mausoléu** vivir en el mausoleo

maxilar /maksi'laɾ/ *adj.* maxilar, mentón, mandíbula ■ **dor no maxilar** dolor en el maxilar

máxima /'masima/ *sf.* máxima, concepto, aforismo, sentencia, axioma ■ **ter como máxima** tener por máxima

máximo, -a /'masimo, ma/ *adj.* máximo, sumo, superlativo de grande ■ **exigir o máximo** exigir el máximo **no máximo** a lo más, a todo tirar

me /'mi/ *pron.* me, a mí, para mí ■ **me dá um abraço** dame un abrazo

meada /mi'ada/ *sf.* **1** madeja ■ **meada grande** madeja grande **2** embrollos, lío, enredo

mecânico, -a /me'kɐniku, ka/ *adj.* **1** mecánico, maquinal, automático · *sm.* **2** mecánico · *sf.* **3** mecánica, maquinaria ■ **mecânico de carro** mecánico de coche

mecanismo /meka'ni3mu/ *sm.* **1** mecanismo, mecánica, maquinaria **2** combinación de medios ■ **bom mecanismo** buen mecanismo

mecanizar /mekɐni'zaɾ/ *v.* mecanizar, motorizar, organizar mecánicamente ■ **mecanizar os movimentos** mecanizar los movimientos

mecanografia /mekɐnogra'fia/ *sf.* mecanografía, dactilografía ■ **máquina de mecanografia** máquina de mecanografía

mecenas /me'senaʃ/ *s.* **1** mecenas **2** patrocinador ■ **bom mecenas** buen patrocinador

mecha /'meʃa/ *sf.* mecha, rastrillo ■ **mecha de cabelo** mecha de cabello

medalha /me'daʎa/ *sf.* medalla, insignia, premio en exposición o concurso ■ **medalha da competição** medalla de la competición

medalhão /meda'ʎãʊ̯w/ *sm.* **1** medallón **2** figurón ■ **medalhão de ouro** medallón de oro

média /'medʒa/ *sf.* **1** taza de café con leche **2** promedio ■ **tomar média** tomar una taza de café con leche

mediação /medʒia'sãʊ̯w/ *sf.* mediación, intervención, intercesión ■ **mediação das pessoas** mediación de las personas

mediador, -ora /medʒia'doR, ra/ *adj. s.* mediador, medianero, intermediario ■ **pessoa mediadora** persona mediadora

mediania /medʒia'nia/ *sf.* medianía, moderación, comedimiento, suficiencia ■ **mediania**

mediano, -a /medʒi'ɐnu, na/ *adj.* mediano, intermedio, trivial, mediocre, vulgar ■ **altura mediana** altura mediana

mediante /medʒi'ɐ̃tʃi/ *adj.* **1** mediante · *prep.* **2** por medio de ■ **mediante a situação** mediante la situación

mediar /medʒi'aR/ *v.* mediar, interponerse, terciar ■ **mediar a confusão** mediar la confusión

medicação /medʒika'sãʊ̯w/ *sf.* medicación, terapéutica ■ **medicação eficiente** medicación eficiente

medicamento /medʒika'meˈtu/ *sm.* medicamento, fármaco, remedio ■ **medicamento eficaz** medicamento eficaz

medicar /medʒi'kaR/ *v.* medicar, recetar, tratar con medicamentos ■ **medicar as pessoas** medicar las personas

medicina /medʒi'sina/ *sf.* medicina, medicamentos ■ **estudar medicina** estudiar medicina

médico, -a /'mɛdʒiku, ka/ *adj.* médico, doctor, facultativo ■ **médico cirurgião** médico cirujano

medida /me'dʒida/ *sf.* medida, medición, dimensión, padrón, parámetro, grado, módulo, graduación ■ **à medida que** a medida que ■ **sem medida** a granel ■ **sob medida** a medida

medieval /medʒie'vaw/ *adj.* medieval ■ **época medieval** época medieval

médio, -a /'mɛdʒju, d3ja/ *adj.* medio, mediano, moderado ■ **tamanho médio** tamaño medio

mediocre /me'd3jokri/ *adj.* mediocre, mediano, insignificante, regular, ordinario, vulgar ■ **homem mediocre** hombre mediocre

mediocridade /med3jokri'dad3i/ *sf.* **1** mediocridad, vulgaridad **2** medianía ■ **agir com mediocridade** actuar con mediocridad

medir /me'dʒiɾ/ *v.* **1** medir, comparar, evaluar, nivelar, valuar, refrenar, regular, calcular **2** rivalizar **3** tomar el pulso a algo ■ **medir o sapato** medir el zapato

meditação /medʒita'sãʊ̯w/ *sf.* meditación, concentración, lucubración, pensamiento, recogimiento, reflexión ■ **meditação para se concentrar** meditación para concentrarse

meditar /medʒi'taɾ/ *v* **1** meditar, pensar, reflejar, reflexionar, absorber, concentrar, elucubrar, lucubrar **2** rumiar ■ **meditar sobre o passado** meditar sobre el pasado

médium /'mɛdʒjuˈ/ *s.* médium ■ **ser um médium** ser un médium

medo /'medu/ *sm.* miedo, pánico, pavor, temor, terror, canguelo, cobardía ■ **medo de cobra** miedo de cobra

medonho, -a /me'doɲu, ɲa/ *adj.* **1** horrendo, horrible, horroroso, infernal, tenebroso **2** negro ■ **situação medonha** situación horrenda

mental

medroso, -a /me'drozu, za/ *adj.* miedoso, cobarde, receloso ■ **homem medroso** hombre miedoso

medula /me'dula/ *sf.* medula, médula, tuétano ■ **medula óssea** médula ósea

megafone /mega'foni/ *sm.* megáfono, altavoz, bocina ■ **usar o megafone** usar el megáfono

megalomania /megaloma'nia/ *sf.* megalomanía ■ **sofrer megalomania** sufrir megalomanía

megera / / *sf.* **1** mujer cruel **2** bruja ■ **mulher megera** mujer cruel

meia /'meja/ *sf.* media, calcetín ■ **fazer o pé de meia** ahorrar para el futuro **meia soquete** zoquete

meia-calça /meja'kawsa/ *sf.* media, panty ■ **meia-calça preta** panty negra

meia-noite /meja'nojtʃi/ *sf.* medianoche ■ **dormir à meia-noite** dormir a medianoche

meigo, -a /'mejgu, ga/ *adj.* afable, afectuoso, amoroso, delicado, suave, tierno ■ **pessoa meiga** persona afable

meio, -a /'meju, ja/ *adj.* **1** medio, ambiente, promedio, maneira, vía, auspicio, posibilidad, circunstancia **2** instrumento, yema ■ **meio ambiente** medio ambiente ■ **meio a meio** mitad y mitad

meio-dia /meju'dʒia/ *sm.* mediodía ■ **almoço ao meio-dia** almuerzo al mediodía

mel /'mɛw/ *sm.* miel ■ **cor de mel** color miel ■ **mel silvestre** miel silvestre

melado, -a /me'ladu, da/ *adj.* meloso, pegajoso, zalamero ■ **comer melado** comer melado

melância /melɐ̃'sia/ *sf.* sandía, melón de agua ■ **comer melância** comer sandía

melancolia /melɐ̃ko'lia/ *sf.* **1** melancolía, tristeza, nostalgia **2** morriña ■ **malancolia na vida** melancolía en la vida

melancólico, -a /melɐ̃'kɔliku, ka/ *adj.* **1** melancólico, triste, sombrío, taciturno, tétrico, mohíno, mustio, nostálgico **2** opaco ■ **estar melancólico** estar melancólico

melão /me'lɐ̃w/ *sm.* melón ■ **comer melão** comer melón

melar /me'laR/ *v.* melar, enmelar, endulzar con miel ■ **doce melado** melaza dulce

melhor /me'ʎɔR/ *adj.* mejor, máximo, superior ■ **ir desta para melhor** morir ■ **levar a melhor** vencer, ganar ■ **na melhor das hipóteses** a lo mejor

melhoramento / / *sm.* mejoramiento, mejoría, progreso, perfeccionamiento ■ **melhoramento genético** perfeccionamiento genético

melhorar /meʎo'raR/ *v.* mejorar, adelantar, beneficiar, perfeccionar, prosperar, corregir, reformar, enriquecer, restablecer, sanar ■ **melhorar nas notas da escola** mejorar las notas de la escuela

melhoria /meʎo'ria/ *sf.* mejoría, mejoramiento, perfeccionamiento, adelanto, avance, ventaja, exquisitez ■ **melhoria nas estradas** la mejora de las carreteras

melífluo, -a /me'lifluu, flwa/ *adj.* **1** melifluo **2** delicado, dulce, suave ■ **voz melíflua** voz melíflua

melindre /me'lĩdri/ *sm.* melindre, honrilla, resentimiento ■ **seus melindres o impediram** su sensibilidad lo impedieron

melindroso, -a /melĩ'drozu, za/ *adj.* melindroso, mimoso ■ **operação melindrosa** operación delicada

melodia /melo'dʒia/ *sf.* melodía, modulación, música ■ **melodia aos meus ouvidos** música para mis oídos

melodrama /melo'drama/ *sm.* melodrama, drama musical, ópera ■ **não me venha com seus melodramas** no me de sus melodramas

meloso, -a /me'lozu, za/ *adj.* **1** meloso, suave, zalamero **2** almibarado, suave ■ **mulher melosa** mujer suave

membrana /mẽ'brana/ *sf.* membrana ■ **membrana celular** membrana celular

membro /'mẽbru/ *sm.* miembro, individuo ■ **membro viril** miembro viril

memória /me'mɔrja/ *sf.* memoria, recuerdo, reminiscencia, tradición ■ **fixar na memória** grabar ■ **memória curta** memoria de gallo ■ **refrescar a memória** refrescar la memoria

memorizar /memori'zaR/ *v.* memorizar, recordar, recapacitar ■ **memorizar um texto** memorizar un texto

menção /mẽ'sɐ̃w/ *sf.* mención, alusión, referencia, registro ■ **fazer menção** hacer mención, mencionar

mencionar /mẽsjo'naR/ *v.* mencionar, aludir, relatar, mentar, nombrar, referir ■ **mencionou seu descontentamento** mencionó su descontento

mendigar /mẽdʒi'gaR/ *v.* mendigar, limosnear, pedir limosna ■ **mendigou um prato de comida** pidió una comida

mendigo, -a /mẽ'dʒigu, ga/ *s.* mendigo, mendicante, pobre, indigente ■ **mendigo na rua** mendigo en la calle

menear /mene'aR/ *v.* **1** menear, manejar, gestionar, dirigir **2** agitar, sacudir, oscilar ■ **menear uma fábrica** gestionar una fábrica

meneio /me'neju/ *sm.* **1** meneo, gesto, además **2** enredo ■ **meneio de lado com a cabeça** asiente con la cabeza hacia un lado

menestrel /menes'trɛw/ *sm.* trovador, músico ambulante ■ **cantor menestrel** cantante trovador

meninice /meni'nisi/ *sf.* infancia, niñez ■ **período de meninice** período de la infancia

menino, -a /me'ninu, na/ *s.* **1** niño, chico **2** joven, mozo **3** chamaco ■ **menino de ouro** chico de oro

menisco /me'niʃku/ *sm.* menisco ■ **menisco da articulação do joelho** menisco de la rodilla

menopausa /meno'pawza/ *sf.* menopausia ■ **entrou na menopausa** le ocurrió la menopausia

menor /me'noR/ *adj.* menor, más pequeño, inferior, mínimo ■ **menor abandonado** menor abandonado ■ **menor de idade** menor de edad

menos /'menuʃ/ *adv. adj.* **1** menos, excepto · *sm.* **2** signo gráfico para indicar resta ■ **a menos que** a menos que ■ **ao menos** cuando menos ■ **de menos** de menos ■ **pelo menos** como mínimo, siquiera, por lo menos

menosprezar /menoʃpre'zaR/ *v.* menospreciar, menoscabar, minusvalorar, desestimar, despreciar, vilipendiar ■ **ele menosprezou o perigo** él despreció el peligro

menosprezo /menoʃ'prezu/ *sm.* menosprecio, desprecio ■ **menosprezo às convenções** desprecio por las convenciones

mensageiro, -a /mẽsa'ʒejru, ra/ *s.* **1** mensajero, emisario, recadero, heraldo, nuncio **2** embajador ■ **mensageiro da paz** mensajero de la paz

mensagem /mẽ'saʒẽj/ *sf.* mensaje, misiva, recado, parte, discurso, felicitación ■ **mensagem do filme** mensaje de la película

mensalidade /mẽsali'dadʒi/ *sf.* mensualidad, cuota ■ **pagar a mensalidade** pagar la mensualidad

menstruação /mẽʃtrua'sɐ̃w/ *sf.* menstruación, regla, achaque ■ **menstruação atrasada** retraso de la menstruación

menta /'mẽta/ *sf.* menta, hierbabuena ■ **comer bala de menta** comer caramelo de menta

mental /me'taw/ *adj.* mental, psíquico, intelectual, espiritual ■ **cálculo mental** cálculo mental

mente

mente /'meˈtʃi/ *sf.* mente, espíritu, inteligencia, intelecto, desígnio ▪ **a derrota não lhe sai da mente** la derrota no le sale de la mente

mentecapto, -a /meˈtʃiˈkaptu, ta/ *adj.* mentecato, necio, simplón, tonto ▪ **rei mentecapto** rey mentecato

mentir /meˈtʃiR/ *v.* **1** mentir, disfrazar, engañar, fingir **2** colar **3** empatar mentiras ▪ **ele mente muito** él miente mucho

mentira /meˈtʃira/ *sf.* **1** mentira, infundio, invención, patraña, cuento, embuste, engaño, falsedad **2** filfa, pala, paparrucha, bola, gazapo **3** guayaba ▪ **neste mundo tudo é mentira** en este mundo todo es mentira

mentiroso, -a /meˈtʃiˈrozu, za/ *adj.* **1** mentiroso, falso, traidor, embustero **2** bolero ▪ **elogios mentirosos** elogios mentirosos

mentor, -a /meˈtoR, ra/ *s.* mentor, guía, consejero ▪ **mentor dos trabalhos** mentor de los trabajos

menu /meˈnu/ *sm.* menú, minuta ▪ **menu do restaurante** restorán a la carta

mercado /meRˈkaðo/ *sm.* mercado, comercio ▪ **mercado consumidor** mercado consumidor ▪ **mercado de gêneros alimentícios** plaza ▪ **mercado de trabalho** mercado de trabajo ▪ **mercado negro** mercado negro

mercadoria /meRkadoˈria/ *sf.* Mercancia, mercadería ▪ **gôndola para mercadoria** mostrador ▪ **mercadoria barata** quincalla

mercante /meRˈkãtʃi/ *adj.* mercante, mercantil ▪ **navio mercante** navío mercante

mercantil /meRkãˈtʃiu/ *adj.* mercantil, mercante, comercial, marchante ▪ **espírito mercantil** espíritu mercantil

mercê /meRˈse/ *sf.* merced, gracia, indulto, premio, beneficio, recompensa ▪ **a mercê de** a merced de

mercearia /meRseaˈria/ *sf.* tienda de comestibles ▪ **mercearia da esquina** tienda de la esquina

mercúrio /meRˈkurju/ *sm.* mercurio, azogue ▪ **o mercúrio é toxico** el mercurio es tóxico

merda /'mɛRda/ *sf.* mierda, excremento ▪ **mandar à merda** mandar a la mierda

merecedor, -ora /mereseˈdoR, ra/ *adj.* merecedor, acreedor, digno ▪ **sua conduta é merecedora** su conducta es digna

merecer /mereˈseR/ *v.* merecer, devengar, granjear ▪ **merecer o prêmio** merecer el premio

merecido, -a /mereˈsidu, da/ *adj.* merecido, debido, justo ▪ **recompensa merecida** merecida recompensa

merecimento /meresiˈmeˈtu/ *sm.* merecimiento, mérito, virtud, dote, importancia ▪ **promoção por merecimento** promoción por mérito

merenda /meˈrẽda/ *sf.* merienda, lunch, refección leve de la tarde ▪ **merenda de comida** botanas

meretriz /mereˈtriʃ/ *sf.* meretriz, prostituta, ramera ▪ **ela não é uma meretriz** no es una prostituta

mergulhador, -a /meRguʎaˈdoR, ra/ *adj. s.* buzo, zambullidor ▪ **mergulhador debaixo d'água** submarinista

mergulhar /meRguˈʎaR/ *v.* **1** chapuzar, bucear, zambullir **2** engolfar **3** meterse, abandonarse enteramente a algo ▪ **mergulhar na piscina** zambullirse en la piscina

mergulho /meRˈguʎu/ *sm.* inmersión, chapuz mergulho de cabeça chapuzón ▪ **mergulho na piscina** chapuzón en la piscina

meridional /meridʒjoˈnaw/ *adj. s.* meridional, austral ▪ **povos meridionais** la gente del sur

mérito /'mɛritu/ *sm.* **1** mérito, merecimiento, superioridad, virtud **2** quilate ▪ **ele tem mérito** él tiene mérito

mero, -a /'mɛru, ra/ *adj.* mero, simple, puro ▪ **é mera questão** es mera cuestión

mês /mejʃ/ *sm.* mes ▪ **mês corrente** mes corriente

mesa /'meza/ *sf.* **1** mesa **2** comida, alimentación ▪ **mesa-redonda** mesa redonda ▪ **pôr, tirar a mesa** poner, recoger la mesa

mesada /meˈzada/ *sf.* mesada, mensualidad ▪ **uma mesadinha de vinte** un billete de veinte

mescla /'mɛʃkla/ *sf.* mezcla, mixtura, heterogeneidad ▪ **mescla seus textos** mezcla sus textos

mesclar /meʃˈklaR/ *v.* **1** mezclar, amalgamar, entreverar, intercalar **2** involucrarse ▪ **mesclar essências para criar um perfume** fusionar esencias para crear un perfume

mesmo, -a /'meʃmo, ma/ *adj. s.* mismo, igual, idéntico, propio ▪ **agora mesmo** ahora mismo ▪ **dar na mesma** ser lo mismo ▪ **ficar na mesma** estar en las mismas

mesquinho, -a /meʃˈkiɲu, ɲa/ *adj. s.* **1** mezquino, miserable, ruin, sórdido, vil, tacaño, cicatero, gurrumino, agarrado **2** apretado, rastrero ▪ **contribuição mesquinha** contribución insignificante

mesquita /meʃˈkita/ *sf.* mezquita, templo de los musulmanes ▪ **mesquita antiga** mezquita antigua

messiânico, -a /mesiˈãniku, ka/ *adj.* mesiánico ▪ **uma revolução messiânica** una revolución mesiánica

messianismo /mesiaˈniˈ3mu/ *sm.* mesianismo ▪ **esperar pelo messias** esperar la llegada del Mesías

mestiçagem /meʃtʃiˈsaˈ3eˈj/ *sf.* mestizaje, cruce, mezcla ▪ **mestiçagem intelectual** mestizaje intelectual

mestiço, -a /meʃˈtʃisu, sa/ *adj. s.* **1** mestizo, híbrido, criollo **2** mixto **3** chino ▪ **animal mestiço** animal mestizo

mestre /'mɛʃtri, tra/ *adj. s.* maestro, preceptor, profesor ▪ **chave-mestra** llave maestra ▪ **golpe de mestre** golpe maestro ▪ **grão-mestre** maestro ▪ **mestre-cuca** cocinero

mestria /meʃˈtria/ *sf.* maestría, habilidad, pericia ▪ **conduzir com mestria** manejar con maestría

meta /'mɛta/ *sf.* meta, baliza, límite, fin, término ▪ **atingir uma meta** alcanzar una meta

metabolismo /metaboˈli3mu/ *sm.* metabolismo, catálisis ▪ **metabolismo acelerado** metabolismo acelerado

metade /meˈtadʒi/ *sf.* mitad, medio, centro ▪ **cara metade** media naranja

metafísico, -a /metaˈfiziku, ka/ *adj. s.* metafísico ▪ **metafísica princípio elementar** metafísica principio elemental

metáfora /meˈtafora/ *sf.* metáfora, alegoría, figura ▪ **ele falou uma metáfora** habló una metáfora

metal /meˈtaw/ *sm.* metal ▪ **barra de metal** lingote ▪ **chapa de metal** placa, tono, timbre

metálico, -a /meˈtaliku, ka/ *adj.* metálico ▪ **mobiliário metálico** muebles metálicos

metalizar /metaliˈzaR/ *v.* metalizar, dar brillo ▪ **metalizar a arma** metalizar el arma

metalurgia /metaluRˈ3ia/ *sf.* metalurgia ▪ **oficina de metalurgia** taller de metal

metalúrgico, -a /metaˈluR3iku, ka/ *adj. s.* metalúrgico, metalurgista ▪ **ele é metalúrgico** él es metalúrgico

metamorfose /metamoRˈfozi/ *sf.* metamorfosis, transformación, avatar ▪ **metamorfose completa** metamorfosis completa

metano /meˈtɑnu/ *sm.* metano ▪ **gás metano** gas metano

meteoro /meteˈoru/ *sm.* **1** meteoro **2** aparición brillante y efímera ▪ **meteoros esporádicos** meteoros esporádicos

mimado

meteorologia /meteorolo'3ia/ *sf.* meteorología ■ **aplicação da meteorologia aos problemas da navegação** aplicación de la meteorología a los problemas de la navegación

meteorológico, -a /meteoro'lɔʒiku, ka/ *adj.* meteorológico ■ **fenômeno meteorológico** fenómeno meteorológico

meter /me'teR/ *v.* 1 meter, introducir, poner dentro, insinuar, incluir, internar, infundir 2 meterse, introducirse, zambullirse ■ **meter a boca** pringarse ■ **meter a mão** robar ■ **meter o bedelho** mangonear ■ **meter os pés pelas mãos** meter la pata ■ **meter-se sem ser chamado** meterse uno donde no le llaman ■ **meteu a mão no bolso** metió la mano en el bolsillo, robó

meticuloso, -a /metʃiku'lozu, za/ *adj.* meticuloso, minucioso, metódico, quisquilloso ■ **pessoa meticulosa** persona meticulosa

metódico, -a /me'tɔdʒiku, ka/ *adj.* metódico, ordenado, sistemático, regular, prudente ■ **estudo metódico** estudio metódico

metodismo /meto'dʒimu/ *sm.* metodismo ■ **prática do metodismo** práctica del metodismo

método /'metodu/ *sm.* método, modo, práctica, regla, regularidad, sistema, vía ■ **método científico** método científico

metralha /me'traʎa/ *sf.* metralla, munición menuda ■ **fogo da metralha** fuego de metralla

metralhadora /metraʎa'dora/ *sf.* ametralladora ■ **metralhadora do exército** ametralladora del ejército

métrico, -a /'metriku, ka/ *adj.* métrico ■ **sistema métrico** sistema métrico

metro /'metru/ *sm.* 1 metro, medida 2 metro, verso, medida del verso ■ **metro cúbico** metro cúbico ■ **metro quadrado** metro cuadrado

metrô /me'tro/ *sm.* metro, tren metropolitano, subterráneo ■ **metrô da capital** subterráneo de la capital

metrópole /me'trɔpoli/ *sf.* metrópoli, metrópolis, capital ■ **moro na metrópole** yo vivo en la metrópoli

metropolitano, -a /metropoli'tɐnu, na/ *adj. sm.* metropolitano ■ **ele é metropolitano** él es de la metrópoli

meu /'mew, 'miɲa/ *pron.* mi, mío **os meus** los míos, mis ■ **é meu cachorro** es mi perro

mexer /me'ʃeR/ *v.* 1 mecer, mover, tocar, agitar, batir, bullir, revolver, dislocar 2 embrollar, enredar ■ **mexer os pauzinhos** tocar todos los palillos

mexerica /meʃe'rika/ *sf.* mandarina ■ **mexerica é uma fruta** mandarina es una fruta

mexerico /meʃe'riku/ *sm.* 1 chisme, fábula, habladuría, intriga 2 paparrucha, historia ■ **mexericos de arraial** chismes del campo

mexeriqueiro, -a /meʃeri'kejru, ɾa/ *adj. s.* 1 alcahuete, parlanchín, soplón, cuentista 2 oreja ■ **criança mexeriqueira** niño chismoso

mexicano, -a /meʃi'kɐnu, na/ *adj. s.* mejicano ■ **mexicano imigrante** inmigrante mexicano

mexilhão /meʃi'ʎɐ̃w/ *sm.* mejillón ■ **mexilhão na rocha do mar** mejillón en la roca del mar

mi /'mi/ *sm.* mi, tercera nota de la escala musical ■ **mi é uma nota musical** mi es una nota musical

miado /mi'adu/ *sm.* maullido ■ **o miado do gato** el maullido del gato

miar /mi'aR/ *v.* 1 maullar 2 gemir ■ **o gato mia** el gato maúlla

micção /mik'sɐ̃w/ *sf.* micción, expulsión de la orina ■ **micção só no banheiro** orinar sólo en el cuarto de baño

mico /'miku/ *sm.* 1 mico, mono muy pequeño 2 persona de aspecto grotesco ■ **pagar mico** pasar por situación vergonzosa

micróbio /mi'krɔbju/ *sm.* microbio, gérmen ■ **está cheio de micróbios** está lleno de microbios

microbiologia /mikrobjolo'3ia/ *sf.* microbiología, bacteriología ■ **microbiologia estuda sobre os micróbios** microbiología realiza el estudio de microbios

microcomputador /mikroku˜puta'doR/ *sm.* computadora, ordenador ■ **computador pequeno** ordenador pequeño

microfone /mikro'foni/ *sm.* micrófono ■ **o microfone estragou** el micrófono se rompió

microonda /mikro'õ˜da/ *sf.* microonda ■ **forno de microondas** horno de microondas

microorganismo /mikrooRga'ni3mu/ *sm.* microorganismo ■ **microorganismos perigosos** microorganismos peligrosos

microscópico, -a /mikroʃ'kɔpiku, ka/ *adj.* microscópico, muy pequeño, pequeñísimo ■ **olhar microscópico** vista microscópica

microscópio /mikroʃ'kɔpju/ *sm.* microscópio ■ **microscópio de campo** microscópico de campo

mictório /mik'torju/ *adj. sm.* mictorio, letrina, baño ■ **lugar para urinar é o mictório** lugar de orinar es en el baño

migalha /mi'gaʎa/ *sf* 1 meollo, miga, triza ■ **migalha de pão** miga

migração /migra'sɐ̃w/ *sf.* migración, emigración ■ **migração dos pássaros** migración de los pájaros

migratório, -a /migra'torju, rja/ *adj.* migratorio ■ **processo migratório** proceso migratorio

mijar /mi'3aR/ *v.* mear, orinar, hacer pis ■ **mijar-se de rir** mearse de risa

mil /'miw/ *adj. sm.* mil. ■ **mil vezes** mil veces ■ **fez mil e um planos** hizo mil planes

milagre /mi'lagri/ *sm.* milagro ■ **por milagre** de milagro

milagroso, -a /mila'grozu, za/ *adj.* milagroso, maravilloso, estupendo ■ **remédio milagroso** remedio milagroso

milênio /mi'lenju/ *sm.* milenio ■ **segundo milênio** segundo milenio

milha /'miʎa/ *sf.* milla, medida itinerária ■ **milha geográfica** milla geográfica

milhão /mi'ʎɐ̃w/ *sm.* millón ■ **milhão de vezes** millones de veces ■ **milhão de reais** millones de reales

milhar /mi'ʎaR/ *sm.* millar ■ **aos milhares** a millares

milho /'miʎu/ *sm.* maíz, mijo ■ **milho verde** choclo

milícia /mi'lisja/ *sf* milicia, ejército ■ **milícia estadual** milícia del estado

miligrama /mili'grama/ *sm.* miligramo ■ **miligrama de granel** miligramo de granel

milímetro /mi'limetru/ *sm.* milímetro ■ **mede cinco milímetros** mide cinco milímetros

milionário, -a /milju'narju, rja/ *adj. s.* millonario, riquísimo ■ **ele é um milionário** él es un millonario

militante /mili'tɐ̃tʃi/ *adj. s.* 1 militante, partidario 2 soldado ■ **professor militante** profesor militante

militar /mili'taR/ *adj. v.* militar, soldado, guerrero ■ **carreira militar** carrera militar ■ **militar aposentado** retirado ■ **serviço militar** mili ■ **unidade militar** regimiento

militarizar /militari'zaR/ *v.* militarizar, inculcar la disciplina militar ■ **militarizar o país** militarizar el país

mim /'mi˜ʲ/ *pron.* mí, mi persona ■ **este presente é para mim** este regalo es para mí ■ **escolheram a mim** me eligieron a mí

mimado, -a /mi'madu, da/ *adj.* mimado, consentido, malacostumbrado ■ **gato mimado** gato mimado

391

mimar

mimar /miˈmaR/ *v.* mimar, acariciar, halagar ▪ **mimar a criança** mimar al niño

mimo /ˈmimu/ *sm.* mimo, cariño, halago, ternura ▪ **mimos da namorada** caricias de la novia

mimoso, -a /miˈmozu, za/ *adj.* mimoso, sensible, tierno, delicado, cariñoso ▪ **jovem mimoso** joven mimoso

mina /ˈmina/ *sf.* **1** mina, excavación, naciente de agua **2** *mil* mina, explosivo **3** fuente de conocimientos, de riqueza ▪ **mina de ouro** mina de oro

minar /miˈnaR/ *v.* **1** minar, socavar, excavar, horadar **2** consumir, corroer, atormentar ▪ **minou seu organismo** minó su cuerpo

mindinho /mĩˈd̃ʒiɲu/ *adj. sm.* dedo meñique, dedo mínimo ▪ **dedo mindinho** dedo meñique

mineiro, -a /miˈnejru, ra/ *adj.* minero ▪ **região mineira** región minera

mineral /mineˈraw/ *adj. sm.* mineral ▪ **água mineral** agua mineral

minério /miˈnɛrju/ *sm.* mineral ▪ **minério de pedras** mineral de las rocas

mingau /mĩˈgaw/ *sm.* gacha, papa, papilla ▪ **mingau com frutas** gachas de avena con fruta

minguar /mĩˈgwaR/ *v.* menguar, apocar, empequeñecer, enflaquecer, escasear, mermar ▪ **sempre tentam minguar** siempre tratan de disminuir

minha /ˈmiɲa/ *pron.* mi, mía ▪ **minha casa é perto** mi casa es cerca ▪ **esta casa é minha** esta casa es mía ▪ **minha casa, minhas coisas** mi casa, mis cosas

minhoca /miˈɲɔka/ *sf.* lombriz, gusano ▪ **minhoca debaixo da terra** lombriz debajo de la tierra

miniatura /miniaˈtura/ *sf.* miniatura, cualquier cosa pequeña, letra pequeña ▪ **estátuas famosas em miniatura** estatuas famosas en miniatura

minifúndio /miniˈfũ·dju/ *sm.* minifundio, pequeña propiedad rústica ▪ **propriedade de minifúndio** la propiedad de las pequeñas explotaciones

mínimo, -a /ˈminimo, ma/ *adj. sm.* mínimo, muy pequeño, menor, menos ▪ **baixar ao mínimo** (a temperatura) alcanzar mínimos ▪ **não dou a mínima** me importa un rábano

minissaia /miniˈsaja/ *sf.* minifalda ▪ **minissaia em liquidação** minifalda en liquidación

ministério /miniʃˈtɛrju/ *sm.* ministerio, gabinete ▪ **ministério da fazenda** ministerio de hacienda ▪ **ministério de relações exteriores** ministerio de relaciones exteriores ▪ **ministério do trabalho** ministerio del trabajo ▪ **ministério religioso** *rel* sacerdocio

ministrar /miniʃˈtraR/ *v.* ministrar, proveer, suministrar, administrar ▪ **ministrar informações** proporcionar informaciones

minorar /menoˈraR/ *v.* minorar, aminorar, aliviar, suavizar ▪ **minorar a velocidade** aminorar la velocidad

minoria /menoˈria/ *sf.* minoría, minoridad, menoría ▪ **são as minorias** son las minorías

minúcia /miˈnusja/ *sf.* minucia, detalle, pormenor, insignificancia, particularidad ▪ **conto estas minúcias** cuento estas minucias

minucioso, -a /menosiˈozu, za/ *adj.* minucioso, detallista, meticuloso, prolijo ▪ **leitura minuciosa** lectura meticulosa

minúsculo, -a /miˈnuʃkulu, la/ *adj.* minúsculo, pequeño **letras minúsculas** letras minúsculas ▪ **inseto minúsculo** insecto pequeño

minuta /miˈnuta/ *sf.* anotación, nota, borrador ▪ **minuta de um contrato** borrador de un contrato

minuto /miˈnutu/ *sm.* **1** minuto **2** momentos, instante ▪ **minuto de silêncio** minuto de silencio

miolo /miˈolu/ *sm.* seso, meollo, medula, cerebro, núcleo ▪ **de miolo mole** loco, chiflado ▪ **miolo de pão** miga

míope /ˈmiupi/ *adj. s.* **1** miope **2** cegato ▪ **eleitor míope** votante miope

miopia /miuˈpia/ *sf.* **1** miopía **2** falta de perspicacia ▪ **miopia moral** miopía moral

mira /ˈmera/ *sf.* **1** mira, puntería **2** atención, propósito ▪ **mira do telescópio** mira del telescopio

mirada /miˈrada/ *sf.* mirada, ojeada ▪ **deu uma mirada no objeto** le dio una mirada al objeto

miragem /miˈraʒẽ/ *sf.* **1** espejismo **2** ilusión, engaño ▪ **miragem no deserto** espejismo en el desierto

mirar /miˈraR/ *v.* **1** mirar, observar, visar **2** mirarse ▪ **mirar nos livros** mirar en los libros

misantropia /mizãˈtroˈpia/ *sf.* misantropía ▪ **misantropia latente** misantropía latente

misantropo, -a /mizãˈtropu, pa/ *adj. s.* misántropo, melancólico, hipocondríaco ▪ **indivíduo misantropo** individuo misántropo

miscelânea /aiseˈlanja/ *sf.* **1** miscelánea, mezcla, fárrago **2** desórdenes, confusión ▪ **miscelânea de homenagens** diversos tributos

miserável /mizeˈravɛw/ *adj. s.* **1** miserable, desdichado, mísero **2** pobre, escaso, tacaño **3** avariento, mezquino ▪ **vida miserável** vida miserable

miséria /miˈzɛrja/ *sf.* miseria, pobreza, indigencia, necesidad, privación ▪ **fazer misérias** realizar cosas fantásticas ▪ **ganhar uma miséria** ganar una miseria

misericórdia /mizeriˈkoRdʒja/ *sf.* **1** misericordia, piedad, compasión **2** lástima **3** clemencia ▪ **tiro de misericórdia** tiro de la muerte

misericordioso, -a /mizerikoRdʒiˈozu, za/ *adj. s.* misericordioso, caritativo, humanitario ▪ **misericordioso com os homens** misericordioso con los hombres

mísero, -a /ˈmizeru, ra/ *adj.* mísero, miserable, vil, infeliz, pobre ▪ **mísera esmola** miserable limosna

missa /ˈmiʃa/ *sf.* misa ▪ **missa do galo** misa del gallo ▪ **missa das almas** misa de las almas

missão /miˈsãw̃/ *sf.* misión, apostolado, encargo ▪ **missão diplomática** legación ▪ **missão nobre** sacerdocio

mistério /miʃˈtɛrju/ *sm.* misterio, enigma, secreto, dogma, sombra ▪ **mistério da concepção** misterio de la concepción

misterioso, -a /miʃteriˈozu, za/ *adj.* **1** misterioso, inexplicable, obscuro, tenebroso **2** oculto ▪ **sentido misterioso de certas coisas** sentido misterioso de ciertas cosas

misticismo /miʃtʃiˈsizmo/ *sm.* misticismo ▪ **existe um certo misticismo** hay un cierto misticismo

místico, -a /ˈmiʃtʃiku, ka/ *adj. s.* místico, espiritual, contemplativo ▪ **ritual místico** ritual místico

mistificar /miʃtʃifiˈkaR/ *v.* mistificar, engañar, burlar ▪ **mistificar seus seguidores** desconcertar a sus seguidores

misto, -a /ˈmiʃtu, ta/ *adj.* mixto, mezclado, misceláneo, confuso ▪ **misto-quente** bocadillo de jamón y queso ▪ **salada mista** ensalada mixta

mistura /miʃˈtura/ *sf.* mezcla, ensalada, fusión, promiscuidad, heterogeneidad ▪ **mistura de estilos** mezcla de estilos

molecada

misturado, -a /miʃtu'radu, da/ *adj.* mezclado, confuso, heterogéneo, mixto, promiscuo ∎ **gasolina misturada** gasolina mezclada

misturar /miʃtu'raR/ *v.* mezclar, amasar, entreverar, inmiscuir, revolver, intercalar ∎ **misturar as cartas do baralho** mezclar las cartas de la baraja

mítico, -a /'mitʃiku, ka/ *adj.* mítico, fabuloso ∎ **narração mítica** relato mítico

mitigar /mitʃi'gaR/ *v* .mitigar, suavizar, ablandar, moderar, amortiguar ∎ **mitigar a dor** mitigar el dolor

mito /'metu/ *sm.* **1** mito, cosa fabulosa **2** fábula, utopia ∎ **mito do futebol** mito del fútbol

mitologia /mitolo'ʒia/ *sf.* mitología ∎ **mitologia dos filmes** mitología de las películas

mitológico, -a /mito'lɔʒiku, ka/ *adj.* mitológico ∎ **personagem mitológico** personaje mitológico

miúdo, -a /mi'udu, da/ *adj. sf.* menudo, diminuto, minúsculo ∎ **miúdos de aves** despojos, vísceras ∎ **trocar em miúdos** explicar, tornar las cosas más sencillas

mó /'mɔ/ *sf.* muela, piedra de molino ∎ **afiar a faca no mó** afilar el cuchillo en la muela

mobília /mo'bilja/ *sf.* moblaje, mobiliario, mueble ∎ **mobília da casa** trasto

mobiliar /mobili'aR/ *v.* amueblar, amoblar ∎ **mobiliaram a sala** amueblaron la habitación

mobilidade /mobili'dadʒi/ *sf.* **1** movilidad **2** inconstancia, volubilidad, ligereza ∎ **mobilidade social** movilidad social

moção /mo'sãw/ *sf.* moción, propuesta ∎ **moção é uma ação de mover-se** moción es la acción de moverse

mocassim /moka'sĩ/ *sm.* mocasín ∎ **mocassim sujo** mocasín sucio

mochila /mo'ʃila/ *sf.* mochila ∎ **mochila para provisões** morral

mocidade /musi'dadʒi/ *sf.* mocedad, juventud ∎ **a mocidade** los años verdes

moço, -a /'musu/ *adj. s.* mozo, joven, mancebo, muchacho ∎ **moço de recados** joven de los recados

moda /'mɔda/ *sf.* moda **estar fora de moda** estar muy visto ∎ **estar na moda** estar a la moda, estar en boga ∎ **sair da moda** pasar de moda ∎ **ser a última moda** ser (algo) el último grito

modelado, -a /mode'lado, a/ *adj. sm.* modelado ∎ **máscara modelada** máscara modelada

modelar /mode'lar/ *v.* **1** amoldar, modelar, trazar, dirigir, plasmar **2** modelarse ∎ **modelar com pasta** modelar con pasta

modelo /mo'ðelo/ *sm.* **1** modelo, arquetipo, ejemplar, ejemplo, espécimen, padrón, paradigma, prototipo, tipo, maqueta, muestra, molde, modelo, maniquí **2** espejo, ideal ∎ **modelo do vestido** modelo del vestido

moderação /modera'sãw/ *sf.* moderación, continencia, economía, parsimonia, prudencia, sobriedad, templanza, limitación ∎ **moderação com gestos** moderación con gestos

moderado, -a /mode'radu, da/ *adj.* moderado, blando, contenido, continente, frugal, módico, parco, parsimonioso, prudente, razonable, sobrio, morigerado ∎ **esforço moderado** esfuerzo moderado

moderar /mode'raR/ *v.* **1** moderar, medir, ablandar, aliviar, amortiguar, comedir, reglar, reprimir, suavizar, templar, entibiar **2** moderarse, reducirse, contenerse ∎ **moderar a linguagem** moderar el lenguaje

modernismo /modeR'niʒmu/ *sm.* modernismo, modernidad ∎ **modernismo do linguagem** modernidad del lenguaje

modernizar /modeRni'zaR/ *v.* modernizar, actualizar, adaptar a la moda ∎ **modernizar uma empresa** modernizar de una empresa

moderno, -a /mo'dɛRnu, na/ *adj.* moderno, nuevo, reciente, naciente, novato ∎ **estilo moderno** estilo moderno

modéstia /mo'dɛʃtʃa/ *sf.* modestia, comedimiento, decencia, humildad ∎ **viver com modéstia** vivir con modestia

modesto, -a /mo'dɛʃtu, ta/ *adj.* **1** modesto, comedido, recatado, humilde, módico **2** frugal ∎ **cargo modesto** cargo modesto

modificação /modʒifika'sãw/ *sf.* modificación, transformación, variación, alteración ∎ **modificação do relatório** modificación del informe

modificar /modʒifi'kaR/ *v.* **1** modificar, cambiar, reformar, transformar, tornar, variar **2** modificarse, invertir ∎ **modificar um texto** modificar un texto

modista /mo'dʒiʃta/ *s.* modisto, modista ∎ **pessoa modista** persona modista

modo /'modu/ *sm.* modo, método, manera, medio, estilo, género, usanza, guisa ∎ **de modo algum** de ningún modo ∎ **de modo geral** por regla general ∎ **de modo que** de modo que, conque ∎ **deste modo** de esta guisa ∎ **de um modo ou de outro** por ce o por be

modorra /mo'dorra/ *sf.* modorra, somnolencia, letargo, apatía ∎ **mal de modorra** mal de modorra

modulação /modula'sãw/ *sf.* modulación, melodía, suavidad ∎ **perfeita modulação** perfecta modulación

modular /modu'laR/ *adj. v.* **1** modular **2** cantar con melodía **3** referente al módulo **4** moduloso, cadencioso ∎ **modular uma frase musical** modular una frase musical

módulo /'mɔdulu/ *sm.* módulo, modulación ∎ **módulo lunar** módulo lunar

moeda /mo'ɛda/ *sf.* **1** moneda, tostón, escudo **2** chaucha ∎ **moeda de pouco valor** níquel **moeda forte** moneda fuerte ∎ **moeda fraca** moneda débil ∎ **pagar com a mesma moeda** pagar con la misma moneda

moedor /moe'doR, ɾa/ *adj. sm.* **1** moledor **2** moledora ∎ **moedor de trigo** moledora de trigo

moer /mo'eR/ *v.* moler, machacar, quebrantar, triturar ∎ **moer de pauladas** moler a palos ∎ **moer grãos** molturar

mofar /mo'faR/ *v.* mofar, enmohecer, burlar, escarnecer ∎ **o sofá mofou** el sofá mofó

moinho /mo'iɲu/ *sm.* molino, molienda ∎ **moinho de vento** molino de viento ∎ **pedra de moinho** muela

moita /'mojta/ *sf.* mata, arbusto ∎ **ficar na moita** guardar silêncio, no chistar

mola /'mɔla/ *sf.* resorte, pieza elástica, muelle ∎ **mola do carro** resorte del coche

molar /mo'laɾ/ *adj.* molar, muela ∎ **dente molar** diente molar

moldado, -a /muw'dadu, da/ *adj. sm.* moldado, modelado ∎ **moldado em forma de pirâmide** modelado en forma de pirámide

moldar /muw'daR/ *v.* **1** modelar, moldear, adaptar, amoldar **2** regularse ∎ **moldou o gesso** modeló el yeso

molde /'muwdʒi/ *sm.* molde, modelo, matriz, plantilla, forma ∎ **molde de um terno** molde de un traje

moldura /muw'duɾa/ *sf.* moldura, marco, reborde ∎ **ficou apenas a moldura** quedó sólo el marco

mole /'mɔli/ *adj.* blando, muelle, flácido, flojo, suave, tibio, tierno, inerte ∎ **sofá mole** sofá muelle

molecada /molɛ'kada/ *sf.* chiquillada, chiquillería ∎ **molecada da rua** niños de la calle

393

molécula

molécula /mo'lɛkula/ *sf.* molécula, partícula ■ **molécula-grama** molécula gramo

moleira /mo'lejra/ *sf.* mollera ■ **moleira dura** mollera dura

moleiro, -a /mo'lejru, ra/ *s.* molinero ■ **moleiro responsável** molinero responsable

molenga /mo'leˉga/ *adj. s.* indolente, flojo, perezoso ■ **menino molenga** chico perezoso

moleque /mo'lɛki/ *sm.* niño, chiquillo, muchacho ■ **pé-de-moleque** pastelito de cacahuete tostado con azúcar

molestar /moleʃ'taR/ *v.* 1 molestar, aburrir, perseguir 2 molestarse 3 reventar ■ **seu desprezo a molestou** su desprecio la molestó

moléstia /mo'lɛʃʃia/ *sf.* 1 molestia, malestar, enfermedad 2 incómodo, mareo 3 fastidio, enfado ■ **moléstia no pé** moléstia en el pie

molesto, -a /mo'lɛʃtu, ta/ *adj.* molesto, enfermo, inoportuno, incómodo, latoso, fastidioso ■ **trabalho molesto** faena

moleza /mo'leza/ *sf.* 1 blandura, suavidad, molicie 2 flacidez 3 pereza 4 flojera ■ **esse trabalho é moleza** este trabajo es una brisa

molhado, -a /mo'ʎadu, da/ *adj.* mojado, humedecido ■ **chover no molhado** llover sobre mojado

molhar /mo'ʎaR/ *v.* mojar, regar, remojar, bañar ■ **molhar a mão** subornar ■ **molhar plantas** regar ■ **não chover nem molhar** no pinchar ni cortar

molho /'moʎu/ *sm.* salsa, remojo, fajo, manojo, mazo ■ **molho branco** salsa blanca ■ **molho picante** sainete ■ **molho vinagrete** vinagreta ■ **pôr as barbas de molho** poner las barbas a remojar, echar en remojo

molinete /moli'nete/ *sm.* molinete, torno, carrete ■ **fazer um molinete** hacer un molino de viento

momentâneo, -a /momeˉ'taneu, a/ *adj.* momentáneo, instantáneo, rápido, pasajero, breve ■ **mal-estar momentâneo** malestar momentáneo

momento /mo'meˉtu/ *sm.* momento, hora, instante, rato, tiempo ■ **a todo momento** a todo instante ■ **chegar o momento oportuno** dar la ocasión ■ **não ser o momento oportuno** no estar el horno para bollos ■ **no momento de momento** ■ **passar bons momentos** pasar buenos ratos

monarca /mo'naRka/ *sm.* monarca, soberano, rey ■ **monarca do rebanho** monarca de la manada

monarquia /monaR'kia/ *sf.* monarquía, realeza, reinado ■ **período da monarquia** período de la monarquía

monárquico, -a /mo'naRkiko, a/ *adj. s.* monárquico ■ **os monárquicos são partidários da monarquia** los monárquicos son partidarios de la monarquía

monção /moˉ'saˉw/ *sf.* monzón, viento favorable ■ **monção é uma época do ano para navegar** monzón es una época del año para navegar

monetário, -a /mone'taRju, rja/ *adj.* monetario ■ **padrão monetário** estándar monetario

monge /'moˉʒi/ *sm.* monje, fraile ■ **monge de Buda** monje budista

mongol /moˉ'gɔw/ *adj. s.* mongol ■ **cultura mongol** cultura mongol

mongólico, -a /moˉ'goliko, a/ *adj. s.* mongólico ■ **mongólico é o mesmo que mongol** mongólico es lo mismo que mongol

mongolismo /moˉgo'lizmu/ *sm.* mongolismo ■ **mongolismo é uma deficiência mental** mongolismo es una discapacidad mental

monitor /moni'tor/ *a/ s.* monitor, instructor ■ **monitor do computador** monitor del ordenador

mono /'mono, a/ *s.* 1 mono, macaco 2 hombre feo y estúpido ■ **mono na selva** mono en la selva

monóculo /mo'nokulo, a/ *adj.* monóculo, lente para un ojo solo ■ **ele usa um monóculo** él usa un monóculo

monofásico, -a /mono'fasiko, a/ *adj.* monofásico ■ **transformador monofásico** transformador monofásico

monogamia /mono'ɣamja/ *sf.* monogamia ■ **estado de monogamia** condición de monogamia

monógamo, -a /mo'noɣamo, a/ *adj. s.* monógamo ■ **homem monógamo** hombre monógamo

monografia /monoɣa'fia/ *sf.* monografía, estudio, tratado ■ **monografia na faculdade** monografía en la universidad

monográfico, -a /mono'ɣrafiko, a/ *adj. sm.* monográfico ■ **exame monográfico** examen monográfico

monólogo /mo'noloɣo/ *sm.* monólogo, soliloquio ■ **pessoa monóloga** persona monóloga

monomania /monoma'nia/ *sf.* monomanía, demencia ■ **monomania da glória** monomanía de la gloria

monopólio /mono'poljo/ *sm.* monopolio, exclusividad, privilegio exclusivo, acaparamiento de mercancías ■ **monopólio estatal** monopolio estatal

monopolizar /monopoli'θaR/ *v.* monopolizar, acaparar, acopiar ■ **monopolizar o comércio** monopolizar el comercio

monossílabo, -a /mono'silabu, ba/ *adj. sm.* monosílabo ■ **palavra monossílaba** palabra monosilábica

monoteísmo /monote'izmo/ *sm.* monoteísmo ■ **estudar monoteísmo** estudiar monoteísmo

monotonia /monoto'nia/ *sf.* monotonía, falta de variedad, insipidez, igualdad, uniformidad ■ **monotonia na decoração** monotonía en la decoración

monótono, -a /mo'notono/ *adj.* 1 monótono, acompasado, uniforme 2 insípido, monocorde ■ **vida monótona** vida monótona

monstro /'moˉʃtru/ *adj. sm.* 1 monstruo, ser fantástico 2 esperpento, estaferno ■ **monstro mitológico** monstruo mitológico

monstruosidade /moˉʃtruozi'dadʒi/ *sf.* 1 monstruosidad 2 asombro, absurdo, insensatez ■ **ato de monstruosidade** acto de monstruosidad

monstruoso, -a /moˉʃtru'ozu, za/ *adj.* 1 monstruoso 2 asombroso, enorme, grandioso ■ **ato monstruoso** acto monstruoso

montador /moˉta'doR/ *sm.* montador, ajustador ■ **montador da máquina** ensamblador de la máquina

montanha /moˉ'tana/ *sf.* 1 montaña 2 volumen grande ■ **montanha-russa** montaña rusa

montanhoso, -a /moˉta'nozu, za/ *adj.* montañoso, accidentado ■ **região montanhosa** región montañosa

montante /moˉ'taˉʃi/ *sm* importe, montante ■ **montante da compra** importe de la compra

montão /moˉ'taˉw/ *sm.* montón, montaña, mogollón, acumulación de cosas ■ **montão de escombros** montón de escombros

montar /moˉ'taR/ *v.* montar, cabalgar, subirse, comprender, abarcar, importar, armar, instalar, alcanzar ■ **montar a cavalo** montar a caballo

montaria /moˉta'ria/ *sf.* montería, cabalgadura ■ **montaria a cavalo** montería a caballo

monte /'moˉʃi/ *sm.* 1 monte, elevación del terreno de gran altura, colina, pila 2 toco ■ **subir o monte** subir el monte

moto

montês, -esa /moˈtejʃ, teza/ *adj.* montés, bravío, rústico, agreste, silvestre ■ **cabra montês** montaña de cabra

monumental /monomeˈtaw/ *adj.* monumental, grandioso, imponente, extraordinario ■ **árvore monumental** árbol monumental

monumento /monoˈmeˈtu/ *sm.* monumento, obra notable, obelisco, mausoleo ■ **monumento natural** monumento natural

mora /ˈmuɾa/ *sf.* mora, atraso, alargamiento de plazo ■ **purgar a mora** purgar el atraso

morada /moˈɾada/ *sf.* morada, domicilio, estancia, mansión ■ **última morada** última morada

moral /moˈɾaw/ *adj. s.* ético moral, moralidad, ética ■ **moral da história** moraleja, conclusión

moralidade /muraliˈdadʒi/ *sf.* moralidad, reflexión moral ■ **moralidade burguesa** moralidad burguesa

moralizador, ora /muraˈlizadoR, ɾa/ *adj. s.* moralizador, edificante ■ **livro moralizador** libro moralizador

moralizar /muraliˈzaR/ *v.* moralizar, edificar, enseñar ■ **moralizar o grupo** moralizar el grupo

moranga /moˈɾɑ̃ˈgu/ *sm.* calabaza redonda ■ **moranga é um legume amarelo** calabaza es un vegetal amarillo

morango /moˈɾɑ̃ˈgu/ *sm.* **1** fresa **2** frutilla ■ **doce de morango** dulce de fresa

morar /moˈraR/ *v.* morar, habitar, residir, ocupar, vivir, instalarse ■ **mora com o primo** vive con su primo

moratória /muraˈtɔɾja/ *sf.* moratoria ■ **moratória do pagamento** moratoria del pago

mórbido, -a /ˈmuRbidu, da/ *adj.* mórbido, lánguido, enfermo ■ **filme mórbido** película mórbida

morcego /muRˈsegu/ *sm.* murciélago ■ **morcego é um animal noturno** murciélago es un animal nocturno

morcela /muRˈsɛla/ *sf.* morcilla ■ **forma da morcela** forma de la morcilla

mordaça /muRˈdasa/ *sf.* **1** mordaza **2** represión a la libertad de hablar o escribir ■ **mordaça na boca de um animal** mordaza en la boca de un animal

mordacidade /muRdasiˈdadʒi/ *sf.* **1** mordacidad **2** crítica severa, murmuración, maledicencia ■ **mordacidade de uma crítica** mordacidad de una crítica

morder /muRˈdeR/ *v.* **1** morder, clavar los dientes en alguna cosa **2** morderse **3** rabiar, impacientarse, irritarse ■ **morder de leve** mordisquear

mordida /muRˈdʒida/ *adj.* mordedura ■ **mordida leve** mordisco

mordiscar /muRdʒiʃˈkaR/ *v.* mordisquear, mordiscar ■ **mordiscava um biscoito** mordisqueaba una galleta

mordomo /muRˈdomu/ *sm.* mayordomo ■ **mordomo de um clube** administrador de un club

moreno, -a /moˈɾenu, na/ *adj. s.* **1** moreno, mulato **2** morocho ■ **rosto moreno** rostro moreno

morfina /muRˈfina/ *sf.* morfina ■ **morfina endógena** morfina endógena

morfologia /muRfoloˈʒia/ *sf.* morfología ■ **morfologia social** morfología social

morfológico, -a /muRfoˈlɔʒiku, ka/ *adj.* morfológico ■ **estudo morfológico** estudio morfológico

moribundo, -a /muriˈbũˈdu, da/ *adj. s.* **1** moribundo, agonizante **2** exhausto ■ **indivíduo moribundo** individuo moribundo

morno, -a /ˈmaRnu, na/ *adj.* **1** tibio, templado, poco caliente **2** falto de energía ■ **água morna** agua tibia

morosidade /muɾoziˈdadʒi/ *sf.* morosidad, lentitud, demora, inacción, pereza ■ **morosidade do Judiciário** lentitud del Poder Judicial

moroso, -a /moˈɾozu, za/ *adj.* moroso, lento, tardo ■ **funcionário moroso** empleado lento

morrer /moˈReɾ/ *v.* **1** morir, expirar, fallecer, perecer, sucumbir, fenecer **2** cerrar los ojos, quedarse seco **3** estirar la pata ■ **morrer de medo** morirse de miedo ■ **morrer de rir** matarse de risa

morro /ˈmuRu/ *sm.* cerro, monte, otero, pedrera ■ **morrinho** mota ■ **morro acima** a repecho

morsa /ˈmoɾsa/ *sf.* morsa ■ **morsa gigante** morsa enorme

mortadela /moɾtaˈðela/ *sf.* mortadela, tipo de embutido ■ **mortadela com pão** mortadela con pan

mortal /moɾˈtal/ *adj.* mortal, matador ■ **salto mortal** salto mortal

mortalidade /muRtaliˈdadʒi/ *sf.* mortalidad, mortandad ■ **taxa de mortalidade** índice de mortalidad

morte /ˈmuRʧi/ *sf.* **1** muerte, deceso, defunción, fallecimiento, óbito, fenecimiento **2** partida, expiración, ruína ■ **pena de morte** pena capital, pena de muerte

mortífero, -a /muRˈʧiferu, ɾa/ *adj.* mortífero, matador, letal, deletéreo ■ **armas mortíferas** armas letales

mortificação /muRʧifikaˈsɑ̃w/ *sf.* mortificación, tormento, aflicción, fastidio, molestia ■ **seu choro é uma verdadeira mortificação** su llanto es una verdadera mortificación

mortificar /muRʧifiˈkaR/ *v.* mortificar, atormentar, torturar, zaherir ■ **mortificar muito** mortificar demasiado

morto, -a /ˈmoRtu, ta/ *adj.* **1** muerto, finado, difunto, cadáver **2** marchito, mustio, extinguido, paralizado ■ **estar morto de canseira** estar medio muerto ■ **estar morto e enterrado** estar criando malvas ■ **fingir-se de morto** hacerse de muerto ■ **morto de fome** pelagatos

mosaico /moˈzajku/ *sm.* **1** mosaico, pavimento de ladrillos variados **2** miscelánea ■ **exposição de mosaicos** exposición de mosaicos

mosca /ˈmuska/ *sf* mosca ■ **ficar às moscas** estar abandonado ■ **morrer como moscas** caer o morir como moscas ■ **ser mosca branca** ser una mosca blanca

mosquiteiro /muskiˈtejru/ *sm.* mosquitero ■ **mosquiteiro contra os insetos** mosquitero contra los insectos

mosquito /musˈkitu/ *sm.* mosquito ■ **mosquito irritante** mosquito molesto

mostarda /musˈtaRda/ *sf.* mostaza ■ **pão com mostarda** pan con mostaza

mosteiro /musˈtejru/ *sm.* monasterio, abadía, convento ■ **mosteiro da comunidade** monasterio de la comunidad

mostrar /musˈtraR/ *v.* **1** mostrar, descubrir, evidenciar, exhibir, ostentar, representar **2** reaparecer **3** rezumarse ■ **o lago mostrava a lua** el lago mostraba la luna

mostruário /mustruˈaɾju/ *sm.* muestrario, mostrador ■ **mostruário de roupas** muestrario de prendas de vestir

motel /moˈtɛw/ *sm.* motel ■ **motel fechado** motel cerrado

motim /moˈtʃĩ/ *sm.* alboroto, bullicio, motín, sublevación ■ **o público fez um motim** el público hizo un motín

motivar /moʧiˈvaR/ *v.* motivar, crear, ocasionar, originar ■ **treinador motivado** técnico motivado

motivo /moˈʧivu/ *sm.* motivo, materia, asunto, consideración, presupuesto, razón, ocasión, lugar ■ **por motivo de** con ocasión de ■ **sem motivo** sin ton ni son

moto /ˈmɔtu/ *sf.* **1** moto, motocicleta **2** movimiento, impulsión ■ **moto aquática** moto acuática

M

395

motociclista

motociclista /motosi'kliʃtɐ/ *s.* motociclista ▪ **motociclista acidentou-se** motociclista se estrelló

motor /mo'toR/ *adj.* **1** motor **2** instigador ▪ **motor de caminhão** motor de camión

motorista /moto'riʃtɐ/ *s.* motorista, chofer ▪ **motoristas enfrentarão congestionamento** conductores enfrentan una congestión

mouro, -a /'muɾu, ɾɐ/ *adj.s.* moro, arábico, arábigo ▪ **trabalhar como um mouro** trabajar como un moro

movediço, -a /move'dʒisu, sɐ/ *adj.* **1** movedizo, inseguro, poco firme **2** voluble ▪ **areias movediças** arenas movedizas

móvel /'mɔvew/ *adj. & sm* **1** movible, móvil **2** móvil, inconstante **3** mueble, mobiliario, trasto ▪ **móveis e utensílios** enseres, mobiliario y material

mover /mo'veR/ *v.* **1** mover, agitar, remover, levantar **2** moverse, menearse, mandarse, rebullir ▪ **mover as mãos** mover las manos

movimentação /movime˜taˈsã̃w/ *sf.* movimiento, agitación ▪ **movimentação de tropas** evolución

movimentar /movime˜'taR/ *v.* mover, animar, agitar, maniobrar, poner en marcha ▪ **movimentar as pernas** mover las piernas

movimento /movi'me˜tu/ *sm.* **1** acción, movimiento, animación, vaivén, seísmo **2** inquietud, alteración ▪ **movimento contra a violência** movimiento contra la violencia

muamba /mu'ɐ˜bɐ/ *sf.* alijo, matute, contrabando ▪ **muamba camuflada no barco** contrabando camuflado en el barco

muco /'muku/ *sm.* moco ▪ **ele tem muco** él tiene moco

mucoso, -a /mu'kozu, zɐ/ *adj.* mocoso, mucoso ▪ **glândula mucosa** glándula mucosa

muçulmano, -a /musuw'manu, nɐ/ *adj.s.* musulmán, mahometano ▪ **jovem muçulmano** joven musulmán

muda /'mudɐ/ *sf.* **1** muda **2** persona que no puede hablar **3** sustitución, mudanza, ropa para cambiarse ▪ **muda de alface** lechuguino ▪ **muda de planta** esqueje, brote

mudança /mu'dɐ˜sɐ/ *sf.* **1** mudanza, muda, mutación **2** variación, alteración, trueque **3** evolución, renovación, reflujo **4** transferencia, fase, transición **5** innovación, inversión, vuelta, novedad ▪ **mudança feita de caminhão** mudanza hecha por un camión

mudar /mu'daR/ *v.* **1** mudar, demudar, cambiar, alterar, convertir, transformar, variar **2** renovar, innovar, voltear, invertir ▪ **mudar de assunto** cambiar de tema, mudar la hoja ▪ **mudar de ideia** tomar otro giro, mudar o sentido, girar

mudez /mu'dejʃ/ *sf.* mudez, silencio, reserva, quietud ▪ **a eterna mudez do jazigo** el eterno silencio de la tumba

mudo, -a /'mudu, dɐ/ *adj.s.* mudo, callado, silencioso ▪ **o réu ficou mudo** el acusado estaba en silencio

mugido /mu'ʒidu/ *sm.* mugido, berrido ▪ **o mugido do boi** el mugido del buey

mugir /mu'ʒiR/ *v.* **1** mugir **2** bramar ▪ **a vaca não parava de mugir** la vaca no paraba de mugir

muito, -a /'mujtu, tɐ/ *adj. adv.* mucho, abundante, numeroso, muy, con intensidad, de lo lindo, en gran manera ▪ **muita gente** ciento y la madre ▪ **muito obrigado/a** muchas gracias ▪ **muito prazer** mucho gusto

mulato, -a /mu'latu, tɐ/ *adj.s.* **1** mulato, mestizo **2** pardo, chino ▪ **primos mulatos** primos mulatos

muleta /mu'letɐ/ *sf.* **1** muleta **2** amparo, apoyo ▪ **muleta canadense** muletas

mulher /mu'ʎɛR/ *sf.* mujer, gachí, hembra **mulher bonita** ángel, diosa ▪ **mulher corajosa** marimacho ▪ **mulher esperta** lagarta, pízpireta ▪ **mulher estéril** machorra ▪

mulher mandona gobernanta, sargento ▪ **mulher velha e feia** lechuza

mulherengo /muʎe'ɾe˜gu, gɐ/ *adj.sm.* mujeriego, faldero ▪ **rapaz mulherengo** chico mujeriego

multa /'muwtɐ/ *sf.* multa, penalidad ▪ **multa contratual** multa de contrato

multar /muw'taR/ *v.* multar, penalizar, imponer una pena pecuniaria ▪ **ele vai ser multado** será multado

multidão /muwtʃi'dɐ˜w/ *sf.* **1** multitud, muchedumbre, cúmulo, gentío, legión, tropa **2** enjambre, falange, torrente, infinidad, inundación, hormiguero **3** flota ▪ **multidão de contas** multitud de cuentas

multinacional /muwtʃinasjo'naw/ *adj.sf.* multinacional ▪ **comércio multinacional** comercio multinacional

multiplicação /muwtʃiplika'sã̃w/ *sf.* multiplicación, reproducción, proliferación ▪ **multiplicação lógica** multiplicación lógica

multiplicador /muwtʃiplika'doR, ɾɐ/ *adj.sm.* multiplicador ▪ **número multiplicador** número multiplicador

multiplicar /muwtʃipli'kaR/ *v.* **1** multiplicar, reproducir, pluralizar **2** multiplicarse, procrearse, proliferar ▪ **multiplicar a produção** aumentar la producción

múltiplo, -a /'muwtʃiplu, plɐ/ *adj.* múltiple, múltiplo, plural ▪ **espaço múltiplo** espacio múltiple

múmia /'mumjɐ/ *sf.* **1** momia **2** persona apática, persona muy vieja ▪ **múmia no Egito** momia en Egipto

mumificação /mumifika'sã̃w/ *sf.* momificación, embalsamamiento ▪ **processo de mumificação** proceso de momificación

mumificar /mumifi'kaR/ *v.* momificar, embalsamar ▪ **o conservadorismo mumificou seu pensamento** conservadurismo momificó su pensamiento

mundano, -a /mu˜'dɐnu, nɐ/ *adj.* mundano, mundanal ▪ **era um casal mundano** era una pareja mundana

mundial /mu˜'dʒi'aw/ *adj.* mundial, general, universal ▪ **o mundial de vôlei** el mundial de voleibol

mundo /'mu˜du/ *sm.* mundo, orbe, tierra, universo **meio mundo** medio mundo ▪ **não ser nada do outro mundo** no ser nada del otro mundo ▪ **trazer ao mundo** traer al mundo

munição /muni'sã̃w/ *sf.* munición ▪ **munição de arma** munición de pistola

municipal /munisi'paw/ *adj.* municipal ▪ **escola municipal** escuela municipal

município /muni'sipju/ *sm.* municipio ▪ **trabalhando no município** trabajando en el municipio

munir /mu'niɾ/ *v.* **1** armar, defender **2** prevenirse **3** abastecer, dotar ▪ **munir uma tropa** dotar a una tropa

muralha /mu'raʎɐ/ *sf.* muralla, murallón, paredón ▪ **grande muralha** La Gran Muralla

murchar /muR'ʃaR/ *v.* **1** marchitar, secar, estropear **2** secarse, debilitarse ▪ **murchar as rosas** marchitarse las rosas

murcho, -a /'muRʃu, ʃɐ/ *adj.* **1** marchito, seco, mustio **2** triste, abatido, desanimado ▪ **bola murcha** pelota desinflada

murmuração /muRmura'sã̃w/ *sf.* murmuración, susurro, bisbiseo ▪ **repetiam as murmurações** repetían las murmuraciones

murmurar /muRmu'raR/ *v.* **1** murmurar, susurrar, hablar entre dientes **2** rumorearse, susurrarse ▪ **murmurou uma confidência ao ouvido** murmuró un susurro en el oído

murmúrio /muR'murju/ *sm.* murmullo, murmuración, susurro ▪ **ouviu um murmúrio** oyó un susurro

mútuo

muro /ˈmuɾu/ *sm.* **1** muro, pared **2** defensa, protección ■ **ficar / estar em cima do muro** nadar entre dos aguas

murro /ˈmuRu/ *sm.* **1** cachete, puñetazo **2** morrada, puñetazo ■ **dar murro em ponta de faca** arar en el mar

musa /ˈmuza/ *sf.* **1** musa, inspiración **2** la poesía ■ **musa do verão** musa del verano

músculo /ˈmuʃkulu/ *sm.* **1** músculo **2** fuerza, energía ■ **músculo do corpo** músculo del cuerpo

musculoso, -a /muʃkuˈlozu, za/ *ad.* musculoso, fuerte ■ **homem musculoso** hombre musculoso

museu /muˈzew/ *sm.* museo ■ **museu histórico** museo histórico

musgo /ˈmuʃgu/ *ad. sm.* musgo ■ **musgo da parede** musgo de la pared

música /ˈmuzika/ *sf.* música, canción, composición musical ■ **ter facilidade para música** tener buen oído ■ **música clássica** música clásica

musical /musiˈkaw/ *adj. sm.* musical, armonioso, dulce, suave ■ **aluno muito musical** estudiante muy musical

músico, -a /ˈmuziku, ka/ *adj. s.* músico ■ **ele é um músico brilhante** él es un músico brillante

mutação /mutaˈsãw/ *sf.* **1** mutación, alteración, mudanza **2** inestabilidad **3** inconstancia ■ **sofrer uma mutação** sufrir una mutación

mutável /muˈtavɛw/ *adj.* mutable, cambiable, variable, mudable, movible, inconstante ■ **inseto mutável** insecto mutable

mutilação /mutʃilaˈsãw/ *sf.* mutilación, amputación, corte, cercenamiento ■ **feridas de uma mutilação** heridas de una mutilación

mutilar /mutʃiˈlaR/ *v.* **1** mutilar, amputar, lisiar, mancar, truncar **2** desmochar, truncar, estropear ■ **espada mutilou o pirata** espada mutiló al pirata

mutismo /muˈtʃiʒmu/ *sm.* mutismo, mudez, silencio ■ **manteve seu mutismo** mantuvo su silencio

mutualidade /mutualiˈdadʒi/ *sf.* mutualidad, reciprocidad ■ **mutualidade de pessoas** reciprocidad de las personas

mútuo, -a /ˈmutwo, twa/ *adj.* mutuo, recíproco ■ **respeito mútuo** respeto mutuo

M

N

n /'eni/ *sm.* décimocuarta letra del alfabeto portugués ■ **n de navio** n de navío

na /'na/ *contr. pron.* en la ■ **vou comprar maçãs na feira** voy a comprar manzanas en la feria

nabo /'nabu/ *sm.* nabo ■ **comer nabo** comer nabo

nação /na'sãw̃/ *sf.* nación, patria, etnia, pueblo ■ **orgulho da nação** orgullo de la nación

nácar /'nakaR/ *sm.* nácar ■ **nácar grande** nácar grande

nacarado /naka'radu/ *adj.* nacarado ■ **luz nacarada** luz nacarada

nacional /nasjo'naw/ *adj.* nacional, patriótico ■ **orgulho nacional** orgullo nacional

nacionalismo /nasjona'liʒmu/ *sm.* nacionalismo, patriotismo, chauvinismo ■ **nacionalismo forte** nacionalismo fuerte

nacionalizar /nasjonali'zaR/ *v.* **1** nacionalizar, naturalizar, aclimatar **nacionalizarse** ■ **nacionalizar os problemas** nacionalizar los problemas

nada /'nada/ *pron. adv. sm.* nada. ■ **de nada!** ¡de nada! ■ **nada disso!** ¡nada de eso! ■ **não é nada** no es nada ■ **por nada** (en agradecimiento) no faltaría más ■ **reduzir a nada** reducir a la nada ■ **sem nada** sin oficio ni beneficio

nadador, -ora /nada'doR, ra/ *adj. s.* nadador ■ **nadador oficial** nadador oficial

nadar /na'daR/ *v.* nadar, sobrenadar, bracear ■ **nadar muito** nadar mucho

nádega /'nadʒiga/ *sf.* nalga, trasero ■ **nádega grande** nalgas grandes

nado /'nadu/ *sm.* nado ■ **a nado** a nado. **atravessar a nado** pasar a nado

nafta /'nafta/ *sf.* nafta ■ **cheiro de nafta** olor de nafta

naftalina /nafta'lina/ *sf.* naftalina ■ **naftalina na roupa** naftalina en la ropa

náilon /'najlõ/ *sm.* nailon ■ **calça de náilon** pantalón de nailon

naipe /'najpi/ *sm.* **1** naipe **2** calidad, condición ■ **naipe do jogo** naipe del juego

namorado, -a /namo'radu, da/ *adj. s.* novio, amante, amigo, galanteador, apasionado, cariñoso ■ **namorado bonito** novio bello

namorar /namo'raR/ *v.* enamorar, cautivar, galantear, desear mucho, salir con, tener novio ■ **namorar muito** enamorar mucho

namoro /na'moru/ *s.* **1** noviazgo, galanteo, requiebro **2** conquista **3** idilio ■ **namoro durável** noviazgo durable

nanismo /na'niʒmu/ *sm.* enanismo ■ **nanismo é normal** enanismo es normal

nanquim /nã'kĩ/ *adj. sm.* tinta china ■ **nanquim na parede** tinta china en la pared

não /'nãw̃/ *adv. sm.* no, de ningún modo ■ **ainda não** todavía no ■ **pois não** como no ■ **pois não?** ¿qué desea?

naquilo /na'kilu/ *contr.* en aquello, en lo que ■ **dificuldade naquilo** dificultad en aquello

narcisismo /naRsi'ziʒmu/ *sm.* **1** narcisismo **2** vanidad ■ **estudar o narcisismo** estudiar el narcisismo

narciso /naRsi'zaRsi/ *v.* **1** *bot* narciso **2** vanidoso ■ **homem narciso** hombre narciso

narcose /na'R'kozi/ *sf.* narcosis, somnolencia, sueño artificial ■ **ter narcose** tener narcosis

narcótico /na'R'kɔtʃiku/ *adj. sm.* narcótico ■ **problema de narcóticos** problema de narcóticos

narcotizar /naRkotʃi'zaR/ *v.* **1** narcotizar, anestesiar, entorpecer **2** enfadar ■ **narcotizar os problemas** narcotizar los problemas

narigudo, -a /nari'gudu, da/ *adj. s.* narigudo, narizón, narigón ■ **homem narigudo** hombre narigudo

nariz /na'riʃ/ *sm.* **1** nariz **2** tino, sagacidad ■ **meter o nariz** entrometerse ■ **torcer o nariz** mostrar desagrado

narração /naRa'sãw̃/ *sf.* narración, relato, crónica, cuento, historia ■ **narração da história** narración de la historia

narrar /na'RaR/ *v.* narrar, contar, decir, recitar, describir, referir, exponer ■ **narrar um fato** narrar un hecho

narrativo, -a /naRa'tʃivu, va/ *adj.* narrativo, narración, historia, novela, cuento ■ **texto narrativo** texto narrativo

nasal /na'zaw/ *adj. sf.* nasal ■ **fossas nasais** fosas nasales

nascente /na'se'tʃi/ *adj. sm.* **1** manantial, mina **2** levante, naciente, oriente ■ **sol nascente** sol naciente

nascer /na'seR/ *v. sm.* nacer, originarse, provenir, surgir, resultar, brotar, emanar, salir ■ **nascer virado para a lua** tener una estrella

nascido, -a /na'sidu, da/ *adj.* nacido, nato ■ **bem-nascido** bien nacido, noble ■ **malnascido** malnacido

nascimento /nasi'me'tu/ *sm.* nacimiento, parto ■ **certidão de nascimento** fe de nacimiento ■ **data de nascimento** fecha de nacimiento

nata /'nata/ *sf.* **1** nata, crema **2** flor ■ **a nata** la nata.

natação /nata'sãw̃/ *sf.* natación ■ **aula de natação** clase de natación

natal /na'taw/ *adj.* natal, navidad ■ **véspera de natal** nochebuena

natalício, -a /nata'lisju, sja/ *adj. sm.* natalicio, cumpleaños ■ **tiempo natalício** tempo natalício

natividade /natʃivi'dadʒi/ *sf.* natividad, navidad ■ **natividade do Senhor** natividad del Señor

nativo, -a /na'tʃivu, va/ *adj. s.* nativo, natural, innato, indígena ■ **nativo do país** nativo del país

neto

natural /natu'raw/ *adj.* *sm.* natural, normal, espontáneo, genuino, propio, puro, lógico, nativo ■ **ao natural** al natural ■ **ciências naturais** ciencias naturales

naturalidade /naturali'dadʒi/ *sf.* naturalidad, llaneza, simplicidad, espontaneidad ■ **naturalidade na apresentação** naturalidad en la presentación

naturalismo /natura'liʒmu/ *sm.* naturalismo ■ **naturalismo da pessoa** naturalismo de la persona

naturalizar /naturali'zaR/ *v.* **1** naturalizar **2** naturalizarse, nacionalizarse ■ **naturalizar espanhol** naturalizar español

natureza /natu'reza/ *sf.* naturaleza, organización, temperamento, cualidad, índole ■ **natureza morta** naturaleza muerta

nau /'naw/ *sf.* nao, nave, embarcación ■ **nau grande** nave grande

naufragar /nawfra'gaR/ *v.* **1** naufragar, ir a pique **2** malograr ■ **naufragar longe** naufragar lejos

naufrágio /naw'fra3ju/ *sm.* **1** naufragio **2** malogro, ruina ■ **naufrágio perigoso** naufragio peligroso

náusea /'nawzja/ *sf.* náusea, basca, mareo, ansias, arcada, asco ■ **causar náusea** revolver el estómago

nauseabundo, -a /nawzia'bu˜du, da/ *adj.* nauseabundo, repugnante ■ **homem nauseabundo** hombre nauseabundo

náutico, -a /'nawtʃiku, ka/ *adj.* náutico, náutica, navegación ■ **capitão náutico** capitón de navegación

naval /na'vaw/ *adj.* naval, naviero ■ **batalha naval** batalla naval, combate naval

navalha /na'vaʎa/ *sf.* **1** navaja **2** cacha **3** mal conductor ■ **navalha de barbeiro** navaja de afeitar

nave /'navi/ *sf.* **1** nave, nao, embarcación **2** nave ■ **nave grande** nave grande

navegação /navega'sãw/ *sf.* navegación ■ **navegação aérea** navegación aérea ■ **navegação fluvial** navegación fluvial ■ **navegação marítima** navegación marítima

navegar /nave'gaR/ *v.* navegar, viajar, salirse a la mar ■ **navegar contra a corrente** remontar.

navio /na'viu/ *sm.* navío, barco, nao, nave ■ **navio a vapor** buque.

nazismo /na'ziʒmu/ *sm.* nazismo ■ **tempo do nazismo** tiempo del nazismo

neblina /ne'blina/ *sf.* neblina, niebla espesa, obscuridad ■ **neblina no caminho** neblina en el camino

nebuloso, -a /nebu'lozu, za/ *adj.* **1** nebuloso, obscuro **2** sombrío, triste, torvo, nebulosa ■ **tempo nebuloso** tiempo nebuloso

necessário, -a /nese'sarju, rja/ *adj.* necesario, elemental, forzoso, preciso, obligatorio, indispensable; urgente, vital ■ **ser necessário** ser menester

necessidade /nesesi'dadʒi/ *sf.* necesidad, exigencia, urgencia, pobreza ■ **de primeira necessidade** de primera necesidad ■ **passar necessidade** pasar penas, estar necesitado

necessitado, -a /nesesi'tadu, da/ *adj.* s. necesitado, privado, pobre ■ **pessoas necessitadas** personas necesitadas

necessitar /nesesi'taR/ *v.* necesitar, carecer, precisar ■ **necessitar de dinheiro** necesitar dinero

necrópole /ne'krɔpoli/ *sf.* necrópolis, cementerio ■ **necrópole sombria** cementerio sombrío

necrose /ne'krɔzi/ *sf.* necrosis ■ **necrose na cidade** necrosis en la ciudad

necrotério /nekro'tɛrju/ *sm.* morgue ■ **medo do necrotério** miedo de la morgue

néctar /'nɛktaR/ *sm.* **1** néctar **2** delicia ■ **néctar da flor** néctar de la flor

nefasto, -a /ne'faʃtu, ta/ *adj.* nefasto, triste, funesto, trágico ■ **pessoa nefasta** persona nefasta

negação /nega'sãw/ *sf.* negación, negativa, contestación, incapacidad, falta ■ **ser uma negação** ser inepto, ser inútil ■ **negação do pedido** negación del pedido

negar /ne'gaR/ *v.* **1** negar, refutar, desdecir, renegar, vetar **2** negarse ■ **negar de pés juntos** negar a pies juntillas

negativismo /negatʃi'viʒmu/ *sm.* negativismo, nihilismo ■ **negativismo das pessoas** negativismo de las personas

negativo, -a /nega'tʃivu, va/ *adj. & sm.* **1** negativo, nulo, prohibitivo, malo, peyorativo **2** negativo (película) **3** negativa, negación ■ **pensamento negativo** pensamiento negativo

negligência /negli'3e˜sja/ *sf.* negligencia, abandono, dejadez, descuido, indiferencia, omisión ■ **negligência das pessoas** negligencia de las personas

negligente /negli'3e˜ʃi/ *adj.* s. negligente, omiso, perezoso, dejado ■ **pessoa negligente** persona negligente

negociação /negosia'sãw/ *sf.* **1** negociación, contratación **2** operación ■ **negociação do dinheiro** negociación del dinero

negociador, -ora /negosia'doR, ra/ *adj.* s. negociador ■ **bom negociador** buen negociador

negociante /negosi'ɑ˜tʃi/ *s.* negociante, mercader, vendedor ■ **bom negociante** buen negociante

negociar /negosi'aR/ *v.* **1** negociar, agenciar, contratar, gestionar, pactar, tratar, vender **2** operar, negociar letras de cambio, girar ■ **negociar a venda** negociar la venda

negócio /ne'xɔθjo/ *sm.* **1** negocio, asunto, transacción, comercio, trato, embrollo **2** negócios ■ **amigos, amigos, negócios à parte** los negocios son los negocios ■ **fechar um negócio** concluir un negocio, hacer un trato ■ **negócio emaranhado** maraña ■ **negócio ilícito** negociado ■ **negócio sujo** negocio sucio

negro, -a /'nexro, a/ *adj.* s. **1** negro, obscuro **2** triste, lúgubre ■ **ovelha negra** oveja negra, garbanzo negro

nele /'neli/ *contr.* ele, en él, en ello ■ **encontrar amor nele** encontrar amor en él

nem /'ne˜j/ *conj.* ni, no ■ **nem mais, nem menos** ni más ni menos ■ **nem um, nem outro** ni uno ni otro

nenê /ne'ne/ *sm.* bebé, nene ■ **nenê pequeno** bebé pequeño

nenhum, -a /ne'ɲu˜, ma/ *pron.* ninguno, ni uno, ningún ■ **sem nenhum acréscimo** a palo seco

neoclassicismo /neoklasi'siʒmu/ *sm.* neoclasicismo ■ **estudar o neoclassicismo** estudiar el neoclasicismo

neolatino, -a /neola'tino, a/ *adj.* neolatino ■ **línguas neolatinas** lenguas neolatinas.

neologismo /neolo'xiʒmo/ *sm.* neologismo ■ **neologismo do português** neologismo del portugués

néon /ne'on/ *sm.* neón ■ **luz de néon** luz de neón

nepotismo /nepo'tiʒmo/ *sm.* nepotismo, favoritismo ■ **nepotismo das pessoas** nepotismo de las personas

nervo /'neRvu/ *sm.* **1** nervio, filamento **2** energía, robustez ■ **nervo ótico** nervio óptico ■ **nervos de aço** nervios de acero

nervosismo /neRvo'ziʒmu/ *sm.* nerviosismo, inquietud, desasosiego ■ **nervosismo no trabalho** nerviosismo en el trabajo

nervoso, -a /neR'vozu, za/ *adj.* nervioso, impaciente, neurótico, irritable ■ **ficar nervoso** quedar nervioso

néscio, -a /'nesju, sja/ *adj.* s. necio, estúpido, irresponsable, ignorante ■ **homem néscio** hombre estúpido

nêspera /'neʃpera/ *sf.* níspero, niéspera ■ **nêspera grande** niéspera grande

neste /'neʃtʃi/ *contr.* este, en este ■ **neste lugar** en este lugar

neto, -a /'nɛtu, ta/ *s.* nieto ■ **neto mais velho** nieto mayor

399

neurastenia

neurastenia /newraste'nja/ *sf.* neurastenia, nerviosismo ■ **ter neurastenia** tener neurastenia

neurastênico, -a /newraʃ'teniku, ka/ *adj. s.* neurasténico, neurótico ■ **pessoa neurastênica** persona neurótica

neurologista /newrolo'ʒiʃta/ *s.* neurólogo ■ **médico neurologista** mujer neuróloga

neurônio /new'ronju/ *sm.* neurona, célula nerviosa ■ **neurônio com problemas** neurona con problemas

neurose /new'rɔzi/ *sf.* neurosis, neuropatía ■ **ter neurose** tener neurosis

neurótico, -a /new'rɔtʃiku, ka/ *adj. s.* neurótico, neurasténico ■ **mulher neurótica** mujer neurótica

neutralizar /newtrali'zaR/ *v.* neutralizar, anular, extinguir, destruir ■ **neutralizar os problemas** neutralizar los problemas

neutro, -a /'newtru, tra/ *adj.* neutro, neutral, indiferente ■ **gênero neutro** género neutro

nêutron /'newtrõ/ *sm.* neutrón ■ **nêutron do átomo** neutrón del átomo

nevar /ne'vaR/ *v.* nevar, caer nieve ■ **nevar muito** nevar mucho

nevasca /ne'vaʃka/ *sf.* nevasca, nevada, nieve ■ **nevasca na cidade** nevasca en la ciudad

neve /'nɛvi/ *sf.* **1** nieve **2** albura, blancura ■ **cair pouca neve** nevisca

nevoeiro /nevo'ejru/ *sm.* niebla cerrada, bruma, neblina ■ **nevoeiro na cidade** niebla en la ciudad

nexo /'nɛksu/ *sm.* nexo, conexión, nudo, lazo ■ **nexo no assunto** nexo en el asunto

nicaraguense /nikara'rwense/ *adj. s.* nicaragüense ■ **pessoa nicaraguense** persona nicaragüense

nicho /'nitʃo/ *sm.* **1** nicho, cavidad en una pared **2** casa pequeña ■ **nicho ecológico** nicho ecológico

nicotina /niko'tʃina/ *sf.* nicotina ■ **nicotina perigosa** nicotina peligrosa

niilismo /ni'liʒmu/ *sm.* nihilismo, negación, escepticismo ■ **niilismo do processo** nihilismo del proceso

ninfa /'niɱfa/ *sf.* **1** ninfa **2** mujer joven y hermosa ■ **ninfa bonita** ninfa bella

ninfomaníaca /niɱfoma'niaka/ *adj. sf.* ninfómana, tortillera ■ **pessoa ninfomaníaca** persona ninfómana

ninguém /niɱ'gẽj/ *pron. sm.* nadie, ninguno, ninguna persona ■ **joão-ninguém** don nadie, hombre de baja categoría social

ninhada /ni'nada/ *sf.* nidada, camada, conjunto de crías de un mamífero, cría, lechigada, pollada ■ **ninhada de pássaro** nidada de pájaro

ninharia /nina'ria/ *sf.* **1** niñería, baratillo, baratija, bagatela **2** bicoca, fruslería, insignificancia, minucia ■ **ninharia dos animais** niñería de los animales

ninho /'ninu/ *sm.* **1** nido **2** abrigo, casa paterna ■ **ninho de pássaros** nido del pájaro

níquel /'nikɛw/ *sm.* níquel ■ **sem um níquel** sin un duro

niquelado, -a /nike'laðo, a/ *adj. sm.* niquelado, cubierto de níquel ■ **objeto niquelado** objeto niquelado

nitidez /niti'ðeθ/ *sf.* nitidez, clareza, pureza, fulgor ■ **nitidez do assunto** nitidez del asunto

nitrato /ni'trato/ *sm.* nitrato ■ **nitrato é um elemento** nitrato es un elemento

nitrogenado, -a /nitroxe'naðo, a/ *adj.* nitrogenado ■ **líquido nitrogenado** líquido nitrogenado

nitrogênio /nitro'genju/ *sm.* nitrógeno ■ **gás nitrogênio** gas nitrógeno

nitroglicerina /nitroglise'rina/ *sf.* nitroglicerina ■ **muita nitroglicerina** mucha nitroglicerina

nível /'nivew/ *sm.* **1** nivel, situación, igualdad **2** igualdad, altura, horizontalidad, situación ■ **ao nível de,** al nivel de, a la misma altura

nivelar /niβe'lar/ *v.* nivelar, aflorar, aplanar, emparejar, igualar, enrasar, explanar ■ **nivelar a rua** nivelar la calle

níveo, -a /'niβeo, a/ *adj. poét.* níveo, albo, blanco ■ **pele nívea** piel nívea

no /'no/ *adv. sm.* en el, lo ■ **ele entrou com o cachorro no jardim** él entró con el perro en el jardín ■ **viram-no perto do aeroporto** lo vieron cerca del aeropuerto

nobre /'nɔbri/ *adj. s.* **1** noble, elegante, generoso, hermoso **2** hidalgo, majestuoso ■ **família nobre** familia noble

nobreza /no'breza/ *sf.* **1** nobleza, dignidad, elegancia, esplendor **2** hidalguías, majestad ■ **nobreza rica** nobleza rica

noção /no'sɐ̃w/ *sf.* noción, percepción, conocimiento ■ **noção do assunto** noción del asunto

nocivo, -a /no'sivu, va/ *adj.* nocivo, dañoso, maligno, malo, molesto, pernicioso, venenoso ■ **problema nocivo** problema nocivo

nódoa /'nɔdwa/ *sf.* mancha, tacha ■ **nódoa de tinta** borrón ■ **nódoa na roupa** mancha en la ropa

nódulo /'nɔdulu/ *sm.* nódulo ■ **nódulo grande** nódulo grande

nogueira /no'gejra/ *sf.* noguera, nogal ■ **nogueira grande** noguera grande

noite /'noite/ *sf.* **1** noche **2** obscuridad, tristeza, muerte, ignorancia ■ **da noite para o dia** de la noche a la mañana ■ **noite e dia** noche y día ■ **ontem à noite** anoche ■ **passar a noite em claro** velar

noivado /noj'vadu/ *sm.* noviazgo, compromiso ■ **noivado de um ano** noviazgo de un año

noivo, -a /'nojvu, va/ *s.* novio, prometido ■ **estar noivo** estar en relaciones ■ **noivo bonito** novio bello

nojento, -a /no'ʒeⁿtu, ta/ *adj.* asqueroso, nauseabundo, repugnante, hediondo, sórdido ■ **homem nojento** hombre asqueroso

nojo /'noʒu/ *sm.* náusea, asco, repugnancia ■ **sentir nojo** sentir asco ■ **nojo das pessoas** asco de las personas

nômade /'nomadʒi/ *adj. s.* nómada, ambulante, errante ■ **povo nômade** pueblo nómada

nome /'nomi/ *sm.* **1** nombre, denominación, apellido **2** calificación, título **3** reputación **4** fama, poder, crédito ■ **dar nome aos bois** llamar a las cosas por su nombre

nomeação /nomea'sɐ̃w/ *sf.* nombramiento, elección, colación ■ **nomeação do prefeito** nombramiento del alcalde

nomeado, -a /no'meadu, da/ *adj.* nombrado, elegido, famoso, célebre, nombradía, fama, reputación ■ **nomeado para o cargo** nombrado para el cargo

nomear /nome'aR/ *v.* nombrar, apellidar, denominar, designar, elegir, llamar, mentar ■ **nomear o melhor do ano** nombrar el mejor del año

nomenclatura /nome̅kla'tura/ *sf.* nomenclatura, nomenclátor ■ **nomenclatura oficial** nomenclatura oficial

nominal /nomi'naw/ *adj.* nominal ■ **valor nominal** valor nominal

nora /'nɔra/ *sf.* nuera ■ **nora chata** nuera aburrida

nordeste /nɔR'dɛʃtʃi/ *sm.* nordeste, abrev. NE ■ **nordeste do país** nordeste del país

norma /'nɔRma/ *sf.* norma, orden, regla, doctrina, ley, ejemplo, modelo ■ **norma de conduta** pauta

nuvem

normal /nɔR'maw/ *adj. sf.* normal, lógico, regular, habitual, corriente ■ **temperatura normal** temperatura normal

normalizar /noRmali'zaR/ *v.* normalizar, regularizar ■ **normalizar as regras** normalizar las reglas

noroeste /noro'ɛʃtʃi/ *sm.* noroeste, abrev. NO ■ **região noroeste** región noroeste

norte /'nɔRtʃi/ *adj. sm.* norte, abre. N ■ **do norte** del norte, septentrional ■ **de norte a sul** de norte a sur ■ **perder o norte** perder el rumbo

norte-americano,-a /nɔRtʃiameri'kɐnu, na/ *adj. s.* norteamericano ■ **cultura norte-americana** cultura norteamericana

norueguês, -esa /norue'gejʃ, geza/ *adj. s.* noruego ■ **homem norueguês** hombre noruego

nós /'nɔjʃ/ *pron.* nosotros ■ **nós vamos sair** nosotros vamos salir

nosso, -a /'nɔsu, sa/ *pron.* nuestro, nuestra ■ **nossa casa** nuestra casa

nostalgia /noʃtaw'ʒia/ *sf.* nostalgia, añoranza, melancolía, tristeza ■ **sentir nostalgia** sentir nostalgia

nota /'nɔta/ *sf.* nota, apunte, asiento, noticia ■ **custar uma nota preta** costar un riñón ■ **nota fiscal** factura, nota de venta ■ **nota promissória** pagaré

notar /no'taR/ *v.* 1 notar, advertir, percibir 2 guipar ■ **fazer-se notar** hacerse notar

notário /no'tarju/ *sm.* notario, escribano ■ **assinar ante notário** firmar ante notario

notável /no'tavew/ *adj.* 1 notable, afamado, famoso, aparente, solemne, genial, grandioso, ilustre, insigne, visible 2 saliente ■ **apresentação notável** presentación notable

notícia /no'tʃisja/ *sf.* noticia, novedad, información, anunciación, informe, mensaje ■ **notícia curta** gacetilla ■ **notícia falsa** infundio ■ **notícia vaga** rumor

noticiar /notʃisi'aR/ *v.* anunciar, decir, informar, participar ■ **noticiar para a população** anunciar para la población

noticiário /notʃisi'arju/ *sm.* noticiario ■ **noticiário televisivo** telediario ■ **noticiário do dia** noticiario del día

notificação /notʃifika'sɐ̃w/ *sf.* 1 notificación, intimación, citación 2 requerimiento ■ **notificação da reunião** notificación de la reunión

notificar /notʃifi'kaR/ *v.* notificar, avisar, denunciar, intimar ■ **notificar uma pessoa** notificar una persona

notoriedade /notorie'dadʒi/ *sf.* notoriedad, fama, nombradía, prestigio ■ **ter notoriedade** tener prestigio

notório, -a /no'tɔrju, rja/ *adj.* notorio, público, proverbial, manifiesto, sabido, evidente ■ **pessoa notória** persona notoria

novato, -a /no'vatu, ta/ *adj. s.* novato, nuevo, aprendiz, inexperto ■ **novato no grupo** novato en el grupo

nove /'nɔvi/ *adj. sm.* nueve ■ **nove pessoas** nueve personas

novela /no'vela/ *sf.* novela, romance, leyenda, **novela de rádio, tevê** folletín, serial ■ **novela água-com-açúcar** novela rosa ■ **novela policial** novela policíaca

novelo /no'velu/ *sm.* 1 ovillo 2 enredo, embrollo, confusión ■ **novelo de lã** ovillo de lana

novembro /no've͂bru/ *sm.* noviembre ■ **mês de novembro** mes de noviembre

noviço, -a /no'visu, sa/ *adj. s.* 1 novicio 2 novato, aprendiz, principiante 3 monigote ■ **noviço no trabalho** novato en el trabajo

novidade /novi'dadʒi/ *sf.* 1 novedad, innovación, noticia, originalidad 2 fruta nueva ■ **sem novidade** sin novedad

novilho, -a /no'viʎu/ *sm.* novillo, becerro ■ **novilho gordo** novillo gordo

novo, -a /'novu, va/ *adj.* 1 nuevo, flamante, otro, de primera mano 2 fresco ■ **de novo** de nuevo

noz, -a /'nu, 'nua/ *adj.* 1 desnudo, en cueros 2 sincero, desnudo (pintura) ■ **pôr a nu** mostrar, enseñar

noz /'nɔjʃ/ *sf.* nuez ■ **noz-moscada** nuez moscada

nu, -a /'nu, 'nua/ *adj.* 1 desnudo, en cueros 2 sincero, desnudo (pintura) ■ **pôr a nu** mostrar, enseñar

nuança /nu'ɐ̃sa/ *sf.* matiz, tonalidad, graduación de colores ■ **nuança das cores** tonalidad de los colores

nublado, -a /nu'bladu, da/ *adj.* 1 nublado, anubarrado 2 triste ■ **tempo nublado** tiempo nublado

nublar /nu'blaR/ *v.* 1 nublar 2 entristecer, afligir ■ **nublar-se o céu** enmarañarse, entoldar

nuca /'nuka/ *sf.* nuca ■ **dor na nuca** dolor en la nuca

nuclear /nukle'aR/ *adj. v.* nuclear ■ **energia nuclear** energía nuclear

núcleo /'nuklju/ *sm.* 1 núcleo, centro, esencia, punto central, aglomeración 2 meollo ■ **núcleo da terra** núcleo de la tierra

nudez /nu'dejʃ/ *sf.* 1 desnudez 2 sencillez ■ **nudez artística** desnudez artística

nudismo /nu'dʒiʒmu/ *sm.* nudismo, desnudismo ■ **nudismo na praia** nudismo en la playa

nulidade /nuli'dadʒi/ *sf.* nulidad, incapacidad, falta de aptitud o talento ■ **nulidade da pessoa** nulidad de la persona

nulo, -a /'nulu, la/ *adj.* nulo, negativo, inválido, inepto, ninguno ■ **voto nulo** voto nulo

num /'nu͂/ *contr.* en un ■ **num lugar** en un lugar

numeração /numera'sɐ̃w/ *sf.* numeración ■ **numeração do carro** numeración del coche

numerador, -ora /numera'doR, ra/ *adj.* numerador ■ **numerador de preços** numerador de precios

numeral /nume'raw/ *adj. sm.* numeral ■ **numeral maior** numeral mayor

numérico, -a /nu'mɛriku, ka/ *adj.* numérico ■ **valor numérico** valor numérico

número /'numeru/ *sm.* número, guarismo, cifra, cantidad, porción, ejemplar de una publicación ■ **número grande** número grande

numeroso, -a /nume'rozu, za/ *adj.* numeroso, abundante, incontable, mucho ■ **família numerosa** familia numerosa

nunca /'nu͂ka/ *adv.* nunca, jamás ■ **antes tarde do que nunca** más vale tarde que nunca **nunca mais** nunca más

núpcias /'nupsjaʃ/ *fpl.* nupcias, casamiento, boda ■ **noite de núpcias** noche de nupcias

nutrição /nutri'sɐ̃w/ *sf.* nutrición, alimentación, sustento ■ **nutrição adequada** nutrición adecuada

nutrido, -a /nu'tridu, da/ *adj.* nutrido, robusto ■ **pessoa nutrida** persona nutrida

nutrir /nu'triR/ *v.* 1 nutrir, alimentar, sustentar 2 nutrirse ■ **nutrir o corpo** nutrir el cuerpo

nutritivo, -a /nutri'tʃivu, va/ *adj.* nutritivo, alimenticio, substancial, suculento ■ **comida nutritiva** comida nutritiva

nuvem /'nuve͂j/ *sf.* nube ■ **nuvem no céu** nube en el cielo

O

o /'o/ *sm* décimoquinta letra del alfabeto português ■ **o de oásis** o de oasis

oásis /o'aziʃ/ *sm* 1 oasis 2 tregua, descanso ■ **ir para o oásis** ir para el oasis

obcecar /obse'kaR/ *v* 1 obcecar, ofuscar, cegar, obstinar 2 delirar ■ **obcecar por alguém** obcecar por alguien

obedecer /obede'seR/ *v* obedecer, ceder, cumplir, observar ■ **obedecer os pais** obedecer los padres

obediência /obedʒi'e˜sja/ *sf* obediencia, respeto, sumisión, disciplina ■ **obediência em casa** obediencia en casa

obediente /obedʒi'e˜tʃi/ *adj* obediente, sumiso, disciplinado, dócil ■ **filho obediente** hijo obediente

obesidade /obezi'dadʒi/ *sf* obesidad, gordura ■ **problema de obesidade** problema de obesidad

obeso, -a /o'bezu, za/ *adj* obeso, gordo, pesado, corpulento ■ **pessoa obesa** persona obesa

óbice /'ɔbisi/ *sm* óbice, obstáculo, impedimento, contratiempo ■ **óbice na rua** obstáculo en la calle

óbito /'ɔbitu/ *sm* óbito, fallecimiento, muerte ■ **certidão de óbito** certificado o partida de defunción

objeção /obʒe'sa˜w/ *sf* objeción, contradicción, réplica, contestación, entredicho ■ **fazer objeção** poner reparo

objetar /obʒe'taR/ *v* objetar, refutar, impugnar ■ **objetar uma ideia** objetar una idea

objetivo, -a /obʒe'tʃivu, va/ *adj* 1 objetivo, real, concreto 2 directo, práctico ■ **objetivo no trabalho** objetivo en el trabajo

objeto /ob'ʒe'tu/ *sm* objeto, cosa, pertrecho, prenda, utensilio ■ **objeto apreendido** presa

obliquidade /oblikwi'dadʒi/ *sf* oblicuidad, través, astucia, falsedad ■ **obliquidade das pessoas** astucia de las personas

oblíquo, -a /o'blikwo, kwa/ *adj* 1 oblicuo, sesgado, inclinado 2 disimulado, ambiguo, fingido ■ **linha oblíqua** línea oblicua

obnubilar /obnubi'laR/ *v* 1 obnubilar 2 obscurecer ■ **obnubilar o tempo** obscurecer el tiempo

oboé /obo'ɛ/ *sm* oboe ■ **tocar oboé** tocar oboe

óbolo /'ɔβolo/ *sm* óbolo, limosna ■ **medida em óbolo** medida en óbolo

obra /'ɔβɾa/ *sf* 1 obra, trabajo, libro, texto 2 producción, tarea, empresa 3 amasijo ■ **conjunto de obras** literatura

obrigação /obriga'sa˜w/ *sf* 1 obligación, deber, responsabilidad, encargo 2 imposición, necesidad, incumbencia, menester ■ **faltar à sua obrigação** descuidar su deber

obrigado, -a /obri'gadu, da/ *adj* 1 agradecido, grato 2 obligado ■ **obrigado pela presença** agradecido por la presencia

obrigar /obri'gaR/ *v* 1 obligar, coaccionar, imponer, precisar 2 obligarse, prometer ■ **obrigar alguém** obligar alguien

obrigatório, -a /obriga'tɔɾju, rja/ *adj* obligatorio, forzoso, impuesto, indispensable ■ **pagamento obrigatório** pago obligatorio

obscenidade /obseni'dadʒi/ *sf* 1 obscenidad, pornografía 2 suciedad, verdura ■ **obscenidade na rua** pornografía en la calle

obsceno, -a /ob'senu, na/ *adj* 1 obsceno, pornográfico 2 verde ■ **expressão obscena** pulla

obscurecer /obʃkuɾe'seR/ *v* 1 obscurecer, oscurecer, ofuscar 2 apagar, esconder 3 oscurecerse ■ **obscurecer as cores** obscurecer los colores

obscuro, -a /obʃ'kuru, ra/ *adj* 1 obscuro, oscuro 2 enrevesado, inexplicable, intrincado 3 apocalíptico, metafísico, nebuloso ■ **sentimento obscuro** sentimiento obscuro

obsequiar /obzeki'aR/ *v* obsequiar, agasajar, regalar, servir ■ **obsequiar uma pessoa** agasajar una persona

obséquio /ob'zekju/ *sm* obsequio, favor, cortesía, fineza, dádiva, regalo, atención, servicio ■ **por obséquio** por favor

obsequioso /obzeki'ozu/ *adj* obsequioso, benevolente ■ **pessoa obsequiosa** persona benevolente

observação /obseRva'sa˜w/ *sf* observación, reflexión, consideración, comentario, acecho, nota ■ **boa observação** buena observación

observador, -ora /obseRva'doR, ra/ *adj & s* observador, perspicaz, espectador, curioso ■ **pessoa observadora** persona observadora

observar /obseR'vaR/ *v* observar, ver, percibir, notar, presenciar, seguir, acechar, atender, cumplir, examinar, hallar, marcar, velar, vigilar, otear ■ **observar suas atitudes** observar sus actitudes

obsessão /obse'sa˜w/ *sf* obsesión, obcecación, idea pertinaz ■ **obsessão por mulheres** obsesión por mujeres

obsoleto /obso'letu, ta/ *adj* obsoleto, antiguo ■ **objeto obsoleto** objeto antiguo

obstáculo /obʃ'takulu/ *sm* 1 obstáculo, óbice, barranco, barrera, contraste, impedimento, nudo, oposición 2 valla, valladar ■ **obstáculo no caminho** obstáculo en el camino

obstante /obʃ'tɑ̃tʃi/ *adj* obstante ■ **não obstante** no obstante, sin embargo

obstar /obʃ'taR/ *v* obstar, oponer, impedir, estorbar ■ **obstar a passagem** impedir el pasaje

obstetra /obʃ'tɛtra/ *s Med* obstetra, partero, tocólogo ■ **profissão de obstetra** profesión de tocólogo

obstetrícia /obʃtɛ'trisja/ *sf Med* tocología, obstetricia ■ **estudar obstetrícia** estudiar tocología

obstinação /obʃtʃina'sa˜w/ *sf* obstinación, endurecimiento, porfía, reincidencia ■ **obstinação na vida** obstinación en la vida

obstinado, -a /obʃtʃi'nadu, da/ *adj* 1 obstinado, reincidente, pertinaz, contumaz, inflexible 2 duro de mollera 3 retobado ■ **pessoa obstinada** persona obstinada

oftalmologia

obstrução /obʃtru'sa˜w/ *sf* obstrucción, estreñimiento, embarazo ■ **obstrução perigosa** embarazo peligroso

obstruir /obʃtru'iR/ *v* obstruir, atascar, impedir, obturar, ocluir ■ **obstruir as pessoas** impedir las personas

obtenção /obte˜'sa˜w/ *sf* obtención, adquisición, consecución, logro ■ **obtenção de objetos valiosos** adquisición de objetos valiosos

obter /ob'teR/ *v* obtener, adquirir, alcanzar, conseguir, lograr, granjear, merecer ■ **obter cargo ou emprego** empuñar

obturação /obtura'sa˜w/ *sf* obturación, entupimiento, emplomadura de un diente ■ **fazer uma obturação** hacer una obturación

obturar /obtu'raR/ *v* obturar, tapar, entupir ■ **obturar dentes** empastar

obtuso, -a /ob'tuzu, za/ *adj* 1 obtuso 2 torpe, poco inteligente ■ **pessoa obtusa** persona obtusa

óbvio, -a /'ɔvju, vja/ *adj* obvio, elemental, inequívoco, patente ■ **resposta óbvia** respuesta obvia

ocasião /oka'zja˜/ *sf* ocasión, instante, momento, sazón, tiempo, vez, oportunidad ■ **aproveitar-se de qualquer ocasião** andar uno a la que salta

ocasionar /okazjo'naR/ *v* ocasionar, provocar, producir ■ **ocasionar um acidente** ocasionar un accidente

ocaso /o'kazu/ *sm* 1 ocaso, occidente, oeste, puesta 2 destrucción, ruina, muerte ■ **cuidado com o ocaso** cuidado con el ocaso

oceano /ose'ɐnu/ *sm* océano, mar ■ **oceano atlântico** océano atlántico

ocidental /oside˜'taw/ *adj & s* occidental ■ **país ocidental** país occidental

ocidente /osi'de˜ʃi/ *sm* occidente, oeste, poniente ■ **lado ocidente** lado occidente

ócio /'ɔsju/ *sm* ocio, descanso, reposo, pereza ■ **tempo para o ócio** tiempo para el ocio

ociosidade /osjosi'dad3i/ *sf* ociosidad, desocupación, pereza, haraganería ■ **ociosidade na vida** ociosidad en la vida

ocioso, -a /osi'ozu, za/ *adj & s* ocioso, desocupado, holgazán, perezoso, vago ■ **pessoa ociosa** persona ociosa

oco, -a /'oku, 'oka/ *adj & sm* hueco, huero, vacío, cavidad ■ **cabeça oca** cabeza vacía

ocorrência /oko'Re˜sja/ *sf* ocurrencia, acontecimiento, emergencia, incidente ■ **fazer boletim de ocorrência** (Bo) hacer una denuncia policial

ocorrer /oko'ReR/ *v* 1 ocurrir, acaecer, acontecer, sobrevenir, suceder, haber, intervenir, caer en mientes 2 emerger ■ **ocorrer um acidente** ocurrir un accidente

octogenário, -a /okto3e'narju, rja/ *adj & s* octogenario ■ **homem octogenário** hombre octogenario

oculista /oku'liʃta/ *s* oculista, oftalmólogo ■ **ir ao oculista** ir al oculista

óculos /'okulu/ *sm* 1 gafas, lentes 2 anteojos 3 antiparras ■ **lente dos óculos** luneta

ocultação /okuwta'sa˜w/ *sf* ocultación, escondimiento, encubrimiento ■ **ocultação de opinião** ocultación de opinión

ocultar /okuw'taR/ *v* 1 ocultar, cubrir, reservar, tapar, velar, recatar, enclaustrar, encubrir 2 ocultarse, encapotarse, zambullirse 3 soterrar ■ **ocultar uma pessoa** reservar una persona

oculto, -a /o'kuwtu, ta/ *adj* 1 oculto, encubierto, invisible, secreto, latente 2 hermético, hondo ■ **trabalho oculto** trabajo oculto

ocupação /okupa'sa˜w/ *sf* ocupación, profesión, trabajo, menester, negocio, quehacer ■ **ocupação de terra** ocupación de tierra

ocupado, -a /oku'padu, da/ *adj* ocupado, atareado, entretenido, empleado ■ **estar ocupado** estar ocupado

ocupar /oku'paR/ *v* 1 ocupar, obtener, cundir, emplear, entrar 2 trabajar, tratar ■ **ocupar o lugar** ocupar el lugar

odiar /od3i'aR/ *v* odiar, aborrecer, execrar, detestar ■ **odiar as pessoas** odiar las personas

ódio /'ɔd3ju/ *sm* 1 odio, rabia, rencor, aborrecimiento, antipatía, oposición, encono, enconamiento 2 hincha ■ **ter ódio mortal** tener un odio mortal

odioso, -a /od3i'ozu, za/ *adj* odioso, antipático, detestable ■ **pessoa odiosa** persona odiosa

odontologia /odo˜tolo'3ia/ *sf* odontología ■ **estudar odontologia** estudiar odontología

odontológico, -a /odo˜to'lo3iku, ka/ *adj* odontológico ■ **consultório odontológico** consultorio odontológico

odor /o'doR/ *sm* olor, perfume, exhalación, aroma, fragancia ■ **odor ruim** olor malo

oeste /o'ɛʃʧi/ *adj & sm* oeste, occidente, poniente, ocaso ■ **oeste da cidade** oeste de la ciudad

ofegante /ofe'gɐ˜ʧi/ *adj* jadeante, cansado, ansioso ■ **ficar ofegante** quedar jadeante

ofegar /ofe'gaR/ *v* jadear, respirar con dificultad ■ **ofegar muito** jadear mucho

ofender /ofe˜'deR/ *v* 1 ofender, afrentar, agraviar, atropellar, injuriar, insultar, ultrajar, pecar, molestar, mosquear 2 herir, magullar 3 ofenderse, tomar a mal, escandalizarse ■ **ofender as pessoas** ofender las personas

ofendido, -a /ofe˜'d3idu, da/ *adj* 1 ofendido, leso, mosqueado 2 herido ■ **ficar ofendido** quedar ofendido

ofensa /o'fe˜sa/ *sf* 1 ofensa, afrenta, injuria, agravio, ultraje, desaguisado, enojo, entuerto 2 herejía, herida ■ **fazer uma ofensa** hacer una ofensa

ofensivo, -a /ofe˜'sivu, va/ *adj* ofensivo, despreciativo, ultrajante ■ **atitude ofensiva** actitud ofensiva

oferecer /ofere'seR/ *v* 1 ofrecer, ofertar, ofrendar, proponer, brindar, dedicar 2 presentarse, convidarse ■ **oferecer dinheiro** ofrecer dinero

oferecimento /oferesi'me˜tu/ *sm* ofrecimiento, oferta, propuesta ■ **oferecimento de emprego** ofrecimiento de empleo

oferenda /ofe're˜da/ *sf* ofrenda, oferta ■ **fazer uma oferenda** hacer una ofrenda

oferta /o'fɛRta/ *sf* oferta, ofrecimiento ■ **oferta e procura** oferta y demanda

ofertar /ofeR'taR/ *v* ofertar, ofrecer, ofrendar, prometer, consagrar ■ **ofertar um trabalho** ofertar un trabajo

office-boy /ofise'bɔj/ *sm* Angl mensajero, mandadero ■ **chamar o office-boy** llamar el mensajero

oficial /ofisi'aw/ *adj* oficial, solemne, obligatorio **extra-oficial** oficioso **oficial de justiça** alguacil, actuario, oficial de justicia

oficina /ofi'sina/ *sf* taller, factoría ■ **oficina de artilharia** maestranza **oficina de trabalho manual** taller **oficina mecânica** taller mecánico

ofício /o'fisju/ *sm* oficio, profesión, empleo, trabajo, destino ■ **fazer um ofício** hacer un oficio

oficioso, -a /ofisi'ozu, za/ *adj* oficioso, sin carácter oficial ■ **homem oficioso** hombre oficioso

oftalmologia /oftalmolo'xia/ *sf* oftalmología ■ **estudar oftalmologia** estudiar oftalmología

403

oftalmológico

oftalmológico, -a /oftalmoˈloxiko, a/ *adj* oftalmológico ▪ **teste oftalmológico** test oftalmológico

oftalmologista /oftawmoloˈʒiʃta/ *s* oftalmólogo, oculista ▪ **consultório do oftalmologista** consultorio del oftalmólogo

ofuscação /ofuʃkaˈsãw/ *sf* ofuscación, ofuscamiento, ceguera ▪ **ofuscação das cores** ofuscación de los colores

ofuscar /ofusˈkar/ *v* 1 ofuscar, obnubilar, obscurecer, alucinar, deslucir, deslumbrar, encandilar 2 ofuscarse ▪ **ofuscar as ideias** ofuscar las ideas

oito /ˈojtu/ *adj & sm* ocho ▪ **oito anos** ocho años

ojeriza /oʒeˈriza/ *sf* ojeriza, antipatía ▪ **ter ojeriza** no poder ver a alguien

olá /oˈla/ *excl* ¡hola!, ¡olé! ▪ **olá! Tudo bem?** ¡Hola! ¿Cómo estás?

olaria /olaˈria/ *sf* alfarería ▪ **trabalho na olaria** trabajo en la alfarería

olé /oˈlɛ/ *excl* ¡olé! ▪ **olé! olha a bola!** olé! Mira la pelota!

oleiro /oˈlejru, ra/ *adj & s* alfarero, alfar ▪ **oleiro da cidade** alfarero de la ciudad

óleo /ˈolju/ *sm* aceite, óleo ▪ **óleo de linhaça** aceite de linaza **óleo de soja** aceite de soja **pintura a óleo** pintura al óleo

oleoduto /olioˈdutu/ *sm* oleoducto ▪ **oleoduto subterrâneo** oleoducto subterráneo

oleoso, -a /oliˈozu, za/ *adj* oleoso, oleaginoso, aceitoso, grasiento ▪ **pele oleosa** piel oleosa

olfativo, -a /owfaˈtʃivu, va/ *adj* olfativo ▪ **capacidade olfativa** capacidad olfativa

olfato /owˈfatu/ *sm* 1 olfato, olfacción 2 rastro, pista, perspicacia ▪ **bom olfato** buen olfato

olhada /oˈʎada/ *sf* ojeada, mirada, vistazo, miramiento ▪ **dar uma olhada** ojear

olhar /oˈʎaR/ *v & sm* 1 mirar, contemplar, examinar 2 considerar, observar ▪ **olhar de esguelha** mirar de reojo **olhar por algo** echar un ojo a algo **olhar por alto** ojear

olheiras /oˈʎejraʃ/ *fpl* ojeras ▪ **olheiras grandes** ojeras grandes

olho /ˈoʎu/ *sm* ojo, vista ▪ **abrir os olhos de alguém** abrirle a uno los ojos ▪ **comer alguém com os olhos** comer a uno con la vista ▪ **de olhos fechados** a ojos cerrados ▪ **encher os olhos d'água** anegarse en llanto ▪ **não despregar o olho** no quitar ojo de encima ▪ **não pregar o olho** no pegar pestañas ▪ **num piscar de olhos** en un abrir y cerrar de ojos ▪ **olho-d'água** mina ▪ **olho gordo** pelusa ▪ **olhos de lince** vista de lince

olimpíada /oliˈmʲpiada/ *sf* olimpiada, olimpíada ▪ **olimpíada de matemática** olimpiada de matemática

olímpico, -a /oˈliʲpiku, ka/ *adj* olímpico ▪ **jogos olímpicos** juegos olímpicos

oliva /oˈliva/ *sf* oliva, aceituna ▪ **azeite de oliva** aceite de oliva

oliveira /oliˈvejra/ *sf* olivera, olivo ▪ **plantação de oliveira** plantación de olivera

olor /oˈloR/ *sm* olor, aroma, fragancia, perfume ▪ **bom olor** buen olor

olvidar /owviˈdaR/ *v* olvidar, perder la memoria ▪ **olvidar com o tempo** olvidar con el tiempo

olvido /owˈvidu/ *sm* olvido, falta de memoria ▪ **olvido imperdoável** olvido imperdonable

ombreira /oˈmbrejra/ *sf* hombrera, umbral, batiente ▪ **tirar a ombreira** sacar la hombrera

ombro /ˈoʲbru/ *sm* hombro, espalda ▪ **dar de ombros** encogerse de hombros ▪ **nos ombros** en los hombros

omelete /omeˈlɛtʃi/ *sf* tortilla ▪ **comer omelete** comer tortilla

omissão /omiˈsãw/ *sf* 1 omisión, descuido ▪ **omissão voluntária** reticencia

omisso, -a /oˈmisu, sa/ *adj* omiso, negligente, descuidado, reticente ▪ **pessoa omissa** persona omisa

omitir /omiˈtʃiR/ *v* 1 omitir, abstraer, dejar, preterir 2 saltar ▪ **omitir a verdade** omitir la verdad

omoplata /omoˈplata/ *sf* Anat omoplato, omóplato ▪ **omoplata é um osso** omoplato es un hueso

onça /ˈõsa/ *sf* 1 onza (medida, moneda, felino) 2 persona enfurecida ▪ **onça pintada** jaguar

oncologia /õkoloˈʒia/ *sf* oncología ▪ **estudar oncologia** estudiar oncología

onda /ˈõda/ *sf* 1 ola, onda, oleada, gran agitación, ondulación 2 muchedumbre, tumulto ▪ **ir na onda** dejarse llevar

onde /ˈõdʒi/ *adj* donde, dónde ▪ **onde você está?** ¿Dónde estás?

ondear /oˈdeˈaR/ *v* ondear, rizar, ondular, tremolar, fluctuar, agitarse ▪ **ondear muito** ondear mucho

ondular /oˈduˈlaR/ *v* 1 ondular, ondear, fluctuar 2 flamear ▪ **ondular o cabelo** ondular el cabello

onerar /oneˈraR/ *v* onerar, oprimir, gravar ▪ **onerar a voz** gravar la voz

oneroso, -a /oneˈrozu, za/ *adj* oneroso, pesado, gravoso, humillante ▪ **atitude onerosa** actitud humillante

ônibus /ˈonibuʃ/ *sm* 1 ómnibus, autobús, autocar, bus 2 guagua, colectivo, camión ▪ **pegar o ônibus** coger el ómnibus

onipotência /onipoˈteˈsja/ *sf* 1 omnipotencia 2 poder muy grande ▪ **onipotência no governo** omnipotencia en el gobierno

onipotente /onipoˈteˈtʃi/ *adj* 1 omnipotente 2 que puede muchísimo ▪ **pessoa onipotente** persona omnipotente

onipresença /onipreˈzeˈsa/ *sf* omnipresencia ▪ **grande onipresença** grande omnipresencia

onírico, -a /oˈniriku, ka/ *adj* onírico ▪ **clima onírico** clima onírico

onívoro /oˈnivoru, ra/ *adj* omnívoro ▪ **animal onívoro** animal omnívoro

onomástico, -a /onoˈmaʃtʃiku, ka/ *adj* onomástico ▪ **índice onomástico** índice onomástico

onomatopeia /onomatoˈpeja/ *sf* onomatopeya ▪ **estudar onomatopeia** estudiar onomatopeya

ontem /ˈõteˈj/ *adv* ayer, antiguamente ▪ **de ontem para hoje** de ayer acá ▪ **ontem à noite** anoche

ônus /ˈonuʃ/ *sm* encargo, peso, tributo ▪ **ônus no trabalho** encargo en el trabajo

opacidade /opasiˈdadʒi/ *sf* opacidad, obscuridad ▪ **opacidade da vida** opacidad de la vida

opaco, -a /oˈpaku, ka/ *adj* opaco, obscuro, denso, triste, sombrío ▪ **objeto opaco** objeto opaco

opção /oˈpsãw/ *sf* opción, preferencia, alternativa ▪ **melhor opção** mejor opción

ópera /ˈopera/ *sf* Teat. ópera ▪ **apresentação de ópera** presentación de ópera

operação /operaˈsãw/ *sf* 1 operación, acto 2 intervención quirúrgica **operação manual** maniobra ▪ **operação secreta** operación secreta

operador, -ora /operaˈdoR, ra/ *adj & s s* operador ▪ **ligar para a operadora** llamar a la operadora

operar /opeˈraR/ *v* 1 operar, cumplir, realizar 2 intervenir ▪ **operar rapidamente** operar rápidamente

operário, -a /opeˈrarju, rja/ *adj & s* operario, obrero, trabajador, jornalero, artífice ▪ **operário da construção** operario de la construcción

operatório, -a /operaˈtɔrju, rja/ *adj* operatorio ▪ **pós-operatório** posoperatorio

oriente

opereta /opeˈrɛta/ *sf* opereta, zarzuela ■ **fazer uma opereta** hacer una opereta

opinar /opiˈnaR/ *v* opinar, entender, parecer, juzgar ■ **opinar muito** opinar mucho

opinião /opiniˈɐ̃w/ *sf* opinión, arbitrio, concepto, impresión, parecer, juicio ■ **mudar de opinião** cambiar de camisa

ópio /ˈɔpju/ *sm* opio ■ **ópio do povo** opio del pueblo

oponente /opoˈnẽʧi/ *adj & s* oponente, adversario, opositor, competidor ■ **lutar com o oponente** luchar con el oponente

opor /oˈpoR/ *v* 1 oponer, contraponer, enfrentar, objetar 2 oponerse, disidir, encontrarse, recusar 3 tropezar ■ **opor a uma ideia** oponer a una idea

oportunidade /opoRtuniˈdaʤi/ *sf* oportunidad, ocasión, momento, congruencia, facilidad ■ **ter uma oportunidade** tener una oportunidad

oportuno, -a /opoRˈtunu, na/ *adj* oportuno, cómodo, propicio, congruente, de provecho ■ **situação oportuna** situación oportuna

oposição /opoziˈsɐ̃w/ *sf* oposición, antagonismo, antítesis, aversión, contraste, diferencia, disensión, encuentro, forcejeo ■ **em oposição** en contra

opositor, -ora /opoziˈtoR, ɾa/ *adj & s* opositor, oponente, concurrente ■ **opositor do governo** opositor del gobierno

oposto, -a /oˈpoʃtu, ta/ *adj* opuesto, adverso, reverso, antagónico, contrario, encontrado, refractario, enemigo ■ **frio é o oposto de calor** frío es el opuesto de calor

opressão /opreˈsɐ̃w/ *sf* opresión, tiranía, angustia, ansiedad ■ **sofrer opressão** sufrir opresión

opressor, -ora /opreˈsoR, ɾa/ *adj & s* opresor, tirano, déspota ■ **governo opressor** gobierno opresor

oprimir /opriˈmiR/ *v* 1 oprimir, sojuzgar, tiranizar 2 abrumar, acongojar, afligir, hundir 2 frenar ■ **oprimir as pessoas** oprimir las personas

optar /opˈtaR/ *v* optar, escoger, elegir, preferir ■ **optar pelo melhor** optar por el mejor

óptico /ˈɔpʧiku, ka/ *adj & s* óptico, de la vista ■ **problema óptico** problema de la vista

opulência /opuˈlẽsja/ *sf* opulencia, riqueza, abundancia ■ **opulência na vida** riqueza en la vida

opulento, -a /opuˈlẽtu, ta/ *adj* opulento, abundante, rico, acaudalado, valioso ■ **objetos opulentos** objetos valiosos

opúsculo /oˈpuʃkulo/ *sm* opúsculo, ensayo, artículo, folleto ■ **opúsculo publicado** opúsculo publicado

oração /oraˈsɐ̃w/ *sf* 1 oración, súplica, rezo 2 oración, frase ■ **oração do dia** oración del día

orador, -ora /oraˈdoR, ɾa/ *s* orador, predicador ■ **escolher o orador** escoger el orador

oral /oˈraw/ *adj* oral, verbal, bucal ■ **prova oral** prueba oral

orangotango /oɾɐ̃goˈtɐ̃gu/ *sm* orangután ■ **orangotango no zoológico** orangután en el zoo

orar /oˈraR/ *v* orar, proferir en público, rezar ■ **orar todos os dias** orar todos los días

oratório /oraˈtɔrju, rja/ *adj* 1 oratorio 2 oratoria, retórica ■ **estudar oratória** estudiar oratoria

órbita /ˈɔRbita/ *sf* órbita, trayectoria, esfera ■ **órbita dos olhos** cuenca del ojo

orçamento /oRsaˈmẽtu/ *sm* presupuesto, previsión de coste, avanzo, oferta ■ **orçamento federal** presupuesto federal

orçar /oRˈsaR/ *v* presupuestar, calcular, valuar, estimar ■ **orçar os preços** calcular los precios

ordeiro, -a /oRˈdejru, ɾa/ *adj* pacífico, conservador ■ **pessoa ordeira** persona conservadora

ordem /ˈoRdẽj/ *sf* 1 orden, arreglo, género, precepto, prescripción, autorización, edicto 2 fila, hilera, ordenamiento, organización, gobierno, jerarquía, mandado, mandamiento 3 medida, método, situación ■ **estar na ordem do dia** estar a la orden del día ■ **ordem de pagamento** libranza ■ **ordem do juiz** mandamiento

ordenação /oRdenaˈsɐ̃w/ *sf* ordenación, regulación ■ **ordenação da casa** ordenación de la casa

ordenado, -a /oRdeˈnadu, da/ *adj & sm* 1 que guarda orden 2 salario, paga, sueldo ■ **casa ordenada** casa ordenada

ordenhar /oRdeˈɲaR/ *v* ordeñar ■ **ordenhar os animais** ordeñar los animales

ordinal /oRdʒiˈnaw/ *adj & sm* 1 ordinal, del orden ■ **número ordinal** número ordinal

ordinário, -a /oRdʒiˈnarju, rja/ *adj* ordinario, regular, usual, inferior, tosco, vulgar, normal ■ **trabalho ordinário** trabajo regular

orégano /oˈrɛɣano/ *sm* orégano ■ **orégano na comida** orégano en la comida

orelha /oˈreʎa/ *sf* oreja, pabellón del oído, oído ■ **com a pulga atrás da orelha** con la mosca detrás de la oreja ■ **esquentar a orelha** calentar a uno las orejas ■ **ficar de orelha em pé** ver las orejas del lobo ■ **rir de orelha a orelha** estar como unas castañuelas

orfanato /oRfaˈnatu/ *sm* orfanato, inclusa ■ **crianças do orfanato** niños del orfanato

órfão, -ã /ˈoRfɐ̃w, fɐ̃/ *adj & s* 1 huérfano 2 privado, desamparado 3 órfã ■ **criança órfã** niño huérfano

orgânico, -a /oRˈgɐniku, ka/ *adj* orgánico, fundamental ■ **material orgânico** material orgánico

organismo /oRgaˈniʒmu/ *sm* 1 organismo, organización 2 máquina ■ **organismo animal** organismo animal

organização /oRganizaˈsɐ̃w/ *sf* 1 organización, sistematización, estructura, composición 2 instalación, institución ■ **organização da casa** organización de la casa

organizado, -a /oRganiˈzadu, da/ *adj* organizado, ordenado ■ **documentos organizados** documentos ordenados

organizar /oRganiˈzaR/ *v* 1 organizar, ordenar, disponer, sistematizar, programar, estructurar 2 constituir 3 allanar ■ **organizar a vida** organizar la vida

órgão /ˈoRgɐ̃w/ *sm* órgano ■ **órgãos sexuais** órganos sexuales

orgasmo /oRˈgaʒmu/ *sm* orgasmo ■ **ter um orgasmo** tener un orgasmo

orgia /oRˈʒia/ *sf* 1 orgía, bacanal 2 desorden, anarquía ■ **fazer orgia** hacer orgía

orgulhar /oRguˈʎaR/ *v* 1 enorgullecer 2 envanidecerse, ufanarse, vanagloriarse ■ **orgulhar do trabalho** enorgullecer del trabajo

orgulho /oRˈguʎu/ *sm* 1 orgullo, soberbia, vanidad, alarde, altanería 2 fantasía 3 tufo ■ **orgulho dos filhos** orgullo de los hijos

orgulhoso, -a /oRguˈʎozu, za/ *adj & s* 1 orgulloso, soberbio, vanidoso, altanero, altivo 2 hueco 3 enterado ■ **pessoa orgulhosa** persona orgullosa

orientação /orjẽtaˈsɐ̃w/ *sf* orientación, conducción, rumbo, destino, dirección ■ **boa orientação** buena orientación

oriental /orjẽˈtaw/ *adj & s* oriental ■ **comida oriental** comida oriental

orientar /orjẽˈtaR/ *v* orientar, conducir, disciplinar, guiar, instruir 2 orientarse ■ **orientar o aluno** orientar el alumno

oriente /oriˈẽʧi/ *sm* oriente, este, levante, naciente ■ **região do oriente** región del oriente

405

orifício

orifício /ori'fisju/ *sm* orificio, abertura, hoyo, agujero ■ **orifício grande** orificio grande

origem /o'riʒeˉj/ *sf* 1 origen, comienzo, procedencia, emanación 2 filiación, génesis, nacimiento 3 motivo 4 embrión, fuente, manantial, germen, huevo, raíz, semilla ■ **origem da vida** origen de la vida

original /oriʒi'naw/ *adj & sm* 1 original, inédito, único 2 excéntrico 3 modelo, tipo, prototipo ■ **marca original** marca original

originalidade /oriʒinali'dadʒi/ *sf* originalidad, singularidad, excentricidad ■ **originalidade no trabalho** originalidad en el trabajo

originar /oriʒi'naR/ *v* 1 originar, criar, crear, motivar 2 originarse, proceder, resultar 3 nacer ■ **originar um projeto** originar un proyecto

originário, -a /oriʒi'narju, rja/ *adj* originario, original, oriundo, proveniente ■ **trabalho originário** trabajo originario

orla /o'Rla/ *sf* orilla, borde, ribete, faja ■ **orla da praia** orilla de la playa

orlar /o'RlaR/ *v* orlar, doblar, arrollar, bordear ■ **orlar a rua** doblar la calle

ornamentação /oRnameˉta'sɐˉw/ *sf* ornamentación, adorno ■ **ornamentação do lugar** ornamentación del lugar

ornamentar /ornameˉ'tar/ *v* ornamentar, adornar, engalanar ■ **ornamentar o cabelo** ornamentar el cabello

ornamento /orna'meˉtu/ *sm* ornamento, gala, adorno, trofeo ■ **ornamento grande** adorno grande

ornar /oɾ'nar/ *v* ornar, adornar, guarnecer ■ **ornar a casa** adornar la casa

ornitologia /ornitolo'xia/ *sf* ornitología ■ **estudar ornitologia** estudiar ornitología

orografia /oroɾa'fia/ *sf* orografía ■ **estudar orografia** estudiar orografía

orquestra /oR'keʃtra/ *sf* orquesta, orquestra ■ **orquestra nacional** orquesta nacional

orquestrar /oRkeʃ'traR/ *v* orquestar, instrumentar ■ **orquestrar a banda** orquestar la banda

ortodoxia /oRto'dɔksja/ *sf* 1 ortodoxia 2 rigor ■ **ortodoxia da igreja** ortodoxia de la iglesia

ortodoxo, -a /oRto'dɔksu, sa/ *adj & s* 1 ortodoxo 2 riguroso ■ **judeu ortodoxo** judío ortodoxo

ortografia /oRtoɡra'fia/ *sf* ortografía, forma correcta de escribir las palabras ■ **estudar ortografia** estudiar ortografía

ortopedia /oRtope'dʒia/ *sf* ortopedia ■ **consultório de ortopedia** consultorio de ortopedia

ortopédico, -a /oRto'pɛdʒiku, ka/ *adj* ortopédico ■ **problema ortopédico** problema ortopédico

orvalho /oR'vaʎu/ *sm* rocío, chirimiri, llovizna ■ **caminhar no orvalho** caminar en el rocío

oscilação /osila'sɐˉw/ *sf* oscilación, balance, fluctuación, libración, tambaleo, vaivén ■ **oscilação da voz** oscilación de la voz

oscilante /osi'lɐˉtʃi/ *adj* oscilante, versátil ■ **problema oscilante** problema versátil

oscilar /osi'laR/ *v* 1 oscilar, tambalearse, vacilar, titubear 2 bailar 3 fluctuar ■ **oscilar nas decisões** vacilar en las decisiones

osmose /oʒ'mɔzi/ *sf* ósmosis ■ **reprodução por osmose** reproducción por ósmosis

ósseo, -a /'ɔsju, 'ɔsja/ *adj* óseo, huesoso ■ **problema ósseo** problema óseo

ossificação /osifika'sɐˉw/ *sf* osificación ■ **operação de ossificação** operación de osificación

ossificar /osifi'kaR/ *v* 1 osificar, endurecer 2 osificarse, endurecerse ■ **osificar a perna** osificar la pierna

osso /'osu/ *sm* 1 hueso 2 dificultad ■ **ossos** restos mortales **ossos do ofício** gajes del oficio

ossudo, -a /o'sudu, da/ *adj* huesudo ■ **perna ossuda** pierna huesuda

ostensivo, -a /oʃteˉ'sivu, va/ *adj* 1 ostensivo, ostensible 2 falso, fingido ■ **pessoa ostensiva** persona ostensiva

ostentação /osteˉta'sɐˉw/ *sf* ostentación, pompa, relumbrón, vanidad, alarde, aparato, fausto, grandeza, lujo ■ **ter ostentação** tener pompa

ostentar /oʃteˉ'taR/ *v* ostentar, exhibir, lucir, pavonear, jactarse ■ **ostentar para as pessoas** exhibir para las personas

ostra /'oʃtra/ *sf* ostra ■ **comer ostra** comer ostra

ostracismo /oʃtra'siʒmu/ *sm* ostracismo, aislamiento ■ **ostracismo voluntário** ostracismo voluntario

otário, -a /o'tarju, rja/ *sm* tonto, baboso ■ **homem é otário** hombre es tonto

ótimo, -a /'otʃimu, ma/ *adj* 1 óptimo, excelente, eximio, extra ■ **ótimo trabalho** óptimo trabajo

otite /o'tʃitʃi/ *sf* otitis ■ **otite é uma doença** otitis es una enfermedad

otorrinolaringologista /otoRinolarˉˉgolo'ʒiʃta/ *sm* otorrinolaringólogo, laringólogo ■ **médico otorrinolaringologista** medico otorrinolaringólogo

ou /o/ *conj* o, ó, u ■ **ou seja** o sea

ouriço /o'risu/ *sm* erizo ■ **ouriço-do-mar** erizo de mar

ouro /'ouɾu/ *sm* 1 oro ■ **ouro em pó** oro en polvo

ousadia /oza'dʒia/ *sf* 1 osadía, arrojo, audacia, coraje, temeridad, libertad 2 desuello ■ **ter ousadia** tener osadía

ousado, -a /o'zadu, da/ *adj* osado, corajoso, temerario, denodado, heroico, intrépido ■ **atitude ousada** actitud corajosa

ousar /o'zaR/ *v* osar, atreverse, emprender ■ **ousar sempre** osar siempre

outono /o'tonu/ *sm* 1 otoño 2 decadencia ■ **roupa de outono** ropa de otoño

outorga /o'tɔRga/ *sf* otorgamiento, donación, concesión ■ **processo de outorga** proceso de otorgamiento

outorgar /otoR'gaR/ *v* otorgar, donar, consentir, aprobar ■ **outorgar o título** otorgar el título

outrem /o'treˉj/ *pron* otro, otra gente ■ **exercem sobre outrem** ejercen sobre otro

outro, -a /'otru, tra/ *pron* outro, diferente, siguiente ■ **nem um nem outro** ni uno ni otro **outras despesas** otros gastos **outras receitas** otros ingresos **ou um ou outro** vado o puente

outrora /o'trora/ *adv* otrora, antaño, en otros tiempos ■ **tempos de outrora** tiempos de otrora

outrossim /'otru, tra/ *pron* otrosí, también, igualmente, asimismo ■ **vou sair outrossim** voy salir también

outubro /o'tubru/ *sm* octubre ■ **mês de outubro** mes de octubre

ouvido /o'vidu/ *sm* oído ■ **dar ouvidos a algo** dar, prestar oídos a algo

ouvinte /o'vˉˉtʃi/ *s* oyente, auditor, escucha, atendiente ■ **aluno ouvinte** oyente oyente

ouvir /o'viR/ *v* oír, escuchar, atender ■ **não ouvir** desoír **ouvir de relance** entreoír

ova /'ova/ *sf* hueva ■ **ova grande** hueva grande

ozônio

ovação /ovaˈsɑ̃w/ *sf* ovación, aplauso, triunfo ▪ **ovação do público** ovación del público

ovacionar /ovacjoˈnaR/ *v* ovacionar, aclamar, aplaudir ▪ **ovacionar a apresentação** ovacionar la presentación

oval /oˈvaw/ *adj* oval, ovalado ▪ **formato oval** formato oval

ovário /oˈvarju/ *sm* ovario ▪ **câncer no ovário** cáncer en el ovario

ovelha /oˈveʎa/ *sf* oveja ▪ **ovelha negra** oveja negra

overdose /oveRˈdɔzi/ *sf* sobredosis ▪ **ter overdose** tener sobredosis

ovino /oˈvinu/ *adj* ovino ▪ **animais ovinos** animales ovinos

ovo /ˈovu/ *sm* huevo ▪ **ovos mexidos** huevos revueltos **pisando em ovos** de puntillas, con pies de plomo

óvulo /ˈovulu/ *sm* óvulo, célula sexual femenina ▪ **óvulo da mulher** óvulo de la mujer

oxalá /oʃaˈla/ *excl* ¡ojalá!, ▪ **oxalá!** ¡así sea!, ¡quiera Dios!

óxido /ˈoksidu/ *sm Quím* óxido ▪ **óxido de ferro** azafrán de marte

oxigenação /oksiʒenaˈsɑ̃w/ *sf* oxigenación ▪ **oxigenação da pele** oxigenación de la piel

oxigenar /oksiʒeˈnaR/ *v* oxigenar, aclarar el color del pelo ▪ **oxigenar a casa** oxigenar la casa

oxigênio /oksiˈʒenju/ *sm* oxígeno ▪ **precisamos de oxigênio** necesitamos de oxígeno

oxítono, -a /okˈsitonu, na/ *adj* oxítono, que lleva el acento en la última sílaba, agudo ▪ **palavra oxítona** palabra oxítona

ozônio /oˈzonju/ *sm* ozono ▪ **ozônio na terra** ozono en la tierra

O

P

p /pe/ *sm.* décimoquinta letra del alfabeto portugués ■ **p de pato** p de pato

pá /pa/ *sf.* pala ■ **pá de hélice** paleta ■ **pá de lixo** recogedor ■ **pá de pedreiro** paleta, cuchara ■ **ser da pá virada** ser de la piel del diablo ■ **uma pá de gente** ciento y la madre

pacato, -a /pa'katu, ta/ *adj.* pacato, manso ■ **pessoa pacata** persona tranquila

paciência /pasi'eˆsja/ *sf.* paciencia, espera, resignación, tolerancia, mansedumbre ■ **acabar com a paciência** malgastar la paciencia ■ **ter paciência** tomarlo con calma

paciente /pasi'eˆtʃi/ *adj. s.* **1** paciente, que tiene paciencia, manso, consentidor **2** enfermo ■ **o amor é paciente** el amor es paciente

pacificar /pasifi'kaR/ *v.* pacificar, allanar, apaciguar, aplacar, serenar, sosegar ■ **pacificar a terra** pacifc tierra

pacífico, -a /pa'sifiku/ *sm.* pacífico, quieto, sosegado ■ **protesto pacífico** protesta pacífica

pacote /pa'kɔtʃi/ *sm.* **1** paquete, fardo, lío, paca **2** encomienda. pacote mal-feito atadijo ■ **pacote de bolacha** paquete de obleas

pacto /'paktu/ *sm.* pacto, ajuste, combinación, confederación, entente, iguala, negocio, tratado ■ **pacto de sangue** pacto de sangre

padaria /pada'ria/ *sf.* panadería, panificadora ■ **na padaria tem quitanda** en la panadería tienda de comestibles

padecer /pade'seR/ *v.* padecer, aguantar, doler, lacerar, pesar, sufrir ■ **deixar padecer** que podecer

padeiro /pa'dejru, ra/ *s.* panadero ■ **padeiro fez pães** baker hizo panes

padrão /pa'drɐ̃w/ *sm.* padrón, estándar, standard, tipo, modelo, nivel, vitola, matriz ■ **de alto padrão** de alto nivel, de lujo

padrasto /pa'draʃtu/ *sm.* padrastro ■ **ele e um bom padastro** él y un buen padrastro

padre /'padri/ *sm.* padre, cura, sacerdote ■ **o padre está na igreja** el sacerdote en la iglesia

padrinho /pa'driɲu/ *sm.* **1** padrino, protector, patrono, paraninfo **2** bienhechor ■ **ele é meu padrinho** él y mi padrino

padroeiro, -a /padro'ejru, ra/ *s.* protector, patrón, patrono ■ **São João é padroeiro de uma ciadade** John y mecenas de un ciadade

padronizar /padroni'zaR/ *v.* estandarizar, uniformar ■ **padronizar o texto** estandarizar el texto

paelha /pa'eʎa/ *sf.* paella ■ **paelha e um bom prato** paella y una buena comida

pagador, ora /paga'doR, ra/ *adj. s.* pagador, habilitado ■ **o pagador de promessas** las promesas de pagar

pagamento /paga'meˆtu/ *sm.* pago, paga, remuneración, retribución, salario, saldo. pagamento com adicional sobrepaga ■ **pagamento em prestações** pagos fraccionados ■ **pagamento suplementar** sobresueldo

paganismo /paga'niˆzmu/ *sm.* paganismo ■ **o paganismo cultua o demônio** paganismo adora al diablo

pagante /pa'gɐ̃tʃi/ *adj. s.* pagador ■ **público pagante** público de pago

pagão /pa'gɐ̃w, gaˆ/ *adj. s.* **1** pagano, hereje, infiel **2** pagana ■ **cristianismo pagão** pagan el cristianismo

pagar /pa'gaR/ *v.* pagar, desembolsar, indemnizar, remunerar, retribuir, saldar, satisfacer ■ **a pagar** pagadero ■ **pagar à vista** contado ■ **pagar o pato** ■ sufrir las consecuencias de algo ■ **você me paga!** ¡me las vas a pagar!

pagável /pa'gavew/ *adj.* pagadero ■ **pagável com endosso** pagaré

página /pa'ʒina/ *sf.* página ■ **página de rosto de livro** portada

pago, -a /'pagu, ga/ *adj.* pago ■ **pago à vista** pagado contado

pai /paj/ *sm.* **1** padre, progenitor **2** pais pl padres (padre y madre) ■ **mau pai** padrastro ■ **pai bonzinho** padrazo ■ **pai-de-santo** sacerdote de los cultos afrobrasileños ■ **pai-nosso** padrenuestro ■ **tal pai, tal filho** de tal palo tal astilla

painel /paj'nɛw/ *sm.* mural, afresco, panel, cuadro ■ **painel do carro** tablero de instrumentos

paio /'paju/ *sm.* salchichón, embutido ■ **paio está delicioso** salchicha es delicioso

paiol /paj'ɔw/ *sm.* **1** depósito, granero **2** mil arsenal ■ **paiol de polvora** almacén de pólvora

país /pa'iʃ/ *sm.* país, patria ■ **país desenvolvido** país desarrollado ■ **país subdesenvolvido** país subdesarrollado

paisagem /paj'saʒeˆj/ *sf.* paisaje, panorama, vista ■ **paisagem bonita** hermoso paisaje

paixão /paj'ʃɐ̃w/ *sf.* pasión, amor, ardor, delirio, excitación, fanatismo, parcialidad, vehemencia ■ **paixão de matar** la pasión de matar

pajem /pa'ʒeˆj/ *sm.* paje, ninhera, ama seca ■ **pajem do casamento** paje de la boda

palácio /pa'lasju/ *sm.* palacio, solar, edificio grande y suntuoso ■ **palácio central** palacio central

palafita /pala'fita/ *sf.* palafito, construcción lacustre ■ **moradores das palafitas** los residentes de los zancos

palanque /pa'lɐ̃ki/ *sm.* palenque, tribuna, estrado ■ **palanque central** plataforma central

palavra /pa'lavra/ *sf.* palabra, vocablo, término, verbo ■ **comer palavras** comerse palabras ■ **dar a palavra** dar la palabra ■ **distorcer as palavras** torcer las palabras **faltar à palabra** faltar a la palabra ■ **medir palavras** medir las palabras

palavrão /pala'vrɐ̃w/ *sm.* palabrota, mala palabra, insulto, grosería, obscenidad, palabras mayores ■ **ele disse um palavrão** dijo que una mala palabra

papoula

palavreado /palavre'adu/ *sm.* palabrería, arenga, palabreo ▪ **palavreado comum** verborrea común

palco /pawku/ *sm.* escena, escenário, tablado, teatro ▪ **palco digital** etapa digital

paleolítico /paleo'lit∫iku, ka/ *adj.* paleolítico ▪ **história do paleolítico** historia del paleolítico

paleontologia /paleo˜tolo'ʒia/ *sf.* paleontología ▪ **estudo da paleontologia** estudio de la paleontología

palestino, -a /palef't∫inu, na/ *adj. s.* palestino ▪ **o conflito palestino** el conflicto palestino

palestra /pa'leftra/ *sf.* coloquio, conferencia, conversación, plática ▪ **palestra científica** conferencia científica

paleta /pa'leta/ *sf.* paleta, tabla pequeña del pintor ▪ **paleta do pintor** paleta del pintor

paletó /pale'tɔ/ *sm.* saco, paletó, sobretodo ▪ **paletó preto** saco negro

palha /'paʎa/ *sf.* paja ▪ **fogo de palha** humo de paja ▪ **separar o grão da palha** trillar

palhaçada /paʎa'sada/ *sf.* payasada ▪ **fazer palhaçada** hacer el ganso

palhaço, -a /pa'ʎasu, sa/ *s.* payaso, histrión, títere, hazmerreír ▪ **palhaço engraçado** payaso divertido

palheiro /pa'ʎejru/ *sm.* pajar, henil ▪ **agulha no palheiro** aguja en un pajar

paliativo, -a /palia't∫ivu, va/ *adj.* paliativo, sedante ▪ **cuidados paliativos** los cuidados paliativos

palidez /pali'dejʒ/ *sf.* palidez, palidez extrema lividez ▪ **amarelo apresenta palidez** pálida muestra amarilla

pálido, -a /'palidu, da/ *adj.* pálido, demacrado, exangüe, marchito, pocho ▪ **cor pálido** color pálido

palito /pa'litu/ *sm.* **1** palillo, fósforo **2** delgado, palito de dentes mondadientes, escarbadientes ▪ **palito de fosforo** cerilla

palma /pawma/ *sf.* **1** palma, palmera **2** palma, parte interna de la mano ▪ **bater palmas** aplaudir ▪ **ter alguém na palma da mão** tener a uno en un puño

palmada /paw'mada/ *sf.* palmada, dar palmadas dar palmadas, manotear ▪ **palmada no bumbum** palmada en el trasero

palmilha /paw'miʎa/ *sf.* plantilla ▪ **palmilha de tenis** plantilla del zapato

palmito /paw'mitu/ *sm.* palmito ▪ **palmito de açaí** palma de açaí

palmo /'pawmu/ *sm.* palmo ▪ **sete palmos de terra** la sepultura

palpável /paw'pavew/ *adj.* **1** palpable **2** obvio, manifesto, evidente ▪ **sonho palpável** sueño palpable

pálpebra /pawpebra/ *sf.* párpado ▪ **pálpebra dos olhos** tapa los ojos

palpitação /pawpita'sa˜w/ *sf.* palpitación, pulsación ▪ **palpitação do coração** palpitaciones del corazón

palpitar /pawpi'taR/ *v.* **1** palpitar, pulsar **2** titilar, agitar **3** meterse, emitir opinión ▪ **palpitar o jogo** ganar el juego

palpite /paw'pit∫i/ *sm.* **1** pálpito, palpitación **2** sugestión, premonición ▪ **palpite certo** supongo derecho

pampa /pa˜'pa/ *s.* pampa, terreno llano y extenso ▪ **pampa grande** pampa grande

panamenho, -a /pana'meɲu, ɲa/ *adj. s.* panameño ▪ **as águas do caribe panamenho** las aguas del Caribe panameño

pança /pa˜'sa/ *sf.* panza, vientre ▪ **chapéu de pança de burro** sombrero de panza de burro

pancada /pa˜'kada/ *sf.* golpe, martillazo, ramalazo, porrada, porrazo ▪ **pancada na cabeça** golpe en la cabeza

pancadaria /pa˜kada'ria/ *sf.* golpeteo, paliza ▪ **pancadaria no estadio** pelea en el escenario

pâncreas /pa˜'krjaʃ/ *sm.* páncreas ▪ **pâncreas é um orgão** páncreas es un órgano

panda /'pa˜da/ *adj. sm.* panda ▪ **o panda come bambú** el panda come bambú

pandeiro /pa˜'dejru/ *sm.* pandereta, pandero, aduce ▪ **pandeiro é um bom instrumento** pandero es una buena instrumento

panela /pa'nela/ *sf.* olla, cacerola ▪ **jogo de panelas** batería de cocina ▪ **panela de pressão** olla a presión, olla Express ▪ **panela grande** biche ▪ **panelinha** corrillo

panfleto /pa˜'fletu/ *sm.* panfleto, pasquín, volante ▪ **anúncio em panfleto** publicidad en folleto

pânico /pɑniku/ *sm.* pánico, terror, miedo excesivo ▪ **síndrome do pânico** trastorno de pánico

panificadora /panifika'doR, ra/ *s.* panificadora, panadería ▪ **panificadora de pães** panadería de panes

pano /panu/ *sm.* paño, tela ▪ **boneco de pano** pelele ▪ **pano de chão** trapo de piso ▪ **pano de fundo** do teatro telón ▪ **pano de prato** repasador, paño de cocina ▪ **panos quentes** medias tintas

panorama /pano'rama/ *sm.* **1** panorama, paisaje, vista **2** horizonte muy extenso ▪ **panorama da paisagem** panorama del paisaje

pântano /pa˜'tanu/ *sm.* pantano, lodazal, balsa, marjal ▪ **o monstro do pântano** el monstruo del pantano

pantanoso, -a /pa˜ta'nozu, za/ *adj.* pantanoso, alagadizo ▪ **terreno pantanoso** tierra pantanoso

panteísmo /pa˜te'iʒmu/ *sm.* panteísmo ▪ **culturas panteístas** culturas panteístas

pantera /pa˜'tɛra/ *sf.* **1** pantera **2** mujer muy guapa ▪ **pantera negra** pantera negro

pão /pa˜w/ *sm.* **1** pan **2** tortilla ▪ **cesto para pão** panera ▪ **pão ázimo** pan sin levadura ▪ **pão de forma** pan de molde ▪ **pão de milho** borona ▪ **pão-duro** avaricioso ▪ **pãozinho** panecillo ▪ **pedaço de pão** zoquete

papa /papa, pisa/ *s.* papa, pontífice ▪ **papa do vaticano** papa del vaticano

papagaio /papa'gaju/ *sm.* loro, papagayo, pájara, cometa ▪ **bico-de-papagaio** uña del ancla.

papai /pa'paj/ *sm.* papá, papito ▪ **papai e meu herói** papá y mi héroe

papão /pa'pa˜w/ *sm.* papón, bu, coco ▪ **bicho papão** coco

paparicar /papari'kaR/ *v.* mimar, halagar ▪ **criança paparicada** niño mimado

papel /pa'pew/ *sm.* papel ▪ **cesto para papéis** papelera ▪ **fábrica de papel** papelera ▪ **papel higiênico** papel higiénico ▪ **papel-moeda** papel moneda ▪ **papel pautado** papel rayado ▪ **papel ridículo** papelón ▪ **papel timbrado** papel timbrado

papelão /pape'la˜w/ *sm.* papelón, cartón, papel fuerte ▪ **catador de papelão** cartón colector

papelaria /papela'ria/ *sf.* papelería ▪ **papelaria da esquina** papelería de la esquina

papo /papu/ *sm.* **1** papo (buche de las aves) **2** guayaba ▪ **ficar de papo pro ar** quedarse tan ancho ▪ **fim de papo** sanseacabó ▪ **papo furado** paparrucha ▪ **ter papo** hablar bastante

papo-furado /papufu'radu/ *adj. s.* mentira, cuento ▪ **papo-furado de botequim** jibberish de un bar

papoula /pa'pola/ *sf.* amapola ▪ **papoula silvestre** silvestres de amapola

409

paquera

paquera /pa'kera/ *sf.* **1** flirteo, coquetería, cortejo **2** requiebro ▪ **boa paquera** coqueta buena

paquerador, -ora /pakera'doR, ra/ *adj. s.* **1** mujeriego, coquetón **2** ligón, mariposón ▪ **homem paquerador** hombre coqueto

paquerar /pake'raR/ *v.* **1** coquetear, flirtear, cortejar **2** requebrar, arrastrar el ala ▪ **arte de paquerar** el arte de coquetear

par /paR/ *adj.* igual, semejante ▪ **par ou impar** par o impar

para /para/ *prep.* para, hacia, en dirección a, a fin de ▪ **para onde?** ¿hacia dónde?

parabéns /para'beĩʃ/ *mpl.* pl felicitaciones, congratulaciones, pláceme. dar parabéns dar la enhorabuena ▪ **parabéns para você** felicitaciones a usted

pára-brisa /para'briza/ *sm.* parabrisas ▪ **pára-brisa de carro** parabrisas del coche

pára-choque /para'ʃɔki/ *sm.* **1** parachoque, tope **2** paragolpe ▪ **frase de pára-choque de caminhão** frase de parchoque del camiones

parada /pa'rada/ *sf.* parada, paradero, estación, pausa, interrupción, suspensión ▪ **parada de onibus** parada de autobús

paradeiro /para'dejru/ *sm.* paradero ▪ **ninguém sabe o seu paradeiro** nadie sabe su paradero

paradigma /para'dʒigma/ *sm.* paradigma, modelo, ejemplo ▪ **conceito de paradigma** concepto de paradigma

parado, -a /pa'radu, da/ *adj.* parado, plantado, inerte, inmóvil, quedo ▪ **parada cardíaca** paro cardíaco

parafina /para'fina/ *sf.* parafina ▪ **parafina líquida** parafina líquida

paráfrase /pa'rafrazi/ *sf.* paráfrasis ▪ **paráfrase do texto** paráfrasis del texto

parafusar /parafu'zaR/ *v.* **1** atornillar **2** meditar, pensar ▪ **parafusar a madeira** tornillo de madera

parafuso /para'fuzu/ *sm.* tornillo ▪ **entrar em parafuso** estar desorientado, sin rumbo

parágrafo /pa'ragrafu/ *sm.* parágrafo, párrafo ▪ **parágrafo do texto** párrafo de texto

paraguaio, -a /para'gwaju, a/ *adj. s.* paraguayo ▪ **fala como um papagaio** habla como un loro

paraíso /para'izu/ *sm.* paraíso, edén **2** sitio apacible ▪ **paraíso tropical** paraíso tropical

pára-lama /para'lama/ *sm.* guardabarros ▪ **paralama de moto** guardabarros de motocicleta

paralelepípedo /paralele'pipedu/ *sm.* adoquín, macadam, macadán ▪ **paralelepípedo da calçada** pavimentación de la acera

paralelo, -a /para'lelu, la/ *adj. sm.* paralelo, comparación, paralela ▪ **paralelo ao equador** paralelas al ecuador

paralisação /paraliza'sãw/ *sf.* paralización, interrupción, suspensión ▪ **paralização cerebral** parálisis cerebral

paralisar /parali'zaR/ *v.* **1** paralizar, entorpecer, inmovilizar, impedir, neutralizar **2** paralizarse **3** estancar ▪ **paralisar a obra** paralizar el trabajo

paralisia /parali'zia/ *sf.* parálisis, inmovilidad, marasmo ▪ **paralisia infantil** la poliomielitis

paralítico, -a /para'litʃiku, ka/ *adj. s.* paralítico, tullido, parapléjico ▪ **homem paralítico** paralítico

parâmetro /pa'rɑmetru/ *sm.* parámetro ▪ **parâmetro médico** médico parámetro

paraninfo, -a /para'nĩ'fu, fa/ *s.* **1** paraninfo, padrino **2** protector ▪ **professor paraninfo** profesor paraninfo

paranóia /para'nɔja/ *sf.* paranoia, paranoya ▪ **síndrome de**

paranóia el síndrome de la paranoia

parapeito /para'pejtu/ *sm.* antepecho, parapeto, pretil, defensa ▪ **parapeito do prédio** parapeto del edificio

parapsicologia /parapsikolo'ʒia/ *sf.* parasicología ▪ **ciência da parapsicologia** la ciencia de la parasicología

parapsicólogo, -a /parapsi'kologu, a/ *s.* parasicólogo ▪ **professor parapsicólogo** parapsicólogo profesor

pára-quedas /para'kedaʃ/ *s.* paracaídas ▪ **pulou de paraquedas** saltó en paracaídas

parar /pa'raR/ *v.* **1** parar, detener, suspender **2** estancar, restañar **3** estacionar **4** permanecer, residir ▪ **onde vamos parar!** ¡adónde vamos a parar! ▪ **parar um negócio** varar

parasita /para'zita/ *adj. s.* **1** parásito, gorrón **2** zángano ▪ **parasita do sangue** parásito de la sangre

parasitário, -a /parazi'tarju, rja/ *adj.* parasitario ▪ **capitalismo parasitário** capitalismo parasitario

parceiro, -a /paR'sejru, rja/ *adj. s.* parcero, igual, compañero, socio ▪ **parceiro sexual** pareja sexual

parcela /paR'sɛla/ *sf.* parcela, fragmento, partícula ▪ **parcela de culpa** parte de culpa

parcelar /paRse'laR/ *v.* parcelar, dividir ▪ **parcelar conta** poco a poco en cuenta

parcial /paRsi'aw/ *adj.* parcial, faccioso, incompleto ▪ **resultado parcial** resultado parcial

parcimônia /paRsi'monja/ *sf.* **1** parsimonia, sobriedad, frugalidad **2** economía ▪ **comer com parcimônia** comer con moderación

parcimonioso, -a /paRsimoni'ozu, za/ *adj.* parsimonioso, sobrio, frugal, moderado ▪ **pessoa parcimoniosa** persona parsimoniosa

parco, -a /paRku, ka/ *adj.* parco, sobrio, moderado ▪ **lugar parco** lugar parco

pardal /paR'daw/ *sm.* gorrión, pardillo ▪ **pardal está voando** gorrión vuela

pardo, -a /paRdu, da/ *adj. s.* pardo, obscuro, rucio ▪ **cor parda** gris

parecer /pare'seR/ *v. sm.* **1** parecer, opinión, consejo, consulta, laudo **2** fallo **3** parecer, asemejar, tirar **4** parecerse ▪ **parecer jurídico** dictamen jurídico

parecido, -a /pare'sidu, da/ *adj.* **1** parecido, semejante, símil, similar **2** vecino ▪ **parecido com alguém** como si alguien

parede /pa'redʒi/ *sf.* pared, muro ▪ **encostar na parede** estrechar a preguntas, apretar ▪ **paredão** paredón ▪ **parede de barro** tapia ▪ **parede fina** tabique ▪ **subir pelas paredes** subirse por las paredes

parente /pa're'tʃi/ *s.* **1** pariente, primo, allegado, parecido, deudo **2** familiar ▪ **parente de segundo grau** de segundo grau en relación

parentesco /pare'teʃku/ *sm.* parentesco, afinidad ▪ **grau de parentesco** grado del parentesco

parêntese /pa're'tezi/ *sm.* paréntesis ▪ **entre parênteses** incidentalmente

paridade /pari'dadʒi/ *sf.* paridad, igualdad, semejanza, analogía ▪ **paridade do poder de compra** paridad del poder adquisitivo

parir /pa'riR/ *v.* **1** parir, dar a luz, dar cria **2** producir, causar ▪ **parir o filho** dar a luz al hijo

parlamentar /paRlame''taR/ *adj. v.* parlamentar, negociar, parlamentario ▪ **regime parlamentar** régimen parlamentario

parlamento /paRla'me'tu/ *sm.* parlamento, cámara legislativa ▪ **parlamento europeu** parlamento europeo

paródia /pa'rɔdʒia/ *sf.* parodia, imitación burlesca ▪ **paródia**

patim

literária parodia literaria

paróquia /pa'rɔkja/ *sf.* parroquia, iglesia, feligresía ■ **paróquia da igreja** la iglesia parroquial

paroquiano, -a /paroki'ɐnu, na/ *adj. s.* parroquiano, feligrés ■ **mundo paroquiano** mundo parroquiano

parque /paRki/ *sm.* parque, jardín extenso ■ **parque de flores** parque de las flores

parreira /pa'Rejra/ *sf.* parra, parral ■ **parreira de maracujá** pasión vid fruta

parte /paRtʃi/ *sf.* parte, fracción, fragmento, pedazo, porción, pieza, lote, módulo, sección, sector, segmento ■ **por partes** a trozos

parteiro /paR'tejru, ra/ *s.* **1** partero **2** partera, matrona, comadre ■ **o parteiro fez o parto** partera atendió el parto

participação /paRtʃisipa'sɐ̃w/ *sf.* participación, comunicación ■ **participação nos lucros** participación en las ganancias ■ **ter participação** tener parte en una cosa

participar /paRtʃisi'paR/ *v.* participar, integrar, compartir, comunicar ■ **participar de negociata** pringarse ■ **participar de uma competição** entrar en liza ■ **sem participar** sin comerlo ni beberlo

particípio /paRtʃi'sipju/ *sm.* particípio ■ **particípio presente** participio presente

partícula /paR'tʃikula/ *sf.* partícula, parcela, polvo ■ **partículas estranhas** impurezas ■ **acelerador de partículas** acelerador de partículas

particularidade /paRtʃikulari'dadʒi/ *sf.* particularidad, individualidad, peculiaridad, singularidad ■ **particularidade histórica** particularidad histórica

partidário, -a /paRtʃi'darju, rja/ *adj. s.* **1** partidario, adepto, parcial, amigo **2** soldado ■ **política partidário** política partidista

partido, -a /paR'tʃidu, da/ *adj. sm.* **1** partido, bando, facción, lado · *sf* **2** partida, ida ■ **partida de embarcação** zarpa ■ **partido ao meio** abierto en dos ■ **ser um bom partido** ser un buen partido ■ **tirar partido** sacar partido ■ **tomar determinado partido** embanderar

partilha /paR'tʃiʎa/ *sf.* partición, reparto, socialización ■ **partilha da herança** partición de la herencia

partir /paR'tʃiR/ *v.* **1** quebrar, romper, trincar, despedazar, dividir **2** partirse, romperse, salir, marchar, ausentarse, irse ■ **a partir de** desde, a contar de

partitura /paRtʃi'tura/ *sf.* partitura ■ **partitura de música** partituras

parto /paRtu/ *sm.* parto, alumbramiento ■ **pós-parto** sobreparto

páscoa /paʃkwa/ *sf.* **1** pascua **2** resurrección ■ **ovo de páscoa** huevo de pascua

pasmar /pa'ʒmaR/ *v.* pasmar, espantar, asombrar ■ **uma história de pasmar** una historia de deslumbramiento

pasmo /pa'ʒmu/ *sm.* pasmo, espanto, asombro, admiración ■ **ficar pasmo** quedar anonadado

passa /pasu/ *sm.* pasa, fruto seco ■ **uva passa** pasa

passado, -a /pa'sadu, da/ *adj.* **1** pasado, planchado, admirado, atontado **2** pretérito **3** pasada, paso ■ **dar uma passada em/por** darse una vuelta en/por

passageiro, -a /pasa'ʒejru, ra/ *adj. s.* efímero, temporal, transitorio ■ **passageiro clandestino** polizón

passagem /pa'saʒe̞ʒ/ *sf.* pasaje, transición, tránsito, pasada ■ **de passagem** de paso ■ **passagem de trem, avião** billete ■ **passagem estreita** pasillo, coladero

passaporte /pasa'pɔRtʃi/ *sm.* pasaporte ■ **tirar o passaporte** obtener un pasaporte

passar /pa'saR/ *v.* pasar, andar, correr, dejar, ir, transcurrir ■ **fazer-se passar por** dragonear ■ **passar adiante** ir más lejos ■ **passar a mão** magrear ■ **passar a mão** roubar ■ **passar desta para melhor** pasar a mejor vida ■ **passar muito bem** pasárselo en grande ■ **passar por cima** pasar por alto ■ **passar roupa** planchar ■ **passar um calote** pegar un parche

pássaro /pasaru/ *sm.* pájaro ■ **pássaro voa** pájaro vuela

passatempo /pasa'te̞ʒpu/ *sm.* pasatiempo, deporte, diversión, distracción, hobby ■ **atividade de passatempo** pasatiempo actividad

passe /pasi/ *sm.* pase, permiso, licencia, salvoconducto ■ **passe para um gol** pasar por un objetivo

passear /pase'aR/ *v.* pasear, caminar ■ **mandar passear** mandar a paseo, mandarle uno a hacer gárgaras

passeio /pa'seju/ *sm.* paseo, excursión, gira, vuelta, acera, orilla ■ **passeio circular** isla

passional /pasio'naw/ *adj. sm.* pasional, vehemente, violento , fanático ■ **crime passional** crimen pasional

passivo, -a /pa'sivu, va/ *adj. sm.* pasivo, paciente, indiferente ■ **fumante passivo** el tabaquismo pasivo

passo /pasu/ *sm.* **1** paso, pasada ■ **a dois passos** a dos pasos **2** ao passo que, a medida que dar ■ **os primeiros passos** hacer pinitos en algo ■ **dar um passo em falso** dar un paso en falso ■ **passo largo** zancada

pasta /paʃta/ *sf.* **1** pasta, masa, paté, puré **2** pasta escolar cartapacio ■ **pasta para papéis** carpeta, portafolio ■ **pasta de documentos** maletín

pastar /paʃ'taR/ *v.* **1** pastar, apacentar **2** sufrir, tolerar, soportar algo para intentar obtener una situación mejor ■ **vai pastar!** pastarán!

pastel /pas'tel/ *sm.* pastel, empanada ■ **pastel misto** mezcla de pastel

pasteurização /paʃtewriza'sɐ̃w/ *sf.* pasteurización, esterilización ■ **pasteurização do leite** pasteurización de la leche

pastilha /paʃ'tʃiʎa/ *sf.* pastilla, tableta ■ **pastilha de freio** pastilla de freno

pasto /paʃtu/ *sm.* **1** pasto, hierba **2** forraje ■ **pasto de capim** pastos de hierba

pastor, -ora /pas'toR, ra/ *adj. s.* pastor ■ **pastor de igreja** pastor de la iglesia

pastoso, -a /pas'tozu, za/ *adj.* pastoso, viscoso, pegajoso ■ **leite pastoso** leche

pata /pata/ *sf.* **1** pata **2** pie, pierna ■ **pata de boi** pata de buey

patada /pa'tada/ *sf.* **1** patada, pisada **2** tontería ■ **patada de tigre** saque el tigre

patamar /pata'maR/ *sm.* patamar, descanso, rellano ■ **novo patamar** nuevo nivel

patê /pa'te/ *sm.* paté, puré ■ **patê de frango** paté de pollo

patente /pa'te̞tʃi/ *adj. sf.* visible, manifiesto, franco, abierto, accesible ■ **patente da marca** patente de marcas

patentear /pate'tʃiaR/ *v.* **1** patentar, patentizar, mostrar, franquear **2** mostrarse ■ **patentear uma empresa** patentar un negocio

paterno, -a /pa'teRnu, na/ *adj.* paterno, paternal ■ **avô paterno** abuelo paterno

patético, -a /pa'tetʃiku, ka/ *adj.* patético, tragicómico, enternecedor ■ **discurso patético** discurso patético

patife /pa'tʃifi, fa/ *adj. s.* pícaro, galopín, sinvergüenza ■ **um patife notável** un sinvergüenza notable

patim /pa'tʃĩ/ *sm.* patín ■ **patim de freio** patín del freno

P

411

patinar

patinar /patʃi'naR/ *v.* patinar, deslizarse ■ **patinar no gelo** patinaje sobre hielo

pátio /patʃju/ *sm.* patio, terreno anejo a una casa ■ **pátio da escola** patio de recreo

pato /patu, ta/ *s.* **1** pato **2** tonto, estúpido ■ **pagar o pato** pagar los platos rotos

patogênico, -a /pato'ʒeniku, ka/ *adj.* patógeno ■ **agente patogênico** patógeno

patologia /patolo'ʒia/ *sf.* patología ■ **patologia medica** patología médica

patrão, -ao /pa'trɑ̃w, troa/ *s.* **1** patrón, amo, señor, dueño, propietario **2** patrona ■ **patrao e empregado** el jefe y el empleado

pátria /patrja/ *sf.* **1** patria **2** cuna, madre, nido ■ **pátria amada** patria amada

patrimônio /patri'monju/ *sm.* patrimonio, bienes de familia, propiedad ■ **patrimônio líquido** patrimonio neto

pátrio, -a /patrju, trja/ *adj.* patrio, nacional ■ **adjetivo pátrio** adjetivo paterna

patriotismo /patrjo'tʃiʒmu/ *sm.* patriotismo ■ **patriotismo e nacionalismo** patriotismo y nacionalismo

patrocinador, -ora /patrosina'doR, ra/ *adj. s.* patrocinador, mecenas ■ **patrocinador da seleção** patrocinador de selección

patrocinar /patrosi'naR/ *v.* patrocinar, favorecer, proteger ■ **patrocinar o time** patrocinador del equipo

patrono /pa'tronu, na/ *s.* padrino, patrón, patrono ■ **patrono do exército** patrona del ejército

patrulha /pa'truʎa/ *sf.* **1** patrulla, represión **2** ronda, guardia ■ **patrulha da policia** patrulla de la policía

patrulheiro, -a /patru'ʎejru, ra/ *s.* patrullero ■ **patrulheiro rodoviário** carretera patrullero

pau /paw/ *sm.* **1** palo, bastón, bordón, vara, cayado **2** picha, pijo, polla ■ **pau-a-pau** mano a mano ■ **meter o pau** criticar ■ **quebrar o pau** pelearse

pausa /pawza/ *sf.* pausa, silencio, lentitud ■ **fazer uma pausa** hacer una pausa

pauta /pawta/ *sf.* **1** pauta, orden **2** modelo ■ **pauta em papel** rayado ■ **pauta para música** pentagrama

pavão /pa'vɑ̃w/ *sm.* **1** pavo, pavo real **2** tipo arrogante, soberbio ■ **pavão azul** pavo real azul

pavilhão /pavi'ʎɑ̃w/ *sm.* **1** pabellón, templete **2** bandera, estandarte ■ **pavilhão auditivo** pabellón de la oreja

pavimentar /pavime̱'taR/ *v.* pavimentar, embaldosar, empedrar, enladrillar, solar ■ **pavimentar a estrada** allanar el camino

pavimento /pavi'me̱tu/ *sm.* pavimento, piso, suelo ■ **pavimento de pedras** empedrado ■ **pavimento de rua** afirmado

pavio /pa'viu/ *sm.* mecha, cerilla ■ **de fio a pavio** de pe a pa ■ **pavio curto** bejín

pavor /pa'voR/ *sm.* pavor, espanto, miedo, pánico, terror ■ **pavor de cobra** miedo a las serpientes

pavoroso, -a /pavo'rozu, za/ *adj.* pavoroso, horroroso, espantoso, torvo ■ **estrondo pavoroso** terrible accidente

paz /pajʃ/ *sf.* paz, pacificación, quietud, sosiego, tranquilidad, concordia ■ **deixar em paz** dejar en paz ■ **descansar em paz** descansar en paz

pê /pe/ *sm.* pe, nombre de la letra p ■ **p de pato** p de pato

pé /pɛ/ *sm.* pie ■ **pé de moleque** pie niño

peão /pe'ɑ̃w, pe'ona/ *s.* **1** peón, trabajador **2** peón, pieza del ajedrez ■ **peão de roça** peón de granja

peça /pɛsa/ *sf.* **1** pieza, pedazo, fragmento, porción **2** órgano ■ **peça de vestuário** prenda ■ **peça teatral em um ato** entremés ■ **pregar uma peça** enchilar

pecado /pe'kadu/ *sm.* pecado, culpa, deuda ■ **pecado capital** pecado mortal

pecador, -ora /peka'doR, ra/ *adj. s.* pecador ■ **oração do pecador** pecador de la oración

pecar /pe'kaR/ *v.* pecar, obrar con error, faltar ■ **ato de pecar** acto de pecado

pechincha /pe'ʃ̃iʃa/ *sf.* ganga, pichincha, mamada ■ **fazer uma pechincha** cerrar un trato

pechinchar /peʃ̃i'ʃaR/ *v.* pedir rebaja, escatimar, hacer buen negocio ■ **pechinchar o preço** precio irrisorio

peçonha /pe'soɲa/ *sf.* **1** ponzoña, veneno **2** maldad, malicia ■ **animais de peçonha** animales venenosos

peculiar /pekuli'aR/ *adj.* peculiar, particular, própio, especial, singular, único ■ **jeito peculiar** modo peculiar

peculiaridade /pekuliari'dadʒi/ *sf.* peculiaridad, particularidad, especialidad ■ **a peculiaridade de minas** la peculiaridad de las minas

pecúlio /pe'kulju/ *sm.* peculio, patrimonio, bienes, capital ■ **pecúlio por morte** anualidad muerte

pedaço /pe'dasu/ *sm.* pedazo, parte, bocado, cacho, loncha, lonja, triza, trozo ■ **pedaço de carne** pedazo de carne

pedágio /pe'daʒju/ *sm.* peaje ■ **tarifa de pedágio** tasa de peaje

pedagogia /pedago'ʒia/ *sf.* pedagogía, educación, enseñanza ■ **estudo da pedagogia** estudio de la pedagogía

pedagogo, -a /peda'gogu, ga/ *s.* pedagogo, preceptor, educador, profesor, maestro de escuela ■ **pedagogo empresarial** profesor de negocios

pedal /pe'daw/ *sm.* pedal ■ **pedal da bicicleta** pedal de la bicicleta

pedante /pe'dɑ̃tʃi/ *adj. s.* pedante, presumido, afectado, vanidoso ■ **ele foi pedante no que disse** era pedante en lo que dijo

pederasta /pede'raʃta/ *sm.* pederasta, homosexual ■ **homem pederasta** hombre pederasta

pedestal /pedeʃ'taw/ *sm.* pedestal, asiento, peana, base, fundamento, zócalo ■ **pedestal de madeira** pedestal de madera

pedestre /pe'deʃtri/ *adj. s.* pedestre, peatón ■ **passagem de pedestres** paso de peatones

pé-de-vento /pɛdʒi've̱tu/ *sm.* refregón, torbellino, huracán ■ **o pé-de-vento derrubo folhas** viento pie derribar las hojas

pediatria /pedʒia'tria/ *sf.* pediatría ■ **pediatria do hospital** hospital pediátrico

pedido /pe'dʒidu, da/ *adj.* pedido, recomendación, súplica, representación, postulación ■ **apoiar um pedido** apoyar una solicitud

pedinte /pe'dʒĩtʃi/ *adj. s.* mendigo, mendicante, pobre ■ **pedinte de ônibus** mendigo en el autobús

pedir /pe'dʒiR/ *v.* pedir, recomendar, solicitar, suplicar, encargar, demandar, postular ■ **pedir arrego** lanzar la toalla ■ **pedir em casamento** pedir en casamiento ■ **pedir emprestado** pechar ■ **pedir esmola** mendigar ■ **pedir fiado** fiar ■ **pedir o impossível** pedir la luna

pedra /pedra/ *sf.* piedra, losa, peña, guijarro, callao ■ **dormir como uma pedra** dormir como un lirón, dormir como un tronco ■ **pedra pequena** china

pedreiro /pe'drejru/ *sm.* **1** albañil, pedrero, mampostero **2** pedrera, cantera ■ **ajudante de pedreiro** ayudante de albañil

pedúnculo /pe'ðuɲkulo/ *sm.* piecito, pezón ■ **pedúnculo cerebelar** pedúnculo cerebeloso

pegada /pe'ɾaða/ *sf.* huella, paso, pisada, rastro, patada,

pera

vestigio, estampa ■ **seguir as pegadas de alguém** seguir los pasos a uno

pegajoso, -a /peɣa'xozu, ɔ/ *adj.* pegajoso, pegadizo, viscoso ■ **bicho pegajoso** error pegajosa

pegar /pe'xaɾ/ *v.* **1** agarrar, asir, atrapar, alcanzar, tener, tomar, coger, prender **2** pegarse, llevarse **3** pescar **4** apestillar ■ **pegar algo no ar** pillarlas ■ **pegar alguém com a mão na massa** coger a uno con las manos en la masa ■ **pegar um pedacinho** pellizcar

peido /pe'eɾ/ *v.* pedo, cohete ■ **peido fedido** pedo maloliente

peitoril /pejto'riw/ *sm.* **1** parapecho, antepecho, pretil **2** pl: peitoris ■ **peitoril da janela** travesaño de la ventana

peixe /pejʃi/ *sm.* **1** pez **2** peixes pl astrol, astron piscis (signo, constelación) ■ **não ter nada a ver com o peixe** no haber roto un plato ■ **peixe comestível** pescado ■ **vender o seu peixe** tratar de sus intereses

pejorativo, -a /peʒoɾa'tʃivu, va/ *adj.* peyorativo, despreciativo ■ **sentido pejorativo** sentido peyorativo

pelado, -a /pe'ladu, da/ *adj.* desnudo, morondo, pelón ■ **mulher pelada** girlie

pelagem /pe'laʒe'/ *sf.* pelaje ■ **pelagem macia** capa suave

pelanca /pe'lɑ̃'ka/ *sf.* carne flácida y pendiente, piltrafa ■ **pelanca flácida** pelanca flácida

pelar /pe'laɾ/ *v.* pelar, despellejar, mondar, descascarar ■ **pelar os pelos** afeitarse el pelo

pele /'peli/ *sf.* piel, epidermis, pellejo ■ **estar pele e osso** no tener uno más que el pellejo ■ **salvar a própria pele** salvar el pellejo

peleteria /pelete'ria/ *sf.* peletería, marroquinería ■ **peleteria de onça** pieles de leopardo

pelica /pe'lika/ *sf.* cabritilla ■ **couro pelica** de cuero de becerro

película /pe'likula/ *sf.* película, film, filme ■ **película cinematográfica** película de cine

pelo /'pelo/ *sm.* por el, por lo ■ **pelo mundo** alredor del mundo

pelota /pe'lota/ *sf.* pelota, bola ■ **chutar a pelota** falta la pastilla

pelotão /pelo'tɑ̃ʷ/ *sm.* **1** pelotón **2** multitud ■ **segundo pelotão** segundo pelotón

peludo, -a /pe'ludu, da/ *adj.* peludo ■ **bicho peludo** bestia peluda

pélvis /'pɛwviʃ/ *sf.* pelvis ■ **pélvis feminino** pelvis de la mujer

pena /'pena/ *sf.* **1** pena, sanción, punición **2** aflicción, piedad, cuita, duelo, lástima **3** pluma **4** penalidad ■ **não valer a pena** no valer algo la pena ■ **que pena!** ¡qué lástima!

penacho /pe'naʃu/ *sm.* **1** penacho, plumero, plumaje **2** vanidad, ostentación ■ **penacho de pavão** pluma de pavo real

penalidade /penali'dadʒi/ *sf.* penalidad, sanción, castigo ■ **penalidade máxima** pena máxima

penalizar /penali'zaɾ/ *v.* **1** penalizar, disgustar, hacer sufrir **2** lastimarse ■ **penalizar infração** sancionar violación

pênalti /'penawtʃi/ *sm.* penal, penalti ■ **pênalti cobrado** pena de grava

penca /'pe'ka/ *sf.* racimo ■ **penca de banana** racimo de plátanos

pendência /peŋ'deŋθja/ *sf.* pendencia, cuestión, riña, disputa ■ **pendência financeira** en espera financiera

pender /peŋ'deɾ/ *v.* pender, colgar, inclinar, tender, tirar ■ **pender para um lado** inclinarse hacia un lado

pendurar /pe'du'raɾ/ *v.* **1** colgar, suspender, fijar **2** colgarse, suspenderse ■ **pendurar no arame** colgar en el alambre

penduricalho /pe'duri'kaʎu/ *sm.* **1** colgajo, pendiente **2** dije ■ **penduricalhos com pedrarias** colgantes con piedras preciosas

peneira /pe'nejɾa/ *sf.* criba. pegar água com peneira, vaciar el mar con un cesto ■ **peneira de futebol** fútbol tamIz

peneirar /penej'raɾ/ *v.* tamizar, cribar, cerner, zarandear ■ **peneirar a areia** batido de la arena

penetração /penetra'sɑ̃ʷ/ *sf.* **1** penetración, incursión **2** infiltración **3** profundidad ■ **penetração anal** penetración anal

penetrante /pene'trɑ̃tʃi/ *adj.* penetrante, agudo, profundo ■ **cor penetrante nos olhos** penetrante color de los ojos

penetrar /pene'traɾ/ *v.* penetrar, ahondar, entrañar, infiltrarse ■ **penetrar na festa** penetrar en el partido

penhasco /pe'naʃku/ *sm.* peñasco, roca grande ■ **caiu do penhasco** cayó por el acantilado

penhor /pe'ɲoR/ *sm.* fianza, arras, garantía, testigo, prueba ■ **penhor de joias** peón de la joyería

penhora /pe'ɲora/ *sf.* **1** hipoteca, embargo de bienes **2** ejecución ■ **penhora de um bem** incautación de bienes

penhorar /peɲo'raɾ/ *v.* **1** empeñar, embargar, hipotecar, secuestrar **2** ejecutar ■ **penhorar o imóvel** hipotecar la propiedad

península /pe'nĩ'sula/ *sf.* península ■ **península ibérica** península ibérica

pênis /'peniʃ/ *sm.* pene, miembro viril ■ **pênis pequeno** pene pequeño

penitência /peni'te'sja/ *sf.* penitencia, expiación, castigo, tormento ■ **ato de penitência** acto de penitencia

penitenciária /penite'si'arja/ *sf.* penitenciaría, correccional, penal, presidio ■ **penitenciária de segurança máxima** prisión de máxima seguridad

penitenciário /penite'si'arju/ *adj. s.* penitenciario ■ **agente penitenciário** guardia de la cárcel

penoso, -a /pe'nozu, za/ *adj.* penoso, penado, arduo, molesto ■ **trabalho penoso** dolores de parto

pensador /pe'sa'doR, ra/ *adj. s.* pensador, filósofo ■ **pensador grego** pensador griego

pensamento /pe'sa'me'tu/ *sm.* **1** pensamiento, raciocinio, concepto **2** mente ■ **pensamento positivo** pensamiento positivo

pensão /pe'sɑ̃ʷ/ *sf.* pensión, renta, jubilación, albergue ■ **pensão alimentícia** pensión alimenticia

pensar /pe'saR/ *v. sm.* **1** pensar, raciocinar, reflexionar, conceptuar **2** mirar ■ **nem pensar** ni soñarlo ■ **pensar muito** romperse los cascos ■ **pensar na morte da bezerra** pensar en las musarañas

pensionista /pe'sio'niʃta/ *s.* pensionista, huesped ■ **pensionista do INSS** boarder INSS

pente /pe'tʃi/ *sm.* peine. passar o pente fino expurgar, escoger ■ **pente de cabelo** peine del pelo

pentear /pe'te'aR/ *v.* **1** peinar **2** peinarse, tocarse ■ **pentear o cabelo** tocar

penúltimo, -a /pe'nuwtʃimu, ma/ *adj.* penúltimo ■ **chegou em penúltimo** llegó a la penúltima

penumbra /pe'nu'bra/ *sf.* **1** penumbra, media luz **2** retraimiento ■ **ficar na penumbra** quedar a media luz, medio olvidado, obscurecido

pepino /pe'pinu/ *sm.* pepino ■ **pepino em conserva** pepinillo

pepita /pe'pita/ *sf.* pepita ■ **pepita de calabaza** pepita de oro ■ **pepita de ouro** pepita de oro

pequeno, -a /pe'kenu, na/ *adj. s.* pequeño, menudo, exiguo, parvo, párvulo ■ **coisa pequena** lo poco

pera /'pera/ *sf.* pera ■ **pêra, uva, maçã, salada mista** pera, uva, manzana, ensalada

413

perambular

perambular /peɾɑ˜bu'laR/ *v.* vaguear, deambular, andar sin rumbo ∎ **perambular por aí** deambular

perante /pe'rɑ˜tʃi/ *prep.* ante, delante de, en vista de ∎ **perante Deus** ante Dios

perceber /peRse'beR/ *v.* darse cuenta, percibir, apercibir, sentir, conocer, entender, divisar, intuir ∎ **sem perceber** inconsciente

percentagem /peRse˜'ta3e˜j/ *sf.* porcentaje, comisión, proporción ∎ **percentagem de lucro** porcentaje de la ganancia

percepção /peRsep'sɑ˜w/ *sf.* percepción, aprehensión, comprensión, concepción, intuición ∎ **percepção visual** percepción visual

percevejo /peRse've3u/ *sm.* chinche, chincheta, tachuela ∎ **percevejo de cama** chinches de cama

percorrer /peRko'ReR/ *v.* **1** recorrer, transitar, girar, discurrir, andar, viajar **2** trillar ∎ **percorrer o caminho** seguir el camino

percurso /peR'kuRsu/ *sm.* **1** trayecto, viaje, trazado, recurrido **2** trayectoria ∎ **percurso total** total del viaje

percussão /peRku'sɑ˜w/ *sf.* percusión, toque ∎ **percussão de tampores** percusión tampores

perda /peRda/ *sf.* pérdida, perdición, perjuicio, remisión, ruina, naufragio ∎ **lucros e perdas** ganancias y pérdidas ∎ **perda total** pérdida total

perdão /peR'dɑ˜w/ *sm.* perdón, amnistía, indulto, merced ∎ **perdão de Deus** el perdón de Dios

perder /peR'deR/ *v.* perder, perderse ∎ **não perder uma chance** estar uno a la que salta ∎ **perder as estribeiras** montar en cólera, perder los estribos´

perdição /peRd3i'sɑ˜w/ *sf.* perdición, ruina, desgracia ∎ **amor de perdição** el amor de perdición

perdido, -a /peR'd3idu, da/ *adj.* perdido, extraviado, olvidado, disperso ∎ **tempo perdido** tiempo perdido

perdoar /peRdo'aR/ *v.* perdonar, absolver, amnistiar, disculpar, exculpar, indultar ∎ **amar e perodoar** amar y perodoar

perdulário, -a /peRdu'larjo, a/ *adj.* malgastador, manirroto, descuidado, desaliñado ∎ **gasto perdulário** los gastos innecesarios

perdurar /peRdu'rar/ *v.* perdurar, durar mucho ∎ **perduarar anos** año perduarar

perecer /pere'θer/ *v.* perecer, sucumbir, fenecer, morir ∎ **a fruta pereceu** frutas perecieron

peregrinação /peregrina'sɑ˜w/ *sf.* peregrinación, peregrinaje, romería ∎ **peregrinação católica** peregrinación católica

peregrino, -a /pere'grinu, na/ *adj. s.* peregrino, caminante, romero, viajero ∎ **peregrino do amor** peregrino de amor

perene /pe'reni/ *adj.* perenne, continuo, incesante ∎ **rio perene** río perenne

perfeição /peRfej'sɑ˜w/ *sf.* perfección, exactitud, excelencia, limpieza, lindeza, primor ∎ **está em perfeição** es la perfección

perfeito, -a /peR'fejtu, ta/ *adj.* perfecto, acabado, completo, exacto, excelente, ideal, impecable, intachable, magistral ∎ **mundo perfeito** mundo perfecto

perfídia /peR'fid3ja/ *sf.* perfidia, traición, deslealtad ∎ **mulher perfídia** mujer perfidia

perfil /peR'fiw/ *sm.* perfil, silueta, esbozo ∎ **perfil de empreendedor** empresario perfil

perfilar /peRfi'laR/ *v.* **1** perfilar, alinear **2** perfilarse ∎ **perfilar artefatos de ferro** perfiles de los artefactos de hierro

perfilhar /peRfi'ʎaR/ *v.* afiliar, ahijar, adoptar ∎ **direito a perfilhar** derecho a afiliarse

perfumado, -a /peRfu'madu, da/ *adj.* perfumado, fragante, oloroso, aromático ∎ **mulher perfumada** mujer perfumada

perfumar /peRfu'maR/ *v.* perfumar, aromatizar ∎ **perfumar a casa** perfume de su casa

perfume /peR'fumi/ *sm.* **1** perfume, aroma, fragancia **2** loción ∎ **perfume natural** perfumes naturales

perfuração /peRfura'sɑ˜w/ *sf.* perforación, agujero, horado ∎ **perfuração na parede** perforación de la pared

perfurar /peRfu'raR/ *v.* perforar, agujerear, taladrar, horadar, pinchar ∎ **perfurar o poço** la perforación de pozos

pergaminho /peRga'miɲu/ *sm.* pergamino ∎ **pergaminho chinês** pergamino chino

pergunta /peR'gu˜ta/ *sf.* pregunta, cuestión, interrogación. perguntas e respostas preguntas y respuestas ∎ **pergunta ofensiva** cuestión ofensiva

perguntar /peRgu˜'taR/ *v.* **1** preguntar, cuestionar, indagar, inquirir, interrogar, demandar, entrevistar **2** escarbar, olfatear ∎ **perguntar não ofende** pedir que no ofenden

perícia /pe'risja/ *sf.* pericia, conocimiento, habilidad ∎ **perícia médica** conocimientos médicos

periferia /perife'ria/ *sf.* periferia, suburbio ∎ **periferia da cidade** afueras de la ciudad

perigo /pe'rigu/ *sm.* peligro, temeridad, riesgo, aprieto. correr peligro correr peligro ∎ **enfrentar o perigo** echar la capa toro ∎ **perceber o perigo** ver las orejas lobo

perigoso, -a /peri'gozu, za/ *adj.* peligroso, grave, violento, indeseable, mortal ∎ **animal perigoso** animales peligrosos

perímetro /pe'rimetru/ *sm.* perímetro, contorno ∎ **não aproxime do perímetro** no cerca del perímetro

periódico, -a /peri'ɔd3iku, ka/ *adj. sm.* periódico, gaceta ∎ **dízima periódica** diezmo regular

período /pe'riodu/ *sm.* período, edad, época, estación, etapa, temporada ∎ **período fertil** período fértil

peripécia /peri'pesja/ *sf.* peripecia, accidente ∎ **a peripécia foi realizada** el accidente tuvo lugar

periquito /peri'kitu/ *sm.* periquito, cotorra, perico ∎ **periquito-australiano** periquito

periscópio /perij'kɔpju/ *sm.* periscopio, tubo óptico ∎ **o periscópio do submarino** periscopio del submarino

perito, -a /pe'ritu, ta/ *adj. s.* perito, técnico, experto, entendido ∎ **perito em leis** letrado. perito médico perito médico

perjurar /peR3u'raR/ *v.* perjurar, jurar en falso ∎ **perjurar a igreja** iglesia perjurio

permanecer /peRmane'seR/ *v.* permanecer, quedar, persistir ∎ **permanecer em um lugar** hacer mansión

permanência /peRma'ne˜sja/ *sf.* permanencia, radicación, residencia, subsistencia ∎ **permanência provisória** estancia temporal

permanente /peRma'ne˜tʃi/ *adj. sf.* permanente, crónico, perpetuo ∎ **dente permanente** diente permanente

permeável /peRme'avew/ *adj.* permeable, poroso ∎ **pavimento permeável** pavimento permeable

permissão /peRmi'sɑ˜w/ *sf.* permiso, anuencia, aprobación, autorización, consentimiento, facultad, licencia, pase ∎ **permissão de Deus** el permiso de Dios

permitido, -a /peRmi'tʃidu, da/ *adj.* permitido, aprobado ∎ **é permitido fumar** se permite fumar

permitir /peRmi'tʃiR/ *v.* permitir, admitir, autorizar, comportar, conceder, consentir, facultar ∎ **permitir cookies** permitir cookies

permuta /peR'muta/ *sf.* permuta, rescate, sustitución, trueque, transferencia ∎ **permuta de imóveis** propiedades de cambio

permutar /peRmu'taR/ *v.* permutar, rescatar, substituir, cambiar, conmutar, transferir ∎ **permutar áreas públicas** intercambio de áreas públicas

pesquisar

perna /ˈpɛRna/ *sf.* pierna. barriga da perna pantorrilla ■ **bater perna** pernear ■ **de pernas pro ar** patas arriba ■ **passar a perna** armar una zancadilla ■ **perna de ave** zanca

pernicioso, -a /peRnisiˈozu, za/ *adj.* pernicioso, dañoso, maligno, nocivo ■ **pernicioso a sociedade** perjudicial para la sociedad

pernil /peRˈniw/ *sm.* pernil ■ **pernil defumado** jamón, lacón

pernoitar /peRnojˈtaR/ *v.* pernoctar, dormir ■ **pernoitar em um lugar** hacer noche en un lugar.

pérola /ˈpɛrula/ *sf.* perla, aljófar ■ **jogar pérolas aos porcos** echar margaritas a los cerdos

perpendicular /peRpeˈdʒikuˈlaR/ *adj. sf.* perpendicular ■ **línea** perpendicular. **perpendicular ao plano** perpendicular al plano

perpetrar /peRpeˈtraR/ *v.* perpetrar, cometer ■ **perpetrar um equívoco** cometer un error

perpetuar /peRpetuˈaR/ *v.* 1 perpetuar, eternizar 2 perpetuarse ■ **perpetuar tradições** perpetuar las tradiciones

perplexidade /peRpleksiˈdadʒi/ *sf.* perplejidad, duda, irresolución ■ **perplexidade geral** perplejidad general

perplexo, -a /peRˈplɛksu, sa/ *adj.* perplejo, dudoso, irresoluto ■ **ficar perplexo** estar perplejo

perseguir /peRseˈgiR/ *v.* 1 perseguir, seguir, acosar 2 apretar, hostigar ■ **perseguir um carro** una persecución de coches

perseverança /peRseveˈrɑ̃sa/ *sf.* perseverancia, persistencia, insistencia, constancia ■ **força de perceverança** vigor perceveranza

perseverar /peRseveˈraR/ *v.* perseverar, persistir, afincarse, obstinarse ■ **perseverar com a dificuldade** perseverar en la difícil

persiana /peRsiˈana/ *sf.* persiana ■ **persiana da janela** persianas de la ventana

persistência /peRsisˈtẽsja/ *sf.* persistencia, ahinco, fijeza, perseverancia, insistencia, obcecación, obstinación, tenacidad ■ **a persistência da memória** la persistencia de la memoria

persistente /peRsisˈtẽtʃi/ *adj.* persistente, obsesivo, perseverante, de pulso, pertinaz ■ **persistente no trabalho** trabajo persistente

persistir /peRsisˈtʃiR/ *v.* persistir, perseverar, durar, insistir, obstinarse, inculcarse ■ **tentar é persistir** intentar es que persista

personagem /peRsoˈnaʒẽ ʒ/ *sm.* personaje, persona ■ **personagem animado** personaje animado

personalidade /peRsonaliˈdadʒi/ *sf.* personalidad, individualidad ■ **personalidade forte** fuerte personalidad

personificação /peRsonifikaˈsɑ̃w/ *sf.* personificación, encarnación ■ **personificação de Deus** encarnación de Dios

personificar /peRsonifiˈkaR/ *v.* 1 personificar, personalizar 2 encarnar 3 personificarse ■ **personificar um herói** hacerse pasar por un héroe

perspectiva /peRʃpekˈtʃiva/ *sf.* perspectiva ■ **perspectiva do objeto** punto de vista del objeto

perspicaz /peRʃpiˈkaz/ *adj.* perspicaz, arguto, sagaz ■ **ser muito perspicaz** sentir crecer la hierba

persuadir /perswaˈðir/ *v.* 1 persuadir, aconsejar, convencer, imbuir, insinuar 2 doblegar 3 persuadirse ■ **persuadir alguém** persuadir a alguien

persuasivo, -a /perswaˈsiβo, a/ *adj.* suasorio, vehemente ■ **talento persuasivo** talento persuasivo

pertencente /peRteˈseˈtʃi/ *adj.* perteneciente, correspondiente ■ **pertencente ao povo** que pertenece al pueblo

pertencer /peRteˈseR/ *v.* pertenecer, atañer, ser, tocar, competer, convenir ■ **pertencer a um grupo** pertenecer a un grupo

pertinaz /peRtʃiˈnajʃ/ *adj.* pertinaz, obstinado, terco ■ **oração pertinaz** oración tenaz

perto /ˈpeRtu/ *adv.* cerca, a corta distancia ■ **perto de casa** cerca de casa

perturbação /peRtuRbaˈsɑ̃w/ *sf.* 1 perturbación, agitación, alteración, pasión 2 revuelo ■ **perturbação mental** trastorno mental

perturbador, -ora /peRtuRbaˈdoR, ɾa/ *adj. s.* perturbador, aflictivo ■ **barulho perturbador** ruidos molestos

perturbar /peRtuRˈbaR/ *v.* 1 perturbar, conmover, conturbar, desconcertar, desgobernar, desordenar, desorganizar, destemplar, disturbar, alterar, inquietar, subvertir 2 alterarse, cortarse, turbarse ■ **perturbar o vizinho** molestar a los vecinos

perú /peˈru/ *sm.* pavo ■ **perú de natal** pavo de navidad

perua /peˈrua/ *sf.* 1 pava, hembra del pavo 2 tipo de camioneta 3 mujer coqueta, zalamera ■ **perua de feira** van justo

perversão /peRveRˈsɑ̃w/ *sf.* 1 perversión, depravación, podredumbre, malicia 2 extravío ■ **perversão sexual** perversión sexual

perverso, -a /peRˈvɛRsu, sa/ *adj. s.* 1 perverso, inicuo, malandrín, sádico, malo, malvado 2 endemoniado ■ **mente perversa** mente retorcida

perverter /peRveRˈteR/ *v.* 1 pervertir 2 contaminar, desgastar, envenenar, extraviar 3 pervertirse, corromperse, depravarse ■ **perveter e comrromper** perveter y comrromper

pesadelo /pezaˈdelu/ *sm.* 1 pesadilla 2 angustia, preocupación ■ **a hora do pesadelo** pesadilla en elm street

pesado, -a /peˈzadu, da/ *adj.* pesado, grave, gravoso, indigesto, oneroso, plúmbeo cargante ■ **ser muito pesado** ser un plomo

pêsames /ˈpezamiʃ/ *mpl.* pl pésame, condolencia ■ **meus pêsames** mis condolencias

pesar /peˈzaR/ *v. sm.* pesar, dolor, pésame 1 gravar, pesar 2 pesarse ■ **ter um pesar** tienen un lamento

pesaroso, -a /peˈzarozu, za/ *adj.* pesaroso, dolido, arrepentido ■ **coração pesaroso** peso en el corazón

pesca /ˈpeʃka/ *sf.* pesca ■ **temporada de pesca** temporada de pesca

pescado, -a /peʃˈkadu, da/ *adj. sm.* pescado, aquello que se pesca ■ **peixe pescado** pescado capturado

pescador, -ora /peʃkaˈdoR, ɾa/ *adj. s.* pescador ■ **história de pescador** historia de los peces

pescar /peʃˈkaR/ *v.* 1 pescar 2 comprender, saber ■ **pescar um peixão** atrapar a un pez gordo

pescoço /peʃˈkosu/ *sm.* 1 cuello, pescuezo 2 pescozón. estar com a corda no pescoço estar pendiente de un cabello ■ **torcer o pescoço de alguém** retorcerle el pescuezo a alguien

peseta /peˈzeta/ *sf.* peseta (moneda de españa) ■ **uma peseta** una peseta

peso /ˈpezu/ *sm.* 1 peso, carga, pesadumbre 2 lastre ■ **peso bruto** peso bruto ■ **peso de balança** pesa ■ **peso líquido** peso neto ■ **peso na consciência** remordimiento, gusano de la conciencia

pesquisa /peʃˈkiza/ *sf.* pesquisa, busca, encuesta, experimento, exploración, investigación ■ **pesquisa de opinião** encuesta de opinión ■ **pesquisa e desenvolvimento** pesquisa y desarrollo

pesquisador, -ora /peʃkizaˈdoR, ɾa/ *adj. s.* pesquisidor, analista, encuestador, inquisidor ■ **pesquisador de animais** investigador de los animales

pesquisar /peʃkiˈzaR/ *v.* pesquisar, buscar, escudriñar, examinar, indagar, investigar, procurar ■ **pesquisar no google** búsqueda en google

415

pêssego

pêssego /pe'segu/ *sm.* 1 melocotón 2 durazno ∎ **doce de pêssego** melocotón dulce

pessimismo /pesi'miʒmu/ *sm.* pesimismo, derrotismo ∎ **pessimismo financeiro** oscuridad financiera

péssimo, -a /ˈpɛsimu, ma/ *adj.* pésimo, muy malo ∎ **péssimo dia** mal día

pessoa /pe'soa/ *sf.* persona, individuo ∎ **pessoa alta** bimba ∎ **pessoa delicada** merengue ∎ **pessoa esperta** púa ∎ **pessoa esquiva** búho ∎ **pessoa fria** estatua ∎ **pessoa fútil** cabeza vacía ∎ **pessoa importuna** persona importuna, mosca ∎ **pessoa poderosa** gran bonete ∎ **pessoa rústica** pardillo ∎ **pessoa sem personalidade** marioneta ∎ **pessoa suja** gorrino ∎ **pessoa superdotada** genio ∎ **pessoa suscetível** pulguillas ∎ **pessoa torpe** madero

pessoal /peso'aw/ *adj.* personal, privado, particular, personal (cuadro de empleados) ∎ **caso pessoal** caso personal

pestana /peʃ'tɐna/ *sf.* pestaña ∎ **tirar uma pestana** echarse una siesta

pestanejar /peʃtane'ʒaR/ *v.* parpadear, pestañear ∎ **sem pestanejar** sin pestañear ∎ **pestanejar o olho** parpadeando los ojos

peste /ˈpɛʃtʃi/ *sf.* 1 peste 2 cosa funesta, persona de mala índole ∎ **peste espanhola** españoles plaga

pestilento, -a /peʃtʃi'lẽtu, ta/ *adj.* apestoso, pestilente ∎ **vento pestilento** viento pestilente

pétala /ˈpɛtala/ *sf.* pétalo, hoja ∎ **pétala de rosa** pétalo de rosa

petição /petʃi'sɐ̃w/ *sf.* 1 petición, demanda, pedido 2 escrito, libelo ∎ **petição trabalhista** trabajo petición

petrificar /petrifi'kaR/ *v.* 1 petrificar, endurecer 2 petrificarse, quedarse de piedra ∎ **petrificar alguém** petrificar a alguien

petroleiro /petro'lejru, ra/ *adj. s.* petrolero ∎ **navio petroleiro** petrolero

petróleo /pe'trɔlju/ *sm.* petroleo ∎ **refinamento de petróleo** refinación de petróleo

petulância /petu'lɐ̃sja/ *sf.* petulancia, descaramiento, osadía ∎ **petulância das pessoas** petulancia de personas

petulante /petu'lɐ̃tʃi/ *adj. s.* petulante, descarado, osado ∎ **dor petulante** dolor petulante

pia /ˈpia/ *sf.* pila, canalón ∎ **pia de banheiro** lavabo

piano /pi'anu/ *adv. sm.* piano, despacio ∎ **piano de cauda** piano de cola

pião /pi'ɐ̃w/ *sm.* peonza, piñón ∎ **pião de madeira** peonza de madera

piar /pi'aR/ *v.* 1 piar 2 hablar, quejarse ∎ **piar fino** chirrido multa

pica /ˈpika/ *sf.* vulg picha, pene, miembro viril ∎ **pica grande** polla grande

picada /pi'kada/ *sf.* picadura, picotada, pinchazo, mordedura de insecto ∎ **picada de mosquito** picadura de mosquito

picadinho /pika'dʒiɲu, ɲa/ *adj. sm.* picadillo, gigote ∎ **fazer picadinho** hacer gigote

picante /pi'kɐ̃tʃi/ *adj. & sm.* 1 picante, acre, irritante 2 malicioso, verde ∎ **molho picante** chutney

picar /pi'kaR/ *v.* 1 picar, picotear, pinchar, estimular, aguijonear 2 marcharse ∎ **picar a mula** meter una mula

picardia /pikaR'dʒia/ *sf.* picardía, vileza, ruindad, bellaquería ∎ **picardia de alguém** astucia de alguien

picareta /pika'reta/ *adj. s.* 1 pico, piqueta, zapapico 2 embustero, pícaro ∎ **picareta de aço** recogida de acero

piche /ˈpiʃi/ *sm.* pez, brea ∎ **piche no muro** tar en la pared

pico /ˈpiku/ *sm.* pico, punta aguda, montaña ∎ **pico da montanha** cima de la montaña

picolé /piko'lɛ/ *sm.* polo, helado ∎ **virar picolé** helar

picotar /piko'taR/ *v.* pinchar, piçar, punzar ∎ **picotar papel** dentar papel

piedade /pie'dadʒi/ *sf.* piedad, compasión, indulgencia, lástima, misericordia ∎ **piedade das pessoas** compadezco a la gente

piegas /pi'egaʃ/ *adj. s.* persona o cosa excesivamente sentimental ∎ **pessoa piegas** persona sentimental

pifar /pi'faR/ *v.* romperse, descomponerse ∎ **pifar o carro** el coche se cae

pigarro /pi'gaRu/ *sm.* carraspera, ronquera ∎ **pigarro na garganta** flema en la garganta

pigmento /pig'mẽtu/ *sm.* pigmento, color ∎ **pigmento da pele** pigmento de la piel

pigmeu /pig'mew/ *adj. s.* 1 pigmeo 2 hombre sin mérito ∎ **pigmeu australiano** pigmeo australia

pijama /pi'ʒama/ *s.* pijama ∎ **pijama de bolinha** pijamas de punto

pilão /pi'lɐ̃w/ *sm.* mortero, majadero ∎ **pilão de café** café maja

pilar /pi'laR/ *v. sm.* pilar, columna ∎ **pilar o café** pilar café

pileque /pi'lɛki/ *sm.* borrachera ∎ **tomar um pileque** emborracharse; amuchar

pilha /ˈpiʎa/ *sf.* pila, montón ∎ **pilha de nervos** persona extremadamente nerviosa

pilhar /pi'ʎaR/ *v.* 1 pillar, saquear, robar, hurtar, sorprender 2 pilharse, sorprenderse, encontrarse ∎ **pilhar ouro** saqueo de oro

pilotar /pilo'taR/ *v.* 1 pilotar, dirigir 2 gobernar ∎ **pilotar avião** pilotaje de aeronaves

piloto /pi'loto/ *s.* 1 piloto 2 guía, director ∎ **piloto automático** piloto automático

pílula /ˈpilula/ *sf.* píldora ∎ **dourar a pílula** dorar la píldora ∎ **pílula anticoncepcional** píldora anticonceptiva

pimenta /pi'mẽta/ *sf.* pimienta ∎ **pimenta-do-reino** pimienta en grano ∎ **pimenta-malagueta** guindilla

pimentão /pimẽ'tɐ̃w/ *sm.* ají, pimiento ∎ **pimentão verde** pimiento verde

pimpolho /pĩ'poʎu/ *sm.* pimpollo, brote ∎ **pimpolho feliz** pimpolho feliz

pinça /ˈpĩsa/ *sf.* pinza ∎ **pinça anatomica** pinza anatómica

pinçar /pĩ'saR/ *v.* pinzar, pellizcar ∎ **pinçar a coluna** pizca columna

pincel /pĩ'sew/ *sm.* 1 pincel, brocha 2 pintura, pintor ∎ **pincel de pelos** con brocha

pincelada /pĩɲθe'lada/ *sf.* pincelada, trazo de pincel ∎ **pincelada na tela** pantalla táctil

pinga /ˈpĩga/ *sf.* aguardiente de caña ∎ **pinga de engenho** pinga molino

pingar /pĩ'gaR/ *v.* gotear, lloviznar ∎ ∎ **pingar colírio** gotas goteo

pingo /ˈpĩgu/ *sm.* gota, pizca ∎ **pôr os pingos nos is** poner los puntos sobre las íes.

pingüim /pĩ'gwĩ/ *sm.* pingüino ∎ **pinguim filhote** pingüinos de pollo

pinha /ˈpiɲa/ *sf.* piña, piñón ∎ **pinha de árbore** pino

pinta /ˈpĩta/ *sf.* pinta, peca, lunar ∎ **pinta na pele** lunar en la piel

pintar /pĩ'taR/ *v.* 1 pintar, dibujar, teñir, maquillar 2 pintarse, maquillarse, teñirse ∎ **pintar quandros** pintura quandros

pinto /ˈpĩtu, ta/ *s.* 1 pollito 2 pene, verga ∎ **pinto amarelo** amarillo pollo

pintor, -ora /pĩ'toR, ra/ *s.* pintor ∎ **pintor de paredes** pintor

P

416

pleitear

de brocha gorda

pintura /pĩˈtura/ *sf.* pintura, tintura, maquillaje ■ **pintura a óleo** pintura óleo

pio, -a /piˈaR/ *v.* pío, devoto ■ **não dar um pio** no dar un pío, no chistar

piolho /piˈoʎu/ *sm.* piojo ■ **piolho da cabeça** piojos de la cabeza

pioneiro, -a /pioˈnejru, ra/ *adj. s.* pionero, explorador ■ **pioneiro no esporte** pionero en el deporte

pior /piˈoR/ *adj. adv.* peor, último ■ **estar na pior** estar por el suelo

piorar /pioˈraR/ *v.* empeorar, agravar, desmejorar, agudizarse ■ **piorar as coisas** empeorar las cosas

pipa /ˈpipa/ *sf.* pipa, tonel, cometa, pájara ■ **caçador de pipas** cometas en el cielo

pipi /piˈpi/ *sm.* pipí, pis ■ **fez pipi** meó

pipoca /piˈpɔka/ *sf.* palomitas de maiz, pochoclo ■ **pipoca com manteiga** palomitas de maíz con mantequilla

pique /ˈpiki/ *sm.* marcha. com pique marchoso ■ **ir a pique** ir a pique, naufragar.

piquenique /pikeˈniki/ *sm.* merienda, picnic ■ **piquenique no parque** picnic en el parque

piquete /piˈketʃi/ *sm.* piquete ■ **piquete na rua** piquete en la calle

pirado, -a /piˈradu, da/ *adj.* chiflado, loco ■ **pirado por futebol** locos por el fútbol

pirâmide /piˈɾɐmidʒi/ *sf.* pirámide ■ **pirâmide do Egito** Egipto pirámide

piranha /piˈraɲa/ *sf.* **1** piraña **2** mujer liviana ■ **ataque de piranha** pirañas atacan

pirar /piˈraR/ *v.* enloquecer, chiflarse ■ **pirar a cabeça** romper la cabeza

pirata /piˈrata/ *adj. s.* **1** clandestino, pirata · sm **2** pirata, corsario, ladrón, plagiario ■ **pirata da internet** pirata de internet

piratear /pirateˈaR/ *v.* piratear, robar, plagiar ■ **piratear CD** piratear CD

pires /ˈpiriʃ/ *sm.* platillo ■ **pires de cristal** plato de cristal

pirilampo /piriˈlɐ̃pu/ *sm.* luciérnaga, bichito de luz ■ **pirilampo verde** luciérnaga verde

pirraça /piˈRasa/ *sf.* lo que se hace de propósito, adrede, con deliberada intención, sólo por contrariar ■ **fazer pirraça** hacer bromas

pirralho /piˈRaʎu/ *sm.* pebete, chico, chiquito ■ **menino pirralho** niño malcriado

pirulito /piruˈlitu/ *sm.* pirulí, chupetín, paleta ■ **pirulito de chiclete** lollipop goma de mascar

pisada /piˈzada/ *sf.* **1** pisada, pisotón **2** huella ■ **pisada torta** pisando pastel

pisar /piˈzaR/ *v.* pisar, calcar con los pies, despachurrar, hollar, machacar, machucar, magullar ■ **pisar duro** taconear ■ **pisar na bola** meter la pata ■ **pisar em cima** pisotear

pisca-pisca /ˈpiʃkaˈpiʃka/ *sm.* intermitente ■ **pisca-pisca de natal** intermitente de navidad

piscar /piʃˈkaR/ *v. sm.* parpadear, pestañear, guiñar ■ **num piscar de olhos** en un credo, en menos que canta un gallo ■ **piscar o olho** parpadeo

piscina /piˈsina/ *sf.* **1** piscina, estanque **2** pileta ■ **piscina azul** piscina azul

piso /ˈpizu/ *sm.* piso, pavimento, empedrado ■ **piso intermediário** entresuelo

pisotear /pizoteˈaR/ *v.* **1** pisotear, pisar **2** humillar ■ **pisotear alguém** alguien pisotear

pista /ˈpiʃta/ *sf.* **1** pista, rastro carril (em estrada) **2** pista (de corrida, vôo, dança) ■ **pista de dança** pista de baile

pistola /piʃˈtɔla/ *sf.* pistola, revólver, arma de fuego ■ **pistola 9mm** pistola 9mm

pitada /piˈtada/ *sf.* pellizco, toma, polvo, pizca ■ **pitada no cigarro** pellizcar el cigarrillo

pivete /piˈvetʃi/ *sm.* pebete, niño ladino ■ **pivete de rua** chit calle

pivô /piˈvo/ *sm.* pivote ■ **pivô de basquete** baloncesto del pivote

pizza /ˈpiza/ *sf.* pizza ■ **pizza italiana** pizza italiana

placa /ˈplaka/ *sf.* placa, matrícula, chapa ■ **placa com letreiro** albarán

placidez /plasiˈdejʃ/ *sf.* placidez, beatitud, tranquilidad ■ **placidez da paisagem** la serenidad del paisaje

plácido, -a /ˈplasidu, da/ *adj.* plácido, tranquilo ■ **lugar plácido** lugar plácido

plagiar /plaʒiˈaR/ *v.* **1** plagiar, imitar **2** fusilar ■ **plagiar um trabalho** plagio de una obra

plágio /ˈplaʒju/ *sm.* plagio, copia, imitación ■ **plágio de uma obra** el plagio de una obra

planador /planaˈdoR/ *sm.* planeador ■ **viajem de planador** viaje de parapente

planície /plaˈnisje/ *sf.* planicie, llanura, rellano, mesa ■ **habitante das planícies** llanero ■ **planície sul-americana** pampa

plano, -a /ˈplɐnu, na/ *adj. sm.* plano, raso, igual, liso, llano. plan, esquema, programa, sistema ■ **plano inclinado** rampa, trampolín ■ **plano político-econômico** plan político-económico

plantado, -a /plɐˈtadu, da/ *adj.* plantado ■ **deixar alguém plantado** dejar a uno plantado

plantão /plɐˈtɐ̃w/ *sm.* plantón, turno, guardia ■ **estar de plantão** estar de plantón, de turno

plantar /plɐˈtaR/ *adj. v.* **1** plantar, cultivar, sembrar **2** establecer, asentar **3** colocarse, conservarse ■ **plantar bananeira** hacer el pino

plaqueta /plaˈketa/ *sf.* plaqueta ■ **plaqueta de sangue** plaquetas de la sangre

plasma /ˈplaʒma/ *sm.* plasma ■ **TV de plasma** TV de plasma

plástico, -a /ˈplasxiku, ka/ *adj. sm.* plástico, blando, dúctil, cirurgía plástica ■ **artes plásticas** artes plásticas ■ **brinquedo de plástico** juguetes de plástico

plataforma /plataˈfɔRma/ *sf.* **1** andén (trem, ônibus), plataforma, muelle **2** propuesta ■ **plataforma de petróleo** plataformas petroleras

platéia /plaˈteja/ *sf.* teat platea, patio de butacas, palco ■ **platéia de teatro** teatro público

platina /plaˈtʃina/ *sf.* platina, platino ■ **disco de platina** platino

plebe /ˈplɛbi/ *sf.* plebe, populacho, pueblo, chusma, gentuza, vulgo ■ **plebe rude** plebe rude

plebeu, -éia /pleˈbew, beja/ *adj. s.* plebeyo, popular, villano ■ **plebeu romano** plebeyos romanos

plebiscito /plebiˈsitu/ *sm.* plebiscito, sufragio, votación ■ **plebiscito popular** plebiscito

pleitear /plejteˈaR/ *v.* pleitear, litigar, defender, rivalizar, disputar ■ **pleitear pagamento** solicitud de pago

417

pleito

pleito /ˈplejtu/ *sm.* pleito, disputa, rivalidad, litigio, contienda ■ **pleito judicial** elecciones judiciales

plenitude /pleniˈtudʒi/ *sf.* plenitud, totalidad, grandeza ■ **plenitude da razão** la plenitud de la razón

pleno, -a /ˈplenu, na/ *adj. sm.* lleno, pleno, acabado, plenario, hecho y derecho ■ **tribunal pleno** pleno de la corte

pleonasmo /pleoˈnaʒmu/ *sm.* pleonasmo, redundancia, superfluidad ■ **pleonasmo literário** pleonasmo literaria

pleura /ˈplewra/ *sf.* pleura ■ **inflamação da pleura** inflamación de la pleura

plissar /pliˈsaR/ *v.* plisar, plegar, rizar ■ **plissar tecido** pliegues de tela

plugue /ˈplugi/ *sm.* enchufe; pieza que sirve para conectar un aparato elétrico a la red ■ **plugue de tomada** zócalo del enchufe

pluma /ˈpluma/ *sf.* pluma, penacho, adorno ■ **pluma branca** penacho blanco

plumagem /pluˈmaʒẽʲ/ *sf.* pluma, plumaje, penacho ■ **plumagem suave** plumaje suave

plúmbeo /ˈpluᵐbju/ *adj.* plúmbeo, color de plomo ■ **céu plúmbeo** cielo plomizo

plural /pluˈraw/ *adj. sm.* plural, más de uno ■ **plural da palava** plural de la palabra

pluralidade /pluraliˈdadʒi/ *sf.* pluralidad, multiplicidad, multitud, variedad ■ **pluralidade cultural** pluralidad cultural

pluvial /pluviˈaw/ *adj.* pluvial ■ **tratamento pluvial** tratamiento de agua de lluvia

pneu /pnew/ *sm.* neumático ■ **pneu na cintura** rollitos

pneumonia /pnewmoˈnia/ *sf.* neumonía, pulmonía. **pneumonia bacteriana** neumonía bacteriana

pó /pɔ/ *sm.* **1** polvo, arena **2** harina ■ **reduzir a pó** pulverizar ■ **pó de guaraná** guaraná en polvo

pobre /ˈpobri/ *adj. s.* pobre, indigente, necesitado, precario, proletario, apurado, desdichado, inferior ■ **muito pobre** miserable

pobreza /poˈbreza/ *sf.* pobreza, miseria, indigencia, necesidad, desdicha, inopia ■ **pobreza extrema** la pobreza extrema

poça /ˈposa/ *sf.* poza, charco ■ **poça d'água** charco

pocilga /poˈsiwga/ *sf.* **1** pocilga, cuchitril **2** porquería, habitación inmunda ■ **pocilga de sequestro** pocilga secuestro

poço /ˈposu/ *sm.* pozo, abismo ■ **poço de luz de edifício** patio de luces

poda /ˈpoda/ *sf.* poda, desbaste, corte ■ **poda de árvores** tala ■ **poda árvore** poda de árboles

podar /poˈdaR/ *v.* odar, mondar, entresacar ■ **podar árvores** desmochar ■ **podar árvores** la poda de árboles

poder /poˈdeR/ *v. sm.* poder, imperio, influencia, mano, predominio, eficacia, capacidad, fuerza ■ **a não mais poder** a más no poder ■ **estar em poder de** estar en poder de ■ **poder aquisitivo** poder adquisitivo

poderoso, -a /podeˈrozu, za/ *adj.* poderoso, potente, pudiente ■ **todo poderoso** todopoderoso

podre /ˈpodri/ *adj. sm.* podrido, pútrido, deteriorado **1** podredumbre **2** vicio, defecto ■ **podre de rico** extremadamente rico

podridão /podriˈdãw/ *sf.* **1** podredumbre **2** depravación, perversión, relajo ■ **podridão nobre** podredumbre noble

poeira /poˈejra/ *sf.* polvo ■ **poeirão** polvareda ■ **sacudir a poeira** sacudir el polvo

poema /poˈema/ *sm.* poema ■ **poema literário** poema literario

poente /poˈẽtʃi/ *adj. sm.* poniente, oeste, ocaso, occidente ■ **sol poente** puesta del sol

poesia /poeˈzia/ *sf.* **1** poesía, lirismo **2** armonía, inspiración ■ **poesia lírica** lírica

poeta, -isa /poˈeta, tʃiza/ *s.* **1** poeta, trovador, versificador **2** sentimental, idealista, soñador, poetisa ■ **alma de poeta** alma de un poeta

poético, -a /poˈetiko, a/ *adj.* **1** poético, sublime **2** inspirado, armonioso ■ **diário poético** poética diario

pois /pojʃ/ *conj.* pues ■ **pois não!** ¡sí! ¡claro! ■ **pois não?** a sus órdenes

polarização /polarizaˈsãw/ *sf.* polarización ■ **polarização da luz** polarización de la luz

polegada /poleˈgada/ *sf.* pulgada ■ **polegada fracionária** fraccional pulgadas

polemizar /polemiˈzaR/ *v.* polemizar, discutir ■ **polemizar assunto** tema polémico

pólen /ˈpolẽʲ/ *sm.* polen ■ **pólen de abelha** polen de abeja

polícia /poˈlisja/ *sf.* policía, fuerza pública ■ **polícia militar** la policía militar

policial /polisiˈaw/ *adj.* policía. policial ■ **policial federal** la policía federal

polidez /poliˈdejʃ/ *sf.* pulidez, educación, fineza, cortesía, delicadeza ■ **polidez linguística** cortesía lingüística

polido, -a /poˈlidu, da/ *adj.* **1** pulido, cumplido, cortés **2** sociable ■ **metal polido** metal pulido

polidor /poliˈdoR, ra/ *adj. s.* pulidor ■ **polidor de metais** de metal de polonia

poliéster /poliˈeʃteR/ *sm.* poliéster ■ **poliéster metalizado** poliéster metalizado

polifonia /polifoˈnia/ *sf.* polifonía ■ **polifonia musical** polifonía musical

polifônico, -a /poliˈfoniku, ka/ *adj.* polifónico ■ **celular polifônico** teléfonicos polifónicos

poligamia /poligaˈmia/ *sf.* poligamia ■ **prática da poligamia** poliginia

poliglota /poliˈglota/ *adj. s.* políglota ■ **nação poliglota** políglota nación

polígono /poˈligonu/ *sm.* polígono ■ **polígono convexo** polígono convexo

polimento /poliˈmẽtu/ *sm.* **1** pulimento, barniz **2** delicadeza ■ **polimento automotivo** cera para auto

polinização /poliniza'sãw/ *sf.* polinización ■ **polinização das flores** la polinización de flores

polinômio /poliˈnomju/ *sm.* polinomio ■ **polinômio interpolador** polinomio de interpolación

polir /poˈliR/ *v.* **1** pulir, alisar, cepillar, enlucir, esmerar, lustrar **2** pulirse ■ **polir o carro** pulir el coche

politécnico, -a /poliˈtekniku, ka/ *adj.* politécnico ■ **colégio politécnico** universidad politécnica

político, -a /poˈlitʃiku, ka/ *adj. s.* **1** político **2** cortés, delicado, urbano **3** cortesía, habilidad, astucia, manera de actuar ■ **político corrupto** político corrupto

pólo /ˈpolu/ *sm.* **1** polo **2** extremidad, norte, guía **3** polo (juego) ■ **pólo moveleiro** industria del mueble

polonês, -a /poloˈnejʃ, neza/ *adj. s.* polaco ■ **cidadão polonês** ciudadano polaco

polpa /ˈpowpa/ *sf.* pulpa ■ **polpa de fruta** pulpa de fruta

poltrona /powˈtrona/ *sf.* butaca, poltrona, sillón ■ **poltrona de couro** sillón de cuero

poluição /poluiˈsãw/ *sf.* contaminación ambiental, polución ■ **puluição de rios** contaminación de ríos

portátil

poluir /polu'iR/ *v.* manchar, ensuciar, corromper ■ **poluir o meio ambiente** contaminar el medio ambiente

polvilhar /powvi'ʎaR/ *v.* empolvar, polvorear ■ **polvilhar o chocolate granulado** espolvorea virutas de chocolate

polvo /'powvu/ *sm.* pulpo ■ **polvo do mar** pulpo del mar

pólvora /'powvora/ *sf.* **1** pólvora **2** persona irritable ■ **barril de pólvora** polvorín

pomada /po'maðɐ/ *sf.* pomada, crema ■ **pomada cicatrizante** ungüento curativo

pomar /po'maR/ *sm.* pomar ■ **pomar de frutas** árboles frutales

pombo, -a /'po˜bu, bɐ/ *s.* paloma ■ **pombo-correio** paloma mensajera

pomo /'pomu/ *sm.* pomo, manzana ■ **pomo-de-Adão** manzana de Adán, nuez

pompa /'po˜pɐ/ *sf.* pompa, aparato, lujo, boato, fasto, ostentación, solemnidad, suntuosidad, vanidad ■ **pompas fúnebres** pompas fúnebres

pomposo, -a /po˜'pozu, zɐ/ *adj.* pomposo, suntuoso, aparatoso, magnífico ■ **pessoa pomposa** persona pomposa

poncho /'po˜ʃu/ *sm.* poncho, sarape ■ **poncho de trico** tejer ponchos

ponderar /po˜de'raR/ *v.* ponderar, hondear, pesar, raciocinar, reflexionar, recapacitar, tantear, versar ■ **ponderar as coisas** considerar las cosas

ponta /'po˜tɐ/ *sf.* **1** punta, extremidad, vestigio, señal **2** pucho ■ **de ponta a ponta** de largo a largo, de extremo a extremo ■ **gastar a ponta** despuntar ■ **na ponta dos pés** de puntillas ■ **ponta aguda** pincho

pontapé /po˜ta'pɛ/ *sm.* **1** puntapie, patada **2** ofensa, ingratitud ■ **pontapé na bunda** patada en el culo

pontaria /po˜ta'ria/ *sf.* puntería. fazer pontaria encañonar, apuntar ■ **boa pontaria** puntería

ponte /'po˜tʃi/ *sf.* puente. fazer ponte hacer puente ■ **ponte levadiça** puente levadizo ■ **ponte pênsil** puente colgante ■ **ponte pênsil** puente colgante

ponteiro, -a /po˜'tejru/ *sm.* **1** aguja, puntero **2** puntera ■ **acertar os ponteiros** ponerse de acuerdo.

pontífice /po˜'tʃifisi/ *sm.* pontífice ■ **romano pontífice** romano pontífice

ponto /'po˜tu/ *sm.* punto, puntada, término, fin, sitio determinado, circunstancia, asunto ■ **em ponto** en punto ■ **entregar os pontos** darse por vencido, desistir ■ **ficar em ponto de bala** poner en el disparadero ■ **não dar ponto sem nó** meter aguja y sacar reja ■ **ponto de vista** punto de vista ■ **ponto-morto** punto muerto ■ **ponto por ponto** punto por punto

pontuação /po˜tua'sɐ˜w/ *sf.* puntuación ■ **sinal de pontuação** signo de puntuación

pontual /po˜tu'aw/ *adj.* **1** puntual, exacto, metódico, preciso **2** religioso ■ **pessoa pontual** cronometrador

pontualidade /po˜tuali'dadʒi/ *sf.* puntualidad, exactitud ■ **ter pontualidade** mar puntualidad

pontuar /po˜tu'aR/ *v.* pontuar, puntear, tildar ■ **pontuar texto** puntúan texto

população /popula'sɐ˜w/ *sf.* población, gente ■ **população mundial** población mundial

populacho /popu'laʧo/ *sm.* populacho, plebe ■ **clássico do populacho** mafia clásica

popular /popu'lar/ *adj.* popular, democrático, plebeyo, pueblerino, conocido, estimado por el pueblo ■ **música popular** música folklórica

popularidade /populari'dadʒi/ *sf.* popularidad, estimación general ■ **ter popularidade** encontrar popularidad

popularizar /populari'zaR/ *v.* **1** popularizar **2** popularizarse ■ **popularizar a internet** popularizar la internet

populoso, -a /popu'lozu, zɐ/ *adj.* populoso, muy poblado ■ **país populoso** país poblado

pôr /poR/ *v. sm.* **1** poner, echar, establecer, disponer, colocar, situar, depositar, aplicar, emplear, introducir, marcar, inscribir **2** colocarse, tornarse ■ **pôr a perder** echar a perder ■ **pôr-do-sol** puesta/caída del sol ■ **pôr na rua** poner de patitas en la calle

por /poR/ *prep.* por ■ **por acaso** de casualidad ■ **por bem ou por mal** por las buenas o por las malas

porão /po'rɐ˜u/ *sm.* sótano ■ **porão escuro** sótano oscuro

porca /'poRku, kɐ/ *adj. s.* **1** tuerca de un tornillo **2** hembra del cerdo ■ **porca hidráulica** tuerca hidráulica

porcalhão, -ona /poRka'ʎɐ˜w, ʎona/ *adj. s.* chancho, inmundo, cochino, sucio, marrano ■ **poítico porcalhão** poítico patán

porcaria /poRka'ria/ *sf.* porquería, cochinería, gorrinería, marranada ■ **não ser pouca porcaria** no ser moco de pavo

porcelana /poRse'lana/ *sf.* porcelana ■ **porcelana chinesa** china porcelana

porco, -a /'poRku, kɐ/ *adj. s.* cerdo, puerco, cochino, chancho, inmundo, marrano ■ **espírito de porco** ser de contra

porém /po'rе˜ʲ/ *conj. sm.* pero, empero, sin embargo ■ **porém sincero** pero sincero

pornô /poR'no/ *adj. sm.* pornográfico, obsceno ■ **revista ponô** revista pono

pornografia /poRnogra'fia/ *sf.* pornografía, obscenidad ■ **pornografia animal** animales porno

pornográfico, -a /poRno'grafiku, kɐ/ *adj.* pornográfico, obsceno ■ **material pornográfico** material pornográfico

poroso, -a /po'rozu, zɐ/ *adj.* poroso, permeable ■ **aço poroso** acero poroso

porque /poRki/ *conj.* porque, visto que, en razón de ■ **porquê** porqué

porrada /po'Rada/ *sf.* **1** porrazo **2** cachete, bofetada, morrada ■ **porrada na cara** bofetada en la cara

porre /poRi/ *sm.* **1** borrachera **2** tajada, moño ■ **de porre** borracho ■ **estar de porre** estar de trompa ■ **tomar um porre** emborracharse, soplar, empinar el codo

porro /poRu/ *sm.* puerro ■ **alho-porro** puerro

porta /pɔRta/ *sf.* **1** puerta **2** umbral ■ **às portas** a las puertas ■ **bater a porta** dar un portazo ■ **dar com a porta na cara** dar a uno con la puerta en las narices ■ **fechar as portas** cerrar las puertas

porta-aviões /pɔRtaavi'oˉʲ/ *sm.* portaviones ■ **porta-aviões alemão** portaaviones alemán

portador, -a /po'Rta'doR, rɐ/ *adj. s.* portador, mensajero ■ **cheque ao portador** cheque portador ■ **letra ao portador** letra portador

porta-jóias /pɔRta'ʒɔjaʃ/ *sm.* **1** joyero **2** allajera ■ **estojo porta-jóias** joyas de la caja del kit

portal /poR'taw/ *sm.* portal, zaguán ■ **portal da porta** portal de la puerta

porta-luvas /pɔRta'luvaʃ/ *sm.* guantera ■ **porta-luvas do carro** guantera del coche

portão /poR'tɐ˜w/ *sm.* portón, puerta, portada ■ **portão de aço** puerta de acero

portar /poR'taR/ *v.* **1** portar, llevar, portear **2** comportarse ■ **portar documento** portar el documento

portaria /poRta'ria/ *sf.* **1** portería, conserjería **2** decreto, resolución, orden ■ **portaria do prédio** vestíbulo del edificio

portátil /poR'tatʃju/ *adj.* portátil, transportable, movible ■ **equipamento portátil** equipo portátil

419

porta-voz

porta-voz /pɔRta'vɔjʃ/ *s.* portavoz, vocero ■ **porta-voz da empresa** portavoz de la compañía

porte /pɔRtʃi/ *sm.* **1** porte, envergadura, talla **2** transporte, franqueo ■ **porte de armas** licencia para portar armas

porteiro, -a /poR'tejru, ra/ *s.* **1** portero **2** cancilla, tranquera ■ **porteiro de edifício** público ujier. **porteiro eletrônico** videoportero.

portento /poR'te˜tu/ *sm.* portento, fenómeno ■ **portento de evolução** signo de la evolución

pórtico /'pɔRtʃiku/ *sm.* pórtico, portal, portada ■ **pórtico móvel** pórtico móvil

porto /poRtu/ *sm.* **1** puerto, ancladero **2** asilo, amparo, refugio ■ **porto seguro** puerto seguro

portuário /poRtu'arju, rja/ *adj. s.* portuario ■ **terminal portuário** terminal portuaria

português, -esa /poRtu'gejʃ, geza/ *adj. s.* portugués, lusitano ■ **português instrumental** portugués instrumental

porventura /poRve˜'tura/ *adv.* acaso, quizás, talvez ■ **porventura dizer** quizás decir

porvir /poR'viR/ *sm.* porvenir, futuro ■ **está porvir** es el futuro

pose /'pɔzi/ *sf.* pose, actitud afectada ■ **pose para fotos** posar para fotos

posição /pozi'sa˜w/ *sf.* posición, situación, orden, postura, circunstancia, clase, orientación ■ **posição difícil situação difícil**

positivismo /pozitʃi'vi3mu/ *sm.* positivismo ■ **positivismo lógico** el positivismo lógico

positivo /pozi'tʃivu, va/ *adj. sm.* **1** positivo, real, evidente **2** positivo ■ **pensar positivo** pensamiento positivo

pós-operatório /pɔj3opera'tɔrju, rja/ *adj. sm.* postoperatorio ■ **pós-operatório imediato** postoperatorio

posse /'pɔsi/ *sf.* **1** posesión, dominio, fruición, goce, logro **2** posses pl posibilidades, propiedades ■ **tomar posse** posesionarse

possessão /pose'sa˜w/ *sf.* posesión, propiedad, haberes, riquezas ■ **possessão espiritual** espíritu de posesión

possessivo, -a /pose'sivu, va/ *adj. sm.* **1** posesivo **2** posesivo, genitivo ■ **adjetivo possessivo** adjetivo posesivo

possesso, -a /po'sesu, sa/ *adj. s.* poseso, endemoniado ■ **possesso de raiva** poseído por la ira

possibilidade /posibili'dad3i/ *sf.* posibilidad, eventualidad, oportunidad, probabilidad, viabilidad ■ **existir a possibilidade** existe la posibilidad

possível /po'sivew/ *adj.* posible, factible, probable, verosímil, viable, virtual ■ **fazer o possível** hacer lo posible

possuidor, -ora /poswi'doR, ra/ *adj. s.* poseedor, propietario, tenedor ■ **possuidor de boa fé** poseedor de buena fe

possuir /posu'iR/ *v.* poseer, haber, tener, usufructuar, gozar ■ **possuir confiança** tener confianza

posta /'pɔʃta/ *sf.* posta, tajada ■ **posta de carne** escalope ■ **posta de peixe** tocarse

postal /poʃ'taw/ *adj. sm.* postal ■ **cartão-postal** tarjeta postal ■ **caixa postal** apartado de correos

poste /'pɔʃtʃi/ *sm.* poste, hito ■ **poste de luz** poste faro ■ **poste de luz** farola

postergar /poʃteR'gaR/ *v.* postergar, dejar para atrás, despreciar ■ **postergar pagamento** aplazar el pago

posteridade /poʃteri'dad3i/ *sf.* posteridad, descendencia ■ **deixar para posteridade** dejar para la posteridad

posterior /poʃteri'oR/ *adj. & sm.* posterior, ulterior, siguiente ■ **posterior da coxa** región posterior del muslo

postiço, -a /poʃ'tʃisu, sa/ *adj.* postizo ■ **cílios postiços** pestañas postizas

postigo /poʃ'tʃigu/ *sm.* portillo, ventanilla ■ **postigo de navio** hundir un barco

posto, -a /'pɔʃtu, ta/ *adj. sf.* **1** colocado, plantado · *sm.* **2** puesto, lugar, plaza ■ **estar a postos** estar quite ■ **posto de gasolina** estación de servicio, gasolinera ■ **posto policial** jefatura de policía

postular /poʃtu'laR/ *v.* postular, solicitar, pedir, pretender ■ **postular em juízo** postular en los tribunales

postura /poʃ'tura/ *sf.* postura, actitud, posición ■ **postura moral** postura moral

potássio /po'tasju/ *sm.* potasio ■ **potássio no sangue** potasio en la sangre

potável /po'tavew/ *adj.* potable, bebible ■ **água potável** agua potable

pote /'pɔtʃi/ *sm.* **1** pote **2** cualquier envase **3** orinal ■ **pote de vidro** tarro

potência /po'te˜sja/ *sf.* **1** potencia, poder, facultad **2** imperio, nación importante ■ **potência elétrica** energía eléctrica

potencial /pote˜si'aw/ *adj. sm.* potencial, virtual ■ **energia potencial** energía potencial

potro /potru/ *s.* potro, cría del caballo ■ **potro pequeno** pequeño potro

pouco /poku/ *sm.* **1** poco, mal · adj **2** poco, pequeño, limitado ■ **fazer pouco caso** tener en poco ■ **por pouco** por poco ■ **pouca-vergonha** descaro ■ **pouco a pouco** poco a poco, gota a gota

poupança /po'pa˜sa/ *sf.* ahorro, economías ■ **poupança do banco** caja de ahorros

poupar /po'paR/ *v.* ahorrar, economizar ■ **poupar dinheiro** forrar ■ **poupar tempo** no perder tiempo

pousada /po'zada/ *sf.* posada, albergue, hostería, hostal ■ **pousada do rio quente** posada río caliente

pousar /po'zaR/ *v.* posar, aterrizar, tornar a tierra **2** posar, hospedarse ■ **pousar dos pássaros** aves terrestres

povo /povu/ *sm.* pueblo, gente, gentuza, plebe, público ■ **povo brasileiro** pueblo brasileño

povoação /povoa'sa˜w/ *sf.* población, poblado, villa, colonia, localidad ■ **povoação de uma cidade** población de una ciudad

povoado /povo'adu/ *adj. sm.* **1** populoso **2** poblado, población, pueblo, lugar, aldea **3** pago ■ **um povoado distante** un pueblo lejano

povoar /povo'aR/ *v.* **1** poblar, ocupar, colonizar **2** poblarse, llenarse de habitantes ■ **povoar um lugar** un pueblo lugar

praça /prasa/ *sf.* **1** plaza, lugar ancho en el que confluyen varias calles **2** mercado ■ **praça pública** plaza pública

prado /pradu/ *sm.* prado, hipódromo ■ **grande prado** gran pradera

praga /praga/ *sf.* **1** plaga, calamidad, peste, imprecación **2** lepra, persona cargosa ■ **rogar praga** echar pestes

pragmático, -a /prag'matʃiku, ka/ *adj.* pragmático, usual, práctico ■ **olhar pragmático** buscar pragmática

praguejar /prage'3aR/ *v.* jurar, maldecir, vociferar, echar pestes ■ **praguejar alguém** alguien maldición

praia /praja/ *sf.* playa, litoral ■ **praia grande** playa de gran

prancha /prɑ˜ʃa/ *sf.* plancha, tabla ■ **prancha gravada** lámina

pranto /prɑ˜tu/ *sm.* llanto, lloro, lamento, queja ■ **pranto de poeta** las lágrimas de un poeta

prata /prata/ *sf.* plata, dinero, vajilla de plata ■ **banhado a prata** plateado

preguiça

prateleira /prate'lejra/ *sf.* estante, repisa, anaquel, entrepaño, mostrador, taquilla ▪ **prateleira de livro** el estante de libros

prática /'pratʃika/ *sf.* práctica, uso, experiencia, pericia ▪ **pôr em prática** poner en práctica ▪ **prática forense** forense

praticar /pratʃi'kaR/ *v.* practicar, usar, profesar, cometer, ejercer, estilar ▪ **praticar esportes** deportes

prático, -a /'pratʃiku, ka/ *adj.* práctico, positivo, empírico, experto ▪ **modo prático** forma práctica

prato /'pratu/ *sm.* plato ▪ **bater um prato** manducar ▪ **prato fundo** plato hondo, sopero ▪ **prato raso** plato playo

praxe /'praʃi/ *sf.* uso, costumbre, práctica, fórmula ▪ **de praxe** habitual

prazer /pra'zeR/ *v. sm.* placer, agrado, goce, gozo, gusto, orgasmo ▪ **com prazer** de buena gana ▪ **muito prazer** mucho gusto ▪ **prazer sensual** deleite

prazo /'prazu/ *sm.* plazo, término, emplazamiento ▪ **marcar prazo** emplazar ▪ **prazo de entrega** plazo de entrega ▪ **prazo de pagamento** plazo de pago

preâmbulo /prea~'bulu/ *sm.* preámbulo, preliminar, prólogo, exordio ▪ **preâmbulo constitucional** preámbulo constitucional

precário, -a /pre'karju, rja/ *adj.* precario, de prestado ▪ **condições precárias** precaria

precaução /prekaw'sa~w/ *sf.* precaución, prevención, recaudo, resguardo ▪ **precaução padrão** medida cautelar

precaver /preka'veR/ *v.* **1** precaver, prevenir **2** precaverse, recatarse, guardarse **3** parapetarse ▪ **precaver do mal** cuidado con el mal

prece /'presi/ *sf.* oración, plegaria, rezo ▪ **prece espirita** yabb oración

precedência /prese'de~sja/ *sf.* precedencia, prioridad ▪ **precedência de autoridades** autoridades prioridad

precedente /prese'de~tʃi/ *adj. sm.* precedente, antecesor, anterior ▪ **precedente normativo** precedente legal

preceito /pre'sejtu/ *sm.* precepto, mandamiento ▪ **preceito constitucional** precepto constitucional

precioso, -a /presi'ozu, za/ *adj.* precioso, rico, excelente, primoroso, delicado ▪ **anel precioso** precioso anillo

precipício /presi'pisju/ *sm.* precipicio, abismo, despeñadero, salto ▪ **cair precipício** acantilado caída

precipitação /presipita'sa~w/ *sf.* precipitación, impetuosidad ▪ **precipitação de chuva** precipitaciones

precipitar /presipi'taR/ *v.* **1** precipitar, apresurar, derrocar, despeñar **2** precipitarse, descolgarse **3** largarse ▪ **precipitar um desastre** precipitar un desastre

precisão /presi'za~w/ *sf.* **1** precisión, exactitud **2** determinación ▪ **precisão cirurgica** precisión quirúrgica

precisar /presi'zaR/ *v.* precisar, necesitar, carecer, determinar ▪ **precisar de cuidados** necesita atención

preciso, -a /pre'sizu, za/ *adj.* **1** preciso, exacto, matemático **2** conciso **3** determinado, fijo ▪ **ser preciso** ser necesario

preço /'presu/ *sm.* precio, costo, costa, valía, valor, importe ▪ **ajustar o preço** convenir en el precio ▪ **alta nos preços** repunte ▪ **a que preço?** ¿cuánto? ▪ **não ter preço** no tener precio ▪ **preço de custo** precio de costo

precoce /pre'kɔsi/ *adj.* precoz, prematuro, adelantado, temprano ▪ **crescimento precoce** crecimiento temprano

preconceito /preko~'sejtu/ *sm.* prejuicio, opinión que se forma sin base ▪ **preconceito racial** prejuicios raciales

precursor, -ora /prekuR'soR, ra/ *adj. s.* **1** precursor, predecesor **2** correo ▪ **precursor de testosterona** precursor de la testosterona

predecessor /prede'se'soR, ra/ *s.* predecesor, antecesor, antepasado ▪ **predecessor de alguém** predecesor de alguien

predestinar /predeʃtʃi'naR/ *v.* predestinar, predefinir, preelegir ▪ **predestinar alguém** alguien predestina

predicado /predʒi'kadu/ *sm.* **1** predicado, cualidad, talento, don natural **2** predicado ▪ **predicado nominal** predicado nominal

predição /predʒi'sa~w/ *sf.* predicción, pronóstico ▪ **predição do dia** la predicción del día

predileto, -a /preði'lekto, a/ *adj.* predilecto, preferido ▪ **filho predileto** hijo predilecto

prédio /'preðjo/ *sm.* predio, edificio ▪ **prédio comercial** edificio comercial

predispor /predʒiʃ'poR/ *v.* predisponer, prevenir, inclinar ▪ **predispor doença** predisponen a la enfermedad

predisposição /predʒiʃpozi'sa~w/ *sf.* predisposición, inclinación ▪ **predisposição genética** predisposición genética

predisposto, -a /predʒiʃ'poʃtu, ta/ *adj.* predispuesto ▪ **predisposto a acreditar** predispuestos a creer

predizer /predʒi'zeR/ *v.* predecir, adivinar, vaticinar ▪ **predizer algo** predecir algo

predominar /predomi'naR/ *v.* predominar, preponderar, prevalecer ▪ **predominar o catolicismo** predomina el catolicismo

predomínio /predo'minju/ *sm.* predominio, preponderancia, ascendiente ▪ **predomínio masculino** predominio masculino

preeminente /preemi'ne~ntʃe/ *adj.* preeminente, superior, sublime ▪ **homem preeminente** hombre de importancia

preencher /pree~'ʃeR/ *v.* satisfacer, cumplir, henchir, rellenar ▪ **preencher espaço vazio** rellenar el espacio vacío

pré-escolar /preʃko'laR/ *adj.* preescolar ▪ **fase pré-escolar** preescolar

preestabelecido, -a /preeʃtabele'sidu, da/ *adj.* preestablecido, determinado ▪ **termo preestabelecido** determinado plazo

prefácio /pre'fasju/ *sm.* prefacio, prólogo, introducción ▪ **prefácio do livro** libro prefacio

prefeito /pre'fejtu/ *s.* alcalde, intendente municipal ▪ **prefeito da cidade** alcalde

prefeitura /prefej'tura/ *sf.* **1** ayuntamiento **2** alcaldía, municipalidad, intendencia ▪ **prefeitura municipal** ayuntamiento

preferência /prefe're~sja/ *sf.* preferencia, predilección, prioridad, favoritismo, opción ▪ **preferência musical** música de preferencia

preferencial /prefere~si'aw/ *adj.* prioritario, predilecto, preferente ▪ **atendimento preferencial** servicio preferencial

preferido, -a /prefe'ridu, da/ *adj.* preferido, predilecto, favorito ▪ **filho preferido** hijo preferido

preferir /prefe'riR/ *v.* preferir, escoger, optar, anteponer ▪ **preferir a liberdade** prefiere la libertad

prefixar /prefik'saR/ *v.* prefijar, prescribir, anteponer ▪ **prefixar o preço** anteponiendo el precio

prega /'prɛga/ *sf.* pliegue, dobladillo ▪ **prega dupla** repliegue ▪ **prega em saia** tabla

pregador, -ora /prega'doR, ra/ *adj. s.* orador, predicador ▪ **pregador católico** católica predicador

pregar /pre'gaR/ *v.* **1** clavar, enclavar, fijar **2** aconsejar, predicar, preconizar ▪ **pregar uma peça em alguém** pegársela a uno

prego /'prɛgu/ *sm.* **1** clavo, punta **2** casa de empeño ▪ **prego enferrujado** clavo oxidado

preguiça /pre'gisa/ *sf.* pereza, dejadez, indolencia, ocio ▪ **bicho-preguiça** perezoso

421

preguiçoso

preguiçoso, -a /pregi'sozu, za/ *adj. s.* perezoso, bribón, dejado, indolente, ocioso, remolón ■ **intestino preguiçoso** intestino perezoso

prejudicado, -a /preʒudʒi'kadu, da/ *adj.* perjudicado ■ **ser prejudicado** salir de algo malparado ■ **sair prejudicado** por lesión

prejudicar /preʒudʒi'kaR/ *v.* **1** perjudicar, atrasar, envenenar, vulnerar, lesionar **2** perjudicarse ■ **prejudicar alguém** dañar a alguien

prejudicial /preʒudʒisi'aw/ *adj.* perjudicial, pernicioso, dañino, desfavorable, malo, maligno, nefasto, nocivo ■ **prejudicial a saúde** perjudiciales para la salud

prejuízo /pre'ʒu'isu/ *sm.* **1** perjuicio, pérdida, avería, daño **2** lesión ■ **causar prejuízo** costar ■ **prejuízos acumulados** pérdidas acumuladas

prejulgar /preʒuw'gaR/ *v.* prejuzgar ■ **prejulgar a pessoa** prejuzgar sobre la persona

preliminar /prelimi'naR/ *adj. sm.* preliminar, previo, introducción, prólogo ■ **fase preliminar** preliminar faze

prelo /'prelu/ *sm.* prensa tipográfica ■ **livro no prelo** libro en prensa

prelúdio /pre'ludʒju/ *sm.* preludio, introducción ■ **prelúdio musical** preludio musical

prematuro, -a /prema'turu, ra/ *adj.* prematuro, precoz, temprano, intempestivo ■ **criança prematura** bebé prematuro

premeditar /premedʒi'taR/ *v.* premeditar, pensar, reflexionar ■ **premeditar um crime** un crimen premeditado

premiar /premi'aR/ *v.* premiar, coronar, laurear, gratificar ■ **premiar funcionários** recompensar a los empleados

prêmio /premju/ *sm.* premio, pago, recompensa ■ **prêmio de seguro** prima, premio de seguro

premonição /premoni'sãw/ *sf.* premonición, presentimiento ■ **premonição de um acotencimento** premonición de un acotencimento

prender /preⁿ'deR/ *v.* **1** prender, amarrar, aprehender, apresar, aprisionar, detener, emparedar, encadenar, encarcerar, vincular, trabar, encerrar, enclaustrar, grapar **2** prenderse, vincularse **3** enrejar ■ **prender alguém** lanzar manos en uno ■ **prender-se a um cargo** agarrarse a la poltrona

prenhe /preɲi/ *adj.* **1** encinta, embarazada **2** preñado, grávido **3** lleno, repleto ■ **bicho prenhe** animal preñado

prenhez /pre'neʃ/ *sf.* preñez, gestación, embarazo ■ **prenhez canina** el embarazo canino

prensa /preⁿsa/ *sf.* prensa ■ **prensa hidráulica** prensa hidráulica

prensar /preⁿ'saR/ *v.* prensar, apretar, exprimir, comprimir ■ **prensar serragem** aserrín de prensa

prenúncio /pre'nuⁿsju/ *sm.* prenuncio, indicio, presagio, síntoma ■ **prenúncio do futuro** presagio del futuro

preocupação /preokupa'sãw/ *sf.* **1** preocupación, inquietud, prevención **2** pesadilla ■ **preocupação ambiental** preocupación ambiental

preocupado, -a /preoku'par/ *v.* preocupado, aprensivo, inquieto ■ **preocupado com a vida** ocupan de la vida

preocupar, -ora /preoku'par/ *v.* **1** preocupar, inquietar, intranquilizar **2** preocuparse, recelar ■ **preocupar consigo mesmo** preocupas de ti mismo

preparação /prepara'sãw/ *sf.* preparación,composición, aparato ■ **preparação do casamento** preparación de la boda

preparador, -ora /prepara'doR, ra/ *adj. s.* preparador, entrenador ■ **preparador físico** preparador físico

preparar /prepa'raR/ *v.* preparar, aderezar, adobar, alinear, amañar, aparar, aparejar, aprestar, disponer, elaborar, entablar, entrenar, predisponer, prevenir ■ **preparar antecipadamente** premeditar ■ **preparar dados para computador** programar

preparatório, -a /prepara'tɔrju, rja/ *adj.* preparatorio ■ **curso preparatório** curso de preparación

preparo /pre'paru/ *sm.* preparación, aderezo, amaño, aparejo, avío ■ **preparo antecipado** premeditación

preponderar /prepo~de'raR/ *v.* preponderar, predominar, prevalecer ■ **a verdade irá preponderar** la verdad prevalecerá

preposição /prepozi'sãw/ *sf.* preposición ■ **preposição de lugar** preposición

prepotente /prepo'teⁿʃi/ *adj.* prepotente, autoritario ■ **pessoa prepotente** persona arrogante

prepúcio /pre'pusju/ *sm.* prepucio ■ **prepúcio excessivo** prepucio excesivo

prerrogativa /preRoga'ʧiva/ *sf.* prerrogativa, regalía, libertad, privilegio ■ **prerrogativa de função** prerrogativa de la función

presa /'preza/ *sf.* presa, botín, garra ■ **presas de animais** defensas

prescindir /presⁿ'dʒiR/ *v.* prescindir, dispensar, renunciar ■ **prescindir regência** renunciar a la realización de

prescrever /preʃkre'veR/ *v.* **1** prescribir, recetar, mandar **2** prescribir, caducar ■ **prescrever receita** prescribir recetas

prescrição /preʃkri'sãw/ *sf.* prescripción, ordenamiento ■ **prescrição médica** prescripción médica

presença /pre'ze~sa/ *sf.* **1** presencia **2** semblante, figura ■ **em presença de** en presencia de, ante

presenciar /prese~si'aR/ *v.* presenciar, observar, ver ■ **presenciar fato** lo demuestra el hecho

presentear /preze~te'aR/ *v.* regalar, presentar, donar, brindar, obsequiar, ofrecer ■ **presentear alguém** dar a alguien

presépio /pre'zɛpju/ *sm.* presepio, belén, nacimiento ■ **presépio de natal** pesebre de navidad

preservar /preser'βaR/ *v.* preservar, conservar, proteger, resguardar ■ **preservar a natureza** preservación de la naturaleza

preservativo /preserβa'tiβo, a/ *adj. sm.* **1** preservativo, preventivo, profiláctico **2** condón ■ **uso de preservativo** el uso del condón

presidente, -a /presi'deⁿʧe/ *s.* presidente ■ **presidente federal** el presidente federal

presidiário, -a /presi'ðjarjo, a/ *s.* presidiario, penado, preso ■ **ex-presidiário** ex convicto

presidio /pre'siðjo/ *sm.* presidio, cárcel, penitenciaría ■ **presidio feminino** divorcio

presidir /presi'ðir/ *v.* presidir, dirigir ■ **presidir o país** presidir el país

presilha /pre'ziʎa/ *sf.* presilla, hebilla ■ **presilha de cabelo** pelo clip

preso, -a /'prezu, za/ *adj. s.* preso, atado, arrestado, detenido, recluso, penitenciario ■ **preso na armadilha** atrapados

pressa /'prɛsa/ *sf.* **1** prisa, rapidez, urgencia, aceleración, diligencia, precipitación **2** a la ligera às pressas aprisa ■ **a toda pressa** a todo escape

pressagiar /presa3i'aR/ *v.* presagiar, adivinar, presentir, auspiciar ■ **pressagiar o fim** presagian el final

presságio /pre'sa3ju/ *sm.* presagio, augurio, auspicio ■ **presságio de um acontecimento** presagio de un evento

pressão /pre'sãw/ *sf.* presión, ahogo, empuje ■ **panela de pressão** olla de presión

pressentimento /preseⁿʧi'me~tu/ *sm.* **1** presentimiento,

privativo

intuición, pálpito, premonición, presagio **2** olor ■ **pressentimento ruim** sentirse mal

pressionar /presio'naR/ *v.* presionar, empujar, coaccionar, apremiar ■ **pressionar o botão** pulse el botón

pressupor /presu'poR/ *v.* presuponer, asentar, prever ■ **pressupor algo** suponen algo

pressuposto /presu'poʃtu, ta/ *adj.* presupuesto, supuesto, pretexto ■ **pressuposto processual** requisito de procedimiento

prestação /preʃta'sã⁻w/ *sf.* **1** cuota **2** prestación, plazos ■ **prestação de contas** presentación de cuentas

prestar /preʃ'taR/ *v.* prestar, beneficiar ■ **prestar atenção** fijarse, oír ■ **prestar contas** rendir

presteza /preʃ'teza/ *sf.* presteza, ligereza, prisa, puntualidad ■ **presteza ao cliente** disposición de los clientes

prestígio /preʃ'tʃiʒu/ *sm.* prestigio, encanto, fascinación, popularidad, valía ■ **de prestígio** de posición

prestigioso, -a /preʃtʃiʒi'ozu, za/ *adj.* prestigioso, respetado, admirado ■ **prestigioso museu** prestigioso museo

préstimo /preʃtʃimu/ *sm.* utilidad, valor, capacidad ■ **sem préstimo** inútil

presumido, -a /prezu'midu, da/ *adj. s.* presumido, afectado ■ **lucro presumido** renta presunta

presumir /prezu'miR/ *v.* presumir, suponer, sospechar ■ **presumir a vida** presunción de la vida

presunção /prezu'sã⁻w/ *sf.* **1** presunción, afectación, suficiencia, vanagloria, arrogancia, postín **2** ínfula ■ **presunção de paternidade** presunción de paternidad

presunçoso, -a /prezu˜'sozu, za/ *adj. s.* presuntuoso, encopetado, engolado, fantasioso, inmodesto, snob, vano ■ **pessoa presunçosa** persona vanidosa

presunto /pre'zu˜tu/ *sm.* jamón, lacón. fatia de presunto lonja de jamón ■ **sanduíche de presunto** emparedado, sandwich de jamón

pretender /prete˜'deR/ *v.* pretender, querer, solicitar, apetecer, gestionar, postular ■ **pretender mudar** quieres cambiar

pretensão /prete˜'sã⁻w/ *sf.* pretensión, afectación, arrogancia ■ **pretensão salarial** requisitos del sueldo

pretensioso, -a /prete˜si'ozu, za/ *adj.* presumido, afectado ■ **homem pretensioso** el hombre vanidoso

preterir /prete'riR/ *v.* **1** preterir, ultrapasar **2** posponer ■ **preterir credores** omitir los acreedores

pretérito /pre'teritu, ta/ *adj. sm.* pretérito, pasado ■ pretérito, tiempo verbal ■ **pretérito perfeito** pasado perfecto

pretexto /pre'teʃtu/ *sm.* **1** pretexto, disculpa, escapatoria, excusa, socapa, subterfugio, ocasión **2** rodeo, salida, achaque ■ **pretexto para fazer algo** excusa para hacer algo

preto, -a /pretu, ta/ *adj. s.* negro, oscuro ■ **ouro preto** predominantemente de oro

prevalecer /prevale'seR/ *v.* **1** prevalecer, predominar **2** prevalecerse **3** reinar ■ **constituição deve prevalecer** constitución debe prevalecer

prevenção /preve˜'sã⁻w/ *sf.* **1** prevención, precaución **2** presagio ■ **prevenção da dengue** la prevención del dengue

prevenido, -a /preve'nidu, da/ *adj.* prevenido, próvido, prudente ■ **prevenido de doenças** enfermedades prevenibles

prevenir /preve'niR/ *v.* **1** prevenir, anticipar, avisar, precaver, preparar **2** prevenirse, guardarse ■ **prevenir doenças** prevenir molestias

preventivo, -a /preve˜'tʃivu, va/ *adj.* preventivo, profiláctico ■ **tratamento preventivo** tratamiento preventivo

prever /pre'veR/ *v.* prever, presagiar, profetizar, pronosticar ■ **prever o futuro** predecir el futuro

previdência /previ'de˜sja/ *sf.* prevención, previsión ■

previdência social seguridad social, ambulatorio de dispensario

prévio, -a /prevju, vja/ *adj.* previo, anterior, preliminar ■ **aviso prévio** aviso previo

previsão /previ'zã⁻w/ *sf.* previsión, profecía, pronóstico ■ **previsão de custo** previsión de costos.

previsível /previ'zivew/ *adj.* previsible, imaginable, previo ■ **algo previsível** algo predecible

prezar /pre'zaR/ *v.* preciar, apreciar, estimar, desear, amar ■ **prezar o cliete** apreciar el cliete

primário, -a /pri'marju, rja/ *adj.* primario ■ **primário da escola** la escuela primaria

primavera /prima'vɛra/ *sf.* **1** primavera **2** juventud ■ **primavera dos povos** primavera de los pueblos

primazia /prima'zia/ *sf.* primacía, prioridad, excelencia ■ **primazia da realidade** primacía de la realidad

primeiro, -a /pri'mejru, ra/ *adj. s.* primer, primero ■ **de primeira** de primera ■ **primeiro-ministro** primer ministro, jefe de gobierno ■ **primeiro-ministro do Brasil** el primer ministro de Brasil

primitivo, -a /primi'tʃivu, va/ *adj.* primitivo, primario, primero, rústico, primigenio ■ **instinto primitivo** instinto primitivo

primo, -a /'primu, ma/ *adj. s.* primo (hijo del tío) ■ **primo primeiro** primo hermano

primor /pri'moR/ *sm.* primor, mimo, esmero, perfección ■ **primor de arte** obra maestra del arte

principal /prinsi'paw/ *adj.* principal, elemental, fundamental, gran, primario, matriz ■ **página principal** página principal

príncipe /pr˜sipi, pr˜'seza/ *s.* **1** príncipe **2** princesa ■ **pequeno príncipe** principito

principiar /pr˜sipi'aR/ *v.* **1** principiar, empezar, comenzar, iniciar **2** germinar ■ **principiar algo** empezar algo

princípio /pr˜'sipju/ *sm.* **1** principio, comienzo, fundación, fundamento, inicio, nacimiento, origen **2** norma, regla ■ **princípios legais** legalidad

prioridade /priori'dad3i/ *sf.* **1** prioridad, precedencia, preferencia **2** privilegio ■ **prioridade processual** prioridad de procedimiento

prioritário, -a /priori'tarju, rja/ *adj.* prioritario ■ **documento prioritário** documento de prioridad

priorizar /priori'zaR/ *v.* privilegiar, preceder ■ **priorizar algo** dar prioridad a algo

prisão /pri'zã⁻w/ *sf.* **1** prisión, apresamiento, retención, reclusión **2** penitenciaria, presidio **3** jaula ■ **prisão de ventre** estreñimiento ■ **prisão preventiva** detención

prisioneiro, -a /prizio'nejru, ra/ *s.* prisionero, recluso, preso ■ **prisioneiro do amor** prisionero del amor

prisma /pri3ma/ *sm.* **1** prisma **2** manera de ver ■ **prisma óptico** prisma óptico

privação /priva'sã⁻w/ *sf.* privación, abstención, abstinencia, pérdida ■ **sofrer privações** pasar privaciones

privado, -a /pri'vadu, da/ *adj.* **1** privado, personal, íntimo, particular **2** retrete, privada, letrina ■ **cárcere privado** detención ilegal

privar /pri'vaR/ *v.* **1** privar, despojar, destituir, suspender **2** abstenerse, cohibirse ■ **privar dos direitos** privados de sus derechos

privativo, -a /priva'tʃivu, va/ *adj.* privativo, peculiar, exclusivo, particular ■ **uso privativo** uso privado

423

privilegiado

privilegiado, -a /privileʒiʾadu, da/ *adj.* privilegiado, preeminente, superior, elevado ■ **acesso privilegiado** acceso privilegiado

privilegiar /privileʒiʾaR/ *v.* privilegiar, preferir, singularizar ■ **privilegiar alguém** privilegiar una

privilégio /priviˈlɛʒju/ *sm.* **1** privilegio, regalía, beneficio, prerrogativa, excepción, exclusiva, franqueza, inmunidad **2** privilégios pl garantías, foros ■ **privilégio do mar** privilegio del mar

pró /prɔ/ *adv. sm.* pro, provechos, ventajas ■ **os prós e os contras** los pros y los contras

probabilidade /probabiliˈdadʒi/ *sf.* probabilidad, posibilidad ■ **probabilidade matemática** matemática de probabilidad

probidade /probiˈdadʒi/ *sf.* probidad, honestidad, honradez ■ **probidade administrativa** probidad administrativa

problema /proˈblema/ *sm.* problema, cuestión, enigma, misterio, duda ■ **problema seu!** su problema!

problemático, -a /probleˈmatʃiku, ka/ *adj.* problemático, misterioso, dudoso, incierto ■ **garoto problemático** problema del niño

procedência /proseˈdẽsja/ *sf.* procedencia, emanación, origen, comienzo ■ **procedência duvidosa** dudoso

proceder /proseˈdeR/ *v. sm.* proceder, emanar, haberse, provenir, proceder, comportamiento, conducta ■ **proceder de forma desidiosa** proceder desidiosa

procedimento /prosedʒiˈmẽtu/ *sm.* procedimiento, tratamiento, conducta, práctica ■ **procedimento médico** procedimiento médico

processamento /prosesaˈmẽtu/ *sm.* procesamiento ■ **processamento de dados** procesamiento de datos

processar /proseˈsaR/ *v.* **1** procesar, encausar **2** accionar ■ **processar alguém** proceder contra uno

processo /proˈsɛsu/ *sm.* **1** proceso, método, acción **2** procedimiento ■ **iniciar um processo** abrir acción, abrir demanda ■ **processo penal** procedimiento penal

proclamação /proklamaˈsãw/ *sf.* proclamación, pregón, aclamación ■ **proclamação da república** proclamación de la república

proclamar /proklaˈmaR/ *v.* **1** proclamar, exaltar, saludar, publicar **2** proclamarse, intitularse ■ **proclamar fé** protestar

procriar /prokriˈaR/ *v.* procrear, poblar, reproducirse ■ **nascer, crescer, procriar** nacer, crecer, procrear

procura /proˈkura/ *sf.* busca, búsqueda, demanda ■ **procura de emprego** la búsqueda de empleo

procuração /prokuraˈsãw/ *sf.* **1** procuración, incumbencia **2** representación ■ **por procuração** por poder ■ **procuração pública** proxy público

procurador, -ora /prokuraˈdoR, ra/ *adj. sm.* procurador, representante, negociador, apoderado ■ **procurador público** fiscal

procurar /prokuˈraR/ *v.* **1** procurar, buscar, demandar, solicitar **2** andar a la caza de ■ **procurar e não achar** de búsqueda y no encontrar

prodígio /proˈdʒiʒju/ *sm.* prodigio, maravilla, portento, milagro ■ **menino prodígio** gallo pequeño

pródigo, -a /ˈprɔdʒigu, ga/ *adj. s.* **1** pródigo, disipador, gastador **2** botarate ■ **filho pródigo** hijo pródigo

produção /produˈsãw/ *sf.* **1** producción, fabricación, realización, labra **2** parto ■ **produção em série** producción en serie

produtor, -ora /produˈtoR, ra/ *adj. s.* productor, autor, fabricante ■ **produtor de cinema ou tevê** realizador

produzir /produˈziR/ *v.* producir, realizar, crear, elaborar, engendrar, fabricar, traer, hacer ■ **produzir roupas** confeccionar

proeza /proˈeza/ *sf.* aventura, hazaña ■ **realizar proeza** lograr hazaña

profanação /profanaˈsãw/ *sf.* profanación, sacrilegio ■ **profanação do templo** profanación del templo

profanar /profaˈnaR/ *v.* **1** profanar **2** deshonrar, macular ■ **profanar sepultura** profanar tumba

profano, -a /proˈfanu, na/ *adj. s.* profano, irreverente, mundano ■ **homem profano** hombre profano

profecia /profeˈsia/ *sf.* profecía, vaticinio, predicción, presagio, pronosticación ■ **profecia maia** profecía maya

proferir /profeˈriR/ *v.* proferir, pronunciar, decir ■ **proferir injúrias** vomitar

professar /profeˈsaR/ *v.* profesar, practicar, seguir, confesar ■ **professar a fé** profesan la fe

professor, -ora /profeˈsoR, ra/ *s.* **1** profesor, educador, maestro, pedagogo **2** maestra, señorita ■ **cargo de professor** magisterio

profeta /proˈfeta, ˈtʃiza/ *s.* **1** profeta, adivino, vidente **2** profetisa ■ **flaso profeta** profeta flase

profetizar /profetʃiˈzaR/ *v.* profetizar, adivinar, predecir, vaticinar ■ **profetizar o mal** profetizar el mal

profilático, -a /profiˈlatʃiku, ka/ *adj.* profiláctico, preventivo ■ **medidas profiláticas** profiláctico

profilaxia /profilakˈsia/ *sf.* profilaxis, prevención, preservación, prevención ■ **profilaxia da malaria** profilaxis de la malaria

profissão /profiˈsãw/ *sf.* profesión, ejercicio, oficio ■ **profissão do futuro** profesión del futuro

profundo, -a /proˈfũdu, da/ *adj.* **1** profundo, hondo, penetrante **2** intenso, vasto, extenso ■ **mar profundo** mar de aguas profundas

profusão /profuˈzãw/ *sf.* **1** profusión, abundancia, exuberancia **2** riqueza ■ **profusão na arte** profusión en el arte

progenitor, -ora /proʒeniˈtoR, ra/ *s.* progenitor, padre ■ **progenitor mielóide** progenitoras mieloides

prognosticar /prognoʃtʃiˈkaR/ *v.* pronosticar, augurar, predecir, prever ■ **prognosticar doença** predecir la enfermedad

prognóstico /progˈnɔʃtʃiku/ *sm.* pronóstico, auspicio, predicción, profecía ■ **prognóstico ambiental** ambientales pronóstico

programa /proˈgrama/ *sm.* programa, plan, prospecto ■ **programa de TV** TV programa

programação /programaˈsãw/ *sf.* programación, esbozo ■ **programação do canal** canal de programación

programador, -ora /programaˈdoR, ra/ *sm.* programador ■ **programador de software** desarrollador de Software

programar /prograˈmaR/ *v.* programar, escalonar, proyectar ■ **programar bomba** calendario de la bomba

progredir /progreˈdʒiR/ *v.* progresar, prosperar, adelantar, avanzar, aventajar, mejorar ■ **progredir sempre** siempre el progreso

progressão /progreˈsãw/ *sf.* progresión, aumento gradual ■ **em progressão** progresión

progresso /proˈgresu/ *sm.* progreso, avance, desarrollo, marcha, paso ■ **ordem e progresso** orden y progreso

proibição /proibiˈsãw/ *sf.* prohibición, entredicho, interdicción, represión ■ **proibição de armas** prohibición de armas

proibir /proiˈbiR/ *v.* **1** prohibir, reprimir, vedar, negar, privar **2** quitar ■ **proibir ação** prohibir la acción

proibitivo, -a /oibiˈtʃivu, va/ *adj.* prohibitivo, negativo ■ **valor proibitivo** cantidad prohibitiva

projeção /proʒeˈsãw/ *sf.* proyección, sombra, lanzamiento ■ **projeção do mercado** mercado de proyección

prosseguir

projetar /pɾoʒe'taR/ *v.* proyectar, trazar, idear, pensar, planear ■ **projetar o futuro** proyectar el futuro

projeto /pɾo'ʒɛtu/ *sm.* proyecto, esquema, traza, idea, plan, programa ■ **projeto de lei** proyecto de ley

projetor /pɾoʒe'toR/ *sm.* proyector ■ **projetor de slides** proyector de diapositivas

prol /pɾɔw/ *sm.* ventaja, provecho ■ **fazer em prol** hacer por

prole /'pɾɔli/ *sf.* prole, familia, descendencia ■ **educação da prole** educación de los niños

proletário, -a /pɾole'taɾju, rja/ *adj. s.* proletario, trabajador mal remunerado ■ **voz do proletário** la voz de los proletarios

proliferar /pɾolife'raR/ *v.* proliferar, multiplicarse, reproducirse, poblar ■ **proliferar germes** la proliferación de gérmenes

prolixo, -a /pɾo'liksu, sa/ *adj.* **1** prolijo **2** dilatado, pesado ■ **homem prolixo** hombre de muchas palabras

prólogo /'pɾɔlogu/ *sm.* prólogo, prefacio, introducción ■ **prólogo do livro** prólogo del libro

prolongar /pɾolõ'gaR/ *v.* **1** prolongar, alargar, retardar, continuar, eternizar **2** prolongarse ■ **prolongar a dor** prolongar el dolor

promessa /pɾo'mɛsa/ *sf.* promesa, palabra ■ **promessa mútua** compromiso ■ **promessas vãs** jarabe de pico

prometer /pɾome'teR/ *v.* prometer, afirmar, asegurar ■ **prometer salário** promesa de pago

promiscuidade /pɾomiʃkwi'dadʒi/ *sf.* promiscuidad, confusión ■ **promiscuidade masculina** promiscuidad masculina

promíscuo, -a /pɾo'miʃkwo, kwa/ *adj.* promiscuo, mezclado ■ **homem promíscuo** hombre promiscuo

promoção /pɾomo'sã~w/ *sf.* promoción ■ **promoção de cargo** elevación

promotor, -ora /pɾomo'toR, ra/ *adj. s.* promotor ■ **promotor de justiça** procurador de justicia

promover /pɾomo'veR/ *v.* promover, prestigiar, fomentar, sembrar, suscitar ■ **promover espetáculo** promover el espectáculo

promulgar /pɾomuw'gaR/ *v.* promulgar, anunciar ■ **promulgar uma lei** promulgar una ley

pronome /pɾo'nomi/ *sm.* pronombre ■ **pronome adjetivo** adjetivo pronombre

pronominal /pɾonomi'naw/ *adj.* pronominal ■ **colocação pronominal** pronombre colocación

prontidão /pɾõ'tʃi'dã~w/ *sf.* prontitud, actividad, diligencia, soltura, ligereza, prisa ■ **estar de prontidão** poner sobre aviso

pronto, -a /pɾõ'tu, ta/ *adj.* **1** pronto, presto, listo **2** maduro, acabado, terminado, dispuesto ■ **pronto atendimento** atención de emergencia

pronunciar /pɾonũ'si'aR/ *v.* pronunciar, proferir, articular ■ **pronunciar palavras** pronunciar palabras

propagação /pɾopaga'sã~w/ *sf.* propagación, irradiación, transmisión, divulgación, difusión ■ **propagação de energia** propagación de la energía

propaganda /pɾopa'gã~da/ *sf.* propaganda, reclamo ■ **propaganda inteligente** propaganda inteligente

propagar /pɾopa'gaR/ *v.* **1** propagar, contagiar, difundir, generalizar **2** sembrar, transmitir, irradiar **3** cundir **4** explayarse, extenderse ■ **propagar idéias** las ideas se propagan

propalar /pɾopa'laR/ *v.* propalar, alardear, divulgar ■ **propalar mentiras** el ruido se encuentra

proparoxítono, -a /pɾopaɾɔk'sitonu, na/ *adj.* proparoxítono, esdrújulo ■ **palavra proparoxítona** palabra paroxítona

propensão /pɾope~'sã~w/ *sf.* propensión, aptitud, inclinación, tendencia instinto, naturaleza ■ **propensão a poupar** propensión al ahorro

propenso, -a /pɾo'pe~zu, za/ *adj.* propenso, adicto, sujeto, tendencioso ■ **propenso a obesidade** propensos a la obesidad

propiciar /pɾopisi'aR/ *v.* propiciar, proporcionar ■ **propiciar gravidez** proporcionar el embarazo

propício /pɾo'pisju/ *adj.* propicio, favorable, amigo, próvido ■ **momento propício** momento propicio

propina /pɾo'pina/ *sf.* **1** soborno, coima **2** propina, gratificación, dádiva **3** remojo ■ **propina na política** tasa de política

propor /pɾo'poR/ *v.* proponer, ofrecer, parlamentar ■ **propor acordo** propuesta de acuerdo

proporção /pɾopoɾ'sã~w/ *sf.* proporción, regularidad, simetría ■ **proporção aurea** proporción aurea

proporcionar /pɾopoRsio'naR/ *v.* proporcionar, deparar, facilitar, traer, habilitar, ocasionar, ofrecer, propiciar ■ **proporcionar prazer** dar placer

proposição /pɾoposi'sã~w/ *sf.* proposición, máxima, tesis ■ **proposição composta** proposición compuesta

propósito /pɾo'pozitu/ *sm.* propósito, intención, objetivo, resolución. a propósito a propósito, pelo ■ **ter um proposito** propósito tienen un propósito objetivo

proposto, -a /pɾo'poʃtu, ta/ *adj.* propuesto, propuesta, consulta, oferta ■ **reajuste proposto** propuesta de ajuste

propriedade /pɾopɾie'dadʒi/ *sf.* **1** propiedad, cualidad, virtud **2** dominio, inmueble. propriedade rural finca, quinta, hacienda, heredad ■ **propriedade privada** propiedad privad

proprietário, -a /pɾopɾie'taɾju, rja/ *adj. s.* propietario, amo, señor, dueño, poseedor propiedad ■ **proprietário do imóvel** dueño de la propiedad

próprio, -a /'pɾɔpɾju, rja/ *adj.* propio, particular, peculiar, oportuno, característico ■ **próprio umbigo** hacia adentro

propulsão /pɾopuw'sã~w/ *sf.* propulsión, impulso ■ **propulsão nuclear** propulsión nuclear

propulsar /pɾopuw'saR/ *v.* propulsar, impelir, empujar, mover ■ **propulsada ascendente** impulsado al alza

propulsor, -ora /pɾopuw'soR, ra/ *adj. sm.* propulsor, propulsivo ■ **propulsor de foguete** cohetes de propulsante

prorrogação /pɾoRoga'sã~w/ *sf.* prórroga, aplazamiento ■ **prorrogação de prazo** prórroga de plazo

prorrogar /pɾoRo'gaR/ *v.* prorrogar, aplazar, adiar ■ **prorrogar na justiça** extender la justicia

prosa /'pɾɔza/ *sf.* charla, plática, prosa ■ **um dedo de prosa** charla amigable, agradable

prosaico, -a /pɾo'zajku, ka/ *adj.* prosaico, vulgar ■ **sonho prosaico** sueño prosaico

proscrever /pɾoʃkre'veR/ *v.* proscribir, abolir, exilar, desterrar ■ **proscrever alguém** proscribir a alguien

proscrito, -a /pɾoʃ'kritu, ta/ *adj. s.* proscripto, desterrado, exilado ■ **ele foi proscrito** fue marginado

prospecto /pɾoʃ'pektu/ *sm.* prospecto, programa, anuncio ■ **prospecto geral** folleto general

prosperar /pɾoʃpe'raR/ *v.* **1** prosperar, crecer, enriquecer, ganar, estar en alza **2** florecer, medrar ■ **prosperar em deus** prosperar en dios

prosperidade /pɾoʃpeɾi'dadʒi/ *sf.* **1** prosperidad, enriquecimiento, progreso **2** bonanza ■ **prosperidade financeira** prosperidad financiera

próspero, -a /'pɾɔʃpeɾu, ra/ *adj.* próspero, venturoso, favorable, faustoso ■ **ano próspero** próspero año

prosseguir /pɾose'giR/ *v.* proseguir, seguir, continuar, reanudar, insistir ■ **prosseguir com a instalação** continuar con la instalación

425

próstata

próstata /prɔʃtata/ *sf.* próstata ■ **próstata aumentada** agrandamiento de la próstata

prostíbulo /proʃˈtʃibulu/ *sm.* prostíbulo, burdel ■ **prostíbulo de luxo** burdel de lujo

prostituição /proʃtʃituiˈsãˈw/ *sf.* prostitución, corrupción, meretricio, degradación ■ **prostituição feminina** prostitución femenina

prostituta /proʃtʃiˈtuta/ *sf.* **1** prostituta, meretriz, ramera, furcia, damisela, mujerzuela **2** pellejo, pecadora ■ **prostituta do sexo** sexo puta

prostração /proʃtraˈsãˈw/ *sf.* postración, languidez, humillación ■ **prostração térmica** postración por calor

prostrar /proʃˈtraR/ *v.* **1** postrar, abatir, derrubar **2** prosternarse ■ **ficar prostrado** permanecen postrados

protagonista /protagoˈniʃta/ *s.* protagonista, personaje principal ■ **protagonista do filme** protagonista de la película

protagonizar /protagoniˈzaR/ *v.* actuar como protagonista ■ **protagonizar o epetáculo** protagonista de epetáculo

proteção /proteˈsãˈw/ *sf.* **1** protección, amparo, favor, guarda, salvaguardia, socorro, tutela, parapeto **2** escudo, palanca **3** favoritismo ■ **proteção judicial** manutención

proteger /proteˈgeR/ *v.* **1** proteger, abrigar, acoger, ahijar, amparar, defender, resguardar, escoltar, guardar **2** ampararse **3** apadrinar, abogar ■ **proteger a família** proteger a la familia

protegido, -a /proteˈʒidu, da/ *adj. s.* protegido, ahijado, refugiado ■ **estar protegido** estar ahijado

proteína /proteˈina/ *sf.* proteina ■ **proteína de carne** proteínas de carne

prótese /prɔtezi/ *sf.* prótesis ■ **prótese de silicone** prótesis de silicona

protestante /proteʃˈtaˈtʃi/ *adj. s.* protestante ■ **reforma protestante** reforma protestante

protestantismo /proteʃtaˈtʃiʒmu/ *sm.* protestantismo ■ **protestantismo histórico** protestantismo histórico

protesto /proˈtɛʃtu/ *sm.* protesta, protesto, reclamación ■ **protesto por falta de pagamento** protesto por falta de pago

protetor, -ora /proteˈtoR, ra/ *adj. s.* **1** protector, defensor, tutor, patrón, patrono **2** abogado, padrino, mecenas ■ **protetor dos fracos** protector de los débiles

protocolo /protoˈkɔlu/ *sm.* protocolo, comprobante, acta, minuta ■ **protocolo de Kyoto** protocolo de Kyoto

protótipo /proˈtɔtʃipu/ *sm.* prototipo, modelo, patrón, ejemplar ■ **protótipo elétrico** prototipo eléctrico

protuberância /protubeˈrãˈsja/ *sf.* protuberancia, saliencia ■ **protuberância mental** barbilla a tanto alzado

prova /prɔva/ *sf.* prueba, comprobación, documento, razón, revelacion, testimonio ■ **à prova d'água** indeleble, imborrable

provar /proˈvaR/ *v.* probar, arguir, demostrar, evidenciar, justificar ■ **provar inocência** probar la inocencia

provável /proˈvavew/ *adj.* probable, natural, verosímil ■ **hipótese provável** hipótesis probable

proveito /proˈvejtu/ *sm.* **1** provecho, beneficio, goce, granjeo, interés, lucro, producto **2** jugo **3** gabela em proveito de en provecho de ■ **tirar proveito** beneficio

proveniente /proveniˈeˈtʃi/ *adj.* proveniente, original, originario, procedente ■ **proveniente do aluguel** de alquiler

prover /proˈveR/ *v.* **1** proveer, abastecer, aprovisionar, surtir, avituallar, equipar, habilitar, mantener, sustentar **2** proveerse, abastecerse ■ **prover um recurso** proporcionar un recurso

provérbio /proˈvɛRbju/ *sm.* proverbio, máxima, refrán, adagio ■ **provérbio chinês** proverbio chino

proveta /proˈveta/ *sf.* probeta ■ **bebê de proveta** tubo de ensayo bebé

providência /proviˈdeˈsja/ *sf.* providencia, acción, actitud, paso ■ **tomar uma povidência** tomar una providencia

providenciar /provideˈsiˈaR/ *v.* aviar, ordenar, providenciar, disponer ■ **povidenciar um carro** providenciar un coche

província /proˈvˈˈsja/ *sf.* provincia ■ **provincia de Salerno** provincia del Salerno

provinciano, -a /provˈˈsiˈanu, na/ *adj. s.* provinciano, lugareño ■ **drama provinciano** teatro provincial

provir /proˈviR/ *v.* provenir, proceder, derivar, resultar ■ **provir do nada** salido de la nada

provisão /proˈvisãˈw/ *sf.* provisión, suministro, surtido, alforja ■ **saco de provisões** fardel

provocação /provokaˈsãˈw/ *sf.* provocación, desafío, concitación, excitación ■ **fazer provocação** a la provocación

provocador, -ora /provokaˈdoR, ra/ *adj. s.* provocativo, agitador, agresor ■ **agente provocador** agente provocador

provocante /provoˈkaˈtʃi/ *adj.* provocante, apetitoso ■ **mulher provocante** mujer provocativa

provocar /provoˈkaR/ *v.* **1** provocar, concitar, desafiar, excitar, ocasionar, originar, promover **2** engendrar **3** torear ■ **provocar doença** mortificar

provocativo, -a /proβokaˈtiβo, a/ *adj.* provocativo ■ **vídeo provocativo** video provocador

proximidade /prɔsimiˈdadʒi/ *sf.* proximidad, aproximación ■ **proximidade do mar** proximidad al mar

próximo, -a /prɔsimu, ma/ *adj.* prójimo, próximo, cercano, vecino, allegado, rayano, cercano, afín, aproximado, conjunto, contiguo, futuro, mediato ■ **próximo passo** siguiente paso

prudência /pruˈdeˈsja/ *sf.* prudencia, discreción, juicio, sabiduría, sensatez, medida, precaución ■ **prudência na direção** prudencia en la dirección

prudente /pruˈdeˈtʃi/ *adj.* **1** prudente, atentado, avisado, mirado, reservado, sabio, sisudo, moderado **2** equilibrado ■ **motorista prudente** conductor prudente

prumo /prumu/ *sm.* nivel, plomo, plomada, sonda ■ **a prumo** a plomo

pseudônimo /psewˈdonimu/ *sm.* pseudónimo, seudónimo ■ **pseudônimo do ator** seudónimo del actor

psicanálise /psikaˈnalizi/ *sf.* psicoanálisis, sicoanálisis ■ **psicanálise freudiana** psicoanálisis freudiano

psicologia /psikoloˈʒia/ *sf.* psicología, sicología ■ **psicologia social** psicología social

psicológico, -a /psikoˈlɔʒiku, ka/ *adj.* psicológico, sicológico ■ **mexer com o psicológico** lío con lo psicológico

psicopata /psikoˈpata/ *adj. s.* psicópata, sicópata ■ **psicopata social** psicosocial

psicose /psiˈkɔzi/ *sf.* psicosis, sicosis ■ **psicose maníaco-depressiva** psicosis maniaco-depresiva

psicoterapia /psikoteraˈpia/ *sf.* psicoterapia, sicoterapia ■ **psicoterapia de grupo** psicoterapia de grupo

psiquiatra /psikiˈatra/ *s.* psiquiatra, siquiatra ■ **psiquiatra forense** psiquiatra forense

psiquiatria /psikiaˈtria/ *sf.* psiquiatría, siquiatría ■ **psiquiatria do hospital** hospital de psiquiatría

psíquico, -a /psikiku, ka/ *adj.* psíquico, síquico ■ **aparelho psíquico** aparato psíquico

púa /pua/ *sf.* púa, puya ■ **sentar a púa** senta un púa

puxar

puberdade /pubeR'dadʒi/ *sf.* pubertad, adolescencia ▪ **puberdade precoce** pubertad precoz

púbis /pubiʃ/ *sm.* pubis, empeine ▪ **púbis feminino** ingle femenina

publicação /publika'saʷ/ *sf.* publicación, anunciación, periódico ▪ **publicação periódica** número

publicar /publi'kaR/ *v.* **1** publicar, imprimir, editar, anunciar, generalizar, promulgar **2** salir a la luz **3** derramar ▪ **publicar livro** publicación de libros

publicidade /publisi'dadʒi/ *sf.* publicidad, notoriedad, propaganda ▪ **publicidade enganosa** publicidad engañosa

publicitário, -a /publisi'tarju, rja/ *adj. s.* **1** publicitario **2** publicista ▪ **emprego de publicitário** empleo de publicidad

público, -a /publiku, ka/ *adj. sm.* público, común, notorio, sabido, manifiesto, paladino ▪ **expor em público** poner de manifiesto

pudim /pu'dʒĩ/ *sm.* budín, pudín ▪ **pudim de leite** arroz con leche

pudor /pu'doR/ *sm.* pudor, recato, vergüenza ▪ **sem pudor** desvergonzado

pueril /pwe'riw/ *adj.* **1** pueril, infantil, aniñado **2** fútil, ingenuo ▪ **coisa pueril** las cosas de niño

puerilidade /pwerili'dadʒi/ *sf.* **1** puerilidad, niñería **2** frivolidad ▪ **puerilidade emocional** infantilismo emocional

pugilismo /puʒi'liʒmu/ *sm.* pugilismo, boxeo ▪ **pugilismo feminino** boxeo femenino

pugnar /pug'naR/ *v.* pugnar, luchar, batallar ▪ **pugnar contra** valer ante

pular /pu'laR/ *v.* brincar, saltar. pular corda jugar a la comba ▪ **pular várias vezes** rebotar

pulga /puwga/ *sf.* pulga ▪ **deixar alguém com a pulga atrás da orelha** echar a uno la pulga detrás la oreja

pulmão /puw'mãʷ/ *sm.* pulmón ▪ **gritar a plenos pulmões** a grito pelado

pulo /pulu/ *sm.* brinco, salto, agitación ▪ **dar um pulo** un salto

pulsação /puwsa'saʷ/ *sf.* pulsación, palpitación, latido ▪ **medir pulsação** medir el pulsar

pulsar /puw'saR/ *v. & sm.* pulsar, palpitar, latir, anhelar, ansiar ▪ **pulsar o sangue** palpitante sangre

pulseira /puw'sejra/ *sf.* pulsera, ajorca ▪ **pulseira de prata** pulsera de plata

pulso /puwsu/ *sm.* **1** pulso, muñeca **2** tiento, fuerza ▪ **pulso de ferro** puño de hierro

pulverizar /puwveri'zaR/ *v.* **1** pulverizar **2** reducir, aniquilar ▪ **pulverizar algo** aerosol algo

pum /pũ/ *excl.* pedo, cohete ▪ **pum fedido** pum apestoso

punção /pũ'saʷ/ *sf.* punción, punzada ▪ **punção venosa** venopunción

punhado /pu'ɲadu/ *sm.* puñado, puño ▪ **aos punhados de** a puñados ▪ **punhado de ervas** manada

punhal /pu'ɲaw/ *sm.* **1** puñal, daga, cuchillo **2** herramienta ▪ **punhal de aço** daga de acero

punho /puɲu/ *sm.* puño, manija ▪ **de próprio punho** de su puño y letra ▪ **punho bordado** puñeta

punição /puni'saʷ/ *sf.* punición, pena, castigo, escarmiento ▪ **punição da justiça** castigo de la justicia

punir /pu'niR/ *v.* **1** punir, castigar, escarmentar **2** pugnar, luchar, vengarse ▪ **punir alguém** castigar a alguien

pupilo, -a /pu'pilu, la/ *s.* **1** pupilo, alumno **2** pupila, niña del ojo **3** niña ▪ **mestre e pupilo** maestro y alumno

purê /pu're/ *sm.* puré, masa pastosa ▪ **purê de batata** puré de papas

pureza /pu'reza/ *sf.* **1** pureza, inocencia, santidad, virginidad **2** limpieza ▪ **pureza química** pureza química

purgante /puR'gãtʃi/ *adj. sm.* purgante, purga ▪ **purgante caseiro** laxantes caseros

purgar /puR'gaR/ *v.* purgar, limpiar, purificar ▪ **purgar a mora** purga de retraso

purgativo, -a /puRga'tʃivu, va/ *adj. sm.* purga, purgante. **purgativo salino** purgante salino

purgatório /puRga'tɔrju/ *adj. sm.* purgatorio ▪ **almas do purgatório** almas en el purgatorio

purificação /purifika'saʷ/ *sf.* **1** purificación, rectificación **2** sublimación ▪ **purificação da água** purificación de agua

purificar /purifi'kaR/ *v.* **1** purificar, aclarar, afinar, apurar, depurar, expurgar, limpiar, lustrar, purgar, rectificar **2** purificarse **3** lavar, sublimar ▪ **purificar o sangue** purificar la sangre

puritano, -a /puri'tanu, na/ *adj. s.* **1** puritano, moralista **2** austero, severo, purista **puritano devasso** puritano libertino

puro, -a /puru, ra/ *adj.* **1** puro, auténtico, genuino, sano, sublime, virginal, inmaculado, inocente **2** limpio ▪ **sangue puro** pura sangre

púrpura /puRpura/ *sf.* púrpura ▪ **cor púrpura** púrpura

purpurina /puRpu'rina/ *sf.* purpurina ▪ **purpurina em pó** purpurina en polvo

purulento, -a /puru'lẽtu, ta/ *adj.* purulento ▪ **esfregaço purulento** frotis purulenta

putrefação /putrefa'saʷ/ *sf.* putrefacción, pudrimiento, descomposición ▪ **putrefação humana** la decadencia humana

putrefato, -a /putre'fatu, ta/ *adj.* putrefacto, podrido, corrompido ▪ **inútil putrefato** inútil falta

pútrido, -a /putriðo, a/ *adj.* pútrido, podrido, fétido ▪ **cheiro pútrido** cheiro pútrido

puxar /pu'ʃaR/ *v.* tirar, pujar, estirar, provocar, atraer ▪ **puxar o saco** hacer la pelotilla, zalamerear, engatusar, enjabonar

P

427

Q

ABCDEFGHIJKLMNOPQRSTUVWXYZ

q /'ki/ *sm* decimoséptima letra del alfabeto portugués ■ **q é uma letra** q es una letra

quadra /'kwadɾa/ *sf* copla, cuadra ■ **caminhar duas quadras** caminar dos cuadras

quadrado, -a /kwa'dɾadu, da/ **1** cuadrado **2** antiguo, persona muy apegada a los hábitos y costumbres de sus mayores ■ **pessoa quadrada** persona antigua

quadrangular /kwadɾɑ̃gu'laR/ *adj* cuadrangular ■ **quadrangular os objetos** cuadrangular los objetos

quadricular /kwadɾiku'laR/ *adj & v* cuadricular, cuadrar ■ **quadricular a folha** cuadricular la hoja

quadril /kwa'dɾiw/ *sm* cuadril, cadera, anca ■ **movimentar o quadril** mover el cuadril

quadrilha /kwa'dɾiʎa/ *sf* **1** cuadrilla, mafia **2** hato ■ **quadrilha de ladrões** cuadrilla de ladrones

quadro /'kwadɾu/ *sm* cuadro, marco ■ **quadro de pintura** cuadro de pintura

quadro-negro /kwadɾu'negɾu/ *sm* pizarra, pizarrón ■ **quadro-negro na escola** pizarra en la escuela

quadrúpede /kwa'dɾupedʒi/ *adj* **1** cuadrúpedo **2** persona necia, ignorante, estúpida ■ **animal quadrúpede** animal cuadrúpedo

qual /'kwaw/ *pron* **1** cual, quien, que **2** cuál ■ **os quais** quienes

qualidade /kwali'dadʒi/ *sf* calidad, cualidad (atributo positivo), atributo, excelencia, índole, genio, especie ■ **boa qualidade** buena calidad

qualificação /kwalifika'sɐ̃w/ *sf* calificación, valoración, apreciación ■ **qualificação do projeto** calificación del proyecto

qualificar /kwalifi'kaR/ *v* calificar, atribuir un grado o una nota, aprobar (en un examen) ■ **qualificar as pessoas** calificar las personas

qualquer /kwaw'kɛR/ *adj & pron* cualquier, alguno ■ **em qualquer lugar** en cualquier lugar, adondequiera ■ **qualquer um** cualquiera, quienquiera

quando /'kwɐ̃du/ *adv & conj* cuando, cuándo ■ **até quando?** ¿hasta cuándo? **desde quando?** ¿desde cuándo?

quantia /kwɐ̃'t͡ʃia/ *sf* cuantía, cantidad ■ **boa quantia** buena cuantía

quantidade /kwɐ̃t͡ʃi'dadʒi/ *sf* **1** cantidad, cuantidad, cuantía, porción, importe, costo, cuenta, número **2** montón, a manta **3** mogollón ■ **em grande quantidade** numeroso, a millares

quantificar /kwɐ̃t͡ʃifi'kaR/ *v* cuantificar, cifrar ■ **quantificar as atividades** cuantificar las actividades

quantitativo, -a /kwɐ̃t͡ʃita't͡ʃivu, va/ *adj* cuantitativo ■ **trabalho quantitativo** trabajo cuantitativo

quanto, -a /'kwɐ̃tu, ta/ *pron* **1** cuanto **2** cuánto ■ **quanto a** en cuanto a

quarentão, -ona /kwarẽ̯'tɐ̃w, tona/ *adj & s* cuarentón ■ **homem quarentão** hombre cuarentón

quarentena /kwarẽ̯'tena/ *sf* cuarentena ■ **ficar de quarentena** quedar de cuarentena

quaresma /kwa'ɾeʒma/ *sf* cuaresma ■ **quaresma e páscoa** cuaresma y pascua

quarta-feira /kwaRta'fejɾa/ *sf* miércoles ■ **quarta-feira de cinzas** miércoles de ceniza

quarteirão /kwaRtej'ɾɐ̃w/ *sm* **1** manzana de casas **2** cuadra ■ **andar dois quarteirões** caminar dos cuadras

quartel /kwaR'tɛw/ *sm* cuartel, casa, domicilio ■ **quartel-geral** cuartel general

quarteto /kwaR'tetu/ *sm* cuarteto ■ **quarteto fantástico** cuarteto fantástico

quarto, -a /'kwaRtu, ta/ *adj, s, num* **1** cuarto **2** pieza, habitación, cuarto, aposento ■ **quarto crescente** cuarto creciente ■ **quarto de hora** un cuarto de hora

quase /'kwazi/ *adv* casi, cuasi, cerca, próximo, por poco ■ **quase chegando** casi llegando

que /'ki/ *pron, prep & conj* **1** que **2** qué ■ **a fim de que** con la finalidad de ■ **de modo que** de modo que ■ **que é isto?** ¿qué es esto? **que nem** igual que ■ **se bem que** aunque

quê /'ke/ *sm* **1** qué, alguna cosa, algo como **2** nombre de la letra q ■ **não há de quê** no hay de qué

quebra /'kɛbɾa/ *sf* quiebra, fractura, rompimiento, quebranto ■ **quebra de peças** quiebra de piezas

quebra-cabeça /kɛbɾaka'besa/ *sm* puzzle, rompecabezas ■ **montar o quebra-cabeça** montar el puzzle

quebrado, -a /ke'bɾadu, da/ *adj* **1** quebrado, roto **2** fallido ■ **quebrada** desfiladero ■ **aparelho quebrado** aparato roto

quebra-mar /kɛbɾa'maR/ *sm* **1** rompeolas **2** mole ■ **quebra-mar na praia** rompeolas en el mar

quebra-nozes /kɛbɾa'nɔziʃ/ *sm* cascanueces ■ **filme do quebra-nozes** película del cascanueces

quebranto /ke'bɾɐ̃tu/ *sm* aojo, desánimo, hechizo ■ **quebranto da vida** desánimo de la vida

quebrar /ke'bɾaR/ *v & sm* **1** quebrar, romper, fracturar, quebrantar, cascar **2** quebrar, hundirse **3** desencadenar **4** fracasar, mellarse, partirse ■ **quebrar o galho** resolverle un problema a alguien ■ **quebrar o gelo** romper el hielo

queda /'kɛda/ *sf* **1** caída, declive, ruina, decadencia **2** inclinación, afición, aptitud ■ **queda de cabelo** caída de cabello

queijeira /kej'ʒejɾa/ *sf* quesera ■ **queijeira vende queijo** quesera vende queso

queijo /'kej͡ʒu/ *sm* queso ■ **queijo fresco** queso fresco ■ **queijo parmesão** queso de Parma

quota

queima /ˈkejma/ *sf* quema ■ **a queima-roupa** a quemarropa, a boca de jarro

queimadura /kejmaˈduɾa/ *sf* quemadura ■ **queimadura grave** quemadura grave

queimar /kejˈmaR/ *v* **1** quemar, abrasar, arder, incinerar **2** encender **3** escocer, foguear **4** quemarse, recalentarse ■ **queimar muito** quemar mucho

queixa /ˈkejʃa/ *sf* queja, lamento, lamentación ■ **fazer queixa** hacer queja

queixada /kejˈʃada/ *sf* mandíbula, quijada ■ **dar uma queixada** dar una quijada

queixar-se /kejˈʃaRsi/ *v* **1** quejarse, lamentarse, querellarse **2** llorar ■ **queixar-se de problemas** quejarse de problemas

queixo /ˈkejʃu/ *sm* mentón, barbilla **queixo duplo** papada ■ **queixo quadrado** mentón cuadrado

queixoso, -a /kejˈʃozu, za/ *adj & s* quejoso, plañidero, resentido ■ **pessoa queixosa** persona quejosa

quem /ˈke˜j/ *pron* **1** quien, aquel, aquello, el que, que **2** quién, cuál ■ **quem vai comigo?** ¿quién va conmigo?

quepe /ˈkɛpi/ *sm* quepis, gorra ■ **usar quepe** usar quepis

querela /keˈrɛla/ *sf* querella, queja, discordia, contienda, acusación ■ **querela entre amigos** discordia entre amigos

querer /keˈreR/ *v* **1** querer, amar, estimar **2** desear, pedir ■ **quem tudo quer nada tem** quien mucho abarca, poco aprieta

querido, -a /keˈridu, da/ *adj & s* querido, estimado, preciado, amigo ■ **querido amigo** querido amigo

quermesse /keRˈmesi/ *sf* quermés, kermés ■ **quermesse do sábado** quermés del sábado

questão /kejˈtɑ̃w/ *sf* **1** cuestión, pregunta **2** problema, querella **3** alegato ■ **ir ao centro da questão** poner el dedo en la llaga ■ **fazer questão de** hacer hincapié ■ **questão judicial** pleito

questionar /kejʧioˈnaR/ *v* cuestionar, preguntar ■ **questionar o resultado** cuestionar el resultado

questionário /kejʧioˈnarju/ *sm* cuestionario, interrogatorio ■ **questionário para os alunos** cuestionario para los alumnos

quíchua /ˈkiʃwa/ *adj & s* quechua, quichua ■ **falar quíchua** hablar quechua

quieto, -a /kiˈetu, ta/ *adj* quieto, quedo, tranquilo, sosegado ■ **ficar quieto** quedarse quieto, callarse ■ **fique quieto!** ¡quédate quieto!

quietude /kieˈtudʒi/ *sf* **1** quietud, descanso **2** remanso ■ **quietude do ambiente** quietud del ambiente

quilate /kiˈlaʧi/ *sm* quilate ■ **peso de quilate** peso de quilate

quilo /ˈkilu/ *sm* kilo, kilogramo, quilo ■ **comida por quilo** comida por kilo

quilograma /kiloˈgrama/ *sm* kilogramo, quilogramo (kg) ■ **medida de quilograma** medida del kilogramo

quilometragem /kilomeˈtraʒe˜j/ *sf* kilometraje ■ **quilometragem do carro** kilometraje del coche

quilométrico, -a /kiloˈmɛtriku, ka/ *adj* kilométrico ■ **valor quilométrico** valor kilométrico

quilômetro /kiˈlometru/ *sm* kilómetro, quilómetro (km) ■ **quilômetro andado** kilómetro andado

químico, -a /ˈkimiku, ka/ *adj & s* química ■ **estudar química** estudar química

quimioterapia /kimioteraˈpia/ *sf* quimioterapia ■ **estudar quimioterapia** estudar quimioterapia

quimono /kiˈmonu/ *sm* kimono, quimono ■ **usar quimono** usar kimono

quina /ˈkina/ *sf* quina, esquina, rincón, ángulo ■ **quina da mesa** quina de la mesa

quinhão /klˈjiuˈw/ *sm* parte, cuota, porción ■ **quinhão de comida** porción de comida

quinquênio /kwˈⁿkwenju/ *sm* quinquenio ■ **dois quinquênios** dos quinquenios

quinta-feira /kˈta'fejra/ *sf* jueves ■ **quinta-feira santa** jueves santo

quintal /kˈtaw/ *sm* quintal, patio ■ **quintal da casa** quintal de la casa

quinzena /kˈzena/ *sf* quincena ■ **quinzena de trabalho** quincena de trabajo

quiosque /kiˈɔʃki/ *sm* kiosco, quiosco ■ **dormir no quiosque** dormir en el quiosco

quiromancia /kiromaˈzia/ *sf* quiromancia ■ **quiromancia é uma arte** quiromancia es un arte

quitação /kitaˈsɑ̃w/ *sf* finiquito, recibo, liquidación ■ **quitação de dívida** liberación ■ **recibo de quitação** pago

quitanda /kiˈtɑ̃da/ *sf* **1** tienda **2** frutería, verdulería ■ **ir na quitanda** ir a la frutería

quitar /kiˈtaR/ *v* finiquitar, saldar (liquidar o cancelar una cuenta) ■ **quitar a conta** saldar la cuenta

quite /ˈkitaR/ *v* libre de deudas ■ **estamos quites** estamos a mano

quitute /kiˈtuʧi/ *sm* exquisitez, manjar ■ **comer quitutes** comer bocados exquisitos

quociente /kwosiˈeˈʧi/ *sm* cociente, cuociente, razón ■ **quociente de inteligência** cociente intelectual

quorum /ˈkoruˈ/ *sm* quórum ■ **falta de quorum** falta de quórum

quota /ˈkɔta/ *sf* cuota, cupo ■ **quota de um rateio** promedio

Q

429

R

ABCDEFGHIJKLMNOPQRSTUVWXYZ

r /'ɛri/ *sm* decimoctava letra del alfabeto portugués ■ **"r" de rato** "r" de rato

rã /'rɑ̃/ *sf* rana ■ **comer rã** comer rana

rabada /ra'bada/ *sf* rabada, rabadilla ■ **rabada de porco** rabada de cerdo

rabanada /raba'nada/ *sf* rebanada, torrija ■ **comer rabanada** comer torrija

rabanete /raba'neʧi/ *sm* rábano, rabanito ■ **rabanete na salada** rábano en la ensalada

rabiscar /rabiʃ'kar/ *v* borronear, borrar, emborronar, garabatear, garrapatear ■ **rabiscar o papel** borronear el papel

rabisco /ra'biʃku/ *sm* garabato, garrapato ■ **fazer rabisco** hacer garabato

rabo /'rabu/ *sm* rabo, cola ■ **com o rabo no meio das pernas** con el rabo entre las piernas ■ **olhar com o rabo do olho** mirar con el rabillo del ojo

rabugento, -a /rabu'ʒe̅tu, ta/ *adj* quisquilloso, regañón ■ **homem rabugento** hombre quisquilloso

raça /'rasa/ *sf* raza, etnia, familia, nación ■ **animal de raça** animal de raza ■ **cruzamento de raças** mestizaje

ração /ra'sɑ̃w/ *sf* ración, pitanza, pienso ■ **ração para cachorro** ración para perro

racha /'raʃa/ *sf* raja, grieta ■ **racha na parede** raja en la pared

rachadura /raʃa'dura/ *sf* raja, rajadura, hendidura, abertura muy estrecha ■ **rachadura no teto** hendidura en el techo

rachar /ra'ʃar/ *v* **1** rajar, resquebrajar, quebrantar, hender, hendir **2** hendirse ■ **rachar de estudar** empollar ■ **rachar de rir** echarse a reír

raciocinar /rasjosi'nar/ *v* raciocinar, razonar, calcular ■ **raciocinar muito** raciocinar mucho

raciocínio /rasjo'sinju/ *sm* raciocinio, razón, razonamiento, deducción, ponderación ■ **bom raciocínio** buen raciocinio

racional /rasjo'naw/ *adj* racional, lógico, razonable ■ **pessoa racional** persona racional

racionalizar /rasjonali'zar/ *v* racionalizar, meditar ■ **racionalizar o problema** racionalizar el problema

racionamento /rasjona'me̅tu/ *sm* racionamiento ■ **racionamento básico** racionamiento básico

racionar /rasjo'nar/ *v* racionar, limitar la cantidad ■ **racionar a água** racionar el agua

racismo /ra'sismu/ *sm* racismo ■ **racismo é preconceito** racismo es prejuicio

radar /ra'dar/ *sm* radar ■ **radar na rua** radar en la calle

radiação /radʒia'sɑ̃w/ *sf* radiación, irradiación, onda calorífera ■ **radiação solar** radiación solar

radial /radʒi'aw/ *adj & sf* radial, radiado ■ **formato radial** formato radial

radiante /radʒi'ɑ̃ʧi/ *adj* radiante, brillante, resplandeciente, alegre, satisfecho ■ **ficar radiante** quedar radiante

radicação /radʒika'sɑ̃w/ *sf* radicación, arraigo ■ **radicação de água** radicación de agua

radical /radʒi'kaw/ *adj, sm* radical, fundamental, completo ■ **esporte radical** deporte radical

radicalizar /radʒikali'zar/ *v* radicalizar ■ **radicalizar nas atitudes** radicalizar en las actitudes

rádio /'radʒju/ *sm* radio ■ **escutar o rádio** escuchar la radio

radioamador /radʒjoama'dor, ra/ *s* radioaficionado ■ **pessoa radioamadora** persona radioaficionada

radiodifusão /radʒjodʒifu'zɑ̃w/ *sf* radiodifusión ■ **grande radiodifusão** gran radiodifusión

radiografia /radʒjogra'fia/ *sf* radiografía ■ **fazer uma radiografia** hacer una radiografía

radiográfico, -a /radʒjo'grafiku, ka/ *adj* radiográfico ■ **imagem radiográfica** imagen radiográfica

radiologia /radʒjolo'ʒia/ *sf* radiología ■ **fazer radiologia** hacer radiología

radioscopia /radʒjoʃko'pia/ *sf* radioscopia ■ **fazer radioscopia** hacer radioscopia

radiotáxi /radʒjo'taksi/ *sm* radiotaxi ■ **ouvir o radiotáxi** oír el radiotaxi

radiouvinte /radʒjo'vĩʧi/ *s* radioescucha, radioyente ■ **pessoa radiouvinte** persona radioyente

raia /'raja/ *sf* **1** línea, término, frontera, límite **2** raya, pista de carrera ■ **raia grande** línea grande

raiar /ra'jar/ *v* irradiar, amanecer, despuntar, surgir, rayar, ■ **raiar do sol** irradiar del sol

rainha /'rej, ra'ɲa/ *s* reina, soberana ■ **rainha da Espanha** reina de España

raio /'raju/ *sm* rayo, radio ■ **raio de ação** esfera de acción ■ **ser rápido como um raio** ser como un rayo, como un relámpago

raiva /'rajva/ *sf* rabia, ira, indignación, desesperación, hidrofobia ■ **raiva passageira** rabieta

raiz /ra'ijʃ/ *sf* raíz, origen ■ **arrancar pela raiz** arrancar de cuajo ■ **conjunto de raízes** raigambre ■ **cortar pela raiz** raer

rajada /ra'ʒada/ *sf* **1** ráfaga, vaharada **2** ímpetu ■ **rajada de ar** racha

rajado, -a /ra'ʒadu, da/ *adj* rayado, a rayas ■ **rajado forte** rayado fuerte

ralar /ra'lar/ *v* **1** rallar, desmenuzar, triturar, moler **2** molestar, importunar, trabajar mucho ■ **ralar o dedo** rallar el dedo

ralé /ra'le/ *sf* ralea, plebe, gentuza, populacho, vulgo ■ **festa da ralé** fiesta de la ralea

ralhar /ra'ʎar/ *v* regañar, reprender, corregir ■ **ralhar com alguém** regañar con alguien

reação

ralo, -a /'ralu, la/ *adj & sm* ralo, escaso ■ **sopa rala** sopa rala

ramagem /ra'maʒeˆj/ *sf* ramaje, enramada, follaje ■ **ramagem grande** ramaje grande

ramal /rɑ'maw/ *sm* **1** ramal, ramificación **2** extensión telefónica, anexo, interno ■ **ramal ocupado** ramal ocupado

ramalhete /rama'ʎetʃi/ *sm* ramillete, bouquet, buqué ■ **ramalhete de rosas** ramillete de rosas

rameira /rama'ʎetʃi/ *sm* ramera, puta, prostituta ■ **mulher rameira** mujer prostituta

ramificação /ramifika'sɑ~w/ *sf* ramificación, rama, propagación ■ **ramificação de atividades** ramificación de actividades

ramificar /ramifi'kar/ *v* **1** ramificar, subdividir **2** ramificarse, bifurcarse, subdividirse ■ **ramificar os trabalhos** ramificar los trabajos

ramo /'rɑmu/ *sm* **1** ramo, rama, gajo **2** subdivisión, especialización ■ **pequeno ramo de flores** ramillete

rampa /'rɑ~pa/ *sf* rampa, plano inclinado, ladera ■ **rampa perigosa** rampa peligrosa

rancho /'rɑ~ʃu/ *sm* rancho, choza, casucha ■ **passear no rancho** pasear en el rancho

rancor /rɑ~'kor/ *sm* rencor, encono, enconamiento, ira, odio ■ **rancor de alguém** rencor de alguien

rancoroso, -a /rɑ~ko'rozu, za/ *adj* rencoroso ■ **pessoa rancorosa** persona rencorosa

rançoso, -a /rɑ~'sozu, za/ *adj* **1** rancio **2** anticuado ■ **pessoa rançosa** persona rancia

ranger /rɑ~'ʒer/ *v* crujir, rechinar, restallar ■ **ranger os dentes** crujir los dientes

rangido /rɑ~'ʒidu/ *sm* crujido, rechino ■ **rangido do animal** crujido del animal

rango /'rɑ~gu/ *sm* **1** rancho **2** pitanza ■ **rango está pronto** rancho está listo

ranho /ra'ɲar/ *v* moco ■ **ranho do nariz** moco de la nariz

ranhura /ra'ɲura/ *sf* ranura, entalle, excavación ■ **ranhura na porta** ranura en la puerta

rapar /ra'par/ *v* **1** rapar, raer, raspar, desgastar **2** robar, hurtar ■ **rapar a panela** rapar la olla

rapaz /ra'pajʃ, pa'riga/ *s* **1** muchacho, chico, doncel **2** gurrumino, chamaco ■ **rapaz bonito** muchacho guapo

rapidez /rapi'dejʃ/ *sf* rapidez, agilidad, ligereza, aceleración, presteza, prisa, velocidad, vivacidad ■ **caminhar com rapidez** caminar con rapidez

rápido, -a /'rapidu, da/ *adj & sm* rápido, ágil, veloz, vertiginoso, exprés, expreso, ligero, listo, presto, presuroso, pronto ■ **o mais rápido possível** a toda prisa

raposa /ra'pozu, za/ *s* **1** raposa, zorra **2** persona astuta ■ **raposa na floresta** raposa en la floresta

raptar /rap'tar/ *v* raptar, secuestrar, robar, rapiñar ■ **raptar uma criança** raptar un niño

rapto /'raptu/ *sm* rapto, secuestro, robo ■ **rapto de uma pessoa** secuestro de una persona

raptor, -ora /rap'tor, ra/ *adj & s* raptor, secuestrador ■ **raptor perigoso** raptor peligroso

raquete /ra'kɛtʃi/ *sf* raqueta, pala ■ **raquete de madeira** raqueta de madera

raquítico, -a /ra'kitʃiku, ka/ *adj & s* raquítico, gurrumino ■ **pessoa raquítica** persona raquítica

raridade /rari'dadʒi/ *sf* **1** raridad, rareza **2** extravagancia ■ **raridade de espécie** raridad de especie

raro, -a /'rɑru, rɑ/ *adj & adv* raro, contado, escaso, excepcional, singular, extravagante ■ **ser muito raro** ser una mosca blanca

rasante /rɑ'zɑ~tʃi/ *adj* rasante, raso ■ **lugar rasante** lugar raso

rascunho /raʃ'kuɲu/ *sm* **1** borrador, minuta **2** machote **3** esbozo, proyecto ■ **fazer um rascunho** hacer un borrador

rasgado, -a /raʃ'gadu, da/ *adj* roto, desgarrado, rajado, despedazado, rasgado ■ **roupa rasgada** ropa rota

rasgão /raʃ'gɑ~w/ *sm* desgarradura, rotura ■ **rasgão em tecido** rasgón

rasgar /raʃ'gar/ *v* **1** rasgar, cortar, dilacerar, esfarrapar **2** rasgarse, henderse ■ **rasgar o pano** rasgar el trapo

rasgo /'raʃgu/ *sm* **1** rasgo, hendidura **2** habilidad, arrebato ■ **rasgo no sofá** rasgo en el sofa

raso, -a /'razu, za/ *adj & sm* raso, llano, plano, playo, superficial, rastrero ■ **prato raso** plato playo

raspa /'raʃpa/ *sf* raspadura, escoria ■ **raspa de comida** raspadura de comida

raspadeira /raʃpa'dejra/ *sf* raspador ■ **boa raspadeira** buen raspador

raspado, -a /ras'par/ *v* raído, pelón, rapado ■ **dedo raspado** dedo raído

raspagem /raʃ'paʒeˆj/ *sf* raspado, raspadura ■ **muita raspagem** mucho raspado

raspão /raʃ'pɑ~w/ *sm* **1** arañazo, escoriación **2** raspón ■ **ter um raspão** tener un arañazo

raspar /raʃ'par/ *v* **1** raspar, raer, rasar, arañar, borrar **2** huir, retirarse ■ **raspar com lixa** lijar

rasteiro, -a /raʃ'tejru, ra/ *adj* **1** rastrero, pedestre **2** bajo, ruin, despreciable ■ **animal rasteiro** animal rastrero

rastejar /raʃte'ʒar/ *v* **1** rastrear **2** arrastrarse, humillarse ■ **rastejar pelo chão** rastrear por el suelo

rastro /'raʃtro/ *sm* rastro, estela, pista, reguero, holla, indicio ■ **rastro do leão** rastro del león

rasurar /razu'rar/ *v* borrar, tachar, raspar ■ **rasurar o texto** borrar el texto

ratazana /rata'zana/ *sf* rata ■ **ratazana no esgoto** rata en las aguas residuales

ratear /rate'ar/ *v* ratear, distribuir proporcionalmente ■ **ratear os problemas** ratear los problemas

rateio /ra'teju/ *sm* rateo, repartición proporcional ■ **mediante rateio** prorrata

ratificação /ratʃifika'sɑ~w/ *sf* ratificación, aprobación, confirmación ■ **ratificação do projeto** ratificación del proyecto

ratificar /ratʃifi'kar/ *v* ratificar, aprobar, revalidar ■ **ratificar o trabalho** ratificar el trabajo

rato /'ratu/ *sm* rata, ratón, laucha ■ **rato de rua** rata de calle

ratoeira /rato'ejra/ *sf* ratonera ■ **cair na ratoeira** caer en la trampa

razão /ra'zɑ~w/ *sf* razón, raciocinio, argumento, derecho, justicia ■ **razão da minha vida** razón de mi vida

razoável /razo'avew/ *adj* razonable, regular, moderado, suficiente ■ **resultado razoável** resultado razonable

ré /'rɛ/ *s* **1** re, segunda nota de la escala musical **2** trasera, popa ■ **marcha a ré** marcha atrás

reabilitação /reabilita'sɑ~w/ *sf* rehabilitación, regeneración, reintegro, restitución ■ **reabilitação das pessoas** rehabilitación de las personas

reabilitar /reabili'tar/ *v* rehabilitar, regenerar, sincerar ■ **reabilitar na clínica** rehabilitar en la clínica

reação /rea'sɑ~w/ *sf* reacción, resistencia ■ **reação à violencia** reacción a la violencia

431

reacionário

reacionário, -a /reaʒo'narju, rja/ *adj & s* reaccionario, retrógrado ▪ **pessoa reacionária** persona reaccionaria

readaptação /readapta'sɑ̃w/ *sf* readaptación, aclimatación ▪ **boa readaptação** buena readaptación

readaptar /readap'tar/ *v* 1 readaptar, reeducar 2 readaptarse ▪ **readaptar aos antigos costumes** readaptar a los antiguos costumbres

readquirir /read3iki'rir/ *v* recobrar, reconquistar, recuperar ▪ **readquirir os direitos** recobrar los derechos

reagente /rea'3e"ʧi/ *adj & sm* reactivo, reactor ▪ **reagente eficiente** reactivo eficiente

reagir /rea'3ir/ *v* 1 reaccionar, reactivar 2 oponer, luchar ▪ **reagir bem** reaccionar bien

reajuste /rea'3uʃʧi/ *sm* reajuste ▪ **reajuste de peça ou mecanismo** reglaje ▪ **reajuste salarial** reajuste de sueldos

real /re'aw/ *adj & sm* real, actual, verdadero, natural, positivo, regio ▪ **cair na real** darse cuenta, volver a la realidad

realçar /reaw'sar/ *v* realzar, acentuar, lucir, esmaltar ▪ **realçar bem** realzar bien

realce /re'awsi/ *sm* realce, relieve, brillo ▪ **realce nos olhos** brillo en los ojos

realeza /rea'leza/ *sf* 1 realeza, soberanía 2 grandeza, esplendor ▪ **realeza poderosa** realeza poderosa

realidade /reali'dad3i/ *sf* realidad, verdad, sinceridad ▪ **dura realidade** dura realidad

realismo /rea'li3mu/ *sm* realismo ▪ **estudar o realismo** estudiar el realismo

realização /realiza'sɑ̃w/ *sf* realización, acto, ejecución, producción ▪ **realização de um projeto** realización de un proyecto

realizador, -ora /realiza'dor, ra/ *adj & s* realizador, productor ▪ **realizador do trabalho** realizador del trabajo

realizar /reali'zar/ *v* 1 realizar, actualizar, efectuar, ejecutar, hacer, proceder, producir, obrar, llevar a efecto 2 realizarse, suceder ▪ **realizar uma boa apresentação** realizar una buena presentación

reanimar /reani'mar/ *v* 1 reanimar, vivificar, consolar, resucitar 2 reanimarse, cobrar aliento, rebullir ▪ **reanimar as pessoas** reanimar las personas

reaparecer /reapare'ser/ *v* reaparecer, resucitar, resurgir ▪ **reaparecer de repente** reaparecer de repente

rearmar /rear'mar/ *v* rearmar, volver a armar ▪ **rearmar o país** rearmar el país

reatar /rea'tar/ *v* reanudar, restablecer ▪ **reatar laços** reconciliar

reativar /reatʃi'var/ *v* reactivar, activar ▪ **reativar a música** reactivar la música

reaver /rea'ver/ *v* recuperar, recobrar, restablecer ▪ **reaver os sentidos** recuperar los sentidos

reavivar /reavi'var/ *v* reavivar, reanimar ▪ **reavivar para a festa** reanimar para la fiesta

rebaixamento /rebajʒa'me"tu/ *sm* 1 rebajamiento, rebaja 2 envilecimiento, bajeza ▪ **rebaixamento de preços** reducción de precios

rebaixar /rebaj'ʃar/ *v* 1 rebajar, deprimir 2 humillar, abatir, deshonrar 3 envilecerse, humillarse ▪ **rebaixar muito** rebajar mucho

rebanho /re'baɲu/ *sm* 1 rebaño, grey, hato 2 majada ▪ **rebanho pequeno** hatajo

rebate /re'batʃi/ *sm* rebato, alarma, reencuentro ▪ **rebate falso** falsa noticia

rebater /reba'ter/ *v* 1 rebatir, rebotar, controvertir, refutar 2 debelar, sofocar, contener ▪ **rebater a bola** rebatir la pelota

rebelar-se /rebe'lar/ *v* rebelarse, indisciplinarse, insubordinarse, desobedecer ▪ **rebelar-se com alguém** rebelarse con alguien

rebelde /re'bɛwd3i/ *adj & s* rebelde, contumaz, faccioso, incorregible, indócil ▪ **pessoa rebelde** persona rebelde

rebeldia /rebɛw'd3ia/ *sf* rebeldía, insubordinación, obstinación ▪ **rebeldia dos jovens** rebeldía de los jóvenes

rebelião /rebeli'ɑ̃w/ *sf* rebelión, motín, rebeldía, insurrección, sedición, sublevación ▪ **rebelião na cadeia** rebelión en la prisión

rebentar /rebe"tar/ *v* reventar, retoñar, brotar, germinar, romper ▪ **rebentar a corda** reventar la cuerda

rebocador /reboka'dor, ra/ *adj & s* revocador, remolcador ▪ **rebocador de parede** revocador de pared

rebocar /rebo'kar/ *v* revocar, remolcar, arrastrar ▪ **rebocar a maquiagem** revocar el maquillaje

rebolar /rebo'lar/ *v* 1 hacer combas 2 bambolearse ▪ **rebolar na festa** bambolearse en la fiesta

reboque /re'bɔki/ *sm* remolque ▪ **a reboque** a remolque

rebuliço /rebu'lisu/ *sm* 1 alboroto, desorden, vocerío 2 revuelo ▪ **rebuliço na escola** alboroto en la escuela

rebuscado, -a /rebuʃ'kadu, da/ *adj* rebuscado, muy afectado ▪ **trabalho rebuscado** trabajo rebuscado

recado /re'kadu/ *sm* recado, aviso, mandado, mensaje ▪ **dar conta do recado** salir bien de algún cometido

recaída /reka'ida/ *sf* recaída, recargo, reincidencia ▪ **ter uma recaída** tener una recaída

recalcar /rekaw'kar/ *v* 1 recalcar 2 concentrar, sofocar, contener ▪ **recalcar a vida** recalcar la vida

recalcitrante /rekawsi'trɑ̃ʧi/ *adj* recalcitrante, desobediente ▪ **pessoa recalcitrante** persona recalcitrante

recapitulação /rekapitula'sɑ̃w/ *sf* recapitulación, resumen, repetición ▪ **recapitulação do assunto** recapitulación del asunto

recapitular /rekapitu'lar/ *v* recapitular, repetir, resumir ▪ **recapitular um tema** recapitular un tema

recarga /re'karga/ *sf* recarga, nueva imposición ▪ **fazer recarga** hacer recarga

recatado, -a /reka'tadu, da/ *adj* recatado, púdico ▪ **pessoa recatada** persona recatada

recatar /reka'tar/ *v* recatar, guardar, esconder ▪ **recatar um objeto** recatar un objeto

recato /re'katu/ *sm* recato, pudor, decencia, modestia ▪ **homem com recato** hombre con pudor

recauchutado, -a /rekawʃu'tadu, da/ *adj* recauchutado ▪ **homem recauchutado** hombre recauchutado

recear /rese'ar/ *v* recelar, desconfiar, temer, sospechar ▪ **recear de alguém** recelar de alguien

receber /rese'ber/ *v* recibir, aceptar, acoger, admitir, cobrar, percibir, recaudar, heredar, tener ▪ **receber alguém** salirle uno al encuentro ▪ **receber dinheiro** embolsar

recebimento /resebi'me"tu/ *sm* recibimiento, recaudación, recaudo, recibo ▪ **recebimento do dinheiro** recibimiento del dinero

receio /re'seju/ *sm* 1 recelo, aprensión, miedo, temor, timidez, honrilla 2 malicia, rescoldo ▪ **receio de alguém** recelo de alguien

receita /re'sejta/ *sf* 1 receta 2 ingreso, rédito ▪ **outras receitas** otros ingresos **receita de juros** ingreso de interés **receita efetiva** ingreso real ▪ **receita médica** formulación, prescripción

432

recorte

receitar /resej'tar/ *v* **1** recetar, formular, medicar, prescribir **2** aconsejar, indicar ■ **receitar um remédio** recetar una medicina

recenseamento /rese͂sea'me͂tu/ *sm* empadronamiento, censo ■ **recenseamento de algo** empadronamiento de algo

recente /re'se͂tʃi/ *adj & adv* reciente, recién, flamante, moderno, nuevo, tierno ■ **muito recente** muy reciente

receoso, -a /rese'ozu, za/ *adj* receloso, aprehensivo, tímido, temeroso, miedoso ■ **pessoa receosa** persona recelosa

recepção /resep'sa͂w/ *sf* recepción, acogida, admisión ■ **recepção das pessoas** recepción de las personas

recepcionista /resepsjo'nista/ *s* recepcionista, receptor ■ **recepcionista do hotel** recepcionista del hotel

receptador, -ora /resepta'dor, ra/ *s* receptador, perista ■ **pessoa receptadora** persona receptadora

receptivo, -a /resep'tʃivu, va/ *adj* receptivo, acogedor, impresionable ■ **ser receptivo** ser receptivo

recessão /rese'sa͂w/ *sf* recesión, retirada ■ **fazer uma recessão** hacer una recesión

recessivo, -a /rese'sivu, va/ *adj* recesivo, remisivo ■ **ser recessivo** ser recesivo

recesso /re'sesu/ *sm* receso, desvío, separación, retiro ■ **recesso na semana** receso en la semana

rechaçar /reʃa'sar/ *v* rechazar, rebatir, repudiar, repeler ■ **rechaçar uma pessoa** rechazar una persona

recheado, -a /reʃe'adu, da/ *adj & sm* relleno, lleno, repleto ■ **bolacha recheada** galleta rellena

rechear /reʃe'ar/ *v* **1** rellenar, involucrar, embutir **2** enriquecer **3** atiborrarse, llenarse, hartarse ■ **rechear o frango** rellenar el pollo

recheio /re'ʃeju/ *sm* relleno ■ **recheio de chocolate** relleno de chocolate

recibo /re'sibu/ *sm* recibo, vale ■ **recibo de quitação** recibo de pago

reciclagem /resi'klaʒe͂/ *sf* reciclaje ■ **reciclagem de plástico** reciclaje de plástico

reciclar /resi'klar/ *v* reciclar, rescatar ■ **reciclar o papel** reciclar el papel

recife /re'sifi/ *sm* **1** arrecife, bajío **2** obstáculo ■ **recife da praia** arrecife de la playa

recinto /re'si͂tu/ *sm* recinto ■ **recinto descoberto** patio ■ **recinto para exposições** salón

recipiente /resipi'e͂tʃi/ *adj & sm* recipiente, frasco, urna ■ **recipiente de comida** recipiente de comida

recíproco, -a /re'siproku, ka/ *adj* recíproco, mutuo, correlativo ■ **sentimento recíproco** sentimiento recíproco

recitar /resi'tar/ *v* recitar, declamar, contar, referir ■ **recitar um poema** recitar un poema

reclamação /reklama'sa͂w/ *sf* reclamación, exigencia ■ **fazer uma reclamação** hacer una reclamación

reclamar /rekla'mar/ *v* reclamar, exigir, requerir, protestar ■ **reclamar do atendimento** reclamar del atendimiento

reclinar /rekli'nar/ *v* reclinar, recostar, inclinar, doblegar ■ **reclinar o corpo** recostar el cuerpo

reclusão /reklu'za͂w/ *sf* reclusión, encierro, clausura ■ **pôr em reclusão** recluir

recluso, -a /re'kluzu, za/ *adj & s* recluso, preso, encarcelado, prisionero ■ **ficar recluso** quedar preso

recobrar /reko'brar/ *v* **1** recobrar, restaurar **2** cobrarse, rehacerse ■ **recobrar a memoria** recobrar la memoria

recobrir /reko'brir/ *v* recubrir ■ **recobrir o corpo** recubrir el cuerpo

recolher /reko'ʎer/ *v* **1** recoger, albergar, abrigar, allegar, alojar, rebañar, percibir, recopilar **2** recogerse, recostarse, retirarse ■ **toque de recolher** toque de queda

recolhimento /rekoʎi'me͂tu/ *sm* recogimiento, asilo, introversión, unción ■ **recolhimento de pessoas** recogimiento de personas

recomendação /rekome͂da'sa͂w/ *sf* **1** recomendación, aviso, consejo **2** empeño, incumbencia **3 recomendações** *pl* cumplimientos, saludos, encomiendas ■ **boas recomendações** buenas recomendaciones

recomendar /rekome͂'dar/ *v* **1** recomendar, aconsejar, encarecer, encargar, preconizar, proteger **2** recomendarse, hacer recomendable ■ **recomendar uma pessoa** recomendar una persona

recompensa /reko͂'pe͂sa/ *sf* recompensa, joya, paga, pago, premio, prima, retribución ■ **ganhar uma recompensa** ganar una recompensa

recompensar /reko͂pe͂'sar/ *v* recompensar, gratificar, retribuir ■ **recompensar uma pessoa** recompensar una persona

recompor /reko͂'por/ *v* recomponer, reconstituir, reparar, reorganizar ■ **recompor em casa** recomponer en casa

reconciliação /reko͂silia'sa͂w/ *sf* reconciliación, concordia ■ **reconciliação de casais** reconciliación de parejas

reconciliar /reko͂sili'ar/ *v* **1** reconciliar, ajustar, congraciar **2** reconciliarse, apaciguarse ■ **reconciliar com o namorado** reconciliar con el novio

reconfortante /reko͂for'ta͂tʃi/ *adj & sm* reconfortante, confortador ■ **situação reconfortante** situación reconfortante

reconfortar /reko͂for'tar/ *v* reconfortar, reanimar, fortalecer ■ **reconfortar com a presença** reconfortar con la presencia

reconhecer /rekoɲe'ser/ *v* **1** reconocer, explorar, admitir, aceptar, confesar **2** reconocerse, confesarse ■ **reconhecer as pessoas** reconocer las personas

reconhecido, -a /rekoɲe'sidu, da/ *adj* reconocido, comprobado, identificado, agradecido ■ **pessoa reconhecida** persona reconocida

reconhecimento /rekoɲesi'me͂tu/ *sm* reconocimiento, inspección, legitimación ■ **reconhecimento do corpo** reconocimiento del cuerpo

reconstituição /reko͂ʃtitui'sa͂w/ *sf* reconstitución, restablecimiento ■ **reconstituição do caso** reconstitución del caso

reconstrução /reko͂ʃtru'sa͂w/ *sf* reconstrucción, reconstitución, reedificación ■ **reconstrução da casa** reconstrucción de la casa

recordação /rekorda'sa͂w/ *sf* recuerdo, conmemoración, evocación, memoria, memorización, remembranza, reminiscencia ■ **recordação das pessoas** recuerdo de las personas

recordar /rekor'dar/ *v* **1** recordar, evocar, hacer memoria, hacer mención, traer a las mientes **2** recordarse, acordarse ■ **recordar sempre** tener algo grabado ■ **recordar vagamente** sonar

recordista /rekor'dʒista/ *s* plusmarquista, recordista ■ **recordista de esportes** recordista de deportes

recorrer /reko'rer/ *v* recorrer, recurrir, apelar ■ **recorrer em juízo** recurrir, ocurrir ■ **recorrer ao estado** recorrer al estado

recortar /rekor'tar/ *v* **1** recortar, hacer cortes **2** recortarse, dibujarse ■ **recortar papéis** recortar papeles

recorte /re'kortʃi/ *sm* recorte, recortado, recortadura ■ **fazer um recorte** hacer un recorte

433

recostar

recostar /rekoʃ'tar/ *v* recostar, reclinar, inclinar ▪ **recostar sobre a mesa** recostar sobre la mesa

recreação /rekrea'sãʊ̃/ *sf* recreo, deporte, distracción, pasatiempo ▪ **recreação das crianças** recreo de los niños

recrear /rekre'ar/ *v* **1** recrear, divertir, refocilar **2** recrearse, regodearse ▪ **recrear nas férias** divertir en las vacaciones

recreativo, -a /rekrea'tʃivu, va/ *adj* recreativo, divertido ▪ **tempo recreativo** tiempo recreativo

recreio /re'kreju/ *sm* recreo, recreación, diversión, pasatiempo ▪ **recreio da escola** recreo de la escuela

recriminação /rekrimina'sãʊ̃/ *sf* recriminación, acusación, reconvención ▪ **recriminação das pessoas** recriminación de las personas

recriminar /rekrimi'nar/ *v* recriminar, culpar, acusar, incriminar, reconvenir ▪ **recriminar alguém** recriminar alguien

recrudescer /rekrude'ser/ *v* recrudecer, agravarse, agudizarse ▪ **recrudescer muito** recrudecer demasiado

recruta /re'kruta/ *sm* recluta, soldado ▪ **chamar o recruta** llamar al recluta

recrutamento /rekruta'mẽtu/ *sm* reclutamiento, alistamiento, leva ▪ **recrutamento de pessoas** reclutamiento de personas

recuar /reku'ar/ *v* retroceder, cejar, repeler, atrasarse ▪ **recuar diante do problema** retroceder delante del problema

recuperação /rekupera'sãʊ̃/ *sf* recuperación, reconquista, rehabilitación ▪ **recuperação dos sentidos** recuperación de los sentidos

recuperar /rekupe'rar/ *v* **1** recuperar, cobrar, recobrar, recurrir, rehabilitar, restaurar **2** recuperarse, cobrar fuerza, mejorarse, ponerse bien **3** rescatar ▪ **recuperar a memória** recuperar la memoria

recurso /re'kursu/ *sm* recurso, remedio, medio, mecanismo ▪ **bom recurso** buen recurso

recusa /re'kuza/ *sf* recusación, repulsa, denegación, veto, resistencia ▪ **fazer uma recusa** hacer una repulsa

recusar /reku'zar/ *v* **1** recusar, rechazar, rehusar, denegar, negar, reprochar, repugnar, resistir **2** negarse, oponerse, resistirse ▪ **recusar o convite** recusar la invitación

redação /reda'sãʊ̃/ *sf* **1** redacción, expresión que se hace por escrito **2** oficina donde se edita un periódico ▪ **fazer uma redação** hacer una redacción

redator, -ora /reda'tor, ra/ *s* redactor, escritor ▪ **redator do libro** redactor del libro

rede /'redʒi/ *sf* **1** red **2** hamaca ▪ **cair na rede** caer en la trampa **lance de rede** redada **rede de arame** alambrera **rede de comunicação** red de comunicación ▪ **rede de pescar** garlito

rédea /'rɛdʒa/ *sf* rienda, arreos, guías ▪ **à rédea solta** a rienda suelta ▪ **com rédea curta** a estaca

redemoinho /redemo'iɲu/ *sm* remolino, tufón, torbellino ▪ **redemoinho na cidade** remolino en la ciudad

redenção /redẽ'sãʊ̃/ *sf* **1** redención **2** salvación ▪ **redenção das pessoas** redención de las personas

redigir /redʒi'ʒir/ *v* escribir, redactar ▪ **redigir um texto** escribir un texto

redimir /redʒi'mir/ *v* **1** redimir, rescatar, perdonar, liberar **2** rehabilitarse ▪ **redimir os pecados** redimir los pecados

redobrar /redo'brar/ *v* redoblar, rebatir, aumentar, repetir ▪ **redobrar la atención** redoblar la atención

redoma /re'doma/ *sf* redoma ▪ **redoma de vidro** ampolla

redondo, -a /re'dõdu, da/ *adj & sm* redondo, esférico, cilíndrico ▪ **mesa redonda** mesa redonda

redor /re'dor/ *sm* rededor **ao redor, em redor** alrededor, em rededor ▪ **redor da casa** rededor de la casa

redução /redu'sãʊ̃/ *sf* reducción, aminoración, mengua, disminución, simplicidad, restricción ▪ **redução do estômago** reducción del estómago

redundância /redũ'dãsja/ *sf* redundancia, pleonasmo, prolijidad, repetición ▪ **redundância nas frases** redundancia en las frases

redundar /redũ'dar/ *v* redundar, recaer, resultar ▪ **redundar algo** redundar algo

reduplicar /reðupli'kar/ *v* reduplicar, redoblar ▪ **reduplicar a atención** redoblar la atención

reduto /re'dutu/ *sm* reducto, refugio ▪ **ir para o reduto** ir para el reducto

redutor, -ora /re'dutu/ *sm* reductor ▪ **redutor de algo** reducto de algo

reduzido, -a /redu'zidu, da/ *adj* reducido, angosto, escaso, sumario ▪ **gastos reduzidos** gastos reducidos

reduzir /redu'zir/ *v* reducir, achicar, acortar, aminorar, apocar, coartar, comprimir, desfalcar, disminuir, empequeñecer, encoger, limitar, restringir ▪ **reduzir a nada** reducir a la nada ▪ **reduzir a pó** moler ▪ **reduzir impostos** desgravar

reeditar /riedʒi'tar/ *v* reeditar, reimprimir, reproducir ▪ **reeditar o filme** reeditar la película

reeleger /riele'ʒer/ *v* reelegir ▪ **reeleger o prefeito** reelegir el alcalde

reembolsar /rie'bow'sar/ *v* reembolsar, restituir dinero ▪ **reembolsar o governo** reembolsar el gobierno

reembolso /rie'bowsu/ *sm* reembolso, restitución ▪ **reembolso postal** reembolso postal

reencarnar /rieɲkar'nar/ *v* reencarnar ▪ **reencarnar em pouco tempo** reencarnar en poco tiempo

reestruturar /rieʃtrutu'rar/ *v* reestructurar, reorganizar ▪ **reestruturar o evento** reestructurar el evento

reexaminar /riezami'nar/ *v* reexaminar, revisar ▪ **reexaminar o paciente** reexaminar el paciente

refazer /refa'zer/ *v* rehacer, reconstituir, reedificar, refundir, reformar, readquirir ▪ **refazer a tarefa** rehacer la tarea

refeição /refej'sãʊ̃/ *sf* comida, almuerzo ▪ **refeição leve** comida ligera

refeitório /refej'tɔrju/ *sm* refectorio, comedor ▪ **comer no refeitório** comer en el refectorio

refém /re'fẽ/ *s* rehén, cautivo ▪ **ser refém** ser rehén

referência /refe're'sja/ *sf* **1** referencia, mención **2 referências** *pl* recomendación, información ▪ **referência bibliográfica** referencia bibliográfica

referendar /refere'dar/ *v* refrendar, legalizar un documento ▪ **referendar o projeto** refrendar el proyecto

referente /refe're'tʃi/ *adj* referente, alusivo, concerniente ▪ **pessoa referente** persona referente

referir /refe'rir/ *v* **1** referir, mencionar, citar, narrar, proponer, relacionar, relatar **2** referirse ▪ **referir alguém** referir alguien

refinado, -a /refi'nar/ *v* **1** refinado, purificado **2** fino, perfecto, astuto, afectado ▪ **pessoa refinada** persona refinada

refinamento /refina'mẽtu/ *sm* refinamiento, refinación, sutileza ▪ **refinamento das pessoas** refinamiento de las personas

refinar /refi'nar/ *v* refinar, purificar **2** refinarse, afinarse **3** sutilizar, perfeccionar, esmerar ▪ **refinar os costumes** refinar los costumbres

regressão

refletido, -a /refle'tʃidu, da/ *adj* 1 reflejado 2 pensado, prudente, ponderado, pausado ■ **atitude refletida** actitud reflejada

refletir /refle'tʃir/ *v* 1 reflejar 2 meditar, mirar, pensar, ponderar, reflexionar 3 reflejarse, mirarse, traslucirse ■ **refletir muito** reflejar mucho

refletor, -ora /refle'tor, ra/ *adj & sm* reflector ■ **usar o refletor** usar el reflector

reflexão /reflek'sã̃w/ *sf* reflexión, advertencia, observación, pensamiento, ponderación ■ **fazer uma reflexão** hacer una reflexión

reflexivo /reflek'sivu/ *adj* reflexivo, reflejo, indirecto ■ **pessoa reflexiva** persona reflexiva

reflexo, -a /re'fleksu, ksa/ *adj & sm* 1 reflejo 2 influencia indirecta ■ **fazer reflexo no cabelo** teñir el pelo con mechas de otro color

reflorestar /refloreʃ'tar/ *v* repoblar un terreno con plantas forestales, reforestar ■ **reflorestar o campo** reforestar el campo

refluir /reflu'ir/ *v* refluir, retroceder ■ **refluir algo** refluir algo

refluxo /re'fluksu/ *sm* reflujo, retroceso ■ **refluxo de comida** reflujo de comida

refogado /refo'gadu/ *adj & sm* rehogado, guisado ■ **comida refogada** comida rehogada

refogar /refo'gar/ *v* rehogar, guisar, sofreír, freír ■ **refogar a comida** rehogar la comida

reforçado, -a /refor'sadu, da/ *adj* reforzado, vigoroso, robusto ■ **pneu reforçado** neumático reforzado

reforçar /refor'sar/ *v* reforzar, esforzar, rebatir, remendar ■ **reforçar a calça** reforzar el pantalón

reforço /re'forsu/ *sm* 1 refuerzo, montante 2 auxilio, ayuda ■ **reforço escolar** refuerzo escolar

reforma /re'fɔrma/ *sf* 1 reforma, renovación, transformación, mudanza, reparo, obras 2 *rel* reforma 3 jubilación, retiro ■ **reforma no governo** reforma en el gobierno

reformado, -a /refor'madu, da/ *adj & s* 1 reformado, enmendado, disperso 2 jubilado, retirado ■ **construção reformada** construcción reformada

reformador, -ora /reforma'dor, ra/ *adj & s* reformador, renovador ■ **ideais reformadores** ideales reformadores

reformar /refor'mar/ *v* 1 reformar, regenerar, transformar, renovar 2 jubilarse, retirarse ■ **reformar a casa** reformar la casa

reformatório /reforma'tɔrju/ *adj & sm* reformatorio ■ **morar no reformatório** vivir en el reformatorio

refração /refra'sã̃w/ *sf* refracción, desviación de la luz ■ **refração no espelho** refracción en el espejo

refrão /re'frã̃w/ *sm* refrán, estribillo, máxima, adagio ■ **refrão da música** refrán de la música

refratário, -a /refra'tarju, rja/ *adj & sm* 1 refractario 2 rebelde, terco, obstinado, desobediente ■ **o amianto é refratário** el amianto es refractario

refrear /refre'ar/ *v* 1 refrenar, encoger, reprimir, frenar, tener a raya 2 refrenarse, entibiarse, dominarse ■ **refrear seus ímpetos** domar sus pasiones

refrega /re'frɛga/ *sf* refriega, pelea, combate ■ **refrega perigosa** refriega peligrosa

refrescante /refreʃ'kɐ̃tʃi/ *adj* refrescante, refrigerante ■ **bebida refrescante** bebida refrescante

refrescar /refreʃ'kar/ *v* 1 refrescar, orear, refrigerar 2 suavizar, reanimar ■ **refrescar no clube** refrescar en el club

refresco /re'freʃku/ *sm* 1 refresco, alivio 2 aparador, garapiña ■ **refresco gelado** sorbete

refrigeração /refriʒera'sã̃w/ *sf* refrigeración, refresco, refrigerio ■ **refrigeração potente** refrigeración potente

refrigerante /refrixe'rɐ̃tʃe/ *adj & sm* refrigerador, refrescante 1 gaseosa, refresco 2 garapiña ■ **beber refrigerante** tomar gaseosa

refrigerar /refrixe'rar/ *v* 1 refrigerar, refrescar 2 confortar, aliviar, consolar ■ **refrigerar a casa** refrigerar la casa

refugiado, -a /refu'xjaðo, a/ *adj & s* refugiado, emigrado, asilado ■ **homem refugiado** hombre refugiado

refugiar /refu'xjar/ *v* 1 refugiar, cobijar 2 refugiarse, acogerse, guarecerse, expatriarse ■ **refugiar na floresta** refugiar en la floresta

refúgio /re'fuxjo/ *sm* 1 refugio, abrigo, amparo, retirada, asilo 2 guarida, oasis ■ **refúgio perigoso** refugio peligroso

refulgir /reful'xir/ *v* refulgir, resplandecer, brillar ■ **refulgir com o amor** resplandecer con el amor

refundir /refũ'dir/ *v* 1 refundir, transformar 2 reunirse, concentrarse ■ **refundir a vida** transformar la vida

refutar /refu'tar/ *v* refutar, contestar, rebatir, reprobar ■ **refutar o trabalho** refutar el trabajo

regador, -ora /rega'dor, ra/ *adj & s* regador, regadera ■ **regador de plantas** regador de plantas

regalia /rega'lia/ *sf* regalía, prerrogativa, privilegio, excepción ■ **ter regalia** tener regalía

regar /re'gar/ *v* regar, aguar, dar un riego ■ **regar as plantas** regar las plantas

regatear /regate'ar/ *v* regatear, escatimar, disminuir, deprimir ■ **regatear os gastos** disminuir los gastos

regato /re'gatu/ *sm* regato, riachuelo, arroyo pequeño ■ **regato no vale** regato en el valle

regência /re'ʒe̅'sja/ *sf* regencia, gobierno ■ **boa regência** buena regencia

regeneração /reʒenera'sã̃w/ *sf* regeneración, rehabilitación, reconstrucción ■ **regeneração da igreja** regeneración de la iglesia

regenerar /reʒene'rar/ *v* 1 regenerar, reanimar 2 regenerarse, enmendarse, corregirse ■ **regenerar algo** regenerar algo

reger /re'ʒer/ *v* 1 regir, dirigir, gobernar 2 regirse, regularse ■ **reger bem** regir bien

região /reʒi'ã̃w/ *sf* región, comarca, país, tierra ■ **região de origem** patria

regime /re'ʒimi/ *sm* 1 régimen 2 gobierno, disciplina, procedimiento ■ **regime alimentar** dieta

regimento /reʒi'me̅tu/ *sm* regimiento, estatuto, norma, guía ■ **bom regimento** buen regimiento

registrado, -a /rexis'trad̥/ *v* registrado, inscripto, consignado ■ **carta registrada** carta certificada

registrar /rexis'trar/ *v* 1 registrar, inscribir, matricular, patentar, reconocer 2 registrarse ■ **registrar em ata** registrar en acta ■ **registrar mercadorias** facturar

registro /re'xistro/ *sm* registro, inscripción, patente ■ **registro de nascimento** partida

regozijar /regozi'ʒar/ *v* 1 regocijar, alegrar 2 congratularse, divertirse, deleitarse ■ **regocijar com algo** alegrar con algo

regra /'rɛgra/ *sf* regla, máxima, medida, modelo, norma, orden, precepto, principio ■ **por via de regra** por regla general, según lo acostumbrado

regressão /regre'sã̃w/ *sf* regresión, retroceso, vuelta ■ **regressão das pessoas** regresión de las personas

R

435

regressar

regressar /regre'sar/ *v* **1** regresar, tornar, venir, llegar **2** devolver ■ **regressar à casa** regresar a la casa

regressivo, -a /regre'sivu, va/ *adj* regresivo, retroactivo ■ **projeto regressivo** proyecto regresivo

regresso /re'gresu/ *sm* regreso, vuelta, llegada, retorno ■ **regresso das pessoas** regreso de las personas

régua /'rɛgwa/ *sf* regla ■ **quebrou a régua** rompió la regla

regulamento /regula'meˆtu/ *sm* reglamento, estatuto, código, ordenamiento, ordenanza ■ **regulamento interno** reglamento interno

regular /regu'lar/ *adj & v* **1** regular, reglar, regir, tasar, condicionar, medir, moderar, ordenar, presidir **2** normal, común, usual **3** corriente, aceptable ■ **regular os trabalhos** regular los trabajos

regularidade /regulari'dadʒi/ *sf* regularidad, normalidad, orden, simetría, precisión ■ **regularidade na vida** regularidad en la vida

regurgitar /regur3i'tar/ *v* regurgitar ■ **regurgitar muito** regurgitar mucho

rei /'rej/ *s* **1** rey, monarca, soberano **2** hombre que sobresale de los demás ■ **rei da selva** rey de la selva

reimpressão /reˆpre'sãˆw/ *sf* reimpresión, nueva edición ■ **boa reimpressão** buena reimpresión

reimprimir /reˆpri'mir/ *v* reimprimir, repetir la impresión ■ **reimprimir o trabalho** reimprimir el trabajo

reinado /rej'nadu/ *sm* **1** reinado, gobierno **2** influencia, predominio ■ **bom reinado** buen reinado

reinar /rej'nar/ *v* **1** reinar, gobernar, regir **2** dominar ■ **reinar o país** reinar el país

reincidência /reˆsi'deˆsja/ *sf* **1** reincidencia **2** recaída ■ **ter uma reincidência** tener una reincidencia

reincidir /reˆsi'dʒir/ *v* reincidir, recaer, reiterar ■ **reincidir de novo** reincidir de nuevo

reiniciar /reinisi'ar/ *v* reanudar, comenzar nuevamente ■ **reiniciar a apresentação** reanudar la presentación

reino /'rejnu/ *sm* reino, monarquía ■ **reino do céu** vida eterna, reino de los cielos

reintegração /reˆtegra'sãˆw/ *sf* reintegro, restitución ■ **reintegração das pessoas** reintegro de las personas

reintegrar /reˆte'grar/ *v* **1** reintegrar, restituir, recobrar **2** reintegrarse ■ **reintegrar na sociedade** reintegrar en la sociedad

reiterar /reite'rar/ *v* reiterar, confirmar, repetir ■ **reiterar do assunto** reiterar del asunto

reitor, -ora /rej'tor, ɾa/ *s* rector, regente ■ **reitor da faculdade** rector de la facultad

reivindicar /rejvˆdʒi'kar/ *v* reivindicar, pretender, reclamar, vindicar ■ **reivindicar os direitos** reivindicar los derechos

rejeição /reʒej'sãˆw/ *sf* rechazo, renuncia, excusa, desaprobación ■ **fazer uma rejeição** hacer un rechazo

rejeitar /reʒej'tar/ *v* **1** rechazar, negar, recusar, rehusar, relanzar, renunciar, repeler, reprobar; sacudirse **2** desaprobar, despreciar ■ **rejeitar o projeto** rechazar el proyecto

rejuvenescer /reʒuvene'ser/ *v* rejuvenecer, remozar ■ **rejuvenescer com o amor** rejuvenecer con el amor

relação /rela'sãˆw/ *sf* relación, relato, comunicación, vínculo ■ **relação de empregados** nómina ■ **relação de mercadorias vendidas** factura **relação de nomes** lista ■ **relação sexual** relación sexual, coito

relacionar /relasjo'nar/ *v* **1** relacionar, relatar, referir, alistar, enrolar **2** relacionarse, tratarse ■ **não se relacionar bem com alguém** no hacer buenas migas con alguien

relâmpago /re'lãˆpagu/ *adj & sm* **1** relámpago **2** luz intensa ■ **chuva e relâmpago** lluvia y relámpago

relar /re'lar/ *v* tocar, rozar, tañer, tener contacto con ■ **relar nas pessoas** tocar en las personas

relatar /rela'tar/ *v* relatar, narrar, mencionar, referir ■ **relatar uma história** relatar una historia

relatividade /relatʃivi'dadʒi/ *sf* relatividad, contingencia ■ **teoria da relatividade** teoría de la relatividad

relativo, -a /rela'tʃivu, va/ *adj & sm* relativo, condicional ■ **tudo é relativo** todo es relativo

relato /re'latu/ *sm* relato, cuento, narración, informe, reseña ■ **escutar o relato** escuchar el relato

relatório /rela'tɔrju/ *sm* informe, información ■ **relatório de auditoria** informe de los auditores ■ **relatório de despesas** relato de gastos

relaxado, -a /rela'ʃadu, da/ *adj* relajado, flojo, blando, negligente ■ **pessoa relaxada** persona relajada

relaxamento /relaʃa'meˆtu/ *sm* **1** relajamiento, relax **2** podredumbre, remisión, abandono ■ **relaxamento nas férias** relajamiento en las vacaciones

relaxar /rela'ʃar/ *v* **1** relajar, aflojar, ablandar, suavizar **2** relajarse ■ **relaxar na praia** relajar en la playa

relegar /rele'gar/ *v* relegar, desterrar, hacer a un lado ■ **relegar ao esquecimento** echar en el olvido

relembrar /releˆ'brar/ *v* recordar, rememorar, evocar ■ **relembrar o passado** recordar el pasado

relento /re'leˆtu/ *sm* intemperie, relente, rocío ■ **ao relento** relente

reles /'rɛlif/ *adj* despreciable, ordinario, insignificante, vil ■ **pessoa reles** persona despreciable

relevância /rele'vãˆsja/ *sf* relevancia, importancia, relieve ■ **relevância do assunto** relevancia del asunto

relevante /rele'vãˆtʃi/ *adj* relevante, excelente ■ **assunto relevante** asunto relevante

relevar /rele'var/ *v* relevar, sobresalir, consentir, excusar ■ **relevar os problemas** relevar los problemas

relevo /re'levu/ *sm* **1** relieve **2** evidencia, brillo ■ **gravação em relevo** heliograbado, relieve

relicário /reli'karju/ *sm* relicario, estuche con reliquias ■ **objetos de relicário** objetos de relicario

religião /reliʒi'ãˆw/ *sf* religión, doctrina, creencia ■ **religião católica** religión católica

religioso, -a /reliʒi'ozu, za/ *adj & s* religioso, pío, devoto ■ **edifício religioso** templo

relinchar /relˆˆ'ʃar/ *v* relinchar ■ **relinchar o cavalo** relinchar el caballo

relíquia /re'likja/ *sf* **1** reliquia **2** cosa preciosa ■ **ter uma relíquia** tener una reliquia

relógio /re'lɔʒju/ *sm* reloj ■ **hora no relógio** hora en el reloj

reluzente /relu'zeˆtʃi/ *adj* reluciente, flamante, llameante, luciente, lustroso ■ **sorriso reluzente** sonrisa reluciente

reluzir /relu'zir/ *v* relucir, relumbrar, flamear, llamear, lucir ■ **reluzir os olhos** relucir los ojos

relva /'rewva/ *sf* césped, prado ■ **dormir na relva** dormir en el prado

remador, -ora /rema'dor, ɾa/ *s* remador, remero ■ **remador de água** remador de agua

repelente

remanescente /remanes'e ̃tʃi/ *adj & sm* remaneciente, remanente ■ **algo remanescente** algo remaneciente

remanso /re'mã ̃su/ *sm* remanso, quietud, sosiego, descanso ■ **ficar no remanso** quedar en el remanso

remar /re'mar/ *v* remar, bogar, trabajar con fatiga ■ **remar no mar** remar en el mar

remarcar /remar'kar/ *v* remarcar, volver a marcar, reajustar (precios) ■ **remarcar o evento** remarcar el evento

rematado, -a /rema'tadu, da/ *adj* rematado, completo, terminado ■ **trabalho rematado** trabajo rematado

rematar /rema'tar/ *v* rematar, acabar, concluir, terminar ■ **rematar o projeto** rematar el proyecto

remate /re'matʃi/ *sm* remate, fin, término, conclusión ■ **fazer um remate** hacer un remate

remediar /remedʒi'ar/ *v* remediar, curar, subsanar, suplir ■ **remediar os problemas** remediar los problemas

remédio /re'medʒu/ *sm* remedio, fármaco, medicamento, paliativo, tónico ■ **remédio milagroso** elixir

rememorar /rememo'rar/ *v* rememorar, recordar ■ **rememorar os bons momentos** recordar de los buenos momentos

remendar /remẽ'dar/ *v* remendar, enmendar, corregir ■ **remedar a roupa** remendar la ropa

remessa /re'mɛsa/ *sf* remesa, envío, expedición ■ **última remessa** última remesa

remetente /reme'te ̃tʃi/ *adj & s* remitente, expedidor ■ **remetente internacional** remitente internacional

remeter /reme'ter/ *v* remitir, enviar, mandar ■ **remeter uma carta** remitir una carta

remexer /reme'ʃer/ *v* **1** hurgar, revolver, agitar, menear **2** moverse, agitarse, confundirse ■ **remexer o passado** hurgar el pasado

reminiscência /remini'se ̃sja/ *sf* reminiscencia, memoria, recuerdo ■ **ter reminiscência** tener memoria

remir /re'mir/ *v* **1** redimir, rescatar, liberar, expiar **2** rehabilitarse ■ **remir uma dívida** amortizar

remissão /remi'sã ̃w/ *sf* remisión, perdón ■ **remissão de dívida** amortización

remo /'remu/ *sm* remo ■ **usar o remo** usar el remo

remoção /remo'sã ̃w/ *sf* remoción, transferencia ■ **fazer uma remoção** hacer una remoción

remoçar /remo'sar/ *v* remozar, rejuvenecer ■ **remoçar os lugares** remozar los lugares

remodelação /remodela'sã ̃w/ *sf* modificación, reforma, revolución ■ **remodelação das pessoas** modificación de las personas

remoer /remo'er/ *v* **1** remorder, rumiar **2** remorderse, recomerse ■ **remoer o passado** remorder el pasado

remorso /re'morsu/ *sm* remordimiento ■ **ter remorso** tener remordimiento

remoto, -a /re'motu, ta/ *adj* **1** remoto, distante, apartado, lejos **2** olvidado, antiguo, viejo ■ **controle remoto** controle remoto

remover /remo'ver/ *v* remover, hurgar, mudar, trasladar ■ **remover o lixo** remover la basura

remuneração /remunera'sã ̃w/ *sf* remuneración, sueldo, estipendio, honorarios, paga, premio, retribución ■ **remuneração do trabalho** remuneración del trabajo

remunerar /remune'rar/ *v* remunerar, compensar, pagar, retribuir, asalariar ■ **remunerar os empregados** remunerar los empleados

renal /re'naw/ *adj* renal ■ **problema renal** problema renal

renascença /renas'e ̃sa/ *sf* renacimiento, reaparición ■ **boa renascença** buena reaparición

renascer /rena'ser/ *v* **1** renacer, reaparecer, renovarse **2** rejuvenecerse, reavivarse ■ **renascer das sombras** renacer de las sombras

renascimento /renasi'me ̃tu/ *sm* renacimiento ■ **estudar renascimento** estudiar renacimiento

renda /'re ̃da/ *sf* renta, pensión, rédito, rendimiento ■ **renda bruta** renta bruta **renda líquida** renta neta

render /re ̃'der/ *v* **1** rendir, producir, valer **2** rendirse, entregarse, sucumbir, plegarse **3** entregarse a discrición ■ **render graças** agradecer ■ **render juros** rendir con intereses

rendição /re ̃dʒi'sã ̃w/ *sf* rendición, sujeción, entrega, capitulación **rendições** *pl* ■ **rendição das pessoas** rendición de las personas

rendimento /re ̃dʒi'me ̃tu/ *sm* rendimiento, pensión, producto, rédito, renta ■ **rendimento dos criminosos** rendimiento de los criminosos

rendoso, -a /re ̃'dozu, za/ *adj* rentable, ganancial, productivo, útil ■ **negócio rendoso** negocio rentable

renegar /rene'gar/ *v* renegar, desmentir, traicionar ■ **renegar os filhos** renegar los hijos

renomado, -a /reno'madu, da/ *adj* renombrado, célebre ■ **pessoa renomada** persona renombrada

renome /re'nomi/ *sm* renombre, gloria, nombradía, reputación ■ **ter um renome** tener un renombre

renovação /renova'sã ̃w/ *sf* **1** renovación, innovación, reemplazo, restablecimiento **2** rejuvenecimiento ■ **renovador, -ora** renovador, innovador

renovar /reno'var/ *v* **1** renovar, innovar, cambiar, restablecer, reiterar **2** renovarse, revivir ■ **renovar as músicas** renovar las canciones

rentável /re ̃'tavew/ *adj* rentable ■ **negócio rentável** negocio rentable

rente /'re ̃tʃi/ *adj* ras, raso, inmediato, contiguo ■ **cortar rente** raer ■ **muito rente** rape

renúncia /re'nu ̃sja/ *sf* renuncia, abdicación, abnegación, dimisión ■ **fazer uma renúncia** hacer una renuncia

renunciar /renu ̃si'ar/ *v* renunciar, abdicar, abjurar, prescindir, resignar ■ **renunciar do cargo** renunciar del cargo

reorganizar /reorgani'zar/ *v* reorganizar, reajustar, reestructurar ■ **reorganizar as ideias** reorganizar las ideas

reparação /repara'sã ̃w/ *sf* reparación, expiación, restauración, reforma, satisfacción ■ **reparação das máquinas** reparación de las máquinas

reparar /repa'rar/ *v* **1** reparar, advertir, expiar, fijar, notar, observar **2** recomponer, sanear, reformar, rehabilitar, satisfacer, rehacer ■ **reparar os problemas** reparar los problemas

reparo /re'paru/ *sm* **1** reparo, compostura, refacción **2** advertencia, restricción ■ **fazer um reparo** hacer un reparo

repartição /repartʃi'sã ̃w/ *sf* **1** partición, reparto **2** sección, oficina ■ **chefe de repartição** jefe de sector ■ **contínuo de repartição** ujier ■ **repartição pública** oficina pública

repartir /repar'tʃir/ *v* repartir, echar, fraccionar, impartir, parcelar, partir, socializar ■ **repartir as propriedades** repartir las propiedades

repassar /repa'sar/ *v* **1** repasar, impregnar **2** penetrar, llenar ■ **repassar a matéria** repasar la materia

repatriação /repatria'sã ̃w/ *sf* repatriación ■ **repatriação no país** repatriación en el país

repelente /repe'le ̃tʃi/ *adj & sm* repelente, malcarado, nauseabundo ■ **pasar repelente** pasar repelente

437

repelir

repelir /repe'lir/ *v* repeler, detestar, odiar, rebatir, rechazar, reprochar, sacudirse ▪ **repelir os insetos** repeler los insectos

repente /re'pe͂t͡ʃi/ *sm* repente, ocurrencia ▪ **de repente** de repente, de golpe, de pronto, de la noche a la mañana, sin más ni menos

repentino, -a /repe͂'t͡ʃinu, na/ *adj* repentino, imprevisto, improviso ▪ **acontecimento repentino** acontecimiento repentino

repercussão /reperku'sa͂w/ *sf* repercusión, resonancia, eco ▪ **repercussão da novidade** repercusión de la novedad

repercutir /reperku't͡ʃir/ *v* repercutir, reflejar, reverberar ▪ **repercutir a todos** repercutir a todos

repertório /reper'tɔrju/ *sm* repertorio, colección ▪ **bom repertório** buen repertorio

repetição /repet͡ʃi'sa͂w/ *sf* repetición, frecuencia, recapitulación, redundancia, reproducción ▪ **repetição da música** repetición de la canción

repetido, -a /repe't͡ʃidu, da/ *adj* repetido, frecuente, reiterado ▪ **música repetida** canción repetida

repetir /repe't͡ʃir/ *v* **1** repetir, frecuentar, recapitular, tornar, volver, reduplicar, reiterar, reproducir **2** repetirse ▪ **repetir o refrão** repetir el refrán

repetitivo, -a /repet͡ʃi't͡ʃivu, va/ *adj* repetitivo, reiterativo ▪ **trabalho repetitivo** trabajo reiterativo

repicar /repi'kar/ *v* repicar, sonar repetidamente las campanas u otros instrumentos ▪ **repicar dos sinos** repicar de las campanas

repleto, -a /re'plɛto, a/ *adj* repleto, lleno, abarrotado, harto, saciado ▪ **repleto de sentimentos** repleto de sentimientos

réplica /'rɛplika/ *sf* **1** réplica, respuesta, reproducción **2** **réplicas** *pl* dimes y diretes ▪ **sem réplica** incuestionablemente

replicar /repli'kar/ *v* **1** replicar, contestar, refutar **2** repetirse, reproducirse ▪ **replicar os pais** contestar los padres

repolho /re'poʎu/ *sm* repollo, col ▪ **comer repolho** comer repollo

repor /re'por/ *v* **1** reponer, rehacer, repostar, restablecer, substituir **2** reponerse, restablecerse, recuperarse ▪ **repor o dinheiro** reponer el dinero

reportagem /repor'taʒe͂j/ *sf* reportaje, noticiario ▪ **ler uma reportagem** leer un reportaje

repórter /re'pɔrter/ *s* reportero, periodista ▪ **ser repórter** ser reportero

reposição /repozi'sa͂w/ *sf* reposición, repuesto ▪ **peças de reposição** repuesto

repousar /repo'zar/ *v* reposar, descansar, dormir, posar, sosegar, yacer ▪ **repousar na cama** reposar en la cama

repouso /re'pozu/ *sm* **1** reposo, descanso, holganza **2** oasis ▪ **fazer um repouso** hacer un reposo

repreender /reprie͂'der/ *v* **1** reprender, amonestar, increpar, notar, reconvenir, recriminar, zaherir **2** jabonar, enjabonar, ladrar **3** retar ▪ **repreender severamente** calentar a uno las orejas

repreensão /reprie͂'sa͂w/ *sf* reprensión, amonestación, lección, reconvención, recriminación ▪ **repreensão das pessoas** reprensión de las personas

represa /re'preza/ *sf* represa, embalse, dique, estanque ▪ **nadar na represa** nadar en la represa

represália /repre'zalja/ *sf* represalia, venganza ▪ **fazer represália** hacer venganza

represar /repre'zar/ *v* **1** represar, reprimir, contener **2** entibar ▪ **represar uma pessoa** reprimir una persona

representação /reprize͂ta'sa͂w/ *sf* representación, idea, imagen, símbolo, figuración, modelo, notación, reflejo ▪ **representação gráfica** gráfico **representação teatral** espectáculo

representante /reprize͂'ta͂t͡ʃi/ *adj & s* **1** representante, mandatario, procurador **2** ministro ▪ **representante do governo** representante del gobierno

representar /reprize͂'tar/ *v* representar, aparentar, encarnar, imaginar, simbolizar, simular; interpretar, poner en escena ▪ **representar bem** hacer buen papel ▪ **representar um papel** desempeñar

repressão /repre'sa͂w/ *sf* **1** represión, prohibición **2** mordaza ▪ **repressão das atividades** represión de las actividades

reprimenda /repri'me͂da/ *sf* reprimenda, amonestación, castigo, exhortación, raspa ▪ **fazer uma reprimenda** hacer una reprimenda

reprimir /repri'mir/ *v* **1** reprimir, amansar, domeñar, cohibir, moderar, oprimir, refrenar, sojuzgar **2** reprimirse, dominarse, contenerse, poseerse **3** domar, comprimir ▪ **reprimir uma pessoa** reprimir una persona

reprodução /reprodu'sa͂w/ *sf* reproducción, copia, repetición, transcripción ▪ **reprodução assexuada** reproducción asexual

reproduzir /reprodu'zir/ *v* **1** reproducir, copiar, repetir; transcribir **2** reproducirse, multiplicarse ▪ **reproduzir uma música** reproducir una canción

reprovação /reprova'sa͂w/ *sf* reprobación, condenación, suspensión, sermón, reproche ▪ **reprovação na escola** reprobación en la escuela

reprovado, -a /repro'vadu, da/ *adj* reprobado, suspendido en examen ▪ **ser reprovado na escola** recibir calabazas

reprovar /repro'var/ *v* reprobar, condenar, desaprobar, desechar, reprochar ▪ **reprovar num exame** revolcar

reprovável /repro'vavew/ *adj* reprobable, condenable, criticable, censurable ▪ **trabalho reprovável** trabajo reprobable

réptil /'rɛpt͡ʃiw/ *adj & sm* **1** reptil **2** persona vil, que se humilla ▪ **réptil pequeno** sabandija

república /re'publika/ *sf* república ▪ **república brasileira** república brasileña

repudiar /repud͡ʒi'ar/ *v* repudiar, rechazar, desamparar, repeler ▪ **repudiar uma pessoa** repudiar una persona

repúdio /re'pud͡ʒju/ *sm* repudio, renuncia, desprecio ▪ **ter repúdio** tener repudio

repugnância /repug'na͂sja/ *sf* repugnancia, escrúpulo, fastidio, náusea, asco, aversión ▪ **repugnância de uma pessoa** repugnancia de una persona

repugnante /repug'na͂t͡ʃi/ *adj* repugnante, asqueroso, fastidioso, hediondo, nauseabundo, sórdido ▪ **ser repugnante** ser repugnante

repugnar /repug'nar/ *v* repugnar, empalagar, causar aversión ▪ **repugnar alguém** repugnar alguien

repulsa /re'puwsa/ *sf* repulsa, antipatía, aversión, odio, repugnancia ▪ **ter repulsa** tener repulsa

repulsivo, -a /repuw'sivu, va/ *adj* repulsivo, repelente ▪ **ser repulsivo** ser repulsivo

reputação /reputa'sa͂w/ *sf* reputación, concepto, fama, honor, nombre, nombradía ▪ **ter boa reputação** tener buen nombre

reputar /repu'tar/ *v* **1** reputar, juzgar, estimar **2** considerarse como, tener reputación de ▪ **reputar as pessoas** juzgar las personas

requebro /re'kebru/ *sm* requiebro, galanteo ▪ **ter requebro** tener requiebro

ressaltar

requeijão /rekej'ʒɑ̃w/ sm requesón, queso blando ∎ **comer requeijão** comer requesón

requerente /reke're'tʃi/ adj & s demandante, peticionario, pleiteador ∎ **pessoa requerente** persona demandante

requerer /reke'rer/ v requerir, pedir, solicitar, demandar ∎ **requerer algo** requerir algo

requerimento /rekeri'me'tu/ sm requerimiento, demanda, solicitud, instancia, petición, pliego, escrito ∎ **fazer um requerimento** hacer un requerimiento

requintado, -a /rek'tadu, da/ adj requintado, refinado, elegante ∎ **pessoa requintada** persona requintada

requinte /re'k'tʃi/ sm perfección, refinamiento, primor, esmero ∎ **com requinte de crueldade** con alevosía y maldad

requisito /reki'zitu/ sm requisito, exigencia legal ∎ **atender aos requisitos** dar la talla

rescaldo /rej'kawdu/ sm rescaldo, rescoldo, brasa ∎ **fazer um rescaldo** hacer un rescaldo

rescindir /res'dʒir/ v rescindir, desatar, invalidar, anular ∎ **rescindir o projeto** anular el proyecto

rescisão /resi'zɑ̃w/ sf rescisión, anulación, revocación, ruptura ∎ **fazer uma rescisão** hacer una rescisión

resenha /re'zeɲa/ sf reseña, noticia ∎ **fazer uma resenha** hacer una reseña

reserva /re'zerva/ sf 1 reserva 2 discreción, recato, retención, retraimiento 3 recámara ∎ **reserva de provisões** repuesto ∎ **sem reservas** sin reservas

reservado, -a /rezer'vadu, da/ adj & sm reservado, discreto, particular ∎ **carta reservada** plica

reservar /rezer'var/ v reservar, guardar, defender ∎ **reservar o lugar** reservar el lugar

reservatório /rezerva'tɔrju/ sm reservatorio ∎ **reservatório de água** reservatorio de agua

resfolegar /rejfole'gar/ v resollar, respirar ∎ **resfolegar bem** respirar bien

resfriado, -a /resfri'adu, da/ adj & sm resfriado, constipado, acatarrado ∎ **ficar resfriado** quedar resfriado

resfriamento /rejfria'me'tu/ sm resfriamiento, enfriamiento ∎ **resfriamento do ambiente** resfriamiento del ambiente

resfriar /rejfri'ar/ v resfriar, enfriar 2 resfriarse, acatarrarse 3 desanimar ∎ **resfriar a casa** resfriar la casa

resgatar /rejga'tar/ v rescatar, redimir, amortizar, quitar ∎ **resgatar do penhor** desempeñar

resgate /rej'gatʃi/ sm rescate, amortización, redención ∎ **fazer um resgate** hacer un rescate

resguardar /rejgwar'dar/ v 1 resguardar, abrigar, preservar, recoger 2 resguardarse 3 parapetarse ∎ **resguardar bem** resguardar bien

resguardo /rej'gwardu/ sm 1 resguardo, amparo, defensa 2 cuidado, precaución ∎ **ter resguardo** tener resguardo

residência /rezi'de'sja/ sf residencia, domicilio, habitación, vivienda ∎ **fixar residência** establecerse, radicarse

residir /rezi'dʒir/ v residir, habitar, morar, instalarse ∎ **residir longe da faculdade** morar lejos de la facultad

resíduo /re'ziduw/ sm residuo, desecho, detrito, remanente, restante, resto ∎ **resíduo de comida** residuo de comida

resignação /rezigna'sɑ̃w/ sf resignación, tolerancia, conformidad ∎ **ter resignação** tener resignación

resignar /rezig'nar/ v 1 resignar 2 resignarse, tolerar, conformarse ∎ **resignar uma pessoa** resignar una persona

resistência /rezij'te'sja/ sf resistencia, contraste, forcejeo, fuerza, impugnación ∎ **ter resistência** tener resistencia

resistente /rezij'te'tʃi/ adj resistente, fuerte, reacio ∎ **resistente ao fogo** refractario

resistir /rezij'tʃir/ v resistir, aguantar, forcejear, rebelarse, triunfar ∎ **resistir aos problemas** resistir a los problemas

resmungão, -ona /rejmũ'gɑ̃w, gona/ adj & s 1 cascarrabias, gruñón, refunfuñador 2 retobado ∎ **pessoa resmungona** persona cascarrabias

resmungar /rejmũ'gar/ v 1 rezongar, barbotar, mascullar, murmurar, regañar 2 refunfuñar, respingar, mascar ∎ **resmungar muito** rezongar mucho

resolução /rezolu'sɑ̃w/ sf 1 resolución, decisión, decreto, despacho, solución 2 acuerdo ∎ **resolução do exercício** resolución del ejercicio

resolver /rezow'ver/ v 1 resolver, decidir, decretar, pronunciar, proveer, solucionar 2 decidirse ∎ **resolver os problemas** resolver los problemas

respaldar /rejpaw'dar/ v respaldar, aplanar, alisar ∎ **respaldar algo** respaldar algo

respaldo /rej'pawdu/ sm respaldo ∎ **ter respaldo** tener respaldo

respeitar /rejpej'tar/ v respetar, considerar, acatar, honrar, reverenciar ∎ **respeitar as pessoas** respetar las personas

respeito /rej'pejtu/ sm 1 respeto, acatamiento, sumisión, culto, honra, obediencia, reverencia 2 respecto, referencia ∎ **a respeito de** con respecto a

respeitoso, -a /rejpej'tozu, za/ adj respetuoso, deferente, humilde, modoso, obediente, sumiso ∎ **pessoa respeitosa** persona respetuosa

respingar /rejp̃i'gar/ v respingar, salpicar, gotear ∎ **respingar no teto** respingar en el techo

respingo /rej'p̃i'gu/ sm 1 respingo, salpicadura de agua 2 rocío ∎ **respingo no chão** respingo en el suelo

respiração /rejpira'sɑ̃w/ sf respiración, hálito, aliento, vaho ∎ **respiração profunda** respiración profunda

respirar /rejpi'rar/ v respirar, espirar, soplar ∎ **respirar fundo** respirar fondo

respiratório, -a /rejpira'tɔrju, rja/ adj respiratorio ∎ **aparelho respiratório** aparato respiratorio

resplandecente /rejplɑ̃de'se'tʃi/ adj resplandeciente, flamante, lúcido, luminoso, reluciente ∎ **aparelho resplandecente** aparato resplandeciente

resplandecer /rejplɑ̃de'ser/ v 1 resplandecer, refulgir, relucir, relumbrar 2 sobresalir, destacar ∎ **resplandecer muito** resplandecer mucho

resplendor /rejple'dor/ sm resplandor, destello, brillo ∎ **resplendor do sol** resplandor del sol

responder /rejpõ'der/ v responder, contestar, replicar, reaccionar ∎ **responder torto** responder con una grosería

responsabilidade /rejpõsabili'dadʒi/ sf responsabilidad, obligación ∎ **ter a responsabilidade** llevar la voz cantante

responsável /rejpõ'savew/ adj & s responsable, aval, garante ∎ **responsável pelos filhos** responsable por los hijos

resposta /rej'pɔʃta/ sf respuesta, reacción, solución, réplica, contestación ∎ **direito de resposta** derecho de réplica

resquício /rej'kisju/ sm resquicio, vestigio, residuo, fragmento ∎ **resquício de algo** resquicio de algo

ressaca /re'saka/ sf resaca, flujo y reflujo ∎ **ter ressaca** tener resaca

ressaltar /resaw'tar/ v resaltar, salir, sobresalir, señalar, acentuar ∎ **ressaltar os direitos** resaltar los derechos

R

439

ressarcir

ressarcir /resarˈsir/ *v* resarcir, indemnizar, compensar, subsanar ■ **ressarcir de algo** resarcir de algo

ressecar /reseˈkar/ *v* resecar, secar bien ■ **ressecar a pele** resecar la piel

ressentimento /reseˈtʃiˈmeˉtu/ *sm* resentimiento, susceptibilidad, sentimiento de disgusto o enfado ■ **ter ressentimento** tener resentimiento

ressoar /resoˈar/ *v* resonar, repercutir, tocar, resollar ■ **ressoar forte** resonar fuerte

ressurgimento /resurˈʒiˈmeˉtu/ *sm* resurgimiento, reaparición, resurrección ■ **ressurgimento de alguém** resurgimiento de alguien

ressurreição /resurejˈsaˉw/ *sf* resurrección ■ **ressurreição de Cristo** resurrección de Cristo

ressuscitar /resusiˈtar/ *v* resucitar, revivir, resurgir ■ **ressuscitar como Jesus** resucitar como Jesús

restabelecer /reʃtabeˈser/ *v* **1** restablecer, reconstituir, restaurar **2** restablecerse, cobrarse, recuperarse ■ **restabelecer na sociedade** restablecer en la sociedad

restabelecimento /reʃtabelesiˈmeˉtu/ *sm* restablecimiento, recuperación, reposición, restauración ■ **restabelecimento de pessoas** restablecimiento de personas

restante /reʃˈtaˉtʃi/ *adj & sm* restante, resto ■ **pessoas restantes** personas restantes

restar /reʃˈtar/ *v* restar, sobrar, quedar ■ **restar dinheiro** restar dinero

restauração /reʃtawraˈsaˉw/ *sf* restauración, reconstrucción, reparo ■ **restauração da igreja** restauración de la iglesia

restaurante /reʃtawˈraˉtʃi/ *adj & sm* restaurante, restaurant, restorán ■ **comer no restaurante** comer en el restaurante

restaurar /reʃtawˈrar/ *v* restaurar, reconstruir, restablecer, recuperar, reconquistar ■ **restaurar uma casa** restaurar una casa

restituição /reʃtituiˈsaˉw/ *sf* restitución, devolución, entrega ■ **restituição de livros** entrega de libros

restituir /reʃtituˈir/ *v* restituir, devolver, tornar, volver, entregar, reponer, retornar ■ **restituir os documentos** devolver los documentos

resto /ˈrɛʃtu/ *sm* resto, restante, desecho, residuo, escoria ■ **restos mortais** restos mortales, despojos, huesos

restrição /reʃtriˈsaˉw/ *sf* restricción, distingo, excepción, limitación ■ **restrição das atividades** restricción de las actividades

restringir /reʃtriˈˉʒir/ *v* **1** restringir, apocar, coartar, contraer, reducir **2** concretarse, estrecharse, limitarse ■ **restringir as pessoas** restringir las personas

restritivo, -a /reʃtriˈtʃivu, va/ *adj* restrictivo, taxativo ■ **norma restritiva** norma restrictiva

restrito, -a /reʃˈtritu, ta/ *adj* estricto, exclusivo, limitado ■ **lugar restrito** lugar estricto

resultado /rezuwˈtadu/ *sm* resultado, resulta, consecuencia, secuela, efecto, éxito, fruto, producto, remate ■ **ter resultado** surtir efecto

resultar /rezuwˈtar/ *v* resultar, provenir, refundir, seguirse ■ **resultar bem** resultar bien

resumido, -a /rezuˈmidu, da/ *adj* reducido, conciso, sintético, sinóptico, sucinto ■ **texto resumido** texto reducido

resumir /rezuˈmir/ *v* **1** resumir, reducir, abreviar, compendiar, sintetizar **2** resumirse, limitarse ■ **resumir o livro** resumir el libro

resumo /reˈzumu/ *sm* resumen, acta, sinopsis, síntesis, compendio, suma, extracto ■ **em resumo** en resumen, en concreto, en resumidas cuentas

resvalar /reʃvaˈlar/ *v* resbalar, patinar, deslizar, escurrir ■ **resvalar algo** resbalar algo

retaguarda /retaˈgwarda/ *sf* retaguardia, zaga ■ **na retaguarda** en la retaguardia

retalho /reˈtaʎu/ *sm* retazo, jira, cortaduras ■ **retalho de roupa** retazo de ropa

retaliação /retaliaˈsaˉw/ *sf* retaliación, represalia ■ **retaliação de algo** retaliación de algo

retângulo /reˈtaˉgulu/ *adj* rectángulo ■ **fazer um retângulo** hacer un rectángulo

retardado, -a /retarˈdadu, da/ *adj & s* **1** retrasado, demorado **2** retardado ■ **pessoa retardada** persona retrasada

retardar /retarˈdar/ *v* **1** retardar, aplazar, atrasar, demorar, tardar, rezagar **2** dilatar **3** retrasarse, demorarse ■ **retardar para apresentação** retardar para la presentación

retenção /reteˉsaˉw/ *sf* retención, detención, tardanza, demora ■ **retenção judicial** embargo

reter /reˈter/ *v* retener, detener, embargar, suspender, inmovilizar, guardar ■ **reter bens** embargar

reticência /retʃiˈseˉsja/ *sf* reticencia ■ **reticência no final da frase** reticencia en el final de la frase

reticente /retʃiˈseˉtʃi/ *adj* reticente, prudente, reservado ■ **pessoa reticente** persona reticente

retificação /retʃifikaˈsaˉw/ *sf* rectificación, corrección ■ **retificação do documento** corrección del documento

retificador, -ora /retʃifikaˈdor, ra/ *adj & s* rectificador ■ **documento retificador** documento rectificador

retificadora /retʃifikaˈdor, ra/ *adj & s* rectificadora ■ **boa retificadora** buena rectificadora

retificar /retʃifiˈkar/ *v* rectificar, corregir ■ **retificar um despacho** enmendar

retirado, -a /retʃiˈradu, da/ *adj* retirado, recogido, solitario ■ **retirada de tropas** repliegue

retirar /retʃiˈrar/ *v* **1** retirar, rehuir **2** retirarse, ausentarse, irse, huir, retroceder, salir ■ **retirar-se em ordem** replegar

retiro /reˈtʃiru/ *sm* retiro, ausencia, receso ■ **retiro religioso** retiro religioso

reto, -a /ˈrɛtu, ta/ *adj & sm* recto, derecho, verdadero, seguido ■ **linha reta** línea recta

retomar /retoˈmar/ *v* reanudar, recobrar ■ **retomar a vida** reanudar la vida

retoque /reˈtoke/ *sm* retoque, toque ■ **retoque mal-feito** parche

retorcer /retorˈθer/ *v* retorcer, torcer, enrollar ■ **retorcer a resposta** retorcer la respuesta

retórica /reˈtorika/ *sf* retórica ■ **resposta retórica** respuesta retórica

retornar /retorˈnar/ *v* retornar, volver, tornar, reaparecer, regresar, revenir ■ **retornar o troco** retornar el cambio

retorno /reˈtornu/ *sm* retorno, llegada, recurso, regresión ■ **retorno sobre investimento** retorno de inversión

retorquir /retorˈkir/ *v* replicar, responder, objetar ■ **retorquir uma pessoa** responder una persona

retorta /reˈtortu, ta/ *adj* **1** retorta, redoma **2** matraz ■ **uma retorta é um recipiente** una redoma es un recipiente

retração /retraˈsaˉw/ *sf* retracción, contracción, recogimiento ■ **retração dos movimentos** retracción de los movimientos

retraimento /retraiˈmeˉtu/ *sm* **1** retraimiento, reserva, contracción **2** soledad, timidez ■ **retraimento dos lugares** retraimiento de los lugares

440

revolver

retrair /retra'ir/ v **1** retraer, encoger, reducir **2** retraerse, esquivarse ■ **retrair muito** retraer mucho

retransmissão /retraʒmi'sãw/ sf retransmisión ■ **retransmissão do programa** retransmisión del programa

retratar /retra'tar/ v **1** retractar **2** retratar, fotografiar **2** retractarse, desmentirse ■ **retratar uma imagem** retratar una imagen

retrato /re'tratu/ sm **1** retrato, fotografía, modelo, copia **2** imagen, carácter ■ **retrato de pessoas** retrato de personas

retribuição /retribuj'sãw/ sf retribución, emolumento, gratificación ■ **retribuição de favores** retribución de favores

retribuir /retribu'ir/ v retribuir, corresponder, gratificar, volver, ofrendar, pagar ■ **retribuir os favores** retribuir los favores

retroativo, -a /retroa'tʃivu, va/ adj retroactivo ■ **efeito retroativo** efecto retroactivo

retroceder /retrose'der/ v retroceder, descorrer, desandar, refluir, regresar, retornar, retrasar ■ **retroceder os momentos** retroceder los momentos

retrocesso /retro'sesu/ sm retroceso, contramarcha, rechazo, regresión, retorno ■ **fazer retrocesso** hacer retroceso

retrógrado, -a /re'trɔgradu, da/ adj & s retrógrado ■ **trabalho retrógrado** trabajo retrógrado

retrospectivo, -a /retrospe'tʃivu, va/ adj retrospectivo ■ **material retrospectivo** material retrospectivo

retrovisor /retrovi'zor/ adj & sm retrovisor, espejo retrovisor ■ **retrovisor quebrado** retrovisor roto

retumbar /retu͂'bar/ v retumbar, repercutir ■ **retumbar algo** retumbar algo

réu /'rew/ adj & sm **1** reo **2** acusado ■ **réu do julgamento** reo del juicio

reumatismo /rewma'tʃiȝmu/ sm reuma, reumatismo ■ **problema de reumatismo** problema de reumatismo

reunião /reuni'ãw/ sf reunión, acumulación, sesión, asamblea, ayuntamiento, junta, sociedad, conclave, recepción ■ **reunião de diretoria** reunión del directorio ■ **reunião pública** manifestación

reunir /reu'nir/ v **1** reunir, acumular, aglomerar, aglutinar, unir, agregar, agrupar **2** almacenar, juntar, ayuntar **3** concentrar, conglomerar, congregar, incorporar **4** reunirse, avistarse ■ **reunir provas** reunir pruebas

revalidar /revali'dar/ v revalidar, confirmar, ratificar ■ **revalidar o documento** revalidar el documento

revalorizar /revalori'zar/ v revalorizar, revalorar, revaluar ■ **revalorizar a vida** revalorizar la vida

revanche /re'vãʃi/ sf revancha, retaliación ■ **fazer uma revanche** hacer una revancha

revelação /revela'sãw/ sf **1** revelación, descubrimiento, confidencia **2** inspiración, conocimiento repentino ■ **fazer uma revelação** hacer una revelación

revelador, -ora /revela'dor, ra/ adj & s revelador ■ **mensagem reveladora** mensaje revelador

revelar /reve'lar/ v **1** revelar, confesar, confiar, descubrir, promulgar **2** revelarse, reflejarse, señalarse ■ **revelar o segredo** revelar el secreto

revenda /re've͂da/ sf reventa ■ **revenda do objeto** reventa del objeto

rever /re'ver/ v rever, revisar, reexaminar, corregir ■ **rever os problemas** rever los problemas

reverberar /reverbe'rar/ v reverberar, resplandecer ■ **reverberar sobre algo** reverberar sobre algo

reverenciar /revere͂si'ar/ v reverenciar, adorar, venerar, respetar ■ **reverenciar o rei** reverenciar el rey

reverendo, -a /reve're͂du, da/ adj & sm reverendo, respetable ■ **atitudes do reverendo** actitudes del reverendo

reverso, -a /re'versu, sa/ adj & sm reverso, revés ■ **reverso da moeda** reverso de la moneda

reverter /rever'ter/ v revertir, revenir, retornar ■ **reverter a situação** revertir la situación

revés /re'vɛʃ/ sm **1** revés, envés, reverso, dorso **2** infortunio ■ **ter um revés** sufrir un revés

revestimento /reveʃtʃi'me͂tu/ sm revestimiento, forro, cobertura ■ **bom revestimento** buen revestimiento

revestir /reveʃ'tʃir/ v **1** revestir, cubrir, solar **2** envolver, adornar **3** vestirse, adornarse ■ **revestir com papel** empapelar

revezar /reve'zar/ v revezar, alternar, cambiar, variar ■ **revezar no trabalho** revezar en el trabajo

revigorar /revigo'rar/ v animar, reconfortar, restaurar, reverdecer, robustecer, tonificar, vigorizar ■ **revigorar a vida** animar a vida

revirar /revi'rar/ v revirar, cambiar, torcer ■ **revirar o mundo** revirar el mundo

reviravolta /revira'vowta/ sf **1** recoveco **2** mudanza, cambio brusco, transformación ■ **reviravolta na vida** recoveco en la vida

revisão /revi'zãw/ sf revisión, corrección ■ **revisão de um processo** revista de un proceso

revisar /revi'zar/ v revisar, rever ■ **revisar os papéis** revisar los papeles

revisor, -ora /revi'zor, ra/ adj & s revisor, corrector ■ **revisor de erros** revisor de errores

revista /re'viʃta/ sf **1** revista **2** revisación ■ **revista ilustrada** magazine

revistar /reviʃ'tar/ v revistar, examinar, cachear, inspeccionar, examinar, catear ■ **revistar os documentos** revistar los documentos

reviver /revi'ver/ v revivir, renacer, resucitar ■ **reviver melhor** revivir mejor

revogar /revo'gar/ v revocar, abolir, abrogar ■ **revogar ajuda** revocar ayuda

revolta /re'vowta/ sf sedición, sublevación, subversión, alzamiento, indignación, pronunciamiento ■ **revolta das pessoas** sedición de las personas

revoltado, -a /revow'tadu, da/ adj & s revoltoso, sublevado, indignado ■ **ficar revoltado** quedar revoltoso

revoltar /revow'tar/ v **1** sublevar, revolucionar, indignar, subvertir **2** indisciplinarse, rebelarse ■ **revoltar ao povo** sublevar al pueblo

revolto, -a /re'vowtar/ v revuelto, inquieto, tempestuoso, turbio ■ **revolta na escola** revuelta en la escuela

revoltoso, -a /revow'tozu, za/ adj & s revoltoso, revolucionario ■ **pessoa revoltosa** persona revoltosa

revolução /revolu'sãw/ sf revolución ■ **revolução na vida** revolución en la vida

revolucionar /revolusjo'nar/ v revolucionar, subvertir ■ **revolucionar o mundo** revolucionar el mundo

revolucionário, -a /revolusjo'narju, rja/ adj & s revolucionario ■ **pessoa revolucionário** persona revolucionaria

revólver /re'vowver/ sm revólver, pistola ■ **tambor de revólver** tambor

revolver /revow'ver/ v **1** revolver, volver, revolcar **2** revolverse ■ **revolver nas gavetas** revolver en los cajones

441

reza

reza /'rɛza/ *sf* rezo, oración, súplica ■ **acreditar na reza** creer en la oración

rezar /re'zar/ *v* 1 rezar, orar 2 refunfuñar, rezongar ■ **rezar todo os dias** rezar todos los días

riacho /ri'aʃu/ *sm* arroyo, regato, riachuelo ■ **nadar no riacho** nadar en el arroyo

ribeirão /ribej'rɑ̃w/ *sm* riacho, arroyo ■ **nadar no ribeirão** nadar en el riacho

rico, -a /'riku, a/ *adj & s* rico, acaudalado, adinerado, opulento, valioso, de posición, fértil ■ **pessoa rica** persona rica

ridicularizar /ridʒikulari'zar/ *v* ridiculizar, satirizar, burlarse, poner en solfa ■ **ridicularizar as pessoas** ridiculizar las personas

ridículo, -a /ri'dʒikulu, la/ *adj & sm* ridículo, risible, cómico, grotesco ■ **bancar o ridículo** hacer el oso **indivíduo ridículo** ente

rifa /'rifa/ *sf* rifa, tómbola, sorteo ■ **jogar rifa** jugar rifa

rifle /'rifli/ *sm* rifle, fusil ■ **rifle na guerra** rifle en la guerra

rigidez /riʒi'dejʃ/ *sf* 1 rigidez 2 severidad, aspereza ■ **rigidez de sentimentos** rigidez de sentimientos

rígido, -a /'riʒidu, da/ *adj* 1 rígido, erecto, tieso, yerto 2 inflexible, ortodoxo 3 puritano ■ **material rígido** material rígido

rigor /ri'gor/ *sm* rigor, crueldad, severidad, inclemencia ■ **com todo o rigor** a rajatabla **traje a rigor** traje de etiqueta

rigoroso, -a /rigo'rozu, za/ *adj* 1 riguroso, severo, crudo, enérgico, exigente, ortodoxo, rígido 2 matemático, exacto 3 leonino ■ **pais rigorosos** padres rigurosos

rim /'rĩʲ/ *sm* riñón ■ **problema nos rins** problema en los riñones

rima /'rima/ *sf* 1 rima 2 **rimas** *pl* versos ■ **rima na música** rima en la música

rímel /'rimew/ *sm* rímel ■ **rímel nos olhos** rímel en los ojos

rio /'riu/ *sm* río ■ **margem de rio** ribera

riqueza /ri'keza/ *sf* 1 riqueza, fortuna, opulencia, prosperidad, tesoro 2 fausto, poderío, grandeza, fertilidad 3 dinero ■ **riqueza de sentimentos** riqueza de sentimientos

rir /'rir/ *v* 1 reír, sonreír 2 mofar, burlarse ■ **rir às bandeiras despregadas** reír a mandíbula batiente **rir de algo** mondarse de algo

risada /ri'zada/ *sf* carcajada, risa ■ **dar risada** dar carcajada

riscado, -a /riʃ'kadu, da/ *adj* listado, rayado, tachado ■ **entender do riscado** conocer el percal

riscar /riʃ'kar/ *v* rayar, surcar, tachar, arañar, garrapatear ■ **riscar a parede** rayar la pared

risco /'riʃku/ *sm* 1 rasgo, surco, trazo 2 riesgo, peligro, temeridad, ocasión, contingencia 3 raya, lista ■ **correr risco** correr peligro ■ **risca de cabelo** raya, crencha ■ **sem risco** a mansalva

riso /'rizu/ *sm* risa, sonrisa ■ **acesso de riso** ataque de risa ■ **provocar riso** tener algo gracia

risonho, -a /ri'zoɲu, ɲa/ *adj* risueño, alegre, agradable ■ **pessoa risonha** persona risueña

risoto /ri'zotu/ *sm* plato hecho con arroz, legumbres, carne o mariscos ■ **comer risoto** comer plato hecho con arroz

rítmico, -a /'ritʃimiku, ka/ *adj* rítmico ■ **pessoa rítmica** persona rítmica

ritmo /'ritʃimu/ *sm* ritmo, cadencia ■ **ritmo da música** ritmo de la canción

ritual /ritu'aw/ *adj & sm* 1 ritual, liturgia 2 ceremonial, etiqueta, protocolo ■ **fazer um ritual** hacer un ritual

rival /ri'vaw/ *adj & s* rival, concorrente, competidor, émulo ■ **pessoas rivais** personas rivales

rivalidade /rivali'dadʒi/ *sf* rivalidad, competición, pleito, envidia, pique ■ **rivalidade das pessoas** rivalidad de las personas

rixa /'riʃa/ *sf* 1 riña, bola, escaramuza, pelotera 2 bronca ■ **rixa na rua** riña en la calle

robô /ro'bo/ *sm* robot, autómata ■ **robô com problema** robot con problema

robustecer /robuʃte'zer/ *v* 1 robustecer, vigorizar 2 robustecerse 3 endurecer ■ **robustecer rápido** robustecer rápido

robusto, -a /ro'buʃtu, ta/ *adj* 1 recio, musculoso, vigoroso, fornido 2 nutrido ■ **homem robusto** hombre musculoso

roça /'rosa/ *sf* campo, huerta ■ **viver na roça** vivir en el campo

roçar /ro'sar/ *v* rozar, aflorar, lamer, rasar, refregar ■ **roçar a terra** labrar

rocha /'rɔʃa/ *sf* roca, peña, peñasco ■ **rocha grande** roca grande

rochedo /ro'ʃedu/ *sm* roca, morro, peñasco ■ **grande rochedo** grande roca

roda /'rɔda/ *sf* rueda, círculo ■ **roda dentada de engrenagem** piñón ■ **roda-gigante** rueda gigante, noria **roda-viva** ajetreo

rodapé /roda'pɛ/ *sm* zócalo, rodapié, friso de una pared ■ **nota de rodapé** nota al pie de una página

rodar /ro'dar/ *v* rodar, rodear, girar, imprimir, filmar, circular ■ **rodar a mesa** rodar la mesa

rodeio /ro'deju/ *sm* 1 rodeo, giro, preámbulo, torno 2 recoveco 3 **rodeios** *pl* ambages ■ **fazer muitos rodeios** gastar frases ■ **sem rodeios** sin preámbulos, sin ambages

rodízio /ro'dizju/ *sm* rotación, tanda, pieza giratoria ■ **rodízio de pizza** rotación de pizza

rodo /ro'dar/ *v* secador ■ **a rodo** a montones

rodovia /rodo'via/ *sf* autovía, carretera, autopista ■ **rodovia perigosa** autovía peligrosa

rodoviário, -a /rodovi'arju, rja/ *adj* carretero, caminero ■ **carro rodoviário** coche carretero

roedor /roe'ðor/ *adj* roedor ■ **roedor na árvore** roedor en el árbol

roer /ro'er/ *v* roer, corroer, apolillar ■ **duro de roer** difícil de aguantar ■ **roer as unhas** comerse las uñas

rogo /ro'var/ *v* ruego, plegaria, petición, súplica, oración ■ **atender o rogo** atender el ruego

rojão /ro'ʒɑ̃w/ *sm* cohete ■ **rojão do gás** cohete de gas

rol /'rɔw/ *sm* rol, lista, nómina, catálogo ■ **rol da festa** rol de la fiesta

rolante /ro'lɑ̃tʃi/ *adj* rotatorio, giratorio ■ **escada rolante** escalera eléctrica

rolar /ro'lar/ *v* rodar, girar ■ **rolar no chão** rodar en el suelo

roleta /ro'leta/ *sf* ruleta ■ **roleta da sorte** ruleta de la suerte

rolha /'roʎa/ *sf* corcho, tapa, tapón ■ **tirar a rolha** descorchar ■ **tapar com rolha** encorchar

rolo /'rolu/ *sm* 1 rollo, rulo, embrollo 2 ovillo ■ **rolo compressor** cilindro compresor

romã /ro'mɑ̃/ *sf* granada ■ **comer romã** comer granada

romance /ro'mɑ̃si/ *sm* 1 novela 2 romance ■ **livro de romance** libro de romance

romano, -a /ro'mɐnu, na/ *adj & s* romano ■ **algoritmos romanos** algoritmos romanos

romântico, -a /ro'mɑ̃tʃiku, ka/ *adj & s* romántico, sentimental, generoso ■ **homem romântico** hombre romántico

rústico

romaria /roma'ria/ *sf* romería, peregrinación, peregrinaje ■ **fazer uma romaria** hacer una romería

romper /rõ'per/ *v* **1** romper, rasgar, deshacer, fracturar, quebrar **2** romperse, desgajarse, partirse ■ **romper uma aliança** romper una alianza

roncar /rõ'kar/ *v* roncar, resollar ■ **roncar muito** roncar mucho

ronco /'rõku/ *sm* ronquido, ronco, gruñido ■ **ronco forte** ronco fuerte

ronda /'rõda/ *sf* ronda, patrulla ■ **fazer uma ronda** hacer una ronda

rosa /'rɔza/ *sf* rosa ■ **ganhar uma rosa** ganar una rosa

rosbife /roʃ'bifi/ *sm* rosbif ■ **comer rosbife** comer rosbif

rosca /'rɔʃka/ *sf* rosca ■ **comer rosca** comer rosca

rosnar /roʃ'nar/ *v* murmurar, rezongar, gruñir, regañar ■ **rosnar para alguém** gruñir para alguien

rosto /'roʃtu/ *sm* rostro, figura, frente, cara, faz ■ **rosto bonito** rostro bonito

rota /'rɔta/ *sf* ruta, vía, rumbo, dirección ■ **rota da viagem** ruta del viaje

rotação /rota'sãw/ *sf* rotación, giro ■ **rotação de atividades** rotación de actividades

rotativo, -a /rota'tʃivu, va/ *adj* rotativo *Impr* rotativa ■ **trabalho rotativo** trabajo rotativo

rotatório, -a /rota'tɔrju, rja/ *adj* rotatorio, circular ■ **contornar a rotatória** alrededor de la rotatoria

roteiro /ro'tejru/ *sm* itinerario, guión, ruta, guía ■ **roteiro do filme** guión de la película

rotina /ro'tʃina/ *sf* rutina, hábito ■ **rotina da semana** rutina de la semana

rotisseria /rotʃise'ria/ *sf* rotisería ■ **ir na rotisseria** ir a la rotisería

roto, -a /'rotu, ta/ *adj & s* roto, rasgado, deshecho ■ **roupa rota** ropa rasgada

rótula /'rɔtula/ *sf* rótula, rodilla ■ **dor na rótula** dolor en la rodilla

rotular /rotu'lar/ *adj & v* rotular, etiquetar ■ **rotular as pessoas** rotular las personas

rótulo /'rɔtulu/ *sm* etiqueta, marbete, albarán, letrero, epígrafe ■ **rótulo das mercadorias** etiqueta de las mercaderías

roubar /ro'bar/ *v* **1** robar, raptar, pillar, hurtar, estafar, granjear **2** piratear, saltear, saquear, quitar, alzarse con algo **3** limpiar **ir roubar** ir a la raspa ■ **roubar a loja** robar la tienda

roubo /'robu/ *sm* robo, rapto, pillaje, piratería, ratería ■ **roubo de bancos** robo de bancos

roupa /'ropa/ *sf* prenda, ropa, traje, vestimenta, indumentaria ■ **passar roupa** planchar **roupa branca** ropa blanca ■ **roupa de uso diário** hato ■ **roupa íntima** paños menores

roupão /ro'pãw/ *sm* bata, albornoz ■ **usar roupão** usar bata

rouparia /ropa'ria/ *sf* ropería, lencería ■ **rouparia grande** ropería grande

roupeiro, -a /ro'peiru/ *sm* ropero ■ **usar o roupeiro** usar el ropero

rouxinol /roʃi'now/ *sm* ruiseñor ■ **bom rouxinol** buen ruiseñor

rua /'rua/ *sf* **1** calle, camino público **2** plebe, el populacho ■ **pôr na rua** despedir, dejar a alguien en la calle ■ **rua de mão dupla** calle de dos direcciones **rua de mão única** calle de dirección única ■ **rua sem saída** vía muerta

rubi /ru'bi/ *sm* rubí ■ **ganhar um rubi** ganar un rubí

rubor /ru'bor/ *sm* **1** rubor, soflama, sonrojo **2** vergüenza, candor ■ **rubor de alguém** rubor de alguien

ruborizar /rubori'zar/ *v* **1** ruborizar, sonrojar **2** ruborizarse **3** subirse el pavo a uno ■ **ruborizar de raiva** encender

rubrica /ru'brika/ *sf* rúbrica ■ **rubrica no documento** rúbrica en el documento

rubro, -a /'rubru, bra/ *adj* rojo, bermejo, encarnado ■ **cara rubra** cara roja

ruço, a /'rusu, sa/ *adj* rucio, ceniciento ■ **homem ruço** hombre rucio

rude /'rudʒi/ *adj* **1** rudo, bárbaro, bronco, grueso, inculto, intratable, plebeyo **2** indigesto, obtuso, seco ■ **pessoa rude** persona ruda

rudeza /ru'deza/ *sf* rudeza, aspereza, grosería, estupidez ■ **rudeza das pessoas** rudeza de las personas

rudimentar /rudʒime'tar/ *adj* rudimentario, tosco, embrionario, primario ■ **construção rudimentar** construcción rudimentaria

rudimento /rudʒi'mẽtu/ *sm* **1** rudimento **2** embrión ■ **pequeno rudimento** pequeno rudimento

ruela /ru'ela/ *sf* calleja, callejuela, calle estrecha ■ **carro numa ruela** coche en una calle estrecha

rufião /rufi'ãw/ *s* rufián, gigolo ■ **pessoa rufião** persona rufián

ruga /'ruga/ *sf* arruga, pliegue ■ **ruga na pele** surco

ruge /'ruʒi/ *sm* colorete ■ **bom ruge** buen colorete

rugir /ru'ʒir/ *v* rugir, bramar ■ **rugir forte** rugir fuerte

rugoso, -a /ru'gozu, za/ *adj* rugoso, arrugado, áspero ■ **roupa rugosa** ropa rugosa

ruído /ru'idu/ *sm* ruido, rumor, sonido ■ **ruído áspero** ronquido

ruim /ru'ĩ/ *adj* ruin, malo, bajo, vil, despreciable ■ **pessoa ruim** persona mala

ruína /ru'ina/ *sf* **1** ruina, desolación, destrucción, devastación **2** estrago, fracaso, perdición **3** abismo, muerte, ocaso ■ **ruína antiga** ruina antigua

ruindade /ruĩ'dadʒi/ *sf* ruindad, maldad, fechoría, vileza ■ **ruindade das pessoas** ruindad de las personas

ruivo, -a /'rujvu, va/ *adj & s* pelirrojo ■ **cabelo ruivo** pelo rojo

ruminar /rumi'nar/ *v* **1** rumiar **2** meditar, planear, maquinar ■ **ruminar algo** rumiar algo

rumo /'rumu/ *sm* rumbo, ruta, dirección, vía, orientación **perder o rumo** derivarse ■ **sem rumo** a la deriva ■ **tomar outro rumo** tomar otro giro

rumor /ru'mor/ *sm* rumor, ruido, sonido, murmullo ■ **escutar um rumor** escuchar un rumor

ruptura /rup'tura/ *sf* rotura, ruptura, fractura, mella, quebradura, rompimiento ■ **ruptura da mesa** rotura de la mesa

rural /ru'raw/ *adj* rural, agrario, campesino ■ **escola rural** escuela rural

rústico, -a /'ruʃtʃiku, ka/ *adj* **1** rústico, rural, agrario, agreste, aldeano, baturro **2** selvático, villano ■ **trabalho rústico** trabajo rústico

R

443

S

s /'ɛsi/ *sm* **1** décimo novena letra del alfabeto português **2** abreviatura de sul **3** abreviatura de san, santo ■**"s" de sul** "s" de sur

sábado /'sabadu/ *sm* sábado ■ **sábado de aleluia** sábado santo

sabão /sa'bɐ̃w̃/ *sm* **1** jabón **2** lejía *pl:* sabões ■ **bolha de sabão** pompa de jabón **passar um sabão** dar un jabón

sabático, -a /sa'batʃiku, ka/ *adj* sabático ■ **ano sabático** año sabático

saber /sa'beR/ *v & sm* **1** saber, conocer, entender **2** sabiduría, conocimiento ■ **não saber nada** no saber el abecé ■ **saber como conseguir algo** componérselas ■ **saber perfeitamente** saber al dedillo ■ **sabe-tudo** sabelotodo ■ **sei lá!** ¡qué sé yo! ■ **sei, sei!** ya lo entiendo

sábio, -a /'sabju, bja/ *adj & s* sabio, docto, erudito, ilustrado, inteligente, letrado ■ **falso sábio** leído y escribido

sabonete /sabo'netʃi/ *sm* jaboncillo, jabón, jabón de tocador ■ **usar o sabonete** usar el jaboncillo

saboneteira /sabone'tejra/ *sf* jabonera ■ **saboneteira no banho** jabonera en el baño

sabor /sa'boR/ *sm* sabor, gusto, paladar, dejo ■ **sabor da comida** sabor de la comida

saborear /sabore'aR/ *v* **1** saborear, degustar, gustar **2** deleitarse, saborearse ■ **saborear a comida** saborear la comida

saboroso, -a /sabo'rozu, za/ *adj* **1** apetitoso, gustoso, delicioso, sabroso, suculento **2** saleroso ■ **comida saborosa** comida apetitosa

sabotagem /sabo'taʒẽj/ *sf* sabotaje, saboteo ■ **fazer uma sabotagem** hacer un sabotaje

sabre /'sabri/ *sm* sable, machete ■ **usar o sabre** utilizar el sable

saca /'saka/ *sf* saca, bolsa grande ■ **saca de guardar roupa** bolsa grande de guardar ropa

sacada /sa'kada/ *sf* **1** balcón, saliente de una pared **2** jugada, lance ■ **sacada do prédio** balcón del edificio

sacana /sa'kana/ *adj & s* bellaco, truhán, guarro ■ **pessoa sacana** persona bellaca

sacanagem /saka'naʒẽj/ *sf* **1** bellaquería, truhanería, guarrería, intrígulis **2** putada, cabronada ■ **sacanagem com alguém** bellaquería con alguien

sacar /sa'kaR/ *v* **1** sacar **2** girar, retirar **3** sacar (bola) **4** entender, pillar vuelo ■ **sacar uma coisa** entender una cosa

sacarina /saka'rina/ *sf* sacarina ■ **comida com sacarina** comida con sacarina

sacarose /saka'rɔzi/ *sf* sacarosa ■ **comer sacarose** comer sacarosa

sacerdote /saseR'dɔtʃi, tʃiza/ *s* **1** sacerdote, cura, párroco, ministro de Dios **2** /sacerdotisa ■ **sacerdote da igreja** sacerdote de la iglesia ■ **sacerdote evangélico** pastor

saciar /sa'θjaR/ *v* **1** saciar, saturar, hartar, llenar **2** hartarse, cebarse, llenarse ■ **saciar de comida** saciar de comida

saco /'saku/ *sm* **1** saco, bolsa **2** pelotas, huevos ■ **estar de saco cheio** estar harto **saco de dormir** saco de dormir

sacola /sa'kɔla/ *sf* bolsa, bolso ■ **sacola de supermercado** bolsa de supermercado

sacramento /sakra'mẽtu/ *sm* sacramento ■ **sacramento da igreja** sacramento de la iglesia

sacrificar /sakrifi'kaR/ *v* sacrificar, inmolar, martirizar ■ **sacrificar um animal** sacrificar un animal

sacrifício /sakri'fisju/ *sm* sacrificio, martirio, inmolación ■ **sacrifício de vida** sacrificio de vida

sacrilégio /sakri'lɛʒju/ *sm* **1** sacrilegio, profanación **2** acción reprehensible ■ **sacrilégio animal** sacrilegio animal

sacro, -a /'sakru, kra/ *adj & sm* **1** sacro, sagrado **2** venerable **3** sacro (hueso) ■ **pessoa sacra** persona sacra

sacudir /saku'dʒiR/ *v* sacudir, agitar, batir ■ **sacudir a roupa** sacudir la ropa

sádico, -a /'sadʒiku, ka/ *adj & s* sádico, malvado, perverso ■ **pessoa sádica** persona sádica

sadio, -a /sa'dʒiu, dʒia/ *adj* **1** sano, saludable **2** entero ■ **criança sadia** niño sano

sadismo /sa'dʒiʒmu/ *sm* sadismo, perversión ■ **sadismo nas pessoas** sadismo en las personas

safadeza /safa'deza/ *sf* **1** desfachatez, descaro, guarrería, indecencia, jarana **2** putada ■ **safadeza dos homens** desfachatez de los hombres

safado, -a /sa'fadu, da/ *adj* **1** indecente, guarro **2** saleroso **3** fulero ■ **homem safado** hombre indecente

safári /sa'fari/ *sm* safari ■ **conhecer o safári** conocer el safari

safra /'safra/ *sf* **1** cosecha **2** novedad ■ **boa safra** buena cosecha

saga /'saga/ *sf* saga, leyenda escandinava ■ **história da saga** historia de la saga

sagacidade /sagasi'dadʒi/ *sf* sagacidad, astucia, penetración, perspicacia ■ **sagacidade do homem** sagacidad del hombre

sagaz /sa'gajʃ/ *adj* sagaz, astuto, perspicaz, prudente ■ **animal sagaz** animal sagaz

sagitário /saʒi'tarju/ *sm* sagitario ■ **de Sagitário** de Sagitario (signo, constelación)

sagrado, -a /sa'gradu, da/ *adj* sagrado, santo, inmaculado, sacro, sacrosanto ■ **tornar sagrado** sacralizar

sagrar /sa'graR/ *v* consagrar, santificar, bendecir ■ **sagrar um deus** consagrar un dios

saguão /sagu'ɐ̃w̃/ *sm* saguán, pasillo, portal, entrada, hall, recibidor, vestíbulo, atrio

saia /'saja/ *sf* falda, pollera ■ **minissaia** minifalda

sanguinolento

saída /sa'ida/ *sf* salida, evacuación, éxodo, exoneración, fuga, leva, partida ▪ **saída de emergência** salida de emergencia

sair /sa'iR/ *v* salir, partir, irse a la calle ▪ **sair às escondidas** escabullirse ▪ **sair correndo** disparar ▪ **sair disfarçadamente** deslizar ▪ **sair do sério** sacar de quicio ▪ **sair-se bem** lucirse ▪ **sair-se mal** naufragar, salir de algo malparado

sal /'saw/ *sm* **1** sal **2** gracia, donaire, agudeza ▪ **sais de banho** sales

sala /'sala/ *sf* sala ▪ **fazer sala** hacer antesala, entretener a las visitas ▪ **sala de jantar** comedor ▪ **sala de visitas** sala de visitas, salón ▪ **sala dos tribunais** estrados ▪ **sala luxuosa** salón

salada /sa'lada/ *sf* **1** ensalada **2** confusión, revoltijo ▪ **salada de frutas** macedonia **salada russa** ensaladilla

salamandra /sala'mã'dra/ *sf* salamandra ▪ **animal salamandra** animal salamandra

salame /sa'lɑmi/ *sm* salame, salami ▪ **comer salame** comer salami

salão /sa'lɑ̃w/ *sm* salón ▪ **salão nobre** paraninfo ▪ **salão de cabeleireiro** peluquería

salário /sa'larju/ *sm* salario, gaje, jornal, paga ▪ **décimo terceiro salário** aguinaldo **salário mensal** mensualidad **salário mínimo** salario mínimo

saldar /saw'daR/ *v* saldar ▪ **saldar uma conta** finiquitar

saldo /'sawdu/ *sm* **1** saldo, remate de cuentas **2** ajuste de cuentas ▪ **saldo bancário** haber ▪ **saldo credor** saldo a favor, saldo acreedor ▪ **saldo devedor** saldo deudor

saleiro /sa'lejru/ *sm* salero ▪ **saleiro para guardar o sal** salero para almacenar sal

salgadinho /saw'gadu, da/ *adj* bocadillo de aperitivo, tapa ▪ **comer salgadinho** comer bocadillo de aperitivo

salgado, -a /saw'gadu, da/ *adj* **1** salado **2** chistoso, picante, cáustico ▪ **comida salgada** comida salada

salgar /saw'gaR/ *v* salar ▪ **salgar a comida** salar la comida

salientar /salie'taR/ *v* **1** destacar, acentuar **2** sobresalir, distinguirse ▪ **salientar os problemas** descatar los problemas

saliente /sali'e'tʃi/ *adj* saliente, salido, avanzado, proeminente ▪ **homem saliente** hombre salido

salina /sa'lina/ *sf* salina ▪ **comer salina** comer salina

salitre /sa'litri/ *sm* salitre ▪ **comer salitre** comer salitre

saliva /sa'liva/ *sf* saliva, baba, escupida ▪ **gastar saliva à toa** gastar saliva en balde

salivação /saliva'sɑ̃w/ *sf* salivación ▪ **salivação na boca** salivación en la boca

salmão /saw'mɑ̃w/ *adj & sm* salmón ▪ **salmão defumado** salmón ahumado

salmo /'sawmu/ *sm* salmo, cántico ▪ **cantar salmo** cantar salmo

salmoura /saw'mora/ *sf* salmuera ▪ **pôr em salmoura** salar

salobro, -a /sa'lobru, bra/ *adj* salobre, salobreño, salino, salado ▪ **comida salobra** comida salobre

salpicar /sawpi'kaR/ *v* salpicar, espolvorear, manchar ▪ **salpicar tinta** salpicar tinta

salsa /'sawsa/ *sf* perejil ▪ **comer salsa** comer perejil

salsicha /saw'siʃa/ *sf* salchicha, longaniza, chorizo ▪ **comer salsicha** comer salchicha

saltar /saw'taR/ *v* **1** saltar, brincar, arrojarse, transponer de un salto **2** saltear, omitir, irrumpir ▪ **saltar fora** salir precipitadamente

salteador, -ora /sawtea'doR, ɾa/ *adj & s* salteador, bandido, ladrón ▪ **salteador de estradas** salteador de caminos

saltear /sawte'aR/ *v* saltear, asaltar, robar, embestir ▪ **saltear bancos** saltear bancos

saltimbanco /sawtʃĩ'bɑ̃ku/ *s* saltimbanqui, titiritero, acróbata ▪ **circo saltimbanco** circo saltimbanqui

salto /'sawtu/ *sm* **1** salto, brinco **2** salto ▪ **salto de sapato** tacón del calzado

salubridade /salubri'dad3i/ *sf* salubridad, higiene, sanidad ▪ **salubridade da água** salubridad del agua

salutar /salu'taR/ *adj* **1** salubre, saludable **2** edificante ▪ **banho matinal é salutar** baño matinal es salubre

salva /'sawva/ *sf* salva ▪ **salva de palmas** salva de aplausos

salvação /sawva'sɑ̃w/ *sf* salvación, redención, salud ▪ **salvação dos pecadores** salvación de los pecadores

salvadorenho, -a /sawvado'ɾeɲu, ɲa/ *adj & s* salvadoreño ▪ **homem salvadorenho** hombre salvadoreño

salvaguardar /sawvagwaR'daR/ *v* salvaguardar, proteger, garantizar, patrocinar ▪ **salvaguardar alguém** salvaguardar alguien

salvamento /sawva'me'tu/ *sm* salvamento, salvación, rescate ▪ **salvamento de pessoas** salvamento de personas

salvar /saw'vaR/ *v* **1** salvar, librar, exceptuar, excluir **2** salvarse, escaparse, librarse **3** salvar el alma ▪ **salva-vidas** bañero ▪ **salve-se-quem-puder** sálvese el que pueda

salve-rainha /sawvea'iɲa/ *sf* salve regina ▪ **oração salve-rainha** oración salve regina

salvo, -a /'sawvu, va/ *prep* salvo, salvado menos ▪ **a salvo** a salvo ▪ **são e salvo** sano y salvo

samba /'sɑ̃ba/ *sm* ritmo brasileño de origen africano ▪ **dançar samba** bailar samba

sanar /sa'naR/ *v* sanar, curar, remediar ▪ **sanar dificuldades** remediar dificuldades

sanatório /sana'tɔrju/ *sm* sanatorio, clínica, hospital ▪ **viver num sanatório** vivir en un sanatorio

sanção /sɑ̃'sɑ̃w/ *sf* **1** sanción, confirmación **2** penalidad ▪ **sanção do crime** sanción del crimen

sandália /sɑ̃'dalja/ *sf* sandalia ▪ **sandália vermelha** sandalia roja

sanduíche /sɑ̃du'iʃi/ *sm* bocadillo, sándwich ▪ **comer um sanduíche** comer un bocadillo

saneamento /sanea'me'tu/ *sm* saneamiento, limpieza, aseo ▪ **saneamento básico** saneamiento básico

sanear /sane'aR/ *v* **1** sanear, desinfectar **2** remediar ▪ **sanear a água** sanear el agua

sanfona /sɑ̃'fona/ *sf* acordeón, fuelle ▪ **tocar sanfona** tocar acordeón

sangrar /sɑ̃'graR/ *v* **1** sangrar, herir, matar **2** debilitar, agotar, atormentar ▪ **sangrar a pele** sangrar la piel

sangrento, -a /sɑ̃'gre'tu, ta/ *adj* **1** sangriento, sanguinolento **2** cruel ▪ **morte sangrenta** muerte sangrienta

sangria /sɑ̃'gria/ *sf* **1** sangría, bebida de limón, agua y vino tinto **2** extorsión de dinero ▪ **fazer uma sangria** desangrar

sangue /'sɑ̃gi/ *sm* **1** sangre **2** estirpe, casta ▪ **chupar o sangue de alguém** chuparle a uno la sangre ▪ **dar o sangue** dejarse la piel ▪ **esvair-se em sangue** desangrarse **sangue-frio** sangre fría, serenidad ▪ **ter no sangue** llevar algo en la sangre

sanguessuga /sɑ̃ge'suga/ *sf* sanguijuela, parásito ▪ **animal sanguessuga** animal sanguijuela

sanguinário, -a /sɑ̃gi'narju, rja/ *adj* **1** sanguinario **2** cruel, feroz ▪ **homem sanguinário** hombre sanguinario

sanguinolento, -a /sɑ̃gino'le'tu, ta/ *adj* sanguinolento, sanguinario ▪ **homem sanguinolento** hombre sanguinolento

445

sanha

sanha /ˈsɐɲɐ/ *sf* saña, ira, furor, rencor ■ **sanha de alguém** ira de alguien

sanitário, -a /saniˈtarju, rja/ *adj & sm* **1** sanitario **2** retrete, excusado, servicio ■ **sanitário do banheiro** retrete del baño

santidade /sɐ̃tʃiˈdadʒi/ *sf* santidad, pureza ■ **santidade de Deus** santidad de Dios

santificar /sɐ̃tʃifiˈkaR/ *v* **1** santificar, canonizar, bendecir **2** divinizar ■ **santificar uma pessoa** santificar una persona

santo, -a /ˈsɐ̃tu, ta/ *adj & s* **1** santo, sagrado, bienaventurado **2** puro, inviolable ■ **mulher santa** mujer santa

santuário /sɐ̃tuˈarju/ *sm* santuario, templo, capilla ■ **missa no santuário** misa en el santuario

são /ˈsɐ̃w/ *adj* **1** sano **2** san, santo ■ **São Paulo** San Pablo

sapatão /sapaˈtɐ̃w/ *sm* hombruno, marimacho ■ **mulher sapatão** mujer marimacho

sapato /saˈpatu/ *sm* zapato, calzado ■ **sapato de bebê** escarpín

sapo /ˈsapu/ *sm* sapo, escuerzo ■ **engolir sapos** tragar cosas desagradables, aguantárselas

saque /ˈsaki/ *sm* **1** saque, saqueo, pillaje, piratería **2** giro ■ **saque a descoberto** giro a descubierto ■ **saque à vista** giro contado

saquear /sakeˈaR/ *v* saquear, robar, saltear, depredar, merodear, pillar ■ **saquear o banco** saquear el banco

sarampo /saˈrɐ̃pu/ *sm* sarampión ■ **sarampo nas crianças** sarampión en los niños

sarar /saˈraR/ *v* sanar, curar, restablecerse ■ **sarar da gripe** sanar de la gripe

sarcasmo /saRˈkaʒmu/ *sm* sarcasmo, escarnio, burla ■ **sarcasmo das pessoas** sarcasmo de las personas

sarcástico, -a /saRˈkaʃtʃiku, ka/ *adj* sarcástico, irónico, mordaz ■ **ser sarcástico** ser sarcástico

sardinha /saRˈdʒiɲa/ *sf* sardina ■ **estar como sardinha em lata** estar como sardinas en lata

sargento /saRˈʒẽtu/ *s* sargento ■ **sargento de polícia** sargento de policía

sarjeta /saRˈʒeta/ *sf* **1** cuneta, bordillo, reguera **2** lodo, perdición ■ **ladrão na sarjeta** ladrón en la cuneta

sarna /ˈsaRna/ *sf* sarna, enfermedad de la piel ■ **procurar sarna para se coçar** meterse en líos, buscar problemas

sarrafo /saˈRafu/ *sm* listón, viga pequeña ■ **sarrafo da mesa** listón de la mesa

sarro /ˈsaRu/ *sm* guasa, burla, tomar el pelo ■ **tirar um sarro** guasearse, tomar el pelo a uno

satanás /sataˈnajʃ/ *sm* satanás, satán, espíritu del mal ■ **medo de Satanás** miedo de Satanás

satélite /saˈtɛlitʃi/ *adj & sm* satélite, planeta secundario ■ **lua é um satélite** luna es un satélite

sátira /ˈsatʃira/ *sf* sátira, obra irónica, ridiculización, sarcasmo ■ **livro de sátira** libro de sarcasmo

satirizar /satʃiriˈzaR/ *v* satirizar, ironizar, ridiculizar, zaherir ■ **satirizar uma história** satirizar una historia

satisfação /satʃiʃfaˈsɐ̃w/ *sf* **1** satisfacción, gusto, gustazo **2** complacencia, felicidad, placer, gozo **3** orgullo ■ **ter a satisfação de** tener el gustazo de

satisfatório, -a /satʃiʃfaˈtɔrju, rja/ *adj* satisfactorio, suficiente, regular, aceptable ■ **resultado satisfatório** resultado satisfactorio

satisfazer /satʃiʃfaˈzeR/ *v* **1** satisfacer, contentar, felicitar, llenar, solucionar **2** satisfacerse, hartarse, contentarse ■ **satisfazer a fome, a sede** matar el hambre, la sed

satisfeito, -a /satʃiʃˈfejtu, ta/ *adj* satisfecho, contento, feliz, henchido, vengado ■ **ficar satisfeito** quedar satisfecho

saturação /satuɾaˈsɐ̃w/ *sf* saturación, saciedad ■ **saturação da terra** saturación de la tierra

saturado, -a /satuˈradu, da/ *adj* **1** saturado, harto **2** repleto, lleno ■ **estar saturado** estar harto

saturar /satuˈraR/ *v* **1** saturar, hartar **2** llenar completamente **3** saturarse, cansarse ■ **saturar a vida** saturar la vida

saudação /sawdaˈsɐ̃w/ *sf* **1** salutación, salva, saludo, brindis, felicitación ■ **saudação ao aniversariante** salutación a la persona que cumpleaños

saudade /sawˈdadʒi/ *sf* añoranza, nostalgia ■ **matar saudades** matar la morriña **saudades da terra natal** querencia ■ **ter saudades** añorar

saudável /sawˈdavew/ *adj* saludable, salubre, sano ■ **vida saudável** vida saludable

saúde /saˈudʒi/ *sf & excl* salud, sanidad, vigor, robustez, fuerza à sua saúde a su salud ■ **saúde!** ¡salud!

saudoso, -a /sawˈdozu, za/ *adj* nostálgico, melancólico, pesaroso ■ **saudoso professor** nostálgico profesor

sax /ˈsaks/ *sm* saxo ■ **tocar sax** tocar saxo

saxofone /saksoˈfoni/ *sm* saxofón ■ **tocar saxofone** tocar saxofón

saxônio, -a /sakˈsonju, nja/ *adj & s* sajón ■ **povo saxônio** pueblo sajón

se /ˈse/ *pron* se, sí, a sí *conj* si *conj* si en el caso de ■ **se bem que**, aunque, si bien ■ **como se** como si

sé /ˈsɛ/ *sf* seo, sede, catedral ■ **santa sé** santa sede

sebáceo, -a /seˈbasju, ja/ *adj* sebáceo, ensebado, seboso ■ **comida sebácea** comida sebácea

sebento, -a /seˈbẽtu, ta/ *adj* **1** sebáceo, seboso **2** cochambroso, sórdido ■ **homem sebento** hombre sebáceo

sebo /ˈsebu/ *sm* **1** sebo, carnaza, grasa, gordura **2** local donde se hace la venta de libros o discos usados ■ **sebo animal** saín

seca /ˈseka/ *sf* seca, estiaje, sequía ■ **seca das árvores** seca de los árboles

secador, -a /sekaˈdoR, ra/ *adj & s* **1** secador (cabello) **2** secadora (ropa) ■ **secador de cabelo** secador de cabello

seção /seˈsɐ̃w/ *sf* sección, parte ■ **seção de comida** sección de comida

secar /seˈkaR/ *v* **1** secar, desecar, enjugar, marchitar, mustiar **2** evaporarse ■ **secar roupa** secar ropa

seccionar /sekθjoˈnar/ *v* seccionar, cortar, fraccionar, dividir ■ **seccionar uma ideia** seccionar una idea

seco, -a /ˈseko, a/ *adj* seco, enjuto, marchito, árido, áspero, rudo, descortés ■ **boca seca** boca seca

secreção /sekreˈsɐ̃w/ *sf* secreción, supuración ■ **secreção do nariz** secreción de la nariz

secretaria /sekretaˈria/ *sf* secretaría ■ **secretaria de Estado** secretaría de Estado

secretário, -a /sekreˈtarju, rja/ *s* secretario ■ **secretária eletrônica** contestador automático

secreto, -a /seˈkrɛtu, ta/ *adj* secreto, oculto, escondido, íntimo ■ **vida secreta** vida secreta

sectário, -a /sekˈtarju, rja/ *adj & s* sectario, adepto, partidario ■ **homem sectário** hombre sectario

século /ˈsɛkulu/ *sm* siglo, época ■ **por muitos séculos e séculos** por los siglos de los siglos ■ **século de ouro** siglo de oro

secundário, -a /sekũˈdarju, rja/ *adj* secundario, accesorio, adicional, episódico, marginal, subalterno ■ **ator secundário** actor secundario

seda /ˈseda/ *sf* **1** seda **2** lujo ■ **bicho-da-seda** gusano de seda ■ **fita de seda** listón

sempre

sedar /se'daR/ *v* sedar, calmar, moderar, apaciguar ■ **sedar alguém** sedar alguien

sede /'sedʒi/ *sf* **1** sede **2** sed, avidez ■ **sede social** oficina central

sedentário, -a /sede~'tarju, rja/ *adj* sedentario, inactivo, poco activo ■ **homem sedentário** hombre sedentario

sedento, -a /se'de~tu, ta/ *adj* **1** sediento **2** ávido, ansioso ■ **homem sedento** hombre sediento

sedição /sedʒi'sᾶw/ *sf* sedición, tumulto, rebelión popular, motín ■ **sedição na cidade** tumulto en la ciudad

sedimento /sedʒi'me~tu/ *sm* sedimento, estrato, sarro, hez ■ **sedimento de um líquido** sedimento de un líquido

sedoso, -a /se'dozu, za/ *adj* sedoso, satinado, suave ■ **tornar sedoso** satinar

sedução /sedu'sᾶw/ *sf* **1** seducción, encanto, atractivo **2** magnetismo ■ **sedução da mulher** seducción de la mujer

sedutor, -ora /sedu'toR, ra/ *adj & s* seductor, encantador, atrayente, aliciente, embaucador ■ **homem sedutor** hombre seductor

seduzir /sedu'ziR/ *v* **1** seducir, atraer, embaucar, encantar, fascinar, ganar **2** deshonrar ■ **seduzir o hombre** seducir el hombre

segmento /seg'me~tu/ *sm* segmento, parte, porción, sección ■ **segmentos na escola** segmentos en la escuela

segredo /se'gredu/ *sm* secreto, confidencia ■ **em segredo** bajo mano, entre bastidores

segregação /segrega'sᾶw/ *sf* segregación, separación, desunión, apartamiento ■ **segregação de pessoas** segregación de personas

segregar /segre'gaR/ *v* **1** secretar **2** segregar, separar, apartar **3** segregarse, desmembrarse, aislarse ■ **segregar as ideias** segregar las ideas

seguida /se'gida/ *sf* seguida, serie ■ **em seguida** enseguida, luego, en un periquete

seguinte /se'gi~tʃi/ *adj* siguiente, inmediato, subsecuente ■ **trabalho seguinte** trabajo siguiente

seguir /se'giR/ *v* **1** seguir, acompañar, ir, perseguir, profesar, suceder, imitar, adoptar **2** suceder ■ **seguir os ideais** seguir los ideales

segunda-feira /segu~da'fejra/ *sf* lunes ■ **semana começa na segunda-feira** semana empieza el lunes

segundo, -a /se'gu~du/ **1** *prep & conj* según, conforme **2** *adj, sm & sf* segundo ■ **segundas intenções** con segundas ■ **de segunda categoria** de pacotilla

segurança /segu'rᾶsa/ *sf* **1** seguridad, solidez, afianzamiento, confianza, estabilidad, fijeza, inmunidad **2** puerto **3** guardia, policía, custodio, escolta ■ **segurança da casa** seguridad de la casa

segurar /segu'raR/ *v* aferrar, agarrar, amparar ■ **segurar as pontas** aguantar la mecha

seguro, -a /se'guru, ra/ *adj & sm* seguro, fiel, infalible, sostenido seguro, compañía de seguros, aseguradora ■ **o seguro morreu de velho** quien toma precauciones, evita riesgos

seio /'seju/ *sm* seno, pecho ■ **bico do seio** pezón

seis /'sejʃ/ *adj & sm* seis ■ **seis anos** seis años

seita /'sejta/ *sf* secta, doctrina, falsa religión ■ **seita religiosa** secta religiosa

seiva /'sejva/ *sf* **1** savia, jugo **2** vigor, actividad ■ **seiva de vegetais** leche

seixo /'sejʃu/ *sm* callao, china, guija, guijarro ■ **monte de seixo** monte de callao

sela /'sɛla/ *sf* silla (de montar) ■ **preso na sela** preso en la silla

selar /se'laR/ *v* **1** sellar **2** estampillar ■ **selar a carta** sellar la carta

seleção /sele'sᾶw/ *sf* selección, distinción ■ **seleção brasileira** selección brasileña

selecionado, -a /selesjo'nadu, da/ *adj & sm* seleccionado, selectivo, selecto ■ **aluno seleccionado** alumno selectivo

selecionar /selesjo'naR/ *v* seleccionar, escoger, elegir, apurar ■ **selecionar o melhor** seleccionar el mejor

seletivo, -a /sele'tʃivu, va/ *adj* selectivo ■ **processo seletivo** proceso selectivo

selo /'selu/ *sm* **1** sello, cuño, señal **2** estampilla **3** marca, distintivo ■ **selo de carta** cuño de carta

selva /'sɛwva/ *sf* selva, bosque ■ **animal da selva** animal de la selva

selvagem /sɛw'vaʒe~j/ *adj & s* salvaje, bravío, selvático ■ **animal selvagem** fiera

sem /'se~j/ *prep* sin ■ **sem dúvida** sin duda

semáforo /se'maforu/ *sm* semáforo ■ **passar no semáforo** pasar en el semáforo

semana /se'mɐna/ *sf* semana ■ **fim de semana** fin de semana

semanário /sema'narju/ *sm* semanario ■ **semanário de eventos** semanario de eventos

semântico, -a /se'mᾶtʃiku, ka/ *adj* semántico semántica ■ **sentido semântico** sentido semántico

semblante /se~'blᾶtʃi/ *sm* semblante, fisionomía, rostro, empaque, frente ■ **semblante angelical** semblante angelical

sem-cerimônia /se~jseri'monja/ *sf* descortesía, anchura sin ceremonias ■ **sem-cerimônia em casa** descortesía en casa

semeador, -ora /semea'doR, ra/ *adj & s* **1** sembrador **2** propagador ■ **semeador da palavra** sembrador de la palabra

semear /seme'aR/ *v* **1** sembrar, diseminar, granear, plantar **2** lanzar ■ **semear o amor** sembrar el amor

semelhança /seme'ʎᾶsa/ *sf* **1** apariencia **2** semejanza, conformidad, homogeneidad, identidad ■ **semelhança entre irmãos** semejanza entre hermanos

semelhante /seme'ʎᾶtʃi/ *adj & sm* **1** semejante, parecido, parejo, símil **2** afín, análogo, conforme **3** otro, prójimo, propio ■ **pessoas semelhantes** personas semejantes

semelhar /seme'ʎaR/ *v* **1** semejar, parecer, imitar, comparar **2** parecerse ■ **semelhar ideias** semejar ideas

sêmen /'seme~j/ *sm* **1** semen, esperma **2** simiente ■ **sêmen do homem** semen del hombre

semente /se'me~tʃi/ *sf* semilla, simiente, grana, grano ■ **semente de fruta** pepita, carozo

semestre /se'mɛʃtri/ *sm* semestre ■ **semestre escolar** semestre escolar

semicírculo /semi'siRkulu/ *sm* semicírculo, hemiciclo ■ **fazer um semicírculo** hacer un semicírculo

semifinal /semifi'naw/ *adj & sf* semifinal ■ **semifinal do campeonato** semifinal del campeonato

seminário /semi'narju/ *sm* **1** seminario **2** plantel ■ **viver no seminário** vivir en el seminario

semiologia /semjolo'ʒia/ *sf* semiología ■ **estudar semiologia** estudiar semiología

semiótica /semi'ɔtʃika/ *sf* semiótica ■ **estudar semiótica** estudiar semiótica

sêmola /'semola/ *sf* sémola, fécula de arroz ■ **comer sêmola** comer sémola

sempre /'se~pri/ *adv & conj* siempre, constantemente, realmente, eternamente, todo el tiempo, final, noche y día ■ **juntos para sempre** juntos para siempre

447

senado

senado /se'nadu/ *sm* senado ■ **ir ao senado** ir al senado

senão /se'nɑ̃w/ *conj* sino ■ **saia da festa, senão seus pais vão brigar** salga de la fiesta, sino sus padres van a pelearse

senda /'se͂da/ *sf* **1** senda, sendero, camino estrecho **2** rutina ■ **passar pela senda** pasar por la senda

senha /'seɲa/ *sf* contraseña, seña, señal, indicio, marca ■ **senha do banco** seña del banco

senhor, -ora /se'ɲoR, ra/ *adj & s* **1** señor, amo, dueño, hombre distinguido **2** jefe **3** señora, dueña, esposa, mujer ■ **senhores pais** señores padres

senilidade /senili'dadʒi/ *sf* senilidad, vejez, decrepitud ■ **senilidade boa** senilidad buena

sênior /'senjor/ *adj* sénior, experto, veterano ■ **homem sênior** hombre experto

sensação /se͂sa'sɑ̃w/ *sf* sensación, sentimiento, impresión ■ **sensação boa** sensación buena

sensacional /se͂sasjo'naw/ *adj* sensacional, notable, importante ■ **jogo sensacional** juego sensacional

sensatez /se͂sa'tejʃ/ *sf* **1** sensatez, juicio, moderación, prudencia, seso **2** madurez ■ **sensatez nas decisões** sensatez en las decisiones

sensato, -a /se͂'satu, ta/ *adj* **1** sensato, sabio, moderado, prudente, sesudo **2** equilibrado ■ **homem sensato** hombre sensato

sensibilidade /se͂sibili'dadʒi/ *sf* **1** sensibilidad, susceptibilidad **2** corazón, poesía ■ **sensibilidade excessiva** sensiblería

sensibilizar /se͂sibili'zaR/ *v* **1** sensibilizar, conmover, entristecer **2** conmoverse ■ **sensibilizar os homens** sensibilizar los hombres

sensível /se͂'sivew/ *adj & sf* sensible, sensitivo, sentido, afectivo, excitable, susceptible ■ **mulher sensível** mujer sensible

senso /'se͂su/ *sm* sentido, juicio, raciocinio ■ **bom senso** buen criterio ■ **senso de humor** sentido del humor

sensual /se͂su'aw/ *adj & sf* sensual, erótico, lascivo, lujurioso ■ **mulher sensual** mujer sensual

sensualidade /se͂suali'dadʒi/ *sf* sensualidad, concupiscencia, erotismo, lujuria ■ **sensualidade feminina** sensualidad femenina

sentado, -a /se͂'tadu, da/ *adj* sentado, asentado ■ **ficar sentado** quedar sentado

sentar /se͂'taR/ *v* **1** sentar, asentar **2** sentarse **3** colocarse, establecerse ■ **sentar no banco** sentar en el banco

sentença /se͂'te͂sa/ *sf* **1** sentencia, adagio, aforismo, máxima, mote, proverbio, dicho, **2** fallo, condenación, decisión ■ **dar uma sentença provisória** proveer

sentenciar /se͂te͂si'aR/ *v* **1** sentenciar, juzgar, condenar **2** decidir ■ **sentenciar no julgamento** sentenciar en el juicio

sentido, -a /se͂'tʃidu, da/ *adj & sm* **1** sentido, dolido, que se molesta con facilidad **2** sentido, significación, acepción, noción ■ **não ter sentido** no tener sentido ■ **no sentido de** hilo de **perder os sentidos** perder el sentido

sentimental /se͂tʃime͂'taw/ *adj & s* sentimental, afectuoso, impresionable ■ **mulher sentimental** mujer sentimental

sentimento /se͂tʃi'me͂tu/ *sm* **1** sentimiento, aflicción, comprensión, sospecha, intuición, pasión, pesar **2** pésame, condolencia ■ **sentimentos fortes** sentimientos fuertes

sentinela /se͂tʃi'nela/ *sf* **1** centinela, atalayero, vigilante, escucha **2** persona que vigila ■ **ficar de sentinela** quedar de centinela

sentir /se͂'tʃiR/ *v & sm* sentir, percibir, entrever, padecer, sufrir, adivinar, presentir, lamentar ■ **sentir muito** llegar al alma

separação /separa'sɑ̃w/ *sf* separación, alienación, apartamiento, desintegración, desviación, escisión, segregación ■ **separação dos pais** separación de los padres

separado, -a /sepa'radu, da/ *adj* separado, desligado, distante, suelto, apartado ■ **pais separados** padres separados

separar /sepa'raR/ *v* **1** separar, destacar, desunir **2** aislar, segregar, apartar **3** cortar, escindir, desperdigar, partir **4** desmontar, despegar, arrancar, desmembrar **2** separarse, apartarse, departir-se, salir, quitarse, divorciarse ■ **separar do marido** separar del marido

séptico, -a /'septʃiku, ka/ *adj* séptico, infecto, contaminado ■ **fossa séptica** fosa séptica

sepulcro /se'puwkɾu/ *sm* sepulcro, sepultura, entierro, mausoleo, losa ■ **sepulcro dos mortos** sepulcro de los muertos

sepultar /sepuw'taR/ *v* sepultar, enterrar, inhumar, soterrar ■ **sepultar alguém** sepultar alguien

sepultura /sepuw'tura/ *sf* sepultura, sepulcro, hoyo ■ **sepultura dos mortos** sepultura de los muertos

sequela /se'kwela/ *sf* secuela, consecuencia, resultado ■ **ficar com sequela** quedar con secuela

sequência /se'kwe͂sja/ *sf* secuencia, seguimiento, continuación, serie, escala ■ **sequência numérica** secuencia numérica

sequestrador, -ora /sekwestɾa'xi/ *adj & s* secuestrador ■ **sequestrador de crianças** secuestrador de niños

sequestrar /sekweʃ'tɾaR/ *v* secuestrar, aprehender ilegalmente, privar de libertad, aislar ■ **sequestrar crianças** secuestrar niños

sequestro /se'kweʃtɾu/ *sm* secuestro, rapto ■ **sequestro de crianças** secuestro de niños

sequioso, -a /seki'ozu, za/ *adj* sediento, deseoso ■ **homem sequioso** hombre sediento

séquito /'se'kwitu/ *sm* séquito, acompañamiento, corte ■ **bom séquito** buen acompañamiento

ser /'seR/ *v & sm* **1** ser, existir, corresponder, pertenecer **2** ser, ente, individuo ■ **era uma vez** érase que era ■ **seja como for** mal que bien

sereia /se'ɾeja/ *sf* **1** sirena **2** mujer seductora ■ **pequena sereia** pequeña sirena

serenar /sere'naR/ *v* serenar, pacificar, sosegar, acalmar ■ **serenar à noite** serenar por la noche

serenata /sere'nata/ *sf* serenata, canción, nocturno ■ **serenata de amor** serenata de amor

serenidade /sereni'dadʒi/ *sf* serenidad, aplomo, paciencia, sosiego, presencia de ánimo ■ **serenidade na casa** serenidad en la casa

sereno, -a /se'ɾenu, na/ *adj & sm* **1** sereno, manso, quieto, tranquilo, apacible **2** sereno, humedad, relente ■ **lugar sereno** lugar sereno

série /'sɛɾi/ *sf* serie, serial, sarta ■ **fora de série** fuera de serie, raro, excepcional

seriedade /serie'dadʒi/ *sf* seriedad, severidad, empaque, formalidad ■ **seriedade dos pais** seriedad de los padres

seringa /se'ɾĩ'ga/ *sf* jeringa, inyección, lavativa ■ **seringa para lavagens** jeringa para lavativas

seringueira /seɾĩ'gejɾa/ *sf* caucho, gomero ■ **cortar a seringueira** cortar el caucho

sério, -a /'sɛɾju, ɾja/ *adj & adv* serio, formal, grave, severo, austero ■ **a sério** en serio ■ **homem sério** hombre de chapa ■ **sair do sério** excederse

sermão /seR'mɑ̃w/ *sm* sermón ■ **passar sermão** sermonear ■ **sermão breve** plática

simetria

serpente /seR'pẽˈtʃi/ *sf* serpiente, cobra, víbora ▪ **picada da serpente** picada de la serpiente

serra /'sɛRa/ *sf* **1** sierra **2** serranía, cordillera ▪ **serra elétrica** sierra eléctrica ▪ **serra manual** serrucho

serragem /seRa'ʒe/ *sf* serrín, aserrín ▪ **comer serragem** comer serrín

serralheiro /seRa'ʎejɾu, ra/ *s* cerrajero, herrero ▪ **trabalho de serralheiro** trabajo de cerrajero

serrar /se'RaR/ *v* **1** aserrar, seccionar **2** serruchar ▪ **serrar a madeira** aserrar la madera

serrote /se'Rɔtʃi/ *sm* serrucho, sierra ▪ **serrote para serrar** serrucho para serrar

sertão /seR'tãˈw/ *sm* páramo, ermo ▪ **interior do sertão** interior del páramo

servente /seR've̍tʃi/ *adj & s* sirviente, criado, servo, servidor, mozo ▪ **servente das mesas** sirviente de las mesas

serventia /seRve̍'tʃia/ *sf* utilidad, aplicación, uso ▪ **boa serventia** buena utilidad

serviçal /seRvi'saw/ *adj & s* **1** servicial, diligente **2** sirviente, criado, doméstico, lacayo ▪ **serviçal para trabalhar** servicial para trabajar

serviço /seR'visu/ *sm* servicio, empleo, uso, obsequio, beneficio ▪ **serviço de mesa** cubiertos **serviço mal-feito** chapucería ▪ **serviço militar** servicio militar

servidor, -ora /seRvi'doR, ra/ *adj & s* servidor, sirviente, criado, siervo ▪ **servidor da fazenda** servidor de la hacienda

servil /seR'viw/ *adj* servil, esclavo, zalamero, adulador ▪ **trabalho servil** trabajo esclavo

servir /seR'viR/ *v***1** servir, cuidar, auxiliar, ejercer, aprovechar, substituir **2** servirse, utilizarse ▪ **servir a Deus** servir a Dios

servo, -a /'seRvu, va/ *adj & s* siervo, criado doméstico ▪ **servo obediente** siervo obediente

sessão /se'sãˈw/ *sf* sesión, duración de un espectáculo, de una asamblea ▪ **abrir a sessão** abrir la sesión **encerrar a sessão** levantar la sesión

sessentão, -ona /sese̍'tãˈw, tona/ *adj & s* sesentón ▪ **homem sessentão** hombre sesentón

sesta /'sɛʃta/ *sf* siesta, sueño que se duerme por la tarde ▪ **sesta depois do almoço** siesta después del almuerzo

seta /'sɛta/ *sf* saeta, dardo, flecha, aguja de reloj ▪ **seta para a esquerda** saeta para la izquierda

sete /'sɛtʃi/ *adj & sm* siete ▪ **sete anos** siete años

setembro /se'te̍bɾu/ *sm* septiembre ▪ **mês de setembro** mes de septiembre

setentão, -ona /sete̍'tãˈw, tona/ *adj & s* setentón ▪ **mulher setentona** mujer setentona

sétimo, -a /'sɛtʃimu, ma/ *adj & s* séptimo ▪ **sétimo período** séptimo periodo

setor /sɛ'toR/ *sm* sector, ramo ▪ **setor secreto** sector secreto

setuagenário, -a /setwaʒe'naɾju, rja/ *adj & s* septuagenario ▪ **homem setuagenário** hombre septuagenario

seu /'sew, 'sua/ *pron* **1** suyo, su **2** seus sus, algunos ▪ **os seus** los suyos

severidade /seveɾi'dadʒi/ *sf* severidad, austeridad, sobriedad ▪ **severidade dos pais** severidad de los padres

severo, -a /se'vɛɾu, ra/ *adj* severo, austero, serio, draconiano ▪ **homem severo** hombre severo

sexo /'sɛksu/ *sm* sexo ▪ **sexo forte** sexo fuerte ▪ **sexo frágil** sexo débil

sexta-feira /sejʃta'fejɾa/ *sf* viernes ▪ **sexta-feira santa** viernes santo

sexto, -a /'sejʃtu, ta/ *adj & s* sexto ▪ **sexto sentido** sexto sentido

sexual /seksu'aw/ *adj* sexual ▪ **ato sexual** acto sexual

shopping Center /'ʃopˌ'seˈteR/ *sm* centro comercial ▪ **vendedor do shopping center** vendedor del centro comercial

show /'ʃow/ *sm* show, espectáculo **dar um show** actuar de manera ejemplar, armar un escándalo ▪ **show da vida** show de la vida

si /'si/ *pron & sm* **1** si **2** sétima nota de la escala musical ▪ **por si só** por sí solo

siamês, -esa /sia'mejʃ, meza/ *adj & s* siamés ▪ **irmãos siameses** hermanos siameses

sibilante /sibi'la̍ˈtʃi/ *adj* sibilante ▪ **fonema sibilante** fonema sibilante

siderurgia /sideruR'ʒia/ *sf* siderurgia ▪ **estudar siderurgia** estudiar siderurgia

siderúrgico, -a /side'ruR3iku, ka/ *adj* siderúrgico ▪ **trabalho siderúrgico** trabajo siderúrgico

sifão /si'fãˈw/ *sm* sifón ▪ **sifão pequeno** sifón pequeño

sífilis /'sifiliʃ/ *sf* sífilis ▪ **curar a sífilis** curar la sífilis

sigilo /si'ʒilu/ *sm* sigilo, secreto ▪ **sigilo bancário** secreto bancario

sigla /'sigla/ *sf* sigla ▪ **sigla dos nomes** sigla de los nombres

signatário /signa'taɾju, rja/ *adj & s* signatario, suscriptor ▪ **homem signatário** hombre signatario

significação /signifika'sãˈw/ *sf* significación, denotación ▪ **significação da palavra** significación de la palabra

significar /signifi'kaR/ *v* significar, simbolizar, querer decir ▪ **significar um resultado** significar un resultado

significativo, -a /signifika'tʃivu, va/ *adj* significativo, simbólico ▪ **palavra significativa** palabra significativa

signo /'signu/ *sm* signo, señal, símbolo ▪ **signo do zodíaco** signo del zodíaco

sílaba /'silaba/ *sf* sílaba ▪ **última sílaba** última sílaba

silabação /silaba'sãˈw/ *sf* deletreo, silabación ▪ **silabação de palavras** silabación de palabras

silenciar /sile̍'sjaR/ *v* silenciar ▪ **silenciar sobre algo** ocultar

silêncio /si'le̍sju/ *sm* **1** silencio, quietud, mutismo, sigilo **2** toque de silencio ▪ **silêncio!** ¡silencio! **fazer silêncio** guardar silencio

silencioso, -a /sile̍si'ozu, za/ *adj* silencioso, quedo, quieto ▪ **estar muito silencioso** estar como en la misa

silhueta /siʎu'eta/ *sf* silueta ▪ **silhueta da mulher** silueta de la mujer

silicone /sili'koni/ *sm* silicona ▪ **silicone no peito** silicona en el pecho

silvar /siw'vaR/ *v* silbar, chiflar, abuchear ▪ **silvar alto** abuchear alto

silvestre /siw'vɛʃtɾi/ *adj* silvestre, agreste, bravío ▪ **animal silvestre** animal silvestre

silvo /'siwvu/ *sm* silbido, chifla, pitido ▪ **silvo longo** silbido largo

sim /'si̍/ *adv & sm* sí ▪ **pelo sim, pelo não** por las dudas

simbólico, -a /si̍'bɔliku, ka/ *adj* simbólico, alegórico, metafórico ▪ **presente simbólico** regalo simbólico

simbolismo /si̍bo'liʒmu/ *sm* simbolismo ▪ **simbolismo na vida** simbolismo en la vida

simbolizar /si̍boli'zaR/ *v* simbolizar, figurar ▪ **simbolizar o amor** simbolizar el amor

símbolo /'si̍bolu/ *sm* símbolo, emblema, alegoría ▪ **símbolo do clube** símbolo del club

simetria /sime'tɾia/ *sf* simetría, igualdad, armonía ▪ **simetria nos desenhos** simetría en los dibujos

449

simétrico

simétrico, -a /si'mɛtriku, ka/ *adj* simétrico ▪ **desenho simétrico** dibujo simétrico

similar /simi'laR/ *adj & sm* similar, símil, análogo, homólogo, paralelo, parejo, sucedáneo ▪ **ideias similares** ideas similares

símio /'simju, mja/ *adj & s* simio, mono, macaco ▪ **pequeno símio** pequeño mono

simpatia /sĩpa'tʃia/ *sf* simpatía, gusto, amistad, atracción, popularidad ▪ **simpatia entre pessoas** simpatía entre personas

simpático, -a /sĩ'patʃiku, ka/ *adj* simpático, amistoso ▪ **pessoa simpática** persona simpática

simpatizar /sĩpatʃi'zaR/ *v* simpatizar, congeniar ▪ **simpatizar com alguém** simpatizar con alguien

simples /'sĩplis/ *adj & sm* **1** simple, sencillo, llano, elemental, mero, fácil **2** humilde, modesto, bueno **3** puro, sincero, sobrio sencillo, humilde ▪ **vida simples** vida simple

simplicidade /sĩplici'dadʒi/ *sf* **1** simplicidad, sencillez, llaneza **2** modestia **3** inocencia, pureza ▪ **simplicidade na vida** simplicidad en la vida

simplório, -a /sĩ'plɔrju, rja/ *adj & s* simplón, pelele, gaznápiro, panolis, sandio ▪ **homem simplório** hombre simplón

simpósio /sĩ'pɔzju/ *sm* simposio ▪ **simpósio internacional** simposio internacional

simulação /simula'sãw/ *sf* simulación, ficción, fingimiento ▪ **simulação da realidade** simulación de la realidad

simulado, -a /simu'ladu, da/ *adj* simulado, ficticio ▪ **simulado de prova** simulado de prueba

simular /simu'laR/ *v* simular, afectar, fingir, hacer como que ▪ **simular uma ação** simular una acción

simultâneo /simuw'tanju/ *adj* simultáneo, concomitante, sincrónico ▪ **tornar simultâneo** sincronizar

sina /'sina/ *sf* sino, suerte, hado ▪ **sina da vida** sino de la vida

sinagoga /sina'gɔga/ *sf* sinagoga ▪ **ir na sinagoga** ir a la sinagoga

sinal /si'naw/ *sm* **1** señal, seña, signo, indicación, índice, indicio, amago, gesto **2** insignia **3** mancha, marca, estigma **4** pista, huella **5** anuncio **6** olor, sello, síntoma ▪ **em sinal** en señal ▪ **nem sinal** ni señal ▪ **sinal de Deus** sacramento ▪ **sinal de pagamento** anticipo ▪ **sinal de trânsito** señal de tráfico

sinalizar /sinali'zaR/ *v* señalar, indicar ▪ **sinalizar a rua** señalar la calle

sinceridade /sĩseri'dadʒi/ *sf* sinceridad, sencillez, franqueza, lealtad, libertad, limpieza de corazón ▪ **sinceridade nas pessoas** sinceridad en las personas

sincero, -a /sĩ'sɛru, ra/ *adj* **1** sincero, cordial, ingenuo, leal, liso, natural, serio **2** abierto, honesto ▪ **homem sincero** hombre sincero

síncope /'sĩkopi/ *sf* **1** síncope, síncopa **2** síncope, desmayo ▪ **ter uma síncope** tener un síncope

sincretismo /sĩkre'tʃiʒmu/ *sm* sincretismo, concordancia ▪ **sincretismo na vida** sincretismo en la vida

sincrônico, -a /sĩ'kroniku, ka/ *adj* sincrónico ▪ **vida sincrônica** vida sincrónica

sincronizar /sĩkroni'zaR/ *v* sincronizar, simultanear ▪ **sincronizar o tempo** sincronizar el tiempo

sindicato /sĩdʒi'katu/ *sm* sindicato ▪ **sindicato dos trabalhadores** sindicato de los trabajadores

síndico, -a /'sĩdʒiku/ *sm* síndico ▪ **síndico do prédio** síndico del edificio

síndrome /'sĩdromi/ *sm* síndrome ▪ **síndrome de pânico** síndrome de pánico

sineta /si'neta/ *sf* esquila, campanilla ▪ **tocar a sineta** tocar a esquila

sinfonia /sĩfo'nia/ *sf* sinfonía ▪ **ouvir a sinfonia** oír la sinfonía

sinfônico, -a /sĩ'foniku, ka/ *adj* **1** sinfónico **2** orquesta ▪ **música sinfônica** música sinfónica

singeleza /sĩʒe'leza/ *sf* sencillez, simplicidad ▪ **singeleza do rapaz** sencillez del chico

singelo, -a /sĩ'ʒɛlu, la/ *adj* sencillo, simple ▪ **presente singelo** regalo sencillo

singular /sĩgu'laR/ *adj & sm* singular, curioso, especial, extravagante, particular ▪ **ideia singular** idea singular

singularidade /sĩgulari'dadʒi/ *sf* singularidad, extravagancia, particularidad ▪ **singularidade da mulher** singularidad de la mujer

sinistro, -a /si'niʃtru, tra/ *adj & sm* siniestro, fatídico, funesto ▪ **morte sinistra** muerte siniestra

sino /'sinu/ *sm* campana ▪ **tocar o sino** tocar la campana

sinônimo /si'nonimu, na/ *adj & sm* sinónimo ▪ **palavras sinônimas** palabras sinónimas

sinopse /si'nɔpsi/ *sf* sinopsis, síntesis ▪ **sinopse do filme** sinopsis de la película

sintático, -a /sĩ'tatʃiku, ka/ *adj* sintáctico ▪ **função sintática** función sintáctica

sintaxe /sĩ'tasi/ *sf* sintaxis ▪ **estudar sintaxe** estudiar sintaxis

síntese /'sĩtezi/ *sf* síntesis, compendio, concisión, sumario ▪ **síntese do livro** síntesis del libro

sintético, -a /sĩ'tɛtʃiku, ka/ *adj* sintético, sinóptico ▪ **roupa sintética** ropa sintética

sintetizar /sĩtetʃi'zaR/ *v* sintetizar, resumir ▪ **sintetizar o livro** sintetizar el libro

sintoma /sĩ'toma/ *sm* síntoma, amago ▪ **sintoma de amor** síntoma de amor

sintomático, -a /sĩto'matʃiku, ka/ *adj* sintomático ▪ **doença sintomática** enfermedad sintomática

sintonizar /sĩtoni'zaR/ *v* sintonizar ▪ **sintonizar o rádio** sintonizar la radio

sinuca /'sinuka/ *sf* **1** variedad de billar **2** lío ▪ **jogar sinuca** jugar billar

sinuoso, -a /sinu'ozu, sa/ *adj* sinuoso, tortuoso, ondulado ▪ **caminho sinuoso** camino sinuoso

sirene /si'rɛni/ *sf* sirena ▪ **sirene do carro** sirena del coche

siri /'siri/ *sm* cangrejo de mar ▪ **casquinha de siri** carne de cangrejo en su concha

sistema /sis'tema/ *sm* sistema, método, conjunto, norma ▪ **sistema elétrico** sistema eléctrico

sistemático, -a /siste'matiko, a/ *adj* sistemático ▪ **trabalho sistemático** trabajo sistemático

sistematizar /sistemati'θar/ *v* sistematizar, organizar, ordenar de acuerdo con un sistema ▪ **sistematizar o jogo** sistematizar el juego

sisudo, -a /si'zudu, da/ *adj & s* huraño, serio, adusto ▪ **homem sisudo** hombre serio

sitiar /sitʃi'aR/ *v* sitiar, asediar, bloquear ▪ **sitiar a passagem** sitiar el pasaje

sítio /'sitʃju/ *sm* sitio, local, paraje, granja, finca, chacra ▪ **férias no sítio** vacaciones en el sitio

situação /situa'sãw/ *sf* situación, colocación, posición, estado localización ▪ **pôr em situação difícil** comprometer ▪ **situação tramada** encerrona

situar /situ'aR/ *v* **1** situar, colocar, poner, localizar **2** situarse colocarse ▪ **situar longe de mim** situar lejos de mí

solda

slide /'slajdʒi/ *sm* diapositiva ■ **slide de fotos** diapositiva de fotos

só /'sɔ/ *adj sm & adv* **1** solitario, solo, individuo sin familia, huérfano **2** sólo, únicamente, apenas ■ **a sós** a solas

soalho /so'aʎu/ *sm* tarima, parqué ■ **soalho de tábua** entarimado

soar /so'aR/ *v* sonar ■ **que soa mal** malsonante

sob /'sob/ *prep* bajo, debajo de ■ **sob pena de** bajo pena de

soberania /sobera'nia/ *sf* soberanía, autonomía, poderío ■ **soberania no poder** soberanía en el poder

soberano, -a /sobe'ranu, na/ *adj & s* soberano, príncipe, rey, monarca ■ **soberano do reino** príncipe del reino

soberbo, -a /so'beRbu, ba/ *adj & s* soberbio soberbia, altanería ■ **trabalhador soberbo** trabajador soberbio

sobra /'sobra/ *sf* **1** sobra, excedencia, excedente **2** restos ■ **de sobra** de sobra, a montones, de más

sobrado /so'bradu, da/ *adj & sm* casa de dos pisos ■ **sobrado na casa** casa de dos pisos

sobrancelha /sobrɑ̃'seʎa/ *sf* ceja ■ **tirar a sobrancelha** sacar la ceja

sobrar /so'braR/ *v* sobrar, restar, quedar ■ **sobrar comida** sobrar comida

sobre /'sobri/ *prep* sobre, encima, en la parte superior ■ **celular sobre a mesa** celular sobre la mesa

sobrecarga /sobri'kaRga/ *sf* sobrecarga, sobrecargo ■ **sobrecarga elétrica** sobrecarga eléctrica

sobrecarregar /sobrikaRe'gaR/ *v* sobrecargar, agravar, gravar ■ **sobrecarregar mercadoria** sobrecargar mercaderías

sobreloja /sobri'lɔʒa/ *sf* entresuelo, entrepiso ■ **estoque na sobreloja** stock en el entrepiso

sobremaneira /sobrima'nejra/ *adv* sobremanera ■ **amar sobremaneira** amar sobremanera

sobremesa /sobri'meza/ *sf* postre ■ **comer sobremesa** comer postre

sobrenatural /sobrinatu'raw/ *adj & sm* sobrenatural, grande, excesivo, milagroso ■ **acontecimento sobrenatural** acontecimiento sobrenatural

sobrenome /sobri'nomi/ *sm* apellido, nombre de familia ■ **sobrenome dos pais** apellido de los padres

sobrepor /sobre'poR/ *v* **1** sobreponer, superponer, encavalgar, imbricar **2** sobreponerse, seguirse ■ **sobrepor a roupa** sobreponer la ropa

sobreposição /sobrepozi'sɑ̃w/ *sf* superposición, imbricación ■ **sobreposição de ideias** superposición de ideas

sobrepujar /soβrepu'xar/ *v* sobrepujar, sobrepasar, exceder ■ **sobrepujar a comida** exceder la comida

sobressair /sobresa'iR/ *v* **1** sobresalir, salir, abultar, descollar, despuntar, lucir, prevalecer, primar **2** imponerse ■ **sobressair na competição** sobresalir en la competición

sobressaltar /soβresaɫ'tar/ *v* sobresaltar, azorar, sobrecoger, sorprender ■ **sobressaltar na vida** sorprender en la vida

sobressalto /sobre'sawtu/ *sm* sobresalto, alboroto, susto ■ **dar um sobressalto** dar un sobresalto

sobretaxa /sobre'taʃa/ *sf* sobretasa, sobrecargo, recargo ■ **pagar uma sobretaxa** pagar una sobretasa

sobretudo /sobre'tudu/ *adv & sm* **1** sobretodo, gabán, gabardina, abrigo **2** sobre todo, principalmente, especialmente ■ **amor sobretudo** amor sobre todo

sobrevir /sobre'viR/ *v* sobrevenir, sobreponerse, incidir ■ **sobrevir os sonhos** sobrevenir los sueños

sobrevivente /sobrevi've͂ʃi/ *adj & s* superviviente, sobreviviente ■ **sobrevivente do acidente** superviviente del accidente

sobrevoar /sobrevo'aR/ *v* sobrevolar, volar por cima de ■ **sobrevoar a cidade** sobrevolar la ciudad

sobriedade /sobrie'dadʒi/ *sf* sobriedad, comedimiento, frugalidad, parquedad ■ **sobriedade na festa** sobriedad en la fiesta

sobrinho, -a /so'briɲu, ɲa/ *s* sobrino ■ **sobrinho da minha tia** sobrino de mi tía

sóbrio, -a /'sɔbrju, brja/ *adj* sobrio, frugal, abstemio ■ **ficar sóbrio** quedar sobrio

socador /soka'doR, ra/ *adj & s* majadero ■ **socador de milho** majareto de choclo

socar /so'kaR/ *v* majar, machacar, golpear ■ **socar a cara** golpear la cara

social /sosi'aw/ *adj* **1** social **2** tribuna en los estadios reservada a los socios ■ **roupa social** ropa social

socialismo /sosia'liʒmu/ *sm* socialismo ■ **movimento do socialismo** movimiento del socialismo

sociedade /sosie'dadʒi/ *sf* **1** sociedad, asociación, colectividad, compañía **2** ambiente ■ **a fina flor da sociedade** la crema de la sociedad ■ **alta sociedade** alta sociedad **apresentar-se à sociedade** presentarse en sociedad ■ **em sociedade** en común

sócio, -a /'sɔsju, sja/ *adj & s* socio, asociado ■ **sócio da empresa** socio de la empresa

sociologia /sosjolo'ʒia/ *sf* sociología ■ **estudar sociologia** estudiar sociología

soçobrar /soso'braR/ *v* naufragar ■ **soçobrar no mar** naufragar en el mar

socorrer /soko'ReR/ *v* socorrer, acudir, amparar, asistir, auxiliar, ayudar, defender, guarecer, subvencionar ■ **socorrer a vítima** socorrer la víctima

socorro /só'koRu/ *sm* **1** socorro, amparo, ayuda, favor, mano **2** subvención **3** ¡socorro! ■ **caixa de primeiros socorros** botiquín ■ **treinamento em primeiros socorros** socorrismo

soda /'soda/ *sf* **1** soda, gaseosa **2** soda, sosa ■ **soda cáustica** sosa cáustica

sódio /'sɔdʒju/ *sm* sodio ■ **sódio na comida** sodio en la comida

sodomia /sodo'mia/ *sf* sodomía ■ **contra a sodomia** contra la sodomía

sofá /so'fa/ *sm* sofá, diván, canapé ■ **sofá branco** sofá blanco

sofisticar /sofiʃʈʃi'kaR/ *v* sofisticar ■ **sofisticar a casa** sofisticar la casa

sofredor, -ora /sofre'doR, ra/ *adj & s* sufrido ■ **homem sofredor** hombre sufrido

sofrer /so'freR/ *v* **1** sufrir, soportar, aguantar **2** adolecer, padecer **3** afligir, ansiar, lacerar ■ **sofrer as consequências** pagar

sofrimento /sofri'me͂tu/ *sm* sufrimiento, fatiga, padecimiento ■ **sofrimento pela morte** sufrimiento por la muerte

sogro, -a /'sogru, gra/ *s* suegro, padre político ■ **casa da sogra** casa de la suegra

soja /'soxa/ *sf* **1** soja **2** soya ■ **comer soja** comer soya

sol /'sɔl/ *sm* **1** sol **2** sol, quinta nota de la escala musical ■ **tomar sol** asolearse

sola /'sola/ *adj* suela ■ **sola do sapato** suela del zapato

solar /so'lar/ *adj & sm* **1** solar **2** solar, palacio, casa **3** solar, echar suelas a los zapatos ■ **sistema solar** sistema solar

solário /so'larju/ *sm* solario, solárium ■ **usar solário** utilizar el solario

solda /'sowda/ *sf* suelda, soldadura ■ **solda na porta** suelda en la puerta

S

451

soldado

soldado /sow'dadu, da/ *adj & s* soldado, guardia, guerrero ■ **grupo de soldados** piquete

soldo /'sowdu/ *sm* sueldo, soldada, estipendio ■ **pagar soldo** pagar sueldo

solecismo /sole'θismo/ *sm* solecismo ■ **solecismo ao falar** solecismo al hablar

soleira /so'lejra/ *sf* umbral ■ **soleira da porta** umbral de la puerta

solene /so'leni/ *adj* **1** solemne, grave, oficial **2** hierático ■ **missa solene** misa solemne

solenidade /soleni'dadʒi/ *sf* **1** solemnidad, fiesta, festividad **2** función, gravedad ■ **solenidade religiosa** solemnidad religiosa

soletrar /sole'traR/ *v* silabear, deletrear, nombrar las letras de una palabra ■ **soletrar palavras** silabear palabras

solfejo /sol'feʒu/ *sm* solfa, solfeo ■ **solfejo na música** solfeo en la música

solicitação /solisita'sã̃w/ *sf* solicitud, pedido ■ **solicitação de dinheiro** pedido de dinero

solicitar /solisi'taR/ *v* **1** solicitar, agenciar, gestionar, pedir, postular **2** necesitar, pretender **3** invitar ■ **solicitar colaboração** solicitar colaboración

solícito, -a /so'lisitu, ta/ *adj* solícito, cuidadoso, hacendoso, oficioso, servicial ■ **homem solícito** hombre cuidadoso

solidão /soli'dã̃w/ *sf* **1** soledad **2** destierro ■ **solidão da vida** soledad de la vida

solidariedade /solidarie'dadʒi/ *sf* solidaridad ■ **solidariedade na guerra** solidaridad en la guerra

solidário, -a /soli'darju, rja/ *adj* solidario ■ **solidário aos necessitados** solidario a los necesitados

solidez /soli'dejʃ/ *sf* solidez, consistencia, dureza, espesura, fuerza ■ **solidez na vida** solidez en la vida

sólido, - a /'sɔlidu, da/ *adj & sm* sólido, macizo, firme, fuerte ■ **parede sólida** pared sólida

solilóquio /soli'lɔkju/ *sm* soliloquio, monólogo ■ **ver um solilóquio** ver un monólogo

solista /so'liʃta/ *adj & s* solista, concertista ■ **ouvir um solista** oír un solista

solitário, -a /soli'tarju, rja/ *adj & sm* **1** solitario, solo, aislado, nocturno **2** secreto **3** solitaria, tenia ■ **homem solitário** hombre solitario

solo /'sɔlu/ *sm* suelo, piso ■ **solo musical** solo

soltar /sow'taR/ *v* **1** soltar, desasir, desatar, largar, libertar **2** soltarse, desprenderse, saltar ■ **soltar a voz** soltar la voz

solteirão, -ona /sowtej'rã̃w, rona/ *adj & s* solterón ■ **solteirão disponível** solterón disponible

solteiro, -a /sow'tejru, ra/ *adj & s* soltero, libre, mancebo ■ **homem solteiro** hombre soltero

solto, -a /'sowtu, ta/ *fig* suelto ■ **cachorro solto** perro suelto

solução /solu'sã̃w/ *sf* solución, excipiente ■ **solução dos problemas** solución de los problemas

soluçar /solu'saR/ *v* sollozar, hipar ■ **soluçar a noite toda** hipar toda la noche

solucionar /solusjo'naR/ *v* **1** solucionar, solventar **2** desenlazar ■ **solucionar os problemas** solucionar los problemas

soluço /so'lusu/ *sm* sollozo, hipo, lloro ■ **chorar de soluço** llorar de hipo

solúvel /so'luvew/ *adj* soluble, disoluble ■ **remédio solúvel** medicina soluble

solvência /sow'vẽ̃sja/ *sf* solvencia ■ **solvência do sal** solvencia del sal

solvente /sow've'tʃi/ *adj & sm* **1** solvente, que paga sus deudas **2** disolvente, solvente ■ **homem solvente** hombre solvente

som /'sõ'/ *sm* **1** son **2** sonido ■ **ao som de** al son de ■ **pôr som em filme** sonorizar ■ **som cadenciado** sonsonete

soma /'soma/ *sf* suma, resultado de una adición, aumento, total ■ **soma dos preços** suma de los precios

somar /so'maR/ *v* sumar, adicionar, juntar, agregar, reunir ■ **somar as dívidas** sumar las deudas

sombra /so'̃bra/ *sf* **1** sombra, espectro, penumbra, nube **2** nebulosidad ■ **sombra e água fresca** vida despreocupada

sombrear /so'̃bre'aR/ *v* sombrear, ensombrecer, plumear ■ **sombrear na árvore** sombrear en el árbol

sombrinha /so'̃brina/ *sf* sombrilla, parasol, quitasol, paraguas ■ **sombrinha rosa** sombrilla rosa

sombrio, -a /so'̃briu, bria/ *adj & sm* **1** sombrío, lóbrego, lúgubre, opaco, pardo **2** desanimador, triste, melancólico ■ **segredo sombrio** segredo sombrío

sonâmbulo, -a /so'nã̃bulu, la/ *adj & s* sonámbulo ■ **homem sonâmbulo** hombre sonámbulo

sonata /so'nata/ *sf* sonata ■ **ouvir a sonata** oír la sonata

sonda /'sõ̃da/ *sf* sonda, plomada ■ **sonda no paciente** sonda en el paciente

soneca /so'nɛka/ *sf* dormida corta, siesta ■ **tirar uma soneca** echar una dormida

sonegação /sonega'sã̃w/ *sf* ocultación, encubrimiento ■ **sonegação de impostos** evasión fiscal, ocultación de renta

sonegar /sone'gaR/ *v* **1** ocultar, encubrir, subtraear **2** negarse ■ **sonegar impostos** ocultar impuestos

sonhador, -a /soɲa'doR, ra/ *adj & s* **1** soñador **2** quijote ■ **menino sonhador** niño soñador

sonhar /so'ɲaR/ *v* **1** soñar **2** pensar, imaginar, devanear ■ **sonhar acordado** soñar despierto

sonho /'soɲu/ *sm* sueño, devaneo, ensueño, imaginación ■ **sonho bom** buen sueño

sonífero, -a /so'niferu/ *adj & sm* somnífero, soporífero ■ **tomar sonífero** tomar somnífero

sono /'sonu/ *sm* sueño, adormecimiento ■ **sono leve** sueño ligero ■ **sono profundo** sopor

sonolência /sono'le'sja/ *sf* somnolencia, soñolencia ■ **sonolência persistente** sopor

sonolento, -a /sono'le'tu, ta/ *adj* **1** somnoliento, soñoliento **2** lento, indolente ■ **homem sonolento** hombre somnoliento

sonoro, -a /so'nɔru, ra/ *adj* sonoro, resonante, melodioso, armónico ■ **apresentação sonora** presentación sonora

sopa /'sopa/ *sf* sopa, potaje ■ **dar sopa** facilitar una acción **sopa cremosa** papilla

sopapo /so'papu/ *sm* sopapo, sopetón, bofetada ■ **sopapo na cara** bofetada en la cara

sopeira /so'pejra/ *sf* sopera ■ **comer na sopeira** comer en la sopera

soporífero, -a /sopo'riferu, ra/ *adj & s* soporífero, narcótico ■ **comida soporífera** comida soporífera

soprano /so'pranu/ *adj & s* soprano ■ **cantar soprano** cantar soprano

soprar /so'praR/ *v* **1** soplar, suspirar **2** insinuar, sugerir ■ **soprar velas** soplar velas

sopro /'sopru/ *sm* **1** soplo, hálito, vaho, aliento **2** insinuación, inspiración ■ **sopro de vida** soplo de vida

sordidez /soRdʒi'dejʃ/ *sf* sordidez, miseria, torpeza ■ **sordidez na vida** sordidez en la vida

sórdido, -a /'sɔRd3idu, da/ *adj* sórdido, sucio, asqueroso, torpe, obsceno ■ **homem sórdido** hombre sórdido

soro /'soɾu/ *sm* suero ■ **soro na veia** suero en la vena

sorrateiro, -a /soRa'tejɾu, a/ *adj* imperceptible, astuto, furtivo ■ **sorrateiro na casa** imperceptible en la casa

sorrir /so'RiR/ *v* sonreír, reírse levemente, agradar ■ **sorrir para a vida** sonreír para la vida

sorriso /so'Rizu/ *sm* sonrisa, aspecto amable ■ **sorriso grande** sonrisa grande

sorte /'sɔRʧi/ *sf* suerte, dicha, fortuna, buenaventura ■ **boa sorte** buena suerte **de sorte** de buena boya ■ **falta de sorte** mala pata **leitura da sorte** buenaventura ■ **não ter sorte** dar mal el naipe ■ **por sorte** por dicha ■ **sorte grande** premio gordo ■ **ter sorte** dar bien el naipe, soplar la fortuna a uno

sortear /soRte'aR/ *v* sortear, repartir por medio de sorteo ■ **sortear um presente** sortear un regalo

sorteio /soR'teju/ *sm* sorteo, rifa ■ **sorteio de presentes** sorteo de regalos

sortilegio /soRʧi'lɛ3ju/ *sm* sortilegio superstición ■ **sortilegio de amor** sortilegio de amor

sortimento /soRʧi'me˜tu/ *sm* surtido, provisión ■ **sortimento de livros** provisión de libros

sortir /soR'ʧiR/ *v* surtir, proveer, abastecer ■ **sortir de amor** surtir de amor

sorver /soR'veR/ *v* sorber, absorber, aspirar, chupar ■ **sorver sentimentos** sorber sentimientos

sorvete /soR'veʧi/ *sm* helado, sorbete ■ **tomar sorvete** tomar helado

sorvo /'soRvu/ *sm* sorbo, trago ■ **puro sorvo** puro sorbo

soslaio /soʃ'laju/ *sm* soslayo ■ **de soslaio** de soslayo

sossegado, -a /sose'gadu, da/ *adj* sosegado, calmo, tranquilo, sereno, pacífico, plácido, quieto ■ **fique sossegado** quédate tranquilo

sossegar /sose'gaR/ *v* **1** sosegar, serenar, acallar, acomodar, aquietar, descansar, sedar **2** adormecer **3** calmarse, pacificarse ■ **sossegar em casa** sosegar en casa

sossego /so'segu/ *sm* sosiego, serenidad, bonanza, descanso, paciencia, paz, quietud ■ **sossego de vida** sosiego de vida

sótão /'sɔtɑ˜w/ *sm* sótano, buhardilla, desván ■ **brincar no sótão** jugar en el sótano

sotaque /so'taki/ *sm* acento, deje, dejo, pronunciación ■ **sotaque da língua** acento de la lengua

soterrar /sote'RaR/ *v* **1** soterrar, enterrar **2** sepultar ■ **soterrar o osso** soterrar el hueso

sova /'sɔva/ *sf* **1** solfa, paliza, zurra **2** reprensión ■ **sova em alguém** solfa en alguien

sobaco /so'βako/ *sm* axila, sobaco ■ **cheiro no sobaco** olor en la axila

sovar /so'vaR/ *v* sobar, amasar, zurrar, apalear ■ **sovar a comida** sobar la comida

soviético, -a /so'βjetiko, a/ *adj & s* soviético ■ **cultura soviética** cultura soviética

sozinho /sɔ'ziɲu, ɲa/ *adj* **1** solo, sin compañia **2** solitario ■ **morar sozinha** vivir sola

status /s'tatuʃ/ *sm* estatus ■ **bom status** buen estatus

sua /'sew/ *pron* suya ■ **sua casa** suya casa

suar /su'aR/ *v* sudar, transpirar ■ **suar a camisa** sudar la gota gorda

suave /su'avi/ *adj* **1** suave, agradable, ameno, blandengue, blando, delicado, dócil, manso **2** amoroso, melífluo **3** melódico **4** almibarado, musical ■ **música suave** canción suave

suavidade /suavi'dad3i/ *sf* **1** suavidad, sutileza, amenidad, delicadeza, melodía, modulación **2** miel ■ **suavidade do vinho** suavidad del vino

suavizar /suavi'zaR/ *v* **1** suavizar, ablandar, agradar, aliviar, atemperar, endulzar, entretener, mitigar, dorar la píldora **2** azucarar, confitar **3** suavizarse ■ **suavizar o trabalho** suavizar el trabajo

subalterno, -a /subaw'tɛRnu, na/ *adj & s* subalterno, subordinado, auxiliar, inferior ■ **despedir o subalterno** despedir el subalterno

subalugar /subalu'gaR/ *v* subarrendar ■ **subalugar a casa** subarrendar la casa

subconsciente /subko˜si'e˜ʧi/ *adj & sm* subconsciente ■ **desejos do subconsciente** deseos del subconsciente

subcutâneo /subku'tɑnju, nja/ *adj* subcutáneo ■ **tratamento subcutâneo** tratamiento subcutáneo

subdesenvolvimento /subdeze˜vowvi'me˜tu/ *sm* subdesarrollo ■ **subdesenvolvimento do país** subdesarrollo del país

subdividir /subd3ivi'd3iR/ *v* subdividir, dividir, repartir ■ **subdividir os preços** subdividir los precios

subentender /sube˜te˜'deR/ *v* subentender, sobrentender, leer entre líneas ■ **subentender o texto** subentender el texto

subestimar /subeʃʧi'maR/ *v* subestimar, menospreciar ■ **subestimar a capacidade** subestimar la capacidad

subida /su'bida/ *sf* subida, ascenso, ascensión, ladera, declive ■ **subida ao céu** subida al cielo

subir /su'biR/ *v* subir, ascender, crecer, emerger, montar, escalar **subir socialmente** escalar ■ **subir pelas paredes** tener un morro, subirse a la parra

súbito /'subitu, ta/ *adj & adv* súbito, impensado, improviso, instantáneo ■ **súbito no trabalho** súbito en el trabajo

subjacente /sub3a'se˜ʧi/ *adj* subyacente ■ **algo subjacente** algo subyacente

subjetivo, -a /sub3e'ʧivu, va/ *adj* subjetivo, personal ■ **frase subjetiva** frase subjetiva

subjugar /sub3u'gaR/ *v* subyugar, sojuzgar, someter, avasallar, conquistar, dominar, fascinar ■ **subjugar as pessoas** subyugar las personas

subjuntivo, -a /sub3u˜'ʧivu, va/ *adj & sm* subjuntivo ■ **uso do subjuntivo** uso del subjuntivo

sublevação /subleva'sɑ˜w/ *sf* sublevación, rebelión, motín ■ **sublevação de pessoas** sublevación de personas

sublevador, -ora /subleva'doR, ɾa/ *adj & s* sublevador, agitador, amotinador ■ **homem sublevador** hombre sublevador

sublevar /suble'vaR/ *v* sublevar, soliviantar, agitar, alborotar, amotinar, levantar ■ **sublevar alguém** sublevar alguien

sublimar /subli'maR/ *v* **1** sublimar, elevar **2** purificar ■ **sublimar a água** purificar el agua

sublime /su'blimi/ *adj* sublime, etéreo, excelso, eminente, magnífico, espléndido ■ **trabalho sublime** trabajo sublime

sublinhar /subli'ɲaR/ *v* **1** subrayar **2** destacar ■ **sublinhar o texto** subrayar el texto

submarino, -a /subma'ɾinu, na/ *adj & sm* submarino, sumergible ■ **submarino no mar** submarino en el mar

submergir /submeR'3iR/ *v* sumergir, anegar, hundir, sumir ■ **submergir na água** sumergir en el agua

submersão /submeR'sɑ˜w/ *sf* sumersión, hundimiento ■ **asfixia por submersão** asfixia por sumersión

submerso, -a /sub'mɛRsu, sa/ *adj* sumergido, inmerso, ahogado, anegado, inundado ■ **ficar submerso** quedar inmerso

S

submeter

submeter /subme'teR/ *v* **1** someter, sojuzgar, subordinar, subyugar, sujetar, domeñar **2** someterse ■ **submeter ao chefe** someter al jefe

submissão /submi'sa~w/ *sf* sumisión, sometimiento, sujeción, obediencia ■ **submissão do empregado** sumisión del empregado

submisso, -a /sub'misu, sa/ *adj* sumiso, sujeto, dócil, obediente ■ **submisso no trabalho** sumiso en el trabajo

subordinação /suboRd3ina'saˉw/ *sf* subordinación, sujeción, dependencia ■ **subordinação no trabalho** subordinación en el trabajo

subordinado /suboRd3i'nadu/ *adj & s* subordinado, subalterno, sumiso, dependiente, inferior ■ **pessoa subordinada** persona subordinada

subordinar /suboRd3i'naR/ *v* **1** subordinar, sujetar **2** depender, someterse ■ **subordinar alguém** subordinar alguien

subornar /suboR'naR/ *v* **1** sobornar, corromper **2** coimear, comprar, untar la mano ■ **subornar por dinheiro** sobornar por dinero

suborno /su'boRnu/ *sm* **1** soborno, corrupción, cohecho **2** coima, compra ■ **suborno de dinheiro** soborno de dinero

sub-reptício /subiRept∫isju, sja/ *adj* subreptício, fraudulento ■ **governo sub-reptício** gobierno fraudulento

sub-rogar /subiRo'gaR/ *v* subrogar ■ **sub-rogar algo** subrogar algo

subscrever /subʃkre'veR/ *v* suscribir, aprobar, firmar un escrito ■ **subscrever o jornal** abonar

subscrição /subʃkri'saˉw/ *sf* suscripción, abono ■ **subscrição de algo** suscripción de algo

subscritor, -ora /subʃkri'toR, ra/ *adj & s* suscriptor, abonado ■ **subscritor novo** abonado nuevo

subsequente /subse'kweˉt∫i/ *adj* subsiguiente, siguiente, inmediato ■ **texto subsequente** texto subsiguiente

subserviência /subseRvi'e~sja/ *sf* servilismo, subordinación ■ **subserviência no trabalho** servilismo en el trabajo

subsidiar /subsid3i'aR/ *v* subvencionar, asistir, socorrer, ayudar ■ **subsidiar alguém** ayudar alguien

subsidiário, -a /subsid3i'arju, rja/ *adj* **1** subsidiario **2** empresa que ofrece subsidio ■ **trabalho subsidiário** trabajo subsidiario

subsídio /sub'sid3ju/ *sm* subsidio, subvención, auxilio, ayuda, beneficio ■ **subsídio para o trabalho** auxilio para el trabajo

subsistência /subsiʃ'te~sja/ *sf* subsistencia, sustento, manutención ■ **subsistência na vida** subsistencia en la vida

subsistir /subsiʃ't∫iR/ *v* subsistir, perdurar, quedar, mantenerse ■ **subsistir na vida** mantenerse en la vida

subsolo /sub'sɔlu/ *sm* subsuelo ■ **morar no subsolo** vivir en el subsuelo

substância /subʃ'ta~sja/ *sf* substancia, sustancia, materia ■ **substância química** solución ■ **substância volátil** esencia

substancioso, -a /subʃta~si'ozu, ɔza/ *adj* **1** substancioso, suculento **2** jugoso ■ **algo substancioso** algo substancioso

substantivo, -a /subʃta~'t∫ivu, va/ *adj & s* sustantivo, substantivo, nombre ■ **substantivo na frase** sustantivo en la frase

substituir /subʃt∫itu'iR/ *v* sustituir, subrogar, suceder, reponer, reemplazar ■ **substituir a vaga** sustituir la vacante

substituto, -a /subʃtʃi'tutu, ta/ *adj & s* reemplazante, sustituto, suplente, repuesto ■ **substituto de emprego** sustituto de empleo

substrato /subʃ'tratu/ *sm* substrato, sustrato ■ **substrato para plantas** sustrato para plantas

subterfúgio /subteR'fu3ju/ *sm* subterfugio, evasiva ■ **subterfúgio na vida** subterfugio en la vida

subterrâneo, -a /subte'Rɐnju, nja/ *adj & sm* subterráneo, cueva, caverna ■ **água subterrânea** agua subterránea

subtração /subtra'saˉw/ *sf* **1** sustracción, supresión, disminución, **2** resta, sustracción ■ **subtração de números** sustracción de números

subtrair /subtra'iR/ *v* **1** sustraer, disminuir, sacar, sonsacar, extraer **2** hurtar, robar, ocultar ■ **subtrair dinheiro** distraer

suburbano, -a /subuR'bɐnu, na/ *adj & s* suburbano, arrabalero ■ **vida suburbana** vida suburbana

subúrbio /su'buRbju/ *sm* suburbio, arrabal, afueras ■ **morar no subúrbio** vivir en el suburbio

subvenção /subve~'saˉw/ *sf* subvención, subsidio, auxilio ■ **subvenção para crianças** auxilio para niños

subversão /subveR'saˉw/ *sf* subversión, revuelta, insubordinación, desorden ■ **subversão na escola** subversión en la escuela

subverter /subveR'teR/ *v* subvertir, desordenar, revolver, trastornar, amotinar ■ **subverter o preconceito** subvertir los prejuicios

sucata /su'kata/ *sf* **1** chatarra, hierro viejo **2** trasto, cosa inútil ■ **vender sucata** vender chatarra

sucateiro, -a /suka'tejru, ra/ *s* chapucero, chatarrero ■ **sucateiro da rua** chapucero de la calle

sucção /suk'saˉw/ *sf* succión, absorción ■ **sucção de líquido** succión de líquido

sucedâneo, -a /suse'dɐnju, nja/ *adj* sucedáneo ■ **algo sucedáneo** algo sucedáneo

suceder /suse'deR/ *v* **1** suceder, sobrevenir, acaecer, acontecer, avenir, darse, devenir **2** heredar, ocurrir, operarse, pasar ■ **suceder sem interrupção** empalmar

sucessão /suse'saˉw/ *sf* sucesión, serie, secuencia, corriente, generación, progresión ■ **sucessão de cargo** sucesión de cargo

sucessivo, -a /suse'sivu, va/ *adj* sucesivo, seguido, consecutivo ■ **trabalho sucessivo** trabajo sucesivo

sucesso /su'sesu/ *sm* suceso, andanza, éxito ■ **fazer sucesso** hacer furor ■ **sucesso extraordinário** fenómeno

sucessor, -ora /suse'soR, ra/ *adj & s* sucesor, descendiente, heredero ■ **sucessor do trabalho** sucesor del trabajo

sucinto, -a /su's∫ˉtu, ta/ *adj* sucinto, resumido ■ **algo sucinto** algo sucinto

suco /'suku/ *sm* jugo, zumo, savia ■ **suco de laranja** jugo de naranja

suculento, -a /suku'leˉtu, ta/ *adj* suculento, jugoso, substancial ■ **comida suculenta** comida suculenta

sucumbir /suku~'biR/ *v* sucumbir, ceder, rendirse, someterse, morir ■ **sucumbir algo** sucumbir algo

sucursal /sukuR'saw/ *adj & sf* sucursal, filial ■ **sucursal da empresa** filial de la empresa

sudeste /su'deʃt∫i/ *sm* sudeste, sureste ■ **viajar para o sudeste** viajar para el sudeste

súdito, -a /'sud3itu, ta/ *adj & s* súbdito, vasallo ■ **homem súdito** hombre súbdito

sudoeste /sudo'eʃt∫i/ *sm* sudoeste, suroeste ■ **região sudoeste** región sudoeste

suéter /su'eteR/ *sm* suéter, jersey ■ **vestir suéter** vestir suéter

suficiência /sufisi'e~sja/ *sf* suficiencia, cantidad bastante ■ **suficiência de comida** suficiencia de comida

suficiente /sufisi'e~t∫i/ *adj* suficiente, bueno ■ **ser suficiente** llegar, bastar

supor

sufixo /su'fiksu/ *sm* sufijo ■ **sufixo da palavra** sufijo de la palabra

sufocar /sufo'kaR/ *v* sofocar, ahogar, estrangular, reprimir ■ **sufocar com o amor** sofocar con el amor

sufoco /su'foku/ *sm* **1** sofoco, ahogo, aflicción **2** dificultad, apuro ■ **passar um sufoco** pasar sofoco

sufrágio /su'fra3ju/ *sm* sufragio, voto ■ **sufrágio secreto** voto secreto

sugar /su'gaR/ *v* sorber, succionar, chupar, absorber, mamar ■ **sugar o líquido** chupar el líquido

sugerir /su3e'riR/ *v* **1** sugerir, insinuar **2** insuflar ■ **sugerir uma ideia** sugerir una idea

sugestão /su3eʃ'tɐ̃w/ *sf* sugestión, insinuación, instigación, sugerencia ■ **dar uma sugestão** dar una opinión o idea

sugestionar /su3eʃtʃjo'naR/ *v* sugestionar, impresionar, influenciar, inspirar ■ **sugestionar uma ideia** sugestionar una idea

suicidar /swisi'daRsi/ *v* suicidarse, matarse, quitarse la vida ■ **suicidar no banheiro** suicidarse en el baño

suicídio /swi'sid3ju/ *sm* **1** suicidio **2** ruina de sí mismo, desgracia buscada ■ **morte por suicídio** muerte por suicidio

suíno /su'inu/ *adj & sm* porcino, cerdo ■ **carne suína** carne de cerdo

suíte /su'itʃi/ *sf* suite ■ **quarto com suíte** cuarto con suite

sujar /su'ʒaR/ *v* **1** sujetar, desasear, manchar, marranear **2** mancharse, encenagarse, pringarse ■ **sujar o chão** ensuciar el suelo

sujeição /su3ej'sɐ̃w/ *sf* sujeción, obediencia, servidumbre, sometimiento, subordinación, sumisión ■ **sujeição ao chefe** obediencia al jefe

sujeira /su'ʒejra/ *sf* **1** suciedad, basura, cochambre, cochinería, grasa, guarrería, inmundicia, marranada, mugre, porquería, pringue **2** pocilga ■ **sujeira na rua** suciedad en la calle

sujeitar /su3ej'taR/ *v* **1** sujetar, sojuzgar, someter, subordinar, subyugar, comprometer, dominar, prender **2** allanarse ■ **sujeitar alguém** sujetar alguien

sujeito, -a /su'3ejtu, ta/ *adj & sm* sujeto, sometido **1** individuo **2** sujeto ■ **sujeito da frase** sujeto de la frase

sujo, -a /'su3u, 3a/ *adj & sm* sucio, desaseado, inmundo, marrano, mugriento, puerco ■ **roupa suja** ropa sucia

sul /'suw/ *sm* sur, sud ■ **frio do sul** frío del sur

sul-americano, -a /suwameri'kɐnu, na/ *adj & s* sudamericano ■ **cultura sul-americana** cultura sudamericana

sulco /'suwku/ *sm* surco, estela, estría ■ **sulco do navio** surco del navío

sulfuroso, -a /sulfu'rozu, za/ *adj* sulfuroso, azufroso ■ **ácido sulfuroso** ácido sulfuroso

sultão /suw'tɐ̃w, tana/ *s* **1** sultán **2** señor despótico ■ **homem sultão** hombre sultán

sumário, -a /su'marju, rja/ *adj & sm* sumario, breve sumario, compendio, sinopsis ■ **sumário do livro** sumario del libro

sumiço /su'misu/ *sm* desaparecimiento, ocultación ■ **dar sumiço em** hacer desaparecer

sumir /su'miR/ *v* sumir, apagar, desaparecer ■ **sumir do mapa** desaparecer del mapa, eclipsarse, amagarse

sumo, -a /'sumu/ *sm* **1** sumo, supremo, máximo **2** el sumo, el ápice de algo ■ **sumo da fama** el sumo de la fama

suntuoso, -a /su'tu'ozu, oza/ *adj* suntuoso, aparatoso, lujoso, espléndido, pomposo ■ **casa suntuosa** casa lujosa

suor /su'oR/ *sm* **1** sudor **2** trabajo, fatiga ■ **muito suor** mucho sudor

superação /supera'sɐ̃w/ *sf* superación, ventaja, demasía ■ **superação dos problemas** superación de los problemas

superar /supe'raR/ *v* superar, sobrepasar, sobrepujar, exceder, vencer ■ **superar as dificuldades** superar las dificultades

superávit /supe'ravitʃi/ *sm* superávit, excedente ■ **superávit na empresa** superávit en la empresa

superestimar /supereʃtʃi'maR/ *v* sobrestimar ■ **superestimar o empregado** sobrestimar el empleado

superficial /supeRfisi'aw/ *adj* superficial, somero, frívolo, baladí ■ **amor superficial** amor superficial

superfície /supeR'fisje/ *sf* superficie, área, faceta ■ **na superfície** a flor de agua ■ **superfície interna** intradós

supérfluo, -a /su'pɛRflwo, flwa/ *adj* superfluo, inútil, demasiado, vano ■ **homem supérfluo** hombre superfluo

super-homem /supeR'ɔme¯j/ *sm* superhombre ■ **filme do super-homem** película del superhombre

superintendência /superi̯¯te¯de'sja/ *sf* superintendencia, dirección superior ■ **superintendência da empresa** superintendencia de la empresa

superior, -ora /superi'oR/ *adj & sm* **1** superior, eminente, excelente, gerifalte, hegemónico, máximo, mayor **2** jefe ■ **curso superior** curso superior, carrera universitaria

superioridade /superiori'dad3i/ *sf* superioridad, altura, eminencia, excelencia, hegemonía, predominio, preponderancia, primacía ■ **superioridade no trabalho** superioridad en el trabajo

supermercado /supeRmeR'kadu/ *sm* supermercado, hipermercado ■ **compras no supermercado** compras en el supermercado

superpopulação /supeRpopula'sɐ̃w/ *sf* superpoblación ■ **superpopulação na cidade** superpoblación en la ciudad

superproteger /supeRprote'3eR/ *v* **1** proteger demasiado **2** criar en estufa ■ **superproteger os pais** proteger demasiado los padres

supersônico, ka /supeR'soniku, ka/ *adj & sm* supersónico ■ **aparelho supersónico** aparato supersónico

superstição /supeRsxi'sɐ̃w/ *sf* superstición, creencia, fanatismo ■ **superstição na vida** superstición en la vida

supersticioso, -a /supeRsxisi'ozu, oza/ *adj & s* supersticioso, fanático ■ **homem supersticioso** hombre supersticioso

supervisão /supeRvi'zɐ̃w/ *sf* supervisión, administración ■ **supervisão de vendas** supervisión de ventas

supervisor, -ora /supeRvi'zoR, ra/ *s* supervisor, gerente, administrador ■ **trabalho de supervisor** trabajo de gerente

supetão /supe'tɐ̃w/ *sm* sopetón, repentinamente ■ **chegar de supetão** llegar de sopetón

suplantar /supla¯'taR/ *v* suplantar, sustituir, reemplazar ■ **suplantar o jogador** suplantar el jugador

suplemento /suple'me¯tu/ *sm* suplemento, aditamento ■ **tomar suplemento** tomar suplemento

suplente /su'ple¯tʃi/ *adj & s* suplente, sustituto ■ **homem suplente** hombre suplente

súplica /'suplika/ *sf* súplica, deprecación, petición, plegaria ■ **súplica de justiça** súplica de justicia

suplicar /supli'kaR/ *v* suplicar, deprecar, implorar, invocar, rogar, pedir con humildad ■ **suplicar o perdão** suplicar el perdón

suplício /su'plisju/ *sm* suplicio, tortura, pena capital ■ **suplício rigoroso** tortura rigorosa

supor /su'poR/ *v* suponer, creer, pensar, presumir ■ **supor uma ideia** suponer una idea

suportar

suportar /supoR'taR/ *v* **1** soportar, sufrir, aguantar, aturar, comportar, llevar, padecer, pasar; sobrellevar **2** digerir ▪ **suportar o irmão** soportar el hermano

suporte /su'pɔRtʃi/ *sm* soporte, esqueleto, montante, montura, pedestal ▪ **suporte da mesa** soporte de la mesa

supositório /supozi'tɔrju/ *sm* supositorio ▪ **usar supositório** utilizar supositorio

suposto, -a /su'poʃtu/ *sm* supuesto, apócrifo, falso, figurado ▪ **suposto caloteiro** supuesto estafador

supremacia /suprema'sia/ *sf* supremacía, hegemonía, dominio ▪ **supremacia da corte** supremacía de la corte

supremo, -a /su'premu, ma/ *adj* supremo, sumo, soberano ▪ **tribunal supremo** tribunal supremo

supressão /supre'sãw/ *sf* supresión, anulación, corte, desglose ▪ **supressão de gastos** supresión de gastos

suprimento /supri'mẽtu/ *sm* **1** provisión **2** material o pertrechos de informática ▪ **suprimento para o laboratório** provisión para el laboratorio

suprimir /supri'miR/ *v* suprimir, abolir, anular, cortar ▪ **suprimir o projeto** abolir el proyecto

supurar /supu'raR/ *v* supurar, transformar en pus ▪ **supurar uma ferida** supurar una herida

surdez /suR'dejʃ/ *sf* sordez, sordera ▪ **surdez na infância** sordez en la niñez

surdina /suR'dʒina/ *sf* sordina ▪ **em surdina** a la sordina

surdo, -a /suR'du, da/ *adj & s* sordo ▪ **surdo como uma porta** sordo como una tapia

surdo-mudo, -a /suRdu'mudu, da/ *adj & s* sordomudo ▪ **língua do surdo-mudo** lengua del sordomudo

surfe /'suRfi/ *sm* surf ▪ **surfe na praia** surf en la playa

surgir /suR'ʒiR/ *v* surgir, aparecer, brotar, aportar ▪ **surgir uma oportunidade** surgir una oportunidad

surpreender /suRprie'deR/ *v* **1** sorprender, sobrecoger, pillar **2** saltear **3** sorprenderse, quedarse de una pieza ▪ **surpreender com a novidade** sorprender con la novedad

surpresa /suR'preza/ *sf* sorpresa, asombro, perplejidad, perturbación ▪ **de surpresa** inesperadamente

surpreso, -a /suR'prezu, za/ *adj* **1** sorprendido, perplejo **2** patidifuso **3** patitieso ▪ **surpreso com a festa** sorprendido con la fiesta

surra /'suRa/ *sf* paliza, solfa, zurra ▪ **levar uma surra** tener una paliza

surrar /su'RaR/ *v* **1** sobar, pegar, maltratar, dar paliza **2** emplumar ▪ **surrado** gastado, raído

surtir /suR'tʃiR/ *v* surtir, originar ▪ **surtir efeito** surtir efecto

suscetibilidade /suset∫ibili'dadʒi/ *sf* **1** susceptibilidad, melindre **2** sensibilidad ▪ **suscetibilidade no trabalho** susceptibilidad en el trabajo

suscetível /suse't∫ivew/ *adj & s* susceptible, sentido, quisquilloso ▪ **ser muito suscetível** ser un quisquilla

suspeita /suʃ'pejta/ *sf* **1** sospecha, asomo, desconfianza, duda **2** malicia ▪ **suspeita da morte** sospecha de la muerte

suspeitar /suʃpej'taR/ *v* **1** sospechar, desconfiar, entrever, presumir **2** oler, olfatear ▪ **suspeitar de alguém** sospechar de alguien

suspeito, -a /suʃ'pejtu, ta/ *adj & s* sospechoso, peligroso, dudoso ▪ **suspeito do crime** sospechoso del crimen

suspender /suʃpe'deR/ *v* suspender, atrasar, colgar, inhibir, prorrogar ▪ **suspender as aulas** suspender las clases

suspensão /suʃpe'sãw/ *sf* suspensión, interrupción ▪ **suspensão dos direitos civis** interdicción civil

suspense /suʃ'pe'si/ *sm* suspense ▪ **filme de suspense** película de suspense

suspensórios /suʃpe'sɔrju/ *adj & sm pl* elásticos, tirantes, tiradores ▪ **usar suspensórios** utilizar tirantes

suspirar /suʃpi'raR/ *v* suspirar, gemir, sollozar murmullo, susurro ▪ **suspirar por alguém** suspirar por alguien

suspiro /suʃ'piru/ *sm* **1** suspiro, sollozo **2** merengue ▪ **comer suspiro** comer merengue

sussurrar /susu'RaR/ *v* susurrar, murmurar, suspirar ▪ **sussurrar no ouvido** susurrar en la oreja

sussurro /su'suRu/ *sm* susurro, murmullo, suspiro ▪ **sussurro no ouvido** susurro en la oreja

sustentação /suʃte'ta'sãw/ *sf* sustentación, conservación, pie, soporte ▪ **sustentação do prédio** sustentación del edificio

sustentador, -ora /suʃte'ta'doR, ra/ *adj & s* sustentador, patrocinador ▪ **sustentador da casa** sustentador de la casa

sustentar /suʃte'taR/ *v* **1** sustentar, soportar, sostener, aguantar, apoyar **2** alimentar, mantener, nutrir **3** patrocinar ▪ **sustentar os filhos** sustentar los hijos

sustento /suʃ'te'tu/ *sm* **1** sustento, sostén **2** alimentación, alimento, manutención, nutrición **3** pan ▪ **sustento da casa** sustento de la casa

suster /suʃ'teR/ *v* sostener, suspender, soportar, contener ▪ **suster o irmão** sostener el hermano

susto /suʃ'eu/susto, sobresalto, alarma, espanto, grima, miedo ▪ **levar um susto** llevarse un susto

sutiã /sutʃi'ã/ *sm* sujetador, sostén, corpiño ▪ **sutiã da mulher** sostén de la mujer

sutil /su'tʃiw/ *adj* **1** sutil, agudo, etéreo, delicado, tenue, leve **2** perspicaz ▪ **pessoa sutil** persona sutil

sutileza /sutʃi'leza/ *sf* **1** sutileza, delicadeza, argucia **2** agudeza, penetración ▪ **sutileza da mulher** sutileza de la mujer

sutura /su'tura/ *sf* sutura, costura ▪ **sutura na roupa** costura en la ropa

suvenir /suve'niR/ *sm* recuerdo, souvenir ▪ **suvenir de pessoas** recuerdo de personas

T

ABCDEFGHIJKLMNOPQRSTUVWXYZ

t /'te/ *sm* **1** vigésima letra del alfabeto portugués **2** abreviatura de tonelada ▪ **"t" é uma letra** "t" es una letra

tabacaria /tabaka'ria/ *sf* tabaquería, cigarrería, expendeduría ▪ **tabacaria reconhecida** tabaquería reconocida

tabaco /ta'baku/ *sm* tabaco ▪ **adição ao tabaco** adicción al tabaco

tabefe /ta'bɛfi/ *sm* cachetada, torta, pescozón, sopapo ▪ **aos tabefes** a golpes

tabela /ta'bela/ *sf* tabla, tablilla, cuadro, índice, lista, catálogo ▪ **tabela de preços** tarifa

tabelamento /tabela'me͂tu/ *sm* escandallo ▪ **tabelamento de preços** la fijación de precios

tabelião /tabeli'ɐ͂w, ɐ͂/ *s* escribano, notario ▪ **tabelião eficaz** notario eficaz

taberna /ta'bɛRna/ *sf* taberna, fonda, bodega, tasca ▪ **taberna do povoado** taberna del pueblo

tablado /ta'bladu/ *sm* tablado, tabla, estrado ▪ **armar o tablado** armar el tablado

tablete /ta'blɛtʃi/ *sm* tableta, placa dividida en porciones ▪ **jogo de tablete** juego de tabletas

tábua /'tabwa/ *sf* tabla, madera ▪ **soalho de tábua** entarimado ▪ **tábua de carne** tajo ▪ **tábua grande** zapata

tabuada /tabu'ada/ *sf* tabla ▪ **tabuada de multiplicar** tabla de multiplicar

tabuleiro /tabu'lejru/ *sm* tablero, ábaco ▪ **tabuleiro de xadrez** tablero de ajedrez

tabuleta /tabu'leta/ *sf* tablilla, albarán, muestra ▪ **tabuleta rígida** tablilla fuerte

taça /'tasa/ *sf* taza, copa, premio, vaso con pie ▪ **uma taça de vinho** una copa de vino

tacada /ta'kada/ *sf* tacada, golpe ▪ **de uma tacada só** de un plumazo

tacanho, -a /ta'kaɲu, ɲa/ *adj* tacaño, mezquino, miserable, avaro ▪ **cliente tacanho** cliente mezquino

tacha /'taʃa/ *sf* **1** tacha **2** imperfección, defecto ▪ **tacha de ferro** tacha de hierro

tachar /ta'ʃaR/ *v* tachar, censurar, culpar ▪ **tachar os erros** tachar los errores

tachinha /ta'ʃiɲu/ *sm* tachuela ▪ **tachinhas de alumínio** tachuelas de aluminio

tacho /'taʃu/ *sm* perol, cazuela, vasija para guisar ▪ **fritar no tacho** guisar en el perol

tácito, -a /'tasitu, ta/ *adj* tácito, silencioso, callado, taciturno ▪ **sujeito tácito** sujeto tácito

taciturno, -a /tasi'tuRnu, na/ *adj* taciturno, triste, melancólico ▪ **aparência taciturna** apariencia taciturna

taco /'taku/ *sm* parqué ▪ **taco de bilhar** taco, palo

tagarela /taga'rela/ *adj & s* gárrulo, hablador, cotorra ▪ **loro tagarela** loro hablador

tal /'taw/ *pron* tal, tanto, éste, esto, aquello, alguno, cierto ▪ **que tal?** ¿qué le parece?, ¿qué tal?

talão /ta'lɐ͂w/ *sm* talón, calcañar ▪ **talão de Aquiles** talón de Aquiles

talco /'tawku/ *sm* talco ▪ **talco perfumado** talco perfumado

talento /ta'le͂tu/ *sm* **1** talento, aptitud, genio, ingenio, vocación **2** alcance, mollera ▪ **talento inato** talento innato

talentoso, -a /tale͂'tozu, za/ *adj* talentoso, hábil, inteligente ▪ **músico talentoso** músico talentoso

talha /'taʎa/ *sf* tina, corte, entalladura ▪ **talha do vestido** entalladura del vestido

talhada /ta'ʎada/ *sf* tajada, lonja, posta, presa ▪ **talhada de torta** tajada de torta

talhado, -a /ta'ʎadu, da/ *adj* tallado, cortado ▪ **madeira talhada** madera tallada

talhar /ta'ʎaR/ *v* tajar, tallar, esculpir, cortar, lapidar, preparar, predisponer ▪ **talhar no material bruto** esculpir en material bruto

talharim /taʎa'rĩ/ *sm* tallarín ▪ **talharim pequeno** tallarín pequeño

talhe /'taʎi/ *sm* talla, talle, estatura ▪ **baixo talhe** baja estatura

talheres /ta'ʎɛR/ *sm pl* cubiertos, juego de cuchara, tenedor y cuchillo ▪ **talheres de prata** cubiertos de plata

talho /'taʎu/ *sm* tajo, corte, cortadura ▪ **talho no pé** tajo en el pie

talismã /taliʒ'mɐ͂/ *sm* **1** talismán, amuleto **2** encanto ▪ **ter um talismã** tener un talismán

talo /'talu/ *sm* tallo ▪ **talo de hortaliça** troncho

talvez /taw'vejʃ/ *adv* quizá, quizás, tal vez, acaso, a lo mejor ▪ **talvez viaje** tal vez viaje

tamanduá /tamɐ͂du'a/ *sm* oso hormiguero ▪ **hábitat do tamanduá** hábitat del oso hormiguero

tamanho /ta'mɐɲu, ɲa/ *adj & sm* tamaño, dimensión ▪ **tamanho econômico** tamaño económico

também /tɐ͂'be͂j/ *adv* también, igualmente ▪ **está convidado também** está invitado también

tambor /tɐ͂'boR/ *sm* tambor ▪ **tambor de relógio** barrilete ▪ **tocar tambor** tamborilear

tamborilar /tɐ͂bori'laR/ *v* tamborilear ▪ **tamborilar com os dedos** tañer

tamborim /tɐ͂bo'rĩ/ *sm* tamboril, tamborín ▪ **tocar o tamborim** tocar el tamborín

tampa /'tɐ͂pa/ *sf* tapa, tapadera, cubierta ▪ **estar até a tampa** estar hasta la gorra ▪ **tampa móvel** tampón

457

tampão

tampão /ta~'pɐ~w/ *sm* tampón, tapa, tapadera ■ **tampão no lavadeiro** tampón en el lavadero

tampouco /ta~'poku/ *adv* tampoco ■ **tampouco podes ir** tampoco puedes ir

tanga /'ta~ga/ *sf* **1** tanga, taparrabos **2** entrepierna ■ **tanga feminina** tanga femenina

tangente /ta~'ʒe~t͡ʃi/ *adj & sf* tangente ■ **escapar pela tangente** escapar por la tangente

tanger /ta~'ʒeR/ *v* **1** tañer, pulsar, sonar **2** sonar ■ **tanger o timbre** sonar el timbre

tangerina /ta~ʒe'rina/ *sf* mandarina ■ **tangerina com muito suco** mandarina jugosa

tango /'ta~gu/ *sm* tango ■ **tango clássico** tango clásico

tanque /'ta~ki/ *sm* estanque, lavadero, pilón ■ **caminhão-tanque** camión cisterna

tanto, -a /'ta~tu, ta/ *adj & adv* tanto (tamaño, intensidad) ■ **tanto tempo sem te ver** tanto tiempo sin verte

tão /'ta~w/ *adv* tan ■ **você é tão amável** eres tan amable

tapar /ta'paR/ *v* tapar, taponar, cubrir, obstruir, obturar ■ **tapar buracos de rua** bachear **tapar o sol com a peneira** tapar el sol con un dedo

tapear /tape'aR/ *v* engañar, eludir, meter la pala ■ **tapear alguém** mamarse a uno

tapeçaria /tapesa'ria/ *sf* tapicería, tapiz, alcatifa ■ **tapeçaria de paredes ou janelas** colgadura

tapete /ta'pet͡ʃi/ *sm* tapiz, alfombra ■ **puxar o tapete** mover el piso, partir a uno por el eje

tapioca /tapi'ɔka/ *sf* tapioca ■ **comer tapioca** comer tapioca

tapume /ta'pumi/ *sm* barrera, tapia, tabique, cercado ■ **casa com tapumes** casa con tapias

taquicardia /takikaR'd͡ʒia/ *sf* taquicardia ■ **sofrer um taquicardia** sufrir una taquicardia

taquigrafia /takigra'fia/ *sf* taquigrafía, estenografía ■ **curso de taquigrafia** curso de taquigrafía

tara /'tara/ *sf* **1** tara (peso) **2** tacha, defecto ■ **tara no caminho** tara en el camión

tarado, -a /ta'radu, da/ *adj* **1** tarado, depravado, anormal ■ **você é um tarado** eres un tarado

tarântula /ta'rɐ~tula/ *sf* tarántula, araña muy venenosa ■ **tarântula amazônica** tarántula amazónica

tardar /taR'daR/ *v* tardar, ir para largo ■ **tardar muito tempo** tardar mucho tiempo

tarde /'taRd͡ʒi/ *adv & sf* tarde ■ **antes tarde do que nunca** más vale tarde que nunca

tardio, -a /taR'd͡ʒiu, a/ *adj* tardío, atrasado, lento, pausado ■ **período tardio** período tardío

tarefa /ta'rɛfa/ *sf* tarea, trabajo ■ **tarefas domésticas** faena, hacienda

tarifa /ta'rifa/ *sf* tarifa, tasa, arancel ■ **tarifa alfandegária** tarifa aduanera

tarifário, -a /tari'farju, rja/ *adj* arancelario ■ **impuesto tarifário** impuesto arancelario

tarja /'taRʒa/ *sf* tarja, tarjeta, adorno, marco ■ **tarja alta** tarja alta

tarjeta /tar'ʃeta/ *sf* tarjeta, orla ■ **tarjeta de convite** tarjeta de invitación

tartamudear /tartamude'aR/ *v* tartamudear ■ **tartamudear ao falar** tartamudear al hablar

tártaro, -a /'taRtaru, ra/ *adj & s* **1** *Quím* tártaro **2** mongol ■ **tártaro nos dentes** sarro

tartaruga /taRta'ruga/ *sf* tortuga ■ **tartaruga marinha** tortuga marina

tatear /tate'aR/ *v* tentar, tantear, manosear, palpar, reconocer ■ **tatear a temperatura da água** tantear la temperatura del agua

tático, -a /'tat͡ʃiku, ka/ *adj & s* táctico, hábil ■ **professor tático** profesor táctico

tato /'tatu/ *sm* **1** tacto, tino, tiento **2** habilidad, prudencia ■ **falar com tato** hablar con tacto

tatu /'tatu/ *sm* tatú, armadillo ■ **tatu de deserto** armadillo de desierto

tatuagem /tatu'aʒe~/ *sf* tatuaje ■ **tatuagem na perna** tatuaje en la pierna

tauromaquia /tawroma'kia/ *sf* tauromaquia, arte de lidiar toros ■ **cruel tauromaquia** cruel tauromaquia

taverna /ta'vɛRna/ *sf* taberna, bodega, tasca ■ **taverna do povoado** taberna del pueblo

taverneiro, -a /taveR'nejru, ra/ *s* tabernero ■ **taverneiro inexperiente** tabernero inexperiente

taxa /'taʃa/ *sf* tasa, índice, tasación, impuesto ■ **taxa suplementar** sobretasa

taxar /ta'ʃaR/ *v* tasar, tarifar, cotizar, limitar, moderar ■ **taxar o estacionamento** tarifar el parqueo

taxativo, -a /taʃa't͡ʃivu, va/ *adj* taxativo, tajante ■ **advertência taxativa** advertencia tajante

taxi /'taksi/ *sm* taxi, coche de plaza, coche de punto ■ **taxi aéreo** aerotaxi

taxímetro /ta'ksimetru/ *sm* taxímetro ■ **marcar o taxímetro** marcar el taxímetro

taxista /ta'ksiʃta/ *s* taxista ■ **taxista de companhia** taxista de compañía

tchau! /'t͡ʃaw/ *excl* ¡adiós!, ¡hasta luego! ■ **tchau amigos** adiós amigos

te /'t͡ʃi/ *pron* te ■ **te chamo amanhã** te llamo mañana

tê /'te/ *sm* te, nombre de la letra t ■ **"tê" é t** "te" es t

tear /t͡ʃi'aR/ *sm* telar, aparato para tejer ■ **tear atesanal** telar artesanal

teatro /t͡ʃi'atru/ *sm* teatro, escenario o escena ■ **teatro musical** teatro musical

tecer /te'seR/ *v* **1** tejer, hilar, tramar **2** urdir, elaborar ■ **tecer um cachecol** tejer una bufanda

tecido /te'sidu/ *adj & sm* tejido, tela, paño, trama **tecido de lã** bayeta ■ **tecido para tapetes** moqueta ■ **tecido pintado** lienzo ■ **tecido resistente** dril

tecla /'tekla/ *sf* tecla ■ **bater sempre na mesma tecla** tocar la misma tecla, machacar sobre lo mismo

técnico, -a /'tɛkniku, ka/ *adj & s* técnico, perito ■ **estudo técnico** estudio técnico

tecnologia /teknolo'ʒia/ *sf* tecnología ■ **artefatos de última tecnologia** artefactos de última tecnología

tecnológico, -a /tekno'lɔʒiku, ka/ *adj* tecnológico ■ **avanço tecnológico** avance tecnológico

tédio /'tɛd͡ʒju/ *sm* **1** tedio, aburrimiento, aborrecimiento, fastidio, hastío **2** desgana, mareo ■ **que tédio!** ¡qué tedio!

tedioso, -a /ted͡ʒi'ozu, za/ *adj* tedioso, aburrido, molesto ■ **aulas tediosas** clases tediosas

teia /'teja/ *sf* **1** tela, membrana **2** intriga ■ **teia de aranha** telaraña

teimar /tej'maR/ *v* **1** fregar, insistir, instar, obstinarse, empecinarse, porfiar, encapricharse **2** manetenerse en sus trece ■ **a criança teimou** el niño se encaprichó

458

tensionar

teimosia /tejmoˈzia/ *sf* tema, insistencia, obcecación, obstinación ■ **tocar com teimosia** tocar con insistencia

teimoso, -a /tejˈmozu, za/ *adj & s* **1** obstinado, insistente, terco, burro **2** duro de mollera ■ **vendedor teimoso** vendedor obstinado

tela /ˈtɛla/ *sf* alambrera, paño, pintura, cuadro ■ **tela para projeção de imagens** pantalla

telecomunicação /telekomunikaˈsɐ̃w/ *sf* telecomunicación ■ **empresa de telecomunicação** empresa de telecomunicación

teledirigido, -a /teleˌdiriˈxiðo, a/ *adj* teledirigido ■ **programa teledirigido** programa teledirigido

teleférico /teleˈferiko, a/ *sm* teleférico, ferrocarril aéreo, funicular, cablecarril ■ **teleférico turístico** teleférico turístico

telefonar /telefoˈnaR/ *v* telefonear, llamar, hablar por teléfono ■ **telefonar a um parente** telefonear a un pariente

telefone /teleˈfoni/ *sm* teléfono ■ **telefone sem fio** teléfono inalámbrico

telefonema /telefoˈnema/ *sm* telefonazo, llamado ■ **telefonema perdido** llamado perdido

telefonia /telefoˈnia/ *sf* telefonía ■ **telefonia sem fio** telefonía sin hilos

telefônico, -a /teleˈfoniku, ka/ *adj* telefónico ■ **meu número telefônico** mi número telefónico

telegrafar /telegraˈfaR/ *v* telegrafiar, cablegrafiar ■ **telegrafar o texto** telegrafiar el texto

telegrafia /teleɣraˈfia/ *sf* telegrafía ■ **telegrafia sem fio** telegrafía sin hilos

telegráfico, -a /teleˈɣrafiko, a/ *adj* telegráfico ■ **texto telegráfico** texto telegráfico

telégrafo /teˈlɛɣrafo/ *sm* telégrafo ■ **telégrafo elétrico** telégrafo eléctrico

telegrama /teleˈɣrama/ *sm* telegrama, cablegrama ■ **telegrama fonado** telefonema

teleguiado /telegiˈadu, a/ *adj* teledirigido ■ **carro teleguiado** coche teledirigido

telejornal /teleˌʒoRˈnaw/ *sm* telediario ■ **telejornal nacional** telediario nacional

telenovela /telenoˈvɛla/ *sf* telenovela, serial, teleteatro ■ **perder a telenovela** perderse la telenovela

telepatia /telepaˈtʃia/ *sf* telepatía, transmisión de pensamiento ■ **comunicação por telepatia** comunicación por telepatía

telescópio /telesˈkɔpju/ *sm* telescopio ■ **telescópio astral** telescopio astral

telespectador, -a /teleʃpektaˈdoR, ra/ *adj & s* telespectador, televidente ■ **telespectadores críticos** televidentes críticos

teletipo /teleˈtʃipu/ *sm* teletipo ■ **teletipo específico** teletipo específico

televisão /televiˈzɐ̃w/ *sf* televisión ■ **filme para a televisão** telefilm

televisionar /televizjoˈnaR/ *v* televisar ■ **televisionar o partido** televisar el partido

televisor /televiˈzoR/ *adj & sm* televisor ■ **televisor de tela plana** televisor de pantalla plana

telha /ˈteʎa/ *sf* teja ■ **telhas resistentes** tejas resistentes

telhado /teˈʎadu/ *sm* tejado, techo ■ **telhado colonial** tejado colonial

tema /ˈtema/ *sm* tema, asunto, materia, objeto, proposición ■ **temas de estúdio** temas de estudio

temático /teˈmatʃiku, ka/ *adj* temático ■ **parque temático** parque temático

temeridade /temeriˈdadʒi/ *sf* temeridad, insensatez, imprudencia ■ **perguntar com temeridade** preguntar con imprudencia

temeroso, -a /temeˈrozu, za/ *adj* temeroso, medroso, tímido, irresoluto ■ **aluno temeroso** alumno temeroso

temor /teˈmoR/ *sm* temor, miedo, susto, aprensión, sobresalto, celo, puntualidad ■ **sentir temor** sentir temor

têmpera /ˈtẽpera/ *sm* temple, índole, carácter ■ **mulher com têmpera** mujer con carácter

temperado, -a /tẽpeˈradu, da/ *adj* **1** temperado, condimentado, adobado, picante **2** templado ■ **comida temperada** comida condimentada

temperamento /tẽperaˈmẽto/ *sm* temperamento, temple, complexión, índole, naturaleza, humor ■ **temperamento deficiente** temperamento débil

temperar /tẽpeˈrar/ *v* **1** condimentar, aderezar, sazonar, atemperar; adobar, cocinar, aliñar **2** contemporizar, moderarse, templarse **3** enchilar ■ **temperar com sal e pimenta** salpimentar

temperatura /tẽperaˈtura/ *sf* **1** temperatura, clima **2** temperatura, fiebre ■ **temperatura alta** temperatura alta

tempestade /tẽpeʃˈtadʒi/ *sf* tempestad, borrasca, intemperie ■ **tempestade de neve** tempestad de nieve

templo /ˈtẽplu/ *sm* templo, santuario ■ **templo grego** templo griego

tempo /ˈtẽpu/ *sm* tiempo, edad, época, ocasión ■ **ao mesmo tempo** a un tiempo, de paso, entretanto

temporal /tẽpoˈraw/ *adj & sm* temporal, pasajero ■ **interrupção temporal** avería temporal

temporão, -ona /tẽpoˈrɐ̃w, rɐ̃/ *adj* temprano, prematuro, precoz ■ **nacimento temporão** nacimiento prematuro

temporário, -a /tẽpoˈrarju, rja/ *adj* temporal, transitorio, pasajero ■ **oferta temporária** oferta temporal

tenacidade /tenasiˈdadʒi/ *sf* **1** tenacidad, empeño **2** resistencia, perseverancia ■ **treinar com tenacidade** entrenar con tenacidad

tenaz /teˈnajʃ/ *adj & sf* **1** tenaz, constante **2** tenaza, pinza, sacabocados ■ **atleta tenaz** atleta tenaz

tenda /ˈtẽdɐ̃w/ *sm* tienda, tenderete ■ **tenda de acampamento** carpa

tendão /teˈdɐ̃w/ *sm* tendón, nervio ■ **tendão estirado** tendón estirado

tendência /teˈdẽsja/ *sf* **1** tendencia, movimiento **2** propensión, inclinación, vocación ■ **tendências da moda** tendencias de la moda

tendencioso, -a /teˈdẽsiˈozu, za/ *adj* tendencioso, malévolo ■ **plano tendencioso** plan tendencioso

tender /teˈdeR/ *v* **1** tender, propender, inclinarse, disponerse ■ **tender a deprimir-se** tender a deprimirse

tenebroso, -a /teneˈbrozu, za/ *adj* **1** tenebroso, lóbrego **2** infernal, horrible ■ **mansão tenebrosa** mansión tenebrosa

tênis /ˈteniʃ/ *sm* **1** zapatilla, calzado desportivo **2** tenis ■ **tênis de mesa** tenis de mesa, ping pong

tenro, -a /ˈteˈRu, Ra/ *adj* **1** tierno, blando, nuevo **2** delicado, inocente ■ **carne tenra** carne tierna

tensão /teˈsɐ̃w/ *sf* tensión, erección ■ **momento de tensão** momento de tensión

tensionar /teˈsjoˈnaR/ *v* tensar ■ **tensionar as cordas** tensar las cuerdas

T

tenso

tenso, -a /'tɛ̃su, sa/ *adj* **1** tenso, estirado, tieso, agudo **2** preocupado ■ **alunos tensos nos exames** alumnos tensos en los exámenes

tentação /tẽ'ta'sɐ̃w/ *sf* tentación, provocación, instigación, deseo vehemente ■ **tentação por chocolates** tentación por chocolates

tentador, -ora /tẽ'ta'doR, ɾa/ *adj & s* **1** tentador **2** apetitoso, seductor ■ **vestido tentador** vestido seductor

tentar /tẽ'taR/ *v* tentar, instigar, seducir, experimentar, probar, examinar, emprender ■ **tentar novos sabores** experimentar nuevos sabores

tênue /'tenu/ *adj* tenue, delgado, sutil ■ **luz tênue** luz tenue

teologia /teolo'ʒia/ *sf* teología ■ **estudos de teologia** estudios de teología

teor /te'oR/ *sm* **1** contenido **2** norma ■ **teor do livro** contenido del libro

teorema /teo'rema/ *sm* teorema ■ **teorema de Pitágoras** teorema de Pitágoras

teoria /teo'ria/ *sf* teoría, hipótesis, especulación, conjetura ■ **teoria do curso** teoría del curso

teorizar /teori'zaR/ *v* teorizar, especular, metodizar, discutir teóricamente ■ **teorizar a proposta** teorizar la propuesta

tequila /te'kiʎa/ *sf* tequila, bebida con mucho alcohol típica de México ■ **beber tequila** beber tequila

ter /'teR/ *v* tener, haber, poseer, detener, parar, mantener, sostener, contener, dominar ■ **não ter onde cair morto** no tener donde caerse muerto

terapeuta /tera'pewta/ *s* terapeuta, clínico ■ **terapeuta particular** terapeuta particular

terapia /tera'pia/ *sf* terapia, terapéutica ■ **anos de terapia** años de terapia

terça-feira /teRsa'fejɾa/ *sf* martes ■ **reunião da próxima terça-feira** reunión del próximo martes

terceiro, -a /teR'sejɾu, ɾa/ *s* tercer, tercero ■ **do terceiro mundo** tercermundista

terço /'teRsu/ *sm* tercio, tercera parte, rosario ■ **um terço da população** un tercio de la población

terçol /teR'sɔw/ *sm* orzuelo ■ **remédio para terçol** remedio para el orzuelo

tergiversar /teR3iveR'saR/ *v* tergiversar, inventar disculpas, forzar los argumentos ■ **informação tergiversada** información tergiversada

termas /'teRma/ *srf pl* termas, caldas, baños públicos ■ **termas naturais** termas naturales

térmico, -a /'tɛRmiku, ka/ *adj* térmico ■ **garrafa térmica** botella térmica

terminação /teRmina'sɐ̃w/ *sf* terminación, extremidad, fin, remate ■ **terminação nervosa** terminación nerviosa

terminal /teRmi'naw/ *adj & sm* terminal, borne ■ **terminal terrestre** terminal terrestre

terminar /teRmi'naR/ *v* terminar, acabar, concluir, consumar, ultimar, finalizar ■ **terminar uma relação** terminar una relación

término /'tɛRminu/ *sm* término, terminación, fin, dejo ■ **término da ponte** término del puente

termo /'teRmu/ *sm* **1** término, limitación, límite, vocablo, palabra ■ **como meio termo** por término medio ■ **inverter os termos** invertir los términos

termodinâmica /teRmod3i'nɐmika/ *sf* termodinámica ■ **princípios de termodinâmica** principios de termodinámica

termômetro /teR'mometru/ *sm* **1** termómetro **2** medida, síntoma, indicación ■ **termômetro de mercúrio** termómetro de mercurio

termostato /teRmoʃ'tatu/ *sm* termostato ■ **graduar o termostato** graduar el termostato

terno, -a /'tɛRnu, na/ *adj & sm* tierno, suave, compasivo ■ **carinho terno** caricia tierna

ternura /teR'nura/ *sf* ternura, amor, cariño, afecto, mimo ■ **inspirar ternura** inspirar ternura

terra /'tɛRa/ *sf* tierra, suelo, mundo ■ **jogar por terra** echar a tierra ■ **terra vegetal** mantillo

terraplenagem /teRaple'na3ẽj/ *sm* terraplén ■ **sapatos de terraplenagem** zapatos de terraplén

terremoto /teRe'mɔtu/ *sm* terremoto, sismo, temblor ■ **forte terremoto** fuerte terremoto

terreno, -a /teR'Renu, na/ *adj & sm* terrestre, mundano, terreno, sitio, solar ■ **conhecer o terreno** saber alguien el terreno que pisa ■ **terreno baixo** hondonada **terreno cercado** palenque ■ **terreno no subúrbio** suburbano

terrina /te'Rina/ *sf* barreño, sopera ■ **servir na terrina** servir en la sopera

território /teRi'tɔrju/ *sm* territorio, nación, suelo ■ **teritório estrangeiro** territorio extranjero

terrível /te'Rivew/ *adj* terrible, fiero, furioso, pavoroso, tremendo, violento ■ **terrível acidente** terrible accidente

terror /te'RoR/ *sm* terror, miedo, pavor, violencia, pánico ■ **filme de terror** película de terror

terrorismo /teRo'riʃmu/ *sm* terrorismo ■ **estragos do terrorismo** estragos del terrorismo

tesão /te'zɐ̃w/ *sm* **1** tesón, empeño, tiesura **2** fuerza, intensidad ■ **trabalhar com tesão** trabajar con tesón

teso /'tezu, za/ *adj* tieso, duro, erecto, rígido, inflexible, yerto ■ **a roupa ficou tesa** la ropa quedó tiesa

tesoura /te'zora/ *sf* tijera ■ **tesoura mecânica** cizalla

tesouro /te'zoru/ *sm* tesoro, riqueza ■ **tesouro público** erario, fisco

testa /'tɛʃta/ *sf* **1** testa, frente **2** vanguardia ■ **com a testa no alto** con la frente en alto

testamento /teʃta'mẽ'tu/ *sm* **1** testamento **2** carta extensa ■ **leitura do testamento** lectura del testamento

testar /teʃ'taR/ *v* testar, atestiguar, verificar, probar ■ **testar que esteja correto** verificar que esté correcto

teste /'tɛʃtʃi/ *sm* test, prueba, examen ■ **teste de direção** test de manejo

testemunha /teʃte'muɲa/ *sf* testigo, espectador ■ **testemunha ocular** testigo de vista, ocular

testemunhar /teʃtemu'ɲaR/ *v* atestiguar, testificar, presenciar, ver ■ **testemunhar em juízo** testificar en el juicio

testemunho /teʃte'muɲu/ *sm* testimonio, testigo, dato, prueba ■ **falso testemunho** falso testimonio

testículo /teʃ'tʃikulu/ *sm* testículo ■ **testículo de animal** criadilla

teta /'teta/ *sf* **1** teta, mama **2** sustento, fonte ■ **teta grande** teta grande

tétano /'tɛtanu/ *sm* tétano, tétanos ■ **campanha contra o tétano** campaña contra el tétano

teto /'tetu/ *sm* **1** techo, cielo raso **2** abrigo, casa, domicilio ■ **teto solar** techo solar

tétrico, -a /'tɛtriku, ka/ *adj* tétrico, triste, tenebroso, sombrío ■ **marionete tétrica** marioneta tétrica

teu /'tew/ *pron* tu, tuyo ■ **me dá teu número** dame tu número

tolice

texto /'teʃtu/ *sm* texto ▪ **ler o texto** leer el texto

textual /teʃtu'aw/ *adj* textual, literal ▪ **em palavras textuais** en palabras textuales

textura /teʃ'tura/ *sf* textura, contextura, trama ▪ **textura suave** textura suave

tiara /tʃi'ara/ *sf* tiara, diadema ▪ **tiara de princesa** tiara de princesa

tíbia /'tʃibja/ *sf* tibia, espinilla ▪ **fratura de tíbia** fractura de tibia

tíbio, -a /'tʃibju, bja/ *adj* tibio, flojo, negligente, escaso ▪ **água tibia** agua tibia

tigela /tʃi'ʒela/ *sf* tazón, cuenco, escudilla ▪ **de meia tigela** de pacotilla

tigre, -esa /'tʃigri, greza/ *s* **1** tigre **2** tigresa ▪ **tigresa grávida** tigresa preñada

tijolo /tʃi'ʒolu/ *sm* ladrillo, baldosa ▪ **tijolo refratário** ladrillo refractario

til /'tʃiw/ *sm* tilde, señal gráfico ▪ **colocar til nas palavras** colocar tilde en las palabras

timão /tʃi'mãw/ *sm* **1** timón **2** gobierno, dirección ▪ **o timão da empresa** el timón de la empresa

timbre /'tʃĩbri/ *sm* **1** timbre, acento, voz, sonido, marca **2** remate, corona, gloria ▪ **instrumentos de diferentes timbres** instrumentos de diferentes timbres

time /'tʃimi/ *sm* equipo, cuadro ▪ **tirar o time de campo** retirarse

timidez /tʃimi'dejʃ/ *sf* timidez, encogimiento, vergüenza ▪ **falar com timidez** hablar con timidez

tímido, -a /'tʃimidu, da/ *adj* tímido, apagado, modesto, parado, vergonzoso, temeroso ▪ **voz tímida** voz tímida

tímpano /'tʃĩpanu/ *sm* **1** tímpano **2** *Mús* tímpano, timbal ▪ **estourar os tímpanos** reventar los tímpanos

tina /'tʃinu/ *sm* tina, cuba, palangana, bañera ▪ **banho de tina** baño de tina

tingir /tʃĩ'ʒiR/ *v* **1** teñir, oxigenar, pintar, colorar **2** teñirse, tintarse ▪ **tingir o cabelo** teñir el cabello

tinir /tʃi'niR/ *v* tintinar, temblar, tañer ▪ **tinir a campanha** tintinear la campana

tino /'tʃinu/ *sm* **1** tino, tacto, juicio, acierto, prudencia **2** caletre ▪ **expressar-se com tino** expresarse con tino

tinta /'tʃĩta/ *sf* tinta ▪ **carregar nas tintas** exagerar

tintura /tʃĩ'tura/ *sf* tintura, tinta ▪ **caneta de tinta azul** lapicera de tinta azul

tinturaria /tʃĩtura'ria/ *sf* tintorería, tinte, lavadero, lavandería ▪ **levar a roupa na tinturaria** llevar el traje a la tintorería

tio, -a /'tʃiu, 'tʃia/ *s* **1** tío **2** tía, señorita ▪ **ficar para titia** quedarse a vestir santos

típico, -a /'tʃipiku, ka/ *adj* típico, original, característico ▪ **traje típico** traje típico

tipo /'tʃipu/ *sm* tipo, ejemplar, modelo ▪ **tipo de música** tipo de música

tipografia /tʃipogra'fia/ *sf* tipografía, imprenta ▪ **trabalhar em uma tipografia** trabajar en una tipografía

tipógrafo /tʃi'pografu/ *sm* tipógrafo, cajista, amanuense, impresor ▪ **tipógrafo experiente** tipógrafo experimentado

tíquete /tʃi'ketʃi/ *sm* ticket, billete ▪ **tíquete do avião** ticket de avión

tira /'tʃira/ *sf* tira, hijuela, lista, venda ▪ **tira de couro** cincha ▪ **tira de pano** presilla, jira ▪ **tira de papel** faja

tirada /tʃi'radu, da/ *adj* tirada, salida, ocurrencia ▪ **responder com uma tirada** responder con una tirada

tirania /tʃira'nia/ *sf* tiranía, opresión, despotismo ▪ **tirania dos soldados romanos** tiranía de los soldados romanos

tirânico, -a /tʃi'raniku, ka/ *adj* autocrático, despótico ▪ **governo tirânico** gobierno tiránico

tirano, -a /tʃi'ranu, na/ *adj & s* tirano, autócrata, déspota ▪ **autoridade tirana** mandatario tirano

tirar /tʃi'raR/ *v* **1** sacar, eliminar **2** tomar, usurpar **3** arrancar **4** deducir, disminuir, exceptuar ▪ **tirar a limpo** poner en limpio ▪ **tirar o corpo fora** lavarse las manos

tiritar /tʃiri'taR/ *v* tiritar, temblar de frío ▪ **tiritar na neve** tiritar en la nieve

tiro /'tʃiru/ *sm* tiro, disparo, descarga ▪ **dar um tiro** encajar ▪ **sair o tiro pela culatra** salir el tiro por la culata

tiroteio /tʃiro'teju/ *sm* **1** tiroteo **2** balacera ▪ **tiroteio na estação central** tiroteo en la estación central

tísico, -a /'tʃiziku, ka/ *adj & s* tísico, tuberculoso ▪ **mendigo tísico** mendigo tísico

titã /tʃi'tã/ *sm* titán, gigante ▪ **guerra de titãs** guerra de titanes

títere /'tʃiteri/ *sm* **1** titere, fantoche **2** payaso, bufón ▪ **função de títere** función de títeres

titilar /titi'lar/ *v* **1** titilar, hacer cosquillas **2** lisonjear ▪ **pálpebra titilando** párpado titilando

titubear /titube'ar/ *v* titubear, vacilar, dudar, oscilar ▪ **titubear no interrogatório** titubear en el interrogatorio

titular /titu'lar/ *adj & s* titular ▪ **titulares do periódico** titulares del periódico

toa /'toa/ *sf* toa ▪ **andar à toa** vaguear

toada /to'ada/ *sf* tonada, entonación, sonido, canto ▪ **toada da canção** tonada de la canción

toalete /toa'letʃi/ *s* tocador, cuarto de baño, traje femenino de gala ▪ **retirar-se ao toalete** retirarse al tocador

toalha /to'aʎa/ *sf* toalla ▪ **toalha de banho** toalla de baño

toca-discos /tokadʒiʃ'kuʃ/ *sm* tocadiscos ▪ **toca-discos da avó** tocadiscos de la abuela

tocante /to'kãtʃi/ *adj* tocante, enternecedor, patético ▪ **história tocante** historia enternecedora

tocar /to'kaR/ *v* tocar, alcanzar, atañer, sonar, tentar ▪ **tocar a campainha** llamar ▪ **tocar de perto** tocar de cerca ▪ **tocar repetidamente** toquetear

tocha /'tɔʃa/ *sf* antorcha, hacha, cirio ▪ **tocha de jogos olímpicos** antorcha de juegos olímpicos

toco /'toku/ *sm* cepa, cepón ▪ **toco de madeira** zoquete

todavia /toda'via/ *conj* todavía, aún ▪ **todavia não cheguei** todavía no llegué

todo, -a /'todu, da/ *adj & adv* todo ▪ **a toda** a toda máquina ▪ **todo-poderoso** omnipotente

toicinho /toj'siɲu/ *sm* tocino, lardo ▪ **manta de toicinho** badana ▪ **tira de toicinho** mecha ▪ **toicinho frito** torrezno

toldo /'towdu/ *sm* toldo, marquesina ▪ **toldo de feira** carpa

tolerante /tole'rãtʃi/ *adj* tolerante, liberal, permisivo ▪ **ser tolerante** tener manga ancha

tolerar /tole'raR/ *v* tolerar, aguantar, padecer, pasar, soportar ▪ **tolerar diferenças pessoais** tolerar diferencias personales

tolher /to'ʎeR/ *v* impedir, poner impedimentos ▪ **tolher que seja feliz** impedir que sea feliz

tolice /to'lisi/ *sf* **1** tontería, desacierto, fruslería ▪ **dizer uma tolice** decir una tontería

461

tolo

tolo, -a /'tolu, la/ *adj* inepto, majadero, necio, bobo, tonto ▪ **funcionário tolo** funcionario inepto

tom /'tõ/ *sm* tono, entonación, dejo ▪ **seguir o tom** seguir el tono

tomada /to'mada/ *sf* toma, aprehensión, intrusión, usurpación ▪ **tomada de preços** licitación ▪ **tomada elétrica** toma de corriente

tomar /to'maR/ *v* tomar, agarrar, asir, conquistar, usurpar, aprehender, robar, ocupar, beber ▪ **tomar conta** echar un ojo a algo ▪ **tomar corpo** incorporar ▪ **tomar crédito** levantar crédito **tomar o café da manhã** desayunar ▪ **tomar para si** llevarse

tomate /to'matʃi/ *sm* tomate ▪ **molho de tomate** salsa de tomate

tombar /to~'baR/ *v* tumbar, derribar ▪ **tombar ela com um empurrão** tumbarla de un empujón

tombo /'to~bu/ *sm* tumbo, caída, tropezón, tropiezo ▪ **levar um tombo** caerse, despatarrarse

tômbola /'to~bola/ *sf* tómbola ▪ **jogar a tômbola** jugar la tómbola

tomo /'tomu/ *sm* tomo, volumen ▪ **novo tomo de enciclopédias** nuevo tomo de enciclopedias

tonalidade /tonali'dadʒi/ *sf* tonalidad, coloración ▪ **tonalidade de cores** tonalidad de colores

tonel /to'nɛw/ *sm* tonel, barrica, cuba, pipa ▪ **tonel de vinho** tonel de vino

tonelada /tone'lada/ *sf* tonelada ▪ **toneladas de lixo** toneladas de basura

tônico, -a /'toniku, ka/ *adj & sm* tónico 2 ▪ **tônico para a calvície** tónico para la alopecia

tonto, -a /'to~tu, ta/ *adj & s* 1 mareado, tonto, chalado, bobo, burro, estúpido, simple, gaznápiro, imbécil, memo, necio, sandio, panolis, zopenco, hazmerreír ▪ **fazer um comentário tonto** hacer un comentario tonto

tontura /to~'tura/ *sf* vértigo, mareo ▪ **ficar com tontura** quedarse con tontura

topar /to'paR/ *v* 1 topar, deparar, tropezar 2 aceptar ▪ **topar com a polícia** toparse con la policía

topázio /to'pazju/ *sm* topacio ▪ **azul topázio** azul topacio

topete /to'petʃi/ *sm* 1 tupé, copete 2 jopo ▪ **topete do cabelo** tupé del cabello

tópico, -a /'tɔpiku, ka/ *adj & sm* 1 tópico, (lugar) común 2 medicamento externo ▪ **anestesia tópica** anestesia tópica

topo /'topu/ *sm* tope, cumbre, punta ▪ **o topo da montanha** la cumbre de la montaña

topografia /topogra'fia/ *sf* topografía ▪ **estudar topografia** estudiar topografía

topógrafo, -a /to'pɔgrafu, fa/ *s* topógrafo ▪ **contratar um topógrafo** contratar a un topógrafo

toque /'tɔki/ *sm* toque, tacto, contacto, sonido ▪ **dar um toque** avisar

tórax /'tɔraks/ *sm* tórax, pecho ▪ **expandir o tórax** expandir el tórax

torção /toR'sɑ~w/ *sf* torsión, torcedura ▪ **sofrer uma torção** sufrir una torcedura

torcedor, -ora /toRse'doR, ra/ *adj & s* 1 fanático, aficionado 2 hincha ▪ **torcedor do time de futebol** fanático del club de fútbol

torcer /toR'seR/ *v* torcer, doblegar, ladear, dar vueltas, enrollar ▪ **torcer o arame** torcer el alambre

torcicolo /toRsi'kolu/ *sm* tortícolis ▪ **levantar com torcicolo** levantarse con tortícolis

torcido, -a /toRsidu, da/ *adj* 1 torcido, ladeado 2 hinchada ▪ **cartaz torcido** cartel ladeado

tormenta /toR'me~ta/ *sf* 1 tormenta, tempestad, temporal, borrasca 2 agitación, confusión ▪ **noite de tormenta** noche de tormenta

tormento /toR'me~tu/ *sm* tormento, ansia, cruz, flagelación, pena, suplicio, tribulación ▪ **é o meu tormento** es mi tormento

tornado /toR'nadu/ *sm* tornado, huracán ▪ **tornado no norte** tornado en el norte

tornar /toR'naR/ *v* 1 tornar, retornar, regresar 2 mudar, reconsiderar 3 hacerse, venir a ser ▪ **tornar pela tarde** regresar por la tarde

tornassol /toRna'sow/ *sm* tornasol, girasol ▪ **plantação de tornassol** siembra de girasoles

torneio /toR'neju/ *sm* torneo, combate, certamen ▪ **torneio de vôlei** torneo de voleibol

torneira /toR'nejra/ *sf* 1 grifo 2 canilla **conjunto de torneiras** grifería ▪ **torneira de pipa** espita

torniquete /toRni'ketʃi/ *sm* torniquete, compresor ▪ **fazer um torniquete na ferida** hacer un torniquete en la herida

torno /'toRnu/ *sm* torno, llave de grifo, clavo de madera ▪ **torno de madeira** taco ▪ **torno pequeno** tornillo

tornozelo /toRno'zelu/ *sm* tobillo ▪ **tornolezo inflamado** tobillo inflamado

toró /'toru/ *sm* aguacero, chaparrón ▪ **toró de noite** aguacero de noche

torpe /'toRpi/ *adj* 1 torpe, deshonesto, infame 2 obsceno, indecoroso, sórdido, repugnante ▪ **passos torpes** pasos torpes

torpedo /toR'pedu/ *sm* torpedo ▪ **torpedos do barco** torpedos del barco

torpor /toR'poR/ *sm* apatía, letargo, sopor ▪ **falar com torpor** hablar con apatía

torquês /'toRkes/ *sf* tenaza, alicates ▪ **torquês de jardineira** tenazas de jardinería

torrar /to'Rar/ *v* torrar, achicharrar, churruscar, tostar ▪ **torrar a paciência** jeringar

torre /'tore/ *sf* torre **torre de comando** torre de mando ▪ **torre de observação** vigía

torrencial /toren'θjal/ *adj* torrencial, abundante, impetuoso ▪ **chuva torrencial** lluvia torrencial

torrente /to'Re~te/ *sf* torrente, avenida impetuosa ▪ **ao final da torrente** al final de la torrente

torresmo /to'Reʃmu/ *sm* torrezno, chicharrón ▪ **comer torresmo** comer chicharrón

tórrido, -a /'tɔRidu, da/ *adj* tórrido, muy caliente, ardiente ▪ **brasa tórrida** brasa ardiente

torso /'toRsu/ *sm* tronco, torso ▪ **torso engesado** torso enyesado

torta /'tɔRta/ *sf* torta, pastel ▪ **torta apimentada** enchilada

torto, -a /'toRtu, ta/ *adj & adv* tuerto, oblicuo, tortuoso, retorcido ▪ **a torto e a direito** a tontas y a locas, a ciegas

tortura /toR'tura/ *sf* tortura, martirio, suplicio, aflicción ▪ **vítimas de tortura** víctimas de tortura

torturar /toRtu'raR/ *v* torturar, atormentar, crucificar, martirizar ▪ **torturam os sequestrados** torturan a los secuestrados

tosar /to'saR/ *v* tonsurar, trasquilar, esquilar ▪ **tosar de ovelhas** esquilo de ovejas

tranquilo

tosco, -a /'toʃku, ka/ *adj* tosco, rudo, brusco ■ **jogos toscos** juegos rudos

tosquiar /toʃki'aR/ *v* esquilar, trasquilar, tonsurar ■ **cabeça tosquiada** cabeza trasquilada

tosse /'tɔsi/ *sf* tos ■ **tosse comprida** tos convulsa, tos ferina

tostão /toʃ'tɐ̃w/ *sm* tostón, centavo ■ **não ter um tostão** no tener ni una cuca ■ **não valer um tostão furado** no valer un pepino

tostar /tos'taɾ/ *v* **1** tostar, achicharrar, dorar, soflamar, torrar **2** tostarse ■ **tostar o pão** tostar el pan

total /to'tal/ *adj adv & sm* total, completo, global, integral ■ **revisão total** revisión total

totalizar /totali'θaɾ/ *v* totalizar ■ **totalizar o custo** totalizar el costo

touca /'toka/ *sf* toca, tocado ■ **touca de nadar** toca de nadar

toucinho /to'siɲu/ *sm* tocino ■ **toucinho de porco** tocino de cerdo

tourada /to'rada/ *sf* torada, corrida de toros ■ **entradas para a tourada** entradas para la corrida de toros

tourear /tore'aɾ/ *v* torear, lidiar toros ■ **tourear com destreza** torear con destreza

toureiro /to'rejru/ *adj, s* torero, toreador, diestro, matador ■ **toureiro espanhol** torero español

touro /'toru/ *sm* **1** toro **2** touro *Astrol, Astron* tauro (signo, constelação) ■ **touros de brigas** toros de pelea

tóxico, -a /'tɔksiku, ka/ *adj sm* tóxico, venenoso, veneno ■ **substância tóxica** sustancia tóxica

toxicômano, -a /toksi'komanu, na/ *s* toxicómano, toxicomaníaco ■ **pessoa toxicômana** persona toxicómana

toxina /to'ksina/ *sf* toxina, substancia venenosa ■ **toxinas de carne de porco** toxinas de carne de cerdo

trabalhador, -ora /trabaʎa'doR, ra/ *adj & s* trabajador, obrero, operario, hacendoso ■ **ser trabalhador** ser trabajador

trabalhar /traba'ʎaR/ *v* trabajar, funcionar, laborar, laborear ■ **não trabalhar** no trabajar

trabalho /tra'baʎu/ *sm* **1** trabajo, labor, labranza, negocio, obra, ocupación ■ **conseguir trabalho** conseguir trabajo

trabalhoso, -a /traba'ʎozu, za/ *adj* costoso, difícil, laborioso, penoso, pesado ■ **preparação trabalhosa** preparación trabajosa

traça /'trasa/ *sf* polilla ■ **traça na roupa velha** polilla en la ropa vieja

traçado, -a /tra'sadu, da/ *adj & sm* trazado, traza, pincelada ■ **fazer um traçado** hacer un trazado

tração /tra'sɐ̃w/ *sf* tracción ■ **caminhonete de tração dupla** camioneta de doble tracción

traçar /tra'saR/ *v* **1** trazar, plantear, proyectar **2** apolillar **3** tramar ■ **traçar os objetivos** trazar los objetivos

traço /'trasu/ *sm* trazo, trazado, tachón ■ **sem deixar traço** sin dejar huella

tradição /tradʒi'sɐ̃w/ *sf* tradición, transmisión de doctrinas, usos, costumbres ■ **vir de tradição** venir de tradición

tradução /tradu'sɐ̃w/ *sf* traducción, versión ■ **tradução juramentada** traducción oficial

tradutor, -ora /tradu'toR, ra/ *adj & s* traductor, intérprete ■ **tradutor de conferências** traductor de conferencias

traduzir /tradu'ziR/ *v* traducir, interpretar ■ **traduzir simultaneamente** traducir simultáneamente

tráfego /'trafegu/ *sm* tráfico (transporte), tránsito ■ **atraso pelo tráfego** retraso por tráfico

traficante /trafi'kɐ̃tʃi/ *adj & s* traficante, marchante, embustero ■ **traficante de drogas** traficante de drogas

traficar /trafi'kaR/ *v* traficar, negociar, especular ■ **traficar drogas** traficar drogas

tráfico /'trafiku/ *sm* tráfico, negocio, trata ■ **tráfico de mulheres para prostituição** trata de blancas

tragar /tra'gaR/ *v* tragar; sorber ■ **tragar saliva** tragar saliva

tragédia /tra3e'dʒja/ *sf* tragedia, fatalidad ■ **ocorrer uma tragédia** ocurrir una tragedia

trágico, -a /'tra3iku, ka/ *adj* trágico, fatal, fatídico, nefasto ■ **um tráfico final** un trágico final

trago /'tragu/ *sm* trago, sorbo ■ **um trago de vinho** un sorbo de vino

traição /traj'sɐ̃w/ *sf* traición, alevosía, infidelidad, perfidia ■ **cometer uma traição** cometer una traición

traiçoeiro, -a /trajso'ejru, ra/ *adj* traicionero, perverso ■ **amigos traiçoeiros** amigos traicioneros

traidor, -ora /traj'doR, ra/ *adj & s* traidor, infiel, judas ■ **traidor dos amigos** traidor de los amigos

trajar /tra'3aR/ *v* vestir, trajear, cubrir ■ **trajar elegante** vestir elegante

traje /'tra3i/ *sm* traje, vestuario, hábito, indumentaria ■ **traje de banho** bañador

trajeto /tra'3ɛtu/ *sm* trayecto, tránsito, recorrido, viaje ■ **durante o trajeto** durante el trayecto

trajetória /tra3e'tɔrja/ *sf* trayectoria, órbita, vía ■ **anos de trajetória** años de trayectoria

trama /'trama/ *sf* **1** trama, conspiración, urdidura, contextura **2** tinglado ■ **trama do filme** trama de la película

tramar /tra'maR/ *v* tramar, urdir, entretejer, conchabar, conspirar, maquinar, traerse entre manos ■ **tramar um plano** tramar un plan

trambiqueiro, -a /trɐ̃bi'kejru, ra/ *adj, s* buhonero ■ **pessoa trambiqueira** persona buhonera

trambolho /trɐ̃'boʎu/ *sm* estorbo, cachibache ■ **ser um trambolho** ser un estorbo

tramitação /tramita'sɐ̃w/ *sf* tramitación, trámite ■ **tramitação de papéis** papeleo

tramoia /tra'moja/ *sf* tramoya, intriga, enredo, trama, manejo ■ **ficar com tramoia** quedar con intriga

trampolim /trɐ̃'po'lĩ/ *sm* trampolín ■ **trampolim de piscina** trampolín de piscina

tranca /'trɐ̃ka/ *sf* tranca, barra de hierro o madera, falleba ■ **tranca de porta** cerradura

trança /'trɐ̃ka/ *sf* **1** trenza **2** intriga ■ **trança francesa** trenza francesa

trancar /trɐ̃'kaR/ *v* **1** cerrar, aherrojar, atrancar, poner bajo llave **2** encerrarse ■ **trancar a porta** cerrar la puerta

trançar /trɐ̃'kaR/ *v* trenzar, enredar, embarazar ■ **trançar os fios** enredar los hilos

tranco /'trɐ̃ku/ *sm* tranco, tumbo ■ **aos trancos** dando tumbos

tranquilidade /trɐ̃'kwili'dad3i/ *sf* tranquilidad, paz, seguridad, serenidad, sosiego ■ **pensar com tranquilidade** pensar con tranquilidad

tranquilizante /trɐ̃'kwili'zɐ̃tʃi/ *adj & sm* tranquilizante ■ **tranquilizante de feras** tranquilizante de fieras

tranquilizar /trɐ̃'kwili'zaR/ *v* **1** tranquilizar, aplacar, aquietar, descansar, satisfacer, sosegar **2** pacificarse, serenarse, calmarse ■ **tranquilizar a besta** tranquilizar a la bestia

tranquilo, -a /trɐ̃'kwilu, la/ *adj* tranquilo, asentado, plácido, calmo, sereno, sosegado, pacífico ■ **vida tranquila** vida tranquila

463

transação

transação /tɾɑ˜za'saˆw/ *sf* transacción, negocio, pacto ▪ **transação de banco** transacción de banco

transar /tɾɑ˜'zaR/ *v* **1** fornicar **2** negociar **3** tramar, conspirar ▪ **transar com alguém** fornicar con alguien

transbordar /tɾɑ˜jboR'daR/ *v* transbordar, derramar, desbordar, extravasar, salir del cauce, rebasar ▪ **transbordar o límite** transbordar el limite

transcendência /tɾɑ˜se˜'de˜sja/ *sf* transcendencia, trascendencia ▪ **história de transcendência** historia de transcendencia

transcender /tɾɑ˜se˜'deR/ *v* transcender, trascender, ultrapasar, exceder ▪ **atuar para transcender** actuar para trascender

transcorrer /tɾɑ˜jko'ReR/ *v* transcurrir, pasar ▪ **transcorrer o tempo** pasar el tiempo

transcrever /tɾɑ˜jkɾe'veR/ *v* transcribir, copiar, trasladar ▪ **transcrever o texto** transcribir el texto

transe /'tɾɑ˜zi/ *sm* trance, agonia ▪ **entrar em transe** entrar en trance

transeunte /tɾɑ˜ze'uˆ tʃi/ *adj & s* transeúnte, transitorio, pasajero (el que está de paso), caminante ▪ **deixar passar os transeuntes** dejar pasar a los transeúntes

transferência /tɾɑ˜jfe'ɾe˜sja/ *sf* transferencia, enajenación ▪ **transferência de contas bancárias** transferencia de cuentas bancarias

transferir /tɾɑ˜jfe'ɾiR/ *v* **1** transferir, enajenar, mudar, pasar, transmitir, transponer **2** mudarse, trasladarse ▪ **transferir o dinheiro** transferir el dinero

transfigurar /tɾɑ˜jfigu'ɾaR/ *v* **1** transfigurar, mudar, alterar **2** transfigurarse, transformarse ▪ **transfigurar os dados** transfigurar los datos

transformação /tɾɑ˜jfoRma'saˆw/ *sf* transformación, metamorfosis, cambio, mudanza ▪ **transformação da mosca de seda** transformación de la mosca de seda

transformar /tɾɑ˜jfoR'maR/ *v* **1** transformar, alterar, convertir, mudar **2** trocarse, disfrazarse ▪ **transformar ao mundo** transformar al mundo

transfusão /tɾɑ˜jfu'zaˆw/ *sf* transfusión ▪ **transfusão de sangue** transfusión de sangre

transgredir /tɾɑ˜jgɾe'dʒiR/ *v* transgredir, contravenir, infringir, violar, ofender ▪ **transgredir normas** transgredir las normas, pecar

transgressão /tɾɑ˜jgɾe'saˆw/ *sf* transgresión, infracción, violación, pecado ▪ **transgressão à lei** transgresión a la ley

transgressor, -ora /tɾɑ˜jgɾe'soR, ɾa/ *adj & s* transgresor, pecador ▪ **prender o transgressor** atrapar al transgresor

transição /tɾɑ˜zi'saˆw/ *sf* transición, pasaje, cambio, mudanza ▪ **período de transição** período de transición

transigência /tɾɑ˜zi'ʒe˜sja/ *sf* transigencia, condescendencia, tolerancia ▪ **organização com transigência** organización con transigencia

transigir /tɾɑ˜zi'ʒiR/ *v* transigir, contemporizar, conciliar, ceder ▪ **transigir o acordo** transigir el acuerdo

transitar /tɾɑ˜zi'taR/ *v* transitar, andar, pasar ▪ **proibido transitar** prohibido transitar

trânsito /'tɾɑ˜zitu/ *sm* tránsito, trayecto, frecuencia ▪ **congestionar ou engarrafar o trânsito** embotellar

transitório, -a /tɾɑ˜zi'tɔɾju, ɾja/ *adj* transitorio, finito, momentáneo, pasajero, temporal ▪ **problema transitório** problema transitorio

translúcido, -a /tɾɑ˜j'lusidu, da/ *adj* translúcido, diáfano ▪ **camiseta translúcida** camiseta translúcida

transluzir /tɾɑ˜jlu'ziR/ *v* translucir, translucirse ▪ **transluzir o lugar** translucir el lugar

transmissão /tɾɑ˜jmi'saˆw/ *sf* transmisión, conducción, propagación ▪ **interromper a transmissão** interrumpir la transmisión

transmitir /tɾɑ˜jmi'tʃiR/ *v* **1** transmitir, propagar, confiar, pasar **2** legar ▪ **transmitir ao vivo** transmitir en vivo

transparência /tɾɑ˜jpa'ɾe˜sja/ *sf* **1** transparencia **2** cristal ▪ **canal de transparência** canal de transparencia

transparente /tɾɑ˜jpa'ɾe˜tʃi/ *adj & sm* transparente, cristalino, diáfano, limpio, visible ▪ **papel transparente** papel transparente

transpassar /tɾɑ˜jpa'saR/ *v* traspasar, pasar o llevar de un sitio a otro ▪ **transpassar os móveis** traspasar los muebles

transpasse /tɾɑ˜jpa'saR/ *v* traspaso, traslado de algo ▪ **transpasse de título** traspaso de título

transpiração /tɾɑ˜jpiɾa'saˆw/ *sf* transpiración, sudor ▪ **transpiração pela humidade** transpiración por la humedad

transpirar /tɾɑ˜jpi'ɾaR/ *v* **1** transpirar, sudar **2** divulgarse ▪ **deixar de transpirar** dejar de transpirar

transplantar /tɾɑ˜jpla˜'taR/ *v* **1** trasplantar **2** transferir, trasladar ▪ **transplantar a árvore** trasplantar el árbol

transplante /tɾɑ˜j'pla˜tʃi/ *sm* trasplante ▪ **transplante de órgãos** trasplante de órganos

transpor /tɾɑ˜j'poR/ *v* transponer, pasar, saltar, exceder ▪ **transpor eles** transponerlos

transportar /tɾɑ˜jpoR'taR/ *v* transportar, transmitir, acarrear, conducir, llevar, portear ▪ **transportar por via aérea** aerotransportar

transporte /tɾɑ˜j'poRtʃi/ *sm* transporte, porte, conducción, vehículo ▪ **sistema de transporte** sistema de transporte

transtornar /tɾɑ˜jtoR'naR/ *v* **1** trastornar, desbarajustar, desconcertar, perturbar, subvertir **2** desbaratarse ▪ **transtornar uma pessoa** trastornar a una persona

transtorno /tɾɑ˜jtoRnu/ *sm* trastorno, confusión, dificultad ▪ **transtorno psicótico** transtorno psicótico

transversal /tɾɑ˜jveRsaw/ *adj & sf* transversal, diametral ▪ **corte transversal** corte transversal

trapaça /tɾa'pasa/ *sf* trapacería, burla, farsa, mentira, trampa ▪ **descobrir uma trapaça** descubrir una farsa

trapacear /tɾapase'aR/ *v* trampear ▪ **trapacear no jogo** apandillar

trapaceiro, -a /tɾapa'sejɾu, ɾa/ *adj & s* fullero, truán, tahúr, tramposo ▪ **comerciante trapaceiro** comerciante tramposo

trapézio /tɾa'pεzju/ *sm* trapecio ▪ **cair do trapézio** caer del trapecio

trapo /'tɾapu/ *sm* trapo, andrajo, harapo, guiñapo ▪ **estar um trapo** andar hecho un guiñapo, estar hecho polvo

traqueia /tɾa'keja/ *sf* tráquea ▪ **operação de traqueia** operación de tráquea

trás /'tɾajʃ/ *prep* detrás, tras, después ▪ **não ficar para trás** no quedarse en la zaga

traseiro, -a /tɾa'zejɾu, ɾa/ *adj & sm* trasero, culata, nalga ▪ **parte traseira do carro** parte trasera del coche

traste /'tɾaʃtʃi/ *sm* trasto, cacharro ▪ **homem traste** hombre trasto

tratado /tɾa'tadu, da/ *adj & sm* tratado, pacto ▪ **tratado entre países** tratado entre países

tratamento /tɾata'me˜tu/ *sm* tratamiento, medicación, terapéutica, terapia, trato ▪ **tratamento exaustivo** tratamiento exhaustivo

triste

tratar /tra'taR/ *v* 1 tratar 2 cuidar, medicar ■ **tratar alguém como cachorro** tratar a uno como a un perro

trato /'tratu/ *sm* trato, acuerdo, entente, ajuste, urbanidad ■ **fazer um trato** hacer un trato

trator /tra'toR/ *sm* tractor ■ **trator de agricultura** tractor de agricultura

trauma /'trawma/ *sm* trauma, traumatismo, lesión, contusión ■ **trauma cerebral** trauma cerebral

traumatismo /trawma'tʃiʒmu/ *sm* traumatismo, trauma ■ **traumatismo craniano** traumatismo craneano

trava /'travi/ *sf* traba, bloqueo ■ **trava de roda** trinquete

travar /tra'vaR/ *v* 1 trabar, prender, agarrar, frenar, enlazar, amargar 2 trabarse, unirse, juntarse ■ **travar conhecimentos** trabar conocimientos

travessa /tra'vesa/ *sf* traviesa, travesía ■ **travessa para servir comida** fuente

travessão /trave'sãw/ *sm* astil, travesaño ■ **travessão no texto** travesaño en el texto

travesseiro /trave'sejru/ *sm* almohada ■ **acomodar o travesseiro** acomodar la almohada

travesso, -a /tra'vesu, sa/ *adj* travieso, turbulento, inquieto ■ **ser muito travesso** ser la piel del diablo

travesti /traveʃ'tʃi/ *s* travesti, travestido ■ **cena de travesti** escena de travesti

trazer /tra'zeR/ *v* traer, portar, conducir, ocasionar, contener, usar, ocupar ■ **trazer objetos** traer objetos

trecho /'treʃu/ *sm* tramo, pedazo, trecho, intervalo, fragmento ■ **trecho de escada** tramo

treco /'trɛku/ *sm* chisme, trasto, cachivache **ter um treco** dar un síncope

trégua /'trɛgwa/ *sf* tregua, descanso ■ **dar uma trégua** dar una tregua

treinado, -a /trej'nadu, da/ *adj* entrenado, amaestrado ■ **cão treinado** perro amaestrado

treinador, -ora /trejna'doR, ra/ *s* entrenador ■ **treinador pessoal** entrenador personal

treinar /trej'naR/ *v* adiestrar, entrenar, ensayar, amaestrar, ejercitar ■ **treinar arduamente** entrenar árduamente

treino /'trejnu/ *sm* adiestramiento, entrenamiento, ejercicio, práctica ■ **treino de cães** adiestramiento de perros

trejeito /tre'ʒejtu, ta/ *sm* ademán, jeribeque, mueca ■ **fazer trejeito** hacer ademanes

trem /'trẽj/ *sm* tren ■ **trem de aterrissagem** tren de aterrizaje

tremendo, -a /tre'mẽdu, da/ *adj* tremendo ■ **tremenda casa** tremenda casa

tremer /tre'meR/ *v* temblar, agitar, asustarse ■ **tremer de medo** temblar de miedo

tremoço /tre'mosu/ *sm* altramuz ■ **tremoço grande** altramuz grande

tremor /tre'moR/ *sm* temblor, miedo, susto ■ **tremor de terra** temblor de tierra

tremular /tremu'laR/ *v* tremolar, ondear, vibrar, temblar, brillar ■ **caixas de som tremulando** parlantes vibrando

trenó /tre'nɔ/ *sm* trineo ■ **trenó de natal** trineo navideño

trepar /tre'paR/ *v* trepar, gatear ■ **trepar a cerca** trepar la cerca

trepidar /trepi'daR/ *v* trepidar, temblar, hesitar, titubear ■ **trepidar de frio** trepidar de frío

três /'treʃ/ *adj & sm* tres ■ **três anos de estudo** tres años de estudio

treta /'treta/ *sf* treta, artificio, añagaza, astucia, argucia ■ **treta no trabalho** treta en el trabajo

treva /'trɛva/ *sf* tiniebla, obscuridad ■ **manejar na treva** manejar en la tiniebla

treze /'trezi/ *adj & sm* trece ■ **ter treze anos** tener trece años

triângulo /tri'ɑ̃gulu/ *sm* triángulo ■ **triângulo amoroso** triángulo amoroso

tribo /'tribu/ *sf* tribu, clan, grupo ■ **tribo amazônica** tribu amazónica

tribulação /tribula'sãw/ *sf* atribulación, adversidad, aflicción, desgracia, disgusto ■ **juntos na tribulação** juntos en la adversidad

tribuna /tri'buna/ *sf* tribuna, púlpito, plataforma ■ **comprimentar a tribuna** saludar a la tribuna

tribunal /tribu'naw/ *sm* tribunal, jurado, juzgado ■ **tribunal de contas** tribunal de cuentas

tributar /tribu'taR/ *v* tributar, pagar, abonar (tributos) ■ **tributar impostos** tributar impuestos

tributo /tri'butu/ *sm* 1 tributo, contribución, impuesto, pedido ■ **cumprir com meu tributo** cumplir con mi tributo

tricotar /triko'taR/ *v* tejer ■ **tricotar um cachecol** tejer una bufanda

triênio /tri'enju/ *sm* trienio, periodo de tres años ■ **triênio de funcionamento** trienio de funcionamiento

trigêmeo, -a /tri'ʒemju, mja/ *adj & s* trillizo ■ **nascem trigêmeos** nacen trillizos

trigo /'trigu/ *sm* 1 trigo 2 pan ■ **trigo moído** trigo molido

trigonometria /trigonome'tria/ *sf* trigonometría ■ **estudar trigonometria** estudiar trigonometría

trilha /'triʎa/ *sf* 1 trilla, vereda, senda 2 trillo ■ **trilha sonora** banda sonora

trilhado, -a /tri'ʎadu, da/ *adj* 1 trillado, batido 2 maltratado, experimentado ■ **discussão trilhada** discusión trillada

trilhar /tri'ʎaR/ *v* 1 pisar, hollar 2 trillar ■ **trilhar na armadilha** pisar en la trampa

trilho /'triʎu/ *sm* 1 vía, carril 2 camino, dirección ■ **pôr nos trilhos** encarrilarse **sair do trilho** descarrilar

trimestre /tri'mɛʃtri/ *sm* trimestre ■ **último trimestre** último trimestre

trincar /triŋ'kaR/ *v* trincar, partir, morder, trinchar ■ **trincar a parede** trincar la pared

trinchar /triŋ'tʃaR/ *v* trinchar, partir, dividir ■ **trinchar território** trinchar territorio

trincheira /trĩ'ʃejra/ *sf* trinchera, barricada, foso, muro ■ **se ocultar na trincheira** ocultarse en la trinchera

trinco /'trĩku/ *sm* trinquete, pestillo ■ **trinco de porta** picaporte

trio /'triu/ *sm* trío, terno ■ **trio de guitarristas** trío de guitarristas

tripa /'tripa/ *sf* tripa ■ **fazer das tripas coração** hacer de tripas corazón

triplo, -a /'triplu, pla/ *adj & s* triple ■ **hambúrguer triplo** hamburguesa triple

tripulação /tripula'sãw/ *sf* tripulación, equipaje ■ **tripulação do barco** tripulación del barco

trissílabo, -a /tri'silabu, ba/ *adj & sm* trisílabo ■ **palavra trissílaba** palabra trisílaba

triste /'triʃtʃi/ *adj & s* triste, alicaído, angustiado, fúnebre, lamentable, lúgubre, melancólico, mohíno, mustio, taciturno, nostálgico, sombrío ■ **se sentir triste** sentirse triste

T

465

tristeza

tristeza /triʃ'teza/ *sf* **1** tristeza, angustia, melancolía, nostalgia, soledad **2** noche, pesadumbre ■ **morrer de tristeza** morir de tristeza

tristonho, -a /triʃ'toɲu/ *adj* tristón, taciturno, melancólico, sombrío ■ **estar tristonho** estar tristón

tritongo /tri'toˈgu/ *sm Gram* triptongo ■ **aprender tritongos** aprender triptongos

triturador /tritura'doR, ɾa/ *adj & sm* triturador, esmagador **triturador de alimentos** picador ■ **triturador elétrico** triturador eléctrico

triturar /tritu'raR/ *v* triturar, machacar, majar, masticar, moler, molturar ■ **triturar a carne** triturar la carne

triunfar /triuˈfaR/ *v* triunfar, vencer, ganar, superar ■ **triunfar na vida** triunfar en la vida

triunfo /tri'uˈfu/ *sm* **1** triunfo, victoria, éxito **2** laurel ■ **triunfo da equipe** triunfo del equipo

trivial /trivi'aw/ *adj* trivial, banal, común, prosaico ■ **conversação trivial** conversación trivial

triz /'triʃ/ *Loc* **num triz** faltar un pelo ■ **por um triz** por un tris, por un cabello

troar /tro'aR/ *v* atronar, tronar, sonar ■ **troar os dedos** tronar los dedos

troca /'tɾɔka/ *sf* **1** trueque, canje, barata, intercambio, permuta, cambio **2** substitución, trasplante **em troca** en trueque **troca de roupa** muda ■ **troca de presentes** intercambio de regalos

troça /'tɾɔka/ *sf* burla, chacota ■ **fazer uma troça** hacer una burla

trocadilho /troka'dʒiʎu/ *sm* juego de palabras, equívoco ■ **fazer um trocadilho** hacer un juego con las palabras

trocar /tro'kaR/ *v* trocar, canjear, cambiar, conmutar, permutar, transplantar, sustituir ■ **trocar as bolas** trocar unos los frenos

troco /'troku/ *sm* **1** cambio, vuelto ■ **receber o troco** recibir el cambio

troço /'trosu/ *sm* pedazo, trozo, rollizo, pedazo de madera ■ **troço de torta** pedazo de torta

troféu /tro'fɛw/ *sm* trofeo, copa ■ **ganhar um troféu** ganar un trofeo

trolebus /'trolebuʃ/ *sm* trolebús ■ **trolebus grande** trolebús grande

tromba /'troˈba/ *sf* **1** trompa **2** tromba ■ **tromba-d'água** tromba de agua

trombada /troˈbada/ *sf* trompazo, encontrón ■ **dar uma trombada** darse a trompazos

trombeta /troˈbeta/ *sf* trompeta, trompa, bocina ■ **tocar a trombeta** tocar la trompeta

trombone /troˈboni/ *sm Mús* trombón, sacabuche ■ **tocar trombone** tocar sacabuche

trombose /troˈbɔzi/ *sf* trombosis ■ **tratamento para trombose** tratamiento para la trombosis

trompa /'troˈpa/ *s* trompa, trompeta ■ **trompa de elefante** trompa de elefante

tronco /'trokú/ *sm* tronco, cuerpo, madero ■ **cortar o tronco** talar el tronco

trono /'tronu/ *sm* **1** trono **2** poder, dominio soberano ■ **trono de ouro** trono de oro

tropa /'trɔpa/ *sf* tropa ■ **tropa de exército** tropa de ejército

tropeção /trope'saˈw/ *sm* tropezón, tropiezo, tope ■ **cair um tropeção** caer un tropezón

tropeçar /trope'saR/ *v & sm* **1** tropezar, trompicar, topar, encontrar, dar de narices contra algo ■ **tropeçar com o diretor** tropezar con el director

tropical /tropi'kaw/ *adj* tropical ■ **frutas tropicais** frutas tropicales

trópico /'tɾɔpiku/ *adj & sm* trópico ■ **trópico de Câncer** trópico de Cáncer

trote /'tɾɔtʃi/ *sm* trote, novatada, chiste de mal gusto ■ **trote no telefone** trote en el teléfono

trouxa /'tɾoʃa/ *adj & s* fardo ■ **arrumar a trouxa** liar los bártulos **deixar alguém com cara de trouxa** dejar a uno con dos palmos de narices

trovador /trova'doR, ɾa/ *s* trovador, poeta ■ **trovador viajante** trovador viajante

trovão /tro'vaˈw/ *sm* trueno, gran ruido ■ **escutar um trovão** escuchar un trueno

trovejar /trove'ʒaR/ *v & sm* tronar ■ **trovejar forte** tronar fuerte

truculência /truku'leˈsja/ *sf* truculencia, ferocidad, crueldad ■ **assassinato truculento** asesinato truculento

trufa /'trufa/ *sf* trufa, chocolate fundido, hongo comestible, criadilla de tierra ■ **vender trufas** vender trufas

truncar /truˈkaR/ *v* truncar, tronchar, partir ■ **truncar o futuro** truncar el futuro

truque /'truki/ *sm* truco, ardid, engaño ■ **truque de cartas** truco de cartas

truta /'truta/ *sf* trucha ■ **truta de rio** trucha de río

tu /'tu/ *pron* tú ■ **tu es especial** tú eres especial

tua /'tua/ *pron* tuya ■ **a casa é tua** la casa es tuya

tubarão /tuba'raˈw/ *sm* **1** tiburón **2** pez gordo, magnata ■ **caçar tubarões** cazar tiburones

tubo /'tubu/ *sm* tubo, conducto ■ **tubo de ventilação** manguera

tudo /'tudu/ *pron* todo, el todo, la totalidad ■ **contra tudo e contra todos** contra viento y marea

tufo /'tufu/ *sm* montón ■ **tufo de cabelos** mata de pelo

tulipa /tu'lipa/ *sf* tulipán, tulipa, pantalla de una lámpara ■ **plantar tulipas** sembrar tulipanes

tumefação /tumefa'saˈw/ *sf* tumefacción, hinchazón, inflamación ■ **perna de tumefação** pierna tumefacta

tumor /tu'moR/ *sm* tumor, ántrax, fibroma ■ **tumor maligno** tumor maligno

túmulo /'tumulu/ *sm* túmulo, sepulcro, tumba ■ **túmulo familiar** sepulcro familiar

tumulto /tu'muwtu/ *sm* **1** tumulto, disturbio, escándalo, jarana, motín **2** jaleo, marimorena ■ **tumulto na rua** tumulto en la calle

túnel /'tunew/ *sm* túnel, camino subterráneo ■ **túnel assombrado** túnel embrujado

túnica /'tunika/ *sf* túnica, saya ■ **túnica religiosa** túnica religiosa

turbina /tuR'bina/ *sf* turbina ■ **turbinas de metal** turbinas de metal

turbulência /tuRbu'leˈsja/ *sf* **1** turbulencia **2** perturbación, confusión ■ **voo com turbulência** vuelo con turbulencia

turbulento, -a /tuRbu'leˈtu, ta/ *adj & s* turbulento, travieso, inquieto, desordenado ■ **rio turbulento** río turbulento

turismo /tu'riʃmu/ *sm* turismo, viaje de recreo, visita o recorrido por un país o lugar ■ **turismo cultural** turismo cultural

turista /tu'riʃta/ *adj & s* turista, excursionista, trotamundos ■ **visita de turistas** visita de turistas

turma /'tuRma/ *sf* pandilla, bando, turba, multitud ■ **turma de criminosos** bando de criminosos

tutor

turno /'tuRnu/ *sm* turno, mano, vez, tanda ▪ **turno de falar** turno de hablar

turquesa /tuR'keza/ *adj & s* turquesa (la piedra, el color) ▪ **diamante turquesa** diamante turquesa

turvar /tuR'vaR/ *v* **1** turbar, enturbiar **2** turbarse ▪ **turvar a vista** nublar la vista

turvo, -a /'tuRvu/ *adj & sm* torvo, turbio, borroso, opaco ▪ **água turva** agua turbia

tutano /tu'tanu/ *sm* tuétano, medula ▪ **chegar até o tutano** llegar hasta el tuétano

tutela /tu'tela/ *sf* **1** tutela, guarda **2** protección, defensa ▪ **estar baixo tutela** estar bajo tutela

tutor /tu'toR/ *sm* tutor ▪ **tutor em casa** tutor en casa

T

U

u /'u/ *sm* vigésima primeira letra del alfabeto portugués ■ **único começa com "u"** único empieza con "u"

ubiquidade /ubikwi'dadʒi/ *sf* ubicuidad ■ **em busca da ubiquidade** en busca de la ubicuidad

ufa /'ufa/ *excl* ¡uf! ■ **cheguei a tempo! ufa!** ¡llegué a tempo! ¡uf!

ufano, -a /u'fanu, na/ *adj* ufano, jactancioso, contento, satisfecho ■ **pais ufanos** padres contentos

uísque /u'iʃki/ *sm* güisqui, whisky ■ **tomar uísque** tomar whisky

uivo /'wivu/ *sm* aullido ■ **uivo na floresta** aullido en la foresta

úlcera /'uwsera/ *sf* úlcera, llaga, plaga, fístula ■ **problema de úlcera** problema de úlcera

ulterior /uwteri'oR/ *adj* ulterior, posterior, futuro ■ **ano ulterior** año posterior

ultimar /uwtʃi'maR/ *v* ultimar, concluir, finalizar, acabar ■ **ultimar o trabalho** concluir el trabajo

último, -a /'uwtʃimu, ma/ *adj & s* último, final, postrero, ínfimo ■ **estar nas últimas** estar en las últimas ■ **por último** por último, por fin, a la postre

ultrajante /uwtra'ʒãˈtʃi/ *adj* ultrajante, sacrílego ■ **ultrajante na política** ultrajante en la política

ultrajar /uwtra'ʒaR/ *v* ultrajar, blasfemar, injuriar, insultar ■ **ultrajar uma pessoa** ultrajar una persona

ultraje /uw'traʒi/ *sm* ultraje, injuria, insulto, sacrilegio ■ **fazer um ultraje** hacer un sacrilegio

ultramar /uwtra'maR/ *sm* ultramar ■ **região ultramar** región ultramar

ultrapassar /uwtrapa'saR/ *v* 1 ultrapasar, superar, exceder, sobrar, sobrepasar, sobrepujar 2 adelantar, transcender, transponer ■ **proibido ultrapassar** prohibido adelantarse

ultrassom /uwtra'soˈ/ *sm* ultrasonido ■ **usar o ultrassom** usar el ultrasonido

ultravioleta /uwtravio'leta/ *adj & sm* ultravioleta ■ **raios ultravioletas** rayos ultravioletas

ulular /ulu'laR/ *v* ulular, aullar ■ **ulular anoite** ulular por la noche

um, -a /'uˈ, 'uma/ *art, adj, pron* 1 uno, un 2 una ■ **nem um centavo** ni un centavo

umbanda /uˈˈbãˈda/ *sm* culto afro brasileño ■ **participar de umbanda** participar del culto afro brasileño

umbigo /uˈˈbigu/ *sm* ombligo ■ **infecção no umbigo** infección en el ombligo

umbilical /uˈbili'kaw/ *adj* umbilical ■ **cordão umbilical** cordón umbilical

umbral /uˈˈbraw/ *sm* 1 umbral 2 comienzo, el primer paso 3 dintel ■ **umbral da porta** umbral de la puerta

umedecer /umede'seR/ *v* humedecer, humectar, chapotear; mojar ■ **umedecer a roupa** humedecer la ropa

úmero /'umeru/ *sm* húmero ■ **quebrou o úmero** rompió el húmero

umidade /umi'dadʒi/ *sf* humedad, rocío, relente de la noche ■ **tempo de umidade** tiempo de humedad

úmido, -a /'umidu, da/ *adj* húmedo, levemente mojado ■ **tecido úmido** tejido húmedo

unânime /u'nanimi/ *adj* unánime, general; de común acuerdo, sin excepción ■ **decisão unânime** decisión unánime

unção /un'saˈw/ *sf* unción, devoción, recogimiento, fervor, piedad ■ **extrema-unção** extremaunción

ungir /u'ˈʒiR/ *v* 1 ungir, consagrar 2 untar ■ **ungir para fazer o bolo** ungir para hacer el pastel

unguento /uˈ'gweˈtu/ *sm* ungüento, emplasto, linimento ■ **tomar unguento** tomar ungüento

unha /'uɲa/ *sf* 1 uña, garra 2 poder ■ **ser unha e carne** ser uña y carne

unhada /u'ɲada/ *sf* uñada, arañazo ■ **unhada na pele** uñada en la piel

união /uni'aˈw/ *sf* 1 unión, acoplamiento, adhesión, enlace, fraternidad, ligazón, incorporación, unificación, matrimonio 2 lazo, nudo ■ **união da família** unión de la familia

unicelular /uniselu'laR/ *adj* unicelular ■ **característica unicelular** característica unicelular

único, -a /'uniku, ka/ *adj* único, uno, absoluto, incomparable, singular, solo ■ **nem um único** ni siquiera uno

unidade /uni'dadʒi/ *sf* 1 unidad, singularidad 2 uniformidad ■ **unidade de artilharia** batería

unido, -a /u'nidu, da/ *adj* unido, anexo, junto, ligado, adjunto ■ **família unida** familia unida

unificação /unifika'saˈw/ *sf* 1 unificación, reunión 2 federación ■ **unificação das pessoas** unificación de las personas

unificar /unifi'kaR/ *v* 1 unificar, reunir 2 unificarse, aunarse ■ **unificar os direitos** unificar los derechos

uniforme /uni'fɔRmi/ *adj & sm* uniforme, monótono ■ **uniforme de gala** uniforme de gala

uniformidade /unifoRmi'dadʒi/ *sf* uniformidad, monotonía, conformidad ■ **uniformidade na roupa** uniformidad en la ropa

unir /u'niR/ *v* 1 unir, juntar, ligar, pegar, vincular, acoplar 2 unificar, adjuntar, aglutinar, aliar 3 atar, articular, incorporar 4 conchabar 3 unirse, entrañarse, llegarse, trabarse ■ **unir os amigos** unir los amigos

unissex /uni'sɛks/ *adj* unisex, unisexo ■ **sapato unissex** zapato unisex

unitário /uni'tarju/ *adj & s* unitario ■ **valor unitário** valor unitario

úvula

universal /univeR'saw/ *adj* universal, general ■ **regra universal** regla universal

universalizar /univeRsali'zaR/ *v* universalizar, generalizar ■ **universalizar a língua** universalizar la lengua

universidade /univeRsi'dad3i/ *sf* universidad, institución dedicada a la enseñanza superior ■ **trabalho na universidade** trabajo en la universidad

universitário, -a /univeRsi'tarju, rja/ *adj & s* universitario ■ **estudante universitário** estudiante universitario

universo /uni'veRsu/ *sm* universo, cosmos, macrocosmo, orbe ■ **universo infinito** universo infinito

unívoco /u'nivoku/ *adj* unívoco, con un único sentido ■ **elenco unívoco** elenco unívoco

untar /u~'taR/ *v* 1 untar, engrasar 2 pringar, ungir 3 lubricar ■ **untar a panela** untar la olla

urânio /u'rɐnju/ *sm* uranio ■ **enriquecimento do urânio** enriquecimiento del uranio

urbanidade /uRbani'dad3i/ *sf* urbanidad, educación, delicadeza ■ **urbanidade na cidade** urbanidad en la ciudad

urbanismo /uRba'ni3mu/ *sm* urbanismo, urbanización ■ **aumenta o urbanismo** aumenta el urbanismo

urbanístico, -a /uRba'niʃtʃiku, ka/ *adj* urbanístico ■ **vida urbanística** vida urbanística

urbanizar /uRbani'zaR/ *v* urbanizar, civilizar ■ **urbanizar a população** urbanizar la población

urbano, -a /uR'banu, na/ *adj* 1 urbano, cortés, tratable, ciudadano, sociable 2 de la ciudad ■ **transporte urbano** transporte urbano

urdir /uR'd3iR/ *v* 1 urdir, entretejer 2 tramar, maquinar ■ **urdir o tecido** urdir el tejido

uretra /u'rɛtra/ *sf* uretra ■ **problema na uretra** problema en la uretra

urgência /uR3e~'sja/ *sf* urgencia, prisa, necesidad inmediata ■ **com a máxima urgência** a la brevedad

urgente /uR3e~'tʃi/ *adj* urgente, imperioso ■ **trabalho urgente** trabajo urgente

urina /u'rina/ *sf* orín, orina, micción ■ **sangue na urina** sangre en la orina

urinar /uri'naR/ *v* 1 orinar 2 mear ■ **urinar no banheiro** orinar en el baño

urinol /uri'nɔw/ *sm* bacín, orinal, urinario, escupidera ■ **usar o urinol** usar el urinario

urna /'uRna/ *sf* urna, vaso, caja ■ **urna de ouro** urna de oro

urologista /urolo'3iʃta/ *s* urólogo ■ **consultório do urologista** consultorio del urólogo

urso /'uRsu/ *sm* oso ■ **urso branco** oso blanco

urtiga /uR'tʃiga/ *sf* ortiga ■ **plantar urtiga** plantar ortiga

urubu /uru'bu/ *sm* buitre, zope ■ **urubu é preto** buitre es negro

uruguaio, -a /uru'gwaju, a/ *adj & s* 1 uruguayo 2 oriental ■ **conheço um uruguaio** conozco un uruguaio

usado, -a /u'zadu, da/ *adj* usado, gastado, lamido, traído ■ **roupa usada** ropa usada

usar /u'zaR/ *v* 1 usar, gastar, llevar, vestir, ocupar, practicar, estilar 2 introducir ■ **usar todos os meios** tocar todos los palillos

uso /'uzu/ *sm* uso, empleo, moda, tradición, usanza, hábito ■ **fora de uso** en desuso

usual /uzu'aw/ *adj* usual, común, corriente, frecuente, general, ordinario ■ **atitude usual** actitud usual

usuário, -a /uzu'arju, rja/ *adj & s* usuario, ocupante ■ **usuário de internet** usuario de internet

usufruir /uzufru'iR/ *v* usufructuar, gozar, poseer ■ **usufruir da vida** usufructuar de la vida

usufruto /uzu'frutu/ *sm* usufructo, uso, gozo, posesión ■ **fazer usufruto** hacer usufructo

usura /u'zura/ *sf* usura, agio, agiotaje ■ **fazer uma usura** hacer una usura

usurário, -a /uzu'rarju, rja/ *adj & s* usurero, prestamista, agiotista, logrero ■ **é um usurário** es un usurero

usurpador, -ora /uzuRpa'doR, ra/ *adj & s* usurpador, intruso ■ **usurpador de impostos** usurpador de impuestos

usurpar /uzuR'paR/ *v* usurpar, detentar, extorquir, suplantar ■ **usurpar alguém** usurpar alguien

utensílio /ute~'silju/ *sm* 1 utensilio, pertrecho, útil 2 utensilios ■ **conjunto de utensílios** útiles

uterino, -a /ute'rinu, na/ *adj* uterino ■ **irmãos uterinos** hermanos uterinos

útero /'uteru/ *sm* útero, matriz, madre ■ **útero da mãe** útero de la madre

útil /'utʃju/ *adj* 1 útil, aprovechable, conveniente, provechoso 2 positivo, bueno, ventajoso ■ **dia útil** día hábil

utilidade /utili'dad3i/ *sf* utilidad, importancia, provecho, servicio, valor, uso ■ **utilidade pública** utilidad pública

utilitário, -a /utili'tarju, rja/ *adj* utilitario, coche utilitario ■ **utilitário para a vida** utilidad para la vida

utilizar /utili'zaR/ *v* 1 utilizar, aprovechar, ocupar, usar 2 servirse, emplearse, beneficiarse ■ **utilizar sua ajuda** aprovechar de su ayuda

utilizável /utili'zavew/ *adj* utilizable, aprovechable ■ **material utilizável** material utilizable

utopia /uto'pia/ *sf* utopía, fantasía, quimera, ilusión, sueño ■ **utopia para a vida** utopía para la vida

utópico, -a /u'tɔpiku, ka/ *adj* utópico, fantástico ■ **vida utópica** vida utópica

uva /'uva/ *sf* uva, fruto de la vida ■ **comer uva** comer uva

úvula /'uvula/ *sf* úvula ■ **fazer uma úvula** hacer una úvula

U

469

V

v /'ve/ *sm* **1** vigésima segunda letra del alfabeto portugués **2** V cinco en la numeración romana ■ **"v" de vaca** "v" de vaca

vaca /'vaka/ *sf* **vaca** ■ **nem que a vaca tussa** ni por asomo

vacância /va'kɐ̃sja/ *sf* vacío, vacante, empleo ■ **vacância na vida** vacío en la vida

vacante /va'kɐ̃tʃi/ *adj* vacante, libre, desocupado ■ **homem vacante** hombre vacante

vacilação /vasila'sɐ̃w̃/ *sf* vacilación, irresolución, indecisión ■ **vacilação nos estudos** vacilación en los estudios

vacilar /vasi'laR/ *v* vacilar, bambolear, oscilar, titubear ■ **vacilar com alguém** vacilar con alguien

vacina /va'sina/ *sf* **1** vacuna **2** *inform* antivirus ■ **tomar vacina** tomar vacuna

vácuo /'vakwo/ *adj & sm* vacuo, vacío ■ **vácuo na vida** vacuo en la vida

vadiagem /vad3i'aʒẽj̃/ *sf* vagabundeo, hampa, holgazanería, ociosidad ■ **vadiagem de jovens** vagabundeo de jóvenes

vadiar /vad3i'aR/ *v* callejear, corretear, mangonear, zanganear ■ **vadiar com mulheres** callejear con mujeres

vadio, -a /va'd3iu, a/ *adj* galopín, golfo, holgazán, vagabundo ■ **homem vadio** hombre galopín

vaga /'vaga/ *sf* ola, onda, plaza ■ **vaga no estacionamento** plaza en el estacionamiento

vagabundear /vagabũ'deaR/ *v* vagabundear, gandulear, haraganear, zanganear ■ **vagabundear na rua** vagabundear en la calle

vagabundo, -a /vaga'bũdu, da/ *adj & s* vagabundo, gandul, golfo, polizón ■ **homem vagabundo** hombre vagabundo

vagão /va'gɐ̃w̃/ *sm* vagón ■ **vagão-dormitório** coche cama

vagar /va'gaR/ *v & sm* vagar, vaguear ■ **vagar à noite** vagar por la noche

vagaroso, -a /vaga'rozu, za/ *adj* blando, lento, moroso, parado, paulatino ■ **carro vagaroso** coche lento

vagem /'vaʒẽj̃/ *sf* vaina, judía verde ■ **comer vagem** comer vaina

vagina /va'ʒina/ *sf* vagina ■ **vagina da mulher** vagina de la mujer

vago, -a /'vago, ga/ *adj* **1** vago, evasivo, genérico, impreciso, indistinto **2** vacío, vacante ■ **lugar vago** lugar vacío

vaguear /vage'aR/ *v* vagar, merodear, errar ■ **vaguear pela cidade** vagar por la ciudad

vaia /'vaja/ *sf* **1** silba, abucheo **2** culebra ■ **vaia no show** silba en el concierto

vaiar /vaj'aR/ *v* chiflar, silbar, abuchear ■ **vaiar o cantor** chiflar al cantante

vaidade /vaj'dad3i/ *sf* **1** vanidad, afectación, alarde **2** aire, hinchazón, futilidad, jactancia, narcisismo, orgullo, presunción, vanagloria, penacho, tufo ■ **vaidade da mulher** vanidad de la mujer

vaidoso, -a /vaj'dozu, za/ *adj* **1** vanidoso, engolado, fantasioso, glorioso, inmodesto, jactancioso, narcisista, pomposo, presumido, soberbio, ufano **2** fantasmón, farolero, hinchado, orondo ■ **mulher vaidosa** mujer vanidosa

vaivém /vaj've̅j̃/ *sm* vaivén, movimiento oscilatorio ■ **vaivém do barco** vaivén del barco

vala /'vala/ *sf* valla, foso, excavación ■ **vala da rua** valla de la calle

valado /va'ladu/ *sm* valla, vallado, cercado ■ **valado na casa** cercado en la casa

vale /'vali/ *sm* **1** vale, boletín **2** vale, recibo ■ **vale do ônibus** vale del ómnibus

valente /va'le̅tʃi/ *adj & s* valiente, valeroso, gallardo, guapo ■ **homem valente** hombre valiente

valentia /vale̅'tʃia/ *sf* valentía, resistencia, temple, valor ■ **valentia do herói** valentía del héroe

valer /va'leR/ *v* **1** valer, costar, servir **2** valerse, servirse ■ **não valer nada** no valer un cuerno

valeta /va'leta/ *sf* hijuela, zanja, cuneta ■ **valeta na rua** cuneta de la calle

valia /va'lia/ *sf* **1** valía, valor **2** protección, influencia, empeño ■ **valia do carro** valor del coche

validade /vali'dad3i/ *sf* validez ■ **ter validade** valer algo

validar /vali'daR/ *v* validar, autorizar, legalizar ■ **validar a comida** validar la comida

válido, -a /'validu, da/ *adj & sm* **1** válido, útil, legal **2** activo, eficaz, provechoso ■ **comida válida** comida válida

valioso, -a /vali'ozu, za/ *adj* **1** valioso, precioso, válido, legal, importante **2** influyente **3** de oro ■ **joia valiosa** joya valiosa

valor /va'loR/ *sm* **1** valor, mérito, virtud **2** importancia, importe, monta, valía, precio **3** valentía, coraje, corazón ■ **de pouco valor** de mala muerte

vantagem /vɐ̃'taʒẽj̃/ *sf* ventaja, conveniencia, interés, privilegio, utilidad, partido ■ **contar vantagem** hablar de papo, fanfarronear

vantajoso, -a /vɐ̃ta'jozu, za/ *adj* ventajoso, aprovechable, lucrativo, útil ■ **situação vantajosa** situación ventajosa

vão /'vɐ̃w̃/ *adj & sm* vano, fútil, abertura, hueco ■ **em vão** en vano

vapor /va'poR/ *sm* vapor, tufo ■ **vapor da água** vapor del agua

vaporização /vaporiza'sɐ̃w̃/ *sf* vaporización, evaporación ■ **vaporização do ambiente** vaporización del ambiente

vaporizador /vaporiza'doR/ *adj & sm* vaporizador, pulverizador ■ **vaporizador de água** vaporizador de agua

velocidade

vaporoso, -a /vapo'rozu, za/ *adj* **1** vaporoso **2** tenue, ligero, delicado, sutil, diáfano ■ **aparelho vaporoso** aparato vaporoso

vaqueiro /va'kejru/ *adj & s* vaquero ■ **vaqueiro da fazenda** vaquero de la hacienda

vaquinha /va'kiɲa/ *sf* recolección de dinero ■ **fazer vaquinha** juntar dinero

vara /'vara/ *sf* vara, ramo delgado, bastón, bordón, percha, látigo ■ **vara de pesca** vara de pescar

varanda /va'rɑ̃da/ *sf* baranda, balcón, barandilla ■ **varanda envidraçada** gabinete

varão /va'rɑ̃w/ *sm* varón, hombre ■ **varão da cidade** varón de la ciudad

varar /va'raR/ *v* atravesar, traspasar, impregnar ■ **varar a cidade** atravesar la ciudad

varejista /vaɾe'ʒiʃta/ *adj & s* tendero, minorista ■ **varejista da loja** tendero de la tienda

varejo /va'reʒu/ *sm* comercio minorista ■ **comprar no varejo** comprar en el comercio

vareta /va'reta/ *sf* varilla, palillo, baqueta ■ **vareta de madeira** varilla de madera

variabilidade /variabili'dadʒi/ *sf* variabilidad, inconstancia, versatibilidad ■ **variabilidade de preços** variabilidad de precios

variação /varia'sɑ̃w/ *sf* variación, fluctuación, mudanza, oscilación ■ **variação de preços** fluctuación de precios

variado, -a /vari'adu, da/ *adj* variado, vario, misceláneo, múltiple, surtido ■ **preço variado** precio variado

variante /vari'ɑ̃tʃi/ *adj & sf* variante, diferente, variable versión, diferencia, diversidad ■ **variante de matemática** variante de matemática

variar /vari'aR/ *v* **1** variar, alternar, mudar, cambiar **2** alterar ■ **variar cores** variar colores

variável /vari'avew/ *adj & sf* variable, desigual, inestable, oscilante, voluble ■ **valor variável** valor variable

variedade /varie'dadʒi/ *sf* **1** variedad, multiplicidad, profusión ■ **variedade de cores** variedad de colores

variz /va'riʒ/ *sf* variz, várice, varice ■ **ter variz** tener varice

varrer /va'ReR/ *v* **1** barrer, cepillar, limpiar **2** olvidar por completo, acabar, desaparecer ■ **varrer o chão** barrer el suelo

vasco /'vaʃku, ka/ *adj & s* vasco, vascongado, eúscaro ■ **povo vasco** pueblo vasco

vascular /vaʃku'ʎaR/ *v* registrar, catear ■ **vascular a casa** catear la casa

vaselina /vaze'lina/ *sf* vaselina, sustancia grasa y blanquecina ■ **tomar vaselina** tomar vaselina

vasilha /va'ziʎa/ *sf* vasija, vajilla, bacía, bidón, envase ■ **bojo de vasilha** panza **vasilha de barro** orza **vasilha de louça** pocillo ■ **vasilha de metal** perol ■ **vasilha ordinária** cacharro

vaso /'vazu/ *sm* vaso, ánfora, florero, jarro, pote, urna ■ **vaso de barro** maceta **vaso sanguíneo** vena ■ **vaso sanitário** urinario

vassalagem /vasa'laʒeʒ/ *sf* vasallaje, sumisión, sujeción ■ **povo da vassalagem** pueblo de vasallaje

vassalo /va'salu/ *adj, s* vasallo, súbdito ■ **homem vassalo** hombre vasallo

vassoura /va'sora/ *sf* escoba para barrer ■ **vassoura na casa** escoba en la casa

vastidão /vaʃtʃi'dɑ̃w/ *sf* **1** amplitud, inmensidad **2** huelgo ■ **vastidão de plantas** amplitud de plantas

vasto, -a /'vaʃtu, ta/ *adj* vasto, amplio, inmenso, extenso, grande ■ **terreno vasto** terreno vasto

vaticinar /vatʃisi'naR/ *v* vaticinar, pronosticar, predecir ■ **vaticinar um desejo** vaticinar un deseo

vaticínio /vatʃi'sinju/ *sm* vaticinio, profecía, agüero ■ **acreditar no vaticínio** creer en la profecía

vazante /va'zɑ̃tʃi/ *adj & sf* menguante, reflujo ■ **vazante de líquido** menguante de líquido

vazar /va'zaR/ *v* vaciar, filtrar, verter, derramar, perder, excavar ■ **vazar água** vaciar agua

vazio, -a /va'ziu, ia/ *adj & sm* **1** vacío, hueco, huero **2** vacante, vacuo ■ **copo vazio** vaso vacío

veado /ve'adu/ *sm* **1** venado, corza **2** maricón, pisaverde ■ **veado na floresta** venado en la foresta

vedação /veda'sɑ̃w/ *sf* sellado, veda, defensa ■ **vedação da tubulação** sellado de la tubería

vedado, -a /ve'dadu, da/ *adj* vedado, impedido, prohibido ■ **ingresso vedado** entrada prohibida

vedar /ve'daR/ *v* vedar, sellar herméticamente, impedir ■ **vedar a vista** sellar la vista

veemência /vie'me̅'sja/ *sf* **1** vehemencia, ardor, anhelo **2** intensidad, llama ■ **sentir com veemência** sentir con vehemencia

veemente /vie'me̅'tʃi/ *adj* vehemente, ardiente, fervoroso ■ **sentimento veemente** sentimiento vehemente

vegetação /veʒeta'sɑ̃w/ *sf* vegetación ■ **vegetação saudável** vegetación saludable

vegetal /veʒe'taw/ *adj & sm* vegetal, planta ■ **comer vegetal** comer vegetal

vegetar /veʒe'taR/ *v* vegetar, germinar, vivir maquinalmente ■ **vegetar na cama** vegetar en la cama

vegetariano, -a /veʒetari'ano, na/ *adj & s* vegetariano, partidario del vegetarianismo ■ **restaurante vegetariano** restaurante vegetariano

vegetativo, -a /veʒeta'tʃivu, va/ *adj* vegetativo ■ **estado vegetativo** estado vegetativo

veia /'veja/ *sf* **1** vena, vaso **2** inspiración poética ■ **entupimento da veia** entupimiento de la vena

veículo /ve'ikulo/ *sm* **1** vehículo **2** medio de comunicación ■ **veículo de aluguel** fletero

vela /'vela/ *sf* **1** vela **2** bujía, cirio **3** vigilia ■ **vela de embarcação** paño

velado, -a /ve'ladu, da/ *adj* velado, oculto, cubierto ■ **homem velado** hombre velado

velar /ve'laR/ *adj & sf* **1** velar, vigilar **2** tapar, ocultar **3** encubrirse ■ **velar o corpo** velar el cuerpo

veleidade /velej'dadʒi/ *sf* veleidad, ligereza, volubilidad ■ **cometer veleidade** hacer veleidad

veleiro /ve'lejru/ *sm* velero, barco de vela ■ **andar de veleiro** andar de velero

velhacaria /veʎaka'ria/ *sf* bellaquería, picardía, pillería ■ **vender velhacaria** vender bellaquería

velhaco /ve'ʎaku, ka/ *adj & s* bellaco, malo, pícaro, bribón ■ **homem velhaco** hombre bellaco

velharia /veʎa'ria/ *sf* vejez, antigualla, vejestorio, los viejos ■ **vender velharias** vender antiguallas

velhice /ve'ʎisi/ *sf* **1** vejez, senilidad, antigüedad **2** ocaso ■ **a velhice** la senilidad

velho, -a /'veʎu, ʎa/ *adj & s* **1** viejo, anticuado, antiguo **2** abuelo, anciano, añejo, senil ■ **ser mais velho que andar pra frente** ser más viejo que un palmar

velocidade /velosi'dadʒi/ *sf* velocidad, rapidez, ligereza, prisa, marcha ■ **a toda velocidade** a toda furia

V

471

velocímetro

velocímetro /velo'simetru/ *sm* velocímetro ■ **velocímetro do carro** velocímetro del coche

velório /ve'lɔɾju/ *sm* velatorio, funeral ■ **velório da família** velatorio de la familia

veloz /ve'lɔjʒ/ *adj* veloz, ligero, presuroso, rápido ■ **carro veloz** coche veloz

veludo /ve'ludu/ *sm* terciopelo, pana, cotelé ■ **roupa de veludo** ropa de pana

venal /be'nal/ *adj* venal, que se deja sobornar ■ **povo venal** pueblo venal

vencedor, -ora /benθe'ðoɾ, a/ *adj & s* vencedor, victorioso, triunfante ■ **vencedor do prêmio** vencedor del premio

vencer /ben'θeɾ/ *v* vencer, ganar, debelar, subjuzgar, superar, triunfar ■ **vencer com brilho** salir airoso

vencido, -a /ben'θiðo, a/ *adj* vencido, derrotado, fracasado ■ **vencido na luta** vencido en la lucha

vencimento /ve͂si'me͂tu/ *sm* **1** vencimiento, asignación, plazo, pagadero **2 vencimentos** *pl* sueldo, honorarios ■ **data de vencimento** fecha de vencimiento

venda /'ve͂da/ *sf* **1** venda (para os olhos) **2** venta **venda a varejo** expendio ■ **venda de mercadorias** venta de productos

vendar /ve͂'daɾ/ *v* **1** vendar, tapar los ojos **2** obscurecer, cegar, ofuscar ■ **vendar os olhos** vendar los ojos

vendedor, -ora /ve͂de'doɾ, ɾa/ *adj & s* vendedor ■ **vendedora ambulante** cajonera

vender /ve͂'deɾ/ *v* **1** vender **2** venderse, prostituirse, corromperse ■ **vender barato** liquidar

veneno /ve'nenu/ *sm* veneno, ponzoña, matarratas ■ **veneno de cobra** veneno de cobra

venenoso, -a /vene'nozu, za/ *adj* venenoso, ponzoñoso, deletéreo ■ **cobra venenosa** cobra venenosa

veneração /venera'sɐ͂w/ *sf* **1** veneración, adoración **2** homenaje *pl:* **venerações ■ veneração ao rei** veneración al rey

venerar /vene'ɾaɾ/ *v* **1** venerar, idolatrar **2** homenajear ■**venerar alguém** venerar alguien

venéreo, -a /ve'nɛɾju, ɾja/ *adj & sm* venéreo ■ **algo venéreo** algo venéreo

veneta /ve'neta/ *sf* vena, capricho, ataque de locura ■ **dar na veneta** dar la gana

veneziana /venezi'ana/ *sf* persiana, rejilla de la ventana ■ **colocar a veneziana** poner la persiana

venezuelano, a /venezwe'lano, na/ *adj & s* venezolano, de venezuela ■ **homem venezuelano** hombre venezolano

venoso /ve'nozu, za/ *adj* venoso ■ **sangue venoso** sangre venoso

ventar /ve͂'taɾ/ *v* ventear, soplar, ventar ■ **ventar as flores** ventear las flores

ventilação /ve͂tʃila'sɐ͂w/ *sf* ventilación, aireación ■ **ventilação na casa** ventilación en la casa

ventilador /ve͂tʃila'doɾ, ɾa/ *adj & sm* ventilador ■ **ventilador no teto** ventilador en el techo

ventilar /ve͂tʃi'laɾ/ *v* ventilar, agitar, airear, aventar ■ **ventilar a casa** ventilar la casa

vento /'ve͂tu/ *sm* viento, aire ■ **aos quatro ventos** a los cuatro vientos

ventre /'ve͂tɾi/ *sm* vientre, panza, buche ■ **prisão de ventre** estreñimiento

ventrículo /ve͂'tɾikulo/ *sm* ventrículo ■ **problema no ventrículo** problema en el ventrículo

ventura /ve͂'tuɾa/ *sf* ventura, prosperidad, felicidad ■ **ventura na vida** ventura en la vida

venturoso, -a /ve͂tu'ɾozu, za/ *adj* venturoso, próspero, afortunado, dichoso ■ **homem venturoso** hombre venturoso

vênus /'venuʃ/ *sf* venus, mujer bonita ■ **camisa de vênus** condón, preservativo

ver /veɾ/ *v & sm* ver, asistir, examinar, contemplar, ojear, presenciar ■ **até mais ver** hasta luego

veracidade /veɾasi'dadʒi/ *sf* veracidad, verdad, autenticidad ■ **veracidade dos fatos** veracidad de los hechos

veraneio /veɾa'neju/ *sm* veraneo, vacaciones ■ **veraneio na vida** veraneo en la vida

verão /ve'ɾɐ͂w/ *sm* verano ■ **férias de verão** vacaciones de verano

verba /'veɾba/ *sf* fondos, parcela, apunte ■ **verba para a festa** fondos para la fiesta

verbete /veɾ'bedʒi/ *sm* palabra, artículo, voz (en diccionario), nota ■ **verbetes na música** palabras en la canción

verbo /'vɛɾbu/ *sm* verbo, voz, palabra, elocuencia, expresión ■ **gastar o verbo** tener pico

verdade /veɾ'dadʒi/ *sf* verdad ■ **dizer umas verdades a alguém** decirle a uno cuatro verdades

verde /'veɾdʒi/ *adj & sm* verde **2** inmaduro, temprano **3** novato, inexperto ■ **estar verde** ser inmaduro

verdugo /veɾ'dugu/ *sm* verdugo, carrasco ■ **homem verdugo** hombre verdugo

verdura /veɾ'duɾa/ *sf* verdura, hortaliza, hierba ■ **comer verdura** comer verdura

vereador, -ora /veɾea'doɾ, ɾa/ *s* miembro del ayuntamiento ■ **votar no vereador** votar en el miembro del ayuntamiento

vereda /ve'ɾeda/ *sf* **1** acera, vereda, senda, camino estrecho **2** rumbo, dirección ■ **linda vereda** linda vereda

verga /'veɾga/ *sf* **1** verga, vara delgada y flexible **2** órgano genital masculino ■ **usar a verga** utilizar la verga

vergonha /veɾ'goɲa/ *sf* vergüenza, pudor, empacho ■ **falta de vergonha** desvergüenza **sem-vergonha** sinvergüenza

vergonhoso, -a /veɾgo'ɲozu, za/ *adj* vergonzoso, vejatorio, depreciable, inconfesable ■ **atitude vergonhosa** actitud vergonzosa

verídico, -a /veɾid'ʒiku, ka/ *adj* verídico, verdadero ■ **acontecimento verídico** acontecimiento verídico

verificação /veɾifika'sɐ͂w/ *sf* verificación, supervisión, ejecución ■ **verificação do trabalho** verificación del trabajo

verificar /veɾifi'kaɾ/ *v* **1** verificar, comprobar, examinar, supervisar **2** tomar el pulso a algo **2** verificarse, efectuarse, cumplirse ■ **verificar uma informação** comprobar una información

verme /'vɛɾmi/ *sm* **1** verme, gusanillo, gusano **2** estropajo ■ **verme de água** gusarapo

vermelho, -a /veɾ'meʎu, ʎa/ *adj & sm* rojo, bermejo, rubro, encarnado ■ **ficar vermelho** subirse el pavo a uno, ponerse rojo de vergüenza

vernáculo, -a /veɾ'nakulo, la/ *adj & sm* vernáculo, nativo, patrio, nacional ■ **língua vernácula** lengua vernácula

verniz /veɾ'niʃ/ *sm* **1** barniz, charol **2** buena educación, distinción ■ **verniz na cadeira** barniz en la silla

verossímil /veɾo'simiw/ *adj* verosímil, plausible, natural ■ **pessoa verossímil** persona verosímil

verruga /ve'Ruga/ *sf* verruga, abultamiento en la piel ■ **verruga na pele** verruga en la piel

verruma /ve'Ruma/ *sf* barrena, taladro, broca ■ **grande verruma** gran barrena

vigarista

versado, -a /veR'sadu, da/ *adj* versado, perito, práctico, experimentado ▪ **homem versado** hombre versado

versar /veR'saR/ *v* versar, volver, manejar, estudiar, practicar ▪ **versar com calma** versar con calma

versátil /veR'satʃiw/ *adj* versátil, ecléctico, voluble, inconstante ▪ **ser versátil** ser versátil

versículo /veR'sikulu/ *sm* versículo ▪ **ler o versículo** leer el versículo

verso /'vɛRsu/ *sm* verso, composición poética, cara posterior de un objeto ▪ **verso da música** verso de la canción

vértebra /'vɛRtebra/ *sf* vértebra, hueso de la columna vertebral ▪ **problema na vértebra** problema en la vértebra

vertebrado, -a /veRte'bradu, da/ *adj & sm* **1** vertebrado **2 vertebrados** *pl* vertebrados (división del reino animal) ▪ **animal vertebrado** animal vertebrado

vertente /veR'te'tʃi/ *adj & sf* vertiente, declive, pendiente ▪ **nova vertente** nueva vertiente

verter /veR'teR/ *v* verter, derramar, vaciar, difundir, traducir ▪ **verter água** derramar agua

vertical /veRtʃi'kaw/ *adj & s* vertical, perpendicular al horizonte ▪ **desenho na vertical** dibujo en la vertical

vértice /'vɛRtʃisi/ *sm* vértice, ápice, punto culminante ▪ **vértice do problema** vértice del problema

vertigem /veR'tʃiʒe'/ *sf* vértigo, vahído ▪ **nova vertigem** nuevo vértigo

vertiginoso, -a /veRtʃiʒi'nozu, za/ *adj* vertiginoso, impetuoso, violento ▪ **homem vertiginoso** hombre vertiginoso

vesícula /ve'zikula/ *sf* vesícula, vejiga ▪ **problema na vesícula** problema en la vesícula

vespa /'veʃpa/ *sf* **1** avispa **2** persona intratable ▪ **matar a vespa** matar la avispa

véspera /'vɛʃpera/ *sf* víspera, vigilia ▪ **véspera de Natal** nochebuena

vespertino, -a /veʃpeR'tʃinu, na/ *adj & sm* vespertino ▪ **homem vespertino** hombre vespertino

vestíbulo /veʃ'tʃibulu/ *sm* vestíbulo, zaguán, atrio ▪ **vestíbulo no caminho** vestíbulo en el camino

vestido /veʃ'tʃidu/ *adj & sm* vestido, puesto ▪ **bem-vestido** de punta en blanco **estar malvestido** estar hecho un trapo

vestígio /veʃ'tʃiʒiu/ *sm* vestigio, huella, indicio, paso, pista, señal ▪ **vestígio na estrada** vestigio en el camino

vestimenta /veʃtʃi'me'ta/ *sf* vestimenta, traje, vestuario ▪ **vestimenta de religiosos** hábito

vestir /veʃ'tʃiR/ *v & sm* **1** vestir, llevar, usar **2** vestirse ▪ **vestir roupa** vestir ropa

vestuário /veʃtu'arju/ *sm* vestuario, indumentaria, ropa ▪ **vestuário antigo** vestuario antiguo

vetar /ve'taR/ *v* vetar, prohibir, vedar ▪ **vetar os direitos** vetar los derechos

veterano, -a /vete'rɑnu, na/ *adj & s* veterano, antiguo, experimentado ▪ **veterano da escola** veterano de la escuela

veterinário, -a /veteri'narju, rja/ *adj & s* veterinario, veterinaria ▪ **profissão de veterinário** profesión de veterinario

veto /'vetu/ *sm* veto, prohibición, recusa ▪ **veto de drogas** prohibición de drogas

véu /'vew/ *sm* **1** velo **2** apariencia ▪ **véu da noiva** velo de la novia

vexame /ve'ʃami/ *sm* vejación, humillación ▪ **vexame na igreja** vejación en la iglesia

vexar /ve'ʃaR/ *v* **1** vejar, maltratar, humillar **2** avergonzarse ▪ **vexar com alguém** vejar con alguien

vexatório, -a /veʃa'tɔrju, rja/ *adj* vejatorio, humillante, vergonzoso ▪ **situação vexatória** situación vejatoria

vez /'vejʃ/ *sf* vez, mano, turno ▪ **de vez** a una, de un tirón

via /'via/ *sf* vía, camino, trayectoria, modo, conducto, derrotero ▪ **via pública** vía pública

viabilidade /viabili'dad3i/ *sf* viabilidad, posibilidad, probabilidad ▪ **viabilidade de mudança** viabilidad de cambio

viaduto /via'dutu/ *sm* viaducto ▪ **viaduto perigoso** viaducto peligroso

viagem /vi'aʒe'/ *sf* viaje, ida, jornada, navegación ▪ **viagem de lazer** gira

viajante /bja'xɑ̃te/ *s* viajante, pasajero, peregrino, trotamundos, turista ▪ **viajante internacional** viajante internacional

viajar /bja'xar/ *v* viajar, visitar, peregrinar ▪ **viajar pelo mundo** viajar por el mundo

viatura /via'tura/ *sf* vehículo de la policía ▪ **viatura nova** vehículo de la policía nuevo

viável /vi'avew/ *adj* viable, factible, transitable ▪ **lugar viável** lugar viable

víbora /vi'bora/ *sf* **1** víbora, áspid **2** persona maldiciente ▪ **mulher víbora** mujer víbora

vibração /vibra'sɑ̃w/ *sf* **1** vibración, temblor, balanceo **2** entusiasmo ▪ **vibração do som** vibración del sonido

vibrar /vi'braR/ *v* vibrar, trepidar, agitar, conmover ▪ **vibrar com força** vibrar con fuerza

vice-versa /visi'veRsa/ *adv* viceversa, por el contrario, recíprocamente ▪ **preto e branco e vice-versa** negro y blanco y viceversa

viciado, -a /visi'adu, da/ *adj & s* viciado, depravado ▪ **viciado em drogas** drogadicto

viciar /visi'aR/ *v* viciar, depravar, enviciar, malear, pervertir ▪ **viciar em drogas** viciar en drogas

vício /'visju/ *sm* vicio, defecto, yerro, imperfección ▪ **vício faz mal** vicio hace mal

vicioso, -a /vi'sjozu, za/ *adj* vicioso, incorrecto, desmoralizado ▪ **droga é viciosa** droga es viciosa

viço /'visu/ *sm* lozanía, verdor ▪ **viço da planta** lozanía de la planta

viçoso, -a /vi'sozu, za/ *adj* **1** fresco, lozano **2** lleno de vigor ▪ **homem viçoso** hombre lozano

vida /'vida/ *sf* vida ▪ **dar a vida** dar el ser

vidente /vi'de'tʃi/ *adj & s* vidente, profeta, zahorí ▪ **acreditar no vidente** creer en el vidente

videocassete /vid3joka'setʃi/ *sm* video, videocasete ▪ **ver videocassete** ver videocasete

vidraça /vi'drasa/ *sf* ventanal, ventana grande con vidrios ▪ **quebrar a vidraça** quebrar el ventanal

vidraçaria /vidrasa'ria/ *sf* vidriería, cristalería ▪ **vidraçaria frágil** vidriería frágil

vidro /'vidru/ *sm* vidrio, cristal ▪ **balão de vidro** matraz

viela /vi'ɛla/ *sf* callejón ▪ **viela do bairro** callejón del barrio

viés /vi'ɛjʃ/ *sm* biés, través ▪ **de viés** de través

viga /'viga/ *sf* viga, madero, puente ▪ **viga de madeira** viga de madera

vigário /vi'garju/ *sm* vicario, párroco ▪ **conto do vigário** timo de la estampa

vigarista /viga'riʃta/ *s* tramposo, sacacuartos, embustero ▪ **vigarista preso** tramposo preso

V

473

vigente

vigente /viˈʒẽʧi/ *adj* vigente, en vigor ▪ **homem vigente** hombre vigente

vigia /viˈʒia/ *sf* vigía, mirilla, centinela, vigilante ▪ **vigia noturno** vigía nocturno

vigiar /viʒiˈaR/ *v* vigilar, velar, atalayar, espiar, acechar, fiscalizar, guardar ▪ **vigiar alguém** estar sobre alguien

vigilância /viʒiˈlãsja/ *sf* **1** vigilancia, escolta, custodia, vigía **2** patrulla, guardia ▪ **vigilância rigorosa** vigilancia rigurosa

vigilante /viʒiˈlãʧi/ *adj & s* vigilante ▪ **ficar vigilante** quedar vigilante

vigor /viˈgoR/ *sm* **1** vigor, aliento, energía, espíritu, exuberancia **2** poderío, potencia, pujanza **3** esfuerzo, pulso, vehemencia **4** fibra, nervio, vida, virilidad ▪ **vigor da planta** vigor de la planta

vigorar /vigoˈraR/ *v* fortalecer, estar en vigor, adquirir vigor ▪ **vigorar as plantas** dar vigor a las plantas

vigoroso, -a /vigoˈrozu, za/ *adj* vigoroso, exuberante, valiente, vehemente ▪ **homem vigoroso** hombre vigoroso

vil /ˈviw/ *adj & s* **1** vil, abyecto, indigno, infame, torpe **2** marrano, puerco ▪ **homem vil** hombre vil

vila /ˈvila/ *sf* villa, aldea, lugar, pueblo ▪ **morar numa vila** vivir en una aldea

vilão, -ã /viˈlãw, loa/ *adj & s* **1** villano **2** rústico, plebeyo, grosero, persona vil ▪ **vilão da história** villano de la historia

vilarejo /vilaˈreju/ *sm* aldea, pueblo, lugarejo ▪ **morar no vilarejo** vivir en la aldea

vilipendiar /vilipẽˈdʒiˈaR/ *v* vilipendiar, injuriar ▪ **vilipendiar algo** vilipendiar algo

vinagre /viˈnagri/ *sm* vinagre ▪ **conserva de vinagre** escabeche

vincar /vĩˈkaR/ *v* **1** plegar, doblar, arrugar **2** grabar, marcar ▪ **vincar a roupa** doblar la ropa

vinco /ˈvĩku/ *sm* doblez, pliegue, dobla, raya ▪ **vinco da roupa** pliegue de la ropa

vinculação /vĩkulaˈsãw/ *sf* vinculación ▪ **vinculação direta** vinculación directa

vincular /vĩkuˈlaR/ *v* vincular, adherir, unir, atar, ligar ▪ **vincular algo com alguém** vincular algo con alguien

vínculo /ˈvĩkulu/ *sm* vínculo, adherencia, nudo, parentesco, unión ▪ **vínculo afetivo** vínculo afectivo

vinda /ˈvĩda/ *sf* venida, advenimiento, adviento, llegada ▪ **boas-vindas** bienvenida

vindima /vĩˈdʒima/ *sf* vendimia, cosecha de la uva ▪ **chegada da vindima** llegada de la vendimia

vindouro /vĩˈdoru/ *adj* futuro, venidero ▪ **bom vindouro** buen futuro

vingança /vĩˈgãsa/ *sf* venganza, represalia, castigo, punición ▪ **vingança maligna** venganza maligna

vingar /vĩˈgaR/ *v* **1** vengar, vindicar, desagraviar **2** castigar **3** rehabilitar **2** vengarse, desquitar ▪ **vingar-se de alguém** vengarse de alguien

vingativo, -a *adj* vengativo, sanguinario ▪ **homem vingativo** hombre vengativo   FALTA PRONÚNCIA

vinho /ˈviɲu/ *adj & sm* vino ▪ **beber vinho** trincar **servir vinho** escanciar

vinicultor, -ora /vinikuwˈtoR, ra/ *s* vinicultor ▪ **ir ao vinicultor** ir al vinicultor

vinicultura /vinikuwˈtura/ *sf* vinicultura, viticultura ▪ **ir na vinicultura** ir a la vinicultura

vinte /ˈvĩʧi/ *adj & sm* veinte ▪ **vinte anos** veinte años

viola /viˈola/ *sf* viola ▪ **tocar viola** tocar viola

violação /violaˈsãw/ *sf* violación, infracción, estupro ▪ **violação de contrato** violación de contrato

violão /vioˈlãw/ *sm* guitarra ▪ **tocar violão** tocar guitarra

violar /vioˈlaR/ *v* violar, transgredir, profanar ▪ **violar as regras** violar las reglas

violência /vioˈlẽsja/ *sf* **1** violencia, abuso, agresividad, ímpetu, brutalidad **2** exceso **3** terrorismo, truculencia, constreñimiento ▪ **odeio violência** odio violencia

violentar /violẽˈtaR/ *v* **1** violentar, forzar, violar **2** obligarse, forzarse ▪ **violentar alguém** violentar alguien

violento, -a /vioˈlẽtu/ *adj* violento, feroz, fiero, fuerte, furioso, vertiginoso ▪ **homem violento** hombre violento

violeta /vioˈleta/ *sf* violeta ▪ **cor violeta** color violeta

violino /vioˈlinu/ *sm* violín ▪ **tocar violino** tocar violín

viperino, -a /vipeˈrinu, na/ *adj* **1** viperino **2** mordaz, maléfico ▪ **ser viperino** ser viperino

vir /ˈviR/ *v* venir; llegar, regresar, aparecer, nacer, mostrarse, ocurrir, provenir ▪ **vir cansado** venir cansado

vira-casaca /virakaˈzaka/ *s* chaquetero ▪ **homem vira-casaca** hombre chaquetero

virada /viˈrada/ *sf* viraje, giro, volteo ▪ **virada brusca** viraje abrupta

virado /viˈradu, da/ *adj & sm* plato típico a base de frijoles, chicharrón, yuca ▪ **comer virado** comer plato típico a base de frijoles

virar /viˈraR/ *v* **1** girar, virar, voltear **2** volverse **3** volcar ▪ **vira-lata** perro callejero

virgem /ˈviRʒẽj/ *sf* puro, casto, intacto, inocente, sencillo **1** virgen, doncella **2** entero ▪ **mulher virgem** mujer pura

virginal /viRʒiˈnaw/ *adj* virginal, puro, casto ▪ **cabelo virginal** cabello puro

virgindade /viRʒĩˈdadʒi/ *sf* **1** virginidad, pureza, castidad **2** flor, hímen ▪ **virgindade feminina** virginidad femenina

vírgula /ˈviRgula/ *excl & sf* coma ▪ **não saber uma vírgula** no saber ni una jota

viril /viˈriw/ *adj & sm* viril, masculino, varonil ▪ **membro viril** pene

virilidade /viriliˈdadʒi/ *sf* virilidad, masculinidad, vigor ▪ **virilidade do homem** virilidad del hombre

virtual /viRtuˈaw/ *adj* virtual, potencial, potente ▪ **encontro virtual** encuentro virtual

virtude /viRˈtudʒi/ *sf* virtud, bien, santidad ▪ **virtude valiosa** virtud valiosa

virtuoso, -a /viRtuˈozu, za/ *adj & s* virtuoso, honesto, eficaz ▪ **homem virtuoso** hombre virtuoso

vírus /ˈviruʃ/ *sm* virus ▪ **vírus da gripe** virus de la gripe

visão /viˈzãw/ *sf* visión, alucinación, aparición, fantasma ▪ **boa visão** buena visión

visar /viˈzaR/ *v* visar, dirigir la puntería ▪ **visar o passaporte** poner el visto en un documento

víscera /ˈvisera/ *sf* víscera, entraña, vientre, tripa, entrañas ▪ **vísceras do animal** vísceras del animal

visconde, -essa /viʃˈkõdʒi, desa/ *s* vizconde ▪ **senhor visconde** señor vizconde

viscosidade /viʃkoziˈdadʒi/ *sf* viscosidad, pegajosidad ▪ **grande viscosidade** gran viscosidad

viscoso, -a /viʃˈkozu, za/ *adj* viscoso, pastoso, pegadizo, pegajoso ▪ **algo viscoso** algo viscoso

visibilidade /vizibiliˈdadʒi/ *sf* visibilidad, transparencia ▪ **boa visibilidade** buena visibilidad

vós

visionário, -a /vizjo'narju, rja/ *adj & s* **1** visionario **2** soñador ▪ **grande visionário** gran visionario

visita /vi'zita/ *sf* visita, inspección ▪ **receber uma visita** receber una visita

visitar /vizi'taR/ *v* visitar, ver, inspeccionar ▪ **visitar uma casa** visitar una casa

visível /vi'zivew/ *adj* visible, aparente, notorio, ostensible ▪ **característica visível** característica visible

vislumbrar /viʃluˉ'braR/ *v* vislumbrar, conjeturar ▪ **vislumbrar com a obra** vislumbrar con la obra

vista /'viʃta/ *sf* vista, visión, panorama, estampa, cuadro ▪ **à vista de** delante de

visto /'viʃtu, ta/ *adj* visto ▪ **pôr visto** visar

vistoria /viʃto'ria/ *sf* inspección, visto ▪ **fazer uma vistoria** hacer una inspección

vistoso, -a /viʃ'tozu, za/ *adj* vistoso, llamativo, majo ▪ **homem vistoso** hombre vistoso

visualizar /vizuali'zaR/ *v* visualizar, ver, aclarar, imaginar ▪ **visualizar uma pintura** visualizar una pintura

vital /vi'taw/ *adj & sm* vital, esencial, básico ▪ **característica vital** característica vital

vitalidade /vitali'dadʒi/ *sf* **1** vitalidad **2** nervio ▪ **grande vitalidade** gran vitalidad

vitamina /vita'mina/ *sf* **1** vitamina **2** batido de frutas con leche ▪ **tomar vitamina** tomar vitamina

vitaminado, -a /vitami'nadu, da/ *adj* vitaminado ▪ **ficar vitaminado** quedar vitaminado

vítima /'vitʃima/ *sf* víctima, mártir, sacrificado ▪ **vítima da violência** víctima de la violencia

vitória /vi'tɔrja/ *sf* **1** victoria, triunfo **2** laurel ▪ **obter uma vitória** ganar un juego

vitorioso, -a /vitori'ozu, za/ *adj & s* victorioso, vencedor, invicto, triunfal ▪ **ser vitorioso** ser victorioso

vitrina /vi'trina/ *sf* vitrina, escaparate ▪ **ficar na vitrina** quedar en la vitrina

vituperar /vitupe'raR/ *v* vituperar, insultar, injuriar, reprobar, censurar ▪ **vituperar algo** vituperar algo

viuvez /viu'vejʒ/ *sf* viudez ▪ **viuvez das mulheres** viudez de las mujeres

viúvo, -a /vi'uvu, va/ *adj & s* **1** viudo **2** abandonado, desconsolado, solitario ▪ **ficar viúvo** quedar viudo

viva /'viva/ *excl & sm* viva ▪ **viva a vida** viva la vida

vivacidade /vivasi'dadʒi/ *sf* **1** vivacidad, actividad, animación, ardor **2** pólvora ▪ **vivacidade no coração** vivacidad en el corazón

viveiro /vi'vejru/ *sm* vivero, plantel ▪ **viveiro de aves** pajarera

viver /vi'veR/ *v* vivir, existir, habitar, morar ▪ **viver às custas de outros** estar a la olla de otro

víveres /'viveriʃ/ *mpl* pl víveres, provisiones ▪ **víveres da casa** víveres de la casa

vivificar /vivifi'kaR/ *v* vivificar, animar ▪ **vivificar os desenhos** vivificar los dibujos

vivo, -a /'vivu, va/ *adj & sm* **1** vivo, acalorado, ágil, ardiente, ardoroso **2** despierto **3** espiritoso ▪ **ritmo vivo** ritmo vivo

vizinhança /vizi'ɲaˉsa/ *sf* vecindad, contigüidad, proximidad ▪ **boa vizinhança** buena vecindad

vizinho, -a /vi'ziɲu, ɲa/ *adj & s* vecino, confín, contiguo, adyacente, inmediato, lindero, próximo, vecinal ▪ **bom vizinho** buen vecino

voador, -ora /voa'doR, rä/ *adj & sm* volador, volante ▪ **disco voador** platillo volante, plato volador

voar /vo'aR/ *v* **1** volar **2** correr con grande velocidad, propagarse con rapidez ▪ **voar alto** volar alto

vocabulário /vokabu'larju/ *sm* vocabulario, glosario, léxico ▪ **bom vocabulário** buen vocabulario

vocábulo /vo'kabulu/ *sm* vocablo, palabra, dicción ▪ **vocábulo da língua** vocablo de la lengua

vocação /voka'sãˉw/ *sf* vocación, talento, inclinación, tendencia ▪ **vocação para padre** vocación para cura

vociferar /vosife'raR/ *v* vociferar, clamar, gritar ▪ **vociferar com alguém** vociferar con alguien

voga /'vɔga/ *sf* boga, moda ▪ **estar em voga** estar a la moda

vogal /vo'gaw/ *sf* vocal, letra ▪ **vogal "a"** vocal "a"

vogar /vo'gaR/ *v* bogar, navegar, deslizar, derivar ▪ **vogar forte** bogar forte

volante /vo'lãˉtʃi/ *adj & sm* **1** movedizo, mutable **2** volante (del coche) ▪ **cuidado no volante** cuidado en el volante

volátil /vo'latʃiw/ *adj* volátil ▪ **ser volátil** ser volátil

volta /'vɔwta/ *sf* **1** vuelta, llegada **2** sinuosidad, torno ▪ **volta para casa** vuelta para casa

voltagem /vow'taʒeˉj/ *sf* voltaje, tensión ▪ **voltagem 220** voltaje 220

voltar /vow'taR/ *v* **1** volver, venir, voltear **2** volverse **3** devolver ▪ **voltar atrás** volver atrás

volubilidade /volubili'dadʒi/ *sf* volubilidad, leviandad ▪ **volubilidade alta** volubilidad alta

volume /vo'lumi/ *sm* **1** volumen, libro, tomo **2** cuerpo, masa, tamaño **3** intensidad del sonido ▪ **quinto volume** quinto volumen

voluntário, -a /voluˉ'tarju, rja/ *adj & s* voluntario, espontáneo, instintivo ▪ **voluntário numa ONG** voluntario en una ONG

volúpia /vo'lupja/ *sf* voluptuosidad, sensualidad ▪ **volúpia da mulher** voluptuosidad de la mujer

voluptuoso, -a /voluptu'ozu, za/ *adj* voluptuoso, lascivo, sensual ▪ **ser voluptuoso** ser voluptuoso

volúvel /vo'luvɛw/ *adj* **1** voluble, fácil, falso, inconstante, liviano, vago, variable **2** móvil ▪ **ser volúvel** ser voluble

volver /vow'veR/ *v* **1** volver, pensar, meditar **2** revolverse, agitarse ▪ **volver rápido** volver rápido

vomitar /vomi'taR/ *v* vomitar, lanzar; cambiar la comida ▪ **vomitar no banheiro** vomitar en el baño

vômito /'vomitu/ *sm* vómito ▪ **vômito no chão** vómito en el suelo

vontade /voˉ'tadʒi/ *sf* **1** voluntad, deseo, gana, grado **2** intención, mente **3** pretensión ▪ **à vontade** a voluntad, a gusto, a manojos, a discreción, a pote, a sabor, a patadas, a pata suelta ▪ **com vontade** a posta ▪ **contra a vontade** a contrapelo ▪ **de má vontade** de mala gana ▪ **estar à vontade** encontrarse en su propio terreno **fazer sua própria vontade** salirse con la suya ▪ **não estar à vontade** no hallarse bien ▪ **não ter um pingo de vontade** no darle a uno la gana

voo /'vow/ *sm* **1** vuelo **2** impulso rápido, aspiración, arrobo ▪ **voo rápido** vuelo rápido

voracidade /vorasi'dadʒi/ *sf* voracidad, glotonería ▪ **voracidade animal** voracidad animal

voraz /vo'rajʃ/ *adj* voraz, ávido, goloso ▪ **animal voraz** animal voraz

vos /'vuʃ/ *pron* vos ▪ **amai-vos uns aos outros** vos amai unos a los otros

vós /'vojʃ/ *pron* vos, os, vosotros ▪ **vós me destes** vosotros me desteis

V

475

VOSSO

vosso, -a /'vɔsu, sa/ *pron* vuestro, vuestra ■ **vossa senhoria** vuestra señoría

votação /vota'sãʷw/ *sf* votación, elección ■ **votação secreta** votación secreta

votar /vo'taR/ *v* **1** votar, elegir, sufragar **2** conferir, consagrar ■ **votar conscientemente** votar conscientemente

voto /'vɔtu/ *sm* **1** voto, sufragio **2** opinión ■ **voto secreto** voto secreto

vovô, -ó /vo'vo, vo'vɔ/ *s* abuelo, abuelito ■ **casa da vovó** casa de la abuela

voz /'vɔʃ/ *sf* voz ■ **a uma só voz** unísono **inflexão de voz** tono **levantar a voz contra alguém** levantarle la voz a uno **reunião de vozes** sinfonía **voz forte** vozarrón

vulcão /vuw'kãʷw/ *sm* **1** volcán **2** imaginación ardiente ■ **vulcão ativo** volcán activo

vulgar /vuw'gaR/ *adj* vulgar, grosero, común, popular, prosaico, trivial, arrabalero ■ **ser vulgar** ser vulgar

vulgaridade /vuwgari'dadʒi/ *sf* vulgaridad, grosería, trivialidad ■ **vulgaridade nas roupas** vulgaridad en las ropas

vulgarizar /vuwgari'zaR/ *v* vulgarizar, popularizar, promulgar ■ **vulgarizar a mulher** vulgarizar la mujer

vulgo /'vuwgu/ *adv & sm* vulgo, pueblo, plebe **1** vulgarmente, comúnmente **2** alias ■ **viver no vulgo** vivir en el pueblo

vulnerável /vuwne'ravɛw/ *adj* vulnerable ■ **ficar vulnerável** quedar vulnerable

vulto /'vuwtu/ *sm* **1** rostro, semblante, cara **2** bulto, importancia ■ **ver um vulto** ver un rostro

V

W

w /'dablju/ *sm* **1** vigésima tercera letra del alfabeto portugués **2** usada apenas en palabras extranjeras. recibe el nombre de uve doble o ve doble ■ **w de walk** w de walk

walkie-talkie /woki'tɔki/ *sm* walkie-talkie ■ **ter um walkie-talkie** tener un walkie-talkie

walkman /'wokmeˉ/ *sm* walkman ■ **ouvir no walkman** oír en el walkman

watt /u'ɔt/ *sm* watt, vatio, unidad de medida de potencia ■ **medida en watt** medida en vatio

water /'bateɾ/ *sm* WC, toilette, cuarto de baño ■ **water do banheiro** WC del baño

web /'weβ/ *sf infor* web ■ **entrar na web** entrar en la web

X

x /ʃiʃ/ *sm* 1 vigésima cuarta letra del alfabeto portugués 2 incógnita 3 diez en la numeración romana ■ **século xx** siglo xx

xadrez /ʃaˈdreʃ/ *adj & sm* 1 a cuadros 2 ajedrez 3 cárcel ■ **jogar xadrez** jugar ajedrez

xale /ˈʃali/ *sm* chal, mantilla ■ **xale grande** mantón

xampu /ʃɑ̃ˈpu/ *sm* champú ■ **lavar o cabelo com xampu** lavar el cabello con champú

xará /ʃaˈɾa/ *s* fam homónimo, tocayo ■ **tenho um amigo xará** tengo un amigo homónimo

xarope /ʃaˈɾɔpi/ *sm* 1 jarabe, arrope 2 dulce hecho con el zumo de frutas ■ **xarope de cana-de-açúcar** melado

xeque /ˈʃɛki/ *sm* jaque ■ **xeque-mate** jaque mate

xereta /ʃeˈreta/ *adj & s* 1 curioso, intrigante 2 fisgón, hurón ■ **pessoa xereta** persona curiosa

xeretar /ʃereˈtaR/ *v* fisgonear, chismear, curiosear ■ **xeretar nas coisas** curiosear en las cosas

xerez /ʃeˈrejʃ/ *sm* jerez ■ **tomar xerez** tomar jerez

xerife /ʃeˈrifi/ *sm* sheriff, jerife ■ **trabalho de xerife** trabajo de sheriff

xerocópia /ʃeroˈkɔpja/ *sf* fotocopia ■ **xerocópia da folha** fotocopia de la hoja

xerocopiar /ʃerokopiˈaR/ *v* fotocopiar ■ **xerocopiar o documento** fotocopiar el documento

xerografia /ʃerograˈfia/ *sf* xerografía ■ **estudar xerografia** estudiar xerografía

xícara /ˈʃikara/ *sf* taza, jícara, pocillo ■ **xícara de café** taza de café

xilindró /ʃilĩˈdrɔ/ *sm* cárcel, ajedrez ■ **dormir no xilindró** dormir en el cárcel

xilofone /ʃilɔˈfoni/ *sm* xilófono, tímpano ■ **usar o xilofone** usar el xilófono

xilografia /ʃilograˈfia/ *sf* xilografía ■ **estudar xilografia** estudiar xilografía

xilogravura /ʃilograˈvura/ *sf* xilografía ■ **fazer xilogravura** hacer xilografía

xingar /ʃĩˈgaR/ *v* 1 insultar 2 injuriar, jurar ■ **xingar a mãe** insultar a la madre

xis /ˈʃiʃ/ *sm* 1 equis, nombre de la letra x 2 cosa desconocida, incógnita ■ **x de xilografia** x de xilografía

xixi /ʃiˈʃi/ *sm* pipí, pis ■ **fazer xixi** hacer pipí, hacer pis

xucro /ˈʃukru, kra/ *adj* persona ignorante, grosera, tosca ■ **homem xucro** hombre grosero

Y

y /'i/ *sf.* vigésima quinta letra del alfabeto portugués. ▪ **y é uma letra** y es una letra

yuppie /'jupi/ *s.* yuppie ▪ **veste com um yuppie** viste como un yuppie

Z

z /ze/ *sm* vigésima sexta letra del alfabeto portugués ■ **z é a última letra do alfabeto** z es la última letra del alfabeto

zabumba /zaˈbũba/ *sm* zambomba, bombo ■ **tocar zabumba** tocar zambomba

zagueiro /zaˈgejɾu, ɾa/ *s* zaguero, defensa ■ **jogar como zagueiro** jugar como zaguero

zangado, -a /zãˈgadu, da/ *adj* enfadado, enojado **estar zangado** estar cabreado, tener un morro ■ **homem zangado** hombre enfadado

zangão /zãˈgãw/ *sm* zángano ■ **picada de zangão** picada de zángano

zangar /zãˈgaR/ *v* 1 enojar, atufar, enfadar, molestar 2 enojarse, disgustarse, escamarse, indisponerse, irritarse ■ **zangar com as crianças** enojarse con los niños

zanzar /zãˈzaR/ *v* vagabundear, vagar, merodear, vaguear ■ **zanzar pela casa** vaguear por la casa

zarabatana /zaɾabaˈtana/ *sf* cerbatana ■ **ter uma zarabatana** tener una cerbatana

zarolho, -a /zaˈɾoʎu, ʎa/ *adj & sm* tuerto, bizco, estrábico ■ **menino zarolho** niño estrábico

zarpar /zaRˈpaR/ *v* 1 zarpar, levar anclas 2 escabullirse, pirarse, huir ■ **zarpar para longe** zarpar para lejos

zarzuela /zaRˈzwela/ *sf* zarzuela, opereta cómica ■ **ver a zarzuela** ver la zarzuela

zé /ˈzɛ/ *sm* 1 zeta, zeda 2 nombre de la letra z ■ **zé é o nome da letra z** zeta es el nombre de la letra z

zebra /ˈzebɾa/ *sf* 1 cebra 2 ocurrir algo muy inesperado ■ **a zebra é um animal** la zebra es un animal

zelador /zelaˈdoR/ *adj & sm* celador, conserje, portero ■ **zelador do apartamento** celador del departamento

zelar /zeˈlaR/ *v* 1 cuidar, velar, tratar con celo, vigilar 2 atender, administrar ■ **zelar da casa** cuidar de la casa

zelo /ˈzelu/ *sm* 1 cuidado, desvelo, devoción, esmero 2 celo, amor 3 escrúpulo ■ **zelo dos pais** cuidado de los padres

zeloso, -a /zeˈlozu, za/ *adj* cuidadoso, fervoroso, celoso ■ **pai zeloso** padre cuidadoso

zero /ˈzɛɾu/ *sm* cero ■ **ser um zero à esquerda** ser un cero a la izquierda, ser una persona inoperante

ziguezague /zigeˈzagi/ *sm* zigzag ■ **ziguezague com o carro** zigzag con el coche

zíngaro, -a /ˈzĩgaɾu, ɾa/ *s* cíngaro, gitano ■ **cultura dos zíngaros** cultura de los gitanos

zíper /ˈzipeR/ *sm* cremallera, cierre ■ **zíper da calça** cierre del pantalón

zodíaco /zoˈdʒiaku/ *sm* zodíaco, zodiaco ■ **signos do zodíaco** signos del zodíaco

zombar /zõˈbaR/ *v* chancear, escarnecer, fisgar, jugar, juguetear, mofar, motejar, 2 mondarse de algo 3 embromar ■ **zombar do outro** embromar al otro

zombeteiro, -a /zõbeˈtejɾu, ɾa/ *adj & s* burlón, mofador, sarcástico ■ **homem zombeteiro** hombre sarcástico

zona /ˈzona/ *sf* 1 área, banda, extensión de terreno 2 lugar de meretricio, guirigay, jaleo, marimorena ■ **zona central** área central

zonzo, -a /ˈzõzu, za/ *adj* tonto, mareado ■ **ficar zonzo** quedar tonto

zoo /ˈzoo/ *sm* zoológico ■ **ir ao zoo** ir al zoológico

zoologia /zooloˈʒia/ *sf* zoología ■ **estudar zoologia** estudiar zoología

zumbi /zũˈbi/ *s* fantasma, zombi ■ **medo de zumbi** miedo de fantasma

zumbido /zũˈbidu/ *sm* zumbido ■ **escutar o zumbido** escuchar el zumbido

zumbir /zũˈbiR/ *sm* zumbar, silbar, murmullar, susurrar ■ **zumbir à noite** zumbar por la noche

zunido /zuˈnidu/ *sm* zumbido, silbido, silbo ■ **escutar o zunido** escuchar el zumbido

zunzum /zũˈzũ/ *sm* murmuración, habladuría, rumor ■ **zunzum na sala** murmuración en la clase